COMPRA e VENDA de IMÓVEIS

O GEN | Grupo Editorial Nacional – maior plataforma editorial brasileira no segmento científico, técnico e profissional – publica conteúdos nas áreas de concursos, ciências jurídicas, humanas, exatas, da saúde e sociais aplicadas, além de prover serviços direcionados à educação continuada.

As editoras que integram o GEN, das mais respeitadas no mercado editorial, construíram catálogos inigualáveis, com obras decisivas para a formação acadêmica e o aperfeiçoamento de várias gerações de profissionais e estudantes, tendo se tornado sinônimo de qualidade e seriedade.

A missão do GEN e dos núcleos de conteúdo que o compõem é prover a melhor informação científica e distribuí-la de maneira flexível e conveniente, a preços justos, gerando benefícios e servindo a autores, docentes, livreiros, funcionários, colaboradores e acionistas.

Nosso comportamento ético incondicional e nossa responsabilidade social e ambiental são reforçados pela natureza educacional de nossa atividade e dão sustentabilidade ao crescimento contínuo e à rentabilidade do grupo.

Alexandre Laizo Clápis

COMPRA e VENDA de IMÓVEIS

COMPROMISSO, REGISTRO, ADJUDICAÇÃO COMPULSÓRIA E ALIENAÇÃO FIDUCIÁRIA

- O autor deste livro e a editora empenharam seus melhores esforços para assegurar que as informações e os procedimentos apresentados no texto estejam em acordo com os padrões aceitos à época da publicação, e todos os dados foram atualizados pelo autor até a data de fechamento do livro. Entretanto, tendo em conta a evolução das ciências, as atualizações legislativas, as mudanças regulamentares governamentais e o constante fluxo de novas informações sobre os temas que constam do livro, recomendamos enfaticamente que os leitores consultem sempre outras fontes fidedignas, de modo a se certificarem de que as informações contidas no texto estão corretas e de que não houve alterações nas recomendações ou na legislação regulamentadora.

- Fechamento desta edição: 07.05.2025

- O autor e a editora se empenharam para citar adequadamente e dar o devido crédito a todos os detentores de direitos autorais de qualquer material utilizado neste livro, dispondo-se a possíveis acertos posteriores caso, inadvertida e involuntariamente, a identificação de algum deles tenha sido omitida.

- Atendimento ao cliente: (11) 5080-0751 | faleconosco@grupogen.com.br

- Direitos exclusivos para a língua portuguesa
  Copyright © 2025 by
  Editora Forense Ltda.
  Uma editora integrante do GEN | Grupo Editorial Nacional
  Travessa do Ouvidor, 11 – Térreo e 6º andar
  Rio de Janeiro – RJ – 20040-040
  www.grupogen.com.br

- Reservados todos os direitos. É proibida a duplicação ou reprodução deste volume, no todo ou em parte, em quaisquer formas ou por quaisquer meios (eletrônico, mecânico, gravação, fotocópia, distribuição pela Internet ou outros), sem permissão, por escrito, da Editora Forense Ltda.

- Capa: Daniel Kanai

- **CIP-BRASIL. CATALOGAÇÃO NA PUBLICAÇÃO**
  SINDICATO NACIONAL DOS EDITORES DE LIVROS, RJ

C539c

    Clápis, Alexandre Laizo
       Compra e venda de imóveis : compromisso, registro, adjudicação compulsória e alienação fiduciária / Alexandre Laizo Clápis. - 1. ed. - Rio de Janeiro : Forense, 2025.

       Inclui bibliografia
       ISBN 978-85-3099-739-7

       1. Direito imobiliário - Brasil. 2. Compra e venda de bens imóveis - Brasil. 3. Alienação Fiduciária - Garantia (Direito). I. Título.

25-97674.0   CDU: 347.451:347.214.2:347.232.8(81)

Meri Gleice Rodrigues de Souza - Bibliotecária - CRB-7/6439

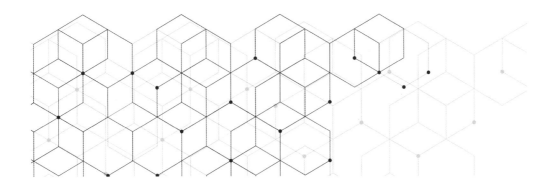

SOBRE O AUTOR

Mestre em direito civil pela Pontifícia Universidade Católica de São Paulo (PUC-SP). Atuou como oficial substituto do 13º Oficial de Registro de Imóveis de São Paulo de 2000 a 2008, quando retornou ao escritório Machado Meyer como sócio da área imobiliária. Em 2012, com outros sócios, fundou o escritório Stocche Forbes. Atualmente, é membro do conselho jurídico da vice-presidência de incorporações do Secovi-SP e presidente da comissão notarial e registral do Ibradim. Autor de diversas publicações e coautor dos livros *Lei de Registros Públicos comentada:* Lei 6.015/1973 e *Marco legal das garantias:* alienação fiduciária e hipoteca.

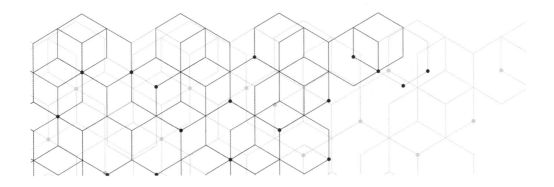

AGRADECIMENTOS

A escolha do tema compra e venda de imóveis surgiu de um convite especial da Ana Paula Frontini, 22ª Tabeliã de Notas da Comarca de São Paulo, a quem registro meus primeiros agradecimentos. Tive a honra de participar do Congresso Paulista Notarial no ano de 2023, realizado na cidade de Campos do Jordão, São Paulo, no qual debatemos a introdução da adjudicação compulsória extrajudicial no ordenamento jurídico brasileiro. Esse evento impulsionou meu interesse em aprofundar minhas pesquisas sobre o tema.

Este trabalho é resultado não só da dedicação aos estudos, mas também dos quase trinta anos de advocacia imobiliária.

As experiências acumuladas na advocacia e as incontáveis horas de estudo revelaram o quão desafiador é produzir algo em meio a tantos pensadores do direito, incluindo aqueles que já nos deixaram e cujos ensinamentos dificilmente serão igualados.

O esforço e a dedicação dos últimos anos estão impressos em cada linha deste livro, fruto de um trabalho construído com o meu máximo empenho e comprometimento.

Incontáveis madrugadas foram dedicadas à leitura dos clássicos e dos modernos doutrinadores, em uma busca incessante por conhecimento. Foi uma jornada árdua e solitária, mas, ao mesmo tempo, enriquecedora e gratificante.

Talvez este livro não traga posições inéditas ou revolucionárias, mas reflete um esforço genuíno de aprofundamento sobre os temas tratados. Muitas pessoas com maior brilhantismo e academicamente mais autorizadas já deixaram seus pensamentos registrados acerca dos assuntos abordados. Ainda assim, embarquei nessa experiência com o objetivo de aprimoramento pessoal.

Dessa jornada decorre uma lista interminável de pessoas a quem eu devo os meus mais sinceros agradecimentos pela influência que tiveram em meu caminho. Faço algumas referências àquelas que, de alguma forma, estiveram presentes ou que me influenciaram academicamente.

E sigo com aquele que, durante meus anos no curso de mestrado na Pontifícia Universidade Católica de São Paulo, mostrou-me a sua grandeza, generosidade e genialidade combinadas com uma humildade incomparável, meu orientador, Professor Doutor José Manoel de Arruda Alvim (*in memoriam*).

Também ao Professor Everardo Augusto Cambler, pelo conhecimento compartilhado.

Ao meu amigo João Baptista de Mello e Souza Neto, que me concedeu a oportunidade de iniciar com uma publicação conjunta e que sempre está por perto e pronto para ajudar, qualquer que seja o desafio.

Aos meus filhos Pedro e João, que me ensinam cotidianamente sobre questões do amor singular.

À Raquel Magossi, que com sua alegria, amor e incentivo mostrou-me que era possível.

Às queridas afilhadas Laura e Marina.

Ao meu pai, Armando Clápis (*in memoriam*), que foi exemplo de estudo e de dedicação na atividade extrajudicial, aliados ao trabalho árduo.

À minha mãe, Noêmia Laizo, que com seu amor e carinho indicou-me os caminhos certos da vida.

Aos amigos que comigo compartilharam os desafios do 13º Registro de Imóveis de São Paulo (de 2000 a 2008) e me ensinaram a visão do direito registrário por outra perspectiva.

À Fabiana Laizo Clápis Lunardi, irmã e dedicada, 1ª Tabeliã de Notas da Comarca de Franca, São Paulo, que segue os passos do nosso pai e amorosamente fez a leitura criteriosa de parte importante da obra, relacionada à legitimidade e à legitimação conjugal.

Ao Renato Laizo Clápis, irmão que me estimula com seu exemplo.

Aos meus sócios do Stocche Forbes e aos nossos colaboradores, pelas incessantes conquistas e oportunidades de crescimento pessoal e profissional em todos esses anos.

Ao Rafael de Carvalho Passaro, pela amizade, pelos debates e pelos ensinamentos sobre aspectos processuais relevantes da adjudicação compulsória.

Ao Herlon Faria e ao Luiz Fernando Sampel Bassinello, amigos de muitos anos, que, com acolhimento e empatia, encorajam-me.

Ao Flavio Gonzaga Bellegarde Nunes, pela oportunidade que me concedeu que mudou a minha vida profissional.

Ao Marcelo Terra, que pacientemente avaliou os temas iniciais propostos para este estudo.

Ao Melhim Namem Chalhub, que sempre me instiga com suas ideias de vanguarda.

Meu especial agradecimento ao Ademar Fioranelli, ao Sergio Jacomino e ao Flauzilino Araújo dos Santos, que sempre apoiaram minha jornada. Em seus nomes estendo minha gratidão a todos os amigos delegatários dos serviços extrajudiciais.

A Ricardo Marques Dip, Narciso Orlandi Neto, Helio Lobo Junior, Marcelo Martins Berthe, Marcio Martins Bonilha, Josué Modestos Passos e Alberto Gentil de Almeida Pedroso, pelos imprescindíveis e incontáveis ensinamentos indistintamente compartilhados sobre o direito, em especial o notarial e o registral.

Ao concluir esta etapa, carrego comigo um profundo sentimento de gratidão e de realização, com a certeza de que a busca pelo conhecimento é um exercício contínuo.

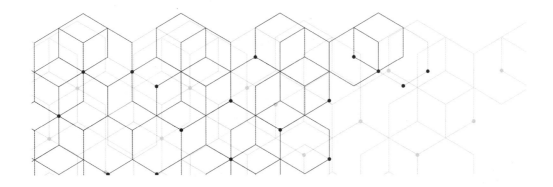

PREFÁCIO

Muito se comenta que a presente época é marcada, entre outras importantes características, por uma revolução no acesso e tratamento das informações. O problema está em que a quantidade de dados disponíveis é tão grande que o resultado concreto é o oposto do esperado: um aumento de desinformação. Cabível cogitar, nesse aspecto, a aplicação da "lei dos rendimentos decrescentes"[1], segundo a qual, depois de determinado ponto, quanto maior o acréscimo, menor o resultado. Assim, a partir de certo acúmulo de informação, seu aumento implica uma diminuição do entusiasmo dos(as) destinatários(as) na averiguação dos dados corretos disponíveis e, finalmente, na desinformação que disso decorre. A facilidade do uso de ferramentas de busca – e, mais ainda, do recurso da inteligência artificial – produz tantos resultados que o(a) interessado(a) tende a optar pelos primeiros que surgem, sem, talvez, se preocupar com a veracidade, correção e qualidade da fonte de onde os dados se originaram. O que é, convenha-se, um grande inconveniente.

Na presente obra, entretanto, opera-se o fenômeno oposto: um compêndio de muitas informações úteis, acompanhadas de uma leitura crítica e competente, sobre temas relevantes e contemporâneos na área jurídica, cujo autor reúne, em sua formação, profundidade acadêmica e experiência prática que explicam este excelente livro.

Alexandre Laizo Clápis tem sólida formação jurídica, com estudos no Brasil e no exterior, que incluem especialização e mestrado. É nacionalmente reconhecido como importante autor de textos jurídicos de direito imobiliário, direito civil e empresarial.

A conjugação da experiência prática do autor, seja no desempenho de funções em importante serventia imobiliária na capital de São Paulo, seja em sua atuação como advogado e sócio de um dos mais modernos escritórios desta mesma cidade, habilitaram-no a performar, no curso deste manuscrito, uma das mais difíceis contribuições que os trabalhos jurídicos – muitas vezes tentados a meras repetições de julgados e de outros textos de doutrina – podem propiciar: a *problematização*.

Senão, vejamos.

Nada obstante a antiguidade do contrato de compra e venda, as várias situações econômico-financeiras que se apresentam nos nossos dias exigem uma releitura dos trabalhos e normas tradicionais, mormente a partir da principiologia do Código Civil, notadamente quanto à (bastante abordada no trabalho) boa-fé objetiva, agora aplicada a casos concretos.

Por exemplo, ao tratar do compromisso de compra e venda, o autor não se furta de, em complemento à clássica ensinança de José Osório de Azevedo Júnior, acrescentar que a pari-

---

[1] Internacionalmente conhecida como *Law of diminishing returns*.

dade posicional entre compromissário e proprietário, no compromisso de compra e venda, embora correta *de lege ferenda*, ainda não encontra amparo no arcabouço legal ora em vigor.

Com muita minúcia, Alexandre Laizo Clápis enumera as hipóteses de arrependimento do vínculo decorrente desse negócio jurídico (compromisso), sistematicamente enumerando os regimes jurídicos e as consequências respectivas (em geral, nos imóveis loteados, nos imóveis não loteados e nos imóveis incorporados, se a cláusula pode ser tácita ou não etc.), além dos necessários complementos quanto à necessidade (e forma) de constituição em mora, elementos relacionados à aplicação de cláusula penal.

Na parte relacionada ao inadimplemento do adquirente, o autor menciona, por vezes criticamente, por vezes concorde com o desfecho, a jurisprudência mais recente acerca do (i) procedimento para o desfazimento do contrato, (ii) do espinhoso tema sobre o cálculo da indenização devida à parte inocente e, ainda, (iii) quanto à constitucionalidade do procedimento extrajudicial dos leilões extrajudiciais.

Aqui cabe um parêntesis.

Não é novidade que o Poder Judiciário se encontra assoberbado com o número de processos que por ele tramitam. No primeiro semestre de 2024, o Tribunal de Justiça comunicou ter julgado mais de 586 mil processos em segundo grau[2].

Infelizmente, apesar dessa grande produtividade, há enorme acervo a ser vencido, em todas as instâncias do Estado e do País.

O raciocínio lógico leva a que se deixem ao Poder Judiciário as tarefas inevitáveis, transferindo-se a terceiros aquilo que, com eficiência, possa garantir publicidade, autenticidade, segurança e eficácia aos negócios jurídicos e suas consequências. Tal transferência pode-se fazer por vezes pela via *extrajudicial em sentido estrito* (os popularmente denominados "cartórios", *rectius*, agentes privados delegados do serviço público), por vezes pela via *extrajudicial em sentido amplo*, nesse caso, porém, como consta do texto, com ampla possibilidade de verificação, pelos interessados, da correção do procedimento e de se acudir ao Judiciário em caso de desvio do devido processo administrativo (a hipótese aqui é a dos leilões extrajudiciais).

De volta ao livro. O(a) leitor(a) pode ter a curiosidade sobre o motivo de constar, em um estudo acerca da compra e venda e do compromisso de compra e venda, enfim, negócios jurídicos classicamente definidos como de direito pessoal, referência fundada aos princípios e características dos direitos reais, em geral.

É que a obra que ora se prefacia não se contentou com a mera repetição do que sempre foi. Além de acentuar a doutrina clássica e relembrar a evolução histórica, não se olvida que o momento atual é – para o bem ou para o mal – um instante de possível ressignificação dos princípios.

Pense-se, quanto ao ora mencionado, em recente julgado, no qual o Conselho Superior da Magistratura do Tribunal de Justiça de São Paulo *flexibilizou o regramento normativo expresso* que exige a especialização de dados qualificativos da parte envolvida no negócio, dispensando certos deles, quanto aos locadores, e permitindo o ingresso do contrato de locação no fólio predial, o que se fez em homenagem a um princípio ali chamado de *proporcionalidade*, "postulado normativo aplicativo", que, se ausente, no entender dos julgadores, faria com que a exigência do Oficial, amparada pela dicção estrita da lei, "mais se perderia, em cotejo, *in concreto*, com as vantagens advindas da qualificação positiva, mormente se levada conta a segurança jurídica que proporcionará, finalidade a que se predispõe o registro"[3]. O que se vê aqui é uma releitura do

---

[2] Disponível em: https://www.tjsp.jus.br/Noticias/Noticia?codigoNoticia=100894#:~:text=O%20Tribunal%20de%20Justi%C3%A7a%20de,anterior%20(521%20mil%20processos). Acesso em: 18 mar. 2025.

[3] Tribunal de Justiça de São Paulo, julgado em 16 de dezembro de 2024, Conselho Superior da Magistratura, "Deram provimento à apelação e, afastando as exigências, julgaram improcedente a dúvida

vetusto princípio da especialidade subjetiva do Registro de Imóveis[4], não importando, para fins deste prefácio, se a tese adotada receberá o aplauso ou a rejeição da comunidade jurídica. O fato é que hão que conhecer as possibilidades atualmente existentes, para a ampliação ou redução das abordagens clássicas, ainda que seja para acolher ou afastar tais inovações.

Um autor que – *diferentemente do que neste trabalho acontece* – se contentasse em reiterar as lições tradicionais certamente perderia a oportunidade de cotejar as variáveis jurisprudenciais – judiciais e/ou administrativas – com tais cânones, desperdiçando a chance de provocar o debate jurídico e de irradiar caminhos possíveis e adequados a serem trilhados.

O(a) leitor(a) verá que o texto escrito por Alexandre Laizo Clápis mostra um jurista curioso, a levantar hipóteses, não se contentando com as pseudocertezas do texto expresso da lei, ao lado de um doutrinador corajoso, que não se furta a emitir sua opinião e os respectivos fundamentos quanto às polêmicas que sua pena levanta.

O autor enfoca, ao lado das questões de direito material, também as incertezas que surgem do denso cipoal normativo que cerca o direito registrário, cuidando de interpretar requisitos, de modo a habilitar o(a) leitor(a) a entender, na teoria ou na prática, institutos relativamente novos, como a adjudicação compulsória extrajudicial. Tome-se, nesse campo, outro exemplo de problematização: o alcance concreto do disposto no inciso II do art. 216-B da Lei Federal n.º 6.015/1973. A quem incumbe elaborar a notificação? Ao interessado? Ao registrador? Prevalece a literalidade da lei federal ou a do item 466 do Provimento n.º 6/2023 do TJSP? Há como compatibilizar os dois comandos?

Fica-se, ao cabo da leitura de *Compra e venda de imóveis:* compromisso, registro, adjudicação compulsória e alienação fiduciária, a certeza de que se está diante de obra que terá grande aceitação e utilidade para os operadores do direito, um escrito moderno que já nasce clássico.

Fica-se, mais, com a certeza de que a nova geração de juristas, aqui representada por Alexandre Laizo Clápis, já está pronta para ombrear doutrinadores clássicos, tais como Narciso Orlandi Neto, Marcelo Terra, Melhim Namem Chalhub e Ademar Fioranelli, todos *experts* no estudo de imbricações entre o direito material e o direito registrário, seja pelo prisma acadêmico, seja pelo viés prático.

De Sorocaba para São Paulo, 21 de março de 2025.

João Baptista de Mello e Souza Neto
Tabelião de Protesto de Letras e Títulos de Sorocaba.
Doutor e Mestre em Direito.
Professor Universitário.

---

e, por conseguinte, determinaram o registro do título". Disponível em: https://esaj.tjsp.jus.br/cjsg/getArquivo.do?cdAcordao=18720651&cdForo=0. Acesso em: 18 mar. 2025.

[4] A respeito, Narciso Orlandi Neto (*Retificação do Registro de Imóveis*. São Paulo: Editora Oliveira Mendes, 1997. p. 67), que lembra que "o princípio da especialidade aplica-se às pessoas (...) porque pressuposto necessário do exame da continuidade". Também Arruda Alvim (ARRUDA ALVIM NETTO, José Manoel de; CLÁPIS, Alexandre Laizo; CAMBLER, Everaldo Augusto (coord.). *Lei de registros públicos comentada:* Lei 6.015/1973. 2. ed. Rio de Janeiro: Forense, 2019. p. 502): "O chamado princípio da especialização ao lado do da inerência, são aqueles em que se estabelece, a partir da identificação da coisa, uma relação entre o sujeito e a coisa, proporcionando ao da especialização ou especificação conjugadamente com o da inerência a identificação da senhoria do sujeito sobre a coisa. Vale dizer, a configuração, à luz dos indicativos objetivo e subjetivo do direito de propriedade – ou de outro direito real – sobre uma coisa."

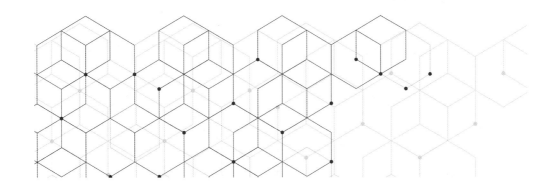

SUMÁRIO

INTRODUÇÃO **1**

PRIMEIRA PARTE **5**

1. Da compra e venda 9
   - 1.1 Noções introdutórias.. 9
   - 1.2 Generalidades... 12
     - 1.2.1 No direito romano 14
     - 1.2.2 No direito atual... 15
   - 1.3 Elementos essenciais 18
     - 1.3.1 Consentimento, capacidade e legitimação.................. 18
     - 1.3.2 Objeto (suas qualidades).. 23
       - 1.3.2.1 O imóvel como objeto da compra e venda 25
     - 1.3.3 Preço (seus caracteres) 35
   - 1.4 A compra e venda e negócios jurídicos semelhantes. Diferenças..... 37
     - 1.4.1 Locação.. 37
     - 1.4.2 Permuta 38
     - 1.4.3 Dação em pagamento.. 39
   - 1.5 Obrigações do vendedor e do comprador............................... 39
   - 1.6 Riscos... 40
   - 1.7 Efeitos 41
     - 1.7.1 Efeitos do compromisso de compra e venda............... 43
2. Do compromisso de compra e venda de imóvel................................ 45
   - 2.1 Do contrato preliminar de compra e venda. Conceito e generalidades .. 47
   - 2.2 Evolução do compromisso de compra e venda de imóvel.... 58
   - 2.3 Da promessa e do compromisso de compra e venda de imóvel 63
   - 2.4 O compromisso de compra e venda de imóvel como contrato preliminar 69

2.5	Efeitos do contrato preliminar de compromisso de compra e venda de imóvel		74
	2.5.1	O objeto do compromisso de compra e venda de imóvel ...	76
2.6	Do compromisso de compra e venda e o direito real à aquisição do imóvel		86
2.7	Do arrependimento..		91
	2.7.1	O direito de arrependimento para os imóveis não loteados..	98
	2.7.2	O direito de arrependimento para os imóveis loteados	99
	2.7.3	O direito de arrependimento para os imóveis incorporados ..	100
	2.7.4	A mora e a resolução do compromisso de compra e venda de imóvel	101
	2.7.5	A Lei Federal n.º 13.786/2018. A "Lei dos Distratos"..........	148
		2.7.5.1 A cláusula penal e a Lei dos Distratos................	165
		2.7.5.2 Violação positiva do contrato. Descumprimento dos deveres laterais e suas consequências nas relações contratuais. O inadimplemento antecipado (*anticipatory breach*)...	179
		2.7.5.3 A Lei dos Distratos e seus reflexos nas Leis Federais n.º 4.591/1964 e n.º 6.766/1979	213
		2.7.5.4 Lei dos Distratos e a Lei Federal n.º 4.591/1964..	221
		2.7.5.5 Lei dos Distratos e a Lei Federal n.º 6.766/1979..	224
	2.7.6	A Lei dos Distratos e o Código de Defesa do Consumidor	229
		2.7.6.1 A cronologia e a especialidade dos arts. 67-A e 32-A em relação ao Código de Defesa do Consumidor..	231
2.8	Da extinção do compromisso de compra e venda de imóvel		233
3.	Do direito real do compromissário comprador à aquisição do imóvel		235
3.1	Direitos reais		235
3.2	Teorias unitárias (personalista e realista)		244
3.3	Teoria clássica ou dualista		245
3.4	Direitos reais e direitos pessoais. Aspectos gerais.............................		245
3.5	Direitos reais e direitos pessoais. Características distintivas...............		247
	3.5.1	Os princípios relativos aos direitos reais	251
3.6	O compromisso de compra e venda de imóvel como fonte de direitos pessoal e real...		254
3.7	Registro de imóveis..		265
	3.7.1	Brevíssimas linhas sobre a evolução histórica	265
	3.7.2	Noções introdutórias	271
		3.7.2.1 A matrícula...	274

3.7.3	Princípios estruturantes do registro de imóveis		275
	3.7.3.1	Instância ou rogação	276
	3.7.3.2	Legalidade	277
	3.7.3.3	Unitariedade	278
	3.7.3.4	Especialidade	296
	3.7.3.5	Continuidade	303
	3.7.3.6	Prioridade	304
	3.7.3.7	Publicidade	306

Fim da primeira parte. Considerações 309

SEGUNDA PARTE **311**

4. Da adjudicação compulsória. Aspectos gerais 313
    4.1 Evolução legislativa 316
    4.2 Fundamentos 319
    4.3 Adjudicação compulsória. Significado 325
    4.4 A natureza jurídica da ação de adjudicação compulsória 333
    4.5 Necessidade ou não do registro do compromisso de compra e venda para a adjudicação compulsória 342
    4.6 Notificação prévia ao vendedor 354
    4.7 Imprescritibilidade do direito à adjudicação compulsória 355
    4.8 Condições da ação de adjudicação compulsória 359
        4.8.1 Das condições da ação 359
        4.8.2 Aspectos relacionados ao direito material (o instrumento preliminar de compromisso de compra e venda. O pagamento integral do preço de aquisição e sua comprovação. A prescrição da pretensão de cobrar o pagamento do preço de aquisição. O imóvel. A inexistência de cláusula de arrependimento. A vênia conjugal) 363

5. Da adjudicação compulsória extrajudicial 395
    5.1 Aspectos gerais 395
    5.2 Título. Requerimento e documentos. Aspectos gerais 397
        5.2.1 Do requerimento inicial e dos documentos 398
        5.2.2 O instrumento preliminar de compra e venda 402
            5.2.2.1 Comprovação da regularidade fiscal do compromissário vendedor 404
        5.2.3 Da ata notarial 408
            5.2.3.1 Da identificação do imóvel 412
            5.2.3.2 Das partes e da prova de pagamento 413
            5.2.3.3 Caracterização do inadimplemento relativo à outorga do contrato definitivo 416

		5.2.4	Das certidões dos distribuidores forenses	418
		5.2.5	Comprovante de pagamento do ITBI...................................	419
	5.3	Notificação extrajudicial. Inadimplemento da outorga do título definitivo. Aspectos gerais...		420
		5.3.1	A notificação deverá ser feita pessoalmente ao alienante?..	425
		5.3.2	A notificação deverá ser feita antes ou depois da ata notarial?	428
		5.3.3	Do consentimento...	429
	5.4	Da decisão do oficial do registro de imóveis....................................		431
	5.5	Do Provimento n.º 150, de 11 de setembro de 2023, da Corregedoria Nacional de Justiça do CNJ...		431
		5.5.1	Das disposições gerais...	432
		5.5.2	Do requerimento inicial..	457
		5.5.3	Da notificação	462
		5.5.4	Da anuência e da impugnação	475
		5.5.5	Da qualificação e do registro..	482
Fim da segunda parte. Considerações...				491

TERCEIRA PARTE.. **495**

6.	A propriedade fiduciária de coisa imóvel			497
	6.1	Conceito		497
	6.2	A natureza da propriedade do fiduciário e a propriedade do Código Civil. Reflexões sobre a natureza jurídica da propriedade fiduciária imobiliária		518
		6.2.1	Os direitos do fiduciante...	520
		6.2.2	Os direitos do fiduciário	524
		6.2.3	A natureza da propriedade fiduciária imobiliária e a propriedade do Código Civil	525
		6.2.4	A propriedade fiduciária de imóvel e o Código de Defesa do Consumidor – Tema 1.095 do Superior Tribunal de Justiça...	541
			6.2.4.1 Aspectos gerais..	541
			6.2.4.2 Aspectos gerais da controvérsia..........................	543
			6.2.4.3 A propriedade fiduciária de imóvel e o CDC.....	545
		6.2.5	A extinção da propriedade fiduciária imobiliária	575
			6.2.5.1 Cumprimento da obrigação principal.................	575
			6.2.5.2 Inadimplemento da obrigação principal	578
		6.2.6	Extensão da propriedade fiduciária imobiliária (Lei Federal n.º 14.711/2023 – "Lei das Garantias")................................	615
			6.2.6.1 Da extensão da propriedade fiduciária imobiliária – Lei Federal n.º 13.476/2017	616

6.2.7 Alienação fiduciária. Instrumento público ou particular 622

      6.2.7.1 O entendimento do Conselho Nacional de Justiça e o posicionamento do Supremo Tribunal Federal sobre o tema (instrumento público ou particular).. 628

Fim da terceira parte. Considerações 633

REFERÊNCIAS BIBLIOGRÁFICAS 637

ANEXO I 653

ANEXO II – ART. 440-AG DO PROVIMENTO 150 DO CNJ 655

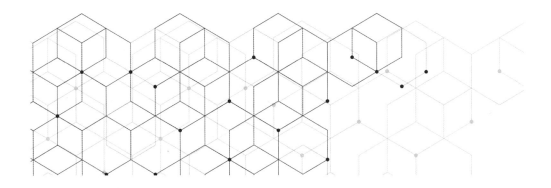

INTRODUÇÃO

O contrato de compra e venda ocupa uma posição de relevância nas sociedades modernas, tanto pela frequência no cotidiano quanto pela complexidade que pode ganhar em projetos relevantes. Por isso, é legalmente regulado em seus termos essenciais.

Historicamente, o contrato de compra e venda foi antecedido pela permuta porque originalmente, para o homem, era mais natural a troca de coisas que tivessem equivalência econômica.

Com a introdução da moeda, o contrato de compra e venda evoluiu e tornou-se um dos negócios jurídicos mais importantes para a transferência patrimonial de bens, consolidando-se como o mais utilizado nas sociedades modernas.

Firmada a distinção da permuta, sedimentou-se a compra e venda como um contrato capaz de propiciar a transferência imediata do objeto negociado mediante o pagamento do preço ajustado.

Definido no art. 481 do Código Civil brasileiro, pelo contrato de compra e venda estabelece-se que uma das partes se obriga a transferir o domínio de certa coisa, enquanto a outra se compromete a pagar o respectivo preço em dinheiro. Possui uma natureza meramente obrigacional: o vendedor compromete-se a transferir o objeto, enquanto o comprador, ao pagar o preço, adquire o direito de recebê-lo.

Da análise do dispositivo citado *supra* depreende-se que o contrato de compra e venda tem conteúdo meramente obrigacional pelo qual o vendedor obriga-se a transferir o objeto, e para o comprador, ao pagar o preço, nascem o direito e a obrigação de recebê-lo.

Existem sistemas que atribuem ao contrato de compra e venda o efeito de, por si só, transferir a propriedade independentemente de inscrição registrária do título. A transferência do domínio ocorre pelo simples consentimento. Optaram por esse modelo França, Itália e Portugal, por exemplo. Por sua vez, na Alemanha, na Áustria, na Suíça, na Holanda e na Espanha o contrato de compra e venda é insuficiente para a transmissão de titularidade.

Para o sistema jurídico brasileiro, no que se refere ao negócio jurídico que envolve imóvel, dividem-se os efeitos do contrato de compra e venda em duas fases distintas. Primeiramente, serve de fonte para as obrigações assumidas pelo vendedor e comprador (entrega do objeto e pagamento do preço). Em seguida, possibilita o acionamento do mecanismo estatal garantidor da publicidade registrária capaz de propiciar a transferência do seu objeto (imóvel) entre os patrimônios dos contratantes, nos termos do art. 1.245 do Código Civil.

Diante desse panorama obrigacional, procuramos tratar do contrato preliminar que pode anteceder ao título definitivo, o compromisso de compra e venda. No caso de compra e venda de imóveis, nosso entendimento é no sentido de que esse instrumento não é suficiente para a transferência definitiva do direito real de propriedade. É necessária, superado o valor mínimo do art. 108 do Código Civil, a outorga da escritura definitiva de compra e venda em cumprimento ao acordo previamente contido no compromisso.

Consideramos ser um contrato preliminar porque pressupõe um termo dentro do qual será outorgado o contrato definitivo de compra e venda. Muito utilizado quando as partes ainda não estão prontas para a transferência definitiva do imóvel. Seja porque o vendedor precisa tomar medidas de regularização do objeto, seja porque o comprador não dispõe da integralidade dos recursos para o pagamento do preço.

Como contrato preliminar, sua finalidade é fixar os termos essenciais do negócio jurídico pretendido pelas partes que não querem concluir desde já o contrato definitivo produtor dos efeitos jurídico-econômicos próprios da operação, e que preferem adiar a produção de efeitos para momento posterior.

Assim, o compromisso de compra e venda de imóvel contém um acordo entre comprador e vendedor de reiterar a vontade nele já manifestada pelas partes na celebração inicial, por ocasião da outorga do instrumento definitivo.

Em caso de recusa de uma das partes de outorgar o título definitivo de compra e venda na forma da legislação em vigor (Código Civil, art. 108), há a possibilidade de ser acionado mecanismo capaz de suprir a vontade da parte inadimplente dessa prestação.

Trata-se da conhecida adjudicação compulsória, atualmente com fundamento no art. 501 do Código de Processo Civil e no art. 216-B da Lei Federal n.º 6.015/1973. Pode ser manejada tanto judicial quanto extrajudicialmente.

A adjudicação compulsória extrajudicial é medida inovadora que permite o desafogamento do Poder Judiciário, pois se utiliza do registrador imobiliário para dar seguimento a um procedimento exaustivamente previsto no referido artigo da Lei Federal n.º 6.015/1973.

Há, no capítulo 5, a análise de todos os artigos do Provimento n.º 150/2023 da Corregedoria Nacional de Justiça do Conselho Nacional de Justiça, que buscou regulamentar a adjudicação compulsória extrajudicial.

A fundamentação legal e geral para o tema da adjudicação compulsória encontra-se nos arts. 1.417 e 1.418 do Código Civil.

Referidos dispositivos são concernentes a contrato preliminar de compra e venda de imóveis, espécie do gênero contrato preliminar.

Entendemos necessário abordar a natureza jurídica do compromisso de compra e venda para avaliar se se trata de direito obrigacional ou real. Quanto à adjudicação compulsória, abordamos o entendimento atual sobre a desnecessidade do registro do compromisso para essa providência.

Como contrato preliminar, há a possibilidade de as partes tratarem de seu desfazimento. Isso pode ocorrer consensualmente (distrato) ou em decorrência do inadimplemento de obrigações (resolução). Logo, foi preciso considerar as consequências de uma situação e de outra com algum detalhamento sobre a aplicação da aplicação da cláusula penal.

No terceiro capítulo, para tratar do direito real conferido pelo registro do compromisso de compra e venda, apresentamos as características que diferenciam os direitos pessoais dos direitos reais. Como a constituição do direito real pelo compromisso de compra e venda depende do seu registro na matrícula do imóvel, trazemos algumas considerações a respeito do registro de imóveis no Brasil, inclusive comentários sobre seus princípios norteadores.

Em decorrência das alterações implementadas pela Lei Federal n.º 14.711/2023, conhecida como marco legal das garantias, trouxemos no capítulo 6 uma abordagem sobre a propriedade fiduciária e as alterações introduzidas na sua sistemática e extensão pela referida lei.

A proposta desta obra não é esgotar as conclusões dos temas apresentados, nem apenas expor conceitos, mas proporcionar uma abordagem crítica e prática, explorando os principais desafios e soluções jurídicas na estruturação desse negócio jurídico de compra e venda. Com isso, buscou-se contribuir para a compreensão aprofundada do tema, com o objetivo de auxiliar tanto acadêmicos quanto profissionais na aplicação segura e eficiente do contrato de compra e venda de imóveis.

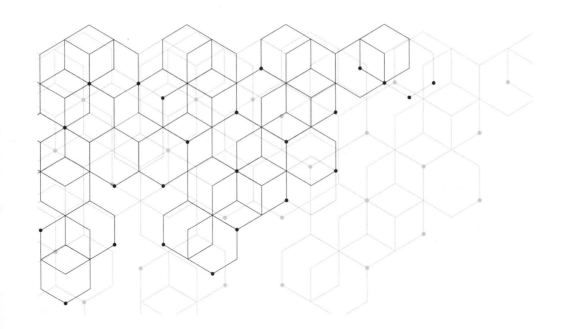

PRIMEIRA PARTE

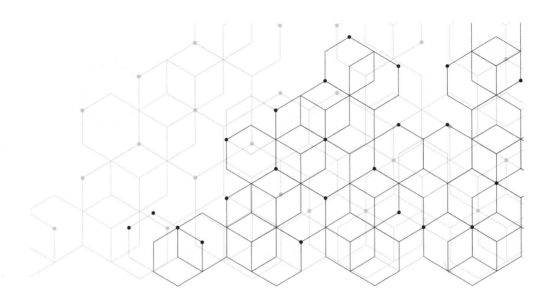

Nesta primeira parte, pretenderemos apresentar três capítulos com temas específicos para tratar da compra e venda de imóvel.

Nesse sentido, no Capítulo 1, abordaremos os aspectos relacionados ao negócio jurídico de compra e venda, com suas noções introdutórias e os aspectos gerais que a tocam tanto no direito romano quanto no direito atual.

Em seguida, trataremos sobre os elementos considerados essenciais para a compra e venda sem os quais não se configura essa modalidade de negócio jurídico. São eles: (i) o consentimento, a capacidade e a legitimação; (ii) o seu objeto e suas qualidades; e o (iii) preço e seus caracteres.

Trataremos expressamente sobre o imóvel como objeto central da compra e venda, especialmente considerando a venda (i) de imóvel futuro; (ii) de imóvel locado; e (iii) de imóvel em condomínio indivisível.

Subsequentemente, faremos paralelos entre a compra e venda e outros negócios jurídicos aparentemente semelhantes entre eles. São eles: (i) locação; (ii) permuta; e (iii) dação em pagamento.

Buscaremos traçar as distinções entre as obrigações do vendedor e as do comprador e os riscos que envolvem o negócio jurídico de compra e venda.

Ao final do primeiro capítulo, procuraremos avaliar os efeitos da compra e venda, especialmente com relação ao seu contrato preliminar, o compromisso de compra e venda.

Em seguida, reservamos o Capítulo 2 para tratarmos mais profundamente sobre o compromisso de compra e venda desde a sua conceitualização, além de sua evolução no sistema legislativo brasileiro.

Dedicaremos algumas linhas para diferenciar o negócio jurídico da *promessa* do de *compromisso* de compra e venda.

A partir dessa diferenciação, decidimos tratar em todo o livro sobre o compromisso de compra e venda como o contrato preliminar desse negócio jurídico.

Ainda no Capítulo 2, pretendemos apresentar os conceitos que o justificam como contrato preliminar, sua evolução e seus efeitos. Procuraremos traçar diretrizes para a definição de seu objeto.

Avaliaremos as questões relacionadas com o direito real à aquisição do imóvel diante da legislação e da doutrina brasileiras.

Nesse contexto, é imprescindível a análise do direito de arrependimento, do qual procuraremos apresentar a aplicação e a diferenciação para os casos de imóveis não loteados, loteados e incorporados.

Buscaremos tratar, pormenorizadamente, os efeitos da mora do comprador e/ou do vendedor, a conversão da mora em inadimplemento absoluto, a possibilidade de resolução do compromisso de compra e venda, bem como a diferenciação entre a cláusula resolutiva expressa e a tácita.

Com a questão da possibilidade ou não da resolução do compromisso de compra e venda, apresentaremos nossas considerações sobre a Lei Federal n.º 13.786/2018, conhecida no mercado imobiliário como a Lei dos Distratos, no que se refere às consequências da resolução, em especial a forma de aplicação da cláusula penal nas relações jurídicas decorrentes das Leis Federais n.º 4.591/1964 e n.º 6.766/1979. Analisaremos, também, a relação entre a Lei dos Distratos e o Código de Defesa do Consumidor.

Em decorrência da investigação sobre a resolução do compromisso de compra e venda, abordaremos aspectos relativos à violação positiva dos contratos. Nesse diapasão, foi necessário considerar o inadimplemento dos deveres laterais nas relações jurídicas contratuais e suas consequências, assim como a possibilidade de reconhecimento do inadimplemento antecipado (*anticipatory breach*).

Na sequência, o Capítulo 3 é dedicado à análise dos direitos reais, em especial o direito real de aquisição de imóvel. Para tanto, será necessária uma breve retrospectiva das diferenciações entre os direitos obrigacionais e os direitos reais. Apresentaremos, sinteticamente, as teorias unitárias e dualistas que fundamentam essa diferenciação e realçaremos os princípios relativos aos direitos reais, os quais são caracterizadores desses direitos.

De forma derivada, entendemos necessária a avaliação do papel do registro de imóveis na operacionalidade dos direitos reais. Passaremos, resumidamente, pela sua evolução histórica e pelos seus princípios estruturantes. Ao falarmos sobre o princípio da unitariedade, trataremos do chamado "princípio da concentração dos atos na matrícula do imóvel", nos termos da Lei Federal n.º 13.097/2015, e lançaremos comentários sobre a questão relativa à fraude de execução nas operações imobiliárias.

No que se refere à fraude de execução nos negócios imobiliários, trataremos de sua evolução no direito brasileiro até o momento atual em que se debate sobre a necessidade ou não de o comprador promover auditorias jurídicas em outros documentos, além da própria matrícula do imóvel. Indicaremos, ainda, a possibilidade de rastreamento do dinheiro, em vez do imóvel objeto da transação imobiliária, como alternativa para evitar a declaração de ineficácia da alienação do imóvel.

Ao finalizarmos essa primeira parte, esperamos ter estabelecido uma base sobre os conceitos essenciais da compra e venda de imóveis.

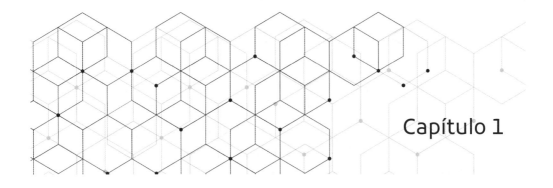

Capítulo 1

DA COMPRA E VENDA

1.1 NOÇÕES INTRODUTÓRIAS

A compra e venda é um dos negócios jurídicos de maior importância social para a circulação de bens e direitos. Apresenta-se de tal forma óbvia e natural que parece intrínseca a qualquer sociedade estruturada.

Nos termos do quanto estabelece o art. 481 do Código Civil, pelo contrato de compra e venda, um dos contratantes se obriga a transferir o domínio de certa coisa e, o outro, a pagar-lhe o preço em dinheiro.

A sua utilização frequente nas mais diversas extensões faz dele o mais difundido entre os negócios jurídicos. Desde os contratos mais complexos, como a alienação de uma empresa, até os mais simples, como a aquisição de um jornal, a compra e venda está sempre presente no cotidiano das pessoas. Os mesmos princípios basilares são utilizados independentemente da dimensão desse negócio jurídico.

Apesar de sua larga utilização, o direito não deixou de dar à compra e venda os contornos necessários para assegurar uma contratação livre baseada em uma relação justa e equilibrada.

Com as regras da compra e venda o respectivo negócio jurídico tem que estar envolto nas concepções decorrentes da boa-fé.

Nesse sentido, António Menezes Cordeiro[1] destaca que

> [nos] Direitos da atualidade a chave de uma contratação avançada não repousa tanto na precisa determinação das prestações principais típicas: a tarefa está concluída há milênios. O processo reside, antes, nos deveres assessórios. Determinados pela boa-fé, eles submetem as compras e vendas aos valores fundamentais do sistema, com relevo para a tutela da confiança e a primazia da materialidade subjacente. Ambas essas dimensões devem estar presentes em todas as tarefas de interpretação e de aplicação do regime em jogo.

O acordo de vontades das partes, que é gerador da compra e venda, deve estar centralizado no conteúdo essencial, que é a vontade do vendedor de transferir e a do comprador

---

[1] CORDEIRO, António Menezes. *Tratado de direito civil XI:* contratos em especial: compra e venda; doação; sociedade; locação. Coimbra: Almedina, 2018. p. 107.

de adquirir, cumprindo, cada qual, com suas recíprocas prestações (entrega do objeto e pagamento do preço).

Em linhas gerais, a compra e venda caracteriza-se por ser um negócio jurídico:

(i) bilateral, porque gera obrigações para ambas as partes (comprador e vendedor);
(ii) oneroso, porque tanto o comprador quanto o vendedor extraem benefícios e vantagens patrimoniais;
(iii) comutativo, pois as prestações recíprocas são determinadas e guardam certa equivalência; e
(iv) consensual, uma vez que, apesar de determinadas circunstâncias exigirem que seja solene, origina-se pelo acordo de vontades.

Contém por excelência a característica do sinalagma na medida em que em favor da obrigação de transmissão da propriedade da coisa há a obrigação de pagamento do preço em dinheiro, sendo, portanto, uma a causa da outra. Quem transfere a propriedade da coisa é o vendedor e quem paga o preço é o comprador.

É um contrato que pertence à categoria dos contratos onerosos, pois tanto o vendedor quanto o comprador almejam obter vantagens patrimoniais. Implica esforços econômicos para ambas as partes. Para a perda do objeto pelo vendedor, há a correspondência do recebimento do preço pelo comprador. Para o pagamento do preço pelo comprador, há a entrega do objeto pelo vendedor.

Como característica da comutatividade, há relação entre a privação sofrida e a vantagem obtida, em que pese essa correlação poder ser subjetiva, ou seja, a vantagem de um pode não corresponder exatamente à do outro. As partes sabem antecipadamente o que transacionaram. Como contrato comutativo, existe certeza quanto às prestações.

Com tal amplitude de utilização, a própria lei atua no sentido de simplificá-la a ponto de estabelecer que a compra e venda é perfeita e acabada quando as partes acordam quanto ao seu objeto e ao seu preço (Código Civil, art. 482). Concordes em relação ao objeto e ao seu valor, a compra e venda é obrigatória. Sua formação é, portanto, consensual (*solo consenso*).

Comumente, a compra e venda é um contrato de execução instantânea, em que a prestação de entrega do objeto sucede à do pagamento do preço. Estabelecem prestações simples, a entrega da coisa e o pagamento do preço. Contudo, pode ser formalizada como contrato de execução continuada ou diferida.

A compra e venda será de execução continuada, por exemplo, em contratos de fornecimento, nos quais a obrigação de pagar o preço tem correlação direta com o que se consumiu em períodos determinados (água, luz, gás). Será de execução diferida quando o preço determinado pelas partes para o objeto é dividido em várias prestações[2].

Como se denota da redação do referido art. 481 do Código Civil, de acordo com o qual *um dos contratantes se obriga*, a compra e venda tem natureza jurídica de direito obrigacional. Entretanto, serve como título para a transferência da propriedade do objeto vendido.

A compra e venda gera efeitos exclusivamente obrigacionais. Esse contrato, por si só, não opera os efeitos de transmissão da propriedade do respectivo objeto, mas serve como causa determinante para a sua transferência.

---

[2] LÔBO, Paulo. *Direito civil:* contratos. 4. ed. São Paulo: Saraiva Educação, 2018. v. 3, p. 211.

A estrutura desse negócio jurídico é constituída de dois momentos com consequências distintas. Um é a formalização do próprio negócio de compra e venda e o outro é o de transmissão do domínio do respectivo objeto.

A transmissão se dá pela tradição (Código Civil, art. 1.267), para os móveis, ou pelo registro (Código Civil, art. 1.245), para os imóveis. Enquanto não acontecer o segundo momento, o negócio jurídico de compra e venda é meramente obrigacional.

Pela tradição, que é a entrega do objeto móvel vendido ao comprador, transfere-se a sua propriedade. Tal entrega pode ser material ou ficta e deve ocorrer no modo, no tempo e no lugar convencionados pelos contratantes. Até o momento da efetiva tradição, os riscos relativos ao objeto correrão por conta do vendedor e ao preço, pelo comprador (Código Civil, art. 492).

A transferência da propriedade pelo registro ocorre com a inscrição do contrato de compra e venda no registro de imóveis da circunscrição territorial a que pertencer o imóvel objeto da alienação. Deve-se salientar, por oportuno, que, para se alcançar o registro que operará a transferência do direito real de propriedade para o comprador, é necessário que, pela regra geral contida no art. 108 do Código Civil, o contrato seja instrumentalizado por escritura pública. Logo, a escritura pública é a forma dada ao título que consubstanciará a causa para a transferência[3] ou constituição de direitos reais sobre imóveis.

Há elementos essenciais (*essentialia negotti*) que caracterizam o negócio jurídico de compra e venda. São eles: o consentimento, o objeto e o preço[4], os quais serão detalhadamente analisados adiante.

Mesmo que o objeto e o preço possam ser, respectivamente, futuros ou indeterminados, é imprescindível que pelos termos do contrato possam ser especializados e determináveis, tudo sob o expresso consentimento do comprador e do vendedor.

A compra e venda distingue-se de outros contratos pela sua estrutura. Comprador e vendedor concordam com a alienação de determinado objeto por um preço por eles ajustado. Esta é a estrutura essencial da compra e venda: consenso, objeto e preço.

Nesse sentido, podemos diferenciar a compra e venda da locação. Esta, apesar de ser também um contrato oneroso, pressupõe a concessão da utilização temporária do objeto – e não a sua transferência definitiva –, mediante um pagamento geralmente mensal denominado aluguel.

Difere-se, também, do comodato, porque esse contrato, além de temporário, é gratuito. Da mesma forma, diferencia-se da doação, pois nesta não há preço, e sim uma liberalidade pelo doador (*animus donandi*).

A permuta é o contrato que mais se aproxima da compra e venda[5], mas se difere, no entanto, porque na contraprestação não há dinheiro, mas outro objeto que é trocado entre as partes.

---

[3] Paulo Lôbo destaca que pela legislação aplicável à compra e venda a forma é exigida apenas para os negócios que têm como objeto imóveis. Ainda assim, destaca o autor, "o defeito de forma prescrita em lei resolve-se no plano da validade (no caso, nulidade). Às vezes, o legislador abre mão de requisito de validade ante a realidade da vida. Por exemplo, os contratos de aquisição de imóveis em que o beneficiário final seja mulher chefe de família, no âmbito do programa 'Minha casa, Minha vida' ou em programas de regularização fundiária de interesse social promovidos pela União, Estados, Distrito Federal ou Municípios, [...]" (LÔBO, Paulo. *Direito civil*: contratos. 4. ed. São Paulo: Saraiva Educação, 2018. v. 3, p. 211).

[4] PEREIRA, Caio Mário da Silva. *Instituições de direito civil*. Contratos. Atualizadora e colaboradora Caitlin Mulholland. 25. ed. Rio de Janeiro: Forense, 2022. v. III, p. 158.

[5] Tanto é assim que o art. 533 do Código Civil estabelece que para a permuta são aplicadas as regras referentes à compra e venda.

Como contrato, por via de regra, a compra e venda é concluída com apoio nos termos contidos em uma proposta, que, tendo o aceite pelas partes por meio do consentimento (encontro de vontades), aperfeiçoa-se e passa a ter validade e eficácia.

Há uma forte tendência de a conclusão de uma compra e venda de imóveis ser precedida de um contrato preliminar que previamente estabelece os termos gerais e as condições que deverão ser observadas para a formalização do contrato definitivo ou principal.

1.2 GENERALIDADES

Não se pode estabelecer com segurança o momento exato em que a compra e venda surgiu nas relações entre os homens[6], mas os primitivos se utilizavam da permuta para satisfazer suas necessidades, mesmo sem ter plena consciência do instituto. No direito romano, a compra e venda teve origem na permuta[7].

A permuta foi a forma rudimentar do intercâmbio econômico entre grupos humanos. É possível admitir que nos agrupamentos de caçadores e de colhedores existia uma situação de autossuficiência. "A evolução subsequente levou a que certos agregados detivessem excedentes, em falta noutro grupo que, por seu turno, disporia de bens diversos em excesso. Recorriam à troca"[8].

A troca pressupunha que determinado grupo de pessoas detivesse um excedente que seria de interesse de outro grupo, o qual, por sua vez, também teria de possuir outro excedente que fosse de interesse do primeiro grupo. Nota-se aqui um risco nessa estrutura negocial que é o de determinado grupo não conseguir outro grupo com interesse em seus produtos.

Com o adensamento populacional no decorrer dos tempos, em algumas regiões apareceram a manufatura rudimentar de certos bens e o desenvolvimento de culturas agrícolas diversificadas, o que viria a fomentar o comércio.

Desse ponto, e para sobrevivência, os homens dessa época longínqua implementaram um sistema de trocas de bens, sem, contudo, considerarem um conteúdo econômico para a mercadoria em suas operações, as quais eram feitas muito mais pelo critério de utilidade e de necessidade da mercadoria em certo tempo do que pelo acúmulo de riqueza que essa operação de permuta pudesse representar.

Consequentemente, a posse individual da coisa permutada necessitou de um regime especial de proteção que incluía o imprescindível acordo prévio do possuidor para que a transferência da coisa ocorresse, fosse a título gratuito (doação), fosse a título oneroso (permuta).

Na permuta, nem sempre era possível fazer uma real equivalência dos valores envolvidos. António Menezes Cordeiro[9] destaca que, primeiro, o gado representou uma moeda de troca que se mostrou insatisfatória, especialmente pela sua indivisibilidade inicial.

---

[6] Consta em Gênesis, capítulo 23, que Abraão teria comprado um local (Macpela) para enterrar a sua esposa, Sara.

[7] "Na tradição romana, o valor universal de troca era ainda expresso por lingotes de bronze. Passou-se, depois, a moedas: as primeiras tinham expresso o símbolo universal do valor: uma vaca. A evolução subsequente é conhecida: a comunidade organizada chamou a si a cunhagem de moeda e a garantia dos seus peso e valor. Verificou-se, com o tempo, que não era necessária uma circulação física de moedas: estas podiam ser depositadas em segurança, transacionando-se na base de títulos que as representassem" (CORDEIRO, António Menezes. *Tratado de direito civil XI*. Contratos em especial: compra e venda; doação, sociedade, locação. Coimbra: Almedina, 2018. p. 43).

[8] CORDEIRO, António Menezes. *Tratado de direito civil XI*. Contratos em especial: compra e venda; doação, sociedade, locação. Coimbra: Almedina, 2018. p. 41.

[9] CORDEIRO, António Menezes. *Tratado de direito civil XI*. Contratos em especial: compra e venda; doação, sociedade, locação. Coimbra: Almedina, 2018. p. 42.

Surgiu a necessidade de identificar uma mercadoria que todos aceitassem pela troca das coisas que tivessem para dispor.

Essa mercadoria deveria ser divisível para que fosse possível o ajustamento de valores. Também, deveria assumir-se como não perecível, armazenável e capaz de traduzir um valor estabilizado. Essa representação pode ser feita com base em ligas metálicas como: cobre, bronze, ferro, prata e ouro.

Ante a natural lei da oferta e da procura, originou-se a necessidade de algo que representasse valor para a efetivação das trocas. Miguel Maria de Serpa Lopes registra que a evolução foi para um animal, vegetal e depois firmou-se no mineral. Foi a origem primitiva do preço convencional que fez surgir, então, o contrato de compra e venda, "que não passava de uma estilização da troca primitiva"[10].

Nesse contexto, a mercadoria a ser considerada como universal teria um duplo valor, o de uso e o de troca. O cobre, o bronze e o ferro eram destinados para a confecção de armas e de equipamentos agrícolas. A prata e o ouro serviam para ornamentação.

Prevaleceu o valor de troca e, independentemente de qualquer função prática, determinados metais eram queridos por todos.

> Os metais preciosos ganharam, ficando os demais como divisionários. E operando como valor de troca, a moeda vale como medida de valores: exprime, em termos numéricos e a cada momento, o montante por que, no espaço considerado, se pode transacionar qualquer bem[11].

Com o decorrer dos tempos, a evolução da massa populacional, o crescimento das necessidades dos homens e a dificuldade que se passou a enfrentar para encontrar pessoas dispostas a permutarem determinados bens impuseram novos critérios para o aprimoramento dos negócios, agora apoiados na compra e venda.

Ramón Badanes Gasset, citado por Arnaldo Rizzardo[12], explica a passagem de um estágio para o outro, tendo em conta a dificuldade de se obter uma equivalência dos valores em jogo; utilizavam-se mercadorias intermediárias universalmente aceitas para basear a troca, como cabeças de gado e, posteriormente, metais cunhados. A troca foi, portanto, quase abandonada nos primórdios da humanidade quando se adotou um tipo de mercadoria que servia de parâmetro comum de valor para as demais, momento em que, com alguma certeza, nasceu o contrato de compra e venda.

É possível que, ao se buscar estabelecer um critério para aferição dos valores dos bens permutados (ou seja, quanto um vale em relação ao outro), tenha surgido daí a compra e venda, tendo se consolidado e se expandido quando do surgimento de um metal como representativo de valor. Distingue-se, a partir de então, a permuta da compra e venda.

Foi com a criação da moeda que se teve um divisor de águas entre a permuta e a compra e venda[13], pois esta exerce o valor troca (como também o é a permuta), mas é um câmbio de uma coisa por dinheiro, o que favoreceu muito mais a circulação de riquezas.

---

[10] SERPA LOPES, Miguel Maria de. *Curso de direito civil*. Fontes das obrigações: contratos. 7. ed. rev. pelo Prof. José Serpa de Santa Maria. Rio de Janeiro: Freitas Bastos, 2001. v. IV, p. 264.

[11] CORDEIRO, António Menezes. *Tratado de direito civil XI*. Contratos em especial: compra e venda; doação, sociedade, locação. Coimbra: Almedina, 2018. p. 42.

[12] RIZZARDO, Arnaldo. *Contratos*. 21. ed. Rio de Janeiro: Forense, 2023. p. 271.

[13] Miguel Maria de Serpa Lopes registra que a venda era usual entre antigos patriarcas. Processava-se mediante acordo entre vendedor e comprador, num lugar público, com a presença de testemunhas,

A criação da moeda facilitou as operações em geral, mas especialmente as transações do cotidiano. Antes dela, as necessidades de cada pessoa estavam ao arbítrio das oportunidades geradas por outros indivíduos, na dependência de que aquilo que se tinha para oferecer fosse exatamente o desejado pelo outro[14].

O contrato de compra e venda é considerado um dos mais utilizados para a circulação de bens, revestindo-se de grande importância para as sociedades ao longo da história da humanidade.

Em linhas gerais, pode-se dizer que compra e venda é o contrato pelo qual o vendedor se obriga a transferir para o comprador o domínio de uma coisa, corpórea ou incorpórea, desde que haja o pagamento do preço em dinheiro[15] (Código Civil, art. 481).

1.2.1 No direito romano

A transformação em contrato de compra e venda considerado consensual e translativo imediato da propriedade generalizou-se em Roma ao tempo das XII Tábuas[16], apesar de que muito antes já havia conhecimento de disposições que regulavam a compra e venda.

O contrato, por si só, porém, não operava a transmissão do domínio, restringindo-se a transferir a posse. A efetiva aquisição da propriedade nascia de um daqueles atos que, na sistemática romana, eram hábeis a promovê-la, como a *traditio* e a *mancipatio*[17].

A *traditio* era uma forma de transferência de propriedade ou de posse de bens mais simplória e que não exigia um ritual formal, ao contrário da *mancipatio*. A *traditio* era mais simples e menos formal, caracterizada pela mera entrega física da coisa do alienante para o adquirente.

A *mancipatio*, no direito romano antigo, era a tomada ritual do poder sobre alguém ou alguma coisa feita em solenidade especial que expressava poder, operando contra dinheiro, por meio da forma solene, desenvolvendo o papel econômico de compra e venda[18].

O principal ponto de destaque sobre o contrato de compra venda no direito romano, que o distingue dos demais direitos da antiguidade, é seu efeito meramente obrigacional, o que influenciou diversos outros sistemas, como o germânico.

Esse aspecto meramente obrigacional advindo do direito romano influenciou a compra e venda nos tempos atuais. Naquele ordenamento, também não se transferia a propriedade

---

sendo o preço calculado pelo peso, e não pelo contrato. Relata o autor que a Bíblia apresenta relatos nesse sentido, como quando Jeremias, na invasão de Jerusalém por Nabucodonosor, compra o campo de Hanaméel (Livro de Jeremias, Cap. 32). Prevalecia o preceito divino de que *a terra também não se venderá perpetuamente, porque ela me pertence*. Em Esparta, as leis de Licurgo, proibindo a moeda de outro e a alienação de posses territoriais, impediram a divulgação do contrato de compra e venda, o que não ocorreu na Grécia, onde era comum a compra e venda de imóveis que eram feitas mediante magistrados como testemunhas dos ajustes (SERPA LOPES, Miguel Maria de. *Curso de direito civil*. Fontes das obrigações: contratos. 7. ed. rev. pelo Prof. José Serpa de Santa Maria. Rio de Janeiro: Freitas Bastos, 2001. v. IV, p. 264).

[14] BEVILÁQUA, Clovis. *Direito das obrigações*. Bahia: Livraria Magalhães, 1896. p. 319.

[15] PEREIRA, Caio Mário da Silva. *Instituições de direito civil*. Contratos. Atualizadora e colaboradora Caitlin Mulholland. 25. ed. Rio de Janeiro: Forense, 2022. v. III, p. 156; e GOMES, Orlando. *Contratos*. Atualizadores Edvaldo Brito [e coordenador], Reginalda Paranhos de Brito. 28. ed. Rio de Janeiro: Forense, 2022. p. 231. BEVILÁQUA, Clovis. *Direito das obrigações*. Bahia: Livraria Magalhães, 1896. p. 321.

[16] RIZZARDO, Arnaldo. *Contratos*. 21. ed. Rio de Janeiro: Forense, 2023. p. 271.

[17] PONTES DE MIRANDA, Francisco Cavalcanti. *Tratado de direito privado*. Parte especial. 3. ed. reimp. Rio de Janeiro: Borsoi, 1971. t. XIII, § 1.462. 1., p. 209.

[18] CORDEIRO, António Menezes. *Tratado de direito civil XI*. Contratos em especial: compra e venda; doação, sociedade, locação. Coimbra: Almedina, 2018. p. 49.

apenas por esse tipo de contrato. A transmissão, conta Serpa Lopes[19], como referido, ocorria pela *mancipatio* e pela *traditio*, que também influenciariam nossa forma de transmissão e respectiva aquisição da propriedade das coisas.

O estudo do contrato de compra e venda no direito romano merece um breve destaque porque ainda exerce grande influência no direito moderno.

Com a evolução do próprio sistema romano, apareceu a ideia fundamental de divisão entre os dois atos supracitados, a *traditio* e a *mancipatio*; o ato causal e o ato da efetiva transferência.

Logo, a transmissão e a respectiva aquisição do direito de propriedade dependiam de atos praticados em dois momentos distintos, sendo um a obrigação de transferir e o outro, o efetivo ato de transferência[20].

1.2.2 No direito atual

Depois de brevíssimas linhas para contextualizar as origens da compra e venda no direito romano, especialmente a sua característica obrigacional, é possível avaliar esse contrato no direito moderno, tendo como cenário-base dois sistemas jurídicos essencialmente antagônicos no que se refere aos seus efeitos e que mais se destacaram no ordenamento mundial, o francês e o germânico.

Nos sistemas jurídicos francês[21], italiano[22] e português[23], o contrato de compra e venda produz o efeito translativo de propriedade sem que sejam necessárias ações posteriores. A força de transmissão decorre do próprio contrato. Em outros sistemas, o contrato não é suficiente para transferir a propriedade, limitando-se a criar a obrigação de transmiti-la. Naqueles, o efeito é real; nestes, é meramente obrigacional[24], servindo o contrato como título que viabilizará a aquisição do direito real de propriedade do correspondente objeto[25-26].

---

[19] SERPA LOPES, Miguel Maria de. *Curso de direito civil*. Fontes das obrigações: contratos 7. ed. rev. pelo Prof. José Serpa de Santa Maria. Rio de Janeiro: Freitas Bastos, 2001. v. IV, p. 265.

[20] SERPA LOPES, Miguel Maria de. *Curso de direito civil*. Fontes das obrigações: contratos. 7. ed. rev. pelo Prof. José Serpa de Santa Maria. Rio de Janeiro: Freitas Bastos, 2001. v. IV, p. 265.

[21] Código Civil francês, art. 1.583: "É perfeito entre as partes, e a propriedade adquire-se por direito ao comprador em relação ao vendedor, logo que a coisa e o preço tenham sido acordados, embora a coisa ainda não tenha sido entregue nem o preço pago" (tradução livre).

[22] Código Civil italiano, art. 1.470: "Venda é o contrato que tem por objeto a transmissão da propriedade de uma coisa ou a transmissão de outro direito em troca de um preço" (tradução livre).

[23] Código Civil português, art. 874: "Compra e venda é o contrato pelo qual se transmite a propriedade de uma coisa, ou outro direito, mediante um preço".

[24] Exemplos de sistemas que consideram o contrato de compra e venda obrigacional:
Código Civil argentino, art. 1.123: "Definição. Há venda se uma das partes for obrigada a transferir a propriedade de uma coisa e a outra for obrigada a pagar um preço monetário" (tradução livre);
Código Civil chileno, art. 1.793: "A venda é um contrato em que uma das partes se compromete a dar algo e a outra a pagar em dinheiro. Esse é chamado de venda e este é chamado de compra. O dinheiro que o comprador dá pela coisa vendida é chamado de preço" (tradução livre);
Código de obrigações suíço, art. 184: "Através do contrato de compra, o vendedor compromete-se a entregar o bem adquirido ao comprador e a conceder-lhe a propriedade do mesmo, e o comprador compromete-se a pagar ao vendedor o preço de compra" (tradução livre).

[25] GOMES, Orlando. *Contratos*. Atualizadores Edvaldo Brito [e coordenador], Reginalda Paranhos de Brito. 28. ed. Rio de Janeiro: Forense, 2022. p. 231.

[26] Arnaldo Rizzardo ainda apresenta outro sistema, predominantemente no direito russo, em que "a compra e venda não se resume na obrigação, ou na tradição da *res*, para dar-se a transferência da propriedade. Cada uma (obrigação e tradição) tem seu campo de aplicação. Relativamente às coisas individualmente consideradas, a aquisição da propriedade se opera no momento em que se conclui

No direito francês, o contrato de compra e venda se aperfeiçoa em um único ato, ou seja, a obrigação de dar e a de transferir se realizam conjuntamente, pois decorrem do consentimento das partes, dada a consagração da transferência da propriedade da coisa vendida unicamente pelo contrato.

Assim estabelece o art. 1.583 do Código Civil francês ao regular a compra e venda: "É ela perfeita entre as partes, e a propriedade é adquirida de pleno direito pelo comprador ante o vendedor, desde que haja acordo sobre a coisa e o preço, embora a coisa não tenha sido ainda entregue nem o preço ainda pago"[27-28].

O sistema germânico[29] retorna à concepção romana do contrato de compra e venda, atribuindo-lhe conteúdo meramente obrigacional.

Dispõe assim o § 433 do BGB:

> Pelo contrato de compra torna-se o vendedor de uma coisa obrigado a entregar a coisa ao comprador e a proporcionar a propriedade da coisa. O vendedor de um direito está obrigado a proporcionar ao comprador o direito e, quando o direito autorizar a posse de uma coisa, a entregar a coisa. O comprador está obrigado a pagar o preço da compra combinada e a receber a coisa comprada[30].

Desse dispositivo pode-se deduzir a existência de duas realidades jurídicas, uma, que o contrato produz apenas obrigação de transferir a coisa vendida, e outra, que essa transferência não decorre do ato de obrigar-se, mas de uma segunda fase, atrelada à primeira, que constitui, portanto, uma dupla obrigação, que é a de dar a posse ao comprador (...*torna-se o vendedor de uma coisa obrigado a entregar a coisa ao comprador*...) e a de transferir-lhe a propriedade (...*e a proporcionar a propriedade da coisa*...).

Para o direito alemão, a compra e venda ocorre em dois tempos distintos entre si. O primeiro origina-se no contrato de compra e venda do qual surge para o vendedor a obrigação de transferir a propriedade para o comprador. O segundo, que necessariamente depende de novo encontro de vontades do vendedor e do comprador[31], efetivamente promove a transferência da propriedade.

---

o contrato. Com referência, porém às determinadas pelo gênero, consome-se a aquisição no instante da tradição" (RIZZARDO, Arnaldo. *Contratos*. 21. ed. Rio de Janeiro: Forense, 2023. p. 272).

[27] FRANÇA. *Código Napoleão ou Código Civil dos Franceses*. Texto integral traduzido por Souza Diniz. Rio de Janeiro: Record, 1962. p. 227.

[28] No mesmo sentido o art. 1.470 do Código Civil Italiano: "La vendita è il contratto che ha per oggetto il trasferimento della proprietà di una cosa o il trasferimento di un altro diritto verso il corrispettivo di um prezzo" (A venda é o contrato de transferência de propriedade de uma coisa ou a transferência de outro direito em contrapartida de um preço – tradução livre).

[29] O § 433 do Código Civil alemão estabelece que: "(1) Por meio de um contrato de compra e venda, o vendedor de uma coisa está obrigado a entregá-la ao comprador e a transferir a sua propriedade ao comprador. O vendedor deve assegurar que o bem seja entregue ao comprador livre de defeitos materiais e de vícios de título. (2) O comprador está obrigado a pagar ao vendedor o preço de compra acordado e a aceitar a entrega do bem adquirido" (tradução livre).

[30] ALEMANHA. *Código civil alemão*. Traduzido diretamente do alemão por Souza Diniz. Rio de Janeiro: Record, 1960. p. 82.

[31] Aqui está presente a questão da abstração no direito alemão. António Menezes Cordeiro destaca que o princípio da abstração equivale a uma evolução externa da natureza não real da compra e venda e do princípio da separação de planos, uma vez que a compra e venda não transmite a propriedade, mas apenas obriga o vendedor a fazê-lo. E na ponta da transmissão exige um segundo negócio entre as partes para possibilitar a tradição ou a inscrição no registro, e que tem natureza real. Esse

Em nosso sistema, o contrato de compra e venda também tem caráter meramente obrigacional e, embora seja uma causa determinante, a transferência da propriedade depende de um dos modos previstos em lei (tradição ou registro). Filia-se ao direito romano e germânico.

Celebrado o contrato de compra e venda, nosso sistema determina que a aquisição da propriedade do bem vendido dependerá de uma segunda formalidade, que é a *tradição* (da efetiva entrega material do bem para o comprador) para os bens móveis e o *registro* para os imóveis.

Para nós, do contrato de compra e venda surge um direito de natureza pessoal, e não um direito real. Admitir o contrário, como se verá adiante ao falar sobre as características dos direitos reais e pessoais, seria aceitar que o contrato de compra e venda entre nós, por si só, poderia ser originador de direitos reais, e não é isso o que se depreende da sistemática em vigor.

Em nosso sistema, há dois momentos para que o bem seja efetivamente transferido da esfera patrimonial do vendedor para a do comprador.

O primeiro consubstancia-se no contrato que gera a obrigação de transferir pela compra e venda, no caso, e, portanto, serve de causa para a transmissão.

O segundo é a execução da obrigação de transferir em si, a qual ocorre pela tradição, para os bens móveis, e pelo registro, para os imóveis. Enquanto não acontecer o segundo momento, o negócio jurídico de compra e venda é meramente obrigacional.

Denota-se o conteúdo obrigacional da compra e venda em nosso sistema pelo quanto estabelece o art. 481 do Código Civil: pelo "contrato de compra e venda, um dos contratantes se *obriga* a transferir o domínio da coisa, e o outro, a pagar-lhe certo preço em dinheiro".

O conteúdo do art. 481 transcrito anteriormente demonstra que pelo contrato de compra e venda uma das partes *se obriga* a transferir o domínio da coisa mediante o pagamento do preço. O dispositivo indica com nitidez que existe um momento anterior ao da efetiva transferência, que é o de obrigar-se; um dos contratantes *se obriga* a *transferir*; isso não é ainda a transferência; são duas ações distintas. É nítido o conteúdo obrigacional do contrato de compra e venda quando o dispositivo legal citado determina que o vendedor tem a obrigação de transmitir.

Somamos a isso o que estabelece o art. 1.267 do Código Civil: a "propriedade das coisas não se transfere pelos negócios jurídicos antes da tradição".

Ora, a frase *não se transfere pelos negócios jurídicos* é definidora no sentido de qual é a força obrigacional dos contratos. Em arremate, o art. 1.227 prevê como regra geral que "direitos reais sobre imóveis constituídos, ou transmitidos por atos entre vivos, só se adquirem com o registro no Cartório de Registro de Imóveis [...]".

O vendedor, portanto, desde que receba o preço, é obrigado a entregar a coisa para o comprador, e, se houver o perecimento desta antes da entrega, poderá gerar ao comprador o direito à indenização por perdas e danos.

Compra e venda é, portanto, o contrato pelo qual o vendedor se obriga a transferir a propriedade de um bem para o comprador, desde que receba em dinheiro o valor consensualmente estabelecido por eles como preço[32].

---

segundo negócio não depende, na sua validade e na sua eficácia, da validade ou da subsistência do primeiro (CORDEIRO, António Menezes. *Tratado de direito civil XI*. Contratos em especial: compra e venda; doação, *sociedade, locação*. Coimbra: Almedina, 2018. p. 68).

[32] GOMES, Orlando. *Contratos*. Atualizadores Edvaldo Brito [e coordenador], Reginalda Paranhos de Brito. 28. ed. Rio de Janeiro: Forense, 2022. p. 231.

A compra e venda pura está prevista no art. 482 do Código Civil e se efetiva quando a entrega da coisa e o pagamento do preço acontecem sem que sejam estabelecidas condições ou cláusulas especiais[33] para a sua convenção.

Não será considerada pura a compra e venda cujo preço dependa de fixação posterior ou cujo objeto é coisa futura que possa eventualmente não existir.

Arnaldo Rizzardo[34] esclarece que na compra e venda pura as vontades das partes estão "plenamente concordes e acertadas quanto ao objeto e ao preço", e o "consentimento decorre da plena concordância em relação aos elementos que compõem o negócio, tornando difícil, posteriormente, qualquer retrocesso ou desconstituição".

O contrato de compra e venda pode ser caracterizado como:

(i) bilateral, porque gera obrigações para o vendedor e para o comprador;
(ii) oneroso, uma vez que vendedor e comprador auferem vantagens patrimoniais (perde--se o preço com o pagamento, mas ganha-se a coisa no seu lugar e vice-versa);
(iii) comutativo, em razão de haver equivalência e certeza das prestações; e
(iv) consensual, pois se forma pelo acordo de vontades, ainda que em alguns casos deva ser solene, ou seja, observar determinada forma, como no caso de compra e venda de imóvel em que, acima de determinado valor, deve-se fazer por instrumento público.

1.3 ELEMENTOS ESSENCIAIS

Pelo conteúdo do art. 481 do Código Civil, a compra e venda é o contrato pelo qual um dos contratantes se obriga a transferir o domínio de certa coisa e o outro, a pagar-lhe o preço em dinheiro.

Dessa disposição legal podem-se identificar três elementos essenciais que caracterizam esse tipo contratual: o objeto, o preço e o consenso, e os dois primeiros são considerados objetos da compra e venda.

A seguir, analisaremos cada um desses elementos essenciais.

1.3.1 Consentimento, capacidade e legitimação

A compra e venda é naturalmente consensual, pois exige o ajuste de vontade entre o vendedor e o comprador para gerar a obrigação de entregar a coisa e de pagar o preço, respectivamente. Sem o consentimento, não há criação do vínculo obrigacional. Apesar do necessário consentimento, as manifestações de vontades na compra e venda não precisam ser simultâneas.

Pelo consentimento, surgem para o vendedor o dever de entregar a coisa e o direito de receber o preço, e para o comprador, o dever de pagar o preço e o direito de receber a coisa.

É pelo consentimento que vendedor e comprador ajustam os elementos essenciais da compra e venda, o objeto e o preço. Só com o consentimento é que se pode estruturar a compra e venda, pois esse negócio jurídico depende da circunstância de estar o vendedor de acordo com o preço que receberá pela venda e o comprador com o objeto que adquirirá pela compra.

---

[33] Como é o caso da retrovenda, da venda a contento e da sujeita à prova, da preempção ou preferência, da venda com reserva de domínio e da venda sobre documentos (Código Civil, arts. 505 e seguintes).
[34] RIZZARDO, Arnaldo. *Contratos*. 21. ed. Rio de Janeiro: Forense, 2023. p. 274.

Tendo consenso e celebrado o acordo que deve ser mútuo, livre e espontâneo, o contrato estará formado e não será possível o arrependimento[35]. Seguir-se-á a sua execução, que se dará pela entrega da coisa e pagamento do preço. Em caso de inadimplemento, a parte lesada poderá ou pedir a resolução do contrato ou exigir o seu cumprimento, sendo possível, em ambas as situações, indenização por perdas e danos (Código Civil, art. 475).

O consentimento pressupõe a capacidade das partes para vender e comprar. Como a execução desse contrato presume que o vendedor tenha disposição sobre o objeto, é necessário que seja capaz de alienar.

Significa dizer que o vendedor deve ter poder de disponibilidade sobre o bem objeto da compra e venda, ou seja, a capacidade de livremente aliená-lo. O comprador, por sua vez, necessita ter capacidade para assumir obrigações em geral[36].

Salienta Arnaldo Rizzardo[37] que o mútuo acordo envolve diversos aspectos:

a) acordo sobre a existência e natureza do contrato. Se um dos contratantes quer aceitar uma doação e o outro quer vender, contrato de compra e venda não há;

b) acordo sobre o objeto do contrato. Se as partes divergem a seu respeito, não pode haver contrato válido. Em outros termos, não haverá contrato de compra e venda se uma pessoa crê vender um certo bem e a outra supõe comprar algo bem distinto. Assim, na hipótese de se pretender alienar um volume de cevada e o pretendente pensar estar adquirindo uma mesma quantidade de trigo;

c) acordo sobre as cláusulas que o compõem. Se a divergência campeia em ponto substancial, não poderá ter eficácia o contrato;

d) acordo sobre o preço. Deixa este de existir se uma pessoa tenciona vender a coisa por um valor superior àquele pretendido pelo comprador. Mas se o último, por erro, pensa adquirir uma quantia maior que a soma estipulada pelo vendedor, o contrato de venda se entenderá efetuado pela cifra que o vendedor queria. Presume-se que as partes tenham acordado neste valor, pois quem se dispõe a comprar por um preço maior quer comprar por um preço menor.

A compra e venda não se aperfeiçoará se não houver consenso sobre todos os pontos considerados essenciais. Apesar de haver acordo prévio quanto ao objeto e o preço, o consentimento quanto a esses é insuficiente se as partes tiverem atribuído importância especial a outras condições[38]. Para que o contrato seja perfeitamente formado, é imprescindível que os contratantes manifestem vontade no sentido de concordarem com todas as condições, considerando a convenção tal como projetada *in concreto*[39].

O consentimento pressupõe a capacidade jurídica ordinária das partes. Para a validade do negócio jurídico de compra e venda, as partes devem ser capazes. A capacidade deve ser compreendida como um modo de ser ou qualidade do sujeito em si. Relaciona-se, em contraposição, com as incapacidades genéricas estabelecidas nos arts. 3º e 4º do Código Civil.

---

[35] Ver, no Capítulo 2, tópico dedicado à cláusula resolutiva expressa.
[36] GOMES, Orlando. *Contratos*. Atualizadores Edvaldo Brito [e coordenador], Reginalda Paranhos de Brito. 28. ed. Rio de Janeiro: Forense, 2022. p. 236.
[37] RIZZARDO, Arnaldo. *Contratos*. 21. ed. Rio de Janeiro: Forense, 2023. p. 276.
[38] Como as comuns cláusulas de *due diligence* ou de auditoria jurídica. Enquanto não forem disponibilizados os documentos do vendedor ou, se apresentados, a análise deles pelo comprador não for satisfatória, o negócio jurídico de compra e venda não se aperfeiçoará.
[39] RIZZARDO, Arnaldo. *Contratos*. 21. ed. Rio de Janeiro: Forense, 2023. p. 276.

No presente contexto, importa destacar a capacidade de agir. Esta compreende a noção de idoneidade do sujeito para atuar juridicamente no exercício de direitos e no cumprimento de deveres, assumindo obrigações ou adquirindo direitos, por ato próprio ou por meio de representantes.

É preciso destacar que ao lado da capacidade encontra-se a legitimação. Salienta-se que esta não se confunde com a legitimidade. A legitimidade considera a relação entre o sujeito e o conteúdo do negócio jurídico, sendo, portanto, uma posição ou um modo de ser perante os outros[40-41].

A legitimidade existirá em decorrência da ilegitimidade, que é declarada por lei. O que existe, portanto, é a ilegitimidade. Como registra Antônio Junqueira de Azevedo[42], a ilegitimidade é uma situação de exceção que, em decorrência de "uma relação jurídica ou fática entre o declarante e outra pessoa, o ordenamento cria um obstáculo para a realização de um negócio jurídico. É um impedimento".

A legitimação relaciona a pessoa capaz de exercer os atos da vida civil e a sua posição diante de um objeto específico. Distingue-se da capacidade porque nesta se avaliam as qualidades intrínsecas da pessoa, as quais a habilitam ou não ao exercício dos atos da vida civil, enquanto na legitimação o que se analisa é a posição em que se encontra a pessoa em relação a determinados bens que podem ser objeto de negócios jurídicos ou a determinadas pessoas que nestes são envolvidas[43].

De acordo com Emílio Betti[44],

> [...] a legitimidade de parte pode definir-se como a sua competência para obter ou para suportar os efeitos jurídicos do regulamento de interesses que se tem em vista: competência que resulta de uma específica posição do sujeito, a respeito dos interesses de que se trata de regulamentar. Questão de legitimidade é a de verificar por *quem*, e a respeito de *quem*, o negócio pode ser correctamente concluído, a fim de poder produzir os efeitos jurídicos conformes à sua função e, por outro lado, aderentes ao regulamento de interesses pretendido pelas partes.

Como na compra e venda o que se pretende é a transferência do domínio de um bem, além da capacidade o vendedor deverá ter legitimação, ou seja, ter plena possibilidade de dispor livremente de seus bens na forma estabelecida pela ordem jurídica.

Existem certas pessoas que não estão legitimadas para contratar a compra e venda livremente.

---

[40] MOTA PINTO, Carlos Alberto da. *Teoria geral do direito civil*. 3. ed. actual. 11. reimp. Coimbra: Coimbra Editora, 1996. p. 255.

[41] Pode-se dizer que possuem "legitimidade para um certo negócio os sujeitos dos interesses cuja modelação é visada pelo negócio e haverá carência de legitimidade, sempre que se pretenda fazer derivar dum negócio efeitos (alienação ou aquisição de direitos, assunção de obrigações etc.), que vinculem outras pessoas, que não os intervenientes no negócio (p. ex., venda de coisa alheia, contrato a cargo de outrem, etc.)" (MOTA PINTO, Carlos Alberto da. *Teoria geral do direito civil*. 3. ed. actual. 11. reimp. Coimbra: Coimbra Editora, 1996. p. 256).

[42] JUNQUEIRA DE AZEVEDO, Antônio. *Negócio jurídico e declaração negocial*: noções gerais e formação de declaração negocial. 1986. Tese (Professor Titular) – Universidade de São Paulo, São Paulo, 1986, p. 154.

[43] GOMES, Orlando. *Contratos*. Atualizadores Edvaldo Brito [e coordenador], Reginalda Paranhos de Brito. 28. ed. Rio de Janeiro: Forense, 2022. p. 47.

[44] BETTI, Emílio. *Teoria geral do negócio jurídico*. Coimbra: Coimbra Editora, 1969. t. II, p. 31.

Não podem figurar como vendedores sem a observância de regras específicas o ascendente, o falido, o condômino de coisa indivisível e o cônjuge sem a vênia conjugal, a depender do regime de bens adotado para o casamento.

A compra e venda será considerada anulável se ocorrer entre ascendente e descendente sem o consentimento expresso – e de preferência no mesmo ato (Código Civil, art. 220) – dos demais descendentes e do cônjuge. O consentimento do cônjuge será dispensável, nessa hipótese, caso o regime de bens adotado para o casamento seja o da separação obrigatória[45] (Código Civil, art. 1.647).

O consentimento dos demais descendentes e do cônjuge poderá ser dado posteriormente de maneira expressa, não se admitindo que seja tácito.

Com isso, o legislador pretendeu proteger a igualdade das legítimas dos descendentes e do cônjuge de uma doação disfarçada de compra e venda, de modo a favorecer um dos herdeiros necessários em detrimento dos demais. Busca a proteção, portanto, dessa categoria de herdeiros (legítimos).

Se o ascendente for casado por outro regime de bens que não o da separação convencional ou legal e tiver apenas um descendente, ainda assim dependerá do consentimento do cônjuge. Caso não seja casado e não tenha outros descendentes, o consentimento exigido pelo art. 496 do Código Civil será desnecessário e a compra e venda não será considerada anulável, mas tal circunstância deverá ser comprovada e expressamente enunciada no contrato.

O prazo prescricional para pedir a anulação da compra e venda de ascendente para descendente sem o consentimento dos demais é de dois anos a contar da data da conclusão do ato (Código Civil, art. 179).

A coisa considerada indivisível e que tenha mais de um proprietário não poderá ser vendida para terceiros sem a observância do direito de preferência do art. 504 do Código Civil. Não significa dizer que a coisa indivisível é inalienável, mas tão somente que a compra e venda deve atender previamente ao direito de prioridade na aquisição legalmente garantida aos demais condôminos. Se mais de um condômino quiser o mesmo quinhão, serão aplicadas as regras de desempate previstas no parágrafo único do referido art. 504.

Esse direito de preferência não se aplica para a venda de unidades autônomas de condomínios edilícios e de condomínio de lotes, porque são consideradas propriedades exclusivas de seus titulares.

Há previsão expressa no art. 4º da Lei Federal n.º 4.591/1964 no sentido de que a alienação das unidades autônomas independerá do consentimento dos condôminos. O Código Civil, no inciso I do art. 1.335, estabelece que é direito do condômino alienar livremente a sua unidade.

No que se refere ao condomínio de lotes, aplicam-se as regras do condomínio edilício (Código Civil, art. 1.358-A, § 2º, inciso I), sendo possível a sua alienação independentemente do consentimento dos demais condôminos, porque esses (os lotes) também são considerados unidades de propriedade exclusiva (Código Civil, art. 1.358-A, *caput*).

Entre os cônjuges será lícita a compra e venda de bens que não integrem os da comunhão, ou seja, aqueles que são considerados particulares em relação ao vínculo patrimonial matrimonial.

---

[45] Aqui estão incluídos os casamentos cujos regimes de bens é a separação, seja convencional (Código Civil, art. 1.687), seja a obrigatória (Código Civil, art. 1.641), e que afastam inclusive a comunicação dos bens adquiridos durante a vigência do casamento, mesmo que pelo esforço comum (aquestos). Em contraposição, existe a Súmula n.º 377 do Supremo Tribunal Federal que estabelece que, "no regime de separação legal de bens, comunicam-se os adquiridos na constância do casamento".

Na mão inversa, é proibida a compra e venda entre cônjuges de bens que integram o acervo comum do casal, porque não se pode adquirir aquilo que já se tem.

O acervo patrimonial do casal – cujo regime de bens admite comunhão – é um todo unitário e indivisível, razão pela qual não se pode, na vigência do casamento, destacar uma parte para compra e venda de um ao outro, pois ambos são donos ao mesmo tempo de todo o patrimônio conjugal.

Apenas com relação aos bens excluídos da comunhão matrimonial é que se admitirá a compra e venda entre os cônjuges (Código Civil, art. 499). São considerados excluídos da comunhão aqueles elencados nos arts. 1.659 e 1.668 do Código Civil.

Exceto no regime da separação absoluta de bens, não pode um cônjuge alienar imóvel sem a vênia conjugal do outro. A vênia conjugal recusada imotivadamente, ou na hipótese de impossibilidade de sua concessão, poderá ser suprida judicialmente (Código Civil, art. 1.648).

O ato praticado sem a autorização do cônjuge ou sem a autorização judicial é considerado anulável e o outro cônjuge poderá pleitear a anulação até dois anos depois de terminada a sociedade conjugal (Código Civil, arts. 1.571 e 1.649).

Existem pessoas que, em razão do dever de manter a isenção necessária pelo ofício ou pela profissão que desenvolvem, não possuem legitimidade para comprar, como é o caso dos tutores, dos curadores, dos testamenteiros, dos administradores, dos mandatários, dos representantes, dos juízes, dos auxiliares da justiça, dos servidores públicos e dos leiloeiros[46]. Os negócios feitos por aqueles que não são legitimados a comprar são considerados nulos (Código Civil, art. 497).

Dissemos anteriormente que a legitimação não se confunde com a legitimidade. Aquela se refere ao poder de dispor de determinada coisa. Tem legitimação aquele que tem poder de disposição sobre o bem. O poder de dispor é uma faculdade resultante da posição do sujeito em relação a uma pessoa ou a um direito[47]. Os direitos que contêm poder de disposição, como os reais e os de crédito, estão em poder dos titulares desses direitos e não resultam de determinada qualidade sua.

A legitimação ou o poder de dispor é uma exigência para a eficácia dos respectivos negócios jurídicos de disposição. Estes têm como efeito a perda de um direito ou a sua gravosa modificação, ou seja, será de disposição "o negócio jurídico pelo qual se transmite, se grava, se modifica ou se extingue um direito (por exemplo, a cessão de crédito, a constituição de hipoteca, de usufruto e a renúncia, respectivamente)"[48].

A alienação de um direito é a sua disposição pelo titular transmitente para que ocorra a aquisição pelo correspondente adquirente. Para ser eficaz o negócio jurídico de disposição, é preciso que o transmitente do respectivo direito seja o titular do poder de dispor da coisa. A falta de legitimação acarreta a ineficácia do negócio jurídico de disposição.

Na compra e venda de imóvel, portanto, o alienante terá legitimação para alienar se for o formal titular do correspectivo direito real de propriedade.

---

[46] GOMES, Orlando. *Contratos*. Atualizadores Edvaldo Brito [e coordenador], Reginalda Paranhos de Brito. 28. ed. Rio de Janeiro: Forense, 2022. p. 236.

[47] JUNQUEIRA DE AZEVEDO, Antônio. *Negócio jurídico e declaração negocial*: noções gerais e formação de declaração negocial. 1986. Tese (Professor Titular) – Universidade de São Paulo, São Paulo, 1986, p. 155.

[48] JUNQUEIRA DE AZEVEDO, Antônio. *Negócio jurídico e declaração negocial*: noções gerais e formação de declaração negocial. 1986. Tese (Professor Titular) – Universidade de São Paulo, São Paulo, 1986, p. 156.

1.3.2 Objeto (suas qualidades)

Quanto ao objeto, todas as coisas que estão no comércio podem ser contratadas pela compra e venda, tanto os bens corpóreos quanto os incorpóreos.

Nelson Rosenvald[49] destaca a controvérsia acerca da classificação entre "bem" e "coisa", para registrar que a relação entre ambos consiste na distinção entre gênero e espécie, respectivamente. O termo bem, salienta o autor, "abrange objetos corpóreos e incorpóreos, susceptíveis de apropriação, abrangendo qualquer utilidade material ou ideal", enquanto coisa seria o bem economicamente apreciável, tangível e com consistência (acrescentamos). Em razão dessa definição, também preferimos, para a caracterização geral dos contratos de compra e venda, o termo "bem" por se referir a um conjunto maior de objetos que podem ser comprados e vendidos, mas restringiremos para coisa, quando adiante tratarmos de compra e venda de imóvel.

De maneira mais genérica, pode ser objeto da compra e venda a realidade que gravite na esfera patrimonial do vendedor e passe a ser desejada pelo comprador. Realizado o negócio jurídico, o que se transfere é a propriedade de um bem ou de um direito. Apesar de o preço também ser objeto da compra e venda, quando se faz referência ao objeto do contrato, tem-se em mente aquilo que é transferido pelo vendedor[50-51].

Para a validade da compra e venda, o objeto deve ser lícito, possível ou determinável, como estabelece o art. 166, II, do Código Civil.

A compra e venda pode ter como objeto o bem atual ou futuro, mas é impossível vender o bem inexistente. O contrato será nulo por falta de objeto, requisito essencial, como referido antes, salvo se a intenção das partes era concluir contrato aleatório, no qual o objeto da venda é a esperança de que o bem surgirá, e não a coisa futura perfeitamente determinada.

Contudo, ainda que inexistente, é possível o contrato de compra e venda de um bem que virá a existir, considerado futuro. Esse contrato passa a existir de maneira condicional, resolvendo-se, caso o bem não tenha existência, ou considerando-o perfeito com o implemento da condição (ou seja, a existência do bem) desde a data da sua celebração.

---

[49] ROSENVALD, Nelson. Arts. *In*: GODOY, Claudio Luiz Bueno de et al. *Código Civil comentado*: doutrina e jurisprudência. Lei n. 10.406 de 10.01.2002. Coordenação Cezar Peluso. 17. ed. rev. e atual. Santana de Parnaíba, SP: Manole, 2023. p. 544.

[50] CORDEIRO, António Menezes. *Tratado de direito civil XI*. Contratos em especial: compra e venda; doação, sociedade, locação. Coimbra: Almedina, 2018. p. 102.

[51] Para António Menezes Cordeiro, "podem ser objeto de compra e venda todas as coisas que não estejam fora do comércio. 'Coisa' deve ser tomada no seu sentido amplo de abranger quer as coisas corpóreas, quer as incorpóreas. [...] Num fenômeno em que as Humanísticas e o Direito são férteis, o objeto da compra e venda pode ser determinado, como tal, pela própria compra e venda. Assim sucede com o dinheiro. Este, tomado como meio geral de troca, é a contrapartida da coisa. Mas pode funcionar como objeto, quando tenha algo que o diferencie: moeda específica, moeda estrangeira ou moeda sem curso legal. Pode ser objeto de compra e venda. A eletricidade, o gás, a água e a climatização podem ser 'vendidos' pelas entidades fornecedoras. Em rigor, está aqui em causa uma prestação de serviço: todavia, é configurável como uma venda sucessiva. Bens imateriais dos mais diversos tipos podem ser comprados: direitos patrimoniais de autor, patentes, modelos industriais e outros. Certas realidades, como a firma, a clientela e o aviamento admitem vendas, desde que integrados em complexos transacionáveis. Material e programas informáticos, licenças e realidades similares são corretamente comprados e vendidos. Em suma: apenas pela negativa é possível fixar realidades que não possam submeter-se à compra: seja por estarem fora do comércio, seja por se submeterem a regimes especiais limitativos, como sucede com os bens culturais" (CORDEIRO, António Menezes. *Tratado de direito civil XI*. contratos em especial: compra e venda; doação, sociedade, locação. Coimbra: Almedina, 2018. p. 103).

Nesse contexto de bem futuro, é necessário destacar que não pode ser objeto de contrato a herança de pessoa viva (Código Civil, art. 426). O que se proíbe por esse dispositivo é o negócio jurídico *inter vivos*, com prestação *post mortem*, ou seja, a morte de uma pessoa é um termo que subordina a eficácia do negócio jurídico.

Esse tipo de contrato é denominado pela doutrina nacional de *pacto corvina*, porque gera a expectativa da morte do titular da herança, permanecendo os contratantes como se fossem corvos que aguardam o evento da morte de sua vítima. Esse negócio jurídico é nulo porque seu objeto é impossível pela lei e tem como objetivo fraudar lei imperativa (Código Civil, art. 166, II e VI).

Celebrado o contrato que tenha como objeto a compra e venda de bem futuro, perdendo-se o bem ou não vindo a existir, a obrigação de entrega deverá seguir o que está estabelecido no art. 234 do Código Civil, ou seja, se a coisa se perder, sem culpa do devedor, antes da tradição, ou pendente a condição suspensiva, fica resolvida a obrigação para ambas as partes e sem qualquer penalidade; se a perda resultar de culpa do devedor, responderá este pelo equivalente à prestação, mais perdas e danos.

Como o contrato de compra e venda gera uma obrigação de dar, o seu objeto deverá ser especializado por seus elementos identificadores e caracterizadores. Há que ser determinado.

Entretanto, o contrato de compra e venda será considerado válido, caso, na sua formação, o objeto não seja determinado, mas se tenham convencionado previamente as características próprias e específicas para se promover a sua determinação no momento da execução da prestação principal.

É preciso que o vendedor tenha disponibilidade sobre o bem a ser alienado. A falta de disponibilidade sobre o bem impossibilita que o vendedor o entregue para o comprador, o que afetará o cumprimento da obrigação de dar, porque por alguma razão jurídica retirou-se dele (vendedor) o poder de disposição sobre o bem.

Caio Mário da Silva Pereira[52], em síntese, salienta que a indisponibilidade sobre o bem pode ser *natural*, quando o bem é insuscetível de apropriação pelo homem; *legal*, quando o bem, apesar de ser passível de apropriação, está fora do comércio por imposição legal; ou ainda *voluntária*, ao resultar de uma declaração de vontade por ato *inter vivos* (doação) ou *mortis causa* (testamento).

Não será válido o contrato de compra e venda de bem considerado inalienável, pois é impossível a sua execução. Finda a indisponibilidade, torna-se possível a alienação.

Os bens fora do comércio não podem ser objeto de compra e venda. Essa situação pode ser absoluta ou relativa. Respectivamente, pode derivar da natureza do próprio bem, como o ar e a luz, de sua destinação ao uso público, como ruas, praças, praias etc.[53], ou ainda, como referido, da declaração de vontade sobre a inalienabilidade estipulada em atos de liberalidade como doação ou testamento.

Alguns[54] distinguem os bens fora do comércio daqueles considerados inalienáveis. Caso excluído do comércio por motivo de ordem pública (como os de uso comum do povo e os de uso especial), o bem é inalienável (Código Civil, art. 100), mas a recíproca não é verdadeira.

---

[52] PEREIRA, Caio Mário da Silva. *Instituições de direito civil*. Contratos. Atualizadora e colaboradora Caitlin Mulholland. 25. ed. Rio de Janeiro: Forense, 2022. v. III, p. 161.

[53] GOMES, Orlando. *Contratos*. Atualizadores Edvaldo Brito [e coordenador], Reginalda Paranhos de Brito. 28. ed. Rio de Janeiro: Forense, 2022. p. 238.

[54] SOUZA, Sebastião de. *Da compra e venda*. 2. ed. rev. pelo autor. Rio de Janeiro: Revista Forense, 1956. p. 121.

Os bens considerados inalienáveis na forma da lei não são necessariamente tornados fora do comércio, pois é possível que haja, a depender do caso concreto, a sub-rogação da inalienabilidade ou até mesmo a cessação da causa que a determina, o que acarretará seu cancelamento.

1.3.2.1 O imóvel como objeto da compra e venda

Podemos afirmar que todo direito tem um objeto. Para corroborar tal afirmação, pode-se tomar desde a existência da própria pessoa com seus atributos da personalidade (a honra, a liberdade, a manifestação do pensamento etc.).

O objeto do direito, por sua vez, pode referir-se a relações jurídicas traduzidas em ações humanas, como as prestações de dar, de fazer ou de não fazer.

Poderá o objeto do direito recair, ainda, sobre coisas corpóreas ou incorpóreas. O imóvel é um exemplo das primeiras e o direito autoral, das segundas.

Das diferentes classes de bens considerados em si mesmos tratados pelo Código Civil, há duas que se contrapõem, os imóveis e os móveis (Código Civil, arts. 79 e seguintes).

Um dos objetos mais importantes convencionados nos contratos de compra e venda é o imóvel. Não significa que os móveis não tenham importância ou tenham uma importância menor, uma vez que, nos nossos dias, por exemplo, as coisas com valores mobiliários são tão ou mais valiosas que os imóveis.

Sílvio de Salvo Venosa[55] explica que imóveis são aqueles bens que não podem ser transportados sem perderem suas características ou deteriorarem suas partes, enquanto móveis são aqueles que podem ser removidos sem que percam suas características ou diminuam sua substância.

A distinção, apesar de já nos ser natural, fica mais clara quando os consideramos em suas próprias naturezas. Assim, imóveis seriam bens que não podem ser removidos sem que se alterem as suas substâncias; os demais seriam móveis.

O Código Civil revogado de 1916 definia imóvel, em seu art. 43, I, como o solo com a sua superfície, os seus acessórios e adjacências naturais, compreendendo as árvores e frutos pendentes, o espaço aéreo e o subsolo.

Tantas foram as restrições legais introduzidas para a utilização do espaço aéreo e do subsolo que o art. 79 do Código Civil de 2002 preferiu uma redação sem tais disposições. Atualmente, são bens imóveis o solo e tudo quanto se lhe incorporar natural ou artificialmente.

Apesar de existir alguma proteção para a propriedade do espaço aéreo e do subsolo em favor do respectivo proprietário, ela não é ilimitada. É o que se extrai da redação do art. 1.229 do Código Civil, no qual se consigna que:

> A propriedade do solo abrange a do espaço aéreo e subsolo correspondentes, em altura e profundidade úteis ao seu exercício, não podendo o proprietário opor-se a atividades que sejam realizadas, por terceiros, a uma altura ou profundidade tais, que não tenha ele interesse legítimo em impedi-las.

Para além da definição que decorre de sua própria natureza, o direito encampa o conceito de imóvel não apenas para o solo, mas também para tudo o que lhe é incorporado natural ou artificialmente.

O solo com a sua superfície, acessões e acidentes naturais são considerados imóveis.

---

[55] VENOSA, Sílvio de Salvo. *Código Civil interpretado*. 5. ed. São Paulo: Atlas, 2022. p. 90.

São considerados imóveis por acessão física tudo o que for incorporado permanentemente ao solo pelo trabalho do homem. São imóveis, portanto, as construções definitivamente aderentes ao solo.

Para serem comprometidos à venda, os imóveis devem ser integrantes da categoria de bens incluídos no comércio, ou seja, passíveis de alienação, mantendo-se em estado de permanecer e de circular nas esferas patrimoniais das pessoas.

São fora do comércio aqueles imóveis que não podem ser apropriados privadamente nem transferidos uns aos outros. Exemplo: os bens públicos de uso comum do povo, como rios, mares, estradas, ruas e praças.

Também estarão fora do comércio os bens considerados inalienáveis. A inalienabilidade pode resultar da lei ou de negócio jurídico *inter vivos* ou *mortis causa*. É exemplo do primeiro caso a improbidade administrativa nos termos do quanto estabelece o § 4º do art. 37 da Constituição Federal; e do segundo caso, a doação e o testamento, respectivamente, em que o autor da liberalidade, desde que de forma justificada, pode estabelecer cláusula de inalienabilidade que restringirá o poder de disposição pelo titular do direito de propriedade (Código Civil, arts. 538 e 1.848).

Nesse sentido, poderão ser objeto de compromisso de compra e venda, desde que disponíveis: (i) prédios urbanos ou rurais, respectivamente, aqueles situados dentro e fora dos limites legais da cidade (imóveis não loteados); (ii) os lotes, objeto de loteamento nos termos da Lei Federal n.º 6.766/1979 (imóveis loteados); e (iii) as unidades autônomas decorrentes da organização estabelecida pela Lei Federal n.º 4.591/1964 (imóveis incorporados).

1.3.2.1.1 Venda de imóvel futuro

Pela regra constante no art. 481 do Código Civil, uma das partes obriga-se a transferir o domínio de determinada coisa desde que receba certo preço em dinheiro. Pelo dispositivo legal, há duas partes certas no regramento sobre o contrato de compra e venda, a coisa certa e o preço certo.

Por seu turno, o art. 482 do mesmo Código faz alusão a objeto e preço. Ambos os dispositivos remetem a um objeto de propriedade do vendedor.

Apesar dessa regra geral, o objeto da compra e venda poderá ser também coisa atual ou futura, mas, se a coisa inexistir no momento da celebração do contrato, a pretensão do legislador será a de evitar que as partes violem as regras de ordem pública relativas à vocação hereditária e à liberdade de testar (Código Civil, art. 483).

Todavia, como advertido pela doutrina, tal proibição há de ser interpretada com cautela, para não obstaculizar o planejamento sucessório cada vez mais necessário na vida contemporânea.

Herança de pessoa viva não poderá ser objeto de contrato de coisa futura, porque é proibido estabelecer em contrato relações de herança de pessoa viva, consoante os termos do art. 426 do Código Civil, também denominado *pacto corvina*. Logo, há restrição de comercialização por terceiros de objetos pertencentes a pessoas vivas, ou seja, antes de aberta a sucessão.

Outra hipótese de compra e venda de coisa futura está na comercialização de coisas que não vierem a existir, situação em que o contrato será considerado nulo por falta de objeto, ressalvada a hipótese de as partes terem querido a contratação de coisa aleatória nos termos do art. 483 do Código Civil.

O objeto futuro pode ser específico ou genérico. Será considerado genérico aquele que se encontrar em fase de fabricação em série, cuja entrega será feita posteriormente pelo vendedor, o qual assume integralmente o risco porque o gênero não perece[56].

Uma das formas de as partes diminuírem o risco na compra e venda futura é convencionar uma condição resolutiva para o negócio. O contrato de compra e venda sob condição resolutiva é existente, é válido e será eficaz quando concluído, o que ocorrerá com a entrega do imóvel para o comprador. Portanto, se em determinado tempo, modo e lugar a coisa não for entregue para o comprador, este não pagará o preço e o negócio de compra e venda de coisa futura estará rescindido, sendo possível ao credor pleitear perdas e danos decorrentes do inadimplemento (Código Civil, art. 475).

Quando o objeto da compra e venda futura vier a existir, o contrato passará a produzir todos os seus efeitos. Logo, o comprador tem que pagar o preço para receber a coisa.

1.3.2.1.2 Alienação de imóvel locado

É muito comum encontrarmos em parte da doutrina, com origem em uma velha tradição romana, a regra geral que estabelece que a alienação para terceiros de imóvel locado rompe a relação locatícia.

A regra apoia-se no fato de que, por não ser o adquirente parte da locação já existente, como novo titular do direito real de propriedade ele não estará obrigado a prosseguir com a relação de locação até o seu prazo final.

Encontramos regramento sobre o tema tanto no Código Civil, no art. 576[57], quanto na Lei Federal n.º 8.245/1991, no art. 8º[58]. Trataremos da locação cujo objeto seja imóvel.

Em ambos os dispositivos, a referência é feita à alienação do objeto da locação. Nesse sentido, a compra e venda é uma das formas admitidas para a alienação, assim como a permuta e a doação também o são.

Contudo, como salienta Sylvio Capanema de Souza[59], não é a alienação em si que propicia o fim da locação, mas sim a denúncia que é feita pelo adquirente de que não deseja mais seguir com o contrato. Tanto é assim que o terceiro pode adquirir o imóvel locado e desejar manter a locação para auferir renda.

Em caso de alienação, portanto, a locação poderá ser encerrada pelo adquirente mediante denúncia formal encaminhada ao locatário.

---

[56] LÔBO, Paulo. *Direito civil*: contratos. 4. ed. São Paulo: Saraiva Educação, 2018. v. 3, p. 218.

[57] "Art. 576. Se a coisa for alienada durante a locação, o adquirente não ficará obrigado a respeitar o contrato, se nele não for consignada a cláusula da sua vigência no caso de alienação, e não constar de registro. § 1º O registro a que se refere este artigo será o de Títulos e Documentos do domicílio do locador, quando a coisa for móvel; e será o Registro de Imóveis da respectiva circunscrição, quando imóvel. § 2º Em se tratando de imóvel, e ainda no caso em que o locador não esteja obrigado a respeitar o contrato, não poderá ele despedir o locatário, senão observado o prazo de noventa dias após a notificação."

[58] "Art. 8º Se o imóvel for alienado durante a locação, o adquirente poderá denunciar o contrato, com o prazo de noventa dias para a desocupação, salvo se a locação for por tempo determinado e o contrato contiver cláusula de vigência em caso de alienação e estiver averbado junto à matrícula do imóvel. § 1º Idêntico direito terá o promissário comprador e o promissário cessionário, em caráter irrevogável, com imissão na posse do imóvel e título registrado junto à matrícula do mesmo. § 2º A denúncia deverá ser exercitada no prazo de noventa dias contados do registro da venda ou do compromisso, presumindo-se, após esse prazo, a concordância na manutenção da locação."

[59] SOUZA, Sylvio Capanema de. *A Lei do Inquilinato comentada*: artigo por artigo. 14 ed. rev., atual. e ampl. Rio de Janeiro: Forense, 2023. p. 64.

Denotam-se no conteúdo do art. 8º da Lei Federal n.º 8.245/1991 referências a dois prazos de 90 dias, os quais são destinados a pessoas diferentes.

O primeiro prazo de 90 dias, contido no *caput* do art. 8º, é direcionado ao locatário do imóvel alienado. Pela sistemática legal, o adquirente comunica o locatário que não deseja mais prosseguir com a locação e concede a ele o prazo de 90 dias para a desocupação do imóvel.

O segundo prazo de 90 dias, previsto no § 2º do mesmo art. 8º, é dirigido ao adquirente. Assim, caso deseje encerrar a relação locatícia, o adquirente deverá informar formalmente o locatário sobre o fim do contrato.

A contar do registro do título de aquisição, o adquirente terá o prazo de 90 dias para promover a denúncia do contrato de locação e exigir a desocupação do imóvel.

Importante destacar que também terão direito de denunciar a locação o promissário comprador e o promissário cessionário, desde que o contrato tenha sido firmado em caráter irrevogável, tenha havido imissão na posse do imóvel e o título aquisitivo esteja registrado na correspondente matrícula.

Em resumo, portanto, (i) o adquirente terá, a contar do registro do título aquisitivo, 90 dias para denunciar o contrato de locação e (ii) o locatário, por sua vez, terá o prazo de 90 dias para desocupar o imóvel a contar do seu recebimento.

A regra geral de que a alienação pode romper a relação locatícia admite exceção, a qual está prevista expressamente nos dispositivos legais mencionados anteriormente (Código Civil, art. 576, e Lei Federal n.º 8.145/1991, art. 8º).

Assim, a locação permanecerá em vigor, mesmo que ocorra a alienação do imóvel, caso sejam atendidos três requisitos legais cumulativos na seguinte gradação: (i) a locação esteja vigorando por prazo determinado; (ii) o contrato contenha expressa cláusula de vigência; e (iii) o contrato de locação esteja registrado na matrícula do imóvel.

Uma observação necessária é sobre a expressão **averbado** contida na parte final do dito art. 8º da Lei Federal n.º 8.245/1991.

Pela sistemática da escrituração da matrícula no registro de imóveis, o contrato de locação em que tenha sido consignada expressamente a cláusula de vigência deve ser registrado e não averbado, nos termos do quanto estabelece o item 3 do inciso I do art. 167 da Lei Federal n.º 6.015/1976.

Nota-se que o § 1º do art. 576 do Código Civil utilizou o termo correto ao determinar que, se tratar-se de imóvel, o contrato deverá ser registrado.

Consequentemente, o prazo da locação deverá ser respeitado pelo adquirente se o contrato contiver expressamente cláusula de vigência, estiver registrado na matrícula do imóvel e não vigorar, por ocasião da alienação, por prazo indeterminado.

Sabidamente, a locação é um direito de natureza obrigacional. O locador, por determinado período e valor, autoriza o locatário a utilizar seu imóvel. Em linhas bem gerais, a prestação do locador consiste em possibilitar a usar o imóvel pelo locatário e a deste em pagar o preço do aluguel.

Entretanto, com a finalidade de conferir maior proteção a uma relação de natureza pessoal como a locação, o legislador socorreu-se de princípio ou atributo de direito real, a publicidade, para garantir que o locatário, observados determinados requisitos legais, não tenha seu contrato de locação rompido por uma alienação inesperada durante a vigência da locação.

Importa dizer que a previsão da cláusula de vigência sem o registro do contrato na matrícula do imóvel é inócua. É só com a publicidade que se alcançará a eficácia *erga omnes*[60]. Não adianta outra publicidade que não a do registro de imóveis. Caso o contrato, por exemplo, seja registrado no cartório de registro de títulos e documentos, não alcançará os efeitos de publicidade capazes de inibir a denúncia do contrato pelo adquirente e, nesse caso, a alienação romperá a locação.

Não se trata de direito real, e sim de um direito obrigacional com eficácia real.

É a publicidade dada ao contrato de locação, com o seu registro na matrícula do imóvel, que obriga o adquirente a respeitar o prazo da locação até o seu termo final.

Denunciado o contrato pelo adquirente, o locatário, como dito, deverá desocupar o imóvel locado no prazo de 90 dias. Esse prazo será contado do efetivo recebimento pelo locatário da notificação encaminhada pelo adquirente.

Mesmo que notificado o locatário, caso o adquirente não tome as medidas necessárias para promover o seu despejo, presumir-se-á a manutenção da locação (§ 2º do art. 8º da Lei Federal n.º 8.245/1991).

Uma exceção ao art. 8º da Lei Federal n.º 8.245/1991 é a transferência que ocorre aos herdeiros com o falecimento do locador. Nessa hipótese, não caberá a denúncia do contrato de locação, uma vez que este é transmitido para os herdeiros, os quais deverão respeitar o prazo de locação até o seu termo final, como determina o art. 10 da Lei Federal n.º 8.245/1991.

No que se refere à notificação ao locatário, por ser a locação uma relação de direito pessoal, entendemos que esse ato deva ser feito pessoalmente a ele (locatário) ou ao seu representante formal.

As alterações recentes no Código de Processo Civil, especialmente no art. 248, § 4º, facilitaram para que o encaminhamento dessa correspondência seja eficaz nos empreendimentos imobiliários com controle de acesso (condomínios edilícios e loteamentos fechados), valendo como entregue a notificação a funcionário da portaria responsável pelo recebimento da correspondência, que, entretanto, poderá recusar o recebimento, se declarar, por escrito e sob as penas da lei, que o destinatário da correspondência está ausente.

Denota-se que o legislador processualista procurou oferecer mais ferramentas para o aperfeiçoamento da intimação do interessado contra quem possa haver uma pretensão resistida.

Há, também, as correspondências expedidas pelo correio com aviso de recebimento, o qual, apesar de demonstrar que a correspondência chegou ao destino correto, não garante que o interessado tomou conhecimento de seu conteúdo.

---

[60] "O imóvel objeto do contrato de locação que ampara a propositura da presente ação, a saber, aquele descrito na matrícula n.º 37.708 do Cartório de Registro de Imóveis de Ribeirão Pires-SP, foi adquirido pela autora mediante registro do respectivo título translativo no dia 13 de fevereiro de 2023. Adquirente, ora autora, notificou extrajudicialmente a locatária, ora ré, no dia 19 de abril de 2023, manifestando a sua intenção de denunciar o contrato de locação, concedendo o prazo de 90 dias para desocupação do imóvel, sob pena de ajuizamento de ação de despejo. Embora estivesse vigendo por prazo determinado, o contrato de locação em discussão não continha cláusula de vigência em caso de alienação do imóvel objeto da avença, tampouco foi averbado na matrícula do referido bem. Locatária, ora ré, que foi notificada, no dia 30.12.2022, a exercer o seu direito de preferência na aquisição do imóvel objeto da locação, conforme o artigo 27 da Lei n.º 8.245/1991, mas afirmou que não tinha interesse na compra do bem. Sopesando a aquisição do imóvel objeto da locação pela autora, com observância do direito de preferência da locatária, ora ré, a intenção de denunciar o contrato de locação manifestada dentro prazo de noventa dias contados do registro do título translativo, bem como a inocorrência da desocupação voluntária do imóvel dentro do prazo de noventa dias contados da denúncia, verifica-se que a procedência da presente ação de despejo por denúncia vazia era mesmo cabível, consoante inteligência do artigo 8º da Lei n.º 8.245/1991. Manutenção da r. sentença. Apelação não provida" (TJSP, Apelação Cível 1003725-17.2023.8.26.0505, j. 27.06.2024).

Todavia, entendemos que as notificações feitas pelo correio com aviso de recebimento devem ser consideradas boas para a finalidade de dar conhecimento da situação para o locatário.

Outra questão que na prática se mostra corriqueira é saber se o adquirente deve ou não promover todos os seus atos aquisitivos para depois notificar o locatário.

Sylvio Capanema de Souza[61] destaca que essa é a melhor e mais segura alternativa, pois quem tem a faculdade de resilir o contrato é aquele que já tem o seu título aquisitivo registrado, uma vez que é por esse modo que se transfere o direito real de propriedade imobiliária. Tal entendimento coaduna-se com o quanto está estabelecido no § 2º do mesmo art. 8º da Lei Federal n.º 8.241/1991, pelo qual a denúncia somente deverá ser exercitada no prazo de 90 dias contados do registro da venda ou do compromisso, presumindo-se, após esse prazo, a concordância na manutenção da locação.

Assim, entendemos melhor que a denúncia referida no art. 8º deva ser feita no prazo de 90 dias contado do registro do título de transferência do adquirente, feito na correspondente matrícula do imóvel.

Esse prazo de 90 dias é decadencial e não se admite que haja suspensão ou interrupção. Ao vencer o prazo sem que o adquirente tenha se manifestado contra a sua continuidade, este assumirá a locação em todos os seus termos em autêntica substituição de posição contratual, por ter se tornado proprietário do imóvel locado.

Em algumas situações, é necessário avaliar a prevalência ou não do direito da cláusula de vigência em relação a direitos potencialmente contraditórios.

Exemplificamos.

Consideremos um imóvel alugado por prazo determinado e com cláusula de vigência expressa no contrato, que foi registrado na matrícula do imóvel, situação em que a alienação do imóvel não romperá a relação locatícia.

Na hipótese de o imóvel locado ser penhorado em uma ação de execução proposta contra o locador e o respectivo mandado ser averbado na sua matrícula, mas em momento posterior ao registro da cláusula de vigência da locação, pergunta-se: o adquirente, no caso de alienação judicial para pagamento da dívida do locador ao terceiro, deverá respeitar a locação até o seu termo final?

Nosso entendimento é o de que sim. O arrematante deverá respeitar a locação existente, sub-rogando-se na posição de locador no contrato de locação, tendo em vista que a locação com eficácia real – por conta do registro na matrícula do imóvel – deu a essa relação publicidade suficiente aos interessados na sua aquisição[62].

---

[61] SOUZA, Sylvio Capanema de. *A Lei do Inquilinato comentada*: artigo por artigo. 14 ed. rev., atual. e ampl. Rio de Janeiro: Forense, 2023. p. 71.

[62] "[...] No caso, demonstrou-se que o contrato de aluguel foi celebrado em 01 de setembro de 2009. Há alguma documentação que busca evidenciar que a relação locatícia já existia em meados de 2004. Porém, nada disso é relevante para a solução da causa. O contrato de locação não foi averbado no registro imobiliário. Por outro lado, desde 2001, já havia constrições judiciais, com oponibilidade *erga omnes*, em alguns dos lotes em que supostamente foram realizadas as benfeitorias. Ou seja: a perda em potencial do imóvel já era conhecida – ou deveria ser conhecida – da locatária. Resta afastada a alegação de boa-fé. Por outro lado, a relação de locação não gozava de oponibilidade *erga omnes*, já que o contrato nunca foi registrado na matrícula do imóvel. Desde o Direito Romano, estabeleceu-se a regra de que a transferência da propriedade extingue a locação (cf., e.g., ZIMMERMANN, Reinhard. *The Law of Obligations*: Roman Foundations of the Civilian Tradition. Oxford: Oxford University Press, 1990, pp. 379 ss.; MERWE, Cornelius van der; VERBEKE, Alain-Laurent. *Time-Limited Interests in Land*. Cambridge: Cambridge University Press, 2012, pp. 19 ss.). A Lei do Inquilinato encampou o conhecido brocardo latino: *emptio tollit locatum* (a venda rompe a locação). A expressão também pode

Ademais, o adquirente na relação processual não é o mesmo adquirente referido no art. 8º. Neste, o adquirente é um terceiro interessado na aquisição originada diretamente de uma oferta privada apresentada ao proprietário/locador.

Entretanto, se a constrição judicial (penhora) ingressar na matrícula do imóvel antes do registro da cláusula de vigência da locação, entendemos que quem adquirir judicialmente o imóvel não estará obrigado a respeitar a locação existente, salvo se tal obrigação estiver expressamente contida no edital da alienação forçada.

Caso o contrato de locação esteja dentro do prazo de validade e registrado na matrícula do correspondente imóvel para fins da cláusula de vigência, o adquirente deverá aguardar o termo final da relação locatícia para recuperar seu imóvel ou, então, desfazer o respectivo negócio jurídico por uma das causas previstas no art. 9º da mesma Lei Federal n.º 8.245/1991: (i) por mútuo acordo; (ii) em decorrência da prática de infração legal ou contratual; (iii) em virtude da falta de pagamento do aluguel e demais encargos; ou (iv) para a realização de reparações urgentes determinadas pelo Poder Público, que não possam ser normalmente executadas com a permanência do locatário no imóvel ou, podendo, ele se recuse a consenti-las.

Outra disposição que deve ser observada pelo proprietário de um imóvel locado é o direito de preferência assegurado ao locatário pelo art. 27 da Lei Federal n.º 8.245/1991.

Preferência é um atributo conferido ao titular de um direito que pode exercê-lo com prioridade quando em concorrência com terceiros.

Significa dizer que o proprietário está desimpedido de dispor do imóvel, mas, se o fizer, deverá dar prévio conhecimento ao locatário para que este avalie se lhe interessa o negócio ou não.

Ao contrário da cláusula de vigência que utiliza a expressão **alienação** (muito mais abrangente), no referido art. 27 prevê-se que o locatário terá o direito de preferência apenas nos negócios jurídicos de venda, de promessa de venda, de cessão ou promessa de cessão de direitos ou de dação em pagamento.

Para os negócios jurídicos citados anteriormente e que estão expressos no aludido art. 27, o locatário terá preferência para adquirir o imóvel locado, em igualdade de condições com o terceiro ofertante.

O locador, por sua vez, logo que receber a proposta, deverá dar conhecimento ao locatário, mediante notificação judicial, extrajudicial ou outro meio de ciência inequívoca.

Também entendemos que essa comunicação para o exercício do direito de preferência deva ser feita na pessoa do locatário.

---

ser encontrada em inglês, alemão ou em espanhol, respectivamente: *sale breaks hire*, *Kauf bricht Miete* e *venta quita renta*. Alguns ordenamentos jurídicos mitigaram essa orientação, em proteção do locatário. É o caso do Código Civil alemão, o BGB, em que a regra é que a venda não rompa a locação (*Kauf bricht nicht Miete*; e.g. §§ 563b e 566, BGB). O ordenamento jurídico brasileiro, contudo, manteve-se fiel à tradição romanística. A opção da Lei do Inquilinato é clara: a locação só perdurará, em caso de venda do bem, caso averbada junto à matrícula do imóvel. Esse ponto foi corretamente enfatizado pelo Tribunal de origem. É o que dispõe expressamente o art. 8º da Lei 8.245/81, adequadamente aplicado ao caso. É esse o raciocínio que fundamenta a Súmula n. 158 do STF. O art. 35 da Lei 8.245/81, invocado no recurso sob análise, não se aplica à relação entre arrematante e ex-locatário do imóvel arrematado. [...] O arrematante recebe o bem livre e desembaraçado, salvo que a própria arrematação padeça de vício. Eventual pretensão do locatário, a depender do tipo de benfeitoria e desde que autorizada (se a benfeitoria for útil, por exemplo), deve ser exercida contra o locador. Não alcança o arrematante do imóvel, que não participa da relação locatícia. Ou seja: nenhum dos dispositivos invocados em recurso foi violado. [...]" (STJ, REsp 1524065, j. 26.09.2022).

Tal comunicação deverá indicar todas as condições do negócio, especialmente o preço, a forma de pagamento, a existência de direitos reais, além do local e do horário em que o locatário poderá examinar a documentação necessária para a aquisição.

O locatário deverá exercer o direito de preferência, de maneira inequívoca, dentro do prazo de 30 dias contado do recebimento da comunicação do locador.

Como regra geral, o locatário que for preterido no respectivo direito de preferência poderá exigir do locador as perdas e danos correspondentes.

No entanto, há a possibilidade de o locatário recuperar para si o imóvel locado que foi transferido sem observância do direito de preferência.

Para que possa se valer da previsão legal de haver para si o imóvel, o locatário deverá requerer judicialmente, com o depósito do preço acrescido das despesas de transferência, no prazo de seis meses da inscrição da transmissão da propriedade no registro de imóveis, mas desde que o contrato de locação esteja averbado (Lei Federal n.º 6.015/1973, art. 167, II, 16), na matrícula do imóvel, pelo menos 30 dias antes da data da inscrição registrária da transferência para o terceiro[63].

Caso o contrato de locação não esteja averbado na matrícula do imóvel como referido *supra*, o locatário terá direito apenas de pleitear perdas e danos do locador e não poderá haver para si o imóvel locado.

Para reclamar as perdas e danos, registre-se, não é necessário que o contrato de locação esteja averbado na matrícula do imóvel.

Entretanto, o Superior Tribunal de Justiça tem entendimento de ser desnecessária a averbação do contrato de locação na matrícula do imóvel quando o terceiro tiver ciência da existência da relação locatícia[64].

Não haverá direito de preferência nas situações de: (i) perda da propriedade; (ii) venda por decisão judicial; (iii) permuta; (iv) doação; (v) integralização de capital; (vi) cisão; (vii) fusão; e (viii) incorporação (Lei Federal n.º 8.245/1991, art. 32).

Para os contratos firmados a partir de 1º de outubro de 2001, não haverá o direito de preferência na constituição da propriedade fiduciária imobiliária, nem na venda decorrente

---

[63] "1. Em harmonia com o Código Civil, no art. 221, *caput*, segunda parte, estabelece a Lei do Inquilinato em seu art. 33, no que interessa ao exercício do direito de preferência na aquisição do imóvel locado pelo inquilino, duas obrigações para o locatário: a) primeiro, para habilitar-se a eventual e futuro exercício do direito de preempção, deve registrar o contrato de locação, averbando-o na respectiva matrícula do registro imobiliário competente, dando, assim, plena publicidade a terceiros, advertindo eventual futuro comprador do bem, de modo a não ser este surpreendido, após a compra, pela pretensão de desfazimento do negócio pelo locatário preterido; b) segundo, pertinente agora já ao exercício do direito de preferência pelo inquilino preterido e que se tenha oportunamente habilitado, deverá este depositar o preço da compra e demais despesas da transferência, desde que o faça no prazo decadencial de seis meses após o registro da alienação impugnada no registro imobiliário. 2. Na hipótese, é correto o entendimento do eg. Tribunal de Justiça ao dar provimento à apelação da adquirente, julgando improcedente a ação proposta pela inquilina, assentando que o contrato de locação somente fora averbado após a realização do negócio jurídico firmado entre o locador e a ora recorrida. [...]" (STJ, REsp 1.272.757/RS, j. 20.10.2020).

[64] "[...] 3. A obrigação legal de averbar o contrato de locação visa possibilitar a geração de efeito erga omnes no tocante à intenção do locatário de fazer valer seu direito de preferência e tutelar os interesses de terceiros na aquisição do bem imóvel. Comprovação, nos autos, que o terceiro (comprador) tinha ciência do contrato de locação. Desnecessidade de registro do contrato. [...]" (STJ, AgInt no REsp 1.780.197/CE, j. 19.08.2019). No mesmo sentido o Tribunal de Justiça do Estado de São Paulo: Apelação Cível 1027035-46.2021.8.26.0562, j. 13.06.2022.

de execução de garantia, inclusive nos leilões extrajudiciais (Lei Federal n.º 8.245/1991, art. 32, parágrafo único).

Caso a oferta de aquisição considere mais de um imóvel locado, o direito de preferência somente poderá ser exercido pelo locatário para a aquisição de todos eles (Lei Federal n.º 8.245/1991, art. 31). É irregular o exercício do direito de preferência de apenas parte do imóvel locado[65].

Se houver relação de copropriedade no imóvel locado, o direito de preferência do condômino terá prioridade sobre o do locatário (Lei Federal n.º 8.245/1991, art. 34).

1.3.2.1.3 Venda de imóvel em condomínio

Destacamos linhas atrás, e vale a ressalva novamente, que preferência é um atributo conferido ao titular de um direito que pode exercê-lo com prioridade concorrentemente com terceiros. O direito de preferência está presente nas relações decorrentes de condomínio.

Haverá relação condominial quando duas ou mais pessoas exercerem simultaneamente o direito de propriedade sobre uma coisa considerada indivisível, qualquer que seja a proporção entre eles.

Quando não estabelecidas proporções desiguais no título que constituiu o condomínio, presumem-se iguais as cota-partes (Código Civil, art. 1.315, parágrafo único) entre os condôminos.

O art. 504 do Código Civil estabelece que um condômino em coisa indivisível não pode vender a sua parte a estranhos, se outro condômino a quiser pelo mesmo preço e nas mesmas condições oferecidas por terceiros.

Para saber se o outro condômino tem interesse na aquisição da parte que se pretende vender, é necessário que o condômino alienante lhe ofereça a sua cota-parte primeiramente.

Exercerá o direito de preferência o condômino que aceitar adquirir a cota-parte ofertada nas exatas condições propostas pelo terceiro interessado.

Em contrapartida, não exercerá o direito de preferência o condômino que fizer contrapropostas diversas daquela que realizou o terceiro interessado na aquisição.

O direito de preferência visa garantir que o condômino não alienante possa conhecer os detalhes do negócio de compra e venda que seu consorte pretende realizar e, assim, evitar o ingresso de um terceiro estranho no condomínio.

A venda sem observância do direito de preferência na hipótese ora comentada acarreta a ineficácia relativa do negócio jurídico. A sua inobservância não gera perdas e danos, pois o condômino preterido, depois de depositar o preço integral da compra e venda, dentro do prazo decadencial de 180 dias contados do registro dos atos de alienação do condômino vendedor ao terceiro comprador, pode haver a coisa para si, desfazendo-se o contrato de compra e venda anterior e o seu correspondente registro[66].

---

[65] "[...] Direito de preferência da locatária que, no caso, foi devidamente observado. Locatária que foi notificada pela proprietária quanto à pretensão de venda da totalidade do imóvel, constando da comunicação as informações pertinentes ao negócio. Manifestação de interesse pela locatária em adquirir apenas a parte do imóvel por ela locado que não pode ser considerada como exercício regular do direito de preferência. Direito de preferência que deve ser manifestado de forma inequívoca e em relação à integralidade da proposta. [...]" (TJSP, Apelação Cível 1000777-24.2022.8.26.0704, j. 11.06.2024).

[66] Entendemos que o prazo de 180 dias não se suspende nem se interrompe (VENOSA, Sílvio de Salvo. *Direito civil:* contratos. 24. ed. São Paulo: Atlas, 2024. p. 248).

Sabe-se que sempre que possível o legislador busca acabar com as situações de indivisão, extinguindo o condomínio ou evitando que terceiros estranhos ingressem nessa relação que tende ao tumultuo e ao desgaste entre os seus participantes.

Essa realidade é percebida pela disposição contida no art. 1.320 do Código Civil, pelo qual, a qualquer momento, será lícito ao condômino exigir a divisão da coisa comum.

Ainda que os coproprietários estejam de acordo com a indivisão do imóvel, a sua imposição é temporária pelo prazo máximo de cinco anos (Código Civil, art. 1.320). Até mesmo na herança, em que os direitos dos herdeiros são regulados pelas regras do condomínio, a indivisão será considerada somente até a partilha (Código Civil, art. 1.791), ou seja, é previsto um momento para a sua extinção.

O art. 520 do Código Civil inicia-se com uma proibição: "Não pode um condômino em coisa indivisível vender a sua parte a estranhos, se outro consorte a quiser, tanto por tanto".

Em outras palavras, sob pena de ineficácia relativa, é proibida a venda de uma fração ideal de coisa indivisível para outro que não seja condômino, exceto, porém, se o alienante conceder previamente o direito de preferência ao seu coproprietário e este não se opuser ao negócio de venda, se o caso.

Apresentada proposta de compra de sua parte indivisível no imóvel, o condômino vendedor deverá apresentar a oferta recebida para todos os seus demais condôminos para atender ao direito de preferência.

Atende-se o direito de preferência por meio de uma comunicação formal, escrita, feita previamente pelo alienante aos demais condôminos existentes sobre a mesma coisa indivisa, para que estes possam ter conhecimento dos termos e das condições da oferta apresentada por terceiro.

As condições essenciais da compra e venda constantes da proposta feita pelo interessado ao condômino alienante devem ser exatamente as mesmas oferecidas pelo condômino vendedor aos demais condôminos, para que haja igualdade de termos e de condições para o negócio jurídico ofertado, evitando-se, assim, que o condômino seja prejudicado.

Caso o pagamento oferecido pelo comprador seja dividido, por exemplo, ao condômino também deverá ser apresentada a oportunidade de parcelamento do preço de aquisição.

Qualquer modificação feita na proposta que possa alterar as condições da oferta inicial, como descontos ou redução do preço da compra e venda, facilitação na forma de pagamento do preço, entre outras, são consideradas benéficas e deverão ser sempre previamente oferecidas aos demais condôminos.

Caso, após o envio da comunicação do direito de preferência, haja modificações nas condições comerciais propostas pelo terceiro interessado, o condômino deverá ser comunicado novamente, com abertura de novo prazo para manifestar se pretende ou não adquirir a fração ideal.

Nas disposições que tratam da venda de coisas em condomínio voluntário, não há a especificação de um prazo em que o condômino ofertado deva manifestar se aceita ou não adquirir a cota-parte. Restaria saber qual seria o prazo razoável pelo qual o condômino vendedor deverá aguardar a resposta do seu coproprietário.

Pela falta de previsão legal expressa, é sempre importante que as partes, dentro da autonomia privada, estabeleçam, no contrato que trate da situação do condomínio voluntário, o limite para a resposta do condômino notificado.

Na ausência de disposição contratual, sugerimos a adoção, por analogia, dos 30 dias previstos para o direito de preferência nas relações locatícias, estabelecidos no art. 28 da Lei Federal n.º 8.245/1991. Não se pode deixar ao exclusivo critério do vendedor sob pena de ser caracterizado potestativo (Código Civil, art. 122).

Entretanto, o art. 504 do Código Civil garante, ao condômino preterido em seu direito de preferência, que este poderá depositar judicialmente o preço do negócio jurídico de disposição e reaver para si a parte alienada para estranhos, desde que o faça dentro do prazo de 180 dias contados do registro do ato de disposição da cota-parte preferida.

Qualquer que seja o tempo para o exercício do direito de preferência, o condômino deverá manifestar sua ciência inequívoca dentro do respectivo prazo, sob pena de o silêncio ser interpretado como renúncia à preempção.

Caso não tenha sido estipulado prazo na comunicação para que o condômino exerça o direito de preferência, entendemos que esse será de 60 dias contados da data de recebimento da comunicação do direito de preferência, nos termos do art. 516 do Código Civil.

Aceita a proposta pelo condômino ofertado, o vendedor deverá transferir a sua cota-parte para o ofertante. O condômino tem preferência na aquisição em relação a terceiros porque, como se salientou anteriormente, a intenção da lei é sempre possibilitar que a relação condominial se extinga.

As unidades autônomas que decorrem da Lei Federal n.º 4.591/1964 e do Código Civil têm seus direitos de propriedade considerados sob duas perspectivas, a privada e a comum. Dessa concepção dualística dominial conjugam-se a propriedade individual, com relação ao domínio exclusivo da unidade autônoma, e uma copropriedade comum indivisa. Naquela, os direitos são de proprietário exclusivo e nesta são de condômino de área indivisível.

Nesse sentido, como o titular do direito real de propriedade de uma unidade autônoma em condomínio edilício exerce seus direitos (pertinência proprietária) individual e exclusivamente em relação aos demais condôminos, a aquisição ou a transferência desses direitos e a constituição de direitos reais sobre as unidades autônomas independerão de consentimento prévio e expresso dos demais condôminos. Apenas dependerão, na alienação ou na transferência de direitos à aquisição, de prova de quitação das obrigações do proprietário para com o correspondente condomínio[67].

Vale como destaque final que serão reguladas pelas disposições de direito civil quanto ao condomínio voluntário as situações em que houver mais de um proprietário para a mesma unidade autônoma (Lei Federal n.º 4.591/1964, art. 6º).

1.3.3 Preço (seus caracteres)

Na compra e venda, o preço, condição essencial desse tipo de contrato, refere-se à quantia que o comprador se obriga a pagar ao vendedor para aquisição do objeto. Há alguns elementos que devem ser observados para a sua caracterização.

Pode-se dizer que o preço é a contrapartida que torna obrigatória a entrega da coisa pelo vendedor. Sem preço não há compra e venda.

O preço consiste em dinheiro como previsto na parte final do art. 481 do Código Civil. É elemento que caracteriza a compra e venda e a distingue de outros tipos de contratos, como o de doação. Se foi estabelecido em outra coisa que não o dinheiro, o contrato será considerado de permuta.

A compra e venda pode ter parte do preço pago em dinheiro e parte em outra coisa. Para saber se o negócio consiste em compra e venda ou permuta, Orlando Gomes[68] destaca que se

---

[67] Lei Federal n.º 4.591/1964, art. 4º.
[68] GOMES, Orlando. *Contratos*. Atualizadores Edvaldo Brito [e coordenador], Reginalda Paranhos de Brito. 28. ed. Rio de Janeiro: Forense, 2022. p. 239.

deve aplicar o "princípio da *major pars ads minorem trahit*", ou seja, será venda e compra se a maior parte do preço for paga em dinheiro, e será permuta se a maior parte do preço for a do bem conferido em pagamento. Para essa análise, deve-se ter em mente também qual foi a verdadeira intenção das partes, se compra e venda ou permuta.

A importância da configuração do tipo contratual (se compra e venda ou permuta) parece-nos mais acadêmica do que prática, pois para a permuta são aplicadas as regras da compra e venda (Código Civil, art. 533). Para o caso em que o objeto seja imóvel, ambos os tipos contratuais contêm previsão legal para registro na matrícula registrária.

O preço deve ser sério. Caio Mário da Silva Pereira[69] afirma que o preço deve traduzir a "intenção efetiva e real de constituir uma contraprestação da obrigação do vendedor", sob pena de, caso seja fictício, não existir a venda, mas doação dissimulada que, nos termos do art. 167 do Código Civil, faz subsistir o negócio jurídico que se dissimulou desde que válido na forma e que não viole direito de terceiro.

A seriedade do preço, porém, não significa que ele deva ser justo. Sem perder de vista que decorre do livre ajuste entre as partes, o que se busca é uma proporcionalidade entre a coisa e o valor pago.

O preço não precisa ser determinado, mas é necessário que o contrato preveja a forma de sua determinação, tendo em vista as regras estabelecidas nos arts. 485, 486 e 487, todos do Código Civil.

Além da vontade livre das partes (forma mais comum), o preço pode ser estabelecido pelo arbitramento de um terceiro, em decorrência da fixação feita por mercado ou bolsa em dia e lugar certos e determinados, e, também, por aplicação de índices ou de parâmetros objetivos.

As partes poderão designar a fixação do preço por um terceiro desde a celebração do contrato ou estabelecer que seja por elas prometida a designação em momento futuro. Caso o terceiro não aceite a tarefa, o contrato de compra e venda ficará sem efeito por faltar elemento essencial (preço), a não ser que as partes acordem em eleger nova pessoa e esta, por sua vez, aceite a designação.

As partes poderão ajustar que a determinação do preço decorrerá dos valores praticados à taxa de mercado ou da Bolsa, definidos em certo dia e lugar. No mesmo sentido, a definição do preço pode se dar por aplicação de índices ou de parâmetros objetivos. Nesse caso, o preço é ajustado na medida em que seja aplicado o índice adotado contratualmente ou os critérios convencionados para a sua determinação.

Pode-se admitir, por analogia ao parágrafo único do art. 488 do Código Civil, que, se não foi possível para as partes acordarem sobre o preço pelas formas referidas no parágrafo anterior, será aplicado o valor médio. Na hipótese de não haver cotação no dia e no lugar designados, o contrato ficará sem efeito por faltar um de seus elementos essenciais.

Caso a compra e venda seja convencionada sem a fixação do seu preço ou, ainda, de critérios para a sua objetiva determinação, entende-se que as partes se sujeitarão ao preço praticado nas vendas habituais do vendedor, salvo se houver tabelamento oficial, caso em que este é que valerá como determinante para a sua fixação. Se faltar acordo, por ter ocorrido alteração do preço, prevalecerá a média, como determina o citado parágrafo único do art. 488 do Código Civil. Esse dispositivo não estabelece o prazo que se deverá levar em consideração para a fixação do preço pela sua média. Dever-se-á considerar um tempo razoável capaz de

---

[69] PEREIRA, Caio Mário da Silva. *Instituições de direito civil*. Contratos. Atualizadora e colaboradora Caitlin Mulholland. 25. ed. Rio de Janeiro: Forense, 2022. v. III, p. 164.

garantir segurança tanto para o vendedor quanto para o comprador, de modo que essa forma de determinação do preço não represente enriquecimento de uma parte em relação à outra.

Não poderá o preço ficar ao arbítrio da vontade exclusiva de uma das partes, sob pena de o contrato resultar nulo (Código Civil, art. 489), pois configurará condição potestativa que é condenada pela nossa sistemática jurídica (Código Civil, art. 122). Caso fosse admitida, poder-se-ia aceitar a decisão unilateral do comprador de nada pagar pela coisa, por exemplo, o que não é sequer razoável.

Estabelecido o preço por uma das formas previstas em lei e anteriormente apresentadas, não poderá um dos contratantes alterá-lo unilateralmente, pois a sua definição decorre necessariamente do consenso das partes. Caso ao ser definido o preço uma das partes discorde da sua forma de estipulação, a compra e venda deverá ser desfeita por falta de consentimento.

1.4 A COMPRA E VENDA E NEGÓCIOS JURÍDICOS SEMELHANTES. DIFERENÇAS

Apesar de as características da compra e venda serem bem marcadas e distinguidas pelo próprio texto da lei, convém fazer algumas leves distinções com relação a outros negócios jurídicos, com os quais pode ser confundida, como a locação, a permuta e a dação em pagamento.

1.4.1 Locação

Primeiramente, cabe definir o que é o contrato de locação para, então, traçarmos as diferenças com a compra e venda.

Do conceito legal contido no art. 565 do Código Civil, e que pode ser aproveitado para todas as relações locatícias, entende-se que a "locação de imóvel urbano é o contrato pelo qual alguém, a quem chamamos de locador, se obriga a ceder a outrem, a quem denominamos locatário ou inquilino, o uso ou gozo de imóvel urbano, por certo tempo determinado, ou não, mediante remuneração"[70].

O contrato de locação é bilateral, sinalagmático e oneroso, como a compra e venda.

Do contrato de locação surgem inúmeras obrigações para o locador que, por exemplo, deve entregar a coisa locada em estado que sirva para o uso do locatário, manter essa condição, reparar os danos decorrentes do uso regular do imóvel, além de outras elencadas no art. 22 da Lei Federal n.º 8.245/1991.

Para o locatário, há a obrigação de usar o imóvel com a destinação que lhe foi conferida pelo contrato e pelas autoridades, de restituir o imóvel ao final do contrato da mesma forma que o recebeu no início da locação, de pagar pontualmente o valor do aluguel, conservar o imóvel como se fosse seu, além das demais obrigações indicadas no art. 23 da Lei Federal n.º 8.245/1991.

Assim como na compra e venda, onerosidade também é característica do contrato de locação. A locação não existirá se não for convencionada a retribuição pela utilização do imóvel. A essa convenção dá-se o nome de aluguel. Na falta do pagamento dessa contraprestação, o contrato de aluguel converte-se em contrato de comodato.

Diferencia-se da compra e venda porque o locatário, ao fim do prazo estabelecido para a locação, deve devolver o imóvel locado nas mesmas condições que o recebeu, ressalvados

---

[70] SOUZA, Sylvio Capanema de. *A Lei do Inquilinato comentada:* artigo por artigo. 14. ed. rev., atual. e ampl. Rio de Janeiro: Forense, 2023. p. 12.

os desgastes do uso considerado regular, ou seja, o que se alcança com a locação é a posse do imóvel, e esta é temporária e justificada enquanto o locatário pagar o aluguel.

Ao contrário da compra e venda, pela qual se pretende a transferência definitiva do imóvel da esfera patrimonial do vendedor para a do comprador, mediante o pagamento do preço em dinheiro, na locação, o imóvel ainda é do proprietário que aufere renda com a relação locatícia.

1.4.2 Permuta

A permuta é o negócio jurídico que mais se aproxima da compra e venda. Isso porque, na estrutura desse negócio, há a presença do consentimento, do objeto e do preço, mas na compra e venda este deve ser pago em dinheiro, como exige a parte final do art. 481 do Código Civil.

Na permuta, em vez de dinheiro para o pagamento, há a entrega de outra coisa no lugar do dinheiro, razão pela qual não se caracteriza como compra e venda, e sim como permuta ou troca.

Enquanto na compra e venda as prestações e contraprestações são estruturadas em dinheiro, na permuta ocorre a troca de coisas que economicamente se equivalem.

Troca-se uma coisa pela outra. Os negócios jurídicos são tão parecidos que o próprio legislador determinou que para a permuta aplicam-se as regras da compra e venda no que couber (Código Civil, art. 533).

Há situações em que um dos imóveis é mais valioso do que o outro, o que exige do permutante a complementação em outro bem ou em dinheiro, mas isso não é suficiente para transformar a permuta em compra e venda.

Deve-se atentar para a nulidade estabelecida no inciso II do art. 533 do Código Civil. Estabelece o dispositivo que é anulável a troca de valores desiguais entre ascendente e descendente, sem consentimento dos outros descendentes e do cônjuge do alienante.

Deve-se buscar ter esse consentimento no próprio título que instrumentaliza a permuta entre ascendente e descendente, mas, caso não seja possível, é admissível que a anuência ou a autorização de outrem necessária à validade de um negócio jurídico seja concedida em apartado do mesmo modo que o instrumento principal (permuta) (Código Civil, art. 220).

Quanto à forma, o negócio jurídico de permuta também deve observar a regra do art. 108 do Código Civil.

No mercado imobiliário, é muito comum que o dono de um terreno faça uma promessa de permuta com uma incorporadora. O negócio é estruturado com a promessa de o titular da propriedade entregar o imóvel para o incorporador quando este entregar a área construída (unidades autônomas em geral) prometida e terminada.

Na sistemática registrária imobiliária, havia dúvidas sobre a admissibilidade da promessa de permuta como um título passível de inscrição, porque lhe faltava previsão expressa no art. 167, I, da Lei Federal n.º 6.015/1973.

A defesa de tal possibilidade fundamentava-se no fato de que, se para a compra e venda é admitido o registro da respectiva promessa, também o deveria ser para a permuta, porque para ela são aplicadas as mesmas regras da compra e venda.

Depois de muitos debates no âmbito do registro de imóveis, a Lei Federal n.º 14.382/2022 incluiu expressamente a permuta e a promessa de permuta como títulos registráveis (Lei Federal n.º 6.015/1973, art. 167, I, 30).

1.4.3 Dação em pagamento

A dação em pagamento é sistematizada em nosso ordenamento como uma das formas de pagamento e extinção das obrigações.

O art. 356 do Código Civil estabelece que o credor poderá consentir em receber prestação diversa da que lhe é devida.

Uma primeira observação que se faz é que, quando as partes estiverem negociando uma dação em pagamento, elas estarão promovendo um ato para extinguir uma prestação que já está vencida e é, portanto, exigível. Isso é o que depreendemos da parte final do citado dispositivo, *prestação diversa da que lhe é devida*.

Vencida e não paga a prestação na forma contratualmente convencionada, o credor, por sua exclusiva liberalidade, pode concordar em receber outra coisa no lugar daquela que já lhe é devida.

Destaca-se a necessidade de concordância do credor para que a dação em pagamento se aperfeiçoe porque ele não está obrigado a receber coisa diversa da que contratou, ainda que seja mais valiosa (Código Civil, art. 313). Portanto, a dação em pagamento será possível somente se houver o expresso consentimento do credor.

O devedor inadimplente, portanto, dá outra coisa no lugar da prestação original para cumprir com a sua obrigação inadimplida.

Como destaca Sílvio de Salvo Venosa[71], a dação em pagamento consiste na substituição da prestação original por outra coisa diversa da que se obrigou o devedor. "Pode consistir na substituição de dinheiro por coisa (*rem pro pecuni*), como também de uma coisa por outra (*rem pro re*), assim como a substituição de uma coisa por uma obrigação de fazer."

Quando o credor aceitar receber uma coisa em substituição da prestação original, haverá alienação, eis o porquê de sua analogia com a compra e venda, expressamente prevista no art. 357 do Código Civil. Determinado o preço da coisa dada em pagamento, as relações entre as partes regular-se-ão pelas normas do contrato de compra e venda.

1.5 OBRIGAÇÕES DO VENDEDOR E DO COMPRADOR

Pelo contrato de compra e venda, como referido antes, nascem simultâneas obrigações para as partes contratantes.

Considerando a estrutura legal da compra e venda, dividiremos aqui em obrigações do vendedor e obrigações do comprador.

As principais obrigações atribuídas ao vendedor são: (i) entrega do objeto ao comprador; e (ii) garantia da efetividade do direito de propriedade sobre o objeto.

Do que se extrai do texto do já mencionado art. 481 do Código Civil, pela compra e venda, o vendedor *se obriga a transferir o domínio de certa coisa*.

Para que essa transferência ocorra como determina a lei, é preciso haver a *tradição* da coisa, ou seja, a concreta entrega do objeto do contrato com o desejo real de transmitir a propriedade ao comprador, imitindo-o na posse efetiva do imóvel, para que o adquirente venha a ter a total disponibilidade sobre o objeto adquirido.

A entrega da coisa vendida é, portanto, a própria execução do contrato de compra e venda por parte do vendedor.

---

[71] VENOSA, Sílvio de Salvo. *Código Civil interpretado*. 5. ed. São Paulo: Atlas, 2022. p. 356.

Para Sílvio de Salvo Venosa[72], a entrega é mais do que uma obrigação propriamente considerada. Trata-se de um encargo que decorre de qualquer obrigação de entrega:

> Cuida-se de atividade preparatória que colocará o vendedor em posição de cumprir sua obrigação. Essa custódia da coisa vendida, portanto, não é uma prestação em sentido técnico, nem pode ser objeto de reclamação por parte do comprador. Para este, o que interessa é unicamente o resultado, qual seja, receber a coisa que comprou nas condições pactuadas.

Apesar de as obrigações das partes no contrato de compra e venda deverem ser cumpridas ao mesmo tempo, muitas vezes a prestação do vendedor costuma anteceder a do comprador, ou seja, a entrega da coisa acontece antes do recebimento do preço.

Entretanto, não sendo a venda feita a crédito, o vendedor não será obrigado a entregar o objeto antes do recebimento do preço (Código Civil, art. 491).

Orlando Gomes[73] destaca que o vendedor deve, também, cumprir a obrigação de garantia, ou seja, deve assegurar ao comprador a propriedade do objeto com todas as suas qualidades consideradas no negócio de compra e venda. Na obrigação de entregar a coisa está incluída a de entregar os títulos aquisitivos que comprovam a propriedade pelo vendedor.

Ressalvada disposição em contrário no contrato de compra e venda, são de responsabilidade do vendedor as despesas que decorrerem da tradição do objeto comprado (Código Civil, art. 490).

Já a principal obrigação do comprador é a de pagar o preço convencionado. Geralmente, o pagamento é feito depois de receber o objeto, mas as partes podem estabelecer que ele ocorrerá antecipadamente. Nessa hipótese, caso o comprador não receba o objeto no tempo, no modo e no lugar estabelecidos no contrato, terá o direito à restituição integral do que pagou.

Modernamente, no entanto, vemos corriqueiramente as vendas *on-line* acontecerem de modo diferente. Em outras palavras, na prática da compra e venda feita pela *internet*, o comprador paga o preço, geralmente por meio de cartão de crédito vinculado à sua conta-corrente bancária (mas também são possíveis formas de pagamento pelo boleto bancário e pelo PIX), antes de o vendedor encaminhar o objeto. Logo, somente depois de verificado o efetivo pagamento pelo comprador é que o vendedor toma as providências para o encaminhamento do objeto ao local indicado pelo comprador.

Na compra e venda de imóveis, a prática mostra que as despesas de escritura e de registro, com o imposto sobre transmissão, ficam a cargo do comprador, salvo se as partes dispuserem de forma contrária em contrato (Código Civil, art. 490).

1.6 RISCOS

Importa saber de quem é o risco caso a coisa se perca ou se deteriore na compra e venda. Em linhas gerais, o art. 492 do Código Civil determina que até o momento da efetiva tradição os riscos da coisa correm por conta do vendedor e o do preço por conta do comprador.

Risco, adverte Caio Mário da Silva Pereira[74], refere-se ao perigo de o objeto da compra e venda perecer ou deteriorar em decorrência de caso fortuito ou de força maior.

---

[72] VENOSA, Sílvio de Salvo. *Direito Civil*: contratos em espécie. 13. ed. São Paulo: Atlas, 2013. p. 35.
[73] GOMES, Orlando. *Contratos*. Atualizadores Edvaldo Brito [e coordenador], Reginalda Paranhos de Brito. 28. ed. Rio de Janeiro: Forense, 2022. p. 243.
[74] PEREIRA, Caio Mário da Silva. *Instituições de direito civil*. Contratos. Atualizadora e colaboradora Caitlin Mulholland. 25. ed. Rio de Janeiro: Forense, 2022. v. III, p. 174.

Como o vendedor tem a obrigação de entregar o objeto vendido nas condições contratualmente ajustadas, é natural que lhe seja atribuída a responsabilidade de conservá-lo sem qualquer alteração até quando se concretizar a tradição, pois até esse momento o domínio do objeto é seu.

Portanto, são do vendedor os riscos da coisa no intervalo de tempo entre a celebração da compra e venda e a real tradição do seu objeto para o comprador. Nesse mesmo período, o comprador responderá pelos riscos relativos ao pagamento do preço.

Também serão do vendedor os riscos em caso de mora na entrega do objeto. Deduzimos essa consequência do quanto dispõe o art. 399 do Código Civil que obriga o devedor a responder pela impossibilidade da prestação, ainda que advinda de caso fortuito ou de força maior, caso ocorram no período de atraso no cumprimento da prestação (de entregar).

Efetivada a tradição, os riscos do objeto são transferidos para o comprador.

Os riscos serão do comprador se o objeto colocado à sua disposição, no tempo e no modo convencionados, não for por ele recebido (Código Civil, art. 492, § 2º).

O art. 492 do Código Civil tem natureza dispositiva, ou seja, será aplicado no caso do silêncio do contrato. Contudo, também significa que é permitido aos contratantes estabelecerem diversamente sobre as responsabilidades dos riscos em relação ao objeto e ao pagamento do preço.

1.7 EFEITOS

Como aventado no início deste capítulo, em diversos sistemas jurídicos há debate sobre o efeito da compra e venda, especialmente se ela resulta em transferir o domínio do objeto em sua celebração ou se gera apenas uma obrigação de transferência futura.

Há interesse na discussão em razão do que se falará em seguida sobre os efeitos do compromisso de compra e venda.

Em nossa ordem jurídica, o contrato de compra e venda não é suficiente para operar, por si, a transferência de propriedade do objeto do patrimônio do vendedor para o do comprador. É necessária uma etapa posterior denominada tradição, para os móveis, e registro, para os imóveis.

Como a transferência dos bens alienados depende dos atos subsequentes que se referem à efetiva entrega da coisa alienada (tradição e registro), podemos dizer que o efeito da compra e venda é obrigacional. Dessa assertiva resulta, para o vendedor, a obrigação de entregar a coisa e para o comprador, a de pagar o preço, na forma ajustada no contrato.

Para aclarar o tema, deve-se fazer distinção entre *titulus adquirendi* e *modus acquisitionis*, ambos os conceitos oriundos do direito romano, para o qual o contrato estabelecia tão somente um *vinculum juris* entre os contratantes, mas sem força para constituir direito real[75].

No direito romano, os contratos de compra e venda criavam apenas a obrigação de o vendedor transferir o domínio e, para que o comprador adquirisse o bem alienado, exigia-se um ato posterior que se chamava de *modo de adquirir*.

Influenciados pelo direito romano, por muitos séculos persistiu nos sistemas jurídicos a distinção entre *titulus* e *modus*. O contrato de compra e venda era considerado título hábil para a aquisição do domínio do bem alienado, que só se efetivava por meio de um dos *modus* previstos em lei.

---

[75] GOMES, Orlando. *Contratos*. Atualizadores Edvaldo Brito [e coordenador], Reginalda Paranhos de Brito. 28. ed. Rio de Janeiro: Forense, 2022. p. 234.

Orlando Gomes[76] ensina que

> [...] *modo de adquirir* é o fato ao qual a lei atribui o efeito de constituir um direito real ou operar sua transmissão. *Titulus adquirendi*, a causa jurídica ou razão de ser da aquisição ou transmissão do direito. *Titulus* e *modus* são, assim, coisas distintas e inconfundíveis. Pode-se, pois, dizer, como Bufnoir, que o ato pelo qual se opera a transmissão da propriedade de uma coisa não é o fato em virtude do qual a transmissão se realiza. O primeiro não é senão a execução do segundo.

Em síntese, a transferência da propriedade do bem alienado na compra e venda em nosso sistema necessita de dois momentos muito distintos. Um é a celebração do próprio contrato pelas partes, que é o *titulus adquirendi*, o qual depende de um segundo momento que é o *modus*, que se divide em *tradição*, para os móveis, e *registro*, para os imóveis.

No direito francês, admitiu-se a transmissão da propriedade em decorrência e por efeitos das obrigações, ou seja, a transmissão de domínio do bem ocorre apenas pelo contrato, sem que sejam necessárias solenidades posteriores ou etapas do *modus*.

Tendo o nosso sistema adotado a teoria do *titulus* e do *modus*, o primeiro efeito que podemos apontar é sobre a transferência de domínio do bem alienado. Como o contrato não é suficiente para essa transmissão, é dever do vendedor efetuar os atos necessários para essa transferência do bem vendido. Se houver recusa na entrega, o comprador poderá fazer valer seu direito de recebê-lo judicial ou extrajudicialmente, como se verá adiante.

A entrega deverá ser feita na forma, modo e condições estabelecidos no contrato de compra e venda, e, salvo previsão expressa em contrário, as despesas de escritura e de registro, quando exigidas pela lei, serão de responsabilidade do comprador e as da tradição ficarão a cargo do vendedor (Código Civil, art. 490).

No que se refere a imóvel, sua aquisição depende do registro na respectiva matrícula, na serventia predial competente, sendo essa data (a do registro) um corte de responsabilidades sobre o bem, pois antes dela a responsabilidade era do vendedor e depois dela passa a ser do comprador.

As prestações originadas pelo contrato de compra e venda são consideradas interdependentes, ou seja, o cumprimento de uma depende do cumprimento da outra. Em outras palavras, para que haja a entrega do bem, deve haver o correspondente pagamento do preço.

Caso a venda não tenha sido estabelecida a prazo, o vendedor não tem obrigação de entregar o bem até que o preço seja pago (Código Civil, art. 491). De outro lado, o comprador não terá que pagar o preço se o vendedor não estiver com condições de entregar-lhe o bem. Nessa hipótese, para evitar alegação de inadimplemento de sua parte, o comprador pode requerer a consignação do preço, o qual poderá ser levantado pelo vendedor quando estiver em condições para promover a entrega do bem.

Se convencionado que o pagamento será a prazo, as partes têm liberdade para ajustar quando o bem será entregue para o comprador, se mediante pagamento parcial ou se só no pagamento total. Nada tendo sido ajustado, o vendedor não poderá condicionar o cumprimento de sua prestação (de entrega do bem) ao do comprador (de pagar o preço). Este recebe a coisa na celebração da compra e venda, mas estabelece que o preço de aquisição será pago parceladamente. Na falha do pagamento, o vendedor terá o direito de configurar a mora do

---

[76] GOMES, Orlando. *Contratos*. Atualizadores Edvaldo Brito [e coordenador], Reginalda Paranhos de Brito. 28. ed. Rio de Janeiro: Forense, 2022. p. 234.

comprador até chegar ao inadimplemento absoluto e daí executar a parcela não paga ou resolver o contrato, cabendo em ambas as hipóteses a aplicação de perdas e danos.

1.7.1 Efeitos do compromisso de compra e venda

Falaremos um pouco mais das características e dos efeitos desse tipo de contrato no Capítulo 2 a seguir. Vale destacar, porém, que nossa avaliação, deste ponto em diante, pretenderá envolver o compromisso de compra e venda de imóveis.

Por ora, e seguindo a temática abordada neste item, em nosso sistema nem a promessa nem o compromisso de compra e venda têm o condão de transferir o domínio de um imóvel, haja vista a distinção que se faz de contrato preliminar e de contrato principal, especialmente considerados os negócios jurídicos que envolvem imóveis, os quais, ultrapassando o preço de 30 salários mínimos vigentes no País, exigem escritura pública de compra e venda para viabilizar a transferência definitiva[77].

Na hipótese da promessa de compra e venda, como veremos adiante, a obrigação assumida pelas partes é a de outorgar novo contrato, que ainda poderá ser outro de natureza preliminar.

Cumpridas todas as obrigações do compromisso, o contrato definitivo apenas servirá para declarar seu integral cumprimento e possibilitar a transferência do domínio pleno da coisa para o adquirente.

Logo, o compromisso de compra e venda possibilita que as partes possam ajustar as condições preliminares para a venda, mas ainda não alienar imediatamente o direito real de propriedade plena. Possibilita a estipulação de condições gerais e específicas para o negócio concreto que fundamentam a pretendida alienação e que deverão ser cumpridas previamente à celebração do instrumento definitivo.

No entanto, parece-nos adequadas algumas distinções necessárias sobre a nomenclatura que procuraremos adotar neste trabalho.

Em pesquisas doutrinárias, notamos um debate acerca do nome do contrato, se deveria ser *promessa sinalagmática de compra e venda*. Apesar de extensa discussão nas casas legislativas, a denominação do contrato deixou de ser *promessa* de compra e venda para ser *compromisso* de compra e venda, porque se traduzia em um vínculo mais poderoso entre as partes[78].

Valdemar Ferreira, citado por Barbosa Lima Sobrinho, desejava adotar a expressão *compromisso* também para traduzir a promessa sinalagmática de comprar e vender:

> O vocábulo 'compromisso' envolve a ideia de reciprocidade, equivale a promessa sinalagmática. O prefixo *com* deu ao latim *promissum* não somente a idéia de promessa *recíproca*,

---

[77] Como se verá adiante, para efeitos deste trabalho, adotaremos a denominação promessa de compra e venda para o contrato preliminar que tenha como objeto a celebração de outro contrato, sendo possível a previsão de cláusula de arrependimento, e compromisso de compra e venda para o contrato preliminar irrevogável e irretratável. Pelo nosso entendimento, no compromisso de compra e venda, irrevogável e irretratável, não há a contratação de obrigação de fazer um contrato novo como há na promessa. As disposições relativas às vontades das partes de comprar e de vender já foram estabelecidas naquele contrato preliminar (compromisso) e restará apenas a obrigação de as partes declararem que aquelas obrigações do compromisso foram integralmente cumpridas, razão pela qual, em momento posterior, as partes apenas declaram a respectiva quitação e outorgam o instrumento definitivo. Este, por sua vez, não é um contrato novo, mas apenas a ratificação da vontade manifestada na celebração do compromisso e de que este se encontra integralmente cumprido e funcionará para atender ao *modus* supramencionado para a aquisição do domínio pleno.

[78] LIMA SOBRINHO, Barbosa. *As transformações da compra e venda*. Rio de Janeiro: Borsoi, 1953. p. 66 e seguintes.

(sinalagmática) como também a de promessa mais firme, ou mais forte. Significa um grau mais adiantando de obrigatòriedade que a simples promessa[79].

O termo original em latim refere-se a um acordo mútuo ou a uma promessa conjunta feita por duas ou mais partes. Ao longo do tempo, o significado evoluiu para incluir a ideia de assumir uma responsabilidade ou obrigação. A palavra "compromisso" em português e em outras línguas românicas herdou esse significado e evoluiu para o conceito atual de um acordo, promessa ou responsabilidade assumida por alguém[80].

O que se buscava era um grau mais adiantado de vínculo obrigacional entre os contratantes de modo a significar um valor maior de obrigatoriedade que a simples promessa, mera obrigação de fazer outro contrato, que até mesmo se pode admitir de forma unilateral (Código Civil, arts. 439 e seguintes).

---

[79] LIMA SOBRINHO, Barbosa. *As transformações da compra e venda*. Rio de Janeiro: Borsoi, 1953. p. 67 e seguintes.

[80] Em pesquisa independente sobre a origem das palavras *promessa* e *compromisso* para avaliar qual delas deveria se enquadrar melhor neste trabalho, encontramos o seguinte: *Promissum* é uma palavra em latim que se origina do verbo *promittere*, que significa "prometer" ou "assegurar". *Promissum* é um substantivo que significa "promessa" ou "compromisso". A palavra é formada pelo prefixo "pro-", que significa "para a frente" ou "em favor de", e *mittere*, que significa "enviar" ou "liberar". Juntas, essas partes formam o conceito de enviar algo a alguém como uma garantia ou compromisso. A palavra *promissum* deu origem à palavra 'promessa' em português e em outras línguas românicas. A palavra 'compromisso' tem origem no latim *compromissum*, que é o particípio passado neutro do verbo *compromittere*. *Compromittere* é formado pela junção do prefixo 'com-', que significa 'junto' ou 'com', e *promittere*, que significa 'prometer' ou "assegurar". Compromisso: meados do século XV, "ajustar ou resolver por concessões mútuas", também intransitivo, "fazer um compromisso", *decompromise* (n.). Significa "expor a risco ou perigo, pôr em perigo a reputação de" é de 1690. Também antigamente no mesmo sentido era *compromit* (início do século XV), do latim *compromittere*. Relacionado: *Compromised*; *compromising* (HARPER, Douglas. *Etymonline*: Online Etymology Dictionary. Compromise. Disponível em: https://www.etymonline.com/search?page=1&q=compromisso&type=. Acesso em: 4 jul. 2023).

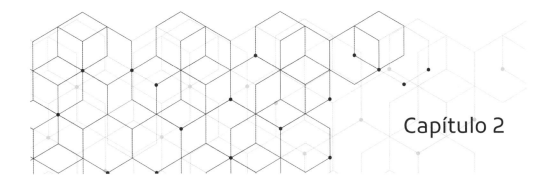

Capítulo 2

DO COMPROMISSO DE COMPRA E VENDA DE IMÓVEL

Muitos dos negócios jurídicos de compra e venda de imóveis são antecedidos por etapas negociais preparatórias até chegar à sua formalização.

Não é incomum as partes realizarem previamente diversas reuniões presenciais ou virtuais para debaterem as linhas gerais daquilo que pretendem para o negócio de compra e venda, antes mesmo de apresentarem uma proposta formal (Código Civil, art. 427).

Consensuadas as linhas gerais, é comum que uma das partes formule uma proposta na qual são indicadas as condições gerais do pretendido negócio, tais como o objeto (o imóvel), o comprador, o valor total da pretendida compra e venda e sua forma de pagamento, os documentos indispensáveis para a avaliação da segurança jurídica da aquisição planejada (*due diligence*) e a indicação de que, caso a proposta seja aceita, um instrumento preliminar de compra e venda será celebrado, com ou sem condições.

Com a aceitação da proposta, as partes seguem para a negociação e celebração do contrato preliminar. Neste constará o detalhamento das obrigações que deverão ser previamente cumpridas e das condições a serem observadas ou superadas pelas partes para que alcancem definitivamente a compra e venda almejada.

Aqui vale a observação de Darcy Bessone[1] de que as discussões que precedem o contrato preliminar não podem se confundir com este, porque não criam a obrigação de contratar. São conversas, tratativas, reflexões, trocas de impressões, formulação de hipóteses, avaliação recíproca da situação financeira de cada um dos interessados, análise de documentos pessoais etc., mas nada é contratado. Trata-se de avaliações prévias sobre o potencial interesse das partes e a real possibilidade de se vincularem, momento em que analisam previamente se terão condições de cumprir com o que se obrigarem.

Como diz Maria Helena Diniz[2], essa fase que antecipa a formalização do contrato "não cria direitos nem obrigações, mas tem por objeto o preparo do consentimento das partes para a conclusão do negócio jurídico contratual, não estabelecendo qualquer laço convencional".

---

[1] BESSONE, Darcy. *Da compra e venda:* promessa & reserva de domínio. 3. ed. rev. e ampl. São Paulo: Saraiva, 1988. p. 75.

[2] DINIZ, Maria Helena. *Curso de direito civil brasileiro.* Teoria das obrigações contratuais e extracontratuais. 39. ed. rev. e atualiz. São Paulo: SaraivaJur, 2023. v. 3, p. 40.

O que se produz nessa etapa preliminar tem como objetivo preparar as partes para um futuro contrato, mas não gera obrigatoriedade entre elas.

Somente com a celebração do contrato preliminar, depois de acordarem Previamente sobre as bases do negócio, é que as partes assumirão a obrigação de *contrahere*[3]. Antes disso, ainda estarão no campo dos atos preparatórios do negócio jurídico que pretendem, dos quais não surtem os efeitos do contrato[4].

Contrato preliminar é aquele que antecede a celebração do contrato considerado principal. Revela em si um pacto de *contrahere*. O negócio jurídico contido no contrato preliminar apresenta-se como uma relação complexa e dinâmica, com mútuos deveres de cooperação entre os contratantes, que objetiva a formação do contrato definitivo.

Uma forma de diferenciação é aquela que considera a intenção das partes, ou seja, a vontade de contratar imediatamente (contrato definitivo) ou de ajustar as bases principais do negócio jurídico pretendido (contrato preliminar), mas só contratar no futuro, depois de superadas etapas contratuais previamente programadas.

Quando as partes se comprometem a comprar e a vender determinado objeto, com preço determinado ou determinável, depois de superadas determinadas circunstâncias que têm reflexos jurídicos para o ajuste, com a estipulação de que nesse momento celebrarão o contrato definitivo, elas estão no ambiente do contrato preliminar pelo qual se obrigarão a celebrar um contrato definitivo que, como dissemos, em razão do dinamismo contratual, posiciona-se em momento futuro em relação ao preliminar.

No contrato preliminar, portanto, as partes assumem a obrigação de realizar posteriormente o contrato principal. O objeto principal do contrato preliminar consiste em concluir um contrato futuro; por ele, as partes assumem uma obrigação de fazer.

O contrato preliminar pode conter em si inúmeras obrigações e condições que, cumpridas e/ou superadas, deságuam na necessidade de celebração do contrato definitivo.

Para Nelson Rosenvald[5], a análise do contrato como um processo implica examinar o contrato preliminar como um negócio jurídico independente porque regula acordo de vontades sobre uma relação jurídica concluída de natureza patrimonial.

Ao contrato preliminar, por expressa dispensa prevista em lei (art. 462 do Código Civil), não se aplica o princípio da atração das formas, de modo que, mesmo se se tratar de constituição de direitos reais, poderá ser celebrado na forma privada, afastando-se a regra geral da forma pública prevista no art. 108 do Código Civil.

Pelo quanto estabelece o art. 221 do Código Civil, o instrumento particular feito e assinado por quem esteja na livre disposição de seus bens prova as obrigações convencionais de qualquer valor. No entanto, seus efeitos, assim como os da sua cessão, não se operam perante terceiros antes de ser inscrito no registro público competente.

---

[3] Obrigação a que as partes se sujeitam de celebrar um novo negócio jurídico que poderá ser o instrumento preliminar ou o próprio definitivo.

[4] Apesar de não haver vinculação obrigacional na fase das negociações preparatórias, é possível que surja para as partes o dever de indenizar, não no âmbito da culpa contratual, mas no da responsabilidade aquiliana (Código Civil, artigos 186 e 927). A legislação atual autoriza que quem sofrer algum dano nesta etapa tenha o direito de exigir a sua reparação, mas não o direito de exigir a formalização do contrato que não se celebrou, porque a recusa em contratar consiste em um exercício regular de direito, razão pela qual não há como obrigar quem decidiu não contratar.

[5] ROSENVALD, Nelson. Arts. *In*: GODOY, Claudio Luiz Bueno de *et al*. *Código Civil comentado*: doutrina e jurisprudência. Lei n. 10.406 de 10.01.2002. Coordenação Cezar Peluso. 17. ed. rev. e atual. Santana de Parnaíba, SP: Manole, 2023. p. 493.

O compromisso de compra e venda é uma modalidade de contrato preliminar pela qual o vendedor assume o compromisso de vender e o comprador, o de pagar o preço pela aquisição de um imóvel determinado ou determinável, ficando ambas as partes obrigadas a formalizar um contrato definitivo em momento posterior.

O compromisso de compra e venda imobiliário é, portanto, um contrato preliminar que tem como obrigação um *contrahere* futuro, ou seja, a celebração do contrato definitivo, que será o competente para viabilizar a transferência do direito real de propriedade.

2.1 DO CONTRATO PRELIMINAR DE COMPRA E VENDA. CONCEITO E GENERALIDADES

Por ainda não se encontrarem prontas para o negócio definitivo de compra e venda, no momento da aceitação da proposta[6], as partes convencionam no contrato preliminar que a

---

[6] Vale aqui, ainda que de passagem, fazer referências sobre a questão de que tipo de responsabilidade se deve atribuir às partes negociantes na fase das tratativas iniciais promovidas anteriormente ao contrato preliminar, em que muitas vezes são elaborados documentos que revelam as intenções das partes de se vincularem contratualmente (ainda não o definitivo). Carlyle Popp revela seu entendimento sobre a alteração da compreensão clássica da proposta e sua aceitação para uma concepção mais abrangente que incluiria as fases negociais anteriores ao contrato preliminar, constituindo-se em uma importante etapa na formação do negócio jurídico: "Ainda que a doutrina clássica teime em não perceber ou quando visualiza a questão o faça sob uma perspectiva oitocentista, o mundo negocial mudou. Este cambiamento proporcionou não só uma valoração importante da fase dos tratos preliminares, como revolucionou toda a visão formativa anterior. O fenômeno proposta x aceitação não mais pode subsistir se vislumbrando somente sob um ângulo clássico. Nos dias de hoje, a complexidade das negociações – que não raro envolvem, além das partes, técnicos especializados (advogados, auditores, contadores, agentes financeiros, peritos, etc.) – não consegue mais refletir ofertas e aceitações, pelo menos naqueles moldes. Ante as dificuldades, técnicas e fáticas, dos tratos, as declarações negociais surgem aos poucos, etapa por etapa. Sobrevêm proposições bilaterais, aceitações unilaterais, seguidas de novas propostas e considerações. Nem sempre é possível uma visualização clara, neste tipo de tratativas, do local e momento onde ocorreu a proposta ou onde está a aceitação. Apesar disso, continuam a se constituir em etapas importantes na formação do negócio jurídico. [...] Diante disso, é comum a elaboração de documentos que reflitam a atual situação jurídica dos tratos, como minutas, acordos parciais, acordos de segredo (*confidentiality arrangements*), cartas de intenção (*letters of understanding*), ou mesmo possibilitem a realização do contrato definitivo (como as *Comfort letters* ou *lettre de patronagem*) e a obtenção do querer recíproco, chama-se formação progressiva do contrato. Estes documentos preparatórios são frequentemente utilizados naqueles casos em que as partes ultrapassaram determinados pontos, não sendo mais possível retornar. Significa dizer que, com relação a isto, a discussão está encerrada. É fundamental, deste modo, a celebração destes acordos parciais, cuja utilidade será grande, sobretudo se acontecer o recesso das negociações" (POPP, Carlyle. *Responsabilidade civil pré-negocial:* o rompimento das tratativas. 6. reimp. Curitiba: Juruá, 2011. p. 239). Em contraposição, Miguel Maria de Serpa Lopes declara que "[as] conversações preliminares têm por objeto o preparo do consentimento das partes para a conclusão do contrato. Essa fase preliminar inicia-se a partir do momento em que os futuros contraentes se põem em relação de negócios tendentes a conhecer as bases aceitáveis para cada uma das partes quanto ao projetado contrato. O progresso da técnica moderna, a complexidade dos negócios atuais impõem geralmente sejam os contratos precedidos de estudos preliminares. Trata-se de um período de negociações preliminares denominado pelos autores de *Tractatus*, e são definidas como propostas precedentes ao contrato, com os quais as partes, sem intenção de se obrigar, demonstram reciprocamente a de contratar. O característico principal dessas conversações preliminares, portanto, consistem em serem estabelecidas sem qualquer propósito de obrigatoriedade, de vez que as partes, nessa fase de negociações, carecem de qualquer ânimo de empenhar ou de vincular a sua vontade para o futuro; nada mais fazem do que exteriorizar o seu pensamento, sem a intenção de torná-lo definitivo. Tal situação preliminar suscita dois graves problemas: o primeiro, em saber qual o momento em que se pode reputar concluído o contrato, depois da discussão desses entendimentos; o segundo, se existe

celebração do negócio jurídico definitivo ficará para um momento posterior. Estabelecem um negócio jurídico de compra e venda que ainda não é o principal. Realizam o negócio antecedente com o expresso ajuste de que o definitivo será celebrado em momento futuro. Todavia, nem por isso se deve esquecer de que a razão determinante das partes é de comprar e de vender, e não apenas de celebrar outro contrato posterior, o definitivo.

Como noção geral, pode-se dizer que o contrato preliminar serve para as partes estabelecerem, antecedentemente, as diretrizes negociais, bem como as estipulações obrigacionais que, uma vez alcançadas e cumpridas, determinarão a celebração do contrato definitivo ou principal. O contrato preliminar é uma preparação para esse contrato subsequente.

Fabio P. Alem[7] considera que

> [...] o contrato preliminar é aquele que tem como obrigação precípua a conclusão ou a celebração futura de outro contrato, o contrato definitivo, seguindo-se a conceituação de origem italiana, esposada por Francesco Messineo.

O contrato preliminar é considerado parte de um processo de formação daquele que será considerado o contrato definitivo. Para garantirem o negócio no estágio em que se encontra com condições pré-ajustadas, os contratantes aceitam firmar um contrato preparatório que terá por objeto direto a realização do contrato definitivo em momento futuro e como indireto, o próprio objeto do contrato definitivo futuro[8].

---

alguma responsabilidade decorrente de um rompimento, *ad nutum*, dessas negociações e se ela se concretiza em relação ao que lhes põe termo sem uma justa causa. Quanto ao primeiro ponto, o princípio geral é o da ausência de obrigatoriedade em tais conversações preliminares: *propositiones absque animo obligandi*. Isto significa, refere Carrara, que as partes, entendidas já nesses períodos de negociações sobre um ou mais pontos gerais ou sobre uma ou mais condições particulares, não são de nenhum modo obrigadas a observar estes parciais acordos, enquanto não firmado o acordo completo sobre todos os pontos constitutivos do conteúdo da relação em formação. E acrescenta: quando o acordo completo for obtido, os particulares acordos se consolidarão e surgirá o contrato; enquanto não, os parciais, que eventualmente forem estabelecidos, carecem de valor e nenhuma pretensão será admissível neles fundada" (SERPA LOPES, Miguel Maria de. *Curso de direito civil*. Fontes das obrigações: contratos. 7. ed. rev. pelo Prof. José Serpa de Santa Maria. Rio de Janeiro: Freitas Bastos, 2001. v. IV, p. 92.) Ana Prata no mesmo sentido esclarece que "[a] caracterização da eficácia vinculativa daqueles acordos preparatórios é problema que suscita grandes dificuldades. Ocorrendo a sua formalização no período negociatório em razão da progressiva extensão dos conteúdos substanciais acordados, eles servem uma função instrumental das negociações, que tanto pode ser a de registrar etapas da sua evolução, como a de facilitar o seu desenvolvimento, como ainda a de consolidar pontos de acordo doravante inquestionáveis. A sua variabilidade e estreita dependência dos propósitos das partes, por um lado, a sua não correspondência a figuras tipificadas legalmente, por outro, determinam que não seja, muitas vezes, tarefa fácil a interpretação destes documentos pré-contratuais, constituindo então a dificuldade na determinação da medida em que cada uma das partes quis obrigar-se quanto ao futuro. Quando não seja possível identificar claras obrigações voluntariamente assumidas pelas partes, estes acordos interlocutórios pouco acrescentarão aos deveres decorrentes da boa fé, que, na fase das negociações, impendem sobre os futuros contraentes" (PRATA, Ana. *O contrato-promessa e o seu regime civil*. Coimbra: Almedina, 2001 [reimpressão]. p. 14). Entendemos que, apesar de as negociações antecedentes ao contrato preliminar fazerem parte de uma evolução dos entendimentos negociais das partes interessadas, elas ainda não as vinculam ao negócio jurídico, de modo que, nas situações de rompimento, geram apenas responsabilidade aquiliana por estarem fora da fase contratual (Código Civil, art. 186).

[7] ALEM, Fabio P. *Contrato preliminar*: níveis de eficácia. São Paulo: Almedina, 2018. p. 49.
[8] ALEM, Fabio P. *Contrato preliminar*: níveis de eficácia. São Paulo: Almedina, 2018. p. 50.

No negócio de aquisição imobiliária, isso pode ocorrer por vários motivos. Seja porque o comprador necessita de tempo para avaliar os documentos pertinentes para uma aquisição segura[9], seja porque existem atualizações dominiais a serem promovidas (por exemplo, quando o vendedor ainda não regularizou sua aquisição no registro de imóveis), ou por serem necessárias regularizações registrárias (por exemplo, a prévia retificação de área para que o comprador possa desenvolver empreendimento imobiliário futuro), ou porque o comprador ainda necessita aprovar financiamento para pagar o preço da aquisição, ou porque o imóvel necessita de adequações ambientais prévias ou, ainda, por qualquer outra circunstância de conveniência das partes.

Como destaca Hamid Charaf Bdine Júnior[10], o contrato preliminar, ou a promessa de contratar, tem por objeto a obrigação de celebrar outro contrato. Sua execução, portanto, consumar-se-á pela conclusão do contrato definitivo, que terá efeito solutório, ou liberatório, e constitutivo[11].

Liberatório porque extingue as obrigações constituídas na promessa e constitutivo porque gera novas relações jurídicas em definitivo (como a aquisição do direito real de propriedade).

Para Darcy Bessone[12], define-se a promessa de contratar como o contrato pelo qual uma das partes ou ambas se comprometem a celebrar, em momento posterior (no futuro), outro contrato considerado o principal ou o definitivo.

Em linha muito semelhante, Caio Mário da Silva Pereira[13] define o contrato preliminar como

> [...] aquele por via do qual ambas as partes ou uma delas se comprometem a celebrar mais tarde outro contrato, que será o contrato principal. Diferencia-se o contrato preliminar do principal pelo objeto, que no preliminar é a obrigação de concluir o outro contrato, enquanto o do definitivo é uma prestação substancial.

A conceituação de Orlando Gomes[14] é de uma "convenção pela qual as partes criam em favor de uma delas, ou de cada qual, a faculdade de exigir a imediata eficácia de contrato que projetaram".

No contrato preliminar, completa Serpa Lopes[15], "o objetivo da obrigação se traduz num *facere*, porém um *facere* consistente numa segunda declaração de vontade destinada a constituir o verdadeiro contrato definitivo".

Portanto, o contrato preliminar tem como objeto uma obrigação de contratar, um *contrahere*, a que nos referimos antes. Diferencia-se do definitivo porque neste as prestações são em si as próprias do negócio jurídico que se pretende.

---

[9] Vide Lei Federal n.º 13.097/2015, art. 54.
[10] BDINE JÚNIOR, Hamid Charaf. Compromisso de compra e venda em face do Código Civil de 2002: contrato preliminar e adjudicação compulsória. *Revista dos Tribunais*, v. 843, p. 58-84, jan. 2006.
[11] BESSONE, Darcy. *Da compra e venda*: promessa & reserva de domínio. 3. ed. rev. e ampl. São Paulo: Saraiva, 1988. p. 62.
[12] BESSONE, Darcy. *Da compra e venda*: promessa & reserva de domínio. 3. ed. rev. e ampl. São Paulo: Saraiva, 1988. p. 62.
[13] PEREIRA, Caio Mário da Silva. *Instituições de direito civil*. Contratos. Atualizadora e colaboradora Caitlin Mulholland. 25. ed. Rio de Janeiro: Forense, 2022. v. III, p. 77.
[14] GOMES, Orlando. *Contratos*. Atualizadores Edvaldo Brito [e coordenador], Reginalda Paranhos de Brito. 28. ed. Rio de Janeiro: Forense, 2022. p. 137.
[15] SERPA LOPES, Miguel Maria de. *Curso de direito civil*. Fontes das obrigações: contratos. 7. ed. rev. pelo Prof. José Serpa de Santa Maria. Rio de Janeiro: Freitas Bastos, 2001. v. IV, p. 94.

Muito se discutiu na doutrina sobre a utilidade do contrato preliminar[16]. A sua utilização não é imprescindível, mas ajusta-se às necessidades das partes que por alguma razão especial ainda não se encontram preparadas para a celebração do contrato definitivo relacionado à aquisição de um imóvel.

Pelo contrato preliminar, as partes podem estabelecer condições e obrigações que deverão ser verificadas e cumpridas antes de se vincularem definitivamente[17]. Por exemplo, a conclusão satisfatória de que as circunstâncias registrárias do imóvel atendem à legislação (princípio da especialidade objetiva) e que o registro do contrato definitivo será possível, ou, ainda, que serão necessárias providências para a sua especialização (retificação de área) ou para a sua regularização dominial (registro de títulos aquisitivos do vendedor ainda não inscritos na matrícula do imóvel no momento da celebração do contrato preliminar a não atender ao princípio da continuidade, o que poderia ser um impedimento para o registro do contrato preliminar na matrícula do imóvel, apoiado nos princípios da especialidade objetiva e da continuidade).

Pelo contrato preliminar, é assegurada às partes a introdução do regramento de seus interesses em relação a determinado objeto, o qual (regramento) deverá ser observado em sua execução até a celebração do contrato definitivo, este, sim, determinante para a implementação do negócio jurídico que se pretendeu preliminarmente.

No contrato preliminar de compra e venda, as partes disciplinam as obrigações recíprocas que deverão cumprir antecipadamente sobre o objeto e o preço para possibilitar a formalização do contrato definitivo. Este, por sua vez, é que viabilizará a transferência do objeto alienado do patrimônio do vendedor para o do comprador[18].

---

[16] Ver BESSONE, Darcy. *Da compra e venda:* promessa & reserva de domínio. 3. ed. rev. e ampl. São Paulo: Saraiva, 1988. p. 68 e seguintes.

[17] Por oportuno, transcrevemos o entendimento de Alcides Tomasetti Jr. sobre a descrição do conteúdo do contrato preliminar, para quem aquela se assenta sobre a base do objetivo do negócio jurídico preliminar: "a) O elemento inderrogável causal ou objetivo da categoria de negócio em exame, como se procurou mostrar em o § 3º, *supra*, localiza-se na factibilização, que o contrato preliminar possibilita, de um segundo contrato, chamado definitivo; desse modo, o contrato preliminar se caracteriza por vincular a introdução diferida do regramento dos interesses de seus figurantes, o qual incide sobre o bem ou bens que deverão ser alcançados, de acordo com aqueles interesses, mediante a conclusão, ou a conclusão e a complementação, do contrato definitivo; b) o contrato preliminar, por ser socialmente típico apresenta a difícil questão que concerne à presença ou não, em seu conteúdo, de elementos categoriais derrogáveis (ordinariamente ditos *naturalia negoti*), e, a aceitar-se a respectiva possibilidade, o máximo que se pode avançar é que não serão eles imediatamente evidentes, pois a tipificação social precisa de ser aferida, em suas particulares reiterações, mediante a detecção espácio-temporal dos padrões de conduta negocial localizáveis nos diversos círculos grupais; c) Serão elementos particulares do contrato preliminar todos aqueles que, expressamente introduzidos pelas partes, de acordo com as suas conveniências, tenham pertinência direta à primeira contratação e pertinência reflexa ao contrato projetado; assim, e.g., o termo final da eficácia do contrato preliminar; o prazo em que deverá ser promovida a prestação de informações ou documentos necessários à elucidação dos figurantes acerca dos bens pretendidos e de sua situação; a especificação dessas informações ou documentos; a oportunidade na qual deverá ocorrer conclusão, a complementação, ou a conclusão e a complementação do contrato definitivo etc." (TOMASETTI JUNIOR, Alcides. *Execução do contrato preliminar*. 1982. Tese (Doutorado) – Faculdade de Direito da Universidade de São Paulo, São Paulo, 1982, p. 20).

[18] TOMASETTI JÚNIOR, Alcides. *Execução do contrato preliminar*. 1982. Tese (Doutorado) – Faculdade de Direito da Universidade de São Paulo, São Paulo, 1982, p. 10.

Não é necessário que todas as condições essenciais do contrato definitivo estejam plenamente estabelecidas no contrato preliminar[19]. Em linha com o comentário anterior, elas podem ser decididas no contrato principal, desde que as partes tenham estabelecido previamente os critérios para suas determinações e que estas não fiquem ao arbítrio exclusivo de uma delas.

Assim, apesar de indicado no contrato preliminar, o preço pode sofrer ajustes caso haja dívidas do vendedor que possam afetar o imóvel, como ocorre com o imposto predial e com as despesas condominiais, as quais negocialmente poderão ser descontadas do valor a ser pago pela aquisição. O valor final do preço, portanto, será definido no contrato principal.

Pode-se, também, designar no preliminar que uma das partes reservará para si a faculdade de, no momento da conclusão do contrato definitivo, indicar outra pessoa que assumirá os seus direitos e as suas obrigações.

A, ao celebrar um contrato preliminar de compra de um imóvel pertencente a B, reserva-se o direito de nomear C ou D para figurar como comprador no contrato definitivo de compra e venda. Na celebração do contrato preliminar, estabelece-se que A, ao contratar a compra de um imóvel de B, poderá indicar C ou D como parte no contrato definitivo. Essa é uma situação comum em que uma incorporadora, ao firmar um compromisso de compra e venda, estipula que outra sociedade – que executará a incorporação imobiliária, mas que ainda não está formalmente constituída – será a adquirente no contrato definitivo (Código Civil, art. 467 e seguintes).

Para Alcides Tomasetti Júnior, ao adotarem um contrato preliminar, as partes não desejam os efeitos do negócio definitivo imediatamente. Optam, por vários motivos, que a produção de tais efeitos seja deslocada para um momento sucessivo, mas, em contrapartida, desejam ter a certeza de que esses efeitos se realizarão em momento oportunamente convencionado. "Sendo assim, cuidam de não deixar que o futuro implemento da operação projetada não fique dependendo da boa vontade, do senso ético ou da honestidade recíprocos, e por isto tratam de atribuir-lhe a armadura de um vínculo jurídico."[20]

O contrato preliminar pode ser unilateral ou bilateral.

Caio Mário da Silva Pereira[21] ilustra o contrato preliminar unilateral com a opção de compra, em que gera obrigações apenas para uma das partes, a que se obrigou a comprar, caso a outra decida vender. A outra parte, por seu turno, tem a liberdade de realizar ou não o contrato de acordo com as suas conveniências.

---

[19] "Mas, como se tentou explicar, nesses acordos residuais ulteriores se localiza a parte nuclear da preliminaridade contratual, porquanto é a eles que se refere a reserva de complementação, ordinariamente. Ao nível das contratações preliminares, põe-se, como consequência, que o não fechamento do conteúdo do negócio não implica a configuração de um contrato imperfeito (*quia nondum factum*) ou defeituoso, e, pois, conforme o caso, inexistente, nulo ou ineficaz. A falta de fechamento de todo o conteúdo do negócio-base, no plano dos acordos residuais, significa, exatamente, por injunções da própria estrutura típica, que se trata de um contrato preliminar. Nele, as partes se reservam a oportuna complementação do conteúdo do negócio mediante a conclusão de um novo contrato. Por isso, não parece correta a asseveração, a priori, de que se aplicam, ao contrato preliminar (em que há reserva de complementação), as sanções eventualmente cabíveis aos contratos definitivos (agora sim) imperfeitos" (TOMASETTI JÚNIOR, Alcides. *Execução do contrato preliminar*. 1982. Tese (Doutorado) – Faculdade de Direito da Universidade de São Paulo, São Paulo, 1982, p. 36).

[20] TOMASETTI JÚNIOR, Alcides. *Execução do contrato preliminar*. 1982. Tese (Doutorado) – Faculdade de Direito da Universidade de São Paulo, São Paulo, 1982, p. 5.

[21] PEREIRA, Caio Mário da Silva. *Instituições de direito civil*. Contratos. Atualizadora e colaboradora Caitlin Mulholland. 25. ed. Rio de Janeiro: Forense, 2022. v. III, p. 80.

O contrato preliminar bilateral gera obrigações para ambas as partes, programando-se a celebração do contrato definitivo para um momento posterior quando as prestações – de parte a parte – estiverem integralmente cumpridas. No contrato preliminar, estabelecem-se, portanto, a união de condição e de termo para a celebração do contrato definitivo.

Caso o termo não seja estabelecido no contrato preliminar, o credor que desejar a constituição em mora do devedor deverá notificá-lo para que cumpra a obrigação no prazo que lhe for fixado.

Contudo, mesmo que exista termo fixado no contrato preliminar, para a outorga do título definitivo é recomendável que se estabeleça previamente que o credor notificará a outra parte para que compareça em dia e horário marcados para sua celebração. Tal providência evita o desencontro de intenções e o desalinhamento de expectativas negociais, além de abrir a possibilidade de se indicarem antecipadamente eventuais condições não superadas e/ou de obrigações ainda não cumpridas por aquele que deseja celebrar o título definitivo.

O contrato preliminar integra o processo de formação do contrato principal. Nele, as partes, apesar de desejarem os efeitos do negócio definitivo, estabelecem que determinados efeitos não serão produzidos desde logo, em razão de circunstâncias específicas que decorrem de cada negociação. Denota-se que a relação contratual preliminar é um processo complexo, dinâmico e que exige cooperação dos contratantes para alcançarem o contrato definitivo[22].

Do conteúdo obrigacional do contrato preliminar há um dever de colaboração das partes com o objetivo de cumprirem determinadas obrigações que as levarão à celebração do contrato definitivo. Esse dever impõe às partes a obrigação de se empenharem negocialmente no sentido de ajustarem as lacunas eventualmente existentes no contrato preliminar para alcançarem o contrato principal.

Nesse processo complexo, o contrato preliminar aparece como negócio jurídico autônomo, no qual consubstancia um acordo de vontades completo, ainda que vinculado a outro contrato (o principal) que, inclusive, pode criar outras obrigações.

Pode-se definir o contrato preliminar como aquele em que ambas as partes ou apenas uma delas se compromete, após o transcurso de determinado prazo e cumpridas certas obrigações, a celebrar outro contrato em momento futuro, o qual será considerado o principal.

No nosso sistema, o contrato preliminar está previsto no art. 462 e seguintes do Código Civil. Deduz-se do art. 463, como referido, que o contrato preliminar tem como objetivo a celebração do definitivo, desde que nele estejam contidos todos os requisitos necessários para a formalização deste e que não contenha cláusula de arrependimento.

Não estava expressamente previsto no Código Civil de 1916, tendo sido tratado em leis especiais, que veremos adiante, e que regulam o compromisso de compra e venda de imóveis não loteados e loteados. Entretanto, essa é apenas uma das espécies de contrato preliminar (que é o gênero), pois este pode regular a celebração de outros tipos de contratos definitivos.

O desenvolvimento do contrato preliminar de compra e venda deu-se em razão da velocidade na formalização de negócios jurídicos dessa natureza, difundindo-se em vários sistemas[23].

---

[22] ROSENVALD, Nelson. Arts. *In*: GODOY, Claudio Luiz Bueno de *et al*. *Código Civil comentado*: doutrina e jurisprudência. Lei n. 10.406 de 10.01.2002. Coordenação Cezar Peluso. 17. ed. rev. e atual. Santana de Parnaíba, SP: Manole, 2023. p. 511.

[23] "*Vorvertrag*, no direito alemão; *contratto preliminare* ou *antecontratto*, no direito italiano; *avant contrait* ou *promesse de contrat* ou *compromis*, no francês; *contracto preliminar*, no espanhol e hispano-americano" (PEREIRA, Caio Mário da Silva. *Instituições de direito civil*. Contratos. Atualizadora e colaboradora Caitlin Mulholland. 25. ed. Rio de Janeiro: Forense, 2022. v. III, p. 78).

Em nosso meio, fora largamente propagado, mas a doutrina não encontrou unicidade para determinar sua designação, sendo ora chamado de pré-contrato, antecontrato, contrato preparatório, compromisso (art. 22 do Decreto-lei n.º 58/1937; art. 25 da Lei Federal n.º 6.766/1979) e promessa (art. 1º, parágrafo único, do Decreto-lei n.º 745/1969; art. 1.006, § 2º, do Código de Processo Civil de 1939, sem correspondentes nos Códigos de Processo Civil de 1973 e de 2015).

No atual Código Civil, foi nomeado, nos arts. 462, 463, 464 e 465, como contrato preliminar, designação que abrange qualquer negócio jurídico preparatório de outro, considerado principal ou definitivo[24].

Quanto à forma, o art. 462 do Código Civil adotou o princípio da forma livre, ou seja, pode ser instrumentalizado por contratos particulares ou públicos, não sendo obrigatória essa forma (a pública) para surtir seus efeitos.

De acordo com o referido art. 462, exceto quanto à forma, o contrato preliminar deve conter todos os requisitos essenciais do contrato definitivo. Assim, seus requisitos são aqueles necessários para a formação de qualquer contrato, minimamente os indicados no art. 104 do Código Civil: capacidade das partes, objeto lícito, possível, determinado ou determinável, além daqueles a que se referir o negócio jurídico principal, como o preço e o consentimento, na compra e venda ou a liberalidade, na doação.

A capacidade é atendida quando as partes estão aptas para celebrarem o instrumento preliminar bem como o definitivo, pois precisam cumprir com o que se comprometeram. O vendedor deve ter disponibilidade sobre o objeto do compromisso e o comprador deve ter condições de pagar o preço de aquisição.

Importante destacar também que o contrato preliminar encontra sua fundamentação principal na ampla liberdade de contratar que o sistema confere às partes, concernente à autonomia privada, desde que respeitem as condições mínimas e gerais que tratamos anteriormente. Depreende-se isso da disposição contida no art. 421 do Código Civil: "A liberdade de contratar será exercida em razão e nos limites da função social do contrato".

Com relação ao objeto, é preciso que seja lícito e possível.

Os requisitos essenciais que o contrato preliminar deve conter são aqueles cuja falta impossibilite a identificação mínima de seu conteúdo[25]. Nesse sentido, exceto se convencionado pelas partes de maneira contrária, só se admitirá que faltem no contrato preliminar aspectos considerados secundários ao negócio definitivo. Como exemplos, poderá faltar a forma de reajuste do preço, mas este não. Poder-se-á deixar para momento posterior a especialização objetiva do objeto, mas na origem do contrato preliminar ele deverá ser ao menos determinável.

Antônio Junqueira de Azevedo[26] destaca que, por elementos essenciais, têm-se os *essentialia negotti*, *naturalia negotti* e *accidentalia negotti*[27].

---

[24] O contrato preliminar pode ser chamado também de pré-contrato, antecontrato, contrato preparatório, compromisso, promessa de contrato, contrato-promessa (TEIXEIRA, Tarcisio. *Compromisso e promessa e compra e venda*: distinções e novas aplicações dos contratos preliminares. 2. ed. São Paulo: Saraiva, 2015. p. 30).

[25] BDINE JÚNIOR, Hamid Charaf. Compromisso de compra e venda em face do Código Civil de 2002: contrato preliminar e adjudicação compulsória. *Revista dos Tribunais*, v. 843, p. 58-84, jan. 2006.

[26] JUNQUEIRA DE AZEVEDO, Antônio. Contrato preliminar. Distinção entre eficácia forte e fraca para fins de execução específica da obrigação de celebrar o contrato definitivo. Estipulação de multa penitencial que confirma a impossibilidade de execução específica. In: JUNQUEIRA DE AZEVEDO, Antônio. *Novos estudos e pareceres do direito privado*. São Paulo: Saraiva, 2009. p. 257.

[27] *Essentialia negotti*: elementos essenciais e indispensáveis para a formação do negócio jurídico, como o preço e o objeto na compra e venda. *Naturalia negotti*: elementos naturais do negócio jurídico que nele estão presentes mesmo no silêncio das partes, como a garantia contra vícios redibitórios. *Acci-

Os essenciais são aqueles necessários para garantir a existência de certo tipo de negócio jurídico e, logo, não podem ser afastados pelos contratantes (exemplo, a determinação do valor do aluguel para caracterizar uma relação locatícia).

Naturais seriam os que, apesar de não serem necessários para a determinação do tipo de negócio jurídico, decorrem da sua natureza, os quais poderão ou não ser afastados pelas partes (por exemplo, a evicção – art. 447 e seguintes do Código Civil).

Os acidentais, por sua vez, são aqueles estabelecidos pelos contratantes e que não são definidores do tipo negocial, nem resultam da sua natureza (como a condição, o termo, o encargo ou o modo).

Portanto, para evitar contendas entre os contratantes na execução definitiva, o contrato preliminar deverá conter a indicação de todos os requisitos essenciais do contrato principal a ser celebrado.

Com relação aos seus efeitos, o contrato preliminar também se diferencia do definitivo. Aquele, em nosso ordenamento, é insuficiente para gerar os efeitos específicos deste, mesmo que tenha em si grande parte ou até mesmo todo o conteúdo do negócio jurídico principal. O compromisso de compra e venda de imóvel pode conter inúmeras condições a serem observadas pelos contraentes antes de celebrarem o contrato definitivo[28].

O contrato preliminar não produz todos os efeitos imediatamente, mas apenas alguns, de acordo com o que as partes convencionarem. Primeiramente, produzem-se os efeitos obrigacionais e, depois de estes serem integralmente cumpridos, os efeitos reais plenos, quando o caso.

Também no tocante à função, o contrato preliminar difere do contrato definitivo. O preliminar exerce função nitidamente preparatória para o contrato principal e de garantia para aquele que se obrigou a se desfazer de determinada coisa, pois só o fará depois de receber integralmente a contraprestação que lhe foi definida no ajuste preliminar.

No que se refere ao registro, o parágrafo único do art. 463 do Código Civil pode dar a impressão de que o contrato deve ser registrado para ter validade. O registro exigido nesse dispositivo é tão somente para que o contrato gere efeitos em relação a terceiros. Entre as partes, o contrato pode ser executado mesmo sem o registro. No que se refere ao compromisso de compra e venda de imóvel, o registro gerará, ainda, direito real de aquisição, como se verá no Capítulo 3.

O art. 463 do Código Civil estabelece que, concluído o contrato preliminar, com atenção a todos os requisitos essenciais do contrato definitivo e desde que não conste cláusula de arrependimento, qualquer das partes terá o direito de exigir a celebração do contrato definitivo, concedendo prazo para que a outra parte o efetive.

Há entendimento de que o contrato preliminar pode conter gradações obrigacionais diferentes em seu conteúdo, desde a sua formação e à medida que se desenvolve e se aproxima ou se distancia do contrato definitivo. Logo, quanto mais elementos do contrato definitivo tiver, maior será a força vinculativa do contrato preliminar[29-30].

---

dentalia negotti: elementos acidentais do negócio jurídico. São as cláusulas adicionais ou acidentais que as partes podem incluir no negócio, desde que não contrariem a natureza deste. Por exemplo, condições, modos, ou termos adicionados a um contrato são *accidentalia negotti*.

[28] ANTONIO JUNIOR, Valter Farid. *Compromisso de compra e venda*. São Paulo: Atlas, 2009. p. 12.

[29] JUNQUEIRA DE AZEVEDO, Antônio. Contrato preliminar. Distinção entre eficácia forte e fraca para fins de execução específica da obrigação de celebrar o contrato definitivo. Estipulação de multa penitencial que confirma a impossibilidade de execução específica. *In*: JUNQUEIRA DE AZEVEDO, Antônio. *Novos estudos e pareceres do direito privado*. São Paulo: Saraiva, 2009. p. 252.

[30] ALEM, Fabio P. *Contrato preliminar:* eficácia nos negócios jurídicos complexos. 2009. Dissertação (Mestrado) – Faculdade de Direito da Pontifícia Universidade Católica de São Paulo. São Paulo, 2009, p. 140.

De acordo com a gradação obrigacional, é possível dividir o contrato preliminar quanto à sua força em forte, médio e fraco.

Nesse sentido, para Antônio Junqueira de Azevedo[31], a relação obrigacional resultante do contrato preliminar "pode ser forte ou fraca, conforme dê ou não direito à execução específica".

Apoiado também em Alcides Tomasetti Júnior[32], Fabio P. Alem[33] distingue claramente, com base nos graus de obrigatoriedade, os contratos preliminares forte, médio e fraco.

---

[31] JUNQUEIRA DE AZEVEDO, Antônio. Contrato preliminar. Distinção entre eficácia forte e fraca para fins de execução específica da obrigação de celebrar o contrato definitivo. Estipulação de multa penitencial que confirma a impossibilidade de execução específica. In: JUNQUEIRA DE AZEVEDO, Antônio. *Novos estudos e pareceres do direito privado*. São Paulo: Saraiva, 2009. p. 252.

[32] Para esse autor, a "análise da preliminaridade contratual revela a elasticidade do primeiro contrato relativamente à compreensibilidade, maior ou menor, do conteúdo do segundo, com a consequência de se apresentar, no encadeamento contrato-preliminar-contrato definitivo, uma programação variável quanto à estabilização e a fixação do regramento contratual cuja introdução é diferida. a) No estágio mais completo dessa programação, o conteúdo do contrato definitivo já está totalmente preestabelecido no contrato preliminar. Exemplo que ilustra o grau máximo de fixação antecipada do conteúdo do contrato definitivo dá-se, na espécie já lembrada, em que as partes, por documento particular, prometem outorgar a propriedade integral de um imóvel que lhes pertence em comum, ao possuidor atual, também condômino, recebendo, em contrapartida, deste último, a renúncia de parte ideal de herança que lhe caberia juntamente com os demais figurantes no contrato-promessa. Neste caso, aguarda-se, simplesmente, o término do inventário, devendo então os promitentes outorgar a escritura definitiva do acordo de permuta já delineado em seus extremos. Retomando-se a afortunada explicação que descreve a dupla função do contrato definitivo, enquanto ato devido – negócio jurídico, com relação entre continente e conteúdo, pode-se dizer que, nesse exemplo, o continente está cheio. Faltante apenas a outorga da escritura definitiva do contrato de permuta já completo no seu conteúdo (a forma pública, no caso, é, unicamente, requisito de validade do contrato – Código Civil, art. 134, *caput* e inciso II), essa outorga é mais adimplemento do que conclusão de um novo negócio. Estão presentes, na outorga da escritura, o ato devido e a declaração negocial, mas – agora do ponto de vista qualitativo – a função predominante é a do primeiro. b) Um termo médio de programação existe quando algo falta – do conteúdo do contrato definitivo, na projeção antecipada pelo contrato preliminar – que não depende de ou pode facilmente prescindir de declarações inovativas dos figurantes, aos quais cabe propriamente então concluir um segundo contrato, isto é, fazer todo o necessário e suficiente para que este produza os efeitos queridos. Um negócio que auxilia o entendimento desse termo médio de programação do conteúdo do contrato definitivo é dado pelo exemplo dos cônjuges, proprietários de um imóvel, que prometem, por instrumento público, a conclusão, também por escritura pública, de contrato constitutivo de garantia hipotecária, em favor de terceiro, credor do pai do cônjuge varão, sendo que o contrato prometido fica para ser celebrado tão logo o bem, a ser onerado pela hipoteca, seja liberado de cláusula de inalienabilidade temporária já ineficaz, recebendo, por outro lado, os promitentes, no ato da assinatura do contrato definitivo, uma certa soma, a ser prestada pelo devedor, em correspectivo pela garantia recebida. Neste caso, a relação continente (ato devido) – conteúdo (contrato definitivo) já se mostra consideravelmente alterada; com as declarações e atos materiais que incumbem às partes, o preenchimento das previsões constantes no contrato preliminar são muito mais de natureza negocial do que meramente executiva; o continente está menos cheio. c) o termo mínimo de programação do contrato definitivo ocorre, na relação jurídica contratual preliminar, quando, fixada, no primeiro contrato, a base do regramento negocial cuja introdução é diferida, subsistem todavia em aberto pontos negociais que carecem de acordos residuais ulteriores, em virtude da complexidade ou da determinação *in fieri* do conteúdo do segundo contrato no momento em que se dá a conclusão preliminar. É importante atentar para esta expressão, acordos residuais ulteriores, que se definem por contraste com a base suficientemente delineada do regramento preparado para inserção diferida. Demais, não há negar que o controle dessa 'residualidade' deverá ser levado a efeito caso por caso, mas esse é um aspecto que merecerá exame detido e em apartado logo à frente" (TOMASETTI JÚNIOR, Alcides. *Execução do contrato preliminar*. 1982. Tese (Doutorado) – Faculdade de Direito da Universidade de São Paulo, São Paulo, 1982, p. 22).

[33] ALEM, Fabio P. *Contrato preliminar*: eficácia nos negócios jurídicos complexos. 2009. Dissertação (Mestrado) – Faculdade de Direito da Pontifícia Universidade Católica de São Paulo. São Paulo, 2009, p. 140-141.

O vínculo obrigacional do contrato preliminar será considerado forte quando a obrigação de declaração de vontade puder ser substituída por uma sentença, dada a intensa semelhança entre o preliminar e o definitivo.

Em outras palavras, caso contenha todos os requisitos do contrato definitivo, o preliminar será considerado forte. Exemplo de um contrato preliminar tido como de grau forte é o compromisso de compra e venda quitado de imóvel, porque nada mais resta para as partes senão a obrigação de outorga da escritura pública definitiva.

Outro exemplo dessa hipótese seria o contrato preliminar de locação de imóvel ainda em construção – situação em que o proprietário não pode dar a posse ao inquilino –, no qual se estabelece que a locação somente se iniciará com a obtenção do alvará de conclusão de obra e efetiva entrega da posse para o locatário. Obtido o alvará e disponibilizado o imóvel para a ocupação pelo locatário, poder-se-á exigir a celebração do contrato principal de locação.

Existe também contrato preliminar com grau médio de obrigatoriedade, pois, apesar de haver alguns dos requisitos essenciais, paira dúvida sobre a presença de tais requisitos. Essa análise da gradação do contrato preliminar com obrigatoriedade média dependerá da avaliação do caso concreto, uma vez que para as relações jurídicas exigem-se níveis diferentes de gradação obrigacional, devendo conter um mínimo de obrigatoriedade para que o contrato preliminar seja considerado apto para impor a execução forçada com a celebração do contrato definitivo.

Haverá casos em que o contrato preliminar de vinculação obrigacional tida como média não terá força suficiente para impor a execução específica, situação em que subsistirá a determinação de perdas e danos.

Quando no contrato preliminar faltarem, em muito, as definições dos requisitos do contrato definitivo, sua gradação será fraca, hipótese em que, apesar de vincular os contratantes com maior força do que os documentos produzidos na fase preparatória (negociação), não terá potência suficiente para a execução específica, e, se houver o descumprimento da celebração do contrato definitivo, restará, ao prejudicado, a fixação de perdas e danos.

Exemplo, um contrato preliminar de fornecimento em que se estabeleceu a atualização do preço por um índice que deixou de existir e no qual não foi convencionada sua substituição por outro. Por não ser possível a determinação do preço, elemento essencial, o contrato definitivo não poderá ser obtido pela via judicial, pois o juiz não poderá impor ao credor índice com o qual este não concordou anteriormente, uma vez que ele não é obrigado a receber prestação diversa da que lhe é devida, ainda que esta seja mais valiosa (Código Civil, art. 313).

Pode-se admitir, portanto, a depender da complexidade do contrato preliminar, que existam obrigações consideradas fortes e fracas.

A força vinculante obrigacional do contrato preliminar varia desde a sua formação, durante a sua execução, até a celebração do contrato definitivo. Apesar de vincular as partes em maior grau do que a fase de negociação, o contrato preliminar não possui, na sua formação, a força obrigacional necessária para uma execução específica. Essa força ou potência vinculativa aumenta durante a fase de execução do contrato preliminar à medida que as partes cumpram suas respectivas obrigações, nele estipuladas, até que nada mais reste senão a celebração do contrato considerado principal.

No art. 464 do Código Civil, há previsão de execução específica da obrigação (de fazer) de celebrar o contrato definitivo na forma estabelecida no contrato preliminar. Esgotado o prazo exigido no art. 463 sem a celebração espontânea, o juiz poderá, a pedido do interessado, suprir a vontade da parte inadimplente, conferindo caráter definitivo ao contrato preliminar, salvo se a isso se opuser a natureza da obrigação[34].

No caso de ter que exigir o cumprimento judicialmente, não se tratará de compelir o devedor a manifestar vontade para celebrar o contrato considerado principal, mas de exigir do Estado-juiz o reconhecimento da eficácia da declaração do devedor contida no contrato preliminar, capaz de levar à celebração do definitivo.

Caso não seja cumprida a obrigação de celebrar o contrato definitivo, em vez de exigir coercitivamente seu cumprimento, o credor poderá considerar o contrato preliminar desfeito e exigir perdas e danos correspondentes (Código Civil, art. 465). Esses, por sua vez, esclarece Caio Mário da Silva Pereira[35],

> [...] tomarão o lugar da prestação devida na obrigação de fazer. Mas não é a solução normal. A conversão da *res debita* no seu equivalente pecuniário – *o id quod interest* – é substitutiva da prestação específica que as partes ajustaram. A coisa devida é o contrato definitivo. É este que deve ser outorgado. E somente na hipótese de não ser possível ou indesejada pelo credor é que se passará ao campo da prestação pecuniária equivalente.

Valter Farid Antonio Junior[36], depois de apresentar vertentes da doutrina estrangeira, salienta que os contratos preliminares apresentam duas variáveis. A primeira quando as partes, apesar de determinarem o objeto do negócio definitivo, mantêm no contrato o direito ao arrependimento. A segunda, contrariamente, caracteriza-se quando as partes fixam todos os elementos essenciais do contrato principal, mas de maneira irrevogável, ou seja, sem direito ao arrependimento.

A primeira chamou de contrato preliminar próprio, com possibilidade de arrependimento, e quando as partes celebram o contrato definitivo elas demonstram que não houve a retratação. A segunda designou como impróprio porque é sempre irrevogável e nele contém um conteúdo exaustivo, que não obriga a celebração de um novo contrato, mas o cumprimento de uma prestação de um ato que ratifica a manifestação de vontade já manifestada pelas partes no contrato preliminar, com o objetivo de conferir eficácia definitiva ao ajuste obrigacional[37].

A celebração de um contrato preliminar impróprio tem como intenção principal a de postergar a celebração do contrato principal para que este gere seus efeitos em determinado momento no tempo, geralmente após as partes cumprirem suas obrigações preliminarmente estabelecidas no contrato inicial.

No contrato definitivo, apenas se ratificam os direitos e as obrigações de cada uma das partes, outorgam-se as quitações recíprocas, se o caso, não sendo permitido para qualquer das partes pleitear de forma unilateral alterações nas disposições contratuais irretratáveis preliminarmente estabelecidas.

---

[34] Anota Arnaldo Rizzardo que a exceção indicada na parte final do art. 464 do Código Civil refere-se às obrigações consideradas *intuito personae*, ou seja, àquelas que devem ser cumpridas pessoalmente pelo devedor, como "a confecção de uma obra de escultura, ou de uma pintura, ou a execução de uma atividade que impõe qualidades próprias daquele com o qual se contrata" (RIZZARDO, Arnaldo. Contratos. 15. ed. Rio de Janeiro: Forense, 2015. p. 186).

[35] PEREIRA, Caio Mário da Silva. *Instituições de direito civil*: contratos. Atualizadora e colaboradora Caitlin Mulholland. 25. ed. Rio de Janeiro: Forense, 2022. p. 85.

[36] ANTONIO JUNIOR, Valter Farid. *Compromisso de compra e venda*. São Paulo: Atlas, 2009. p. 15 e 17.

[37] ANTONIO JUNIOR, Valter Farid. *Compromisso de compra e venda*. São Paulo: Atlas, 2009. p. 15.

Nesse sentido é que se pretende incluir o compromisso de compra e venda de imóvel. Constitui modalidade de contrato preliminar impróprio[38], cuja gradação do vínculo obrigacional depende da força que os contratantes desejaram atribuir a ele, em que são estabelecidos os termos e as condições do pretendido negócio de compra e venda, essencialmente irretratável, o qual, para ser definitivamente executado, depende de simples reiteração da sua causa no contrato principal e que, pela lei, será o título necessário para a constituição do direito real à aquisição (Código Civil, arts. 1.225, VII, e 1.417).

Por conterem regras específicas, as quais serão vistas no decorrer deste capítulo, o compromisso de compra de imóveis loteados e não loteados é classificado como espécies típicas de contrato preliminar.

2.2 EVOLUÇÃO DO COMPROMISSO DE COMPRA E VENDA DE IMÓVEL

Viviane Alessandra Grego Hajel[39] relembra que nas Ordenações Afonsinas, origem do direito brasileiro, o contrato preliminar era previsto em seu Livro IV, Título 57, I[40]. Subsequentemente, após o Código Manuelino, as Ordenações Filipinas[41] reproduziram a figura do contrato preliminar, que já era prevista naquelas ordenações.

O Código Civil de 1916 não estabeleceu disposições específicas para o contrato preliminar. Havia, porém, a regra do art. 1.088[42-43], em que se previa expressamente a possibilidade do exercício do direito de arrependimento, desde o momento da assinatura do instrumento preliminar, até antes da assinatura do instrumento público definitivo. O exercício do direito de arrependimento gerava para o arrependido a obrigação de indenizar a outra parte das perdas e danos sofridos.

Assim era redigido o dito art. 1.088: "Quando o instrumento público for exigido como prova do contrato, qualquer das partes pode arrepender-se, antes de o assinar, ressarcindo à outra as perdas e danos resultantes do arrependimento, sem prejuízo do estatuído nos arts. 1.095 a 1.097". Esses dispositivos referiam-se às arras ou sinal, os quais, em parte, equivalem aos atuais art. 417 a 420 do Código Civil.

Pela redação do citado dispositivo, não havia a necessidade de justificar o arrependimento. Este era garantido a qualquer das partes de maneira ampla e irrestrita.

---

[38] Trata-se o compromisso de compra e venda espécie de contrato preliminar, que, por sua vez, é o gênero.

[39] HAJEL, Viviane Alessandra Grego. Compromisso de compra e venda: Registro Imobiliário e seus efeitos. *Revista de Direito Imobiliário*, v. 81, p. 187, jul./dez.2016.

[40] "[...] se dous homees fazem algum contrauto d'aveença, ou de venda, e ficaõ pera fazer Eftromento de Certidooe, aquelle, que ouver de fazer o Eftromento, fe poffa quitar, fe quifer, ante que o Eftromento faça."

[41] "Se algumas pessoas fizerem contracto de venda, ou de outra qualquer convença, e ficarem para fazer scriptura desse contracto, antes que se a tal scriptura faça, se póde arrepender e arredar da convença, o que havia de fazer a scriptura. E isto haverá lugar, quando o contracto for tal, que segundo Direito não possa valer sem scriptura, e que a scriptura seja da substância do contracto, assi como nos contractos, que se devem fazer e insinuar, e em contracto emphyteutico de cousa Ecclesiastica, e em outros, que segundo Direito são de semelhante qualidade e condição."

[42] "Quando o instrumento público for exigido como prova do contrato, qualquer da partes pode arrepender-se, antes de o assinar, ressarcindo à outra as perdas e danos resultantes do arrependimento, sem prejuízo do estatuído nos arts. 1.095 a 1.097."

[43] Houve entre nossos doutrinadores aqueles que consideravam distintos o contrato de promessa de compra e venda feito por escritura pública do estabelecido por instrumento particular. Como a forma para aquisição de direitos reais era a pública, entendiam pela possibilidade de execução compulsória do contrato celebrado por escritura pública, mas inadmitiam para o particular.

Em torno desse dispositivo desenvolveu-se a tese de que era possível admitir em nosso ordenamento o contrato preliminar, pois permitia que as partes se arrependessem antes da assinatura do instrumento público exigido como prova do contrato definitivo. Dava-se, portanto, como autorizado um contrato anterior ao público que era sobre o qual as partes poderiam desistir, desde que pagassem as respectivas perdas e danos para a parte prejudicada pelo desfazimento do contrato inicial.

Em caso de recusa do alienante em outorgar o título definitivo de compra e venda de imóvel, não poderia a outra parte, por falta de previsão legal, exigir judicialmente o cumprimento da obrigação nem propor adjudicação compulsória. O descumprimento da obrigação de celebrar o contrato definitivo ensejava apenas o pagamento de perdas e danos.

Com apoio no referido art. 1.088 do Código Civil de 1916, tornou-se possível que loteadores e construtores se utilizassem do direito de arrependimento, imotivadamente, e não outorgassem escritura definitiva de compra e venda, optando, de acordo com as suas conveniências, inclusive econômicas, pelo pagamento das perdas e danos correspondentes para o comprador, principalmente quando fosse o caso de a valorização do imóvel ser suficiente para recompor as perdas decorrentes do arrependimento[44]. Essa situação deu abertura para o cometimento de abusos ocorridos no final do século XIX e início do XX que a legislação posterior procurou coibir.

Pontes de Miranda, citado por Leonardo Brandelli[45], registra que um contrato de compra e venda que não atendesse à forma pública deveria ser interpretado como uma promessa de compra e venda. Caso essa promessa tivesse adotado a forma particular, qualquer das partes poderia se arrepender até o momento da celebração do respectivo instrumento público. Na hipótese de o contrato preliminar ter sido lavrado por instrumento público, entendia-se que não haveria a possibilidade de arrependimento.

Em outras palavras, pela interpretação dada ao mencionado art. 1.088 do Código Civil de 1916, conferia-se às partes o direito de arrependimento até o momento da lavratura do instrumento público definitivo. Uma das partes poderia de forma imotivada decidir pelo não cumprimento do contrato preliminar e pagar as correspondentes perdas e danos pelo inadimplemento na outorga do instrumento principal. Tal circunstância gerou enorme insegurança jurídica no mercado imobiliário.

Diante desse cenário, muitos empreendedores, em razão da valorização dos imóveis – mesmo daqueles já prometidos à venda –, exercem o direito de arrependimento para retomá-los e posteriormente aliená-los por valor maior, pagando ao adquirente frustrado as perdas e danos decorrentes da desistência, que na maioria das vezes se resumia na simples devolução das parcelas pagas.

No contexto socioeconômico, o êxodo rural para os grandes centros urbanos das capitais europeias ocorrido no período compreendido entre as duas grandes guerras mundiais alastrou-se para os centros urbanos de outros países em outros continentes.

---

[44] "[...] 2. 'A promessa de compra e venda poderá propiciar a adjudicação compulsória, mesmo se consubstanciada em instrumento particular, como pacífico na jurisprudência do Supremo Tribunal' (REsp n.º 30/DF, Rel. Ministro Eduardo Ribeiro, Terceira Turma, julgado em 15/08/1989, DJ 18/09/1989). 3. Com efeito, se é facultado ao promitente comprador adjudicar compulsoriamente imóvel objeto de contrato de promessa de compra e venda, seria contraditório ser dada ao promitente vendedor a faculdade de desistir da avença ao seu talante. No caso dos autos, o contrato foi celebrado em 08 de novembro de 1977, quando já não mais vigorava o art. 1.088 do Código Civil de 1916, circunstância que exigiria cláusula expressa no instrumento que autorizasse os contraentes exercerem o direito de arrependimento da avença. [...]" (STJ, REsp 212.937/SP, j. 02.12.2008).

[45] CASSETTARI, Christiano; BRANDELLI, Leonardo. *Comentários à lei do sistema eletrônico dos registros públicos:* Lei 14.382, de 27 de junho de 2022. Rio de Janeiro: Forense, 2023. p. 157.

Esse movimento populacional também influenciou o Brasil, que experimentou, na primeira metade do século XIX, um vigoroso crescimento dos grandes centros urbanos, observado especialmente em suas capitais.

Em decorrência desse cenário social, os negócios jurídicos de compra e venda de imóveis urbanos multiplicaram-se.

Com a possibilidade de arrependimento prevista no aludido art. 1.088 do Código Civil de 1916, os negócios jurídicos preliminares de compra e venda de imóveis tornaram-se frágeis e passaram a gerar insegurança aos contratantes porque, como referido, até o momento da celebração do instrumento definitivo (escritura pública) havia a possibilidade legal de uma das partes desistir do respectivo negócio jurídico. O adquirente nesses moldes não tinha meios para obrigar o alienante a cumprir o contrato como originalmente estabelecido.

O art. 1.088 não previa a constituição de direito real ao adquirente em caso de inscrição do contrato preliminar no registro público competente, situação que ficou sem solução até o advento do Decreto-lei n.º 58/1937[46], como se verá adiante.

Antes, porém, breves linhas sobre seu surgimento no direito brasileiro.

O Decreto-lei n.º 58/1937 teve origem em disposições estrangeiras. Para regulamentar os negócios jurídicos que tivessem como objeto terrenos loteados e a lotear, em 30.07.1930, surgiu na França um novo dispositivo legal inserido no Código Civil, o art. 1.589, que dispunha: "Se esta promessa se aplica a terrenos loteados ou a lotear, seu consentimento e a convenção resultarão estabelecidos pelo pagamento de um sinal sobre o preço, qualquer que seja o nome dado ao sinal, e pela tomada de posse do terreno".

A inspiração francesa atingiu o legislador uruguaio e, em 30.07./1931, fez surgir a Lei n.º 8.733, a qual, no seu art. 15, estabelecia:

> A promessa de alienação de imóveis a prazo, desde a inscrição no Registro, confere ao adquirente direito real a respeito de qualquer alienação ou gravame posterior, e, quando se tenha pagado ou se pague toda a prestação e se tenham cumprido as obrigações estipuladas, assiste-lhe ação para exigir a transferência e a entrega do bem que constitui o objeto da prestação. A data será a da inscrição.

No Brasil, a lei do país vizinho exerceu grande influência a ponto de ser apresentado, pelo então deputado Waldemar Ferreira, um projeto de lei que chegou a ser debatido no Congresso Nacional. Contudo, em razão do seu fechamento, em 1937[47], o então Presidente da República, Getúlio Vargas, transformou o texto do projeto de lei no Decreto-lei n.º 58/1937, inaugurando, como destaca Francisco Cláudio de Almeida Santos[48], uma nova fase no direito brasileiro quanto às promessas ou compromissos de compra e venda.

Em nossa doutrina, muito se debateu sobre os efeitos do contrato preliminar de compra e venda de imóvel, entendendo alguns que nele já se consubstanciava a obrigação de dar o consentimento para o contrato futuro e que, portanto, nele já se conteria a própria venda desde que houvesse o integral pagamento do preço de aquisição.

---

[46] Decreto-lei n.º 58/1937, art. 5º: "A averbação atribue ao compromissário direito real aponível a terceiros, quanto à alienação ou oneração posterior, e far-se-á à vista do instrumento de compromisso de venda, em que o oficial lançará a nota indicativa do livro, página e data do assentamento".

[47] Com a imposição da ditadura do Estado Novo.

[48] SANTOS, Francisco Cláudio de Almeida. *Do direito do promitente comprador e dos direitos reais de garantia (penhor, hipoteca, anticrese)*. São Paulo: RT, 2006. p. 41. (Biblioteca de direito civil. Estudos em homenagem ao Professor Miguel Reale, v. 5. Coordenação Miguel Reale, Judith Martins-Costa).

Caio Mário da Silva Pereira[49] relembra importante estudo feito por Philadelfo Azevedo sobre contrato preliminar. Para esse autor, essa modalidade de contrato gera obrigação de fazer e, portanto, não estaria subordinada à forma pública para ter eficácia. As obrigações de fazer estabelecidas no contrato preliminar devem ser cumpridas na forma nele convencionada, não se tornando inexequíveis no caso de recusa do obrigado porque, exceto aquelas consideradas personalíssimas que só podem ser cumpridas pelo próprio devedor, as demais podem ser cumpridas por este ou por terceiro.

Se revestido da forma particular, teria validade, pois sujeitaria o devedor inadimplente às perdas e danos, como acontece no descumprimento de qualquer obrigação de fazer. Caso instrumentalizado pela forma pública, no entanto, aproximava-se do contrato definitivo com possibilidade de execução coativa, valendo a sentença como título translativo de direito, quando proferida em ação proposta para "compelir a execução da obrigação de fazer suprindo a sentença a injusta recusa do consentimento por parte do devedor".

Essa tese não respondia aos anseios de segurança jurídica daqueles que contratavam preliminarmente a compra e venda de imóveis quitados[50] desde a origem ou com pagamento do preço dividido em parcelas, pois poderiam ter seus contratos desfeitos em razão do direito de arrependimento contido no art. 1.088 do Código Civil de 1916. Havia a necessidade de garantir que aqueles que contratavam preliminarmente teriam seus instrumentos definitivos outorgados no momento contratualmente convencionado.

Apesar de não ter sido acolhida, a tese de Philadelfo Azevedo, referida *supra*, serviu de preparação para as modificações que a legislação sobre terrenos loteados viria a sofrer posteriormente.

Tanto foi assim que no Decreto-lei n.º 58/1937, que trata da venda de terrenos loteados, nos arts. 15, 16 e 17, estabeleceu-se a regra de que o compromissário comprador poderia, desde que pago o preço de aquisição integralmente e na situação de recusa pelo compromitente vendedor, intimá-lo para que outorgasse a escritura definitiva de compra e venda, sob pena de o imóvel ser compulsoriamente adjudicado àquele.

Denota-se da exposição de motivos do Decreto-lei n.º 58/1937 expressa referência à necessidade de maior proteção aos compromitentes compradores[51], os quais, sem contar com

---

[49] AZEVEDO, Filadelfo. Execução coativa de promessa de venda. *Revista de Crítica Judiciária*, v. X, p. 593 e seguintes, apud PEREIRA, Caio Mário da Silva. *Instituições de direito civil*: contratos. Atualizadora e colaboradora Caitlin Mulholland. 25. ed. Rio de Janeiro: Forense, 2022. p. 82.

[50] Importante salientar o entendimento de Orlando Gomes sobre a chamada *promessa quitada*. Registra o autor que: "A obrigação do promitente-vendedor pode ser exigida incondicionalmente pela outra parte, se pagou, de logo o preço, não lhe convindo a imediata assinatura do título translativo. É a chamada *promessa quitada*. Mais do que outra modalidade, o compromisso, pelo qual o promitente-vendedor embolsa, ao concluí-lo, o preço do imóvel, revela não se tratar de um contrato preliminar, apresentando-se verdadeira e ostensivamente, como um negócio jurídico igual ao contrato de compra e venda que não tomou sua forma por simples conveniência das partes ou porque necessários se tornem documentos que ainda não possuem. Precedendo desse modo, querem os contratantes fixar imediatamente, com força vinculante, o conteúdo do negócio que se seguirá oportunamente. Praticamente, deixam apenas de assinar a escritura de compra e venda" (GOMES, Orlando. *Contratos*. Rio de Janeiro: Forense, 1999. p. 244).

[51] "Considerando o crescente desenvolvimento da loteação de terrenos para venda mediante o pagamento do preço em prestações; considerando que as transações assim realizadas não transferem o domínio ao comprador, uma vez que o art. 1.088 do Código Civil permite a qualquer das partes arrepender-se antes de assinada a escritura da compra e venda; considerando que esse dispositivo deixa praticamente sem amparo numerosos compradores de lotes, que têm assim por exclusiva garantia a seriedade, a boa fé e a solvabilidade das empresas vendedoras; considerando que, para

qualquer amparo legal, tinham como única garantia a seriedade, a boa-fé e a solvabilidade das empresas vendedoras. Apenas com o regramento do dito art. 1.088 os adquirentes ficavam à mercê das vontades dos empreendedores de manterem ou não os contratos preliminares de compra e venda.

O art. 15 do aludido Decreto-lei n.º 58/1937 pretendeu conferir maior segurança aos contratantes ao prever que os compradores teriam o direito de exigir a outorga da escritura definitiva de compra e venda, desde que tivessem quitado integralmente o preço de aquisição e que estivessem quites com impostos e taxas.

No entanto, no início de sua vigência, o Decreto-lei n.º 58/1937 não previu a irretratabilidade dos contratos preliminares de compra e venda de lotes. Por essa razão, os empreendedores, mesmo com o pagamento das prestações em dia pelo adquirente, continuavam com a possibilidade de, enquanto não pago integralmente o preço de aquisição, exercer a retratação prevista no art. 1.088 do Código Civil de 1916.

Com o objetivo de corrigir essa falha, a doutrina e a jurisprudência passaram a permitir o arrependimento somente no prazo estipulado contratualmente pelas partes ou, na sua falta, até o pagamento da primeira parcela do preço de aquisição[52-53].

Passado o prazo contratualmente ajustado ou efetuado o pagamento da primeira parcela do preço, o contrato era considerado aperfeiçoado sem a possibilidade de as partes exercerem o arrependimento.

Vale o destaque de que a redação original do art. 22 do Decreto-lei n.º 58/1937 já tratava dos imóveis não loteados e previa a possibilidade de as escrituras de compromisso de compra e venda, cujo preço fosse pago em prestações, serem averbadas nas respectivas transcrições imobiliárias.

O art. 22 foi alterado pela Lei Federal n.º 649/1949 para estabelecer que os compromissos de compra e venda de imóveis não loteados, seja com quitação à vista ou mediante pagamento parcelado do preço de aquisição e sem previsão de cláusula de arrependimento, conferem aos compromissários compradores o direito real oponível a terceiros, desde que registrados no registro imobiliário. Adicionalmente, referido dispositivo legal assegura o direito à adjudicação compulsória desses imóveis aos compradores.

A Lei Federal n.º 649/1949 deixou explicitado o direito de adjudicação compulsória. Ademais, substituiu a expressão escrituras por contratos, tornando clara a possibilidade de conceder a adjudicação compulsória para os compromissos de compra e venda em geral, inclusive os formalizados por instrumentos particulares.

Procurou-se, com a lei de 1949, eliminar a insegurança jurídica que permeava os contratos preliminares de compra e venda, ao possibilitar a inclusão de cláusula que pactuasse sua irrevogabilidade e irretratabilidade, para consequentemente afastar a possibilidade do arrependimento por qualquer das partes.

Logo, nos contratos preliminares que estabeleciam a cláusula de não arrependimento, o comprador passou a poder promover ação de obrigação de fazer para obrigar o alienante a outorgar o contrato definitivo.

---

segurança das transações realizadas mediante contrato de compromisso de compra e venda de lotes, cumpre acautelar o compromissário contra futuras alienações ou onerações dos lotes comprometidos; considerando ainda que a loteação e venda de terrenos urbanos e rurais se opera frequentemente sem que aos compradores seja possível a verificação dos títulos de propriedade dos vendedores."

[52] ANTONIO JUNIOR, Valter Farid. *Compromisso de compra e venda*. São Paulo: Atlas, 2009. p. 26.
[53] Vale salientar que para o STF, pelo conteúdo da Súmula n.º 166, aprovada em 13.12.1963, é "inadmissível o arrependimento no compromisso de compra e venda sujeito ao regime do Dl. 58, de 10.12.37".

Em outras palavras, celebrado o compromisso de compra e venda em caráter irrevogável e irretratável, o vínculo obrigacional decorrente do contrato somente poderá ser desfeito mediante as aplicações do quanto previsto para o inadimplemento absoluto, que terá lugar quando a prestação devida não puder ser mais realizada em favor dos interesses do credor.

A atual redação do art. 22 do Decreto-lei n.º 58/1937, dada pela Lei Federal n.º 6.014/1973, com mínimos ajustes, prevê que os contratos de compromisso de compra e venda de imóveis não loteados, quitados em sua origem ou com pagamento do preço de aquisição em prestações, sem cláusula de arrependimento, desde que inscritos no registro imobiliário, atribuem direito real oponível a terceiros, além de conferirem o direito à adjudicação compulsória nos termos do art. 16 do mesmo decreto.

Embora na época em que a Lei Federal n.º 649/1949 modificou o art. 22 do Decreto-lei n.º 58/1937 já vigorasse em nosso sistema a necessidade de escritura pública para negócios constitutivos ou translativos de direitos reais acima de determinado valor[54], pelo contexto do referido decreto o título objeto de registro, no caso de recusa da outorga do definitivo pelo alienante, seria o próprio instrumento preliminar, o qual, na maioria das vezes, era celebrado por instrumento particular.

Necessário registrar que, pela importância que o tema ganhou nas Cortes Superiores, o Supremo Tribunal Federal ampliou a possibilidade de adjudicação compulsória para os imóveis não loteados, como se depreende da Súmula n.º 413, aprovada em 1º.06.1964: "O compromisso de compra e venda de imóveis, ainda que não loteados, dá direito à execução compulsória, quando reunidos os requisitos legais".

A doutrina cuidou de sedimentar o entendimento de que, iniciado o pagamento do preço, havia execução do contrato, não sendo mais possível o arrependimento[55].

Subsequentemente, adveio a Lei Federal n.º 6.766/1979 que trata sobre o parcelamento do solo urbano. Em seu art. 25, depreende-se que são "irretratáveis os compromissos de compra e venda, cessões e promessas de cessão, os que atribuam direito a adjudicação compulsória e, estando registrados, confiram direito real oponível a terceiros".

Registrado o loteamento, todos os contratos que dele são oriundos são considerados irretratáveis e registráveis, se estiverem de acordo com o contrato-padrão, depositado com o memorial do loteamento, na serventia imobiliária competente[56].

A irretratabilidade decorrente de lei garante a adjudicação compulsória, se preciso. A rescisão poderá caber, no entanto, em caso de inadimplemento do preço de aquisição, se assim decidir o credor (Código Civil, art. 475).

A Lei Federal n.º 6.766/1979 trata dos imóveis loteados, e os não loteados continuam regulados pelo Decreto-lei n.º 58/1937 (art. 22).

2.3 DA PROMESSA E DO COMPROMISSO DE COMPRA E VENDA DE IMÓVEL

Antes de adentrarmos na análise dos elementos que distinguem a promessa do compromisso, é preciso destacar que no direito positivo brasileiro não há rigor na terminologia desse contrato preliminar.

---

[54] Código Civil de 1916, art. 134.
[55] RIZZARDO, Arnaldo. *Contratos* 15. ed. Rio de Janeiro: Forense, 2015. p. 404.
[56] Lei Federal n.º 6.766/1979, art. 18, VI.

O Decreto-lei n.º 58/1937 e seu Decreto Regulamentador n.º 3.079/1938 usavam o termo compromisso de venda ou contrato de compromisso (a exemplo, os arts. 4º, 5º, 7º, 11, 14, 19, 21, 22 e 25 do Decreto-lei n.º 58/1937, e 1º, 4º, 5º, 6º, 7º, 11, 13, 14, 16, 19, 21 e 22 do Decreto n.º 3.079/1938).

O Código de Processo Civil de 1939 utilizava tanto compromisso (arts. 346 e 347) quanto promessa de contratar, designando esta como contrato preliminar (art. 1.006).

A anterior regulamentação dos registros públicos (Decreto n.º 4.857/1939, alterado pelo Decreto n.º 5.318/1940) fazia referência à promessa de compra e venda (arts. 178, *a*, XIV, e *c*, VI, e 237, *b*).

O anteprojeto do código das obrigações, elaborado em 1941 por Orozimbo Nonato, Philadelpho Azevedo e Hahnemann Guimarães, considerou a denominação de contrato preliminar (art. 94).

A atual lei de registros públicos (Lei Federal n.º 6.015/1973) preferiu promessa (arts. 129, n.º 5; 167, I, 18 e 20, e 216-B).

Por sua vez, a lei de parcelamento do solo urbano (Lei Federal n.º 6.766/1979) ao mesmo tempo utiliza compromisso de compra e venda e promessa de cessões (arts. 25, 26, 29, 30, 36, 41 e 52) ou, ainda, promessa de venda ou de cessão (arts. 18, VI, e § 3º, 26-A, 27, 30, 36, 50, parágrafo único, I, e 52).

A lei que regula a recuperação judicial, a extrajudicial e a falência (Lei Federal n.º 11.101/2005) utilizou promessa de compra e venda no inciso VI do art. 119.

No Supremo Tribunal Federal, as Súmulas n.º 412 e n.º 413 fazem referência a compromisso de compra e venda.

Finalmente, o Código Civil de 2002 refere-se a direito do promitente comprador do imóvel no art. 1.225, VII, promessa de compra e venda no art. 1.417, e a promitente comprador e promitente vendedor no art. 1.418.

Percebe-se que não há uma uniformidade na nomenclatura desse tipo de contrato preliminar, apesar de existirem diferenças estruturais entre eles que procuraremos indicar.

Do contrato preliminar de compra e venda nascem para as partes, reciprocamente, a obrigação de vender e a obrigação de comprar. Nessa linha, consideram-se existentes duas figuras jurídicas distintas, a promessa de compra e venda e o compromisso de compra e venda.

Na doutrina, há autores que fazem distinção entre a promessa e o compromisso de compra e venda.

Para os que distinguem[57], a promessa de compra e venda é contrato preliminar pelo qual as partes contraem obrigação específica de estabelecer um novo contrato que poderia ser ou não o definitivo de compra e venda.

A promessa, nesse sentido, tem por objeto um contratar (*contrahere*) futuro, de modo que os promitentes se obrigam a uma prestação de um (novo) consenso sucessivo vocacionado para a transmissão do domínio do objeto negociado[58].

---

[57] GOMES, Orlando. *Contratos*. Atualizadores Edvaldo Brito [e coordenador], Reginalda Paranhos de Brito. 28. ed. Rio de Janeiro, Forense, 2022. p. 253.

[58] "A previsão configura-se como descrição de um acto futuro e incerto. O promitente refere-se a um acto (acção ou abstenção), cuja variabilidade tem toda a extensão das possíveis combinações dos restantes componentes do negócio jurídico, com especial relevância para o seu objecto. Sendo positivo, o acto prometido pode consistir na prática de um acto jurídico, inclusive um outro negócio jurídico, ou na prática de um acto material, que tenha por objeto um bem (material ou imaterial) ou um serviço (ou actividade). A promessa é sempre de 'fazer' (ou de não fazer), sendo promessa de 'dar', quando o acto

Essa obrigação de contratar um novo negócio jurídico está presente mesmo que na promessa já contenha acordo completo sobre todos os elementos essenciais do contrato de compra e venda. Na promessa, o conteúdo do contrato é a obrigação de uma sucessiva declaração de vontade dos contratantes; é uma promessa recíproca de contratar (novamente). Sem essa nova declaração não há transferência de domínio do bem[59].

A promessa de compra e venda, além de gerar para os contratantes a obrigação de celebrarem um novo contrato, contém implicitamente a possibilidade de arrependimento, podendo sujeitar a parte desistente à responsabilidade pela inexecução culposa.

Exceto se tiverem sido estabelecidas arras penitenciais (onde quem as deu, se desistir, perdê-las-á para a outra parte; e, caso a desistência seja de quem as recebeu, este ficará obrigado a devolvê-las em dobro – Código Civil, art. 420), a recusa de celebração do contrato posterior caracteriza descumprimento de obrigação, que sujeitará o obrigado inadimplente a indenizar os danos sofridos pela outra parte.

Entretanto, se as partes convencionarem que para ambas será garantida a possibilidade de arrependimento, sem estipulação de arras, não será possível compelir aquele que se arrependeu a cumprir a obrigação de celebrar novo contrato, pois estará no exercício de um direito previamente acordado.

Como a obrigação da promessa é uma nova declaração de vontade de comprar e de vender, há na sua essência a possibilidade de as partes se arrependerem do negócio. Em decorrência disso, não comportaria a execução compulsória.

O compromisso de compra e venda seria, de outro lado, um contrato em que não se permite o arrependimento e que admite a substituição do contrato definitivo por uma sentença (Código de Processo Civil, art. 501).

Outra nota de destaque é o fato de que no compromisso de compra e venda as partes não se obrigam a dar consentimento futuro, pois este já foi dado na sua celebração. As partes obrigam-se apenas a repetir tal consentimento no instrumento definitivo necessário para a transmissão de direito real de propriedade.

José Osório de Azevedo Jr.[60] resume bem a diferença entre os dois tipos de contrato. Esclarece o autor que, de um lado, há a mera promessa de contratar, geralmente com a possibilidade de arrependimento de qualquer das partes com aplicação de eventuais perdas e danos, destinada a originar a obrigação de uma futura contratação (*contrahere*). De outro lado, o compromisso de compra e venda que apresenta em sua estrutura e em previsão legal a possibilidade de ser substituído o contrato definitivo por uma sentença constitutiva que pode subsequentemente atribuir direito real sobre o imóvel objeto do compromisso. A promessa simples é contrato preliminar próprio e o compromisso de compra e venda é contrato preliminar impróprio. Como referido antes, no contrato preliminar impróprio, as partes se obrigam a ratificar a vontade já nele manifestada, porque neste o consentimento foi dado de forma clara, definitiva e irreversível. Não se trata de nova manifestação de vontade.

Como dito, cabe na promessa a possibilidade de arrependimento, hipótese em que, se uma das partes se recusar a celebrar o contrato definitivo, estará caracterizado o inadimplemento

---

previsto consiste na entrega ou na produção e entrega) de uma coisa material. A promessa de um acto jurídico pode ainda ser previsão de previsão, se esse acto jurídico for, por sua vez, um negócio jurídico obrigacional (por exemplo, contrato promessa de compra e venda obrigacional)" (ALMEIDA, Carlos Ferreira de. *Texto e enunciado na teoria do negócio jurídico*. Coimbra: Almedina, 1992. v. I, p. 465).

[59] LIMA SOBRINHO, Barbosa. *As transformações da compra e venda*. Rio de Janeiro: Borsoi, 1953. p. 56.
[60] AZEVEDO JR., José Osório de. *Compromisso de compra e venda*. 6. ed. rev.,ampl. e atual. São Paulo: Malheiros, 2013. p. 23.

da obrigação de fazer, assumida no contrato preliminar, o que poderá sujeitar o inadimplente a indenizar as perdas e os danos que a outra parte sofrer com a inexecução. Na promessa, não há como garantir ou obrigar a parte desistente a celebrar o contrato principal.

Leonardo Brandelli[61] registra que na promessa de compra e venda há apenas a expectativa de realização de um futuro contrato e que, apesar de deverem estar presentes os requisitos essenciais do contrato definitivo, não contém em si o elemento subjetivo, que é a vontade de alienar. Esta será manifestada somente no contrato futuro que as partes prometeram celebrar.

Esse parece ser o tipo de contrato que se encontra previsto no art. 27 da Lei Federal n.º 6.766/1979. Estabelece esse dispositivo que,

> [...] aquele que se obrigou a concluir contrato de promessa de venda ou de cessão não cumprir a obrigação, o credor poderá notificar o devedor para outorga do contrato ou oferecimento de impugnação no prazo de 15 (quinze) dias, sob pena de proceder-se ao registro de pré-contrato, passando as relações entre as partes a serem regidas pelo contrato-padrão.

A obrigação prevista no transcrito art. 27 é a de celebrar outro contrato futuro; faz referência a uma situação preliminar antecedente à celebração do compromisso de compra e venda ou do contrato definitivo. E arremata dizendo que as relações entre vendedor e comprador serão dirigidas pelas disposições do contrato-padrão. Este, por sua vez, é denominado pelo inciso VI do art. 18 da Lei Federal n.º 6.766/1979 de "contrato padrão de promessa de venda, ou de cessão ou de promessa de cessão". Logo, não parece tratar de compromisso.

No compromisso de compra e venda, o elemento subjetivo já está presente e plenamente manifestado no sentido de que o negócio jurídico ocorrerá, pois não haverá a cláusula de arrependimento; a expectativa é a de que as obrigações estabelecidas serão cumpridas e o preço de aquisição será inteiramente pago. Não se faria necessária sua repetição em outro contrato. Haverá apenas um momento posterior (escritura pública) em que as partes deverão confirmar que as obrigações previstas no compromisso foram integralmente cumpridas. Não se tratará de um novo contrato como ocorre na promessa[62].

Ana Prata[63] salienta que não se pode conceber que os contratantes procedam a dois acordos igualmente vinculativos em que a vontade assuma idêntica relevância quando o objeto de ambos é o mesmo. Diz a autora que

> [...] ou bem que a eficácia obrigatória de um deles é inferior à do outro, justificando-se este por só (ou principalmente) nele se exprimir uma vontade definitivamente vinculativa, ou bem que o segundo deles, porque subsequente a um outro que já esgotou a função jurígena da vontade no regulamento do conflito de interesses, representa um consenso subordinado, em que a vontade desempenha um papel secundário ou circunscrito. Se, em vez de puramente obrigacional, o contrato final for um contrato com efeitos reais, já o aparente círculo vicioso constituído pela sucessão dos dois contratos é menos visível.

---

[61] CASSETTARI, Christiano; BRANDELLI, Leonardo. *Comentários à lei do sistema eletrônico dos registros públicos:* Lei 14.382, de 27 de junho de 2022. Rio de Janeiro: Forense, 2023. p. 155.

[62] CASSETTARI, Christiano; BRANDELLI, Leonardo. *Comentários à lei do sistema eletrônico dos registros públicos:* Lei 14.382, de 27 de junho de 2022. Rio de Janeiro: Forense, 2023. p. 155.

[63] PRATA, Ana. *O contrato-promessa e o seu regime civil*. Coimbra: Almedina, 2001 [reimpressão]. p. 90.

Inocêncio Galvão Telles[64], ao comentar o contrato-promessa previsto no art. 410.º do Código Civil português, aproxima-o do nosso entendimento sobre o compromisso. Salienta o autor:

> [...] é que no contrato-promessa se tem de definir o conteúdo do contrato prometido nos mesmos termos em que haveria que fazê-lo se se estivesse já a celebrar este. O conteúdo do contrato prometido deve ficar logo suficientemente precisado, nos termos gerais, de maneira que não se tornem necessárias subsequentes negociações. É necessário, sob pena de não se poder considerar concluído o contrato-promessa, que este se apresente exequível por si, sem necessidade de se completar por novos ajustes a definição dos termos do contrato futuro a celebrar.
>
> E segue o autor para afirmar que a parte que recebe o sinal como princípio de pagamento no contrato-promessa não tem o direito de desfazer o contrato por sua livre e unilateral vontade. Recebido o sinal, não há a liberdade jurídica de não cumprimento do avençado nem a faculdade legal de arrependimento porque o vínculo formado não pode ser desfeito, a não ser de comum acordo[65].

Concordamos com o entendimento de que no compromisso de compra e venda, irrevogável e irretratável, porque inexistente a cláusula de arrependimento, não há a contratação de obrigação de fazer um contrato novo. As disposições relativas às vontades das partes de comprar e de vender já foram estabelecidas no contrato preliminar (compromisso) e restará apenas a obrigação de os contratantes declararem que aquelas obrigações do compromisso foram cumpridas, razão pela qual, em momento posterior, apenas noticiam a respectiva quitação e outorgam o instrumento definitivo exigido por lei. Este, por sua vez, não é um contrato novo, mas apenas a ratificação de que o compromisso se encontra integralmente cumprido, atendendo-se à forma legalmente estabelecida para a transmissão de direito real de propriedade imobiliária em nosso sistema jurídico.

Portanto, o compromisso de compra e venda possibilita que as partes possam vender – mas ainda não alienar efetivamente o direito real de propriedade – e estabelecer as condições gerais que fundamentam a pretendida alienação e que deverão ser observadas e cumpridas previamente à celebração do instrumento definitivo.

Como veremos adiante, há a possibilidade de, em caso de inadimplemento de um dos contratantes em manifestar a vontade para a formação do contrato definitivo, a parte adimplente no compromisso de compra e venda, desde que não contenha cláusula de arrependimento, requerer o adimplemento judicial ou extrajudicialmente.

Leonardo Brandelli[66] apresenta importantes argumentos sobre a possibilidade ou não da execução específica do compromisso de compra e venda. Para o autor, com a celebração do compromisso, o que se cria é a obrigação de transmitir a coisa após o pagamento do preço; não se cria obrigação de manifestação de nova vontade. Afirma:

> [...] uma vez que já houve a vontade de transmitir, e, portanto, não há vontade a ser substituída judicialmente, bem como basta a prova de quitação do preço – que é, nesse caso, a

---

[64] TELLES, Inocêncio Galvão. *Direito das obrigações*. 7. ed. rev. e actual. Coimbra: Coimbra Editora, 1997. p. 124.
[65] TELLES, Inocêncio Galvão. *Direito das obrigações*. 7. ed. rev. e actual. Coimbra: Coimbra Editora, 1997. p. 131.
[66] CASSETTARI, Christiano; BRANDELLI, Leonardo. *Comentários à lei do sistema eletrônico dos registros públicos:* Lei 14.382, de 27 de junho de 2022. Rio de Janeiro: Forense, 2023. p. 173.

prova da produção de efeitos da vontade de transmitir – para que se transmita a propriedade, não há interesse jurídico na atuação processual [para atender ao requisito volitivo].

Apesar de concordarmos com os argumentos no sentido de que com o pagamento do preço nenhum ou quase nenhum direito reserva para si o vendedor – o que poderia possibilitar a transferência da propriedade de per si –, seguimos a orientação no sentido de ser necessário formalizar o contrato definitivo de transferência por instrumento público (se o valor for maior que 30 salários mínimos), pois se trata de transmissão de direito real de propriedade imobiliária, que é a forma exigida para atender ao *modus* de aquisição estabelecido em nosso ordenamento, nos termos do quanto determina o art. 108 do Código Civil.

Há uma possibilidade prevista em lei, é verdade, de o compromisso, as cessões e as promessas de cessão, desde que acompanhados da prova de quitação integral do preço de aquisição, serem admitidos como título hábil para a transmissão definitiva da propriedade.

Está no § 6º do art. 26 da Lei Federal n.º 6.766/1979, o qual estabelece que "os compromissos de compra e venda, as cessões e as promessas de cessão valerão como título para o registro da propriedade do lote adquirido, quando acompanhados da respectiva prova de quitação". Contudo, trata-se de uma exceção à regra geral do art. 108 do Código Civil.

Entendemos que a mencionada previsão legal é restrita aos imóveis loteados, pois a previsão é de que, nos termos do referido art. 26 da Lei Federal n.º 6.766/1979, os compromissos devem ser feitos de acordo com o modelo depositado em cartório, encaminhando a interpretação de que a exceção quanto à forma é restrita ao ambiente dos compromissos firmados no âmbito dessa lei.

Registra Barbosa Lima Sobrinho[67] que

> [...] o vocábulo 'compromisso' envolve a ideia de reciprocidade, eqüivale a promessa sinalagmática. O prefixo com deu ao latim *promissum* não somente a idéia de promessa recíproca, (sinalagmática) como também a de promessa mais firme, ou mais forte. Significa um grau mais adiantado de obrigatoriedade que a simples promessa.

É bem verdade que na jurisprudência atual de pouca utilidade é a diferenciação entre promessa e compromisso, especialmente no tocante à irrevogabilidade. Há precedentes sobre compromissos que admitem a resolução por arrependimento do comprador e precedentes que determinam a resolução das promessas por inadimplemento de uma das partes.

Outra indicação de que na prática essa distinção não tem mais tanta relevância foi o fato de que o Código Civil tratou o compromisso de compra e venda como promessa. Denota-se isso da leitura dos arts. 1.417 e 1.418, em que se percebem as expressões "mediante promessa de compra e venda" (1.417) e o "promitente comprador [...] pode exigir do promitente vendedor [...]". Por fim, conferiu ao promitente comprador o direito de exigir a outorga da escritura definitiva de compra e venda (1.418).

É possível afirmar, com Paulo Dias de Moura Ribeiro[68], que o Código Civil conferiu a mesma importância jurídica do compromisso à promessa.

Para efeitos deste trabalho, contudo, adotaremos a denominação promessa de compra e venda para o contrato preliminar próprio que tenha como objeto a celebração de outro contrato, sendo possível a previsão de cláusula de arrependimento, e compromisso de compra e venda para o contrato preliminar impróprio, irrevogável e irretratável.

---

[67] LIMA SOBRINHO, Barbosa. *As transformações da compra e venda*. Rio de Janeiro: Borsoi, 1953. p. 67.
[68] RIBEIRO, Paulo Dias de Moura. *Compromisso de compra e venda*. São Paulo: Juarez de Oliveira, 2002. p. 80.

2.4 O COMPROMISSO DE COMPRA E VENDA DE IMÓVEL COMO CONTRATO PRELIMINAR

No que se refere ao compromisso de compra e venda de imóvel, Arnaldo Rizzardo[69] define como "um verdadeiro contrato, regulado por leis especiais, que tem por objeto uma prestação de fazer, prestação esta consistente na celebração de outro contrato, o definitivo".

O compromisso de compra e venda contém desde a sua formação a declaração de vender e de comprar, embora de maneira provisória, que os contratantes se comprometem a renovar em momento próprio em forma idônea e definitiva.

Para Orlando Gomes[70] é

> [...] a promessa de venda – que melhor se diria compromisso de venda para prevenir ambiguidades – o contrato típico pelo qual as partes se obrigam reciprocamente a tornar eficaz a compra e venda de um bem imóvel, mediante a reprodução do consentimento no título hábil.

Ainda com Orlando Gomes[71], duas particularidades impedem considerar a promessa como espécie de contrato preliminar em sua conceituação tradicional. A primeira refere-se à possibilidade de o contrato definitivo ser substituído por uma sentença constitutiva, tendo em conta a noção geral de que o contrato repele o suprimento judicial para a sua formação. A segunda, a possibilidade de ser atribuído um direito real de aquisição do imóvel ao compromissário comprador, numa qualificação discutível, segundo o autor.

O mestre baiano[72] registra que as duas características supraindicadas caracterizam a promessa como um contrato preliminar impróprio, ou seja, negócio jurídico diferente do contrato essencialmente preliminar, o qual pode ser denominado de compromisso, como antes já espraiado, com características próprias e com a sua específica formalidade, caracterizando-se o compromisso "pela subordinação de sua plena eficácia à reprodução do consentimento das partes no título translativo próprio exigido como de sua substância" para a finalização do correspondente negócio de alienação.

O compromisso de compra e venda, entendemos, pode ser considerado um contrato preliminar porque pressupõe um termo dentro do qual será outorgado o contrato definitivo de compra e venda.

Não se contrata a venda desde logo, porque as partes ainda não se consideram aptas para a celebração do contrato definitivo, mas, por quererem o negócio, elas se valem dele para se assegurarem de que por seu intermédio alcançarão o contrato principal.

Carvalho Santos[73] afirma que o contrato preliminar de compra e venda tem uma natureza autônoma, vinculando as partes às obrigações que assumiram, "da qual só se podem libertar em virtude de uma das causas gerais da rescisão dos contratos".

---

[69] RIZZARDO, Arnaldo. *Contratos* 15. ed. Rio de Janeiro: Forense, 2015. p. 279.
[70] GOMES, Orlando. *Contratos*. Atualizadores Edvaldo Brito [e coordenador], Reginalda Paranhos de Brito. 28. ed. Rio de Janeiro: Forense, 2022. p. 256.
[71] GOMES, Orlando. *Contratos*. Atualizadores Edvaldo Brito [e coordenador], Reginalda Paranhos de Brito. 28. ed. Rio de Janeiro: Forense, 2022. p. 255.
[72] GOMES, Orlando. *Contratos*. Atualizadores Edvaldo Brito [e coordenador], Reginalda Paranhos de Brito. 28. ed. Rio de Janeiro: Forense, 2022. p. 255.
[73] SANTOS, João Manuel de Carvalho. *Código Civil brasileiro interpretado*. 12. ed. Rio de Janeiro: Freitas Bastos, 1989. v. XV, p. 130.

É comum que no momento da contratação as partes não estejam prontas para celebrarem o instrumento definitivo.

Pode haver, como já mencionado, pendências a serem cumpridas, cujas responsabilidades tenham sido atribuídas, exemplificativamente, ao vendedor e que afetem o objeto a ser entregue e o preço a ser pago pelo comprador.

Para ilustrar, a eventual necessidade de remediação ambiental do imóvel. O comprador compromete-se a comprá-lo, desde que a descontaminação do solo, conduzida pelo vendedor, esteja finalizada e regularizada perante os órgãos ambientais competentes, sob pena de, a depender do que tiverem estabelecido em contrato, desistir do negócio ou descontar os custos da regularização ambiental do respectivo preço de aquisição.

A pendência que impede o contrato definitivo pode ser do comprador que ainda não possui a integralidade dos valores necessários para pagar o preço total do imóvel, mas deseja se comprometer com a aquisição e celebrar um compromisso de compra e venda, que será a própria fundamentação comercial e servirá de lastro para a captação dos correspondentes recursos, com a estipulação de um prazo necessário para as aprovações e a estruturação do financiamento pelo agente financeiro.

Enzo Roppo[74], ao se referir ao contrato preliminar, destaca que a sua finalidade é fixar os termos essenciais do negócio jurídico pretendido pelas partes que não querem concluir desde já o contrato definitivo produtor dos efeitos jurídico-econômicos próprios da operação, e que preferem adiar a produção de efeitos para momento posterior.

De toda forma, salienta o autor, as partes desejam no contrato preliminar a certeza

> [...] de que estes efeitos se produzirão no tempo oportuno, e por isso não aceitam deixar o futuro cumprimento da operação à boa vontade, ao sentido ético, à correcção recíproca, fazendo-a, ao invés, desde logo matéria de um vínculo jurídico. Estipulam, então, um contrato preliminar, do qual nasce precisamente a obrigação de concluir, no futuro, o *contrato definitivo*, e, com isso, de realizar effectivamente a operação econômica prosseguida.

Nesse sentido, o compromisso de compra e venda de imóvel contém um acordo de reiterar a vontade nele já manifestada pelas partes na celebração inicial.

O consentimento pelos contratantes já foi dado no instrumento original, que é o compromisso, mas devem, ainda, repeti-lo no contrato definitivo de compra e venda. É uma mera repetição na forma pública (quando exigível) de todos os elementos considerados essenciais para a compra e venda, os quais foram previamente ajustados no compromisso.

As obrigações que forem sendo cumpridas pelas partes entre o prazo de assinatura do compromisso e a outorga da escritura definitiva, e que não constituam elementos essenciais da compra e venda (consentimento, objeto e preço), não precisarão ser repetidas no instrumento definitivo. Bastará que o respectivo credor conceda quitação de tais obrigações que poderá constar até mesmo em documento apartado. Assim, o instrumento definitivo de compra e venda ficará mais enxuto e fará referência apenas ao que é exigido por lei para a compra e venda imobiliária.

Contudo, as partes têm a prerrogativa de estabelecer, de forma expressa no contrato definitivo, a continuidade da validade de certas declarações e/ou estipulações acordadas no compromisso prévio. Isso inclui, por exemplo, as garantias fornecidas pelo vendedor de

---

[74] ROPPO, Enzo. *O contrato*. Coimbra: Almedina, 1998. p. 103.

que a transação não resulta em sua insolvência e, por conseguinte, não constitui uma fraude de execução.

Até mesmo obrigações poderão subsistir no contrato preliminar após a celebração do definitivo, por exemplo, a regularização ambiental do imóvel, a que nos referimos anteriormente.

O contrato definitivo, na compra e venda, restringir-se-á aos seus elementos essenciais (partes capazes, objeto e preço). Outras obrigações, como indicado, poderão remanescer se assim desejarem as partes (dever de sigilo, por exemplo). O contrato definitivo não representa o sepultamento do compromisso.

Considerado o compromisso como contrato preliminar, esse ajuste bilateral consiste na obrigação recíproca de estipular o contrato definitivo de compra e venda. Há inúmeras obrigações que as partes podem assumir no compromisso de compra e venda, mas as prestações derradeiras consistem em ambos os contratantes consentirem na celebração do contrato definitivo, desde que pago integralmente o preço de aquisição.

É um contrato autônomo que se distingue do contrato definitivo, pois suas obrigações diferem. Naquele há a obrigação de, superadas as condições específicas e especiais estabelecidas pelas partes, celebrar um contrato definitivo; neste, há a obrigação de transferir a propriedade alienada por um, e o integral pagamento do preço por outro[75].

Orlando Gomes[76] entende que o compromisso é um instrumento que em si já encerra, pela regra do art. 462 do Código Civil, todos os requisitos do negócio jurídico de compra e venda, exceto pela sua forma, e que, por isso, com a sua inscrição registrária, acompanhada do comprovante de quitação integral do preço de aquisição, tornaria desnecessária a celebração do instrumento público solene, porque serviria apenas para a reprodução de consentimento que, pelas características vinculantes do compromisso, já fora manifestado neste.

Compreendemos os importantes argumentos do mestre baiano no sentido de que é desnecessário outro instrumento considerado o definitivo se o compromisso de compra e venda já contém todos os elementos do contrato principal.

Contudo, como tivemos oportunidade de dizer anteriormente, nosso sistema exige a escritura pública para possibilitar a aquisição de direitos reais em negócios jurídicos com valores superiores a 30 salários mínimos, nos termos do art. 108 do Código Civil, razão pela qual o compromisso de compra e venda celebrado por instrumento particular, ainda que quitado, deve atender à regra legal quanto à forma (Código Civil, art. 462), para a efetiva transmissão do direito real de propriedade.

É o que se infere da leitura do art. 8º do Decreto n.º 3.079/1938 que regulamentou o Decreto-lei n.º 58/1937, o qual estabelece que o "registro instituído por esta lei, tanto por inscrição quanto por averbação, não dispensa nem substitui o dos atos constitutivos ou translativos de direitos reais na forma e para os efeitos das leis e regulamentos dos registros públicos".

Denota-se, portanto, que a própria lei regulamentadora do Decreto-lei n.º 58/1937 exige a prática dos atos necessários para a constituição ou transmissão de direitos reais, os quais deverão observar a forma pública determinada pelo dito art. 108 do Código Civil.

Sobre ser discutível a qualificação do direito real, entendemos de forma diversa, pois o legislador incluiu o direito real de aquisição do comprador no rol dos direitos reais reconhecidos por lei, no art. 1.225 do Código Civil, colocando fim à divergência. Se havia necessidade de

---

[75] GOMES, Orlando. *Direitos reais*. 19. ed. atualizada por Luiz Edson Fachin. Rio de Janeiro: Forense, 2004. p. 357.

[76] GOMES, Orlando. *Contratos*. Atualizadores Edvaldo Brito [e coordenador], Reginalda Paranhos de Brito. 28. ed. Rio de Janeiro: Forense, 2022. p. 255.

previsão desse direito real no rol taxativo, não há mais, em razão de sua explícita tipificação. Portanto, o compromisso de compra e venda, sem cláusula de arrependimento e registrado na matrícula do imóvel, confere ao comprador direito real à aquisição. Voltaremos a esse tema mais detalhadamente no Capítulo 3 adiante.

Assim como para os demais contratos preliminares, para o compromisso não há imposição de forma para a sua validade (Código Civil, art. 462). Deverá incluir, contudo, todos os requisitos essenciais exigidos para o contrato definitivo. Vale dizer que deverá conter minimamente o acordo de compra e venda entre as partes capazes, o objeto disponível, lícito, determinado ou determinável e o preço ou a forma de sua estipulação e de seu pagamento.

Entretanto, tendo em vista que o art. 462 do Código Civil, exceto quanto à forma, exige que o contrato preliminar contenha todos os requisitos do contrato principal, para o compromisso de compra e venda de imóvel com valor até 30 salários mínimos, seria possível admitir a registro, na matrícula do imóvel, o respectivo contrato particular acompanhado do correspondente termo de quitação e do pagamento do imposto de transmissão, como instrumento definitivo de compra e venda, pois estão legalmente dispensados de atender a forma pública. Exigir o contrato definitivo nesse caso seria obrigar as partes a repetirem outro contrato particular que conteria os mesmos elementos do contrato preliminar, o que nos parece desnecessário e burocrático.

Restaria saber se esse entendimento ressuscitaria a tese de Philadelpho Azevedo, citado por Caio Mário da Silva Pereira e por Carvalho Santos, de que o compromisso de compra e venda, com valor superior a 30 salários mínimos, celebrado com atenção a todos os requisitos do negócio definitivo, mas por instrumento público acompanhado do termo de quitação integral do preço de aquisição, seria título hábil para ingressar no registro imobiliário respectivo e efetivamente transmitir o direito real de propriedade.

Parece-nos plenamente admissível essa alternativa, pois a forma pública exigida por lei foi atendida na celebração do instrumento preliminar. Ademais, a manifestação de vontade de transmitir e de adquirir já está contida no compromisso irretratável, o qual, acompanhado da quitação de pagamento integral do preço de aquisição do imóvel e da prova de pagamento do imposto de transmissão, faz praticamente desaparecer os direitos detidos pelo vendedor sobre o imóvel. A formalização de um novo instrumento público serviria apenas para reproduzir o consentimento que fora consignado no compromisso de compra e venda – já elaborado na forma pública –, com as recíprocas obrigações integralmente quitadas.

As partes podem decidir concluir preliminarmente determinado negócio, mas deixar para um momento futuro a produção de seus efeitos e a assunção definitiva de suas obrigações.

Ocorre, por exemplo, quando as partes ajustam as condições gerais do negócio, como a definição do objeto, do preço e da sua forma de pagamento, desde que cumpridas determinadas condições, como a auditoria jurídica para avaliação de riscos na aquisição do bem, providências retificadoras do imóvel, estudos de impactos de vizinhança ou até mesmo questões de natureza ambiental que devem ser atendidas previamente à aquisição.

Como salienta Enzo Roppo[77], as partes, antes de decidirem vincular-se definitivamente, podem querer

> [...] levar a cabo os adequados controles e averiguação acerca dos pressupostos da operação contratual, mas assim adquirirem a máxima certeza em torno da sua legalidade e da sua correspondência aos objetivos que visam alcançar (verificação de que o imóvel a

---

[77] ROPPO, Enzo. *O contrato*. Coimbra: Almedina, 1998. p. 103.

adquirir é efetivamente propriedade do vendedor, e está, na verdade, livre de hipotecas; verificação de que o quadro prometido vender é deveras do autor a quem é atribuído, de que a sua proveniência não é furtiva, de que o órgão administrativo competente não tenciona exercer sobre ele a preferência atribuída por lei ao Estado etc.).

Massimo Bianca, referido por Hamid Charif Bdine Júnior[78], destaca que o contrato não perde a característica de preliminar pelo fato de antecipar certos efeitos do contrato definitivo. E ressalta a importância dos efeitos translativos para distinguir o contrato preliminar do definitivo, pois neste "há predominância da transferência de direitos, enquanto, no preliminar, esta transferência ainda depende de futura manifestação de consenso".

Embora as partes já tenham definido diversas condições negociais e jurídicas essenciais no compromisso de compra e venda relativas ao negócio principal (que é a compra e venda definitiva), elas não desejam seus efeitos permanentes desde logo e postergam-nos para outro momento, a depender das circunstâncias negociais previamente estabelecidas.

Exceto no que dissemos para os compromissos de compra e venda feitos por instrumentos públicos (acima de 30 salários mínimos), e para os instrumentos particulares de compra e venda com valor abaixo de 30 salários mínimos, nos demais casos entendemos ser o compromisso de compra e venda, portanto, espécie de contrato preliminar impróprio porque tem em seu objeto a conclusão de outros considerados definitivos.

No que se refere aos compromissos de compra e venda celebrados por instrumento particular, cujo valor seja superior a 30 salários mínimos, é preciso destacar, novamente, a necessidade de escritura pública para viabilizar a transmissão de direito real de propriedade no respectivo registro imobiliário, consoante o art. 108 do Código Civil.

Como tivemos oportunidade de dizer anteriormente, nosso ordenamento adota, para a constituição e a transmissão de direitos reais, dois momentos distintos, o *título* e o *modus*.

O primeiro refere-se ao negócio jurídico bilateral, instrumentalizado pelo contrato, pelo qual se operacionaliza a vontade das partes. Em nosso sistema, o contrato não é suficiente para que ocorra a constituição ou a transmissão de direitos reais; ele (contrato) necessita do *modus*, forma pela qual se operam a transmissão e a constituição dos direitos reais. Este, por sua vez, divide-se ainda em tradição para os móveis, que se consuma com a efetiva entrega da coisa para o adquirente – com registros também em serventias de Títulos e Documentos, e o registro imobiliário para os imóveis.

Nesse diapasão, pela regra geral contida em nosso sistema, o compromisso de compra e venda não pode acarretar por si só a transmissão do direito real de propriedade, tendo em vista a distinção rigorosa que existe dos efeitos entre o contrato definitivo e o contrato preliminar.

O contrato preliminar cria a obrigação de fazer, que tem como objeto a outorga do título definitivo. O contrato definitivo de compra e venda, outrossim, gera uma obrigação de dar, cujo efeito principal é, desde que recebida a integralidade do preço de venda, transferir o domínio mediante a tradição da coisa ou a inscrição do título definitivo no registro de imóveis[79-80].

---

[78] BDINE JÚNIOR, Hamid Charaf. Compromisso de compra e venda em face do Código Civil de 2002: contrato preliminar e adjudicação compulsória. *Revista dos Tribunais*, v. 843, p. 58-84, jan. 2006.

[79] PEREIRA, Caio Mário da Silva. *Instituições de direito civil*: contratos. Atualizadora e colaboradora Caitlin Mulholland. 25. ed. Rio de Janeiro: Forense, 2022. p. 178.

[80] Por ser pertinente ao tema, vale destacar que o § 6º do art. 26 da Lei Federal n.º 6.766/1979 admite a transmissão da propriedade imobiliária apenas com base no contrato preliminar, mas é uma exceção à regra geral do art. 108 do Código Civil. Nesse sentido, vale assinalar o art. 41 também da Lei Federal n.º 6.766/1979: "Art. 41. Regularizado o loteamento ou desmembramento pela Prefeitura Municipal,

Descumprindo o vendedor sua obrigação de outorgar a escritura definitiva de compra e venda, prevista no compromisso irrevogável e irretratável, nasce para o comprador o direito de pleitear a intervenção de um terceiro para que o contrato definitivo seja aperfeiçoado, o que acontece com a adjudicação compulsória, independentemente de sua inscrição no registro de imóveis competente, circunstância (necessidade de registro) que analisaremos na segunda parte deste trabalho.

Em contrapartida, se houver recusa do comprador e tendo o vendedor recebido o preço, este tem o direito de consignar a coisa em juízo e constituir o comprador em mora para libertar-se da obrigação de entrega da coisa vendida.

Outra importante característica do compromisso de compra e venda, que foi aventada linhas atrás, é a sua irretratabilidade. Na sua falta, estaremos diante de uma promessa de compra e venda com as consequências que tratamos anteriormente.

A irretratabilidade pode decorrer de acordo com a vontade das partes, mas também pode ser imposta por lei, como é o caso dos imóveis loteados (Lei Federal n.º 6.766.1979, art. 25) e das unidades autônomas de condomínio edilício (Lei Federal n.º 4.591/1964, art. 32, § 2º), cujas previsões legais estabelecem que os contratos preliminares celebrados em seus respectivos âmbitos são considerados irretratáveis. Em outras palavras, não há direito de arrependimento, tema que veremos adiante.

2.5 EFEITOS DO CONTRATO PRELIMINAR DE COMPROMISSO DE COMPRA E VENDA DE IMÓVEL

A legislação procurou atribuir amplos efeitos ao contrato preliminar de compromisso de compra e venda de imóvel de modo a garantir ao credor, adimplente com as suas obrigações contratuais, a possibilidade de alcançar coercitivamente a outorga do título definitivo.

No entanto, em linha com o que já falamos, em nosso sistema, o compromisso de compra e venda de imóvel, que por si só produz apenas efeitos obrigacionais, não é suficiente para promover a transferência definitiva do direito real de propriedade para o adquirente.

É necessário que as partes atendam ao quanto estabelece o art. 108 do Código Civil e outorguem a respectiva escritura pública, se o caso, que será o contrato definitivo ou principal. Somente com o registro desse contrato definitivo é que a propriedade será transferida para o adquirente. É a observância do *titulus* e do *modus* para a aquisição do direito real de propriedade, que já expusemos.

O contrato definitivo de compra e venda gera uma obrigação de dar, sendo seu principal efeito a transferência do domínio, seja pela tradição (móvel), seja pelo registro do título (imóvel).

Contudo, não se podem deixar de mencionar respeitadas opiniões contrárias que entendem ser o compromisso de compra e venda o instrumento suficiente para ingressar no registro de imóveis e transferir definitivamente o direito de propriedade do alienante para o adquirente.

Assim pensa José Osório de Azevedo Jr.[81] ao defender que, no compromisso de compra e venda de imóvel, o domínio é utilizado como forma de garantia de recebimento do preço.

---

ou pelo Distrito Federal quando for o caso, o adquirente do lote, comprovando o depósito de todas as prestações do preço avençado, poderá obter o registro, de propriedade do lote adquirido, valendo para tanto o compromisso de venda e compra devidamente firmado" (destaques acrescidos).

[81] AZEVEDO JR., José Osório de. *Compromisso de compra e venda*. 6. ed. rev., ampl. e atual. São Paulo: Malheiros, 2013. p. 19.

E, à medida que este vai sendo pago, aquele pouco direito de propriedade que restou com o alienante "vai desaparecendo até se apagar de todo".

O compromisso de compra e venda pode ser irretratável ou prever a cláusula de arrependimento. Se irretratável e registrado na serventia imobiliária respectiva, gera direito real à aquisição, como veremos adiante com maiores detalhes.

Entretanto, para a possibilidade de uma das partes exigir a outorga do contrato definitivo (como autorizam os arts. 463, 464 e 1.418 do Código Civil), não é necessário que o compromisso de compra e venda esteja previamente registrado na matrícula do imóvel para se obter o título que faz as vezes do contrato definitivo.

Em caso de recusa do vendedor, o comprador pode ter o contrato definitivo substituído por uma sentença constitutiva e, com o seu registro na serventia predial correspondente com o contrato preliminar, a atribuição para si do direito real de propriedade plena do imóvel comprado.

E, ainda se combinadas as disposições do mencionado Decreto-lei n.º 58/1937 com os arts. 497, 501 e 536 do Código de Processo Civil e com o art. 27 da Lei Federal n.º 6.766/1979, é possível perceber que o contrato preliminar recebeu maior amplitude na irradiação dos seus efeitos.

O art. 497 do Código de Processo Civil estabelece que, na ação que tenha como objeto prestação de fazer ou de não fazer, o juiz, desde que procedente o pedido, concederá tutela específica ou determinará providências que assegurem a obtenção de tutela pelo resultado prático equivalente.

A concessão da tutela específica significa realizar a obrigação como prevista em sua fonte, por exemplo, o contrato, da mesma forma como se fosse voluntariamente cumprida pelo devedor. Nesse particular, destaca Luciano Vianna Araújo[82], "a atividade jurisdicional presta sua função instrumental, como meio de efetivação dos direitos (materiais)".

Na ação em que o objeto seja a emissão de declaração de vontade, a sentença que julgar procedente o pedido, desde que transitada em julgado, produzirá todos os efeitos da declaração não emitida (Código de Processo Civil, art. 501).

O art. 501 do atual Código de Processo Civil abrange, ainda, aquilo que era contido nos antigos arts. 466-A, 466-B e 466-C[83], todos do Código de Processo Civil de 1973.

Os arts. 497 a 501 devem ser interpretados com o art. 536 também do atual Código de Processo Civil. Nesse dispositivo, o juiz poderá, de ofício ou a requerimento do interessado, determinar, no cumprimento de sentença que tenha reconhecido a exigibilidade de obrigação de fazer ou de não fazer, as medidas necessárias para a efetivação da tutela específica ou a obtenção de tutela pelo resultado prático equivalente e, consequentemente, a satisfação do exequente.

Em decorrência, o compromisso de compra e venda de imóvel, atendidos os requisitos exigidos para a validade dos negócios jurídicos, bem como aqueles especialmente requeridos para esse tipo de contrato (compra e venda), é eficaz, qualquer que seja a forma que o instrumentalize, variando, contudo, em seus efeitos. Caso contenha todos os requisitos necessários

---

[82] CABRAL, Antonio do Passo; CRAMER, Ronaldo (coord.). *Comentários ao novo Código de Processo Civil*. 2. ed. rev., atual. e ampl. Rio de Janeiro: Forense, 2016. p. 747.

[83] "Art. 466-A. Condenado o devedor a emitir declaração de vontade, a sentença, uma vez transitada em julgado, produzirá todos os efeitos da declaração não emitida. Art. 466-B. Se aquele que se comprometeu a concluir um contrato não cumprir a obrigação, a outra parte, sendo isso possível e não excluído pelo título, poderá obter uma sentença que produza o mesmo efeito do contrato a ser firmado. Art. 466-C. Tratando-se de contrato que tenha por objeto a transferência da propriedade de coisa determinada, ou de outro direito, a ação não será acolhida se a parte que a intentou não cumprir a sua prestação, nem a oferecer, nos casos e formas legais, salvo se ainda não exigível."

para o contrato principal, a sentença suprirá a sua falta e, com o preliminar, servirá de contrato definitivo ao credor[84].

O contrato preliminar que, exceto quanto à forma, atender a todos os requisitos essenciais do contrato principal e não contiver cláusula de arrependimento, conferirá, a qualquer das partes, o direito de exigir, em determinado prazo, a celebração do contrato definitivo (Código Civil, arts. 462, 463 e 464).

Caso haja recusa em outorgá-lo, poder-se-á requerer o cumprimento judicial e o contrato preliminar, com a sentença transitada em julgado, será o título a ser registrado na matrícula do imóvel no registro competente. No entanto, garante-se ao credor, porém, caso a outra parte não celebre o contrato definitivo, o direito de considerá-lo desfeito e de pedir perdas e danos (Código Civil, art. 465).

Por sua vez, o art. 22 do Decreto-lei n.º 58/1937 ampliou a possibilidade de adjudicação compulsória para os contratos preliminares relativos a imóveis não loteados, sem cláusula de arrependimento, desde que inscritos no registro de imóveis, o que lhes atribuiria direito real oponível a terceiros.

Contudo, a redação do referido art. 22 induz à possibilidade de as partes estabelecerem cláusula de arrependimento no compromisso de compra e venda. Essa disposição do art. 22 (dada pela Lei Federal n.º 6.014/1973) possibilitou que as partes decidissem sobre a revogabilidade do contrato.

Não eliminou, entretanto, a insegurança jurídica para aquele que cumprisse integralmente suas obrigações estipuladas no contrato preliminar que preveja o arrependimento, pois uma das partes poderia desistir do negócio imotivadamente.

É imprescindível que o contrato de imóvel não loteado estabeleça as disposições que deverão ser observadas no caso de arrependimento de uma das partes. Veremos adiante, neste capítulo, as consequências para a situações de desistência por uma das partes contratantes.

Foi com a Lei Federal n.º 6.766/1979, no seu art. 25, que se passou a considerar irretratáveis os compromissos de compra e venda de imóveis loteados, pondo fim à insegurança jurídica espraiada pelo conteúdo do dito art. 1.088 do Código Civil de 1916.

No mesmo sentido, os contratos preliminares celebrados no âmbito da Lei Federal n.º 4.591/1964 são considerados irretratáveis por expressa disposição contida no § 2º do art. 32.

2.5.1 O objeto do compromisso de compra e venda de imóvel

Interessa, somando-se ao que já foi dito até aqui, avaliar o que diferencia o compromisso de compra e venda da compra e venda de imóvel em si. O que é, na concepção do direito real de propriedade, objeto do contrato preliminar e o que não é.

Não se alude agora ao objeto como elemento essencial da compra e venda como vimos antes, mas sim à investigação de quais os atributos do direito de propriedade, em relação ao objeto, são negociados e transmitidos desde a celebração do compromisso de compra e venda e quais são transferidos pelo respectivo instrumento definitivo.

Daí vale o registro do pensamento de Barbosa Sobrinho[85] ao considerar as diretrizes dos direitos reais e sua aplicação ao compromisso de compra e venda que, por ainda ser apenas compromisso, é de caráter obrigacional. Suas indagações interessam ao objeto deste trabalho:

---

[84] PEREIRA, Caio Mário da Silva. *Instituições de direito civil:* contratos. Atualizadora e colaboradora Caitlin Mulholland. 25. ed. Rio de Janeiro: Forense, 2022. p. 84.

[85] LIMA SOBRINHO, Barbosa. *As transformações da compra e venda*. Rio de Janeiro: Borsoi, 1953. p. 84.

qual direito real é objeto da obrigação assumida no compromisso de compra e venda? No contrato de compra e venda definitivo, a propriedade plena é o direito real que constitui o objeto da obrigação de dar. Qual o direito, então, figura como objeto do compromisso de compra e venda?

Assim como na resposta preliminar dada por Barbosa Sobrinho, entendemos que, para a compra e venda, as partes estão em busca da transmissão de todos os atributos previstos no art. 1.228 do Código Civil, que estabelece os elementos essenciais que constituem o direito real de propriedade – usar, gozar, dispor e reivindicar a respectiva coisa.

Como contrato preliminar, já se disse que o objeto do compromisso de compra e venda é a celebração do correspondente contrato definitivo (obrigação de fazer).

Entretanto, importa saber se esse é o único objeto desse tipo de contrato preliminar.

O compromisso de compra e venda de imóvel produz efeitos obrigacionais. Necessariamente, gera a obrigação de celebrar um contrato posterior, considerado o principal. E o objeto dessas obrigações é uma prestação de *facere* jurídico, "a emissão da declaração negocial integradora do contrato prometido"[86].

É possível dizer que o vendedor assume uma obrigação de dar e uma de fazer; a de dar refere-se à entrega do bem (imóvel) e a de fazer, à outorga do instrumento definitivo de compra e venda.

Entretanto, sendo uma prestação de fazer a que o vendedor está vinculado, não é direta e exclusivamente a ela que se dirige o interesse do comprador. Enquanto a obrigação principal do vendedor é a de celebrar o contrato definitivo – após receber o preço pela alienação –, o direito do comprador tem por objeto a conclusão válida e eficaz do negócio jurídico de compra e venda. Em outras palavras, estamos diante de um processo contratual que pretende alcançar como resultado a produção dos efeitos jurídicos e patrimoniais do contrato definitivo[87].

O compromisso de compra e venda de imóvel desempenha uma função instrumental na satisfação dos interesses do alienante e do adquirente. Ao final, cumpridas as obrigações de cada uma das partes, alcançar-se-á o cumprimento do negócio definitivo pretendido.

O comportamento dos contratantes na fase de execução do contrato preliminar de compromisso de compra e venda deve compreender o adimplemento de todas as obrigações estabelecidas, de modo a proporcionar a celebração de um contrato definitivo válido, eficaz e funcional para satisfazer os interesses de cada uma das partes.

Para responder à pergunta feita anteriormente, prosseguiremos na investigação de qual direito seria objeto do compromisso de compra e venda de imóvel.

Na obra que analisa o contexto do Código Civil de 1916, Barbosa Lima Sobrinho[88] sustentou que, ao examinar as características distintivas entre direitos reais e direitos pessoais, o compromisso de compra e venda de imóvel é classificado como direito obrigacional. Essa classificação estende-se à compra e venda definitiva, visto que, embora envolva a obrigação de dar um bem, não constitui, por si só, um direito real sobre ele.

No contrato definitivo de compra e venda, o que constitui o objeto da obrigação de dar é a entrega do imóvel, de modo a, também, viabilizar a transmissão do direito real de propriedade plena.

Nessa concepção, o que se pretende com o compromisso de compra e venda é preparar as partes contratantes para um segundo momento que representará a entrega do imóvel e

---

[86] PRATA, Ana. *O contrato-promessa e o seu regime civil*. Coimbra: Almedina, 2001 [reimpressão]. p. 575.
[87] PRATA, Ana. *O contrato-promessa e o seu regime civil*. Coimbra: Almedina, 2001 [reimpressão]. p. 575.
[88] LIMA SOBRINHO, Barbosa. *As transformações da compra e venda*. Rio de Janeiro: Borsoi, 1953. p. 84.

possibilitará a transferência definitiva do direito real de propriedade plena para o comprador. Logo, seu objeto consiste em direito que naturalmente deve derivar da propriedade plena.

Na sistemática hierarquizada de nosso ordenamento, é o Código Civil que regulamenta a matéria relativa ao direito de propriedade. No Código Civil em vigor, a matéria está tratada no Título III do Livro III – Do Direito das Coisas. Entretanto, é no art. 1.228, como enunciado *supra*, que se encontra o núcleo positivo do direito real de propriedade, em que se prevê que o proprietário tem a faculdade de usar, gozar e dispor da coisa, bem como o direito de reavê-la do poder de quem injustamente a possua ou a detenha.

O referido dispositivo legal estabelece os elementos essenciais que constituem o direito real de propriedade – usar, gozar, dispor e reivindicar a respectiva coisa. Nas situações jurídicas em que todos esses atributos se encontrem reunidos em um só titular, a propriedade é considerada plena.

E o direito de propriedade é revelado por um conceito que expressa unidade. Isso para caracterizar que, em caso de desfalque de qualquer um dos seus atributos, há alteração desse conceito único e o direito real de propriedade deixa de ser pleno. Caso seja suprimido qualquer um dos elementos essenciais do direito de propriedade, este será desfigurado e se transformará em outro tipo de direito real (usufruto, servidão, superfície etc.)[89].

Teixeira de Freitas[90], em seu esboço do Código Civil, define que domínio perfeito "é o direito real perpétuo de uma só pessoa sobre uma coisa própria, móvel ou imóvel, com todos os direitos sobre sua substância e utilidade". O mesmo autor define o domínio imperfeito como "o direito real resolúvel, ou fiduciário, de uma só pessoa sobre uma coisa própria, móvel ou imóvel; ou o reservado pelo dono perfeito de uma coisa, que aliena somente seu domínio útil".

Clóvis Beviláqua[91], no mesmo sentido, salienta que a propriedade pode ser limitada ou ilimitada. Será ilimitada, afirma, quando todos os elementos que caracterizam o direito de propriedade estiverem reunidos no proprietário, e limitada, consequentemente, "quando dela se desprende qualquer parcela para constituir direito real de outra pessoa, ou quando é resolúvel".

A propriedade é um direito real matriz, pois é a partir dela que todos os demais direitos reais podem existir. Todos os outros direitos reais defluem da propriedade plena e são variações dela expressamente autorizadas pelo ordenamento jurídico.

José Serpa de Santa Maria[92] nomeia a propriedade, em si mesma considerada, como direito real nuclear quando manifestada em sua plenitude, contudo, completa o autor, não se revela como direito estanque ou estagnado, mas comporta tantas outras manifestações ou desdobramentos constitutivos de outros direitos que coexistem paralelamente, mas sempre de mesma natureza real. Há um núcleo considerado central do direito de propriedade em torno do qual todos os demais direitos reais decorrem, em torno dele orbitam e a ele permanecem conectados.

---

[89] ARRUDA ALVIM; ALVIM, Thereza; CLÁPIS, Alexandre Laizo (coord.). *Comentários ao Código Civil brasileiro*. Livro Introdutório ao Direito das Coisas e ao Direito Civil. Rio de Janeiro: Forense, 2009. v. XI, t. I, p. 43.

[90] TEIXEIRA DE FREITAS, Augusto. *Código Civil* (esboço). Rio de Janeiro: Ministério da Justiça e Negócios Interiores, 1952. v. IV, p. 1.177 e 1.232.

[91] BEVILÁQUA, Clóvis. *Direito das coisas*. 4. ed. Rio de Janeiro: Forense, 1956. p. 115.

[92] Vale destacar o cotejamento feito por Santa Maria, ao dizer que a propriedade não se ergue como uma relação única, mas notadamente como um conjunto de relações que implicam, cada uma delas, outros novos direitos subjetivos que perduram em função e em razão dela, *como verdadeiros satélites, mas de vivência normalmente temporária* (SANTA MARIA, José Serpa de. *Direitos reais limitados*. Brasília: Brasília Jurídica, 1993. p. 19).

Daqueles direitos que integram o domínio podemos destacar, para o que se pretende analisar neste tópico, o de dispor do bem e o direito do titular à sua substância (*nuda proprietas*). Por dispor entende-se o direito que tem o titular de alienar o bem, total ou parcialmente, gratuita ou onerosamente, de onerá-lo e até mesmo de abandoná-lo. Direito à substância do bem é a natureza que subsiste ao proprietário após a constituição de determinado direito real, como na hipótese do usufruto.

Pode-se dizer que o direito à substância do bem, ou seja, o direito que minimamente remanesce ao proprietário, após a constituição de certo tipo de direito real, configura a essência do domínio e, em torno deste, por atração natural e própria, anexam-se os demais direitos elementares do domínio que, eventualmente, por determinado período, mantiveram-se destacados e titulados por terceiros.

Em sua plenitude, o direito de propriedade comporta variações, adaptações e limitações, prestando-se a modalidades que podem constituir, ao mesmo tempo, restrições ao seu titular. Portanto, a propriedade será limitada se, por alguma razão jurídica, o proprietário não concentrar em si todos os atributos essenciais do direito real de propriedade (usar, gozar, dispor e reaver).

E essa característica da propriedade decorre do princípio da elasticidade ou do desmembramento. Para Ricardo Aronne[93], são direitos reais todos os que estão compreendidos no domínio e que, em razão do princípio da elasticidade, podem permanecer nele consolidados ou ser dele desdobrados.

O direito de propriedade, como diretriz de estudo, pode ser compreendido em uma espécie de soma de direitos, como se estivessem misturados ou aglomerados no que se entende por unidade do direito real de propriedade. E, ao mesmo tempo, se desmembrados do seu núcleo, podem originar outros direitos reais que sejam compatíveis de convivência[94].

O direito de propriedade, sendo elástico, pode se desmembrar em todos os outros tipos de direitos reais possíveis. Significa, portanto, a viabilidade de convivência de mais de um direito real, geneticamente ligado ao mesmo direito de propriedade (matriz), desde que haja compatibilidade para essa convivência simultânea (como acontece, por exemplo, com a propriedade e com a hipoteca).

O direito de propriedade sobre uma coisa naturalmente tende a abranger o máximo ou a totalidade das faculdades que abstratamente contém. Esse direito real máximo admite ser gravado por um direito real mais restrito, mas, quando ocorre a extinção desse direito real menor, aquele considerado matriz (propriedade) expande-se de modo automático até seu limite máximo (domínio pleno).

---

[93] ARONNE, Ricardo. *Por uma nova hermenêutica dos direitos reais limitados*. São Paulo: Renovar, 2001. p. 186.

[94] Arruda Alvim (2009, p. 181, nota 261) destaca que, para Windscheid, a conceituação do direito de propriedade "indica que uma coisa (material) é própria de alguém, e por próprio em termos jurídicos, [quer-se significar] que essa propriedade é precisamente o direito de propriedade. Mas ao dizer que uma coisa é *própria* de alguém quer o direito significar que a respeito dessa a vontade é decisiva na totalidade das suas relações". Em outras palavras, para o autor alemão, a propriedade não é formada pela reunião de faculdades singulares. A propriedade deve ser compreendida como a plenitude do direito sobre a coisa, e as faculdades singulares nada mais são do que a exteriorização de tal plenitude. O proprietário exerce a plenitude de seu direito sobre a coisa e se vale das faculdades singulares no momento em que utiliza a coisa como objeto de outros direitos reais possíveis, os quais permanecem dependentes do mesmo direito de propriedade (ARRUDA ALVIM; ALVIM, Thereza; CLÁPIS, Alexandre Laizo (coord.). *Comentários ao Código Civil brasileiro*. Livro Introdutório ao Direito das Coisas e ao Direito Civil. Rio de Janeiro: Forense, 2009. v. XI, t. I, p. 232).

O destaque que faz o proprietário de alguns dos elementos que integram o domínio para concedê-los a determinadas pessoas decorre do exercício regular da disponibilidade de sua propriedade, como uma das faculdades essenciais que bem caracteriza o domínio, que pode se autolimitar livremente para, a critério do titular, beneficiar terceiros ou em favor destes prestar serviços[95].

Em contrapartida, e como consequência do princípio da elasticidade ou do desdobramento da propriedade, é possível deduzir que poderá haver, em determinado momento e em razão de certa circunstância, a reunificação de todos esses direitos na pessoa do titular do direito de propriedade – ou até mesmo de um terceiro –, que assumirá suas características primitivas e terá em suas mãos "a totalidade dos elementos representativos das faculdades, utilidades e poderes desse direito, todos eles juntos, sob a forma de domínio pleno; e, com isto, os demais direitos reais, por isto mesmo, terão desaparecido"[96].

O princípio da elasticidade permite que ora tais atributos da propriedade estejam concentrados em um único titular, ora estejam destacados e atribuídos a mais de um sujeito[97]. Em razão da elasticidade, é possível o desmembramento dos poderes e das faculdades na direção da constituição de outros tipos de direitos reais possíveis, os quais permanecem conectados com o direito matriz, que é a propriedade. Diz-se elástico porque, imediatamente após serem desconectados do direito matriz, os poderes e as faculdades mantêm uma tensão natural e permanente no sentido de retornarem à sua forma original, a propriedade, o que ocorre quando do desaparecimento dos direitos reais dependentes, circunstância que faz o proprietário reunir em si novamente a totalidade dos elementos constitutivos das utilidades e poderes desse direito.

O direito real de usufruto é um clássico exemplo da possibilidade de divisão dos atributos da propriedade plena. Enquanto ao usufrutuário são destinados o usar e o gozar, ao nu proprietário resta apenas o dispor. O usufruto caracteriza-se por ser direito real de temporariamente usar e gozar de uma coisa alheia como um bom e prudente proprietário (Código Civil, art. 1.394).

Também se percebe essa característica do princípio da elasticidade no direito real de superfície. O proprietário poderá conceder a terceiro o direito de construir ou de plantar em seu imóvel, nos termos do art. 1.369 do Código Civil.

Para que o beneficiário do direito real de superfície possa construir ou plantar, o proprietário destitui-se dos atributos de usar e de gozar, essenciais para o exercício efetivo da posse, que passa a ser exercida exclusivamente pelo superficiário. O proprietário manterá consigo o direito de dispor e, por consequência, a posse indireta.

Tal característica (a elasticidade) permite que sejam retirados do proprietário, em uma medida maior ou menor, mais ou menos intensa, uma ou mais faculdades, de modo a reduzir seus poderes sobre o bem até que fique com quase nada. Ainda assim, a propriedade permanecerá no seu mínimo considerado, em razão da característica intrínseca que detém

---

[95] SANTA MARIA, José Serpa de. *Direitos reais limitados*. Brasília: Brasília Jurídica, 1993. p. 19.
[96] ARRUDA ALVIM; ALVIM, Thereza; CLÁPIS, Alexandre Laizo (coord.). *Comentários ao Código Civil brasileiro*. Livro Introdutório ao Direito das Coisas e ao Direito Civil. Rio de Janeiro: Forense, 2009. v. XI, t. I, p. 437.
[97] Para Louis Josserand, os desmembramentos e encargos da propriedade são todos direitos reais, porque recaem sobre a propriedade que é direito real exemplar (JOSSERAND, Louis. *Derecho civil*: la propiedad y los otros derechos reales y principales. Buenos Aires: Bosch, 1950. t. I, v. III, p. 377).

de se expandir e de voltar à sua extensão normal e máxima quando cessam os vínculos e as restrições que a limitavam e a comprimiam[98].

O aspecto relacionado ao princípio da elasticidade do direito da propriedade tem como consequência a situação jurídica de que, extinto determinado direito real que a limite, aquela é reconstituída plenamente, em decorrência da força expansiva ou atrativa da propriedade, de forma automática, sempre após cessar o direito real que a afeta[99].

Essa separação temporária de determinados poderes que integram o domínio constitui fonte para os outros direitos reais que têm como efeito restringir o raio de atuação do domínio pleno originário e que, por consequência, torna o domínio limitado. Nessa característica elástica ou expansiva, está compreendida a própria capacidade recuperadora da plenitude da propriedade ou a sua plena constituição em outro titular.

Em resumo, o domínio será pleno quando todos os elementos fundamentais que o integram estiverem reunidos no titular da propriedade. Invariavelmente, ao ser destacado qualquer um ou alguns dos elementos fundamentais, torna-se limitado e, portanto, sua compreensão variará de acordo com a relevância dos direitos segregados[100].

Na linha da diretriz de estudo aqui adotada, os elementos que compõem a propriedade plena são os já referidos: o *ius utendi* (usar), o *ius fruendi* (gozar) e o *ius abutendi* (dispor). É desses atributos que serão destacados aqueles necessários para a formação do objeto do compromisso de compra e venda imobiliária.

O *ius utendi* é o elemento que permite ao proprietário utilizar o bem da maneira que melhor lhe aprouver. Esse elemento pode alcançar diversas situações jurídicas, em razão da utilidade a que se presta a coisa. O direito de usar tem como consequência colocar a coisa a serviço do proprietário sem que se modifique a própria substância dela. Importante destacar que no direito de usar atribuído ao proprietário encontra-se a faculdade de conceder a terceiro o direito de também utilizar a coisa.

Pela possibilidade de usar, o proprietário tem o direito de auferir os frutos ou produtos originados com ou sem a cooperação do trabalho humano (frutos industriais e naturais, além dos civis) e, por consequência lógica, colocá-lo em condições de produção. Isso caracteriza o *ius fruendi*.

O *ius abutendi* traduz a circunstância de o titular da propriedade poder dispor materialmente de seu bem. Esse elemento permite a disposição efetiva do imóvel que implica a sua destinação para uma finalidade econômica[101] em favor do titular. É o *ius abutendi* que torna possível ao proprietário transferir a terceiro todas as suas prerrogativas decorrentes do direito real de propriedade ou, ainda, de forma parcial, situação em que se constituirá direito real em favor de terceiro.

A alienação do bem tem como efeito deslocar, de uma pessoa para outra, o direito de exercer aquilo que os elementos anteriormente mencionados permitem (*ius utendi* e *ius fruendi*), ou seja, a faculdade de usar e de desfrutar do bem. Ao alienar o objeto, o titular destitui-se voluntariamente de seu poder sobre ele e transfere-o ao novo titular. A disposição será considerada perfeita quando a outra parte efetivamente adquire o direito de propriedade plena[102].

---

[98] RUGGIERO, Roberto de. *Instituições de direito civil*. Trad. da 6. ed. italiana Paolo Capitanio. Atual. por Paulo Roberto Benasse. São Paulo: Bookseller, 1999. p. 456.
[99] SANTOS JUSTO, António. *Direitos reais*. Coimbra: Coimbra Editora, 2007. p. 218.
[100] PEREIRA, Lafayette Rodrigues. *Direito das coisas*. Campinas: Russell, 2003. t. I, p. 104.
[101] BESSONE, Darcy. *Direitos reais*. São Paulo: Saraiva, 1988. p. 191.
[102] COUTO e SILVA, Clóvis V. *In*: FRADERA, Véra Maria Jacob de (org.). *O direito privado brasileiro na visão de Clóvis do Couto e Silva*. Porto Alegre: Livraria do Advogado, 1997. p. 85.

Tal destituição de atributos da propriedade nas alienações puras – assim entendidas aquelas feitas sem que sejam mantidas, após a celebração do respectivo negócio jurídico, quaisquer ligações ou interações decorrentes de condições impostas entre o que aliena e o que adquire – tem como consequência fundamental remover de forma integral todos os elementos que compõem a propriedade plena do alienante e alocá-los sem qualquer restrição no adquirente.

Nesses negócios jurídicos de alienação, não subsiste qualquer vínculo entre o adquirente e o ex-titular. Aquele que dispôs perde o poder que exerce sobre o bem e o que a adquire passa a exercê-lo plenamente nos termos e nos limites da lei (Código Civil, art. 1.228, §§ 1º e 2º).

A doutrina considera o *ius abutendi* o próprio conteúdo do direito real de propriedade, que pode estar, em determinadas circunstâncias, como referido antes, comprimido ou minimizado por situações jurídicas diversas, principalmente nas hipóteses em que são constituídos direitos reais em favor de terceiros (usufruto e servidão, novamente como exemplos).

A propriedade considerada plena é, repetimos, aquela em que o correspondente titular reúne todos os elementos caracterizadores desse direito real, ou seja, com relação à qual não ocorreu desmembramento de seus atributos essenciais; a limitada, por sua vez, é aquela em que se encontra presente uma condição propriamente dita. Nessa sistemática, a propriedade é considerada, portanto, a matriz de todos os demais direitos reais possíveis.

O contrato de compra e venda de imóvel é o meio pelo qual todos os atributos da propriedade plena (o *ius utendi*, o *ius fruendi* e o *ius abutendi*) são transferidos ao comprador.

No compromisso de compra e venda de imóvel, então, por consubstanciar uma etapa anterior à definitiva, apenas parte desses atributos é transmitida ao adquirente. E dizemos parte porque, se fossem todos, o negócio jurídico seria de compra e venda definitiva, e não de compromisso (preliminar). Resta-nos identificar quais seriam os atributos da propriedade plena negociados no compromisso.

Como já mencionado, o compromisso de compra e venda tem como objeto determinados atributos do domínio pleno do imóvel. O alienante pode transferir o *jus utendi* e o *jus fruendi* enquanto reserva para si o *jus abutendi*. Esse último atributo do domínio pleno, reservado pelo alienante, tende a servir como garantia de pagamento do preço pelo adquirente. Enquanto não quitado o preço, esse atributo não se transfere, nem mesmo de forma coercitiva. Somente com a reunião de todos os atributos – que tende a ocorrer no momento da outorga do contrato definitivo contra o pagamento do preço de aquisição –, é que o adquirente será titular do domínio pleno.

As partes têm total liberdade para negociar quais os atributos do direito real de propriedade poderão ser transferidos ao adquirente no momento da celebração do compromisso. De maneira geral, com a assinatura desse contrato preliminar, os atributos *ius utendi* e *ius fruendi* são transferidos ao comprador. E o vendedor reserva para si *ius abutendi* em garantia do pagamento do preço.

No entanto, os contratantes poderão estabelecer que o compromisso de compra e venda é um negócio jurídico sério e por eles efetivamente querido, com definição do objeto e do preço, mas que na sua celebração nenhum dos atributos da propriedade será transferido ao adquirente, pois dependem do cumprimento de certas obrigações especiais acopladas ao negócio jurídico de compra e venda – especialmente o pagamento do preço – para que ele os adquira.

Um exemplo pode ser a exigência do comprador de que o vendedor realize um programa autorizado pelas autoridades para a descontaminação ambiental do imóvel que pretende comprar. Enquanto não houver o integral cumprimento dessa obrigação, o comprador não realiza qualquer pagamento do preço, razão pela qual não receberá o *ius utendi* e o *ius fruendi*.

Nesse caso, as partes desejam vincular-se juridicamente, celebram o compromisso de compra e venda e estabelecem condições para serem superadas. Somente depois de serem superadas e cumpridas as demais obrigações estipuladas, prosseguem para o contrato definitivo.

Não são incomuns esses tipos de compromisso de compra e venda de imóvel em que se firma o contrato para que vendedor e comprador possam, com a certeza de já estarem vinculados juridicamente, em um prazo contratualmente determinado, tomar as medidas necessárias para o aperfeiçoamento do pretendido negócio de compra e venda.

Outra situação comum é o comprador ainda não ter os recursos necessários para promover o pagamento do preço de aquisição do imóvel, mas convenciona com o vendedor que obterá financiamento bancário em determinado prazo, o qual poderá depender de um compromisso de compra e venda assinado para ser aprovado pela instituição financeira.

Nesse contexto, o vendedor pode manter consigo todos os atributos (*ius utendi*, *ius fruendi* e o *ius abutendi*), com a obrigação de transmiti-los quando o comprador conseguir aprovação de financiamento que viabilizará o pagamento do preço, na forma estabelecida no compromisso. Contudo, nada impedirá que comercialmente as partes ajustem, no contrato preliminar, a transferência do *ius utendi* para o compromissário comprador como forma de atender a certa necessidade de manutenção do imóvel ou de fazer a segurança do local.

Ainda nesse exemplo, é possível que o comprador tenha dado um sinal como início do pagamento do preço e fixado com o vendedor um cronograma de pagamentos, os quais ocorrerão na medida em que determinados eventos aconteçam (por hipótese, a necessidade de aprovação do negócio de compra e venda pelos administradores do comprador ou a necessidade do término do processo de retificação registrária do imóvel). Pode-se acertar também no cronograma que, somente após o pagamento de determinado valor, o adquirente receberá a posse do imóvel (o *ius utendi* e o *ius fruendi*).

Por outro lado, é possível que as partes concordem que a posse seja transmitida desde logo, na assinatura do compromisso de compra e venda ao adquirente, mesmo sem pagamento de qualquer valor, para que este se encarregue, exemplificativamente, das despesas de conservação e de segurança do imóvel.

A transmissão da posse não constitui elemento essencial do contrato preliminar. É possível que a posse tenha um caráter acidental, decorrente dos ajustes operados entre comprador e vendedor, podendo a sua transmissão ser feita desde a celebração do compromisso ou em outro momento, a depender das condições negociais convencionadas.

Por fim, há ainda outra possibilidade muito utilizada, que é a de celebrar um compromisso de compra e venda quitado. Nessa situação, o *ius abutendi* ainda estará com o vendedor, mas a ele não corresponderá, como garantia, nenhuma parte do preço, pois este já foi integralmente pago. Em termos práticos, nada ou quase nada com relação aos atributos do direito real de propriedade sobrará ao vendedor, a não ser a simples obrigação de outorgar o contrato definitivo, em cumprimento ao consentimento de vender, consignado no compromisso de compra e venda.

A entrega do imóvel ao comprador é obrigatória somente na compra e venda definitiva, pois é um dos seus efeitos essenciais, ocasião na qual incumbe ao alienante a efetivação da prestação de entrega do objeto do contrato de compra e venda. As hipóteses são quase infinitas, mas o que se quer aqui demonstrar é que na prática os atributos do direito de propriedade não são necessariamente transmitidos imediatamente ao adquirente quando da celebração do compromisso de compra e venda de imóvel. Dependerá das circunstâncias jurídicas e comerciais convencionadas pelas partes contratantes em cada negócio jurídico preliminar de compra e venda.

Todavia, necessário salientar que as limitações ao direito real estabelecidas em razão do compromisso de compra e venda são transitórias[103]. Em algum momento, as limitações cessarão, seja para que o vendedor recupere os atributos compromissados, em caso de inadimplemento do comprador, seja para que este, após o integral pagamento do preço de aquisição, adquira-os forçadamente, como se verá adiante.

No entanto, um destaque importante é que será possível, mesmo que nenhum dos atributos seja transferido ao adquirente, no momento da celebração do compromisso de compra venda, que, com o seu registro na matrícula do imóvel, seja constituído o direito real de aquisição do comprador, seguindo a determinação dos arts. 1.417 e 1.418 do Código Civil, pois não há na lei qualquer exigência de que o conteúdo no compromisso contenha atributos da propriedade plena que devam ser atribuídos ao comprador.

Para que seja constituído o direito real em favor do adquirente, como veremos adiante, é necessário apenas que (i) o compromisso de compra e venda seja celebrado por instrumento público ou particular; (ii) não contenha cláusula de arrependimento; e (iii) seja registrado no registro de imóveis competente. Cumpridos esses requisitos objetivos, constitui-se o direito real à aquisição do imóvel em favor do comprador.

Até mesmo "vazio" de atributos do direito real de propriedade – como nos exemplos que apresentamos anteriormente –, o compromisso de compra e venda pode ser registrado na matrícula do imóvel e constituir direito real de aquisição para o comprador. Daí a exigência de que no compromisso não contenha cláusula de arrependimento, pois o que se constitui em direito real, nessa condição de esvaziamento de atributos do direito real de propriedade no compromisso, seria a relação jurídica estabelecida entre vendedor, comprador e o imóvel – e terceiros que devem respeitar essa relação –, que, por sua vez, é originalmente de natureza pessoal.

Portanto, poder-se-ia considerar que, na hipótese aventada, o registro do compromisso de compra e venda constituiria eficácia real a uma relação obrigacional, e não uma relação com o próprio direito real de aquisição, porque nenhum dos atributos do direito de propriedade (que têm natureza real) foi transmitido ao comprador. No entanto, como veremos adiante, de eficácia real não se trata, porque a lei classifica expressamente como direito real à aquisição do imóvel (Código Civil, arts. 1.225, 1.417 e 1.418.)[104].

Deve-se ainda esclarecer como, nos casos em que o comprador recebe atributos do direito de propriedade (o *ius utendi* e o *ius fruendi*) e o vendedor retém para si o direito não

---

[103] Ainda que seja estabelecido no compromisso de compra e venda que os sucessores das partes, a qualquer título, poderão assumir os direitos e as obrigações dele decorrentes, a tendência é a de que a relação não perdure indefinidamente no tempo e sua execução leve à celebração do contrato definitivo, seja de modo normal pelo cumprimento voluntário da obrigação de outorgá-lo, seja coercitivamente, por meio da adjudicação compulsória.

[104] Já o Código Civil português admite que as partes atribuam eficácia real à promessa de transmissão ou de constituição de direitos reais, mediante declaração expressa e desde que inscrita no registro competente. É a redação do artigo 413 daquele diploma: "À promessa de transmissão ou constituição de direitos reais sobre bens imóveis, ou móveis sujeitos a registo, podem as partes atribuir eficácia real, mediante declaração expressa e inscrição no registo". Em nosso sistema, como exemplo de uma situação de uma relação obrigacional com eficácia real, temos a locação que, quando (i) contratada por prazo determinado, (ii) o contrato contiver expressa cláusula de vigência e (iii) estiver inscrito no registro de imóveis competente gera efeitos *erga omnes*.
É uma opção do legislador quando entende que determinada relação obrigacional mereça maior proteção, aproximando-a à situação de direito real. Por ser uma exceção à regra dos direitos pessoais deve estar expressamente prevista em lei, sob pena de não ter acesso à publicidade registrária.

transmitido (*ius abutendi*), podem coexistir, a partir desse desmembramento, dois direitos reais simultaneamente com o comprador e o vendedor.

A hipótese *supra* pode ocorrer nas situações em que o preço de aquisição é integralmente pago no momento da celebração do compromisso de compra e venda. Nessa hipótese, é o vendedor que terá a propriedade praticamente esvaziada, subsistindo, no máximo, a substância da coisa (*nuda proprietas*). No entanto, se analisarmos o núcleo da relação jurídica de compra e venda (nesse exato momento), ao vendedor terá restado apenas a obrigação de outorgar o contrato definitivo, nada mais.

Barbosa Lima Sobrinho[105] entende que na relação jurídica preliminar de compra e venda com o integral pagamento do preço de aquisição, no

> [...] compromisso de compra e venda, com a irretratabilidade da promessa e a exigibilidade da escritura definitiva, não resta ao vendedor nenhum direito real sôbre a coisa. Denominar, pois, a essa situação de 'propriedade nua', é tecnicamente incorreto, pois que nada a aproxima da nua propriedade, nos casos de usufruto, ou de enfiteuse; tem, apenas, um certo sabor de pitoresco, pois o que resta ao vendedor, sôbre a coisa transferida, é apenas a recordação da propriedade. Não se despiu, apenas, essa propriedade de alguma peça de vestuário, ela foi para o adquirente com tôda a sua indumentária.

No mesmo sentido é o entendimento de José Osório de Azevedo Jr.[106], ao observar que, na relação estabelecida pelo compromisso de compra e venda, o domínio em si (referindo-se ao *ius abutendi*), reservado pelo vendedor, é utilizado apenas com finalidade de garantia,

> [...] o que quer dizer que – no negócio entre as partes – o domínio perdeu sua posição de relevo, ficando apenas como garantidor do crédito. E, à medida que o crédito vai sendo recebido, aquele pouco que restava do direito de propriedade junto ao compromitente vendedor, isto é, aquela pequena parcela do poder de dispor, como que vai desaparecendo até se apagar totalmente. Uma vez quitado o compromisso, os poderes elementares do domínio estão – em substância – inteiramente consolidados no direito do compromissário comprador, nada mais restando ao compromitente vendedor do que a obrigação (inexorável) de assinar uma escritura. Nada, rigorosamente nada, resta ao compromitente vendedor.

Poderíamos dizer, ilustrativamente, que seriam duas lâmpadas contrapostas, uma na posição do vendedor e outra na do comprador. À medida que o pagamento do preço ocorre de acordo com o cronograma estabelecido no compromisso de compra e venda, a luz do comprador vai ganhando força e se acendendo, enquanto a do vendedor vai se apagando na mesma proporção, até que, quando se dá o pagamento integral do preço, resta pouca ou quase nenhuma luminosidade na lâmpada do vendedor, ao passo que a do comprador está quase em sua plenitude. A lâmpada do vendedor apagará de vez quando outorgar o contrato definitivo em favor do comprador, cumprido, assim, o contrato preliminar.

Portanto, superadas todas as condições e cumpridas todas as obrigações previstas no compromisso e, principalmente, paga a integralidade do preço de aquisição do imóvel, segue-se para a outorga do contrato definitivo. Esse contrato definitivo não é resultado de um novo

---

[105] LIMA SOBRINHO, Barbosa. *As transformações da compra e venda*. Rio de Janeiro: Borsoi, 1953. p. 89.
[106] AZEVEDO JR., José Osório de. *Compromisso de compra e venda*. 6. ed. rev., ampl. e atual. São Paulo: Malheiros, 2013. p. 19.

consenso entre as partes, mas apenas o cumprimento de uma obrigação de fazer que já provém da relação jurídica estabelecida no compromisso de compra e venda[107].

Devemos salientar, novamente, que, para os negócios jurídicos que envolvem imóvel, como é o caso que temos tratado aqui, em valores superiores a 30 vezes o maior salário mínimo do País, há a necessidade, para aperfeiçoar a transmissão do direito real de propriedade, da outorga da escritura pública, com observância ao art. 108 do Código Civil.

José Osório de Azevedo Jr.[108], todavia, entende que o compromissário deve receber tratamento cada vez mais próximo daquele que é dispensado ao proprietário, "pois as situações jurídicas e econômicas de ambos, se não são iguais enquanto há preço a pagar, uma vez pago o preço, tornam-se idênticas".

Não ousamos discordar dessa posição, ao contrário, concordamos que, com o pagamento integral do preço, resta ao vendedor apenas uma obrigação de fazer de conteúdo simples, que é a outorga da escritura definitiva – em cumprimento a um consentimento que já manifestou no compromisso de compra e venda –, e do direito de propriedade em si praticamente nada sobrou para ele.

Contudo, enquanto não houver alteração do nosso sistema de aquisição de direitos reais, o compromisso de compra e venda será insuficiente para a transferência definitiva do direito real de propriedade plena e ainda será devido, para a sua transmissão definitiva, atender à conjugação do título (escritura definitiva, quando o caso) e do registro, arts. 108 e 1.227, respectivamente, ambos do Código Civil, pois são normas de ordem cogente.

Somente com a escritura pública, em cumprimento ao compromisso, e seu registro na matrícula do imóvel é que o vendedor se despirá completa e definitivamente de todos os atributos da sua ex-propriedade e transmiti-la-á para o comprador (ou para manter a alusão da vestimenta, o vendedor, despido deles, vestirá o comprador com todos os atributos da propriedade plena).

2.6 DO COMPROMISSO DE COMPRA E VENDA E O DIREITO REAL À AQUISIÇÃO DO IMÓVEL

Circunscrevemos no item anterior muito brevemente a questão da inscrição do compromisso de compra e venda de imóvel capaz de gerar o direito real à aquisição, nos termos do inciso VII do art. 1.225 do Código Civil, disciplinado nos arts. 1.417 e 1.418 do mesmo Código.

Como dissemos antes, o compromisso de compra e venda, por si só, gera direitos obrigacionais. Essa concepção obrigacional decorre do conteúdo do art. 481 do Código Civil, em que um dos contratantes se *obriga* a transferir o domínio e o outro a pagar o preço[109]. Nesse

---

[107] Barbosa Lima Sobrinho salienta que o contrato definitivo é "uma prestação de facto e não uma alienação. Quanto aos direitos reais transferidos, são os mesmos, nos dois casos [compromisso e escritura], e a escritura definitiva já não encontra nenhum direito real para transferir, pois que posse, uso, gozo, disponibilidade da propriedade, – a famosa 'federação de direitos', constitutivos do domínio – tudo foi objeto do primeiro contrato e já foi atribuído ao compromissário comprador" (LIMA SOBRINHO, Barbosa. *As transformações da compra e venda*. Rio de Janeiro: Borsoi, 1953. p. 91).

[108] AZEVEDO JR., José Osório de. *Compromisso de compra e venda*. 6. ed. rev., ampl. e atual. São Paulo: Malheiros, 2013. p. 76.

[109] Importante destacar a posição de Darcy Bessone sobre o contrato de compra e venda. Para o autor, esse contrato, além de estabelecer o direito obrigacional de transferir o domínio, é hábil para constituir e transmitir direitos reais. Cabe ressaltar que a interpretação de que o contrato de compra e venda, conforme o direito brasileiro, gera exclusivamente a obrigação de transferir a propriedade implicaria a compreensão de que o consenso entre as partes contratantes constitui apenas a criação

âmbito obrigacional, pelo compromisso, portanto, há a assunção de um *contrahere* futuro, ou seja, de celebrar um contrato definitivo em momento posterior.

Esse negócio jurídico preliminar de compra e venda, se inscrito na matrícula do correspondente imóvel, gerará ao compromitente comprador o direito real à aquisição do imóvel, que alcançará a publicidade específica *erga omnes* e o direito de sequela, além de outros que veremos adiante quando avaliarmos as características dos direitos reais em distinção aos obrigacionais.

A previsão do direito real do promitente comprador do imóvel no Código Civil é resultado de uma longa jornada legislativa, como inicialmente anunciamos. Neste item, pretendemos recuperar essa trajetória legal para situarmos o compromisso de compra e venda de imóvel e o direito real à aquisição na atual sistemática em vigor.

O primeiro dispositivo que faz referência a direito real do compromissário é o art. 5º[110] do Decreto-lei n.º 58/1937. Por esse preceito legal, a averbação dos contratos de compromisso de venda e de financiamento atribui ao compromissário direito real oponível a terceiros quanto à alienação ou oneração posterior. Essa averbação contém previsão na letra *b* do art. 4º e no art. 22, ambos do referido Decreto.

O mencionado art. 22[111], na sua redação original, previa a possibilidade de averbação, na correspondente transcrição, das escrituras de compromisso de compra e venda de imóveis não loteados, com pagamento do preço de aquisição estabelecido a prazo.

Essa disposição legal pretendeu acabar com a insegurança jurídica sobre a possibilidade de arrependimento imotivado de uma das partes na fase do contrato preliminar, apoiado no já mencionado art. 1.088 do Código Civil de 1916; geralmente, a insegurança pendia para o lado dos adquirentes de imóvel com pagamento a prazo.

---

dessa obrigação, e não a efetiva transferência da propriedade. Tal estrutura não poderia ser aceita entre nós porque não dispomos de um segundo acordo de vontades, que seria o responsável pela transmissão do domínio. Chega a afirmar que "ou o acordo de vontades sobre a *transferência de domínio* (não sobre a *obrigação* de transferi-lo) está na compra e venda, ou não está em parte alguma, não existe". Afirma que o direito brasileiro se aproximaria dos sistemas francês e italiano, os quais consideram a compra e venda o acordo de vontades sobre a própria transferência de domínio, e não sobre a obrigação de transferi-lo posteriormente. Aproxima-se, mas não se identifica, porque aqui, continua, o registro para os imóveis e a tradição para os móveis são atos que integram o negócio translativo, ao contrário do que se passa na França e na Itália. Prossegue para dizer que nosso sistema se aproximaria do germânico, mas, também, não se identificaria com este, porque no direito alemão a compra e venda é tão somente obrigacional e encerra autêntica promessa de alienar, sendo que o acordo de vontades sobre a transmissão de domínio é estabelecido em um segundo contrato, abstrato e, pelos efeitos, real. E sugere, por fim, que os acordos nos dois sistemas poderiam "reunir-se em um só contrato, *obrigacional-translativo*, a dizer, cumulativo de efeitos *obrigacionais* (entregar a coisa, garantia contra os vícios e a evicção, pagar o preço etc.) e *reais* (transferência do domínio). A unificação não impediria a subordinação dos efeitos reais do ato à inscrição deste no Registro Imobiliário. Por essa forma, atender-se-iam, simultaneamente, à conveniência de simplificação e à concepção segundo a qual, sendo próprio do direito real operar contra toda a sociedade, não pode ele resultar apenas da vontade dos contratantes, sendo necessário, ainda, que, com ela, concorra a participação da própria sociedade, através dos órgãos estatais incumbidos dos registros públicos" (BESSONE, Darcy. *Da compra e venda*: promessa & reserva de domínio. 3. ed. rev. e ampl. São Paulo: Saraiva, 1988. p. 41 e seguintes).

[110] "A averbação atribui ao compromissário direito real aponível a terceiros, quanto à alienação ou oneração posterior, e far-se-á à vista do instrumento de compromisso de venda, em que o oficial lançará a nota indicativa do livro, página e data do assentamento."

[111] "As escrituras de compromisso de compra e venda de imóveis não loteados, cujo preço deva pagar--se a prazo, em uma ou mais prestações, serão averbadas à margem das respectivas transcrições aquisitivas, para os efeitos desta lei."

O art. 22, como originalmente estabelecido, protegia expressamente os negócios jurídicos de imóveis não loteados, pagos parceladamente. No entanto, deixou aberta a possibilidade de retratação dos compromissos de compra e venda dos demais imóveis (loteados ou incorporados) pagos à vista.

Essa fragilidade foi corrigida pelo Decreto n.º 3.079/1938, que deu nova redação ao dito art. 22[112], para estabelecer que estavam compreendidas no dispositivo legal *as escrituras de promessa de venda de imóveis em geral*.

Tal alteração, como destaca Miguel Maria de Serpa Lopes[113], trouxe a possibilidade de averbação no registro de imóveis de todo e qualquer contrato de compromisso de compra e venda de imóvel, qualquer que fosse a forma de pagamento do preço.

Essa averbação, nos termos do art. 5º do Decreto-lei n.º 58/1937, combinados com o referido art. 22 do Decreto n.º 3.079/1938, atribuía aos compromissários compradores de imóveis em geral o direito real à aquisição oponível a terceiros.

Em decorrência do Decreto n.º 5.318/1940, que deu nova redação ao inciso XIV da letra *a* do art. 178 do Decreto n.º 4.857/1939[114], o compromisso de compra e venda de imóvel não loteado, com pagamento a prazo, bem como as escrituras de compromisso de venda de imóveis em geral, passaram a ser inscritas[115] no registro de imóveis, em vez de averbadas, como originalmente previa a letra *b* do art. 4º do Decreto-lei n.º 58/1937.

Divergiu-se, na época, sobre a natureza jurídica do direito real atribuído ao compromisso de compra e venda de imóvel registrariamente inscrito, tendo parte da jurisprudência caminhado no sentido de uma limitação dos efeitos reais para gerar apenas uma oponibilidade *erga omnes*, e não um caráter compulsório em relação ao vendedor[116], em que pese a redação do art. 16[117] do Decreto-lei n.º 58/1937 ter mantido o mesmo entendimento da possibilidade de conversão em perdas e danos em caso de inadimplemento da outorga da escritura definitiva de compra e venda, consequência atribuída à relação jurídico-obrigacional.

Uma subsequente modificação foi feita no art. 22[118] do Decreto-lei n.º 58/1937, dessa vez pela Lei n.º 649/1949, para garantir ao comprador a atribuição de direito real oponível

---

[112] "As escrituras de compromisso de compra e venda de imóveis não loteados, cujo preço deva pagar-se a prazo, em uma ou mais prestações, serão averbadas à margem das respectivas transcrições aquisitivas, para os efeitos desta lei, compreendidas nesta disposição as escrituras de promessa de venda de imóveis em geral."

[113] SERPA LOPES, Miguel Maria de. *Tratado dos registros públicos:* em comentário ao Decreto n.º 4.857, de 9 de novembro de 1939. 6. ed. rev. e atual. pelo prof. José Serpa de Santa Maria, de acordo com a Lei n.º 6.015, de 31 de dezembro de 1973. Brasília: Brasília Jurídica, 1996. v. III, p. 222.

[114] Que dispunha sobre a execução dos serviços concernentes aos registros públicos estabelecidos pelo Código Civil de 1916.

[115] O art. 253 do Decreto n.º 4.857/1939, no mesmo sentido, estabelecia que a inscrição de promessa de venda de imóvel não loteado seria feita no livro 4, para validade entre as partes contratantes e perante terceiros.

[116] SERPA LOPES, Miguel Maria de. *Tratado dos registros públicos:* em comentário ao Decreto n.º 4.857, de 9 de novembro de 1939. 6. ed. rev. e atual. pelo prof. José Serpa de Santa Maria, de acordo com a Lei n.º 6.015, de 31 de dezembro de 1973. Brasília: Brasília Jurídica, 1996. v. III, p. 227.

[117] "Recusando-se os compromitentes a outorgar a escritura definitiva no caso do artigo 15, o compromissário poderá propor, para o cumprimento da obrigação, ação de adjudicação compulsória, que tomará o rito sumaríssimo."

[118] "Art. 22. Os contratos, sem cláusula de arrependimento, de compromisso de compra e venda de imóveis não loteados, cujo preço tenha sido pago no ato da sua constituição ou deva sê-lo em uma ou mais prestações desde que inscritos em qualquer tempo, atribuem aos compromissários direito

perante terceiros e conferir o direito de adjudicação compulsória, desde que o compromisso de compra e venda não contivesse cláusula de arrependimento[119] e fosse registrariamente inscrito.

Também para os contratos preliminares de unidades autônomas decorrentes de incorporação imobiliária, desde que registrados, é conferido direito real oponível a terceiros, com atribuição do direito de adjudicação compulsória perante o incorporador ou seu sucessor, nos termos do § 2º[120] do art. 32 da Lei Federal n.º 4.591/1964.

Da mesma forma, consoante o art. 25[121] da Lei Federal n.º 6.766/1979, os compromissos de compra e venda, cessões e promessas de cessão de lotes urbanos são considerados irretratáveis, atribuem direito de adjudicação compulsória e, desde que registrados, conferem direito real oponível a terceiros.

Por último, o art. 1.417 do Código Civil, aplicado para os imóveis não tratados nas leis especiais suprarreferidas, atribui ao compromissário comprador direito real à aquisição do imóvel, desde que o compromisso tenha sido registrado na matrícula do imóvel e nele não tenha sido pactuada cláusula de arrependimento.

Para José Osório de Azevedo Jr.[122], a análise do direito do compromissário comprador de imóvel, com o contrato registrado, leva-o a concluir que se trata de direito de natureza real.

---

real oponível a terceiros e lhes confere o direito de adjudicação compulsória, nos têrmos dos artigos 16 desta lei e 346 do Código do Processo Civil."

[119] Para efeitos de entendimento, vale registrar o pensamento de Miguel Maria de Serpa Lopes: "[...] a diferença substancial entre a promessa de compra e venda de imóveis loteados dos não loteados, é que a primeira está integralmente subordinada a um regime legal de ordem pública, e cujo aspecto fundamental consiste precisamente em não poder se estabelecer o direito de arrependimento, sob pena de nulidade. No caso dos imóveis não loteados, isto é, não sujeitos a regime de exceção do Decreto-lei n.º 58, de 1937, paira a plena autonomia de vontade. Os contratantes podem, livremente, estabelecer a irrevogabilidade ou não, o direito de arrepender-se ou a coatividade da promessa. Não se segue do texto legal que a existência de cláusula de arrependimento prive o contrato da inscrição e retire dele o ônus de realidade. Apenas a Lei n.º 649, embora defeituosamente, quis acentuar essa situação peculiar à promessa de compra e venda de imóveis não loteados. Se um contrato de promessa de compra e venda, com cláusula de arrependimento, houver sido inscrito, apenas essa inscrição não assegurará a execução compulsória, se o promitente-comprador quiser exercer o seu direito de arrependimento, porquanto essa prerrogativa pode ou não ser invocada, podendo dar-se mesmo a situação da cláusula de arrependimento ter caducado ou não poder ser mais invocada, em virtude de infração das cláusulas contratuais. Em resumo: nos contratos de promessa de compra e venda de imóveis onde houver sido exarada a cláusula de arrependimento, todas as prerrogativas da promessa de compra e venda, como direito real inscrito, prevalecerão, enquanto pelo promitente-comprador não foi exercitado o direito de arrependimento. É uma inscrição como feita sob essa condição de resolubilidade. É imperioso, em ocorrendo essa hipótese, que da inscrição conste a existência da cláusula de arrependimento. Todavia, nenhum terceiro, com direito subsequente ao do promitente-comprador, pode destruir a sua prioridade, a realidade do seu direito, enquanto este não cessar pelo exercício do direito de arrependimento por parte do promitente-vendedor, manifestado pela forma devida" (SERPA LOPES, Miguel Maria de. *Tratado dos registros públicos:* em comentário ao Decreto n.º 4.857, de 9 de novembro de 1939. 6. ed. rev. e atual. pelo prof. José Serpa de Santa Maria, de acordo com a Lei n.º 6.015, de 31 de dezembro de 1973. Brasília: Brasília Jurídica, 1996. v. III, p. 246).

[120] "Os contratos de compra e venda, promessa de venda, cessão ou promessa de cessão de unidades autônomas são irretratáveis e, uma vez registrados, conferem direito real oponível a terceiros, atribuindo direito a adjudicação compulsória perante o incorporador ou a quem o suceder, inclusive na hipótese de insolvência posterior ao término da obra."

[121] "São irretratáveis os compromissos de compra e venda, cessões e promessas de cessão, os que atribuam direito a adjudicação compulsória e, estando registrados, confiram direito real oponível a terceiros."

[122] AZEVEDO JR., José Osório de. *Compromisso de compra e venda*. 6. ed. rev., ampl. e atual. São Paulo: Malheiros, 2013. p. 19.

Para o autor, o que o conduz a tal conclusão é a análise do comportamento do compromissário comprador com relação ao imóvel. Tal postura é muito mais de dominação em relação ao objeto, do que de dependência de uma colaboração do compromitente vendedor para a outorga da escritura definitiva. O compromissário comprador passa a utilizar o imóvel como dono.

Contudo, vale a ressalva que fizemos anteriormente sobre a possibilidade de que nenhum dos atributos do direito real de propriedade seja transferido ao adquirente no momento da celebração do compromisso de compra e venda. Nessa hipótese, ainda que registrado o compromisso na matrícula do imóvel, haveria efetivamente direito real?

Entendemos que a resposta a essa indagação seria que, nessa situação em que não tenha sido transferido qualquer dos atributos do direito real de propriedade, ainda assim o registro do compromisso confere ao comprador direito real à aquisição do imóvel, porque essa é a consequência trazida pela lei quando o compromisso estiver registrado (Código Civil, arts. 1.417 e 1.418). Há previsão expressa que, quando registrado o compromisso, o comprador será titular de direito real à aquisição do imóvel.

Até mesmo "vazio" de atributos do direito de propriedade, o compromisso de compra e venda de imóvel pode ser, desde que não contenha cláusula de arrependimento, registrado na matrícula do imóvel e constituir direito real de aquisição para o comprador. Entretanto, nessa condição de esvaziamento de atributos do compromisso referente ao comprador, a relação jurídica estabelecida entre este e o vendedor é de natureza pessoal, pois há apenas obrigação de pagar o preço pelo comprador e de outorgar o contrato definitivo pelo vendedor, ambas prestações de natureza obrigacional (dar e fazer, respectivamente).

Por ser direito obrigacional, poder-se-ia admitir que, nessa circunstância, o registro do compromisso de compra e venda atribuiria uma eficácia real à relação obrigacional, e não o próprio direito real de aquisição, porque nenhum dos atributos do direito de propriedade (que têm natureza real) foi transmitido ao comprador. Entretanto, como mencionado anteriormente, essa é uma questão que a lei resolveu ao criar expressamente o direito real do compromitente comprador de imóvel (Código Civil, art. 1.225, VII).

A inscrição registrária do compromisso de compra e venda na matrícula do imóvel tem como diretriz alçar a relação jurídica preliminar obrigacional ao patamar de um direito real (de aquisição).

Como direito real de aquisição constituído em favor do comprador, a publicidade dessa relação jurídica alcançada com o registro gera eficácia *erga omnes* com efeitos sobre terceiros que terão o dever de respeitá-la, e não afrontá-la.

O que se pretende é proteger o adquirente de alienações, de onerações ou de constrições judiciais (arresto, sequestro, penhora, indisponibilidade etc.) eventualmente feitas ou sofridas pelo alienante. Essas circunstâncias jurídicas, após o registro do compromisso, não terão ingresso na matrícula do imóvel sob pena de, minimamente, ser desrespeitado o princípio registrário da continuidade.

Para que seja admitido a registro na matrícula do correspondente imóvel, o compromisso deve observar as regras atinentes ao negócio principal, que é a compra e venda.

Em linhas gerais, o compromisso de compra e venda, para que seja registrado, além de atender aos princípios registrários, como o da continuidade, deve ser escrito, celebrado por instrumento público ou particular, conter o consentimento das partes (que devem ser capazes), a especialização do objeto (especialidade objetiva), a indicação do preço e não conter cláusula de arrependimento.

2.7 DO ARREPENDIMENTO[123]

O arrependimento é o modo pelo qual a parte exerce o direito de remover o consentimento contratualmente dado e se retirar da relação contratual[124]. É um direito formativo extintivo, porque se trata de forma de extinção do contrato em decorrência da manifestação de vontade de uma das partes.

O direito ao arrependimento pode se originar de previsão legal, como acontece nos contratos consumeristas (Lei Federal n.º 8.078/1990, art. 49), ou pode estar disciplinado em contrato decorrente de convenção das partes.

Estabelecido contratualmente o direito de arrependimento, o "seu exercício por uma das partes é direito formativo extintivo"[125], sujeitando a outra que não pode se opor ao desfazimento do ajuste, porque se trata de faculdade assegurada em contrato.

Usualmente, o direito de arrependimento é estabelecido em contrato com a correspondente previsão de arras penitenciais, ou seja, se o arrependido for quem deu as arras, ele as perderá em favor da outra parte. Se o arrependimento se der por quem recebeu as arras, este deverá devolvê-las em dobro (Código Civil, art. 420). Contudo, não é obrigatório que o direito de arrependimento esteja atrelado às arras penitenciais.

Vale destacar que, nas situações em que o arrependimento não é autorizado por lei, seu exercício dependerá da expressa e prévia previsão em contrato. A falta de autorização legal ou de previsão contratual impede o exercício do arrependimento porque a outra parte não contratou com a possibilidade de ter que se sujeitar à retirada do arrependido.

No âmbito dos imóveis loteados, o arrependimento é absolutamente impossível pela legislação em vigor; cláusula que estipule o direito de se arrepender deve ser tida como não escrita no contrato.

Veremos a seguir a fundamentação legal da impossibilidade de arrependimento para os imóveis não loteados, os loteados e os incorporados.

Importante ressaltar que as disposições legais que impedem o arrependimento surgiram em nosso ordenamento para combater a insegurança jurídica gerada pelo conteúdo do mencionado art. 1.088 do Código Civil de 1916, que autorizava o desfazimento imotivado do contrato e tinha como consequência apenas a obrigação de ressarcimento de perdas e danos.

Nesse sentido, o art. 15 do Decreto-lei n.º 58/1937 determina que os compromissários, ao anteciparem ou finalizarem o pagamento integral do preço e estarem quites com os impostos e taxas, têm o direito de exigir a celebração do contrato principal (ou a escritura pública definitiva). A insegurança jurídica gerada pelo arrependimento não pode afetar o negócio jurídico finalizado, pendente apenas da outorga do contrato definitivo.

E o subsequente art. 16 do mesmo diploma legal, com redação dada pela Lei Federal n.º 6.014/1973, passou a estabelecer que, se os vendedores se recusarem a outorgar a escritura

---

[123] Em vigor na França desde 30.07.1930, o art. 1.589 do Código Civil estabelece que: "Vale a promessa de venda, quando houver consentimento recíproco das duas partes sobre a coisa e sobre o preço. Se esta promessa se aplicar a terrenos já parcelados ou a parcelar, a sua aceitação e o acordo daí resultante serão constituídos pelo pagamento de um depósito sobre o preço, seja qual for o nome dado a esse depósito, e pela tomada de posse do terreno. A data do acordo, ainda que regularizado posteriormente, será a do pagamento da primeira parcela".

[124] AGUIAR JÚNIOR, Ruy Rosado de. *Extinção do contrato por incumprimento do devedor*. Rio de Janeiro: Aide, 2003. p. 73.

[125] BERTUOL, Pedro Henrique Barbisan. *Resolução unilateral dos contratos*. São Paulo: Almedina, 2023. p. 67.

definitiva no caso do art. 15, o adquirente poderá propor, para o cumprimento da obrigação, ação de adjudicação compulsória.

Os aludidos arts. 15 e 16 regulavam o compromisso de compra e venda de imóveis loteados antes da vigência da Lei Federal n.º 6.766/1979 e garantiam a adjudicação compulsória, desde que o preço estivesse integralmente pago.

Com o advento da Lei Federal n.º 6.766/1979, o compromisso de compra e venda de imóvel loteado, qualquer que seja a forma de pagamento do preço de aquisição, é reputado irretratável nos termos do art. 25, norma considerada cogente.

Não se admite a estipulação de cláusula de arrependimento, a qual, caso prevista, como dito, será considerada não escrita e não produzirá efeitos.

Necessário salientar que a irretratabilidade da lei é para ambas as partes, vendedor e comprador, o que significa dizer que o que foi contratado deve ser integralmente cumprido por aqueles que se obrigaram pelo contrato preliminar.

Para os imóveis não loteados, o art. 22, também do Decreto-lei n.º 58/1937, garante o direito à adjudicação compulsória para os contratos, sem cláusula de arrependimento, de compromisso de compra e venda e cessão de direitos, cujo preço tenha sido pago no ato de sua celebração ou deva sê-lo em uma ou mais prestações. A tais contratos é atribuído direito real oponível a terceiros, desde que inscritos a qualquer tempo na serventia predial competente.

Em reforço desse entendimento, o Supremo Tribunal Federal e o Superior Tribunal de Justiça fixaram súmulas que tratam da questão da irrevogabilidade do compromisso de compra e venda do imóvel.

Estabelecem as súmulas, respectivamente:

166 do STF: "É inadmissível o arrependimento no compromisso de compra e venda sujeito ao regime do Dl. 58, de 10.12.37"; e

239 do STJ: "O direito à adjudicação compulsória não se condiciona ao registro do compromisso de compra e venda no cartório de imóveis"."[126]

Por sua vez, no sistema da Lei Federal n.º 4.591/1964, no mesmo sentido, o legislador, no § 2º do art. 32, estabeleceu que os contratos de compra e venda, promessa de venda, cessão ou promessa de cessão de unidades autônomas são irretratáveis e, uma vez registrados, conferem direito real oponível a terceiros, atribuindo direito à adjudicação compulsória perante o incorporador ou a quem o suceder, inclusive na hipótese de insolvência posterior ao término da obra.

O propósito de toda essa construção legislativa e jurisprudencial foi coibir a prática habitual, em tempos passados, de empreendedores que, após receberem quase a integralidade do preço de aquisição, rescindiam o negócio de compra e venda imotivadamente, com apoio no referido art. 1.088 do Código Civil de 1916 (ausente no Código Civil de 2002), frequentemente com o intuito de revender o imóvel a um valor superior[127].

---

[126] "Pela mera leitura das partes supratranscritas, está evidente que não há qualquer ofensa ao devido processo legal ou à Súmula 166, do Supremo Tribunal Federal, uma vez que está expresso ser inadmissível o arrependimento no compromisso de compra e venda sujeito ao regime do Decreto-lei nº 58/37, que dispõe sobre loteamentos e venda de terrenos para pagamento em prestações, não aplicável a este caso concreto" (AREsp 1.860.397/RJ, j. 21.09.2023).

[127] "Se não foi lavrada a escritura pública, não há dúvida que fica ressalvado o direito de arrependimento, se o contrário não dispuserem as partes. Mas, é preciso convir com Carvalho de Mendonça, que, no contrato preliminar, se cogita justamente de dificultar, se não obstar o arrependimento de um contrato sobre o qual acordaram as partes, estipulando a cláusula penal ou a entrega de arras ou sinal para o caso de arrependimento. O que importa dizer que o direito de arrependimento, em

E isso aconteceu do advento do Código Civil de 1916 até o surgimento do Decreto-lei n.º 58/1937 (e suas modificações), o qual procurou evitar o constrangimento de se desfazerem imotivadamente contratos que tinham a sua execução iniciada com o pagamento de parte do preço, por exemplo.

Estendeu-se a proteção da irrevogabilidade não só para os compromissos de compra e venda, mas também para os entendimentos preliminares entre vendedor e comprador que antecedem a própria formação do contrato preliminar.

É o que ocorre com a hipótese prevista no § 4º do art. 35 da Lei Federal n.º 4.591/1964[128].

Esse dispositivo não trata de contrato preliminar ou definitivo, mas de ajustes antecedentes capazes de fundamentar a celebração compulsória do instrumento preliminar de compra e venda. Já fizemos referência anterior de que há uma hipótese legal semelhante no art. 27 da Lei Federal n.º 6.766/1979[129].

Nessa passagem da lei do parcelamento do solo, a intenção do legislador é a de que qualquer documento em que conste a vontade de comprar do adquirente (como a proposta de compra, reserva de lote etc.) possa surtir os mesmos efeitos do compromisso, desde que contenha a manifestação da vontade das partes, a indicação precisa do lote escolhido, o preço, a forma de pagamento e a promessa de contratar.

Preenchidos tais requisitos, ainda que haja recusa por parte do vendedor, o ajuste preliminar (anterior ao compromisso) poderá ser levado a registro na matrícula do lote. E, com ou sem o registro do contrato na matrícula do lote, o adquirente poderá requerer a execução específica desse ajuste preliminar para receber o contrato considerado definitivo, desde que efetue o pagamento integral do preço de aquisição.

Entretanto, esse ajuste preliminar de que trata o § 1º do art. 27, transcrito *supra*, não poderá ser registrado na matrícula do lote se aquele que requereu o respectivo registro não comprovar ter cumprido integralmente a sua prestação (§ 2º), que no caso do adquirente é o pagamento do preço de aquisição.

O legislador procurou cobrir o adquirente de garantias legais capazes de lhe assegurarem o acesso ao contrato e, consequentemente, ao direito de propriedade da unidade imobiliária (lote ou unidade autônoma), de modo a não o deixar dependente das variações das vontades dos empreendedores.

Entretanto, é possível que as partes decidam prever em contrato a cláusula de arrependimento. No entanto, nessa hipótese, não se tratará de compromisso de compra e venda,

---

tais casos, pode ser exercido; entretanto, para ser exercido, ajustam as partes uma indenização em benefício daquela que se mantém firme em executar o negócio definitivamente" (SANTOS, João Manuel de Carvalho. *Código Civil brasileiro interpretado*. 12. ed. Rio de Janeiro: Freitas Bastos, 1989. v. XV, p. 173).

[128] "Descumprida pelo incorporador e pelo mandante de que trata o § 1º do art. 31 a obrigação da outorga dos contratos referidos no *caput* dêste artigo, nos prazos ora fixados, a carta-proposta ou o documento de ajuste preliminar poderão ser averbados no Registro de Imóveis, averbação que conferirá direito real oponível a terceiros, com o consequente direito à obtenção compulsória do contrato correspondente."

[129] "Se aquele que se obrigou a concluir contrato de promessa de venda ou de cessão não cumprir a obrigação, o credor poderá notificar o devedor para outorga do contrato ou oferecimento de impugnação no prazo de 15 (quinze) dias, sob pena de proceder-se ao registro de pré-contrato, passando as relações entre as partes a serem regidas pelo contrato-padrão. § 1º Para fins deste artigo, terão o mesmo valor de pré-contrato a promessa de cessão, a proposta de compra, a reserva de lote ou qualquer, outro instrumento, do qual conste a manifestação da vontade das partes, a indicação do lote, o preço e modo de pagamento, e a promessa de contratar. [...]."

mas sim de promessa de compra e venda. Fizemos anteriormente uma diferenciação entre a promessa de compra e venda e o compromisso de compra e venda, quando concluímos que o compromisso, ao contrário da promessa, enlaça definitivamente as partes sem direito de arrependimento.

Tratamos até aqui da questão das disposições legais que atribuem ao compromisso de compra e venda de imóvel as características da irrevogabilidade e da irretratabilidade, as quais impedem o exercício da faculdade de desistência de uma das partes. Ademais, caso prevista a cláusula de arrependimento em compromisso de compra e venda, por ser contraditória com os comandos legais supracitados, deve-se tê-la como não escrita em atenção à preservação da relação contratual. Essa situação de irretratabilidade se confirma se já tiver havido o início da execução do contrato.

Entretanto, mesmo a promessa de compra e venda, que carrega em si a característica do arrependimento, pode se tornar definitiva e não ser possível o seu desfazimento. Basta que uma das partes pratique ato que caracterize o início da execução do contrato para que ocorra, de sua parte, renúncia expressa ao direito de arrependimento. E se a outra parte aceitar o início da execução (outorgado um termo de quitação de parte do preço, por exemplo) também terá renunciado de forma expressa ao arrependimento.

Entendemos, contudo, que, afora os negócios jurídicos celebrados no âmbito de loteamentos e de incorporações, naquelas relações consideradas paritárias, é admissível que as partes, pela autonomia da vontade, prevejam a cláusula de arrependimento. Essa possibilidade decorre, inclusive, do quanto estabelece o art. 463 do Código Civil, que admite a existência de cláusula de arrependimento em contrato preliminar.

As partes podem acessar a cláusula de arrependimento durante determinado período ou sob certas circunstâncias. A cláusula de arrependimento não poderá sobrepairar a relação jurídica respectiva de forma indefinida, pois deve haver um momento específico em que uma das partes ou legitimamente arrepende-se e sai do negócio jurídico ou cumpre alguma das suas prestações, o que representará que o adimplente adquiriu um direito oposto à desistência e que impedirá o arrependimento por si e pelo outro sujeito[130].

---

[130] "Em verdade, o comportamento dos autores mais se assemelha a um arrependimento. Ocorre que o promitente comprador não tem o direito potestativo e imotivado de simplesmente denunciar de modo unilateral o contrato, se este não for mais de seu interesse. Em especial na hipótese em exame, em que o contrato foi concluído e levado a registro. São inconfundíveis as figuras da resolução e da resilição. Ambas levam à extinção do contrato, mas por fundamentos e com efeitos diferentes. O compromisso de compra e venda não é salvo previsão expressa pactuada entre as partes daqueles contratos que admitem arrependimento unilateral por uma das partes. Isso porque não há previsão legal para tal modalidade de extinção unilateral e nem o tipo contratual tem como elemento a fidúcia (tal como ocorre no mandato) ou então prazo indeterminado. Disso decorre que a cláusula de arrependimento ou a opção de denúncia devem ser expressamente previstas no contrato, o que não ocorre no caso concreto. Não passaram os tribunais a admitir cláusula de arrependimento implícita, ou mesmo decorrente diretamente da lei ou do sistema, pela qual o promitente comprador tem, a qualquer tempo, a opção de, mediante singela denúncia, desligar-se do contrato, sem a aquiescência do promitente vendedor. Disso decorre que não se tolera que determinado promitente comprador, solvente e que reúna recursos para honrar como pagamento do saldo devedor, simplesmente desista da execução do contrato e peça a sua resolução, porque o negócio deixou de ser economicamente atraente, em virtude da depreciação do preço de mercado atual do imóvel, em confronto com o preço convencionado no momento da celebração, devidamente atualizado. [...] Não restou configurado inadimplemento em decorrência da não execução de parte do empreendimento (subcondomínios B (Mall) e C (três torres comerciais)), eis que o contrato celebrado entre as partes não condicionou o aperfeiçoamento da compra e venda da unidade à entrega do restante do empreendimento. Assim, o caso revela desistência imotivada do adquirente, de modo que inexiste direito potestativo

Nesse sentido, a lição de Pontes de Miranda[131]: "[...] o direito de arrependimento supõe contrato em que não houve começo de pagamento. Porque, tendo havido começo de pagamento, nenhum dos contratantes tem direito de se arrepender, pela contradição que se estabeleceria entre firmeza e infirmeza do contrato".

Assim, caso haja previsão contratual, o direito de arrependimento deve ser exercido dentro do prazo que o contrato preliminar estabelecer para tanto, ou, caso não exista prazo determinado, para os casos em que a legislação admitir, até o início da execução do contrato por qualquer uma das partes. O início da execução do contrato por um dos contratantes já representa a preclusão do direito de declarar o arrependimento.

José Osório de Azevedo Jr.[132] destaca que, na dúvida sobre existir ou não cláusula de arrependimento, a solução deve se apoiar em interpretações restritivas[133].

O contrato acarreta a vinculação das partes que o convencionam. Uma vez manifestados os consentimentos, os contratantes ficam atrelados e só em casos excepcionais é que essa força

---

de pedir a extinção do contrato. Esse é o real fundamento da improcedência do pleito de resolução contratual e ressarcimento de valores. Está claro nos autos que os autores se arrependeram do contrato e almejam a devolução das parcelas pagas. Já são proprietários da unidade, as chaves já se encontram à sua disposição, para que possam usar e fruir de acordo com a finalidade a que se destina. Eventual ausência de interesse econômico na manutenção do contrato, já regularmente levado a registro, não é causa de pedido de resolução contratual, ressarcimento de valores e indenização. Os apelantes optaram pela quitação, escrituração e registro do imóvel e, cerca de dois anos após o registro, ajuizaram a presente ação, pretendendo a resolução do negócio e ressarcimento de valores. Tal proceder revela comportamento contraditório, o que não é tolerado pelo direito, uma vez que a conduta anterior das partes gera efeitos jurídicos futuros, constituindo o melhor critério de interpretação dos negócios jurídicos (cfr. Paulo Mota Pinto, Declaração Tácita e Comportamento Concludente no Negócio Jurídico, Editora Almedina,1.995). Uma das facetas da boa-fé objetiva, nas funções de interpretação e de controle do exercício de direitos, é o *venire contra factum proprium*, pelo qual não é permitido agir em contradição com comportamento anterior. A conduta antecedente gera legítimas expectativas em relação à contra-parte, de modo que não se admite a volta sobre os próprios passos, com quebra da lealdade e da confiança (Menezes de Cordeiro, Da Boa-Fé no Direito Civil, Coimbra: Almedina, 1.997, os 742/752; Laerte Marrone de Castro Sampaio, A Boa-fé Objetiva na Relação Contratual, Coleção Cadernos de Direito Privado da Escola Paulista da Magistratura, Editora Manole, p. 78/79). Em suma, o comportamento anterior concludente dos adquirentes, ao optarem pela quitação, escrituração e registro do imóvel, é antinômico com a pretensão de resolução e ressarcimento de valores" (TJSP, Apelação Cível 1025942-34.2021.8.26.0114, j. 1º.08.2023) (sic).

[131] Essa passagem é destacada por José Osório de Azevedo Jr., em sua obra *Compromisso de compra e venda*. 6. ed. rev., ampl. e atual, 2013. p. 298.

[132] AZEVEDO JR., José Osório de. *Compromisso de compra e venda*. 6. ed. rev., ampl. e atual. São Paulo: Malheiros, 2013. p. 303.

[133] "De acordo com o artigo 475 do Código Civil, as cláusulas de irrevogabilidade e irretratabilidade impedem o arrependimento de uma das partes, tornando certo o direito do comprador, desde que observadas, por ele, as condições contratuais, de modo que, constatado o descumprimento contratual, não tem a referida previsão o condão de obstar o desfazimento do ajuste. [...] 1. Admitido o inadimplemento dos réus quanto ao pagamento (cláusula 2.3 e 2.4), tem-se, *ex lege*, que o contratante lesado pelo inadimplemento contratual da outra parte tem direito não apenas à rescisão do contrato, mas também à indenização por perdas e danos, consoante se infere do art. 475 do Código Civil. 2. As cláusulas de irrevogabilidade e irretratabilidade vedam a rescisão do contrato pelo arrependimento e não em razão do inadimplemento – Precedentes. 3. É digna de realce a argumentação recursal quanto o caráter *ad corpus* do negócio, expressamente apontado no item 01 do contrato. 4. O inadimplemento do contrato pelos réus, além do direito à rescisão ora pleiteada, não pode gerar dano moral aos autores. 5. Considerando que o apelado está na posse, uso e fruição da referida fazenda, razão assiste aos apelantes quanto ao pedido de danos materiais, a serem apurados em liquidação de sentença. [...]" (TJMG, Apelação Cível 1.0000.23.094813-5/001, j. 06.10.2023).

vinculante pode ser rompida ou modificada. Por essa razão, o direito de arrependimento somente poderá ser exercido em situações específicas previstas no contrato e permitidas em lei.

Para o registro do compromisso de compra e venda na matrícula do imóvel não pode haver cláusula de arrependimento, de acordo com o art. 1.417 do Código Civil. Se houver a possibilidade de retratabilidade, tratar-se-á de mera promessa.

O contrato nasce com o consentimento das partes e é previsto para terminar com o cumprimento das obrigações nele estabelecidas. Essa é a solução natural com a satisfação do credor e a liberação do devedor. Seja na prestação de dar ou na de fazer, é sempre o pagamento que extingue a obrigação.

É possível, porém, que, em determinadas situações e observadas condições específicas, impeça-se a produção dos efeitos dos contratos ainda não cumpridos integralmente. Nessa hipótese, a liberação das partes contratantes ocorre pela resilição voluntária, que é o desfazimento do contrato por meio da mesma vontade que o criou. A resilição pode ser bilateral ou unilateral[134].

Veremos adiante com maiores detalhes, mas, genericamente, a resilição bilateral ou distrato, como aludido pelo art. 472 do Código Civil, é a declaração de vontade dos contratantes no sentido de desfazer o contrato ao qual se obrigaram. Deve ser feito pela mesma forma exigida para o contrato.

Por sua vez, a resilição unilateral deve ser compreendida dentro de uma situação de exceção, porque, como dito, um dos efeitos do contrato é a vinculação de seus contratantes até sua integral execução. A resilição unilateral é consequência do exercício do arrependimento de um dos contratantes.

O art. 473 do Código Civil admite a resilição unilateral em casos excepcionais[135]. Consta no conteúdo desse dispositivo que a resilição unilateral é admitida nos casos permitidos expressa ou implicitamente pela lei.

O contrato de mandato é um exemplo dessa hipótese, pois é possível que o mandante unilateralmente faça a sua revogação (Código Civil, art. 682) ou que o mandatário exerça sua faculdade de renunciar ao contrato (Código Civil, arts. 682 e 688)[136].

O contrato por prazo indeterminado também admite a resilição unilateral, porque presume-se que as partes não quiseram se obrigar perpetuamente.

As partes, em razão do exercício da autonomia privada, podem estabelecer contratualmente a possibilidade de resilição unilateral. Muitas vezes, essa previsão é acompanhada de aplicação de multa estabelecida especialmente para essa situação. Trata-se de uma compensação pecuniária em benefício da parte que foi afetada pela denúncia unilateral.

---

[134] PEREIRA, Caio Mário da Silva. *Instituições de direito civil:* contratos. Atualizadora e colaboradora Caitlin Mulholland. 25. ed. Rio de Janeiro: Forense, 2022. p. 137.

[135] Importante destacar que o parágrafo único do art. 473 do Código Civil visa limitar o exercício do direito potestativo da resilição unilateral, ao estabelecer que, se dada a natureza do contrato, uma das partes tiver feito investimentos significativos na sua execução, a denúncia só produzirá efeitos depois de transcorrido prazo compatível com a natureza e vulto dos investimentos. É uma proteção conferida ao contratante que confiou na consistência da relação jurídica contratual estabelecida, a ponto de realizar investimentos econômicos expressivos. Esse contratante poderá reverter o pagamento da penalidade prevista para o arrependimento em tutela específica para extensão da vigência do contrato pelo período necessário ao ressarcimento dos investimentos feitos.

[136] No contrato de locação, também há a hipótese de resilição unilateral concedida ao locatário que pode denunciar o contrato de locação antes do seu término de vigência, desde que pague a multa, ou na hipótese de ele estar vigorando por prazo indeterminado mediante aviso por escrito ao locador com antecedência de trinta dias (Lei Federal n.º 8.245/1991, arts. 4º e 6º, respectivamente, e 54-A). E ao locador que, expirado o prazo da locação, pode denunciar o contrato (Lei Federal n.º 8.245/1991, arts. 46, § 2º, e 57).

O exercício desse direito de arrependimento, para os casos permitidos pela lei, deve ocorrer dentro do prazo contratualmente previsto, ou, na sua falta, antes do início da sua execução, pois a expressa aceitação do adimplemento pela outra parte acarreta a renúncia a esse direito, ou seja, com o início da execução do contrato, desaparece a possibilidade de renúncia unilateral, em razão da segurança que a parte adimplente precisa sentir para prosseguir no cumprimento de suas obrigações contratuais.

O recebimento da prestação pelo credor embute um sentimento de confiança naquele que a cumpriu, no sentido de que a relação jurídica está em marcha e deve chegar ao objetivo final. Geraria uma enorme insegurança jurídica possibilitar a resilição unilateral imotivada, quando a obrigação da outra parte já estiver sendo cumprida ou até mesmo cumprida integralmente.

Caso contratualmente estabelecida a cláusula de arrependimento, dentro de um prazo previamente determinado para o seu exercício, a outra parte não pode se opor à resilição do contrato, uma vez convencionada a possibilidade do desfazimento unilateral[137].

Como referido, as partes podem ou não prever multa para o arrependimento. Para esse caso, a multa deve ser prevista em contrato especialmente para a hipótese de resilição unilateral e não se confunde com a cláusula penal, pois esta pretende ressarcir o credor dos eventuais danos causados pelo inadimplemento absoluto de obrigações contratuais pelo devedor, enquanto aquela é devida pela faculdade reservada ao arrependimento. Nesse caso, a multa surge em decorrência do exercício de uma previsão contratual, o arrependimento, e a cláusula penal, do inadimplemento de uma obrigação.

Para que possa ocorrer a resilição unilateral nos casos admitidos, é necessário que a parte desistente comunique à outra, e é somente a partir de então que se produzirão os efeitos da extinção do contrato.

Caso o contrato seja silente sobre a possibilidade de arrependimento, seu exercício não será possível pelas partes; será considerado irretratável.

A teleologia do Decreto-lei n.º 58/1937 é no sentido de proibir o arrependimento, caso o pagamento do preço de aquisição do imóvel já tenha sido iniciado ou até mesmo integralmente efetivado.

Nessa seara, vale destacar[138] o nosso entendimento de que, exceto em relação ao imóvel não loteado (Decreto-lei n.º 58/1937, art. 22), aos negócios celebrados fora da sede do empreendedor (como veremos adiante) e aos contratos paritários, estes expressamente estipulados pelos contratantes, aos demais compromissos de compra e venda de imóvel não cabem a aplicação da resilição unilateral prevista no art. 473 do Código Civil, pois esses contratos são considerados irretratáveis pela legislação em vigor, que visa evitar que seja desfeito imotivadamente por uma das partes. Isso vale para ambos os contratantes, pois, se é repudiado o arrependimento imotivado pelo vendedor, também o deve ser pelo comprador.

No que se refere aos compromissos de compra e venda de imóveis não loteados, Francisco Eduardo Loureiro[139] salienta que o entendimento da jurisprudência, sobre a possibilidade de

---

[137] GOMES, Orlando. *Contratos*. Atualizadores Edvaldo Brito [e coordenador], Reginalda Paranhos de Brito. 28. ed. Rio de Janeiro: Forense, 2022. p. 194.

[138] LOUREIRO, Francisco Eduardo. Arts. *In*: GODOY, Claudio Luiz Bueno de *et al*. *Código Civil comentado*: doutrina e jurisprudência. Lei n. 10.406 de 10.01.2002. Coordenação Cezar Peluso. 17. ed. rev. e atual. Santana de Parnaíba-SP: Manole, 2023. p. 1455.

[139] LOUREIRO, Francisco Eduardo. Arts. *In*: GODOY, Claudio Luiz Bueno de *et al*. *Código Civil comentado*: doutrina e jurisprudência. Lei n. 10.406 de 10.01.2002. Coordenação Cezar Peluso. 17. ed. rev. e atual. Santana de Parnaíba-SP: Manole, 2023. p. 1455.

arrependimento expressamente pactuado, deve ser analisado diante dos princípios da boa-fé objetiva, equilíbrio e função social do contrato.

Como dissemos, o Decreto-lei n.º 58/1937 surgiu para coibir a prática de desfazimento dos contratos, com apoio no art. 1.088 do Código Civil de 1916, pois por esse dispositivo os empreendedores desistiam imotivadamente do negócio de compra e venda antes da assinatura do instrumento público definitivo, especialmente quando o imóvel se valorizava após a venda preliminar. Como já exposto, eles os retomavam para alienarem com preços mais caros.

Assim, a execução voluntária por qualquer uma das partes torna a compra e venda preliminar irretratável não apenas com relação a quem executou a prestação contratual, mas também diante de quem aceitou a execução. Com o início da sua execução, tanto vendedor quanto comprador estarão definitivamente vinculados ao contrato, pois, do contrário, estabelecer-se-ia uma contradição entre ser ou não firme e sério o negócio jurídico[140].

Se a cláusula de arrependimento, quando admitida, já perdeu a eficácia, ou seja, as partes não podem mais se arrepender da contratação, porque decidiram prosseguir com o negócio jurídico, a situação passará a ser de compromisso de compra e venda de imóvel irrevogável e irretratável; possível o seu desfazimento, no entanto, pela resilição bilateral (distrato) ou pelo inadimplemento absoluto (Código Civil, art. 475) ou pela resolução por onerosidade excessiva (Código Civil, art. 478).

2.7.1 O direito de arrependimento para os imóveis não loteados

A redação do art. 22 do Decreto-lei n.º 58/1937 admite a possibilidade de o compromisso de compra e venda de imóvel não loteado contar com cláusula de arrependimento.

Todavia, entendemos que essa disposição (arrependimento) tem que estar expressamente prevista no compromisso e com prazo certo para o seu exercício, que pode ir somente da assinatura do contrato até o momento do primeiro pagamento pelo comprador, ocasião em que, caso não haja outra obrigação específica ou condição suspensiva, caracteriza o efetivo início da sua execução. Do contrário, isto é, caso seja possível qualquer das partes arrepender-se depois de iniciada a sua execução, afetará a segurança jurídica dos negócios de compra e venda.

Para nós, iniciada a execução do contrato com o adimplemento das obrigações no tempo contratual, não é mais possível o arrependimento. Especialmente em razão da vinculação do objeto (pelo vendedor) e do pagamento do preço (pelo comprador), de modo que, ao cumprir suas obrigações, uma das partes minimiza o direito de arrependimento oposto da outra, a ponto de impedir que, de modo unilateral e imotivado, o negócio jurídico bilateral de compra e venda seja desfeito.

Importante consequência desse raciocínio é que, terminado o prazo das arras penitenciais ou iniciada a execução do contrato com o pagamento de parte do preço, não mais cabe o arrependimento e, por consequência, pode o compromisso ser levado a registro para a constituição do direito real do compromissário comprador, mesmo nos casos de imóveis não loteados com cláusula de arrependimento expressa[141].

---

[140] Pontes de Miranda esclarece que o direito de arrependimento pode ser exercido antes do início da execução do contrato preliminar ou de se haver iniciado o adimplemento (PONTES DE MIRANDA, Francisco Cavalcanti. *Tratado de direito privado*. Parte especial. 3. ed. Rio de Janeiro: Borsoi, 1971. t. XXIV, p. 180).

[141] LOUREIRO, Francisco Eduardo. Arts. *In*: GODOY, Claudio Luiz Bueno de et al. *Código Civil comentado: doutrina e jurisprudência*. Lei n. 10.406 de 10.01.2002. Coordenação Cezar Peluso. 17. ed. rev. e atual. Santana de Parnaíba-SP: Manole, 2023. p. 1455.

Não seria razoável admitir o recebimento das parcelas do preço pelo vendedor (ainda que parcialmente) e este alegar arrependimento a pretexto de existir previsão expressa no compromisso. O início da execução do contrato põe fim à possibilidade de arrependimento previsto pelas partes, pois o vendedor já passou a receber a sua prestação como definida no compromisso e deve, consequentemente, cumprir sua obrigação de fazer, que é outorgar o contrato definitivo ao comprador após a quitação total do preço de aquisição do imóvel.

2.7.2 O direito de arrependimento para os imóveis loteados

Pelo conteúdo do art. 15 do Decreto-lei n.º 58/1937, o comprador pode antecipar o pagamento das parcelas restantes, quitar integralmente o preço de aquisição do imóvel e exigir a escritura definitiva de compra e venda, o que demonstra, nesses casos, ser impossível ao vendedor exercer a faculdade de arrependimento.

Em reforço a esse entendimento, o Supremo Tribunal Federal editou a Súmula n.º 166, referida anteriormente, na qual declarou ser inadmissível o direito de arrependimento no compromisso de compra e venda regulado pelo regime do Decreto-Lei n.º 58/1937.

Diante do quanto estabelece o referido art. 25 da Lei Federal n.º 6.766/1979, são irretratáveis os compromissos de compra e venda, as cessões e as promessas de cessões que atribuam direito à adjudicação compulsória.

O arrependimento no regime de imóvel loteado é inadmissível e qualquer cláusula que o estipule será considerada como não escrita[142].

Importante destacar, como fizemos anteriormente, que a impossibilidade de arrependimento atinge as duas partes, vendedor e comprador. A redação do referido art. 25 da Lei Federal n.º 6.766/1979 não faz diferenciações. O compromisso de compra e venda sob esse regime legal é irretratável para ambas as partes e qualquer tentativa de exercício de arrependimento para o desfazimento do contrato deve ser considerada nula de pleno direito por fraudar a lei (Código Civil, art. 166, VI), pois a irretratabilidade é norma cogente.

Logo, no regime de imóveis loteados, o arrependimento é expressamente proibido pela lei.

A lição de José Osório de Azevedo Jr. é pertinente, mas deve-se aplicá-la aos dois contratantes, vendedor e comprador.

Salienta o autor[143] que

> [...] o contrato que vimos estudando neste trabalho, isto é, o compromisso de compra e venda regulado pelo Decreto-lei 58 e leis posteriores, não comporta o arrependimento. Toda a evolução legislativa e jurisprudencial do instituto se fez no sentido de ampliar e fortalecer as garantias do compromissário que tem como objetivo adquirir o imóvel e não simplesmente assinar um futuro contrato. A ordem jurídica tenta, então, tornar essa aquisição irreversível antes mesmo de ser lavrada a escritura definitiva. Num quadro desses não pode haver lugar obviamente para o arrependimento por parte do compromitente vendedor.

Concordamos integralmente com a posição do autor, mas consideramos que também não pode haver arrependimento por parte do comprador, pois a irretratabilidade atinge o compromisso de compra e venda celebrado pelas partes, e não apenas o vendedor unilateralmente.

---

[142] AZEVEDO JR., José Osório de. *Compromisso de compra e venda*. 5. ed. São Paulo: Malheiros, 2006. p. 294.
[143] AZEVEDO JR., José Osório de. *Compromisso de compra e venda*. 6. ed. rev., ampl. e atual. São Paulo: Malheiros, 2013. p. 296.

Restaria saber se as partes poderiam estabelecer cláusula de arrependimento para vigorar durante toda a vigência do compromisso de compra e venda de imóvel loteado.

Discordamos dessa possibilidade, porque a regra do art. 25 da Lei Federal n.º 6.766/1979 é imperativa. Soma-se a isso o que se referiu anteriormente: se a execução do contrato iniciou-se, já não pode mais haver possibilidade de arrependimento por qualquer das partes, em nome da segurança jurídica das relações.

Admitir a possibilidade da cláusula de arrependimento nos contratos referidos pelo dito art. 25 da Lei Federal n.º 6.766/1979 é aceitar uma disposição nula, pois a lei expressamente proíbe a retratabilidade. A lei não admite, no âmbito dos imóveis loteados, a revogabilidade do contrato preliminar.

Fosse possível a cláusula de arrependimento para os imóveis loteados, dever-se-ia observar se já fora ou não iniciada a execução do contrato. Para nós, com o cumprimento de qualquer obrigação estabelecida pelos contratantes, especialmente com o início do pagamento do preço, em atenção à segurança jurídica e à paz social das relações, não poderá mais haver oportunidade para o arrependimento por nenhuma das partes contratantes.

No entanto, a legislação atual, que será vista adiante com mais detalhes, garante ao adquirente a possibilidade do exercício do direito de arrependimento se o contrato preliminar de compra e venda tiver sido firmado em estandes de venda fora da sede do loteador.

Esse direito de arrependimento do adquirente pode ser exercido no prazo de sete dias, contado da data da assinatura do contrato preliminar. Superado esse prazo, o contrato preliminar de compra e venda será considerado irretratável.

O contrato preliminar de compra e venda assinado nas dependências da sede do loteador é irretratável e ao adquirente não é garantido o exercício do direito de arrependimento.

2.7.3 O direito de arrependimento para os imóveis incorporados[144]

Assim como nas leis que regulam os contratos de imóveis loteados e de não loteados, as quais serão resumidamente indicadas em quadro, no item imediatamente seguinte, há também previsão legal sobre a impossibilidade de arrependimento para os contratos preliminares de unidades autônomas de incorporação imobiliária no contexto da Lei Federal n.º 4.591/1964.

Tal previsão encontra-se expressa no § 2º do art. 32 da referida lei, em que está previsto que os

> [..] contratos de compra e venda, promessa de venda, cessão ou promessa de cessão de unidades autônomas são irretratáveis e, uma vez registrados, conferem direito real oponível a terceiros, atribuindo direito a adjudicação compulsória, perante o incorporador ou a quem o suceder, inclusive na hipótese de insolvência posterior ao término da obra.

A despeito de conter expressa previsão legal para a sua irretratabilidade, há outra razão, também de ordem jurídica, que Melhim Namem Chalhub[145] esclarece, ao comentar sobre os contratos na incorporação imobiliária:

> Nessa espécie de atividade empresarial a noção de comunidade e de coligação subjaz na sua própria racionalidade econômico-social, como em outras atividades semelhantes, em que prepondera o interesse comum da coletividade dos contratantes. Associada a essa

---

[144] TJSP, Apelação Cível 1009590-28.2022.8.26.0320, j. 27.06.2023, acórdão que aplica a lei do distrato.
[145] CHALHUB, Melhim Namem. *Incorporação imobiliária*. 7. ed. Rio de Janeiro: Forense, 2023. p. 187.

peculiaridade das promessas de venda dos imóveis integrantes das incorporações está a irretratabilidade, que a Lei n.º 4.591/1964, com redação dada pela Lei n.º 10.931/2004, estabelece como elemento desse contrato não somente porque o adquirente é merecedor de tutela especial, individualmente, mas, também, porque, além de cumprirem a função de transmissão de direito aquisitivo, esses contratos operam como instrumentos de formação do capital da incorporação, de modo que, no seu conjunto, vinculam-se por um nexo funcional, formando uma cadeia que constitui a fonte de alimentação financeira da incorporação.

Portanto, no âmbito das incorporações imobiliárias reguladas pela Lei Federal n.º 4.591/1964, há uma explicação jurídico-econômica que deve ser levada em consideração para não se colocar em risco o patrimônio de outras pessoas do mesmo empreendimento.

Os recursos advindos dos compromissos de compra e venda de unidades autônomas alimentam todo o sistema financeiro de uma incorporação imobiliária, em que existem inúmeros contratos derivados e coligados necessários para se alcançar a sua finalidade, que é a construção integral do empreendimento.

Os contratos dos adquirentes das unidades autônomas, responsáveis por importante fatia do *funding* do empreendimento, não podem ser resilidos imotivadamente, sob pena de se colocar em risco a viabilidade do projeto e afetar o interesse patrimonial de outros compradores adimplentes.

Entretanto, é preciso destacar que na Lei Federal n.º 4.591/1964 existe situação específica que permite o arrependimento pelo adquirente. Trata-se da mesma possibilidade comentada anteriormente para os imóveis loteados: a de o consumidor desistir do contrato, no prazo de sete dias a contar de sua assinatura, sempre que a contratação ocorrer fora do estabelecimento comercial do incorporador (Lei Federal n.º 8.078/1990, art. 49 c.c. a Lei Federal n.º 4.591/1964, arts. 35-A, VIII, e 67-A, § 10).

Importante destacar que caberá ao adquirente demonstrar o exercício tempestivo do seu direito de arrependimento, que deverá se dar por carta registrada, com aviso de recebimento, considerada a data da postagem como data inicial para a contagem do referido prazo de sete dias (Lei Federal n.º 4.591/1964, art. 67-A, § 11).

Caso transcorrido o prazo de sete dias sem que o adquirente tenha exercido o seu direito de arrependimento, o contrato será considerado irretratável de acordo com o referido § 2º do art. 32 da Lei Federal n.º 4.591/1964.

Caso o compromisso de compra e venda tenha sido celebrado na sede do incorporador, também será considerado irrevogável.

2.7.4 A mora e a resolução do compromisso de compra e venda de imóvel

Aspectos gerais. A forma regular de extinção dos contratos é mediante a execução voluntária das obrigações pelos contratantes. Sob a perspectiva do empreendedor, o cumprimento consubstancia-se nas entregas das unidades imobiliárias aos adquirentes. Sob a dos adquirentes, essencialmente no pagamento do preço de aquisição das unidades imobiliárias.

No tópico anterior, tratamos sobre a cláusula de arrependimento. Esta não se confunde com a cláusula resolutiva expressa que extingue o compromisso de compra e venda em caso de inadimplemento absoluto e da qual passaremos a tratar neste item.

A cláusula de arrependimento garante ao titular desse direito a possibilidade de sair da relação contratual com ou sem aplicação de penalidade. A cláusula resolutiva expressa autoriza a resolução do contrato pela parte lesada pelo inadimplemento absoluto, com garantia legal ao credor de poder cobrar perdas e danos (Código Civil, art. 475).

Para a aplicação da cláusula resolutiva expressa nos compromissos de compra e venda de imóveis não loteados, loteados e de unidades autônomas, é preciso que a cláusula esteja explicitamente prevista no contrato com clareza e que sejam observadas as regras específicas procedimentais para cada modalidade de imóvel, para a prévia constituição em mora do adquirente inadimplente, as quais analisaremos a seguir.

Aludimos anteriormente que as regras sobre a extinção dos contratos pela resilição (bilateral e unilateral) e pela resolução, em termos gerais, estão dispostas entre os arts. 472 a 478 do Código Civil.

O distrato, também denominado resilição bilateral, está regulado pelo art. 472 e se aperfeiçoa quando as partes convencionam os termos e as condições para o término da relação contratual. Com isso, os contratantes liberam-se do vínculo obrigacional a que se sujeitaram (entrega do imóvel e pagamento do preço).

Para o distrato, deve-se observar a mesma forma exigida para o contrato (Código Civil, art. 472). Como o compromisso de compra e venda pode ser celebrado por instrumento particular (Código Civil, art. 462), o correspondente distrato também admitirá a forma privada.

O art. 473 estabelece as regras para a resilição unilateral, ou seja, quando a denúncia do contrato ocorre por apenas uma das partes, independentemente de ter havido inadimplemento pela outra.

São exemplos de resilição unilateral: (i) o contrato por prazo indeterminado; (ii) a não aceitação do donatário na doação (art. 539 do Código Civil); (iii) o término da locação antes do prazo estabelecido em contrato (art. 571 do Código Civil); (iv) a necessidade imprevista e urgente do comodante (art. 581 do Código Civil); (v) o término do mandato pela revogação ou pela renúncia (art. 682, I, do Código Civil); (vi) faculdade legal atribuída ao incorporador pelo prazo de carência dentro do qual pode desistir da incorporação (Lei Federal n.º 4.591/1964, art. 34), entre outros.

No caso de silêncio do contrato quanto à possibilidade de arrependimento, pelas regras que já avaliamos e que continuaremos a avaliar, o compromisso de compra e venda não comporta cláusula de renúncia unilateral.

Entretanto, pelo exercício da autonomia privada, caso desejem prever expressamente tal possibilidade, as partes necessitarão estipular previamente, quando permitido pela lei, na origem do ajuste contratual, as condições em que poderão se valer da resilição unilateral expressa. Tais condições, para o exercício dessa cláusula de denúncia unilateral expressa, deverão estar previstas no contrato de maneira clara e precisa de modo que a sua interpretação não gere dúvidas quanto à sua aplicabilidade, devendo ser categoricamente indicados os detalhes sobre a forma do seu exercício e quais as solenidades que deverão ser observadas por aquele que dela se utilizar (regras para notificações pessoais, prazos de respostas etc.). Caso não esteja prevista ou haja dúvidas na sua interpretação pela falta de clareza da possibilidade de resilir unilateralmente, a parte interessada deverá se valer do Poder Judiciário para promover a extinção do contrato.

Nos arts. 474 a 478 do Código Civil são tratadas as hipóteses de resolução por inadimplemento ou por onerosidade excessiva.

Antes, porém, pelas regras de extinção do contrato expostas *supra*, imprescindível fazer a distinção entre os termos resilição e resolução para melhor compreensão do que se pretende dizer.

Como adverte Francisco Eduardo Loureiro[146], a distinção fundamental entre os referidos termos, "por expressa opção do legislador, encontra-se na causa da extinção do contrato, a primeira fundada na vontade, e a segunda, no inadimplemento ou na onerosidade excessiva. São figuras inconfundíveis entre si, nas suas estruturas, requisitos e efeitos".

Assim, apesar de ambas as figuras se referirem à extinção do contrato, os fundamentos e os efeitos são distintos entre si.

Em síntese, temos:

(i) **resilição**: pode ser bilateral (Código Civil, art. 472) ou unilateral (Código Civil, art. 473); a bilateral resulta da vontade das partes em desfazerem o contrato e se consubstancia no distrato; a unilateral, quando autorizada pela lei e pelo contrato, ocorre mediante denúncia de um dos contratantes que declara não mais querer manter a relação contratual; pressupõe contrato formado validamente e "tem como causa elemento superveniente à formação do vínculo – a manifestação de vontade de um dos contratantes"[147];

(ii) **resolução:** deriva do inadimplemento absoluto (Código Civil, art. 475) ou da onerosidade excessiva (Código Civil, art. 478); a resolução por inadimplemento pressupõe a reciprocidade entre as prestações, de modo que a falta de uma delas autoriza a resolução do contrato.

Vamos nos deter nas situações de inadimplemento absoluto do compromisso de compra e venda de imóveis loteados, não loteados e incorporados.

Vale destacar que para a resolução do compromisso de compra e venda por inadimplemento absoluto devem estar presentes três requisitos cumulativos; são eles: (i) a existência do compromisso de compra e venda; (ii) o descumprimento definitivo da prestação pelo devedor; e (iii) que as providências de cobrança sejam tomadas por credor adimplente[148].

Importa mencionar novamente que o art. 397 do Código Civil estabelece que o "inadimplemento da obrigação, positiva e líquida, no seu termo, constitui de pleno direito em mora o devedor". Se no dia estipulado para o pagamento de prestação positiva e líquida o devedor não pagar, pela regra geral do Código Civil ele estaria automaticamente em mora. Mora do devedor é o atraso no cumprimento da prestação, por motivo imputável a ele, ou seja, por culpa sua e não por fato derivado do credor ou de caso fortuito ou de força maior.

Como salienta Inocêncio Galvão Telles[149], são requisitos da mora o ato ilícito e a culpa. O inadimplemento pelo devedor configura o ato ilícito. A culpa consiste no fato de lhe ser atribuível a responsabilidade. O ato ilícito é o não cumprimento da obrigação, logo trata-se de algo objetivo. A culpa, a possibilidade de imputação da responsabilidade pelo inadimplemento ao devedor, logo, com característica subjetiva.

---

[146] LOUREIRO, Francisco Eduardo. *Três aspectos atuais relativos aos contratos de compromisso de venda e compra de unidades autônomas futuras.* Disponível em: https://www.tjsp.jus.br/download/EPM//Publicacoes/ObrasJuridicas/cc36.pdf?d=636808. Acesso em: 16 nov. 2023.

[147] BERTUOL, Pedro Henrique Barbisan. *Resolução unilateral dos contratos.* São Paulo: Almedina, 2023. p. 56.

[148] LOUREIRO, Francisco Eduardo. *Três aspectos atuais relativos aos contratos de compromisso de venda e compra de unidades autônomas futuras.* Disponível em: https://www.tjsp.jus.br/download/EPM//Publicacoes/ObrasJuridicas/cc36.pdf?d=636808. Acesso em: 16 nov. 2023.

[149] TELLES, Inocêncio Galvão. *Direito das obrigações.* 7. ed. rev. e actual. Coimbra: Coimbra Editora, 1997. p. 302.

Na fase em que o devedor se encontrar em mora (ou inadimplemento relativo), apesar do não cumprimento no tempo, no lugar ou na forma estabelecidos pelo contrato (Código Civil, art. 394), o credor mantém o interesse no cumprimento da prestação em razão da sua utilidade para ele (credor). Poderá haver, na prestação atrasada, acréscimos dos encargos decorrentes da mora (cláusula penal moratória).

Enquanto em mora, subsiste para o devedor a responsabilidade pelo cumprimento da prestação e pela reparação dos danos que dela (mora) decorrerem, exceto se a obrigação se tornar impossível, sem culpa sua (devedor) (Código Civil, arts. 240 e 248), ou sobrevier caso fortuito ou de força maior (Código Civil, art. 393), situação em que estará exonerado da obrigação sem que sejam devidas perdas e danos, em regra.

Esse tipo de mora do devedor denomina-se *ex re* ou automática. Ocorre quando há o atraso no cumprimento de prestação positiva (dar ou fazer), líquida (certa quanto à existência e determinada quanto ao valor) e que contém prazo estipulado para o pagamento. Nesse tipo, o não cumprimento da prestação no tempo, modo e lugar ajustados acarreta a mora automática do devedor, sem que sejam necessárias quaisquer providências complementares por parte do credor como notificações, interpelações ou avisos (*dies interpelat pro homine* – o dia do vencimento interpela a pessoa).

Sendo o devedor conhecedor da data de vencimento da prestação líquida, pois decorre do contrato que celebrou – mora *ex re* –, desnecessária qualquer providência complementar pelo credor, como aviso prévio e/ou advertência para que aquele promova o cumprimento da obrigação.

O outro tipo de mora do devedor é a *ex personae*. Caracteriza-se se não houver tempo certo para acontecer o pagamento, ainda que a obrigação seja positiva e líquida. Nessa hipótese, a mora será determinada mediante interpelação judicial ou extrajudicial do devedor a ser promovida pelo credor (Código Civil, art. 397, parágrafo único).

Para purgação da mora, qualquer que seja o tipo, o devedor deverá ofertar a prestação acrescida dos encargos moratórios convencionados, se previsto em contrato, desde que ainda haja interesse do credor no cumprimento da obrigação.

Existem, porém, relações jurídicas obrigacionais para as quais, apesar de conterem prestações líquidas (certas quanto à existência, determinadas quanto aos valores e com tempo estipulado para os vencimentos), a lei afasta a possibilidade de constituição da mora automática (*ex re*). Nessas hipóteses, exige-se que o credor promova comunicações ao devedor para que este cumpra as prestações que estão em atraso (*ex personae*).

Nesse sentido, tanto para os imóveis loteados quanto para os não loteados e para os incorporados, em que pese o contrato conter determinação sobre o tempo, o modo e o lugar certos para o pagamento das parcelas do preço (prestação que se considera líquida, portanto), em caso de atraso, há previsão legal que estabelece a necessidade de notificação prévia ao devedor para que este seja constituído em mora.

No compromisso de compra e venda de imóveis, as leis especiais afastaram a regra geral da mora *ex re*, impondo-se que a mora seja constituída *ex personae*, mediante prévia notificação e/ou interpelação, para conceder ao devedor a oportunidade de purgar a mora e fazer convalescer o contrato.

É um período de espera legalmente imposto ao vendedor durante o qual ele não poderá pleitear o desfazimento do contrato; deverá, isso sim, aguardar o decurso do respectivo prazo estabelecido em lei para a eventual manifestação do devedor.

Essa interpelação do devedor que a lei exige tem dois objetivos específicos. O primeiro é conceder a possibilidade de salvação do contrato para que o comprador venha, ao fim e ao cabo, cumprir integralmente suas obrigações e obter a transferência definitiva do imóvel adquirido, na forma programada no compromisso de compra e venda. O segundo, como veremos adiante, a depender da escolha do credor, é promover a conversão da mora do devedor em inadimplemento absoluto e a cobrança de perdas e danos.

Trataremos separadamente da legislação dos três tipos de imóveis – os loteados, os não loteados e os incorporados –, que disciplina a forma de resolução do compromisso de compra e venda.

Como destaca Melhim Namem Chalhub[150], a resolução dos contratos preliminares de compra e venda ocorre desde que observados procedimentos específicos, atinentes "às características de cada modalidade de contrato, e produz efeitos liberatório, restitutório e ressarcitório".

Entendemos que tais efeitos acarretam a liberação das partes do vínculo contratual a que livremente se submeteram, a restituição delas ao estado em que se encontravam antes da celebração do contrato e o ressarcimento dos prejuízos que decorrerem da resolução do contrato preliminar.

Os compromissos de compra e venda de imóveis loteados, não loteados e incorporados, pela legislação em vigor, exigem que o respectivo devedor seja comunicado previamente sobre a sua situação de inadimplemento (mora *ex personae*) e para que, em prazos específicos, purgue a mora.

Válida para os três tipos de imóveis referidos *supra*, entendemos que a comunicação prévia para constituição extrajudicial do devedor em mora deverá conter minimamente:

(i) a indicação do endereço completo do comprador/devedor, inclusive o do contrato, o da unidade imobiliária a ele compromissada e do eletrônico, se houver;
(ii) a discriminação dos valores devidos, com indicação dos juros e das despesas de intimação;
(iii) a indicação dos valores que poderão vencer até a data do efetivo pagamento das parcelas vencidas;
(iv) o prazo legalmente estabelecido para o pagamento da dívida, perante o oficial de registro de imóveis, com indicação do endereço completo da serventia e do horário de atendimento;
(v) os dados bancários do vendedor para que o registrador possa direcionar as quantias que forem pagas em sua serventia;
(vi) o número de parcelas pagas com a especificação de seus valores;
(vii) o valor do saldo devedor do contrato; e
(viii) a informação de que a não purgação da mora no prazo legal poderá acarretar o inadimplemento absoluto e a resolução do contrato.

Com essas informações, o comprador/devedor terá condições de avaliar todas as alternativas de quitação e a consequência do não pagamento definitivo (resolução do compromisso de compra e venda).

Cláusula resolutiva expressa e tácita. Conversão da mora em inadimplemento absoluto. Providências[151]. Destaca-se inicialmente a Súmula n.º 76 do Superior Tribunal de Justiça, aprovada em 28.04.1993, a qual estabelece que: "A falta de registro do compromisso de compra e venda de imóvel não dispensa a prévia interpelação para constituir em mora o devedor".

---

[150] CHALHUB, Melhim Namem. *Incorporação imobiliária*. 7. ed. Rio de Janeiro: Forense, 2023. p. 457.
[151] Ver Anexo 1 em que são indicadas resumidamente as fundamentações, prazos e atos a serem praticados para aplicação da cláusula resolutiva expressa.

Assim, registrados ou não os compromissos de compra e venda de imóveis não loteados, loteados ou unidades autônomas, o devedor deverá ser previamente comunicado sobre a sua situação de inadimplemento com concessão de prazo estabelecido em lei para a purgação da mora, pois o objetivo da comunicação prévia, além de dar ao comprador a oportunidade de sanar a mora e manter o compromisso de compra e venda, é determinar o exato momento a partir do qual o credor não mais terá interesse em receber a prestação, o que possibilitará a resolução do contrato por inadimplemento absoluto.

Relativamente aos prazos legais concedidos para o devedor purgar a mora temos, em síntese, o seguinte:

DIPLOMA LEGAL	DISPOSITIVO LEGAL	PRAZO PARA O DEVEDOR PURGAR DA MORA
Decreto-lei n.º 58/1937 (loteados)	Art. 14	30 dias após o recebimento da intimação
Lei Federal n.º 6.766/1979 (loteados em vigor)	Art. 32	30 dias contados do recebimento da intimação
Decreto-lei n.º 58/1937 (não loteados)	Art. 22 c.c. o art. 1º do Decreto-lei n.º 745/1969	15 dias contados da interpelação judicial ou da notificação por Títulos e Documentos
Lei Federal n.º 4.591/1964 (incorporados) (comissão de representantes)	Art. 63	10 dias após prévia notificação (Condição: falta de pagamento de três parcelas do preço)
Lei Federal n.º 4.864/1965 (incorporados) (incorporador)	Art. 1º, VI	90 dias a contar da data do vencimento da obrigação não cumprida ou da primeira parcela não paga

Aludimos anteriormente que todas as intimações e/ou interpelações referidas até aqui têm como primeira finalidade conceder um prazo para o devedor purgar a mora, ou seja, pagar o valor em atraso e fazer convalescer o contrato.

Evidentemente que, sob a perspectiva do titular do crédito, há o interesse em receber os valores em atraso. Contudo, para o credor também há outra finalidade, que é a de transformar a mora não purgada em inadimplemento absoluto do devedor. Essa etapa é fundamental e indispensável para viabilizar a resolução do contrato, em atenção ao quanto determina o art. 475 do Código Civil.

Insistimos. Transcorridos os prazos legais supraindicados, sem providências do devedor para purgar a mora, referidas notificações e/ou interpelações servem para a conversão da mora em inadimplemento absoluto[152] (Código Civil, art. 475 c.c. o parágrafo único do art. 395).

---

[152] "Autora que não honrou a integralidade de sua obrigação nem tinha direito real sobre o bem, o que impede o exercício do poder de sequela. Não caracterização de venda a non domino (venda por quem não tem legitimação para o fazer), pois que os promitentes vendedores se mantiveram proprietários. Não comprovação pela requerente de que os novos adquirentes agiram de má-fé, máxime diante da

Tanto isso é assim que o recebimento das parcelas fora da data convencionada, mas antes da interpelação do devedor, certamente será acrescido da cláusula penal moratória, o que demonstra o interesse do credor no recebimento das prestações atrasadas e na manutenção do contrato.

> Em termos diversos, essas interpelações, conhecidas como admonitórias ou cominatórias, são um ônus imposto ao credor que pretenda converter a mora em inadimplemento absoluto e, com isto, abrir caminho para o exercício do direito potestativo de resolução[153].

O parágrafo único do art. 395 do Código Civil estabelece que o credor poderá rejeitar a prestação se, em decorrência da mora, ela se tornar inútil para ele e cobrar as correspondentes perdas e danos (Código Civil, art. 389). Essa rejeição da prestação inadimplida pelo credor poderá ocorrer somente após o decurso do prazo legalmente previsto para a purgação da mora.

Nessa linha de conversão da mora em inadimplemento absoluto do devedor, importante destacar a alteração trazida pela Lei Federal n.º 13.097/2015, que deu nova redação ao art. 1º do Decreto-lei n.º 745/1969 e introduziu o seu parágrafo único.

O parágrafo único do art. 1º do Decreto-lei n.º 745/1969 passou a prever que, nos contratos em que conste a cláusula resolutiva expressa, a resolução decorrente de inadimplemento absoluto do comprador se operará de pleno direito, depois de decorrido o prazo de interpelação sem que a mora tenha sido purgada.

Significa dizer que, mantido o inadimplemento ao fim do prazo para a purgação da mora pelo devedor, a cláusula resolutiva expressa se operará de pleno direito, ou seja, automaticamente, sem necessidade de qualquer medida complementar pelo credor, inclusive judicial, para declarar a resolução do contrato.

A modificação legislativa supramencionada foi feita em dispositivo que trata expressamente dos imóveis não loteados, pois o mencionado art. 1º do Decreto-lei n.º 745/1969 refere-se diretamente aos contratos do art. 22 do Decreto-lei n.º 58/1937.

Restaria saber se a cláusula resolutiva expressa poderia ser prevista nos contratos das demais figuras jurídicas (imóveis loteados e unidades autônomas) ou, na sua falta, poder-se-ia, em caso de inadimplemento absoluto do adquirente, considerar o contrato resolvido de pleno direito, nos termos do art. 474 do Código Civil, tornando-se desnecessário, em ambas as hipóteses, o ajuizamento de ação judicial que objetive a resolução do respectivo contrato.

Antecipadamente, destacamos que, para os imóveis incorporados, há previsão de cláusula resolutiva expressa e sua forma de imposição e de liquidação dos direitos decorrentes dos contratos resolvidos está no art. 63 e parágrafos da Lei Federal n.º 4.591/1964, o que veremos detalhadamente no tópico sobre imóveis incorporados.

---

inexistência de formalização do primeiro contrato [...] Corréus que não poderiam tomar o contrato por rescindido, despejar arbitrariamente a autora da posse e revender o imóvel a terceiro, máxime ao se considerar a inexistência de cláusula resolutiva expressa. Conduta não precedida de notificação para purgação da mora ou para comunicação da conversão do inadimplemento relativo em inadimplemento absoluto. Ordenamento jurídico que não se coaduna com a autotutela, salvo em hipóteses específicas, nem com o comportamento clandestino e contrário à boa-fé, na acepção de transparência e proteção da confiança. [...]" (TJSP, Apelação Cível 1001677-41.2020.8.26.0586, j. 11.08.2023).

[153] LOUREIRO, Francisco Eduardo. *Três aspectos atuais relativos aos contratos de compromisso de venda e compra de unidades autônomas futuras*. Disponível em: https://www.tjsp.jus.br/download/EPM//Publicacoes/ObrasJuridicas/cc36.pdf?d=636808. Acesso em: 16 nov. 2023.

Trataremos agora da possibilidade de previsão de cláusula penal para os imóveis loteados.

Estabelece o art. 474 do Código Civil que a cláusula resolutiva expressa opera de pleno direito e a tácita depende de interpelação judicial. São duas espécies de cláusulas que operam a resolução do contrato. A primeira é convencional e a segunda, legal.

Cláusula resolutiva expressa significa, primeiro, que sua previsão deve ser clara e expressamente prevista pelas partes no contrato. Trata-se de uma forma especial de extinção do contrato e não pode estar subentendida. Sua previsão, além de ter que estar explicitamente estabelecida em cláusula própria e específica, que trate da resolução automática, deve ser clara e estabelecer os procedimentos (notificação, prazos etc.) sobre a constituição em mora do devedor, a conversão desta (mora) em inadimplemento absoluto, com a consequente resolução do contrato respectivo[154], as aplicações das consequências, como perdas e danos, e a desnecessidade de intervenção do Poder Judiciário para a sua resolução, depois de cumpridos os trâmites legais e contratuais.

Segundo, que será aplicada, caso haja o descumprimento de determinada prestação, à qual, pela autonomia privada, os contratantes atribuíram proteção especial. Nesse caso, a faculdade de resolução caberá ao lesado pelo inadimplemento, nunca ao inadimplente. A lei garante ao que sofre com o inadimplemento absoluto a possibilidade de acionar a cláusula resolutiva expressa.

E não poderia ser diferente. Seria um contrassenso dar ao inadimplente a opção de resolver o contrato. O inadimplente deve suportar as consequências de seu comportamento ilícito, e não as determinar, especialmente com relação ao credor frustrado.

Em decorrência da aplicação da cláusula resolutiva expressa, previamente estabelecida no contrato, este será considerado resolvido de pleno direito, na situação de inadimplemento absoluto.

Nos contratos imobiliários, o inadimplemento absoluto estará caracterizado após o decurso dos prazos legais concedidos ao devedor para a purgação da mora. Por essa razão, reforçamos anteriormente que, para a caracterização do inadimplemento absoluto, é necessário observar os procedimentos extrajudiciais de imposição da mora, previstos na legislação, que examinaremos a seguir individualmente para os imóveis não loteados, os loteados e os incorporados.

Decorrido o prazo para a purgação da mora sem que ocorra o pagamento das prestações, a mora se converterá em inadimplemento absoluto, como já mencionamos, e, havendo a previsão de cláusula resolutiva expressa, ocorrerá a resolução automática do contrato independentemente de intervenção judicial.

Orlando Gomes[155] salienta que a "condição resolutiva expressa opera de pleno direito. É de se admitir que, havendo sido estipulada, seja dispensável a resolução judicial, pois, do contrário, a cláusula seria inútil".

---

[154] "Resolução extrajudicial do contrato, com fundamento em cláusula resolutiva expressa. Pedido do autor de restabelecimento do vínculo contratual e consignação dos valores relativos às parcelas atrasadas do preço. Alegação da ré de envio de notificação extrajudicial ao autor, nos termos previstos em contrato, para resolução de pleno direito. Cláusula resolutória redigida sem a indispensável clareza acerca de dispensa de intervenção judicial. Partes elegeram a forma da notificação para conversão da mora em inadimplemento absoluto, a ser efetivada por Oficiais do Registro de Imóveis ou de Títulos e Documentos. Notificação enviada ao autor em desacordo com a forma exigida no contrato e sob fundada dúvida acerca da entrega do aviso de recebimento ao 'promissário comprador'" (TJSP, Apelação Cível 1009148-97.2022.8.26.0664, j. 30.08.2023).

[155] GOMES, Orlando. *Contratos*. Atualizadores Edvaldo Brito [e coordenador], Reginalda Paranhos de Brito. 28. ed. Rio de Janeiro: Forense, 2022. p. 181.

Resolver de pleno direito significa dissolver a relação contratual sem a necessidade de qualquer outra formalidade além da notificação e/ou da interpelação extrajudicial para constituir o devedor em mora.

O texto do art. 474 do Código Civil não exige, para a resolução expressamente prevista, a intervenção judicial para que seja declarado o fim da relação contratual. Trata-se de forma de extinção contratual autorizada pela lei, e contratualmente adotada em razão da autonomia da vontade dos contratantes, que optam por sua direta e imediata dissolução, em decorrência da resolução, a qual se opera pela caracterização do inadimplemento absoluto.

Na falta de previsão da cláusula resolutiva expressa, aplica-se a cláusula resolutiva tácita. Esta, por sua vez, exige, para o desfazimento do contrato, conforme a parte final do referido art. 474, interpelação judicial a ser feita pela parte lesada pelo inadimplemento absoluto.

Na cláusula resolutiva tácita, os procedimentos de notificação e/ou de interpelação extrajudiciais para constituição em mora do devedor serão substituídos pela interpelação judicial exigida pelo mencionado art. 474 (parte final). Não caberão outras modalidades de comunicação com o devedor, pois a lei exige expressamente que a interpelação seja judicial, sob pena de invalidade do ato de notificação do devedor.

Sobre os efeitos da cláusula resolutiva expressa, Francisco Eduardo Loureiro[156] destaca que, diante do quanto estabelece o art. 474 do Código Civil,

> [...] não tem razão parte da doutrina, ao exigir que na hipótese de resolução convencional se exija pronunciamento judicial (*officio judicis*). Há entendimento do Superior Tribunal de Justiça no sentido de que "o contrato com cláusula resolutiva expressa, para ser rescindido por inadimplemento, dispensa a rescisão formal pelo Poder Judiciário". Eventual necessidade de o credor recorrer ao Poder Judiciário para pedir a restituição da prestação já cumprida, ou devolução da coisa entregue, ou perdas e danos, não tem efeito desconstitutivo do contrato, mas meramente declaratório de relação já extinta por força da própria convenção entre as partes.

Em outras palavras, convertida a mora em inadimplemento absoluto, o contrato que contenha cláusula resolutiva expressa será considerado resolvido automaticamente. Eventuais pedidos de aplicação de perdas e danos, restituição de prestações cumpridas ou devolução do bem objeto do contrato são subsequentes à resolução e, apesar de feitos no Poder Judiciário, não têm como efeito desconstituir o contrato, mas, ao contrário, de reafirmar sua extinção por previsão contratual.

Para o Superior Tribunal de Justiça, conforme o REsp 1.789.863/MS, julgado em 10.08.2021:

> [...]
> III. Inexiste óbice para a aplicação de cláusula resolutiva expressa em contratos de compromisso de compra e venda, porquanto, após notificado/interpelado o compromissário comprador inadimplente (devedor) e decorrido o prazo sem a purgação da mora, abre-se ao compromissário vendedor a faculdade de exercer o direito potestativo concedido pela cláusula resolutiva expressa para a resolução da relação jurídica extrajudicialmente.
> [...]

---

[156] LOUREIRO, Francisco Eduardo. *Três aspectos atuais relativos aos contratos de compromisso de venda e compra de unidades autônomas futuras*. Disponível em: https://www.tjsp.jus.br/download/EPM//Publicacoes/ObrasJuridicas/cc36.pdf?d=636808. Acesso em: 16 nov. 2023.

IV. Impor à parte prejudicada o ajuizamento de demanda judicial para obter a resolução do contrato quando esse estabelece em seu favor a garantia de cláusula resolutória expressa, é impingir-lhe ônus demasiado e obrigação contrária ao texto expresso da lei, desprestigiando o princípio da autonomia da vontade, da não intervenção do Estado nas relações negociais, criando obrigação que refoge o texto da lei e a verdadeira intenção legislativa [...].

A turma julgadora do referido recurso especial, do qual extraiu-se parte da ementa transcrita *supra*, entendeu que a existência de cláusula com previsão de resolução expressa, por falta de pagamento, autoriza o ajuizamento de ação possessória, para que o vendedor retome o imóvel alienado, sem a necessidade de outra ação judicial, prévia ou concomitante, para rescindir o negócio de compra e venda. A resolução do contrato ocorreu com a não purgação da mora pelo devedor, o que resultou em sua transformação em inadimplemento absoluto.

Alterou-se o entendimento que prevalecia até então, na interpretação do art. 474 do Código Civil. A maioria dos ministros julgadores concluiu que impor à parte prejudicada a necessidade de ajuizar uma ação para obter a resolução do contrato, quando este já estabelece em seu favor a garantia de cláusula resolutiva expressa, seria contrário ao texto legal (Código Civil, art. 474) e um desprestígio aos princípios da autonomia da vontade e da não intervenção do Estado nas relações negociais[157].

Entendeu-se que, com o inadimplemento absoluto, abre-se a possibilidade de o credor exercer direito potestativo conferido pela cláusula resolutiva expressa, desde que prevista claramente no contrato. É potestativo, porque o credor pode executá-la sem que caiba ao devedor qualquer manifestação capaz de impedir a resolução do contrato.

Nesse sentido, observadas as regras específicas para cada tipo de relação jurídica sobre a constituição do adquirente devedor em mora (imóveis não loteados, loteados e incorporados), ocorrendo a conversão da mora em inadimplemento absoluto, entendemos ser possível a resolução automática do contrato pela aplicação da cláusula resolutiva expressa, sendo desnecessária a intervenção do Poder Judiciário para isso, desde que a referida cláusula esteja formalmente prevista na origem do respectivo contrato. Subsequentemente, pode-se promover o cancelamento da inscrição registrária do correspondente compromisso de compra e venda, observadas as disposições legais avaliadas adiante.

Colabora com esse entendimento a própria redação do art. 474 do Código Civil, a qual determina que a cláusula resolutiva expressa opera de pleno direito. Operar de pleno direito é garantir o seu resultado (resolução) automaticamente, sem que sejam necessárias providências posteriores, especialmente judiciais, para considerar se o contrato foi ou não resolvido.

Em todas as hipóteses (imóvel loteado, imóvel não loteado e incorporado), é sempre garantido ao devedor valer-se do livre acesso ao Poder Judiciário para, a qualquer tempo, desde o momento em que se torna inadimplente, garantir o cumprimento de suas obrigações e a observância de seus direitos.

---

[157] No voto do relator do REsp 1.789.863, j. 10.08.2021, constou que "as disposições legais que versam sobre o pacto comissório, cláusula de resolução expressa ou extinção *ipso iure* não perdem eficácia no sistema quando o promissário comprador tem defesa a apresentar e resiste à extinção extrajudicial, pois sempre poderá socorrer-se da via judicial. Todavia, quando comprovada a mora, já decorrido o prazo para purgá-la e estiver a hipótese prevista em cláusula resolutória expressa do contrato estabelecido entre as partes, não tem o credor/compromissário vendedor a obrigação de ajuizar ação para preliminarmente ver rescindido o ajuste".

Alguns Tribunais têm admitido a possibilidade de pleitear ação que vise à resolução do compromisso de compra e venda por iniciativa do comprador, mesmo que este esteja em situação de inadimplemento.

Entendemos, porém, que nesses casos é cabível a liberação do adquirente inadimplente somente e desde que o cumprimento da obrigação tenha de fato se tornado impossível para ele (impossibilidade própria do devedor, e não da prestação, que pode ser a ele é atribuível por culpa), circunstância em que o vendedor recuperará o domínio da coisa vendida e fará os acertos de contas necessários com o devedor, nos termos da Lei Federal n.º 13.786/2018 ("Lei dos Distratos").

Não é que o compromisso de compra e venda, nessas circunstâncias, contenha prestação absolutamente impossível, o que impediria o nascimento do próprio contrato, mas tratamos da impossibilidade superveniente do adquirente no cumprimento da prestação originalmente assumida, que conduz à resolução do contrato.

No entanto, restaria saber qual seria a impossibilidade que justificaria a resolução do contrato por iniciativa do adquirente (adimplente ou inadimplente).

Antecipadamente, destacamos que esse entendimento da impossibilidade superveniente do adquirente não deve ser admitido quando a causa do desfazimento do contrato é uma mera inconveniência econômica do negócio que o comprador celebrou, ou seja, caso a aquisição imobiliária tenha se mostrado desvantajosa e represente um prejuízo em relação ao resultado inicialmente esperado, o que se terá, nesse caso, é tão somente uma frustração econômica, incapaz de fundamentar a resolução do contrato, e não uma impossibilidade superveniente do adquirente.

O adquirente que reúna condições de permanecer no contrato não deverá ser dele desligado por entender que não experimentará o ganho ou a valorização financeira que esperava que o objeto lhe daria.

A impossibilidade superveniente que autorizaria a resolução do contrato e, consequentemente, a desvinculação do obrigado é aquela que sobrevém à prestação sem culpa do devedor, situação em que se resolverá a obrigação, uma vez que ninguém pode ser compelido a cumprir o que lhe é impossível (Código Civil, art. 248, 1ª parte).

Entretanto, a impossibilidade superveniente deve advir de caso fortuito ou de força maior, cujos efeitos o devedor não poderia evitar ou impedir. Não poderá ser relativa à pessoa do devedor, pois nesse caso a inexecução pode ser considerada voluntária ou culposa. A impossibilidade deve ser total, ou seja, atingir a integralidade da prestação, pois, se parcial, o credor pode ter interesse na parte que é possível o cumprimento. Também deve ser definitiva; caso seja temporária, pode acarretar apenas a suspensão do contrato[158].

A inexecução involuntária que poderá causar a resolução do contrato sem penalidades ao inadimplente é aquela que decorre cumulativamente de impossibilidade superveniente, objetiva, total e definitiva.

É involuntária, porque o obrigado, apesar de desejar, não pode cumprir a prestação a que se obrigou.

Enquanto na inexecução voluntária a causa da resolução do contrato é imputável ao devedor, razão pela qual se chama também de inexecução culposa, na inexecução involuntária a causa da resolução do contrato não é imputada à parte inadimplente.

---

[158] GOMES, Orlando. *Contratos*. Atualizadores Edvaldo Brito [e coordenador], Reginalda Paranhos de Brito. 28. ed. Rio de Janeiro: Forense, 2022. p. 185.

Caso a impossibilidade sobrevenha por culpa do devedor, o credor não poderá exigir a prestação, mas caberá ao devedor responder pelas perdas e danos decorrentes do inadimplemento (Código Civil, art. 248, 2ª parte).

Aqui tratamos da possibilidade e do modo de aplicação da cláusula resolutiva expressa. Indicamos para cada um dos tipos de imóveis que estamos estudando a previsão legal para a constituição em mora do devedor e sua transformação em inadimplemento absoluto, o que abre para o credor o direito potestativo de resolução do contrato.

Um pouco mais adiante trataremos da hipótese de cancelamento do registro do compromisso de compra e venda em razão do inadimplemento absoluto.

Entendemos, porém, que, se já tiver havido a notificação do devedor nos termos dos dispositivos legais aqui mencionados (vide quadro *supra*), a intimação do § 1º do art. 251-A da Lei Federal n.º 6.015/1973 não será necessária, porque o credor já a terá promovido previamente e o contrato já estará resolvido de pleno direito.

Onerosidade excessiva. Outra situação que pode causar a resolução do compromisso de compra e venda é a onerosidade excessiva. O devedor, por questões extraordinárias e supervenientes que afetam a prestação, deixa de reunir condições para continuar com os pagamentos das parcelas do preço de aquisição do imóvel.

O art. 478 do Código Civil estabelece que, nos contratos de execução continuada ou diferida, caso a prestação de uma das partes torne-se excessivamente onerosa, de modo que represente extrema vantagem para a outra, em decorrência de acontecimentos extraordinários e imprevisíveis, poderá o devedor pedir a resolução do contrato.

Dito dispositivo legal refere-se a eventos que atinjam o equilíbrio da relação contratual, geralmente estabelecido no momento da sua formação.

Orlando Gomes[159] destaca que "a alteração radical das condições econômicas, nas quais o contrato foi celebrado, tem sido considerada uma das causas que, com o concurso de outras circunstâncias, podem determinar sua resolução".

As partes, no início da relação, refletem sobre as disposições contratuais e as prestações que podem suportar durante o prazo de execução. Apesar de o contrato ser de execução continuada e projetada para o futuro, na sua origem as partes estipulam obrigações que imaginam e desejam conseguir sustentar e cumprir, desde que as condições iniciais se mantenham com alguma previsibilidade.

Pela autonomia privada, as partes definem antecipada, livre e equilibradamente as vantagens e os sacrifícios que suportarão para a consecução do contrato. Tanto o credor quanto o devedor estipulam os benefícios que alcançarão com o cumprimento de suas respectivas obrigações no modo inicialmente previsto.

Ao estabelecerem as prestações na celebração do contrato original, as partes avaliam previamente suas respectivas condições para o negócio jurídico pretendido. Há a conclusão de que as renúncias e as privações que suportarão para o cumprimento das obrigações são equivalentes às vantagens que licitamente alcançarão ao término do contrato.

No entanto, é esse equilíbrio voluntário que pode ser afetado, na fase de execução do contrato, em decorrência de um fato anormal.

Caso ocorram, durante a execução do contrato, eventos que alterem demasiadamente a prestação de forma a torná-la exagerada ou descomedidamente excessiva, o devedor poderá pleitear a sua resolução.

---

[159] GOMES, Orlando. *Contratos*. Atualizadores Edvaldo Brito [e coordenador], Reginalda Paranhos de Brito. 28. ed. Rio de Janeiro: Forense, 2022. p. 185.

Evidentemente que a prova caberá a quem alegar a excessividade da prestação.

Para que seja possível a resolução do contrato pela onerosidade excessiva, é imprescindível a ocorrência de circunstâncias extraordinárias e imprevisíveis, isto é, eventos que, no momento da celebração do contrato, não poderiam ser razoavelmente antecipados. São situações que sobrevêm à relação contratual após o seu início e que não eram imagináveis pelas partes por ocasião da formação do vínculo obrigacional.

Extraordinários serão os acontecimentos anormais e incomuns que surpreendem as partes durante a fase de execução do contrato e que estão fora dos riscos normais para o pretendido negócio. Imprevisíveis são aquelas situações inesperadas pelas partes contratantes. Para a caracterização da onerosidade excessiva, de acordo com o texto legal (Código Civil, art. 478), tais fatos (extraordinários e imprevisíveis) devem ocorrer após a formação da relação contratual.

O evento superveniente deve ser extraordinário e imprevisível. Não é suficiente que o acontecimento seja apenas extraordinário ou apenas imprevisível. Se o fato é extraordinário, mas suscetível de previsão, não será possível a resolução do contrato por onerosidade excessiva. Também não basta que seja imprevisível, pois, se o evento é considerado normal, não importa se as partes não o previram[160].

Esses eventos extraordinários e imprevisíveis devem ser inesperados e afetar o equilíbrio da relação contratual, de modo a alterar o risco próprio do tipo de negócio celebrado, ou seja, que não se caracterize como um risco normal do negócio contratado.

Segundo destaca Cristiano Zanetti[161], o fundamental refere-se à materialização dos riscos supervenientes à formação da relação contratual. Os eventos extraordinários e imprevisíveis capazes de intervir na realidade do contrato somente autorizarão a sua resolução ou a sua revisão se os fatos supervenientes aumentarem desproporcionalmente os riscos considerados normais para o negócio. Isso demandará uma avaliação especial da relação contratual, do ponto de vista mercadológico, da especialização das partes, o prazo de execução e a própria especificidade dos fatos sobrevenientes[162].

Em síntese, o contrato com execução diferida ou continuada, como no caso do compromisso de compra e venda, poderá ser resolvido por onerosidade excessiva se durante a sua execução: (i) ocorrer fato extraordinário e superveniente à sua formação; (ii) esse fato não puder ter sido previsto antecipadamente pelas partes (imprevisibilidade); e (iii) acarretar vantagem excessiva e não esperada para uma parte e onerosidade excessiva para a outra[163].

Observada a ocorrência dos requisitos mencionados, o devedor pode pleitear a resolução judicial do contrato. O credor, por sua vez, pode oferecer a modificação da prestação para sua readequação com o objetivo de evitar a resolução do contrato (Código Civil, art. 479).

O Superior Tribunal de Justiça já decidiu no REsp 1.930.085/AM, julgado em 16.08.2022, que a intervenção judicial para resolução do contrato por onerosidade excessiva pressupõe

---

[160] GOMES, Orlando. *Contratos*. Atualizadores Edvaldo Brito [e coordenador], Reginalda Paranhos de Brito. 28. ed. Rio de Janeiro: Forense, 2022. p. 185.

[161] ZANETTI, Cristiano de Sousa. O risco contratual. *In*: LOPEZ, Teresa Ancona; LEMOS, Patrícia Faga Iglecias; RODRIGUES JUNIOR, Otavio Luiz (coord.). *Sociedade de risco e direito privado*. São Paulo: Atlas, 2013. p. 462-466.

[162] Vale destacar o conteúdo do Enunciado n.º 439 da V Jornada de Direito Civil do Conselho da Justiça Federal: "A revisão do contrato por onerosidade excessiva fundada no Código Civil deve levar em conta a natureza do objeto do contrato. Nas relações empresariais, observar-se-á a sofisticação dos contratantes e a alocação de riscos por eles assumidas com o contrato".

[163] FARIAS, Cristiano Chaves de; ROSENVALD, Nelson. *Curso de direito civil*: contratos. Teoria geral e contratos em espécie. 5. ed. São Paulo: Atlas, 2015. p. 562.

o advento de acontecimento superveniente que substancialmente altere as circunstâncias intrínsecas da formação da relação contratual, de modo a comprometer o equilíbrio econômico previsto inicialmente pelas partes. Destacamos do respectivo acórdão o entendimento de que

> [...] não justifica a resolução do contrato por onerosidade excessiva a mudança na capacidade financeira de um dos contratantes, causada por fatos que não se relacionam com as circunstâncias que envolveram a conclusão do contrato e que tampouco alteraram a onerosidade da prestação inicialmente assumida pelas partes [...][164].

Nesse sentido, podemos entender que, por exemplo, a alegação de desemprego ou diminuição de renda pelo adquirente devedor não é suficiente para a resolução do contrato por onerosidade excessiva, porque tais circunstâncias (desemprego e diminuição de renda) não são extraordinárias nem imprevisíveis em nossas vidas, pois são acontecimentos possíveis no cotidiano das partes e poderiam ter sido avaliados de forma prévia, especialmente pelo devedor no momento da formação do contrato.

De qualquer forma, vale assinalar que o fato de a prestação se tornar excessivamente onerosa não autoriza o devedor a declarar unilateralmente a resolução do contrato. É imprescindível a intervenção judicial para que a resolução ocorra pela sentença. Orlando Gomes[165] destaca que não pode ficar "ao arbítrio do interessado da resolução a extinção de suas obrigações, sob o fundamento de que se tornou extremamente difícil cumpri-las".

Portanto, é o juiz quem deverá avaliar se a alegada alteração preenche os requisitos estabelecidos em lei (acontecimentos extraordinários, imprevisíveis e que acarretem vantagens para uma das partes em detrimento da outra – Código Civil, art. 478) e decidir se há ou não onerosidade excessiva.

Essa resolução, judicialmente promovida por onerosidade excessiva, produz efeitos retroativos entre as partes. Se o contrato for de execução única e diferida, a resolução devolverá as partes para a situação anterior à formação do contrato, e, portanto, haverá restituições a serem feitas (como no compromisso de compra e venda).

Caso o contrato seja de execução periódica ou continuada (por exemplo, a locação), as prestações que já tiverem sido cumpridas não serão afetadas pela resolução, porque já se consideram exauridas.

A resolução do contrato, pela onerosidade excessiva, aproxima-se da inexecução involuntária e, portanto, não é possível a aplicação de perdas e danos em favor do credor. O devedor exonera-se de suas obrigações sem que penalidades lhe sejam aplicadas.

---

[164] "1. Ação de revisão de contrato de financiamento imobiliário firmado pelo SFH, visando a renegociação do valor das prestações mensais e o alongamento do prazo de liquidação, com fundamento no Código de Defesa do Consumidor. 2. O Tribunal de origem, examinando as condições contratuais, concluiu que o recálculo da parcela estabelecida contratualmente não está vinculado ao comprometimento de renda do mutuário, mas sim à readequação da parcela ao valor do saldo devedor atualizado. Nesse contexto, entendeu que, para justificar a revisão contratual, seria necessário fato imprevisível ou extraordinário, que tornasse excessivamente oneroso o contrato, não se configurando como tal eventual desemprego ou redução da renda do contratante. 3. Efetivamente, a caracterização da onerosidade excessiva pressupõe a existência de vantagem extrema da outra parte e acontecimento extraordinário e imprevisível. Esta Corte já decidiu que tanto a teoria da base objetiva quanto a teoria da imprevisão 'demandam fato novo superveniente que seja extraordinário e afete diretamente a base objetiva do contrato' (AgInt no REsp 1.514.093/CE, Rel. Ministro Marco Buzzi, Quarta Turma, *DJe* de 7/11/2016), não sendo este o caso dos autos. 4. Agravo interno não provido" (STJ, AgInt no AREsp 1.340.589/SE, j. 23.04.2019).

[165] GOMES, Orlando. *Contratos*. Atualizadores Edvaldo Brito [e coordenador], Reginalda Paranhos de Brito. 28. ed. Rio de Janeiro: Forense, 2022. p. 188.

Em síntese, o compromisso de compra e venda de imóvel que contiver cláusula resolutiva expressa pode ser resolvido de pleno direito, em caso de inadimplemento absoluto, observadas as regras de constituição em mora do devedor, sem que seja necessária a intervenção judicial.

Para os que não contiverem a cláusula resolutiva expressa, será considerada a cláusula resolutiva tácita e, pelo quanto estabelece a parte final do art. 474 do Código Civil, dependerá, para a sua resolução, da intervenção do Poder Judiciário.

Na resolução judicial de compromisso de compra e venda de imóvel por inadimplemento absoluto, para os imóveis loteados e incorporados, as respectivas indenizações e perdas e danos deverão observar as regras impostas pela Lei do Distratos, a qual será analisada a seguir.

Para o compromisso de compra e venda atingido pelas situações de impossibilidade da prestação (ou de inexecução involuntária) ou de onerosidade excessiva, a resolução deverá restabelecer as partes à mesma situação em que estavam antes da sua celebração. Essas hipóteses de resolução devem, como referimos anteriormente, decorrer de situações específicas e especiais a serem profundamente avaliadas pelo Poder Judiciário e decretadas por sentença.

Assim, com a obrigação legalmente estabelecida para se promover a comunicação prévia do devedor, para que possa purgar a mora e evitar a resolução do compromisso de compra e venda pelo inadimplemento absoluto, não faz sentido o entendimento de que a mora poderia ser purgada no prazo de contestação, pois, pelas regras que indicamos para cada tipo de imóvel, transcorridos os prazos legais, sem purgação da mora, o contrato estará resolvido de pleno direito e não mais haverá suporte jurídico para quitação de dívidas. Pela sistemática legal de constituição do devedor em mora, no momento processual da contestação, o inadimplemento já será absoluto.

A seguir, examinaremos todos os detalhes pertinentes ao assunto e as exigências legais para se alcançar a dissolução extrajudicial do compromisso de compra e venda, quando possível, pela cláusula resolutiva expressa, iniciando com a constituição em mora do devedor, até chegar na forma da sua respectiva aplicação. Na sequência, separamos as hipóteses de inadimplemento do loteador e do adquirente, pois a lei apresenta soluções distintas.

Imóveis loteados

Resolução por inadimplemento do loteador. O art. 26-A da Lei Federal n.º 6.766/1979 estabelece que os contratos de compra e venda, cessão ou promessa de cessão de imóveis loteados devem iniciar com um quadro-resumo em que constem as informações específicas e detalhadas exigidas nos incisos desse artigo.

Entre as informações obrigatórias do quadro-resumo está a indicação das consequências do desfazimento do contrato, seja por meio de resilição bilateral (distrato), seja mediante resolução por inadimplemento de obrigação do adquirente ou do loteador (inciso V).

Como se sabe, o projeto aprovado deverá ser executado no prazo constante do cronograma de obra, sob pena de caducidade da aprovação (Lei Federal n.º 6.766/1979, art. 12, § 1º).

A questão que se coloca é saber quais as consequências que podem ou não ser previstas no contrato para a sua resolução por inadimplemento culposo do loteador.

A obrigação principal do vendedor loteador é a de entregar o objeto da compra e venda (lote) para o adquirente. Para essa entrega é estabelecido um prazo em contrato que, logicamente, deve considerar os prazos de aprovações, de obtenções das licenças administrativas e de registro do empreendimento, ou seja, não é possível estabelecer a entrega para antes das aprovações e registros exigidos pela lei, sob pena de caracterização de ato ilícito (Lei Federal n.º 6.766/1979, art. 37).

Por outro lado, considera-se abusiva a cláusula que estipula a efetiva entrega do lote comprado para quando ocorrer a aprovação da municipalidade local, pois dessa forma o prazo de cumprimento da obrigação, elemento necessário para se estabelecer o adimplemento da obrigação de entrega, fica condicionado a um evento de terceiro (aprovação), o que não se coaduna com as determinações do Código Consumerista (Lei Federal n.º 8.078/1990, art. 51).

O loteador poderá estar em inadimplemento parcial (mora) ou absoluto. Será parcial, quando a efetiva entrega do lote ocorrer posteriormente ao prazo estabelecido no contrato e o adquirente quiser recebê-lo. Absoluto, quando não ocorrer qualquer entrega ou quando esta, como satisfação da prestação obrigacional, não mais interessar ao credor adquirente e adimplente.

O entendimento da jurisprudência atual é no sentido de que, se houver o descumprimento do prazo de entrega do lote, objeto do compromisso de compra e venda, será possível condenar a vendedora a pagar os lucros cessantes do comprador adimplente, durante todo o período da mora do vendedor[166], sendo presumíveis os prejuízos do adquirente, qualquer que seja a finalidade da compra e venda (investimento ou uso próprio).

A determinação de lucros cessantes pode ser fixada na forma de aluguel, com referência em um percentual sobre o valor do imóvel, pois é a base daquilo que o adquirente deixou de receber com o inadimplemento parcial do loteador, incidente até a entrega satisfatória do lote.

Esse foi o entendimento fixado na tese do Tema Repetitivo 996 do Superior Tribunal de Justiça[167]. Entretanto, caso a cláusula penal tenha sido estabelecida em equivalente locatício, ela não será aplicada cumulativamente com os lucros cessantes[168].

Para a caracterização do inadimplemento absoluto, o adquirente adimplente deverá notificar o loteador para que, no prazo de 30 dias, contado do recebimento da notificação, além do pagamento das penalidades estabelecidas para a mora, cumpra a obrigação de entrega do lote, sob pena de conversão da mora em inadimplemento absoluto, se o caso.

Convertida a mora em inadimplemento absoluto, o loteador deverá promover a devolução integral das quantias pagas pelo adquirente adimplente, corrigidas pelo mesmo índice estipulado para o pagamento do preço de aquisição, acrescidas da cláusula penal compensatória estabelecida no compromisso de compra e venda.

Assim, em síntese, é possível estabelecer penalidades em caso de inadimplemento parcial ou absoluto.

No caso de mora, poder-se-á prever que o loteador deverá pagar ao adquirente adimplente, a título de aluguel, um percentual sobre o valor do imóvel até a efetiva entrega do lote (*pro rata die*). Na hipótese de inadimplemento absoluto, o loteador deverá restituir integralmente o que tiver recebido do adquirente, corrigido pelo mesmo índice estabelecido para a

---

[166] "Consonância entre o acórdão estadual e a jurisprudência desta Corte, no sentido de que o atraso na entrega do imóvel (objeto de compromisso de compra e venda), sobretudo após o esgotamento da prorrogação estipulada, enseja o pagamento de indenização por lucros cessantes durante o período de mora do promitente vendedor, sendo presumido o prejuízo do promitente comprador" (STJ, REsp 2.084.704/SP, j. 21.08.2023).

[167] "1.2) o atraso da entrega do imóvel objeto de compromisso de compra e venda gera, para o promitente vendedor, a obrigação de indenizar o adquirente pela privação injusta do uso do bem, na forma de valor locatício, que pode ser calculado em percentual sobre o valor atualizado do contrato ou de mercado, correspondente ao que este deixou de receber, ou teve de pagar para fazer uso de imóvel semelhante, com termo final na data da disponibilização da posse direta da unidade autônoma já regularizada."

[168] "A cláusula penal moratória tem a finalidade de indenizar pelo adimplemento tardio da obrigação, é, em regra, estabelecida em valor equivalente ao locativo, afasta-se sua cumulação com lucros cessantes" (STJ, Tema Repetitivo 970).

correção do preço de aquisição, acrescido da cláusula penal compensatória, e o adquirente devolverá o respectivo lote.

Resolução por inadimplemento do comprador. Nas situações da mecânica do inadimplemento do adquirente do lote, a regulamentação da intimação do devedor para a sua constituição em mora teve início, para os imóveis loteados, nos arts. 14, tanto do Decreto-lei n.º 58/1937 quanto do regulamentador Decreto n.º 3.079/1938, os quais determinavam que, se vencida e não paga a prestação, o compromisso seria considerado rescindido 30 dias após o recebimento da intimação pelo devedor, para a sua constituição em mora.

Hoje, as regras que vigoram para os imóveis loteados são aquelas que estão nos arts. 32 e seguintes da Lei Federal n.º 6.766/1979.

O art. 32 estabelece que, se vencida e não paga a prestação, o contrato será considerado rescindido 30 dias após a constituição do devedor em mora, ou seja, após o recebimento pelo devedor de intimação encaminhada pelo credor por meio do oficial de registro de imóveis para tal finalidade.

Dito de outra forma, o contrato estará resolvido se o devedor, após 30 dias do recebimento da comunicação para purgar a mora, permanecer em silêncio e não pagar as parcelas devidas ao vendedor.

A primeira observação necessária a se fazer é que, para que o vendedor possa se valer dos procedimentos extrajudiciais referidos nos arts. 32 e 36, ambos da Lei Federal n.º 6.766/1979, o parcelamento do solo e o correspondente compromisso de compra e venda devem estar registrados na serventia imobiliária competente. A falta do registro de quaisquer deles impedirá o reconhecimento da relação jurídica de compra e venda e objetará a resolução do contrato e prosseguimento do pedido do cancelamento de sua inscrição registrária perante a serventia imobiliária. Aliás, a falta do registro do parcelamento impossibilitará o registro do compromisso de compra e venda, porque não será possível atender aos princípios registrários da continuidade e da especialidade objetiva.

A falta do registro do parcelamento do solo pode representar um ilícito grave por parte do parcelador. A lei veda expressamente a venda ou a promessa de venda de parcela de loteamento não registrado (Lei Federal n.º 6.766/1979, art. 37). São os parcelamentos considerados irregulares.

Como ficará a constituição em mora do comprador se o parcelamento do solo não estiver inscrito no registro de imóveis?

A resposta, entendemos, está em dispositivos da mencionada Lei Federal n.º 6.766/1979 c.c. o art. 251-A da Lei Federal n.º 6.015/1973.

Vale destacar que o Código Civil, como regra geral, considera que, nas obrigações originadas de ato ilícito, aquele que o cometeu é considerado devedor e estará em mora desde o momento em que o praticou (Código Civil, art. 389).

Logo, o loteador de parcelamento irregular é considerado devedor da obrigação de regularizar o loteamento e estará em mora a partir do momento em que tiver praticado os atos desautorizados, como os de publicidade do loteamento ou vendas de lotes.

O loteador irregular não poderá constituir em mora o adquirente inadimplente, porque ele mesmo se encontra em mora pela falta de registro do loteamento[169]. E não é possível haver duas moras ao mesmo tempo, a do loteador irregular e a do adquirente.

---

[169] "[...] Pedido de resolução por inadimplemento do promitente vendedor. Admissibilidade. Inexistência de mora dos promissários compradores. Alienação de fração ideal de gleba de terras, com posse

Nesse sentido, Agostinho Alvim[170] registra que, quando credor e devedor faltam com suas prestações ao mesmo tempo, dá-se o que na técnica jurídica se denomina moras simultâneas, e entre os pressupostos da mora de uma das partes está a inexistência de mora da outra.

O loteamento irregular (não aprovado pela Prefeitura local e/ou não registrado no registro de imóveis competente) torna o loteador em mora até que providencie o necessário para regularizá-lo. Assim, a sua mora suspenderá a eventual mora do adquirente.

O próprio art. 38 da Lei Federal n.º 6.766/1979 autoriza o adquirente a suspender o pagamento das parcelas do preço se o loteamento não estiver registrado no registro de imóveis.

A suspensão que trata do aludido art. 38 não é do contrato, mas apenas do pagamento das parcelas do preço diretamente ao loteador irregular. O adquirente continuará obrigado ao pagamento do preço, mas fará os correspondentes depósitos no registro de imóveis da circunscrição do lote objeto do loteamento irregular (Lei Federal n.º 6.766/1979, art. 38, § 1º)[171].

Esses depósitos serão fundamentais para propiciar a regularização do loteamento pela Prefeitura local, caso o loteador não o faça. Essa é a razão da vedação legal imposta ao loteador, que o proíbe de levantar as prestações depositadas pelos adquirentes até que regularize o loteamento.

O art. 39 da mesma lei considera nula de pleno direito a cláusula de resolução do compromisso de compra e venda por inadimplemento do adquirente, enquanto o loteamento não estiver registrado. Portanto, o vendedor, enquanto não regularizar o loteamento, não poderá tomar providências para caracterizar o inadimplemento absoluto do comprador, nem promover a resolução do compromisso de compra e venda.

Assim, a intimação para constituição do adquirente inadimplente em mora será possível somente para os loteamentos aprovados pela municipalidade e que estiverem inscritos no registro de imóveis. Para os loteamentos não registrados, essa intimação não será possível. No âmbito do registro de imóveis, o oficial deverá desconsiderá-la.

Segundo os arts. 32 e seguintes da Lei Federal n.º 6.766/1979, a intimação pessoal do devedor ou de seu procurador regularmente constituído será feita pelo oficial do registro de imóveis em que registrado o compromisso, a requerimento do loteador, para que satisfaça, no prazo de 30 dias, as prestações vencidas e as que se vencerem até a data do efetivo pagamento, incluídos os juros contratualmente convencionados, a correção monetária, as penalidades e os demais encargos contratuais, os encargos legais, inclusive tributos, as contribuições con-

---

localizada. Parcelamento irregular do solo, em vistosa infringência às disposições da L. 6.766/79. *Exceptio non adimpleti contractus* de origem legal e caráter cogente. Inexigibilidade do preço avençado antes de regularizado o empreendimento. Descumprimento do contrato pelo loteador afasta a mora simultânea do adquirente. Impossibilidade de outorga de escritura definitiva, ainda que solvido o preço. Risco concreto de perda da posse em razão da decisão proferida nos autos da Ação Civil Pública que tem por objeto o loteamento. Existência de danos morais e materiais indenizáveis. Cláusula penal prefixa as perdas e danos materiais. [...]" (TJSP, Apelação Cível 1038962-06.2022.8.26.0002, j. 15.08.2023).

[170] ALVIM, Agostinho. *Da inexecução das obrigações e suas consequências*. 5. ed. São Paulo: Saraiva, 1980. p. 86.

[171] "Cobrança das prestações Prescrição – Irregularidade do loteamento que não desobriga o comprador de pagar as prestações, devendo depositá-las, em conformidade com o art. 38 da Lei 6.766/79, e nem impede o vendedor de cobrar os valores em mora, depositando-os até a regularização do empreendimento, ou de rescindir os contratos dos inadimplentes Inexistência de óbice da cobrança das prestações pela existência da ação civil pública – Extinção do direito de cobrar as prestações e de resolver o contrato – Obrigação de outorgar a escritura definitiva – Inexistência de danos materiais e moral ao requerido – Recurso provido em parte" (TJSP, Apelação Cível 1005448-94.2021.8.26.0229, j. 03.10.2023).

dominiais ou despesas de conservação e manutenção em loteamentos de acesso controlado, imputáveis ao imóvel, além das despesas de cobrança, de intimação, bem como do registro do contrato, caso este tenha sido efetuado a requerimento do promitente vendedor (c.c. Lei Federal n.º 6.015/1973, art. 251-A, § 1º).

A previsão de resolução do compromisso de compra e venda por inadimplemento absoluto pela via extrajudicial, na forma indicada nas Leis Federais n.º 6.766/1979 e n.º 6.015/1973, é válida para as relações contratuais estabelecidas entre o loteador e o primeiro adquirente. Em caso de revenda do lote deste para outra pessoa, a relação entre o alienante e o posterior adquirente, para efeitos legais, regular-se-á pelas regras do imóvel não loteado (Decreto-lei n.º 58/1937, art. 22), o que veremos a seguir.

Pela redação contida no § 1º do art. 32 c.c. o art. 49, ambos da Lei Federal n.º 6.766/1979 e com o § 1º do art. 251-A da Lei Federal n.º 6.015/1973, a intimação do devedor deverá ser feita pessoalmente[172-173], por intermédio do oficial de registro de imóveis ou de títulos e documentos da situação do imóvel ou do domicílio do devedor[174].

Tendo em vista os objetivos das comunicações (constituição em mora do devedor, conversão da mora em inadimplemento absoluto e cancelamento do registro na matrícula do imóvel), não serão válidas as intimações feitas a terceiras pessoas que não o próprio adquirente devedor, exceto se aquelas tiverem poderes específicos e especiais para receberem intimações em nome dele.

Caso a mora seja purgada pelo devedor dentro do prazo concedido pela lei (30 dias) a contar do recebimento da intimação, o contrato se convalescerá (Lei Federal n.º 6.766/1979, art. 32, § 2º).

A mora poderá ser purgada mediante pagamento a ser feito pelo adquirente diretamente ao oficial do registro de imóveis, o qual lhe dará quitação das quantias recebidas no prazo de três dias e as depositará na conta bancária informada pelo vendedor no requerimento de intimação do devedor. Na falta dessas informações bancárias, o oficial registrador cientificará o vendedor de que as quantias estão à sua disposição para serem levantadas (Lei Federal n.º 6.015/1973, art. 251-A, § 4º).

Não sendo possível a entrega da notificação ou intimação ao devedor, por recusa deste ou por se encontrar em local desconhecido, o notificador deverá informar tal situação ao oficial competente (imobiliário ou de títulos e documentos) que a certificará sob sua responsabilidade (Lei Federal n.º 6.766/1979, art. 49, § 1º).

Promovida a certificação da não entrega referida *supra*, a intimação ou a notificação será feita por edital em três dias consecutivos e o prazo legal de 30 dias para a purgação da mora começará a correr 10 dias após a última publicação editalícia (Lei Federal n.º 6.766/1979, art. 49, § 2º c.c. o art. 19).

---

[172] Em relação às pessoas jurídicas, as intimações deverão ser feitas nas pessoas de seus representantes legais. O vendedor deverá apresentar ao registrador imobiliário documentos que comprovem a representação, como a certidão atualizada do contrato ou do estatuto social, fornecida pela Junta Comercial ou pelo Registro Civil das Pessoas Jurídicas.

[173] As Normas de Serviço Extrajudicial da Corregedoria-Geral da Justiça do Estado de São Paulo estabelecem que, em caso de recusa do destinatário em receber a intimação, ou a dar o recibo de entrega, ou, ainda, ou se for desconhecido o seu paradeiro, depois de certificada a circunstância pelo intimador, poder-se-á promover a intimação por edital por três dias consecutivos, na Comarca da situação do imóvel (TJSP, Corregedoria-Geral da Justiça. *Normas de Serviço*. Cartórios extrajudiciais. Disponível em: https://api.tjsp.jus.br/Handlers/Handler/FileFetch.ashx?codigo=163007 Acesso em: 21 set. 2023. Item 195, Capítulo XX).

[174] Lei Federal n.º 6.766/1979, art. 49 c.c. o § 2º do art. 251-A da Lei Federal n.º 6.015/1973.

Opinamos, contudo, no sentido de ser possível, antes da fase editalícia, com apoio no art. 15 do Código de Processo Civil, a aplicação da intimação por hora certa, cujas regras estão dispostas nos arts. 252, 253 e 254 do mesmo Código.

Caso o credor se recuse ou se furte a receber as prestações pagas pelo devedor, aquele será constituído em mora mediante notificação a ser encaminhada a ele pelo oficial do registro de imóveis.

Decorridos 15 dias contados da notificação sem que o credor tenha comparecido no registro de imóveis para recebimento das prestações depositadas pelo devedor, o pagamento considerar-se-á efetuado, salvo se o credor impugnar o depósito sob alegação de inadimplemento do devedor. Nessa hipótese, o credor deverá requerer nova intimação do devedor para a sua constituição em mora, em relação aos valores controvertidos, nos termos do referido art. 32 da Lei Federal n.º 6.766/1979 comentado anteriormente (Lei Federal n.º 6.766/1979, art. 33).

Não sendo purgada a mora pelo adquirente devedor, para a sequência dos atos de resolução do compromisso de compra e venda e cancelamento do seu registro, o vendedor deverá requerer ao oficial imobiliário que expeça certidão em que seja certificado o não pagamento da dívida indicada na intimação inicial (Lei Federal n.º 6.766/1979, art. 32, § 3º).

Com a expedição dessa certidão, não terá mais o devedor qualquer suporte jurídico para purgar a mora, pois o contrato já terá sido resolvido por inadimplemento absoluto e o vendedor poderá requerer ao registrador de imóveis que promova o cancelamento da inscrição do compromisso de compra e venda.

O registrador imobiliário intimará o vendedor para recolher custas e emolumentos para viabilizar a averbação de cancelamento do registro do compromisso de compra e venda, conforme disposto na Lei Federal n.º 6.766/1979, art. 32, § 3º, e na Lei Federal n.º 6.015/1973, art. 251-A, § 5º.

A certidão de cancelamento do registro do compromisso de compra e venda referida *supra* será considerada prova determinante para a concessão da medida liminar de reintegração de posse pelo vendedor (Lei Federal n.º 6.015/1973, art. 251-A, § 6º).

O cancelamento da inscrição do compromisso de compra e venda na matrícula do imóvel somente será realizado depois de transcorrido o prazo de 30 dias, contado do aperfeiçoamento da intimação pessoal do adquirente para sua constituição em mora, lembrando que, no caso de intimação ou notificação por edital, o prazo de 30 dias começará a contar 10 dias após a última publicação.

A falta de intimação pessoal do devedor ou irregularidades em seu procedimento impedirão que o oficial registrador promova o cancelamento da inscrição do compromisso de compra e venda.

Ocorrido o cancelamento da inscrição do compromisso de compra e venda, em razão do inadimplemento absoluto do comprador, caso já tenha pagado mais de um terço do preço ajustado para a venda do lote, o registrador imobiliário deverá mencionar esse valor no ato de averbação de cancelamento da inscrição do compromisso (primeira parte do art. 35 da Lei Federal n.º 6.766/1979).

Como visto, transcorrido o prazo legalmente estabelecido para a purgação da mora (30 dias) sem que haja o pagamento das prestações inadimplidas e sem que o devedor tenha se manifestado, a inscrição do compromisso de compra e venda será cancelada.

A segunda parte do mencionado art. 35 determina que, para viabilizar um novo registro para o mesmo lote, como a hipótese de uma revenda pelo loteador, será necessário atender cumulativamente a dois requisitos expressos no referido dispositivo legal: (i) a apresentação do distrato assinado pelas partes do compromisso cuja inscrição foi cancelada; **e** (ii) a comprovação do pagamento da restituição dos valores ao comprador inadimplente, na forma do art. 32-A da mesma lei, em parcela única ou da primeira parcela, caso a restituição se dê parceladamente como autorizado em lei (Lei Federal n.º 6.766/1979, art. 32-A).

Os valores de restituição mencionados na segunda parte do referido art. 35 deverão ser disponibilizados pelo vendedor (i) diretamente ao comprador inadimplente ou (ii) mediante depósito em dinheiro à disposição do comprador inadimplente, em conta-corrente do oficial do registro de imóveis da circunscrição do lote.

O contrato de uma nova venda – que tenha como objeto o lote do compromisso resolvido e cancelado – somente será admitido para registro se for comprovado pelo vendedor o início da restituição dos valores pagos pelo comprador inadimplente, na forma e nas condições estabelecidas no distrato ou por aplicação da própria lei (Lei Federal n.º 6.766/1979, art. 32-A).

Essa comprovação será dispensada nos casos em que o comprador inadimplente, após os procedimentos para purgação da mora do mencionado art. 32 da Lei Federal n.º 6.766/1979, não seja localizado ou, se intimado, não tiver se manifestado no prazo legal, e desde que o loteador efetue, no respectivo registro de imóveis, o depósito da restituição dos valores para o titular da inscrição cancelada, em parcela única ou a primeira parcela na forma do art. 32-A (Lei Federal n.º 6.766/1979, parte final do art. 35 c.c. o art. 32-A).

Nessas circunstâncias, entendemos que estará autorizado o registro de um novo compromisso de compra e venda, pois o loteador terá tomado todas as providências legalmente exigidas, que são a intimação do devedor para purgação da mora e a devolução de valores pagos por ele.

Para se promover o cancelamento do compromisso de compra e venda na matrícula do lote em razão do inadimplemento absoluto, o vendedor tem que realizar os procedimentos estabelecidos nos arts. 32-A e 35, ambos da Lei Federal n.º 6.766/1979. Somente depois de encerrado esse procedimento para cancelamento é que se aplica o quanto previsto no art. 251-A da Lei Federal n.º 6.015/1973.

A nosso ver, o legislador, ao estabelecer as regras para o cancelamento do registro na Lei Federal n.º 6.015/1973, desconsiderou que nesse momento (cancelamento) o contrato já estaria resolvido, em razão de inadimplemento absoluto do adquirente, nos termos do art. 32 da Lei Federal n.º 6.766/1979, situação em que desaparece o suporte jurídico que autoriza a purgação da mora prevista no § 1º do art. 251-A da Lei Federal n.º 6.015/1973. Caso o vendedor já tenha intimado o devedor em observância das regras da Lei Federal n.º 6.766/1979 referidas *supra* e a mora tenha se convertido em inadimplemento absoluto, não haverá como promover outra notificação, porque o contrato já estará resolvido.

Caso a intimação já tenha sido previamente feita pelo vendedor e o contrato esteja resolvido de pleno direito, por descumprimento absoluto do devedor (no âmbito das regras da Lei Federal n.º 6.766/1979), o registrador estará dispensado de promover a nova intimação prevista na primeira parte do aludido § 1º do art. 251-A, pois, em razão da extinção do contrato pela resolução já ocorrida, não há mais possibilidade jurídica de purgação da mora pelo devedor. Portanto, subsequentemente, a pedido do vendedor, deverá processar os demais atos para o cancelamento do registro do compromisso de compra e venda na matrícula do imóvel.

Nota-se, pela redação dada ao § 1º do art. 251-A da Lei Federal n.º 6.015/1973, que a intenção é dar uma nova oportunidade para o devedor purgar a mora no prazo de 30 dias. Ora, como ressuscitar, nesse momento, o direito de regularizar a mora em um contrato que já está "morto" pela resolução? Afigura-se-nos um milagre juridicamente impossível. Ao que parece, as alterações legais não se coadunam com o conceito de obrigação como processo, pois tentam dar sobrevida a uma prestação que já foi atingida pelo inadimplemento absoluto.

Para os imóveis loteados, apresentam-se como diplomas conflitantes entre si em certa medida, razão pela qual deverá atender, em relação à lista de providências indicadas a seguir, apenas o que está apontado no item (v).

Para os negócios jurídicos de alienação de lotes com pacto adjeto de alienação fiduciária, os procedimentos comentados anteriormente não são aplicáveis. Em caso de inadimplemento do comprador fiduciante, deverão ser observados os dispositivos da Lei Federal n.º 9.514/1997 para a execução da garantia real fiduciária imobiliária.

Essa lei, no que se refere à garantia fiduciária, é especial em relação à Lei Federal n.º 6.766/1979, porque contém mecanismos próprios para a intimação do devedor, para a purgação da mora, para conversão da mora em inadimplemento absoluto, para a execução da garantia real fiduciária e para o ajuste de contas entre credor e devedor, razão pela qual é a Lei Federal n.º 9.514/1997 que deverá prevalecer e ser observada. No Capítulo 6, avaliaremos alguns aspectos relacionados a esse tema da garantia fiduciária imobiliária.

Imóveis não loteados

Para a resolução de contratos de imóveis não loteados, a previsão de notificação, que regulamenta a constituição em mora dos contratos do art. 22 do Decreto-lei n.º 58/1937, está no art. 1º do Decreto-lei 745/1969.

O referido art. 1º estabelece que o inadimplemento absoluto do comprador somente se caracterizará se deixar de purgar a mora no prazo de 15 dias após a interpelação judicial ou por registro de títulos e documentos.

Discutimos anteriormente que, nos contratos com cláusula resolutiva expressa[175], a resolução pelo inadimplemento absoluto do comprador ocorrerá automaticamente após o decurso de 15 dias, a contar da interpelação destinada à purgação da mora pelo devedor.

Aos que não contiverem a cláusula resolutiva expressa aplica-se a tácita, que dependerá da intervenção do Poder Judiciário para a declaração do seu término (Código Civil, art. 474).

Entretanto, apesar de a cláusula resolutiva expressa, observado o período para purgação da mora, acarretar a resolução do compromisso de compra e venda de pleno direito, é certo que, para se promover o cancelamento do seu registro na matrícula do imóvel não loteado, aí sim, será necessário observar o procedimento indicado no art. 251-A da Lei Federal n.º 6.015/1973 ou apresentar o correspondente distrato (celebrado pelos contratantes) ou a respectiva ordem judicial de cancelamento do respectivo registro com trânsito em julgado, nos termos do art. 250 da Lei Federal n.º 6.015/1973.

Similar à situação dos imóveis loteados que, para a extinção do contrato, exige que o devedor seja constituído em mora, também para os imóveis não loteados, como condição para a caracterização do inadimplemento absoluto e resolução do contrato, é legalmente exigida a interpelação do

---

[175] "Inexiste óbice para a aplicação de cláusula resolutiva expressa em contratos de compromisso de compra e venda, porquanto, após notificado/interpelado o compromissário comprador inadimplente (devedor) e decorrido o prazo sem a purgação da mora, abre-se ao compromissário vendedor a faculdade de exercer o direito potestativo concedido pela cláusula resolutiva expressa para a resolução da relação jurídica extrajudicialmente. Impor à parte prejudicada o ajuizamento de demanda judicial para obter a resolução do contrato quando esse estabelece em seu favor a garantia de cláusula resolutória expressa, é impingir-lhe ônus demasiado e obrigação contrária ao texto expresso da lei, desprestigiando o princípio da autonomia da vontade, da não intervenção do Estado nas relações negociais, criando obrigação que refoge o texto da lei e a verdadeira intenção legislativa. [...]" (STJ, REsp 1.789.863, j. 10.08.2021).

compromissário comprador, pela via judicial ou pelo oficial de registro de títulos e documentos, com prazo de 15 dias, contado do recebimento da interpelação para purgação da mora.

Como registramos ao tratarmos do cancelamento do registro do compromisso de compra e venda dos imóveis loteados, também naqueles não loteados inexiste espaço para nova intimação do devedor para purgação da mora, na forma indicada no § 1º do art. 251-A da Lei Federal n.º 6.015/1973, pois o contrato já estará resolvido de pleno direito, observada a necessidade de notificação exigida pelo Decreto-lei n.º 745/1969, e não haverá mais relação jurídica que justifique novo período de purgação da mora.

A resolução ocorrerá com a constituição do devedor em mora e com a conversão desta em inadimplemento absoluto. Com a resolução, o vendedor poderá requerer ao oficial de registro de imóveis, mediante comprovação do inadimplemento absoluto do devedor, a averbação de cancelamento do registro do compromisso de compra e venda na matrícula do imóvel, sem que seja necessário promover nova notificação.

Essas comprovações, caso deseje o credor dar a elas mais substância, poderão, a seu pedido, ser constatadas detalhadamente em ata notarial a ser lavrada por tabelião de notas da localidade do imóvel, em que se poderá, inclusive, diante dos documentos pertinentes, ser declarada a resolução do compromisso de compra e venda, como autoriza o § 2º do art. 7º-A da Lei Federal n.º 8.935/1994. A referida ata, vale destacar, constituirá título para fins de ingresso no registro de imóveis, nos termos do art. 221 da Lei Federal n.º 6.015/1973.

Entretanto, o vendedor poderá optar pelo procedimento extrajudicial de cancelamento do registro do compromisso de compra e venda previsto no art. 251-A da Lei Federal n.º 6.015/1973, em decorrência da resolução do contrato pelo inadimplemento absoluto do devedor e valer-se da notificação a ser encaminhada pelo registrador imobiliário, situação em que deverá observar o seguinte[176]:

(i) requerer que o oficial do registro de imóveis da localidade do imóvel promova a intimação pessoal do devedor ou de seu representante legalmente constituído, para que, no prazo de 30 dias contado do recebimento da intimação, pague a prestação ou as prestações vencidas e as que vencerem até a data do efetivo pagamento, incluídos os juros convencionais, a correção monetária, as penalidades e os demais encargos contratuais, os encargos legais, inclusive tributos, as contribuições condominiais ou despesas de conservação e manutenção em loteamentos de acesso controlado, imputáveis ao imóvel, além das despesas de cobrança, de intimação, bem como do registro do contrato, caso este tenha sido efetuado a requerimento do compromissário vendedor (Decreto-lei n.º 745/1969 c.c. a Lei Federal n.º 6.015/1973, art. 251-A, § 1º);

(ii) a intimação referida no item (i) *supra* poderá ser delegada pelo oficial de registro de imóveis ao oficial do registro de títulos e documentos da comarca da situação do imóvel ou do domicílio de quem deva recebê-la (Lei Federal n.º 6.015/1973, art. 251-A, § 2º);

(iii) aos procedimentos de intimação ou notificação efetuados pelos oficiais de registros públicos serão aplicados, no que couber, os dispositivos referentes à citação e à intimação previstos no Código de Processo Civil (Lei Federal n.º 6.015/1973, art. 251-A, § 3º), previsão legal que sustenta a possibilidade de realização da intimação por hora certa, antes da editalícia, com base no quanto estabelecem os arts. 15, 252, 253 e 254, todos do Código de Processo Civil;

---

[176] Lei Federal n.º 6.015/1973, art. 251-A.

(iv) a mora poderá ser purgada pelo devedor, mediante pagamento a ser feito diretamente ao oficial do registro de imóveis, o qual lhe dará quitação das quantias recebidas no prazo de três dias e as depositará na conta bancária informada pelo vendedor no requerimento de intimação. Na falta dessa informação, o oficial registrador cientificará o vendedor de que as quantias estão à sua disposição para serem levantadas (Lei Federal n.º 6.015/1973, art. 251-A, § 4º); e

(v) caso não ocorra o pagamento – e aqui deve-se entender a quitação integral das parcelas devidas –, mediante comprovação feita pelo credor quanto à não purgação da mora do devedor, o oficial registrador certificará o ocorrido e intimará o vendedor para que promova o recolhimento das custas e dos emolumentos para que possa efetuar a averbação de cancelamento do registro do compromisso de compra e venda (Lei Federal n.º 6.015/1973, art. 251-A, § 5º).

Contudo, somente se o vendedor não fizer a prévia interpelação judicial ou por Registro de Títulos e Documentos é que se abrirá, no procedimento extrajudicial registrário de cancelamento de registro do referido art. 251-A, a fase prevista nesse dispositivo para a purgação da mora, com a necessidade de intimação do devedor.

Nota-se que tanto a Lei Federal n.º 6.766/1979 quanto a Lei Federal n.º 6.015/1973 possuem regramentos específicos para a resolução do compromisso de compra e venda. Assim, o vendedor não deverá ser obrigado a utilizar os dois caminhos legais para alcançar a mesma coisa, pois, se optar pelo quanto estabelece a Lei Federal n.º 6.766/1979 e tiver resolvido o contrato por inadimplemento absoluto do comprador, estará dispensado da notificação exigida pelos primeiros parágrafos do art. 251-A da Lei Federal n.º 6.015/1793.

A certidão de cancelamento do registro do compromisso de compra e venda, referida anteriormente, por expressa disposição de lei, será considerada prova determinante para a concessão da medida liminar de reintegração de posse em favor do vendedor (Lei Federal n.º 6.015/1973, art. 251-A, § 6º).

O vendedor, entendemos, poderá se valer de um ou de outro procedimento legal. Ou notifica previamente o devedor pela via judicial ou pelo oficial de registro de títulos e documentos, caso em que o prazo para a purgação da mora pelo devedor será de 15 dias[177] (Decreto-lei n.º 745/1969, art. 1º), ou por meio do oficial de registro de imóveis, hipótese em que o prazo para a purgação da mora pelo devedor será de 30 dias (Lei Federal n.º 6.015/1973, art. 251-A, § 1º).

Para se utilizar das providências do § 1º do art. 251-A da Lei Federal n.º 6.015/1973, o compromisso de compra e venda deverá estar registrado na matrícula do imóvel, o que poderá ser providenciado previamente pelo vendedor.

Para os compromissos de compra e venda não registrados, o vendedor poderá se valer apenas do procedimento de intimação previsto no art. 1º do referido Decreto-lei n.º 745/1969.

Imóveis incorporados

Resolução por inadimplemento do incorporador. Caio Mário da Silva Pereira[178] registrou em seu livro que o regime das incorporações viria inequivocamente moralizar uma atividade que se achava deformada pela cupidez e pela irresponsabilidade. Imprimiria seriedade e traria confiança ao mercado imobiliário especializado. Preparou o campo para

---

[177] Ou de 30 dias para os imóveis loteados.
[178] PEREIRA, Caio Mário da Silva. Prefácio à 3. edição. Condomínio e incorporações. Atualizadores Melhim Namem Chalhub e André Abelha. 16. ed. rev. e reform. Rio de Janeiro: Forense, 2024.

o advento da era imobiliária moderna, de tal modo que o progresso nesse ramo, que atingiu grandes proporções, não seria viável se lhe faltasse suporte legislativo.

A incorporação imobiliária representa um conjunto de ações específicas, previstas em lei, tomadas por determinado empreendedor que, com a venda antecipada das unidades autônomas que integram o empreendimento, obtém parte relevante do capital necessário para a construção de edifício sob o regime condominial edilício.

Considera-se incorporação imobiliária a atividade exercida com o intuito de promover e realizar a construção, para alienação total ou parcial, de edificações ou conjunto de edificações compostas de unidades autônomas.

Nesse contexto, a obrigação do incorporador no compromisso de compra e venda é de entregar a unidade autônoma alienada no prazo estabelecido no contrato.

O inadimplemento dessa obrigação pode ser parcial, caso a entrega aconteça posteriormente ao prazo definido, ou absoluto, se não ocorrer o cumprimento da prestação, que é a efetiva conclusão da obra e entrega da unidade na forma e no prazo ajustados no contrato.

Em ambas as hipóteses, o incorporador será responsável pela indenização das perdas e danos causados ao adquirente adimplente (Código Civil, art. 475).

Os §§ 1º e 2º do art. 43-A da Lei Federal n.º 4.591/1964 tratam do inadimplemento absoluto e relativo, respectivamente, por parte do incorporador.

De acordo com a regra geral do Código Civil, o art. 475, ao adquirente que cumpriu suas obrigações caberá, conforme discutiremos, optar pela rescisão do contrato e pagamento da multa estipulada ou pela execução dele tardiamente, sujeito a uma indenização específica.

O § 1º do art. 43-A da Lei Federal n.º 4.591/1964 estabelece que, se a entrega do imóvel ultrapassar o prazo definido contratualmente e desde que o adquirente não tenha dado causa ao atraso, ele poderá requerer a resolução do contrato.

Nessa hipótese, o incorporador deverá, no prazo de 60 dias, promover a devolução integral de todos os valores pagos pelo adquirente, acrescidos da multa estabelecida em contrato para o inadimplemento absoluto, corrigidos conforme o índice escolhido pelos contratantes para a correção monetária das parcelas referentes ao valor de compra do imóvel.

Na situação de o imóvel objeto do compromisso de compra e venda ser disponibilizado ao adquirente, com a sua concordância, após o prazo previsto para a entrega (inadimplemento relativo – mora), o incorporador deverá indenizar o comprador do dano emergente que este experimentou pela impossibilidade de fruição do imóvel, pelo período compreendido entre o prazo estabelecido no contrato para a entrega final até a sua efetiva disponibilização. Ainda, caso seja comprovado, poderá ser acrescido o lucro cessante, que corresponderá ao que o adquirente poderia ter ganhado se tivesse podido tirar proveito econômico do imóvel nesse mesmo período (Código Civil, art. 402)[179].

Entretanto, vale destacar que o Superior Tribunal de Justiça, ao firmar a tese para o Tema Repetitivo 970, entendeu que a "cláusula penal moratória tem a finalidade de indenizar pelo adimplemento tardio da obrigação, e, em regra, estabelecida em valor equivalente ao locativo, afasta-se sua cumulação com lucros cessantes".

Em caso de inadimplemento relativo (mora), o § 2º do art. 43-A da Lei Federal n.º 4.591/1964 determina que o incorporador deverá pagar ao adquirente adimplente, no momento da entrega da unidade, uma indenização de um por cento sobre o valor que aquele

---

[179] CHALHUB, Melhim Namem. *Incorporação imobiliária*. 7. ed. Rio de Janeiro: Forense, 2023. p. 481.

(incorporador) tiver recebido do adquirente[180], para cada mês de atraso, *pro rata die*, corrigido monetariamente pelo índice eleito no contrato para o pagamento do preço de aquisição (dano emergente).

O § 3º do mesmo art. 43-A proíbe que haja cumulação da multa prevista no § 1º com a definida no § 2º, pois a primeira refere-se ao inadimplemento absoluto (não entrega do imóvel) e a segunda, ao inadimplemento relativo (entrega do imóvel com atraso).

A ocorrência de fato que justifique sua aplicação pelo inadimplemento absoluto exclui a incidência da multa por inadimplemento relativo. Assim, se a entrega ocorrer além do prazo, mas efetivamente ocorrer, não se aplicará a penalidade para o inadimplemento absoluto, apenas a relativa ao inadimplemento parcial (mora).

A cláusula penal nos contratos de incorporação imobiliária também já foi objeto de detida análise dos nossos Tribunais em razão dos inúmeros recursos, especialmente do Superior Tribunal de Justiça.

Em muitos contratos de compra e venda em incorporação, são estabelecidas cláusulas penais moratória e compensatória somente para as situações de inadimplemento do adquirente.

No caso de inadimplemento do incorporador alienante quanto à entrega da unidade autônoma ao comprador adimplente, a prática mostrou que não se previa contratualmente penalidade em benefício do adquirente para prefixar as perdas e danos por ele sofridas com o inadimplemento relativo ou absoluto do empreendedor.

Tal situação foi examinada pelo Superior Tribunal de Justiça e, no âmbito do REsp 1.614.721/DF, foi fixado o Tema Repetitivo 971 cuja tese é a seguinte:

> No contrato de adesão firmado entre o comprador e a construtora/incorporadora, havendo previsão de cláusula penal apenas para o inadimplemento do adquirente, deverá ela ser considerada para a fixação da indenização pelo inadimplemento do vendedor. As obrigações heterogêneas (obrigações de fazer e de dar) serão convertidas em dinheiro, por arbitramento judicial.

Logo, caso haja previsão de cláusulas penais apenas para o inadimplemento do comprador, elas, com os mesmos fundamentos punitivos, serão utilizadas para a definição da indenização a ser paga pelo incorporador alienante e inadimplente em benefício do adquirente adimplente.

Importante destacar que ambos os repetitivos mencionados neste tópico (970 e 971) tiveram suas respectivas teses fixadas em momento em que a matéria de desfazimento do contrato (resilição ou resolução) de incorporação e de loteamento não estava regulamentada por lei.

A Lei dos Distratos, que veremos a seguir, instituiu critérios, limites e prazos para a imposição de penalidades decorrentes de inadimplemento parcial (mora) ou de inadimple-

---

[180] "[...] Sentença de parcial procedência para condenar as rés, solidariamente, ao pagamento da *multa* contratual de 1% do que tiver pago pela autora no contrato, calculada a partir do prazo de *entrega* previsto no contrato, incidente até a data do 'habite-se' e corrigida pelos índices adotados no contrato, bem como ao pagamento de indenização por danos morais no valor de R$ 10.000,00 [...] Incidência do princípio 'tantum devolutum quantum appellatum' – *Atraso* configurado, devendo prevalecer a data de *entrega* estabelecida no contrato – Recurso da ré – Aplicação das regras do CDC – Hipótese em que foi corretamente aplicada a *multa* contratual prevista pelo *atraso* na *entrega* da obra, e que não pode ser cumulada com lucros cessantes, sob pena de configurar 'bis in idem' – Juros de obra que seriam devidos à Instituição Financeira e que não se comprovou terem sido cobrados ou pagos pela autora [...]" (TJSP, Apelação Cível 1001919-57.2023.8.26.0048, j. 21.11.2023).

mento absoluto, tanto das obrigações do incorporador ou loteador quanto das obrigações dos respectivos adquirentes.

Resolução por inadimplemento do adquirente. Introdução. O adquirente de unidade autônoma tem como obrigação essencial o pagamento do preço, que pela prática de mercado é estipulado em parcelas periódicas geralmente mensais. O descumprimento ficará caracterizado pelo não pagamento de parcela do preço no prazo, no modo e no lugar estabelecidos em contrato, observada, para a caracterização do inadimplemento absoluto, a exigência legal de notificação prévia e pessoal do devedor para a purgação da mora.

Tal notificação deverá ser encaminhada pelo incorporador ou pela comissão de representantes dos adquirentes, como veremos adiante, em linha com o que já vimos nas regras gerais sobre mora e inadimplemento absoluto.

Tal obrigação de pagamento do preço, na relação resultante de contrato de incorporação imobiliária, origina-se em compromisso de compra e venda de unidade autônoma ou em compromisso de compra e venda de fração ideal de terreno atrelado ao contrato de construção da correspondente unidade.

A resolução do compromisso de compra e venda em decorrência do inadimplemento absoluto por parte do adquirente é dividida em duas fases distintas, uma dependente da solução dada à outra, que contam com efeitos próprios e específicos em cada uma delas.

Na primeira fase, o credor lesado pelo inadimplemento deverá notificar o adquirente inadimplente e conceder prazo estabelecido em lei para que este tenha a possibilidade de fazer convalescer o contrato, purgando a mora (com pagamento do débito em atraso).

Purgada a mora, fica restabelecido o contrato. Não purgada, configura-se o inadimplemento absoluto do adquirente, resolve-se o contrato e segue-se para a segunda fase.

Na segunda fase, após a conversão da mora em inadimplemento absoluto, inaugura-se a etapa obrigacional de liquidação do contrato resolvido. Na Lei Federal n.º 4.591/1964, essa liquidação pode ser extrajudicial, nos termos dos procedimentos indicados no art. 63, que regulamenta a alienação, em leilões públicos extrajudiciais, dos direitos que o adquirente inadimplente tiver adquirido na relação com o alienante.

Tendo em vista que os efeitos dos atos subsequentes têm como ponto de partida o encaminhamento da intimação para purgação da mora pelo devedor, entendemos que tal chamamento deste deve ser feito de forma pessoal, porque, pelo desenrolar da segunda fase, (i) objetiva-se a alienação de direitos patrimoniais que o adquirente devedor detiver no empreendimento; (ii) o prazo de purgação da mora (10 ou 90 dias como esclareceremos adiante) pode ser insuficiente para que o interessado tome outras providências em sua defesa, caso a intimação seja feita a outra pessoa que não a ele; (iii) as informações da notificação (veja nossa sugestão *supra*) darão ao devedor inadimplente o pleno conhecimento de sua situação diante do descumprimento da prestação principal, o que permitirá o exercício da ampla defesa e do contraditório; e (iv) abre a possibilidade de o devedor poder se valer do Poder Judiciário.

As justificativas indicadas nos dois últimos itens anteriores (garantia de ampla defesa e do contraditório, assim como o livre acesso ao Poder Judiciário[181]) reforçam a necessidade

---

[181] "Recurso especial. Direito civil. Promessa de compra e venda de unidade imobiliária em construção. Leilão extrajudicial. Art. 63, § 1º, da Lei n. 4.591/1964. Intimação para comunicação da data e hora do leilão. Desnecessidade. 1. Com a entrada em vigor do Código Civil de 2002, parte da Lei n. 4.591/1964, que dispõe sobre a constituição e registro das incorporações imobiliárias, foi revogada, passando o diploma civil a disciplinar o tema nos seus artigos 1.331 a 1.358. 2. A revogação parcial da Lei n.

de a intimação ser pessoal para garantir a constitucionalidade do procedimento extrajudicial do art. 63, pois permite que o devedor busque o amparo judicial a qualquer tempo, desde o momento que toma conhecimento da sua situação de mora.

Como destacam André Abelha e Alexandre Junqueira Gomide[182], outro meio de notificação que não seja o pessoal poderá gerar dúvidas e inseguranças jurídicas ao incorporador, ao condomínio e ao arrematante da unidade leiloada. As incertezas e as inseguranças, tanto para o credor quanto para o devedor, não existirão se este for notificado pessoalmente.

Dissemos anteriormente que a resolução do compromisso de compra e venda produz efeitos liberatório, restitutório e ressarcitório.

A resolução promove a exoneração das partes do vínculo obrigacional a que estavam submetidas originalmente pelo compromisso de compra e venda e, subsequentemente, desvenda outra realidade obrigacional que envolve a liquidação dos direitos atribuíveis a cada um dos contratantes.

Com a resolução do compromisso de compra e venda, inicia-se a fase obrigacional de liquidação da relação contratual preliminar. Essa fase é integrada por procedimentos e soluções diversos a depender se o desfazimento contratual será feito extrajudicial ou judicialmente.

A fase obrigacional de liquidação do compromisso de compra e venda é composta da (i) restauração dos contratantes à situação anterior à contratação, mediante (i.1) a recuperação do domínio da coisa vendida pelo alienante; e (i.2) a restituição, na forma das respectivas leis, se judicial (Lei dos Distratos) ou se extrajudicial (Lei Federal n.º 4.591/1964, art. 63), das quantias pagas pelo adquirente inadimplente; e (ii) ressarcimento das perdas e danos que decorrerem da quebra do contrato para recomposição do patrimônio do credor lesado[183].

Para a resolução extrajudicial do compromisso de compra e venda aqui tratada, as partes têm ao seu alcance as disposições especiais estabelecidas nas Leis Federais n.º 4.591/1964 e 4.864/1965, as quais determinam ao incorporador (compromitente vendedor) ou à comissão de representantes dos demais adquirentes a obrigação de, cumpridas as formalidades para a resolução do compromisso de compra e venda (notificação do devedor para sua constituição em mora no correspondente prazo legal), (i) realizar a venda do imóvel objeto do contrato resolvido em leilões extrajudiciais; (ii) destinar o resultado obtido com a venda nos leilões extrajudiciais para o pagamento da dívida relativa ao preço não pago pelo adquirente inadim-

---

4.591/1964 não atingiu a previsão constante de seu art. 63, consistente na execução extrajudicial do contratante faltoso em sua obrigação de pagamento das prestações do preço da construção. 3. A execução instituída pela Lei n. 4.591/1964 possibilitou a realização de leilão extrajudicial, devendo, no entanto, a opção por sua utilização constar sempre, previamente, do contrato estabelecido entre as partes envolvidas na incorporação. 4. A necessidade de previsão contratual da medida expropriatória extrajudicial, e a ocorrência de prévia interpelação do devedor para que seja constituído em mora, dão a essa espécie de execução elementos satisfatórios de contraditório, uma vez que a interpelação será absolutamente capaz de informar o devedor da inauguração do procedimento, possibilitando, concomitantemente, sua reação. 5. Nos termos da execução extrajudicial da Lei n. 4.591/1964, não é necessária a realização de uma segunda notificação do devedor com o objetivo de cientificá-lo da data e hora do leilão, após a interpelação que o constitui em mora. 6. Recurso especial não provido" (STJ, REsp 1.399.024/RJ, j. 03.11.2015).

[182] ABELHA, André; GOMIDE, Alexandre Junqueira. A purgação da mora no leilão extrajudicial previsto na Lei 4.591/64. Necessidade da notificação pessoal do devedor. *Migalhas*, coluna Migalhas edilícias, 23 nov. 2018. Disponível em: https://www.migalhas.com.br/coluna/migalhas-edilicias/291545/a-purgacao-da-mora-no-leilao-extrajudicial-previsto-na-lei-4-591-64---necessidade-da-notificacao-pessoal-do-devedor Acesso em: 29 nov. 2023.

[183] CHALHUB, Melhim Namem. *Incorporação imobiliária*. 7. ed. Rio de Janeiro: Forense, 2023. p. 457.

plente, com aplicação dos descontos autorizados em lei; e, se o caso, (iii) entregar o saldo positivo ao devedor inadimplente.

Como veremos no item imediatamente seguinte, os fundamentos e os procedimentos para se promover a resolução do contrato decorrente de incorporação imobiliária pela aplicação da cláusula resolutiva expressa estão previstos no art. 63 da Lei Federal n.º 4.591/1964 e no art. 1º da Lei Federal n.º 4.864/1965.

No referido art. 63, a sistemática extrajudicial de resolução do contrato de adquirente inadimplente decorrente de incorporação imobiliária é endereçada à comissão de representantes dos demais adquirentes. As medidas lá indicadas visam proteger os interesses dos demais condôminos (da fase de construção), os quais seriam diretamente prejudicados com o atraso do adquirente inadimplente, no que se refere ao desenvolvimento das obras do empreendimento.

Entretanto, não é apenas a comissão de representantes que poderá se valer de tal procedimento extrajudicial. Também o incorporador, conforme o art. 1º, VI e VII, da Lei Federal n.º 4.864/1965, pode utilizar o mecanismo de resolução expressa previsto no referido art. 63 da Lei Federal n.º 4.591/1964, com pequena distinção no prazo concedido para o devedor purgar a mora.

Importante destacar que a disposição contida no inciso VII do art. 1º da Lei Federal n.º 4.864/1965 equiparou a hipótese do art. 63 da Lei Federal n.º 4.591/1964 (construção por administração) às vendas de unidades autônomas com pagamento a prazo, ou seja, os contratos denominados a "preço fechado". Também para esses tipos de contrato (preço fechado), é possível a solução extrajudicial do art. 63, por expressa equiparação legal (Lei Federal n.º 4.864/1965, art. 1º).

Entretanto, apesar da inequívoca autorização legal, é necessário destacar que há precedentes que entendem que somente os contratos por administração é que admitem a solução prevista no art. 63[184].

A adoção do procedimento de resolução extrajudicial, quando no contrato houver a previsão da cláusula resolutiva expressa nos termos do art. 474 do Código Civil cumulados com o art. 63 da Lei Federal n.º 4.591/1964 e com o art. 1º da Lei Federal n.º 4.864/1965,

---

[184] "[...] Contrato resolvido no curso da demanda, por iniciativa da incorporadora, por força do leilão extrajudicial promovido com base no art. 63 da Lei n. 4.591/64 – Partes que não discutem a extinção do contrato, mas sim os seus efeitos, em especial a restituição de parte das parcelas do preço pagas – Sentença que se limitou a condenar a empreendedora à devolução de 80% dos valores adimplidos pelo requerente, com juros contados da citação – Insurgência da incorporadora ré merece parcial acolhida – Cabível a restituição de parte dos valores pagos pelo autor, pois não houve construção por administração/a preço de custo, mas sim a preço fechado, no caso concreto – Inviabilidade de após a distribuição de ação de resolução ajuizada pelo promissário comprador, a promitente vendedora promover a adjudicação extrajudicial do contrato, com fundamento no art. 63 da L. 4.591/64 – Correta a resolução do contrato, com retenção de parte do preço pago – Juros de mora, contudo, devidos com termo inicial na data do trânsito em julgado, consoante entendimento vinculante do STJ [...]" (TJSP, Apelação Cível 1008017-30.2019.8.26.0038, j. 09.02/.2021); "Compromisso de compra e venda. Cerceamento de defesa inocorrido. Dissolução do contrato em virtude de inadimplemento do adquirente. Descabimento, na espécie, envolvendo construção a preço fechado, posto que reajustável, do procedimento do art. 1º, VII, da Lei 4.864/65 c/c art. 63, §§ 1º a 8º, da Lei 4.591/64. Retenção preservada em 20%dos valores pagos, na esteira da orientação da Câmara. Desconto das demais verbas que se afigura abusivo e implica a retenção total dos valores pagos. Cláusula penal igualmente abusiva, desde que levaria ao mesmo resultado. Ressarcimento indevido dos valores pagos pelo serviço de corretagem. Verba referida no contrato, mas não o seu valor. Descumprimento do dever de prévia informação. [...]" (TJSP, Apelação Cível 1007805-56.2015.8.26.0100, j. 04.09.2019).

visa, como já referido, tanto a proteção dos interesses do incorporador e dos condôminos construtores quanto do adquirente inadimplente, pois: (i) sua solução apresenta agilidade na resolução do contrato inadimplido; (ii) possibilita a utilização, pelo incorporador ou pelo condomínio de construção, do valor obtido em leilão para a quitação dos valores não pagos pelo inadimplente, com as deduções permitidas em lei; e (iii) obriga a entrega do eventual saldo positivo ao adquirente faltoso[185].

Para a resolução judicial, as soluções legais para a fase obrigacional de liquidação do compromisso de compra e venda estão na Lei dos Distratos, que comentaremos adiante e para onde remetemos o leitor.

Resolução por inadimplemento do adquirente. Procedimentos do art. 63 da Lei Federal n.º 4.591/1964. Entendemos importante abrir este item com o registro da opinião de Caio Mário da Silva Pereira[186] sobre o seu entendimento concernente aos procedimentos do referido art. 63.

Para o autor,

> [...] o art. 63 da Lei 4.591/64 estabeleceu um critério de venda extrajudicial que somente veio beneficiar o adquirente de unidade. Por critério normal, constituído o devedor em mora, caberia a ação judicial para a resolução do contrato, e no final a venda em hasta pública ou leilão do bem penhorado. A Lei 4.591/64 estabeleceu um procedimento de venda que se realiza sem delongas, e com todas as garantias para o adquirente. Requer a constituição em mora, com prazo de dez dias para a respectiva purgação. A venda se efetua em leilão público. Se o lance não cobrir o débito será realizada nova praça. O condomínio terá preferência para adjudicar a unidade no prazo de 24 horas após a realização do leilão. Deduzidos do preço obtido o débito e mais todas as despesas, inclusive honorários de advogado, anúncios, comissão e multa de 10%, o saldo remanescente será entregue ao devedor inadimplente. O leilão oferece, portanto, o mais equânime dos critérios: presteza na solução, reversão ao condomínio do preço apurado com as deduções previstas; entrega do saldo ao adquirente faltoso. Ninguém se apropria do remanescente ou de qualquer diferença na apuração de haveres. Efetuado o leilão com observância das normas contidas no art. 63 e seus parágrafos, não se pode nele enxergar enriquecimento sem causa (quer para o incorporador, quer para o condomínio) ou condição abusiva. Em confronto com o CDC, que é tão zeloso na defesa do consumidor, não se vislumbra aí qualquer das práticas abusivas mencionadas no art. 39 do CDC.

Da opinião do autor registrada *supra* destacamos a conclusão de que o leilão se apresenta como o mais equilibrado dos critérios para a fase de obrigação de liquidação do compromisso de compra e venda resolvido.

Há presteza na solução, pois existem prazos legais – com os contratuais – que devem ser seguidos para impor ritmo ao procedimento extrajudicial. Ocorre a transferência em favor do incorporador ou do condomínio de construção da quantia apurada com o leilão, sempre limitada ao correspondente valor da dívida do adquirente faltoso e, depois de feitas as deduções autorizadas em lei, é obrigatória a entrega do saldo, se houver, ao devedor inadimplente.

---

[185] PEREIRA, Caio Mário da Silva. Código de Defesa do Consumidor e as incorporações imobiliárias. *Revista dos Tribunais*, v. 712, p. 102-111, fev. 1995.

[186] PEREIRA, Caio Mário da Silva. Código de Defesa do Consumidor e as incorporações imobiliárias. *Revista dos Tribunais*, v. 712, p. 102-111, fev. 1995.

Denota-se que o leilão extrajudicial, conduzido pelo credor nos exatos termos do art. 63 da Lei Federal n.º 4.591/1964, pretende atender aos interesses de todos os envolvidos: alienante, condôminos em construção e comprador inadimplente.

Ao determinar que o valor correspondente ao débito da construção seja saldado em primeiro lugar e somente depois o eventual valor excedente seja entregue ao adquirente faltoso, a lei demonstra sua preocupação em manter a salvo os interesses da coletividade dos condôminos em construção, para que os recursos obtidos sejam destinados à consecução do empreendimento.

Para os compromissos de compra e venda aqui considerados e que decorrem do regime das Leis Federais n.º 4.591/1964 e n.º 4.864/1965, o art. 63 da primeira lei considera lícito estabelecer no contrato que (i) a falta de pagamento de três prestações do preço de aquisição pelo adquirente, depois de prévia notificação encaminhada para este pela comissão de representantes em que se conceda o prazo de 10 dias para purgação da mora, acarretará a resolução do contrato por inadimplemento absoluto; ou que (ii) pela dívida responderão os direitos à respectiva fração ideal de terreno e à parte construída até então adicionada.

Pela previsão contida no art. 63, é possível o credor se valer da cláusula resolutiva expressa, desde que esta esteja formalmente prevista no compromisso de compra e venda, quando há o atraso de três prestações do preço da construção. Nessa situação, a comissão de representantes do condomínio construtivo deverá intimar o adquirente devedor para que, no prazo de 10 dias, contado do recebimento da intimação pessoal, efetue o pagamento dos débitos (purgue a mora), sob pena de conversão da mora em inadimplemento absoluto que, consequentemente, fundamentará a resolução do compromisso de compra e venda e a realização dos leilões extrajudiciais.

Mencionamos que o incorporador também poderá se valer da cláusula resolutiva expressa, desde que prevista no compromisso de compra e venda, em caso de descumprimento da obrigação de pagamento pelo adquirente ou o inadimplemento de quaisquer outras obrigações previstas no contrato, porém com uma diferença de procedimento que se encontra estabelecida nos incisos VI e VII do art. 1º da Lei Federal n.º 4.864/1965.

De acordo com os referidos dispositivos legais e tendo o compromisso de compra e venda previsto a cláusula resolutiva expressa, o incorporador poderá promover a resolução do contrato, caso ocorra o inadimplemento absoluto pelo adquirente referente, no mínimo, (i) a três meses de vencimento de qualquer obrigação contratual ou (ii) a três prestações mensais do preço de aquisição da unidade.

Pelo texto legal, o inadimplemento para utilização da cláusula resolutiva expressa não está restrito apenas ao pagamento de parcelas do preço para a aquisição da unidade, mas a toda e qualquer obrigação contratual do contrato de compra e venda que tenha sido descumprida.

Devemos salientar que não somente a cláusula resolutiva expressa deve estar formalmente presente no contrato, mas também os procedimentos dos leilões extrajudiciais, com todo o seu detalhamento, também deverão estar explicitamente previstos, para que o adquirente tenha conhecimento pleno das providências exigidas em lei, caso haja o inadimplemento absoluto de sua parte[187].

---

[187] "Direito civil. Condomínio de Construção. Lei n.º 4.591/64. Leilão extrajudicial. Ausência de previsão contratual. Impossibilidade. I – Não é possível a realização de leilão extrajudicial da quota-parte do condômino inadimplente se não há previsão contratual, conforme exegese do artigo 63 da Lei n.º 4.591/64. II – Recurso especial conhecido provido" (STJ, REsp 345.677/SP, j. 02.12/.2003). Em mesmo sentido: TJSP, Apelação Cível 1002715-63.2020.8.26.0271, j. 07.04.2022 e TJSP, Apelação Cível 1015257-40.2017.8.26.0006, j. 16.11.2020.

A diferença entre os dispositivos que legitimam o incorporador e a comissão de representantes a promoverem os procedimentos extrajudiciais está no prazo concedido ao devedor para a purgação da sua mora.

A comissão de representantes deverá aguardar o decurso do prazo de 10 dias contado do recebimento da notificação pelo devedor para configurar a mora (Lei Federal n.º 4.591/1964, art. 63), enquanto o incorporador deverá aguardar o prazo de 90 dias.

Em qualquer hipótese de descumprimento, para que se alcance a resolução do compromisso de compra e venda por inadimplemento absoluto, o credor incorporador deverá notificar prévia e pessoalmente o devedor adquirente para constituí-lo em mora, concedendo-lhe o prazo legal de 90 dias, desde a data do vencimento da obrigação não cumprida ou do vencimento da terceira prestação mensal não paga (Lei Federal n.º 4.864/1965, art. 1º, VI).

Superado o prazo de 10 ou de 90 dias conferido por lei, conforme o caso, sem que o devedor purgue a mora, ocorrerá a resolução do compromisso de compra e venda por inadimplemento absoluto (Lei Federal n.º 4.591/1964, art. 63, e Lei Federal n.º 4.864/1965, art. 1º, VI, primeira parte).

Na falta da purgação da mora pelo devedor, tanto a comissão de representantes como o incorporador deverão, na execução extrajudicial, observar rigorosamente os ritos e os procedimentos estabelecidos no art. 63 da Lei Federal n.º 4.591/1964 e no respectivo compromisso de compra e venda.

Apesar de o procedimento ser manejado fora do Poder Judiciário, é possível concluir que os limites procedimentais são bem definidos pela própria lei e deverá ser complementado pelo contrato com critérios de probidade e de boa-fé, dos quais o incorporador ou a comissão de representantes não poderão se afastar.

Há normas de condutas dirigidas a estes que, se não forem observadas, poderão ser combatidas por aquele que sofrer as consequências das arbitrariedades, das ações contrárias à lei e às disposições do contrato. E ao Poder Judiciário é resguardada a função de reenquadrar as condutas consideradas ilegais e aplicar as devidas sanções, se o caso.

Dito de outra forma, não é necessário envolver o Poder Judiciário nos procedimentos de execução em que as partes observem rigorosamente o que está disposto em lei.

A via jurisdicional deverá ser acionada – e de ninguém pode ser afastado esse direito –, se alguém agir contrariamente ao que dispõe a lei. Por exemplo, se o incorporador ou a comissão de representantes, após a configuração do inadimplemento absoluto, não realizar os leilões extrajudiciais. Tanto o adquirente inadimplente quanto os condôminos de construção terão o direito de acionar o Estado-juiz para que este obrigue o incorporador ou a comissão de representantes a promovê-los, pois eles têm interesses na extinção da dívida (com realocação dos recursos obtidos no programa da obra) e, consequentemente, na resolução do contrato e prosseguimento do empreendimento.

É possível que o devedor executado seja interessado, porque pode ter algum saldo positivo a receber, e há interesse dos condôminos, porque desejam ver os recursos auferidos no leilão extrajudicial aplicados na continuidade do empreendimento imobiliário.

O acesso ao Judiciário está garantido ao devedor inadimplente, desde a sua intimação e durante todo o procedimento extrajudicial, não consistindo as providências do art. 63 em autotutela nem afronta aos princípios da ampla defesa ou do contraditório, mas, sim, em procedimento administrativo com regras de condutas precisas, liderado pelo incorporador ou pela comissão de representantes, que devem observar os ritos da lei e os termos do contrato, para não causar lesão ou ameaça de lesão aos direitos do devedor, sob pena de o Poder Judiciário poder ser acionado pelo prejudicado para que os repare.

Cândido Rangel Dinamarco[188], ao comentar sobre a legalidade dos leilões realizados nos termos da Lei Federal n.º 9.514/1997, apresenta conclusões que podem ser admitidas também para o leilão extrajudicial do art. 63 da Lei Federal n.º 4.591/1964. Salienta o autor que:

> A legitimidade ética do próprio sistema fica sempre na dependência da medida em que os juízes do país abram as portas do processo às pretensões dos devedores contrariados e dos modos como se disponham a enfrentar as questões trazidas. A efetividade da tutela jurisdicional em tema de alienação fiduciária de bens imóveis estará sempre associada (a) à admissão de reclamações referentes ao próprio contrato e às cláusulas que contém, inclusive mediante ações meramente declaratórias a serem propostas pelo devedor; (b) à possibilidade de impugnar o procedimento instaurado perante os cartórios do registro imobiliário, seja mediante negativa da mora, seja com a alegação de vícios do procedimento em si mesmo; (c) à oferta de meios idôneos para a discussão do valor pelo qual o bem garantidor haja sido transferido a terceiro. Quanto a esse último aspecto, não se cogita de execução nem de liquidez, porque a dívida se extingue após o segundo leilão, quer o valor arrecadado seja superior, igual ou inferior ao dela (lei cit., art. 27, § 5º); mas, não constando sobra ou sendo declarada uma sobra que não satisfaça o devedor, sempre poderá este pedir em juízo o reconhecimento de seu direito ao valor que entende devido. Estando assim aberto o Poder Judiciário e disposto a enfrentar com realismo e sem preconceitos todas as questões que tais litígios suscitam, a regularidade constitucional de cada processo e do próprio sistema estará a salvo.

Os leilões extrajudiciais, nos termos do já mencionado art. 63 da Lei Federal n.º 4.591/1964, auxilia no processo de desafogamento do Poder Judiciário, ao qual se reservará a apreciação dos temas de lesão ou de ameaça de lesão aos direitos dos contratantes.

Portanto, por ser possível ao devedor acionar o Poder Judiciário desde o momento de sua intimação pessoal para purgação da mora e durante todo o procedimento extrajudicial para submeter eventuais irregularidades ao controle jurisdicional, garantindo-se, assim, o livre acesso à justiça e à observância dos princípios do devido processo legal, da ampla defesa e do contraditório, o procedimento de execução extrajudicial do art. 63 da Lei Federal n.º 4.591/1964 está em linha com os fundamentos constitucionais.

Ocorrida a resolução por inadimplemento absoluto, nos termos do referido art. 63, a comissão de representantes ou o incorporador poderá realizar a transferência dos direitos decorrentes do contrato inadimplido para terceiro, desde que observados rigorosamente os procedimentos previstos no mencionado dispositivo legal e no respectivo compromisso de compra e venda. Aquele que for incumbido pela lei de promover a alienação dos direitos do adquirente faltoso ficará, como veremos adiante, investido de todos os poderes necessários, os quais são expressamente outorgados pela lei na forma do § 5º do dito art. 63.

Antes de adentrarmos nos detalhes dos procedimentos extrajudiciais, uma observação que deve ser reforçada – talvez a mais importante para que o credor possa se valer da sistemática de execução extrajudicial tratada nos parágrafos do dito art. 63 – é no sentido de que, qualquer que seja a modalidade do ajuste contratual, a cláusula resolutiva expressa deverá estar

---

[188] DINAMARCO, Cândido Rangel. *Fundamentos do processo civil moderno*. 4. ed. São Paulo: Malheiros, 2001. v. II, p. 1.279.

explicitamente prevista na origem do contrato[189-190], com a inclusão textual destacada sobre todos os procedimentos subsequentes (notificação, editais etc.), com prazos bem definidos e consequências claramente delimitadas.

A falta de previsão da cláusula resolutiva expressa no compromisso de compra e venda impossibilita a realização dos procedimentos de resolução extrajudicial do contrato nos termos do referido art. 63. Nesse caso, a resolução deverá ser promovida judicialmente. E para a fase de obrigação de liquidação do compromisso de compra e venda após a sua resolução aplicar-se-á a Lei dos Distratos, adiante comentada.

Outro ponto que merece destaque novamente é o fato de que o art. 63 trata do inadimplemento do preço da construção. Contudo, a legislação em vigor, com apoio na doutrina, autoriza a estipulação de cláusula resolutiva expressa em contratos de compromisso de compra e venda de imóveis integrantes de incorporação imobiliária, "pouco importando tenham sido comercializados em forma de alienações de frações ideais de terreno coligada a contrato de construção ou em forma de alienação das unidades a preço fechado"[191].

Com a edição da referida Lei Federal n.º 4.864/1965, estendeu-se a aplicação das regras do mencionado art. 63 a todas as vendas de imóvel a prazo, não se restringindo apenas às incorporações com construção pelo regime de administração ou preço de custo; abrangem também os compromissos de compra e venda de unidades com pagamento a prazo (Lei Federal n.º 4.864/1965, art. 1º, VI e VII)[192].

Caso o adquirente deixe de pagar três prestações do preço de aquisição, o credor poderá se valer da cláusula resolutiva expressa, desde que esteja prevista em contrato.

Para tanto, a comissão de representantes[193] deverá notificar pessoalmente o adquirente inadimplente para que, querendo, purgue a mora no prazo de 10 dias a contar do recebimento da notificação.

Não purgada a mora no prazo de 10 dias, a própria lei, nos termos do § 1º do art. 63, autoriza a comissão de representantes a alienar em públicos leilões extrajudiciais os direitos do adquirente inadimplente, relativos ao que já foi construído e à respectiva fração ideal de terreno.

---

[189] STJ, REsp 1.399.024/RJ, j. 03.11.2015.

[190] "Ora, a forma de execução trazida pela Lei n.º 4.591/1964 possibilita a realização de leilão extrajudicial, devendo, no entanto, a opção por sua utilização constar sempre, previamente, do contrato estabelecido entre as partes envolvidas na incorporação (nesse sentido: REsp 1.399.024-RJ, Rel. Min. Luís Felipe Salomão, DJe 11.12.2015)" (TJSP, Apelação Cível 1010482-67.2022.8.26.0309, j. 22.06.2023).

[191] CHALHUB, Melhim Namem. Incorporação imobiliária. 7. ed. Rio de Janeiro: Forense, 2023. p. 493.

[192] "[...] Alienação amparada no artigo 63, § 1º ao 7º da Lei 4591/64 c/c os art. 1º, incisos VI e VII, da Lei 4.864/65 – Caso em que comprovada a prévia e regular notificação do adquirente – Inexistência de abusividade nas cláusulas pactuadas entre as partes, que estabelecem a possibilidade de leilão extrajudicial na hipótese de inadimplemento – Procedimento realizado em conformidade com os ditames legais, não se vislumbrando nulidade – Legalidade da utilização da Tabela Price como sistema de amortização – Adequação da retenção de 15% dos valores adimplidos pelos adquirentes, além da comissão de leiloeiro – Taxa de ocupação fixada com supedâneo em perícia, devida desde o inadimplemento – Descabimento do direito de retenção [...]" (TJSP, Apelação Cível 1003028-61.2014.8.26.0068, j. 08.08.2018). No mesmo sentido: TJSP, Apelação Cível 1007305-16.2018.8.26.0704, j. 05.09.2019.

[193] Que nos termos do art. 50 da Lei Federal n.º 4.591/1964 será designada no contrato de construção ou eleita em assembleia geral a ser realizada por iniciativa do incorporador, no prazo de até seis meses contado da data do registro do memorial de incorporação e será composta por, no mínimo, três membros escolhidos entre os adquirentes para representá-los perante o construtor ou, no caso previsto no art. 43 desta Lei, o incorporador, em tudo o que interessar ao bom andamento da incorporação e, em especial, perante terceiros.

No que se refere ao incorporador, como mencionamos, para poder se valer da execução extrajudicial, ele também deverá notificar pessoalmente o adquirente inadimplente, para que purgue a mora. Todavia, o prazo para o devedor purgar a mora será de 90 dias a contar da data do vencimento da obrigação não cumprida ou da terceira parcela mensal do preço não paga.

O art. 63 não disciplina o que acontece, caso o devedor não seja encontrado nos endereços fornecidos para sua intimação pessoal. No entanto, essa lacuna deverá ser preenchida pelo contrato que deverá estabelecer que, com a certificação pelo oficial notificador de que o devedor não foi encontrado, sua intimação poderá ser promovida por hora certa e, subsequentemente, por edital[194].

O compromisso de compra e venda deverá descrever detalhadamente os procedimentos desses tipos de intimações (por hora certa e por edital).

Entendemos, como registrado anteriormente, possível o contrato estabelecer o procedimento de intimação do devedor por hora certa, com fundamentos nos arts. 15, 252, 253 e 254, todos do Código de Processo Civil.

Na fase editalícia, o contrato deverá prever quantos editais serão publicados, qual tempo entre eles e o prazo legal para purgação da mora, após a última publicação.

Prevista em contrato a etapa editalícia para a intimação do devedor, o vendedor não poderá promover os leilões extrajudiciais antes dessa fase, sob pena de impossibilitar a eventual purgação da mora pelo devedor, intimado por meio do edital[195], ou sua reação com medida judicial, que questione os procedimentos extrajudiciais ou até mesmo a própria dívida cobrada pelo credor.

A intimação do devedor por edital não coloca em risco os procedimentos do art. 63, ao contrário, garante mais uma etapa de chamamento dele para que possa sanar o inadimplemento ou tomar outras medidas para a proteção de seus direitos.

Além da forma e dos procedimentos de liquidação do contrato, em decorrência do inadimplemento absoluto do adquirente, os quais veremos a seguir, nos termos do § 8º do art. 63 c.c. os arts. 410 e 411 do Código Civil, o compromisso de compra e venda poderá estabelecer a incidência de cláusulas penais moratórias, para o caso de atraso no pagamento do preço, e compensatórias, para a situação de inadimplemento absoluto, sem prejuízo, de acordo com previsão específica em contrato, de ser aplicada correção monetária[196] às prestações pagas com atraso.

Percebe-se que há uma adequação do procedimento do art. 63 à racionalidade econômica e social da incorporação imobiliária. Em síntese, a Lei Federal n.º 4.591/1964 determinou um

---

[194] "[...] Insurgência da requerida. Alegação de que o leilão e as etapas que o antecederam observaram os termos contratuais e o art. 63 da Lei 4.591/64. Cabimento. Autor e seu procurador que foram procurados em vários locais inclusive naquele indicado na inicial da ação como seu domicílio para notificação pelo Cartório de Registros Públicos de Ribeirão Preto, sem sucesso notificação por edital e leilão subsequente, que se revestem de legalidade [...]" (TJSP, Apelação Cível 1036340-96.2019.8.26.0506, j. 22.06.2022).

[195] "Contrato que descreveu o procedimento a ser observado para o leilão do imóvel em caso de inadimplência, prevendo a publicação de editais no Diário Oficial do Estado e jornal de circulação do local da obra. Requisito que não foi observado e se mostrou apto a causar prejuízos ao autor, pois não havendo previsão de intimação pessoal do devedor para o leilão, apenas os editais são os meios aptos a lhe dar conhecimento da data designada para a expropriação. Conhecimento relevante na hipótese, em consideração ao fato de que, após comunicação do prazo para purgação da mora, foi comunicado à ré a conclusão próxima do procedimento de obtenção do financiamento, que efetivamente foi obtido" (TJSP, Apelação Cível 1015632-13.2014.8.26.0114, j. 10.09.2020).

[196] Ver redação do art. 406 do Código Civil.

claro procedimento de venda que se realiza sem demora, mas sempre com observância das garantias legais para o inadimplente e para o respectivo licitante adquirente.

Promovida a intimação pessoal do inadimplente para a purgação da mora no prazo legal e permanecendo este inerte, sem quitar a sua dívida, resolve-se o contrato por inadimplemento absoluto e promove-se a venda em leilão público extrajudicial.

Não sendo alcançado o valor mínimo (cota do terreno e valor da obra acrescidas as despesas geradas pelo procedimento e as percentagens de 5% a título de comissão e de 10% de multa compensatória) para o primeiro leilão extrajudicial, o incorporador ou a comissão de representantes deverá realizar obrigatoriamente o segundo leilão[197], no qual será aceito o maior valor ofertado, mesmo que seja inferior ao valor mínimo (Lei Federal n.º 4.591/1964, art. 63, § 2º, parte final). Excluído o saldo positivo do devedor, se houver, todos os demais valores deverão ser revertidos em benefício do empreendimento.

Do valor obtido na venda em leilão serão deduzidos o débito decorrente do compromisso de compra e venda e mais todas as despesas, inclusive honorários de advogado, anúncios, cinco por cento de comissão do leiloeiro e multa compensatória de dez por cento. O saldo remanescente, se houver, deverá ser entregue imediatamente ao devedor inadimplente.

A lei não estabelece um prazo para esse repasse do saldo positivo para o devedor executado, mas entendemos que deva ser feito em ato imediatamente subsequente à apuração do resultado do leilão.

Pode-se dizer que os leilões atendem ao que é necessário nessas circunstâncias de inadimplemento absoluto, pois contêm (i) agilidade na solução do problema, (ii) reversibilidade ao incorporador ou ao condomínio de construção do valor obtido na venda extrajudicial, com as deduções previstas em lei, o qual representa a dívida do adquirente devedor para com o empreendimento; e (iii) a imediata entrega do saldo positivo, se houver, ao adquirente faltoso.

Pela sistemática legal, ninguém se apropria do remanescente ou de qualquer diferença, na fase de liquidação e de apuração de haveres do compromisso de compra e venda. Efetuado o leilão, com observância das normas contidas no art. 63 e seus parágrafos, não se pode nele enxergar enriquecimento sem causa (quer do incorporador, quer do condomínio de construção) ou condição abusiva[198].

Com apoio em Melhim Namem Chalhub[199], entendemos que a escolha do legislador de determinar em primeiro lugar o pagamento das obrigações relativas às parcelas do preço de aquisição em atraso para somente depois entregar eventual saldo positivo ao adquirente faltoso demonstra a preocupação do sistema legal da incorporação imobiliária com os adquirentes adimplentes, no sentido de protegê-los para que os valores auferidos na execução extrajudicial sejam imediatamente aplicados no empreendimento, a fim de que não haja interrupção no seu desenvolvimento e para que seja possível receberem aquilo que adquiriram e pelo qual pagam regularmente[200].

---

[197] "[...] Contrato regido pela Lei n. 4.591/64. Legalidade do leilão extrajudicial com adjudicação dos imóveis na segunda praça. Ausência de saldo a devolver aos adquirentes. Compradores regularmente notificados para purgação da mora, conforme previsão contratual. [...]" (TJSP, Apelação Cível 1009908-19.2018.8.26.0007, j. 30.03.2022).

[198] PEREIRA, Caio Mário da Silva. Código de Defesa do Consumidor e as incorporações imobiliárias. *Revista dos Tribunais*, v. 712, p. 102-111, fev. 1995.

[199] CHALHUB, Melhim Namem. *Incorporação imobiliária*. 7. ed. Rio de Janeiro: Forense, 2023. p. 462.

[200] "Leilão de unidade nos termos do art. 63 da Lei 4.591/64. O comprador adquiriu a unidade quando solteiro e casou-se, posteriormente, no regime de comunhão parcial. A dívida (saldo residual da construção pelo Condomínio de Construção) não foi paga e o devedor notificado e intimado do

Eventuais abusos cometidos pelo incorporador e/ou pela comissão de representantes na forma de intimação do devedor, na não observância de disposições legais procedimentais e/ou contratuais na realização dos leilões extrajudiciais ou até mesmo na apresentação de cobranças excessivas possibilitarão ao adquirente inadimplente valer-se do livre acesso ao Poder Judiciário para discutir suas pretensões e buscar as proteções e as reparações possíveis e necessárias no sentido de proteger seus direitos patrimoniais.

Sobre os leilões públicos extrajudiciais, o compromisso de compra e venda é que deverá complementar os detalhes de sua realização (§ 1º do art. 63), por exemplo, as formas de notificação do devedor inadimplente, o prazo para promoção do primeiro leilão, após expiração do período para purgação da mora e resolução do compromisso de compra e venda pelo inadimplemento absoluto, bem como o prazo para realização do segundo leilão, caso o primeiro não alcance o valor mínimo estabelecido em lei.

Essa dinâmica que imprime marcha à realização dos leilões é algo que já deve estar, com apoio no dito art. 63 da Lei Federal n.º 4.591/1964, previamente previsto no compromisso de compra e venda da unidade, para que desde a origem contratual seja de conhecimento das partes. Exceto para a purgação da mora, a lei não indicou os demais prazos. Então, o contrato é que deverá indicá-los e servir de guia para que não haja lesão ou ameaça de lesão de nenhum direito de qualquer das partes.

No edital do primeiro leilão deverão constar o dia, o horário, o local da sua realização e o valor mínimo para lances. Nada impede que, na publicação do primeiro edital, seja consignado que, não havendo lance mínimo considerado vencedor, o segundo leilão público extrajudicial será realizado em dia, horário e local já predeterminados e que o maior lance será considerado vencedor mesmo se for inferior ao valor mínimo indicado no § 1º do art. 63 da Lei Federal n.º 4.591/1964.

O § 2º do art. 63 estabelece, como referido anteriormente, que o valor mínimo para lances no primeiro leilão deverá ser igual à quantia desembolsada pelo devedor para aquisição da fração ideal de terreno e para a execução da construção até o momento do inadimplemento, acrescida de despesas decorrentes do inadimplemento e de penalidades legal e contratualmente previstas.

Não há disposição legal que obrigue o incorporador ou a comissão de representantes a promover a intimação do devedor sobre os dados relativos à realização do leilão. E essa é uma dedução lógica, porque pela lei não é garantida qualquer prioridade e/ou preferência ao devedor nos atos posteriores à resolução do compromisso de compra e venda por inadimplemento absoluto que justifique a sua prévia comunicação.

Entretanto, como pode haver saldo positivo a ser entregue ao devedor, entendemos que o melhor é o credor exequente (incorporador ou a comissão de representantes) noticiar a ele (devedor) os detalhes dos leilões (dia, hora, lugar etc.), em correspondência simples, encaminhada ao endereço do contrato, sem necessidade de que tal cientificação seja pessoal, para que acompanhe a realização dos leilões extrajudiciais (na qualidade de ex-comprador) e, se o caso, receba imediatamente os valores que eventualmente sobejarem.

Pelo § 3º do art. 63, o condomínio dos demais adquirentes, dentro o prazo de 24 horas contado do término da realização do leilão final (que poderá ser o primeiro ou o segundo,

---

leilão. Não houve purgação da mora ou controvérsia sobre a exigibilidade. Leilão finalizado com terceiro arrematante pagando o preço (obteve imissão na posse). Ação da viúva pretendendo a nulidade por não ter sido notificado. Providência não obrigatória pelas circunstâncias. Direito preponderante dos demais condôminos e da arrematante. Não provimento" (TJSP, Apelação Cível 1013868-09.2020.8.26.0008, j. 02.05.2022).

pois por final deve-se entender aquele leilão que tiver lance vencedor), desde que decorra de decisão unânime dos presentes na assembleia geral, terá a preferência na aquisição do objeto do leilão extrajudicial, nas mesmas condições ofertadas por terceiros estranhos ao condomínio, caso em que a favor deste ocorrerá a adjudicação do objeto da venda extrajudicial forçada.

Ainda que haja, em segundo leilão, um lance considerado vencedor nos termos da lei, ofertado por um terceiro estranho ao condomínio, a ele somente será alienado o objeto leiloado e, portanto, passará a ser considerado efetivamente o novo titular dos direitos do adquirente inadimplente, se o condomínio, intimado do resultado dos leilões extrajudiciais, decidir não exercer o direito de preferência na aquisição que a lei lhe garante nos termos do § 3º do art. 63.

Apesar de o referido dispositivo legal usar a expressão "adjudicado", o título de transmissão deverá observar o disposto no art. 108 do Código Civil. Assim, se tratar-se de transmissão definitiva de direito de propriedade plena, o negócio jurídico deverá ser instrumentalizado por escritura pública. Caso seja apenas transmissão de direitos aquisitivos decorrentes de compromisso de compra e venda, a cessão poderá ser formalizada por instrumento particular, cuja respectiva escritura será outorgada quando o preço de aquisição for integralmente pago e o imóvel entregue.

Pelo que estabelece o § 4º do art. 63, deverá ser observado o seguinte: quanto ao que for auferido no leilão público extrajudicial, (i) serão deduzidos do valor a ser eventualmente entregue ao devedor, em benefício do incorporador ou do condomínio de construção existente entre todos os adquirentes (excetuando-se o devedor), (ii) as parcelas não pagas pelo adquirente faltoso, (iii) todas as despesas decorrentes do inadimplemento, por exemplo, os custos moratórios, os de intimação do devedor, os de realização dos leilões, (iv) a comissão do leiloeiro, (v) os anúncios e as publicações de ofertas de venda, (vi) os honorários advocatícios etc., (vii) além de cinco por cento a título de comissão e (viii) de dez por cento de cláusula penal compensatória, que reverterão em benefício do exequente (o incorporador ou o condomínio de todos os contratantes, com exceção do faltoso, para o qual, no fim da apuração, será entregue o saldo positivo, se houver) (Lei Federal n.º 4.591/1964, art. 63, § 4º)[201].

Sobre as providências de apuração e de liquidação previstas no § 4º do art. 63, o Superior Tribunal de Justiça já se manifestou no julgamento do REsp 860.064/PR, no sentido da possibilidade de o condomínio alienar em leilão extrajudicial a unidade do adquirente em atraso, com o objetivo de recompor o caixa do empreendimento e evitar que a obra seja paralisada. Entretanto, pelo entendimento do Tribunal Superior, a autorização legal de alienação forçada extrajudicial do imóvel não pode ensejar o enriquecimento sem causa do condomínio, razão pela qual o § 4º determina que, se houver valor remanescente, este deverá ser entregue ao condômino inadimplente.

Da análise do acórdão do recurso especial aludido *supra*, é possível destacar a preocupação dos julgadores com a manutenção do caixa do condomínio em construção, para que a obra não sofra solução de continuidade, ou seja, não ocorram interrupções e/ou atrasos, o que prejudicaria os demais condôminos adimplentes. Consignou-se, ainda, que o procedimento de alienação extrajudicial, nos termos do art. 63, com estrita observância do § 4º, não enseja o enriquecimento sem causa do condomínio nem se caracteriza como uma relação de consumo.

Se após a realização dos leilões extrajudiciais ainda houver saldo devedor, o incorporador ou a comissão de representantes poderão se valer da ação de execução, nos termos do art. 783

---

[201] "Contrato que já estava rescindido em face do inadimplemento da autora. Inadimplemento incontroverso, aliado à prova da adjudicação do bem em leilão extrajudicial realizado nos termos do art. 63 da Lei n.º 4.591/64 com as alterações da Lei n.º 4.864/65. Adjudicação que se deu pelo valor atualizado do débito. Ausência de saldo remanescente. Incabível a restituição das quantias pagas. Inteligência do § 4º do art. 63 da Lei 4591/94. Sentença mantida. Recurso a que se nega provimento" (TJSP, Apelação Cível 1029774-28.2018.8.26.0002, j. 04.08.2021).

e seguintes do Código de Processo Civil, para cobrança do saldo devedor existente, porque são titulares de créditos sub-rogados no contrato celebrado com o adquirente inadimplente, instrumentalizado pela forma pública ou particular (este subscrito por duas testemunhas), os quais constituem título executivo extrajudicial (Código de Processo Civil, art. 784, II e III).

Para a realização dos atos vistos abteriormente (constituição do devedor em mora, realização dos leilões públicos extrajudiciais, transferência de direitos ao arrematante e cobrança de saldo devedor do adquirente inadimplente), o legislador investiu o incorporador e a comissão de representantes em mandato irrevogável, cuja vigência será a mesma prevista para o contrato de construção do empreendimento ou até a conclusão dos pagamentos devidos pela construção (Lei Federal n.º 4.591/1964, art. 63, §§ 5º e 6º). Superado esse prazo, o mandato estará automaticamente revogado. Caso haja inadimplemento posterior ao término da construção, o credor deverá se valer da ação de execução nos termos do aludido art. 783 e seguintes do Código de Processo Civil.

Além das medidas referidas, pelo mandato legal, o incorporador e a comissão de representantes também terão poderes para, em nome do condômino inadimplente, fixar preços, ajustar condições, sub-rogar o arrematante vencedor nos direitos e nas obrigações que decorram do contrato de construção e de aquisição da fração ideal de terreno do adquirente inadimplente, bem como na correspondente parte construída até então.

Para tanto, poderá outorgar as respectivas escrituras e contratos, receber valores, dar quitações, imitir o arrematante vencedor na posse do imóvel, transmitir o domínio, quando o caso, responder pela evicção perante o arrematante, receber citação e propor ações judiciais necessárias.

Como se vê, trata-se de poderes conferidos pela própria lei ao incorporador ou à comissão de representantes, por mandato *ex vi legis*, irrevogável pelo período do contrato de construção ou até a conclusão dos pagamentos devidos pela unidade autônoma, na qualidade de pessoa e de órgão que visam à proteção dos direitos dos adquirentes adimplentes, no período da comunhão da fase de construção e no desenvolvimento do empreendimento (pelo incorporador) até o seu término.

Ocorrida a arrematação por um terceiro e respeitado o direito de preferência dos demais condôminos, o incorporador ou a comissão de representantes deverá outorgar ao licitante vencedor a correspondente escritura de compra e venda ou o contrato de cessão de direitos decorrente de leilão público extrajudicial, pelo valor da arrematação, nos termos do art. 63 da Lei Federal n.º 4.591/1964 e do art. 1º da Lei Federal n.º 4.864/1965[202-203-204], atendendo a todos os princípios registrários, para possibilitar sua inscrição na matrícula do imóvel.

---

[202] "Contrato que já estava rescindido em face do inadimplemento do apelado. Inadimplemento incontroverso que, aliado à prova da adjudicação dos bens pela própria apelante, em leilão realizado nos termos do art. 63 da Lei n.º 4.591/64 com as alterações da Lei n.º 4.864/65. Adjudicação que se deu pelo valor atualizado do débito. Ausência de saldo remanescente. Incabível a restituição das quantias pagas Inteligência do § 4º do art. 63 da Lei 4.591/94. Eventual irregularidade do leilão extrajudicial que, se o caso, deverá ser objeto de ação própria, nada podendo ser discutido nestes autos, tendo em vista os limites objetivos da ação [...]" (TJSP, Apelação Cível 1058510-53.2018.8.26.0100, j. 16.01.2020).

[203] "Alegação de que o leilão e as etapas que o antecederam observaram os termos contratuais e o art. 63 da Lei 4.591/64. Cabimento. Autor e seu procurador que foram procurados em vários locais inclusive naquele indicado na inicial da ação como seu domicílio para notificação pelo Cartório de Registros Públicos de Ribeirão Preto, sem sucesso. Notificação por edital e leilão subsequente, que se revestem de legalidade sentença reformada recurso provido" (TJSP, Apelação Cível 1036340-96.2019.8.26.0506, j. 23.06.2022).

[204] "[...] Contrato que já estava rescindido em face do inadimplemento do autor. Inadimplemento incontroverso, aliado à prova da adjudicação do bem em leilão extrajudicial realizado nos termos do

Apesar do mandato legal que autoriza o incorporador ou a comissão de representantes a representar o devedor, a escritura pública de compra e venda ou o contrato de cessão de direitos deverá ter um capítulo próprio em que serão descritas as providências tomadas em relação ao adquirente inadimplente, desde os detalhes da sua intimação para a purgação da mora (data da notificação, dia do recebimento pessoal, expiração do prazo etc.), da realização dos leilões extrajudiciais, da devolução do saldo positivo eventualmente existente, da entrega do termo de quitação, se o caso, até a informação de eventual subsistência de saldo devedor.

Como no direito brasileiro o título mantém relação com o registro (Código Civil, arts. 1.227 e 1.245 a 1.247 c.c. a Lei Federal n.º 6.015/1973, art. 172), tal previsão no título, além de atender ao princípio da continuidade, dará a oportunidade para que terceiros conheçam as circunstâncias da alienação forçada extrajudicial e saibam se as disposições legais e contratuais aplicáveis foram efetivamente atendidas, o que garantirá segurança jurídica aos futuros adquirentes.

Salienta-se, com os mesmos termos da lei (§ 6º do art. 63), que a morte, a falência ou a concordata do condomínio ou sua dissolução, se tratar-se de sociedade, não revogará o mandato irrevogável e irretratável de que trata o § 5º do dito art. 63, ainda que a unidade pertença a menor de idade.

A obrigação de demonstração de quitação de débitos para com a Previdência Social para alienação de imóveis (Lei Federal n.º 8.212/1991, art. 47, I, b) está expressamente afastada pelo § 7º do art. 63 para as situações de vendas decorrentes da fase de liquidação promovida pelos leilões extrajudiciais.

O § 7º estabelece categoricamente que os eventuais débitos fiscais, inclusive para com a Previdência Social, não impedirão a alienação por leilão público extrajudicial. Nesse caso, ao devedor somente será entregue o saldo, se houver, desde que prove estar quite com os débitos fiscais pessoais e relativos ao imóvel, quando o caso. Do contrário, a comissão de representantes deverá consignar judicialmente a importância equivalente aos débitos fiscais existentes, dando ciência do fato ao respectivo credor tributário.

O Tribunal de Justiça do Estado de São Paulo tem privilegiado as resoluções dos contratos por inadimplemento absoluto com a aplicação dos procedimentos do art. 63, quando há cláusula expressa e previamente prevista no contrato[205].

Realizada a venda em público leilão extrajudicial, nos termos do art. 63 aqui tratado, o adquirente se sub-rogará nos direitos e nas obrigações do contrato celebrado com o adquirente faltoso, exceto em relação a valores excedentes existentes em razão de o lance vencedor não ter alcançado o valor mínimo na forma indicada no § 2º do dito art. 63. Eventuais valores subsistentes deverão ser cobrados do adquirente faltoso.

---

art. 63 da Lei n.º 4.591/64 com as alterações da Lei n.º 4.864/65. Adjudicação que se deu pelo valor atualizado do débito. Ausência de saldo remanescente. Incabível a restituição das quantias pagas. Inteligência do § 4º do art. 63 da Lei 4.591/94. [...]" (TJSP, Apelação Cível 1000104-02.2019.8.26.0004, j. 11.11.2021).

[205] "Compra e venda – Rescisão do contrato – Desfazimento do negócio por inadimplemento do comprador - Necessidade Sentença que determina devolução de 80% do valor pago – Não cabimento –Leilão extrajudicial efetivado – Inteligência da Lei n. 4.591/64 – Expressa previsão contratual – Validade – Ação improcedente – Insurgência do autor acerca da distribuição dos ônus da sucumbência – Sentença reformada Recurso dos réus provido, improvido o do autor" (Apelação Cível 1030405-85.2021.8.26.0577, j. 24.04.2023). Em semelhante sentido: Apelação Cível 1000104-02.2019.8.26.0004, j. 11.11.2021; Apelação Cível 1008003-22.2018.8.26.0510, j. 27.07.2021; e Apelação Cível 1011574-86.2018.8.26.0320, j. 22.07.2021.

Não se trata da celebração de novo negócio jurídico, mas de passar a posição contratual do devedor para o novo adquirente (cessão de posição contratual). Exceto quanto a eventual saldo devedor do adquirente faltoso, o novo adquirente assumirá a relação jurídico-obrigacional do compromisso de compra e venda tal e qual o devedor executado celebrou. Significa dizer que o adquirente assumirá o direito relativo à correspondente unidade autônoma e a obrigação de pagar o restante do preço nos termos e nas condições que já estiverem no contrato em que figurava o adquirente inadimplente.

As medidas analisadas *supra* visam, como aludido, instrumentalizar o processo de incorporação imobiliária de uma forma especial de execução, que se inicia com a resolução do compromisso de compra e venda pelo inadimplemento absoluto do adquirente faltoso e segue com a rápida satisfação da obrigação inadimplida, com a realização dos leilões extrajudiciais, para que o inadimplemento não prejudique todos os demais condôminos, tendo em conta que a redução de entrada de recursos no caixa do empreendimento pode provocar a desaceleração do ritmo da obra.

Nesse sentido, já salientava Caio Mário da Silva Pereira[206] que

> [...] essas medidas se estabelecem no interesse dos condôminos, que seriam os prejudicados com o atraso do adquirente remisso. É claro que o construtor tem o direito de receber as prestações a ele devidas. Contudo, é claro, também, que a mora dos adquirentes desiquilibra o caixa e, consequentemente, altera o plano financeiro da obra. Se o problema fosse tão somente o das conveniências do construtor, como parte contratante, resolver-se-ia como em qualquer outro contrato bilateral: cobrança das prestações ou invocação da cláusula resolutória, na forma do direito comum. Estando, todavia, em jogo, afora o interesse do construtor e do adquirente em mora, todo o conjunto dos candidatos às demais unidades autônomas, a lei instituiu, então, este sistema que é peculiar ao caso, e criou a técnica das vendas em leilão, por autoridade da Comissão de Representantes, investindo-a dos necessários poderes irrevogáveis para levar a efeito a operação, em todas as suas fases.

Os procedimentos do art. 63 da Lei Federal n.º 4.591/1964 e o Código de Defesa do Consumidor. Nosso entendimento é no sentido de que os procedimentos de execução do art. 63, para os contratos que contenham a cláusula resolutiva expressa, estão em linha com as garantias constitucionais de ampla defesa, do contraditório e do livre acesso ao Poder Judiciário, pois permitem que o devedor tome as providências que julgar necessárias para a proteção de seus direitos, desde o momento em que é intimado para purgar a mora, ou seja, antes de começar a etapa dos leilões extrajudiciais. Estes, por sua vez, apenas se iniciarão se o devedor permanecer inerte e não pagar, no prazo legal, a dívida que tem perante o empreendimento ou o incorporador.

Importante destacar, como feito anteriormente, que o art. 63 impõe uma forma de resolução do contrato com cobrança de dívida cujo objetivo é a manutenção da estrutura econômica do empreendimento imobiliário que, ao final, visa proteger os interesses comuns de todos os contratantes daquele microssistema imobiliário, que é o recebimento das unidades imobiliárias adquiridas.

Nesse contexto, a relação que existe na fase de liquidação do compromisso de compra e venda, resolvido em decorrência de inadimplemento absoluto, é paritária entre os adquiren-

---

[206] PEREIRA, Caio Mário da Silva. *Condomínio e incorporações*. Atualizadores Melhim Namem Chalhub e André Abelha. 16. ed. rev. e reform. Rio de Janeiro: Forense, 2024. p. 343.

tes adimplentes e o adquirente inadimplente, porque eles são titulares de direitos relativos às frações ideais de terreno e à construção (mesmo se o contrato for a preço fechado). Com o pagamento do preço de aquisição, os adquirentes obrigam-se a fornecer recursos para o desenvolvimento da construção, e o que se discute nessa espécie de resolução é a falta de aporte de determinado condômino[207].

Não se aplicam, portanto, as disposições relativas à relação de consumo previstas no Código de Defesa do Consumidor, especialmente quanto à restituição de valores[208].

Respeitam-se, assim, as disposições do Código de Defesa do Consumidor, pois a lei determina que, convertida a mora em inadimplemento absoluto, o incorporador ou a comissão de representantes deverá promover a venda do imóvel em leilão público extrajudicial. A venda, na forma de leilões públicos, conta com processo competitivo e tem como objetivo alcançar o maior preço possível para o bem alienado, o que atende aos interesses do empreendedor, dos condôminos e aos do adquirente inadimplente, pois, quanto maior o lance obtido nos leilões extrajudiciais, maior a probabilidade de haver excedente a ser entregue ao adquirente faltoso, o que se adéqua ao quanto determina o art. 53 do Código Consumerista.

Sobre o contrato a preço de custo, o Superior Tribunal de Justiça já se pronunciou no sentido de que não há relação de consumo entre o construtor e o adquirente inadimplente, devendo a relação jurídica ser regida pela Lei Federal n.º 4.591/1964. No já referido REsp 860.064/PR[209], julgado em 27.03.2012, ficou assentado:

> [...] 1. Tratando-se de construção sob o regime de administração ou preço de custo, o construtor não pode ser considerado parte legítima para figurar no polo passivo de ação cujo escopo seja a restituição de parcelas pagas diretamente ao condomínio e por ele administradas para investimento na construção.
>
> 2. No caso em exame, os proprietários do terreno e os adquirentes das frações ideais formaram condomínio, ajustando a construção de edifício, sob o regime de preço de custo. Destarte, a relação jurídica estabeleceu-se entre os condôminos e o condomínio. Os primeiros ficavam responsáveis pelos custos da obra e o segundo por sua administração, fiscalização e pelos investimentos dos valores percebidos no empreendimento imobiliário.
>
> 3. Não há relação de consumo a ser tutelada pelo Código de Defesa do Consumidor. Na realidade, a relação jurídica, na espécie, é regida pela Lei de Condomínio e Incorporações Imobiliárias (Lei 4.591/64).

---

[207] CHALHUB, Melhim Namem. *Incorporação imobiliária*. 7. ed. Rio de Janeiro: Forense, 2023. p. 499.

[208] "Ação de rescisão contratual c.c devolução de parcelas pagas – Compra de imóvel – Sentença de parcial procedência, declarando rescindido o contrato e condenando as rés à restituição de 80% do valor pago – Irresignação das requeridas – Acolhimento – Rescisão tácita do contrato que já havia ocorrido, diante do inadimplemento da autora que levou à adjudicação do imóvel – Aplicação do disposto no art. 63 da Lei n.º 4.591/1964 diante do inadimplemento da compradora – Legalidade do leilão extrajudicial – Inexistência de importância a ser restituída [...]" (TJSP, Apelação Cível 1012605-10.2022.8.26.0286, j. 29.11.2023). No mesmo sentido: TJSP, Apelação Cível 1005884-09.2019.8.26.0428, j. 16.10.2023); e Apelação Cível 1029774-28.2018.8.26.0002, j. 04.08.2021.

[209] No mesmo sentido o AgInt no AREsp 2.413.215/RJ, julgado pelo STJ em 20.11.2023, que da ementa destacamos o seguinte: "No contrato de construção sob o regime de administração ou preço de custo, não há relação de consumo a ser tutelada pelo Código de Defesa do Consumidor, devendo a relação jurídica ser regida pela Lei de Condomínio e Incorporações Imobiliárias – Lei 4.591/64. Precedentes. Súmula 83/STJ".

4. O art. 63 dessa lei prevê a possibilidade de o condomínio alienar em leilão a unidade do adquirente em atraso, visando à recomposição de seu caixa e permitindo que a obra não sofra solução de continuidade. Todavia, a autorização de alienação do imóvel não pode ensejar o enriquecimento sem causa do condomínio, de maneira que o § 4º estabelece que do valor arrematado deverão ser deduzidos: (I) o valor do débito; (II) as eventuais despesas; (III) 5% a título de comissão; e (IV) 10% de multa compensatória. E, havendo quantia remanescente, deverá ser devolvida ao condômino inadimplente. [...]

As disposições legais dos leilões extrajudiciais do art. 63 da Lei Federal n.º 4.591/1964, portanto, adéquam-se àquelas do Código de Defesa do Consumidor, pois, além de dar uma célere solução ao inadimplemento absoluto, busca-se alcançar o melhor preço na alienação, garante todos os direitos do devedor e, ao final, se o caso, determina que o excedente da venda seja entregue a ele, afastando-se o risco de enriquecimento sem causa e as práticas consideradas abusivas pelo Código Consumerista[210].

Cancelamento do registro pelo art. 251-A da Lei Federal n.º 6.015/1973. No âmbito do registro de imóveis, as regras gerais para o cancelamento de registro estão dispostas nos arts. 248 a 251-A da Lei Federal n.º 6.015/1973.

Pelo quanto disposto no art. 250, o cancelamento de registro será feito: (i) em cumprimento de decisão judicial transitada em julgado; (ii) a requerimento unânime das partes que tenham participado do ato registrado, se capazes, com as firmas reconhecidas por tabelião; (iii) a requerimento do interessado, instruído com documento hábil; ou (iv) a requerimento da Fazenda Pública, instruído com certidão de conclusão de processo administrativo que declarou, na forma da lei, a rescisão do título de domínio ou de concessão de direito real de uso de imóvel rural, expedido para fins de regularização fundiária e a reversão do imóvel ao patrimônio público.

Por sua vez, para o cancelamento do registro do compromisso de compra e venda, feito na matrícula do respectivo imóvel por falta de pagamento do preço de aquisição, o interessado deverá atender ao que estabelece o art. 251-A da Lei Federal n.º 6.015/1973, introduzido na lei registrária pela Lei Federal n.º 14.382/2022.

Trataremos neste item sobre as questões relacionadas ao cancelamento do registro de compromisso de compra e venda, celebrado no contexto das incorporações imobiliárias e dos imóveis não loteados, uma vez que os loteados têm regramento próprio, que examinamos anteriormente.

Como visto, a natureza do imóvel objeto da compra e venda define quais formalidades legais o credor deverá observar para constituir o devedor em mora. Aos loteados são aplicadas as regras da Lei Federal n.º 6.766/1979. Aos não loteados, as disposições do Decreto-lei n.º 58/1937 e do Código Civil. E aos incorporados, as regras da Lei Federal n.º 4.591/1964.

Observadas as providências legais exigidas em cada uma das situações referidas no parágrafo anterior e superado o prazo estabelecido para a purgação da mora sem que o devedor quite sua dívida, esta se converte em inadimplemento absoluto e acarreta a resolução automática do compromisso de compra e venda, se presente no contrato a cláusula resolutiva expressa, como dissemos anteriormente.

---

[210] STJ, REsp 2.044.407/SC, j. 21.11.2023.

O dispositivo 251-A trata dos procedimentos extrajudiciais para o cancelamento do registro do contrato, consequência registrária da resolução pelo inadimplemento absoluto. Não é o cancelamento do registro que resolve o compromisso, e sim o inadimplemento absoluto, circunstância anterior ao cancelamento.

O cancelamento é uma das consequências do inadimplemento absoluto.

Entretanto, caso o alienante credor não tenha promovido a intimação do devedor, de acordo com a legislação para o respectivo tipo de imóvel que indicamos em quadro *supra*, somente poderá promover o cancelamento do registro se observado o quanto disposto no art. 251-A da Lei Federal n.º 6.015/1973.

Para tanto, o vendedor deverá apresentar requerimento no qual conste pedido de intimação do adquirente inadimplente, ou seu procurador regularmente constituído, para que, no prazo indicado para cada hipótese prevista no quadro do subitem 2.7.4, satisfaça a prestação ou prestações vencidas e as que vencerem até o dia do efetivo pagamento, acrescidas de juros convencionados em contrato, de correção monetária, das penalidades, dos demais encargos contratuais e legais (inclusive os tributários e contribuições condominiais, se o caso), das despesas de conservação e de manutenção atribuíveis ao imóvel, das despesas de cobrança, de intimação e dos custos com o registro do contrato, caso tenha sido requerido pelo vendedor.

Assim como nos demais procedimentos extrajudiciais, o oficial do registro de imóveis poderá delegar a diligência da intimação do devedor ao oficial do registro de títulos e documentos da comarca do imóvel ou do domicílio do devedor ou a ambos, caso seja solicitado pelo vendedor.

O § 3º do art. 251-A da Lei Federal n.º 6.015/1973 determina que aos procedimentos de intimação ou de notificação que sejam promovidos pelos oficiais de serviços públicos (registros de imóveis ou de títulos e documentos) sejam aplicados os dispositivos relativos à citação previstos nos arts. 238 e seguintes do Código de Processo Civil.

Também por essa razão entendemos possível a intimação do devedor pelo procedimento de hora certa estabelecido nos arts. 252, 253 e 254 do Código de Processo Civil.

Intimado o devedor, este poderá purgar a mora, efetuando o pagamento da dívida diretamente ao oficial de registro de imóveis da situação do imóvel objeto do compromisso de compra e venda inadimplido.

O oficial que receber o valor em pagamento da dívida dará quitação das quantias recebidas no prazo de três dias. Nota-se que a quitação dada pelo registrador de imóveis será do valor efetivamente pago pelo devedor. Caso esse valor não corresponda ao quanto requerido pelo vendedor, este deverá ser cientificado pelo oficial para que o credor possa impugnar a quitação.

Impugnada a quitação, o vendedor deverá reiterar o pedido de cancelamento do registro do compromisso de compra e venda, pois o pagamento parcial, nesse caso, caracterizará o inadimplemento absoluto do comprador.

Aqui se nota uma importante falha do procedimento extrajudicial de cancelamento do registro.

O registrador não deveria dar qualquer quitação ao devedor, pois ele não é o titular do crédito. Apenas deveria dar prévia ciência ao vendedor sobre o valor recebido do comprador, para que aquele decida se o receberá ou se o impugnará.

Pela sistemática contida no § 4º do art. 251-A, o oficial, caso haja pagamento pelo devedor, outorgará quitação *das quantias recebidas no prazo de 3 (três) dias e depositará esse valor na conta bancária informada pelo promitente vendedor no próprio requerimento ou, na falta dessa informação, o cientificará de que o numerário está à sua disposição.*

Há um equívoco de direito material refletido nesse dispositivo legal. Como referido, o único que pode outorgar quitação é o credor (titular do crédito) da respectiva obrigação.

O pagamento feito a quem represente o credor, o oficial de registro de imóveis, no caso, só valerá depois de ratificado por ele (credor) (Código Civil, art. 308).

Os procedimentos do art. 251-A não preveem momento específico em que o vendedor deverá ratificar o valor pago pelo comprador inadimplente. Simplesmente o oficial recebe, dá quitação do valor recebido e transfere a quantia para o vendedor.

Pela redação simplista do dito § 4º do art. 251-A, há presunção de que a mora poderá ser purgada perante o registrador imobiliário. E mais adiante o mesmo dispositivo gera outra dúvida. É que o citado artigo determina que dos valores recebidos o registrador dará quitação no prazo de três dias. E se o pagamento, perguntamos, for feito parcialmente pelo adquirente inadimplente?

Parece-nos que a melhor alternativa seria o oficial intimar o credor para que se manifeste sobre a quantia ofertada e decida se aguardará o pagamento do restante ou se, satisfeito, requererá o cancelamento do registro do compromisso de compra e venda, nos termos dos §§ 4º e 5º, ambos do art. 251-A.

Em qualquer hipótese, parece-nos que o correto seria o oficial registrador receber os valores do comprador, em seguida cientificar o vendedor da quantia paga pelo comprador, para que ele, como titular do crédito, manifeste-se formalmente se a aceita ou não.

Na forma como previsto, não há ocasião para que o vendedor avalie e se manifeste sobre o pagamento feito. É dada uma quitação do valor recebido pelo oficial e feito um repasse sem qualquer abertura para manifestação do vendedor sobre a qualidade do pagamento efetuado, o que nos parece ilegal, porque o pagamento deve ser feito ao credor sob pena de só valer depois de por ele ratificado, ou tanto quanto reverter em seu proveito, como estabelece o citado art. 308 do Código Civil.

Caso o vendedor manifeste concordância com o valor pago pelo comprador, ele deverá ser depositado em sua conta-corrente, informada no requerimento inicial, e o contrato convalescerá.

Na hipótese de o pagamento não ocorrer ou se o vendedor impugnar o valor recebido pelo oficial registrador, este deverá certificar o ocorrido e intimar o vendedor para que efetue o pagamento das custas e dos emolumentos devidos pelo ato de cancelamento do registro do compromisso de compra e venda (nos termos do art. 251-A da Lei Federal n.º 6.015/1973).

O ato de cancelamento do registro será feito por averbação e terá como efeito dar publicidade à resolução do contrato. Não é um ato constitutivo, portanto, e sim declaratório, porque se refere a uma circunstância (inadimplemento absoluto) que já ocorreu anteriormente à prática do ato registrário.

O procedimento de cancelamento de registro do compromisso de compra e venda é cabível, evidentemente, para os casos em que tal contrato foi efetivamente inscrito na matrícula do respectivo imóvel, pois o registro, enquanto não cancelado, produz todos os efeitos legais, mesmo que se prove que o contrato que lhe deu causa está desfeito, anulado, extinto ou rescindido (Lei Federal n.º 6.015/1973, art. 252). Já no contrato não inscrito não se pode valer dos procedimentos extrajudiciais de cancelamento, porque não preenche um requisito básico, que é estar registrado na matrícula. Não se pode cancelar o que não foi inscrito.

Resolvido de pleno direito o compromisso de compra e venda, em razão do inadimplemento absoluto do adquirente, o vendedor recupera para si os direitos compromissados à venda que se referem à correspondente unidade imobiliária. Entretanto, apesar dessa automática retomada dos direitos, caso o contrato esteja registrado, será necessário promover o seu cancelamento para que o proprietário regularize a situação dominial registrária.

Entendemos, porém, que o dito art. 251-A da Lei Federal n.º 6.015/1973 deve ser aplicado em conformidade com as regras que apresentamos anteriormente para os imóveis loteados, não loteados e incorporados, e de maneira supletiva, pois decorrem de leis especiais em que estão reguladas as formas de resolução do correspondente contrato e até mesmo sua execução extrajudicial, como no caso do art. 63 da Lei Federal n.º 4.591/1964.

Promovidas as etapas de resolução do compromisso de compra e venda previstas nas leis especiais supracitadas, algumas das providências do art. 251-A serão desnecessárias.

Cite-se, como exemplo, o que superficialmente adiantamos antes, a necessidade de constituição em mora, prevista no seu § 1º. Esse dispositivo estabelece que o vendedor, em caso de falta de pagamento pelo comprador, deverá apresentar requerimento ao oficial do registro de imóveis, para requerer a intimação pessoal do devedor, a fim de satisfazer o que estiver vencido no prazo de 30 dias.

As leis que regulam os imóveis loteados, os não loteados e os incorporados já contemplam essa etapa de constituição em mora do devedor. O credor deverá observar o regramento específico de sua relação jurídica, porque, se a comunicação ao devedor não atender exatamente ao que a respectiva lei determina, a mora não se configurará e, consequentemente, não haverá inadimplemento absoluto, que é o fundamento para que a resolução do contrato se opere de pleno direito pela aplicação da cláusula resolutiva expressa[211], com o consequente cancelamento do seu registro material, se o caso.

Por exemplo, o Decreto-lei n.º 745/1969, referente aos contratos do art. 22 do Decreto-lei n.º 58/1937 (imóveis não loteados), admite que a cláusula resolutiva expressa se opere de pleno direito, mas exige que o devedor seja interpelado ou pela via judicial ou pelo registro de títulos e documentos. A comunicação do devedor sobre a mora por outra via, que não a indicada na correspondente lei, desautoriza a resolução automática do contrato.

Também a providência de intimação do devedor está prevista na execução extrajudicial do mencionado art. 63 da Lei Federal n.º 4.591/1964 e deverá ser realizada pelo incorporador ou pela comissão de representantes.

Portanto, tendo o credor observado rigorosamente a providência legal – pertinente à sua relação jurídica –, de concessão de prazo para o devedor purgar a mora, entendemos que não há necessidade de sua repetição, na fase registrária de cancelamento de registro, porque o compromisso de compra e venda já estará resolvido pelo inadimplemento absoluto do adquirente, razão pela qual não haverá suporte jurídico (porque o contrato está resolvido de pleno direito) para outra purgação da mora.

Assim, o proprietário (ex-vendedor do compromisso resolvido) deverá apresentar para o registrador imobiliário os documentos que demonstrem o atendimento da obrigação legal de intimação do devedor, o não pagamento da dívida no prazo concedido pela lei para a purgação da mora e a conversão desta (mora) em inadimplemento absoluto.

Essa circunstância de inadimplemento absoluto poderá ser constatada por tabelião de notas em ata notarial específica que certifique pormenorizadamente tal ocorrência (Lei Federal n.º 8.935/1994, art. 7º-A).

---

[211] "[...] Se a interpelação enviada ao devedor foi realizada de forma não prevista na lei que incide na relação em comento, a mora não se configurou e, por conseguinte, não há fundamento para que se opere a cláusula resolutiva expressa [...]" (STJ, REsp 2.044.407/SC, j. 21.11.2023).

Demonstrada a resolução do compromisso de compra e venda, em razão do inadimplemento absoluto, o registrador, nos termos do § 5º do art. 251-A, deverá certificar o ocorrido e intimar o proprietário (ex-vendedor) para que efetue o recolhimento das custas e dos emolumentos correspondentes ao ato de cancelamento do registro do compromisso resolvido.

Pelo conteúdo do § 6º do art. 251-A, a certidão da matrícula, que indica o ato de cancelamento do registro do compromisso de compra e venda, é prova relevante ou determinante para a concessão da medida liminar de reintegração de posse.

Contudo, é preciso destacar que havia o entendimento no Superior Tribunal de Justiça no sentido de que, apesar de a cláusula resolutiva expressa dispensar as partes de irem ao Judiciário para que a resolução se operasse de pleno direito, era imprescindível a prévia manifestação judicial na hipótese de rescisão de compromisso de compra e venda de imóvel para que fosse consumada a resolução do contrato, ainda que existisse resolutiva expressa, diante da necessidade de observância do princípio da boa-fé objetiva a nortear os contratos[212].

Portanto, a cláusula resolutiva expressa, diante desse entendimento da Corte Superior, não possuía efeito automático de resolução, o que afetava a organização vertical da posse dividida pela celebração do compromisso de compra e venda (indireta com o vendedor e direta com o comprador), ou seja, a resolução do contrato em decorrência do inadimplemento absoluto não era suficiente para pôr fim à organização vertical da posse e devolver a direta, quando o caso, para o vendedor. Havia a necessidade de primeiro pleitear a resolução judicial do contrato para, em seguida, o vendedor promover a ação de reintegração da posse.

A partir do julgamento do REsp 1.789.863/MS[213], que ocorreu em 10.08.2021, a Quarta Turma do Superior Tribunal de Justiça passou a entender que a legislação em vigor, em especial o art. 474 do Código Civil, não exige que a resolução do compromisso de compra e venda seja sempre pela via judicial.

Ao contrário, desde que o contrato contenha a cláusula resolutiva expressa, o credor observe as regras pertinentes ao regime jurídico de sua relação jurídica, garanta ao devedor a observância do prazo legal para a purgação da mora, e tenha esta sido convertida em inadimplemento absoluto, será desnecessária a medida judicial para a resolução do contrato.

Tal entendimento se explica pelo fato de que, superado o prazo legal para purgação da mora sem que o devedor quite sua dívida, a mora se converte em inadimplemento absoluto, o que acarreta a resolução automática do compromisso (de pleno direito como está no texto do art. 474 do Código Civil), sem qualquer interferência do Poder Judiciário.

O relator do mencionado Recurso Especial registrou textualmente em seu voto que

---

[212] STJ, REsp 620.787/SP, j. 28.04.2009.

[213] "[...] III. Inexiste óbice para a aplicação de cláusula resolutiva expressa em contratos de compromisso de compra e venda, porquanto, após notificado/interpelado o compromissário comprador inadimplente (devedor) e decorrido o prazo sem a purgação da mora, abre-se ao compromissário vendedor a faculdade de exercer o direito potestativo concedido pela cláusula resolutiva expressa para a resolução da relação jurídica extrajudicialmente. IV. Impor à parte prejudicada o ajuizamento de demanda judicial para obter a resolução do contrato quando esse estabelece em seu favor a garantia de cláusula resolutória expressa, é impingir-lhe ônus demasiado e obrigação contrária ao texto expresso da lei, desprestigiando o princípio da autonomia da vontade, da não intervenção do Estado nas relações negociais, criando obrigação que refoge o texto da lei e a verdadeira intenção legislativa. [...]".

Impor à parte prejudicada o ajuizamento de demanda judicial para obter a resolução do contrato, quando esse estabelece em seu favor a garantia de cláusula resolutória expressa, é impingir-lhe ônus demasiado e obrigação contrária ao texto expresso da lei, desprestigiando o princípio da autonomia da vontade, da não intervenção do Estado nas relações negociais, criando obrigação que refoge à verdadeira intenção legislativa.

Tendo sido prevista a cláusula resolutiva expressa no compromisso de compra e venda e cumprindo o credor as providências necessárias para alcançar o inadimplemento absoluto do adquirente, o contrato estará resolvido de pleno direito, sendo desnecessária a propositura de medida judicial para essa finalidade (resolução).

Resolvido o compromisso de compra e venda, o vendedor estará autorizado a propor imediata e diretamente a medida judicial de reintegração de posse, se necessário.

Portanto, é o inadimplemento absoluto – que ocorre fora do âmbito registrário e judicial – que legitima a propositura da ação possessória reintegrativa. Essa medida judicial não dependerá da certidão de cancelamento do registro do compromisso, como quer fazer crer o § 6º do art. 251-A.

A certidão de cancelamento, no entanto, será um elemento a mais de prova em favor do vendedor, na reintegração de posse, mas não será decisiva nem sua falta será impeditiva do prosseguimento da possessória, porque o que torna a posse injusta e qualifica a respectiva medida possessória é a caracterização do inadimplemento absoluto.

2.7.5 A Lei Federal n.º 13.786/2018. A "Lei dos Distratos"

Para os imóveis incorporados e para os loteados, ressalvada a hipótese referida *supra*, prevista no Código de Defesa do Consumidor, de arrependimento, no prazo de sete dias, se a compra se deu fora das dependências físicas do empreendedor, as Leis Federais n.º 4.591/1964 e n.º 6.766/1979 estabelecem expressamente a regra da irretratabilidade. Serão considerados irretratáveis pela legislação em vigor, portanto, os compromissos de compra e venda formalizados na sede dos empreendedores ou, para aqueles celebrados fora da sede da empresa vendedora, quando superado o prazo de sete dias.

Salientamos anteriormente o nosso entendimento[214] de que também o compromisso de compra e venda de imóvel não loteado é considerado irretratável pela lei quando iniciada a sua execução.

Sendo irretratáveis pelas respectivas leis, não cabe a aplicação da resilição unilateral prevista no art. 473 do Código Civil. Esse dispositivo legal estabelece que a resilição unilateral é possível somente **nos casos em que a lei expressa ou implicitamente permitir**, a qual se opera mediante denúncia notificada à outra parte.

No sumário a seguir, indicamos resumidamente as situações de irretratabilidade tratadas até o momento com indicação cronológica das correspondentes disposições legais **sobre o direito de arrependimento:**

---

[214] LOUREIRO, Francisco Eduardo. *In*: GODOY, Claudio Luiz Bueno de *et al*. *Código Civil comentado*: doutrina e jurisprudência. Lei n. 10.406 de 10.01.2002. Coordenação Cezar Peluso. 17. ed. rev. e atual. Santana de Parnaíba-SP: Manole, 2023. p. 1455.

TIPOS	PREVISÃO LEGAL	TRATAMENTO LEGAL
Imóveis loteados	Decreto-lei n.º 58/1937, art. 15 Lei Federal n.º 6.766/1979, art. 25	**Irretratável pela lei**
Imóveis não loteados	Decreto-lei n.º 58/1937, art. 22	**Irretratável pela lei, mas admite a cláusula de arrependimento**
Incorporação imobiliária	Lei Federal n.º 4.591/1964, art. 32, § 2º	**Irretratável pela lei**

Nota-se que a lei considera irretratáveis os contratos das situações indicadas na coluna *Tipos* no quadro *supra*, ou seja, seguindo o comando contido no *caput* do referido art. 473, há leis especiais que expressamente atribuem caráter de irretratabilidade para as situações tratadas até aqui, razão pela qual não é possível que as partes tenham a possibilidade de arrependimento. Exceto para a situação do compromisso celebrado fora da sede do empreendedor e de previsão expressa da cláusula de arrependimento para os contratos de imóveis não loteados, a legislação em vigor não autoriza a resilição unilateral dos demais tipos de contratos ora tratados.

Não significa dizer, porém, que o contrato não possa ser extinto por outras formas. O Código Civil admite a extinção do contrato por mútuo acordo dos contratantes (art. 472) ou por resolução quando houver (i) inadimplemento absoluto (art. 475) ou (ii) onerosidade excessiva (art. 478)[215].

Nesse sentido, o compromisso de compra e venda também pode ser extinto (i) pelo cumprimento de todas as obrigações nele estabelecidas; (ii) pelo direito de arrependimento do adquirente de imóveis incorporados e/ou loteados quando adquiridos fora da sede do empreendedor; (iii) se estabelecida cláusula de arrependimento para os imóveis não loteados; e (iv) pela resolução por inadimplemento culposo do adquirente e/ou do empreendedor.

Para regular as situações de resolução por inadimplemento culposo do adquirente e/ou do empreendedor, surgiu a Lei Federal n.º 13.786/2018, a qual analisaremos adiante.

Destacamos que, com o passar do tempo, o mercado imobiliário vivenciou uma realidade inversa daquela experimentada quando vigorava a regra do art. 1.088[216] do Código Civil de 1916 comentada anteriormente.

Naquela época, como já registramos, havia abusos por parte dos empreendedores no desfazimento unilateral e imotivado dos contratos preliminares de compra e venda, o que deixava os adquirentes em situação de extrema vulnerabilidade, pois ficavam à mercê da dinâmica dos desejos dos alienantes. Estes, mesmo quando já haviam recebido parte do preço de venda, exerciam a faculdade de arrependimento autorizada pelo dito art. 1.088, antes de celebrarem a escritura definitiva, e desfaziam os negócios jurídicos, inclusive aqueles que já estivessem em fase de execução.

---

[215] GOMIDE, Alexandre Junqueira. A [ir]retratabilidade do compromisso particular de compra e venda de imóveis na lei 13.786/2018. *Coletânea IBRADIM*, p. 32, jun. 2019.

[216] "Quando o instrumento público for exigido como prova do contrato, qualquer da partes pode arrepender-se, antes de o assinar, ressarcindo à outra as perdas e danos resultantes do arrependimento, sem prejuízo do estatuído nos arts. 1.095 a 1.097."

Grande parte das vezes isso acontecia porque os imóveis alienados valorizavam-se e os empreendedores desistiam das vendas para retomá-los e revendê-los por valores maiores. Gerava-se enorme insegurança para os compradores que até antes da celebração da escritura definitiva poderiam se ver sem a possibilidade de adquirirem os imóveis pretendidos definitivamente.

Para conter esses abusos, surgiram as disposições legais citadas do Decreto-lei n.º 58/1937, da Lei Federal n.º 4.591/1964 e da Lei Federal n.º 6.766/1979, que passaram a considerar os compromissos de compra e venda irretratáveis. Contudo, em meados da década de 2010, experimentou-se uma avalanche de ações judiciais em que os compradores buscavam o desfazimento do compromisso de compra e venda sem cláusula de arrependimento, mesmo daqueles cuja execução já tivesse sido iniciada com o pagamento de parcelas do preço pelo comprador ou com o início efetivo do desenvolvimento do empreendimento pelo vendedor.

Apesar da situação de irretratabilidade decorrente de leis especiais, como vimos até aqui, nossos Tribunais passaram a admitir a possibilidade de desfazimento unilateral do compromisso de compra e venda por iniciativa dos compradores, motivada ou imotivadamente.

O Tribunal de Justiça do Estado de São Paulo, em decorrência do volume de demandas sobre o tema, editou a Súmula n.º 1, publicada em 06.12.2010, em que se reconheceu que o compromissário comprador,

> [...] mesmo inadimplente, pode pedir a rescisão do contrato e reaver as quantias pagas, admitida a compensação com gastos próprios de administração e propaganda feitos pelo compromissário vendedor, assim como com o valor que se arbitrar pelo tempo de ocupação do bem.

Outra vez, agora em sentido diametralmente oposto, os negócios jurídicos preliminares instrumentalizados na forma de compromisso de compra e venda voltaram a ser inseguros, pois, pelo entendimento da Corte paulista – de forma contrária à legislação e à doutrina dominante –, podem ser desfeitos a qualquer momento.

Em razão de instabilidades causadas por realidades semelhantes, sabemos que o legislador passou a intervir na ordem jurídica para remodelar, redefinir e suprimir os campos de atuação da autonomia privada em setores que se revelaram críticos, porque a autonomia privada exercida ilimitadamente mostrou-se socialmente reprovável em alguns casos.

É o que aconteceu no âmbito das relações de trabalho e nas de consumo, por exemplo.

Pode-se dizer que essas intervenções ocorreram em razão dos efeitos sentidos pela sociedade quanto à rígida aplicação do princípio do *pacta sunt servanda*, regra geral segundo a qual os contratos devem ser cumpridos na forma como foram originalmente celebrados.

Somava-se a essa concepção, no âmbito da filosofia do liberalismo, advinda com a Revolução Francesa, a realidade contratual de que todos eram iguais perante a lei, sem se considerar, naquele momento histórico, se haveria contratante forte ou fraco, pois, pela tese da igualdade formal, todos eram considerados equivalentes, com as mesmas capacidades, forças e potências para contratar e cumprir as obrigações assumidas.

Os princípios do liberalismo influenciaram a ordem jurídica de diversos países, até mesmo a do Brasil, tendo norteado o espírito legislativo constituinte, inclusive do Código Civil de 1916.

Havia nessa época uma ampla liberdade para se contratar. E o espaço contratual gerado por essa liberdade era preenchido completamente pela autonomia privada dos contratantes.

Com o passar de décadas dessa concepção contratual, com ampla liberdade para o exercício da autonomia privada, a sociedade experimentou determinadas injustiças decorrentes das relações contratuais, mesmo daquelas formalizadas de acordo com a ordem jurídica em vigor.

Por essa razão, para evitar o cometimento de injustiças, o espaço ocupado pela autonomia da vontade foi diminuindo com o passar do tempo, à medida que ocorria uma transformação social sentida em muitos países pela aplicação inflexível do princípio do *pacta sunt servanda*. A igualdade formal considerada para as relações contratuais gerou injustiças importantes que não ficaram ao largo da ordem jurídica.

Arruda Alvim[217] salienta que, por meio da prática extremista do liberalismo, a Europa, nessa época, ao mesmo tempo que enriqueceu, criou verdadeiros bolsões de misérias, razão pela qual a inflexibilidade da força do contrato passou a sofrer inúmeras críticas, até chegar ao que hoje se denomina *função social do contrato*. Destaca o autor que essa função social do contrato consistiu

> [...] em tentar dar corpo à idéia de que há determinadas situações que não comportam inteiramente a livre contratação, determinados segmentos de comportamentos humanos que, traduzidos em realidades contratuais, sem qualquer freio ou limites, geram áreas críticas de conseqüências indesejáveis.

Diante desse cenário, houve a necessidade de o Estado intervir por meio de edição de leis especiais. Essa intervenção, na estrutura do nosso sistema, dá-se em consequência de uma forte atuação do Poder Judiciário, que é chamado para solucionar as disputas.

As disparidades, oriundas das relações contratuais, levaram à necessidade de reconhecer uma realidade com conteúdo social para o contrato que ultrapassasse o circunscrito interesse das partes contratantes. Por vezes, os interesses dos contratantes podem entrar em colisão com aquilo que a sociedade, em determinado momento de sua história, passa a considerar justo para o resultado dessas relações.

O atual conteúdo social, que se passou a atribuir ao contrato, direcionou as relações contratuais para outra dimensão, com a atração de uma valoração do que seja socialmente aceitável. Assim, no caso de haver divergências sobre o que é justo entre os interesses do particular e os da sociedade, estes devem prevalecer sobre aqueles.

Daí é que provém o que conhecemos por dirigismo contratual, ou seja, é a sociedade, por meio dos seus representantes legislativos, que determina a existência de certas balizas para conter, em dimensões gerais e especiais, os limites do espaço de atuação da autonomia privada dos contratantes.

O Estado, apesar de não atuar diretamente como empreendedor, não permite que, em nome da liberdade contratual, a matriz econômica privada seja "desviada para empreendimentos abusivos incompatíveis com o bem-estar social e com os valores éticos cultivados pela comunidade"[218].

Nota-se esse efeito, como já referido, nas relações de trabalho. Ao longo de muitas décadas, as vontades das partes contratantes desse tipo de relação não foram iguais, sendo a de quem empregava mais forte em relação à de quem era empregado. A legislação trabalhista inseriu

---

[217] ARRUDA ALVIM NETTO, José Manoel de. A função social dos contratos no novo Código Civil. *Revista dos Tribunais*, v. 815, p. 11-31, set. 2003. *Doutrinas Essenciais Obrigações e Contratos*, v. 3, p. 625-654, p. 9, jun. 2011.

[218] THEODORO JÚNIOR, Humberto. *O contrato e sua função social*. A boa-fé objetiva no ordenamento jurídico e a jurisprudência contemporânea. 4. ed. rev., atual. e ampl. Rio de Janeiro: Forense, 2014. p. 38.

regras e limitações na tentativa de criar uma igualdade substancial no lugar da igualdade formal, ou seja, muniu a parte mais fraca de direitos mínimos decorrentes da própria ordem jurídica com o objetivo de garantir que aquele que se empregava tivesse uma força contratual pelo menos equivalente (senão maior) diante daquele que contratava.

Nesse contexto, o *pacta sunt servanda* foi o grande princípio que vigorou nos séculos XIX e XX e que modelou os ordenamentos jurídicos até a Segunda Guerra Mundial. Contudo, é possível notar que o nosso atual Código Civil minimizou a sua força, influenciado pelas mudanças sociais sentidas no mundo, especialmente no período do pós-guerra.

Isso decorreu do fato de que o contrato, regido em nosso Código Civil anterior (1916) pelos princípios do liberalismo, terminou por afetar a sociedade, que sentiu disparidades decorrentes daquela regulação socialmente superada, de modo que se tornou necessário remodelar os efeitos do *pacta sunt servanda*.

Nas relações originadas sob o Estado Liberal, o contrato é tido como fonte criadora de direitos decorrentes diretamente da própria lei. No Estado social, por seu turno, atenta-se para os problemas que eventuais abusos da autonomia privada poderão criar. Para Humberto Theodoro Júnior[219], se

> [...] algum dano indevido a terceiro ou à coletividade for detectado, a autonomia contratual terá sido exercitada de forma antijurídica. Não poderá o resultado danoso prevalecer. Ou o contrato será invalidado ou o contratante nocivo responderá pela reparação do prejuízo acarretado aos terceiros.

Diante desse cenário, o atual Código Civil (2002) procurou adotar uma solução que busca conformar os interesses antagônicos da visão individualista – que visa a segurança máxima nos contratos – e, contrariamente a essa concepção autocentrada, os valores sociais que forem impostos pela própria ordem jurídica e que relativizam a tal segurança máxima (como exemplo, temos as regras consumeristas que procuram equilibrar a segurança contratual conferindo por lei direitos e garantias aos consumidores).

Ao contrário do Código Civil de 1916, o atual procurou inserir nas relações civis a exigência da eticidade nas condutas como verdadeiro dever jurídico positivo, razão pela qual as suas disposições afetam o plano da vida comunitária e, portanto, estão marcadas pela socialidade.

Como ferramenta legislativa, nota-se que o legislador do atual Código Civil utilizou uma linguagem marcada por cláusulas abertas, cujo preenchimento, na maioria das vezes, deverá ser feito pelo Estado-juiz, tendo em conta as características do caso concreto, que, com a prudência, deverá buscar traduzir os valores predominantes na sociedade naquele momento específico.

Tal concepção está presente, por exemplo, no conteúdo do art. 421 do Código Civil, que garante a liberdade contratual, desde que exercida nos limites da função social do contrato.

Essa nova concepção procurou, portanto, contemporizar a posição contratual individualista advinda do liberalismo, com uma visão contemporânea do próprio direito, com enfoque nos valores que passaram a ser socialmente tutelados.

Claudio Luiz Bueno de Godoy[220] destaca que se retira

---

[219] THEODORO JÚNIOR, Humberto. *O contrato e sua função social*. A boa-fé objetiva no ordenamento jurídico e a jurisprudência contemporânea. 4. ed. rev., atual. e ampl. Rio de Janeiro: Forense, 2014. p. 39.

[220] GODOY, Claudio Luiz Bueno de. *Função social do contrato*: os novos princípios contratuais. 4. ed. São Paulo: Saraiva, 2012. p. 135.

[...] o contrato da perspectiva individualista que lhe reservava do Código de 1916, modificando-se seu eixo interpretativo, de sorte a garantir que o ato de iniciativa das partes contratantes seja recebido pelo ordenamento, que lhe dará eficácia, desde que, tal qual vem de se asseverar, cumpra um novo papel, de satisfação dos propósitos e valores que o sistema escolheu e protege, no interesse de todos, no interesse comum.

De um lado, temos a segurança, que é tão necessária para os negócios jurídicos, e, de outro, os valores sociais, que vieram a se impor legislativamente e que passaram a afetar as relações contratuais de fora para dentro. Essa conformação do que é socialmente desejável altera a concepção dessa própria segurança, que também se espera e se deseja, caso a injustiça contratual seja demasiadamente grande e injustificável durante a sua fase de execução[221].

Destacamos o pensamento de Arruda Alvim[222], que é revelador do que se deve esperar sobre a atual concepção contratual. Diz o autor:

> [U]m contrato, no fundo, apesar dessas exceções que foram apostas ao princípio do pacta sunt servanda, é uma manifestação da vontade que deve levar a determinados resultados práticos, resultados práticos esses que são representativos da vontade de ambos os contratantes, tais como declaradas e que se conjugam e se expressam na parte dispositiva do contrato. Nunca se poderia interpretar o valor da função social como valor destrutivo do instituto do contrato. Por isto é que tenho a impressão de que o grande espaço da função social, de certa maneira e em escala apreciável, já se encontra no próprio Código Civil de 2002, através exatamente desses institutos que amenizam, vamos dizer, a dureza da visão liberal do contrato, como também penso que rigorosamente, para dar um exemplo que possa até chocar, se um juiz, decide numa relação contratual *pietatis causa*, – porque ficou com pena do devedor – perguntar-se-ia, então: esse juiz está cumprindo a função social do contrato? Ele, juiz, liberando o devedor total ou parcialmente, dá vida à função social do contrato, rompendo o contrato porque o devedor, por hipótese, possa ser digno de pena? Acho que isso é, também, agir contra a função social do contrato, ou, uma das facetas da função social do contrato. O contrato é feito para ser cumprido, em suma; e, o contrato, ademais disso, vive e deve realizar a sua função no ambiente em que está basicamente presente o princípio de dar a cada um o que é seu, do que o contrato é também um instrumento destinado à implementação desse princípio. Desta forma, o problema, vamos dizer, é de circunstâncias que podem incidir na medida do sistema positivo, mas nunca poder-se-ia, no meu entender, em nome da função social, provocar uma verdadeira disfunção e uma negativa da própria razão de ser do contrato. Parece, portanto, que a função social vem fundamentalmente consagrada na lei, nesses preceitos e em outros, mas não é, nem pode ser entendida como destrutiva da figura do contrato, dado que, então, aquilo que seria um valor, um objetivo de grande significação (função social), destruiria o próprio instituto do contrato. Por exemplo, há um dispositivo, no novo Código, que é o art. 473 – para dar um dos muitos possíveis exemplos – e, este dispositivo admite no seu caput a resilição unilateral, nos casos em que a lei expressa ou implicitamente o permita, operando-se mediante denúncia notificada à outra parte.

---

[221] ARRUDA ALVIM NETTO, José Manoel de. A função social dos contratos no novo Código Civil. *Revista dos Tribunais*, v. 815, p. 11-31, set. 2003. *Doutrinas Essenciais Obrigações e Contratos*, v. 3, p. 625-654, jun. 2011.

[222] ARRUDA ALVIM NETTO, José Manoel de. A função social dos contratos no novo Código Civil. *Revista dos Tribunais*, v. 815, p. 11-31, set. 2003. *Doutrinas Essenciais Obrigações e Contratos*, v. 3, p. 625-654, p. 16, jun. 2011.

É preciso destacar que, em que pese a vinculação dos contratos à valoração da função social, não se pode confundir a função social do contrato com a justiça social que deve ser implementada pelo Estado por meio de políticas públicas.

A função social do contrato busca, como referido, conformar a realidade das relações contratuais aos valores que a sociedade passou a legitimamente considerar superiores em determinado momento de sua história.

Por sua vez, as políticas públicas são programas e ações desenvolvidos pelo Estado para garantir determinados direitos previstos na Constituição Federal e que visam ao bem-estar da população (em áreas como saúde, educação, meio ambiente, habitação, entre outras).

A função social do contrato não implica o afastamento da autonomia da vontade nem risco à existência do próprio contrato, mas a ela se associa para que as relações contratuais possam ser solidárias e evitem a criação de abusos nas relações contratuais. Busca estabelecer condições de igualdade entre as partes e atender ao que é socialmente relevante[223].

Afirma Claudio Luiz Bueno de Godoy[224] que a função social do contrato não representa um limite negativo à liberdade de contratar, mas desenvolve um papel que busca integrar as escolhas do próprio conteúdo das relações contratuais com aquilo que é valorativo para o sistema. Reforça o autor que

> [...] o poder das partes de autorregulamentar seus interesses econômicos encontra sua proteção jurídica no reconhecimento, pelo ordenamento, de que aqueles atos de iniciativa exprime um conteúdo valorativo consoante com as escolhas axiológicas do sistema. Uma forma, portanto, de se promoverem os valores básicos da ordem jurídica e mesmo de o direito objetivo garantir, limitando a liberdade natural, uma efetiva liberdade social. Nada contrário, pois, ao conceito em si de liberdade.

Humberto Theodoro Júnior[225] delimita o campo de atuação dos princípios da função social do contrato e da boa-fé da seguinte forma: (i) o princípio da boa-fé será afetado quando

---

[223] Claudio Luiz Bueno de Godoy registra que "a função social do contrato hoje integra seu conceito, o conceito mesmo de autonomia privada. Ou, se se quer falar em limite, a função social do contrato é um limite interno, constante, e de vertente também positiva, promocional de valores básicos do ordenamento. Tenha-se aqui presente o quanto [...] se ensaiou num conceito genérico *inter partes* para o princípio objeto deste estudo, cabendo, contudo, reiterar que a função social do contrato não pode ser entendida, na perspectiva de um sistema jurídico voltado à promoção de valores constitucionais básicos, simplesmente como um instrumento limitativo, de feição negativa, no caso, do direito de contratar. Trata-se, também, de o contrato, funcionalizado, servir à promoção daqueles valores, das escolhas dos sistemas. O que se tem, enfim, é a função social do contrato integrando-lhe o conteúdo, garantindo que o ato de vontade receba tutela jurídica, desde que seja socialmente útil e sirva à promoção de valores constitucionais fundamentais – portanto uma função não só negativa e limitativa –, dentre os quais a dignidade humana, de que, é certo, o exercício da liberdade contratual não deixa de ser uma expressão, como visto. Ou seja, a vontade não fica excluída do processo formador do contrato, não deixa de ser o móvel criador do negócio, mas cujo efeito normativo encontra sua origem na incidência do ordenamento, condicionada à verificação da consonância do ato de iniciativa da parte às escolhas e valores do sistema. De resto, mais, como uma forma de prestigiá-los e fomentá-los" (GODOY, Claudio Luiz Bueno de. *Função social do contrato*: os novos princípios contratuais. 4. ed. São Paulo: Saraiva, 2012. p. 209).

[224] GODOY, Claudio Luiz Bueno de. *Função social do contrato*: os novos princípios contratuais. 4. ed. São Paulo: Saraiva, 2012. p. 136.

[225] THEODORO JÚNIOR, Humberto. *O contrato e sua função social*. A boa-fé objetiva no ordenamento jurídico e a jurisprudência contemporânea. 4. ed. rev., atual. e ampl. Rio de Janeiro: Forense, 2014. p. 48.

o contrato ou a maneira de interpretá-lo ou de executá-lo resultar em prejuízo injusto para uma das partes; e (ii) ofender-se-á a função social quando os efeitos externos do contrato prejudicarem injustamente os interesses de terceiros desvinculados da relação contratual ou da própria comunidade.

No entanto, mesmo com as intervenções feitas no ambiente das relações contratuais – conferindo-lhes limitações decorrentes de princípios como o da boa-fé e da citada função social –, é preciso considerar que a concepção moderna da autonomia privada alcançou amparo constitucional tanto quando se prevê e se protege a livre iniciativa econômica (Constituição Federal, art. 170) como quando se concede proteção à liberdade individual (Constituição Federal art. 5º).

Nota-se essa projeção nas posições dos nossos Tribunais, por exemplo, no que foi decidido no REsp 1.409.849/PR, julgado pelo Superior Tribunal de Justiça em 26.04.2016, tendo sido consignado no respectivo acórdão que a autonomia privada:

> Liga-se assim ao próprio desenvolvimento da dignidade humana, embora não atue, naturalmente, de forma absoluta, sofrendo limitações de outros princípios (boa-fé, função social, ordem pública). O princípio da autonomia privada concretiza-se, fundamentalmente, no direito contratual, através de uma tríplice dimensão: a liberdade contratual, a força obrigatória dos pactos e a relatividade dos contratos.

Pela liberdade contratual entende-se o poder conferido aos contratantes de escolher livremente o negócio jurídico que celebrarão e o conteúdo das disposições contratuais que consubstanciarão as obrigações estipuladas para cada uma delas, ladeadas (até mesmo restringidas) pelos limites legais existentes naquele período.

A liberdade[226] conferida ao contratante, para celebrar qualquer tipo de negócio jurídico (típicos e atípicos), atribui a ele a responsabilidade de cumprir exatamente o que foi contratado, pois, em razão da força obrigatória dos contratos, estes são celebrados para serem cumpridos.

Se a força obrigatória dos contratos restringe-se somente aos contratantes, a função social, por sua vez, projeta a relação contratual também perante terceiros, o que expressa a sua relatividade. As obrigações estipuladas entre os contratantes não afetam terceiros que não participaram da formação do contrato. No mesmo sentido, os terceiros, que não manifestaram expressa vontade no contrato, não podem nele intervir e devem respeitar a relação contratual[227]. O credor somente pode exigir a obrigação devida do obrigado, mas todo terceiro que tiver conhecimento da relação contratual deve respeitá-la, não sendo lícitos comportamentos que visem à perturbação da relação contratual nem à indução do devedor ao inadimplemento. Entretanto, a liberdade de contratar não pode gerar prejuízos para terceiros e/ou para a so-

---

[226] Como assinala Francesco Messineo, liberdade contratual significa, "em primeiro lugar, que nenhuma das partes pode impor unilateralmente à outra o conteúdo do contrato e que este deve ser o resultado de livre debate entre elas. Em segundo lugar, liberdade contratual significa que, desde que sejam respeitadas as normas de lei imperativas do regime contratual geral e particular (ou seja, aquelas relacionadas a contratos individuais) e as normas corporativas, o conteúdo do contrato pode ser definido pelas partes a seu bel-prazer, ou seja, é permitida a autodeterminação das cláusulas contratuais concretas" (MESSINEO, Francesco. *Dottrina generale del contratto*. 3. ed. Milano: Giuffrè, 1948. p. 11).

[227] JUNQUEIRA DE AZEVEDO, Antônio. Princípios do novo direito contratual e desregulamentação do mercado – direito de exclusividade nas relações contratuais de fornecimento Giuffrè função social do contrato e responsabilidade aquiliana do terceiro que contribui para inadimplemento contratual. *Revista dos Tribunais*, v. 750, p. 113-120, abr. 1998.

ciedade em geral[228] ou afetar de forma negativa os valores socialmente protegidos, o que pode fundamentar a sua revisão judicial nos casos explicitamente previstos em lei[229].

A legislação brasileira aceita a revisão contratual, se houver alteração superveniente das circunstâncias que lhe deram origem e que serviram de base para a sua formação ou se surgir eventual injustiça na fase de sua execução, para evitar a onerosidade excessiva e o enriquecimento sem causa. Exceto nessas hipóteses, a intervenção judicial nos contratos deve ser mínima[230].

O Superior Tribunal de Justiça[231] já decidiu, em assuntos relacionados a plano de saúde, que o Judiciário deve decidir com cautela para que as decisões não sejam

> [...] desastrosas, com a autorização de acesso a medicamentos, produtos e serviços sem base em evidência científica ou por falta de cobertura contratual, porque isso causa abalo indevido na sustentação econômica das operadoras de saúde, e também devido ao fato de que o aumento da sinistralidade norteia o aumento das mensalidades do ano seguinte, penalizando indevidamente os demais consumidores, além de causar uma desestruturação administrativa; [...]

Entendeu o Superior Tribunal que o Poder Judiciário tem que ponderar a sua intervenção no contrato para não causar desequilíbrio nas prestações, devendo, portanto, considerar todo o sistema em que inserida a relação contratual, para que não ocorra sobrecarga econômica para os demais que dele (sistema) participem, não gere insegurança para a própria ordem social e não impeça o acesso dos que dele (sistema) ainda não participam.

Mesmo nessa concepção de valoração dos interesses sociais permeando as relações contratuais, a interferência do juiz para aplicação da lei deverá atender aos fins sociais a que ela se dirige e às exigências do bem comum (LINDB, arts. 5º e 20)[232].

---

[228] Claudio Luiz Bueno de Godoy destaca que "importa considerar que o contrato em hipótese alguma pode ser considerado indiferente à sociedade em cujo seio se insere. A nova teoria contratual impõe se o compreenda como voltado à promoção de valores sociais e, mais, impõe se compreenda sua interferência na esfera alheia. [...] Mas, ainda que se admita não se inserir o terceiro no contrato, mesmo, portanto, que não se lhe reconheça, como regra, a prerrogativa de exigir a prestação principal contratada, tanto quanto ela não lhe é exigível, forçoso admitir que, hoje, o contrato pode bem afetá-lo, de forma especial, determinando uma recompreensão de sua posição diante da avença. Ou seja, como se disse, o contrato passa a não lhe ser indiferente, de algum modo podendo influir em sua esfera jurídica" (GODOY, Claudio Luiz Bueno de. *Função social do contrato*: os novos princípios contratuais. 4. ed. São Paulo: Saraiva, 2012. p. 149).

[229] "Recurso especial. Direito empresarial. Contrato de prestação de serviços. Expansão de *shopping center*. Revisão do contrato. Quantificação dos prêmios de produtividade considerando a situação dos fatores de cálculo em época diversa da pactuada. Inadmissibilidade. Concreção do princípio da autonomia privada. Necessidade de respeito aos princípios da obrigatoriedade ('pacta sunt servanda') e da relatividade dos contratos ('inter alios acta'). Manutenção das cláusulas contratuais livremente pactuadas" (REsp 1.158.815/RJ, j. 07.02.2012).

[230] "[...] 2. Na hipótese, não se verifica circunstância excepcional apta a autorizar a interferência do Poder Judiciário, uma vez que os executados nem sequer alegaram a ocorrência de defeitos no negócio jurídico e não foi verificada violação, pela exequente, dos princípios da boa-fé e da função social do contrato. 3. Ao contrário, viola a boa-fé objetiva a conduta dos executados de tentar se furtar ao cumprimento dos valores livremente pactuados após a efetiva e adequada prestação dos serviços advocatícios, sendo a reforma do acórdão estadual, para julgar improcedentes os embargos à execução, a medida que se impõe. 4. Agravo interno a que se dá provimento" (STJ, AgInt no REsp 1.350.308/RS, j. 25.09.2023).

[231] REsp 1.979.069/SP, j. 13.06.2022.

[232] "O controle judicial sobre eventuais cláusulas abusivas em contratos de cunho empresarial é restrito, face a concretude do princípio da autonomia privada e, ainda, em decorrência de prevalência da livre

Nesse sentido, é necessário ter como orientação a manutenção do negócio jurídico, pois a sua função social está presente quando se procurar dar a ele a vida que pretendeu ter quando da sua celebração. Caso haja intercorrências durante a sua execução, antes de se declarar o seu desfazimento, é preciso buscar mantê-lo com a aplicação das adequações que se fizerem necessárias, utilizando-se o julgador dos meios legalmente permitidos.

Exemplificativamente, o art. 317 do Código Civil prevê que, se de forma imprevisível sobrevier desproporção entre o valor da prestação estabelecida na origem da contratação e aquele devido no momento de sua execução, o juiz poderá corrigi-lo, a pedido da parte, de modo que se assegure, quanto possível, o valor real da prestação e a preservação do contrato. Pretende o referido dispositivo legal assegurar o valor real da prestação com o equilíbrio que as partes programaram por ocasião da sua formação, o que consequentemente levará à manutenção da relação contratual. Preservada a prestação, mantido estará o contrato.

No caso de onerosidade excessiva, o art. 479 do Código Civil pretende evitar o desfazimento do contrato, oferecendo-se ao réu a modificação equitativa das suas condições.

Também pelo conteúdo do art. 480 do mesmo Código, percebe-se a intenção do legislador de manter o contrato, possibilitando à parte afetada requerer que a prestação seja reduzida ou alterado o modo de executá-la, para evitar a onerosidade excessiva.

Mais uma vez, denota-se a orientação do legislador no sentido de se manter o negócio jurídico com a possibilidade de serem feitas adequações durante a sua execução, com a finalidade de sua conservação.

Novamente nas palavras de Arruda Alvim[233],

> [o] contrato é feito para ser cumprido, em suma; e, o contrato, ademais disso, vive e deve realizar a sua função no ambiente em que está basicamente presente o princípio de dar a cada um o que é seu, do que o contrato é também um instrumento destinado à implementação desse princípio. Desta forma, o problema, vamos dizer, é de circunstâncias que podem incidir na medida do sistema positivo, mas nunca poder-se-ia, no meu entender, em nome da função social, provocar uma verdadeira disfunção e uma negativa da própria razão de ser do contrato.

Significaria dizer que a função social do contrato não pode ser compreendida como a forma de causar a sua própria destruição, mas sim a sua manutenção por meio de eventual readequação das realidades dos contratantes que sofreram modificações durante a sua execução, a ser feita pelas próprias partes ou pelo Estado-juiz com o objetivo de preservar a relação contratual.

Como o contrato serve às suas finalidades quando é cumprido pelas partes, é inadmissível que alguém contrate com a intenção de não cumprir as obrigações livremente estipuladas, sob a alegação, em seu próprio benefício, de um mínimo existencial, dignidade da pessoa humana, finalidade social, boa-fé objetiva etc.

Sobre todos os contratantes impõe-se um dever de não se comportar de forma lesiva, de modo a frustrar os interesses e as expectativas geradas na outra parte. Devem agir de maneira colaborativa, apoiados no dever de lealdade, o qual se exterioriza pelas condutas dos contratantes e afeta a confiança despertada pela relação contratual.

---

iniciativa, do *pacta sunt servanda*, da função social da empresa e da livre concorrência de mercado" (REsp 1.535.727/RS, j. 10.05.2016).

[233] ARRUDA ALVIM NETTO, José Manoel de. A função social dos contratos no novo Código Civil. *Revista dos Tribunais*, v. 815, p. 11-31, set. 2003. *Doutrinas Essenciais Obrigações e Contratos*, v. 3, p. 625-654, jun. 2011.

Por essa razão, a contratação deve ser séria. Deve resultar de reflexão fundamentada nos "ônus" e nos "bônus" que advirão da sua celebração.

O compromissário comprador de um imóvel necessita, antes de firmar o contrato, analisar as obrigações que assumirá, especialmente se os deveres econômicos não afetarão sua higidez financeira durante a execução do contrato. Se no seu íntimo existir um mínimo de dúvida, não deverá contratar. E não se está aqui a falar do risco que naturalmente envolve qualquer relação contratual, mas do resultado de uma avaliação prévia e honesta daquele que se obrigará com a aquisição imobiliária, pois o desfazimento imotivado[234] do contrato sempre gera perturbação financeira no desenvolvimento do empreendimento imobiliário considerado como um sistema.

A decisão de contratar pelo comprador gerará no vendedor a confiança de que o negócio jurídico de compra e venda será regularmente executado. Em contrapartida, para o comprador, provocará a expectativa de que receberá o objeto compromissado.

Nesse contexto, a importância do mercado imobiliário levou o legislador a conferir ao segmento uma ferramenta legal para minimizar os impactos negativos que os desfazimentos imotivados dos compromissos de compra e venda causaram no sistema de alienação de imóveis loteados, não loteados ou incorporados, a Lei Federal n.º 13.786/2018 ("Lei dos Distratos").

Não se trata da situação que está prevista no Código Consumerista sobre a possibilidade de o consumidor se arrepender imotivadamente dentro da hipótese específica e do prazo legal, do negócio jurídico que celebrou, mas de uma fase posterior a esse direito.

---

[234] "[...] 1. É das mais importantes tendências da responsabilidade civil o deslocamento do fato ilícito, como ponto central, para cada vez mais se aproximar da reparação do dano injusto. Ainda que determinado ato tenha sido praticado no exercício de um direito reconhecido, haverá ilicitude se o fora em manifesto abuso, contrário à boa-fé, à finalidade social ou econômica do direito, ou, ainda, se praticado com ofensa aos bons costumes. 2. Tendo uma das partes agido em flagrante comportamento contraditório, ao exigir, por um lado, investimentos necessários à prestação dos serviços, condizentes com a envergadura da empresa que a outra parte representaria, e, por outro, após apenas 11 (onze) meses, sem qualquer justificativa juridicamente relevante, a rescisão unilateral do contrato, configura-se abalada a boa-fé objetiva, a reclamar a proteção do dano causado injustamente. 3. Se, na análise do caso concreto, percebe-se a inexistência de qualquer conduta desabonadora de uma das partes, seja na conclusão ou na execução do contrato, somada à legítima impressão de que a avença perduraria por tempo razoável, a resilição unilateral imotivada deve ser considerada comportamento contraditório e antijurídico, que se agrava pela recusa na concessão de prazo razoável para a reestruturação econômica da contratada. 4. A existência de cláusula contratual que prevê a possibilidade de rescisão desmotivada por qualquer dos contratantes não é capaz, por si só, de afastar e justificar o ilícito de se rescindir unilateralmente e imotivadamente um contrato que esteja sendo cumprido a contento, com resultados acima dos esperados, alcançados pela contratada, principalmente quando a parte que não deseja a resilição realizou consideráveis investimentos para executar suas obrigações contratuais. 5. Efetivamente, a possibilidade de denúncia 'por qualquer das partes' gera uma falsa simetria entre os contratantes, um sinalagma cuja distribuição obrigacional é apenas aparente. Para se verificar a equidade derivada da cláusula, na verdade, devem ser investigadas as consequências da rescisão desmotivada do contrato, e, assim, descortina-se a falácia de se afirmar que a resilição unilateral era garantia recíproca na avença. 6. O mandamento constante no parágrafo único do art. 473 do diploma material civil brasileiro se legitima e se justifica no princípio do equilíbrio econômico. Com efeito, deve-se considerar que, muito embora a celebração de um contrato seja, em regra, livre, o distrato é um ônus, que pode, por vezes, configurar abuso de direito. 7. Estando claro, nos autos, que o comportamento das recorridas, consistente na exigência de investimentos certos e determinados como condição para a realização da avença, somado ao excelente desempenho das obrigações pelas recorrentes, gerou legítima expectativa de que a cláusula contratual que permitia a qualquer dos contratantes a resilição imotivada do contrato, mediante denúncia, não seria acionada naquele momento, configurado está o abuso do direito e a necessidade de recomposição de perdas e danos, calculadas por perito habilitado para tanto. Lucros cessantes não devidos. [...]" (REsp 1.555.202/SP, j. 13.12.2016).

A essa fase posterior referimo-nos anteriormente ao apontarmos os dispositivos legais que consideram irrevogáveis o negócio jurídico preliminar de compra e venda de imóveis loteados, não loteados ou incorporados. Como irrevogáveis, por determinação legal, não caberia a hipótese de resilição unilateral prevista no art. 473 do Código Civil porque a legislação de suporte proíbe o desfazimento imotivado.

O segmento imobiliário tem implicações muito profundas na sociedade, razão pela qual merece um olhar atento do legislador e do julgador. Os empreendimentos imobiliários dependem do fato de que os adquirentes de suas unidades cumpram as obrigações estabelecidas no compromisso de compra e venda, principalmente o pagamento do preço de aquisição. Por outro lado, os adquirentes também devem ser protegidos para que recebam o que compraram no tempo, no modo e no prazo avençados.

O empreendedor, quando oferta unidades imobiliárias de um empreendimento ao mercado, tem em seu planejamento financeiro a expectativa de que certo percentual de vendas viabilizará a sua finalização e com isso poderá entregar o que foi compromissado aos adquirentes, quitar eventual financiamento bancário e cumprir demais obrigações assumidas para a sua consecução. É também por meio do cumprimento das obrigações dos adquirentes que se viabiliza o desenvolvimento do empreendimento imobiliário.

Em síntese, essa é a estrutura do segmento imobiliário brasileiro que tanto se desenvolveu nas últimas décadas, mas que ainda sofre com solavancos econômicos e jurídicos.

Permitir que os compradores possam imotivadamente desistir das aquisições, a qualquer tempo, é colocar em risco a boa *performance* do empreendimento com possíveis prejuízos ao empreendedor e aos que se mantiveram adimplentes.

No verso dessa mesma moeda estão os compradores de unidades imobiliárias que merecem proteção. O empreendedor também não pode, exceto quando autorizado por lei, como acontece no período de carência na incorporação imobiliária (Lei Federal n.º 4.591/1967, art. 34), pretender desfazer o contrato imotivadamente e deve suportar as penalidades legalmente impostas, para a situação de atraso na entrega das unidades imobiliárias alienadas.

O Superior Tribunal de Justiça já decidiu sobre ser inadmissível o desfazimento unilateral e imotivado do contrato, sem que seja devida a correspondente indenização[235]. No acórdão a que nos referimos ficou consignado que:

> No mérito, é importante destacar que o Código Civil tradicionalmente estipula e regula os diversos mecanismos pelos quais um negócio jurídico contratual pode encontrar seu ocaso. É nesse contexto que se fala em cumprimento do objeto contratual, na morte das partes, na resilição e na resolução.
>
> Entretanto, o direito privado não estipula, e nem poderia, quando se deve dar o término do negócio jurídico. A constatação óbvia por trás do silêncio legislativo é que essa questão foi relegada ao campo da autonomia da vontade. Isto é, cabe às partes dizer quando e por que sua relação jurídica se encerra.
>
> Assim, deve-se reconhecer que a livre iniciativa desdobra-se na liberdade de contratar e na liberdade de pôr um ponto final ao contrato. Ademais, como tudo na vida, é natural que o contrato encontre, mais cedo ou mais tarde, o seu final.
>
> Naturalmente, a liberdade de pôr fim ao negócio não é irrestrita ou ilimitada. Tradicionalmente, a alocação da culpa, ou da justa causa, como preferem alguns doutrinadores, tem sido relevante para refrear essa liberdade. A culpa, como se sabe, é determinante

---

[235] REsp 972.436, j. 17.03.2009.

para que se conheçam, ao certo, as conseqüências do término do negócio jurídico, pois, quando estiver presente, a parte que deu causa à resolução deverá, em atenção ao princípio do 'a ninguém lesar', ressarcir os prejuízos causados.

Assim, com a finalidade de se estabelecerem previamente os respectivos ressarcimentos e definir os limites das penalidades decorrentes do desfazimento dos contratos imobiliários que a Lei dos Distratos surgiu em nosso ordenamento jurídico.

Podemos, na vertente de consideração dessas relações jurídicas de compra e venda de imóvel em empreendimentos imobiliários estruturados como um sistema, comparar com o segmento dos planos de saúde, sobre o qual o Superior Tribunal de Justiça já se manifestou no sentido de que as decisões judiciais devem buscar evitar a desmedida penalização, a qual refletirá no próprio sistema em que inserida a relação contratual originadora da indenização.

Admitindo-se as premissas postas anteriormente, não se pode negar que o desfazimento do contrato preliminar de compra e venda imotivadamente, por uma das partes, pode acarretar o desequilíbrio do sistema imobiliário em que estão inseridos os imóveis loteados e os incorporados.

A Lei dos Distratos procurou disciplinar a resolução do contrato preliminar de compra e venda de imóveis loteados ou incorporados por inadimplemento, tanto do incorporador e do loteador quanto dos adquirentes das correspondentes unidades imobiliárias.

Ao levarmos em consideração que os contratos dos imóveis loteados, não loteados e incorporados são considerados irretratáveis por expressas disposições legais (vide quadro-resumo *supra*), a Lei dos Distratos, nessa concepção, buscou regular com maior precisão a possibilidade de o adquirente desistir do contrato preliminar de compra e venda, bem como adequar as consequências decorrentes da resolução por inadimplemento culposo do adquirente e/ou do empreendedor.

Para o caso da inexecução culposa do compromisso de compra e venda pelo adquirente, a Lei dos Distratos delimita a aplicação de descontos na restituição dos valores pagos por ele, como forma de evitar exacerbados prejuízos ao empreendedor, bem como desequilíbrio do empreendimento imobiliário, além do eventual pagamento de indenização no caso de atraso na entrega da unidade imobiliária alienada.

É fato que o art. 53 desse diploma legal (Código de Defesa do Consumidor) estabelece que nos contratos de compra e venda de móveis ou imóveis, mediante pagamento em prestações, são consideradas nulas de pleno direito as cláusulas que estabeleçam a perda total das prestações pagas em benefício do credor. Na mesma linha, são nulas as cláusulas que subtraiam do consumidor a opção de reembolso das quantias já pagas (Lei Federal n.º 8.078/1990, art. 51, II). Deve ser claro na interpretação da referida Lei dos Distratos que não se trata de uma escolha de saída do contrato pela parte inadimplente, mas de uma alternativa da parte que sofre com o inadimplemento e que, portanto, prefere o desfazimento do contrato, em vez da sua manutenção.

Esse entendimento está em consonância com o conteúdo do art. 475 do Código Civil. Quem sofre com o inadimplemento pode pedir a resolução do contrato ou exigir o seu cumprimento, sem prejuízo, em ambas as situações, de ser indenizado por perdas e danos.

A resolução do contrato decorre de um direito normativo do credor da prestação inadimplida. Afirma Ruy Rosado de Aguiar[236] que, extinta

---

[236] AGUIAR JÚNIOR, Ruy Rosado de. *Extinção do contrato por incumprimento do devedor*. Rio de Janeiro: Aide, 2003. p. 48.

[...] a relação obrigacional, resultado do exercício do direito de resolver, surgirá uma nova relação (relação de liquidação) para restituir as partes ao *statu quo ante* (restituição) e, eventualmente, indenizar o credor pelo dano sofrido (art. 475 do Código Civil). Como a resolução não elimina senão a relação obrigacional afetada pelo incumprimento, o contrato que existiu continua existindo e serve de fundamento para a nova situação que se coloca, de modo que a resolução é um momento, uma etapa no processo do contrato total, e determina o surgimento de nova fase, durante a qual serão acertados os pontos relativos à restituição e à indenização.

Ao se exercer o direito de resolução do contrato, este é extintivo. No entanto, é também gerador de outros direitos, porque surge no lugar da relação contratual sinalagmática outra relação, normalmente com estipulação de obrigações bilaterais, imposta pelo credor ao devedor inadimplente.

A extinção da relação contratual afeta ambos os contratantes de modo que também o devedor será dela liberado, desde que cumpra com as obrigações que surgem com a fase de liquidação do contrato e responda pela indenização decorrente do inadimplemento.

No compromisso de compra e venda de imóvel, essa extinção opera-se com um aspecto de retroatividade e traz consigo a necessidade da recomposição da situação dos contratantes como era antes da contratação, mas com a reparação dos danos sofridos pela parte que experimentou as consequências do inadimplemento absoluto.

Caso haja resolução do contrato por inadimplemento culposo de uma das partes, abrir-se-á uma nova fase na dinâmica da relação contratual.

Nesse caso, o credor poderá judicialmente pedir a resolução do contrato ou o cumprimento da prestação inadimplida, mais as perdas e danos que sofrer com o não cumprimento, em ambas as hipóteses (Código Civil, art. 475).

Deve-se ressaltar que não se trata de uma obrigação alternativa para o devedor; ao contrário, mesmo com o inadimplemento, ele continua obrigado pela prestação original. A escolha entre pedir a resolução do contrato ou o cumprimento da prestação, nessa hipótese, será sempre do credor (Código Civil, art. 475).

Caso não seja possível o cumprimento coativo da prestação, o inadimplemento se converte em absoluto e traz consigo, na fase de liquidação do contrato, a obrigação de o devedor reparar as perdas e danos sofridos pelo credor.

Apenas se deve esclarecer que o credor não pode acumular a execução da prestação inadimplida e as perdas e danos compensatórios, sob pena de enriquecimento. Caso ainda seja possível o cumprimento da prestação pelo devedor, é lícito, no entanto, adicionar as perdas e danos moratórios[237].

Sobre as perdas e danos, o art. 402 do Código Civil é expresso ao prever que, salvo "as exceções expressamente previstas em lei, as perdas e danos devidas ao credor abrangem, além do que ele efetivamente perdeu, o que razoavelmente deixou de lucrar".

Pelo transcrito dispositivo legal, é claro o entendimento de que em nosso sistema minimamente deve ser levado em conta o dano que o credor sofreu em razão do inadimplemento (dano emergente), além da possibilidade de ser ressarcido do que razoavelmente deixou de lucrar (lucros cessantes), ou seja, no caso de inadimplemento absoluto, a indenização

---

[237] PEREIRA, Caio Mário da Silva. *Instituições de direito civil*: teoria geral das obrigações. Atualizador e colaborador Guilherme Calmon Nogueira da Gama. 34. ed. Rio de Janeiro: Forense, 2023. p. 324.

deve colocar o credor na mesma situação em que estaria, caso o contrato tivesse sido integralmente cumprido[238].

Como acentua Agostinho Alvim[239], em sentido estrito, dano é a lesão do patrimônio de quem o sofre e "patrimônio é o conjunto das relações jurídicas de uma pessoa, apreciáveis em dinheiro".

No âmbito dos direitos das obrigações, dano é um prejuízo experimentado por uma das partes em razão do inadimplemento parcial (mora) ou total da outra. A parte faltosa deverá suportar a reparação do dano causado, porque este só surgiu em razão do seu inadimplemento.

São perdas e danos o valor equivalente ao prejuízo que o credor experimentou em decorrência do inadimplemento do devedor. Devem-se expressar em dinheiro, porque é nessa espécie que se estima o desequilíbrio sofrido pela parte inocente. Esse desequilíbrio deve representar um prejuízo ou uma perda patrimonial para o lesado.

Na apuração das perdas e danos, deve-se levar em consideração que o comportamento culposo do devedor inadimplente frustra o credor de poder obter um proveito econômico, que era esperado com o correto cumprimento da prestação pelo devedor. Caso a prestação fosse cumprida na forma e no momento determinados no contrato, o credor poderia aferir um resultado econômico melhor do que aquele que se obtém com o cumprimento em atraso ou com aquele que deixou efetivamente de alcançar, em razão do inadimplemento absoluto do devedor.

Como a finalidade é de liquidação para restituir as partes ao *status quo ante* e, ademais, indenizar o credor pelo dano sofrido em razão do inadimplemento absoluto do devedor (Código Civil, art. 475), é insuficiente para o credor o recebimento da prestação original, pois estaria a receber tão somente aquilo que já lhe era devido. Faltará para o credor o benefício econômico que a prestação lhe geraria se fosse cumprida na forma do contrato.

Nessa sistemática e de acordo com o citado art. 402 do Código Civil, as perdas e danos devem compreender aquilo que economicamente o credor perdeu de forma definitiva (dano emergente) com o inadimplemento absoluto.

Entretanto, para que a recomposição seja completa nos termos do preceito legal aqui referido, as perdas e danos deverão compreender também aquilo que o credor tinha expectativa real de alcançar e que razoavelmente deixou de obter (lucro cessante).

As perdas e danos serão compostas por dois fatores. O primeiro é a restauração daquilo que o credor efetivamente perdeu com o inadimplemento. O segundo é a recomposição do seu patrimônio na razão do que razoavelmente[240] deixou de ganhar.

---

[238] STJ, REsp 403.037/SP, j. 28.05.2002.
[239] ALVIM, Agostinho. *Da inexecução das obrigações e suas consequências*. 5. ed. São Paulo: Saraiva, 1980. p. 172.
[240] Agostinho Alvim registra seu pensamento com um exemplo que pretende explicar a expressão *razoavelmente* contida no dispositivo legal. Registra o autor que: "[...] o médico, vítima de certo acidente que o impossibilita de clinicar durante um mês, pedirá os lucros cessantes correspondentes. Mas, seria possível objetar que, ainda mesmo sem o acidente, poderia ele não vir a ter os lucros esperados, ou por não ser procurado pelos seus clientes, ou por outra razão, sendo certo que qualquer destas hipóteses, uma vez aceita, exoneraria o devedor. Não pode haver certeza absoluta de que, se não fora o fato danoso, tais lucros seriam obtidos. Mas, devemos aceitar essas hipóteses, adotando esse ponto de vista? Tal objeção não procede e é justamente para preveni-la que o Código usa da expressão razoavelmente: o que razoavelmente deixou de lucrar, cujo sentido é este: até prova em contrário, admite-se que o credor haveria de lucrar aquilo que o bom senso diz que lucraria. Há aí uma presunção de que os fatos se desenrolariam dentro do seu curso normal, tendo-se em vista os antecedentes. Assim, retomando o exemplo do médico: deverá ele provar que os seus lucros normais

Tendo em vista que o inadimplemento, fato causador do dano, impediu o desenvolvimento almejado do contrato que deveria caminhar na direção de seu resultado positivo esperado – apesar de não ser possível ter a certeza de que este (resultado) teria sido alcançado –, é necessária a compreensão de que ele era possível ou verossímil. Essa possibilidade ou verossimilhança é obtida das presunções: "curso habitual das coisas e as circunstâncias particulares, como os preparativos ou disposições especiais, que podem fazer crer que o credor teria auferido da coisa o lucro que reclama"[241].

O termo *razoavelmente* deve exprimir a ideia de que se pagará se for possível admitir, razoavelmente, que houve lucro cessante em decorrência do desfazimento do contrato pelo inadimplemento absoluto. Referido termo não deve significar que se pagará aquilo que for razoável na concepção de uma ideia quantitativa[242].

Contudo, pelas regras contidas nos arts. 403 e 944, ambos do Código Civil, ainda que o descumprimento da prestação resulte de dolo do devedor, as perdas e danos somente incluirão os prejuízos efetivos e os lucros cessantes decorrentes do inadimplemento de forma direta e imediata. Excluem-se, portanto, os lucros cessantes que o credor tinha apenas esperança de obter, ou seja, os imaginários ou os hipotéticos.

Por seu turno, o art. 404 do Código Civil estabelece que as perdas e danos nas obrigações de pagamento em dinheiro deverão ser pagas com atualização monetária, abrangendo juros, custas e honorários de advogados, sem prejuízo da aplicação da cláusula penal convencional eventualmente prevista em contrato.

Pelo conteúdo do parágrafo único do mencionado art. 404 do Código Civil, caso seja demonstrado que os juros da mora não recompõem o prejuízo sofrido pelo credor e que não há cláusula penal convencional a ser aplicada, o juiz poderá conceder ao credor uma indenização suplementar. O juiz somente poderá atuar se ausentes estes dois elementos: insuficiência dos juros moratórios e ausência de cláusula penal convencional no contrato.

Há duas obrigações principais no compromisso de compra e venda imobiliário, a entrega da coisa pelo vendedor e o pagamento do preço pelo comprador. Nas duas obrigações pode haver situações de inadimplemento (relativo ou absoluto) a demandar a aplicação de perdas e danos.

Veremos adiante detalhadamente as consequências desses inadimplementos e como a Lei dos Distratos procurou estabelecer patamares para a liquidação das perdas e danos devidos ao credor da obrigação inadimplida. Para o momento interessa-nos, resumidamente, o seguinte:

---

eram tais ou tais, bastando isso para fundamentar o seu pedido. Supor que, se não fora o acidente, o médico poderia ter deixado de ganhar por motivos fáceis de imaginar, é cair no hipotético, como também seria hipotético, por parte do médico, supor que, se não fora o desastre, poderia ter sido procurado por clientes ricos, portadores de moléstias difíceis, cujo tratamento lhe poderia granjear lucros excepcionais. Estes lucros dependeriam de prova rigorosa, a cargo do credor da mesma prova, por parte do devedor, dependeria a inexistência dos lucros que normalmente vinham sendo obtidos" (ALVIM, Agostinho. *Da inexecução das obrigações e suas consequências*. 5. ed. São Paulo: Saraiva, 1980. p. 189).

[241] ALVIM, Agostinho. *Da inexecução das obrigações e suas consequências*. 5. ed. São Paulo: Saraiva, 1980. p. 191.

[242] ALVIM, Agostinho. *Da inexecução das obrigações e suas consequências*. 5. ed. São Paulo: Saraiva, 1980. p. 191.

Para os imóveis incorporados

Desde que tenha sido expressamente pactuada, de forma clara e visualmente destacada, o art. 43-A da Lei Federal n.º 4.591/1964 estabelece que a entrega do imóvel em até 180 dias corridos, contados da data estabelecida em contrato para a conclusão das obras, não será causa para a resolução do contrato por parte do adquirente, nem ensejará qualquer penalidade ao incorporador. Nesse período de 180 dias, não haverá aplicação dos efeitos da mora para o incorporador.

Entretanto, se a entrega do imóvel ultrapassar o prazo de 180 dias estabelecido no art. 43-A e desde que o adquirente não tenha dado causa ao atraso, poderá ser promovida por este a resolução do contrato também com apoio na regra geral do art. 475 do Código Civil.

Nesse caso, por se tratar de inexecução total da obrigação, a incorporadora deverá devolver a integralidade de todos os valores recebidos, a título de pagamento do preço, acrescidos da multa estabelecida em contrato, no prazo de até 60 dias corridos, contado da resolução, corrigidos com base no índice contratualmente estabelecido para a correção monetária das parcelas do preço de aquisição (Lei Federal n.º 4.591/1964, arts. 43-A, § 1º, e 67-A, § 8º).

Caso a entrega do imóvel ocorra em prazo superior a 180 dias e as partes decidam manter o contrato, será devida ao adquirente adimplente, por ocasião da entrega da unidade, uma indenização correspondente a um por cento do valor efetivamente pago à incorporadora, para cada mês de atraso, *pro rata die*, devendo tais valores ser corrigidos monetariamente pelo mesmo índice estipulado no contrato de compra e venda para o pagamento do preço de aquisição (Lei Federal n.º 4.591/1964, art. 43-A, § 2º).

Sob a perspectiva da obrigação do comprador, caso haja desfazimento do contrato por distrato ou resolução por inadimplemento absoluto, o incorporador deverá devolver as quantias que tiver recebido a título de pagamento do preço, devidamente atualizadas, porém delas deduzidas a integralidade da comissão de corretagem e da cláusula penal convencional (Lei Federal n.º 4.591/1964, art. 67-A, I e II).

O adquirente inadimplente também deverá responder (i) pelos impostos reais incidentes sobre o imóvel; (ii) pelas cotas condominiais e contribuições devidas a associações de moradores; e (iii) pelo valor correspondente à fruição do imóvel equivalente a 0,5% sobre o valor atualizado do contrato (*pro rata die*) (Lei Federal n.º 4.591/1964, art.67-A, § 2º, I, II e III).

Para os imóveis loteados

O contrato deverá disciplinar as consequências do seu desfazimento, seja mediante distrato, seja em decorrência de resolução contratual motivada por inadimplemento de obrigação do adquirente ou do loteador, com destaque negritado para as penalidades aplicáveis e para os prazos de devolução dos valores ao adquirente (Lei Federal n.º 6.766/1979, art. 26-A, V).

Contudo, caso a rescisão do contrato ocorra por motivo atribuível ao adquirente, o loteador deverá reembolsar a totalidade dos montantes por este desembolsados, corrigidos conforme o índice constante no contrato para atualização monetária das parcelas do preço total do lote. Do valor a ser restituído poderão ser feitos descontos, como veremos adiante (Lei Federal n.º 6.766/1979, art. 32-A, I, II, III, IV e V).

Em tal plexo de causas e de consequências que se originam do inadimplemento, seja o inadimplemento do alienante na entrega do imóvel vendido ou do adquirente no pagamento das parcelas do preço diferida no tempo, cabe lembrar que também para essas relações o magistrado deverá balizar sua decisão na legislação em vigor, especialmente na denominada

Lei dos Distratos, e não em valores jurídicos abstratos, sem que sejam consideradas as consequências práticas da decisão para todo o sistema de compra e venda de imóveis.

É inegável que os desfazimentos imotivados de compromissos de compra e venda de empreendimentos imobiliários em execução, considerados irrevogáveis e irretratáveis pela legislação, como vimos anteriormente, alteram toda a sua sistemática econômica, bem como a sua segurança jurídica, pois a falta de recursos dos adquirentes desistentes afetará o equilíbrio do desenvolvimento das obras (enquanto as unidades não forem revendidas), e, a depender da quantidade de desfazimentos imotivados, modificam possivelmente o prazo final para a entrega das unidades imobiliárias, e poderão comprometer até mesmo a entrada de novos adquirentes, em decorrência da modificação do preço de aquisição que tende a se elevar.

Portanto, as decisões judiciais a serem tomadas, também no âmbito do sistema do mercado imobiliário, deverão se pautar pela legislação em vigor e considerar as suas consequências práticas, de modo a preservar a estrutura econômica e social do segmento. A motivação das decisões deverá demonstrar a necessidade e a adequação da medida imposta ou a invalidade do ajuste. Deverá considerar também as possíveis alternativas, como viabilidade ou não da manutenção do contrato ou aplicação das penalidades previstas na Lei dos Distratos em caso de inadimplemento das partes (LINDB, art. 20).

Apesar de o dano sofrido pelo credor com o inadimplemento absoluto e culposo do devedor precisar ser provado, a cláusula penal convencional, os juros de mora e as penalidades estabelecidas em lei são hipóteses que dispensam a necessidade de comprovação do dano e até mesmo a alegação de prejuízo, sendo suficiente demonstrar a ocorrência do inadimplemento (Código Civil, art. 416, *caput*).

2.7.5.1 A cláusula penal e a Lei dos Distratos

Cláusula penal. Aspectos gerais e finalidades. Trata-se de uma cláusula acessória ao negócio jurídico principal e que serve para estabelecer, no nascimento do contrato, quando ainda as partes não iniciaram a sua execução e, portanto, ainda não há que falar em inadimplemento, uma penalidade previamente estipulada para aquele que deixar de cumprir sua obrigação nos termos convencionados.

A cláusula penal encontra seu fundamento na autonomia negocial dos contratantes, que é exercida previamente à formação do contrato. Dessa forma, atua como elemento de autorregulação dos efeitos do inadimplemento da prestação, devendo ser respeitados os limites internos estabelecidos pelas partes, pois decorrem da própria autonomia privada[243].

Como se verá, a sua finalidade é de reforço do vínculo obrigacional para evitar o inadimplemento e, caso ocorra, determinar previamente a fixação da indenização ao credor lesado. Ajustam os contratantes um valor que poderá ser o patamar mínimo da indenização a ser paga em benefício daquele que se mantém adimplente na execução do negócio jurídico.

Cláusulas penais convencionais: moratória e compensatória. Existirá mora na situação em que a obrigação não é cumprida na forma, no lugar ou no tempo convencionados, mas, ainda assim, subsiste a possibilidade de seu cumprimento pelo devedor com o correlato interesse do credor. Poderá, portanto, ser purgada[244].

---

[243] TEPEDINO, Gustavo; SANTOS, Deborah Pereira Pinto dos. Do compromisso de compra e venda de imóvel. Questões polêmicas a partir da teoria do diálogo das fontes. *RJLB*, ano I, n. 5, p. 543, 2015.

[244] Agostinho Alvim ainda esclarece que o critério para a distinção entre inadimplemento absoluto e mora "deve ter por base um fato de ordem econômica; na hipótese, a possibilidade ou não, para o

Nesse diapasão, é preciso diferenciar a cláusula penal compensatória da moratória.

A cláusula penal moratória visa punir o devedor pelo cumprimento tardio ou pelo inadimplemento relativo. A multa torna-se devida pelo simples fato de o devedor não ter cumprido a obrigação no tempo e na forma ajustados no contrato, mesmo que possa ser executada posteriormente. A penalidade é estabelecida em benefício do devedor, que pode manter o contrato, cumprindo a obrigação acrescida da penalidade incidente pelo atraso ou defeito no cumprimento[245].

A cláusula penal compensatória é estipulada em favor do credor para que possa se recompensar dos prejuízos sofridos pela falta da prestação decorrente do descumprimento total da obrigação pelo devedor (inadimplemento absoluto).

Com a previsão da cláusula penal compensatória, as partes fixam previamente o montante da indenização para a hipótese de inadimplemento absoluto do contrato, mas, como dito, ainda em momento que nem sequer inadimplemento há, pois essa definição punitiva é feita na etapa de formação do contrato, em momento em que as partes ainda não iniciaram a sua execução.

Ambas (compensatória e moratória) encontram previsão em lei, de acordo com o que se extrai do conteúdo do art. 409 do Código Civil, que estabelece que a cláusula penal pode se referir "à inexecução completa da obrigação, à de alguma cláusula especial ou simplesmente à mora".

A inexecução completa da obrigação refere-se ao inadimplemento absoluto, enquanto a mora ao inadimplemento relativo ou parcial[246].

Tanto na cláusula penal compensatória quanto na moratória haverá um descumprimento a ser punido. A distinção entre uma e outra pode ser feita sob a perspectiva de que, se for aplicável em razão da demora na execução da prestação ou no descumprimento de uma obrigação específica, ela será moratória, mas desde que esse cumprimento ainda seja de interesse do credor. Caso haja a inexecução total da prestação a penalidade, será compensatória.

A distinção é oportuna porque a cláusula penal compensatória pretende substituir pecuniariamente a obrigação inadimplida, cujo cumprimento não tem mais interesse para o credor, conferindo a este, alternativamente, uma indenização de natureza compensatória pelos prejuízos experimentados pelo inadimplemento absoluto.

Por sua vez, quando a cláusula penal é moratória, não ocorre substituição da obrigação para se promover uma compensação ao credor. Também não se abrem alternativas para que este escolha entre o cumprimento da obrigação inadimplida ou a aplicação da penalidade

---

credor, de receber a prestação que lhe interessa" (ALVIM, Agostinho. *Da inexecução das obrigações e suas consequências*. 5. ed. São Paulo: Saraiva, 1980. p. 45).

[245] "A cláusula penal pode ser classificada em duas espécies: a cláusula penal compensatória, que se refere à inexecução da obrigação, no todo ou em parte; e a cláusula penal moratória, que se destina a evitar retardamento no cumprimento da obrigação, ou o seu cumprimento de forma diversa da convencionada, quando a obrigação ainda for possível e útil ao credor. A par das espécies de cláusula penal, situam-se as finalidades que essa modalidade de multa convencional pode desempenhar no contexto obrigacional em que estipulada. Nesse aspecto, a cláusula penal (seja ela compensatória ou mesmo moratória) pode qualificar-se como indenizatória, quando tem por escopo prefixar as perdas e danos decorrentes da mora ou do inadimplemento total, ou punitiva, caso em que assume caráter sancionatório. A cláusula penal, no caso, é compensatória e abarca essas duas funções, já que ao mesmo tempo em que visa a sancionar o devedor inadimplente, fixa as perdas e danos. Dessarte, não se está a tratar, propriamente, da possibilidade de cumulação de cláusula penal com perdas e danos." (STJ, REsp 1.736.452/SP, j. 24.11.2020).

[246] MOURA, Mario Aguiar. *Promessa de compra e venda*. Rio de Janeiro: Aide, 1986. p. 278.

de natureza compensatória. Há uma conjugação de pretensões, ou seja, o adimplemento da obrigação principal de forma definitiva que ainda é de interesse do credor, cumulada com a multa moratória decorrente do inadimplemento relativo (mora).

Para que não restem dúvidas acerca da diferenciação de cláusula penal compensatória e moratória, deve-se fazer distinção entre inadimplemento absoluto e mora (inadimplemento relativo) na relação obrigacional. Haverá inadimplemento absoluto quando for definitivamente frustrada a prestação, quando o credor não mais poderá tê-la como útil.

Ter-se-á mora (ou inadimplemento relativo) no cumprimento pelo devedor feito de forma diversa do tempo, do modo e do lugar convencionados no contrato.

Enquanto o inadimplemento absoluto pode acarretar a extinção do contrato, à mora são atribuídos dois efeitos principais: (i) risco do perecimento da prestação; e (ii) dever de indenizar os danos que decorrerem do adimplemento feito em desconformidade com o contratualmente avençado, além de as partes permanecerem vinculadas, pois persiste o contrato, tendo em vista que a prestação poderá ser cumprida tal qual como ajustada, caso seja do interesse do credor[247].

Efeitos da cláusula penal. A cláusula penal será acionada somente em caso de inadimplemento, inclusive o antecipado, que veremos a seguir. Sua exigibilidade antes do inadimplemento é somente potencial.

É importante destacar o que está disciplinado no *caput* do mencionado art. 416 do Código Civil. O credor não necessitará alegar que teve prejuízo com o inadimplemento para exigir o pagamento da penalidade convencionada. Terá que provar apenas a culpa do devedor no inadimplemento e ela será devida, "pois que a vontade das partes, neste passo soberana, não pode ser violentada, bastando assim que hajam estatuído uma técnica de libertar-se dos riscos e das delongas de uma apuração de danos"[248].

Caio Mário da Silva Pereira[249] continua para dizer que

> [...] nem é jurídico olvidar que, independentemente da verificação do prejuízo causado, os interessados avençaram a penalidade como reforçamento obrigacional. Mesmo que o devedor produza a prova incontroversa da ausência de prejuízo em razão do inadimplemento, mesmo assim a penal é devida, pois que a dispensa de demonstrá-lo se erige em *praesumptio iuris et de iure*, de que a inexecução é em si mesma danosa sempre, o que afasta inteiramente a oportunidade de toda prova contrária. Se não merecer a consideração de prefixar perdas e danos, em razão de não haver prejuízo, não pode faltar com a sua finalidade assecuratória do adimplemento. Daí ficar estatuído que ela é devida pelo só fato do inadimplemento.

Em outras palavras, para a aplicação da penalidade convencional, o credor não necessitará provar o dano causado com o não cumprimento da obrigação, basta para ele demons-

---

[247] Vivianne da Silveira Abilio apresenta as diversas teorias explicativas da cláusula penal em: ABILIO, Vivianne da Silveira. *Cláusulas penais moratória e compensatória*. Critérios de distinção. Belo Horizonte: Fórum, 2019. p. 91.

[248] PEREIRA, Caio Mário da Silva. *Instituições de direito civil*: teoria geral das obrigações. Atualizador e colaborador Guilherme Calmon Nogueira da Gama. 34. ed. Rio de Janeiro: Forense, 2023. p. 157.

[249] PEREIRA, Caio Mário da Silva. *Instituições de direito civil*: teoria geral das obrigações. Atualizador e colaborador Guilherme Calmon Nogueira da Gama. 34. ed. Rio de Janeiro: Forense, 2023. p. 157.

trar o inadimplemento culposo do devedor, constituí-lo em mora e esta não ser purgada, transformando-se, assim, em inadimplemento absoluto.

Nesse sentido, é da essência do instituto (cláusula penal compensatória) a sua exigibilidade, independentemente da existência de danos ou incompatibilidade do valor previamente fixado com os prejuízos efetivamente incorridos. A sua prefixação tem como objetivo evitar tormentosas discussões sobre o exato valor dos danos a serem ressarcidos pelo devedor inadimplente, consistindo em meio alternativo de solução de conflitos[250].

A estipulação da cláusula penal não significa renúncia, pela parte afetada, diante do inadimplemento, do direito de requerer o desfazimento do contrato. É faculdade que está garantida nos termos do art. 475 do Código Civil, pelo qual o credor, lesado pelo inadimplemento, pode pedir a resolução do contrato, caso não opte por exigir o cumprimento da obrigação principal, cabendo, em qualquer das duas hipóteses, indenização por perdas e danos.

No entanto, a cláusula penal encontra limites em nosso sistema legislativo. Como regra geral limitativa, temos que a penalidade convencionada não pode exceder o valor da obrigação principal, qualquer que seja a extensão do dano. Isso se explica porque, se o devedor for obrigado ao pagamento de indenização no valor integral da obrigação garantida, ele a estaria adimplindo. O limite pode até parecer um tanto desarrazoado, mas tem lugar para as situações em que a obrigação não pode mais ser cumprida e deve ser substituída por um valor equivalente. De qualquer forma, a intenção é evitar abusos e enriquecimentos injustificados.

Aludiu-se anteriormente a que as obrigações assumidas devem ser fielmente cumpridas. Disso se depreende que o devedor está obrigado a cumprir a prestação devida de forma completa, no tempo e no lugar estabelecidos no contrato. De outro lado, consequentemente, o credor tem o direito de exigir o cumprimento da obrigação exatamente na maneira convencionada[251].

Agostinho Alvim[252] destaca que as obrigações produzem efeitos direto e indireto. É efeito direto o cumprimento de acordo com o que foi convencionado e indireto, o direito conferido pela lei ao credor para instrumentalizá-lo no sentido de obter a execução coercitiva da obrigação e, no caso de descumprimento, o ressarcimento dos danos.

O cumprimento da obrigação é a regra a ser seguida e o inadimplemento é a exceção que deve ser combatida e punida.

---

[250] Vivianne da Silveira Abilio destaca que inserida "na dinâmica contratual desde o momento de sua gênese – e não apenas destinada a surtir efeitos no momento patológico – a cláusula penal compensatória funciona como 'mecanismo estabelecido pelo direito para proteger o contratante contra os riscos do inadimplemento': fixando de antemão os valores que lhe serão atribuídos ou imputados por ocasião do descumprimento definitivo (imputável), credor e devedor, além de se furtar de longas discussões judiciais e da incerteza a elas inerentes, garantem maior dinamismo à extinção contratual. Trata-se de forma de antecipar as consequências de eventual inadimplemento danoso, para que cada uma das partes, a partir desse ajuste, possa gerenciar com segurança sua posição, utilizando-se até mesmo de expedientes de gestão desse risco exteriores ao próprio pacto" (ABILIO, Vivianne da Silveira. *Cláusulas penais moratória e compensatória*. Critérios de distinção. Belo Horizonte: Fórum, 2019. p. 109.)

[251] ALVIM, Agostinho. *Da inexecução das obrigações e suas consequências*. 5. ed. São Paulo: Saraiva, 1980. p. 5.

[252] ALVIM, Agostinho. *Da inexecução das obrigações e suas consequências*. 5. ed. São Paulo: Saraiva, 1980. p. 6.

Entretanto, não sendo cumprida a obrigação, o devedor deverá responder por perdas e danos, mais juros, atualização monetária e honorários de advogado, como determina o art. 389 do Código Civil[253].

Nesse sentido, pode-se dizer que a cláusula penal tem a finalidade de compelir o devedor ao cumprimento de uma prestação em benefício do credor ou de substituí-la caso ocorra o seu inadimplemento absoluto ou, ainda, arcar com as penalidades específicas a incidir na ocorrência de atrasos no cumprimento das prestações[254].

Inocêncio Galvão Telles[255] salienta que a cláusula penal oferece importante utilidade para os contratantes e por isso é tão utilizada nos contratos. Para o autor, "dispensa a prova da existência de prejuízos e do seu montante e, obviamente, também da existência de nexo causal. Todas as dificuldades e incertezas inerentes a essa prova ficam afastadas. Obtém-se assim importante vantagem de segurança e simplicidade".

No mesmo sentido, Carlos Alberto da Mota Pinto[256] registra que a cláusula penal constitui um modo de liquidação prévia do dano gerado pelo inadimplemento, estimada pelos próprios contratantes, com o objetivo de superar as dificuldades e as incertezas que a prova do dano demandaria.

Tito Fulgêncio esclarece que a cláusula penal

> [...] é meio de constrangimento, pende sôbre o devedor como a ameaça de uma indenização a pagar, já fixada, caso falta ao dever de execução, e, portanto, leva-o indiretamente a satisfazê-lo, com cumprir que o faça, leal e exatamente. Por outro lado, oferece ao credor um *forfait*, evita-lhe as dificuldades da prova do dano e sua extensão, bem como a da impossibilidade da execução, representação como é das perdas e danos, que direitamente lhe competem pela inexecução da obrigação principal[257].

A intenção é também de gerar um valor de advertência para o devedor, de modo a manter uma força psicológica que o leve em direção do adimplemento integral da obrigação principal.

Incorrerá de pleno direito na cláusula penal o devedor que culposamente deixar de cumprir a obrigação nos termos convencionados (Código Civil, art. 408).

O art. 409 do Código Civil autoriza que a cláusula penal seja convencionada no contrato em que se ajusta a obrigação principal ou em ato posterior. Geralmente ela é prevista com a obrigação que se pretende proteger, mas o citado dispositivo permite que seja estipulada em apartado.

---

[253] Quanto à atualização monetária, o parágrafo único do art. 389 do Código Civil estabelece que, caso o índice de atualização monetária não tenha sido previsto pelos contratantes ou não esteja previsto em lei específica, será aplicada a variação do Índice Nacional de Preços ao Consumidor Amplo (IPCA), apurado e divulgado pela Fundação Instituto Brasileiro de Geografia e Estatística (IBGE), ou do índice que o substituir.

[254] NONATO, Orosimbo. *Curso de obrigações* (generalidades – espécies). Rio de Janeiro: Forense, 1959. p. 309 e 313.

[255] TELLES, Inocêncio Galvão. *Direito das obrigações*. 7. ed. rev. e actual. Coimbra: Coimbra Editora, 1997. p. 440.

[256] MOTA PINTO, Carlos Alberto da. *Teoria geral do direito civil*. 3. ed. actual. 11. reimp. Coimbra: Coimbra Editora, 1996. p. 586.

[257] FULGÊNCIO, Tito. *Do direito das obrigações*. Das modalidades das obrigações. Edição atualizada pelo juiz José de Aguiar Dias. Rio de Janeiro: Forense, 1958. p. 438.

A doutrina[258] discute qual é o objetivo da cláusula penal, o de garantir o cumprimento da obrigação ou o de prefixação de perdas e danos.

Para o primeiro escopo, apresenta em si o fortalecimento da relação obrigacional, pois o devedor, ciente da sua obrigação principal, concorda em assumir uma penalidade para a hipótese de ocorrer seu inadimplemento absoluto.

Aos que defendem a segunda corrente, as partes podem convencionar a prefixação das perdas e danos que decorrem do inadimplemento culposo do devedor. Com o objetivo de evitar discussões sobre sua definição, os contratantes estabelecem antecipadamente determinado valor que compensará o credor dos prejuízos que sofrerá em razão do inadimplemento. Fazendo assim, eles renunciam ao direito de discutir sobre ser a penalidade previamente prevista suficiente ou não para a cobertura integral dos prejuízos sofridos pela ocorrência do inadimplemento absoluto.

A cláusula penal, nesse sentido, tem como função determinar previamente o limite da indenização[259] pelos danos decorrentes da mora e do inadimplemento absoluto. Constitui taxação prévia consensual da indenização devida pelo devedor ao credor pelo descumprimento da obrigação principal, estabelecida com apoio na autonomia privada dos contratantes. Por vezes, a "sua função é diminuir o montante da indenização que seria devida numa liquidação de perdas e danos conforme as regras comuns que a presidem", esclarece Orlando Gomes[260].

Uma interpretação menos controvertida seria aquela que considera os dois objetivos aplicados simultaneamente na cláusula penal, ou seja, o reforço do vínculo obrigacional, de modo a estimular o adimplemento, e a prefixação das perdas e danos que possam decorrer do descumprimento da obrigação[261-262].

Destaca Maria Helena Diniz[263] que a cláusula penal tem uma função ambivalente, pois serve para reforçar o adimplemento e para indenizar o credor pelo inadimplemento. Oferece, pois,

> [...] dupla vantagem ao credor, por aumentar a possibilidade de cumprimento do contrato e por facilitar o pagamento da indenização das perdas e danos em caso de inadimplemento, poupando o trabalho de provar judicialmente o montante do prejuízo e de alegar qualquer dano, pois, pelo Código Civil, art. 416, *caput*, não será necessário que o credor alegue prejuízo para exigir a pena convencional. E o credor não poderá

---

[258] PEREIRA, Caio Mário da Silva. *Instituições de direito civil:* teoria geral das obrigações. Atualizador e colaborador Guilherme Calmon Nogueira da Gama. 34. ed. Rio de Janeiro: Forense, 2023. p. 147.

[259] As definições contidas na doutrina mais tradicional encontram no dinheiro o objeto da cláusula penal. É o dinheiro a forma mais prática e usual de definição da cláusula penal, principalmente em razão de sua vocação compensatória (NONATO, Orosimbo. *Curso de obrigações* (generalidades – espécies). Rio de Janeiro: Forense, 1959. p. 307).

[260] GOMES, Orlando. *Obrigações*. Revista, atualizada e aumentada, de acordo com o Código Civil de 2002, por Edvaldo Brito. Rio de Janeiro: Forense, 2004. p. 186.

[261] MENDONÇA, Manuel Inácio Carvalho de. *Doutrina e prática das obrigações ou tratado geral dos direitos de crédito*. 4. ed. aum. e atual. pelo juiz José de Aguiar Dias. Rio de Janeiro: Revista Forense, 1956. t. I, p. 373; BEVILÁQUA, Clovis. *Código civil dos Estados Unidos do Brasil*. 6. ed. Rio de Janeiro: Francisco Alves, 1943. v. IV, p. 64.

[262] Vivianne da Silveira Abilio apresenta as diversas teorias explicativas da cláusula penal em: ABILIO, Vivianne da Silveira. *Cláusulas penais moratória e compensatória*. Critérios de distinção. Belo Horizonte: Fórum, 2019. p. 43 e seguintes.

[263] DINIZ, Maria Helena. *Curso de direito civil brasileiro*. Teoria geral das obrigações. 38. ed. rev. e atual. São Paulo: SaraivaJur, 2023. v. 2, p. 443.

exigir indenização suplementar, a pretexto de o prejuízo exceder a cláusula penal (CC, art. 416, parágrafo único), salvo se isso for convencionado, pois ela resulta de avença prévia, decorrente da vontade das partes, que a fixaram para reparar dano eventualmente oriundo de inadimplemento; deve-se, portanto, supô-la justa, valendo então como mínimo da indenização, competindo ao credor provar o prejuízo excedente, demonstrando a sua insuficiência para cobrir as perdas e danos.

Caso os danos decorrentes do inadimplemento sejam superiores ao quanto estabelecido na cláusula penal, para que a indenização seja integralmente correspondente ao prejuízo sofrido, o contrato deve dispor, nos termos do parágrafo único do art. 416 do Código Civil, que o credor poderá exigir indenização suplementar ao que foi definido em contrato. Tendo essa previsão, a cláusula penal valerá como mínimo da pena e o credor deverá fazer prova do prejuízo excedente. Se não houver tal previsão, o credor não poderá pleitear indenização suplementar e deverá se contentar com a penalidade prefixada.

Vale dizer que, convencionadas a cláusula penal e a possibilidade de o credor exigir indenização suplementar, desde que expressamente previsto em contrato, aquela será considerada a fixação mínima do prejuízo. Para exigir a indenização suplementar nos contratos que autorizam, o credor deverá comprovar que o mínimo da pena não o ressarce dos prejuízos sofridos com o inadimplemento do devedor. Caso o credor consiga comprovar o excedente, o juiz deverá autorizar o complemento da pena convencionada para ressarcir os prejuízos totais decorrentes do inadimplemento absoluto.

O art. 410 do Código Civil admite que, em caso de se estipular cláusula penal para o inadimplemento total da obrigação, ela poderá se converter em alternativa a benefício do credor.

O referido artigo não prevê quais seriam as alternativas disponíveis para o credor, mas é possível depreender algumas situações. A primeira seria o credor desistir da prestação principal e exigir a penalidade previamente fixada para o inadimplemento total. Para esse caso, é preciso estar previsto em contrato que o mecanismo de aplicação da cláusula penal envolve valor que compense a prestação não cumprida, ou seja, o credor tem o direito de preferir a penalidade no lugar da obrigação principal.

Evidentemente que, se o credor preferir insistir no cumprimento da obrigação principal, não poderá requerer o pagamento da cláusula penal, porque esta é uma indenização de natureza substitutiva. Logo, a cláusula penal poderá ser requerida pelo credor quando este se satisfizer com ela no lugar da prestação não cumprida pelo devedor.

É preciso ressaltar que a escolha entre o cumprimento da prestação ou a aplicação da penalidade não é direito atribuível ao devedor inadimplente. Este não tem a faculdade de escolher entre uma coisa ou outra. Não pode o devedor inadimplente optar pelo cumprimento da obrigação ou o pagamento da multa convencional.

O devedor deve adimplir a obrigação livremente assumida no contrato, mas, se a descumpre, deve suportar as consequências contratuais ou legalmente estabelecidas, e é para o credor que surgirá a opção de escolher entre o cumprimento *in natura* ou a imposição da penalidade. Aceitar que o devedor tem a opção dessa escolha desnatura o próprio vínculo obrigacional, pois a cláusula penal perderia a natureza de reforço dessa relação jurídica e da prefixação das perdas e danos[264] na situação de inadimplemento.

---

[264] PEREIRA, Caio Mário da Silva. *Instituições de direito civil:* teoria geral das obrigações. Atualizador e colaborador Guilherme Calmon Nogueira da Gama. 34. ed. Rio de Janeiro: Forense, 2023. p. 152.

A prefixação da penalidade no contrato deve ser considerada uma demonstração de que as partes desejaram evitar discussões sobre a sua estipulação após o inadimplemento, antecipando seu valor e seu mecanismo de determinação para o caso de inadimplemento da obrigação principal ou seu atraso, pois isso constitui prejuízo efetivo e real, destinando-se a cláusula penal a indenizar o credor.

Ao estipularem uma penalidade para o caso de inadimplemento total da obrigação principal, os contratantes admitem que o seu valor representa uma equivalência de execução, ou seja, a aplicação da cláusula penal substitui a prestação não cumprida[265] ou pune o seu cumprimento com atraso.

Em decorrência, não poderá o credor exigir a penalidade para a inexecução total com a prestação. Prestação principal e cláusula penal compensatória excluem-se mutuamente. O pagamento de uma afasta a exigibilidade da outra. O credor tem direito ao pagamento completo (inclusive com os acréscimos moratórios), mas não à duplicidade (prestação principal mais cláusula penal)[266].

O que se deve depreender é que a estipulação de cláusula penal pelas partes no contrato resulta de avaliações prévias sobre a obrigação contratada feitas tanto pelo credor quanto pelo devedor. Aquele analisa se a pena será suficiente para o caso de inadimplemento absoluto da prestação; este avalia se terá condições de arcar com ela caso se torne inadimplente. A estipulação da pena dá-se em decorrência de negociações feitas pelas partes no exercício da autonomia da vontade. Esse ajuste consumado deve ser respeitado para não haver o beneficiamento de um em detrimento do outro.

Em síntese, os efeitos da cláusula penal compensatória compreendem a (i) não cumulatividade da incidência da multa com o recebimento da prestação *in natura* – porque a indenização funcionará como opção ao credor quando a prestação principal não mais lhe servir; (ii) exclusão da discussão acerca da comprovação dos prejuízos sofrido pelo credor; e (iii) limitação do valor da indenização, salvo previsão contratual específica que autorize a cobrança do prejuízo suplementar[267], hipótese em que a cláusula penal prefixada será incontroversa em caso de inadimplemento e servirá como o mínimo da indenização a ser paga pelo devedor.

O inadimplemento será absoluto quando a obrigação não for cumprida e não puder mais sê-la. O inadimplemento absoluto poderá ser total ou parcial. Será total quando a obrigação deixar de ser cumprida na sua totalidade e integralidade e parcial, quando a obrigação é composta por vários objetos e apenas parte deles é cumprida.

Podemos registrar que o efeito principal da previsão contratual da cláusula penal é a sua exigibilidade, independentemente de qualquer alegação de prejuízo pelo credor (Código Civil, art. 416). Para ter direito a ela, bastará que este comprove a ocorrência do inadimple-

---

[265] Inocêncio Galvão Telles afirma que não "há que se averiguar se o credor sofreu ou não, efectivamente, *prejuízos* em consequência da inexecução da obrigação e, em caso afirmativo, qual o seu valor. A cláusula penal visa justamente evitar indagações dessa ordem; é aplicável desde que se dê violação do contrato, imputável ao obrigado" (TELLES, Inocêncio Galvão. *Direito das obrigações*. 7. ed. rev. e actual. Coimbra: Coimbra Editora, 1997. p. 440).

[266] FULGÊNCIO, Tito. *Do direito das obrigações*. Das modalidades das obrigações. Edição atualizada pelo juiz José de Aguiar Dias. Rio de Janeiro: Forense, 1958. p. 411.

[267] TEPEDINO, Gustavo; SANTOS, Deborah Pereira Pinto dos. A aplicação da cláusula penal compensatória nos contratos de promessa de compra e venda imobiliária. *In*: TERRA, Aline de Miranda Valverde; GUEDES, Gisela Sampaio da Cruz (coord.). *Inexecução das obrigações*. São Paulo: Processo, 2020. v. I, p. 519.

mento da obrigação garantida e a constituição do devedor em mora[268], com a consequente transformação em inadimplemento absoluto.

Maria Helena Diniz[269] registra que, para que a cláusula penal seja exigível, é necessária a presença de requisitos, como: (i) existência de uma obrigação principal garantida por cláusula penal; (ii) inadimplemento dessa obrigação principal; (iii) sendo moratória, a constituição em mora do devedor; e (iv) imputabilidade do inadimplemento ao devedor.

Da possibilidade da redução judicial da cláusula penal. Não se pode afastar da discussão, nesse ponto, o quanto estabelece o art. 413 do Código Civil. Por ele, a penalidade deve ser reduzida equitativamente pelo juiz, se a obrigação principal tiver sido cumprida em parte, ou se o montante da penalidade for manifestamente excessivo, tendo-se em vista a natureza e a finalidade do negócio.

Imperioso citar, também, o que foi aprovado no Enunciado n.º 355 da IV Jornada de Direito Civil da CJF que reconheceu que "Não podem as partes renunciar à possibilidade de redução da cláusula penal se ocorrer qualquer das hipóteses previstas no art. 413 do Código Civil, por se tratar de preceito de ordem pública".

Lendo-se por outra ordem, se não ocorrer qualquer das hipóteses previstas no art. 413, as partes poderão renunciar à redução da cláusula penal convencional, ainda que se trate de matéria de ordem pública. Contudo, essa forma de leitura, para determinados negócios jurídicos de compra e venda de unidades imobiliárias, encontraria impedimento no sistema legislativo em vigor, pois se aplica o quanto determinado pela já mencionada Lei dos Distratos, por também ser norma de ordem cogente, que procura reequilibrar a participação do devedor faltoso após seu inadimplemento, nas relações jurídicas por ele afetadas.

O art. 413 claramente está a regular situações que envolvem cláusula penal livremente estabelecida pelas partes contratantes, sobre a qual o legislador pretendeu garantir limitações e, até mesmo, quando divergente das disposições gerais, admitir a ingerência do Estado-juiz para reduções equitativas. As previsões contidas nesse dispositivo legal podem ser assim resumidas: (i) a penalidade deve ser reduzida pelo juiz se a obrigação principal tiver sido cumprida em parte ou (ii) se o montante da penalidade for manifestamente excessivo, tendo-se em vista a natureza e a finalidade do negócio jurídico.

Tais barras qualificadoras servem para todas as relações jurídicas obrigacionais que não contenham regramento próprio para aplicação de cláusula penal em sua sistemática jurídica.

Para os negócios jurídicos para os quais o legislador já muniu os contratantes com regramentos especiais e específicos para a situação de desfazimento do contrato preliminar de compra e venda em decorrência de inadimplemento culposo, como o fez com o mercado imobiliário, as decisões judiciais deverão seguir as disposições legais em vigor para que se mantenha a previsibilidade, o que se traduz em segurança para as relações jurídicas.

Dizendo de outro modo, o mercado imobiliário contém uma ferramenta legal que predeterminou as penalidades que deverão ser observadas em cada um dos tipos de contratos desfeitos, limitando a sua forma de aplicação, pois decorre também de norma considerada cogente.

---

[268] Na constituição do devedor em mora será possível a aplicação da cláusula penal moratória, pois acrescentará na prestação descumprida as penalidades previstas pelo cumprimento defeituoso da prestação. Não purgada a mora e transformando-se em inadimplemento absoluto, o credor, a seu critério, poderá cobrar o valor estabelecido na cláusula penal compensatória.

[269] DINIZ, Maria Helena. *Curso de direito civil brasileiro*. Teoria geral das obrigações. 38. ed. rev. e atual. São Paulo: SaraivaJur, 2023. v. 2, p. 448.

No que se refere às delimitações impostas pelo regramento da Lei dos Distratos, esta já determina o *quantum* e como será a forma de implementação da penalidade, em caso de desfazimento do compromisso de compra e venda nas situações de mora e de inadimplemento absoluto.

Uma primeira conclusão que se tira da leitura do referido art. 413 é que a penalidade não pode ser aumentada pelo juiz. O comando legal é expresso em autorizá-lo a ingressar na relação jurídico-obrigacional para reequilibrar a aplicação da cláusula penal, quando manifestamente excessiva, para o caso de inadimplemento culposo.

De acordo com o art. 413, não se trata de reduzir toda e qualquer penalidade que se apresente para o juiz. É inequívoco que a redução equitativa determinada pelo dispositivo é para duas situações específicas: (i) quando a obrigação tiver sido cumprida em parte ou (ii) se o montante da penalidade for manifestamente excessivo.

Denota-se que a intervenção do juiz na primeira hipótese legal não é para sempre reduzir o montante da cláusula penal. Sua função é equalizá-la quando a obrigação principal for parcialmente cumprida, situação em que o credor pode tirar proveito da parte adimplida e deve ser indenizado da parte não cumprida, além de o objetivo ser o de evitar que o credor receba a penalidade integral da cláusula penal e mais a parte que foi possível adimplir – o que poderia representar, nesse caso, enriquecimento sem causa, porque recebeu o total da multa mais a obrigação parcial, quando o correto seria aplicar a indenização apenas pelo que faltou ser cumprido.

Busca-se também evitar que o inadimplemento da obrigação, total ou parcial, afete negativamente o patrimônio do credor, quando a penalidade for inexistente ou insuficiente para reparar os danos, mais juros, atualização monetária e honorários de advogado (Código Civil, art. 389) na forma determinada pela lei.

Por exemplo, a obrigação principal de A é pagar 100 para B, em dez parcelas iguais, mensais e sucessivas, em contrato que estabelece cláusula penal de 25% sobre o valor inadimplido. B paga apenas 50. O correto é que a cláusula penal incida apenas sobre os 50 não pagos, ou seja, a aplicação de uma multa no valor de 12,5.

Então, o credor ficaria com os 50 já pagos mais 12,5 que seria a indenização que as partes entenderam suficiente pela disposição penal contida no contrato. Não parece que deveria haver espaço para redução judicial da multa nessas hipóteses, porque, além de indenizar o credor pela parte não adimplida, não representa montante excessivo, haja vista que a própria multa estabelecida no exemplo não ressarce 100% da parcela não paga.

O objetivo da redução judicial da cláusula penal não é fazer coincidir a indenização com os prejuízos reais – ou até eliminá-la se os prejuízos não existirem, mas sim, o de rever o seu conteúdo para evitar o manifesto exagero. E esse manifesto exagero é definido em razão do interesse das partes contratantes e daquilo que efetivamente está em jogo, quando ocorre o inadimplemento culposo, que é o ressarcimento do credor pela frustração de não receber o que teria direito (Código Civil, art. 313); e não se deve pautar pela presunção de que os prejuízos para o credor com o inadimplemento são considerados muito baixos ou até inexistentes.

Inocêncio Galvão Telles destaca que não "se pode ter a preocupação de reduzir a indemnização convencionada ao valor dos prejuízos reais ou eliminá-la no caso de ausência de danos, pois isso seria desvirtuar a índole da cláusula penal"[270].

Outra situação que autoriza o juiz a alterar a cláusula penal, que as partes livremente estabeleceram em contrato, é a fixação da penalidade em valor manifestamente excessivo.

---

[270] TELLES, Inocêncio Galvão. *Direito das obrigações*. 7. ed. rev. e actual. Coimbra: Coimbra Editora, 1997. p. 442.

A autorização para que o juiz possa interferir na relação jurídica e reduzir equitativamente a penalidade depende se o caso concreto preenche os citados requisitos legais referentes ao cumprimento parcial da obrigação ou que o montante da penalidade seja manifestamente excessivo.

A limitação da cláusula penal decorrente de lei não se resume ao seu máximo, como indicado no art. 420 do Código Civil. Há disposições legais que impedem a fixação da indenização em valores superiores a certo proporcional da dívida.

É o que acontece, por exemplo, nas relações de consumo, em que a cláusula penal moratória não pode exceder a 2% do valor da prestação (Lei Federal n.º 8.078/1990, art. 52, § 1º).

A limitação legal também socorre o devedor de contribuições condominiais, pois ficará sujeito aos juros moratórios convencionados ou, na sua falta, a 1% ao mês e multa de até 2% sobre o valor do débito (Código Civil, art. 1.336, § 1º).

Existe ainda a limitação contida no art. 9 º do Decreto n.º 22.626/1933[271], o qual declara não válida a cláusula penal superior a 10% do valor da dívida.

Temos também, como exemplos de limitações legais de cláusula penal, os seguintes casos:

(i) 2% sobre o valor principal e acessórios do débito da cédula de crédito rural, de acordo com o art. 71 do Decreto-lei n.º 167/1967 (com redação dada pela Lei Federal n.º 13.986/2020);
(ii) 10% sobre o principal e acessórios do débito da cédula de crédito industrial, previsto no art. 58 do Decreto-lei n.º 413/1969; e
(iii) multa limitada a 10% para o acionista que não fizer o pagamento correspondente às ações subscritas ou adquiridas, na forma prevista no § 2º do art. 106 da Lei Federal n.º 6.404/1976.

No mesmo sentido, o § 2º do art. 54-A da Lei Federal n.º 8.245/1991, no qual se estabelece que, se o locatário denunciar o contrato antes do vencimento do prazo contratualmente determinado, deverá pagar a multa convencionada, que não poderá exceder à soma dos valores dos aluguéis a receber até o termo final da locação, como forma de ressarcir os valores gastos pelo locador na prévia aquisição, construção ou substancial reforma do imóvel a pedido do locatário.

Logo, o locatário, caso convencionado no contrato de locação, poderá ser obrigado a pagar o valor correspondente à soma de todos os aluguéis da data em que denunciar o contrato até o termo final originalmente estipulado para o término previsto da relação locatícia.

Por seu turno, para as demais modalidades de locação, prevê o art. 4º da referida lei que, em caso de rescisão antecipada pelo locatário, a multa pactuada será paga proporcionalmente ao período que falta cumprir do contrato. O dispositivo legal mencionado funciona como limitador da cláusula penal compensatória estipulada, para o caso de rescisão antecipada da relação locatícia por opção do locatário.

Para as relações jurídicas em que exista previsão legal limitadora da cláusula penal compensatória, mas que tenham sido contratadas em valores que extrapolem os limites legais, entendemos que o juiz poderá modificá-las na situação de cumprimento parcial da obrigação, de modo a evitar o enriquecimento do credor (caso recebesse a obrigação, ainda

---

[271] Dispõe sobre os juros nos contratos. O art. 9º prevê que não "é válida cláusula penal superior a importância de 10% do valor da dívida". Há muitas discussões sobre essa limitação que não será aprofundada aqui por não ser nosso objetivo. A intenção é somente exemplificar que a legislação pode impor limitações para a cláusula penal além daquela geral prevista no art. 412 do Código Civil.

que parcial, mais a cláusula penal integral), mas deverá se ater aos limites legais estabelecidos, pois decorrem de normas cogentes. Vale dizer que não se poderá reduzir a cláusula penal para menos do que previsto em lei, pois, além de esta ter norteado o convencimento das partes para seguirem com a contratação, é uma previsão normativa limitadora que deve ser observada e sobre a qual não cabe discricionariedade.

Também, pelos mesmos motivos, em caso de negócios jurídicos que observem em suas disposições a prefixação estipulada em lei, não poderá o juiz reduzi-la por considerá-la excessiva, sob pena de gerar insegurança jurídica para o ambiente contratual que concebe suas relações jurídicas contratuais em observância aos limites postos pelas leis em vigor.

Em uma relação de consumo, não se poderá permitir a redução para 1% da multa moratória, quando esta é contratualmente estipulada no limite legal de 2%. Deve-se, nesses casos, respeitar a vontade das partes contratantes que observaram o limite imposto pela lei. Interferir nessa escolha é ferir a autonomia da vontade das partes que observaram a própria limitação legal.

Nelson Nery Jr. e Rosa Maria de Andrade Nery[272] registram que, para a determinação do que seja manifestamente excessiva, não se pode considerar o valor da cláusula penal isoladamente, em confronto com o efetivo prejuízo, pois é da essência da penalidade que o seu valor possa ser maior do que o prejuízo sofrido pela parte inocente. Outros critérios devem ser apreciados para a avaliação da possibilidade da redução judicial, como o grau da culpa do devedor inadimplente, a função social do contrato e a base econômica em que o contrato foi concebido.

É preciso salientar que, na análise do dano causado pelo inadimplemento culposo do devedor, não se deve pressupor como elemento essencial que o lesado, levando em consideração sua situação patrimonial total, tenha que se posicionar no pior resultado diante do dano que lhe foi causado. A obrigação de indenizar pelo inadimplemento culposo persiste, mesmo nas hipóteses em que a situação concreta patrimonial do lesado ficou preservada de uma alteração prejudicial. A higidez financeira do credor não deve beneficiar o autor do inadimplemento culposo.

As estipulações de cláusulas penais nas Leis Federais n.º 4.591/1964 e n.º 6.766/1979. Além das já referidas *supra*, outra imposição legal de cláusula penal estava prevista na letra *f* do art. 11 do Decreto-lei n.º 58/1937. Nele, havia a disposição de que a cláusula penal nos compromissos de compra e venda não poderia ser superior a 10% do valor do débito e só era exigível judicialmente.

No mesmo sentido era o estabelecido no inciso V do art. 26 da Lei Federal n.º 6.766/1979, que proibia a estipulação de taxa de juros incidentes sobre o débito em aberto e sobre as prestações vencidas e não pagas, bem como cláusula penal superior a 10% do débito, também só exigível nos casos de intervenção judicial ou nos de mora superior a três meses.

Entendemos que essas disposições do Decreto-lei n.º 58/1937 e da Lei Federal n.º 6.766/1979 foram substituídas pelos arts. 67-A da Lei Federal n.º 4.591/1964 e 32-A da Lei Federal n.º 6.766/1979, instituídos pela Lei dos Distratos.

Em síntese:

a) **na incorporação imobiliária:** o art. 67-A disciplina o caso de desfazimento do contrato em razão de distrato ou de resolução por inadimplemento absoluto de obrigação

---

[272] NERY JR., Nelson; NERY, Rosa Maria de Andrade. *Código Civil comentado*. 4. ed. São Paulo: RT, 2022. comentários ao art. 413.

do adquirente e como são feitos os descontos e a devolução das parcelas pagas; e o § 1º do art. 43-A estabelece a possibilidade da resolução do contrato pelo adquirente em caso de atraso na entrega da unidade e a aplicação de multa e a devolução das parcelas pagas; e

b) **no parcelamento do solo:** o art. 32-A prevê a possibilidade de resolução contratual por fato imputado ao adquirente e como se faz para ele a devolução das parcelas pagas.

Tais quais nas disposições legais anteriormente mencionadas, que estabelecem limitações para aplicação de cláusula penal compensatória, os referidos arts. 67-A e 32-A também determinam os limites da indenização por meio de retenção que o empreendedor poderá fazer das parcelas pagas pelo adquirente.

Esses dispositivos são verdadeiras cláusulas penais compensatórias legais que devem ser adotadas pelos contratantes, porque são normas cogentes que trazem em si os limites e as condições de sua aplicação nas referidas relações jurídicas (incorporação imobiliária e loteamento).

Os contratantes continuam sendo livres para pactuarem a cláusula penal como melhor lhes convier, mas os ditos normativos legais funcionam como limitadores impositivos da pretensão de indenização, em caso de inadimplemento do alienante ou do adquirente. É possível estipular contratualmente limites inferiores, mas não superiores aos da lei.

Caso os contratos de compra e venda dessas unidades imobiliárias não contenham cláusulas penais expressas, é a lei que regulará a sua aplicação nas situações de seu desfazimento, em decorrência do inadimplemento absoluto do devedor.

E, se as estipulações das cláusulas penais contratuais estabelecem valores superiores aos limites determinados pela lei ou forma de pagamento diverso, devem ser reduzidas e adequadas para os limites e procedimentos legalmente impostos.

Como se verá a seguir, a lei estabelece um patamar para além do qual a vontade das partes não poderá dispor. Trata-se de norma imperativa e que deve ser integralmente respeitada, aplicando-se ao negócio jurídico de compra e venda ainda que não esteja expressamente prevista em contrato.

Vale dizer que os arts. 67-A e 32-A estabelecem regras de grande importância social e, pelas suas características impositivas, podem ser consideradas normas cogentes. As cláusulas penais contratuais desses tipos de negócios jurídicos que não as respeitarem devem ser consideradas não escritas e, aí sim, poderão ser judicialmente modificadas para serem adequadas à lei.

Por decorrer de expressas previsões legais, a estipulação da cláusula penal convencional, respeitados os limites e procedimentos nelas impostos, não pode ser considerada abusiva nem excessiva, razão pela qual não há campo para a redução judicial prevista no art. 413 do Código Civil.

Há expressa disposição legal que trata exaustivamente sobre a cláusula penal em caso de inadimplemento culposo ocorrido em compromisso de compra e venda de unidades imobiliárias e, portanto, assim como as partes não poderão estabelecer patamares superiores, também o Estado-juiz não poderá reduzir a cláusula penal que tenha sido estipulada nos exatos termos da Lei dos Distratos, sob pena de agravar a insegurança jurídica contratual, porque as partes não podem antever o que será judicialmente estabelecido, apesar de terem seguido estritamente o comando legal correspondente.

Marcelo Terra e Ana Paula Ribeiro[273] acertadamente destacam que

---

[273] TERRA, Marcelo; RIBEIRO, Ana Paula. Compromisso de compra e venda: a tarifação expressa da cláusula penal pela lei 13.786, a 'Lei dos Distratos'. *Coletânea IBRADIM*, p. 210, jun. 2019.

[...] a prefixação cogente das perdas e danos envolvidos no negócio, em função da segurança jurídica com o momento de investimentos econômicos em benefício da sociedade como um todo, seja na perspectiva do consumidor ciente da responsabilidade assumida em cenário de aquisição em incorporação e em loteamento, evitando meras 'apostas' distratáveis, seja sob a ótica do empreendedor ao qual cabe o planejamento em face do risco assumido com eventuais débitos e créditos a serem ressarcidos já prefixados, garantindo estabilidade do mercado imobiliário em cenários de crise.

Ademais, está previsto no art. 416 do Código Civil que, para exigir a pena convencional, o credor não precisa alegar que teve prejuízo. Significa dizer que a cláusula penal compensatória deve ser aplicada independentemente da necessidade de comprovação de prejuízo pelo credor.

Agostinho Alvim[274] salienta que a "cláusula penal, os juros da mora e alguns outros casos, previstos em lei, registram hipóteses em que, contrariando a regra, a prova do dano sofrido deixa de ser necessária".

Isso acontece porque as partes contratantes, como já dissemos em outro momento, decidem estabelecer previamente no contrato o valor da indenização que será devida pelo inadimplemento culposo do devedor, a fim de se evitarem discussões judiciais prolongadas sobre a sua determinação. Preferem preestabelecer o montante das perdas e danos a deixar para serem definidas em uma disputa judicial.

Outro ponto que necessita ser debatido é aquele referente aos negócios jurídicos de compra e venda de imóveis fora da estrutura de incorporação imobiliária e/ou de loteamento, ou seja, em negócios jurídicos de compra e venda entre pessoas comuns. Aqui será livre a pactuação da cláusula penal com observância das regras existentes no Código Civil, como no art. 412, que proíbe que a cominação imposta na cláusula penal exceda ao valor da obrigação principal.

Para esses negócios jurídicos para os quais o ordenamento jurídico não prevê dispositivo limitador de cláusula penal além da referida *supra*, valerá a autonomia da vontade das partes, mas com total possibilidade de revisão pelo Estado-juiz, se a obrigação principal tiver sido cumprida em parte ou se o montante for manifestamente excessivo (Código Civil, art. 413).

Outra conclusão que também se pode tirar do quanto dito até agora, como veremos com mais detalhes adiante, é que os mencionados dispositivos legais da Lei dos Distratos adéquam-se plenamente ao Código de Defesa do Consumidor, porque não preveem, em caso de desfazimento do contrato por inadimplemento culposo, o perdimento total das parcelas pagas pelo adquirente, como proíbe o art. 53 daquele diploma.

Como adverte Carlos Maximiliano[275], a interpretação do direito moderno propende mais ao conjunto do que à avaliação isolada. Deve-se preferir a análise do sistema à particularidade. Ater-se apenas aos vocábulos, diz o autor, é processo casuístico, retrógrado.

Nesse sentido, o art. 413 do Código Civil precisa ser interpretado considerando todo o sistema legislativo em vigor, que trata da alienação de unidades imobiliárias. O termo *deve*, contido no referido dispositivo legal, não pode ser um comando utilizado isoladamente sem considerar todo o sistema legal em que inseridas tais relações. É preciso que sua aplicação considere todas as permissões e limitações impostas pelas leis que afetam as ditas relações, bem como leve em conta o mercado imobiliário como um sistema que pode ser gravemente prejudicado com a estipulação de penalidades fora da previsão legal da Lei dos Distratos.

---

[274] ALVIM, Agostinho. *Da inexecução das obrigações e suas consequências*. 5. ed. São Paulo: Saraiva, 1980. p. 182.
[275] MAXIMILIANO, Carlos. *Hermenêutica e aplicação do direito*. Rio de Janeiro: Forense, 1998. p. 270.

Aqui vale novamente a lembrança de como as decisões do Superior Tribunal de Justiça têm tratado as questões relacionadas aos planos de saúde. O segmento imobiliário, tal como o de saúde, pode ser considerado um sistema em que o sufocamento econômico de uma das partes pode colocar em risco o próprio sistema. Estabelecer a cláusula penal com base na Lei dos Distratos é uma forma de dar alguma previsibilidade para as situações de resolução dos compromissos de compra e venda.

2.7.5.2 Violação positiva do contrato. Descumprimento dos deveres laterais e suas consequências nas relações contratuais. O inadimplemento antecipado (anticipatory breach)

Novamente, salientamos que se obrigar significa vincular-se a alguém para que se realize algo em seu favor em determinado tempo e lugar, e o adimplemento representa a regular liberação desse vínculo. Nisso, em síntese, consiste a relação jurídico-obrigacional.

Assim como nas demais relações contratuais, na de compra e venda, desde a celebração do respectivo instrumento preliminar, quando o caso, há o surgimento de deveres laterais que, quando descumpridos, podem representar a violação positiva do contrato. Também o comportamento do adquirente adimplente pode sinalizar ao vendedor um possível inadimplemento antecipado. Analisaremos tais circunstâncias adiante.

A relação jurídico-obrigacional deve objetivar o adimplemento das obrigações estabelecidas pelas partes contratantes. A finalidade de uma relação dessa natureza é a satisfação de seus sujeitos, tanto do credor quanto do devedor.

Credor e devedor obtêm, com o regular processamento dessa relação, vantagens, cada qual na sua esfera de interesses. Não se deve entender a relação jurídico-obrigacional como algo penoso ou sacrificante no momento da sua formação.

Por essa razão, ao se analisar o progresso da relação obrigacional na sua formação, no seu desenvolvimento e na sua extinção, notamos que existe um dever, genericamente considerado, de cada partícipe atuar na direção de promover, da melhor forma possível, o cumprimento do que lhe fora atribuído no vínculo obrigacional.

Avalia-se modernamente, portanto, a relação obrigacional em sua totalidade e não mais em momentos estanques, considerados apenas na ocasião de sua estipulação e de seu adimplemento.

Essa forma de interpretar o vínculo obrigacional é considerada, por Clóvis do Couto e Silva[276], como um processo que supõe a existência de duas fases: (i) a do nascimento e do desenvolvimento dos deveres; e (ii) a do adimplemento.

Entre a definição da prestação principal no contrato – por vezes até antes disso – e o seu adimplemento ou seu inadimplemento existem circunstâncias que se mostram relevantes para o desfecho do vínculo jurídico.

A análise interna da relação obrigacional revela a existência de uma gama de direitos subjetivos, deveres jurídicos, poderes, pretensões, sujeições e exceções que, além de não serem imutáveis durante a existência da prestação, muitas vezes surgem independentemente da manifestação expressa da vontade dos contratantes.

A vontade de se vincular a uma relação obrigacional deve ser consequentemente acompanhada, no plano psicológico, da vontade de cumprir a prestação assumida. No âmbito de nosso sistema, esse vínculo jurídico é composto pela prestação e pelo adimplemento, mas

---

[276] COUTO E SILVA, Clovis V. do. *A obrigação como processo*. São Paulo, Bushatsky, 1976. p. 44.

gravitam em torno desse núcleo (vínculo) outras circunstâncias que são da mesma forma juridicamente relevantes para a avaliação da sua extinção que deveria acontecer, em tese, com o adimplemento regular.

Durante a fase de desenvolvimento da relação obrigacional, podem ocorrer modificações no seu conteúdo original, de modo a formar e gerar poderes e deveres para os sujeitos que não foram inicialmente previstos, mas que o complementam, apesar de não modificarem a estrutura principal da prestação.

Nesse sentido, por falta de observância dessas outras circunstâncias que envolvem a prestação principal, muitas vezes o próprio adimplemento pelo devedor pode se descolar da sua fonte originadora e gerar insatisfação do credor.

A obrigação, vista como um processo, demonstra a dinâmica da relação, sublinhando-se as várias "fases que surgem no desenvolvimento da relação obrigacional e que entre si se ligam com interdependência"[277]. Logo, a relação jurídico-obrigacional é composta por um conjunto de atividades necessárias à satisfação dos interesses dos seus sujeitos.

Destaca Judith Martins-Costa[278] que tais atividades voltadas para a satisfação do credor "corporificam deveres jurídicos, pré-negociais, negociais e pós-negociais", de modo que

> [...] a compreensão da relação em sua complexidade evidencia, ao lado dos *deveres de prestação* (principais e secundários), os já aludidos *deveres de proteção*, laterais, "anexos" ou "instrumentais", além de direitos potestativos, sujeições, ônus jurídicos, expectativas jurídicas, todos coligados, como diz Almeida Costa, "em atenção a uma identidade fim, constituindo o conteúdo de uma relação de caráter unitário e funcional, isto é, justamente, a *relação obrigacional complexa* [...]".

Quando se passou a considerar que os sujeitos de determinada relação jurídica assumem simultaneamente posição de credor e de devedor, tendo ambos créditos e débitos que coexistem, entendeu-se que a relação obrigacional é um organismo[279].

A expressão *relação obrigacional* revela em si as complexidades do seu desenvolvimento e de sua extinção, de modo a capturar as modificações eventualmente ocorridas com os seus sujeitos e com os seus objetos, a abranger não apenas o direito à prestação e o direito à indenização (no caso de mora ou de inadimplemento absoluto), como também todos os demais deveres e exceções que compõem o vínculo estabelecido entre credor e devedor e que devem ser atendidos para a plena satisfação destes[280].

Salienta Gustavo Haical[281] que aquele que se dispuser a investigar uma relação jurídico-obrigacional

> [...] como uma totalidade a se desenvolver em fases voltadas a um fim, constatará que, além da existência de direitos e deveres primários ou de prestação e as pretensões

---

[277] COUTO E SILVA, Clovis V. do. *A obrigação como processo*. São Paulo, Bushatsky, 1976. p. 10.

[278] MARTINS-COSTA, Judith. *Comentários ao novo Código Civil*. Do direito das obrigações, do adimplemento e da extinção das obrigações. Rio de Janeiro: Forense, 2003. v. V, t. I, p. 53.

[279] HAICAL, Gustavo Luis da Cruz. O inadimplemento pelo descumprimento exclusivo de dever lateral advindo da boa-fé objetiva. *Revista dos Tribunais*, 99º ano, v. 900, p. 39, out. 2010.

[280] ANTUNES VARELA, João de Matos. *Direito das obrigações:* conceito, estrutura e função da relação obrigacional, fontes das obrigações, modalidades das obrigações. Rio de Janeiro, Forense, 1977. p. 63.

[281] HAICAL, Gustavo Luis da Cruz. O inadimplemento pelo descumprimento exclusivo de dever lateral advindo da boa-fé objetiva. *Revista dos Tribunais*, 99º ano, v. 900, p. 48, out. 2010.

e obrigações correlatas, ela alberga, ainda, direitos e deveres secundários e laterais; direitos potestativos, sejam direitos formativos, sejam direitos de exceção e os respectivos estados de sujeição; direitos expectativos; ações; situações do acionado; ônus; faculdades.

Os deveres de prestação (primários e secundários) que se desenvolvem a partir da relação obrigacional são comparados, como citado, a um processo ou a um organismo. Denota-se isso, ademais, do fato de que em toda relação obrigacional, além dos deveres de prestação, podem surgir outros deveres de diversas espécies, os quais, por maioria das vezes, não estão expressamente convencionados no contrato[282], mas que passam a gravitar no núcleo da relação obrigacional e a gerar consequências no modo de sua execução ou na situação de inadimplemento.

Portanto, esses outros direitos e deveres referentes às prestações secundárias, aos deveres assessórios de conduta e de exceções integram a prestação principal e o seu correspondente dever de prestar. Somente ocorrerá o cumprimento integral quando a satisfação das partes da relação jurídico-obrigacional for completa.

Podemos dizer que os deveres decorrem da incidência do princípio da boa-fé objetiva que abrange toda a relação jurídico-obrigacional, desde etapa pré-negocial, passando pela fase de seu desenvolvimento até a efetiva execução (adimplemento) da prestação principal estabelecida no respectivo negócio jurídico.

Nessa linha, a boa-fé objetiva desdobra-se em diversos deveres assessórios de conduta, variados em cada caso concreto, e recaem sobre o credor e o devedor de forma determinante nos procedimentos intersubjetivos necessários ao progresso da relação jurídica obrigacional, no tempo da execução e do adimplemento da prestação, vocacionados para a satisfação dos sujeitos da relação, com a mútua cooperação, afetando, inclusive, as circunstâncias reveladoras do inadimplemento[283].

Com esse cenário sistêmico, destacamos aspectos relacionados à violação positiva do contrato e ao inadimplemento antecipado (*anticipatory breach*) aplicáveis também à compra e venda e às estipulações obrigacionais constantes em seu respectivo instrumento preliminar (o compromisso de compra e venda) como hipóteses de inadimplemento absoluto da prestação principal, em razão da inobservância de deveres dela oriundos ou de um comportamento do devedor que revela sua prévia intenção em não cumpri-la, a ensejar a aplicação de cláusula penal compensatória para ressarcimento dos danos causados ao credor.

Nas relações jurídicas de compra e venda de imóveis loteados e incorporados, a indenização a ser paga pelo devedor, nas situações de inadimplemento absoluto, está agora regulada pela Lei dos Distratos.

---

[282] WESTERMANN, Ham Peter. *Código civil alemão:* direito das obrigações; parte geral. Porto Alegre: Fabris, 1983. p. 16.

[283] Esclarecedor o exemplo dado por Antunes Varela do fazendeiro que vende cinquenta cabeças de gado e tem o dever de entregá-las. "Mas, além do dever de cuidar delas com diligência até ao ato de entrega, poderá ter ainda o direito de proceder à sua escolha, a faculdade de exigir a saída delas para o poder do comprador dentro de um prazo razoável, o dever de tomar as necessárias medidas profiláticas ou de tratamento dos animais, antes de efetuar a sua entrega, o dever de avisar o adquirente dos cuidados especiais que alguns dos exemplares vendidos requeiram, assim como tem o direito de recusar a sua prestação, enquanto não receber a respectiva contraprestação e o direito de resolver o contrato, se o comprador não cumprir" (ANTUNES VARELA, João de Matos. *Direito das obrigações:* conceito, estrutura e função da relação obrigacional, fontes das obrigações, modalidades das obrigações. Rio de Janeiro: Forense, 1977. p. 62).

Veremos a seguir quais são as circunstâncias que caracterizam a violação positiva do contrato e o inadimplemento antecipado que justificam a aplicação das consequências do inadimplemento absoluto.

Violação positiva do contrato. Um destaque que devemos fazer, e que se encaixa no que se disse até aqui, é a situação da resolução da relação jurídica contratual por uma violação positiva do contrato.

As obrigações nascem para serem cumpridas. O sistema jurídico garante ampla liberdade para contratar e, no mesmo diapasão, exige que as partes contratantes cumpram com o que se obrigaram. No entanto, há situações em que o devedor, mesmo antes do formal inadimplemento, não age da forma esperada para o cumprimento da sua prestação e se torna inadimplente.

Falamos que se deve compreender a relação jurídico-obrigacional, especialmente quando é duradoura, como um organismo que contém em si um sistema próprio que evolui progressivamente até a consecução do seu objetivo, que é o adimplemento da prestação principal[284]. Daí por que a relação jurídica obrigacional ser chamada de processo.

Ao avaliarmos a concepção do direito obrigacional como processo, tanto o adimplemento quanto o inadimplemento, norteados pela visão sistematizada das obrigações, afetam a relação jurídica da qual decorrem, especialmente as partes nela envolvidas (credor e devedor). Tanto credor quanto devedor devem se empenhar para manter a utilidade da prestação contratada durante toda a fase de execução contratual até o seu efetivo vencimento e respectivo adimplemento.

O direito brasileiro não contém dispositivo expresso que permita considerar o inadimplemento da obrigação antes de alcançado o termo contratualmente estabelecido para o seu vencimento. Se avaliarmos o conteúdo do art. 389 do Código Civil, perceberemos que ele se refere muito mais às consequências do inadimplemento do que à sua conceituação legal.

A doutrina[285] e a jurisprudência têm, aos poucos, preenchido essa lacuna.

Tradicionalmente, a doutrina define o inadimplemento como a situação em que o devedor não cumpre a obrigação principal no tempo, no lugar e na forma convencionados, e cuja prestação não mais interessa ao credor. É a falta total da prestação devida pelo devedor.

Considerando o inadimplemento como a falta da prestação devida pelo devedor, aparentemente ficam de fora os casos de violação positiva do contrato, aqueles em que a prestação é cumprida, mas com desatenção aos deveres que se originam do princípio da boa-fé objetiva e que estão presentes em toda relação jurídico-obrigacional[286].

A nossa doutrina ancora esse tema no princípio da boa-fé objetiva (Código Civil, arts. 113, 187 e 422).

Como modernamente deve-se entender a relação obrigacional de maneira dinâmica, e não mais estática, como antes (centrada apenas na relação débito e crédito), existem outros deveres correlatos que decorrem da obrigação principal, originados também na fase de execução do contrato, e que, apesar de não surgirem da manifestação de vontade das partes,

---

[284] TELLES, Inocêncio Galvão. *Direito das obrigações*. 7. ed. rev. e actual. Coimbra: Coimbra Editora, 1997. p. 18.

[285] STEINER, Renata C. *Descumprimento contratual*. Boa-fé e violação positiva do contrato. São Paulo: Quartier Latin, 2014. p. 71; ANTUNES VARELA, João de Matos. *Direito das obrigações:* conceito, estrutura e função da relação obrigacional, fontes das obrigações, modalidades das obrigações. Rio de Janeiro: Forense, 1977. p. 109.

[286] STEINER, Renata C. *Descumprimento contratual*. Boa-fé e violação positiva do contrato. São Paulo: Quartier Latin, 2014. p. 127.

na concepção da relação obrigacional complexa e como processo, devem ser igualmente cumpridos, porque passam a integrar a relação jurídica principal, que é o cerne do vínculo entre credor e devedor.

Há um dever constante, por parte do credor e do devedor, como pessoas que agem honestamente, com lealdade e boa-fé exigíveis no tráfego jurídico, de atuarem no sentido de realizarem o necessário para alcançarem o cumprimento integral da prestação principal convencionada. Essa conduta do credor e do devedor deve ser pautada pelos princípios da boa-fé e da confiança[287].

Adotando-se a boa-fé[288], na concepção objetiva, ela atua como verdadeira norma de conduta, pois estabelece parâmetros comportamentais para o desenvolvimento do contrato, além daqueles originalmente previstos com a estipulação da obrigação principal, os quais também devem ser cumpridos sob pena de se caracterizar o inadimplemento.

Razão pela qual atualmente se derrota a

> [...] tentativa de compreensão da relação obrigacional como conceito estático e desligado dos fatos da vida. Quem contrata não contrata apenas o que contrata, devendo igual respeito àqueles deveres que decorrem da boa-fé objetiva. Mais do que válida no âmbito do Direito dos Contratos, surge ela enquanto princípio do Direito Obrigacional, abarcando hipóteses outras que não aquelas que dizem exclusivamente respeito ao contrato[289].

Nessa moderna concepção da relação jurídico-obrigacional, torna-se íntima a ligação entre o cumprimento da prestação (logo, também o descumprimento), a confiança entre os sujeitos e a relação de cooperação que surge entre eles, apoiado na boa-fé objetiva, que deve pautar os titulares do crédito e do débito.

A cooperação entre os sujeitos da relação jurídico-obrigacional baseia-se na conduta necessária para possibilitar o cumprimento da prestação principal. Por essa razão, ela se torna nuclear, pois, por seu intermédio, o interesse de um é mantido em virtude da conduta do outro. O dever de colaboração, portanto, está no cerne da relação obrigacional e serve para aferir o adimplemento[290].

Os sujeitos da relação jurídico-obrigacional devem se comportar de maneira dinâmica e intersubjetiva na busca da satisfação do interesse contratual. Devem compreender que não são figuras isoladas, mas sim relacionadas entre si e vinculadas a um programa contratual que visa ao perfeito e completo adimplemento da prestação principal.

Não se trata mais de, estabelecida a relação jurídico-obrigacional, o credor voltar-se para si e permanecer inerte enquanto aguarda a execução da prestação pelo devedor. Essa passividade pode gerar dificuldades no cumprimento pelo obrigado. Portanto, o credor deve colaborar com o desenvolvimento do adimplemento e agir de modo a facilitá-lo. Assim, por exemplo, o vendedor de cabeças de gado deve informar ao comprador se o lote vendido ainda precisa tomar a vacinação necessária para prevenir a febre aftosa.

---

[287] MARTINS, Raphael Manhães. O inadimplemento antecipado da prestação no direito brasileiro. *Revista da EMERJ*, v. 11, n. 42, p. 207, 2008.

[288] Deve-se destacar que a boa-fé se encontra positivada, no que se refere aos negócios jurídicos, nos arts. 113 e 422, ambos do Código Civil.

[289] STEINER, Renata C. *Descumprimento contratual*. Boa-fé e violação positiva do contrato. São Paulo: Quartier Latin, 2014. p. 71.

[290] MARTINS-COSTA, Judith. *A boa-fé no direito privado:* critérios para a sua aplicação. 2. ed. São Paulo: Saraiva Educação, 2018. p. 150.

O devedor, por sua vez, não deverá buscar o cumprimento da prestação de forma isolada, sem levar em consideração aquilo que pode ser de interesse do credor dentro dos limites de suas possibilidades. A exemplo, em contrato de transporte, o devedor deve diligenciar pela correta acomodação do transportado em atenção às leis de trânsito.

Ambos devem atuar conjuntamente desde a origem da relação obrigacional, fundamentados no princípio da confiança – que tem sua base firmada na boa-fé objetiva –, para que o adimplemento ocorra sem perturbações e nos melhores termos do que foi contratado.

Vale dizer que, pela boa-fé, na forma positivada em nosso sistema, credor e devedor devem agir de acordo com o que ela (boa-fé) exige. O esforço requerido para o adimplemento pelo devedor deve ser aquele demandado por ela (boa-fé), ou seja, não deve ser imposto esforço que ultrapasse os seus limites[291].

Um pintor de uma casa, cuja família teve que se mudar e pagar aluguel pelo período convencionado para execução dos serviços de pintura, deve atuar de modo a alcançar integralmente a sua obrigação principal, que é de fazer (pintar a casa), no tempo ajustado ou até mesmo antes dele, caso seja possível, pois isso representaria a possibilidade de economia com aluguéis pela família contratante de seus serviços. O comportamento do pintor que falta ao trabalho em um ou em alguns dias, sob o argumento de que conseguirá cumprir sua obrigação dentro do prazo estabelecido, pode não representar o melhor adimplemento da relação obrigacional para a qual ele foi contratado. Tal comportamento gera no contratante um sentimento de insegurança, pois eventual atraso poderá representar pagamento de mais aluguéis.

António Menezes Cordeiro[292] destaca que a

> [...] complexidade intra-obrigacional traduz a ideia de que o vínculo obrigacional abriga, no seu seio, não um simples dever de prestar, simétrico a uma pretensão creditícia, mas antes vários elementos jurídicos dotados de autonomia bastante para, de um conteúdo unitário, fazerem uma realidade composta[293].

No exemplo do pintor, este não apenas deve cumprir integralmente sua prestação (pintar a casa), mas também deve determinar suas ações no sentido de buscar o adimplemento no melhor interesse do credor. Assim, se tiver condições, diante das suas possibilidades e dentro do escopo para o qual foi contratado, de agir para cumprir sua prestação antes do prazo ajustado, ele colaborará para manter o sentimento de segurança do contratante durante a execução de sua obrigação e até permitir alguma economia por este no pagamento de aluguéis da moradia temporária.

É nesse sentido que, entre o nascimento da obrigação e a data do seu vencimento, pode haver, na relação jurídica a ela vinculada, diversos outros deveres considerados principais, secundários (ou acessórios) e laterais[294].

---

[291] MENEZES CORDEIRO, António Manuel da Rocha e. *Da boa-fé no direito civil*. 2. reimpr. Coimbra: Almedina, 2001. p. 594.

[292] MENEZES CORDEIRO, António Manuel da Rocha e. *Da boa-fé no direito civil*. 2. reimpr. Coimbra: Almedina, 2001. p. 586.

[293] E segue Menezes Cordeiro para dizer que, de "facto, a entender-se o vínculo complexo como simples soma dos factores que o integram, alcançar-se-ia uma noção apenas sistemática e não dogmática da obrigação. Não se deve, na reconstituição do conteúdo desta, estudar e alinhar os elementos que a componham; antes é de partir do todo para as partes. Ou, como que Zepos, movendo-se nos quadros gestaltistas, é um dado fenomenológico e não uma soma" (MENEZES CORDEIRO, António Manuel da Rocha e. *Da boa-fé no direito civil*. 2. reimpr. Coimbra: Almedina, 2001. p. 590).

[294] Para Joana Farrajota o dever de cumprir a obrigação principal pode estar acompanhado de outros deveres. "A natureza da relação entre tais deveres, designadamente a existência de uma relação

Cabe ao credor e ao devedor atentarem-se para eles e atendê-los sempre da melhor forma para se alcançar o completo adimplemento da prestação principal.

Por tal razão é que o conteúdo do art. 939 do Código Civil, como veremos, deve ser contemporizado nessa análise dinâmica da relação obrigacional, porque o obrigado, mesmo que adimplente, pode adotar comportamento contrário ao regular adimplemento. Nesse sentido, não seria razoável fazer a parte inocente esperar pela prestação que, em decorrência de comportamento contraditório do devedor, certamente não se cumprirá.

Sinteticamente, ao analisarmos a relação jurídica obrigacional contratual, encontramos, na primeira camada, os deveres principais ou de prestação, que se referem às próprias obrigações contratadas (dar, fazer e não fazer), as quais devem ser integralmente cumpridas de acordo com o programa contratual para que as partes alcancem seus objetivos principais. Por exemplo, em um contrato de compra e venda, o dever de prestação do vendedor é o de entregar a coisa vendida, e o dever de prestação do comprador é o de pagar o preço por eles convencionados.

No aprofundamento da análise da relação jurídica obrigacional contratual, encontramos outros deveres, considerados secundários ou acessórios, que gravitam a relação obrigacional e que também devem ser observados pelos respectivos sujeitos para que promovam um regular adimplemento da prestação. Esses deveres assessórios complementam os deveres principais ou de prestação. São considerados deveres acessórios da relação jurídica obrigacional contratual, além de outros, por exemplo: (i) o dever de proteção, que vise evitar danos desnecessários para a outra parte; (ii) o dever de informação, que consiste na obrigação que as partes têm de fornecer reciprocamente todas as informações relevantes sobre a prestação principal de interesses recíprocos.

Deveres laterais referem-se às obrigações que emergem da relação de confiança e de cooperação que se estabelece entre os contratantes. Não necessitam estar expressamente previstos no contrato, uma vez que derivam da boa-fé objetiva. Como exemplo desses deveres laterais podemos mencionar: (i) o dever de cooperação, que obriga as partes a agirem sempre no sentido de possibilitar, o mais facilmente e de maneira mais eficaz, o cumprimento do contrato; (ii) o dever de comunicar, que exige que as partes mantenham uma comunicação fácil e contínua, especialmente sobre a fase de execução do contrato; (iii) o dever de assistência, que é o fornecimento de auxílio mútuo pelas partes.

Renata C. Steiner[295] destaca que por deveres principais ou de prestação devemos entender como o próprio núcleo da relação obrigacional aquele que define o seu tipo (dar, fazer e não

---

de funcionalidade ou de dependência, determinará a sua qualificação como deveres principais ou secundários. Os deveres secundários podem ter uma prestação autônoma da principal, sendo sucedâneos desta – assim a indemnização por incumprimento culposo do devedor – ou coexistindo com esta, sem a substituírem – caso da indemnização por mora. Para além dos deveres com prestação autónoma, existem ainda os deveres secundários acessórios da prestação principal que se caracterizam pela ausência de autonomia em relação àquela, visando a realização do interesse no cumprimento do dever principal (*Nebenleistungspflichten*). Estas prestações, que se encontram numa relação de acessoriedade com a prestação principal, são instrumentais à sua realização e, bem assim, à cabal satisfação do interesse do credor. De facto, é frequente o interesse do credor não ficar totalmente satisfeito só com a realização da prestação principal, dependendo do cumprimento de outros deveres. Tratar-se-á, por exemplo, do caso da obrigação de transporte da coisa objecto do contrato de compra e venda" (FARRAJOTA, Joana. *Os efeitos da resolução infundada por incumprimento do contrato*. 2013. Tese (Doutorado) – Faculdade de Direito da Universidade Nova de Lisboa, Lisboa, 2013. Disponível em: https://run.unl.pt/bitstream/10362/18555/1/Farrajota_2013.pdf. Acesso em: 22 ago. 2023).

[295] STEINER, Renata C. *Descumprimento contratual*. Boa-fé e violação positiva do contrato. São Paulo: Quartier Latin, 2014. p. 89.

fazer). São a razão de existir da relação jurídica e sem eles esta não se configura. Os secundários, por seu turno, são aqueles que se referem à prestação, mas com ela não se confundem, porque não a definem nem a individualizam.

Os deveres laterais ou secundários podem ser (i) assessórios da obrigação, pois visam preparar o cumprimento da prestação principal, e (ii) autônomos, por existirem sem relação direta com os deveres de prestação, mas gravitam em torno deles, e se concretizam quando consubstanciam deveres referentes a prestações substitutivas ou complementares, como ocorre com o dever de indenizar pela mora ou pelo inadimplemento[296]. São considerados como deveres auxiliares no cumprimento da prestação principal.

Entretanto, em matéria de classificação, para que o processo obrigacional alcance seu fim com a plena satisfação do crédito, os deveres secundários acessórios da prestação principal apresentam-se como os mais relevantes, pois estes mantêm um vínculo diretamente estabelecido com a finalidade da relação jurídica obrigacional. Assim, caso haja o descumprimento desses deveres que se encontram atados à prestação principal, de modo a gerar o desinteresse da obrigação pelo credor, caracterizar-se-á o inadimplemento absoluto[297-298].

A vinculação obrigacional gera nas partes que a integram, de forma natural, uma relação de confiança que, se frustrada, pode originar danos. Ainda que não expressamente prevista a hipótese nesse sentido, salientamos que a boa-fé objetiva impõe deveres que devem ser observados para que se preserve a relação obrigacional.

Diante dessa concepção, destacamos o dever de cooperação que estipula diretrizes de correção, lealdade, probidade e consideração aos legítimos interesses da outra parte contratante. Os sujeitos da relação contratual devem colaborar para que o contrato alcance seu objetivo principal.

A cooperação surge como um importante dever que acompanhará as partes em toda a sua jornada contratual, inclusive após o desfazimento deste (contrato). Concordamos com a posição de Giuliana Bonanno Schunk[299] quando adverte que o dever de cooperação é um dever de natureza jurídica que pode se desdobrar em outros deveres anexos já reconhecidos pela doutrina, como os deveres de informar, de cuidado, de mitigar prejuízos, além de outros. Nesse sentido, os deveres que auxiliam no cumprimento da prestação principal não podem ser todos conhecidos e antecipadamente previstos pelas partes, uma vez que dependerão não apenas do contrato em si, mas principalmente da concreção da dinâmica contratual. Sendo assim, não há dúvida de que os deveres anexos assumem facetas diferenciadas, considerada cada situação específica à qual as partes são submetidas durante o programa contratual.

Em verdade, os deveres acessórios, de certa forma, estão compreendidos no dever de cooperação, o qual abarca todos os deveres que uma parte tem com a outra durante a dinâmica contratual, no sentido de que as recíprocas prestações possam ser cumpridas da maneira mais completa e eficaz possível.

Na relação jurídico-obrigacional também existem os deveres de cumprimento, os quais pretendem garantir o prosseguimento do interesse do credor na prestação e o direito de aquisição

---

[296] STEINER, Renata C. *Descumprimento contratual.* Boa-fé e violação positiva do contrato. São Paulo: Quartier Latin, 2014. p. 89.
[297] HAICAL, Gustavo Luis da Cruz. O inadimplemento pelo descumprimento exclusivo de dever lateral advindo da boa-fé objetiva. *Revista dos Tribunais*, 99º ano, v. 900, p. 52, out. 2010.
[298] VARELA, Antunes. *Direito das obrigações:* conceito, estrutura e função da relação obrigacional, fontes das obrigações, modalidade das obrigações. Rio de Janeiro: Forense, 1977. p. 105.
[299] SCHUNK, Giuliana Bonanno. *Contratos de longo prazo e o dever de cooperação.* São Paulo: Almedina, 2016. p. 144.

do devedor com a contraprestação, bem como, entre os deveres de cooperação, os de proteção, que buscam impedir que sejam produzidos danos para as partes, no cumprimento da prestação principal, por causa do sentimento de confiança gerado pela respectiva relação jurídica[300].

No que concerne às situações de violação positiva do contrato, este ocorre, nos dizeres de Menezes Cordeiro[301], nos casos de cumprimento defeituoso da prestação principal, de incumprimento, de impossibilidade das prestações secundárias e de violação de deveres acessórios.

As situações de inadimplemento e de cumprimento defeituoso da prestação principal são resolvidas a partir do quanto estabelecem os arts. 389, 394, 395, 397, 399, 473 e 475, todos do nosso Código Civil.

Por sua vez, a questão da violação de deveres acessórios, especialmente quando o devedor se encontra adimplente com a prestação principal, não parece ter sido tratada pela legislação em vigor.

Esclarecemos. O Código Civil trata das questões relacionadas à mora e ao inadimplemento absoluto, ou seja, quando já ocorreu o atraso ou o próprio descumprimento da obrigação.

Não há, contudo, disposição que trate da situação em que o devedor, adimplente com a sua prestação principal, age contrariamente ao ajuste contratual, infringindo os deveres de prestação, secundários (ou acessórios) e/ou laterais[302]. Entretanto, mesmo sem previsão legal expressa, essa circunstância comportamental do devedor deve ser considerada na relação obrigacional.

Paralelamente aos deveres ligados à prestação (principais e secundários) encontram-se os deveres de proteção ou os deveres laterais de conduta. Estes não são decorrentes daqueles e, para serem avaliados, dependem das peculiaridades dos sujeitos da relação jurídica e/ou da amplitude da influência que a confiança gerou nos partícipes[303].

Jorge Cesa Ferreira da Silva[304] destaca que, ao se afirmar que os deveres laterais possuem fontes normativas e fáticas diferentes dos deveres de prestação, é possível reforçar a distinção que há entre eles.

No tocante à fonte normativa dos deveres laterais, esta fundamenta-se no princípio da boa-fé objetiva, principalmente no âmbito da confiança mútua, a ponto de impedir que danos sejam causados aos sujeitos da relação ou ao patrimônio deles, "ou a determinar que

---

[300] MENEZES CORDEIRO, António Manuel da Rocha e. *Da boa-fé no direito civil*. 2. reimpr. Coimbra: Almedina, 2001. p. 598.

[301] MENEZES CORDEIRO, António Manuel da Rocha e. *Da boa-fé no direito civil*. 2. reimpr. Coimbra: Almedina, 2001. p. 602.

[302] Para Giovanni Ettore Nanni, a caracterização do descumprimento em mora ou inadimplemento absoluto não decorre da classificação do dever violado, "mas sim de acordo com a repercussão dessa violação – qualquer que seja o dever violado – na utilidade do recebimento da prestação pelo credor. Sob tal perspectiva, portanto, o descumprimento de qualquer dever, de prestação ou de conduta, reconduz às tradicionais categorias do inadimplemento: inadimplemento absoluto ou mora". E complementa o autor dizendo que, se ocorre o descumprimento, avalia-se a utilidade ou não da prestação para o credor: "se permanecer proveitosa, enseja mora, caso contrário inadimplemento absoluto" (NANNI, Giovanni Ettore. *Inadimplemento absoluto e resolução contratual*: requisitos e efeitos. São Paulo: RT, 2021. p. 49).

[303] "O critério distintivo entre uma e outra hipótese é a eventualidade de a negativa da seguradora pautar-se nos deveres laterais decorrentes da boa-fé objetiva, a qual impõe um padrão de conduta a ambos os contratantes no sentido da recíproca colaboração, notadamente, com a prestação das informações necessárias ao aclaramento dos direitos entabulados no pacto e com a atuação em conformidade com a confiança depositada" (STJ, REsp 1.651.289/SP, j. 06.04.2017).

[304] SILVA, Jorge Cesa Ferreira da. *A boa-fé e a violação positiva do contrato*. 2. tir. Rio de Janeiro: Renovar, 2007. p. 95.

o adimplemento se dê da forma qualitativa e objetivamente mais satisfativa aos interesses do credor e de forma menos onerosa ao devedor".

No que se refere à fonte fática, há uma diferença ainda mais significativa. Os deveres de prestação possuem, como suporte, o momento da conjugação das vontades do credor e do devedor consubstanciado na celebração do respectivo contrato. Para alteração dos deveres de prestação, as partes deverão promover um aditamento ao contrato original. A alteração dos deveres de prestação necessita de expressa manifestação de vontade dos contratantes.

Para os deveres laterais de conduta, a fonte fática é o conjunto das circunstâncias que levaram as partes à celebração do contrato. Para se originarem, eles não precisam da manifestação expressa de vontade dos contratantes. Surgem de maneira autônoma e gravitam em torno da prestação principal (algumas vezes) desde antes da formação do contrato, durante a sua execução e até depois de extinto o acordo, em razão do regular adimplemento.

Karl Larenz, citado por Renata C. Steiner[305], destaca que

> [...] ao lado dos deveres de prestação (primários ou também secundários) fundamenta a relação jurídica obrigacional, de acordo com a intensidade da espécie de 'ligação especial', em diferente extensão e escala, deveres de consideração recíproca, de observância aos interesses da outra parte, em suma, de conduta honesta e leal que se pode esperar dos partícipes negociais. A norma para isso constrói valor da *Treu und Glauben* [boa-fé objetiva] (§ 242), através do qual todos os envolvidos, e não apenas o devedor, devem ponderar suas condutas.

Destacamos, portanto, que os deveres laterais de conduta surgem autonomamente em relação aos deveres primários e secundários e, como dito, decorrem da boa-fé objetiva. A complexidade da relação jurídico-obrigacional faz com que esses deveres laterais de conduta surjam e tenham independência em relação à prestação principal, pois extrapolam a tutela dos interesses patrimoniais.

Registra Renata C. Steiner[306] que a "inclusão de deveres não contratados no amplo aspecto da relação obrigacional entendida como processo faz emergir de seu conteúdo a necessária tutela da confiança, em contraposição à ideia individualista que marca a Modernidade".

Os deveres laterais de conduta visam proteger as partes dos eventuais danos que podem surgir por causa da relação jurídico-obrigacional. Deve-se agir, portanto, para evitar que o ato lesivo ocorra.

Nos dizeres de Gustavo Haical[307], além de terem os sujeitos da relação jurídico-obrigacional

> [...] o dever de não realizarem determinada conduta com vistas a não causar dano à pessoa ou ao patrimônio do outro figurante, existe ainda o dever de efetivar determinado comportamento com o objetivo do processo obrigacional se desenvolver de modo a obter a sua extinção com a plena satisfação[308].

---

[305] STEINER, Renata C. *Descumprimento contratual*. Boa-fé e violação positiva do contrato. São Paulo: Quartier Latin, 2014. p. 92.

[306] STEINER, Renata C. *Descumprimento contratual*. Boa-fé e violação positiva do contrato. São Paulo: Quartier Latin, 2014. p. 94.

[307] HAICAL, Gustavo Luis da Cruz. O inadimplemento pelo descumprimento exclusivo de dever lateral advindo da boa-fé objetiva. *Revista dos Tribunais*, 99º ano, v. 900, p. 57, out. 2010.

[308] "O princípio da boa-fé objetiva impõe a ambos os contratantes os deveres laterais de conduta, no sentido de colaborar para a conclusão do negócio. As partes que, num determinado momento, se aproximaram para celebrar um negócio jurídico, cujo objeto seria a transferência da propriedade de bem imóvel, mediante o recebimento do pagamento, deverão agir respeitando a boa-fé. O adqui-

Relacionam-se, por exemplo, ao dever que um dos contratantes tem de informar ao outro sobre todas as circunstâncias que possam influenciar o processo de tomada de decisão de contratar e até mesmo a aceitação das cláusulas contratuais. A sua inobservância não gera o inadimplemento da prestação principal, mas, sim, a violação positiva do contrato, podendo haver adimplemento defeituoso em razão do não cumprimento dos deveres laterais de conduta, os quais decorrem do princípio da boa-fé objetiva.

Os deveres laterais de conduta poderão ser originados de disposições legais ou contratuais. Qualquer que seja a sua fonte, seu conteúdo regulador decorrerá da boa-fé objetiva ou a ela poderão ser (re)conduzidos.

Dado que a boa-fé objetiva atua sobre qualquer relação obrigacional, é certo que ela encontrará nos contratos sua zona mais fértil, a fazer com que neles (contratos) os deveres laterais sejam abundantes, o que exige do intérprete maior compreensão de tais deveres não só pela profícua fonte de originação (os contratos), mas por se vincularem a distintos suportes fáticos[309].

Tais deveres laterais de conduta recaem sobre o devedor, que deve possibilitar que o credor retire da prestação o que ela efetivamente lhe deve proporcionar, bem como sobre o credor, o qual deve agir para evitar que se agrave de maneira desnecessária o dever que já é imposto ao devedor pela prestação principal assumida.

Apenas para fins didáticos e para facilitar a compreensão, os deveres laterais de conduta podem ser divididos em três grandes grupos: (i) deveres de proteção; (ii) deveres de esclarecimento; e (iii) deveres de lealdade[310]. Não se está a considerar aqui as relações consumeristas que possuem regramento próprio e especial e em relação às quais tais deveres estão presentes por meio da legislação que trata do assunto.

Antecipadamente, porém, é preciso destacar que, por se apoiarem na boa-fé (Código Civil, arts. 113, 187 e 422), os deveres laterais não podem ser excluídos da relação jurídica pela autonomia da vontade das partes. Integram o complexo obrigacional e pairam sobre a relação jurídica, independentemente do desejo dos contratantes[311].

---

rente que adimple sua obrigação e recusa o recebimento da prestação que lhe incumbe, frente ao vendedor, age em manifesta afronta à boa-fé contratual, ao impedir que o devedor se libere de suas obrigações. Assim sendo, cabe também ao promitente vendedor o ajuizamento da ação de obrigação de fazer (ou adjudicação compulsória inversa) para que o Poder Judiciário supra a ausência do consentimento do comprador, proferindo sentença que substitua a escritura injustamente negada pelo adquirente" (TJSP, Apelação Cível 1012297-30.2021.8.26.0602, j. 1º.04.2022).

[309] SILVA, Jorge Cesa Ferreira da. *A boa-fé e a violação positiva do contrato*. 2. tir. Rio de Janeiro: Renovar, 2007. p. 92.

[310] "Ademais, entender de modo diverso para afastar o dever de prestar contas, pormenorizadamente, como pretende o recorrente significaria vulnerar o princípio da boa-fé objetiva, do qual se extraem os chamados deveres anexos ou laterais de conduta, tais como os deveres de colaboração, fidúcia, respeito, honestidade e transparência, que devem estar presentes nas relações contratuais como a que ora se examina. Por certo, quando ignorados ou afrontados os deveres anexos da boa-fé, instaura-se a violação positiva do contrato ou cumprimento defeituoso, onde não se observa o descumprimento da totalidade do avençado, mas sim dos deveres laterais do mesmo, caracterizando hipótese de inadimplemento à luz do Enunciado 24 da I Jornada de Direito Civil" (STJ, AREsp 2.343.082, decisão de 18.08.2023).

[311] Para Jorge Cesa Ferreira da Silva: "Tem-se estabelecido, assim, que a abrangência normativo-obrigacional, fundamentalmente no que toca aos deveres laterais, diz respeito a todos os interesses que compõem a relação, cuja atividade respectiva seja, nas palavras de Benatti 'essencialmente conexa à execução do contrato'. Nesses termos, todos aqueles deveres que não possam ser relacionados como necessários à execução do contrato, ou da obrigação, estão fora do seu âmbito, como o dever de não furtar ou de não roubar o patrimônio da outra parte. De outro lado, são obrigacionais o dever de não destruir o patrimônio da outra parte com a execução do contrato, ou o de não informar as eventuais consequências

Pelo dever de proteção[312], as partes devem se comportar no sentido de evitarem o surgimento de danos nas suas pessoas e/ou nos seus patrimônios. Por exemplo, no transporte, o motorista deve fazer a entrega no lugar programado e cuidar para que não ocorram danos ao objeto transportado.

Já o dever lateral de esclarecimento[313] traduz-se pela obrigação que afeta as partes de, durante a vigência da relação jurídico-obrigacional, prestarem informações recíprocas de todas as circunstâncias que possam de alguma forma afetar a prestação principal. Por exemplo, o compromisso de compra e venda para uma incorporadora em que o vendedor sabe que o imóvel não pode ser objeto do empreendimento imobiliário por ela pretendido. Como a incorporadora adquire imóvel apenas com o objetivo de empreender, essa informação detida pelo vendedor deve ser dada a ela que, por sua vez, avaliará se assumirá ou não o risco de prosseguir com a aquisição.

O dever lateral de lealdade, por seu turno, obriga o credor e o devedor, na vigência da relação jurídico-obrigacional, a se absterem de comportamentos que possam adulterar, desvirtuar ou enganar o objetivo do negócio ou afetar o equilíbrio da prestação principal[314].

Assim como os outros dois, o dever lateral de lealdade tem seu fundamento na boa-fé objetiva e não se origina propriamente no contrato. Da mesma forma, as partes não podem dispor pelo seu afastamento, pois decorre de norma cogente (Código Civil, arts. 113, 187 e 422)[315].

---

danosas do mau uso da máquina instalada, ou o de instalar a máquina de modo a melhor atender aos interesses do adquirente. Dessa forma, as críticas relativas ao fundamento obrigacional dos deveres laterais, apesar de relevantes, não podem ser aceitas. A obrigação – e com mais vigor a obrigação contratual – possui na sua complexidade interna um conjunto de deveres que não se resumem aos deveres de prestação. O que passa a ser importante, assim, é a visualização da distinção desses deveres, o que pode ser percebido pelas características gerais dos deveres laterais" (SILVA, Jorge Cesa Ferreira da. *A boa-fé e a violação positiva do contrato*. 2. tir. Rio de Janeiro: Renovar, 2007. p. 89).

[312] "No contexto dos autos, a ausência de solicitação de exame de tomografia computadorizada, por ocasião da segunda internação do paciente, mostrou-se imprudente, porquanto se tratava de paciente operado por gastroplastia, que retornou ao serviço de pronto atendimento hospitalar, em virtude de dor abdominal que perdurava há dias. Nesta esteira, inobstante a ausência de comprovação do nexo causal entre a ausência de solicitação de exame de tomografia computadorizada e do lamentável óbito advindo ao paciente, é certo que o tratamento prestado foi falho, o que caracteriza ato ilícito, ensejando o dever de indenizar. Assim, o fundamento reconhecido na r. sentença para condenação nos danos morais, deve ser alterado para concluir que a culpa dos réus derivou da violação positiva do contrato, não associado ao evento morte. Portanto, em virtude do dano moral suportado pelo paciente, em virtude da violação do dever de cuidado que lhe era devido, de rigor a condenação solidária dos requeridos ao seu ressarcimento" (STJ, AREsp 2.355.252, decisão de 15.06.2023).

[313] "Promitente/vendedor que se conduz de forma desidiosa, seja ao deixar de apresentar dados precisos de medição da gleba de terras; seja ao não comparecer para receber a diferença do preço, seja ao não atender ao chamado para assinar a escritura definitiva. Deveres anexos ou laterais ao contrato não atendidos. Ofende aos consectários da boa-fé objetiva alegar a ocorrência de causa suspensiva à fruição do prazo prescricional por decorrência de situação verificada dada a inobservância pelo promitente/vendedor, sucedido pelo espólio, de conduta de ajuda recíproca a ele exigível para permitir o cumprimento do contrato da maneira mais benéfica a todos os contratantes. Impedimento causado pelo promitente/vendedor que é representativo de violação positiva do contrato e que leva a inadmissível eternização da relação contratual, o que atenta contra a segurança jurídica que deve reger os direitos contratuais. Causa de suspensão de fruição do prazo prescricional inocorrente. Prescrição operada" (STJ, AREsp 2.347.413, decisão de 1º.06.2023).

[314] MENEZES CORDEIRO, António Manuel da Rocha e. *Da boa-fé no direito civil*. 2. reimpr. Coimbra: Almedina, 2001. p. 606.

[315] "A boa fé objetiva, verdadeira regra de conduta, estabelecida no art. 422 do CC/02, reveste-se da função criadora de deveres laterais ou acessórios, como o de informar e o de cooperar, para que a

A possibilidade de, ao se analisar o interior da relação jurídico-obrigacional, serem identificados deveres que surgem em momentos distintos de seu desenvolvimento, que por vezes se relacionam com a prestação principal, outras não, em muitas ocasiões sobrevivendo autonomamente ao vínculo originário, demonstra que a relação jurídico-obrigacional, de fato, é dinâmica e que são produzidas alterações em torno da prestação principal, as quais devem ser capturadas pelos sujeitos e cumpridas regularmente.

Esse dinamismo da relação jurídico-obrigacional permite dividi-la em três fases distintas: (i) pré-contratual; (ii) de execução; e (iii) pós-contratual, permanecendo os deveres laterais existentes em todas elas.

Gustavo Haical[316] auxilia-nos na definição de cada uma dessas fases. Para o autor, a fase pré-negocial é marcada por uma aproximação entre determinadas pessoas com o objetivo de se concluir um contrato. Essa aproximação desperta nos sujeitos envolvidos certas expectativas consideradas legítimas em razão da confiança recíproca gerada. Apesar de ainda não estarem vinculados ao respectivo contrato e, portanto, não terem surgido os deveres de prestação, estabelece-se uma relação de confiança entre os sujeitos, o que permite afirmar que também na fase pré-contratual surgem deveres laterais de conduta.

Esses deveres laterais são gerados para os futuros contratantes, mesmo sem ainda haver os deveres de prestação. Muito comum as partes vivenciarem esse dinamismo obrigacional, quando um dos interessados na compra de determinado objeto faz as suas análises prévias e troca informações com o vendedor. Apesar de ainda não existir o dever de prestação da compra e venda (entrega do objeto contra o pagamento do preço), a atuação leal e honesta das partes gera entre elas o sentimento de segurança, que é um dever lateral de conduta.

Judith Martins-Costa[317] salienta que é escalonada a intensidade dos deveres laterais de proteção na fase pré-contratual, a qual se faz gerada na outra parte a partir da qualidade do sujeito envolvido. Assim, quanto maior a influência e poder (político, econômico, jurídico) de um dos sujeitos da futura relação contratual, maior será a bagagem de lealdade que lhe será atribuída.

Para a fase de execução já apresentamos as ideias centrais. Os sujeitos da relação jurídico-obrigacional devem agir para implementar o adimplemento da prestação principal e para atender aos deveres laterais de conduta que surgem com apoio na boa-fé objetiva para a satisfação completa da relação obrigacional.

Ainda com a mesma perspectiva complexa da relação jurídico-obrigacional, há deveres laterais de conduta que surtem efeitos mesmo depois do adimplemento da obrigação principal. Em sua base analítica encontramos um aparente paradoxo. Apesar de se ter sempre considerado que o adimplemento extingue as obrigações, a possibilidade de ocorrência de dano na etapa pós-contratual demonstra que também existem deveres laterais de conduta suscetíveis de violação culposa nessa fase.

Podem ocorrer, por exemplo, relações jurídicas em que informações financeiras e patrimoniais de uma das partes são disponibilizadas para a análise da outra. Mesmo que não haja cláusula expressa de confidencialidade, a parte que receber tais informações não poderá

---

relação não seja fonte de prejuízo ou decepção para uma das partes, e, por conseguinte, integra o contrato naquilo em que for omisso, em decorrência de um imperativo de eticidade, no sentido de evitar o uso de subterfúgios ou intenções diversas daquelas expressas no instrumento formalizado" (STJ, REsp 830.526/RJ, j. 03.09.2009).

[316] HAICAL, Gustavo Luis da Cruz. O inadimplemento pelo descumprimento exclusivo de dever lateral advindo da boa-fé objetiva. *Revista dos Tribunais*, 99º ano, v. 900, p. 61, out. 2010.

[317] MARTINS-COSTA, Judith. *Comentários ao novo Código Civil*. Do direito das obrigações, do adimplemento e da extinção das obrigações. Rio de Janeiro: Forense, 2003. v. V, t. I, p. 180.

disponibilizá-las a terceiros sem a explícita autorização do titular delas. É nítido que essas informações pessoais são sensíveis, razão pela qual a parte receptora deve zelar pelo seu sigilo.

A parte que imotivadamente divulgar informações exclusivas e consideradas sigilosas em relação a terceiros poderá ser obrigada a indenizar.

O descumprimento dos deveres laterais e suas consequências nas relações contratuais. Volta-se, por oportuno, ao destaque de que a relação jurídico-obrigacional vista como um processo, a desvelar uma relação complexa, apoiada na boa-fé objetiva, apresenta uma série de deveres laterais ligados ao dever de prestação (obrigação principal), os quais deverão ser integralmente observados pelo devedor, para gerar o adimplemento satisfatório.

Nessa sistemática, há adimplemento quando o devedor cumprir todos os deveres de prestação e os deveres laterais de conduta que existam na respectiva relação jurídico-obrigacional, de modo a promover a plena satisfação dos interesses dos sujeitos, alcançando-se a finalidade do processo obrigacional[318-319]. "Assim, há adimplemento de uma obrigação quando realizado o *conjunto dos interesses envolvidos na relação.*"[320]

Por outro lado, pode-se dizer que há inadimplemento, em amplo sentido, quando ocorre o descumprimento de quaisquer dos deveres existentes na relação jurídico-obrigacional.

O não atendimento dos deveres laterais de conduta, por exemplo, é considerado pela doutrina como uma violação positiva do contrato e, consequentemente, inadimplemento que poderá gerar o dever de indenizar o dano causado.

Afirmamos que inadimplemento do dever de prestação pode ser absoluto ou relativo.

Não cumprida a obrigação, o devedor responderá por perdas e danos, mais juros e atualização monetária, de acordo com índices oficiais, além de honorários de advogado, como está regulado no art. 389 do Código Civil.

Se houver atraso no cumprimento da obrigação, o devedor estará em mora (Código Civil, art. 394) e responderá pelos prejuízos que causar, acrescidos de juros, atualização monetária de acordo com os índices oficiais e honorários de advogado (Código Civil, art. 395).

Dissemos antes que haverá mora quando ocorrer atraso no pagamento da prestação principal pelo devedor, desde que isso não afete a utilidade da prestação para o credor. A mora se referirá exclusivamente ao inadimplemento dos deveres de prestação e não

---

[318] HAICAL, Gustavo Luis da Cruz. O inadimplemento pelo descumprimento exclusivo de dever lateral advindo da boa-fé objetiva. *Revista dos Tribunais,* 99º ano, v. 900, p. 64, out. 2010.

[319] Quanto à autonomia dos deveres laterais de conduta, vale a transcrição do pensamento de Haical: "Inserido na definição, cumpre destacar o elemento interesse. Este, conforme analisado, apresenta-se de dois modos: a) os de prestação; b) os de proteção. Por essa distinção, somente poderá haver o adimplemento completo se forem satisfeitos os interesses de prestação, que engloba os deveres principais, secundários e laterais, bem como os interesses de proteção, que abriga certos deveres laterais. Como somente ocorrerá o adimplemento satisfatório se houver o cumprimento desses deveres como um todo, não podemos, pelo menos no referente ao próprio conceito de adimplemento, entender os deveres laterais, pertencentes ao núcleo dos interesses de proteção, como independentes de modo absoluto dos de prestação. Assim, concebemos que, ao conceito de adimplemento, os deveres laterais, insertos no interesse de proteção, possuem um grau de vinculação *mediato* com os deveres de prestação" (HAICAL, Gustavo Luis da Cruz. O inadimplemento pelo descumprimento exclusivo de dever lateral advindo da boa-fé objetiva. *Revista dos Tribunais,* 99º ano, v. 900, p. 65, out. 2010).

[320] MARTINS-COSTA, Judith. *Comentários ao novo Código Civil.* Do direito das obrigações, do adimplemento e da extinção das obrigações. Rio de Janeiro: Forense, 2003. v. V, t. I, p. 228.

abrangerá os deveres laterais de conduta que, se inadimplidos, caracterizará a violação positiva do contrato[321].

Caso o descumprimento afete a utilidade da prestação para o credor, a situação será de inadimplemento absoluto. Será também hipótese de inadimplemento absoluto o descumprimento de deveres primários, secundários e laterais que estejam relacionados com a formação do interesse do credor na prestação.

Quando tais deveres estiverem relacionados diretamente com a prestação principal, a sua inobservância gerará inadimplemento absoluto. Ocorre, a exemplo, quando o administrador de uma sociedade deixa de prestar contas de sua administração aos sócios (Código Civil, art. 1.020). A prestação de contas é um dever lateral à obrigação principal, que é a administração da sociedade, mas que com esta mantém uma estreita relação.

Em complemento ao que até aqui se disse, mesmo após o efetivo adimplemento nas exatas formas previstas no contrato, o princípio da boa-fé impõe "um dever de proteger as pessoas ou os bens da outra parte, de informar a outra parte sobre qualquer circunstância apta a influenciar o gozo dos direitos adquiridos com o contrato, ou de manter a utilidade do resultado já obtido com o contrato"[322].

No exemplo do vendedor de cabeças de gado que não avisa ao comprador que o rebanho precisa tomar a segunda etapa da vacina contra a febre aftosa, de acordo com a regulação de cada Estado[323], ele será inadimplente com o dever lateral de conduta (de proteção, de esclarecimento e de lealdade), pois deixa em risco o gado adquirido pelo comprador – e coloca em risco aqueles que estiverem sãos e que com eles entrarem em contato – e, portanto, poderá acarretar inadimplemento absoluto do contrato de compra e venda – apesar de ter entregue o seu objeto ao adquirente –, além de responder por perdas e danos que este vier a sofrer.

Da sistemática orgânica da relação jurídico-obrigacional também entendemos haver inadimplemento quando há o descumprimento dos deveres laterais de conduta. É deficiente entre nós a regulamentação das situações de inadimplemento desses deveres que geram a violação positiva do contrato.

Entendemos possível compatibilizar a violação positiva do contrato com o nosso ordenamento ao considerarmos que há inadimplemento decorrente do descumprimento culposo do dever lateral, quando este dever tiver uma vinculação direta com os interesses do credor na prestação[324].

Assim, violada a prestação por descumprimento de dever lateral de conduta e tendo aquela deixado de atender aos interesses do credor, este terá direito à indenização e o direito de resolução em decorrência do inadimplemento absoluto.

No entanto, se as consequências do descumprimento dos deveres laterais não forem suficientes para afetar o interesse do credor na prestação principal, a hipótese será de violação

---

[321] SILVA, Jorge Cesa Ferreira da. *A boa-fé e a violação positiva do contrato*. 2. tir. Rio de Janeiro: Renovar, 2007. p. 171.

[322] TREVISAN, Marco Antonio. Responsabilidade civil pós-contratual. *Revista de Direito Privado*, v. 16, p. 208, 2003.

[323] SÃO PAULO (Estado). Coordenadoria de Defesa Agropecuária. Disponível em: https://www.defesa.agricultura.sp.gov.br/www/programas/?/sanidade-animal/programa-estadual-de-erradicacao--da-febre-aftosa-peefa/&cod=4#:~:text=S%C3%A3o%20realizadas%20campanhas%20de%20vacina%C3%A7%C3%A3o,com%20doses%20de%202%20ml. Acesso em: 12 set. 2023.

[324] MARTINS-COSTA, Judith. *Comentários ao novo Código Civil*. Do direito das obrigações, do adimplemento e da extinção das obrigações. Rio de Janeiro: Forense, 2003. v. V, t. I, p. 234.

positiva do contrato, com direito à indenização dos danos que o credor vier a sofrer por sua violação, mas sem o direito de o credor resolver o contrato.

Caso em um contrato de transporte o transportador deixe de cumprir as leis de trânsito, mas entrega o objeto transportado íntegro ao destinatário, sua falta de cumprimento de dever lateral de conduta (proteção) não terá sido suficiente para afetar a prestação principal, que era a entrega do objeto transportado em perfeito estado; atendeu-se, assim, o interesse do credor na prestação. Nessa hipótese, seria possível ao credor pleitear eventuais perdas e danos que conseguir comprovar pelo descumprimento do dever lateral de conduta, mas não o direito de resolver o contrato, pois a ação do transportador não afetou o dever de prestação (entrega).

Entretanto, é possível que seja caracterizado o inadimplemento absoluto da obrigação principal, no caso de descumprimento de um dever lateral de conduta quando este estiver diretamente vinculado ao dever de prestação. A consequência será o pagamento de perdas e danos pelo devedor e a possibilidade de o credor resolver o contrato.

Por exemplo, um produtor que armazenou mal sua colheita e entrega no tempo certo o milho adquirido pelo comprador, mas cuja safra encontra-se doente. Apesar de ter havido o adimplemento, a prestação não interessa ao credor, porque, adoecida a safra, não mais servirá para as finalidades do comprador, que é a utilização do objeto comprado ou a sua revenda para terceiros.

O descumprimento culposo dos deveres laterais de conduta, durante a fase de execução do contrato, quando estes não possuírem vinculação direta com os deveres de prestação e não prejudicarem o interesse do credor na prestação principal, caracteriza violação positiva do contrato, hipótese em que será possível para o lesado pleitear as perdas e danos que comprovadamente vier a sofrer. Entretanto, não lhe caberá o direito de resolver a relação contratual.

Nesse assunto, Haical[325] faz importante diferenciação que afeta o que pretendemos dizer. Para o autor, no direito brasileiro, o inadimplemento absoluto e o relativo constituem aspectos mais abrangentes de casos de descumprimento, e a violação positiva do contrato se aplica a situações mais restritas.

Daí por que só se ter direito à resolução quando ocorrer o inadimplemento absoluto, enquanto a violação positiva do contrato, por inadimplemento de deveres laterais de conduta, centrados na proteção das partes, pode gerar apenas perdas e danos para a parte inocente, mas manteria existente o contrato.

Contudo, é possível que o dever lateral de conduta violado tenha tal importância na relação jurídico-obrigacional que seu inadimplemento faça o credor perder o interesse na prestação; ocorre, nesse caso, a transformação da violação positiva do contrato em inadimplemento absoluto, com a possibilidade de resolução do ajuste e pagamento, pelo devedor, de perdas e danos (que podem estar prefixadas em cláusula penal), mais juros e atualização monetária, de acordo com os índices oficiais e honorários advocatícios (Código Civil, art. 389)[326].

---

[325] HAICAL, Gustavo Luis da Cruz. O inadimplemento pelo descumprimento exclusivo de dever lateral advindo da boa-fé objetiva. *Revista dos Tribunais*, 99º ano, v. 900, p. 70-81, out. 2010.

[326] Para Gustavo Luís da Cruz Haical: "Tendo por foco de análise o inadimplemento das obrigações, pode-se afirmar que os deveres laterais mantêm ou uma *vinculação imediata* ou uma *vinculação mediata*, como os deveres de prestação. Quanto aos primeiros, servem para atender, necessariamente, ao interesse de prestação. Quanto aos segundos, servem para atender ao interesse de proteção sem, com isso, em caso de descumprimento, não vir a não afetar o interesse de prestação. Por isso, a vinculação dos deveres laterais tem de ser vista como imediata e mediata aos deveres de prestação" (HAICAL, Gustavo Luis da Cruz. O inadimplemento pelo descumprimento exclusivo de dever lateral advindo da boa-fé objetiva. *Revista dos Tribunais*, 99º ano, v. 900, p. 63, out. 2010).

Avalia-se, portanto, se o conceito genérico de inadimplemento abarca todas as hipóteses de descumprimento ou se é necessário incluir uma nova figura ao lado das tradicionais (inadimplemento absoluto e relativo).

Pode haver deveres laterais de conduta que sirvam para que a relação jurídico-obrigacional principal alcance sua finalidade com a plena satisfação do credor. Por estarem vinculados diretamente aos deveres de prestação, em caso de descumprimento haverá inadimplemento absoluto ou relativo (mora).

Entretanto, há certa dificuldade de definir, no inadimplemento de deveres laterais de conduta, vinculados com os deveres da prestação, qual é o tipo de inadimplemento que deve ser considerado.

A caracterização do inadimplemento em absoluto ou relativo pode ter como ponto de partida a noção de o credor ter ou não interesse na prestação após a sua ocorrência. Se apesar de descumprida a prestação no tempo, no modo ou no lugar, o credor nela mantiver interesse, o inadimplemento será relativo e a prestação poderá ser cumprida pelo devedor em outro momento. No inadimplemento absoluto há perda total do interesse do credor no cumprimento da prestação, porque esta não mais lhe trará os benefícios almejados no momento da celebração do contrato, ainda que o devedor possa prestá-la.

As consequências também são distintas. No inadimplemento absoluto, o credor, além de poder pleitear as perdas e danos, tem o direito de resolver a relação contratual, especialmente porque a prestação deixou de ter o interesse que possuía na origem. No inadimplemento relativo (mora), como o interesse do titular do crédito na prestação se mantém e o devedor ainda é capaz de prestá-la, o credor terá direito apenas de pedir perdas e danos, causados pelo descumprimento temporário, mas deverá seguir na relação jurídica contratual.

No inadimplemento relativo (mora), o que há é um retardamento no cumprimento exclusivamente de deveres da prestação e os que com eles se relacionem diretamente. Em outras palavras, é possível considerar haver mora no cumprimento atrasado de outros deveres desde que estes estejam intimamente ligados com os deveres da prestação.

Entendemos, porém, que os deveres laterais de conduta também são passíveis de mora. Apesar de não estarem intimamente relacionados com a prestação principal, o devedor poderá retardar seu adimplemento e não é razoável que o cumprimento de qualquer obrigação fora do tempo certo fique sem qualquer consequência.

O locador de imóvel comercial deve, durante o prazo da locação, zelar para que o imóvel locado permaneça em estado apto a obter, por exemplo, o alvará do corpo de bombeiros. Seu dever principal é a entrega do imóvel para o locatário apto para o uso e seu dever lateral é zelar para que o bem não perca as características necessárias ao licenciamento administrativo. Se faltar com esse dever lateral, poderá ser constituído em mora pelo locatário e deverá responder pelas consequências a que ela der causa[327]. O inadimplemento definitivo do dever lateral de obter o licenciamento poderá impedir o locatário de utilizar o imóvel, circunstância em que este poderá requerer a resolução do contrato de locação e o pagamento da penalidade convencional, se houver, ou de perdas e danos que comprovar ter sofrido.

Importante destacar o posicionamento de parte da jurisprudência que tem admitido a resolução contratual por considerar a violação positiva do contrato um tipo de inadimplemento absoluto, possibilitando a solução prevista pelo art. 475 do Código Civil.

O Superior Tribunal de Justiça, ao julgar, em 08.03.2022, o REsp 1.944.616/MT, fez constar expressamente, na sua ementa, o seguinte trecho do qual fazemos destaques:

---

[327] STJ, AgInt nos EDcl no AREsp 1.780.081/SP, j. 13.06.2022.

Recurso especial. Direito civil. Ação de resolução contratual. Compra e venda. Pacto adjeto. Manejo florestal. Boa-fé objetiva. Art. 422 do CC/02. Deveres anexos. Cooperação e lealdade. Comportamento contraditório. Descumprimento configurado. Procedência do pedido de resolução. Faculdade do contratante. Julgamento. Correlação com o pedido. Ausência. Decisão *extra petita*. Danos materiais devidos.

[...]

3. A boa-fé objetiva, prevista de forma expressa no art. 422 do Código Civil, impõe às partes da relação jurídica o dever de comportar-se de acordo com padrões éticos de confiança e de lealdade, de modo a permitir a concretização das legítimas expectativas que justificaram a celebração do contrato.

4. O ordenamento jurídico, nesse contexto, repele a prática de condutas contraditórias, impregnadas ou não de malícia ou torpeza, que importem em quebra da confiança legitimamente depositada na outra parte da relação contratual.

5. **O descumprimento de deveres laterais, decorrentes da incidência do princípio da boa-fé, pode ensejar a resolução do contrato, se for capaz de comprometer o interesse do credor na utilidade da prestação**. Doutrina.

6. Na hipótese dos autos, o acórdão recorrido está a merecer reforma, pois, a par de reconhecer o **descumprimento culposo da avença** em prejuízo dos recorrentes (violação da boa-fé objetiva), decidiu de forma descorrelacionada com o pedido deduzido na inicial e **impediu os recorrentes de exercerem a faculdade que lhes assegura expressamente a norma do art. 475 do CC (resolver o contrato)**.

7. Pedido de resolução parcial do contrato deferido, com condenação ao pagamento de reparação por danos materiais, cujo montante deve ser apurado em liquidação de sentença, por arbitramento (destaques acrescidos).

No precedente suprarreferido, as partes ajustaram a compra e venda de uma área rural e ao mesmo tempo a concessão de arrendamento do próprio imóvel para os vendedores, por determinado período. No entanto, o comprador não cumpriu as obrigações laterais que lhe foram estabelecidas e deixou de assinar, como novo proprietário da área, documentos imprescindíveis para a obtenção das licenças ambientais nos órgãos competentes, o que impediu a exploração do imóvel pelos arrendatários (ex-proprietários).

Em decorrência, os vendedores/arrendatários pleitearam a rescisão parcial do contrato, para resolver o arrendamento e manter a compra e venda, com pagamento de indenização pelo comprador/arrendante.

Do voto da relatora do Superior Tribunal de Justiça constou que o tribunal de origem violou o art. 475 do Código Civil ao entender que o inadimplemento não deveria acarretar a resolução parcial da compra e venda com arrendamento. E registrou a relatora que, de acordo com a doutrina especializada, o descumprimento de deveres laterais decorrentes do princípio da boa-fé pode causar a resolução do contrato se for comprometido o interesse do credor na utilidade da prestação devida[328].

A decisão do Tribunal Superior merece ser destacada também pelo fato de ter reconhecido a possibilidade de resolução do contrato, em decorrência do inadimplemento de deveres laterais de conduta que podem afetar o interesse do credor na prestação principal.

---

[328] TEPEDINO, Gustavo. *Fundamentos do direito civil*. 2. ed. Rio de Janeiro: Forense, 2021. v. 3, p. 159. Edição eletrônica.

O mesmo Tribunal Superior entendeu ser hipótese de inadimplemento a quebra dos deveres laterais de conduta, como se depreende da ementa transcrita e destacada a seguir (REsp 1.655.139/DF, j. 05.12.2017)[329]:

> Direito civil. Recurso especial. Ação de indenização por danos materiais e compensação por dano moral. Negativa de prestação jurisdicional. Inexistência. Contrato de prestação de serviços. Função integrativa da boa-fé objetiva. Violação dos deveres de informação e lealdade. Inadimplemento. Exceção do contrato não cumprido. Cláusula penal. Redução equitativa. Dano moral. Não configurado.
>
> [...] 4. **A relação obrigacional não se exaure na vontade expressamente manifestada pelas partes, porque, implicitamente, estão elas sujeitas ao cumprimento de outros deveres de conduta, que independem de suas vontades e que decorrem da função integrativa da boa-fé objetiva.**
>
> 5. Se à liberdade contratual, integrada pela boa-fé objetiva, **acrescentam-se ao contrato deveres anexos**, que condicionam a atuação dos contratantes, **a inobservância desses deveres pode implicar o inadimplemento contratual.**
>
> 6. Se as recorridas, **por sua culpa, não cumpriram a obrigação, não podem exigir o implemento da obrigação dos recorrentes, daí porque se configura, em favor destes, a exceção do contrato não cumprido.**
>
> 7. A jurisprudência do STJ orienta que não há uma relação de proporcionalidade matemática exata entre o grau de inexecução da prestação e o de redução do valor da cláusula penal. [...].

---

[329] No mesmo sentido: "[...] 3. O propósito recursal consiste em definir se a conduta da franqueadora na fase pré-contratual, deixando de prestar informações que auxiliariam na tomada de decisão pela franqueada, pode ensejar a resolução do contrato de franquia por inadimplemento. 4. Segundo a boa-fé objetiva, prevista de forma expressa no art. 422 do CC/02, as partes devem comportar-se de acordo com um padrão ético de confiança e de lealdade, de modo a permitir a concretização das legítimas expectativas que justificaram a celebração do pacto. 5. Os deveres anexos, decorrentes da função integrativa da boa-fé objetiva, resguardam as expectativas legítimas de ambas as partes na relação contratual, por intermédio do cumprimento de um dever genérico de lealdade, que se manifesta especificamente, entre outros, no dever de informação, que impõe que o contratante seja alertado sobre fatos que a sua diligência ordinária não alcançaria isoladamente. [...] 9. O princípio da boa-fé objetiva já incide desde a fase de formação do vínculo obrigacional, antes mesmo de ser celebrado o negócio jurídico pretendido pelas partes. Precedentes. 10. Ainda que caiba aos contratantes verificar detidamente os aspectos essenciais do negócio jurídico (*due diligence*), notadamente nos contratos empresariais, esse exame é pautado pelas informações prestadas pela contraparte contratual, que devem ser oferecidas com a lisura esperada pelos padrões (*standards*) da boa-fé objetiva, em atitude cooperativa. 11. O incumprimento do contrato distingue-se da anulabilidade do vício do consentimento em virtude de ter por pressuposto a formação válida da vontade, de forma que a irregularidade de comportamento somente é revelada de forma superveniente; enquanto na anulação a irregularidade é congênita à formação do contrato. 12. Na resolução do contrato por inadimplemento, em decorrência da inobservância do dever anexo de informação, não se trata de anular o negócio jurídico, mas sim de assegurar a vigência da boa-fé objetiva e da comutatividade (equivalência) e sinalagmaticidade (correspondência) próprias da função social do contrato entabulado entre as partes. 12. Na hipótese dos autos, a moldura fática delimitada pelo acórdão recorrido consignou que: a) ainda na fase pré-contratual, a franqueadora criou na franqueada a expectativa de que o retorno da capital investido se daria em torno de 36 meses; b) apesar de transmitir as informações de forma clara e legal, o fez com qualidade e amplitude insuficientes para que pudessem subsidiar a correta tomada de decisão e as expectativas corretas de retornos; e c) a probabilidade de que a franqueada recupere o seu capital investido, além do caixa já perdido na operação até o final do contrato, é mínima, ou quase desprezível. [...]" (STJ, REsp 1.862.508/SP, j. 24.11.2020).

No Tribunal de Minas Gerais, encontramos precedentes em linha com o Tribunal Superior:

> Assim, os deveres anexos ou laterais não são atos facultativos para a relação jurídica, pois são deveres de grande importância e valia para os contratantes, tem-se que **a violação dos deveres anexos à boa-fé ocasiona o inadimplemento contratual e possibilita à parte lesada pedir a resolução do contrato, nos termos do art. 475, do Código Civil**: Art. 475. A parte lesada pelo inadimplemento pode pedir a resolução do contrato, se não preferir exigir-lhe o cumprimento, cabendo, em qualquer dos casos, indenização por perdas e danos.
>
> Portanto, no caso, tem-se a ocorrência de violação dos deveres anexos à boa-fé, pois foi configurada a concorrência desleal praticada pela ré/apelada em detrimento do autor/apelante, e, diante da violação positiva do contrato e da solicitação feita pelo adquirente/autor/apelante, **deve-se promover a resolução contratual** (TJMG, Apelação Cível 1.0000.17.051475-6/002, j. 26.05.2020 – destaques acrescidos).

> Apelação cível – Ação de rescisão contratual – Compra e venda de imóvel – Ofensa à boa-fé objetiva – Inobservância do dever de informação – Rompimento do negócio por culpa exclusiva da ré – Violação de direitos básicos do consumidor – Devolução integral dos valores pagos pelo comprador – Necessidade – Recurso desprovido – Sentença mantida. **O dever de informação, que decorre diretamente da boa-fé objetiva, é um dos deveres anexos presente em toda relação contratual, cuja inobservância gera uma modalidade de inadimplemento denominada pela doutrina de violação positiva do contrato**. Verificado que o desfazimento dos Pactos de Promessa de Compra e Venda de Imóvel ocorreu por culpa exclusiva da Ré, com ofensa aos direitos básicos previstos na Lei n.º 8.078/1990, é devida ao Adquirente a restituição imediata e integral das quantias pagas, sem nenhum abatimento (TJMG, Apelação Cível 1.0000.19.111662-3/002, j. 07.04.2022 – destaques acrescidos).

No Tribunal de Justiça de São Paulo, também encontramos exemplos no mesmo sentido:

> Rescisão de contrato com reparação de danos – Locação de loja em *shopping center* – Tenant Mix – Ausência de informação – Dever anexo do contrato – Boa-fé objetiva – Reparação devida. 1. **Descumprimento dos deveres laterais da boa-fé objetiva, dentre eles a informação clara e prévia sobre as condições do contrato**. Administrador do *shopping* que seria inaugurado que deixou de **esclarecer** aos pretensos lojistas que muito embora já tivesse negociada 90% da ABL (área bruta locável), tal fato não necessariamente implicava na inauguração e abertura das lojas ao público. O que aconteceu foi que muito embora o shopping tenha realmente alugado os espaços para as lojas, estas não foram abertas imediatamente após a inauguração do shopping, o que evidentemente causou impacto na circulação de clientes e no movimento local. 2. **Já no momento em que o negócio foi celebrado, os contratantes eram obrigados a atuar nos limites impostos pela boa-fé**, não se podendo admitir que o forte apelo publicitário, que certamente influenciou de modo decisivo a vontade dos investidores, não estabeleça nenhuma obrigação à apelada, em relação à conclusão do empreendimento que tanto propagou. **Locação da loja que deve ser declarada rescindida, arcando o lojista com o pagamento dos locativos apenas do período em que permaneceu na posse do imóvel, sem qualquer multa pela rescisão**. 3. Reembolso dos lucros cessantes e das quantias gastas com a montagem da loja. Valores a serem apurados mediante critérios específicos em sede de liquidação. [...] (TJSP, Apelação Cível 1012590-10.2015.8.26.0602, j. 23.05.2018 – destaques acrescidos).

Rescisão de contrato de locação não residencial – Imóvel irregular – Impossibilidade de obtenção de AVCB – Dever de boa-fé do locador – Reparação de danos morais e materiais. 1. Obrigação legal do locador entregar o imóvel para o fim a que se destinava, previsto no artigo 22, I, da Lei n.º 8.245/91. Os deveres anexos à boa-fé, especialmente os deveres de informação, cooperação, lealdade e probidade, exigíveis das partes na execução dos contratos, contudo, impõem ao locador uma conduta colaborativa, no sentido de fornecer ao locatário os documentos e informações necessárias à implementação da atividade no imóvel objeto da locação. Caso dos autos em que o prédio em que se localizava o imóvel alugado não estava regularizado, inviabilizando qualquer providência por parte do locatário, que instalou suas atividades em uma das unidades dentro do edifício. 2. Empresário individual que alugou um imóvel com finalidade não residencial, pretendendo instalar no local uma padaria. Em decorrência de tal contrato reformou o local e efetivamente deu início às atividades, mas quando tentou regularizar o empreendimento junto aos órgãos respectivos, viu-se impedido, por ausência de regularização da própria construção, problema que não poderia ter sido por ele sanado. 3. Muito embora efetivamente tenha se comprometido, quando da contratação, a providenciar o AVCB e todo o necessário para a instalação de suas atividades, jamais poderia prever que a edificação propriamente dita estaria irregular, o que acabou por inviabilizar o empreendimento, caindo por terra todo o seu investimento, não apenas patrimonial, mas também de tempo e esforço. Falha no dever de informação e boa-fé por parte do locador. Condenação do réu ao pagamento ao autor de danos materiais equivalentes às quantias pelo autor gastas na reforma e adaptação do imóvel locado, bem como o valor gasto com os equipamentos instalados, com juros de mora e correção pela Tabela do TJSP, ambos a contar da citação. Referidas quantias deverão ser apuradas em fase de liquidação, com base na prova documental já constante dos autos. 4. É o caso de reconhecer a ofensa moral fixando indenização em quantia equivalente a R$ 20.000,00 (vinte mil reais), suficiente para reparar os danos causados e impingir ao locador o dever de aprimorar sua conduta, em atenção à boa-fé objetiva. [...] (TJSP, Apelação Cível 1033249-44.2018.8.26.0114, j. 04.03.2020).

A jurisprudência tem reconhecido a violação positiva do contrato como uma modalidade de inadimplemento.

Em reforço ao que apresentamos anteriormente, o Superior Tribunal de Justiça decidiu, no AREsp 2.429.612, julgado em 25.10.2023, que o rompimento da confiança existente entre os contratantes viola os deveres anexos de conduta e acarreta a denominada violação positiva do contrato, "uma terceira modalidade de inadimplemento das obrigações [...]"[330].

---

[330] "Oportuno dizer que não se pode deixar de aplicar o princípio da boa-fé objetiva, que tem função hermenêutica, devendo ser o negócio jurídico interpretado a partir da lealdade que empregaria um homem de bem, visando a assegurar a probidade na sua conclusão e execução, até mesmo porque o novo Código Civil a tal princípio fez menção expressa no art. 422. Desta forma é que devem ser observados pelas partes contratantes os deveres secundários criados por tal princípio, chamados de deveres anexos da boa-fé objetiva, consistentes em dever de proteção, cuidado, esclarecimento e lealdade, ou cooperação. Portanto, o desrespeito a qualquer desses deveres dá ensejo à chamada violação positiva do contrato, que consiste em nova forma de inadimplemento, ocorrendo sempre que a legítima expectativa do consumidor é frustrada" (STJ, AREsp 2.428.907, j. 10.10.2023); "O Código Civil de 2002 previu a eticidade, ao lado da socialidade e da operabilidade, como valores fundamentais da nova ordem privada, a qual impõe a observância da boa-fé objetiva por todos aqueles que se disponham a praticar atos da vida civil. Nesse contexto, a boa-fé objetiva ganha destaque na nova ordem civil, possuindo três funções fundamentais, quais sejam: interpretativa (art. 113 do CC/22),

Percebe-se que os nossos Tribunais tendem a reconhecer que a relação obrigacional não se resume à vontade expressamente manifestada pelas partes. Isso porque, como procuramos apresentar *supra*, os contratantes estão sujeitos ao adimplemento de outros deveres de conduta que independem de suas vontades e que decorrem da integração promovida pela boa-fé objetiva.

Com a integração da boa-fé objetiva, submete-se a liberdade contratual às suas diretrizes e ao contrato são acrescidos deveres que condicionam a atuação dos contratantes. A inobservância desses deveres pode acarretar o inadimplemento com a possibilidade de resolução contratual.

Encontramos o mesmo entendimento expresso no Enunciado n.º 24 da I Jornada de Direito Civil, o qual estabelece que: "Em virtude do princípio da boa-fé, positivado no art. 422 do novo Código Civil, a violação dos deveres anexos constitui espécie de inadimplemento, independentemente de culpa".

Cristiano Chaves de Farias[331] anota que, com apoio

> [...] na abstração e na generalidade do princípio da boa-fé, alarga-se o conceito de adimplemento. Adimplir significará atender a todos os interesses envolvidos na obrigação, abarcando tanto os deveres ligados à prestação propriamente dita como aqueles relacionados à proteção dos contratantes em todo o desenvolvimento do processo obrigacional. O descumprimento dos deveres anexos provocará inadimplemento, com o nascimento da pretensão reparatória ou do direito potestativo à resolução do vínculo. A lesão aos deveres genéricos de proteção, informação e cooperação repercute na chamada violação positiva do contrato.

Portanto, poderá haver situações de inadimplemento mesmo quando o devedor cumpre a prestação principal, mas deixa de levar em consideração os deveres laterais de conduta, que também são do interesse do credor, a caracterizar o cumprimento defeituoso ou incompleto[332].

Trata-se de uma espécie de inadimplemento, mas que não se refere ao cumprimento de parte da prestação (adimplemento parcial), mas ao descumprimento de deveres laterais, acessórios e instrumentais integrados ao contrato pela boa-fé objetiva[333].

---

limitativa (art. 187 do CC) e a integrativa (art. 422 do CC). Especificamente em relação à função integrativa (art. 422 do CC), a boa-fé objetiva demanda a observância dos deveres anexos de conduta, os quais podem ser compreendidos como os deveres de informação, lealdade, honestidade e cuidado que as partes contratantes devem guardar na relação contratual. Nesse sentido, 'em virtude do princípio da boa-fé, positivado no art. 422 do novo Código Civil, a violação dos deveres anexos constitui espécie de inadimplemento, independentemente de culpa' (Enunciado n. 24 da I Jornada de Direito Civil do CJF/STJ) – situação conhecida como violação positiva do contrato, que é apta a gerar a responsabilização daquele que violar tais deveres" (STJ, AgInt no AREsp 2.040.000, j. 09.10.2023); "Por certo, quando ignorados ou afrontados os deveres anexos da boa-fé, instaura-se a violação positiva do contrato ou cumprimento defeituoso, onde não se observa o descumprimento da totalidade do avençado, mas sim dos deveres laterais do mesmo, caracterizando hipótese de inadimplemento à luz do Enunciado 24 da I Jornada de Direito Civil" (STJ, AREsp 2.343.082, j. 16.08.2023).

[331] FARIAS, Cristiano Chaves de; ROSENVALD, Nelson. *Curso de direito civil*. 7. ed. Salvador: JusPodivm, 2017. v. 4, p. 193.

[332] "Houve o que a melhor doutrina denomina de violação positiva do contrato. Trata-se de cumprimento imperfeito, pois embora a prestação principal tenha sido executada, a violação a obrigações acessórias e deveres laterais constitui ilícito contratual" (TJSP, Apelação Cível 1006813-02.2021.8.26.0451, j. 29.05.2023).

[333] MARTINS-COSTA, Judith. *Comentários ao novo Código Civil*. Do direito das obrigações, do adimplemento e da extinção das obrigações. Rio de Janeiro: Forense, 2003. v. V, t. I, p. 150.

Nessa circunstância, o adimplemento da prestação principal não se revela suficiente para a plena satisfação do credor, pois a violação dos deveres laterais de conduta pode afetar a sua utilidade e acarretar danos ao titular do crédito. A execução defeituosa da prestação caracteriza a sua inexecução, pois não é cumprida tal como era devida.

Retomamos o exemplo do vendedor de safra de milho que a entrega ao comprador com doença, o que a torna inapropriada para o consumo. Apesar de ter adimplido a prestação principal, com a entrega feita no tempo, no modo e no lugar ajustados, fez de maneira defeituosa porque o produto não pode ser destinado ao fim a que era proposto, o consumo.

A violação positiva do contrato, decorrente do descumprimento dos deveres laterais de conduta, acarreta os mesmos efeitos do inadimplemento no que se refere à possibilidade de o credor ser indenizado e/ou pleitear a resolução do contrato[334].

Admitindo-se que a atuação negligente do devedor pode caracterizar a violação positiva do contrato pelo descumprimento dos deveres laterais de conduta, e isso pode gerar danos a um dos sujeitos da relação jurídico-obrigacional, os danos, com a atuação negligente (nexo causal), materializarão o inadimplemento.

A distinção que se faz novamente é se o dever inadimplido está ou não relacionado com a prestação principal e se a sua inobservância atinge ou não o interesse do credor na execução, de modo a causar a sua deformação e torná-la imprestável para ele.

Caso não afete o interesse do credor, a hipótese é de pagamento de indenização, referente aos danos comprovadamente sofridos por ele, e da manutenção do contrato. Se afetar o interesse do credor no recebimento da prestação principal, a situação se enquadrará naquela do art. 475 do Código Civil, em que a parte inocente pode pedir a resolução do contrato, caso não prefira exigir o cumprimento da prestação inadimplida, cabendo, em ambos os casos, indenização por perdas e danos.

Em uma relação jurídica de compra e venda de imóvel, as partes devem agir de maneira a observar com rigor, desde a sua etapa preliminar, tanto os deveres relacionados à prestação (principais e secundários) quanto os deveres laterais de conduta.

O vendedor deve promover o que for necessário para entregar o objeto vendido e o comprador a pagar o preço pela aquisição. Ademais, reciprocamente as partes devem se comportar de modo a garantir a proteção da relação jurídica, prestar todos os esclarecimentos necessários para o aperfeiçoamento da compra e venda e ser leais na execução do contrato[335].

Descumpre o dever lateral de conduta o vendedor que omitir do comprador informações relevantes que poderiam alterar a disposição de aquisição. Caso o alienante omita do adquirente que o imóvel contém irregularidades em sua construção, a ponto de impedir a regularização

---

[334] "A só violação ao dever anexo de informação configura violação positiva do contrato e forma ao contratante inocente o direito de resolvê-lo, com indenização das perdas e danos" (TJSP, Apelação Cível 1023168-86.2015.8.26.0002, j. 08.02.2017).

[335] "O princípio da boa-fé objetiva impõe a ambos os contratantes os deveres laterais de conduta, no sentido de colaborar para a conclusão do negócio. As partes que, num determinado momento, aproximaram-se para celebrar um negócio jurídico, cujo objeto seria a transferência da propriedade de bem imóvel, mediante o recebimento do pagamento, têm o dever de agir com lealdade e honestidade umas com as outras no momento de contratar, segundo o princípio da boa-fé, que está previsto no artigo 422 do Código Civil, o qual menciona: 'Os contratantes são obrigados guardar, assim na conclusão do contrato, como em sua execução, os princípios de probidade e boa-fé'. De acordo com a lição de Nelson Rosenvald e Cristiano Chaves, o princípio da boa-fé objetiva é a mais imediata tradução do princípio da confiança e impõe aos contratantes a atuação de acordo com determinados padrões de lisura, retidão e honestidade, de modo a não frustrar a legítima expectativa e confiança despertada em outrem" (TJSP, Apelação Cível 1033694-04.2014.8.26.0114, j. 12.03.2022).

de licenças administrativas necessárias para a correta e livre utilização deste, cometerá violação positiva do contrato, por descumprimento do dever lateral de conduta (informação). Como essa omissão afeta o interesse do adquirente na utilização do imóvel, a sua ocorrência pode justificar a resolução do contrato com incidência de pagamento de perdas e danos pelo vendedor.

Em contrapartida, o adquirente que deixar de pagar os juros convencionados, incidentes no preço de uma compra e venda a prazo, estará inadimplente com um dever lateral de conduta. E, como os juros estão intimamente ligados à prestação principal (pagar o preço), da mesma forma que no exemplo anterior, esse inadimplemento afeta o interesse do alienante, que é o recebimento do preço com seus acessórios, e a sua falta pode acarretar o inadimplemento e levar à resolução do contrato, com possibilidade de incidência de perdas e danos.

Há deveres laterais de conduta para quem fica com a posse, após a assinatura do compromisso de compra e venda. Por exemplo, deveres de manter a segurança do imóvel para evitar o esbulho ou a turbação. A falha desse dever lateral de segurança pode impossibilitar o cumprimento da prestação de entrega da coisa vendida em determinado prazo e acarretar o inadimplemento absoluto.

Contudo, é possível que o faltoso tome as providências necessárias para reintegração ou manutenção da posse e que isso aconteça antes do momento estabelecido para a entrega do imóvel, o que poderá afastar o inadimplemento pela falha do dever lateral. Entretanto, se impossível a entrega do imóvel em razão do acidente possessório, caracterizado estará o inadimplemento absoluto.

No compromisso de compra e venda em que se contrata a venda do imóvel na modalidade *ad corpus*, não haverá inadimplemento de deveres da prestação ou laterais de conduta, se, após medição técnica, o comprador verificar divergências nas medidas definidoras do imóvel, uma vez que o negócio pretendeu o imóvel como ele é, independentemente das suas reais medidas (perimetrais e/ou totais).

Por sua vez, se o compromisso de compra e venda se efetivar na modalidade *ad mensuram*, as medidas perimétricas que definem o imóvel e sua correspondente área são essenciais ao negócio. Estipulado o preço do imóvel por medida ou por extensão ou pela sua área e estas não corresponderem às dimensões reais, o comprador terá o direito de exigir o complemento da área ou, não sendo isso possível, o de pleitear o abatimento proporcional do preço ou a resolução do contrato (Código Civil, art. 500). Nota-se que, nesse caso, as características relativas à dimensão física do imóvel estão diretamente relacionadas com a prestação principal do compromisso de compra e venda, que é o pagamento do preço.

Caso o imóvel necessite de simples atualizações cadastrais na Municipalidade, quem se responsabilizar pela regularização assumirá um dever que não tem relação com a prestação principal (entrega do imóvel e pagamento do preço). Logo, seu inadimplemento não possibilitará a resolução do contrato, mas apenas direito a eventual indenização.

Quando essa atualização cadastral, porém, afetar, por exemplo, o volume de área construída, sendo a existente maior do que a do cadastro municipal, pode surgir a possibilidade de ter que pagar uma complementação do imposto predial. A depender de como se dispôs a obrigação de regularização no compromisso de compra e venda do imóvel, é possível que esta guarde relação com a prestação principal, ou seja, o comprador só pagará determinada parcela do preço se a regularização da área construída for promovida sem custos adicionais para ele.

Muitos são os exemplos que podem caracterizar a violação positiva do compromisso de compra e venda de imóvel com ou sem resolução do ajuste. A consequência dependerá da análise do caso concreto e do quanto o descumprimento dos deveres laterais de conduta afeta os deveres relacionados à prestação e os interesses do credor (principal e secundário).

O inadimplemento antecipado (*anticipatory breach*). Ao lado da questão do inadimplemento por violação positiva do contrato, há outra situação que pode acarretar a resolução do negócio jurídico: são os comportamentos em geral (ações e omissões) que, imotivadamente, agridem a relação jurídico-obrigacional e dificultam ou impossibilitam o regular adimplemento da prestação. Tais comportamentos podem fundamentar o inadimplemento antecipado, ou seja, o não cumprimento da obrigação, mesmo que antes do advento do seu termo.

Ocorre o vencimento antecipado, portanto, quando o devedor, antes do vencimento da obrigação, declara expressamente ao credor que não cumprirá a prestação principal ou adota condutas conflitantes com o adimplemento esperado.

De maneira geral, as obrigações nascem com um tempo determinado pelas partes para que sejam cumpridas. O credor deve aguardar o vencimento do termo para receber a prestação ou para poder exigi-la forçadamente. Nem sempre, ao surgir o seu crédito, o credor poderá exigir imediatamente o cumprimento da prestação[336]. Deve esperar o tempo de vencimento, se este foi previsto no contrato.

A exigibilidade da prestação existe quando o seu titular pode obrigar a sua exequibilidade, o que ocorre geralmente no vencimento convencionado pelos contratantes. Antes desse momento, esclarece Judith Martins-Costa[337], "há, pois, o crédito e alguns de seus efeitos, mas ainda não uma pretensão e não ainda a ação, que só nasce com o inadimplemento da prestação que poderia ser exigida".

Significa dizer que, em regra, para ser exigível a prestação, há que ter tido o vencimento do prazo contratualmente estabelecido.

Assim, a questão da pontualidade da prestação contém dois ângulos distintos de avaliação. O primeiro, sob a perspectiva do credor, significa que ele poderá exigir a prestação somente no prazo estabelecido para o seu vencimento. Quanto à do devedor, significa que ele só estará obrigado a cumprir a prestação no momento do seu vencimento, não sendo exigível dele antes disso.

O cumprimento tardio pelo devedor pode gerar as consequências da mora ou do próprio inadimplemento absoluto. Contudo, com o pagamento antecipado e voluntário, por sua vez, o devedor apenas cumpre a sua obrigação, nada mais[338].

Como referido, o inadimplemento antecipado ocorre quando qualquer das partes da relação jurídico-obrigacional, antes do vencimento de determinada prestação a que se encontram obrigados, por uma conduta imotivada e contraditória, coloca-se em posição de não cumprimento[339]. Tal circunstância pode decorrer de declaração expressa do devedor ao

---

[336] "Salvo disposição legal em contrário, não tendo sido ajustada época para o pagamento, pode o credor exigi-lo imediatamente" (Código Civil, art. 331).

[337] MARTINS-COSTA, Judith. *Comentários ao novo Código Civil*. Do direito das obrigações, do adimplemento e da extinção das obrigações. Rio de Janeiro: Forense, 2003. v. V, t. I, p. 240.

[338] É possível algum reflexo dessa antecipação no contrato de mútuo porque o credor pode ter expectativa de tirar proveito do recurso no tempo com o pagamento de juros além do principal. Nessa hipótese há duas alternativas para o pagamento antecipado: (i) ou o devedor paga de forma antecipada a prestação normalmente com todos os juros e encargos que incidiriam no momento correto do pagamento; ou (ii) o credor libera o devedor do pagamento dos juros que incidiriam no período compreendido entre o pagamento antecipado e a data do vencimento contratualmente ajustado.

[339] Importante a indicação feita por Joana Farrajota, em sua tese de doutoramento na Universidade Nova de Lisboa, na qual registrou que: "Recorrendo à definição proposta por Ferreira de Almeida, a *anticipatory breach* encerra a regra segundo a qual «[a] declaração de uma das partes, proferida antes do vencimento, com o sentido de que não tem intenção de cumprir, confere à outra parte o direito de resolver o contrato». O vencimento é tradicionalmente apresentado pela doutrina como

credor de que não cumprirá a prestação ou, ainda, por um comportamento contraditório[340] seu em relação ao adimplemento.

Nesse sentido, Araken de Assis[341], ao se referir ao tema, destaca que o inadimplemento antecipado,

> [...] se informa pela existência de época propícia ao cumprimento ou ao início da autuação condizente do obrigado, dada pelo termo, final ou inicial, e por dois comportamentos: a *declaração* de não querer ou de não pode adimplir, e a omissão da *atividade* causal concernente ao futuro – obrigações de cumprimento *instantâneo* não importam à espécie – adimplemento. Em ambos os casos, a conduta do obrigado só assume importância se ocorrida com alguma antecedência em relação ao termo, pois, nas suas imediações, o credor se preserva dos inconvenientes da espera infrutífera e da atrelagem a vínculo de antemão inútil.

Vale destacar que o credor de uma relação obrigacional também poderá assumir determinadas prestações e, a depender de seu comportamento e de sua conduta, caracterizar inadimplemento antecipado.

Caracterizado o inadimplemento antecipado, o devedor deverá responder por perdas e danos[342], além de juros e atualização monetária e honorários advocatícios (Código Civil, art. 389). Deverá responder, também, à cláusula penal estabelecida no contrato. Essa indenização tem como objetivo deixar a parte inocente na mesma situação – ou próxima dela – em que se

---

um conceito central no direito das obrigações, verdadeiro ponto de viragem na vida do crédito, na medida em que corresponde ao momento em que este se torna exigível e, portanto, em que a obrigação deve ser cumprida. Desta premissa logicamente se retiraria que apenas após o vencimento da obrigação poderia haver incumprimento. Tal é o que nos parece confirmar, designadamente, o artigo 805.º do CC ao determinar que a constituição do devedor em mora depende de interpelação (judicial ou extrajudicial) para o cumprimento, excepto, entre outros, se a obrigação tiver prazo certo. A doutrina da *anticipatory breach* vem desafiar esta concepção, afirmando que pode haver incumprimento tanto antes como depois do vencimento da obrigação" (FARRAJOTA, Joana. *Os efeitos da resolução infundada por incumprimento do contrato.* 2013. Tese (Doutorado) – Faculdade de Direito da Universidade Nova de Lisboa, Lisboa, 2013. Disponível em: https://run.unl.pt/bitstream/10362/18555/1/Farrajota_2013.pdf. Acesso em: 22 ago. 2023).

[340] "A aplicação da teoria de repulsa à conduta contraditória no campo negocial pressupõe um conflito entre dois comportamentos do mesmo agente em face do mesmo negócio jurídico. Mas o *venire* não se contenta apenas com a incoerência do agente. É necessário que fundamentalmente a primeira conduta tenha gerado a *confiança* na contraparte a respeito de suas consequências futuras. Isto porque, na concepção atual da boa-fé objetiva, a função do *nemo potest venire contra factum proprium* corresponde, como já visto, à *tutela da confiança*. A incoerência é um dos fatores importantes na espécie, mas não é decisiva. Só o será se conjugada com a confiança legítima previamente gerada no espírito da contraparte" (THEODORO JÚNIOR, Humberto. *O contrato e sua função social.* A boa-fé objetiva no ordenamento jurídico e a jurisprudência contemporânea. 4. ed. rev., atual. e ampl. Rio de Janeiro: Forense, 2014. p. 61).

[341] ASSIS, Araken de. *Resolução do contrato por inadimplemento.* 7. ed. rev., atual. e ampl. São Paulo: RT, 2022. p. 91.

[342] "Assim, as perdas e danos decorrentes de inadimplência contratual devem guardar equivalência econômica com o prejuízo suportado pela outra parte, sob pena de induzir o desequilíbrio econômico-financeiro do contrato e o enriquecimento sem causa de uma das partes. Acrescente-se que se as partes são restituídas ao estado inicial (*status quo ante*), a taxa de ocupação deve abranger todo o tempo de posse sobre o imóvel, pois, caso contrário, poder-se-ia admitir a possibilidade de períodos sem nenhuma contrapartida financeira à construtora recorrente" (STJ, REsp 1.211.323/MS, j. 1º.10.2015).

encontraria, caso a prestação tivesse sido cumprida regularmente. Essas são as consequências do inadimplemento absoluto que devem ser aplicadas ao inadimplemento antecipado.

Falaremos neste tópico repetidamente sobre inadimplemento antecipado do devedor. Essa situação refere-se sempre ao obrigado pela prestação em risco.

Podemos indicar como elementos principais do inadimplemento antecipado os seguintes: (i) constitui-se em forma de inadimplemento; (ii) inevitavelmente ocorre antes do prazo de vencimento da prestação; (iii) manifesta-se por um ato de renúncia ao cumprimento da obrigação ou pela circunstância de o obrigado colocar-se em oposição ao adimplemento; e (iv) deve decorrer de ato próprio do devedor de forma incontroversa e definitiva[343].

A primeira observação que devemos fazer é sobre o momento em que o vencimento antecipado pode ocorrer.

Evidentemente, se a hipótese é de inadimplemento antecipado é porque se está a considerar uma situação que se situa dentro do lapso temporal convencionado para o cumprimento da prestação. Não ocorre antes de formada a relação jurídico-obrigacional, porque a prestação ainda não existe e, se acontecer depois do vencimento ajustado, a circunstância será de mora ou de inadimplemento absoluto. O fato que se contrapõe ao adimplemento regular encontra-se entre o momento subsequente à formação do vínculo obrigacional e aquele imediatamente anterior ao convencionado para o vencimento da prestação.

Há muita dificuldade prática na caracterização do inadimplemento antes do prazo previsto para o vencimento da obrigação, pois pode não ser óbvio o comportamento contraditório do devedor, o que dificultará a diferenciação entre a certeza do inadimplemento e o seu mero risco.

Elemento importante nessa avaliação do inadimplemento antecipado é a conduta do devedor quando, imotivadamente, recusa-se a agir no sentido de buscar o cumprimento regular da prestação ou, ainda, coloca-se em uma posição que representa risco ao adimplemento ou até mesmo em posição que determina o próprio inadimplemento inevitável.

Para o inadimplemento antecipado, a recusa do devedor em cumprir a prestação, como dito, deve ser caracterizada antes do prazo do vencimento da prestação. Tal recusa pode se dar de maneira expressa, pela qual o devedor informa ao credor formalmente que não cumprirá a obrigação, quando do seu vencimento, ou tácita, situação em que o devedor se coloca em posição contraditória ao adimplemento, ou seja, por suas ações e/ou omissões demonstra vontade de inadimplir.

O comportamento do obrigado que, antes do vencimento da prestação, dê sinais contrários ao adimplemento pode representar violação ao princípio da boa-fé objetiva ou uma violação da confiança que a relação jurídica embute na outra parte (credor), e pode fundamentar a resolução do contrato, por culpa atribuível ao devedor que assim agir.

Tanto a manifestação expressa de que não adimplirá no prazo ajustado quanto o comportamento contraditório com o cumprimento da prestação são considerados atos de inadimplemento do devedor, aptos a gerarem consequências. Ao se materializarem tais atos, promovem a antecipação dos efeitos do inadimplemento, os quais, em regra, somente se verificariam após o vencimento regular da prestação.

A possibilidade de se reconhecer o inadimplemento antecipado do contrato já tem exemplos na jurisprudência internacional desde meados do século XIX[344].

---

[343] MARTINS, Raphael Manhães. O inadimplemento antecipado da prestação no direito brasileiro. *Revista da EMERJ*, v. 11, n. 42, p. 208, 2008.

[344] Judith Martins-Costa apresenta na nota 288 um resumo do caso Hochster v. De La Tour, surgida em 1853 (MARTINS-COSTA, Judith. *Comentários ao novo Código Civil*. Do direito das obrigações, do adimplemento e da extinção das obrigações. Rio de Janeiro: Forense, 2003. v. V, t. I, p. 241).

O Código Civil italiano trouxe, no número 2 do art. 1.219, que não é necessário constituir o devedor em mora, quando este tiver declarado por escrito que não pretende cumprir a obrigação.

O Código Civil alemão, ao tratar da rescisão por incumprimento ou por cumprimento não conforme ao acordado contratualmente, na Seção 323, número 2 (1), dispensa a necessidade de se constituir o devedor em mora, se este se recusa séria e definitivamente a cumprir a prestação, situação em que o credor poderá rescindir o contrato.

No mesmo sentido, o art. 72 do Decreto n.º 8.327/2014, que promulgou a Convenção das Nações Unidas sobre contratos de compra e venda internacional de mercadorias (Uncitral), firmado pelo Brasil, na cidade de Viena, em 11 de abril de 1980, o qual dispõe que, se "antes da data do adimplemento tornar-se evidente que uma das partes incorrerá em violação essencial do contrato, poderá a outra parte declarar a rescisão deste".

Nota-se, pelo dispositivo da Convenção de Viena supratranscrito, a possibilidade expressa de aplicação da tese do inadimplemento antecipado para possibilitar à parte inocente declarar a resolução do contrato.

O dinamismo que as relações comerciais e empresariais alcançaram nos últimos tempos demonstra que a forma tradicional de se considerar, na relação jurídico-obrigacional, um espaço vazio entre a estipulação da prestação e o seu vencimento, sem exigir do credor e/ou do devedor atitudes e comportamentos condizentes com o vínculo obrigacional, deve ser reavaliada sob nova perspectiva. Daí o porquê da consideração da obrigação como processo, como tivemos oportunidade de falar anteriormente.

Há complexas relações obrigacionais na economia atual que demandam nova modalidade de interpretação sobre as intenções dos sujeitos nelas envolvidos. A construção de um parque fabril, por exemplo, exige a estipulação de inúmeras relações jurídico-obrigacionais que envolve diversos devedores com prestações distintas entre si, mas que, conjuntamente consideradas, estão interconectadas para alcançar o objetivo final, que é a instalação de uma fábrica.

Nessa relação complexa de obrigações diversas, que se encontram interligadas a um objetivo comum, não se pode mais admitir a existência de um espaço vazio sem atuação das partes contratantes entre as suas estipulações e os correspondentes vencimentos das prestações devidas.

Tanto o credor quanto o devedor devem agir no melhor interesse do cumprimento da prestação assumida e, durante esse ínterim (da estipulação da prestação até o vencimento), suas ações e comportamentos devem estar norteados no sentido de promover o adimplemento satisfatório.

No exemplo da construção da fábrica, o credor pode contratar uma empresa gerenciadora que, durante o curso das obras, avaliará o desempenho dos devedores no cumprimento de suas prestações e, após analisar as circunstâncias do caso concreto, poderá reportar ao credor possíveis atrasos em determinados fornecimentos. A depender da gravidade do atraso constatado será possível, mesmo antes de se alcançar o prazo para o vencimento da prestação principal, concluir que o devedor não terá condições de cumpri-la nas condições estabelecidas contratualmente, o que caracterizará o inadimplemento antecipado.

Quer-se demonstrar, pelo exemplo anterior, que no direito brasileiro não é mais possível considerar a possibilidade de existir, nas relações obrigacionais, o *vazio* comportamental entre a formação do vínculo obrigacional e o vencimento da prestação. As ações, omissões, comportamentos e demais circunstâncias que envolvem os sujeitos, desde a celebração dos contratos e durante a sua execução, servem para apresentar o progresso das relações obrigacionais e permitir a reprogramação de seus elementos essenciais (como o tempo para cumprimento da obrigação e o preço a ser pago), com o objetivo de evitar a ocorrência de danos e alcançar o cumprimento satisfatório da prestação principal.

Poderá haver casos em que atuações do devedor prévias ao vencimento não impedirão que desvios efetivos ocorram. Nessas situações, o credor deverá aplicar as consequências do inadimplemento relativo (mora) ou do inadimplemento absoluto.

O que consideramos aqui é, além das possibilidades regulares de inadimplemento antes referidas, a oportunidade de o credor, diante de declaração ou comportamento inequívocos de descumprimento do devedor – observados, enquanto este ainda está adimplente e antes do vencimento da próxima prestação –, poder antecipar as consequências do inadimplemento absoluto, em decorrência da evidência do descumprimento que justificará a quebra antecipada do contrato.

O credor persegue o cumprimento da prestação *in natura*, pois é esta que lhe interessa primariamente. Caso haja inadimplemento pelo devedor, o credor deve buscar o Poder Judiciário para constranger o devedor a cumprir com o que se obrigou. Caso não seja possível a execução judicial da prestação inadimplida ou haja perda da sua utilidade para o credor, ou, ainda, se o contrato previr antecipadamente que ocorrerá a "transformação automática da prestação em indenização, a obrigação original se converte no dever de indenizar"[345].

Portanto, é efeito genérico do inadimplemento o dever de indenizar os danos sofridos pelo credor. Também é efeito do inadimplemento absoluto, com a obrigação de reparar, a possibilidade prevista em lei de o credor inocente pleitear a resolução do contrato (Código Civil, arts. 475, 402 a 404).

O reconhecimento do inadimplemento antecipado deve ser judicial. O credor deverá apresentar as provas que demonstrem a possibilidade do descumprimento pelo devedor, antes do prazo estabelecido para o vencimento da prestação.

Outrossim, em sua avaliação prévia sobre as condutas do devedor, deverá ter presente a regra do art. 939 do Código Civil, o qual estabelece que "o credor que demandar o devedor antes de vencida a dívida, fora dos casos em que a lei o permita, ficará obrigado a esperar o tempo que faltava para o vencimento, a descontar os juros correspondentes, embora estipulados, e a pagar as custas em dobro".

Contudo, esse dispositivo se refere à situação em que o credor exige judicialmente, de maneira indevida e imotivada, que o devedor cumpra a prestação, antes do prazo de seu vencimento originalmente convencionado.

Na hipótese de que estamos tratando, no entanto, apesar de não se poder caracterizar o inadimplemento da obrigação principal, porque ainda não se deu o momento oportuno para a sua exigibilidade, existe um cenário a indicar o inevitável descumprimento, não sendo razoável submeter a outra parte (o credor) à espera injustificada da transgressão obrigacional que antecipadamente se avista.

No âmbito processual, Araken de Assis[346] destaca que a vedação contida no art. 803, III, do Código de Processo Civil não deve ser considerada quando a pretensão é a resolução do contrato por inadimplemento antecipado, e salienta que as "hipóteses de quebra positiva do contrato se diluem no quadro geral do inadimplemento absoluto e permitem, como regra, a resolução". Logo, o inadimplemento antecipado está abarcado pela regra geral do inadimplemento e a ele deverão ser aplicadas as suas consequências.

---

[345] MARTINS-COSTA, Judith. *Comentários ao novo Código Civil*. Do direito das obrigações, do adimplemento e da extinção das obrigações. Rio de Janeiro: Forense, 2003. v. V, t. I, p. 244.
[346] ASSIS, Araken de. *Resolução do contrato por inadimplemento*. 7. ed. rev., atual. e ampl. São Paulo: RT, 2022. p. 93.

O comportamento contrário do devedor ao adimplemento faz com que o termo estabelecido para o vencimento da prestação deixe de exercer o papel jurídico para o qual foi concebido na formação da relação jurídico-obrigacional. O termo representa a determinação do momento exato em que a prestação se torna exigível. O prazo de vencimento da prestação funciona como elemento de proteção para o devedor que não será incomodado pelo credor antes de seu advento. As circunstâncias do inadimplemento antecipado, porém, tiram essa proteção do devedor porque suas atitudes – contrárias ao adimplemento – já demonstram sua intenção de não cumprir, não tendo mais importância a preservação da data original para o vencimento.

De outro lado, a sinalização comportamental contraditória do devedor tira a tranquilidade e a confiança do credor de que a prestação será cumprida no prazo e nas condições ajustados, o que lhe permite agir antecipadamente para não ficar à espera daquilo que já se demonstrou factível, o inadimplemento.

Ruy Rosado de Aguiar Jr.[347] registra seu entendimento pela possibilidade de aplicação do inadimplemento antecipado no direito brasileiro, ao destacar que a

> [...] prática de atos contrários ao contrato e a declaração do devedor de que não honrará a obrigação devem estar devidamente demonstradas e caracterizadas, criando uma situação que inevitavelmente levará ao descumprimento. [...] No incumprimento antecipado, não se pode reconhecer propriamente uma quebra da obrigação principal, porquanto ainda não se ofereceu o momento oportuno para a exigibilidade da prestação, mas existe aí uma situação que, desde logo, evidencia a frustração da prestação, sem nada mais ter-se que esperar.

As consequências do descumprimento antecipado é a do próprio inadimplemento, como salientamos anteriormente. Reconhecido, a consequência será minimamente de aplicação do art. 475 do Código Civil, ou seja, aquele que sofrer com o inadimplemento antecipado pode pedir a resolução do contrato ou exigir o cumprimento da obrigação inadimplida, cabível, em ambas as situações, indenização por perdas e danos. Como tivemos oportunidade de dizer em outra passagem, essa escolha é exclusiva da parte que sofreu as consequências do inadimplemento.

Como exemplo, há situações em que o devedor, apesar de adimplente, sem a imputação de qualquer culpa atribuível ao credor, e por mera conveniência sua, propõe ação judicial para requerer a dissolução da relação contratual de compra e venda.

Ao novamente considerarmos a obrigação como processo, mesmo que ainda não se tenha advindo o prazo para o cumprimento da prestação principal, esse comportamento do devedor está em evidente rota de colisão com aquelas atitudes que são tomadas para promover o adimplemento regular das suas prestações e, portanto, contrário ao interesse do credor. Ao mesmo tempo em que se encontra adimplente com a obrigação principal até determinado momento, pede para que o Estado-juiz rompa a relação jurídica e, portanto, que possa deixar de adimplir.

Tal atitude do devedor tem como objetivo liberá-lo da relação jurídico-obrigacional antes do adimplemento total. Libertá-lo do vínculo nessas circunstâncias é impor exclusivamente ao credor todo o risco das prestações não executadas. Caso admita-se a possibilidade de desfazimento de contrato irrevogável e irretratável, ao credor não será possível optar pelo

---

[347] AGUIAR JR., Ruy Rosado de. *Comentários ao Novo Código Civil*. Rio de Janeiro: Forense, 2011. v. VI, t. II, p. 581.

cumprimento da prestação, como autoriza o art. 475 do Código Civil, uma vez que o devedor já declarou que não mais deseja adimpli-las. Restará, portanto, a responsabilidade do faltoso de indenizar as perdas e danos previstas em contrato ou em lei, de modo a reparar o credor pela frustração da prestação não recebida.

A hipótese *supra* é exemplo de um tipo de comportamento que afronta a relação contratual em que o devedor se encontra adimplente, mas com atitudes contraditórias ao cumprimento da prestação. Como a obrigação contratada deve ser integralmente cumprida, o simples pedido judicial para pretender desvincular-se da relação jurídica demonstra um evidente comportamento contrário ao adimplemento[348]. Está adimplente, mas quer deixar de cumprir. O inadimplemento é evidente.

Inequivocamente, o devedor está a declarar que não cumprirá o avençado. Isso caracteriza um inadimplemento antecipado com quebra da relação contratual, com culpa atribuível ao devedor[349], e o credor deve ser protegido, sob pena de se prestigiar uma conduta desleal do obrigado, o que agredirá o princípio da boa-fé objetiva.

Ademais, não é juridicamente admissível que o devedor, além de se liberar do contrato irrevogável, não suporte as consequências do inadimplemento absoluto, que é a obrigação de indenizar o credor. Admitir o contrário seria afrontar o texto expresso dos arts. 475, 402 a 404, todos do Código Civil.

O inadimplemento antecipado também é aplicável para os compromissos de compra e venda de imóvel. Caso o credor perceba que o devedor age no sentido de frustrar o cumprimento da prestação principal (pagamento do preço), poderá pleitear a resolução do contrato com aplicação das consequências do inadimplemento absoluto.

Ainda no campo de negócio jurídico de compra e venda, pode se apresentar o cenário em que o vendedor de determinado imóvel em construção se coloque em situação

---

[348] "Recurso especial. Direito civil e processual civil. Ação de resolução de contrato com pedido de restituição de valores pagos. Compra e venda de imóvel (lote) garantida mediante alienação fiduciária em garantia. Ausência de culpa do vendedor. Desinteresse do adquirente. 1. Controvérsia acerca do direito do comprador de imóvel (lote), adquirido mediante compra e venda com pacto adjeto de alienação fiduciária em garantia, pedir a resolução do contrato com devolução dos valores pagos, não por fato imputável à vendedora, mas em face da insuportabilidade das prestações a que se obrigou. 2. A efetividade da alienação fiduciária de bens imóveis decorre da contundência dimanada da propriedade resolúvel em benefício do credor com a possibilidade de realização extrajudicial do seu crédito. 3. O inadimplemento, referido pelas disposições dos arts. 26 e 27 da Lei 9.514/97, não pode ser interpretado restritivamente à mera não realização do pagamento no tempo, modo e lugar convencionados (mora), devendo ser entendido, também, como o comportamento contrário à manutenção do contrato ou ao direito do credor fiduciário. 4. O pedido de resolução do contrato de compra e venda com pacto de alienação fiduciária em garantia por desinteresse do adquirente, mesmo que ainda não tenha havido mora no pagamento das prestações, configura quebra antecipada do contrato ('anticipatory breach'), decorrendo daí a possibilidade de aplicação do disposto nos 26 e 27 da Lei 9.514/97 para a satisfação da dívida garantida fiduciariamente e devolução do que sobejar ao adquirente. [...]" (STJ, REsp 1.867.209/SP, j. 08.09.2020).

[349] Maria Helena Diniz esclarece que a "responsabilidade contratual funda-se na culpa, entendida em sentido amplo, de modo que a inexecução culposa da obrigação se verifica quer pelo seu cumprimento intencional, havendo vontade consciente do devedor de não cumprir a prestação devida, com o intuito de prejudicar o credor (dolo), que pelo inadimplemento do dever jurídico, sem a consciência da violação, sem a intenção deliberada de causar dano ao direito alheio, havendo apenas um procedimento negligente, imprudente ou omisso (culpa), prejudicial ao credor" (DINIZ, Maria Helena. *Curso de direito civil brasileiro*. Teoria geral das obrigações. 38. ed. rev. e atual. São Paulo: SaraivaJur, 2023. v. 2, p. 404).

que também pode caracterizar o inadimplemento antecipado. Por exemplo, se o prazo necessário para a construção do imóvel é de três anos e ele inicia as obras apenas no terceiro ano (último ano do prazo), é evidente que não conseguirá cumprir a obrigação de entrega no tempo contratualmente ajustado. Também nesse exemplo, caracterizar-se-á o inadimplemento antecipado, pois, apesar de não se ter alcançado o termo final para a entrega efetiva – e, portanto, a prestação ainda não ser exigível pelo comprador – , as circunstâncias demonstram que o adimplemento regular (na forma estabelecida no contrato) não ocorrerá[350].

Há o reconhecimento pelo Superior Tribunal de Justiça de que

> [...] 3. Nas "obrigações sujeitas a termo, em regra, o credor somente poderá exigir o seu cumprimento na data do vencimento (arts. 331 e 939 do CC/02), de modo que o inadimplemento somente restará caracterizado, caso não satisfeita a prestação no tempo convencionado. No entanto, é possível que antes do termo ajustado o devedor declare ao credor que não cumprirá a obrigação ou adote comportamento concreto no sentido do não cumprimento. Nessa hipótese, estará caracterizado o inadimplemento antecipado do contrato ("*anticipatory breach*").
>
> 4. No momento em que o adquirente manifesta o seu interesse em desfazer o contrato de compra e venda com pacto de alienação fiduciária, fica caracterizada a quebra antecipada, porquanto revela que ele deixará de adimplir a sua obrigação de pagar. Embora não se trate, ainda, de uma quebra da obrigação principal, o seu futuro incumprimento é certo, o que torna imperiosa a observância do procedimento específico estabelecido nos arts. 26 e 27 da Lei n.º 9.514/97, para a satisfação da dívida garantida fiduciariamente e devolução do que sobejar ao adquirente[351] [...].

O referido Tribunal Superior, em igual sentido, entendeu haver quebra antecipada de contrato em negócio jurídico de compra e venda de imóvel com pacto adjeto de alienação fiduciária e considerou que o inadimplemento, para os fins dos arts. 26 e 27 da Lei Federal n.º 9.514/1997, não está restrito à falta de pagamento no tempo, modo e lugar convencionados, mas abrange também

> [...] o comportamento contrário à continuidade da avença, sem ocorrência de fato (culpa) imputável ao credor. O pedido de resolução do contrato de compra e venda com pacto de alienação fiduciária em garantia por desinteresse do adquirente configura

---

[350] "Promessa de compra e venda. Resolução. Quebra antecipada do contrato. Evidenciado que a construtora não cumprirá o contrato, o promissário comprador pode pedir a extinção da avença e a devolução das importâncias que pagou. Recurso não conhecido" (STJ, REsp 309.626, j. 07.06.2001). No caso concreto desse precedente, os contratantes teriam ajustado a compra e venda de um imóvel a ser entregue em momento futuro ao avençado (novembro de 1999). Entretanto, em julho de 1998, as obras não haviam sido iniciadas, razão pela qual o adimplemento do contrato no prazo originalmente ajustado não se mostrava possível. Diante desse comportamento do devedor (construtora) no sentido de que não cumpriria a prestação, o Tribunal Superior reconheceu a quebra antecipada do contrato.

[351] No mesmo sentido: STJ, REsp 2.042.232/RN, j. 22.08.2023. STJ, AgInt no REsp 2.106.448/SP, j. 08.04.2024. STJ, AgInt no REsp 2.087.914/SP, j. 25.09.2023. STJ, AgInt no REsp 1.870.112/SP, j. 14.08.2023.

inadimplemento antecipado do negócio, ensejando a aplicação dos arts. 26 e 27 da Lei 9.514/1997[352-353-354].

Ainda na esteira da jurisprudência do Superior Tribunal de Justiça, o tema do inadimplemento antecipado foi tratado pela primeira vez no REsp 306.626/RJ (*DJ* 07.06.2001).

Na hipótese desse precedente, as partes haviam firmado um contrato de compra e venda de imóvel. Entretanto, a data estabelecida para a sua entrega aproximava-se sem que a obra tivesse sido sequer iniciada. Diante dessa circunstância, entendeu-se que se tratava da hipótese do inadimplemento antecipado e acolheu-se o pedido de resolução, pleiteado pelos adquirentes, com a restituição dos valores pagos a título de preço.

No REsp 1.867.209/SP, também do Tribunal Superior, foi decidido, em votação unânime, que o pedido de resolução do contrato de compra e venda com pacto de alienação fiduciária em garantia do pagamento do preço por desinteresse do adquirente, ainda que não tenha havido mora do fiduciante, configura quebra antecipada do contrato (*anticipatory breach*). Destaca-se do voto do ministro relator que

> [...] o inadimplemento, referido pelas disposições dos arts. 26 e 27 da Lei 9.514/97, não pode ser interpretado restritivamente à mera não realização do pagamento no tempo, modo e lugar convencionados (mora), devendo ser entendido, também, como o comportamento contrário à manutenção do contrato ou ao direito do credor fiduciário[355].

Quando no curso da relação jurídica o adquirente manifesta o seu interesse em desfazer o contrato de compra e venda definitiva com pacto de alienação fiduciária, fica caracterizada a quebra antecipada, pois demonstra de forma clara e direta que deixará de adimplir a prestação. Não se trata, como referido antes, de uma quebra da obrigação principal, porque o termo de vencimento ainda não se deu, mas o seu futuro inadimplemento é certo.

No REsp 2.042.232/RN, a Ministra Relatora Nancy Andrighi fez uma importante retrospectiva sobre a aplicação do instituto do inadimplemento antecipado nos precedentes daquela Corte Superior.

Destacou em seu voto que no dia 26 de outubro de 2022

---

[352] STJ, REsp 1.792.003/SP, j. 15.06.2021.

[353] "[...] 3. Nas obrigações sujeitas a termo, em regra, o credor somente poderá exigir o seu cumprimento na data do vencimento (arts. 331 e 939 do CC/02), de modo que o inadimplemento somente restará caracterizado caso não satisfeita a prestação no tempo convencionado. No entanto, é possível que antes do termo ajustado o devedor declare ao credor que não cumprirá a obrigação ou adote comportamento concludente no sentido do não cumprimento. Nessa hipótese, estará caracterizado o inadimplemento antecipado do contrato ('anticipatory breach of contract'). 4. No momento em que o adquirente manifesta o seu interesse em desfazer o contrato de compra e venda com pacto de alienação fiduciária, fica caracterizada a quebra antecipada, porquanto revela que ele deixará de adimplir a sua obrigação de pagar. Embora não se trate, ainda, de uma quebra da obrigação principal, o seu futuro incumprimento é certo, o que torna imperiosa a observância do procedimento específico estabelecido nos arts. 26 e 27 da Lei n.º 9.514/97 para a satisfação da dívida garantida fiduciariamente e devolução do que sobejar ao adquirente." (REsp 2.042.232/RN, j. 22.08.2023).

[354] "O pedido de resolução do contrato de compra e venda com pacto de alienação fiduciária em garantia, por desinteresse do adquirente, mesmo que ainda não tenha havido mora no pagamento das prestações, configura quebra antecipada do contrato" (STJ, AgInt nos EDcl no AgInt no AREsp 1.430.878/SP, j. 21.02.2022).

[355] No mesmo sentido: REsp 1.930.085/AM e REsp 1.792.003/SP.

[...] a Segunda Seção do STJ julgou dois recursos especiais – REsp 1.891.498/SP e REsp 1.894.504/SP – atrelados ao Tema 1095, cuja controvérsia consistia na prevalência ou não do Código de Defesa do Consumidor, especificamente do seu art. 53, na hipótese de resolução de contrato de compra e venda de bem imóvel, com cláusula de alienação fiduciária em garantia. O julgamento resultou na tese a seguir transcrita: Em contrato de compra e venda de imóvel com garantia de alienação fiduciária, devidamente registrado em cartório, a resolução do pacto, na hipótese de inadimplemento do devedor, devidamente constituído em mora, deverá observar a forma prevista na Lei n.º 9.514/97, por se tratar de legislação específica, afastando-se, por conseguinte, a aplicação do Código de Defesa do Consumidor.

12. Sendo assim, somente se ausente inadimplemento ou, se existente, o credor não tiver constituído o devedor fiduciário em mora, a controvérsia será solucionada mediante a aplicação da legislação civilista (arts. 472, 473, 474, 75 e ss) ou do CDC (art. 53), a depender da qualificação das partes.

13. A conclusão alcançada amparou-se no fato de que a Lei n.º 9.214/97 trata-se de lei posterior e especial em relação ao CDC (aplicação dos critérios cronológico e da especialidade) e na inexistência de divergência entre o disposto no art. 53 do CDC e nos arts. 26 e 27 da Lei n.º 9.214/97.

14. Naquela oportunidade, deliberou-se pela não consideração, na fixação da tese retromencionada, da questão concernente ao inadimplemento antecipado do contrato ("anticipatory breach"). Isto é, da problemática envolvendo a necessidade de observância do procedimento estabelecido na Lei n.º 9.214/97 às hipóteses nas quais os adquirentes buscam a resolução do contrato de compra e venda em razão da impossibilidade superveniente de arcar com as parcelas convencionadas a título de contraprestação do imóvel.

15. Com efeito, a Lei n.º 9.514/1997 prevê, no caput do art. 26 que, 'vencida e não paga, no todo ou em parte, a dívida e constituído em mora o fiduciante, consolidar-se-á, nos termos deste artigo, a propriedade do imóvel em nome do fiduciário'. Ou seja, é preciso definir a amplitude da expressão 'vencida e não paga' prevista nessa norma.

16. Embora, como esclarecido anteriormente, essa controvérsia não tenha sido debatida com maiores profundidades no julgamento do Tema 1095, o relator dos recursos especiais, o e. Min. Marco Buzzi manifestou-se, *in obter dictum*, pela inaplicabilidade da tese firmada às situações de "anticipatory breach". Na concepção de Sua Excelência, "o inadimplemento, para fins de aplicação dos arts. 26 e 27 da Lei 9.514/1997, restringe-se à ausência de pagamento, pelo devedor fiduciário, no tempo, modo e lugar convencionados (mora), não estando abrangido o comportamento contrário à continuidade da avença".

17. O não cumprimento da obrigação pelo devedor no tempo, lugar e forma convencionados traduz o conceito de inadimplemento (art. 394 do CC/02). Nas obrigações sujeitas a termo, em regra, o credor somente poderá exigir o seu cumprimento na data do vencimento (arts. 331 e 939 do CC/02), de modo que o inadimplemento somente restará caracterizado caso não satisfeita a prestação no tempo convencionado.

18. No entanto, é possível que antes do termo ajustado o devedor declare ao credor que não cumprirá a obrigação ou adote comportamento concludente no sentido do não cumprimento. Nessa hipótese, estará caracterizado o inadimplemento antecipado do contrato ("anticipatory breach of contract").

19. O instituto da quebra antecipada foi desenvolvido pela jurisprudência inglesa, em meados do século XIX, quando se decidiu que se uma das partes da relação contratual

manifesta a sua intenção de não cumprir o contrato, a outra pode aceitar tal declaração e resolver a avença (AZULAY, Fortunato. *Do Inadimplemento Antecipado*. Rio de Janeiro: Brasília/Rio, 1977, pp. 101-102). Ao depois, a Convenção de Viena de 1980 passou a prever expressamente essa espécie de inadimplemento em seu art. 72, segundo o qual 'se, antes da data do cumprimento, for manifesto que uma parte cometerá uma violação fundamental do contrato, a outra parte pode declarar a resolução deste'.

20. No direito brasileiro, não há previsão legal expressa consagrando o inadimplemento antecipado. Nada obstante, ainda na vigência do CC/16, havia doutrina e jurisprudência admitindo a sua aplicação, com amparo, sobretudo, no princípio da boa-fé objetiva (MARTINS-COSTA, Judith. *Comentários ao Novo Código Civil*. Vol. V. Tomo II. Rio de Janeiro: Forense, 2003, p. 157) (sic).

O Tribunal Superior, no âmbito da Lei Federal n.º 9.514/1997, considerou, no inadimplemento antecipado, as consequências do inadimplemento absoluto, pois determinou a aplicação dos procedimentos de execução da garantia fiduciária estabelecidos nos arts. 26 e 27 da referida lei.

Assim, o descumprimento dos deveres laterais de conduta relacionados com a prestação principal e o inadimplemento antecipado pelo devedor acarretam, tanto no entendimento da doutrina quanto no da jurisprudência atual, a resolução da relação jurídica contratual, impondo-se a aplicação das penalidades previstas em contrato ou na lei (cláusula penal compensatória) para proteger a parte inocente do comportamento desidioso do infrator.

Nas relações jurídicas de compra e venda de imóvel, com o advento da Lei dos Distratos, tais circunstâncias caracterizadoras do inadimplemento absoluto advindas da quebra antecipada do contrato possibilitam a aplicação da cláusula penal compensatória nos limites e nas condições estipuladas na mencionada lei.

Portanto, o inadimplemento antecipado do contrato é uma forma excepcional de tratar o princípio da pontualidade contratual. Sua doutrina exige a presença dos seguintes requisitos cumulativos: (i) um inadimplemento imputável ao devedor, caracterizado como de grave violação do contrato, de modo a fundamentar uma justa causa à resolução; (ii) plena certeza de que o cumprimento não ocorrerá até o vencimento estabelecido para a prestação; e (iii) caracterização de uma conduta culposa do devedor, tanto ao declarar que não cumprirá a prestação quanto ao se omitir em relação aos atos de sua execução.

2.7.5.3 A Lei dos Distratos e seus reflexos nas Leis Federais n.º 4.591/1964 e n.º 6.766/1979

Como tivemos oportunidade de indicar anteriormente, quando fizemos comentários sobre a cláusula penal, há situações em que a penalidade compensatória aplicável, em caso de inadimplemento absoluto, é estabelecida por lei, a qual retira das partes a autonomia para dela dispor livremente, levando-as a observar os limites legalmente impostos.

Nesse sentido, a Lei Federal n.º 13.786/2018 foi o instrumento pelo qual o legislador promoveu modificações em outras duas leis especiais, a Lei Federal n.º 4.591/1964 (lei de incorporações) e Lei a Federal n.º 6.766/1979 (lei de parcelamento do solo).

Para o que nos interessa neste momento, na Lei Federal n.º 4.591/1964, foi introduzido o art. 67-A e na Lei Federal n.º 6.766/1979, o art. 32-A, cada qual com regramento específico sobre a questão da resolução contratual por fato imputado ao adquirente.

O art. 67-A estabelece:

Em caso de desfazimento do contrato celebrado exclusivamente com o incorporador, mediante distrato ou resolução por inadimplemento absoluto de obrigação do adquirente, este fará jus à restituição das quantias que houver pago diretamente ao incorporador, atualizadas com base no índice contratualmente estabelecido para a correção monetária das parcelas do preço do imóvel, delas deduzidas, cumulativamente:

Por sua vez, o art. 32-A consigna que:

Em caso de resolução contratual por fato imputado ao adquirente, respeitado o disposto no § 2º deste artigo, deverão ser restituídos os valores pagos por ele, atualizados com base no índice contratualmente estabelecido para a correção monetária das parcelas do preço do imóvel, podendo ser descontados dos valores pagos os seguintes itens:

Desses dispositivos legais podemos extrair algumas conclusões para nossa análise inicial. A mais imediata delas, e mais geral, é que tratam da possibilidade de desfazimento do contrato celebrado com o incorporador e com o loteador (empreendedores). Tal circunstância, porém, deve ser analisada para cada um dos casos permitidos pelos comandos legais supratranscritos.

Vale destacar, porém, em que pese a previsão para o desfazimento, que aquele contrato de compra e venda, promessa de venda, cessão ou promessa de cessão de unidades autônomas continuam sendo considerados irretratáveis pelo comando contido no § 2º do art. 32 da Lei Federal n.º 4.591/1964, o qual não foi revogado (veja quadro *supra*). Também os compromissos de compra e venda, cessões e promessas de cessão de lotes são irretratáveis de acordo com o art. 25 da Lei Federal n.º 6.766/1979, que também se mantém em vigor.

Entretanto, pelas regras dos referidos arts. 67-A e 32-A, admite-se a possibilidade de desfazimento do contrato celebrado com os empreendedores, por falta imputável ao adquirente.

Poderíamos indagar se seria qualquer situação a possibilitar tal saída da relação contratual.

Para responder a essa questão, devem-se analisar os elementos constantes dos comandos legais dos arts. 67-A e 32-A.

A primeira hipótese diz respeito à possibilidade de desfazimento do contrato por meio do distrato, ou seja, por mútuo acordo entre as partes. Vendedor e comprador livremente, e pelos motivos que entenderem razoáveis, podem acordar que a melhor alternativa, em dado momento, é encerrar a relação contratual e assim o fazem pelo distrato. Essa hipótese sempre existiu em nosso sistema e está positivada no art. 472 do Código Civil, e pode ser utilizada a qualquer momento, tanto na incorporação quanto no loteamento.

A hipótese que demanda um pouco mais de reflexão está naquela em que o desfazimento do contrato decorre de resolução por inadimplemento absoluto de obrigação do adquirente.

Por resolução, entende-se a situação jurídica em que o contrato é desfeito em razão do não cumprimento das obrigações nele assumidas. Em outras palavras, há o término do contrato em decorrência do inadimplemento absoluto de uma das partes. O devedor de determinada obrigação não a cumpre na forma, no modo e no tempo ajustados com o credor. Na situação de inadimplemento absoluto, o credor pode optar pelo fim da relação contratual.

Qualquer que seja a prestação assumida pelo devedor, o credor tem o direito de exigir o seu cumprimento tal como estabelecido no contrato que lhe deu origem. Quando esse cumprimento não se realiza, pode-se analisar a situação de inadimplemento sob dois aspectos: (i) ou o descumprimento ocorreu sem culpa do devedor, que resulta na extinção da obrigação sem outras consequências; (ii) ou a responsabilidade pelo inadimplemento é do devedor e o credor poderá exercer sobre o patrimônio dele (Código Civil art. 391) o poder para se ressarcir e suprir a falta da prestação ou pedir a resolução do contrato, cabendo indenização por perdas e danos (Código Civil, art. 475).

Caio Mário da Silva Pereira[356] analisa a impossibilidade do cumprimento da prestação e sistematicamente a classifica em subjetiva, quando se refere às circunstâncias pessoais ligadas ao devedor; ou objetiva, quando atinge a própria prestação, subdividindo-se a objetiva "em impossibilidade objetiva *natural*, quando afeta a prestação, um acontecimento de ordem física, e impossibilidade objetiva *jurídica*, quando se antepõe à prestação, um obstáculo originário do próprio ordenamento".

Ocorre que, apesar de as duas concepções se aproximarem, inadimplemento e impossibilidade devem ser distinguidos tecnicamente. O inadimplemento é ligado à ideia de uma falta cometida pelo devedor no cumprimento da sua obrigação e a impossibilidade, na ausência dessa falta, na inexecução do obrigado[357].

O inadimplemento, por sua vez, pode ser relativo ou absoluto. Será relativo quando o devedor deixar de cumprir a prestação devida na forma estabelecida pelo contrato. Por sua vez, será absoluto quando o devedor deixar de cumprir integralmente a obrigação.

Cinge-se aqui ao quanto previsto no *caput* do art. 67-A da Lei Federal n.º 4.591/1964 supratranscrito. Nele há expressa referência ao desfazimento do contrato por inadimplemento absoluto de obrigação do adquirente.

Disso podemos concluir que, no caso do inadimplemento relativo, não haverá possibilidade de desfazimento do contrato. Nessa hipótese, o devedor deverá tomar as providências necessárias para efetivar o cumprimento integral da obrigação e responder pelos prejuízos que seu inadimplemento relativo der causa, sendo possível ao credor exercer os atos de ressarcimento sobre o patrimônio do devedor (Código Civil, art. 391).

Tanto na incorporação quanto no loteamento, vale registrar novamente que o vendedor tem o direito de receber integralmente a prestação (sendo o preço a principal delas na compra e venda), no tempo e no lugar, como convencionados no contrato. Seu cumprimento parcial ou defeituoso[358] equivale ao não cumprimento, sendo possível ao credor prejudicado manter o contrato com a cobrança da prestação inadimplida ou, desde que o transforme em inadimplemento absoluto, pleitear a sua resolução, com a permissão legal, em ambas as situações, de ser indenizado por perdas e danos.

Há nessa categoria de cumprimento defeituoso a hipótese do inadimplemento antecipado visto anteriormente. Ocorre quando o devedor se comporta contrariamente ao que se obrigou no contrato. Como aludido em item próprio, a doutrina[359] e a jurisprudência têm considerado essa situação como quebra antecipada do contrato. Por exemplo, em contratos de execução continuada, ainda em situação de adimplemento, o comprador anuncia formalmente ao vendedor que não pagará a sua próxima prestação. Será possível para a parte inocente, além de ser indenizado pelos prejuízos sofridos, valer-se: (i) da exceção do contrato não cumprido (Código Civil, art. 476); ou (ii) da manutenção do contrato com a execução do patrimônio do devedor, para ressarcimento do quanto não tiver sido pago; ou (iii) da resolução do contrato,

---

[356] PEREIRA, Caio Mário da Silva. *Instituições de direito civil:* teoria geral das obrigações. Atualizador e colaborador Guilherme Calmon Nogueira da Gama. 34. ed. Rio de Janeiro: Forense, 2023. p. 313.

[357] PEREIRA, Caio Mário da Silva. *Instituições de direito civil:* teoria geral das obrigações. Atualizador e colaborador Guilherme Calmon Nogueira da Gama. 34. ed. Rio de Janeiro: Forense, 2023. p. 313.

[358] Quando o devedor descumpre deveres considerados laterais de sua prestação, como quando realiza o pagamento em lugar diferente do convencionado, é caracterizado o cumprimento defeituoso que a doutrina tem nominado como violação positiva do contrato.

[359] CHALHUB, Melhim Namem. *Incorporação imobiliária.* 7. ed. Rio de Janeiro: Forense, 2023. p. 404.

e, nas duas últimas hipóteses, há o direito de ressarcimento das perdas e danos que vier a sofrer (Código Civil, art. 475)[360].

Retomando a análise do *caput* do mencionado art. 67-A, no que se refere ao descumprimento da obrigação, há referência direta apenas ao inadimplemento *absoluto* de obrigação do adquirente, ou seja, o descumprimento total de prestação devida pelo comprador.

O art. 32-A não tem referência expressa ao inadimplemento absoluto, mas alude-se à resolução por fato imputado ao adquirente, o que inclui o inadimplemento absoluto.

O inadimplemento será considerado absoluto, já dissemos, quando o devedor deixar de cumprir a prestação de maneira integral, de forma que o credor não receba o que lhe foi prometido, nos termos do contrato, e não haja mais possibilidade de execução da obrigação. Se o devedor ainda tiver condições de cumprir a prestação (situação de mora), deverá fazê-lo e arcar com os prejuízos a que seu inadimplemento relativo der causa, como referido anteriormente.

Parece-nos que os mencionados dispositivos legais pretendem capturar o inadimplemento absoluto por fato imputável ao devedor, considerando neste (fato) a teoria da culpa contratual. Em termos mais específicos, pretenderam alcançar as situações em que haja a falta do pagamento da prestação, especialmente relativa ao preço da compra e venda de unidades imobiliárias (unidades autônomas e lotes), por fato imputável ao comprador.

A culpa contratual existe quando há infração de dever jurídico de cumprimento de obrigação assumida em contrato. A culpa que deve ser considerada no âmbito da inexecução é restrita às infrações que acarretam o inadimplemento de obrigação contratual[361].

Em uma relação contratual, as partes devem fazer tudo o que for possível para cumprirem as suas obrigações de modo a evitar o descumprimento. No caso de o comportamento do devedor concorrer para o inadimplemento, desviando-se do dever de diligência, a inexecução da obrigação é culposa.

Orlando Gomes[362] destaca que se deve avaliar a violação do dever de cumprir a obrigação, porque é nesse elemento objetivo da culpa, ou seja, na análise do comportamento do devedor, que a lei lhe atribui responsabilidade. E complementa:

> O *inadimplemento culposo* consiste, pois, em síntese, numa *omissão*. Ocorre por se abster o devedor do que devia fazer para a satisfação do crédito, seja deixando totalmente de cumprir a obrigação, seja deixando de cumpri-la pontualmente, seja cumprindo-a defeituosamente.

Há culpa contratual quando o devedor falha imotivadamente no cumprimento de sua prestação estabelecida em contrato.

Ao lado do inadimplemento, como aludido antes, e vale aqui reforçar, há o conceito de impossibilidade do cumprimento da obrigação. Para a impossibilidade, por sua vez, há duas teorias, a do conceito lógico e a do conceito jurídico.

A teoria do conceito lógico concebe a impossibilidade em termos absolutos, ou seja, a prestação somente será considerada impossível quando não puder ser cumprida de forma

---

[360] PEREIRA, Caio Mário da Silva. *Instituições de direito civil:* teoria geral das obrigações. Atualizador e colaborador Guilherme Calmon Nogueira da Gama. 34. ed. Rio de Janeiro: Forense, 2023. p. 314.
[361] GOMES, Orlando. *Obrigações*. Revista, atualizada e aumentada, de acordo com o Código Civil de 2002, por Edvaldo Brito. Rio de Janeiro: Forense, 2004. p. 170.
[362] GOMES, Orlando. *Obrigações*. Revista, atualizada e aumentada, de acordo com o Código Civil de 2002, por Edvaldo Brito. Rio de Janeiro: Forense, 2004. p. 171.

nenhuma. Evidentemente que, se o devedor se dedicar ao máximo e conseguir cumprir a obrigação, impossibilidade não há. A mera dificuldade não pode ser considerada impossibilidade.

Entretanto, para contrapor a necessidade de sacrifícios extremos pelo devedor, no cumprimento de sua obrigação contratual, adveio o conceito jurídico da impossibilidade, segundo o qual também deve ser considerada impossível a prestação que exigir ações extraordinárias do devedor.

Denota-se da conceituação de impossibilidade uma insegurança para as relações contratuais. Por essa razão, a doutrina tem tentado delimitá-la. Nesse sentido, Orlando Gomes[363] salienta que "compreendem-se no *conceito jurídico* de *impossibilidade*: a) *a impossibilidade jurídica 'stricto sensu'; b) a inexigibilidade econômica; c) a inexigibilidade psíquica*".

Será juridicamente impossível a prestação que o ordenamento obstar por expressa proibição legal, como é o caso de ter no objeto contratual a herança de pessoa viva (Código Civil, art. 426).

Como no compromisso de compra e venda de imóvel o objeto é uma unidade imobiliária (unidade autônoma ou lote), não haverá oportunidade para a alegação de impossibilidade jurídica *stricto sensu*, pois tanto o seu objeto quanto o tipo contratual são juridicamente admitidos em nosso ordenamento. Essa impossibilidade não poderá ser alegada pelo vendedor nem pelo comprador.

Considera-se também impossível a prestação que acarrete agravamento imoderado ao devedor no seu cumprimento. Leva-se em conta a possibilidade de o devedor ser obrigado a um gasto extraordinário, sujeitando-o a uma perda patrimonial intolerável. Em outras palavras, para o cumprimento da obrigação, o devedor é levado a uma perda maior do que o benefício do pagamento.

Importante salientar que, nas vendas de unidades imobiliárias, os empreendedores deverão prestar previamente todas as informações relacionadas ao negócio, especialmente se houver concessão de crédito, e realizar diligências específicas, estabelecidas em lei[364], no sentido de evitar contratações feitas por impulso (sem reflexão) pelo comprador.

É o que se conclui pelo quanto disposto no art. 54-B da Lei Federal n.º 8.078/1990 (Código de Defesa do Consumidor); o fornecedor ou o intermediário[365], na concessão de crédito e na venda a prazo, deverá informar o consumidor previamente e de maneira adequada, no momento da oferta, sobre (i) o custo efetivo total com descrição dos elementos que o compõem; (ii) a taxa mensal de juros, assim como os juros em caso de mora e o total de encargos, qualquer que seja a sua natureza, quando previstos para a hipótese de atraso no pagamento da prestação; (iii) o total das prestações e o prazo de validade da oferta que, pela lei, será de dois dias no mínimo; (iv) os dados de endereço do fornecedor; e (v) o direito do consumidor promover o pagamento total da dívida de forma antecipada e sem oneração.

O art. 54-D, também do Código de Defesa do Consumidor, estabelece aquele que deve ser o padrão de conduta do fornecedor ou do intermediário na concessão de crédito e na venda a prazo.

Pelo art. 54-D, o fornecedor ou o intermediário deverá: (i) considerando a idade do consumidor, informar e esclarecer adequadamente sobre a natureza e a modalidade do cré-

---

[363] GOMES, Orlando. *Obrigações*. Revista, atualizada e aumentada, de acordo com o Código Civil de 2002, por Edvaldo Brito. Rio de Janeiro: Forense, 2004. p. 173.
[364] Por exemplo, as avaliações que devem ser feitas nos termos do art. 54-D da Lei Federal n.º 8.078/1990.
[365] Aqui podemos considerar, no que nos interessa neste tópico, o incorporador, o loteador e os corretores de imóveis.

dito oferecido, sobre todos os custos incidentes e as consequências genéricas e específicas do inadimplemento; (ii) avaliar, de forma responsável, as condições de crédito do consumidor, mediante análise das informações disponíveis em bancos de dados de proteção ao crédito; (iii) informar a identidade do agente financiador; e (iv) entregar ao consumidor, bem como ao garantidor e aos demais coobrigados, cópia do contrato de crédito celebrado.

Caso esses deveres sejam descumpridos, poderá ocorrer, judicialmente, a redução dos juros, dos encargos ou de qualquer acréscimo ao valor do principal e a dilação do prazo de pagamento previsto no contrato original, conforme a gravidade da conduta do fornecedor e as possibilidades financeiras do consumidor, sem prejuízo de outras sanções e de indenização por perdas e danos, patrimoniais e morais, a serem devidas ao consumidor.

Percebe-se uma preocupação do legislador em exigir a apresentação clara e precisa, para o comprador, de todas as informações e condições que envolvem o crédito concedido na venda a prazo.

Entretanto, isso não retira do comprador a responsabilidade pela sua conduta na contratação. Ao contrário, cumpridas as exigências legais de informações prévias, todas as atenções se voltam para a decisão do comprador. Esta tem que ser motivada, séria e responsável. Caso tenha consciência de que não conseguirá cumprir com o quanto ofertado, deverá rejeitar a contratação.

Sua decisão não pode ser decorrente de fatores emocionais nem movida por um sentimento de aposta na valorização do objeto do negócio. Caso, após minuciosa reflexão, decida por fazer um investimento especulativo, deverá suportar os resultados que dele advierem, positivos ou negativos. O assessoramento jurídico a consumidores deve ter em vista o aconselhamento, com a finalidade de evitar as compras por impulso ou as compras emocionais.

Em uma venda de unidade imobiliária, decorrente de incorporação imobiliária ou de loteamento, o comprador deve realizar uma séria e realista análise sobre as suas condições financeiras e patrimoniais previamente à celebração do compromisso de compra e venda. Em que pese o dever estabelecido no inciso II do art. 54-D do Código de Defesa do Consumidor, comentado anteriormente, essa é uma avaliação que cabe primordialmente ao comprador, pois é ele quem detém as informações corretas sobre o seu próprio patrimônio e sua situação financeira.

A valorização do objeto do negócio jurídico até poderá advir em momento posterior ao da contratação, afinal o objetivo de contratar é poder ter algum acréscimo patrimonial. Não é comum a contratação para perder, mas tal valorização, caso ocorra, é *a posteriori* e decorrente do negócio jurídico, e não a sua causa única e fundamental.

A motivação da decisão do consumidor de celebrar o negócio jurídico de compra deve ser a de querer verdadeiramente o negócio.

Essa avaliação prévia do comprador sobre as condições da obrigação que assumirá à luz das informações prestadas antecipadamente pelo empreendedor induz no vendedor a expectativa de que a decisão do comprador foi tomada de forma consciente e com fundamento na capacidade de cumprir integralmente com aquilo a que se obrigou.

A recíproca também é verdadeira. O oferecimento pelo vendedor de uma unidade imobiliária induz o comprador à ideia de que aquele terá condições jurídicas e financeiras de entregar o objeto da venda.

Ao ser tomada a decisão, após a reflexão sobre as condições gerais e específicas do financiamento e da compra a prazo, com a celebração do respectivo contrato, forma-se o vínculo entre vendedor e comprador.

Feita a avaliação econômica e tomada a decisão pela possibilidade da contratação da compra e venda em prestações continuadas, o comprador deverá tomar todas as medidas necessárias, durante a vigência do contrato, para cumprir suas obrigações.

Sobre a forma de pagamento das prestações, é inegável que atualmente as condições tecnológicas representam facilidades para o cumprimento de obrigações pecuniárias. Veja-se o exemplo do PIX, modo de pagamento que, apesar de recente, já se encontra bem difundido em nossas relações comerciais. Logo, em um compromisso de compra e venda em prestações continuadas, *não se vislumbra*, para o modo de pagamento das prestações, um sacrifício extraordinário do devedor a ponto de representar perda material que acarrete a impossibilidade do pagamento.

O que pode ocorrer, e isso é diferente de impossibilidade, *é a* alteração da base objetiva do negócio jurídico de compra e venda da unidade imobiliária, em razão de circunstâncias extraordinárias que possam representar excessiva onerosidade da prestação, mas disso cuidam os arts. 478 a 480 do Código Civil.

Nem há que cogitar de impossibilidade psíquica no negócio jurídico de compra e venda de unidade imobiliária, pois o devedor, para o cumprimento da obrigação de pagamento, não é exposto a excessivo risco pessoal, tampouco é submetido a intolerável constrangimento moral[366].

Assim, dado o panorama sobre a impossibilidade, é legítimo concluir, pelo quanto expresso nos textos dos referidos arts. 67-A e 32-A, que, além do distrato, o desfazimento do contrato neles tratados refere-se ao inadimplemento absoluto de obrigação do adquirente, por fato culposo imputado a ele. Afora o distrato, o inadimplemento absoluto é a única hipótese admitida para a extinção desses contratos que são considerados, como vimos, por expressos textos legais, irretratáveis.

É preciso salientar, contudo, que, se não for verificada culpa do comprador no inadimplemento, não se aplicarão a cláusula penal nem as perdas e danos. Se a prestação se tornou impossível, sem culpa do devedor, a obrigação será resolvida (Código Civil, arts. 234 e 248).

Os comentados arts. 67-A e 32-A não admitem a resilição unilateral[367] ou a conhecida desistência por parte do comprador, depois de expirado o prazo legal previsto para o seu arrependimento[368]. Também, se o caso, o incorporador não poderá desistir do empreendimento, depois de vencido o prazo de carência, previsto em lei, para o seu arrependimento, caso as condições estabelecidas expressamente em declaração específica no memorial de incorporação (prazo de carência) não se verifiquem[369].

Logo, superados os respectivos prazos para desistências, tanto para o incorporador ou para o loteador quanto para o comprador, os negócios jurídicos de alienação serão considerados, pelas respectivas leis, irretratáveis (Lei Federal n.º 4.591/1964, art. 32, § 2º; Lei Federal n.º 6.766/1979, art. 25).

Com o inadimplemento absoluto do comprador, abrem-se duas opções para o vendedor: ou este exige o cumprimento da obrigação inadimplida ou pede a resolução do contrato,

---

[366] GOMES, Orlando. *Obrigações*. Revista, atualizada e aumentada, de acordo com o Código Civil de 2002, por Edvaldo Brito. Rio de Janeiro: Forense, 2004. p. 174.
[367] CHALHUB, Melhim Namem. *Incorporação imobiliária*. 7. ed. Rio de Janeiro: Forense, 2023. p. 398.
[368] Destacaremos adiante o direito de arrependimento do comprador se o contrato for firmado fora da sede do empreendedor (estandes de venda), durante o prazo improrrogável de sete dias, hipótese em que o comprador terá direito à devolução de todos os valores pagos, inclusive comissão de corretagem (Lei Federal n.º 4.591/1964, art. 67-A, § 10, e Lei Federal n.º 6.766/1979, art. 26-A, VII, c.c. a Lei Federal n.º 8.078/1990, art. 49).
[369] Lei Federal n.º 4.591/1964, art. 32, "n", e art. 34.

cabendo em ambas as possibilidades indenização por perdas e danos (Código Civil, art. 475), como aludido anteriormente.

Vale breve registro sobre a questão do dano. Descumprida a obrigação ou cumprida de maneira irregular, surge para o devedor a obrigação de reparar o dano. Este, para Agostinho Alvim[370], em sentido estrito, é a lesão causada no patrimônio do credor e, por patrimônio, entende-se o conjunto das relações jurídicas de uma pessoa, apreciáveis em dinheiro. Para o autor, interessa o dano que acarrete uma diminuição no patrimônio do credor.

Nessa seara, como estamos tratando sobre o dano patrimonial, é possível dizer que ele ora produz o efeito de diminuir o patrimônio do credor, ora o de impedir que lhe aumente, pela cessação de lucros que poderia esperar, mas que não adveio por causa do inadimplemento do devedor.

Pela regra estatuída pelo art. 402 do Código Civil, "Salvo as exceções expressamente previstas em lei, as perdas e danos devidas ao credor abrangem, além do que ele efetivamente perdeu, o que razoavelmente deixou de lucrar".

O vendedor poderá optar pelo desfazimento do contrato, se o comprador deixar imotivadamente de cumprir sua obrigação no tempo, no lugar e nas condições ajustadas no contrato (Código Civil, art. 394), podendo ser indenizado pelas perdas e danos que sofrer. Somente nessa hipótese – ao lado das situações de violação positiva do contrato e do seu inadimplemento antecipado (*anticipatory breach*) – é que se admite o desfazimento do contrato; nas demais circunstâncias, o contrato deve ser mantido.

Como é uma escolha do credor (Código Civil, art. 475), caso este opte pelo desfazimento do contrato, deverão ser aplicadas as regras estabelecidas nos arts. 67-A e 32-A, as quais serão analisadas em mais detalhes nos itens seguintes.

Esses dispositivos que passaremos a analisar têm como objetivo ressarcir os prejuízos que o vendedor experimenta com o inadimplemento absoluto do comprador. Servem como um modo de recomposição patrimonial pelas despesas e pelos investimentos suportados na execução do empreendimento até o momento do descumprimento pelo comprador. E, como tal, diante da regra vigente em nosso sistema (Código Civil, arts. 389 e 475), o comprador deve ser responsabilizado.

Nesse diapasão, vimos que a inexecução culposa do comprador gera o dever de indenizar os danos causados ao vendedor; essa é a base do nosso sistema de responsabilidade contratual.

Portanto, como o dano decorrente do inadimplemento absoluto representa uma perda que se deve ressarcir, por expressa disposição legal, para acabar com as inúmeras divergências doutrinárias e jurisprudenciais de qual seria o valor ideal desse ressarcimento, o legislador, como aludido antes, introduziu em nosso sistema, no que se refere aos negócios jurídicos de compra e venda de unidades imobiliárias (unidades autônomas e lotes), a forma de fixação e de determinação dos valores devidos, pelo descumprimento culposo, que fundamenta o desfazimento do contrato de compra e venda de imóvel.

A Lei dos Distratos, quer nos parecer, ao lado do dever de indenizar, já previsto no Código Civil, regulou o conteúdo da obrigação de reparar o dano causado pelo inadimplemento absoluto. Em outras palavras, a referida lei introduziu toda a sistemática para apuração do dano decorrente do inadimplemento culposo do comprador, bem como, de outro lado, a limitação daquilo que o vendedor poderá esperar como ressarcimento ao seu patrimônio.

Os dispositivos 67-A e 32-A caracterizam-se por serem a prefixação dos danos que o desfazimento do contrato por inadimplemento culposo do comprador causará na esfera

---

[370] ALVIM, Agostinho. *Da inexecução das obrigações e suas consequências*. 5. ed. São Paulo: Saraiva, 1980. p. 172.

patrimonial do vendedor e exercerão função harmonizadora do direito de indenizar, pois, desde o início da relação jurídica, os contratantes sabem, com base na Lei dos Distratos, na hipótese de um desfazimento por inadimplemento culposo do contrato, como, quando e quanto deverão pagar e poderão receber[371].

Por ser disposição especial tanto à Lei Federal n.º 4.591/1964 quanto à Lei Federal n.º 6.766/1979, para os casos de unidades imobiliárias alienadas com pacto adjeto de propriedade fiduciária, as eventuais restituições deverão ser feitas nos termos do quanto determinam as normas executivas da Lei Federal n.º 9.514/1997 ou as normas aplicáveis à execução em geral[372].

Para que seja possível a execução da dívida garantida por propriedade fiduciária nos termos desta lei, o contrato deverá estar registrado na matrícula do imóvel, o devedor deverá ter sido constituído em mora e esta (a mora) não ter sido purgada, situação reveladora do inadimplemento absoluto[373].

2.7.5.4 Lei dos Distratos e a Lei Federal n.º 4.591/1964

Nas hipóteses de desfazimento do contrato em decorrência de distrato ou de resolução por inadimplemento absoluto, de acordo com o art. 67-A da Lei Federal n.º 4.591/1964, o comprador terá direito à restituição parcial dos valores que pagou diretamente ao incorporador, atualizados pelo mesmo índice estabelecido no compromisso de compra e venda para atualização do preço de aquisição, deles deduzidas a:

(i) integralidade da comissão de corretagem; e
(ii) penalidade convencionada para a resolução que não poderá exceder a 25% do total efetivamente pago (art. 67-A, I e II).

Nota-se que a lei definiu que as partes podem convencionar a penalidade que será aplicada em caso de desfazimento do contrato por inadimplemento absoluto, mas impôs um limite do qual não poderão os contratantes dispor diferentemente. Logo, se o contrato estabelecer que a cláusula penal para a situação de inadimplemento absoluto será de 25% sobre o valor pago pelo adquirente, não haverá razão jurídica para revê-la, porque atende plenamente ao patamar que a lei determina.

Em caso de fruição da unidade autônoma pelo comprador, além dos valores referidos *supra*, que poderão ser retidos pelo incorporador, tanto no distrato quanto na resolução, soma-se, ainda, por expressa previsão legal, o seguinte:

(i) quantias correspondentes aos impostos reais incidentes sobre o imóvel;
(ii) cotas de condomínio e contribuições devidas à associação de moradores;

---

[371] Para Harm Peter Westermann, como "o dado se constitui sempre de uma perda juridicamente ressarcível, a fixação da espécie de prestação ressarcidora que é devida, bem como o procedimento para o cálculo de um dano patrimonial conseqüencial, pressupõem indicações normativas da lei. Em ambas estas ordens de idéias não se opera com métodos científicos-naturais ou científico-econômicos, e sim, procede-se a uma valoração correspondente ao juízo de imputação" (WESTERMANN, Ham Peter. *Código Civil alemão:* direito das obrigações; parte geral. Porto Alegre: Fabris, 1983. p. 137).
[372] Lei Federal n.º 4.591/1964, art. 67-A, § 14, e Lei Federal n.º 6.766/1979, art. 32-A, § 3º.
[373] STJ, Tema 1.095. Tese fixada: "Em contrato de compra e venda de imóvel com garantia de alienação fiduciária devidamente registrado em cartório, a resolução do pacto, na hipótese de inadimplemento do devedor, devidamente constituído em mora, deverá observar a forma prevista na Lei n.º 9.514/97, por se tratar de legislação específica, afastando-se, por conseguinte, a aplicação do Código de Defesa do Consumidor".

(iii) valor equivalente a 0,5% sobre o valor do contrato (*pro rata die*), correspondente à fruição do imóvel; e

(iv) demais encargos incidentes sobre o imóvel e despesas previstas no contrato.

Em razão da aplicação dos comandos normativos do art. 67-A referentes à indenização, poderá haver uma situação recíproca de créditos e de débitos entre vendedor e comprador. A lei autoriza que seja feito um encontro de contas e que a dívida do comprador, em razão de seu inadimplemento absoluto, seja submetida a uma compensação com os valores que devem ser restituídos pelo vendedor (Lei Federal n.º 4.591/1964, art. 67-A, § 3º).

Feitas as deduções, de acordo com o art. 67-A, nas incorporações não submetidas ao regime do patrimônio de afetação, a devolução do eventual remanescente para o devedor inadimplente deverá ser realizada em parcela única, após o prazo de 180 dias, contado da data do desfazimento do contrato.

Entretanto, se o empreendimento imobiliário estiver submetido ao regime do patrimônio de afetação (Lei Federal n.º 4.591/1964, arts. 31-A a 31-F), as restituições de valores para o devedor inadimplente ocorrerão no prazo máximo de 30 dias após a expedição do alvará de conclusão da obra (ou habite-se). Ademais, para os empreendimentos com patrimônio de afetação, a penalidade convencional a ser aplicada ao comprador inadimplente poderá ser de até 50% da quantia paga (art. 67-A, § 5º)[374-375].

Tendo em vista que o objetivo do patrimônio de afetação é criar uma vinculação dos valores recebidos pelo incorporador pelas vendas das futuras unidades autônomas com a conclusão das obras do empreendimento e a efetiva entrega delas aos respectivos compradores (finalidade especial do patrimônio segregado ou afetado), para não gerar impactos negativos no cronograma financeiro, bem como para proteger os demais compradores[376] que permaneceram adimplentes e aguardam o recebimento de suas unidades, a devolução de

---

[374] "Compromisso de compra e venda. Imóvel. Rescisão por desistência dos adquirentes. Contrato celebrado já sob a vigência da 'lei do distrato' (Lei n.º 13.786/2018). Hipótese em que validamente pactuada a cláusula penal em 50% dos valores pagos. Disposições contratuais em consonância com os parâmetros postos pelo novel art. 67-A da Lei 4.591/64, com a redação dada pela lei do distrato, uma vez que o empreendimento está submetido ao regime de patrimônio de afetação. Sentença reformada, a fim de se determinar a restituição aos autores de 50% das quantias pagas, ressalvada a comissão de corretagem, uma vez que o serviço de intermediação imobiliária lhes foi adequadamente prestado. Sentença reformada. Recurso provido" (TJSP, Apelação Cível 1004184-47.2023.8.26.0625, j. 10.11.2023).

[375] "Ação de rescisão contratual c.c devolução de valores julgada parcialmente procedente para declarar resolvido o contrato celebrado entre partes desde 09/03/2021 – Apelante condenada a restituir aos apelados 80% dos valores efetivamente pagos, de forma imediata, em uma única parcela – Compromisso de compra e venda de imóvel – Cláusula penal – Encerramento do contrato que se deu tão só pela vontade dos adquirentes de não mais continuar com a avença – Contrato celebrado após a vigência da Lei n.º 13.786/2018, que acrescentou o art. 67-A à Lei n.º 4.591/1964 – Multa contratual – Possibilidade retenção de 50% do valor pago, conforme autorizado pelo art. 67-A, § 5º, da Lei n.º 4.591/1964 – Imóvel em incorporação submetida ao regime do patrimônio de afetação previsto nos arts. 31-A a 31-F da lei – Precedentes – Restituição que deve ser de 50% dos valores pagos pelos apelados – Recurso provido em parte" (TJSP, Apelação Cível 1017032-53.2021.8.26.0361, j. 03.10.2023).

[376] Constou do teor do REsp 2.023.713/SP, j. 28.11.2022 que, "com o patrimônio afetado, o pagamento das parcelas pelos adquirentes não se mistura ao patrimônio da incorporadora, não podendo, por exemplo, fazer parte de massa falida, justamente porque esses valores serão utilizados para a conclusão da obra, assegurando a higidez financeira do empreendimento e garantindo a futura entrega das unidades aos compradores adimplentes. Ou seja, foi uma opção do legislador para proteger a coletividade dos adquirentes e o próprio cumprimento do contrato".

valores decorrentes de contratos desfeitos, durante a consecução da incorporação afetada, é postergada para após o término da construção, momento em que os riscos da entrega das unidades autônomas tendem a não existir.

Tal providência vem em boa hora porque visa à proteção do empreendimento como um todo, pois protege os valores segregados pelo patrimônio de afetação (o caixa), dá previsibilidade ao empreendedor sobre os prazos e o desenvolvimento da obra, garante a destinação de tais valores à construção e a efetiva entrega do empreendimento no prazo convencionado.

Na hipótese de haver revenda pelo incorporador da unidade objeto da resolução contratual antes de transcorridos os prazos definidos nos §§ 5º e 6º (respectivamente, 30 dias após o habite-se, em caso de empreendimento com patrimônio de afetação, ou até 180 dias após o desfazimento do contrato), o eventual valor remanescente devido ao adquirente inadimplente deverá ser pago em até 30 dias contados da respectiva revenda (§ 7º), atualizado com base no índice previsto no respectivo contrato desfeito para a correção monetária das parcelas do preço do imóvel (§ 8º).

A cláusula penal prevista em lei e refletida contratualmente não será devida pelo comprador, mesmo em situação de inadimplemento absoluto, se este encontrar um terceiro que se sub-rogue nos direitos e nas obrigações assumidos originalmente, desde que haja anuência do incorporador, com a respectiva aprovação da capacidade financeira e econômica do comprador substituto (§ 9º).

Vale destacar que não se trata de um novo negócio de compra e venda, mas de sub-rogação do já existente. O antigo comprador poderá ou não estar em situação de inadimplemento e, nesse caso, poderá haver valores devidos ao vendedor também em razão da cláusula penal. O comprador substituto se sub-rogará nos direitos e nas obrigações do contrato original. Caso haja pendências decorrentes de inadimplemento de parcelas do preço ou de outras obrigações, o substituto as assumirá no lugar do comprador original, ressalvada a hipótese de comercialmente a incorporadora relevar tal circunstância.

Como aludido anteriormente, o § 10 trata da possibilidade de o comprador exercer direito de arrependimento. É uma hipótese extremamente específica de contrato de compra e venda de unidades autônomas celebrado em estandes de venda e fora da sede comercial do incorporador. Nesse caso, o comprador poderá exercer seu direito legalmente previsto de arrependimento, durante o prazo improrrogável de sete dias, contado da data da celebração do compromisso. Exercido tempestivamente o arrependimento, o comprador terá direito ao recebimento de todos os valores pagos, inclusive comissão de corretagem, sem qualquer indenização ou retenção devida ao incorporador.

É o adquirente quem deverá comprovar que exerceu o direito de arrependimento dentro do prazo legal. Essa comprovação deverá ser feita por meio de carta registrada, encaminhada ao vendedor, com aviso de recebimento, postada até o sétimo dia, contado da data da celebração do compromisso (§ 11).

Superado o prazo de sete dias, sem que o comprador tenha exercido seu direito de arrependimento, o compromisso será considerado irretratável na forma do § 2º do art. 32 (§ 12) citado anteriormente, situação em que eventual intenção de desfazimento se submeterá à reparação de perdas e danos ao vendedor no modo determinado pelos §§ 1º ao 8º do art. 67-A.

Prestigiando a autonomia da vontade, o § 13 do art. 67-A prevê que os contratantes, consensualmente no instrumento de distrato, poderão definir condições diferentes daquelas previstas em lei, observados, porém, os demais diplomas legais, como o art. 53 do Código de Defesa do Consumidor, que proíbe o perdimento total das parcelas pagas.

Importante salientar que, em linha com o quanto estabelece o art. 416 do Código Civil, o § 1º do art. 67-A estabelece que, para exigir a pena convencionada em contrato, não é necessário que o incorporador alegue prejuízo. Isso significa dizer que a pena convencional será devida, independentemente de o inadimplemento ter ou não causado perdas para o incorporador. É o texto expresso de lei.

Para a aplicação da sistemática do art. 67-A, é necessária apenas a demonstração do inadimplemento absoluto, dispensando-se a necessidade da comprovação dos prejuízos e de sua liquidação[377].

2.7.5.5 Lei dos Distratos e a Lei Federal n.º 6.766/1979

O art. 32-A da Lei Federal n.º 6.766/1979 estabelece a forma de restituição de valores em caso de resolução do compromisso de compra e venda de lotes por fato imputado ao comprador.

Antes de tratarmos sobre a restituição de parcelas pagas pelo adquirente de lotes, é preciso avaliar o conteúdo do mencionado art. 32-A.

No dispositivo legal citado, há referência à situação de *resolução contratual por fato imputado ao adquirente*.

Como se sabe, a resolução contratual ocorre quando há inadimplemento obrigacional absoluto. No dispositivo legal citado, o fato é atribuído ao comprador, portanto trata-se, principalmente, do descumprimento de obrigação de pagar o preço de aquisição.

Segundo Arnaldo Rizzardo[378], o inadimplemento pode ser imputável ou não imputável ao devedor, o qual se resume ao voluntário ou involuntário, e o primeiro decorre de decisão do devedor (de inadimplir) e o segundo pode resultar tanto de circunstâncias fáticas externas à relação jurídica quanto de caso fortuito e força maior.

Orlando Gomes[379] esclarece que o inadimplemento de obrigação por fato imputável ao devedor deve ser avaliado sob a teoria da culpa contratual. Para o autor, o dever contratual do obrigado consiste em fazer tudo o que lhe for possível para cumprir a prestação devida, de modo que, se descuidar do seu dever de diligência e isso ocasionar o inadimplemento, a inexecução será culposa. Assim, o inadimplemento culposo consiste em uma omissão do devedor no cumprimento da prestação assumida, seja o descumprimento total da obrigação ou seu cumprimento defeituoso.

A consequência do inadimplemento culposo é acarretar responsabilidade de o devedor indenizar o credor pelas perdas e danos. Haverá inexecução culposa sempre que a obrigação não for cumprida por fato imputável ao devedor. A infração do dever de cumprir a obrigação pode ou não ser intencional ou, ainda, resultar de negligência do devedor. Caso seja intencional, será considerado inadimplemento doloso, mas também a inexecução que decorra de culpa *stricto sensu* do devedor deve ser tratada como inexecução voluntária porque advém, da mesma forma, de fato imputável a ele. A importância prática da determinação do tipo de inexecução é para avaliar se o devedor deve ou não responder por perdas e danos, pois, caso seja culposa, o devedor responderá (Código Civil, art. 389).

---

[377] BDINE JÚNIOR, Hamid Charaf. *In:* GODOY, Claudio Luiz Bueno de *et al. Código Civil comentado:* doutrina e jurisprudência: Lei n. 10.406 de 10.01.2002. Coordenação Cezar Peluso. 17. ed. rev. e atual. Santana de Parnaíba-SP: Manole, 2019. p. 426.

[378] RIZZARDO, Arnaldo. *Contratos*. 21 ed. Rio de Janeiro: Forense, 2023. p. 245.

[379] GOMES, Orlando. *Obrigações*. Revista, atualizada e aumentada, de acordo com o Código Civil de 2002, por Edvaldo Brito. Rio de Janeiro: Forense, 2004. p. 171.

Portanto, o *caput* do art. 32-A trata de inadimplemento voluntário ou culposo atribuído ao comprador, relativamente ao pagamento do preço, pois tem relação com a restituição de valores pagos por ele.

Nesse sentido, ocorrida a resolução do contrato por inadimplemento culposo do comprador, deverão ser restituídos a ele os valores pagos, atualizados com base no mesmo índice adotado no correspondente contrato de compra e venda desfeito, para a correção monetária das parcelas do preço, dos quais o vendedor poderá fazer os descontos dos seguintes itens de acordo com o referido art. 32-A:

a) **Fruição**[380]. Poderá ser descontado valor devido pelo comprador a título de fruição do lote. Essa fruição pressupõe que o adquirente tenha recebido a posse direta do lote, seja na celebração do compromisso, seja posteriormente. Sem que tenha sido imitido na posse direta, o comprador não terá como ter utilizado o lote e, portanto, não terá dele fruído e não deverá ao vendedor qualquer valor a esse título.

Tendo sido o adquirente imitido na posse, o vendedor, no caso de resolução do compromisso, poderá cobrar uma taxa pela fruição, que poderá ir até o limite equivalente a 0,75% sobre o valor atualizado do contrato. O prazo para cálculo dessa fruição vai da data de imissão do comprador na posse direta do lote até a efetiva[381] restituição deste ao loteador (art. 32-A, I).

b) **Cláusula penal**[382-383] **e despesas administrativas.** O montante a ser retido referente à cláusula penal e às despesas administrativas, estas entendidas como aquelas que o loteador tem para a manutenção do empreendimento (escritório, funcionários, estande de vendas, publicidade etc.), não poderá exceder ao limite de 10% sobre o valor atualizado do contrato. Nota-se que se trata de uma penalidade que visa desencorajar o adquirente à resolução do compromisso, pois sua base de aplicação é o valor integral do contrato (art. 32-A, II).

c) **Mora.** Poderão ser retidas pelo loteador todas as despesas decorrentes das prestações pagas em atraso pelo adquirente, caso ainda não tenham sido cobradas com as res-

---

[380] "Compromisso de compra e venda. Imóvel. Loteamento. Rescisão por desistência dos adquirentes. Ato que causa prejuízo à credora. Contrato celebrado já sob a vigência da 'Lei do Distrato' (Lei n.º 13.786/2018). Hipótese, contudo, em que a sentença deferiu a retenção, pela ré, de 20% das quantias pagas, devolvendo-se aos adquirentes 80% desse montante. Não se observou, destarte, o percentual validamente pactuado de 10% sobre o valor do contrato, expressamente pactuado na avença, e em consonância com os parâmetros postos pelo novel art. 32-A da Lei 6.766/79, com a redação dada pela lei do distrato." (TJSP, Apelação Cível 1005566-35.2022.8.26.0100, j. 14.07.2023).

[381] Por efetiva entende-se a imissão na posse direta pelo loteador.

[382] "Compromisso de compra e venda [...] Contratação firmada na vigência da Lei n.º 13.786/2018, a chamada lei do distrato, estabelecendo não só a taxa de fruição pela posse do imóvel, devida até o ingresso em juízo, mais também a multa de 10% do valor do contrato e encargos e impostos sobre o mesmo lote – Quitação somente de poucas parcelas do ajuste, valor inferior à multa estabelecida em lei para o distrato – Sentença reformada" (TJSP, Apelação Cível 1002164-70.2022.8.26.0576, j. 30.10.2023)

[383] "Compromisso de compra e venda. Imóvel. Loteamento. Rescisão por desistência dos adquirentes. Rescisão de rigor, com a consequente reintegração da vendedora na posse do bem. Inteligência do art. 475 do CC. Ato que causa prejuízo à credora. Contrato celebrado já sob a vigência da 'lei do distrato' (Lei n.º 13.786/2018). Hipótese em que faz jus a ré à retenção do percentual de 10% do valor atualizado do contrato, na forma da cláusula penal validamente pactuada. Disposição em consonância com os parâmetros postos pelo novel art. 32-A da Lei 6.766/79, com a redação dada pela lei do distrato. [...] Parcelamento, contudo, expressamente previsto pelo artigo 32-A, § 1º, da Lei n. 6.766/79. [...]" (TJSP, Apelação Cível 1002013-68.2022.8.26.0394, j. 07.07.2023).

pectivas parcelas. Apesar de o dispositivo tratar de parcelas pagas, parece evidente que o loteador possa reter as despesas moratórias referentes às parcelas atrasadas e ainda não quitadas no momento do desfazimento do contrato, pois o compromisso poderá prever penalidades também para a mora. Como falado anteriormente, a cláusula penal (prevista no inciso I) não se confunde com a moratória, ou seja, o loteador poderá considerar ambas no cômputo dos descontos (inciso III).

d) **Despesas do lote.** O loteador também poderá reter dos valores a serem devolvidos ao adquirente os débitos existentes no momento da resolução do contrato relativos (i) ao IPTU, (ii) às contribuições condominiais, associativas ou outras de mesma natureza que estas, (iii) às tarifas vinculadas ao lote, como as de concessionárias de serviços públicos (por exemplo, luz, água e esgoto, se o caso), e (iv) aos tributos, custas e emolumentos que venham a incidir sobre a própria restituição e/ou a rescisão. Com o inadimplemento do adquirente, é possível ao loteador requerer, caso o compromisso esteja registrado, o seu cancelamento, observado o procedimento do art. 32 da Lei Federal n.º 6.766/1979. As despesas que decorram desse procedimento de cancelamento também poderão ser retidas dos valores a serem restituídos ao comprador (inciso IV).

e) **Comissão de corretagem**[384]. Também poderá haver retenção do valor pago a título de comissão de corretagem, desde que tenha integrado o preço de venda do lote (inciso V). Caso a intermediação tenha sido paga separadamente pelo comprador e direto ao corretor, o loteador não poderá reter essa quantia, porque não a teria recebido no pagamento das parcelas do preço. Nessa hipótese, o adquirente inadimplente deverá requerer eventual restituição diretamente no respectivo corretor imobiliário.

Assim como na Lei Federal n.º 4.591/1964, a lei do parcelamento do solo também estabeleceu que as partes podem convencionar a penalidade que será aplicada em caso de desfazimento do contrato por inadimplemento culposo. Impôs, contudo, um limite do qual não poderão os contratantes dispor diferentemente.

Portanto, se o compromisso de compra e venda estabelecer que a cláusula penal para a situação de inadimplemento culposo será de 10% sobre o valor atualizado do contrato, essa não poderá ser revista, porque atende plenamente ao limite disposto pela lei que regulamenta essa relação jurídica.

O Superior Tribunal de Justiça entendeu que as cláusulas contratuais estabelecidas de acordo com o art. 32-A não são nulas, nem abusivas. Constou no teor do REsp 1.933.972/SP, julgado em 31.05.2021, que:

> [...] as cláusulas contratuais estão em conformidade com o quanto previsto pelo artigo 32-A da Lei 6.766/79, introduzido pela lei n.º 13.786/2018, não havendo nulidade ou abusividade a ser declarada.
>
> Cabe, portanto, a condenação da autora ao pagamento de 10% (dez por cento) sobre o total do valor atualizado do contrato a abranger despesas com publicidade, venda, for-

---

[384] "Compromisso de compra e venda ação de rescisão contratual por iniciativa do adquirente. Comissão de corretagem – Conforme decidiu o C. Superior Tribunal de Justiça, em sede de recursos repetitivos (Tema 938), as despesas de corretagem, desde que informadas aos compradores, no momento da celebração do contrato, são de responsabilidade destes. No caso dos autos, restou provado que a adquirente tinha prévia informação da obrigação de pagar a comissão de corretagem, cujo valor foi destacado do preço do imóvel, de modo que ela se faz devida" (TJSP, Apelação Cível 1000985-42.2023.8.26.0358, j. 08.11.2023).

malização da documentação, pagamentos de tributos (PIS, Cofins etc.) e outros gastos administrativos, sendo suficientes para cobertura de tais encargos, não havendo como prestigiar o enriquecimento sem causa, seja de quem for.

Nessa linha tem decidido o Tribunal de Justiça do Estado de São Paulo[385-386-387], a exemplo:

> Compromisso de compra e venda de bem imóvel. Ação de rescisão contratual c.c. repetição de indébito e ressarcimento de perdas e danos. Contrato celebrado após as alterações introduzidas pela Lei 13.786/18 à Lei 6.766/79, aplicando-se as suas disposições e os percentuais de retenção nele previstos. Precedentes desta Col. Câmara e E. Corte. Nos termos do art. 32-A da referida lei e da cláusula F1 do contrato entre as partes, tendo a rescisão contratual se dado por iniciativa da apelante, a apelada está autorizada a reter, dentre outros, as despesas administrativas até o limite de 10% do valor atualizado do contrato e a comissão de corretagem. Assim, embora o adquirente que desiste do negócio tenha direito à restituição de parte do que pagou à incorporadora, nos termos da Súmula 543 do STJ, no caso vertente o montante pago pela autora nem sequer atinge o correspondente aos valores mencionados, de modo que, como corretamente decidido na sentença, nenhuma devolução é devida à apelante. Recurso improvido (TJSP, Apelação Cível 1008874-75.2021.8.26.0533, j. 29.09.2023).

Feitos os cálculos e havendo valores a serem restituídos ao comprador, essa devolução deverá ocorrer em até 12 parcelas mensais, com início após os seguintes prazos:

---

[385] "Compromisso de venda e compra – Rescisão – Indicação referente ao prazo para conclusão das obras de infraestrutura – Aditamento contratual que alterou o prazo inicial de entrega, mantido o prazo de tolerância – Regularidade – Autores que anuíram com todos os seus termos – Cumprimento da obrigação pela vendedora, ausente configuração de qualquer inadimplemento de sua parte – Compradores que pleiteiam a rescisão do contrato – Possibilidade da rescisão, decretada, contudo, a culpa dos autores, caracterizada a sua desistência do negócio – Aplicabilidade da Lei n.º 13.786/18, que acrescentou o artigo 32-A à Lei n.º 6.766/79, pois vigente quando da assinatura do contrato em abril de 2020 – Pagamento de parcela ínfima do preço pelos compradores – Condenação dos autores ao percentual de retenção a título de despesas administrativas e cláusula penal limitada a 10% sobre o valor atualizado do contrato para pagamento à vista – Retenção integral também da comissão de corretagem – Indenização a título de taxa de ocupação afastada, por se tratar de terreno não edificado – Entendimento do C. Superior Tribunal de Justiça – Restituição do saldo remanescente, inclusive do sinal, pois integrante do preço, de forma parcelada – Regularidade, estando em consonância com o artigo 32-A, parágrafo 1º, inciso II, da Lei 6.766/79" (TJSP, Apelação Cível 1003040-55.2022.8.26.0372, j. 1º.11.2023).

[386] "Compromisso de compra e venda – Pedido desmotivado do compromissário comprador para a sua rescisão e devolução dos valores pagos – Acolhimento parcial em sentença – Recurso da ré – Contratação firmada na vigência da Lei n.º 13.786/2018, a chamada lei do distrato, estabelecendo não só a taxa de fruição pela posse do imóvel, devida até o ingresso em juízo, mais também a multa de 10% do valor do contrato e encargos e impostos sobre o mesmo lote – Quitação somente de poucas parcelas do ajuste, valor inferior à multa estabelecida em lei para o distrato [...]" (TJSP, Apelação Cível 1002164-70.2022.8.26.0576, j. 30.10.2023).

[387] Compromisso de compra e venda. Imóvel. Loteamento. Rescisão por desistência do adquirente. Rescisão de rigor, com a consequente reintegração da vendedora na posse do bem. Inteligência do art. 475 do CC. Ato que causa prejuízo à credora. Contrato celebrado já sob a vigência da 'lei do distrato' (Lei n.º 13.786/2018). Hipótese em que faz jus a ré à retenção do percentual de 10% do valor atualizado do contrato, na forma da cláusula penal validamente pactuada. Disposição em consonância com os parâmetros postos pelo novel art. 32-A da Lei 6.766/79, com a redação dada pela lei do distrato. Ré que faz jus, ademais, à taxa de fruição, no percentual de 0,5% sobre o valor do bem, para cada mês de ocupação do imóvel, desde a imissão do adquirente na posse até a desocupação. Juros moratórios a contar" (TJSP, Apelação Cível 1012547-14.2022.8.26.0510, j. 25.09.2023).

a) **loteamentos com obras em andamento:** 180 dias após o prazo previsto no compromisso para o término das obras (art. 32-A, § 1º, I);
b) **loteamentos com obras concluídas:** 12 meses, contados da data da formalização da rescisão. O que se depreende é que o início da devolução dos valores ao comprador, para os loteamentos com obras terminadas, será no prazo máximo de 12 meses, contado do desfazimento do contrato (art. 32-A, § 1º, II), com pagamento em 12 parcelas.

O § 2º do art. 32-A estabelece uma restrição para o registro do compromisso em caso de revenda de lote retomado. Por esse dispositivo, o registro do contrato de nova venda somente será feito depois de se comprovar o início da restituição dos valores do compromisso desfeito na forma do art. 32-A. Sem essa comprovação, o novo registro será obstado. É uma forma de garantir alguma segurança nos recebimentos de valores pelo comprador inadimplente.

Essa regra afeta a questão dos prazos de carência previstos para a devolução dos valores ao comprador desistente (art. 32-A, § 1º, I e II). Isso porque, caso a nova venda seja feita dentro do respectivo prazo de carência, o loteador deverá providenciar o início da devolução, sob pena de inviabilizar o registro do contrato da nova venda. Cria-se uma evidente fragilidade para o novo comprador, pois, se o loteador desejar aguardar o respectivo prazo de carência para iniciar a devolução, o novo adquirente não poderá inscrever seu compromisso de compra e venda no registro imobiliário e não alcançará as proteções que são conferidas pela publicidade registrária.

Imaginemos a situação em que houve o desfazimento de um compromisso de compra e venda de loteamento com obras concluídas. Caso o loteador decida aguardar o respectivo prazo de carência, a devolução dos valores ao comprador anterior inadimplente iniciará no prazo máximo de 12 meses após a formalização da rescisão contratual. Se antes desse prazo o loteador vender o mesmo lote, à vista, com outorga da escritura de compra e venda, esta não poderá ser registrada, privando-se o novo adquirente dos efeitos (aquisição da propriedade) e da segurança jurídica que a inscrição registrária confere. O novo adquirente dependerá de decisão do loteador sobre a possibilidade de antecipação do início da devolução de valores para o comprador que desistiu.

Uma alternativa para contornar essa situação é o novo adquirente, expressamente autorizado pelo loteador, destacar do preço de sua aquisição o valor que deverá ser restituído ao desistente. Assim, supera a impossibilidade de registro trazida no § 2º do art. 32-A.

Dito § 2º do art. 32-A prevê duas situações distintas.

A primeira é referente à hipótese de o desfazimento do contrato original ter sido consensual, o que será instrumentalizado pelo distrato. Se o compromisso de compra e venda desfeito estiver registrado na matrícula do respectivo imóvel, o distrato deverá ser apresentado ao registrador para a averbação de seu cancelamento.

A segunda é relativa à circunstância de o adquirente inadimplente não ter sido encontrado no decorrer do procedimento previsto no art. 32 da Lei Federal n.º 6.766/1979 ou, tendo sido formalmente intimado e constituído em mora, não se manifestar.

O aludido art. 32 regulamenta o procedimento administrativo manejado no registro de imóveis para a rescisão do contrato de compra e venda. Determina que, vencida e não paga a prestação, o contrato será considerado rescindido 30 dias depois de o adquirente inadimplente ter sido constituído em mora.

Oportuno destacar, como feito outras vezes, que, por se tratar de inadimplemento absoluto do comprador, a situação é de resolução do contrato. Constituído o devedor em mora e passados os 30 dias de sua intimação sem que este se manifeste ou pague a dívida, o contrato é considerado resolvido por lei.

Para a constituição em mora do comprador, o vendedor deverá requerer que o registrador da competente circunscrição imobiliária proceda à intimação do devedor[388] para que, no prazo de 30 dias, satisfaça as prestações vencidas e as que eventualmente se vencerem até a ocasião do efetivo pagamento, somadas aos juros convencionados e às despesas de intimação.

Pressupõe-se que tanto o loteamento quanto o respectivo contrato de venda do lote estejam formalmente registrados, pois sem essa providência o registrador não terá atribuição legal para realizar a intimação do adquirente inadimplente para que este purgue a mora, pois não será conhecedor da relação jurídica existente entre eles que decorre de loteamento não inscrito.

Purgada a mora, o contrato se convalescerá. Não purgada, o vendedor requererá ao registrador imobiliário o cancelamento do registro do contrato de compra e venda do lote, o qual se fará em decorrência da certidão emitida pelo oficial sobre o não pagamento.

Promovido o cancelamento do registro do compromisso de compra e venda, em razão de inadimplemento absoluto e nos termos do mencionado art. 32, outro novo registro, em relação ao mesmo lote, somente será possível se for apresentado o distrato do contrato resolvido, com comprovação de pagamento em parcela única ou, se em prestações, da primeira parcela da restituição a ser feita para o ex-adquirente.

Com apoio no art. 416 do Código Civil, para a aplicação das regras previstas no art. 32-A é necessária apenas a confirmação do inadimplemento, dispensando-se a comprovação dos prejuízos e de sua liquidação.

2.7.6 A Lei dos Distratos e o Código de Defesa do Consumidor

Tanto a Lei Federal n.º 4.591/1964 quanto a Lei n.º 6.766/1979 são especiais e regulam relações contratuais específicas relativas aos empreendimentos de incorporação imobiliária e de loteamento.

Os arts. 67-A e 32-A inseridos, respectivamente, nas Leis Federais n.º 4.591/1964 e n.º 6.766/1979, pela Lei dos Distratos, regulamentam de modo completo como se deve dar a apuração dos valores a serem devolvidos pelo vendedor, no que se refere às parcelas pagas, durante a execução do contrato desfeito, em caso de inadimplemento absoluto do comprador.

Com os referidos dispositivos, temos o art. 53 do Código de Defesa do Consumidor que, nos contratos de compra e venda de imóveis com pagamento em prestações, considera nulas as cláusulas que estipulem a perda total das prestações pagas, em benefício do vendedor, em razão do inadimplemento do comprador, que acarrete a resolução do contrato e a retomada da unidade alienada.

O dever de restituir previsto no art. 53 do CDC, porém, caso haja, não representa obrigação de o vendedor devolver tudo o que recebeu do comprador ou de devolver sempre em qualquer situação, sem maiores considerações. Do valor da restituição, quando devida,

---

[388] A intimação deverá ser feita pessoalmente ao adquirente inadimplente como determina o art. 49 da Lei Federal n.º 6.766/1979, não se admitindo, portanto, intimações postais mesmo que com aviso de recebimento. Se a pessoa a ser intimada se recusar a receber a intimação ou dela se furtar ou se encontrar em localidade desconhecida, o responsável pela diligência informará tal circunstância ao oficial notificador que disso fará certidão sob sua responsabilidade. Após essa certificação a intimação será feita por edital e o prazo para purgação da mora iniciará dez dias depois da última publicação (Lei Federal n.º 6.766/1979, art. 49).

poderão ser descontados os valores correspondentes às situações expressamente previstas nos aludidos arts. 67-A e 32-A, tratadas anteriormente.

Em outras palavras, os referidos arts. 67-A e 32-A estabelecem os limites da cláusula penal convencional e, após o seu cálculo, como se darão a dedução e a devolução dos valores pagos pelo comprador em razão de seu inadimplemento culposo. Nesse contexto, a indenização do vendedor ocorrerá pelas regras estabelecidas nos referidos dispositivos legais, e não pelo Código de Defesa do Consumidor.

De maneira geral, o art. 53 do CDC adéqua-se ao sistema jurídico – obviamente incluindo-se a compra e venda de unidades imobiliárias –, que não permite aplicação de penalidades exacerbadas e pretende coibir o enriquecimento sem causa do credor e o correspondente empobrecimento do devedor.

Nessa linha, necessário salientar que as decisões de nossos Tribunais Superiores fizeram importantes adequações dos preceitos legais para coadunar diversos institutos jurídicos previstos em nosso ordenamento. Contudo, há um importante princípio geral de direito, apontado por Moreira Alves[389], que não pode ser afastado dessa temática: o *favor debitoris*, que tem como consequência abrir exceções à rigidez dos princípios cardeais de crédito.

Tal princípio já se encontra presente em decisões dos Tribunais Superiores como fundamento limitador do grau da onerosidade que o débito pode causar na esfera de liberdade jurídica do devedor. Segundo consta em voto da Ministra Nancy Andrighi, proferido nos Embargos de Divergência em Recurso Especial n.º 59.870/SP[390], do Superior Tribunal de Justiça, a limitação da liberdade jurídica do devedor pode ser revelada pela regra interpretativa e integrativa de que quem se obriga, obriga-se sempre pelo menos oneroso.

Pode-se concluir, com apoio também em Rizzatto Nunes[391], que o fundamento em torno do qual gravita o art. 53 do Código de Defesa do Consumidor é o do não enriquecimento sem causa. A pretensão foi de evitar que aquele que não mais puder pagar por uma coisa, depois de quitada parte do preço, fique sem o objeto do negócio jurídico de compra e venda e, ainda, sem o valor das parcelas pagas.

No entanto, antes mesmo do Código de Defesa do Consumidor e, em especial, do art. 53, os Tribunais brasileiros decidiam as questões similares com apoio no art. 924[392] do Código Civil de 1916. Nesse sentido, destaca-se a ementa do Recurso Especial n.º 135.550/SP[393] do Superior Tribunal de Justiça, relatado pelo Ministro Eduardo Ribeiro, julgado em 21.05.2003,

---

[389] MOREIRA ALVES, José Carlos Barbosa. As normas de proteção ao devedor e ao *favor debitoris*: do direito romano ao direito latino-americano. *Revista Synthesis*, Faculdade de Direito da UnB, n. 3, p. 164, 1º sem. 1997.

[390] "[...] pode ser revelada pela seguinte regra interpretativa/integrativa: quem se obriga, obriga sempre pelo menos. Nestes termos, corresponde o *favor debitoris* à manifestação específica do *favor libertatis* em sentido amplo, sendo o corolário, no Direito das obrigações, dos princípios jurídicos ínsitos nas expressões *in dubio pro libertatis* e *in dubio pro reu*."

[391] RIZZATTO NUNES, Luiz Antonio. *Comentários ao Código de Defesa do Consumidor*. 2. ed. reform. São Paulo: Saraiva, 2005. p. 590.

[392] "Quando se cumprir em parte a obrigação, poderá o juiz reduzir proporcionalmente a pena estipulada para o caso de mora, ou de inadimplemento".

[393] "[...] de acordo com a jurisprudência pacífica do Tribunal, não se aplica o Código de Defesa do Consumidor aos contratos celebrados antes de sua vigência, permanecendo válida a cláusula que institui a perda total das prestações pagas em caso de inadimplemento, principalmente quando não prequestionada a possibilidade de redução da pena, prevista no artigo 924 do Código Civil." No mesmo sentido: REsp 248.155/SP, j. 23.05.2000; REsp 314.517/RS, j. 17.05.2001; e REsp 508.492/RS, j. 21.08.2003.

no qual se consignou que, de acordo com a jurisprudência pacífica do Tribunal, não se aplica o Código de Defesa do Consumidor aos contratos celebrados anteriormente à sua vigência, sendo válidas as cláusulas que estabelecem a perda total das prestações pagas em caso de inadimplemento, principalmente quando não prequestionada a possibilidade de redução da penalidade na forma prevista na legislação civil (Código Civil, art. 413).

Entretanto, pela regra do art. 924[394] do Código Civil de 1916, o juiz poderia reduzir proporcionalmente a pena estipulada para o caso de mora ou de inadimplemento do comprador, de modo que não fosse prejudicado com a perda da coisa e daquilo que pagou por ela.

Nosso direito sempre teve o objetivo de evitar que uma das partes fosse sacrificada em relação à outra no desfazimento do contrato, em virtude do inadimplemento absoluto, que pode acontecer por diversos motivos, como perda do emprego, alteração das circunstâncias econômicas, a exemplo do que ocorreu na crise financeira mundial de 2008, e até mesmo pela insuficiência ou incapacidade financeira ulterior do devedor diante do valor das parcelas vincendas[395].

Analisaremos qual regra deve prevalecer para a situação de desfazimento de contrato de compra e venda de unidade imobiliária em prestações. Deve-se promover a devolução total das parcelas pagas como previsto no art. 53 do Código de Defesa do Consumidor ou aplicar o quanto estipulado nos mencionados arts. 67-A e 32-A? É o que procuraremos responder a seguir.

2.7.6.1 A cronologia e a especialidade dos arts. 67-A e 32-A em relação ao Código de Defesa do Consumidor[396]

Como referido anteriormente, os arts. 67-A e 32-A foram introduzidos, respectivamente, nas Leis Federais n.º 4.591/1964 e n.º 6.766/1979, pela Lei Federal n.º 13.786, que entrou em vigor em 28 de dezembro de 2018, portanto posterior ao Código de Defesa do Consumidor.

No que se refere à temporalidade das leis, o § 1º do art. 2º da Lei de Introdução às Normas do Direito Brasileiro consigna que a lei posterior revoga a anterior quando: (i) a revogação expressamente estiver declarada no novo texto legal; (ii) a mais nova seja incompatível com a anterior; ou (iii) regular inteiramente a matéria tratada na lei anterior.

Incontestável que a Lei Federal n.º 13.786/2018 (Lei dos Distratos), sob o aspecto temporal, é cronologicamente mais recente do que o Código de Defesa do Consumidor[397].

Ao analisar os respectivos conteúdos dos arts. 67-A e 32-A, denota-se que eles regulam inteiramente a forma de devolução de valores pagos ao comprador em caso de resolução do contrato decorrente do inadimplemento absoluto deste, tornando-os especiais em relação ao Código de Defesa do Consumidor.

O Código de Defesa do Consumidor, por sua vez, apesar de considerar nulas as cláusulas que prevejam o decaimento total, não regula a forma como devem ocorrer a dedução

---

[394] Equivalente ao art. 413 do atual Código Civil sobre o qual já fizemos comentários anteriores.

[395] RIZZATTO NUNES, Luiz Antonio. *Comentários ao Código de Defesa do Consumidor*. 2. ed. reform. São Paulo: Saraiva, 2005. p. 590 e nota 809.

[396] Tivemos oportunidade de apresentar nosso entendimento sobre o Código de Defesa do Consumidor e a Lei Federal n.º 9.514/1997 em termos semelhantes no trabalho: A propriedade fiduciária de imóvel e o Código de Defesa do Consumidor. Tema 1095 do Superior Tribunal de Justiça. *Migalhas*, 27 abr. 2023. Disponível em: https://www.migalhas.com.br/coluna/migalhas-edilicias/385434/a-propriedade-fiduciaria-de-imovel-e-o-codigo-de-defesa-do-consumidor. Acesso em: 14 mar. 2025.

[397] Entrou em vigor 180 dias contados da data de sua publicação, em 12.09.1990.

e a devolução dos valores pagos pelo comprador inadimplente. O referido Código cuida de estabelecer normas de condutas e princípios gerais como justiça contratual, equidade das prestações, boa-fé objetiva etc.

Nosso entendimento acerca do preceito estatuído no § 1º do art. 2º da Lei de Introdução às Normas do Direito Brasileiro é no sentido de que, se em relação ao mesmo assunto da anterior uma nova lei cria um sistema completo e diferente, consequentemente todo o outro sistema anterior foi eliminado. Dá-se, nessa hipótese, "ab-rogação, que é quando a norma posterior se cobre com o conteúdo todo da antiga"[398].

Importante destacar que o Código de Defesa do Consumidor é considerado uma lei de ordem geral, razão pela qual não regula tipos contratuais específicos, caracterizando-se por ser uma lei de função social, com o objetivo de tutelar um grupo específico de pessoas, os consumidores[399].

Sobre a prevalência das leis especiais em relação ao Código de Defesa do Consumidor, Claudia Lima Marques[400] destaca que:

> Como o CDC não regula contratos específicos, mas sim elabora normas de condutas gerais e estabelece princípios, raros serão os casos de incompatibilidade. Se os casos de incompatibilidade são poucos, há neles, porém, clara prevalência da lei especial nova pelos critérios da especialidade e cronologia. Somente o critério hierárquico pode 'proteger' o texto 'geral' anterior incompatível. Assim, o CDC, como lei geral de proteção dos consumidores, poderia ser afastado para aplicação de uma lei nova especial para aquele contrato ou relação contratual, como no caso da lei sobre seguro-saúde, se houver incompatibilidade de preceitos.

Essa é a conclusão a que se chega ao se comparar o Código de Defesa do Consumidor e os mencionados arts. 67-A e 32-A. Estes, além de mais recentes, são especiais em relação àquele, pois regulam exaustivamente matéria pertinente à devolução de valores pagos pelo adquirente inadimplente em caso de inadimplemento absoluto.

Nesse sentido da especialidade, referidos dispositivos (arts. 67-A e 32-A) estabelecem regras próprias e específicas concernentes ao inadimplemento do adquirente, bem como aos direitos e aos deveres atribuídos ao vendedor em decorrência do inadimplemento absoluto da obrigação principal.

Denota-se, portanto, com apoio no referido § 1º do art. 2º da Lei de Introdução às Normas do Direito Brasileiro, que há uma incompatibilidade aparente entre a regra geral estabelecida pelo art. 53 do Código de Defesa do Consumidor, para as situações de inadimplemento do comprador de unidades imobiliárias em incorporação ou em loteamento, pois aquele proíbe a retenção total dos valores pagos e os arts. 67-A e 32-A regulamentam quais descontos poderão ser aplicados.

O art. 53 do Código de Defesa do Consumidor proíbe que se estipule o perdimento total do que se pagou e os arts. 67-A e 32-A disciplinam as deduções permitidas e a forma de devolução do excedente. É possível, porém, que com a aplicação dos percentuais compensatórios previstos na Lei dos Distratos não sobrem valores a serem devolvidos. Isso não caracteriza cláusula

---

[398] MAXIMILIANO, Carlos. *Hermenêutica e aplicação do direito*. 9. ed. Rio de Janeiro: Forense, 1979. p. 358.
[399] MARQUES, Claudia Lima. *Contratos no Código de Defesa do Consumidor*. 9. ed. São Paulo: RT, 2019. p. 679.
[400] MARQUES, Claudia Lima. *Contratos no Código de Defesa do Consumidor*. 9. ed. São Paulo: RT, 2019. p. 715.

de perdimento, mas apenas a circunstância de um resultado matemático surgido da aplicação da referida Lei dos Distratos.

Entretanto, sobrevivem ambos os diplomas, cada qual em seu espaço normativo próprio e específico, com a prevalência da lei posterior e especial (arts. 67-A e 32-A) na regulação das devoluções de valores sobre o Código de Defesa do Consumidor, que é lei geral.

2.8 DA EXTINÇÃO DO COMPROMISSO DE COMPRA E VENDA DE IMÓVEL

De maneira geral, é possível apontar os seguintes modos de extinção do compromisso[401]: (i) execução voluntária, quando as obrigações são cumpridas na forma estabelecida no contrato; (ii) execução coativa; (iii) resolução, em caso de inadimplemento absoluto; e (iv) resilição bilateral, dissolução por mútuo consentimento (distrato) ou por resilição unilateral. Tais hipóteses já foram avaliadas em pormenores neste Capítulo 2, para o qual remetemos o leitor.

---

[401] GOMES, Orlando. *Contratos*. Atualizadores Edvaldo Brito [e coordenador], Reginalda Paranhos de Brito. 28. ed. Rio de Janeiro: Forense, 2022. p. 265.

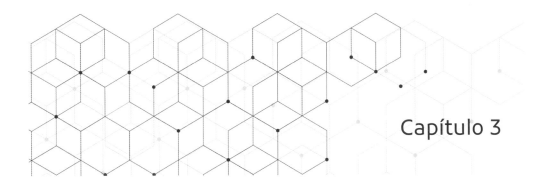

Capítulo 3

DO DIREITO REAL DO COMPROMISSÁRIO COMPRADOR À AQUISIÇÃO DO IMÓVEL

3.1 DIREITOS REAIS

Os direitos reais estão alocados na Parte Especial do Código Civil, no Título II do Livro III. Esse Livro III é dedicado ao tratamento da posse e do direito das coisas. Portanto, as disposições que tratam sobre os direitos reais estão inseridas no Livro do direito das coisas.

A doutrina há muito destaca que o direito das coisas refere-se ao complexo de normas que regulam as relações jurídicas referentes às coisas que podem ser suscetíveis de apropriação pelo homem e por ele utilizadas economicamente[1]. Essas são, portanto, o objeto do direito das coisas.

Importante salientar que o termo *bem* é gênero e abarca tudo aquilo que é necessário para satisfazer a necessidade e a utilidade humana[2]. Já o termo *coisa* é uma espécie de bem que é corpóreo e ao qual pode ser atribuído um valor.

Bens jurídicos, por sua vez, são os que podem ser objeto de relação jurídica, ou seja, os que podem se submeter ao poder de um sujeito de direito.

Diante dessa concepção, Francisco Eduardo Loureiro[3] destaca que

> [...] a honra é um bem, mas não é uma coisa. Um imóvel é um bem e é também uma coisa, porque corpóreo. Doutrina minoritária afirma, por outro lado, que há coisas,

---

[1] BEVILÁQUA, Clóvis. *Direito das coisas*. Brasília: Senado Federal, 2003. p. 9.
[2] Em outro sentido, destaca Sílvio de Salvo Venosa que, na "convivência e realidade social, existe uma infinidade de bens e coisas à nossa volta. Nem sempre a doutrina logra atingir unanimidade nos conceitos de bens e coisas. Lembremos do que foi dito em nosso *Direito civil: parte geral*, Capítulo 16: sem que isso represente verdade definitiva, entendemos por *bens* tudo o que nos possa proporcionar utilidade. Em visão leiga, não jurídica, *bem* é tudo o que pode corresponder a nossos desejos. Na compreensão jurídica, *bem* deve ser considerado tudo o que tem valor pecuniário ou axiológico. Nesse sentido, bem é uma utilidade, quer econômica, quer não econômica (filosófica, psicológica ou social). Nesse aspecto, bem é espécie de *coisa*, embora os termos sejam, por vezes, utilizados indiferentemente" (VENOSA, Sílvio de Salvo. *Direitos reais*. 23. ed. Barueri-SP: Atlas, 2023. p. 3).
[3] LOUREIRO, Francisco Eduardo. Arts. *In*: GODOY, Claudio Luiz Bueno de *et al*. *Código Civil comentado*: doutrina e jurisprudência. Lei n. 10.406 de 10.01.2002. Coordenação Cezar Peluso. 17. ed. rev. e atual. Santana de Parnaíba-SP: Manole, 2023. p. 1079.

como as águas do mar, que não são bens, pois inapropriáveis. A corrente majoritária, porém, entende que não são coisas os bens não apropriáveis. O critério não é só físico, material, mas também de possibilidade de ocupação, dominação por alguém.

É preciso destacar que nem todos os bens interessam ao direito das coisas, pois para este somente importam aqueles que podem ser objeto de apropriação pelo homem e explorados economicamente. Caso não sejam suscetíveis de apropriação exclusiva pelo homem, porque sua utilização é inesgotável, como o ar, a luz solar, o oceano, não interessarão ao direito das coisas[4].

O direito das coisas alcança os bens materiais e regula a propriedade e seus desdobramentos sobre eles. A propriedade, projeção da personalidade humana no domínio das coisas, é considerada o direito real matriz, pois é dela que derivam os demais direitos reais como os de gozo e os de garantia.

O direito das obrigações tem como objeto uma prestação de dar, de fazer ou de não fazer que se consubstancia na conduta do obrigado para com o seu credor, a prestação. A prestação devida pelo devedor ao credor é o objeto imediato do direito obrigacional.

Essa relação obrigacional pode se referir a uma coisa que é apropriável pelo credor, a qual, portanto, passa a integrar o seu patrimônio. Essa coisa seria o objeto mediato da relação jurídica obrigacional. Assim, é possível que a prestação de uma relação jurídica obrigacional seja voltada para uma coisa de interesse das partes contratantes.

Ao analisarmos de forma desvelada a relação credor-devedor de uma prestação que envolve uma coisa, encontramos outra relação que é a do titular com o objeto adquirido pelo negócio jurídico obrigacional. Como direito subjetivo, essa relação do sujeito com a coisa, denominada por domínio, consubstancia-se no poder outorgado ao seu titular para usufruí-la da maneira mais ampla que a legislação permitir.

O estudo do direito das coisas, salienta Sílvio de Salvo Venosa[5], volta-se para essa relação de poder que vincula o titular à coisa, que não pode ser afetada pela interferência de terceiros, partindo-se do direito de propriedade, o mais amplo de todos os direitos reais, chegando-se aos direitos considerados menores ou limitados que dela defluem.

Essa relação de titularidade que se estabelece entre o sujeito e as coisas, principalmente porque estas são finitas, deve ser regulamentada juridicamente para que sejam conciliados os interesses do seu titular com aquilo que a sociedade considera valorativo em determinado tempo.

O direito das coisas por muito tempo manteve-se fiel à tradição romana e aos princípios do individualismo. Essa fidelidade à doutrina tradicional explica-se porque tem a propriedade por fundamento essencial. Como salienta Washington de Barros Monteiro[6], a propriedade é "o mais importante e o mais sólido de todos os direitos subjetivos outorgados ao indivíduo e que, por longo tempo, conservou a mesma fisionomia que lhe delineara o direito romano".

Apesar da ligação à doutrina tradicional, o direito das coisas, em especial o direito de propriedade, sofreu profundas modificações conceituais nas últimas décadas, muitas delas decorrentes da preponderância do interesse público sobre o privado.

---

[4] MONTEIRO, Washington de Barros. *Direito das coisas*. 41. ed. São Paulo: Saraiva, 2011. Edição eletrônica.

[5] VENOSA, Sílvio de Salvo. *Direitos reais*. 23. ed. Barueri-SP: Atlas, 2023. p. 3.

[6] MONTEIRO, Washington de Barros. *Direito das coisas*. 41. ed. São Paulo: Saraiva, 2011. Edição eletrônica.

Desde o direito romano até os dias de hoje, a despeito de variações históricas dos regimes jurídicos, a propriedade é analisada por diversas perspectivas. O direito, porém, apresenta-se apenas como uma delas. Outros ramos do conhecimento, como a economia, a história, a filosofia, a sociologia e a política, investigam a propriedade sob suas próprias perspectivas, na busca pela sua conceituação, suas origens e seus reflexos sociais e econômicos.

Do ponto de vista jurídico, é possível considerar a propriedade como o direito real mais importante. O estudo da propriedade não pode ter como elemento central a busca de um conceito imutável, pois a sua concepção, assim como a sua compreensão, depende dos contornos que os influxos sociais lhe dão. E esses contornos passam por constantes modificações em decorrência das circunstâncias econômicas, políticas e sociais, razão pela qual nem mesmo a atual concepção do direito de propriedade, presente em nosso sistema jurídico, pode ser tida como uma realidade sociológica terminada, tendo em conta que é cotidianamente afetada. A conceituação do direito de propriedade é dinâmica, pois seu conteúdo é preenchido pela legislação que, inevitavelmente, sofre os reflexos de circunstâncias externas.

Com a constitucionalização nos moldes atuais em diversos países, o direito à propriedade passou a ser afetado por certas limitações. Pela análise histórica é possível compreender a evolução do conceito de propriedade, desde o direito romano até o momento em que passa a ter novos contornos dados pelas constituições de alguns países (como México e Alemanha) que surgiram no início do século XX.

O direito de propriedade sofre adequações que decorrem da evolução das sociedades e de suas relações com o patrimônio.

Nos primórdios[7], o direito de propriedade foi fato e surgiu espontaneamente, como ocorre com as manifestações fáticas. Teve origem na necessidade de dominação. E assim se deu com os povos antigos. A propriedade para estes era baseada em princípios que não são os que a justificam nos dias de hoje. Alguns povos nunca conviveram com a ideia de propriedade privada e outros a admitiram depois[8].

Com o tempo, passou a ser regulada por normas cujo objetivo foi atender às exigências sociais e minimizar as disputas e as tensões entre as pessoas. Ao se analisar a história, é fácil perceber os diversos confrontos que tiveram a propriedade como pano de fundo. Muitas das lutas sociais ao longo dos séculos foram fundamentadas na necessidade de adequação da legislação desse direito às aspirações dos povos[9].

O nosso direito de propriedade tem origem histórica no direito romano que, desde a sua mais remota origem, caracterizou-se por tê-la como individual, mas reservada apenas ao cidadão romano e, assim, somente o solo romano poderia ser passível de apropriação. A evolução secular desse tema em Roma estendeu a propriedade privada também para os estrangeiros, por exemplo[10].

A invasão dos bárbaros acarretou significativa instabilidade e insegurança ao sistema então vigente em Roma, pois com ela veio também a ideia de transferência das terras aos mais poderosos. A insegurança vivida naquela época fez surgir a necessidade de as pessoas se

---

[7] PEREIRA, Caio Mário da Silva. *Instituições de direito civil:* direitos reais. Edição revista e atualizada por Carlos Edison do Rêgo Monteiro Filho. 28. ed. Rio de Janeiro: Forense, 2022. v. IV, p. 67.

[8] COULANGES, Fustel de. *A cidade antiga*. São Paulo: Editora das Américas – EDAMERIS, 1961. p. 86-90.

[9] ALLENDE, Guillermo L. *Panorama de derechos reales*. Buenos Aires: La Ley, 1967. p. 371.

[10] Ver História dessa revolução em Roma. In: COULANGES, Fustel de. *A cidade antiga*. São Paulo: Editora das Américas – EDAMERIS, 1961. p. 457 e seguintes.

aproximarem de um grande senhor protetor, com instituição da submissão e da vassalagem em troca de proteção à fruição da terra. À medida que o conceito de devoção e de proteção se expandiu, cresceu, na mesma proporção, a concepção de poder político atrelado à propriedade privada.

O regime feudal aprofundou a concepção da propriedade baseada na senhoria, e o núcleo do poder passou a ser preenchido por um senhor, dono da terra, em torno do qual se posicionavam os seus vassalos pagadores de tributos e prestadores de serviços de guerra e de paz, em troca de segurança e de justiça[11]. Com o passar dos séculos, o sistema feudal sedimentou essa concepção de suserania e vassalagem e a propriedade deixou de ter o vínculo místico e transformou-se em valor político. A propriedade passou a representar poder de comando.

Com o advento da Idade Moderna, o iluminismo – movimento contraposto ao absolutismo (regime vigente na Idade Média) – passou a combater os privilégios da nobreza e do clero, entre eles o direito de propriedade, que não mais se sustentou diante das novas ideias liberais que pretendiam garantir maior liberdade, tanto política quanto econômica. Consequentemente, com a alteração do sistema político, o direito de propriedade também se transformou para se adequar às novas diretrizes.

Nessa linha, a Revolução Francesa buscou acabar com os privilégios da classe social dominante (nobreza e clero), cancelar direitos considerados perpétuos e democratizar a propriedade. Em tal contexto, importantes reformas atingiram a propriedade imobiliária. O Código Civil[12] gerado pela revolução – denominado pela história como o Código Napoleônico – deu destaque ao imóvel como fonte de riqueza, símbolo de estabilidade e de liberdade[13-14].

O individualismo iluminista refletido no direito de propriedade tinha o objetivo de se contrapor aos direitos perpétuos e restritos vividos durante a Idade Média, além de garantir que a propriedade fosse amplamente protegida pelo e contra o Estado, de modo a viabilizar a circulação de riquezas.

Essa nota individualista perdurou por décadas e influenciou legislações de vários países, inclusive a do Brasil[15].

A concepção liberal da propriedade inicia sua guinada de direção na primeira década do século XX, quando as constituições de alguns países sinalizaram a orientação da nova

---

[11] PEREIRA, Caio Mário da Silva. *Condomínio e incorporações*. 10. ed. Rio de Janeiro: Forense, 1998. p. 26.

[12] Art. 544: "A propriedade é o direito de fazer e de dispor das coisas do modo mais absoluto, contanto que delas não se faça um uso proibido pelas leis ou pelos regulamentos".

[13] O Código Civil napoleônico revelou a intenção do legislador francês de garantir o direito individual do titular do direito de propriedade, de modo que pudesse utilizar a coisa da maneira mais absoluta que desejasse, desde que não fosse contrário às leis e/ou aos regulamentos. Denotava um extremado individualismo, marca da filosofia imposta pela burguesia emergente, em contraposição aos direitos perpétuos e restritos vividos durante a Idade Média, e que também fosse amplamente protegido pelo e contra o Estado, de modo a possibilitar a circulação de riquezas.

[14] Raphael Marcelino destaca que o individualismo – nota marcante dos ideais iluministas –, no direito de propriedade, revelou-se uma relação absoluta entre o seu titular e a coisa com poderes quase que ilimitados (MARCELINO, Raphael. *O direito da propriedade democrática*. Rio de Janeiro: Lumen Juris, 2017. p. 16).

[15] Como no conteúdo do § 17 do art. 72 da Constituição de 1891: "O direito de propriedade mantém-se em toda a sua plenitude, salvo a desapropriação por necessidade, ou utilidade pública, mediante indenização prévia" (destaques acrescidos).

conformação desse direito[16-17-18], com a possibilidade de o legislador impor uma nova adequação dos amplos poderes do proprietário para atender aos interesses socialmente válidos.

No Brasil, a Constituição Federal de 1934 estabelecia que era "garantido o direito de propriedade, que não poderá ser exercido contra o interesse social ou coletivo, na forma que a lei determinar" (art. 113, n. 17), a revelar o contexto de uma função social da propriedade. Essa previsão decorreu da influência da Constituição de Weimar[19]. Com exceção da Constituição Federal de 1937, todas as demais mantiveram, no plano do direito constitucional brasileiro, a ideia da função social da propriedade.

No que se refere à Constituição Federal de 1988, a expressão função social, pelo que se depreende dos arts. 182 e 184, deixou de ser menos vaga e passou a conter referenciais que indicam, em certa medida, o que deve ser compreendido por aquele conceito.

A propriedade, em nossa Constituição[20], é consagrada não apenas como garantia, mas também como direito fundamental, e assegura que ninguém poderá ser privado dela de forma arbitrária sem o devido processo legal e, se for o caso, justa e prévia indenização paga em dinheiro[21].

Notadamente, o constituinte optou por uma redação sintetizada do direito de propriedade, de modo a permitir ao legislador infraconstitucional maior espaço para o seu detalhamento e sua abrangência. Evidentemente que o legislador infraconstitucional deve atuar no sentido de regulamentar o direito de propriedade no intervalo permitido pela Constituição.

Ao se ter presente a conceituação constitucional sintética do direito de propriedade, bem como a sistematização hierárquica legislativa, percebe-se, especialmente com a expressa

---

[16] É importante destacar, porém, que, apesar desse momento histórico em que se passou a positivar a função social da propriedade nos sistemas constitucionais mexicano e alemão, no âmbito da filosofia essa concepção é mais antiga, apesar de não ser uma tarefa fácil estabelecer quem dela cuidou primeiro. Torres salienta que mesmo em Roma a propriedade não era considerada absoluta; além de mencionar as passagens de John Locke em que se vale dos registros bíblicos para fazer referência ao direito de propriedade, Torres destaca a passagem da obra *Dois tratados sobre o governo*, em que o autor salienta que: "[...] consideremos a razão natural – que nos diz que os homens, uma vez nascidos, têm direito à sua preservação e, portanto à comida, bebida e a tudo quanto a natureza lhes fornece para sua subsistência – ou a revelação – que nos relata as concessões que Deus fez do mundo para Adão, Noé e seus filhos –, é perfeitamente claro que Deus, como diz o rei Davi (SL 115, 61), deu a terra aos filhos dos homens, deu-a para a humanidade em comum". Assinala ainda Torres que qualquer estudo que se faça sobre a função social da propriedade encontrará a doutrina cristã da Idade Média como fonte (TORRES, Marcos Alcino de Azevedo. *A propriedade e a posse*. Um confronto em torno da função social. 2. ed. Rio de Janeiro: Lumen Juris, 2008. p. 201).

[17] Constituição mexicana de 1917, art. 27, 3ª alínea; e posteriormente a Constituição de Weimar, de 1919, em seu art. 153.

[18] ARRUDA ALVIM; ALVIM, Thereza; CLÁPIS, Alexandre Laizo (coord.). *Comentários ao Código Civil brasileiro*. Livro Introdutório ao Direito das Coisas e ao Direito Civil. Rio de Janeiro: Forense, 2009. v. XI, t. I, p. 265.

[19] Em nosso meio, Carlos Augusto de Carvalho, em sua Nova Consolidação das Leis Civis de 1899, sinalizou essa nova conformação da propriedade ao prever que: "Salvas as restricções legaes, o direito de propriedade autorisa a prática de todos os actos compatíveis com a natureza de seu objeto, o interesse social e o direito de terceiro" (CARVALHO, Carlos Augusto de. *Direito brasileiro recopilado ou nova consolidação das leis civis*. Rio de Janeiro: Francisco Alves, 1899. p. 122).

[20] Apesar de não ter sido a primeira a tratar do direito de propriedade, a Constituição de Weimar, de 1919, estabelecia em seu art. 153 que: "A Constituição garante a propriedade. O seu conteúdo e seus limites resultam da lei".

[21] Constituição Federal, art. 5º, XXII, XXIII, XXIV, LIV e LV.

obrigação de indenizar[22], que se pretendeu garantir um conteúdo mínimo a esse direito sobre o qual as normas infraconstitucionais não poderão atuar para limitar o seu titular de usar, nem para impedi-lo de dispor[23].

Deve-se compreender a concepção constitucional do direito de propriedade com maior amplitude do que aquela contida no direito civil, pois a constitucional abrange todos os direitos patrimoniais privados e a eles garante proteção[24].

A garantia constitucional tem como objetivo, além do reconhecimento da propriedade privada, o de resguardar sua existência e o seu respeito pelo Estado e pela administração pública em geral, de modo a proteger os titulares. A atividade legislativa e administrativa, portanto, não deverá colocar em risco o direito de propriedade.

Apesar dos elementos expressamente indicados no art. 1.228 do Código Civil, alguns autores entendem que o direito de propriedade somente pode ser compreendido por um conceito unitário e que, caso qualquer desses elementos contidos na conceituação civilista seja suprimido, desconfigura-se esse direito. No entanto, há uma parte do conteúdo do direito de propriedade que é considerado essencial e que não pode ser alcançado nem mesmo pela lei, salvo se houver a devida, justa e prévia compensação em dinheiro ao seu titular[25].

Se considerarmos que o direito de propriedade atribui ao seu titular todo o aproveitamento possível de uma coisa, poderíamos deduzir que seu conteúdo essencial é minimamente composto por dois elementos constitutivos, a sua utilidade privada e o poder de disposição. A lei infraconstitucional não pode restringir o direito de propriedade a ponto de suprimir do titular esses elementos mínimos constitutivos[26], a não ser que o indenize.

O titular será privado do seu direito de propriedade não apenas quando se elimina definitivamente esse direito de sua esfera patrimonial, mas também quando se promove "a suspensão ou o sacrifício de quaisquer atributos a ele inerentes"[27].

Pode-se afirmar, portanto, que o direito de propriedade contém um núcleo essencial, o qual é preenchido pelos direitos de usar e de dispor da coisa, constitucionalmente garantidos. E, para que esse direito permaneça com suas características mínimas e essenciais, tal núcleo deve ser compreendido como irredutível, inclusive pela lei, sob pena de o titular ser privado de seu livre exercício.

Sendo a propriedade um direito fundamental pelo texto constitucional, a lei, que de alguma forma regulamentar aspectos relativos a esse direito, não poderá atentar contra ele a ponto de suprimir seu conteúdo mínimo essencial.

---

[22] Constituição Federal, art. 5º, XXIV.
[23] ARRUDA ALVIM; ALVIM, Thereza; CLÁPIS, Alexandre Laizo (coord.). *Comentários ao Código Civil brasileiro*. Livro Introdutório ao Direito das Coisas e ao Direito Civil. Rio de Janeiro: Forense, 2009. v. XI, t. I, p. 41.
[24] VIEIRA, José Alberto. *Direitos reais*. Coimbra: Almedina, 2016. p. 575.
[25] MOZOS apud ARRUDA ALVIM; ALVIM, Thereza; CLÁPIS, Alexandre Laizo (coord.). *Comentários ao Código Civil brasileiro*. Livro Introdutório ao Direito das Coisas e ao Direito Civil. Rio de Janeiro: Forense, 2009. v. XI, t. I, p. 43.
[26] ARRUDA ALVIM; ALVIM, Thereza; CLÁPIS, Alexandre Laizo (coord.). *Comentários ao Código Civil brasileiro*. Livro Introdutório ao Direito das Coisas e ao Direito Civil. Rio de Janeiro: Forense, 2009. p. 44; VIEIRA, José Alberto. *Direitos reais*, Coimbra: Almedina, 2016. v. XI, t. I, p. 580; e POTHIER, Robert-Joseph. Traité du droit de domaine de propriété, de la possession. De la prescription qui resulte de la possession. In: POTHIER, Robert-Joseph. *Oeuvres de Pothier*. Nouvelle Édition, Tome Dixiéme. Paris: Thomine et Fortic, 1821. p. 3.
[27] ROSAS, Roberto. *Improbidade administrativa*: devido processo legal. São Paulo: Malheiros, 2003. p. 390.

Evidentemente que aqui não se quer negar a delimitação que a lei infraconstitucional tem conferido ao direito de propriedade em sua evolução dogmática para atender a função social, situação em que o legislador conclama o proprietário a utilizar seu objeto de maneira a não afrontar o interesse comum[28-29].

A previsão constitucional desse direito fundamental tem como objetivo regular a situação do proprietário diante do Estado, de modo a impedir que o legislador infraconstitucional avance para desnaturar o conteúdo mínimo essencial e irredutível do direito de propriedade. Deve-se garantir a instituição da propriedade privada. No entanto, é a lei que dirá no que consiste e quais são os seus limites. E há liberdade legislativa nessa atribuição legal, exceto a de eliminar a instituição (propriedade)[30].

É o sistema jurídico (em seu todo considerado) que transforma o simples possuir (o ter) a coisa em ser dono dela. E a proteção constitucional do direito de propriedade, como garantia institucional e como direito subjetivo, atribui ao legislador a competência de definir o próprio direito, mas com regras conformativas e não restritivas[31]. Estas poderão estar contempladas naquelas, mas não são em si a finalidade última e principal; funcionam em razão do dinamismo desse direito diante das concepções valorativas e dos contextos socioeconômicos e políticos específicos de determinado momento histórico e cultural[32].

Equivocada é a conclusão de que direitos, liberdades, poderes e garantias seriam passíveis de limitação ou de restrição. A atuação legislativa é subordinada aos chamados limites imanentes ou limite dos limites quando se pretende restringir direitos individuais. Tais limites decorrentes da própria Constituição "referem-se tanto à necessidade de proteção de um núcleo essencial do direito fundamental quanto à clareza, determinação, generalidade e proporcionalidade das restrições impostas"[33-34].

Assim, seja princípio expressamente contido na Constituição ou postulado que dela emana, a proteção do núcleo essencial do direito fundamental tem como objetivo, além de

---

[28] Nessa concepção, está abarcado o direito de o proprietário não usar ou subutilizar diante dos valores que passaram a ser considerados socialmente válidos. A exemplo, temos em vigência o Estatuto da Cidade.

[29] José Afonso da Silva chega a considerar a função social como elemento da estrutura do regime jurídico da propriedade, sendo, para o autor, princípio ordenador da propriedade privada, pois afeta seu conteúdo, dando-lhe a noção de situação jurídica subjetiva (complexa) em razão da delimitação que as faculdades do proprietário sofrem pela orientação constitucional (SILVA, José Afonso da. *Curso de direito constitucional positivo*. 40. ed. São Paulo: Malheiros, 2017. p. 275).

[30] PONTES DE MIRANDA, Francisco Cavalcanti. *Comentários à Constituição de 1967/69*. Rio de Janeiro: Forense, 1987. t. V e VI, p. 368.

[31] MENDES, Gilmar Ferreira. *Direitos fundamentais e controle de constitucionalidade*. Estudo de direito constitucional. 3. ed. rev. e ampl. São Paulo: Saraiva, 2004. p. 153.

[32] MARCELINO, Raphael. *O direito da propriedade democrática*. Rio de Janeiro: Lumen Juris, 2017. p. 172; e MENDES, Gilmar Ferreira. *Direitos fundamentais e controle de constitucionalidade*. Estudo de direito constitucional. 3. ed. rev. e ampl. São Paulo: Saraiva, 2004. p. 153.

[33] MENDES, Gilmar Ferreira. *Direitos fundamentais e controle de constitucionalidade*. Estudo de direito constitucional. 3. ed. rev. e ampl. São Paulo: Saraiva, 2004. cit. p. 41.

[34] Pontes de Miranda, ao se referir à propriedade privada, esclarece que: "[...] é instituição, a que as Constituições dão o broquel de garantia institucional. O art. 153, § 22, foi expressivo. Não há na Constituição de 1967 conceito imutável, fixo, de propriedade; nem seria possível enumerar todos os direitos particulares em que se pode decompor, ou de que transcendentemente se compõe, porque da instituição apenas fica, quando reduzida, a simples e pura patrimonialidade". E conclui o autor: "Ao legislador só se impede acabar, como tal e em regra, com o instituto jurídico, com o direito de propriedade" (PONTES DE MIRANDA, Francisco Cavalcanti. *Comentários à Constituição de 1967/69*. Rio de Janeiro: Forense, 1987. t. V e VI, p. 396).

vincular e obrigar o próprio Estado, evitar que a ação do legislador, por meio de restrições descabidas, desmensuradas ou desproporcionais, promova o esvaziamento do seu conteúdo.

Diante dessa sistemática protetiva dos núcleos essenciais dos direitos individuais, confiou-se ao legislador infraconstitucional a tarefa de definir, no caso da propriedade, o próprio conteúdo do direito, sempre alinhado com a matriz constitucional. Essa atividade legislativa deve atender a dois objetivos, o de estabelecer as diretrizes legais do direito de propriedade em conformação com a Constituição e as restrições necessárias para que atenda à sua finalidade sem desnaturá-la[35].

No processo de regulação ou de conformação do direito de propriedade pelo legislador, é possível que surjam delimitações capazes de acarretar importantes consequências para o titular. Exemplo disso é a legislação de tombamento que atinge a propriedade imobiliária.

O Decreto-lei n.º 25, de 30 de novembro de 1937, trata da organização e da proteção do patrimônio histórico e artístico nacional. No conteúdo desse regulamento, encontramos dispositivos que acabam por revelar, para a propriedade privada, um dever social capaz de limitar os direitos que subsistem para o proprietário, temporária ou definitivamente, tendo-se em conta a natureza especial do objeto protegido.

O imóvel atingido pelo ato de tombamento não poderá ser livremente alterado, demolido ou descaracterizado. Somente com prévia autorização do órgão público competente é que o proprietário poderá nele promover intervenções[36-37].

O tombamento representa significativa limitação ao exercício dos direitos que subsistem ao proprietário, impedindo-se o abuso na sua utilização a ponto de aniquilá-los ou fazer com que percam o valor que levou a propriedade a ser tombada. Em princípio, essa limitação não acarreta a perda da propriedade, pois o domínio não se desloca do particular para o Estado e, portanto, não gera direito a indenização[38]. Na hipótese de o ato de tombamento esvaziar o conteúdo econômico da propriedade por destacar do domínio a possibilidade de o proprietário usar, fruir ou dispor da coisa tombada, dever-se-á indenizá-lo, mesmo que o ato de tombamento não importe em apossamento administrativo[39].

A Constituição garante a instituição jurídica propriedade, de modo a deixar para o legislador, em razão de um interesse social maior, o espaço suficiente para que possa determinar limites à ação do proprietário, mas sempre assegurando a existência, a funcionalidade e a utilidade privada desse direito[40].

As disposições legais que definem seu conteúdo possuem caráter constitutivo, mas nunca poderão se afastar dos limites constitucionais. Significa dizer que na atuação do legislador infraconstitucional não existe liberdade para afetar o conteúdo primário, essencial, elementar

---

[35] MARCELINO, Raphael. *O direito da propriedade democrática*. Rio de Janeiro: Lumen Juris, 2017. p. 170.
[36] Decreto-lei n.º 25/1937, art. 17.
[37] E o dever social emanado do tombamento afeta toda a vizinhança da coisa tombada, pois somente com autorização prévia é que os proprietários de coisas localizados no seu entorno poderão fazer modificações que impeçam ou reduzam a visibilidade da coisa tombada (Decreto-lei n.º 25/1937, art. 18).
[38] Nos dizeres do Ministro Herman Benjamin, com o tombamento o objeto passa para um "regime de preservação plena, universal e perpétua" (REsp 1.359.534/MA, j. 20.02.2014).
[39] A exemplo, precedentes do STJ: REsp 52.905-0/SP; REsp 1.168.632/SP; REsp 122.114; REsp 401.264-SP, entre outros.
[40] MENDES, Gilmar Ferreira. *Direitos fundamentais e controle de constitucionalidade*. Estudo de direito constitucional. 3. ed. rev. e ampl. São Paulo: Saraiva, 2004. p. 155.

ou mínimo do direito de propriedade, de modo a suprimi-lo (*ex lege*) ou, ainda, vedar seu exercício ou impedir sua disposição pelo titular[41], sem a devida compensação.

A atividade legislativa infraconstitucional relativa ao direito de propriedade encontra-se submetida à estrita reserva legal, devendo ser regulada por lei compatível com a Constituição e que resguarde seus elementos essenciais.

Em razão da evolução de valores constitucionais, fala-se em uma reserva legal proporcional, pois, tendo em conta o necessário preenchimento do conteúdo do direito de propriedade por meio de lei, há que considerar que os preceitos desta poderão ceder ou ser relativizados em razão de outro valor que seja socialmente superior. É o que ocorre com a função social da propriedade. Quando a lei, orientada por esse valor constitucional, estabelece restrições ao direito de propriedade, legitimamente afeta esse direito. Entretanto, repete-se, essa atuação legislativa, mesmo que em nome do valor constitucional da função social, não poderá atingir os elementos essenciais do direito de propriedade. Ainda que o conteúdo do direito de propriedade seja permeado pela função social, não se poderá permitir nem reconhecer qualquer limitação aos seus elementos essenciais, de modo a vinculá-la exclusivamente ao serviço do Estado ou da comunidade[42] sem a devida indenização.

Como dito anteriormente, no âmbito dessa referida reserva legal proporcional, o legislador, ao redefinir o direito de propriedade, poderá estabelecer normas de natureza conformativa ou de cunho restritivo. Tais disposições de caráter conformativo e restritivo podem, ademais, reduzir alguns dos poderes ou faculdades originariamente conferidos ao proprietário, sem que acarrete direito de indenização, pois não retira dele seu direito de propriedade[43]. Caso avance para o conteúdo mínimo, deverá haver indenização prevista na forma constitucional.

Há ainda outros elementos que demonstram a evolução do direito das coisas além daqueles que afetam o direito de propriedade. Um exemplo é a inclusão do direito do compromissário comprador de imóvel como direito real à aquisição (Código Civil, art. 1.225, VII, c.c. o art. 1.418).

Mais um exemplo dessa evolução é a inserção do direito real de superfície no rol dos direitos reais do Código Civil de 2002 (art. 1.225, II).

De maneira bem geral, os direitos reais podem ser classificados em duas categorias. A primeira sobre coisa própria (*jus in re propria*) e a segunda sobre coisa alheia (*jura in re aliena*).

Como direito real essencial sobre coisa própria está a propriedade, considerada matriz porque dela derivam todos os demais direitos reais que a ela se coligam e com ela mantêm relação de dependência.

Para a segunda categoria são indicados os direitos reais limitados de fruição ou de gozo (laje, servidão, uso, usufruto, habitação, superfície, concessão de uso especial para fins de moradia e concessão de direito real de uso) e os de garantia (hipoteca, anticrese, penhor e propriedade fiduciária). Em outro plano, apesar de já previsto no Decreto-lei n.º 58/1937, foi incluído no Código Civil de 2002, em decorrência das necessidades econômicas dos negócios

---

[41] ARRUDA ALVIM; ALVIM, Thereza; CLÁPIS, Alexandre Laizo (coord.). *Comentários ao Código Civil brasileiro*. Livro Introdutório ao Direito das Coisas e ao Direito Civil. Rio de Janeiro: Forense, 2009. v. XI, t. I, p. 48.

[42] Vale destacar que o interesse individual do titular do direito de propriedade é amparado por normas de direito privado, enquanto sua função social é garantida por regras de direito público. Aquelas podem ser encontradas no Código Civil e estas, no Estatuto da Cidade, por exemplo.

[43] MENDES, Gilmar Ferreira. *Direitos fundamentais e controle de constitucionalidade*. Estudo de direito constitucional. 3. ed. rev. e ampl. São Paulo: Saraiva, 2004. p. 156.

jurídicos preliminares de compra e venda de imóveis, o já referido direito real à aquisição, constituído por meio do registro do compromisso irrevogável de compra e venda.

Em relação ao objeto podem-se dividir os direitos reais em mobiliários e imobiliários.

Os direitos reais mobiliários são constituídos ou transmitidos por negócios jurídicos. Com apoio nesses negócios jurídicos, a propriedade da coisa móvel é constituída por meio da tradição, ou seja, da efetiva entrega da coisa pelo titular ao adquirente (Código Civil, art. 1.226).

Os direitos reais imobiliários também são constituídos ou transmitidos com base em negócios jurídicos causais. Para a efetiva constituição do direito real imobiliário é necessário que o respectivo título causal seja inscrito na matrícula do imóvel no registro imobiliário competente (Código Civil, art. 1.227).

Importante destacar que o título causal que constitui ou transmite o respectivo direito real imobiliário mantém vínculo umbilical com a inscrição feita no registro de imóveis[44].

3.2 TEORIAS UNITÁRIAS (PERSONALISTA E REALISTA)

Não é nosso objetivo neste tópico apresentar posições jurídicas que descrevem as teorias que, ao longo dos séculos, procuraram explicar a natureza jurídica dos direitos reais. Até porque para cada posição existe uma opinião contrária, o que não se coaduna com a praticidade que buscamos.

Ainda assim, devemos, para uma melhor compreensão do que diremos, apresentar as linhas consideradas principais que trataram da problemática da conceituação jurídica dos direitos reais.

Nesse sentido, aqui trataremos da teoria monista ou unitária, da teoria personalista realista e da teoria unitária realista e deixaremos a teoria clássica ou dualista para o tópico imediatamente seguinte.

A teoria monista ou unitária nega que exista autonomia entre direitos reais e direitos pessoais. Já a teoria unitária personalista inclui os direitos reais nos pessoais, enquanto a unitária realista inverte e agrega os direitos pessoais em torno dos direitos reais.

Para a teoria unitária personalista, não há diferenças relevantes entre os direitos reais e os direitos pessoais. Da mesma forma que nas obrigações em geral (em que há sujeitos e uma prestação que os vincula), o direito real acarreta um dever geral de abstenção de toda a sociedade em relação ao seu titular, o que se traduziria em uma prestação de natureza negativa, pois não é admissível que terceiros obstruam imotivadamente o seu exercício.

Os que fazem a defesa da teoria unitária personalista justificam a inserção dos direitos reais no espectro das relações jurídicas em geral porque não admitem relações entre pessoa e coisa, mas unicamente relações entre pessoas. Quando concebem uma relação envolvendo direito real, consideram-na exclusivamente entre seu titular (sujeito ativo) e toda a sociedade (sujeito passivo), a quem se atribui a prestação negativa, cujo cumprimento se dá na observância do dever geral de abstenção anteriormente comentado.

A teoria unitária realista perseguiu direção oposta à personalista e inseriu os direitos pessoais no âmbito dos direitos reais. Valter Farid Antonio Junior[45] esclarece que, como "toda obrigação recai sobre os bens do devedor e não sobre sua pessoa, o direito obrigacional

---

[44] Vale destacar que o registro, enquanto não cancelado, produz todos os efeitos legais, ainda que, por outra maneira, prove-se que o título está desfeito, anulado, extinto ou rescindido (Lei Federal n.º 6.015/1973, art. 252).

[45] ANTONIO JUNIOR, Valter Farid. *Compromisso de compra e venda*. São Paulo: Atlas, 2009. p. 61.

revelaria muito mais uma relação entre patrimônios do que entre pessoas e, como tal, inserir-se-ia no plano dos direitos reais".

3.3 TEORIA CLÁSSICA OU DUALISTA

Em contraposição às teorias unitárias, formulou-se a teoria clássica ou dualista. Esta tem como premissa singular a completa distinção entre direitos reais e direitos pessoais.

Valter Farid Antonio Junior[46] registra a diferença: "*ius in re* é a faculdade que compete ao homem sobre a coisa sem consideração a determinada pessoa; *ius ad rem* é a faculdade que nos compete sobre outra pessoa para que nos dê ou faça algo".

Pela teoria dualista, a distinção entre os direitos reais e os direitos pessoais é feita em relação ao seu respectivo objeto. No direito real, existe uma relação direta e imediata entre uma pessoa e uma coisa, sem que seja necessária a determinação de um sujeito passivo, e essa relação é considerada *erga omnes*. Para o direito pessoal, a relação jurídica existe entre pessoas (sujeito ativo e sujeito passivo) que, no âmbito obrigacional, vinculam-se a uma prestação (de dar, de fazer ou de não fazer), oponível apenas pelo credor ao seu devedor.

Com apoio na teoria dualista, Guillermo L. Allende[47] define direito real como

> [...] un derecho absoluto, de contenido patrimonial, cuyas normas substancialmente de orden público, establecen entre una persona (sujeto activo) y una cosa determinada (objeto) una relación inmediata, que previa publicidad obliga a la sociedad (sujeto pasivo) a abstenerse de realizar cualquier acto contrario al mismo (obligación negativa), naciendo para el caso de violación una acción real y que otorga a sus titulares las ventajas inherentes al ius persequendi y al *ius preferendi*.

No direito brasileiro, a teoria clássica ou dualista predomina. Demonstra isso o fato de que na estrutura do Código Civil os direitos obrigacionais são tratados separadamente dos direitos reais, apesar de ambos estarem alocados na parte especial. Aqueles estão no Livro I e estes, no Livro III.

3.4 DIREITOS REAIS E DIREITOS PESSOAIS. ASPECTOS GERAIS

Os direitos reais e os direitos pessoais podem ser incluídos em uma mesma categoria chamada de direitos patrimoniais. Em síntese (veremos suas características principais e seus elementos diferenciadores a seguir), os reais são direitos patrimoniais considerados absolutos, enquanto os pessoais são direitos patrimoniais considerados relativos[48].

A diferenciação entre eles é feita com a análise de seus elementos estruturantes. É a contraposição entre eles que revela suas notas distintivas.

Washington de Barros Monteiro[49] define direito real como "a relação jurídica em virtude da qual o titular pode retirar da coisa de modo exclusivo e contra todos, as utilidades que ela é capaz de produzir", desde que respeitados os limites legais estabelecidos nos §§ 1º e 2º do art. 1.228 do Código Civil (acrescentamos); e direito pessoal como a "relação jurídica mercê

---

[46] ANTONIO JUNIOR, Valter Farid. *Compromisso de compra e venda*. São Paulo: Atlas, 2009. p. 61.
[47] ALLENDE, Guillermo L. *Panorama de derechos reales*. Buenos Aires: La Ley, 1967. p. 19.
[48] ALLENDE, Guillermo L. *Panorama de derechos reales*. Buenos Aires: La Ley, 1967. p. 50.
[49] MONTEIRO, Washington de Barros. *Direito das coisas*. 42. ed. São Paulo: Saraiva, 2012. p. 30.

da qual ao sujeito ativo assiste o poder de exigir do sujeito passivo determinada prestação, positiva ou negativa".

De início, pode-se afirmar que, em razão da importância que assumem no interesse da paz social e segurança em suas relações, as normas que regulamentam os direitos reais são consideradas cogentes, imperativas ou de ordem pública[50] que servem ao direito privado, pois são utilizadas no tráfego jurídico por meio da vontade dos particulares consubstanciada em relações contratuais, apesar de não admitirem que aquela (a vontade) possa de qualquer forma alterá-las em sua essência. O limite imposto à autonomia privada, destaca Arruda Alvim[51], está "na inviabilidade de conformar ou redefinir os modelos dos direitos reais, o que só pode ocorrer pela lei".

Os direitos pessoais decorrem da atuação da autonomia privada, que pode estender seus conceitos, como ocorre no direito dos contratos, para além do que é legalmente previsto e até mesmo criar relações contratuais não estabelecidas previamente no ordenamento, as quais são consideradas atípicas (Código Civil, art. 425).

O direito real tem caráter absoluto porque não é estruturado com base em qualquer relação jurídica, mas sim em regras específicas e determinadas por lei, razão pela qual podem ser opostos *erga omnes*. "É neste sentido que se exprime que os direitos reais têm carácter absoluto, na medida em que são oponíveis a qualquer pessoa que se pretenda ingerir no domínio reservado ao seu titular."[52]

Pela característica de sua eficácia *erga omnes*, nos direitos reais o sujeito passivo é considerado universal, ou seja, não há a especialização de um sujeito em particular para além do seu titular porque os deveres que deles decorrem atingem indistintamente a todos quando formalmente constituídos. Na essência dos direitos pessoais, tendo em vista que a pretensão do credor decorre de uma relação de crédito, seus efeitos vinculam apenas ele e seu devedor[53].

Aos direitos reais imobiliários ainda é aplicado um regime de publicidade específica e especial, pois para o efeito *erga omnes* importa que sua constituição seja do conhecimento

---

[50] Sílvio de Salvo Venosa destaca que a "ordem pública é preponderante na disciplina dos direitos reais. Existe, porém, grande margem de atuação da vontade em seu ordenamento. São de ordem pública as normas definidoras dos direitos reais e da respectiva amplitude de seu conteúdo. Essa preponderância guarda relação direta com o conteúdo institucional da propriedade, que varia no tempo e no espaço. Os ditames fundamentais do direito de propriedade devem vir sempre disciplinados na Lei Maior. A razão de ser da propriedade deve ser buscada em cada país, em cada ordenamento, em cada época, em sua organização política, social e econômica. Em termos gerais, podemos afirmar que, enquanto os direitos pessoais ou obrigacionais são estruturados para satisfazer basicamente às necessidades individuais, os direitos reais buscam o aperfeiçoamento dos estágios políticos, sociais e econômicos, procurando não apenas satisfazer a necessidades individuais, mas também principalmente a coletivas. Por essa razão, a Constituição Federal assegura o direito de propriedade (art. 5º, XXII), mas acrescenta que ela 'atenderá sua função social' (art. 5º, XXIII). Nesse sentido, acrescentando-se ao já exposto, deve ser entendida a afirmação de que os direitos reais são absolutos" (VENOSA, Sílvio de Salvo. *Direito civil*: reais. 23. ed. Barueri-SP: Atlas, 2023. p. 21).

[51] ARRUDA ALVIM; ALVIM, Thereza; CLÁPIS, Alexandre Laizo (coord.). *Comentários ao Código Civil brasileiro*. Livro Introdutório ao Direito das Coisas e ao Direito Civil. Rio de Janeiro: Forense, 2009. v. XI, t. I, p. 114.

[52] LEITÃO, Luís Manuel Teles de Menezes. *Direitos reais*. Coimbra: Almedina, 2009. p. 44.

[53] Importa destacar que nas relações de consumo os efeitos protetivos ao devedor/consumidor extrapolam a relação entre este e seu credor originário, pois de acordo com o parágrafo único do art. 7º da Lei Federal n.º 8.078/1990, o qual prevê a responsabilidade solidária na cadeia de consumo, todos que dela participarem responderão pela reparação dos danos causados.

de todos, o que ocorre com a publicidade registrária. Esse regime especial não se aplica aos direitos pessoais, que regulam unicamente as relações entre credor e devedor, como dito, e não necessitam ser publicizadas para que sejam consideradas constituídas.

Os negócios jurídicos de constituição ou de transferência de direitos reais, enquanto não inscritos nos respectivos registros de imóveis, são tidos como de natureza pessoal, capazes de vincular apenas os seus contratantes, sem gerar efeitos contra terceiros.

No direito pessoal, em contrapartida, há uma pessoa que é o sujeito passivo da relação jurídica obrigacional, mas que é sempre determinada. Essa relação não se opõe a todos os terceiros como no direito real, e sim apenas em relação aos sujeitos que dela participam (credor e devedor e garantidor, se o caso).

Outro ponto de distinção está na perpetuidade da propriedade, direito-matriz dos direitos reais, o que significa que para ela não se estabelece um prazo de validade, ao passo que os direitos pessoais são originados para serem temporários tendo em vista que o que se busca é a extinção da prestação pelo adimplemento do devedor em determinado prazo, modo e lugar.

Ademais, do direito real decorre um poder do seu titular sobre a coisa, o qual exclui indistintamente a interferência de quaisquer terceiros. Na maioria das vezes, esse poder é projetado pelo titular sobre a coisa por meio de um controle material com relação a ela, que é a posse.

Será visto adiante que aos direitos reais são atribuídas a sequela e a preferência, atributos que não estão presentes nas relações pessoais ou obrigacionais.

No âmbito processual, em regra, a competência para discussão das demandas obrigacionais está geralmente vinculada ao domicílio do réu/devedor (Código de Processo Civil, art. 46), enquanto para as demandas fundadas em direitos reais é competente o foro de situação da coisa (Código de Processo Civil, art. 47).

Tanto a doutrina nacional quanto a estrangeira passaram muito tempo debatendo se havia ou não elementos diferenciadores e distintivos entre direitos reais e pessoais. Inúmeras correntes foram construídas ao longo de décadas, com atenção especial a duas delas que se antagonizaram: as teorias monistas ou unitárias e a dualista ou clássica, apresentadas anteriormente. Aquelas negavam existir autonomia entre tais direitos, estas a admitiam.

3.5 DIREITOS REAIS E DIREITOS PESSOAIS. CARACTERÍSTICAS DISTINTIVAS

Na esfera dos direitos patrimoniais, estabelecem-se diferenças entre o direito pessoal ou obrigacional ou de crédito e o direito real. Em síntese inicial para alocação coerente do tema, o direito obrigacional decorre de uma relação entre duas ou mais pessoas que se vinculam à prestação específica.

Em relação à sua estrutura, no direito pessoal há um sujeito ativo (credor), um sujeito passivo (devedor) e uma prestação, que é o objeto da obrigação, razão pela qual, como *jus in persona*, qualifica-se como *pessoal*[54]. No direito real, há o sujeito ativo, a coisa e a relação do seu titular para com ela. Não há, no direito real, alguém que possa ser individualmente considerado sujeito passivo[55].

---

[54] BESSONE, Darcy. *Da compra e venda:* promessa & reserva de domínio. 3. ed. rev. e ampl. São Paulo: Saraiva, 1988. p. 99.
[55] ARRUDA ALVIM; ALVIM, Thereza; CLÁPIS, Alexandre Laizo (coord.). *Comentários ao Código Civil brasileiro.* Livro Introdutório ao Direito das Coisas e ao Direito Civil. Rio de Janeiro: Forense, 2009. v. XI, t. I, p. 62.

No direito real, o seu titular exerce um poder jurídico sobre uma coisa de forma direta e imediata, sem a intermediação de qualquer pessoa. "Trata-se, então, de *jus in re*, não mais *in personam*, prescindindo-se, assim, do sujeito passivo, isto é, do devedor, bem como de qualquer ato de outrem."[56] Por exemplo, o fiduciário não é titular de posse direta sobre a coisa, mas com ela mantém vínculo real de proprietário fiduciário em garantia.

Importante salientar que o direito obrigacional é a sede do exercício de direitos com base no querer dos sujeitos, que tem como objetivo a realização de interesses privados, dentro do espaço permitido pelo legislador para a atuação da autonomia privada. A ordem jurídica protege o poder criativo que decorre da exteriorização da vontade dos sujeitos de direitos[57].

O negócio jurídico é o instrumento de atuação da autonomia privada[58], princípio cardeal no âmbito do direito obrigacional e dos contratos, perdendo espaço apenas em face das normas de ordem pública[59]. Em outras palavras, significa dizer que, de certa forma, os direitos pessoais são ilimitados, pois as partes podem, respeitada a ordem pública, regulamentar seus interesses privados, inclusive com a criação de novos tipos contratuais (*numerus apertus*)[60]. Sob esse aspecto, destaca Orlando Gomes[61], "apresenta-se como a suprema expressão da liberdade individual, no exercício das atividades privadas de ordem patrimonial, o campo de eleição da *autonomia privada*".

A distinção entre direitos reais e direitos obrigacionais, tendo como elemento diferenciador a autonomia da vontade, deve ser feita no espectro dos princípios da tipicidade e da taxatividade dos direitos reais.

Por tipicidade entende-se a previsão normativa do direito real, ou seja, o conteúdo normativo que preenche cada tipo de direito real e que deve estar expressamente previsto em lei[62].

Já por taxatividade compreende-se os tipos de direitos reais previstos em determinado ordenamento ou a impossibilidade de existirem outros direitos reais além daqueles que já sejam tipificados pelo legislador em certo momento.

Em relação aos direitos reais, nem a tipicidade nem a taxatividade podem ser modificadas pela autonomia da vontade das partes, o que revela ser um regime de *numerus clausus*, pois somente a lei pode criá-los.

---

[56] BESSONE, Darcy. *Da compra e venda*: promessa & reserva de domínio. 3. ed. rev. e ampl. São Paulo: Saraiva, 1988. p. 99.

[57] ARRUDA ALVIM; ALVIM, Thereza; CLÁPIS, Alexandre Laizo (coord.). *Comentários ao Código Civil brasileiro*. Livro Introdutório ao Direito das Coisas e ao Direito Civil. Rio de Janeiro: Forense, 2009. v. XI, t. I, p. 199.

[58] Carlos Alberto da Mota Pinto destaca que o *princípio da autonomia da vontade ou princípio da autonomia privada* manifesta-se principalmente, mas não só, no negócio jurídico, consistindo a autonomia da vontade ou autonomia privada no poder reconhecido aos particulares de autorregulamentarem seus interesses e de estabelecerem a ordenação das respectivas relações jurídicas (MOTA PINTO, Carlos Alberto da. *Teoria geral do direito civil*. 3. ed. actual. 11. reimp. Coimbra: Coimbra Editora, 1996. p. 89).

[59] A versão atual da autonomia da vontade, ao contrário do que ocorria no liberalismo, em que se garantia a sua ampla atuação com restrições mínimas, sofre limitações pelas normas de ordem pública que consistem em um certo dirigismo contratual capaz de reduzi-la em determinados segmentos ou até mesmo excluí-la. A exemplo, temos o Código de Defesa do Consumidor, que atua na limitação da plena autonomia da vontade para os contratos que consubstanciam relações de consumo.

[60] ANTONIO JUNIOR, Valter Farid. *Compromisso de compra e venda*. São Paulo: Atlas, 2009. p. 64.

[61] GOMES, Orlando. *Obrigações*. Revista, atualizada e aumentada, de acordo com o Código Civil de 2002, por Edvaldo Brito. Rio de Janeiro: Forense, 2004. p. 8.

[62] Somente os direitos constituídos de acordo com tipos previstos em lei é que poderão ser considerados direitos reais.

A autonomia da vontade é, portanto, nota de distinção entre os direitos reais e os direitos obrigacionais. Naqueles, deve-se observar os princípios da tipicidade e da taxatividade[63], o que restringe o campo de liberdade das partes para criar direitos reais diversos daqueles que já estejam regulamentados. Nestes, a autonomia da vontade, moldada pelas normas de ordem pública, confere-lhes liberdade para criar outras relações contratuais além daquelas previstas no sistema jurídico[64].

O titular de um direito real exerce um poder jurídico direto e imediato sobre uma coisa determinada, corpórea, com consistência, móvel ou imóvel, o que significa dizer que o titular não age sobre ela por intermédio de terceiros, nem depende do cumprimento de prestação alheia, não necessitando, assim, do sujeito passivo, o devedor, nem de qualquer ato de terceiros[65]. Sua relação é estabelecida diretamente entre o titular e a coisa, e todos devem respeito a essa relação.

O objeto dos direitos obrigacionais é constituído de condutas dos sujeitos que integram a relação jurídica, em referência às quais se cria um vínculo jurídico entre uma pessoa e outra, ou seja, entre o credor e o devedor, qualificada como *jus in persona*, ou de pessoal. São essenciais ao direito pessoal dois sujeitos, o credor e o devedor, e uma prestação que os vincula, devida por este para aquele[66].

Do direito real decorre um poder de o titular utilizar a coisa diretamente sem a necessidade de intermediários, situação que o torna capaz de excluí-la da interferência de terceiros[67]. De maneira geral, esse poder é projetado direta e concretamente por meio do exercício da posse como controle material que o titular exerce sobre a coisa.

No entanto, nem todo poder exercido pelo titular do direito real se traduz pela posse. Há também uma circunstância definidora do direito real, mas sem posse, que é o *vínculo real* presente nos direitos reais de garantia, como ocorre com o penhor, a anticrese e a hipoteca (Código Civil, art. 1.419). Logo, as coisas dadas em garantia real, apesar de permanecerem na posse do devedor, ficam submetidas, por um vínculo real, à relação obrigacional, à espera da conduta do devedor (adimplemento ou inadimplemento).

Por seu turno, o direito obrigacional pressupõe a intervenção de outro sujeito. Assim, como exemplo, o comodatário, para que possa utilizar a coisa objeto do empréstimo, necessita da atuação e da concordância do comodante.

---

[63] Salienta Arruda Alvim que o "que ocorre, todavia – no âmbito do direito das coisas – é a tipicidade, por intermédio de meticulosa disciplina legal dos modelos normativos, que tem lastro de historicidade, ao longo da qual os institutos foram sendo decantados, encontrando-se apreciavelmente cristalizados em suas grandes linhas, por isso que, não teria sentido expressivamente operacional a tipicidade, se não fosse acompanhada da taxatividade. A taxatividade, portanto, é atributo quase que *indispensável* à operacionalização da tipicidade, tal como ela é entendida e tal como existe para funcionar no espectro de atuação dos direitos reais. Mas isto não significa que sejam expressões sinônimas, senão que parece não ter grande alcance e sentido prático para um sistema estabelecer a tipicidade e paralelamente admitir que os tipos possam ser outros, *criados pelos sujeitos privados*, além dos que constam da lei" (ARRUDA ALVIM; ALVIM, Thereza; CLÁPIS, Alexandre Laizo (coord.). *Comentários ao Código Civil brasileiro*. Livro Introdutório ao Direito das Coisas e ao Direito Civil. Rio de Janeiro: Forense, 2009. v. XI, t. I, p. 211).

[64] A tipicidade é uma característica oposta à autonomia da vontade, pois no campo dos direitos reais, por serem fixados por normas de ordem pública, não há (largo) espaço para ela.

[65] BESSONE, Darcy. *Da compra e venda:* promessa & reserva de domínio. 3. ed. rev. e ampl. São Paulo: Saraiva, 1988. p. 99.

[66] BESSONE, Darcy. *Da compra e venda:* promessa & reserva de domínio. 3. ed. rev. e ampl. São Paulo: Saraiva, 1988. p. 98.

[67] FRAGA, Affonso. *Direitos reais de garantia*. São Paulo: Livraria Acadêmica, 1933. p. 24.

Os direitos reais pertencem à categoria dos direitos absolutos, o que significa dizer que devem ser respeitados por todos em virtude de imporem restrições à sociedade; são oponíveis *erga omnes*. Pode-se dizer que, em certa medida, o direito real é absoluto porque não se assenta em uma relação jurídica específica, de modo que deve ser indistintamente observado e respeitado. Há um dever geral de abstenção de todos em relação ao direito real constituído em favor de seu titular.

Na contramão, dizem-se relativos os direitos pessoais, obrigacionais ou creditórios que se estruturam em uma relação jurídica apenas entre os seus sujeitos (credor e devedor). O direito de crédito é oponível apenas ao devedor.

O objeto dos direitos reais é necessariamente uma coisa certa e determinada, enquanto no direito obrigacional a prestação do devedor pode ter como objeto coisa genérica, bastando que seja determinável.

O direito real concede ao seu titular uma utilização permanente sobre o seu objeto, pois tende à perpetuidade. O direito pessoal é transitório e nasce vocacionado para se extinguir quando a prestação é integralmente cumprida pelo devedor[68].

Para os direitos reais é imprescindível o princípio da publicidade registrária. Isso porque as alterações promovidas nas relações dos direitos reais devem ser de conhecimento de terceiros, pois, obedecidos os requisitos legais e normativos para a sua constituição, em razão do caráter absoluto, devem valer em relação a todos, impondo-se um dever geral de abstenção.

Comparando-se essa situação de publicidade dos direitos reais com a dos direitos obrigacionais, é possível afirmar que estes não necessitam ser publicizados ou exteriorizados, uma vez que só dizem respeito às partes envolvidas na respectiva relação jurídica sem gerar eficácia sobre outros que não a integrem, pois, por si sós, não acarretam atração, afetação ou vinculação de terceiros.

Na relação de direito pessoal, existe uma prestação que é correlata, razão pela qual essa estrutura autoriza que o credor exija do devedor o cumprimento de outra a ela equivalente.

Ainda nas características distintivas, vale ressalvar as formas de execução das obrigações. Estas se executam voluntária ou coativamente. Caso o devedor se abstenha de cumprir de forma voluntária a sua obrigação, ao credor restará recorrer aos órgãos jurisdicionais para obter, compulsoriamente, a prestação convencionada. Essa é uma execução coativa.

Antecipamos uma visão que será exposta em seguida, mas já consideramos importante para o desenvolvimento do que se pretende dizer: a execução *in specie*, exatamente como convencionada no contrato, diz-se *in natura*, *específica* ou *direta*. Quando, porém, a obrigação convencionada é substituída por equivalência, ela se designa *indireta*.

Dessas considerações sobre a execução das obrigações o que se pretende como natural é ser a *execução voluntária* e *direta*, mas, mesmo quando coativa, o ideal é que se realize *diretamente*, ou seja, na mesma espécie assumida em contrato[69].

Feitas as diferenciações, possível apresentar uma definição sobre direitos reais com apoio na doutrina[70].

---

[68] GOMES, Orlando. *Direitos reais*. 19. ed. atualizada por Luiz Edson Fachin. Rio de Janeiro: Forense, 2004. p. 16.
[69] BESSONE, Darcy. *Da compra e venda:* promessa & reserva de domínio. 3. ed. rev. e ampl. São Paulo: Saraiva, 1988. p. 100.
[70] ALLENDE, Guillermo L. *Panorama de derechos reales*. Buenos Aires: La Ley, 1967. p. 19; VIEIRA, José Alberto. *Direitos reais*. Coimbra: Almedina, Coimbra, 2016. p. 89; LEITÃO, Luís Manuel Teles de Menezes. *Direitos reais*. Coimbra: Almedina, 2009, p. 157; GARCIA, Lysippo. *O registro de immoveis*: a transcripção. Coordenadores Sérgio Jacomino e Ivan Jacopetti do Lago. São Paulo: Quinta Sociedade Patrimonial

Direitos reais. Conceito. Direito real é um direito considerado absoluto, de conteúdo patrimonial, que se origina de normas cogentes, deflui de um poder entre uma pessoa (o seu titular) e uma coisa (objeto), geralmente materializado por meio da posse, o qual, quando publicizado, obriga o respeito e a abstenção indistintamente e gera para o seu titular o *ius persequendi* e o *ius preferendi*.

3.5.1 Os princípios relativos aos direitos reais

Ordenamento jurídico é o sistema de normas jurídicas existentes em certo momento, que compreende as fontes de direito e todos os seus conteúdos e projeções; "é, pois, o sistema das normas em sua concreta realização, abrangendo tanto as regras explícitas como as elaboradas para suprir as lacunas do sistema, bem como as que cobrem os claros deixados ao poder discricionário dos indivíduos (*normas negociais*)"[71].

Não se deve reduzir a compreensão de ordenamento jurídico a um sistema de leis. Este não é capaz de abranger todo o campo da experiência humana, pois há inúmeras situações consideradas imprevisíveis pelo legislador no processo de elaboração das leis. Para essas situações não previstas e que se tornam lacunosas, existe a possibilidade de aplicação dos princípios gerais do direito, apesar de exercerem uma função integradora muito mais ampla.

Ensina Miguel Reale[72] que

> [...] princípios gerais de direito são enunciações normativas de valor genérico, que condicionam e orientam a compreensão do ordenamento jurídico, quer para a sua aplicação e integração, quer para a elaboração de novas normas. Cobrem, desse modo, tanto o campo da pesquisa pura do Direito quanto o de sua atualização prática.

Determinados princípios gerais de direito revestem-se de tamanha importância que o legislador positiva-os. Apesar disso, muitos deles não se encontram positivados, mas representam "modelos doutrinários ou dogmáticos fundamentais"[73].

Nessa linha de sentido, o ordenamento jurídico deve ser compreendido pela ideia de unidade, ou seja, deve-se considerar o todo do sistema jurídico, e não apenas as suas partes.

Para Carlos Maximiliano[74], aplica-se

> [...] modernamente o processo tradicional, porém com amplitude maior do que a de outrora: atende à conexidade entre as partes do dispositivo, e entre este e outras prescrições da mesma lei, ou de outras leis; bem como à relação entre uma, ou várias normas, e o complexo das ideias dominantes na época. A verdade inteira resulta do contexto, e não de uma parte truncada, quiçá defeituosa, mal redigida; examine-se a norma na íntegra, e mais ainda: o Direito todo, referente ao assunto. Além de comparar o dispositivo com outros afins, que formam o mesmo instituto jurídico, e com os referentes a institutos análogos; força é, também, afinal pôr tudo em relação com os princípios gerais, o conjunto do sistema em vigor.

---

e Editora, 2024. v. I, p. 133; PEREIRA, Lafayette Rodrigues. *Direito das coisas*. Brasília: Senado Federal/Superior Tribunal de Justiça, 2004. p. 21; BEVILÁQUA, Clóvis. *Direito das obrigações*. 5. ed. rev. e acresc. Rio de Janeiro: Freitas Bastos, 1940. p. 22.

[71] REALE, Miguel. *Lições preliminares de direito*. 26. ed. rev. São Paulo: Saraiva, 2002. p. 190.
[72] REALE, Miguel. *Lições preliminares de direito*. 26. ed. rev. São Paulo: Saraiva, 2002. p. 306.
[73] REALE, Miguel. *Lições preliminares de direito*. 26. ed. rev. São Paulo: Saraiva, 2002. p. 307.
[74] MAXIMILIANO, Carlos. *Hermenêutica e aplicação do direito*. 9. ed. Rio de Janeiro: Forense, 1979. p. 130.

Vale também destacar o pensamento de Karl Larenz[75] sobre a interconexão interpretativa de um sistema. Afirma o autor que

> [...] se manifesta a relação recíproca que existe entre cada uma das partes componentes do discurso – como de qualquer notificação do pensamento –, bem como a sua comum relação com o todo que formam as partes: uma relação entre si e com o todo que torna possível a clarificação mútua do significado duma forma portadora de sentido na relação entre o todo e os seus elementos constitutivos e inversamente. Trata-se aqui da forma mais simples daquilo a que é hábito chamar o círculo hermenêutico. Acresce que precisamente quanto à interpretação é válido afirmar que a ordem jurídica como complexo de normas não é por seu turno apenas uma soma de proposições jurídicas, mas uma ordenação unitária. As proposições jurídicas, como vimos, engrenam umas nas outras, limitando-se, complementando-se ou reforçando-se, e só da reunião delas resulta uma autêntica regulamentação. Isto também sempre foi reconhecido na teoria da interpretação. Não há uma individual norma jurídica por si só, diz acertadamente Felix Somló, mas apenas normas jurídicas que vigoram em conexão umas com as outras. Daí deriva, ainda, para a interpretação, a exigência de compatibilidade lógica de todos os seus resultados.

Assim, os princípios estão situados dentro do próprio sistema jurídico, com o objetivo de orientar e auxiliar o processo de entendimento do intérprete. "Por isto vale afirmar que os princípios devem estar previstos em lei ou decorrer, induvidosamente, do sistema jurídico."[76]

Tais noções (muito) preliminares são necessárias para servir de referencial na compreensão da distinção dos direitos reais dos direitos pessoais que se iniciou anteriormente, mas agora tendo como apoio os princípios que os regem.

Com adesão em Arruda Alvim[77], para que os direitos reais sejam mantidos na posição que atualmente ocupam no sistema jurídico é necessário que se submetam a princípios que fundamentalmente são os seguintes:

1. **Legalidade** e **tipicidade**: os direitos reais somente podem existir desde que estejam previstos em lei e desde que o negócio jurídico respectivo tenha se submetido ao conteúdo exaustivo do correspondente tipo legal; disso decorre que somente os direitos constituídos nos exatos termos dos tipos rígidos estabelecidos na legislação é que poderão ser tidos como reais; deve-se "sublinhar que a tipicidade é a fisionomia normativa fundamental no campo dos direitos reais"[78]; o tipo legal definidor do direito real contém elementos normativos exaurientes, ou seja, prevê os elementos necessários à sua configuração. Caso os requisitos legais de determinado tipo de direito real não sejam observados ou os seus elementos configuradores

---

[75] LARENZ, Karl. *Metodologia da ciência do direito.* 2. ed. Lisboa, 1969. p. 371. Versão portuguesa da obra de Karl Larenz intitulada *Methodenlehre Der Rechtswissenschaft.*

[76] ARRUDA ALVIM; ALVIM, Thereza; CLÁPIS, Alexandre Laizo (coord.). *Comentários ao Código Civil brasileiro.* Livro Introdutório ao Direito das Coisas e ao Direito Civil. Rio de Janeiro: Forense, 2009. v. XI, t. I, p. 141.

[77] ARRUDA ALVIM; ALVIM, Thereza; CLÁPIS, Alexandre Laizo (coord.). *Comentários ao Código Civil brasileiro.* Livro Introdutório ao Direito das Coisas e ao Direito Civil. Rio de Janeiro: Forense, 2009. v. XI, t. I, p. 203; ARRUDA ALVIM NETTO, José Manoel de. Direitos reais de garantia. *Soluções Práticas,* v. 3, p. 295-349, ago. 2011.

[78] ARRUDA ALVIM; ALVIM, Thereza; CLÁPIS, Alexandre Laizo (coord.). *Comentários ao Código Civil brasileiro.* Livro Introdutório ao Direito das Coisas e ao Direito Civil. Rio de Janeiro: Forense, 2009. v. XI, t. I, p. 204.

não estejam presentes no negócio, não se constituirá direito real e este valerá tão somente entre as partes como direito obrigacional.

2. **Taxatividade** ou *numerus clausus*: significa dizer que os tipos de direitos reais são previstos pela lei de forma taxativa. Apesar de haver certo espaço à autonomia da vontade para, por exemplo, definição da extensão do objeto no usufruto, não há liberdade para atuação das partes no que diz respeito à configuração dos direitos reais porque esta já se encontra exaustivamente disposta na lei e só por esta é que pode ser criada ou modificada. Nesse contexto, tipicidade e taxatividade não se confundem. Tipicidade refere-se às previsões normativas do direito real e a elas deve-se obediência para sua constituição, enquanto taxatividade alude-se à impossibilidade de existirem outros direitos reais que não os previstos em lei. Concerne também ao próprio conteúdo do respectivo direito real que é preenchido pela lei que o regula. É a relação cogente das regras de direitos reais que impossibilita sua alteração pela vontade exclusiva das partes.

3. **Publicidade**[79]: tratamos aqui da publicidade legalmente imposta pelo Estado e que deriva da intenção de dar conhecimento de determinada situação jurídica à sociedade em geral, uma vez que essa publicidade específica é alcançada pela inscrição de certas ocorrências em livros existentes em serviços públicos registrários específicos[80], sendo imprescindível para os imóveis (Código Civil, art. 1.227). A forma necessária para assegurar a publicidade dos direitos reais é por meio do registro (*lato sensu*) do título que lhe dá causa. Os direitos reais são objeto de uma publicidade específica e absolutamente indispensável. Significa dizer que os negócios jurídicos constitutivos de direitos reais, em razão de sua eficácia *erga omnes*, devem ser de conhecimento de todos. A publicidade visa espargir as mutações dos direitos reais, em relação às quais se exige um dever geral de abstenção em favor do respectivo titular. E esse conhecimento é conferido por meio da publicidade registrária. Na sua falta, não se terá constituído o direito real. Entre as faculdades que integram os direitos reais imobiliários está o direito de disposição, por meio do qual o seu titular pode deles dispor livremente. Para que a disposição tenha eficácia plena é imprescindível que o disponente seja o titular do direito transmitido e faça a inscrição registrária competente do título que o instrumentaliza, ou seja, que sua situação de titular do direito real a ser disposto em favor de um terceiro seja previamente inscrita na matrícula do imóvel.

4. **Validade** e **eficácia** *erga omnes*: por meio desses atributos, que decorrem da publicidade suprarreferida, é que os direitos reais devem ser respeitados por todos, não sendo permitido que se cometam atos impeditivos de seus exercícios ou de usurpação deles. E por esses direitos valerem contra todos (eficácia *erga omnes*) faz-se necessário que sejam conhecidos, inclusive publicizando, nos termos da lei, quem é o seu titular e quais são as suas modificações. Pontes de Miranda salienta que a oponibilidade a terceiros é a eficácia conferida a algum negócio jurídico em relação a quem não é parte dele. Para o autor, o "conceito implica o de extensão a outrem, que é, aí, quem quer que possa ser interessado fora do outorgante (*primus*) e do outorgado (*secundus*): outrem, aí, é o *tertius*"[81].

---

[79] Para Ricardo Dip, a "publicidade registrária ordena-se à *res publica*. Este é o mais relevante sentido do princípio da publicidade nos registros, o de sua *ordenação ao bem comum*, que eles tratam de satisfazer por meio da segurança jurídica (é dizer que esta última, a segurança jurídica, *fim* do registro, é, no entanto, sob certo aspecto, um *meio* para a consecução do bem comum" (DIP, Ricardo. *Registro de imóveis* (princípios). Descalvado-SP: PrimVs, 2017. p. 110).

[80] MENEZES CORDEIRO, António. *Direitos reais*. Lisboa: Lex, 1993. p. 264.

[81] PONTES DE MIRANDA, Francisco Cavalcanti. *Tratado de direito privado*. Parte especial. 3. ed. Reimp. Rio de Janeiro: Borsoi, 1971. t. XIII, § 1.462.1, p. 112.

5. **Inerência** ou **aderência**: significa que o direito real adere à coisa da qual é objeto e dela não pode ser desligado até que ocorra seu cancelamento. Estabelece uma relação de tal intensidade com o seu objeto que dele não pode ser separado para ter outra coisa como objeto. A inerência pressupõe o princípio da especialidade, que consiste em ser a coisa, objeto do direito real, certa, corpórea, determinada e vinculada ao direito subjetivo do seu titular. A inerência do direito ao seu objeto é tão representativa que o sujeito pode persegui-lo, seja qual for a pessoa que o detiver[82] (*ius persequendi*), mantendo-se, também, o *ius preferendi*, o qual significa que o titular do direito real deve

> [...] ter preferência no exercício do seu direito, até mesmo em relação a outros direitos reais contraditórios ao seu, constituídos posteriormente sobre a mesma coisa, em conformidade com a máxima *prior in tempore potior in iure*, enquanto aplicada aos direitos reais[83].

Os direitos obrigacionais, por sua vez, não gozam de mesmo privilégio, uma vez que nenhum credor, salvo se com privilégio reconhecido por lei ou por uma constrição judicial ou por um direito real de garantia, pode invocar uma preferência para a satisfação do seu crédito com relação a credores posteriores do mesmo devedor.

6. **Sequela** e **preferência**: circunstância em que o direito real adere à coisa, perseguindo-a onde quer que ela se encontre, ainda que tenha sido transmitida para outra pessoa, o que faz proteger seu titular original, mesmo que com ele concorram outros direitos contraditórios (por exemplo: imóvel hipotecado que é alienado pelo devedor hipotecário para terceiro; este adquirirá o imóvel e assumirá a posição de garantidor com uma responsabilidade sem débito). A sequela significa que o direito acompanha a coisa onde quer que ela se encontre. É uma manifestação dinâmica da inerência[84]. O art. 1.228 do Código Civil atribui o direito de sequela ao titular do direito de propriedade ao estabelecer que este pode reavê-la do poder de quem quer que injustamente a possua ou a detenha, mesmo que tenha sido objeto de uma sucessão de transmissões. O direito de preferência significa a prioridade que é atribuída àquele que conseguiu a inscrição registrária em primeiro lugar, e que, se uma coisa serve de garantia a vários créditos, ela servirá àquele que a onerou primeiramente. O direito obrigacional não possui direito de sequela nem de preferência, sendo esses princípios privativos dos direitos reais.

3.6 O COMPROMISSO DE COMPRA E VENDA DE IMÓVEL COMO FONTE DE DIREITOS PESSOAL E REAL

Do compromisso de compra e venda nascem diversos tipos de direitos[85]. No âmbito do direito pessoal, o vendedor assume a obrigação de transmitir a posse no momento ajustado no

---

[82] GOMES, Orlando. *Direitos reais*. 19. ed. atualizada por Luiz Edson Fachin. Rio de Janeiro: Forense, 2004. p. 20.
[83] ARRUDA ALVIM; ALVIM, Thereza; CLÁPIS, Alexandre Laizo (coord.). *Comentários ao Código Civil brasileiro*. Livro Introdutório ao Direito das Coisas e ao Direito Civil. Rio de Janeiro: Forense, 2009. v. XI, t. I, p. 212.
[84] LEITÃO, Luís Manuel Teles de Menezes. *Direitos reais*. Coimbra: Almedina, 2009. p. 45.
[85] Importante destacar, porém, que a doutrina anterior ao Código Civil de 2002 divergiu sobre o direito real referido especialmente no art. 5º do Decreto-lei n.º 58/1937. Pontes de Miranda fez críticas e salientou que a "alusão a direito real nasceu, em quase todos os escritores menos espertos, de confusão entre o direito, que se quer adquirir com o contrato, e o direito, que se adquire com o pré-contrato. Põe-se no presente, como se realizado estivesse, o que é apenas fim 'profecia'. Real vai ser a transformação, porém não há *ainda* transformação. Apenas há 'germe' de direito real. Ainda

contrato e a obrigação de fazer, que consiste no dever de, desde que recebido integralmente o preço, outorgar o contrato definitivo consubstanciado, em regra geral, na escritura pública de compra e venda (Código Civil, art. 108), necessária para viabilizar registrariamente a transferência do direito real de propriedade imobiliária.

Como dito anteriormente, o direito real de aquisição de imóvel do compromissário comprador está previsto em lei (inciso VII do art. 1.225 do Código Civil – tipicidade), tendo as suas diretrizes mínimas sido delineadas nos arts. 1.417 e 1.418 do Código Civil (taxatividade). Atende, portanto, aos princípios da tipicidade e da taxatividade.

Alertado por Leonardo Brandelli[86], é necessário destacar que os dispositivos legais referidos *supra*, os quais justificam a introdução de um direito real em nosso sistema, fazem referência expressa a direito real do promitente comprador, ressuscitando, assim, a discussão sobre a distinção entre promessa e compromisso, para saber se esses dois tipos seriam espécies do gênero pré-contrato de compra e venda.

Falamos anteriormente que por promessa de compra e venda deve-se entender o contrato preliminar, com possibilidade de arrependimento, em que se cria a obrigação de manifestar, em momento futuro e em um novo contrato, a vontade de comprar e de vender, o que é perfeitamente admissível em razão da autonomia da vontade. Na promessa, falta o acordo de transmissão, o qual está presente na manifestação de vontade do compromisso de compra e venda, dependente, em princípio, do integral pagamento do preço de aquisição.

Já o dissemos que para as nossas análises preferimos adotar a expressão *compromisso* porque traduz a promessa sinalagmática de comprar e vender.

> O vocábulo 'compromisso' envolve a ideia de reciprocidade, equivale a promessa sinalagmática. O prefixo *com* deu ao latim *promissum* não somente a idéia de promessa *recíproca*, (sinalagmática) como também a de promessa mais firme, ou mais forte. Significa um grau mais adiantando de obrigatoriedade que a simples promessa[87].

Orlando Gomes[88] salienta que a promessa bilateral de venda origina obrigações para vendedor e comprador. Uma parte se obriga a vender e a outra, a comprar.

> Sob essa denominação, designam-se duas figuras jurídicas distintas: o contrato preliminar de compra e venda e o compromisso de venda. O contrato preliminar de compra e venda gera, para ambas as partes, a obrigação de contrair o contrato definitivo. Contém, implicitamente, a faculdade de arrependimento, assim entendida, em sentido amplo, a de submeter-se a parte inadimplente às conseqüências normais da inexecução culposa

---

não há direito real; há, apenas, a pretensão a êle, que a averbação assegura (= dá eficácia) perante terceiros. É pretensão à modificação do direito, à constituição do direito real, - não o próprio direito real". Mais adiante destaca que "Enneccerus pôs o direito oriundo da averbação na classe dos direitos à aquisição da propriedade, melhor das legitimações reais a adquirir, expressões equívocas que põem no *presente* a qualidade *futura* do direito. Ninguém se há de levar pela confusão entre ter direito real e ter direito ou pretensão a obter direito real. Trata-se de direitos de modificação jurídica; mais especialmente: de direitos de aquisição" (PONTES DE MIRANDA, Francisco Cavalcanti. *Tratado de direito privado*. Parte especial. 3. ed. Reimp. Rio de Janeiro: Borsoi, 1971. t. XIII, § 1.464.7, p. 117 e 120).

[86] CASSETTARI, Christiano; BRANDELLI, Leonardo. *Comentários à lei do sistema eletrônico dos registros públicos:* Lei 14.382, de 27 de junho de 2022. Rio de Janeiro: Forense, 2023. p. 164.

[87] LIMA SOBRINHO, Barbosa. *As transformações da compra e venda*. Rio de Janeiro: Borsoi, 1953. p. 67 e seguintes.

[88] GOMES, Orlando. *Contratos*. Rio de Janeiro: Forense, 2009. p. 290.

de um contrato. A rigor, a parte que se recuse a concluir o contrato definitivo não está a usar, propriamente falando, de uma faculdade de se arrepender, salvo se estipulou arras penitenciais. A recusa de contratar é inadimplemento da obrigação assumida no pré-contrato, sujeitando o devedor inadimplente a indenizar a outra parte dos danos que lhe causou com a inexecução. No rigor dos princípios, o contrato preliminar próprio de venda não comporta a execução compulsória sob forma específica. Se contém expressamente a cláusula de arrependimento, certificada pela existência de arras penitenciais, sujeita-se, quem se arrependeu, às conseqüências previstas na lei. Quem as deu perde-as em proveito da outra parte. Quem as recebeu fica obrigado a restituí-las em dobro. Se não contém expressamente a faculdade de arrependimento, entendem alguns escritores que, no Direito pátrio, é promessa irretratável, enquanto outros sustentam que somente é irrevogável a promessa que, de modo expresso, contenha a cláusula de irretratabilidade. A tendência é para que prevaleça a primeira solução, perdendo a promessa de venda, também nessa hipótese, o cunho de contrato preliminar próprio. Quando, porém, o conserva pela admissão conjunta da faculdade de arrependimento, mas sem a estipulação de arras penitenciais, a parte que usa dessa faculdade não está sujeita a qualquer sanção, nem pode ser compelida a cumprir a obrigação contratual ou submeter-se a seus efeitos. A promessa de venda como contrato preliminar propriamente dito desapareceu praticamente do comércio jurídico devido à superioridade manifesta do outro negócio jurídico que continua designado pelo mesmo nome, mas é nitidamente distinto, bem como em razão da tendência para a ele assimilar toda promessa que não contenha o pacto de arras penitenciais. Poder-se-ia denominar esse negócio jurídico distinto pela expressão compromisso de venda, a fim de evitar a confusão reinante na doutrina, com repercussão na jurisprudência. Costuma-se chamá-lo promessa irrevogável de venda, valendo a qualificação como nota distintiva, que não conduz à sua verdadeira natureza jurídica. Trata-se, com efeito, de um contrato que, bem analisado, não encerra promessa recíproca de contratar, mas, apenas, a obrigação de, preenchidas certas condições ou chegada a oportunidade, praticarem o ato necessário à efetivação do intento que uniu suas vontades. Concluído o compromisso, não pode qualquer das partes arrepender-se. Ele é irretratável. Levando-o ao registro de imóveis, impede-se que o bem seja alienado a terceiro. Imite-se na posse do imóvel e se comporta como se fora seu dono. Preenchidas as condições que o habilitam a pedir o título translativo de propriedade, obtém-se, através de sentença, se a outra parte não quiser ou não puder firmá-lo. Admite-se a execução coativa sob forma específica, ocorrendo, nesse caso, a adjudicação compulsória.

Salienta Brandelli[89] que, no

> [...] compromisso de compra e venda, há já um negócio translativo efetivamente entabulado, uma 'quase compra e venda', já com início de execução de pagamento do preço, e que não se cumpre por uma nova manifestação de vontade, mas por uma mera ratificação da vontade manifestada.

A distinção entre a promessa e o compromisso é ainda mais fundamental em razão do direito real que é constituído a partir do registro do contrato preliminar de compra e venda.

---

[89] CASSETTARI, Christiano; BRANDELLI, Leonardo. *Comentários à lei do sistema eletrônico dos registros públicos:* Lei 14.382, de 27 de junho de 2022. Rio de Janeiro: Forense, 2023. p. 166.

Não nos parece admissível aceitar a registro a promessa, mesmo que excluída a possibilidade de arrependimento, porque nela ainda não se tem presente o acordo de transmissão do imóvel. Há tão somente uma obrigação de fazer, que é a de celebrar um novo contrato, o qual efetivamente conterá o acordo de transmissão desejado pelos contratantes.

Por tal razão, entendemos que os arts. 1.417 e 1.418 do Código Civil referem-se ao compromisso de compra e venda, instrumento que, por conter o acordo de transmissão, possibilitará, observados os arts. 462 e 463 do mesmo Código e desde que não tenha sido pactuado o arrependimento, a constituição do direito real de aquisição do compromissário comprador.

O contrato preliminar de compromisso de compra e venda é o instrumento pelo qual se poderá constituir o direito real de aquisição quando inscrito no registro de imóveis competente[90].

Diante de toda a evolução do compromisso de compra e venda indicada no Capítulo 2, soma-se o quanto estabelecem os já mencionados arts. 1.417 e 1.418, ambos do Código Civil.

O Código Civil passou a prever, nos termos do inciso VII do art. 1.225, disciplinado nos arts. 1.417 e 1.418 do mesmo Código, um direito real à aquisição do imóvel em favor do compromissário comprador. Com essa expressa previsão, coloca-se fim à discussão anterior de se o compromissário comprador tinha ou não direito real em seu favor.

O art. 1.417 estabelece os requisitos para constituição do direito real do promitente comprador. Denota-se que, para que esse direito real surja, é necessário um contrato escrito em que não se tenha convencionado cláusula de arrependimento e que seja inscrito na matrícula do imóvel da serventia imobiliária correspondente.

De início, vale dizer que não se admite, para a constituição desse direito real, o contrato verbal. A razão é evidente, porque para alcançar a inscrição registrária o contrato preliminar deverá estar materializado, portanto escrito.

Em linha com o que preceitua o art. 462 do Código Civil, é livre a forma de instrumentalização do compromisso de compra e venda, como tratado anteriormente, podendo-se adotar tanto a forma pública quanto a particular.

Para que seja inscrito na matrícula do imóvel o compromisso de compra e venda, não poderá conter cláusula de arrependimento. Não é necessário que o contrato contenha cláusula expressa de irrevogabilidade, basta que seja silente quanto à possibilidade de as partes se arrependerem. No silêncio do contrato é inadmissível o arrependimento unilateral de qualquer das partes[91].

Não poderá prever arras do art. 420 do Código Civil, pois tal circunstância pressupõe a possibilidade de arrependimento, mesmo que não se tenha dado expressamente essa nomenclatura no contrato.

Pertinente a ressalva que Francisco Eduardo Loureiro[92] faz a respeito da previsão contida no art. 167, I, 9, da Lei Federal n.º 6.015/1973. Nesse dispositivo, consta que são registráveis "os contratos de compromisso de compra e venda, de cessão deste e de promessa de cessão, com ou sem cláusula de arrependimento [...]", mas o Código Civil, lei geral e posterior, exige

---

[90] PEREIRA, Caio Mário da Silva. *Instituições de direito civil*: direitos reais. Edição revista e atualizada por Carlos Edison do Rêgo Monteiro Filho. 28. ed. Rio de Janeiro: Forense, 2022. p. 402.

[91] LOUREIRO, Francisco Eduardo. In: GODOY, Claudio Luiz Bueno de et al. *Código Civil comentado*: doutrina e jurisprudência. Lei n. 10.406 de 10.01.2002. Coordenação Cezar Peluso. 17. ed. rev. e atual. Santana de Parnaíba-SP: Manole, 2023. p. 1455.

[92] LOUREIRO, Francisco Eduardo. In: GODOY, Claudio Luiz Bueno de et al. *Código Civil comentado*: doutrina e jurisprudência. Lei n. 10.406 de 10.01.2002. Coordenação Cezar Peluso. 17. ed. rev. e atual. Santana de Parnaíba-SP: Manole, 2023. p. 1456.

a irretratabilidade, razão pela qual, portanto, somente podem ser registrados na serventia imobiliária os compromissos de compra e venda que não contenham possibilidade de arrependimento, ou seja, os considerados irretratáveis.

Não se deve confundir a cláusula de arrependimento com a aposição de condição resolutiva[93].

Cláusula de arrependimento é a disposição contratual que garante às partes a possibilidade de desistirem do negócio jurídico imotivadamente, com ou sem aplicação de penalidades.

Condição resolutiva não suspende os efeitos do negócio jurídico, ao contrário, enquanto esta não se realizar, o respectivo negócio jurídico vigorará desde a sua formação e seus direitos poderão ser exercidos pelas partes no momento de sua celebração. Condição resolutiva não significa que as partes podem desistir do negócio jurídico imobiliário, mas que este deixará de vigorar se ela for implementada (exemplo: o compromisso de compra e venda de uma gleba a ser loteada pode ter uma condição resolutiva vinculada à aprovação municipal do loteamento; caso este não seja aprovado, o compromisso estará desfeito).

Sobrevindo a condição resolutiva, contudo, extinguem-se, para todos os efeitos, os direitos contrários a ela. Entretanto, se prevista cláusula resolutiva em negócio de execução continuada, como no caso de compromisso de compra e venda de imóvel, seu advento não alcança os atos já praticados, salvo disposição em contrário em contrato. Por exemplo, a condição resolutiva não deverá atingir as prestações do preço que já tiverem sido pagas pelo comprador, exceto se prevista expressamente no compromisso de compra e venda a obrigação de restituição pelo vendedor.

Nos negócios jurídicos com aposição de condição resolutiva, a aquisição do correspondente direito ocorre imediatamente na sua formação.

Diferentemente do que acontece com a condição resolutiva, a situação é inversa na condição suspensiva.

Subordinada a eficácia do negócio jurídico à condição suspensiva, enquanto esta não se verificar, a parte não terá adquirido o direito consubstanciado na convenção. O negócio jurídico ficará sobrestado e em compasso de espera até que haja ou não o implemento da condição suspensiva.

Tal modalidade é comum nas formações de áreas para uma incorporação imobiliária em que o incorporador tem que adquirir várias casas lindeiras de proprietários diferentes para formar a área incorporável. Em cada contrato coloca-se a condição de que o negócio jurídico somente será finalizado se todas as casas de interesse do incorporador forem possíveis de aquisição e de desenvolvimento do empreendimento. Enquanto essa condição não se verificar, nenhuma das partes terá adquirido o direito pretendido no contrato preliminar de compra e venda.

O implemento da condição resolutiva resolve o negócio jurídico correspondente, isto é, faz cessar seus efeitos. Por exemplo, celebra-se compromisso de compra e venda, com pagamento de sinal no ato da assinatura, sob a condição de que em 30 dias o vendedor apresentará os documentos necessários e considerados bons para a alienação do imóvel; superado o prazo sem que os documentos tenham sido apresentados, implementa-se a condição resolutiva e o negócio é resolvido expressamente; deixa de existir, devendo as partes retornar para o *status quo ante* da celebração do negócio jurídico preliminar. A obrigação é exigível desde a forma-

---

[93] Há também a condição suspensiva que é muito usada nos negócios jurídicos imobiliários. A condição é suspensiva quando a sua aposição subordina a eficácia do negócio jurídico à sua implementação.

ção do negócio jurídico, mas, quando há a implementação da condição resolutiva, as partes devem retornar ao mesmo estado anterior à celebração do compromisso de compra e venda.

Caso o contrato contenha condição resolutiva para a hipótese de inadimplemento do comprador, ainda assim ele poderá ser registrado para alcançar o direito real, pois, como dito, a condição resolutiva não se confunde com a cláusula de arrependimento.

A condição resolutiva protege o alienante da falta de pagamento do preço de aquisição do imóvel, o que é natural para esse tipo de contratação preliminar, ou, ainda, do inadimplemento de outra obrigação qualquer cujo cumprimento se atribua ao comprador.

A cláusula de arrependimento possibilita a retratação de uma das partes de forma unilateral e imotivada, com ou sem pagamento de penalidade; essa cláusula não deverá estar contida no contrato preliminar caso se pretenda o registro para a constituição do direito real à aquisição de imóvel.

Em outras palavras, não há que confundir a irretratabilidade do contrato com a cláusula resolutiva. Aquela funciona no sentido de proibir o arrependimento dos contratantes. Já na condição resolutiva, enquanto esta não se realizar, o negócio jurídico vigorará plenamente e os direitos por ele estabelecidos poderão ser exercidos plenamente pelos seus titulares desde a sua celebração.

Caso a condição resolutiva não seja implementada, o negócio jurídico de compra e venda surtirá todos os seus efeitos e será como se ela (condição resolutiva) não existisse.

O pagamento do preço não é condição para se alcançar o direito real à aquisição com o respectivo registro do compromisso de compra e venda. Para a constituição do direito real não importa se o preço é pago à vista ou em parcelas. Contudo, importa que, além de atender aos princípios registrários como o da disponibilidade, o da continuidade e o da especialidade (subjetiva e objetiva), o compromisso de compra e venda seja irrevogável e irretratável.

A inscrição na matrícula do imóvel é necessária para atender à forma de constituição de direitos reais prevista no art. 1.227 do Código Civil. O registrador imobiliário fará a qualificação registrária do contrato preliminar de compra e venda com base nas regras vigentes no momento de sua apresentação para prenotação no protocolo oficial, para avaliar se atende ou não aos requisitos legais e normativos que autorizam o seu ingresso no repositório matricial.

Uma vez registrado na matrícula do imóvel, o direito real de aquisição é oponível a terceiros, assim como acontece com todos os demais direitos reais imobiliários inscritos no registro de imóveis.

Como consequência de ser considerado um direito real, o direito à aquisição do compromissário comprador aderirá ao imóvel e com ele seguirá até que se tenha solução definitiva, seja pelo seu cancelamento, seja pelo registro da correspondente escritura definitiva de compra e venda (em seu cumprimento).

Caso o compromitente vendedor tenha cedido seus direitos para terceiro após a inscrição registrária do compromisso, o cessionário recebe os direitos relativos ao imóvel com a inscrição do compromisso de compra e venda e a ele será oponível o direito real de aquisição do comprador e a obrigação de outorgar a escritura definitiva de compra e venda depois de pago integralmente o preço de aquisição.

Um parêntese para fazer uma observação sobre a redação do art. 22 do Decreto-lei n.º 58/1937. Em seu texto está expressamente previsto que:

> Os contratos, sem cláusula de arrependimento, de compromisso de compra e venda e cessão de direitos de imóveis não loteados, cujo preço tenha sido pago no ato de sua constituição ou deva sê-lo em uma, ou mais prestações, desde que, inscritos a qualquer

tempo, **atribuem aos *compromissos* direito real oponível a terceiros**, e lhes conferem o direito de adjudicação compulsória nos termos dos artigos 16 desta lei.

É necessário, como dissemos anteriormente, que o direito real tenha um titular. Da forma como foi previsto no dispositivo legal supratranscrito, o direito real era conferido aos compromissos, quando o correto seria atribuí-lo ao compromissário comprador.

No entanto, o art. 1.417 do Código Civil corrigiu essa imprecisão ao estabelecer que, cumpridos os requisitos legais, o comprador é o investido da titularidade do direito real à aquisição do imóvel.

Ressalva-se que não se pode confundir o compromisso de compra e venda, gerador de direito de crédito, com o direito real decorrente de seu registro imobiliário. Celebrado o compromisso, ele já é dotado de execução direta, sendo possível ao comprador requerer judicialmente[94], desde que o preço de aquisição tenha sido integralmente pago e em caso de recusa do vendedor, a sentença substitutiva dos efeitos da declaração de vontade do vendedor, situação em que a sentença produzirá, depois de transitada em julgado, todos os efeitos da declaração não emitida (Código de Processo Civil, art. 501).

Entendemos necessário avaliar que tipo de direito real consiste o direito à aquisição do compromissário comprador e quais as suas características fundamentais.

A doutrina ainda não delineou com precisão as linhas desse direito real. Antecipadamente, contudo, pode-se afirmar que não se trata de direito de propriedade, uma vez que ao compromissário comprador não são transferidos todos os atributos do domínio pleno, reservando-se, o vendedor, o *ius abutendi* como garantia de recebimento do preço, o qual será transferido com a quitação integral e com a celebração da escritura definitiva de compra e venda.

Para Maria Helena Diniz[95]

> [...] o compromisso irretratável de compra e venda de imóvel, em razão de ausência de cláusula de arrependimento [...] devidamente assentado no competente Registro de Imóveis, equivale a um direito real ilimitado, direito de aquisição, assecuratório do *contrahere* futuro, não só em relação às partes contratantes como *erga omnes*.

É chamado, contudo, por Luciano de Camargo Penteado[96] como "uma espécie de garantia anômala", sem defini-lo propriamente.

Gustavo Tepedino, Maria Celina Bodin de Moraes e Heloisa Helena Barboza, mencionados por Flávio Tartuce[97], entendem que a "promessa irrevogável de venda registrada no RGI configura direito real. A doutrina, de forma praticamente unânime, designa-o como direito real do promitente comprador do imóvel, no rol dos direitos reais limitados, considerado *direito real de aquisição*".

Temos uma visão diferente das que foram apresentadas anteriormente.

---

[94] Veremos no último capítulo a nova possibilidade de adjudicação compulsória extrajudicial.
[95] DINIZ, Maria Helena. *Código Civil anotado*. 15. ed. São Paulo: Saraiva, 2011. p. 983. Transcrição feita por Flávio Tartuce: Do compromisso de compra e venda de imóvel. Questões polêmicas a partir da teoria do diálogo das fontes. *RJLB*, ano I, n. 5, p. 562, 2015.
[96] PENTEADO, Luciano de Camargo. *Direito das coisas*. 2. ed. rev., atual. e ampl. São Paulo: RT, 2012. p. 505.
[97] TARTUCE, Flávio. Do compromisso de compra e venda de imóvel. Questões polêmicas a partir da teoria do diálogo das fontes. *RJLB*, ano I, n. 5, p. 562, 2015.

Existem situações em que o exercício imediato de um direito real sobre uma coisa decorre de uma configuração que se subordina ao direito de propriedade plena e são constituídos em favor de terceiros que não o seu titular, em razão de uma "autorização" concedida por este ou até mesmo de uma imposição legal[98].

Contudo, esses direitos reais exercidos por um terceiro sobre a propriedade de outros estão bem delimitados em nosso ordenamento e devem ser exercidos em conformidade com suas disposições, ou seja, os direitos reais sobre coisa alheia decorrem de lei e limitam tanto o exercício do direito de propriedade plena pelo seu titular quanto o uso da coisa por aqueles que são por eles beneficiados.

A propriedade é considerada plena quando em seu titular estiverem reunidos, ao mesmo tempo, todos os atributos, os quais, podemos dizer novamente, estão delineados no art. 1.228 do Código Civil, que garante ao proprietário a faculdade de **usar**, **gozar** e **dispor** da coisa, e o direito de **reavê-la** do poder de quem quer que injustamente a possua ou a detenha[99].

Sempre que se destacar da propriedade plena algum ou alguns de seus atributos essenciais, torna-se ela limitada ou menos plena, e nessa circunstância a sua compreensão depende do que dela é segregado e qual a sua importância.

Para a constituição de outros direitos reais, ocorre, em razão do princípio da elasticidade do direito de propriedade, o desmembramento desses atributos com sua atribuição a titulares específicos, tendo em vista o respectivo direito real constituído. A existência desses outros direitos reais jamais será exclusiva, pois durante a sua vigência conviverão com o substrato do direito real de propriedade porque dela são derivados e com ela se mantêm conectados; uma tensão própria naturalmente buscará a reconexão da propriedade com os elementos que lhe foram destacados.

É assim, por exemplo, com o direito real de superfície, em que o direito de usar (*ius utendi*) e o direito de gozar (*ius fruendi*) são temporariamente transmitidos para o superficiário. Os elementos transferidos para o superficiário, em que pese sua livre utilização na forma do contrato, tendem a retornar naturalmente para o proprietário no momento estabelecido para o término desse direito real.

No compromisso de compra e venda, ocorre exatamente o contrário. Os elementos constitutivos do direito real de propriedade são transferidos com a intenção de que o comprador definitivamente reúna-os todos em si (aqueles cuja aquisição ele já iniciou e aquele reservado pelo vendedor), após o pagamento integral do preço de aquisição e outorga da escritura pública, quando o caso.

Os direitos reais sobre coisa alheia previstos em nosso sistema dividem-se em direitos de gozo e fruição e de garantia. No primeiro grupo, estão a superfície, a servidão, o usufruto, o uso, a habitação, a concessão de uso e a laje, e no segundo, o penhor, a hipoteca, a anticrese e a propriedade fiduciária.

Ademais, esses direitos reais sobre coisa alheia são constituídos em caráter temporário e sem a intenção de transferência da propriedade pelo seu titular, razão pela qual é natural que

---

[98] Como exemplos, no Código Civil, (i) o usufruto dos bens dos menores pelos seus pais (art. 1.689) e (ii) o direito real de habitação relativo ao imóvel de residência da família, cabente ao cônjuge sobrevivente, qualquer que seja o regime de bens (art. 1.831).

[99] Lafayette Rodrigues Pereira salienta que o "domínio é susceptível de se dividir em tantos direitos elementares quantas são as formas porque se manifesta a atividade do homem sobre as coisas corpóreas. E cada um dos direitos elementares do domínio constitue em si um *direito real*: tais são os direitos de usufruto, o de uso, o de servidão" (PEREIRA, Lafayette Rodrigues. *Direito das coisas*. Rio de Janeiro: Freitas Bastos, 1943. p. 24).

tendam à extinção após determinado prazo, o que fará com que a propriedade recupere todos os seus atributos destacados para criar o respectivo direito real[100] e volte a ser considerada plena.

Pelo compromisso de compra e venda, o alienante despe-se do direito de usar (*ius utendi*) e do direito de gozar (*ius fruendi*), reservando-se para si o direito de dispor (*ius abutendi*), que é o atributo relativo à disposição do direito real de propriedade. Isso é feito como forma de garantir o recebimento do preço da compra e venda, pois, uma vez pago todo o preço, até esse atributo de garantia (*ius abutendi*) deve ser transferido para o comprador que cumpriu integralmente sua obrigação. Contudo, caso haja o inadimplemento do comprador, a propriedade plena não terá sido transferida.

No compromisso de compra e venda, o que se busca é a transferência por um e a aquisição por outro de todos os atributos do direito de propriedade, circunstância que não se faz presente nos direitos reais sobre coisa alheia como no usufruto, por exemplo. O vínculo que se estabelece entre alienante e adquirente também é temporário, mas corre em favor deste a tendência de aquisição da propriedade plena, a qual nunca lhe pertenceu, mas lhe pertencerá com o integral pagamento do preço e outorga do título definitivo de compra e venda.

Parece-nos possível admitir o entendimento de Orlando Gomes[101], para quem o direito real do compromissário comprador é reduzido à limitação do poder de disposição do proprietário que o constitui. Se registrado, o vendedor fica proibido de alienar o respectivo imóvel, mas, se o fizer, o compromissário comprador, titular de um direito real com sequela, pode reivindicar a propriedade do imóvel.

Percebe-se que os atributos do direito de propriedade estão distribuídos entre vendedor e comprador, os quais vão, respectivamente, despindo-se e vestindo-se à medida que o preço vai sendo pago pelo adquirente. Todavia, enquanto aquele não é integralmente satisfeito, o vendedor ainda mantém consigo um dos atributos do direito de propriedade (*ius abutendi*). Enquanto este atributo não for efetivamente transferido para o comprador – o que ocorrerá somente com a quitação do preço e a celebração e registro da escritura definitiva de compra e venda, quando o caso –, ele não reunirá todos os atributos da propriedade plena.

Por essa razão, não podemos concordar com a posição que defende que o compromissário comprador, antes do contrato definitivo, tenha um direito real ilimitado. Trata-se, portanto, de um direito real limitado.

Nesse sentido, afirma Orlando Gomes[102] que, para aceitar o direito real de aquisição do comprador como direito de propriedade, seria preciso admitir que esta se transfere com o registro do compromisso, o que representaria "uma superfetação a exigência legal do *título translativo*, seja a escritura definitiva, seja a sentença de adjudicação", além de não se coadunar com o nosso sistema de aquisição de direito de propriedade, previsto no art. 1.245 do Código Civil.

Pela sistemática brasileira de aquisição, constituição e transmissão de direitos reais, o compromisso de compra e venda é insuficiente para a transmissão da propriedade plena. Esse instrumento inicia o processo de transmissão desse direito real tendo como condição *sine qua non* o pagamento integral do preço de aquisição, a outorga da escritura definitiva de compra e venda e o seu respectivo registro na matrícula do imóvel.

---

[100] Sobre o cancelamento desses direitos reais ver Código Civil, arts. 1.387 e seguintes (servidão); 1.410 e seguintes (usufruto); 1.413 (uso) e 1.416 (habitação).
[101] GOMES, Orlando. *Contratos*. Rio de Janeiro: Forense, 2009. p. 295.
[102] GOMES, Orlando. *Direitos reais*. 19. ed. atualizada por Luiz Edson Fachin. Rio de Janeiro: Forense, 2004. p. 365.

Para nós, também não se trata de direito real sobre coisa alheia, pois o direito real de aquisição – que se origina com a inscrição registrária do compromisso de compra e venda sem cláusula de arrependimento – tem previsão legal expressa com características especiais e não se resume a conferir o uso e o gozo temporário do imóvel para um beneficiário. A intenção das partes é, com o pagamento do preço de aquisição, a transferência definitiva da propriedade plena para o compromissário comprador.

Não se trataria, ainda, de direitos reais de garantia porque estes estão ligados à ideia de responsabilidade patrimonial que surge na formação de uma relação jurídica obrigacional da qual é dependente.

Sabe-se que todos os bens do devedor respondem por suas obrigações (Código Civil, art. 391, e Código de Processo Civil, art. 789) e, nesse sentido, os direitos reais de garantia são constituídos para assegurar o cumprimento de determinada obrigação, substituindo a prestação em caso de inadimplemento. Os direitos reais de garantia são acessórios de uma relação de crédito. A característica principal dos direitos reais de garantia é a íntima conexão com a obrigação que eles asseguram. São denominados direitos reais de garantia por vincularem determinado bem do patrimônio do devedor diretamente à satisfação de uma prestação em caso de inadimplemento. E, em decorrência dessa conexão com o crédito, os direitos reais de garantia são assessórios a ele[103].

Clóvis Beviláqua, referido por Carvalho Santos[104], esclarece que os direitos reais de garantia diferem dos outros

> [...] direitos reais de uso e gôzo: a) Não destacam da coisa, sôbre que recaem (salvo a anticrese), quaisquer utilidades econômicas em benefício do titular; dão-lhe, somente, o poder de se pagar pelo valor ou pelos produtos dela; b) Não existem por si, gravando a coisa alheia; dependem do direito de crédito cuja realização asseguram. Desta dependência resulta que, se não insuficientes para cobrir os créditos, que garantem, estes subsistem na parte restante; mas se o crédito, que é coisa principal, se extingue, desaparece o direito real de garantia.

Caio Mário da Silva Pereira[105] salienta que a garantia se efetiva, em caso de inadimplemento da obrigação pelo devedor, com a venda de determinado bem geralmente vinculado de maneira prévia e acessória à relação jurídica creditícia, para, com o valor obtido, satisfazer o credor.

O direito de aquisição do compromissário comprador não está vinculado a uma relação de crédito que necessite da alienação do imóvel para sua satisfação, como reforço da posição

---

[103] "A garantia é então definida como 'conjunto de meios sancionatórios a adoptar pelo Estado, por intermédio dos seus tribunais, contra o sujeito do dever jurídico, quando ele não cumpre espontaneamente, observando o comportamento devido' e também enquanto 'faculdade que tem o titular dum direito de o tornar efectivo' ou, de maneira mais genérica, como 'tutela específica que o Direito confere a uma relação social'. A garantia da relação jurídica tem portanto, por garante principal o Estado, sendo garantido o titular de qualquer direito, através de meios coercitivos, entre os quais avulta a acção judicial. Com este sentido tão amplo, pode mesmo entender-se para fora do direito civil, falando-se de garantia sempre que estejam em causa instrumentos para preservar ou sustentar a efectividade das situações jurídicas e a segurança das pessoas que nelas estão investidas" (ALMEIDA, Carlos Ferreira de. *Texto e enunciado na teoria do negócio jurídico*. Coimbra: Almedina, 1992. v. I, p. 560).

[104] SANTOS, João Manuel de Carvalho. *Código Civil brasileiro interpretado*. Direito das coisas. 14. ed. Rio de Janeiro: Freitas Bastos, 1989. v. X, p. 6.

[105] PEREIRA, Caio Mário da Silva. *Instituições de direito civil:* direitos reais. Edição revista e atualizada por Carlos Edison do Rêgo Monteiro Filho. 28. ed. Rio de Janeiro: Forense, 2022. p. 293.

do credor para o caso de inadimplemento do devedor. Ao contrário, o que o comprador pretende, principalmente depois do registro do compromisso, é evitar que o proprietário aliene ou onere o imóvel pretendido a terceiros e que no tempo certo lhe outorgue o título definitivo de compra e venda.

Também não poderíamos tratar tal direito como relação obrigacional com eficácia real[106] porque, além de ter sido expressamente alçado por lei à categoria de direito real, o sistema lhe traduz muito mais do que uma mera possibilidade de execução específica e uma responsabilização patrimonial pelo inadimplemento. Confere-lhe a possibilidade de ser oposto perante terceiros, com uma faculdade absoluta atribuída ao comprador na aquisição do imóvel, e afeta-lhe com a sequela e a preferência, características dos direitos reais.

Para registrarmos a diferença, podemos citar a situação do contrato de locação, com cláusula de vigência, registrado na matrícula do imóvel locado. Pretende-se garantir ao locatário o cumprimento do contrato até o seu termo final em caso de alienação do imóvel para terceiros pelo locador.

Esse direito de permanecer no imóvel locado até o termo final é de natureza obrigacional, pois vincula apenas o locatário e o locador e, em caso de alienação, o terceiro adquirente. A forma que o legislador encontrou para fortalecer o direito de permanência do locatário foi possibilitar a inscrição registrária do contrato de locação que contenha expressamente a cláusula de vigência para que a relação locatícia seja de conhecimento de todos, atribuindo, portanto, eficácia real a um direito meramente obrigacional (o de permanência do locatário até o termo final do contrato de locação).

O compromissário comprador recebe no momento da celebração do contrato, salvo disposição contrária, o direito de usar (*ius utendi*) e o direito de gozar (*ius fruendi*). Com o registro do compromisso de compra e venda, esses direitos de natureza real são transferidos ao adquirente. Confere-se, portanto, direito real ao comprador, atribuindo-lhe caráter absoluto (*erga omnes*) para a aquisição do imóvel, sendo o adquirente beneficiado pela aderência e pela sequela, características específicas dos direitos reais, de modo que surte efeitos em relação a todos. Pago o preço de aquisição do imóvel, poderá o titular desse direito real obter a outorga do instrumento definitivo de quem quer que seja.

Pelas razões apresentadas, entendemos que se trata mesmo de um direito real de aquisição[107]. Como já dissemos, esse direito real não se confunde com o direito obrigacional – a celebração do contrato definitivo –, que está contido no mesmo compromisso. São efetivamente duas relações distintas (real e obrigacional) oriundas do mesmo contrato.

Entendemos que o legislador colocou um fim na discussão ao indicar, no inciso VII do art. 1.225 do Código Civil, que o direito do compromissário comprador de imóvel é um direito real. Em linha com o art. 1.417 do mesmo Código, determinou que o compromisso em que não tenha sido pactuada cláusula de arrependimento e que tenha alcançado o registro na matrícula do imóvel confere ao comprador direito real à aquisição do imóvel.

---

[106] Ao contrário do que estabelece o Código Civil português em que prevê no seu artigo 413° que: "1 - À promessa de transmissão ou constituição de direitos reais sobre bens imóveis, ou móveis sujeitos a registo, podem as partes atribuir eficácia real, mediante declaração expressa e inscrição no registo".

[107] Miguel Maria Serpa Lopes registra que seria melhor dizer "que a inscrição da promessa de compra e venda de imóvel equivale a um direito real limitado, direito de aquisição, assecuratório do *contrahere futuro*, não só em relação às partes contratantes como *erga omnes*" (SERPA LOPES, Miguel Maria de. *Curso de direito civil*. Fontes das obrigações: contratos. 7. ed. rev. pelo Prof. José Serpa de Santa Maria. Rio de Janeiro: Freitas Bastos, 2001. v. IV, p. 241).

Como em nosso sistema o direito real deve ser criado por lei, não restam dúvidas de que o direito do comprador decorrente de compromisso de compra e venda sem cláusula de arrependimento e registrado na matrícula do imóvel trata-se de direito real à aquisição.

3.7 REGISTRO DE IMÓVEIS

3.7.1 Brevíssimas linhas sobre a evolução histórica

O Código Civil categoriza, dos arts. 79 ao 103, as diferentes classes de bens. Entre eles estão os bens imóveis e os bens móveis.

Das classificações existentes a que segrega bens móveis de imóveis parece ser a mais natural, porque a mobilidade é a característica mais visível em uma avaliação preliminar do objeto.

Os imóveis ganharam proeminência no regime feudal na Idade Média em relação aos bens móveis[108], quando passaram a ser atrelados à concepção de poder político e de liberdade.

Com a formação do direito moderno, os sistemas jurídicos passaram a classificar os bens em razão da mobilidade. Nesse contexto, o imóvel passou a ser concebido como fonte de construção de riqueza.

Apesar de atualmente os bens móveis terem alta relevância para a circulação e o acúmulo de riquezas, historicamente o legislador dedicou maior atenção à elaboração de leis referentes aos bens imóveis, o que ressalta a sua importância.

Existem várias disposições no Código Civil que tratam de regras que visam maior proteção a essa categoria de bens.

Como exemplos, podemos destacar que a prescrição aquisitiva é maior para os imóveis do que para os móveis (Código Civil, arts. 1.238 e 1.260); a alienação ou a oneração de imóveis pertencentes a casais dependerá da vênia conjugal (Código Civil, art. 1.647, I); os imóveis que pertencerem a menores tutelados somente poderão ser vendidos se a alienação representar manifesta vantagem, deverá ser antecedida de avaliação judicial e conter autorização judicial (Código Civil, art. 1.750); e, exceto no regime da separação absoluta de bens, o cônjuge necessitará de autorização do outro para propor ação que verse sobre direito real imobiliário (Código de Processo Civil, art. 73).

No entanto, essa preocupação do legislador com a regulação dos bens imóveis não é recente. Especialmente no sistema brasileiro, nota-se essa movimentação legislativa mais enfaticamente desde o período do império.

---

[108] Caio Mário da Silva Pereira relembra que muito tardiamente a repercussão jurídica tornou-se relevante a ponto de acarretar a segregação e regulação entre móveis e imóveis, "não porque faltasse a atenção para a existência de coisas que são fixas e de outras que se movem. A razão está em que primitivamente não se deu maior importância ao fato. O homem, num estágio de civilização anterior, tratava com tão grande cuidado as suas armas, os seus utensílios aratórios, os animais de tração, como a terra que cultivava, e exigia por isso mesmo um ritual mais imponente para o ato de sua disposição, erigindo-os em categoria especial. Foi assim que o romano colocou a coisa móvel ao lado da coisa imóvel, segundo a sua natureza específica, e instituiu o cerimonial da *mancipatio* para a sua transmissão. Não é que desprezasse o imóvel. Mas dava-lhe o mesmo valor que algumas coisas móveis, tratando, no mesmo pé de igualdade, a terra cultivada e as servidões que a beneficiavam, os animais de montaria e de tração, e até mesmo os escravos (*res mancipi*); do outro lado (*res nec mancipi*), os bens que não tinham este mesmo interesse econômico e social. Só muito mais tarde foi que o direito romano consagrou a divisão dos bens em imóveis e móveis, a qual no Baixo Império veio a ganhar foros de predominância" (PEREIRA, Caio Mário da Silva. *Instituições de direito civil*. Introdução ao direito civil. Teoria geral do direito civil. Atualizadora e colaboradora Maria Celina Bodin de Moraes. 34. ed. Rio de Janeiro: Forense, 2022. v. I, p. 353).

Vale lembrar, também, que no período colonial houve esparsas disposições que tratavam da forma de ocupação do território "descoberto" por Portugal.

Quando da declaração de "descobrimento" do Brasil, o Rei de Portugal, na qualidade de "descobridor", adquiriu sobre o território o título originário de posse[109], em decorrência do domínio político concernente à soberania[110]. Nessa condição, a Coroa Portuguesa começou a destacar do seu domínio glebas que constituiriam mais tarde a propriedade privada. Tais destaques eram feitos a título de doação, em cartas de sesmarias[111], inicialmente pelos donatários das capitanias[112] e, em seguida, pelos governadores e capitães-generais[113].

Andréa Flávia Tenório Carneiro afirma que o sistema de sesmarias foi criado em Portugal no final do século XIV com a intenção de pôr fim à crise de abastecimento[114] pela qual passava a economia da época, tornando produtivas as terras consideradas ociosas mediante o cultivo compulsório, sob pena de perda do domínio. Se perdido o domínio por inatividade, as terras eram consideradas devolutas[115] e redistribuídas para que fossem mais bem aproveitadas[116].

As sesmarias eram uma espécie de privilégio ou concessão dominial régia que tinha como fundamento o cultivo. Tratava-se de sistema fundado no princípio da obrigatoriedade do cultivo, segundo salienta Laura Beck Varela[117]. A obrigatoriedade do cultivo é a base do

---

[109] Portugal, de certa forma, já conhecia o território antes da declaração de descobrimento no ano de 1500. Por ocasião da expansão marítima (século XV), os países líderes dessa expansão – Portugal e Espanha – partilharam os novos territórios entre si, com as bênçãos do papa Alexandre VI a esse acordo, o que levou à edição da Bula Intercoetera, em 1493, substituída pelo Tratado de Tordesilhas no ano seguinte (VICENTINO, Cláudio; DORIGO, Gianpaolo. *História geral e do Brasil*. São Paulo: Scipione, 2002. p. 171).

[110] GARCIA, Paulo. *Terras devolutas*: defesa possessória, usucapião, registro torrens, ação discriminatória. Belo Horizonte: Livraria Oscar Nicolai, 1958. p. 11.

[111] CARVALHO, Afrânio de. *Registro de imóveis*. 4. ed. Rio de Janeiro: Forense, 1998. p. 1.

[112] Os documentos mais antigos de doação de capitanias hereditárias datam de 1534. "As capitanias foram doze, embora divididas em maior número de lotes. Começavam todas à beira-mar e prosseguiam com a mesma largura inicial par ao ocidente, até a linha divisória das possessões portuguesas e espanholas acordadas em Tordesilhas, linha não demarcada então, nem demarcável com os conhecimentos do tempo" (ABREU, Capistrano de. *Capítulos de história colonial:* 1500-1800. Brasília: Conselho Editorial do Senado Federal, 1998. p. 47 e 49).

[113] O território descoberto pela Coroa Portuguesa era considerado área de reserva para cultivo, caso os produtos africanos e orientais findassem. Essa é uma das razões que explicam a demora na ocupação territorial. Como se sabe, tal "abandono" abriu espaço para disputas do território entre franceses, ingleses e holandeses. Assim, as sesmarias funcionaram como forma de ocupação e defesa da nova terra conquistada.

[114] Agravada pela grande peste que assolou a Europa em 1348 e também pelo abandono dos campos em razão das guerras da época e da febre da colonização que se alastrava pelo país, especialmente pelo descobrimento do novo mundo (GARCIA, Paulo. *Terras devolutas*: defesa possessória, usucapião, registro torrens, ação discriminatória. Belo Horizonte: Livraria Oscar Nicolai, 1958. p. 9).

[115] Todas as terras eram da Coroa (em virtude da Soberania Política); em caso de perda de domínio pela inatividade, a propriedade era devolvida ao senhor originário, ou seja, ao Rei de Portugal. Esse movimento de reversão ocorrido no Brasil é detalhado por Paulo Garcia (GARCIA, Paulo. *Terras devolutas*: defesa possessória, usucapião, registro torrens, ação discriminatória. Belo Horizonte: Livraria Oscar Nicolai, 1958).

[116] CARNEIRO, Andréa Flávia Tenório. *Cadastro imobiliário e registro de imóveis*. Porto Alegre: IRIB/Fabris, 2003. p. 69.

[117] VARELA, Laura Beck. *Das sesmarias à propriedade moderna:* um estudo de história do direito brasileiro. Rio de Janeiro: Renovar, 2005. p. 18.

sesmarialismo, que tem origem na Lei Sesmarial de D. Fernando I, de 26 de junho de 1375, considerada drástica e violenta[118].

O sistema de distribuição de terras do domínio do império português, por meio das sesmarias, diferenciou-se daquele praticado em Portugal, que tomava as terras improdutivas e as redistribuía. No Brasil, no período colonial, as terras de domínio da Coroa eram doadas em caráter perpétuo[119].

Laura Beck Varela afirma que, no Brasil, o sistema sesmarial apresentava diferença fundamental em relação ao de Portugal, porque aqui a propriedade não era feudal e integrava o patrimônio da Coroa Portuguesa[120].

No mesmo sentido, Paulo Garcia assinala que Portugal, em relação a todo o território brasileiro, exercia jurisdição vinculada à Soberania. Apesar de possível a alienação – e assim se fez –, não perdia a Coroa a atribuição advinda da Soberania. Cessava apenas o direito de exercer a gestão da coisa depois de transmitida ao adquirente[121].

Em 27 de dezembro de 1695, surgiu a Carta Régia, que instituiu a obrigação de pagamento do foro com o objetivo de identificar a real situação da apropriação territorial da colônia. Frustrou-se a aplicação de tal previsão em razão da impossibilidade de se medirem as terras. Isso ocasionou a suspensão do Alvará de 1795, o qual congregava toda a legislação sobre terras da época[122].

A doação de terras por meio das cartas de sesmarias, que teve fim com a Resolução de 17 de julho de 1822, durou da "descoberta" até a Independência do Brasil, em 1822. Surge, nessa época, um hiato legislativo na matéria sobre terras que se prolongou até 1850.

A ocupação do solo, nessa fase, ocorreu sem qualquer espécie de título e mediante a simples tomada de posse[123].

A concessão de sesmarias foi suspensa em decorrência de solicitação feita por um simples posseiro, chamado Manoel José dos Reis, cuja petição tornou-se lei geral, por atividade de José Bonifácio de Andrada e Silva, em 1822, quando teve início o regime das posses que durou até a Lei de 1850.

As relações capitalistas de produção, introduzidas na América Latina na segunda metade do século XIX, forçaram a privatização do domínio sobre bens imóveis.

No Brasil, esse momento histórico corresponde à expansão econômica do café, à pressão para o fim do tráfico negreiro e à introdução da mão de obra assalariada.

Além de propriedade privada, o capitalismo influenciava para que a terra fosse passível de ser mercantilizada, comercializada[124].

---

[118] GARCIA, Paulo. *Terras devolutas*: defesa possessória, usucapião, registro torrens, ação discriminatória. Belo Horizonte: Livraria Oscar Nicolai, 1958. p. 9.
[119] CARNEIRO, Andréa Flávia Tenório. *Cadastro imobiliário e registro de imóveis*. Porto Alegre: IRIB/Fabris, 2003. p. 69.
[120] VARELA, Laura Beck. *Das sesmarias à propriedade moderna:* um estudo de história do direito brasileiro. Rio de Janeiro: Renovar, 2005. p. 72.
[121] GARCIA, Paulo. *Terras devolutas*: defesa possessória, usucapião, registro torrens, ação discriminatória. Belo Horizonte: Livraria Oscar Nicolai, 1958. p. 13.
[122] CARNEIRO, Andréa Flávia Tenório. *Cadastro imobiliário e registro de imóveis*. Porto Alegre: IRIB/Fabris, 2003. p. 7.
[123] Período considerado *extralegal* sem qualquer regulamentação sobre as terras públicas.
[124] VARELA, Laura Beck. *Das sesmarias à propriedade moderna:* um estudo de história do direito brasileiro. Rio de Janeiro: Renovar, 2005. p. 129.

Pela necessidade de comercializar a terra e de fomentar a colonização, surgiu, em setembro de 1850, a Lei 601 (também chamada de "Lei de Terras"), com o objetivo de criar um estatuto jurídico para a propriedade privada[125].

Entre outras disposições, a Lei 601 tratava sobre as terras consideradas devolutas do Império, as que eram possuídas por título de sesmaria que não preenchiam as condições legais da época, mas cujas posses eram consideradas mansas e pacíficas.

Para o que nos interessa da Lei de Terras, vale destacar que o art. 1º estabeleceu a proibição de aquisição de terras devolutas por outro meio que não o de compra – isso significou o fim das doações feitas por cartas de sesmarias –, e o art. 3º, que definiu quais eram as terras consideradas devolutas. No art. 4º, houve revalidação das sesmarias e outras concessões do Governo Geral, ainda que não cumpridas as condições originais que autorizaram as correspondentes concessões. Foram, ainda, legitimadas as posses mansas e pacíficas adquiridas por ocupação primária ou do primeiro ocupante que estivessem cultivadas ou com início de cultura, e que servissem de moradia habitual dos respectivos posseiros (art. 5º).

Ao redefinir o conceito de terra devoluta (art. 3º), o governo tinha como objetivo identificar aquilo que ainda era de domínio do império. Denota-se tal intenção da leitura do art. 10 da referida Lei de Terras. Por esse dispositivo, o governo deveria promover a segregação dos imóveis considerados particulares daqueles ainda remanescentes do regime imperial.

Foram determinados prazos para que as terras adquiridas por posse, sesmarias ou outras concessões[126] fossem medidas e especializadas (art. 7º). O descumprimento da obrigação de medição acarretaria a perda das terras pelos particulares que passariam a ser consideradas devolutas (art. 8º). Também as terras devolutas seriam medidas nos termos do art. 9º.

O art. 21 da Lei de Terras autorizou o governo a criar uma repartição especial com a denominação de Repartição Geral das Terras Públicas, que seria encarregada de dirigir a medição, a divisão e a descrição das terras devolutas, de promover a sua conservação, de fiscalizar a venda e a sua distribuição e de propiciar a colonização.

O art. 11 da Lei de Terras continha obrigação de os posseiros obterem os respectivos títulos de propriedade, sem o qual não poderiam constituir hipoteca nem os alienar.

Em decorrência da obrigação legal de os possuidores declararem suas ocupações, o governo ficou responsável por organizar o registro das terras.

A Lei de Terras foi regulamentada pelo Decreto n.º 1.318/1854, que criou as atribuições e as competências da Repartição Geral das Terras Públicas (no Capítulo 1), cuja atividade primordial era a de coordenar e dirigir a medição e a descrição das terras devolutas (art. 3º).

O território havia sofrido sucessivos e descontrolados destaques em sua extensão por meio de doações feitas pelas cartas de sesmarias. Com o passar dos anos, o descontrole das doações, agravado pela falta de um órgão que centralizasse tais informações[127], e a ausência de legislação eficaz possibilitaram que particulares ocupassem desautorizadamente as terras consideradas devolutas[128], razão pela qual surgiu a necessidade de serem segregadas, bem

---

[125] VARELA, Laura Beck. *Das sesmarias à propriedade moderna:* um estudo de história do direito brasileiro. Rio de Janeiro: Renovar, 2005. p. 134.
[126] O termo "outras concessões" está na redação original da lei.
[127] A solução pensada na Lei 601 de 1850 foi a criação da Repartição Geral das Terras Públicas, regulada no Decreto n.º 1.318 de 1854.
[128] As terras devolutas, no contexto do período imperial do Brasil, eram aquelas que não haviam sido formalmente apropriadas por particulares no contexto da Lei de Terras.

como de legitimar a aquisição das posses nas propriedades já ocupadas. Essa foi a intenção da Lei n.º 601/1850 e do Decreto n.º 1.318/1854.

Estremar as terras devolutas, em linhas gerais, passava pelas etapas de (i) medição das terras[129]; (ii) reconhecimento de possuidores que tivessem títulos legítimos de aquisição, fossem com origem nas posses de seus antecessores, fossem nas concessões de sesmarias não medidas, não confirmadas ou não cultivadas; e (iii) medição das terras que se achassem no domínio particular por qualquer título (art. 22).

Deveriam providenciar a legitimação das posses (i) o ocupante originário, que não tinha outro título a não ser a própria ocupação; (ii) o segundo ocupante que não tivesse adquirido por título legítimo[130]; e (iii) aqueles primeiros ocupantes que até a data da publicação do Decreto n.º 1.318/1854 tivessem alienado os imóveis, apesar da proibição contida no art. 11 da Lei n.º 601/1850.

O art. 91 do referido Decreto n.º 1.318/1854 continha a obrigação para que todos os possuidores, qualquer que fosse o título, registrassem suas terras perante os Vigários das Freguesias (art. 97) em que estivesse localizado o imóvel – criou-se o chamado registro do vigário[131].

O sistema estabelecido para identificação das terras devolutas foi fragilizado pelo fato de que todo o procedimento de segregação das terras públicas dependia da iniciativa dos particulares que detinham posse, aos quais cabia requerer ao órgão oficial a medição de suas terras. Somente após a identificação das propriedades privadas é que o governo teria condições de iniciar a medição, a identificação e a demarcação das terras que ainda fossem de domínio do Império, para oportunamente serem alienadas e colonizadas.

Subsequentemente, com a Lei Orçamentária n.º 317/1843, regulamentada pelo Decreto n.º 482/1846, foi criado um registro geral de hipotecas (art. 35).

Timidamente, adotou-se um cadastro imobiliário.

A intenção inicial, no entanto, foi a de possibilitar que a propriedade privada servisse como garantia nas concessões de créditos, tendo em vista as relações econômicas produtivas baseadas no modelo capitalista; o intuito original, portanto, não foi criar um cadastro com vocação imobiliária capaz de identificar (com a precisão possível à época) o titular da propriedade e o imóvel correspondente.

A inscrição de hipotecas não deu os resultados esperados[132], principalmente porque faltavam os requisitos de especialidade e publicidade, o que gerava insegurança jurídica. O

---

[129] Procedimento previsto no Capítulo II do Decreto n.º 1.318/1854.
[130] Estabelecia o art. 25 do Decreto n.º 1.318/1850: "São titulos legitimos todos aquelles, que segundo o direito são aptos para transferir o dominio".
[131] A transmissão do imóvel se dava, portanto, com a simples transferência da posse; a tradição era a publicidade, pois indicava externamente a troca de titularidade. Com o passar dos anos, a tradição foi desvirtuada e deixou de ser fato visível capaz de comprovar a titularidade de domínio. O constituto possessório e a sucessão hereditária, por exemplo, colaboraram para a fragilização da tradição.
[132] Vale o destaque feito por Laura Beck Varela no sentido de que à "semelhança de outros excertos dantes transcritos, novamente o discurso de um letrado do séc. XIX articula a caótica organização fundiária do país, com o atraso na agricultura e na economia em geral, dando ênfase à necessidade de proteção ao crédito. 'Quem compra não tem certeza se é proprietário, quem empresta sobre hypoteca não sabe se haverá o reembolso de seu capital': a insegurança do crédito, suas precárias condições de circulação são o problema central para o legislador de 1864. Trata-se de outra face do processo de mercantilização da terra e de absolutização da propriedade fundiária, cuja veste jurídica, ao lado da Lei de 1850, corresponde à disciplina da hipoteca e do registro. Porque 'interessa à fortuna mobiliária e imobiliária de todos os cidadãos', nas palavras de Tropolong, seu papel na regulamentação jurídica da propriedade é de especial relevância. É a hipoteca um dos principais institutos jurídicos

cadastro era frágil e precário. Diante da escassa utilização, resolveu-se estender também o mecanismo registrário para a transmissão da propriedade.

Surgiu, então, a Lei n.º 1.237, de 24 de setembro de 1864, que reformou a legislação hipotecária e, no art. 7º[133], criou o registro geral[134].

Importante salientar que, tanto na Lei n.º 1.237/1864 quanto no Decreto n.º 169-A/1890, que substituiu a referida Lei Hipotecária, no capítulo relativo à transcrição, não foram estabelecidos os requisitos mínimos necessários para a identificação do proprietário e do objeto de seu domínio, o que pode ter agravado a insegurança jurídica sobre a propriedade privada, pois, pela falta de previsão legal de requisitos de identificação, não havia conhecimento das bases físicas dos imóveis e das características de seus proprietários.

Segundo Soriano Neto[135], a validade da aquisição, sob a égide de tal legislação, ficou subordinada aos requisitos do título – que deveria ser encadeado com os dos antecessores – e à (frágil) circunstância de pertencer o imóvel ao alienante.

Destaca-se que as descrições dos imóveis que constavam dos títulos eram aquelas fornecidas pelas próprias partes contratantes, tendo em conta que, como já mencionado, não havia previsão legal que atendesse aos princípios da especialidade objetiva e subjetiva (os quais serão analisados a seguir).

Com o advento da república, a Constituição de 1891[136] estabeleceu o regime federativo e transferiu aos estados as terras então consideradas devolutas e que estivessem situadas em seus respectivos territórios (art. 64).

A evolução da economia e a necessidade de garantir segurança jurídica ao direito de propriedade em relação a toda a sociedade fizeram com que o Código Civil de 1916 incor-

---

em prol da circulação da riqueza, na medida em que possibilita constituir a propriedade imobiliária garantia de crédito nas transações. O registro, por sua vez, confere segurança a tais transações". A Lei n.º 1.237 de 24 de setembro de 1864, e seu Regulamento, o Decreto n.º 3.453, de 26 de abril de 1865, buscaram eliminar o sistema das hipotecas ocultas, visto que isso dificultava a comercialização da propriedade imóvel e instituiu o registro para a transcrição dos títulos de transmissão de imóveis *inter vivos* e de constituição de ônus reais, que passou a ser requisito para sua oponibilidade em relação a terceiros (VARELA, Laura Beck. *Das sesmarias à propriedade moderna:* um estudo de história do direito brasileiro. Rio de Janeiro: Renovar, 2005. p. 173).

[133] "Art. 7º – O registro geral compreende: A transcripção dos titulos de transmissão dos immoveis susceptiveis de hypotheca e a instituição dos onus reaes. A inscripção das hypothecas. § 1º – A transcripção e inscripção devem ser feitas na Comarca ou Comarcas onde forem os bens situados. § 2º – As despezas da transcripção incumbem ao adquirente. As despezas da inscripção competem ao devedor. § 3º – Este registro fica encarregado aos Tabelliães creados ou designados pelo Decreto n. 482 de 14 de Novembro de 1846."

[134] O Registro Geral compreendia: "a transcrição dos títulos de transmissão dos imóveis suscetíveis de hipoteca e a instituição de ônus reais" (art. 7º). Vale destacar que o art. 8º dessa mesma lei estabeleceu que a transmissão, onerosa ou gratuita, entre vivos, dos "bens passíveis de hipoteca" – que eram aqueles indicados no art. 2º, §§ 1º e 4º –, assim como a instituição de ônus reais, somente operariam efeitos em relação a terceiros com a transcrição no registro geral. O § 4º do dito art. 8º da Lei n.º 1.237/1864 e o art. 258 do Decreto n.º 3.453/1865 estabeleceram a ideia de que a transcrição não induzia prova de domínio, que ficava a salvo de quem fosse.

[135] NETO, Soriano. Publicidade material do registro immobiliario (efeitos da transcripção). *Revista Acadêmica da Faculdade de Direito do Recife*, ano XLVII, p. 220, 1939/1940.

[136] Vale destacar que a Constituição de 1891 retratava, quanto à propriedade, os conceitos filosóficos do liberalismo, ao garantir a plenitude de tal direito em contraposição ao sistema feudal que vigorou na Idade Média, cujos privilégios decorriam do fato de ser o indivíduo de determinada classe social. O § 17 do art. 72 assim estabelecia: "O direito de propriedade mantém-se em toda a sua plenitude, salva a desapropriação por necessidade ou utilidade pública, mediante indenização prévia".

porasse o Registro Geral, introduzido pela Lei n.º 1.237/1864, regulamentada pelo Decreto n.º 3.453/1865, porém com nova denominação de Registro de Imóveis[137], mas em local não tão apropriado – uma seção do capítulo da hipoteca.

Os arts. 530 e 531 do Código Civil de 1916 listaram os tipos de títulos que deveriam ser transcritos para aquisição, constituição e transferência de direitos reais e incluíram os documentos judiciais e as transmissões *causa mortis* que não haviam sido previstos nas leis anteriores.

O Decreto n.º 4.857/1939 regulamentou o registro de imóveis na forma introduzida pelo Código Civil de 1916 até ser revogado pela atual legislação registrária (Lei Federal n.º 6.015/1973).

3.7.2 Noções introdutórias

A Lei Federal n.º 6.015/1973 ("Lei de Registros Públicos") dispõe sobre a organização dos registros públicos no País. São considerados registros públicos pela referida lei o (i) registro civil de pessoas naturais; (ii) o registro civil de pessoas jurídicas; (iii) o registro de títulos e documentos; e (iv) o registro de imóveis.

A Lei de Registros Públicos aprimorou a sistemática registrária e fortaleceu os serviços prestados pelos registos públicos, dos quais destacamos o registro de imóveis. Este desempenha papel fundamental na sociedade atual ao organizar – essencialmente – o direito real de propriedade imobiliária e suas derivações.

O registro de imóveis proporciona uma maior segurança jurídica tendo como fundamento principal a transparência das informações que lhe são submetidas para arquivamento, propiciando que qualquer um possa ter conhecimento do seu conteúdo, auxiliando, consequentemente, na prevenção de erros e de fraudes.

Essa transparência atribuída aos atos registrários faz com que terceiros possam ter conhecimento da situação imobiliária de determinado imóvel, pois há expressa indicação documental da sua titularidade, das características das suas dimensões, da evolução e das alterações que possa ter experimentado.

Os serviços prestados pelo registro de imóveis são exercidos em caráter privado por delegação do Poder Público, contribuindo, portanto, com a segurança jurídica do tráfego imobiliário em razão da confiança que transmite, conjugado à fé pública que decorre de seus atos. São serviços de natureza pública e como tais são dotados de fé pública.

Arruda Alvim[138] declara que essa segurança jurídica do registro de imóveis é polivalente, porque gera confiança em todos aqueles que negociam com base em suas informações e, de outro lado, funciona como guardião dos direitos atribuídos ao respectivo titular do direito registrariamente inscrito.

O registro de imóveis serve ao direito privado e atua para conferir autenticidade, segurança e eficácia (própria contra terceiros) aos negócios jurídicos cuja inscrição[139] registrária é a ele atribuída orginalmente pela legislação civil.

Outro aspecto contributivo da segurança jurídica do registro de imóveis está na conservação dos documentos que lhe são confiados – os quais se traduzem na causa dos respectivos direitos inscritos – e que devem ser reproduzidos e certificados quando regularmente

---

[137] Código Civil de 1916, arts. 856 a 862.
[138] ARRUDA ALVIM NETTO, José Manoel de; CLÁPIS, Alexandre Laizo; CAMBLER, Everaldo Augusto (coord.). *Lei de registros públicos comentada:* Lei 6.015/1973. 2. ed. Rio de Janeiro: Forense, 2019. p. 479.
[139] Utilizamos a expressão inscrição para designar em conjunto os atos de registro e de averbação.

solicitados. É indefinido o prazo de conservação dos documentos inscritos (Lei Federal n.º 6.015/1973, art. 26), o que obriga o sistema a promover formas de conservação que evitem o perecimento deles.

No registro de imóveis, por expressa atribuição legal, deverão ser feitos os registros e as averbações de títulos que instrumentalizem a constituição, a declaração, a transferência e a extinção de direitos reais relativos a imóveis (Lei Federal n.º 6.015/1973, art. 172).

Os registros e as averbações têm como consequência promover a constituição, a transferência ou a extinção do direito real, seja para sua publicidade em relação a terceiros, seja para que se constitua a correspondente disponibilidade sobre o respectivo direito real.

Nota-se que a atribuição legal do registro de imóveis é para operacionalizar atos concernentes a direitos reais reconhecidos na legislação civil.

Significaria dizer, em nosso entendimento, que a competência para criar, modificar ou extinguir os próprios direitos reais é do sistema de direito privado, cabendo ao registro de imóveis instrumentalizar o que se originar daquele sistema.

Logo, se o direito privado, organizado pelo Código Civil no que se refere aos direitos reais, criar ou extinguir esses direitos, o sistema registrário deverá se adequar, ainda que não estejam expressamente estabelecidos no art. 167 da Lei Federal n.º 6.015/1973.

Por exemplo, se o direito real de enfiteuse fosse readmitido no rol de direitos reais do art. 1.225 do Código Civil e faltasse a sua inclusão no referido art. 167 da Lei Federal n.º 6.015/1973, ainda assim seria possível a sua inscrição na matrícula do respectivo imóvel, com apoio na previsão genérica contida no aludido art. 172.

Colabora com esse entendimento a previsão contida no item 48 do inciso I do art. 167 da Lei de Registros Públicos, a qual prevê o registro

> [...] de outros negócios jurídicos de transmissão do direito real de propriedade sobre imóveis ou de instituição de direitos reais sobre imóveis, ressalvadas as hipóteses de averbação previstas em lei e respeitada a forma exigida por lei para o negócio jurídico.

Identificamos nas previsões contidas no art. 167 da Lei Federal n.º 6.015 uma correspondência com os direitos reais previstos no art. 1.225 do Código Civil. É com apoio nessas previsões do art. 167 que se faz possível operacionalizar as constituições e as modificações dos direitos reais.

A compra e venda é negócio jurídico que está previsto nos arts. 481 e seguintes do Código Civil. Quando se trata de compra e venda de imóvel é preciso cumprir as formalidades quanto à forma (Código Civil, art. 108), se o caso, e o registro para a transferência do direito real de propriedade (Código Civil, art. 1.225, I). A previsão desse registro encontra-se no número 29 do inciso I do art. 167 da Lei Federal n.º 6.015/1973.

Importante destacar que a inscrição registrária pode ser constitutiva ou declaratória. Será constitutiva quando for imprescindível para a constituição do direito real. Por sua vez, será declaratória quando a sua prática apenas anunciar que o direito real já fora constituído em razão do cumprimento de requisitos legais específicos.

Como exemplo, o registro da propriedade fiduciária é constitutivo, porque é por meio dele que a garantia fiduciária é constituída em favor do credor da obrigação garantida. Sem o registro, a garantia não se aperfeiçoa, não se constitui, e o credor não pode se valer da sua forma de execução extrajudicial.

O registro da sentença de usucapião, por outro lado, é meramente declaratório, pois tão somente anuncia que o direito real de propriedade de determinado imóvel já foi adquirido pelo cumprimento dos requisitos legais de posse e de tempo, ou seja, o direito real de propriedade foi adquirido pelo atendimento desses requisitos, e não pelo registro de um título de aquisição.

Um terceiro exemplo é o registro do formal de partilha, decorrente de processo de inventário (judicial ou extrajudicial).

Pelo princípio da *saisine*, com o falecimento, abre-se a sucessão e a herança é transmitida imediatamente aos herdeiros legítimos e testamentários (Código Civil, art. 1.784). A morte é a causa da mudança da posição subjetiva do falecido em suas relações jurídicas. Essa posição, com o óbito, é automática e imediatamente transferida aos respectivos herdeiros (legítimos e testamentários), de modo que o patrimônio do falecido não fique sem titularidade.

Ainda que sejam vários herdeiros, a herança é transmitida como um todo unitário e indivisível, e é estabelecido entre eles o regime condominial que durará até a efetivação da partilha (Código Civil, art. 1.791).

Enquanto não ocorrer a partilha, cada herdeiro terá direito a uma fração ideal da herança. Com a partilha, cessa a comunhão e é feita a atribuição dos bens da herança em pagamento das cotas-partes dos herdeiros.

Nesse sentido, o registro do formal de partilha na matrícula do imóvel regularizará a continuidade do titular do direito real e publicizará o poder de disposição (a disponibilidade) atribuído ao herdeiro, mas não será constitutivo da transmissão.

Nota-se que existe certa harmonia entre as disposições constantes no Código Civil e a Lei de Registros Públicos a demonstrar que esta se apresenta como forma de assegurar o tráfego jurídico imobiliário.

Pode-se dizer, como afirma Arruda Alvim[140],

> [...] que o CC é um sistema, de direito privado, e, que, a LRP, na parte imobiliária é um subsistema, uma vez que, *praticamente*, é essencial à documentação, à conservação dessa documentação, à publicidade, com vistas a ensejar segurança jurídica em relação às situações imobiliárias e ao tráfego de bens imóveis.

Há uma correlação de princípios entre o direito das coisas, em especial os direitos reais, do Código Civil e a Lei de Registros Públicos. Tal correspondência de princípios demonstra que se devem ter como um sistema unitário as regras relativas ao direito das coisas e ao registro de imóveis.

A exemplo, o efeito *erga omnes* dos direitos reais é alcançado com a publicidade conferida com a inscrição registrária.

Dissemos anteriormente, ao tratarmos dos princípios dos direitos reais, que o ordenamento jurídico é o sistema de normas jurídicas que existem em determinado momento, o qual é composto pelas fontes de direito e por todos os seus conteúdos e projeções.

Entretanto, a compreensão de ordenamento jurídico não deve ser limitada a só um sistema de leis, porque seria insuficiente para apreender todo o complexo de relações humanas. O processo legislativo não é capaz de prever todas as situações e consequências e, portanto, subsistem brechas que devem ser preenchidas pelos princípios gerais do direito.

Deve-se ter a compreensão do ordenamento jurídico a partir da concepção de sua unidade, considerando o sistema jurídico como um todo, e não apenas partes isoladas.

---

[140] ARRUDA ALVIM NETTO, José Manoel de; CLÁPIS, Alexandre Laizo; CAMBLER, Everaldo Augusto (coord.). *Lei de registros públicos comentada:* Lei 6.015/1973. 2. ed. Rio de Janeiro: Forense, 2019. p. 482.

Com tal concepção unitária, os princípios exercem uma função integradora e orientadora da ordem jurídica, auxiliando o entendimento do intérprete[141].

Os princípios do sistema do Código Civil, especialmente aqueles considerados para a caracterização dos direitos reais, estendem-se para o sistema do registro de imóveis, sendo este subordinado àquele, o que demonstra uma relação de subsistema, ou seja, o registro de imóveis subordina-se ao Código Civil.

Ambos os sistemas aqui considerados, Código Civil (direito das coisas) e registro de imóveis, são fechados, razão pela qual são inseridas neste último apenas realidades previstas no primeiro.

Com tal concepção, não se poderia admitir a existência de uma circunstância prevista única e autonomamente no sistema do registro de imóveis que não advenha do sistema do direito privado.

Portanto, os princípios dos direitos reais estão refletidos em diversas disposições do Código Civil e da legislação extravagante e, consequentemente, são projetados para a Lei de Registros Públicos.

Com essa projeção do Código Civil sobre a Lei de Registros Públicos há um panorama completo para a avaliação estática e dinâmica do sistema dos direitos reais e do subsistema orientador do registro de imóveis. Um trata da existência dos direitos reais e o outro operacionaliza as mutações desses direitos.

A transmissão do direito real de propriedade ocorre com o registro do correspondente negócio jurídico na matrícula do imóvel. A compra e venda é um desses tipos de negócios que instrumentalizam essa transmissão em atendimento à nossa sistemática de *título* e *registro* explicada *supra* (Código Civil, art. 1.245).

3.7.2.1 A matrícula

Os negócios jurídicos cuja inscrição de atos constitutivos, declaratórios, translativos e extintivos de direitos reais sobre imóveis, reconhecidos em lei, seja atribuída ao registro de imóveis (*inter vivos* ou *mortis causa*) serão registrados ou averbados na matrícula do imóvel da serventia extrajudicial competente para a sua constituição, transferência e extinção, quer para a sua validade em relação a terceiros, quer para a sua disponibilidade (Lei Federal n.º 6.015/1973, art. 172).

Nessa sistemática, os negócios jurídicos com previsão legal para o seu ingresso deverão ser apresentados ao registro de imóveis para serem registrados ou averbados em livros especiais que estão previstos na Lei de Registros Públicos.

Entre os livros mais importantes da sistematização oferecida pela Lei de Registros Públicos está o Livro 2 – Registro Geral, o qual está previsto no art. 173, II.

Esse livro é formado pelo conjunto de todas as matrículas existentes em determinado registro de imóveis, limitado à sua circunscrição territorial.

---

[141] "É posição comum a referência a princípios gerais – que imprimem as linhas dominantes de um sistema – e que em relação a esses ocorram exceções, por meio de outros princípios, *derrogatórios* dos gerais, em dado espaço normativo e em dadas circunstâncias. Os direitos reais, disciplinados no CC, consubstanciam um sistema dentro do Código (e, mesmo para fora desse, extensível esse subsistema à legislação extravagante), com seus princípios próprios" (ARRUDA ALVIM NETTO, José Manoel de; CLÁPIS, Alexandre Laizo; CAMBLER, Everaldo Augusto (coord.). *Lei de registros públicos comentada*: Lei 6.015/1973. 2. ed. Rio de Janeiro: Forense, 2019. p. 483).

A Lei de Registros Públicos faculta ao registrador a utilização desse livro na forma de fichas soltas, de modo que cada imóvel terá a sua própria matrícula numerada e na qual serão praticados os atos de registros ou de averbações de acordo com a previsão legal (Lei de Registros Públicos, art. 167, I e II).

Cada matrícula deve, por meio dos elementos indicados na própria Lei de Registros Públicos, especializar os correspondentes imóveis.

Como o nosso sistema registrário é inscritível e não transcritivo, tanto os atos de registro quanto os de averbação são feitos por extrato, ou seja, extraem-se dos negócios jurídicos as informações mais importantes e relevantes para a constituição do direito real ou para a sua transformação ou modificação.

3.7.3 Princípios estruturantes do registro de imóveis

O sistema de registro de imóveis também é formado por princípios próprios que auxiliam na sua estruturação e na sua instrumentalização.

Não adentraremos aqui na discussão doutrinária sobre os princípios registrários serem ou não ideias absolutas, universais ou axiomáticas. Não os tomaremos como verdades lógicas ou como dogmas, mas como decorrentes de concretas regulamentações positivas que servem para regulamentar as manifestações registrárias[142-143].

Os princípios exercem função relevante, porque complementam e dão sentido às normas legais, orientam a interpretação e são fontes de direito em caso de lacuna da lei[144].

Narciso Orlandi Neto[145] destaca que o próprio casuísmo não alcançado pela hipótese legal é resolvido pela aplicação dos princípios registrários. "Os oficiais se habituaram a lidar com eles no dia a dia. Exigências são feitas com base nos princípios, e não só em artigos de lei."

Isso demonstra que a linguagem dos princípios registrários já é capaz de, por si só, orientar os eventuais complementos necessários e prévios para que um título alcance ingresso no registro de imóveis.

Os chamados princípios registrários podem ser considerados fundamentos que norteiam o sistema de registros públicos, especialmente no que se refere ao registro de imóveis. Esses princípios têm como objetivo garantir a segurança jurídica, a publicidade, a eficácia e a transparência dos atos registrários.

Destacamos os seguintes princípios da: (i) instância; (ii) legalidade; (iii) unitariedade; (iv) especialidade; (v) continuidade; (vi) prioridade; e (viii) publicidade.

---

[142] MONTES, Angel Cristóbal. *Direito imobiliário registral*. Porto Alegre: IRIB/Fabris, 2005. p. 197.
[143] "Isto quer dizer que, com semelhante elaboração se arruinará a construção teórica dos princípios imobiliários? De maneira nenhuma. A consideração liminar tem sido que ao lado do conceito lógico e filosófico do princípio cabe o conceito jurídico do mesmo, o qual não tem por que supor uma verdade imutável e evidente por si só, um axioma inconcusso, mas basta que se configure como uma orientação geral, como uma direção fundamental que, informando a regulamentação imobiliária e dotando-a de sentido unitário, merece elevar-se à categoria de regra caracterizadora, de traço típico de um sistema registral. Com isso, por outro lado, se reintegra a palavra *Prinzip* seu significado genuíno, já que para os juristas alemães não representa ou equivale a axioma ou aforismo, mas indica características, critérios ou regras de orientação pré-dominante" (MONTES, Angel Cristóbal. *Direito imobiliário registral*. Porto Alegre: IRIB/Fabris, 2005. p. 197).
[144] ORLANDI NETO, Narciso. *Registro de imóveis*. Rio de Janeiro: Forense, 2023. p. 5.
[145] ORLANDI NETO, Narciso. *Registro de imóveis*. Rio de Janeiro: Forense, 2023. p. 5.

3.7.3.1 Instância ou rogação

O princípio da instância ou da rogação está consubstanciado no art. 13 da Lei de Registros Públicos.

Por esse dispositivo legal, os atos do registro somente serão praticados se decorrerem de:

(i) ordem judicial;
(ii) requerimento verbal ou escrito dos interessados; e
(iii) requerimento do Ministério Público, quando a lei autorizar.

Sem essa solicitação da parte interessada ou da autoridade judicial, o registrador não pratica os atos de ofício. Isso se explica porque o registrador não tem interesse jurídico na prática do ato registrário correspondente, a não ser o interesse na sua prática com as cautelas necessárias para evitar que lhe sejam atribuídas responsabilidades.

Afrânio de Carvalho[146] salienta que

> A apresentação do título e a sua prenotação no protocolo marcam o início do processo do registro[147], que prossegue com o exame da sua legalidade, que incumbe ao registrador empreender para verificar se pode ou não ser inscrito. A inscrição não é, portanto, automática, mas seletiva, porque depende da verificação prévia de estar o título em ordem. Além de a qualificação do título constituir um dever de ofício, o registrador tem interesse em efetuá-la com cuidado, porquanto, se lançar uma inscrição ilegal, fica sujeito à responsabilidade civil.

Contudo, há anotações e averbações consideradas obrigatórias que serão praticadas pelo registrador, independentemente de provocação de terceiros, como ocorre, por exemplo, na averbação, *ex officio*, dos nomes dos logradouros decretados pelo poder público (Lei de Registros Públicos, art. 167, II, 13).

Entretanto, de volta ao princípio da instância ou da rogação, devemos entendê-lo que, como regra, somente por estímulo dos próprios interessados é que os atos no registro de imóveis são praticados.

Os atos de registro *stricto sensu*, destaca Narciso Orlandi Neto[148], independem de requerimento formal para serem prenotados no registro de imóveis e registrados nas matrículas dos imóveis, bastando, para tanto, a sua apresentação.

Para esclarecimento, a apresentação de uma escritura de compra e venda, por exemplo, no registro de imóveis competente é suficiente para justificar a pretensão do seu registro. Pela regra geral, não é necessária qualquer outra providência complementar para provocar o início do processo de registro.

---

[146] CARVALHO, Afrânio de. *Registro de imóveis*. 4. ed. Rio de Janeiro: Forense, 1998. p. 276.

[147] "À semelhança do que se passa no processo civil (que começa por iniciativa da parte, como está no Código de Processo Civil, artigo 2º), o processo de registro em regra só principia a requerimento do interessado (Lei n.º 6.015, de 31 de dezembro de 1973, arts. 13, II, e 217), e este para usar da lição de Ricardo Dip (*Registros sobre Registros II*, Descalvado: Primus, 2018, p. 280/281, n. 514) é o '*dominus* desse interesse particular registral', 'domínio' que 'corresponde ao princípio da rogação (*rogatio*) e não apenas diz respeito à iniciação do processo registral, senão que abrange também as *dispositiones* referentes a todo o caminho da registração até sua culminância'" (TJSP, Apelação Cível 1092717-05.2023.8.26.0100, j. 17.11.2023).

[148] ORLANDI NETO, Narciso. *Registro de imóveis*. Rio de Janeiro: Forense, 2023. p. 27.

No que se refere às averbações, especialmente para aquelas indicadas no § 1º do art. 246 da Lei de Registros Públicos, exige-se a apresentação de um requerimento por escrito e com firma reconhecida, ainda que somente em relação aos itens 4 e 5 do inciso II do art. 167 da mesma lei.

3.7.3.2 Legalidade

O registro de imóveis não é um mero repositório dos negócios jurídicos que lhe são apresentados. Fosse isso, não atingiria a sua finalidade principal que é a de promover constituições de direitos reais e suas modificações correspondentes.

Os títulos apresentados para serem inscritos no registro de imóveis devem ser qualificados pelo registrador.

Somente serão admitidos à inscrição registrária os títulos considerados válidos, ou seja, aceitos pelo sistema jurídico.

Essa avaliação da legalidade de um título é feita pelo registrador imobiliário previamente à sua admissão para a inscrição definitiva, em um processo que se denomina qualificação registrária.

Nessa concepção, nota-se o exercício do princípio da legalidade quando o oficial registrador promove a qualificação do título que lhe é apresentado para inscrição.

É pela qualificação registrária que o registrador de imóveis avalia se o negócio jurídico prenotado em sua serventia atende aos requisitos legais para o seu tipo, bem como se a faculdade de disposição do direito foi exercida pelo respectivo titular.

A qualificação registral é ato próprio do registrador, que deve analisar o título prenotado com base em seus conhecimentos técnico-jurídicos. É uma atribuição legal, exclusiva e indissociável da atividade do oficial imobiliário, vinculada ao princípio da legalidade, que busca reconhecer o preenchimento dos requisitos legais pelo título examinado.

Pela qualificação, o registrador deve exaurir a análise dos documentos que lhe foram apresentados. Desse exame exaustivo existem apenas duas consequências, a admissão do título para registro ou a sua devolução com indicação de todas as exigências a serem satisfeitas para que, se o caso, torne-se apto ao ingresso.

A qualificação registrária que conclui pela legalidade do título apresentado admite-o para ingresso na matrícula do imóvel em razão da certeza de sua aptidão registrária.

Caso o título não seja qualificado para ingressar no registro de imóveis, o oficial deverá indicar integralmente (e de uma única vez) quais as deficiências que desqualificaram a pretendida inscrição registrária.

Além das regras atinentes a cada espécie de negócio jurídico e às circunstâncias jurídicas de seus titulares (por exemplo, caso sejam casados, se o regime de bens autoriza o negócio jurídico pretendido na forma como se exprime), o registrador deverá atender também às disposições legais contidas na própria Lei de Registros Públicos.

A qualificação registrária materializa-se em um estrito cumprimento do princípio da legalidade. Contudo, essa tarefa não é das mais fáceis, tendo em conta as inúmeras disposições legais e normativas existentes em nosso ordenamento jurídico, pelas interconexões que realizam umas com as outras e pelas diversas interpretações possíveis capazes até mesmo de gerarem incertezas que muitas vezes são sanadas pelo Poder Judiciário.

Nesse sentido, é preciso compreender que em determinadas situações, para que a qualificação registrária cumpra fielmente o princípio da legalidade, é necessária a adoção de padrões qualificadores menos flexíveis.

É o que acontece, por exemplo, com a averiguação da disponibilidade do outorgante. Caso o imóvel não esteja matriculado ou registrado em nome deste, o oficial registrador exigirá a inscrição, qualquer que seja a sua natureza, para manter a continuidade do registro (Lei de Registros Públicos, art. 195), além das diretrizes normativas das corregedorias permanentes, gerais estaduais e da corregedoria-geral do Conselho Nacional de Justiça.

Da análise da Constituição Federal denota-se, em termos gerais, que, além das suas próprias disposições, para o princípio da legalidade são consideradas as leis capazes de criarem obrigações e normas de condutas, abrangendo-se, consequentemente, a lei complementar, a lei delegada, a lei ordinária, a medida provisória e/ou o antigo decreto-lei.

Logo, cumprir o princípio da legalidade é observar as leis que afetam a atividade a ser exercida pelo agente público integrante da administração direta ou indireta (Constituição Federal, art. 37).

Assim, observar o princípio da legalidade exige conhecimento jurídico, avaliação e harmonização cautelosa de preceitos normativos, estudos e compreensão sistêmica do ordenamento jurídico posto.

Da qualificação registrária que decorre da aplicação do princípio da legalidade, os títulos que são prenotados no registro de imóveis serão considerados hábeis ou aptos, inábeis ou inaptos a registro.

3.7.3.3 Unitariedade

Narciso Orlandi Neto[149] salienta que, na sistemática registrária de 1939, os direitos reais inscritos eram lançados em diversos livros diferentes (2, 3 e 4). Para se compreender a situação jurídica de um imóvel, era necessária uma profunda e cuidadosa pesquisa em cada um dos livros para que nada fosse esquecido.

A Lei de Registros Públicos, ao contrário, criou um único livro para concentrar todos os atos constitutivos de direitos reais, bem como de seus desdobramentos. Portanto, pelo livro chamado Registro Geral (Livro n.º 2), cada imóvel passou a ter a sua matrícula única e exclusiva.

Pela adoção do sistema de fólio real, de livro destinado ao lançamento dos direitos reais previstos em lei, cada imóvel tem uma folha própria e exclusiva no Livro n.º 2, inconfundível com a de outros imóveis, na qual se concentram todos os direitos reais relativos ao respectivo imóvel, além de outras informações relacionadas a ele e ao seu titular[150].

De acordo com o art. 176 da Lei de Registros Públicos, o Livro n.º 2 é destinado às matrículas dos imóveis, no qual serão lançados os registros e as averbações previstos no art. 167 da mesma lei.

Pelo princípio da unitariedade, portanto, cada imóvel deverá ter sua própria matrícula e cada matrícula deverá corresponder a um único imóvel (Lei de Registros Públicos, art. 176, § 1º, I, c.c. os arts. 227 e 236).

O termo *cada* utilizado no inciso I do § 1º do referido art. 176 deve ser interpretado em sentido estrito, ou seja, refere-se a um único imóvel descrito e individualizado, distinguindo-o de todos os demais, qualquer que seja a sua localização.

No mesmo dispositivo legal, encontramos a expressão *matrícula própria* que representa o caráter individualizador da inscrição matricial.

---

[149] ORLANDI NETO, Narciso. *Registro de imóveis*. Rio de Janeiro: Forense, 2023. p. 51.
[150] ORLANDI NETO, Narciso. *Registro de imóveis*. Rio de Janeiro: Forense, 2023. p. 51.

São irregulares as situações em que uma matrícula descreva de forma individualizada mais de um imóvel ou em que um mesmo imóvel contenha mais de uma matrícula.

A Lei de Registros Públicos indica precisamente todos os elementos que devem ser atendidos pelo registrador para a escrituração da matrícula. Estão eles indicados no art. 176 e devem ser rigorosamente observados para que não se cause a nulidade do ato registrário, consequência indicada no art. 214, ambos da mesma lei.

3.7.3.3.1 Concentração

Como o sistema registrário brasileiro tem como um de seus pilares o princípio da unitariedade, aliado a isso a publicidade registral que procura refletir na matrícula tudo aquilo que se refere ao correspondente imóvel e seu respectivo titular, pode-se afirmar que há em nossa legislação uma tendência de se concentrar no assento registrário (matrícula) tudo o que possa ser relevante para o proprietário e para terceiros.

Essa tendência de concentração de atos na matrícula tem evoluído na legislação brasileira, tendo encontrado seu ápice, até o momento, com a Lei Federal n.º 13.097/2015.

Com essa realidade legislativa, procura-se centralizar, na matrícula do imóvel, todas as informações que lhe digam respeito. Desde a constituição de um direito real até a sujeição do próprio direito de propriedade à satisfação de um crédito inadimplido do seu titular, como ocorre com o sequestro, o arresto e a penhora.

Nesse sentido, de acordo com o art. 54 da Lei Federal n.º 13.097/2015, todos os negócios jurídicos que tenham por finalidade constituir, transferir ou modificar direitos reais relativos a imóveis serão eficazes desde que, por ocasião de seu lançamento na matrícula, nela não contenham previamente as seguintes informações:

(i) registro de citação de ações reais ou pessoais reipersecutórias;
(ii) averbação de (a) constrição judicial (sequestro, arreto ou penhora); (b) admissão da ação de execução pelo juiz; ou (c) fase de cumprimento de sentença;
(iii) averbação de restrição administrativa ou convencional de gozo dos direitos registrados;
(iv) averbação de indisponibilidade;
(v) averbação de outros ônus previstos em lei;
(vi) averbação, mediante decisão judicial, da existência de outro tipo de ação cujos resultados possam reduzir o proprietário do imóvel à insolvência[151]; e
(vii) averbação, também mediante decisão judicial, que afete o imóvel ou o patrimônio do seu titular, inclusive a que decorra de improbidade administrativa ou a oriunda de hipoteca judiciária.

---

[151] "Apelação [...] Fraude à execução não configurada – Requerimento fundado no art. 792, IV, CPC – Necessidade de prova inequívoca da insolvência do devedor e da má-fé do adquirente – Aquisição onerosa realizada três anos antes da penhora, cujos comprovantes de pagamento foram juntados aos autos – Compensação de cheques em conta corrente do devedor – Insolvência não caracterizada – Transação imobiliária realizada antes da constituição do crédito dos embargados perante a executada – Não averbada informação acerca da existência de ação capaz de reduzir o devedor à insolvência – Princípio da concentração dos atos na matrícula – Art. 54, inciso IV, da Lei n.º 13.097/15" (TJSP, Apelação Cível 1010749-28.2022.8.26.0248, j. 17.08.2023).

Somente no caso de já existirem quaisquer dos atos indicados *supra* é que se poderá pretender atingir o direito real constituído posteriormente a eles.

Contudo, é nos parágrafos do art. 54 da Lei Federal n.º 13.097/2015 que encontramos a potencialização do que se pretende com a concentração dos atos na matrícula do imóvel.

O terceiro de boa-fé[152] que adquirir direitos reais ou recebê-los em garantia não poderá ser afetado pelas situações jurídicas listadas anteriormente se elas não constarem previamente da matrícula do imóvel, inclusive para fins de evicção[153] (Lei Federal n.º 13.097/2015, art. 54, § 1º).

Constar previamente significa que alguma ou algumas das circunstâncias está inscrita registrariamente na matrícula do imóvel antes do ato que se pretende praticar.

Imaginemos um interessado na compra de determinado imóvel. Ele deverá analisar a respectiva matrícula para avaliar se do momento do seu interesse no imóvel para trás há alguma ou algumas dessas previsões do mencionado art. 54, pois essas informações anteriores inscritas na matrícula do imóvel têm prioridade em relação aos atos registrários posteriores.

No exemplo de uma compra e venda, caso a matrícula do imóvel já conte com alguma das informações do dito art. 54 no momento do registro do seu correspondente título, a compra e venda poderá ser considerada ineficaz.

Nos termos do § 2º do dito art. 54, nos negócios jurídicos que visem à constituição, à transferência ou à modificação de direitos reais, a boa-fé do terceiro adquirente ou do beneficiário de direito real independerá:

(i) da obtenção prévia de quaisquer documentos ou certidões além dos exigidos no § 2º do art. 1º da Lei Federal n.º 7.433/1985; e

(ii) da apresentação de certidões forenses ou de distribuidores judiciais.

Essa ordem de coisas inseridas pelo art. 54 e seus parágrafos tende a inverter o ônus da prova, ou seja, todo aquele que desejar afetar de alguma forma a propriedade do imóvel de determinado titular ou algum de seus direitos deverá providenciar a imediata publicidade registrária dessa pretensão.

A mensagem do legislador é clara no sentido de que, se alguém deseja proteger direitos que possam ter o imóvel como fonte de ressarcimento, deve procurar dar o pleno conhecimento a quem quer que seja. E esse conhecimento é alcançado com a publicidade registrária atribuída ao correspondente ato lançado na matrícula do imóvel.

A intenção é fazer com que a matrícula contenha a centralização das informações que possam afetar o imóvel.

---

[152] "Irrepreensível o julgado porque, na espécie, incidiu o enunciado da velha Súmula 375 do Superior Tribunal de Justiça, diante da inexistência de óbice/gravame à margem da matrícula do bem na data da formalização do negócio jurídico translativo, art. 792, I a III, do Código de Processo Civil, assim como a ausência de demonstração de indícios de má-fé do adquirente, afastando a tese de eventual fraude à execução, donde a insubsistência da penhora, a validade e a eficácia da alienação em homenagem aos princípios da concentração e a da inoponibilidade a terceiros de situações, ou fatos jurígenos, não constantes do registro público, em conformidade com o art. 54, II e § 1º, da Lei 13.097/15" (TJSP, Apelação Cível 1012335-30.2020.8.26.0100, j. 10.10.2023).

[153] Ressalvado o quanto disposto nos arts. 129 e 130 da Lei Federal n.º 11.101/2005 e as hipóteses de aquisição ou extinção da propriedade que independam do registro como a usucapião e a desapropriação.

Isso tende a diminuir os custos das operações imobiliárias e a discrepância de informações advindas de fontes diversas de dados e, por consequência, aumentar a segurança jurídica[154] dessas operações, além de prevenir litígios.

O Superior Tribunal de Justiça reconheceu que o terceiro de boa-fé adquirente de direito real ou beneficiário de garantia real somente terá seu direito afetado se as hipóteses listadas anteriormente estiverem previamente inscritas na matrícula do respectivo imóvel.

Assim restou expressamente na ementa do acórdão do Recurso em Mandado de Segurança n.º 55.425/SP, julgado em 13.10.2020, que fazemos o seguinte destaque:

1. Não se pode admitir que os eventuais efeitos da sentença penal em demanda criminal em trâmite contra ex-sócios da empresa loteadora possa (sic.) impedir o registro do loteamento, a teor do art. 18 da Lei 6.766/1979, porquanto a pessoa jurídica possui personalidade e patrimônio próprios.
2. Além disso, neste caso, as pessoas que estão a responder criminalmente são ex-sócios, porquanto se retiraram da sociedade em data anterior à instituição do loteamento pela empresa e seu pedido de registro público, situação não amparada na vedação do art. 18 da Lei 6.766/1979.
3. Além disso, nos termos dos arts. 54 e 55 da Lei 13.079/2015, o adquirente de imóvel somente pode sofrer os efeitos de atos que estejam averbados na matrícula deste, o que não ocorreu no caso dos autos.
4. Recurso Ordinário em Mandado de Segurança da Empresa loteadora a que se dá provimento, para conceder a segurança, conforme a particularidades deste caso concreto.

Fraude de execução. Não podemos afastar dessa análise a questão relacionada com a fraude de execução. A seguir, avaliaremos as hipóteses de fraude de execução e a crescente importância das informações constantes da matrícula do imóvel[155-156].

---

[154] "[...] Instrumento particular de cessão de direitos hereditários – Inobservância de formalidade legal no plano da validade – Art. 1.793 do Código Civil – Contrato de gaveta – Clandestinismo jurídico – Ausência de boa-fé objetiva do cessionário-embargante – Averbação premonitória – Princípio da concentração dos atos na matrícula – Reforço à segurança dinâmica – Recurso a que se nega provimento. 1. O negócio de cessão de direitos hereditários firmado por instrumento particular não é instrumento apto a lastrear ação de embargos de terceiro por cessionário, por não se revestir da forma especial e solene prevista na lei civil [escritura pública]. A inaptidão da forma acarreta a invalidade do ato. 2. É ineficaz o negócio de cessão de direitos hereditários sobre bem determinado e individuado, seja quando ignorada a prévia anuência dos co-herdeiros, sob pena de ofensa à normativa do art. 1.794, do Código Civil. 3. A averbação premonitória de execução judicial validamente ajuizada traduz-se em providência agasalhada pelo princípio da concentração dos atos na matrícula imobiliária [art. 54, Lei 13.097/15] e tem por escopo gerar oponibilidade a terceiros em proveito da necessária segurança dinâmica do tráfego jurídico-imobiliário. 4. É dever das partes submeter ao sistema de publicidade registral os contratos e instrumentos jurídicos com repercussão sobre direitos inscritos no fólio real imobiliário, inclusive aqueles de origem administrativa. 5. Denota-se a má-fé objetiva da parte que celebra avença juridicamente clandestina por meio de designado contrato de gaveta" (TJMG, Apelação Cível 1.0000.23.039837-2/001, j. 02.08.2023).

[155] Não se estão a considerar, neste trabalho, as alterações patrimoniais do devedor que objetivem propositadamente frustrar créditos de terceiros. Ver art. 164 do Código Civil.

[156] Consulte a íntegra desse entendimento em: CLÁPIS, Alexandre Laizo; BONDIOLI, Luis Guilherme Aidar. Fraude de execução e a aquisição imobiliária – com anotações da MP 1.085/21. *Migalhas*, coluna Migalhas edilícias, 10 fev. 2022. Disponível em: https://www.migalhas.com.br/coluna/migalhas--edilicias/359473/fraude-de-execucao-e-a-aquisicao-imobiliaria. Acesso em: 3 dez. 2024.

É conhecida a responsabilidade patrimonial do devedor prevista tanto no Código Civil, no art. 391, quanto no CPC, no art. 789. Em caso de inadimplemento de prestação decorrente de relação jurídica obrigacional à qual se vinculou o devedor, é no seu patrimônio que o credor poderá buscar o seu ressarcimento. E é no contexto da responsabilidade patrimonial que surge o problema relativo à recuperação de bens alienados pelo devedor, na tentativa de frustrar a satisfação de um crédito.

Fraude de execução, segundo conceito dado por Cândido Rangel Dinamarco[157], é uma modalidade de fraude do devedor, consubstanciada em "condutas com as quais alguém, na pendência de uma obrigação insatisfeita, procura livrar um bem da responsabilidade patrimonial que pesa sobre ele".

A fraude de execução atua no plano da eficácia do negócio jurídico. Quando reconhecida, acarreta a ineficácia da alienação do imóvel em relação ao credor/exequente[158].

O reconhecimento da fraude de execução não afeta a validade do negócio jurídico, que permanece válido contra todos, exceto em relação ao credor/exequente. Este poderá buscar o imóvel para a satisfação de seu crédito, independentemente de quem seja o proprietário.

Nessas condições, o bem do terceiro adquirente responderá pela execução, em autêntico caso de responsabilidade sem débito, ou seja, o terceiro adquirente assume a responsabilidade patrimonial, apesar de não ter participado da relação jurídica obrigacional inadimplida.

Nesse sentido, o art. 790, V, do CPC dispõe que se sujeitam à execução os bens "alienados ou gravados com ônus real em fraude à execução".

O Código de Processo Civil indica as hipóteses de fraude de execução nos incisos do art. 792; são elas:

> (I) quando sobre o bem pender ação fundada em direito real ou com pretensão reipersecutória, desde que a pendência do processo tenha sido averbada no respectivo registro público, se houver;
> (II) quando tiver sido averbada, no registro do bem, a pendência do processo de execução, na forma do art. 828;
> (III) quando tiver sido averbado, no registro do bem, hipoteca judiciária ou outro ato de constrição judicial originário do processo onde foi arguida a fraude;
> (IV) quando, ao tempo da alienação ou da oneração, tramitava contra o devedor ação capaz de reduzi-lo à insolvência; e
> (V) nos demais casos expressos em lei.

No tocante aos negócios jurídicos imobiliários, o referido art. 792 do Código de Processo Civil deve ser lido com o art. 54 da Lei Federal n.º 13.097/2015.

Nesse sentido, os negócios jurídicos imobiliários preservam a sua eficácia (inclusive em relação ao credor/exequente) quando não inscritas previamente na matrícula do imóvel as informações indicadas no referido art. 54, as quais já foram expressamente indicadas.

Como se percebe, há uma tendência no sentido da valorização das informações presentes na matrícula, para fins da caracterização da fraude de execução em matéria imobiliária, intensificada, ainda, pelos dois parágrafos do art. 54 da Lei Federal n.º 13.097/2015.

---

[157] DINAMARCO, Cândido Rangel. *Instituições de direito processual civil*. 3. ed. São Paulo: Malheiros, 2009. v. IV, p. 422.
[158] CPC, § 1º do art. 792.

Referidos parágrafos estabelecem, em síntese que, as situações jurídicas não constantes da respectiva matrícula não poderão ser opostas contra terceiro de boa-fé que adquirir o direito de propriedade ou receber direitos reais de garantia, ressalvado o quanto disposto nos arts. 129 e 130, ambos da Lei Federal n.º 11.101/2005, bem como as situações em que a aquisição da propriedade independa do registro de títulos. Ademais, para a validade ou eficácia dos negócios jurídicos aludidos no *caput* do dito art. 54, não serão exigidos quaisquer documentos prévios ao negócio jurídico para caracterizar a boa-fé do terceiro adquirente ou beneficiário de direito real, tais como certidões forenses ou de distribuidores judiciais. Deverão ser apresentados tão somente aqueles previstos no § 2º do art. 1º da Lei Federal n.º 7.433/1985.

Vale destacar que (i) nos casos de pendência de ação fundada em direito real ou com pretensão reipersecutória (art. 792, I, do CPC), (ii) de execução admitida (arts. 792, II, e 828 do CPC) e de (iii) hipoteca judiciária (arts. 495 e 792, III, do CPC), a correspondente inscrição na matrícula do imóvel se apresenta como um elemento indispensável para a caracterização da fraude.

Sem a notícia dessas informações na matrícula do imóvel, não se pode cogitar da ocorrência de fraude com fundamento nelas. No caso da hipoteca judiciária, aliás, a inscrição na matrícula do imóvel é requisito para o próprio aperfeiçoamento desse direito real de garantia.

Note-se que, em matéria de ação fundada em direito real ou com pretensão reipersecutória e de execução admitida, não é preciso aguardar a citação para dar notícia a respeito de sua existência na matrícula do imóvel.

Ainda que os arts. 167, I, 21, da Lei Federal n.º 6.015/1973 e 54, I, da Lei Federal n.º 13.097/2015 falem no caso do "registro de citação de ações reais ou pessoais reipersecutórias", o art. 792, I, do CPC cuida da averbação da simples "pendência do processo" em matéria de "ação fundada em direito real ou com pretensão reipersecutória", que remonta à propositura da demanda, ou seja, "quando a petição inicial for protocolada" (art. 312 do CPC).

A autorização para a averbação da simples propositura da demanda nessas circunstâncias confere atualidade para a matrícula, que contempla processo já instaurado com potencial repercussão sobre o imóvel, sem que se precise aguardar a efetivação da citação, ato que pode demandar tempo em certas situações.

No caso de execução admitida, por sua vez, não há no ordenamento jurídico qualquer texto de lei que coloque em dúvida a possibilidade de averbação antes da citação. Aliás, a pronta inscrição na matrícula dessa informação pode ser determinante para evitar o ato fraudulento.

Em matéria de hipoteca judiciária, não há lugar para discussão sobre sua ocorrência antes da citação, visto que seu título é constituído apenas por ocasião do julgamento da causa (art. 495 do CPC), naturalmente programado para momento posterior à integração do réu ao processo.

Parece-nos que a intenção do legislador foi a de evitar que situações de alienação ou de oneração de imóvel objeto de constrição judicial (art. 792, III, do CPC) ou capazes de reduzir o devedor à insolvência (art. 792, IV, do CPC), possam caracterizar fraude de execução se ausente a notícia do ato constritivo ou da existência do processo na matrícula do imóvel.

Concordamos com essa orientação legislativa, pois possibilita que uma única fonte de informações, a matrícula, seja suficiente para as análises jurídicas (*due diligence*) necessárias para a aquisição de um imóvel, evitando-se, assim, a peregrinação do interessado comprador por uma via-crúcis infindável de fontes de pesquisas descentralizadas (distribuidores judiciais de todas as esferas, em diversas comarcas).

A orientação de concentração de atos na matrícula do imóvel aumenta significativamente a segurança jurídica do mercado imobiliário.

Entretanto, até que haja uma sinalização de como a jurisprudência conciliará os arts. 792 do CPC e 54 da Lei Federal n.º 13.097/2015 com a concepção referente à necessidade de noticiar na matrícula do imóvel a constrição judicial ou a demanda com potencial de insolvência do devedor, recomenda-se cautela tanto para o credor/exequente quanto para o terceiro adquirente.

O credor deve procurar fazer constar na matrícula do imóvel a notícia do ato constritivo ou do processo com potencial de insolvência do devedor. O terceiro adquirente, por sua vez, deve continuar buscando certidões dos distribuidores judiciais que cubram o domicílio do proprietário e do local do imóvel, a fim de evidenciar zelo na aquisição.

Por fim, em razão do regime específico das execuções fiscais, o terceiro adquirente deve continuar a buscar informações sobre demandas propostas contra o vendedor do imóvel, em razão da exceção feita no inciso I do § 2º do art. 54 da Lei Federal n.º 13.097/2015.

A alienação ou oneração de imóvel objeto de constrição judicial. O advento da Lei Federal n.º 13.105/2015 (CPC) conferiu caráter fraudulento à alienação ou oneração do bem que já seja objeto de constrição judicial, independentemente do resultado de insolvência do devedor (art. 792, III, do CPC). O simples ato de disposição de um bem constrito basta para a materialização da fraude.

Vale dizer que a constrição judicial não se resume à penhora. Conforme adverte Marcelo Terra, o credor pode se valer da tutela de urgência, de natureza cautelar, para efetivar o arresto, o sequestro, o arrolamento de bens, o registro de protesto contra alienação de bens e qualquer outra medida idônea, consoante o art. 301 do CPC, as quais podem ser inscritas na matrícula do imóvel para alcançar ampla publicidade registrária[159].

Quando inscrita a constrição na matrícula do imóvel, protege-se aquele que fez a inscrição e os terceiros que tenham interesses negociais com o proprietário ou com o próprio imóvel.

O aspecto fraudulento da subsequente alienação ou oneração ganha caráter absoluto e inconteste. Nos termos do art. 844 do CPC, "para presunção absoluta de conhecimento por terceiros, cabe ao exequente providenciar a averbação do arresto ou da penhora no registro competente, mediante apresentação de cópia do auto ou do termo, independentemente de mandado judicial". Em reforço, dispõe o art. 240 da Lei Federal n.º 6.015/1973: "o registro da penhora faz prova quanto à fraude de qualquer transação posterior".

Nessas circunstâncias, o terceiro adquirente é plenamente atingido pela publicidade registrária, até porque a certidão atualizada da matrícula do imóvel é um documento necessário para a realização de negócios imobiliários.

O terceiro interessado na aquisição de um imóvel não pode se esquivar da prévia análise da certidão da matrícula para saber se nela existe inscrição de qualquer constrição judicial ou direito real que possa comprometer a sua aquisição.

A presunção absoluta decorrente da inscrição registrária da constrição e a correlata prova produzida nessas condições liberam o credor/exequente de qualquer outra medida probatória, por exemplo, quanto à má-fé do terceiro adquirente.

Como referido anteriormente, a complexidade surge quando a alienação ou a oneração do bem constrito judicialmente acontece sem que tenha havido a prévia inscrição registrária da constrição na matrícula do imóvel.

---

[159] TERRA, Marcelo. Patologia nos negócios imobiliários: uma proposta de releitura das fraudes contra credores e de execução. *Revista do Advogado*, n. 145, abr. 2020.

Interpretação literal do inciso III do art. 792 do CPC aponta para a necessidade da averbação nessas circunstâncias para a caracterização da fraude ("quando tiver sido averbado"), o que se alinha com a referida tendência contida no art. 54 da Lei Federal n.º 13.097/2015 de concentração na matrícula, das informações necessárias para a materialização da fraude.

O ônus do credor/exequente proceder à averbação em registro público "dos atos de constrição realizados, para conhecimento de terceiros" (art. 799, IX, do CPC) e a crescente facilitação para a inscrição de atos constritivos na matrícula do imóvel ("independentemente de mandado judicial" – art. 844 do CPC) reforçam tal interpretação e tendência.

Entretanto, não se pode deixar de dizer que ainda existem na lei e na jurisprudência elementos que conferem ao ato registrário (nessas circunstâncias) caráter presuntivo e instrumental, de modo a possibilitar que o credor/exequente comprove a ciência da constrição pelo terceiro adquirente e, consequentemente, o reconhecimento judicial da fraude.

Esse aspecto presuntivo e instrumental de que se fala pode ser visto no já mencionado art. 844 do CPC ("Para presunção absoluta de conhecimento por terceiros").

A Súmula n.º 375 do STJ, apesar de editada por ocasião da vigência do CPC de 1973, reforça esse entendimento, ao possibilitar o reconhecimento da fraude de execução na falta de registro da penhora: "o reconhecimento da fraude de execução depende do registro da penhora do bem alienado ou da prova de má-fé do terceiro adquirente".

Acórdão da Corte Especial do STJ firmado em sede de recurso especial repetitivo, julgado ainda na vigência do CPC de 1973, segue caminho semelhante: "Inexistindo registro da penhora na matrícula do imóvel, é do credor o ônus da prova de que o terceiro adquirente tinha conhecimento de demanda capaz de levar o alienante à insolvência, sob pena de tornar-se letra morta o disposto no art. 659, § 4º, do CPC"[160].

Para a prova da ciência do terceiro adquirente quanto à existência da constrição judicial e do respectivo processo, ganham relevo as certidões dos distribuidores forenses, não obstante a tendência no sentido do seu esvaziamento como documento necessário para comprovação de boa-fé de terceiros, de acordo com o § 2º do art. 54 da Lei Federal n.º 13.097/2015.

A alienação ou oneração de imóvel na pendência de processo capaz de reduzir o devedor à insolvência.

Nos termos do inciso IV do art. 792 do CPC, configura-se fraude de execução quando um bem é alienado ou onerado na pendência de um processo que pode reduzir o devedor à insolvência.

De início, é importante destacar que o inciso IV do art. 792 do CPC faz referência à existência de ação (gênero), e não de execução (espécie), ou seja, trata de qualquer demanda judicial que, ao final, possa causar a insolvência do devedor (vendedor do imóvel), incluindo aquelas orientadas num primeiro momento por atividades meramente cognitivas. Podemos dizer que o dispositivo alcança tanto o processo de conhecimento quanto o processo de execução.

É pacífica a jurisprudência do STJ no sentido de que, para a caracterização de fraude de execução nessas circunstâncias, deve ter havido citação válida[161-162] do devedor no processo

---

[160] STJ, Corte Especial, REsp 956.943, Rel. Min. Nancy Andrighi, Rel. p/ acórdão Min. João Otávio de Noronha, j. 20.08.2014, maioria, *DJe* 1º.12.2014.
[161] STJ, REsp 1.937.548/MT; STJ, AgInt no REsp 1.683.338/PE; STJ, AgInt nos EDcl no REsp 1.662.926/RJ.
[162] Em relação às execuções fiscais, posteriormente a 09.06.2005, quando foi alterado o art. 185 do Código Tributário Nacional, consideram-se fraudulentas as alienações efetuadas pelo devedor fiscal após

capaz de reduzi-lo à insolvência. Os atos praticados pelo devedor entre a propositura da ação e a citação não são considerados fraude de execução, mas fraude contra credores[163].

Somente em casos excepcionais é possível flexibilizar a exigência da citação para a caracterização da fraude de execução em matéria de processo com potencial de insolvência, mas, para tanto, é preciso provar ciência inequívoca da propositura da demanda em face do devedor, tanto por este quanto pelo eventual terceiro adquirente[164].

A citação do devedor guarda relação com a ciência acerca do processo com potencial de insolvência e com a consciente burla patrimonial, que passa também pela figura do terceiro adquirente.

No tocante à ciência do terceiro adquirente acerca do processo com potencial de insolvência, ganha relevo a sua averbação na matrícula do imóvel. Naturalmente, quando tal averbação é feita, o terceiro adquirente é plenamente atingido pela publicidade registrária, porque a certidão atualizada da matrícula do imóvel é um documento necessário para a realização de negócios imobiliários. O terceiro não pode se esquivar da prévia análise da certidão da matrícula do imóvel correspondente atualizada.

Com a publicidade registrária, o terceiro adquirente não poderá alegar desconhecimento das circunstâncias que comprometem o imóvel e, portanto, a fraude de execução será mais facilmente reconhecida[165]. Nesses casos, a presunção de fraude é absoluta. O credor fica dispensado de provar a má-fé do terceiro adquirente.

Questão mais complexa surge quando a alienação ou a oneração do bem acontece sem que tenha havido a prévia inscrição na matrícula do imóvel do processo com potencial de insolvência do proprietário/devedor.

Como referido, nota-se no art. 54 da Lei Federal n.º 13.097/2015 uma tendência no sentido de concentração na matrícula das informações necessárias para a materialização da fraude.

De acordo com essa tendência, cabe ao credor/exequente cuidar da publicidade registrária do processo de seu interesse, com potencial de insolvência, sob pena de não poder arguir a fraude em seu favor.

Todavia, é preciso ter presente que o texto do inciso IV do art. 792 do CPC não exige a averbação do processo na matrícula do imóvel, com potencial de insolvência, para a caracterização da fraude ("quando, ao tempo da alienação ou da oneração, tramitava contra o devedor ação capaz de reduzi-lo à insolvência"), e sua redação permanece em vigor.

Ademais, há maior dificuldade para a averbação do processo com potencial de insolvência, porque necessita de uma decisão judicial[166] nesse sentido ("averbação, mediante decisão

---

a inscrição do crédito tributário na dívida ativa, salvo se existirem outros bens aptos a garantirem a dívida.

[163] Cf. ASSIS, Araken de. *Manual da execução*. 21. ed. rev., atual. e ampl. São Paulo: RT, 2020. p. 370.

[164] Nesse sentido, cf. STJ, 2ª Seção, AR 3574, Rel. Min. João Otávio, j. 23.04.2014.

[165] "A jurisprudência desta Corte encontra-se consolidada no sentido de que a simples existência de ação em curso no momento da alienação do bem não é suficiente para evidenciar a fraude à execução, sendo necessário, caso não haja penhora anterior devidamente registrada, que se prove o conhecimento da referida ação judicial pelo adquirente para que se possa considerar caracterizada a sua má-fé, bem como o conluio fraudulento. Para que seja reconhecida a fraude à execução, é necessário o registro da penhora do bem alienado ou a prova de má-fé do terceiro adquirente. Súmula nº 375/STJ. Constatada a má-fé dos embargantes e a ciência da existência de ação de execução capaz de levar à insolvência dos executados, resta caracterizada a fraude à execução" (STJ, 3ª Turma, AgInt no AREsp 1.140.622, Rel. Min. Ricardo Villas Bôas Cueva, j. 05.12.2017, *DJ* 19.12.2017).

[166] "Agravo de instrumento – Ação de despejo por falta de pagamento cumulada com cobrança – Pedido de averbação da existência da demanda, ainda em fase de conhecimento, na matrícula de imóvel dos

judicial, da existência de outro tipo de ação cujos resultados ou responsabilidade patrimonial possam reduzir seu proprietário à insolvência, nos termos do disposto no inciso IV do *caput* do art. 792 da Lei n.º 13.105, de 2015" – art. 54, IV, da Lei Federal n.º 13.097/2015).

O juiz deverá avaliar o patrimônio do devedor bem como suas dívidas para decidir se há ou não a sua insolvência. Somente com essa decisão é que se poderá promover a averbação registrária caracterizadora de fraude de execução.

Nota-se que, nessa hipótese, há mais dificuldade do que com a inscrição na matrícula do imóvel, de uma constrição judicial, que independe de mandado judicial (art. 844 do CPC), o que pode desestimular a inscrição registrária na circunstância que envolve a caracterização da insolvência do devedor.

Ressalta-se, ainda, que a construção jurisprudencial da averbação da penhora, como instrumento essencialmente de publicidade, não indispensável para a caracterização da fraude, deu-se no ambiente do inciso II do art. 593 do CPC de 1973, que guarda paralelo com o inciso IV do art. 792 do CPC de 2015, o que pode influenciar a interpretação deste.

Assim, há na jurisprudência do STJ possíveis brechas para a materialização da fraude de execução, mesmo quando ausente notícia do processo com potencial de insolvência na matrícula do imóvel, desde que se faça "prova de má-fé do terceiro adquirente" (Súmula n.º 375); ou que se faça "prova de que o terceiro adquirente tinha conhecimento de demanda capaz de levar o alienante à insolvência"[167].

Ausentes as providências do credor/exequente para dar a devida publicidade registrária das circunstâncias judiciais de seu crédito, a discussão da fraude de execução desloca-se do campo objetivo para o subjetivo, uma vez que passa pela prova da má-fé do terceiro adquirente[168-169].

Como expresso na ementa do já mencionado acórdão da Corte Especial, proferido em sede de recurso especial repetitivo, "a presunção de boa-fé é princípio geral de direito universalmente aceito, sendo milenar a parêmia: a boa-fé se presume; a má-fé se prova"[170].

Ainda no âmbito do julgamento do mesmo REsp 956.943, constou do voto do Ministro João Otávio de Noronha que, "se a lei proporciona ao credor todos os meios para que ele prossiga com segurança na execução e ele se mostra desidioso, não se utilizando daqueles meios, não pode ser beneficiado com a inversão do ônus da prova".

No acórdão do AgInt no REsp 1.896.456, relatado pelo Ministro Marco Aurélio Belizze, foi consignado que, embora admita-se o ajuizamento de ação capaz de reduzir o devedor à insolvência como um dos requisitos da fraude de execução, este, por si só, não é suficiente para afetar a alienação realizada entre o devedor e o terceiro adquirente, sendo imprescindível a comprovação do *consilium fraudis* ou da má-fé desse terceiro. Por sua vez, a má-fé do terceiro adquirente somente será presumida se preexistente averbação de penhora na matrícula do registro imobiliário do imóvel alienado. Ademais, é do credor o ônus de demonstrar que o

---

réus – Descabimento – Requisitos do artigo 54, IV da Lei n.º 13.097/2015 não satisfeitos – Ausência de elementos que demonstrem risco de insolvência dos requeridos – Recurso improvido" (TJSP, Agravo de Instrumento 2056049-71.2016.8.26.0000, j. 28.04.2016).

[167] STJ, Corte Especial, REsp 956.943, Rel. Min. Nancy Andrighi, Rel. p/ acórdão Min. João Otávio de Noronha, j. 20.08.2014, maioria.

[168] TJSP, Apelação Cível 1000628-18.2021.8.26.0072.

[169] STJ, AgInt no AREsp 1.016.096/PR; STJ, AgInt no AREsp 1.140.622/SP; STJ, AgInt no REsp 1.896.456/SP.

[170] STJ, Corte Especial, REsp 956943, Rel. Min. Nancy Andrighi, Rel. p/ acórdão Min. João Otávio de Noronha, j. 20.08.2014, maioria.

terceiro adquirente, ao tempo da alienação, tinha conhecimento da existência de ação judicial em curso contra o vendedor.

Como se vê, existe entendimento consistente no STJ no sentido de que, na ausência das inscrições registrárias, a cargo do credor[171], para dar publicidade a terceiros sobre as constrições, caberá a ele comprovar que o terceiro adquirente tinha conhecimento da demanda capaz de acarretar ou agravar a insolvência do devedor/alienante[172], o que sugere, mesmo com a tendência de concentração das informações na matrícula do imóvel, presente no art. 54 da Lei Federal n.º 13.097/2015, que pode haver espaço para a materialização da fraude de execução quando ausente notícia registrária do processo judicial com potencial de insolvência, desde que provada a má-fé do terceiro adquirente[173-174].

Para não sofrer os efeitos da fraude de execução, o terceiro adquirente precisa estar preparado para demonstrar que não tinha, na data de sua aquisição, conhecimento das demandas judiciais capazes de levar o devedor à insolvência ou de agravá-la.

Francisco Eduardo Loureiro[175] adverte que a avaliação da má-fé é subjetiva e passa pela ciência do vício que afeta determinado direito ou situação jurídica. *A contrario sensu*, continua, "a boa-fé subjetiva é a ignorância, o desconhecimento do vício que afeta direito ou relação jurídica".

O referido autor destaca que há duas correntes sobre os requisitos da boa-fé subjetiva:

> A primeira corrente, denominada psicológica, exige o dolo ou o menos a culpa grosseira do titular do direito, quanto ao conhecimento do vício. A segunda corrente, denominada ética, exige que a ignorância da existência do vício seja desculpável. A ignorância seria indesculpável quando a pessoa houvesse desrespeitado deveres de cuidado. Em termos diversos, ainda antes da averbação da existência da ação ou execução pendente, ou mesmo da penhora, as circunstâncias do caso concreto, os usos e costumes podem levar ao entendimento de que o adquirente sabia, ou deveria saber, se diligente fosse, da existência de ação em andamento, capaz de levar o devedor à insolvência. Tome-se como exemplo aquele que adquire imóvel de alto valor sem ao menos tirar certidões pessoais dos alienantes dos cartórios distribuidores da Comarca da situação do imóvel e do domicílio dos alienantes.

A jurisprudência endossa a providência de solicitação de certidões dos alienantes nos distribuidores judiciais, antes da aquisição, como sinal de boa-fé do terceiro adquirente[176].

Ocorre que o novo § 2º do art. 54 da Lei Federal n.º 13.097/2015 procurou esvaziar a importância das certidões forenses ou de distribuidores judiciais no debate da boa-fé do

---

[171] TJSP, Agravo de Instrumento 2215428-72.2021.8.26.0000; TJSP, Agravo de Instrumento 2168663-43.2021.8.26.0000; TJSP, Agravo de Instrumento 2049729-29.2021.8.26.0000.

[172] STJ, AgInt no REsp 1.760.517/SP; STJ, REsp 956.943; STJ, REsp 1.884.637/SP; STJ, REsp 1.763.376/TO; TJSP, Apelação Cível 1018230-33.2019.8.26.0576; TJSP, Apelação Cível 1029728-18.2019.8.26.0224, entre outros.

[173] STJ, AgInt no AREsp 1.140.622/SP; STJ, REsp 661.103/SP; STJ, REsp 457.768/SP; STJ, REsp 509.827/SP.

[174] "Embargos de terceiro. Aquisição de imóvel sobre o qual à época do negócio não havia registro de penhora. Inocorrência de prova de que o adquirente sabia do processo em curso contra os alienantes. Presunção de aquisição em boa-fé não descaracterizada. Embargos procedentes. Recurso improvido" (TJSP, Apelação Cível 1010093-69.2019.8.26.0606).

[175] LOUREIRO, Francisco Eduardo. *Lei de registros públicos comentada*. 2. ed. Rio de Janeiro: Forense, 2019. p. 1339.

[176] TJSP, Apelação Cível 1023929-41.2020.8.26.0100; TJSP, Agravo de Instrumento 2135801-19.2021.8.26.0000; TJSP, Apelação Cível 1062217-32.2018.8.26.0002.

terceiro-adquirente. Pelo quanto dispõe o referido § 2º, interessa nas alienações de imóveis, sobretudo, a avaliação do documento comprobatório do pagamento do imposto de transmissão *inter vivos*, das certidões fiscais e da certidão de propriedade do imóvel atualizada.

No entanto, como já dito, apesar de entendermos que a concentração dos atos na matrícula, proposta pelo art. 54 da Lei Federal n.º 13.097/2015, é medida necessária para reforçar a segurança jurídica das aquisições imobiliárias, parece-nos que a jurisprudência deveria construir o entendimento sobre a inviabilidade da materialização da fraude de execução, quando não averbada a pendência do processo com potencial de insolvência.

E as certidões forenses ou de distribuidores judiciais são peças fundamentais para a discussão de tal pendência, na falta de inscrição registrária. Ausente a averbação na matrícula do imóvel, é com base em tais certidões que se analisará a existência de processo com potencial de insolvência do devedor alienante.

Por essa razão, atualmente, há certo impasse sobre dispensar ou não as referidas certidões forenses conforme sugerido pelo § 2º do art. 54 da Lei Federal n.º 13.097/2015, pois o terceiro adquirente fatalmente se verá diante de um embate jurídico-processual com o credor lesado, que fará de tudo para demonstrar que a venda do imóvel, dentro da circunstâncias do inciso IV do art. 792 do CPC, ocorreu em fraude de execução, pois era plenamente possível ter conhecimento da disputa judicial a partir das certidões forenses.

Na atualidade, para as aquisições imobiliárias em geral, ainda se recomenda conhecer previamente e com profundidade o risco de caracterização da fraude de execução do inciso IV do art. 792 do CPC, o que, por ora, vai além do exame da matrícula do imóvel. Como dito anteriormente, somente com a sinalização dos rumos que tomará a jurisprudência em torno dos arts. 792 do CPC e 54 da Lei Federal n.º 13.097/2015 na sua roupagem atual será possível eventualmente afirmar que bastará analisar a matrícula imobiliária para seguir adiante com uma segura aquisição do imóvel.

Entretanto, isso não significa dizer que o terceiro adquirente deva peregrinar com todos os distribuidores judiciais do Brasil para viabilizar a aquisição imobiliária, ou caçar documentos e informações inalcançáveis para fins de diagnóstico de solvabilidade (por exemplo, em caso de sigilo), ou ainda investigar informações em nome dos antecessores do alienante por toda a cadeia dominial do imóvel.

É preciso equilíbrio nesse cenário. É necessário lembrar que também cabe ao credor/exequente zelar pelos seus direitos. Também é importante considerar que a publicidade das circunstâncias judiciais do crédito na matrícula do imóvel serve não só como medida protetiva do seu titular, mas também de terceiros de boa-fé que negociem com o devedor. Não se deve exigir que ele investigue proprietários anteriores[177], vá atrás de certidões além das do proprietário em outros lugares que não a Comarca do imóvel e a do domicílio do alienante etc.

É pertinente aqui a referência ao seguinte trecho do voto vencido da Ministra Nancy Andrighi, tantas vezes mencionado no julgamento do REsp 956.943, em 20.08.2014:

> Por outro lado, convém ressalvar que, dada a multiplicidade de comarcas existentes em nosso país, nem sempre ao comprador é possível – nem viável – a identificação

---

[177] "Ora, se a embargante não tinha por dever de cautela pesquisar os antecedentes na cadeia de alienações, exigir dela que o fizesse implicaria distingui-la do que normalmente acontece e é exigível de compradores. Aqui, a julgar pelos elementos existentes nos autos, a embargante tomou as cautelas a seu cargo, obtendo certidões de seus alienantes, certidões que se apresentaram negativas, não trazendo a embargada para os autos elemento algum permissivo que permita afirmar tenha a primeira agido de má-fé" (TJSP, Apelação Cível 0011127-44.2011.8.26.0132).

de todas as ações ajuizadas contra o devedor. Tomando por base o comportamento do homem médio, zeloso e diligente no trato dos seus negócios, bem como a praxe na celebração de contratos de venda e compra de imóveis, é de se esperar que o adquirente efetue, no mínimo, pesquisa nos distribuidores das comarcas de localização do bem e de residência do alienante.

[...]

Ciente dessa circunstância, não se está aqui sugerindo o estabelecimento de uma presunção absoluta contra o terceiro adquirente, mas de lhe impor o ônus de demonstrar a existência de um cenário fático a partir do qual seja razoável inferir que não havia como ter conhecimento da insolvência do alienante ou da existência de ações contra ele ajuizadas.

No tocante à prova da redução do devedor à insolvência, essa fica sempre a cargo do credor/exequente, que deverá demonstrar que a alienação ou oneração do bem em situação de fraude causou-lhe prejuízo, ou seja, que a alienação do imóvel promoveu a diminuição da capacidade patrimonial do devedor para responder pelas suas obrigações, prejudicando o esforço de recuperação do seu crédito[178-179].

Essa situação, que se denomina *eventus damni*, será caracterizada se inexistirem outros bens passíveis de penhora ou, ainda, se aqueles encontrados forem insuficientes, como se denota de conceito positivado no parágrafo único do art. 185 do Código Tributário Nacional[180].

A prova da insolvência a cargo do credor/exequente deve ser feita quer por ocasião do pedido de averbação da pendência do processo na matrícula do imóvel, quer no momento da discussão da fraude de execução em si.

Como adverte Cândido Rangel Dinamarco[181], o adquirente não tem o ônus de provar o desfalque patrimonial que sua aquisição acarretou ou agravou. Tal providência cabe ao credor, pois é fato constitutivo de seu direito à execução do bem, que, no caso, passa pelo reconhecimento judicial da fraude.

Nesse sentido, é importante destacar o julgamento do REsp 867.502[182], julgado em 09.08.2007, em que se registrou que para a alienação ou a oneração seja considerada em fraude de execução, em casos que a penhora não se encontra averbada, é necessário que o credor prove a insolvência de fato do devedor. A prova da insolvência do devedor é dispensável somente se a constrição judicial já estiver inscrita na matrícula do imóvel.

No exame da estrutura patrimonial do devedor, só serão considerados causadores da insolvência ou de seu agravamento os atos que acarretarem desequilíbrio em seu patrimônio, ou seja, que tornarem o patrimônio insuficiente para responder pelas correlatas dívidas.

---

[178] Cf. ASSIS, Araken de. *Manual da execução*. 21. ed. rev., atual. e ampl. São Paulo: RT, 2020. p. 371.

[179] "I – Sem o registro da penhora, o reconhecimento de fraude à execução depende de prova do conhecimento por parte do adquirente do imóvel, de ação pendente contra o devedor capaz de reduzi-lo à insolvência. Precedentes desta Corte. II – Não há falar em presunção de insolvência do devedor em favor do credor quando não efetivado o ato de constrição sobre o bem alienado, na medida em que 'a dispensabilidade da prova da insolvência do devedor decorre exatamente da alienação ou oneração de bens que já se encontram sob constrição judicial' (REsp 867.502/SP, Relª. Minª. Nancy Andrighi, DJ 20/08/2007)" (REsp 921.160/RS, j. 08/02/2008).

[180] "O disposto neste artigo não se aplica na hipótese de terem sido reservados, pelo devedor, bens ou rendas suficientes ao total pagamento da dívida inscrita."

[181] DINAMARCO, Cândido Rangel. *Fundamentos do processo civil moderno*. 4. ed. São Paulo: Malheiros, 2001. v. II, p. 435.

[182] No mesmo sentido: STJ, REsp 170.126/RJ; STJ, REsp 136.038/SC; STJ, REsp 489346/MG, entre outros.

Não serão considerados fraudulentos os atos que, depois de praticados, deixarem bens suficientes para responder pelas obrigações do devedor[183].

Nessas condições, a concretização da *fattispecie*, descrita no inciso IV do art. 792 do CPC, passa, sobretudo, pela influência do evento de alienação ou de oneração na solvabilidade do devedor.

De acordo com Humberto Theodoro Júnior[184], o foco da insolvência está, sobretudo, no ato de disposição, mais do que na demanda pendente. Ademais, o ato de disposição não precisa ser o evento determinante da insolvência para ser considerado fraudulento. Caso a preexistente insolvência do devedor se agrave pela alienação ou oneração do bem, materializada estará, também, a fraude. Assim, a concretização da fraude de execução relaciona-se nessas circunstâncias com o desfalque do patrimônio do devedor/alienante com o objetivo de frustrar as pretensões do credor.

Não obstante o ônus da prova da insolvência seja do credor/exequente, o terceiro adquirente tem que se cercar de cuidados na aquisição do imóvel para a comprovação da sua boa-fé, o que faz surgir um ponto de gargalo nas auditorias jurídicas realizadas antes da aquisição.

Assim, o comprador se vê na contingência não só de buscar certidões em inúmeros cartórios judiciais para avaliar a existência de demandas contra o alienante, mas também de levantar outras tantas informações para saber se a alienação pretendida será ou não capaz de reduzir o devedor/alienante à insolvência.

O levantamento de informações patrimoniais do alienante para entender se seus ativos dão conta dos seus passivos passa, por exemplo, pela obtenção de certidões de todos os registros de imóveis da comarca em que localizado o imóvel pretendido e de outros tantos do domicílio do vendedor, pela obtenção de informações de órgãos responsáveis pelo registro de veículos, pela requisição de informações de ativos financeiros, pela disponibilização de informações fiscais sigilosas como as da Receita Federal (IR) etc.

Em nossa prática, percebemos um comportamento generalizado de se buscarem certidões dos distribuidores judiciais pelo menos nos 20 anos anteriores ao ato de aquisição do vendedor ("Due Diligence"). Faz-se esse trabalho com apoio em uma lista-padrão de solicitação de documentos que contempla informações sobre o proprietário/vendedor, eventuais locações e condomínios, aspectos ambientais e administrativos etc., em geral (atualmente), conta com aproximadamente 160 certidões e documentos, sem considerar aqueles que podem ser necessários para esclarecimentos secundários, como informações complementares de processos judiciais em trâmite ou, ainda, de documentos relativos a projetos urbanísticos em fase de aprovação.

Das aproximadas 160 certidões e documentos, por volta de 50 são referentes apenas ao proprietário. Se no imóvel houver propriedade em comum com outras pessoas, esse número será correspondentemente multiplicado. A depender da sistemática que se adote, essas 50 certidões e documentos podem ser multiplicados pelo número dos antecessores, com ramificações inimagináveis (como sócios dos sócios, por exemplo).

É um trabalho minucioso e que demanda extremo cuidado e atenção para que direitos não sejam suprimidos nem riscos sejam desconsiderados, atual ou futuramente, com a operação imobiliária que se pretende realizar.

---

[183] DINAMARCO, Cândido Rangel. *Fundamentos do processo civil moderno*. 4. ed. São Paulo: Malheiros, 2001. v. II, p. 434.

[184] THEODORO JÚNIOR, Humberto. *Curso de direito processual civil*. 54. ed. Rio de Janeiro: Forense, 2021. v. 3, p. 269.

De outro lado, é um trabalho extremamente burocrático, mesmo se considerarmos o apoio da inteligência artificial, altamente dependente da Administração Pública em todas as suas esferas e instâncias, que não se justifica tendo em conta a estrutura que se pretende com a concentração dos atos na matrícula do imóvel.

Obedecidas as disposições legais que referimos anteriormente sobre os atos que devem ser inscritos na matrícula do imóvel, especialmente aqueles que têm como objetivo proteger eventual crédito inadimplido pelo proprietário, esse documento – a matrícula do imóvel –, expedido sob a responsabilidade do oficial do registro de imóveis em observâncias às disposições legais e normativas, é, com as certidões fiscais, suficiente para o processo avaliativo a ser feito pelo interessado no imóvel.

O acesso a bens não sujeitos a registro é tema delicado, mormente tratando-se de ativos financeiros, tendo em vista a proteção por sigilo.

Nas hipóteses de doação ou de uma compra e venda por preço irrisório, com relação ao valor de mercado, é fácil compreender que se estará diante de situação que poderá representar a insolvência do devedor ou o seu agravamento, o que será suficiente para caracterizar a fraude de execução. Nesse caso o devedor/alienante deverá sofrer as consequências da ineficácia de seus negócios jurídicos, o que afetará o terceiro adquirente, tornando-o responsável sem débito[185].

No entanto, na compra e venda por valor justo de mercado, a caracterização da insolvência encontra obstáculos, pois desloca-se o imóvel da esfera patrimonial do alienante para o adquirente ao mesmo tempo em que se transfere dinheiro do adquirente para o alienante.

Em outras palavras, sai o imóvel e entra dinheiro no caixa do vendedor. Nessa situação, não há diminuição da capacidade patrimonial do devedor/alienante. Ao contrário. A situação patrimonial permanece exatamente a mesma, ou até melhor, na medida em que ganha liquidez[186].

O mesmo raciocínio podemos aplicar para os casos de permuta. A troca de imóveis pressupõe a estipulação de valores equivalentes entre si (e, quando não são, há o pagamento da diferença, a torna).

Da mesma forma com a permuta de terreno por futuras unidades autônomas, em empreendimentos submetidos à Lei Federal n.º 4.591/1964, as quais, com o término da obra, podem se valorizar.

Entendemos, portanto, que, em condições normais de mercado, não há possibilidade de se considerar a permuta como ato que pretenda fraudar a execução, porque os bens trocados devem ser economicamente equivalentes, o que afasta a hipótese da insolvência do permutante.

Finalizada a operação de permuta, o devedor terá em seu patrimônio o mesmo valor de antes da permuta, mas, agora, com um imóvel diferente.

Quando adotadas pelo credor as providências relativas à publicização registrária para a efetivação do seu crédito, facilita-se o reconhecimento da fraude de execução (presunção absoluta)[187].

---

[185] TJSP, Apelação Cível 1012802-75.2021.8.26.0002.
[186] Confirma esse estado de coisas a ordem de nomeação de bens à penhora estabelecida pelo art. 835 do Código de Processo Civil, que coloca o dinheiro em primeiro lugar e os imóveis em quinto, o que demonstra a relevância daquele em relação a este. Vale lembrar, porém, o quanto estabelece a Súmula n.º 417 do STJ: "Na execução civil, a penhora de dinheiro na ordem de nomeação de bens não tem caráter absoluto".
[187] "A averbação premonitória – introduzida no CPC/1973 pela Lei Federal n. 11.382/2006 – tem a inequívoca finalidade de proteger o credor contra a prática de fraude à execução, afastando a presunção de boa-fé de terceiros que porventura venham a adquirir bens do devedor. Uma vez anotada à margem

Sem a publicidade registrária estabelecida em lei e endossada pela jurisprudência, cabe ao credor provar que o terceiro adquirente sabia da existência de demanda capaz de reduzir o devedor/alienante à insolvência, nos termos do inciso IV do art. 792 do CPC[188].

Por fim, uma alternativa para estimular a publicidade registrária na hipótese tratada neste tópico seria retirar do inciso IV do art. 54 da Lei Federal n.º 13.097/2015 a menção à necessidade de decisão judicial e, ao mesmo tempo, incluir, no inciso IV do art. 792 do CPC, a necessidade de averbação da existência da ação, a exemplo do que já ocorre com os incisos I e II desse mesmo artigo.

Tal modificação legislativa estaria em linha com a tendência de concentração dos atos na matrícula do imóvel e geraria maior segurança tanto para o credor quanto para os terceiros que negociem com o devedor. Adotada essa alternativa, o credor ficará responsável por eventuais excessos que vier a cometer.

Alienações sucessivas. Há precedentes do STJ[189] que visam proteger os adquirentes sucessivos de imóveis, ou seja, quando o último alienante não é o devedor cuja alienação pode ter sido considerada em fraude de execução.

Todavia, parece-nos que tal proteção somente seria possível na ausência de averbação da constrição judicial ou do processo judicial com potencial de insolvência do devedor na matrícula do imóvel. Existindo notícia a respeito na matrícula, também ficará afetado o adquirente sucessivo, mesmo que distante do devedor fraudador.

Eis mais uma razão para que o credor seja diligente no sentido de dar conhecimento de suas pretensões creditícias a terceiros.

---

do registro do bem a existência do processo executivo, o credor que a providenciou obtém em seu favor a presunção absoluta de que eventual alienação futura dar-se-á em fraude à execução e, desse modo, será ineficaz em relação à execução por ele ajuizada. O termo 'alienação' previsto no art. 615-A, § 3º, do CPC/1973 refere-se ao ato voluntário de disposição patrimonial do proprietário do bem (devedor). A hipótese de fraude à execução não se compatibiliza com a adjudicação forçada, levada a efeito em outro processo executivo, no qual se logrou efetivar primeiro a penhora do mesmo bem, embora depois da averbação. O alcance do art. 615-A e seus parágrafos dá-se em relação às alienações voluntárias, mas não obsta a expropriação judicial, cuja preferência deve observar a ordem de penhoras, conforme orientam os arts. 612, 613 e 711 do CPC/1973. A averbação premonitória não equivale à penhora, e não induz preferência do credor em prejuízo daquele em favor do qual foi realizada a constrição judicial" (STJ, REsp 1.334.635/RS, relatado pelo Ministro Antonio Carlos Ferreira, j. 19.09.2019).

[188] "Se a alienação ou oneração do bem ocorrer no curso da lide, mas anteriormente ao respectivo registro imobiliário, incumbirá ao credor-exequente comprovar, por outros meios, que o terceiro adquirente tinha conhecimento da demanda judicial e que agiu de má-fé" (STJ, AgInt no AREsp 1.016.096, Min. Marco Buzzi, j. 30.08.2021).

[189] STJ, REsp 1.863.999, relatado pela Min. Nancy Andrighi, de cuja ementa se extrai o seguinte trecho: "[...] 8. Em caso de alienações sucessivas, inicialmente, é notório que não se exige a pendência de processo em face do alienante do qual o atual proprietário adquiriu o imóvel. Tal exigência, em atenção aos ditames legais (art. 593 do CPC/73 e art. 792 do CPC/2015), deve ser observada exclusivamente em relação ao devedor que figura no polo passivo da ação de conhecimento ou de execução. É dizer, a litispendência é pressuposto a ser analisado exclusivamente com relação àquele que tem relação jurídica com o credor. 9. No que concerne ao requisito do registro da penhora ou da pendência de ação ou, então, da má-fé do adquirente, o reconhecimento da ineficácia da alienação originária, porque realizada em fraude à execução, não contamina, automaticamente, as alienações posteriores. Nessas situações, existindo registro da ação ou da penhora à margem da matrícula do bem imóvel alienado a terceiro, haverá presunção absoluta do conhecimento do adquirente sucessivo e, portanto, da ocorrência de fraude. Diversamente, se inexistente o registro do ato constritivo ou da ação, incumbe ao exequente/embargado a prova da má-fé do adquirente sucessivo".

Nesse sentido, importante destacar o entendimento consignado no acórdão do REsp 1.863.952, relatado pela Ministra Nancy Andrighi, julgado em 26.10.2021, no qual se conclui que, se existir inscrição da ação ou da penhora na matrícula do imóvel alienado a terceiro, a presunção de conhecimento do adquirente sucessivo será absoluta e caracterizar-se-á a fraude de execução, de modo a afetar, se declarada a ineficácia da alienação fraudulenta, as alienações posteriores. De outro lado, inexistente a inscrição da constrição judicial, incumbirá ao credor a prova da má-fé do adquirente sucessivo. A ineficácia das alienações posteriores dependerá da capacidade de o credor provar que o adquirente tinha conhecimento da pendência de ação contra o devedor alienante.

Cândido Rangel Dinamarco também faz advertência semelhante:

> [...] quanto mais distante o atual proprietário estiver do devedor, ou seja, quanto mais longa for a cadeia das alienações sucessivamente feitas, mais se diluirão as razões para tanta busca e tantos cuidados, sendo por isso mais difícil reconhecer sua má-fé ou inescusável incúria; mas, se a penhora estiver registrada na matrícula imobiliária a presunção geral de conhecimento acompanhará o bem ao longo de todas ou quantas alienações vierem a ser feitas[190].

É preciso destacar, porém, que o terceiro adquirente, mesmo que distante do devedor fraudador, diante da jurisprudência atual, tem que se preocupar com a situação daquele que lhe aliena o imóvel, razão pela qual deverá, em relação a este, obter as certidões forenses na comarca do imóvel e na do domicílio do vendedor, quando distintas, pelos mesmos motivos indicados anteriormente.

Rastreamento de dinheiro. Outro ponto que importa analisar é o da possibilidade de rastrear o dinheiro em caso de alienação de imóveis que seja considerada em fraude de execução, para, em vez de afetar o imóvel, com a ineficácia da alienação e posterior penhora, perseguir o numerário utilizado no pagamento da aquisição do imóvel.

Como se sabe, o dinheiro tem preferência em relação ao imóvel na ordem de bens a serem penhorados. Assim, nada mais lógico o credor empregar seus esforços para alcançá-lo.

Também foi mencionado anteriormente que na compra e venda a preço justo de mercado não há diminuição patrimonial, pois entra dinheiro no caixa do vendedor na mesma proporção do valor do imóvel vendido[191].

Assim, mesmo que se esteja diante de uma alienação fraudulenta nessas circunstâncias, o credor, até em razão da preferência expressa no art. 835 do CPC, deverá centrar seus esforços na persecução do dinheiro pago pelo imóvel, por meio da penhora *on-line*, prevista no art. 854 do mesmo CPC.

A busca pelo dinheiro pode se revelar problemática se o devedor/alienante desviar o valor recebido pela venda do imóvel para outras contas bancárias, com o objetivo de evitar a penhora. Nessas condições, pergunta-se, poderá o credor requerer a quebra do sigilo bancário para rastrear o dinheiro desviado da conta do devedor/alienante?

---

[190] DINAMARCO, Cândido Rangel. *Fundamentos do processo civil moderno*. 4. ed. São Paulo: Malheiros, 2001. v. II, p. 447.
[191] Caso haja diferenças de valores é possível que surja a necessidade de o vendedor reconhecer o ganho de capital conforme regramento da Receita Federal do Brasil.

Antes de responder diretamente à pergunta, é preciso frisar que, nos termos do art. 774 do CPC, a conduta comissiva ou omissiva do executado que, entre outras, busca fraudar a execução é considerada atentatória à dignidade da justiça.

O § 4º do art. 1º da Lei Complementar n.º 105/2001, por sua vez, possibilita a quebra de sigilo bancário quando necessária para apuração de ocorrência de qualquer ilícito, em qualquer fase do inquérito ou do processo judicial.

Assim, a primeira conclusão que se tira nesse contexto é a de que, para a quebra do sigilo bancário, é necessária uma ordem judicial[192]. Além disso, exige-se a caracterização de um ilícito. E, nos termos do art. 179 do Código Penal, considera-se crime "fraudar execução, alienando, desviando, destruindo ou danificando bens, ou simulando dívidas"[193-194].

Em reforço da condição da fraude de execução como ilícito suficiente para autorizar a quebra de sigilo bancário, foi decidido pelo Tribunal de Justiça do Estado de São Paulo, no Agravo de Instrumento 2204961-34.2021.8.26.0000, que a frustração da execução por si só caracteriza ilícito a justificar o levantamento do sigilo bancário, pois o processo não pode mascarar o patrimônio capaz de satisfazer o crédito executado, sob pena de configurar fraude à execução nos termos do art. 179 do Código Penal, respaldo legal para o levantamento do sigilo[195].

Frustrada a penhora de outros bens que ainda integram o patrimônio do devedor/alienante, o credor poderá solicitar, portanto, a quebra do sigilo bancário, a fim de verificar se o valor da alienação de determinado bem foi desviado pelo devedor/alienante e, consequentemente, persegui-lo.

Sobre a possibilidade de levantamento do sigilo bancário e perseguição do valor, também o Tribunal de Justiça do Estado de São Paulo decidiu, no Agravo de Instrumento 2110684-60.2020.8.26.0000, pela possibilidade da utilização, mediante decisão judicial, da ferramenta BACEN CCS (Cadastro de Clientes do Sistema Financeiro Nacional), por se mostrar uma medida útil à localização e perseguição do crédito pelo credor não disponível extrajudicialmente. Consignou-se, ainda, que cabe ao Poder Judiciário, observados os princípios da cooperação e da razoabilidade, disponibilizar em favor do credor as ferramentas institucionais de modo a impedir que o devedor frustre o cumprimento da obrigação reconhecida em título executivo[196].

Ademais, o art. 24, III, do Regulamento do SisbaJud[197] permite ao Poder Judiciário requisitar informações bancárias, como extratos, consolidados ou específicos, de contas-

---

[192] Art. 3º da Lei Complementar n.º 105/2001.

[193] "Fraude à execução. Configuração. Materialidade e autoria demonstradas. Negativa do réu isolada. Prova segura quanto ao conhecimento da penhora de bem alienado. Condenação mantida. Pena e regime de cumprimento. Base no patamar. Reincidência (1/6). Regime aberto. Conformismo ministerial. Substituição da pena privativa de liberdade por restritiva de direitos (prestação pecuniária). Manutenção. Ausência de impugnação do Ministério Público (vedada a reformatio in pejus). Apelo desprovido" (TJSP, Apelação Criminal 0002508-89.2014.8.26.0595).

[194] HUNGRIA, Nelson. *Comentários ao Código Penal*. Rio de Janeiro: Forense, 1955. v. VII, p. 289.

[195] No mesmo sentido: TJSP, Agravo de Instrumento 2127487-84.2021.8.26.0000; TJSP, Agravo de Instrumento 2106911-70.2021.8.26.0000; TJSP, Agravo de Instrumento 2204961-34.2021.8.26.0000.

[196] "Requisição de informações. Ação de execução. Pretensão de consulta ao CCS-Bacen para localização de bens passíveis de penhora. Admissibilidade. Impossibilidade de obtenção das informações em caráter particular. Presente o interesse da justiça. Recurso provido" (TJSP, Agravo de Instrumento 2245425-08.2018.8.26.0000). No mesmo sentido: TJSP, Agravo de Instrumento 2133803-84.2019.8.26.0000; e TJSP, Agravo de Instrumento 2190535-51.2020.8.26.0000.

[197] Portaria n.º 3, de 14.10.2024, do Conselho Nacional de Justiça. Disponível em: https://atos.cnj.jus.br/atos/detalhar/5799. Acesso em: 14 mar. 2025.

-correntes/contas de investimentos, de contas de poupança e/ou de investimentos e outros ativos[198-199].

Tais decisões encontram-se em linha com o quanto disposto no art. 139, IV, do CPC[200], o qual prevê que o juiz dirigirá o processo incumbindo-lhe determinar todas as medidas indutivas, coercitivas, mandamentais ou sub-rogatórias necessárias para assegurar o cumprimento de ordem judicial, inclusive nas ações que tenham por objeto prestação pecuniária.

O § 5º do art. 24 do Regulamento do SisbaJud estabelece que o magistrado poderá requisitar extratos com o objetivo de evitar ou avaliar eventual esvaziamento patrimonial tendente a frustrar as ordens judiciais de bloqueio de valores.

Portanto, é plenamente possível que o credor, em caso de alienação considerada em fraude de execução, persiga, em primeiro lugar, os recursos financeiros obtidos com a venda, em vez do imóvel.

Afinal, o imóvel não tem a mesma liquidez do dinheiro[201], exige a prática de muitos mais atos para a satisfação do crédito e envolveria aqui a expropriação de patrimônio alheio (ainda que lícita, no caso), sempre mais complexa e delicada do que a invasão do patrimônio do próprio devedor.

3.7.3.4 Especialidade

Especializar, no âmbito do registro de imóveis, deve ser compreendido como o método de individualizar algo que é objeto de relações jurídicas.

De maneira geral, identificamos a necessidade de especialização em diversas áreas do direito.

No direito das obrigações, encontramos regras específicas para a sua especialização no conteúdo do art. 233 do Código Civil, por exemplo.

Esse dispositivo trata da situação em que o devedor se compromete a dar ao credor coisa certa. E essa obrigação de dar é de conteúdo positivo, pois exige do devedor que promova o que for necessário para entregar ao credor a coisa certa objeto da relação jurídica obrigacional de forma determinada e individualizada. O devedor somente cumprirá sua prestação se der ao credor exatamente a coisa que convencionou.

A coisa objeto da relação jurídica obrigacional de dar será considerada certa quando houver em sua identificação a indicação da quantidade, do gênero e da individualização da prestação que a torne única e inconfundível.

Considerada a obrigação como processo, a determinação da coisa a ser dada representa segurança jurídica tanto para o credor quanto para o devedor.

Aquele sabe exatamente o que receberá e este, o que deverá entregar. O credor não poderá exigir mais do que contratou, nem o devedor poderá dar menos do que se obrigou, sob pena de sofrer as consequências da mora e do inadimplemento.

---

[198] No mesmo sentido: TJSP, Agravo de Instrumento 2219589-28.2021.8.26.0000; TJSP, Agravo de Instrumento 2181429-31.2021.8.26.0000; TJSP, Agravo de Instrumento 2145683-05.2021.8.26.0000.
[199] TJSP, Agravo de Instrumento 2051558-45.2021.8.26.0000.
[200] Todavia, vale lembrar que a 3ª Turma do STJ já decidiu, em situação na qual não havia crime, que o sigilo bancário não pode ser quebrado com fundamento no inciso IV do art. 139 do CPC: "Quebra de sigilo bancário. Finalidade de satisfação de direito patrimonial disponível. Interesse meramente privado. Descabimento. O abrandamento do dever de sigilo bancário revela-se possível quando ostentar o propósito de salvaguardar o interesse público, não se afigurando cabível, ao revés, para a satisfação de interesse nitidamente particular" (STJ, 3ª Turma, REsp 1.951.176, Rel. Min. Marco Bellizze, j. 19.10.2021).
[201] CPC, art. 848, V.

No direito real, como já dissemos neste capítulo, a relação jurídica de propriedade existe entre o titular e o seu objeto. O objeto no direito real é a coisa e qualquer que seja a relação jurídica ela deve ser especializada de forma a se tornar única e inconfundível com qualquer outra.

Na constituição de relações jurídicas obrigacionais ou reais, é imprescindível promover determinadas especializações para segurança daqueles que delas se beneficiam ou que por elas se obrigam.

O direito obrigacional indica de forma precisa quais são os sujeitos da respectiva relação e qual é o seu objeto, ou seja, a sua prestação.

Assim, o negócio jurídico que origina a relação obrigacional deverá indicar com precisão quem é o credor e o devedor, qualificando-os para que não sejam confundidos com outras pessoas, bem como descrever minuciosamente a prestação que deverá ser cumprida.

Na hipótese de **A** emprestar dinheiro para **B**, é este quem deverá fazer a devolução dos recursos emprestados na forma disciplinada no contrato. Em regra, **B** não poderá entregar outra coisa que não dinheiro para o pagamento do mútuo, salvo se houver concordância de **A**.

E, se nessa relação de mútuo, exemplificada *supra*, **B** outorgar direito real de garantia sobre um imóvel, este também deverá ser pormenorizadamente identificado para que **A** possa, se necessário, promover sua execução em caso de inadimplemento absoluto de **B**.

Vale complementar que a lei exige uma especialização para os direitos reais de garantia. Além de individualizar o imóvel objeto da garantia real, para ser eficaz o contrato deverá indicar: (i) o valor do crédito concedido; (ii) o prazo estabelecido para o pagamento da obrigação garantida; (iii) a taxa de juros convencionada; e (iv) a coisa dada em garantia (Código Civil, art. 1.424).

Com essas breves considerações sobre a especialidade no direito obrigacional e no direito real, podemos transportá-la para o registro de imóveis.

Em linha com o que dissemos, no registro de imóveis, a especialidade é verificada em duas vertentes específicas: (i) em relação às pessoas titulares de direitos; e (ii) em relação à coisa.

Na sistemática registrária, quando a especialidade se referir às pessoas, será tratada como especialidade subjetiva, e quando à coisa, especialidade objetiva[202].

---

[202] "[...] o exame das transcrições mencionadas indica que tais executados não figuram como titulares de domínio dos imóveis em discussão. Por força do princípio da continuidade, qualquer título de transmissão do imóvel só pode ter ingresso e dar causa a um registro *stricto sensu* se nele constarem, como afetados, referidos titulares de domínio. Deve, pois, haver perfeito encadeamento entre as informações inscritas e as que se pretendem inscrever, o que não ocorre no caso em pauta. [...] Ademais, a alienação forçada em processo judicial, diversamente do consignado pela recorrente, encerra transmissão derivada do direito de propriedade. Não se desconhece que, em data relativamente recente, o C. Conselho Superior da Magistratura chegou a reconhecer que a arrematação/adjudicação constituía modo originário de aquisição da propriedade. Contudo, tal entendimento acabou não prevalecendo, pois o fato de inexistir relação jurídica ou negocial entre o antigo proprietário e o adquirente (arrematante ou adjudicante) não é o quanto basta para afastar o reconhecimento de que há aquisição derivada da propriedade. Como destaca Josué Modesto Passos: 'diz-se originária a aquisição que, em seu suporte fático, é independente da existência de um outro direito; derivada, a que pressupõe, em seu suporte fático, a existência do direito por adquirir. A inexistência de relação entre titulares, a distinção entre o conteúdo do direito anterior e o do direito adquirido originariamente, a extinção de restrições e limitações, tudo isso pode se passar, mas nada disso é da essência da aquisição originária' (in PASSOS, Josué Modesto. A arrematação no registro de imóveis: continuidade do registro e natureza da aquisição. São Paulo: Editora Revista dos Tribunais, 2014, p. 111 e 112). Sendo derivada a aquisição, a fim de preservar a continuidade, imprescindível a prova do encadeamento dos títulos. [...] Aplica-se à hipótese o artigo 195 da Lei n.º 6.015/73 [...] Portanto, quando o Oficial menciona em suas razões que as transcrições

Para Afrânio de Carvalho[203], o princípio da especialidade apoia o da continuidade (que será visto adiante). Este, por sua vez, significa que, em relação a cada imóvel, deve existir uma cadeia sucessiva de titulares de modo que "só se fará a inscrição de um direito se o outorgante aparecer no registro como seu titular".

Daí a importância de se individualizar o titular do direito inscrito para evitar fraudes.

A Lei Federal n.º 14.382/2022 introduziu os parágrafos 14, 15, 16, 17 e 18 no art. 176 da Lei de Registros Públicos, que tratam de aspectos relacionados à especialidade subjetiva e objetiva.

Nos termos da legislação em vigor, entendemos que a matrícula pode ser considerada como a primeira inscrição feita no registro de imóveis, pois se refere à caracterização geográfica do imóvel (aspecto objetivo) e à individualização do seu titular (aspecto subjetivo), distinguindo-se de todos os demais atos subsequentes.

A matrícula, como inscrição inaugural, tem como finalidade especificar o imóvel e todas as suas demais mutações jurídico-reais. A conjugação dos aspectos objetivo e subjetivo revela qual é o objeto (imóvel) e quem é o seu titular.

A matrícula deverá ser aberta quando for praticado o primeiro ato de registro ou de averbação. A nova redação do inciso I do § 1º do referido art. 176[204] passou a considerar também a averbação como ato competente para promover a abertura da matrícula.

Antes, o entendimento era de que apenas os atos de registros poderiam propiciar a sua abertura, exceto em situações específicas, como na hipótese do parágrafo único do art. 295 da Lei de Registros Públicos.

Pela nova redação, por exemplo, é possível encerrar uma transcrição e abrir sua correspondente matrícula a partir do pedido de averbação de um casamento, de uma separação ou

---

[203] 6.980, 6.981 e 21.398 'não têm ligação alguma com as pessoas mencionadas na carta', tal argumentação deve ser compreendida como desqualificação do título em razão da desobediência à continuidade porque as pessoas dos executados e dos titulares de domínio indicados nas transcrições não coincidem. A ofensa ao princípio da continuidade registral já seria causa suficiente para a desqualificação do título. Remanesce, entretanto, um segundo óbice, atinente ao descumprimento da especialidade objetiva. Para Afrânio de Carvalho, o princípio da especialidade do imóvel significa a sua descrição como corpo certo, a sua representação escrita como individualidade autônoma, com o seu modo de ser físico, que o torna inconfundível e, portanto, heterogêneo em relação a qualquer outro (Reg de Imóveis: comentários ao sistema de registro em face da Lei 6015/73, 2a ed., Rio de Janeiro, 1977, p. 219). Por isso, o imóvel deve estar perfeitamente descrito no título objeto de registro, de modo a permitir sua exata localização e individualização, não se confundindo com nenhum outro. É verdade que se tem admitido a mitigação da especialidade, a fim de não obstar o tráfego de transações envolvendo imóveis, permitindo-se a manutenção de descrições imprecisas, constantes de antigas transcrições ou matrículas, desde que haja elementos mínimos para se determinar a situação do imóvel, e que ele seja transmitido ou onerado por inteiro. No caso em exame, a descrição do imóvel na carta de arrematação, conforme memorial descritivo de fls. 23/29, não coincide com a descrição dos imóveis descritos nas transcrições 6.980, 6.981 e 21.398, conforme certidões apresentadas às fls. 154/160. A questão controversa não significa que o imóvel não esteja bem descrito no memorial descritivo levantado pela apelante. O cumprimento da especialidade objetiva exige que a descrição do imóvel no título registral (no caso, a carta de arrematação) coincida exatamente com a descrição contida nas transcrições. Não está presente essa conformidade no caso dos autos. Assim, procedem as razões da dúvida suscitada, motivo para o improvimento do recurso. Ante o exposto, nego provimento à apelação, mantendo-se integralmente a sentença" (Apelação Cível 0005122-77.2023.8.26.0037, j. 07.05.2024).

[203] CARVALHO, Afrânio de. *Registro de imóveis*. 4. ed. Rio de Janeiro: Forense, 1998. p. 253.

[204] TJSP, Processo 1007686-51.2022.8.26.0100, 1ª Vara de Registros Públicos de São Paulo, juiz Luciana Carone Nucci Eugênio Mahuad, j. 11.03.2022, *DJe* 18.03.2022.

de um óbito[205]. Teria sido importante que o legislador tivesse ajustado também a redação do art. 228 da Lei de Registros Públicos para incluir os atos de averbação como motivadores da abertura da matrícula. No entanto, mesmo sem esse ajuste, deve-se seguir o quanto estabelecido na nova redação do dito inciso I do § 1º do art. 176, pois facilitará a migração, para o sistema matricial, dos imóveis que ainda sejam objeto de transcrição.

A abertura da matrícula terá como base o registro anterior e, se o caso, o título apresentado ao registrador para inscrição. No caso de o registro anterior ser de outra circunscrição imobiliária, a abertura da matrícula terá como base os elementos constantes do título e da certidão atualizada daquela circunscrição (Lei de Registros Públicos, art. 229).

O referido § 14 do art. 176 da Lei de Registros Públicos trata da abertura da matrícula. Equivocadamente, o dispositivo indica que é "facultada a abertura da matrícula na circunscrição onde estiver situado o imóvel [...]".

A abertura da matrícula na serventia imobiliária da localidade do imóvel não é faculdade, e sim providência obrigatória para atender ao princípio da territorialidade (Lei Federal n.º 6.015/1973, art. 169), por meio do qual ocorre a delimitação da atuação do registrador imobiliário, pois a prática dos atos que lhe são atribuídos devem se referir aos imóveis situados nos limites territoriais de sua circunscrição estabelecida por lei[206].

A faculdade indicada no dispositivo parece se referir ao requerimento do interessado ou ao ato de ofício do registrador imobiliário que desejar abrir a matrícula por conveniência do serviço, independentemente de ato de registro ou de averbação a ser praticado.

O § 15 do art. 176 da Lei de Registros Públicos trata de significativa inovação. Nele há autorização para abertura da matrícula mesmo que ausentes alguns elementos relativos à especialidade objetiva ou subjetiva. O dispositivo não indicou quais seriam os elementos que poderiam ser dispensados, pois deixou a critério do oficial registrador a quem caberá a avaliação dos elementos que poderão ser dispensados no momento da abertura da matrícula.

A mitigação autorizada pelo texto legal ficará a critério do oficial de registro de imóveis e será possível somente se houver segurança sobre a localização e identificação do imóvel e do seu titular. Como se verá, o imóvel é identificado, minimamente, pelo logradouro, pela numeração (quando existente), pela confrontação, pelas suas linhas geométricas e pela sua área total.

Para a abertura da nova matrícula é necessário que o imóvel corresponda integralmente ao registro anterior, que contenha uma descrição capaz de afastar os riscos de sobreposição com outros imóveis e que tenha lastro geográfico capaz de possibilitar a sua identificação.

---

[205] Ou nas demais hipóteses previstas no inciso II do art. 167 da Lei Federal n.º 6.015/1973.

[206] "I – Originariamente, cuida-se de Mandado de Segurança impetrado contra ato do Exmo. Sr. Desembargador Corregedor-Geral de Justiça do Tribunal de Justiça do Estado do Rio Grande do Sul, que determinou, com apoio no ato n.º 08/97, que o registro de imóveis localizados nos Municípios de Bom Princípio e Tupandi fosse efetivado na Comarca de Sebastião do Caí, e não mais no Cartório do Município de Feliz, em que atua como Oficial Registrador o ora Recorrente. II – *O artigo 169, inciso II, da Lei n.º 6.015/73, que dispõe sobre registros públicos, determina que os registros de imóveis serão efetuados no Cartório da situação do imóvel.* III – Havendo mais de uma circunscrição dentro da Comarca, a atribuição referente à competência para o registro será definida pelas leis de organização judiciária. Hipótese ocorrente no caso vertente, tendo sido editado o ato n.º 08/97 do Conselho da Magistratura do Estado do Rio Grande do Sul, distribuindo o serviço de registro nos termos especificados. IV – Inexiste, portanto, a ilegalidade apontada pelo Recorrente. Ao contrário, restaram observadas todas as formalidades exigidas pela legislação pertinente. V – Destarte, inexiste direito adquirido à acumulação de serviços notariais de registro, consoante entendimento jurisprudencial deste Superior Tribunal de Justiça. Precedentes: (RMS nº 12.028/MT, Rel. Min. Hamilton Carvalhido, *DJ* de 20/10/2003 e RMS nº 1.742/PA, Rel. Min. Milton Luiz Pereira *DJ* de 14/11/1994). [...]" (STJ, RMS 22.185/RS, j. 10.10.2006).

Sendo insuficientes os elementos da especialidade objetiva ou subjetiva, será exigida retificação a ser promovida na circunscrição a que pertencer o imóvel[207]. A descrição do imóvel ou a qualificação do respectivo titular imprecisas e lacunosas deverão ser objeto de retificações nos termos dos arts. 212 e 213, ambos da Lei de Registros Públicos[208].

Na hipótese de o título ou o próprio acervo da serventia imobiliária não conter elementos de especialidade objetiva ou subjetiva, os proprietários ou os interessados poderão declará-lo em requerimento específico, com firma reconhecida[209], acompanhado dos documentos que façam sua comprovação. Tal complementação será possível apenas para os requisitos da especialidade objetiva e subjetiva que não alterarem elementos essenciais do ato ou do negócio jurídico praticado (§ 17 do art. 176).

Assim, por exemplo, se no título faltar a inscrição cadastral do imóvel e desde que haja correspondência com a individualização constante da matrícula, o proprietário ou o interessado poderá, desde que comprovadamente, requerer ao oficial registrador que se complemente com dito elemento de especialidade objetiva.

Vale ressaltar que o mencionada § 17 faz referência à complementação de elementos da especialidade, e não à retificação que, se necessária, deverá observar o mecanismo previsto no art. 213 da Lei de Registros Públicos.

A complementação diz respeito a elementos não essenciais e que estão ausentes no título ou no ato registrário a ser complementado. Caso haja erro, omissão ou imprecisão de elementos considerados essenciais no título ou no ato almejado, a hipótese será de retificação (Lei de Registros Públicos, art. 212)[210].

Caso a complementação pretendida implique modificação da declaração de vontade das partes e/ou da substância do negócio jurídico, será necessária a retificação do próprio título[211].

Por exemplo, se na escritura definitiva de compra e venda de um apartamento faltar a indicação da correspondente vaga de garagem (unidade autônoma de condomínio edilício), não será possível a complementação por requerimento pelo interessado, porque a compra e venda já é considerada perfeita e acabada[212], o que demandará novo negócio jurídico de aquisição para a respectiva vaga de garagem.

Outro exemplo em que podemos considerar possível o requerimento complementar das partes é aquele referente aos inventários e às partilhas judiciais em que descrições dos imóveis a serem partilhados são transpostas para as declarações dos bens do espólio com erros materiais. Um requerimento do herdeiro com quem o bem foi partilhado poderá suprir o erro meramente material e evitar a necessidade da retificação judicial da partilha sempre muito mais onerosa, demorada e burocrática.

---

[207] A 1ª Vara de Registros Públicos de São Paulo decidiu que não "há que se falar em prescrição de retificação, uma vez que a retificação, na forma da lei, é sempre possível em caso de erro ou descompasso com a realidade, justamente para que se garanta a segurança jurídica dos registros públicos" (TJSP, Processo 1109750-76.2021.8.26.0100, 1ª Vara de Registros Públicos de São Paulo, Juíza Luciana Carone Nucci Eugênio Mahuad, j. 11.08.2022).

[208] TJSP, Apelação Cível 1024258-11.2016.8.26.0224, j. 11.07.2018.

[209] Lei Federal n.º 6.015/1973, art. 221, II.

[210] TJSP, Recurso Administrativo 1111978-24.2021.8.26.0100, parecer da Juíza Cristina Aparecida Faceira Medina Mogioni, aprovado pelo Corregedor-Geral da Justiça Fernando Antonio Torres Garcia, j. 03.03.2022.

[211] Narciso Orlandi Neto esclarece que "a realidade existente, com a qual deve conformar-se o registro, é aquela exibida no título" (ORLANDI NETO, Narciso. *Retificação do registro de imóveis*. São Paulo: Oliveira Mendes/Livraria Del Rey, 1997. p. 87).

[212] Código Civil, art. 482.

3.7.3.4.1 Especialidade subjetiva

A especialidade subjetiva, por sua vez, refere-se à determinação do titular de direitos inscritos na matrícula do imóvel, de modo a torná-lo inconfundível com qualquer outro.

Os requisitos da especialidade subjetiva estão indicados no número 4 do inciso II do § 1º do art. 176 da Lei de Registros Públicos.

A especialidade subjetiva refere-se às pessoas que, em razão de alguma situação jurídica, relacionem-se com o imóvel. É o caso do proprietário, do credor hipotecário, do titular de servidão, do usufrutuário, do locatário, entre outros.

Os que pretenderem inscrever seus títulos na matrícula de um imóvel deverão observar todos os elementos que especializam as pessoas envolvidas.

Esses elementos estão previstos em lei e devem ser rigorosamente observados. O art. 176 da Lei de Registros Públicos exige que os títulos apresentados a registro indiquem precisamente, em relação às partes contratantes, o nome, o domicílio, a nacionalidade, o estado civil, a profissão, o registro geral (RG), o cadastro de pessoa física (CPF) ou, na falta destes, a filiação. Caso se trate de pessoa jurídica, dever-se-á indicar a sede social e o cadastro nacional de pessoa jurídica (CNPJ), além de seus representantes.

3.7.3.4.2 Especialidade objetiva

Para o sistema registrário brasileiro, a especialidade objetiva diz respeito à caracterização do imóvel, ou seja, toda inscrição deve incidir sobre um objeto precisamente individualizado[213].

Em outras palavras, a matrícula deve indicar todas as características físicas do imóvel de acordo com os requisitos previstos em lei e sua precisa localização, de forma a torná-lo inconfundível em relação a qualquer outro[214-215-216].

Ricardo Henry Marques Dip[217] registra que:

> O lugar ocupado por entes corpóreos é sempre circunscritivo, isto é, o de uma presença espacial contida, de modo que as dimensões de dados corpos limitam, imediatamente, as dimensões ou extensão de outro corpo no mesmo lugar (impenetrabilidade). A presença localizada ou presença circunscritiva – por exemplo, de um imóvel – é a assinação das dimensões desse imóvel em um dado lugar, em uma parcela do espaço, com suas confrontações – é dizer, com a caracterização do continente do corpo presencial ou localizado.

---

[213] CARVALHO, Afrânio de. *Registro de imóveis*. 4. ed. Rio de Janeiro: Forense, 1998. p. 203.
[214] TJSP, Apelação Cível 1020218-83.2020.8.26.0405, Rel. Ricardo Anafe (corregedor-geral), Conselho Superior da Magistratura, j. 30.11.2021.
[215] "Para o direito registrário, não basta que o imóvel objeto de inscrição seja determinado; é preciso que seja especializado, isto é, que seja descrito. Dizendo de outro modo, a especialidade diz respeito ao objeto do registro, consistente de imóvel inconfundível com outro, com todas as medidas e amarrações no solo. E tal descrição, tecnicamente, deve ser feita como exigem os arts. 176, § 1º, inciso II, 3, e 225 da Lei n.º 6.015/1973, que assim dispõem [...]" (TJSP, Apelação Cível 1002335-71.2022.8.26.0238, j. 26.02.2024).
[216] SANTOS, Francisco José Rezende dos. *Lei de registros públicos comentada*. 2. ed. Rio de Janeiro: Forense, 2019. p. 994.
[217] DIP, Ricardo. Registros sobre Registros #39 (Princípio da especialidade – Quinta parte). *Portal ANOREG SP*, 15 fev. 2017. Disponível em: https://www.anoregsp.org.br/noticias/10939/artigo-registros-sobre-registros-39principio-da-especialidade-quinta-parte-por-des.-ricardo-dip. Acesso em: 13 jun. 2022.

Sergio Jacomino[218] salienta que, para o sistema registral brasileiro, a determinação do imóvel está baseada na descrição. Quanto a isso, esclarece o autor que

> [...] é a representação do objeto a partir de seus atributos sensíveis – vamos reduzir um pouco a definição porque ela é complexa: a descrição se dá a partir das características do objeto e de sua relação a partir da situação. Em um processo de aproximação saímos da divisão territorial administrativa do Estado, voltando-nos para a comarca, depois para o município, depois para o distrito, subdistrito, depois vamos promovendo aproximações para determinar claramente qual é o objeto da descrição.

Essas características são os elementos geográficos necessários para individualizar o imóvel e determinar o espaço terrestre que ele ocupa, de forma a estremá-lo de todos os demais e evitar a inscrição equivocada de direitos ou a sobreposição de áreas, o que geraria insegurança jurídica a todo o sistema registrário.

O princípio da especialidade objetiva divide-se em quantitativa e qualitativa. Aquela refere-se à área do imóvel e esta, à sua descrição[219].

A avaliação das características do imóvel deve partir do macro para o micro. Assim, a primeira análise que o registrador imobiliário deverá fazer na qualificação registrária é se o imóvel pertence à sua circunscrição. Caso não pertença, deverá certificar tal fato ao interessado e indicar qual é a circunscrição competente.

O próximo elemento de identificação do imóvel, tratando-se de urbano, será a via pública em que situado e sua numeração dada pela Municipalidade, se existente. Na falta de numeração, o art. 225 da Lei de Registros Públicos exige que se indique se o imóvel fica do lado par ou do lado ímpar do logradouro, em que quadra e a que distância métrica se encontra da edificação ou da esquina mais próxima.

Nesse contexto, a confrontação também é um dos elementos essenciais da identificação do imóvel, pois fornece as divisas e os limites espaciais do imóvel em relação a outros imóveis (o que alguns chamam de pontos de "amarração"), referenciais e que podem ser considerados estáveis.

Depois de localizado espacialmente, é necessário indicar as linhas geométricas, pois estas determinam a figura do imóvel.

Outro elemento importante na caracterização do imóvel é a indicação da sua área de superfície. Esse elemento de caracterização auxilia, também, na avaliação da disponibilidade que o proprietário mantém em relação ao imóvel.

Se o imóvel for rural, além de todas as informações referidas *supra*, deverá ser indicado o certificado de cadastro de imóvel rural (CCIR). A descrição do imóvel rural, para atender

---

[218] JACOMINO, Sérgio. Revisitando o princípio da especialidade objetiva – determinação de bens e direitos – coordenação com cadastros técnicos multifinalitários – Código Nacional de Matrícula – CNM (art. 235-A, LRP). *Boletim IRIB*, n. 364.

[219] Ricardo Henry Marques Dip registra que: "O lugar ocupado por entes corpóreos é sempre circunscritivo, isto é, o de uma presença espacial contida, de modo que as dimensões de dados corpos limitam, imediatamente, as dimensões ou extensão de outro corpo no mesmo lugar (impenetrabilidade). A presença localizada ou presença circunscritiva – por exemplo, de um imóvel – é a assinação das dimensões desse imóvel em um dado lugar, em uma parcela do espaço, com suas confrontações – é dizer, com a caracterização do continente do corpo presencial ou localizado" (DIP, Ricardo. Registros sobre Registros #39 (Princípio da especialidade – Quinta parte). *Portal ANOREG SP*, 15 fev. 2017. Disponível em: https://www.anoregsp.org.br/noticias/10939/artigo-registros-sobre-registros--39principio-da-especialidade-quinta-parte-por-des.-ricardo-dip. Acesso em: 13 jun. 2022).

ao princípio da especialidade objetiva, deverá fazer referência às coordenadas dos vértices definidores dos limites dos imóveis rurais, georreferenciadas ao Sistema Geodésico Brasileiro e com precisão posicional fixada pelo Incra, nos termos dos §§ 3º e 4º do art. 176 da Lei de Registros Públicos[220].

3.7.3.5 Continuidade

A continuidade relaciona-se com um encadeamento de circunstâncias jurídicas introduzidas na matrícula do imóvel e deve ser respeitada para se promoverem as inscrições registrárias posteriores.

Com razão, Afrânio de Carvalho, anteriormente citado, explica que o princípio da continuidade apoia-se no da especialidade.

E a avaliação sistemática dos princípios da especialidade e da continuidade revela seus significados para a realidade registrária.

Como vimos, a especialidade subjetiva e a objetiva visam determinar o titular do direito real sobre um imóvel perfeitamente caracterizado e individualizado.

A continuidade, por sua vez, significa que, em relação ao imóvel especializado, há um encadeamento de titulares de direitos reais sobre ele. O direito de determinado titular sobre um imóvel decorre do direito do titular anterior.

Diante dessa circunstância, as inscrições subsequentes decorrerão de outra que as precede e as justifica. Isso garante segurança jurídica ao sistema, pois a transmissão do direito de propriedade, por exemplo, somente poderá ser feita pelo titular que conste na matrícula do imóvel.

Essa concepção de sequenciamento traduz o que se passou a denominar de corrente ininterrupta de inscrições, e uma está umbilicalmente ligada à sua antecessora.

A principal delas é a aquisição da propriedade plena, pois é desta que defluem os direitos de garantia (hipotecária ou fiduciária) ou os direitos considerados menores (usufruto, servidão, uso). Estes não poderão ingressar no registro de imóveis se a propriedade não estiver constituída em nome do outorgante dos respectivos direitos que se pretende inscrever.

Narciso Orlandi Neto[221] bem esclarece o princípio da continuidade ao destacar que, no "Registro de Imóveis, a linha filiatória do direito de propriedade e de outros direitos reais imobiliários se assemelha a uma corrente a que não faltam elos. Ela deve ser contínua. Quem figura num elo como adquirente passará a ser transmitente no elo seguinte".

Daí por que não se permitem ingressos de títulos que não tenham correspondência com o respetivo titular[222] ou com a descrição do imóvel contida previamente no registro de imóveis competente.

Caso o transmitente do direito real de propriedade ou o outorgante de um direito real específico não conste como titular na matrícula do imóvel, a Lei de Registros Públicos (arts. 195 e 237) exige que o seu título seja apresentado previamente para qualificação e inscrição para que a corrente não tenha elo faltante ou defeituoso.

---

[220] O Conselho Superior da Magistratura do Estado de São Paulo decidiu que a falta de georreferenciamento, mesmo depois de transcorrido o prazo legal, não impede o registro da alienação forçada (TJSP, Apelação Cível 1002000-92.2021.8.26.0624, Rel. Ricardo Anafe, corregedor-geral, Conselho Superior da Magistratura, j. 15.12.2021).

[221] ORLANDI NETO, Narciso. *Registro de imóveis*. Rio de Janeiro: Forense, 2023. p. 110.

[222] TJSP, Apelação Cível 1050520-27.2022.8.26.0114, j. 05.03.2024.

Por exemplo, **A** é titular registrário de um imóvel e constitui a propriedade fiduciária em favor de **B**. Nesse caso, a continuidade foi respeitada e o contrato de alienação fiduciária poderá ser inscrito na matrícula do imóvel.

Suponhamos que **A**, com autorização do fiduciário, ceda seus direitos de fiduciante relativos a um imóvel para **C**. Este, apesar de ainda não ter registrado seu título aquisitivo, outorga hipoteca do imóvel para **D**.

Apresentada a hipoteca para registro no registro de imóveis, ela deverá ser devolvida sem o registro, porque o outorgante da garantia hipotecária, o **C**, ainda não é titular de direitos de propriedade que legitimariam a constituição da hipoteca.

Nesse caso, primeiramente **C** deverá apresentar o termo de quitação que autorize o cancelamento da propriedade fiduciária e o seu título aquisitivo para averbação e registro, respectivamente, e, após a constituição do direito real de propriedade em seu nome, será possível promover a inscrição da hipoteca em favor de **D**.

Há situações, porém, em que a continuidade é desconsiderada para permitir a constituição de direito real de propriedade independentemente de sua observância.

É o que ocorre, por exemplo, com a usucapião, em que o requerente desse procedimento não terá correspondência com o que está nos assentos registrários.

O exercício regular da posse por determinado tempo estabelecido em lei é considerado uma das formas de aquisição originária da propriedade. Por consequência, a aquisição originária rompe com o encadeamento existente até então, destitui o titular registrário da propriedade do imóvel usucapiendo e a constitui em nome do novo titular (o que obteve êxito na usucapião).

Existem outros exemplos de situações que envolvem a quebra do princípio da continuidade que podem ser encontrados na jurisprudência especial.

O que deve ser objeto de destaque é que tudo o que representar alteração em relação a inscrições já existentes relativas a aquisições ou onerações deverá ser previamente inscrito na matrícula do imóvel para se manter o perfeito elo entre as situações jurídicas.

3.7.3.6 Prioridade

Pelo conteúdo do art. 12 da Lei de Registros Públicos, o interessado poderá apresentar seu título para que seja lançado no livro-protocolo, independentemente de qualquer exigência fiscal ou de incertezas iniciais.

O livro-protocolo é o Livro n.º 1 entre os livros constantes no registro de imóveis. Nos termos do art. 174 da Lei de Registros Públicos, o Livro n.º 1 – Protocolo – servirá para apontamento de todos os títulos apresentados diariamente ao registro de imóveis, exceto aqueles indicados no parágrafo único do referido art. 12.

O parágrafo único do art. 12 da Lei de Registros Públicos trata dos títulos apresentados apenas para exame e cálculo dos emolumentos.

O ingresso do título no Livro n.º 1 – Protocolo – é a regra. Caso o interessado deseje apresentar seu título apenas para exame e cálculo, deverá requerê-lo expressamente.

Pela regra geral, os títulos apresentados no registro de imóveis receberão, no livro Protocolo, um número de ordem atribuído no momento de sua apresentação (Lei de Registros Públicos, art. 182). A ordem atribuída por essa numeração deve ser observada rigorosamente pelo registrador imobiliário no processo de qualificação registrária.

O número de ordem conferido ao título, no momento de sua apresentação, determina a sua prioridade no processo de registro (Lei de Registros Públicos, art. 186). Essa prioridade definirá, consequentemente, a preferência dos direitos reais, caso haja mais de um título sobre o mesmo imóvel.

Exemplo.

A adquire determinado imóvel de **B**. Prenota no registro de imóveis a respectiva escritura de compra e venda, às 9 horas, do dia 07.08.2024, sob o número 100.

No mesmo dia, às 10 horas, **C** prenota, sob o número 101, uma escritura de hipoteca outorgada por **B**, tendo como objeto o mesmo imóvel vendido para **A**.

A escritura de compra e venda, por ter recebido um número menor de prenotação, tem prioridade no processo de registro pelo prazo de 20 dias (Lei de Registros Públicos, art. 205).

Caso a escritura de compra e venda (prenotação 100) seja registrada, a escritura de hipoteca deverá ser rejeitada, porque quebrará a continuidade registrária, pois quem outorgou a hipoteca (**B**) não é mais titular do direito de propriedade.

No entanto, se a escritura de hipoteca for prenotada antes da escritura de compra e venda, aquela passará a ter prioridade sobre esta.

Nesse caso, se estiver apta para registro, a hipoteca será registrada antes da compra e venda, situação em que **A** adquirirá um imóvel hipotecado.

Vale acrescentar que, independentemente da data de registro do título prenotado (desde que dentro do prazo de validade da prenotação – 20 dias, conforme art. 205 da Lei de Registros Públicos), o registro será considerado eficaz desde a data do seu lançamento no livro-protocolo (Código Civil, art. 1.246). Daí a conveniência de indicar no ato de registro o número e a data da prenotação.

Narciso Orlandi Neto[223] salienta que,

> [...] prenotado, o título está provisoriamente registrado. É um registro sujeito a condição resolutiva consistente na qualificação negativa do título. Se a qualificação for positiva, o registro será lançado na matrícula e seus efeitos retroagirão à data da prenotação. O registro será definitivamente válido e eficaz. Se a qualificação for negativa, resolver-se-ão a prenotação e os efeitos provisórios. O implemento da condição resolutiva – qualificação negativa – atuará *ex tunc*, como se o título nunca tivesse sido prenotado.

O princípio da prioridade ganha relevância quando existem títulos considerados contraditórios sobre o mesmo imóvel, como no exemplo da compra e venda e hipoteca sugerido anteriormente[224].

---

[223] ORLANDI NETO, Narciso. *Registro de imóveis*. Rio de Janeiro: Forense, 2023. p. 32.
[224] "1. Observados os termos do art. 182 da Lei de Registros Públicos, apresentado o título para registro, ele tomará, no protocolo, 'o número de ordem que lhes competir em razão da sequência rigorosa de sua apresentação', seguindo-se a prenotação. 1.1. A lei de regência não impede que o oficial receba, enquanto vigente a prenotação, outro requerimento de registro. Em verdade, o texto legal admite expressamente o protocolo sucessivo de pedidos, ainda que constituam direitos reais contraditórios sobre o mesmo imóvel, todavia ressalvando a prioridade daquele prenotado sob número de ordem mais baixo (LRP, arts. 190 e 191). 1.2. Logo, nenhuma irregularidade decorre, no caso concreto, do mero recebimento (protocolo), pelo registrador, do requerimento apresentado pela interessada enquanto vigente a prenotação que favorecia terceiro, ulteriormente ineficaz pelo decurso do prazo previsto no art. 205 da LRP.
2. Enquanto vigentes os efeitos de prenotação precedente, não pode o oficial levar a registro o título que constitua direito real contraditório sobre o mesmo imóvel, protocolado anteriormente. 2.1. O registro precoce, feito irregularmente em razão da inobservância de prenotação anterior, poderá ser

São considerados títulos contraditórios aqueles que dispuserem de direitos reais conflitantes entre si sobre o mesmo imóvel ou que se sujeitarem a graduações. Os primeiros não poderão coexistir e um excluirá o outro. Os segundos poderão coexistir, mas terão a sua preferência determinada pela respectiva prenotação[225].

Portanto, a qualificação dos títulos e seus registros deverão obedecer rigorosamente à sequência atribuída pelos seus correspondentes números de prenotações.

Consequentemente, a ordem dos registros determina a preferência dos direitos reais, das onerações e das constrições judiciais ou administrativas. Os inscritos anteriormente prevalecem sobre os inscritos posteriormente.

É importante destacar que o direito de prioridade garantido pela prenotação tem prazo de validade. Pelo art. 205 da Lei de Registros Públicos, esse prazo é de 20 dias, e nos 10 primeiros dias o registrador deverá ou promover o registro ou expedir a nota devolutiva com os motivos que impedem a inscrição.

O prazo da prenotação não se prorroga nem se suspende. Inicia a sua contagem no dia em que prenotado o título e se encerra 20 dias depois. Se o fim da contagem do prazo cair em dia não útil, a prenotação vencerá no dia útil imediatamente anterior.

Há, porém, títulos que para o seu processamento nos termos da lei necessitam de mais de 20 dias, como é o caso da execução fiduciária de imóvel, da retificação, do procedimento extrajudicial de usucapião ou de adjudicação ou do procedimento de dúvida. Em casos como esses, a prenotação necessita ser prorrogada até o final dos respectivos processamentos.

Enquanto vigorar a prenotação, ela deverá ser informada nas certidões do respectivo imóvel para que seja de conhecimento de terceiros.

3.7.3.7 Publicidade

Indicamos anteriormente a publicidade como um dos princípios dos direitos reais. Naquela ocasião, fizemos referência a uma publicidade decorrente de lei necessária para a constituição dos direitos reais, em que se busca dar conhecimento de determinada situação jurídica à sociedade em geral.

E essa publicidade específica é obtida por meio da inscrição de determinadas ocorrências em livros existentes em serviços públicos registrários específicos.

A publicidade dos direitos reais é assegurada por meio do registro (*lato sensu*) do título que lhe dá causa.

O registro do título que serve de causa para a constituição do direito real é registrado na serventia imobiliária à qual pertence o correspondente imóvel.

A previsão para que o título relativo a um direito real seja registrado está no Código Civil (art. 1.227).

A lei de registros públicos (art. 172), que opera como uma *longa manus* do direito privado, estabelece que no registro de imóveis serão feitas as inscrições (registro e averbação) dos títulos constitutivos, translativos e extintivos de direitos reais, reconhecidos em lei.

---

convalidado se ocorrer a hipótese prevista no art. 205 da LRP, qual seja a caducidade da anotação provisória por omissão do interessado em atender às exigências legais.

3. Apresentados dois títulos a registro, a lei de regência confere primazia àquele protocolado sob número de ordem mais baixo, consagrando o princípio da prioridade (LRP, art. 186), em seu conhecido axioma: 'prior in tempore, potior in jure'" (STJ, REsp 1.756.277/CE, j. 05.11.2024).

[225] ORLANDI NETO, Narciso. *Registro de imóveis*. Rio de Janeiro: Forense, 2023. p. 36.

Portanto, é no registro de imóveis que se promove a inscrição registrária dos títulos relativos a direitos reais e em que se alcança a oponibilidade *erga omnes* que citamos anteriormente.

A oponibilidade *erga omnes* gera cognoscibilidade geral da situação registrária inscrita, de forma que terceiros não podem alegar desconhecimento das informações constantes no registro de imóveis.

Essa oponibilidade *erga omnes* é gerada ainda que o registro imobiliário não tenha sido consultado. A publicidade registrária é latente e expansiva, no sentido de que as consequências jurídicas dela derivadas afetam terceiros, independentemente do conhecimento efetivo destes.

Conforme Afrânio de Carvalho[226], a inscrição do título no registro de imóveis concede duplo efeito, o de constituir o direito real e o de anunciá-lo a terceiros. Registra o autor que

> Antes da publicidade, o ato cria obrigações entre as partes, mas, uma vez efetuada, perfaz a mutação jurídico-real, investindo a propriedade ou direito real na pessoa do adquirente e, ao mesmo tempo, tornando o direito oponível a terceiros. Essa dupla eficácia é a do Direito Brasileiro desde a Lei Imperial de 1864.

A publicidade registral imobiliária confere oponibilidade *erga omnes* de forma a promover conhecimento das situações inscritas em livros específicos de registros públicos por qualquer terceiro.

---

[226] CARVALHO, Afrânio de. *Registro de imóveis*. 4. ed. Rio de Janeiro: Forense, 1998. p. 15.

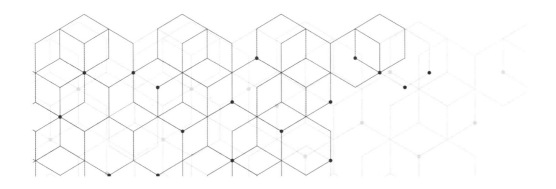

FIM DA PRIMEIRA PARTE. CONSIDERAÇÕES

Até aqui procuramos tratar sistematicamente, no Capítulo 1, da compra e venda, um dos contratos mais importantes para o direito civil e para o direito imobiliário. Iniciamos com noções introdutórias desde suas raízes no direito romano até o direito contemporâneo. Procuramos demonstrar como o negócio jurídico da compra e venda se desenvolveu ao longo do tempo, adaptando-se às alterações sociais e econômicas.

Buscamos fazer a análise dos elementos essenciais da compra e venda, como o consentimento, a capacidade das partes, a legitimação, o objeto e o preço, o que nos possibilitou depreender as condições básicas sobre esse tipo de negócio jurídico.

Apresentamos a comparação do negócio jurídico da compra e venda com outros como a venda de imóveis futuros, a locação, o condomínio, a permuta e a dação em pagamento, temas que demonstram a complexidade das relações do mercado imobiliário moderno.

Ademais, o estudo do direito das obrigações e dos riscos de ambas as partes – comprador e vendedor – trouxe à tona questões práticas que impactam diretamente a segurança e o equilíbrio das relações contratuais. Discutimos, ainda, os efeitos jurídicos decorrentes do compromisso de compra e venda, tema fundamental que permeia as transações imobiliárias, de modo a preparar para uma análise mais profunda nos capítulos seguintes.

No Capítulo 2, passamos para uma avaliação detalhada do compromisso de compra e venda de imóvel dentro da classificação dos contratos preliminares – o qual depende da outorga do respectivo contrato definitivo –, e, desde que não contenha cláusula de arrependimento e seja registrado no registro de imóveis competente, gera direito real à aquisição ao imóvel, nos termos dos arts. 1.225, VII, 1.417 e 1.418, todos do Código Civil.

Buscamos apresentar a distinção entre a promessa de compra e venda e o compromisso de compra e venda, além de analisarmos esse contrato como fonte de direitos reais e pessoais.

Exploramos as diversas disposições legais que regulamentam o compromisso de compra e venda, como a Lei Federal n.º 13.786/2018, conhecida como a Lei dos Distratos, os efeitos desse contrato preliminar, as obrigações assumidas pelas partes e as peculiaridades relacionadas ao direito de arrependimento, à mora e à resolução, temas relevantes para as transações imobiliárias.

Também no Capítulo 2 procuramos abordar de forma sistemática os temas relacionados aos imóveis não loteados, loteados e incorporados quanto à possibilidade de estabelecer a cláusula de arrependimento, assim como a cláusula resolutiva expressa e as consequências legalmente definidas para as situações de mora e de inadimplemento absoluto dos contratantes.

Ainda, avaliamos os efeitos do contrato preliminar de compromisso de compra e venda, além de termos tratado também, no mesmo capítulo, das cláusulas penais moratória e compensatória relacionando-as com as disposições relativas à Lei dos Distratos.

Ainda sob o enfoque do compromisso de compra e venda de imóvel, dedicamos algumas linhas para a análise da violação positiva do contrato, do descumprimento dos deveres laterais e seus reflexos nas relações contratuais, bem como do inadimplemento antecipado (*anticipatory breach*).

Passamos, ainda, pelas reflexões relativas ao direito real de aquisição que surge com o registro do compromisso de compra e venda.

Consideramos as questões relacionadas à mora e à resolução do compromisso de compra e venda para os imóveis loteados, não loteados e os incorporados, seja pelo inadimplemento do loteador, seja pelo do comprador e suas consequências, especialmente diante das regras da denominada Lei dos Distratos.

Nas considerações relativas à Lei dos Distratos, tratamos dos aspectos gerais das cláusulas penais convencionais compensatórias e moratórias, bem como seus efeitos e limites diante da referida lei para os imóveis loteados e incorporados.

Expusemos nosso entendimento sobre a Lei dos Distratos e o Código de Defesa do Consumidor.

Como fonte de uma obrigação de fazer, abordamos preliminarmente o fato de que no compromisso de compra e venda o compromissário comprador pode exigir a outorga da escritura definitiva de compra e venda do vendedor ou de terceiros a quem os direitos tenham sido cedidos, e no caso de recusa poderá requerer-se coercitivamente a adjudicação do imóvel.

No Capítulo 3, discorremos sobre aspectos relacionados com o direito real do compromissário comprador à aquisição do imóvel. Para tanto, entendemos necessário repassar pelo conceito do direito real e pelas suas diferenças com os direitos pessoais.

Em seguida, também no Capítulo 3, expusemos aspectos relacionados com a evolução do registro de imóveis no Brasil, com atenção para os princípios estruturantes dessa modalidade de registro público, os quais devem ser seguidos por todo o sistema.

Um ponto de destaque que pretendemos avaliar com mais vagar na próxima parte deste livro é a necessidade ou não de registro do compromisso de compra e venda de imóvel para se obter a adjudicação compulsória, pois o art. 1.418 do Código Civil estabeleceu que apenas o comprador, titular de direito real, pode exigi-la em caso de recusa do vendedor.

Como o direito real à aquisição do imóvel só se adquire com o registro do compromisso, estabeleceu-se a celeuma.

O que também se pretende analisar na segunda parte deste trabalho são temas pertinentes à adjudicação compulsória, judicial e extrajudicial, em caso de recusa da outorga da escritura definitiva de compra e venda, tendo sido esta última inserida no art. 216-B da Lei Federal n.º 6.015/1973, pela Lei Federal n.º 14.382/2022. Faremos esse estudo com o aproveitamento, naquilo que entendermos ser pertinente, do que já foi desenvolvido pela doutrina e pela jurisprudência para a adjudicação compulsória judicial.

Com o encerramento desta primeira parte, pretendemos consolidar uma base teórica e prática para a compreensão da compra e venda de imóveis e seus desdobramentos. Daqui em diante, o leitor terá tido uma base inicial e preparatória para os aspectos técnicos que envolvem o compromisso de compra e venda de imóveis e os direitos reais que dele decorrem. A continuidade deste estudo fornecerá importantes ferramentas para o entendimento pleno da dinâmica contratual e registral que permeia o direito imobiliário brasileiro.

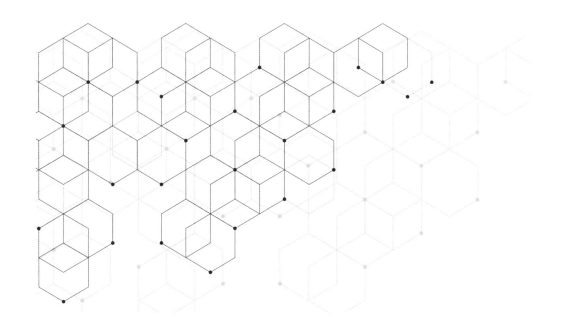

SEGUNDA PARTE

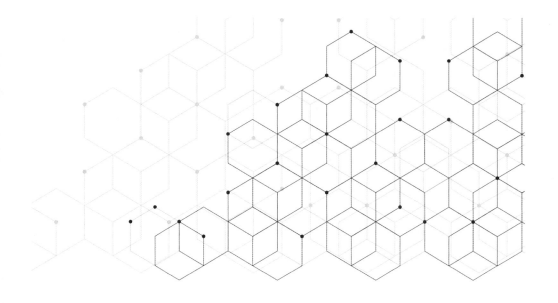

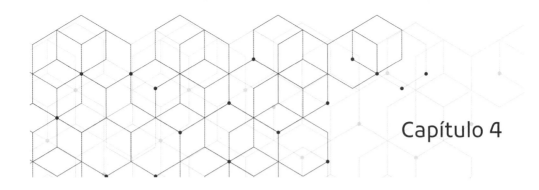

Capítulo 4

DA ADJUDICAÇÃO COMPULSÓRIA. ASPECTOS GERAIS

A adjudicação compulsória foi introduzida em nosso ordenamento pelo Decreto-lei n.º 58/1937. Curiosamente, no entanto, como observam Arruda Alvim e Eduardo Arruda Alvim[1], o que mais chamou atenção no referido decreto foram as diretrizes[2] que o justificaram, pois configuraram uma versão primitiva do que atualmente se conhece por função social do contrato.

Salientamos anteriormente que o Decreto-lei n.º 58/1937 surgiu para coibir a prática de desfazimentos imotivados dos contratos com apoio no art. 1.088 do Código Civil de 1916. Relembramos que por esse dispositivo os empreendedores desistiam imotivadamente após a celebração do contrato preliminar do negócio de compra e venda, mas sempre antes da assinatura do instrumento público definitivo, especialmente quando o imóvel se valorizava após o início da venda pelo instrumento preliminar.

O próprio autor do projeto do Decreto-lei n.º 58/1937, Deputado Waldemar Ferreira[3], na apresentação justificou que o art. 1.088 do Código Civil de 1916

> [...] converteu-se em fonte amarga de decepção e de justificado desespero. Urge secá-la para que se consagre, efetivamente, a norma salutar do art. 1.126 daquele código, em razão da qual a compra e venda, quando pura, considerar-se-á obrigatória e perfeita,

---

[1] ARRUDA ALVIM; ARRUDA ALVIM, Eduardo. A adjudicação compulsória e o novo Código de Processo Civil. *In*: DIP, Ricardo (coord.). *Direito registral e o novo Código de Processo Civil*. Rio de Janeiro: Forense, 2016. p. 50.

[2] "Considerando o crescente desenvolvimento da loteação de terrenos para venda mediante o pagamento do preço em prestações; Considerando que as transações assim realizadas não transferem o domínio ao comprador, uma vez que o art. 1.088 do Código Civil permite a qualquer das partes arrepender-se antes de assinada a escritura da compra e venda; Considerando que êsse dispositivo deixa pràticamente sem amparo numerosos compradores de lotes, que têm assim por exclusiva garantia a seriedade, a boa fé e a solvabilidade das emprêsas vendedoras; Considerando que, para segurança das transações realizadas mediante contrato de compromisso de compra e venda de lotes, cumpre acautelar o compromissário contra futuras alienações ou onerações dos lotes comprometidos; Considerando ainda que a loteação e venda de terrenos urbanos e rurais se opera frequentemente sem que aos compradores seja possível a verificação dos títulos de propriedade dos vendedores."

[3] FERREIRA, Waldemar Martins. *O loteamento e a venda de terrenos em prestações*. São Paulo: RT, 1938. p. 16.

desde que as partes se acordarem-no objeto e no preço. Com o intuito de proporcionar aos compradores de terras e terrenos a certeza, ainda assim relativa, de, cumpridas todas as obrigações, por eles assumidas, adquirirem a propriedade delas, por via judicial e mercê de uma adjudicação, foi que se elaborou para receber as emendas da Comissão de Constituição e Justiça e da Câmara dos Deputados, este projeto.

Há aqueles, como Darcy Bessone, que registram que, mesmo antes do Decreto-lei n.º 58/1937, formavam-se opiniões favoráveis à execução compulsória e em forma específica da promessa de compra e venda, para tentar corrigir as consequências decorrentes da realidade negocial instaurada no âmbito do já mencionado art. 1.088 do Código Civil de 1916, o qual possibilitava a desistência do compromisso de compra e venda imotivadamente[4-5].

Como destacamos ao tratar sobre a função social do contrato, os ordenamentos do século XVIII, influenciados pelos ideais da Revolução Francesa, tinham na autonomia privada as premissas de máxima liberdade para as declarações de vontade entre os contratantes, porque estes eram considerados iguais entre si e detentores das mesmas forças nas relações negociais. A legislação civil da época foi cunhada na dogmática de não ingerência do sistema jurídico sobre as declarações de vontades privadas.

Por razões de ordem social, essa dinâmica de não ingerência na autonomia de vontade foi aos poucos, especialmente a partir do século XX, alterada para possibilitar a interferência das normas de ordem pública para limitar os excessos da autonomia privada.

Essa interferência decorreu da contraposição da ideia central do liberalismo (plena liberdade para a autonomia privada) com as injustiças causadas por uma onerosidade excessiva acometida a um dos contratantes durante a fase de execução do contrato[6].

O contrato passou, também no Brasil, a ser inserido em um contexto socioeconômico. O Código Civil de 2002 inverteu o sentido individualista do Código Civil de 1916 e sobrepôs o interesse social ao individual. Dessa nova concepção é que se consagrou a função social do contrato, prevista no art. 421 do atual Código Civil, sobre o qual já nos detivemos anteriormente.

Evidentemente que a noção de função social do contrato não significa que este deva ser sempre e imotivadamente relativizado. O contrato é feito para ser cumprido e deve buscar sua função essencial, que é a de dar a cada um o que é seu, desde que se mantenha o seu justo equilíbrio em todas as suas fases de execução.

Quando ocorre desequilíbrio das prestações obrigacionais estabelecidas pelas partes no contrato há a necessidade de intervenção do Estado para que, por meio dos instrumentos legais disponíveis, sejam corrigidas as desproporções e alcançada a finalidade que originalmente se objetivou com a contratação, sempre permeada pela sua função social.

---

[4] BESSONE, Darcy. *Da compra e venda:* promessa & reserva de domínio. 3. ed. rev. e ampl. São Paulo: Saraiva, 1988. p. 112.

[5] Em seguida, o Código de Processo Civil de 1939 estabeleceu, no art. 346, que, se recusado pelo vendedor e requerido pelo comprador, aquele deveria outorgar a escritura no prazo de cinco dias. Interessante notar que para o vendedor também era possível, pelo art. 347 do Código de Processo Civil de 1939, tendo recebido a integralidade do preço da compra e venda e apresentado documento comprobatório do registro, requerer que se notificasse o comprador para, no prazo de 30 dias, receber a escritura definitiva de compra e venda. Caso não fosse assinada, o lote comprometido poderia ser depositado sob a responsabilidade do comprador.

[6] ARRUDA ALVIM; ARRUDA ALVIM, Eduardo. A adjudicação compulsória e o novo Código de Processo Civil. *In*: DIP, Ricardo (coord.). *Direito registral e o novo Código de Processo Civil*. Rio de Janeiro: Forense, 2016. p. 51.

No âmbito do compromisso de compra e venda de imóvel, é "isso o que ocorre quando um contratante, lesado no seu direito de ver declarada a vontade da contraparte em vender o bem objeto do contrato, ingressa em Juízo para que essa declaração volitiva seja suprida", salientam Arruda Alvim e Eduardo Arruda Alvim[7].

Antecipadamente, nesses aspectos gerais, entendemos a adjudicação compulsória como o ato jurisdicional que o Estado-juiz, a pedido do compromissário comprador, que efetuou o pagamento integral do preço de aquisição do imóvel, promove unilateral e coativamente para viabilizar transferência de um imóvel da esfera patrimonial do devedor (vendedor que se comprometeu a outorgar a escritura definitiva de compra e venda) para a esfera patrimonial do credor (comprador do imóvel). Deve ser ajuizada em face do titular do direito de propriedade plena do imóvel – o qual, apesar de ter assumido a obrigação de fazer no compromisso de compra e venda cuja prestação é a celebração do contrato definitivo, recusou-se a outorgá-lo –, voltada ao cumprimento judicial dessa obrigação de fazer nos termos de sentença condenatória que, ao transitar em julgado, produzirá os mesmos efeitos da declaração não emitida[8].

A sentença ao mesmo tempo condena o réu à declaração de vontade e, com o trânsito em julgado, produz imediatamente todos os efeitos da declaração não emitida. Humberto Theodoro Júnior[9] diz que "grande é a carga de constitutividade da sentença prevista no art. 501", dispositivo legal que veremos adiante.

Assim, a ação de adjudicação compulsória deve se restringir à sua finalidade específica, que é possibilitar a celebração do contrato definitivo de compra e venda em caso de recusa do vendedor que já recebeu a integralidade do preço de aquisição do imóvel.

Seu escopo é apenas possibilitar o cumprimento da obrigação de fazer, que foi inadimplida pelo vendedor (reconfirmação da declaração de vontade no título definitivo em cumprimento ao compromisso de compra e venda). Não se trata, portanto, de substituição da manifestação de vontade do alienante, pois esta já foi declarada sem vícios no compromisso de compra e venda do imóvel, mas sim de cumprimento de prestação de fazer no lugar do vendedor, cujo objeto seria a ratificação da declaração de vontade final de venda do imóvel, necessária para que o comprador promova a transferência do direito real de propriedade plena como determinam as regras concernentes ao sistema jurídico dos direitos reais referidas anteriormente. Ocorre a ratificação do consentimento manifestado no compromisso de compra e venda pela sentença judicial.

Essa delimitação é necessária para que se compreendam a extensão e o alcance do provimento jurisdicional na adjudicação compulsória. Do contrário, conceder-se-iam ao comprador vantagens maiores do que ele teria se recebesse o contrato definitivo de compra e venda em moldes regulares. Em outras palavras, a decisão judicial que cumprir a obrigação de fazer do vendedor produzirá, em extensão, os mesmos efeitos que teriam sido produzidos se o vendedor a tivesse cumprido espontaneamente. Não pode ficar aquém nem ir além.

Logo, não serve para corrigir falhas do contrato ou do registro imobiliário a que o imóvel corresponder, nem declarar cumpridas ou não outras obrigações que não a relativa à prestação de fazer atribuída ao vendedor (outorgar o título definitivo de compra e venda) e à de pagamento integral do preço de aquisição do imóvel pelo comprador.

---

[7] ARRUDA ALVIM; ARRUDA ALVIM, Eduardo. A adjudicação compulsória e o novo Código de Processo Civil. *In*: DIP, Ricardo (coord.). *Direito registral e o novo Código de Processo Civil*. Rio de Janeiro: Forense, 2016. p. 53.

[8] CREDIE, Ricardo Arcoverde. *Adjudicação compulsória*. 4. ed. rev. e ampl. São Paulo: RT, 1988. p. 32.

[9] THEODORO JÚNIOR, Humberto. *Curso de direito processual civil*. 54. ed. Rio de Janeiro: Forense, 2021. v. 3, p. 172.

Portanto, tendo o comprador cumprido todas as obrigações assumidas no compromisso de compra e venda, principalmente o pagamento integral do preço de aquisição e pretendendo adquirir o domínio pleno do imóvel compromissado, poderá, em caso de recusa por parte do vendedor, pleitear judicialmente o efeito jurídico que a declaração de vontade omitida deveria produzir e possibilitar a produção desses efeitos por meio da ação adjudicatória[10].

Contudo, primeiramente, o comprador deverá notificar o vendedor e conceder prazo razoável para que este possa se manifestar (Código Civil, art. 463). Recomendamos a aplicação dos mesmos prazos previstos em lei para constituição do devedor em mora nos imóveis não loteados (15 dias), loteados (30 dias) e incorporados (10 ou 90 dias). No Capítulo 2, há uma tabela com os prazos em dias e as respectivas fundamentações legais.

Somente depois de superado o respectivo prazo (Código Civil, art. 464) para o vendedor poder se manifestar – e este tiver permanecido silente –, é que surgirá para o comprador a pretensão da solução da adjudicação compulsória com apoio no art. 501 do Código de Processo Civil.

4.1 EVOLUÇÃO LEGISLATIVA

No início deste estudo destacamos que na vigência do Código Civil de 1916 os vendedores podiam desfazer seus contratos preliminares imotivadamente antes da lavratura do definitivo, com fundamento no referido art. 1.088.

Os compradores, mesmo depois de pagar integralmente o preço de aquisição dos imóveis, ficavam à mercê dos proprietários alienantes e não tinham qualquer instrumento jurídico processual capaz de promover uma execução específica da obrigação de fazer do vendedor, cuja prestação era a ratificação da vontade de vender já expressada no momento da celebração do instrumento preliminar de compra e venda sem cláusula de arrependimento.

Com a entrada em vigor do Decreto-lei n.º 58/1937, inseriu-se expressamente no ordenamento jurídico o comando segundo o qual os compromissários compradores teriam o direito de, efetuado o pagamento integral do preço de aquisição e estando quites com impostos e taxas, exigir a outorga da escritura definitiva de compra e venda do respectivo imóvel (art. 15).

Na redação original do Decreto-lei n.º 58/1937, o art. 16 previa um procedimento judicial para o caso de recusa da outorga da escritura definitiva garantida pelo art. 15 do mesmo diploma, em que constava a determinação de que, em caso de silêncio dos vendedores, o juiz *adjudicará*, por sentença, os lotes aos compradores.

O Código de Processo Civil de 1939 expressamente cuidou dessa matéria no art. 346[11]. Além do quanto previsto nesse referido dispositivo legal, o art. 1.006 do mesmo Código de

---

[10] RIZZARDO, Arnaldo. *Promessa de compra & venda & parcelamento do solo urbano*. 11. ed. rev. e atual. Curitiba: Juruá, 2020. p. 233.

[11] "Art. 346. Recusando-se o compromitente a outorgar escritura definitiva de compra e venda, será intimado, si o requerer o compromissário, a dá-la nos cinco (5) dias seguintes, que correrão em cartório. § 1º Se o compromitente nada alegar, o juiz, depositado o restante do preço, adjudicará o lote ao comprador, mandando: a) que se consignem no termo, além de outras especificações, as cláusulas do compromisso; b) que se expeça a carta de adjudicação, depois de pagos os impostos devidos, inclusive o de transmissão; c) que se cancele a inscrição hipotecária relativa aos lotes adjudicados. § 2º Se, no prazo referido neste artigo, o compromitente alegar matéria relevante, o juiz mandará que o compromissário a conteste em cinco (5) dias. § 3º Havendo alegações que dependam de prova, proceder-se-á de conformidade com o disposto no art. 685. § 4º Estando a propriedade hipotecada, será também citado o credor para autorizar o cancelamento parcial da inscrição, quanto aos lotes comprometidos."

Processo Civil previu a tutela genérica para os casos de inadimplemento da obrigação de emitir declaração de vontade[12].

O referido art. 16 do Decreto-lei n.º 58/1937 foi modificado pela Lei Federal n.º 6.014/1973 para adequá-lo à legislação em vigor na época e prever a possibilidade de o compromissário comprador, em caso de recusa da outorga do contrato definitivo em descumprimento ao art. 15 do mesmo diploma, propor ação de adjudicação compulsória. Foi por essa alteração legislativa, em 1973, que surgiu a expressão *ação de adjudicação compulsória*.

Tanto o art. 15 quanto o art. 16, ambos do Decreto-lei n.º 58/1937, tratam, desde a sua origem, dos imóveis loteados.

Os imóveis não loteados são tratados no art. 22 do mesmo Decreto-lei n.º 58/1937, que, na sua concepção inicial, não previa a possibilidade de o compromissário comprador dessa modalidade de imóveis (não loteados) valer-se da adjudicação compulsória. Com a modificação da redação do art. 22 pela Lei Federal n.º 649/1949, passou-se a admitir a adjudicação compulsória também para os imóveis não loteados[13].

O art. 346 do Código de Processo Civil de 1939 não continha os comandos e as consequências do art. 1.006 do mesmo Código. Este, por sua vez, era utilizado pelos compradores que não reuniam "todos os pressupostos de direito material, como o registro de compromisso de compra e venda"[14], requisito que foi mais tarde dispensado pela jurisprudência, como será visto a seguir.

Apesar de o Código de Processo Civil de 1973 não ter repetido disposição similar ao art. 346 do Código anterior (1939), o legislador processual determinou, no art. 1.218, que continuariam em vigor, até serem incorporados às leis especiais, os procedimentos regulados pelo Código de Processo Civil de 1939 concernentes, entre outros temas específicos, "ao loteamento e venda de imóveis a prestações (arts. 345 a 349)".

Ademais, o Código de Processo Civil de 1973, no capítulo específico que trata sobre a execução de obrigações de fazer (emitir declaração de vontade para concluir contrato), estabelecia a possibilidade de obtenção de sentença que, após o trânsito em julgado, surtiria os mesmos efeitos do contrato não celebrado (arts. 639, 640 e 641).

Por sua vez, os arts. 639, 640 e 641, todos do Código de Processo Civil de 1973, foram revogados pela Lei Federal n.º 11.382/2005.

Além de outras alterações, a Lei Federal n.º 11.382/2005 inseriu no Código de Processo Civil de 1973 os arts. 466-A, 466-B e 466-C, que também tratavam sobre obrigação de manifestação de vontade para concluir contrato.

Finalmente, o Código de Processo Civil de 2015 revogou o de 1973 e, no que se refere ao julgamento das ações relativas às prestações de fazer, de não fazer e de entregar coisa, estabeleceu, especialmente em relação à obrigação de emitir declaração de vontade, a mesma ideia do Código Processual revogado, ou seja, de que a sentença que julgar procedente o pedido produzirá todos os efeitos da declaração não emitida, desde que tenha transitado em julgado.

---

[12] "Art. 1.006. Condenado o devedor a emitir declaração de vontade, será esta havida por enunciada logo que a sentença de condenação passe em julgado. § 1º Os efeitos da declaração de vontade que dependa do cumprimento de contraprestação ficarão em suspenso até o cumprimento desta. § 2º Nas promessas de contratar, o juiz assinará prazo ao devedor para executar a obrigação desde que o contrato preliminar preencha as condições de validade do definitivo."

[13] O art. 22 do Decreto-lei n.º 58/1937 foi alterado pela Lei Federal n.º 6.014/1973 apenas para incluir no seu texto os instrumentos de cessão de direitos.

[14] SANTOS, Ceres Linck dos. Tutelas para efetivação da promessa de compra e venda de bem imóvel. *Revista de Direito Imobiliário*, ano 46, v. 95, p. 170, jul./dez. 2023.

O fundamento jurídico no atual Código de Processo Civil para a adjudicação compulsória judicial está no art. 501, que trata da ação que tem por objeto a emissão de declaração de vontade.

Essa emissão de declaração de vontade a que se refere o aludido art. 501 é de natureza obrigacional, cuja prestação é de fazer, e nasce, por exemplo, nos compromissos de compra e venda.

O art. 501 do Código de Processo Civil estabelece que, na "ação que tenha por objeto a emissão de declaração de vontade, a sentença que julgar procedente o pedido, uma vez transitada em julgado, produzirá todos os efeitos da declaração não emitida".

Antes da atual estrutura legislativa processual, a doutrina e a jurisprudência por muito tempo entenderam que a emissão dessa vontade era uma obrigação de natureza infungível, ou seja, só poderia ser cumprida pelo próprio devedor (vendedor no compromisso) e, em caso de inadimplemento, apenas geraria perdas e danos.

Como se referiu na breve recuperação histórico-legislativa feita neste item, foi o Código de Processo Civil de 1939, por meio do art. 1.006, que passou a considerar tal obrigação de fazer como fungível, ou seja, que poderia ser cumprida por terceiro que não o devedor, por ordem do órgão jurisdicional, em suprimento judicial que equivaleria à declaração não emitida.

Isso decorre do fato de que no compromisso de compra e venda de imóvel sem cláusula de arrependimento, o vendedor já manifestou expressamente sua vontade de vender, pendente apenas o pagamento do preço de aquisição pelo adquirente. Recebido o preço integralmente, em caso de o vendedor recusar-se a reemitir a vontade de alienar no contrato definitivo, há a possibilidade de tal obrigação ser cumprida por sentença judicial que, transitada em julgado, produzirá todos os efeitos da declaração não emitida.

Deve-se compreender que, após o pagamento integral do preço de aquisição pelo comprador, há a necessidade de formalizar o instrumento definitivo exigido pela legislação em vigor (Código Civil, arts. 108 e 1.227), o qual viabilizará a transferência do direito real de propriedade (plena) para o adquirente.

Ressalte-se, a vontade de vender já foi livremente manifestada pelo proprietário no momento da celebração do compromisso de compra e venda de imóvel. Nesse instrumento preliminar, o alienante assumiu a obrigação de manifestar novamente a mesma vontade no contrato definitivo, quando recebido integralmente o preço de aquisição. Por essa razão, na execução da obrigação de fazer poder-se-á dispensar a necessidade de nova aquiescência do vendedor[15].

O conteúdo do dito art. 501 do Código de Processo Civil em vigor, ao prever que a sentença transitada em julgado produzirá todos os efeitos da declaração não emitida, autoriza que numa só decisão haja a condenação do devedor à prestação de fazer (celebração do contrato como previsto no compromisso de compra e venda) e se estabeleça o vínculo contratual definitivo entre os contratantes para possibilitar a transferência do direito real imobiliário de propriedade plena.

Nesse contexto, tendo em vista a finalidade da adjudicação compulsória como meio para se obter o adimplemento da obrigação de fazer consistente na outorga do título definitivo recusado pelo vendedor, é fácil perceber que a correspondente sentença não pode alcançar, como dito antes, maiores efeitos do que se alcançaria com a celebração do próprio contrato definitivo não outorgado, nem o juiz pode agir além do que agiria o vendedor omisso e inadimplente.

---

[15] THEODORO JÚNIOR, Humberto. *Curso de direito processual civil*. 54. ed. Rio de Janeiro: Forense, 2021. v. 3, p. 168.

4.2 FUNDAMENTOS

Denota-se das considerações feitas até aqui que a obrigação de outorga do contrato definitivo de compra e venda em cumprimento ao contrato preliminar encontra-se no âmbito dos direitos pessoais (prestação de fazer) e é inconfundível com o direito real de aquisição que é constituído com o registro do compromisso de compra e venda na respectiva matrícula do imóvel.

Apesar de existir entre nós respeitável doutrina[16] que admite que o compromisso de compra e venda, integralmente quitado, possa substituir o contrato definitivo, os dispositivos legais que exigem o cumprimento da formalidade do *titulus* e do *modus*[17] encontram-se vigentes, razão pela qual é necessário, para a aquisição e constituição de direitos reais imobiliários, que exista um título adequado à forma exigida em lei e que este seja registrado na matrícula do imóvel.

Respeitamos essa abalizada opinião, mas ainda temos em vigor em nosso sistema jurídico os arts. 108, 1.245 e 1.247, todos do Código Civil, que tratam do processo de aquisição de direitos reais (*titulus* e *modus*).

Entretanto, vale um parêntesis para salientar que legalmente existe a possibilidade de que o contrato preliminar particular de compra e venda imóvel sirva, por si só, de título para o registro aquisitivo de direito real de propriedade.

É o que acontece com os negócios jurídicos de compromissos de compra e venda, de cessões e de promessas de cessão celebrados no âmbito da Lei Federal n.º 6.766/1979, os quais valerão como título para a transmissão do direito real de propriedade do lote adquirido quando acompanhados da respectiva prova de quitação do preço de aquisição (art. 26, § 6º), do comprovante de pagamento do imposto de transmissão e desde que observados todos os requisitos necessários para o negócio principal, além dos princípios registrários (disponibilidade, especialidade e continuidade, entre outros).

Logo, no âmbito da referida Lei Federal n.º 6.766/1979, o contrato preliminar de compra e venda de lote, celebrado por instrumento particular e com observância dos requisitos legais para a formação desse tipo de contrato, valerá como título hábil para ingressar no registro de imóveis e promover a transferência do direito real de propriedade (Código Civil, art. 1.227), sendo desnecessária a formalização do contrato definitivo, constituindo-se, também, uma exceção quanto à forma geral exigida pelo art. 108 do Código Civil.

Ainda na Lei Federal n.º 6.766/1979, há hipótese, nos parcelamentos populares, de que à cessão da posse por instrumento particular seja atribuído o caráter de escritura pública para todos os fins de direito (art. 26, § 3º), o que se justifica pelo caráter social da medida.

Feitas as observações sobre hipóteses legais de exceção que atribuem ao próprio compromisso de compra e venda de imóvel a força de contrato definitivo, voltemos aos fundamentos da adjudicação compulsória.

Destaca-se que o descumprimento da obrigação de fazer gera uma complexidade maior na sistemática de satisfação do credor, pois é necessário constranger o devedor inadimplente a praticar determinado ato para o qual se obrigou, mas em relação ao qual se omitiu. Nosso sistema jurídico não admite submeter o devedor de prestação de fazer à sanção física ou de liberdade. No máximo, poder-se-ia aceitar a substituição da prestação por um valor pecuniário

---

[16] AZEVEDO JR., José Osório de. *Compromisso de compra e venda*. 6. ed. rev., ampl. e atual. São Paulo: Malheiros, 2013.
[17] Código Civil, arts. 108 e 1.227.

para compensar o credor pelo inadimplemento ocorrido, mas, ainda assim, em determinadas relações obrigacionais, isso seria insatisfatório (por exemplo, pintor renomado que, contratado e pago, não entrega a obra artística e permanece em inadimplemento absoluto).

Há situações concretas em que o credor tem interesse em receber a prestação exclusivamente pelo devedor nos exatos termos contratados e existem outras, no entanto, em que pouco importa para o credor quem a cumprirá, pois este ficará satisfeito desde que o resultado pretendido pela prestação inadimplida seja alcançado.

Relembremos que o objeto do compromisso de compra e venda de imóvel, como contrato preliminar, é um *contrahere* ou um ato de contratar no futuro. Revela-se tal objeto em uma obrigação de fazer, que tantas vezes já frisamos, pois o vendedor assume a prestação de celebrar outro contrato, o definitivo[18], quando cumpridas determinadas condições essenciais da compra e venda, como o pagamento integral do preço de aquisição do imóvel.

Esse dever de celebrar o contrato definitivo decorre do vínculo obrigacional que o vendedor assume ao celebrar o compromisso de compra e venda. O adimplemento depende de ato colaborativo de sua parte. Para o regular cumprimento dessa obrigação de fazer, o vendedor deverá reiterar a vontade de transmitir o imóvel externada originalmente, sob determinadas condições, no instrumento preliminar de compra e venda.

Salientamos anteriormente que essa obrigação de celebrar contrato definitivo não pode se confundir com o direito real à aquisição que decorre do registro do compromisso de compra e venda na matrícula do imóvel. Este denota um poder direto e imediato do titular (comprador) com o imóvel e, ao surgir[19], não mantém qualquer vínculo com pessoa determinada, mas sim *erga omnes*, característica dos direitos reais.

A obrigação de *contrahere* é uma prestação de contratar que se estabelece entre o vendedor e o comprador, cuja natureza jurídica é de direito pessoal, e que impõe ao vendedor a prestação de dar e de fazer, sendo o comprador livre para, em caso de inadimplemento daquele, exigir o cumprimento coercitivo até mesmo por terceiro.

Nessa relação obrigacional originada pelo compromisso de compra e venda de imóvel cuja prestação (de fazer) é um *contrahere*, o vendedor é o devedor e o comprador, o seu respectivo credor.

A obrigação de fazer é considerada pela doutrina como fungível[20], ou seja, pode ser cumprida por outra pessoa diversa do devedor original (Código Civil, art. 249). A vontade em si mesma, contudo, como veremos mais detidamente adiante, é considerada infungível, mas os efeitos que dela decorrem e os resultados práticos a que se destina são fungíveis.

Caso o vendedor se torne inadimplente nessa obrigação de fazer (outorgar o contrato definitivo), o comprador será livre para poder exigir coercitivamente o seu cumprimento. Trata-se, segundo Valter Farid Antonio Junior[21],

---

[18] Assume também o vendedor uma obrigação de dar que consiste na transferência de domínio do bem alienado. A obrigação de fazer o contrato definitivo não se confunde com a obrigação de dar (entregar) o domínio. A diferença entre obrigação de dar e de fazer é feita em razão do interesse do credor. Na obrigação de dar, o interesse do credor é a coisa que lhe deve ser entregue, independentemente da atividade do devedor; já na obrigação de fazer, o interesse do credor é determinada ação do devedor.

[19] Pode surgir a qualquer momento após a formalização do compromisso de compra e venda, mesmo que o pagamento não tenha ocorrido. Já o direito ao contrato definitivo surge com o pagamento integral do preço, momento posterior ao da celebração.

[20] PEREIRA, Caio Mário da Silva. *Instituições de direito civil:* teoria geral das obrigações. Atualizador e colaborador Guilherme Calmon Nogueira da Gama. 34. ed. Rio de Janeiro: Forense, 2023. p. 60.

[21] ANTONIO JUNIOR, Valter Farid. *Compromisso de compra e venda*. São Paulo: Atlas, 2009. p. 98.

[...] da figura da *adjudicação compulsória*, espécie de ação de execução específica de obrigação de manifestar ato de vontade e que tem por finalidade conferir eficácia à intenção das partes, no sentido de ver transferida a propriedade após o pagamento do preço entre elas acertado.

Waldemar Martins Ferreira[22] destaca que, se "no momento convencionado, uma das partes se recusa a contratar, é de indagar se o inadimplemento dá lugar a simples ação de indenização ou a uma ação (*constitutiva*) para obter o mesmo efeito jurídico por via de outro ato jurídico, isto é, a sentença do juiz".

Ao Estado-juiz é atribuído o poder de produzir o efeito jurídico a que as partes se obrigaram e que por alguma razão se recusaram a cumprir. Realizado o pagamento integral do preço de aquisição do imóvel, do inadimplemento do vendedor nasce o direito à transferência da propriedade mediante sentença constitutiva, por não se tratar de caso de infungibilidade jurídica da prestação.

Pelo conteúdo do art. 463 do Código Civil em vigor, que regula os contratos preliminares em geral, concluído contrato que contenha todos os requisitos do definitivo, e não tenha cláusula de arrependimento, iniciada a sua execução, qualquer uma das partes poderá exigir a celebração do contrato definitivo, concedendo prazo razoável para que a outra cumpra suas obrigações, especialmente a de fazer.

Antecipadamente, destacamos que o contrato preliminar que contenha cláusula de arrependimento e no qual ainda exista, por exemplo, saldo do preço a ser pago, em tese, não poderia ser objeto de execução específica, pois garantiu-se às partes o direito de desistência do negócio, razão pela qual seria inócuo vincular as partes por sentença ao cumprimento de uma obrigação da qual as partes podem desistir.

Não há sentido prático em obter a ratificação da vontade do vendedor pelo Estado-juiz em um negócio jurídico em que uma das partes reserva para si o direito de contratualmente desistir dele; seria uma medida inútil para o que se pretende, que é a celebração do contrato definitivo capaz de promover a transferência do direito real de propriedade de imóvel.

Entretanto, entendemos que, se ocorrer o início da execução do contrato – que também pode se dar com o começo do pagamento das parcelas do preço de aquisição –, haverá renúncia tácita ao direito de arrependimento contratualmente estabelecido, motivo pelo qual se poderá admitir a adjudicação compulsória.

Em contrapartida, caso o compromisso de compra e venda estabeleça inicialmente a vontade do vendedor de vender e a do comprador de comprar, mas que a totalidade do preço de aquisição será paga em momento posterior quando da outorga do contrato definitivo e, ao mesmo tempo, preveja cláusula de arrependimento, nosso entendimento é no sentido de que, ainda que seja possível o depósito judicial do preço aquisitivo pelo comprador na adjudicação compulsória, é necessário conceder oportunidade para o vendedor se manifestar em determinado prazo (15 dias – sugestivo), antes do momento do pagamento, para que confirme se deseja ou não prosseguir com o negócio de compra e venda imobiliário.

Nessa hipótese, não nos parece ter sentido sentença judicial para cumprimento de obrigação de fazer de devedor que reservar para si em contrato a possibilidade de se arrepender do respectivo negócio jurídico de compra e venda.

Nesse exemplo, e levando-se em consideração que a principal obrigação que ensejaria o início da execução do contrato seria o pagamento do preço, ou seja, que inexistiriam outras

---

[22] FERREIRA, Waldemar Martins. *O loteamento e a venda de terrenos em prestações*. São Paulo: RT, 1938. p. 210.

obrigações que pudessem dar esse sentido (de execução), o direito de arrependimento previsto no compromisso em favor do vendedor, enquanto não iniciada a execução do contrato, suspenderia a sua obrigação de reafirmar o consentimento de alienação no contrato definitivo, pois ele pode contratualmente desistir do respectivo negócio jurídico até a ocasião do início do pagamento do preço pelo comprador.

Este deverá, nessa situação, intimar o vendedor para que manifeste se deseja finalizar o negócio de compra e venda e para que compareça em determinado dia, horário e local para a outorga do contrato definitivo e recebimento do preço integral de aquisição do imóvel.

O vendedor, por sua vez, deve manifestar expressamente se deseja exercer seu direito de arrependimento e desfazer o compromisso de compra e venda ou se quer prosseguir e dar cumprimento integral a ele. O seu silêncio não poderá ser entendido como exercício do direito de arrependimento. Este deve ser expresso e inequívoco, pois o comprador dependerá disso para se desobrigar ou não do negócio jurídico aquisitivo preliminar.

O simples silêncio do vendedor poderá ser compreendido como inadimplemento da obrigação de fazer, que é reafirmar a sua vontade para a celebração do contrato definitivo de compra e venda. Nessa circunstância, mediante depósito judicial do eventual saldo devedor e a comprovação do pagamento integral do preço de aquisição, o cumprimento da prestação consistente na celebração do contrato definitivo poderá ocorrer por sentença proferida em ação de obrigação de fazer.

Findo o prazo razoável que uma parte deverá conceder à outra para o cumprimento da obrigação de fazer conforme exigido pelo referido art. 463 do Código Civil, e permanecendo o inadimplemento, a parte interessada poderá requerer ao juiz o cumprimento da prestação, conferindo caráter definitivo ao contrato preliminar (Código Civil, art. 464).

No ambiente do Decreto-lei n.º 58/1937, que regula aspectos relacionados tanto aos imóveis loteados quanto aos não loteados, há previsões expressas de que o compromissário que realizou o pagamento integral do preço de aquisição tem o direito de exigir a outorga da escritura definitiva de compra e venda (arts. 15 e 22, reciprocamente). Isso ocorre porque com o pagamento se dá a confirmação da execução do compromisso de compra e venda.

Caso o vendedor se recuse a outorgar o contrato definitivo, é garantido ao comprador o direito de promover a adjudicação compulsória para o cumprimento da obrigação de fazer (arts. 16 e 22 do Decreto-lei n.º 58/1937).

Entretanto, pela concepção da exceção do contrato não cumprido (Código Civil, art. 476), a adjudicação não deverá ser admitida se o comprador estiver inadimplente com a sua obrigação que, por sua vez, consiste especialmente no pagamento integral do preço de aquisição do imóvel.

Caso seja julgada procedente e a vontade do vendedor seja reafirmada em sentença, esta, quando transitada em julgado, valerá como título para o registro na matrícula do imóvel com a via original do compromisso de compra e venda.

Vale dizer que na execução da obrigação de fazer (outorgar o contrato definitivo) o Estado concretiza a relação jurídica definitiva de compra e venda. Isso não significa emissão substitutiva da vontade exigida para a formação do contrato definitivo, pois esta compete apenas ao alienante e foi manifestada na formação do compromisso de compra e venda. A intervenção judicial busca o cumprimento da obrigação de *contrahere* por meio de uma sentença substitutiva dos efeitos da declaração de vontade, que faz constituir diretamente a própria relação que resultaria do contrato definitivo[23].

---

[23] BESSONE, Darcy. *Da compra e venda:* promessa & reserva de domínio. 3. ed. rev. e ampl. São Paulo: Saraiva, 1988. p. 107.

A sentença obtida na adjudicação compulsória judicial vai muito além do que simplesmente substituir a vontade do vendedor omisso. Essa sentença é substitutiva dos efeitos da declaração de vontade. Assim, além de ocupar a posição do vendedor ausente, essa sentença faz surtir todos os efeitos necessários para viabilizar a transferência da propriedade plena para o comprador.

Para os imóveis loteados, a previsão da adjudicação compulsória está no art. 25 da Lei Federal n.º 6.766/1979: "São irretratáveis os compromissos de compra e venda, cessões e promessas de cessão, os que atribuam direito a adjudicação compulsória e, estando registrados, confiram direito real oponível a terceiros".

Também para os imóveis sob o regime da Lei Federal n.º 4.591/1964, há expressa indicação de que os contratos de compra e venda, promessa de venda, cessão ou promessa de cessão de unidades autônomas atribuem direito à adjudicação compulsória perante o incorporador ou a quem o suceder, inclusive na hipótese de insolvência posterior ao término da obra (art. 32, § 2º).

Em caso de dúvidas sobre a qual tipo de regime jurídico pertence determinado negócio de compra e venda de imóvel (loteado, não loteado e incorporado), que eventualmente não se enquadre no Decreto-lei n.º 58/1937, na Lei Federal n.º 6.766/1979, nem na Lei Federal n.º 4.591/1964, a fundamentação para adjudicar encontra-se no art. 1.418 do Código Civil, pelo qual o comprador pode exigir do vendedor a outorga da escritura definitiva de compra e venda, de acordo com o quanto disposto no instrumento preliminar, e, em caso de recusa, requerer judicialmente a adjudicação do imóvel.

O art. 1.418 do Código Civil concede ao comprador o direito de obter judicialmente a reiteração, por meio do Estado-juiz, da vontade do vendedor de definitivamente alienar o imóvel e formar o título que substituirá o título definitivo de compra e venda. A sua parte final, porém, não é feliz ao consignar, que, se houver recusa na outorga da escritura definitiva de compra e venda, o adquirente poderá "requerer ao juiz a *adjudicação do imóvel*".

Entendemos que, na adjudicação compulsória, o que se deve pedir é para que o Estado-juiz cumpra a obrigação de fazer (*contrahere*) do vendedor inadimplente, com subsequente prolação de uma sentença que substitui todos os efeitos da declaração de vontade do vendedor, mas que não se restringe a ser sentença de mera substituição de declaração deste.

Seria a reafirmação da vontade de vender do alienante que já foi expressada livremente por ocasião da celebração do compromisso de compra e venda de imóvel. Não é por se materializar em uma sentença judicial que esta se reveste de efeitos mais amplos do que aqueles que decorreriam da respectiva escritura definitiva de compra e venda. Ambas têm, no âmbito do tráfego do direito real de propriedade, a mesma força jurídica e funcionam como título causal na sistemática constitutiva dos direitos reais, em especial a transferência do direito real de propriedade.

A sentença, por ser judicial, não goza de privilégios em relação à escritura pública definitiva. No caso de haver falhas, por exemplo, na continuidade da titularidade do imóvel objeto do compromisso, o interessado deverá saná-la previamente. A sentença não é saneadora de óbices formais. Ambas (escritura e título judicial decorrente da adjudicação) deverão ser registrariamente qualificadas de acordo com a legislação e com o conteúdo normativo em vigor e com apoio nos princípios norteadores do sistema registral brasileiro.

O fato de um dos títulos ter origem judicial não afasta o dever de o oficial registrador examinar sua legalidade e os seus aspectos extrínsecos. Evidentemente que o registrador não poderá, em sua função administrativa qualificadora, adentrar nos aspectos intrínsecos da decisão judicial, pois extrapolará suas atribuições legais, mas poderá deixar de cumprir ordem judicial manifestamente ilegal.

Exceto se a ordem judicial ou o título judicial determinarem a prática de atos manifestamente ilegais, como dito, não está na atribuição do registrador imobiliário promover qualificação sobre as razões e os motivos das decisões judiciais (porque o juiz decidiu assim, e não de outra forma), pois estaria a adentrar no mérito do quanto decidido, atribuição exclusiva do magistrado.

A qualificação do registrador imobiliário na adjudicação compulsória restringir-se-á ao fato de o título judicial estar ou não em conformidade com as regras legais, normativas e procedimentais dos registros imobiliários, inclusive principiológicos.

Sendo assim, em síntese, para que o compromisso de compra e venda do imóvel gere direito à adjudicação compulsória (execução *in natura* direta, mas coercitiva) deve-se atender aos seguintes requisitos[24]:

(i) que na celebração do compromisso tenham sido observados todos os elementos essenciais do contrato principal (consentimento, objeto e preço), nos termos do art. 462 do Código Civil;
(ii) que no compromisso não contenha cláusula de arrependimento ou já tenha sido superada pela execução do contrato (com o início do pagamento do preço);
(iii) que o vendedor tenha sido constituído em mora com a obrigação de outorgar o contrato definitivo, tendo sido interpelado a firmá-lo em certo prazo razoável, e não o fez, portanto encontra-se em inadimplemento absoluto de tal obrigação; e
(iv) que o comprador tenha adimplido integralmente com as suas obrigações, em especial o pagamento do preço de aquisição do imóvel[25].

Efetuado o integral pagamento do preço de aquisição do imóvel e cumpridas as demais obrigações previstas no compromisso pelas partes (Código Civil, art. 476), o comprador poderá, em caso de recusa do vendedor, obter judicialmente a reafirmação da vontade do vendedor de lhe vender o imóvel e obter o título definitivo em cumprimento ao compromisso de compra e venda. Caso ainda não tenha cumprido as suas obrigações (pagamento do preço, por exemplo), deve oferecê-las previamente como medida preparatória para a ação judicial de adjudicação compulsória do imóvel pretendido[26].

O objetivo da ação de adjudicação compulsória é permitir que o provimento judicial obtido satisfaça o requisito de reafirmação da declaração de vontade do vendedor, por ele negada ou omitida, o qual, conjugado com a vontade do comprador de ter para si o contrato definitivo de compra e venda, servirá de título hábil para transferência do direito real de propriedade no respectivo registro de imóveis.

Materialmente entendemos que, minimamente, a sentença transitada em julgado, a via original do compromisso de compra e venda e a correspondente guia quitada do imposto de

---

[24] Trataremos de todos esses requisitos nos tópicos adiante: tanto no Capítulo 4 quanto no Capítulo 5.
[25] LOUREIRO, Francisco Eduardo. *In*: GODOY, Claudio Luiz Bueno de *et al*. *Código Civil comentado:* doutrina e jurisprudência. Lei n. 10.406 de 10.01.2002. Coordenação Cezar Peluso. 17. ed. rev. e atual. Santana de Parnaíba-SP: Manole, 2023. p. 1469; CREDIE, Ricardo Arcoverde. *Adjudicação compulsória*. 4. ed. rev. e ampl. São Paulo: RT, 1988. p. 57.
[26] THEODORO JÚNIOR, Humberto. *Curso de direito processual civil*. 54. ed. Rio de Janeiro: Forense, 2021. v. 3, p. 173.

transmissão são os documentos que formarão o título judicial para viabilizar o ingresso no registro de imóveis e produzir a transferência definitiva da propriedade plena[27-28].

Humberto Theodoro Júnior[29] salienta que:

> Do pré-contrato nasce o direito à escritura definitiva (Código Civil, art. 1.418). E, para efetivar a tutela jurisdicional, no caso de inadimplemento do promitente, o remédio processual específico instituído pelo Código de Processo Civil consiste numa *sentença* que supra a vontade do obrigado e produza o mesmo efeito do contrato que por ele deveria ter sido firmado (CPC/2015, art. 501). Como o processo de execução não se destina à prolação de sentença, o cumprimento das obrigações de contratar somente pode ser perseguido pelas vias do processo de conhecimento, isto é, daquela modalidade de tutela jurisdicional apta a produzir a sentença de mérito, no caso autoexequível.

Entretanto, deixamos nosso entendimento de que pela ação de adjudicação compulsória não ocorre a substituição da vontade do vendedor inadimplente pela do juiz, mas sim que o Estado-juiz, em uma estrutura de obrigação de fazer já constituída, mas inadimplida, reafirma a vontade já manifestada pelo alienante na formação do compromisso de compra e venda, agora em sentença judicial que, depois de transitada em julgado, produzirá todos os efeitos da declaração não emitida (Código de Professo Civil, art. 501).

4.3 ADJUDICAÇÃO COMPULSÓRIA. SIGNIFICADO[30]

De acordo com Moacyr Petrocelli de Ávila Ribeiro[31], o vocábulo *adjudicação* tem origem do latim e advém de *adiudicatio, adiocationis*, com derivação do verbo *adiudico* (infinitivo *adiudicare*), e significa a atribuição de algo para alguém.

Ao menos desde o Decreto n.º 737[32] de 1850, a adjudicação é prevista em nosso sistema jurídico processual com a concepção de atribuição de um bem em pagamento de um crédito inadimplido.

Araken de Assis[33] salienta que adjudicação significa o modo pelo qual o "órgão judiciário transfere coativamente os bens penhorados do patrimônio do executado para o exequente ou para outra pessoa".

---

[27] Dizemos que a sentença deverá estar acompanhada do compromisso porque este é o negócio jurídico sobre o qual se encontram as vontades manifestadas de compra e venda e que serviu de título para a execução *in natura* direta, mas coativa.

[28] Sobre qualificação registrária de títulos judiciais ver Marcelo Fortes Barbosa Filho (O registro de imóveis, os títulos judiciais e as ordens judiciais. In: PÉREZ, Diego Selhane (coord.). *Títulos judiciais e o registro de imóveis*. Rio de Janeiro: IRIB, 2005) e Marcelo Martins Berthe (Títulos judiciais e o registro imobiliário. *Revista de Direito Imobiliário*, São Paulo, v. 41, p. 56, 1997).

[29] THEODORO JÚNIOR, Humberto. *Curso de direito processual civil*. 54. ed. Rio de Janeiro: Forense, 2021. v. 3, p. 447.

[30] Sobre a etimologia do termo adjudicação e sua origem no direito romano, ver SOARES, Ana Karina Pereira dos Santos. *A adjudicação do bem penhorado na execução civil*. 2016. Dissertação (Mestrado) – Faculdade de Direito da Universidade de Lisboa, Lisboa, 2016, p. 87. Disponível em: https://repositorio.ul.pt/bitstream/10451/32140/1/ulfd133234_tese.pdf. Acesso em: 30 jan. 2024.

[31] RIBEIRO, Moacyr Petrocelli de Ávila. Do registro de imóveis. Art. 167, I, 12 a 16. In: PEDROSO, Alberto Gentil de Almeida (coord.). *Lei de registros públicos comentada*. Rio de Janeiro: Forense, 2023. p. 710.

[32] Artigos 560 a 570. "Art. 560. Não havendo lançador que cubra o preço da avaliação (art. 550), ou da adjudicação (art. 553), serão os bens adjudicados ao credor com os seguintes abatimentos [...]."

[33] ASSIS, Araken de. *Manual da execução*. 20. ed. rev., atual. e ampl. São Paulo: RT, 2018. p. 1.129.

Humberto Theodoro Júnior[34] define a adjudicação como "ato executivo expropriatório, por meio do qual o juiz, em nome do Estado, transfere o bem penhorado para o exequente ou para outras pessoas a quem a lei confere preferência na aquisição".

Pela sistemática do atual Código de Processo Civil, a execução por quantia certa realiza-se pela expropriação de bens do executado (Código de Processo Civil, art. 824). A expropriação de bens do executado pode ocorrer pelos modos previstos no art. 825 do Código de Processo Civil que prevê, no inciso I, a adjudicação.

Trata-se, portanto, de um ato processual de natureza coercitiva, pelo qual o Estado-juiz promove forçadamente o deslocamento de um bem da esfera patrimonial do devedor inadimplente para a do credor em pagamento do seu crédito inadimplido. Superadas as oposições do executado, o juiz determinará a lavratura do auto de adjudicação. Quando este for assinado pelo juiz, a adjudicação será considerada perfeita e acabada (Código de Processo Civil, art. 877, § 1º) e, para os imóveis, será o título hábil para o ingresso no registro imobiliário competente.

A adjudicação é, portanto, uma modalidade de alienação forçada realizada na execução por quantia certa utilizada para satisfazer um crédito inadimplido (Código de Processo Civil, art. 904, II).

Não há natureza contratual na adjudicação, pois o devedor não manifesta vontade concordante com a transferência coativa da propriedade de seu bem penhorado para o credor. Essa transferência é feita por ato mandatório do Estado-juiz, que efetivamente atribui o direito de propriedade do bem penhorado ao credor em pagamento do seu crédito, apesar de depender do registro da respectiva carta de arrematação para realizar a formal transferência do direito real de propriedade.

Nem se confundiria com a dação em pagamento porque também faltaria a bilateralidade típica desse negócio jurídico de pagamento, pois o ato processual coercitivo não depende da manifestação concordante da vontade do devedor.

Para Alexandre Freitas Câmara[35], a adjudicação "é a utilização direta do bem penhorado na satisfação do crédito exequendo. Para usar a terminologia empregada em boa doutrina, na adjudicação não se faz expropriação liquidativa, mas tão somente a expropriação satisfativa".

Enrico Tullio Liebman[36], sobre a natureza jurídica do ato de expropriação, registra que:

> [Este] ato não é, por conseguinte, um contrato. É, ao contrário, ato unilateral do órgão judicial que, no exercício de sua função, transfere a título oneroso o direito do executado para outrem (ato de transferência coativa); é tipicamente ato processual, ato executório. Sua eficácia, porém, é condicionada ao ato também unilateral de um particular, que representa a aceitação da transferência por parte do adquirente; é o lance do licitante, ou o pedido de adjudicação do exequente. Os dois atos são heterogêneos e distintos e não se fundem para dar lugar a único ato bilateral, apenas um condiciona o outro e os efeitos são produzidos unicamente pelo ato do órgão judicial.

Assim, não se trata de negócio jurídico bilateral, pois o Estado-juiz, no exercício de seu poder nos termos da lei, no lugar do próprio executado, unilateralmente determina a transferência, a título oneroso, do direito real de propriedade dos bens do inadimplente para

---

[34] THEODORO JÚNIOR, Humberto. *Curso de direito processual civil*. 54. ed. Rio de Janeiro: Forense, 2021. v. 3, p. 447.
[35] CÂMARA, Alexandre Freitas. O novo regime da alienação de bens do executado. *Revista Dialética de Direito Processual*, n. 53, p. 11, ago. 2007.
[36] LIEBMAN, Enrico Tullio. *Processo de execução*. 3. ed. São Paulo: Saraiva, 1980. p. 112.

satisfazer a pretensão do exequente. A transferência do direito real de propriedade do bem do executado não decorre do encontro de vontades do credor e do devedor, mas sim da determinação soberana unilateral do Estado-juiz, nos limites da lei.

Moacyr Amaral Santos[37] também destaca seu entendimento de que a adjudicação não é um negócio jurídico, e sim um ato processual. Afirma o autor que,

> [...] assim como a arrematação não tem natureza de compra e venda, a adjudicação não participa da natureza de dação em pagamento. Como a arrematação, a adjudicação é um ato executório, um ato processual de índole coativa, por meio do qual o Estado, no exercício de sua função jurisdicional, e para a realização da sanção formulada no título executório, transfere ao exequente, ou outro credor, para satisfação e extinção do seu crédito, bens do devedor.

Em complemento, Ana Karina Pereira dos Santos Soares[38] apresenta entendimento apoiado em Salvatori Pugliati, no sentido de que a adjudicação se consubstancia na

> [...] transferência coativa do bem do patrimônio do devedor executado para o do credor ou de terceiros. Assim, segundo Pugliati, a transferência coativa é a transferência de direito entre vivos, normalmente a título oneroso, efetuada sem o concurso da vontade do titular e até mesmo contra ela. Destarte, compreende a arrematação e a adjudicação, isto é, todas as transferências *invito domino* (contra a vontade do proprietário) que se atuam na execução forçada.

Em nosso sentir, porém, a adjudicação promovida no ambiente processual civil tem como efeito principal a transferência coativa dos bens do exequido para a satisfação de um crédito inadimplido do exequente.

Contudo, a adjudicação compulsória que decorre do compromisso de compra e venda inadimplido tem uma natureza jurídica diferente e serve para dar cumprimento a uma relação jurídica contratual preliminarmente já estabelecida.

No que vimos até agora, o Estado-juiz, pela soberania de seus atos praticados com apoio na lei, promove, sem quaisquer condicionantes, a transferência da propriedade do bem penhorado do executado para a esfera patrimonial do credor. Não nos parece correto admitir que, quando o Estado-juiz promove todos os atos necessários para a expropriação do bem do devedor, esteja ele atuando de acordo com a vontade do inadimplente. Ao contrário, a alienação coercitiva geralmente é feita contra a vontade do devedor e, portanto, não parece razoável o órgão jurisdicional representar a vontade de vender do devedor que lhe pode ser diametralmente oposta.

A adjudicação compulsória aplicável aos imóveis loteados, não loteados e incorporados parece-nos possuir apenas a função de se ter judicialmente reafirmada a vontade de vender, a qual já foi consignada pelo próprio vendedor no compromisso de compra e venda, como titular desse direito dispositivo, mas que, apesar de ter recebido a integralidade do preço de aquisição do imóvel, recusa-se a cumprir ou se omite no cumprimento da prestação de fazer,

---

[37] SANTOS, Moacyr Amaral dos. *Primeiras linhas de direito processual civil*. 24. ed. São Paulo: Saraiva, 2010. v. 3, p. 348.
[38] SOARES, Ana Karina Pereira dos Santos. *A adjudicação do bem penhorado na execução civil*. 2016. Dissertação (Mestrado) – Faculdade de Direito da Universidade de Lisboa, Lisboa, 2016, p. 87. Disponível em: https://repositorio.ul.pt/bitstream/10451/32140/1/ulfd133234_tese.pdf. Acesso em: 30 jan. 2024.

que é outorgar o título definitivo da compra e venda necessário para promover a transferência do direito real de propriedade do imóvel na serventia imobiliária.

Indicamos anteriormente que o art. 15 do Decreto-lei n.º 58/1937 determina que o compromissário comprador, desde que quitado o preço de aquisição do imóvel, tem o direito de exigir a outorga da escritura definitiva de compra e venda.

Em consequência, a redação original do art. 16 do mesmo decreto estabelecia o procedimento judicial que deveria ser observado para, ao final, por sentença, o imóvel ser *adjudicado* ao comprador.

Denota-se daquilo que dispunha a redação original do art. 16 que o objetivo era, em caso de silêncio do vendedor, o Estado-juiz reafirmar a vontade do vendedor de transmitir a propriedade do imóvel para o comprador. Para alcançar tal propósito, o legislador utilizou o instituto da *adjudicação*.

No âmbito do compromisso de compra e venda, fizemos anteriormente um retrospecto sobre a evolução legislativa da adjudicação compulsória, para o qual remetemos o leitor.

Com o advento do Decreto-lei n.º 58/1937, ao vendedor foram atribuídas duas obrigações essenciais, uma de dar (entregar a coisa) e outra de fazer (de celebrar o contrato definitivo após o recebimento integral do preço de alienação do imóvel). Essa estrutura obrigacional do vendedor foi repetida na Lei Federal n.º 6.766/1979.

Na sistemática processual civil em vigor, temos o já mencionado art. 501 do Código de Processo Civil, o qual prevê que, na "ação que tenha por objeto a emissão de declaração de vontade, a sentença que julgar procedente o pedido, uma vez transitada em julgado, produzirá todos os efeitos da declaração não emitida".

Conferimos destaque às expressões utilizadas no aludido art. 501 do Código de Processo Civil: "Na ação que tenha por objeto *emissão de declaração de vontade*, a sentença que julgar procedente o pedido, uma vez transitada em julgado, **produzirá todos os efeitos da declaração não emitida**".

Vale dizer, portanto, que, no ambiente de contrato preliminar de compromisso de compra e venda de imóvel, a sentença proferida nos termos do art. 501 surtirá os mesmos efeitos da declaração de vontade do vendedor inadimplente.

Logo, o Estado-juiz prolata uma sentença que, transitada em julgado, substituirá os efeitos da declaração de vender do alienante omisso, a qual já foi por este manifestada na celebração do compromisso de compra e venda, mas que foi inadimplida no momento da formação do contrato definitivo.

Nesse sentido, a sentença valerá apenas e tão somente para fazer surtir os efeitos da declaração omitida do outorgante e formar o título considerado principal e definitivo necessário para a transmissão do direito real de propriedade imobiliária.

A expressão *produzirá todos os efeitos da declaração não emitida* é relevante porque quer significar que eles (os efeitos da sentença) serão exatamente os mesmos da declaração que deveria ter sido emitida pelo vendedor no contrato principal, e não poderão passar destes.

Apesar de se tratar de um ato praticado no âmbito jurisdicional, não há uma ampliação de efeitos de modo que possam dar a falsa impressão de que a sentença, proferida nos termos do art. 501 do Código de Processo Civil, concederia mais direitos do que poderia o próprio vendedor, caso manifestasse regularmente sua vontade no contrato definitivo de compra e venda.

Se os efeitos da sentença proferida nos termos do referido art. 501 se equiparam à vontade não emitida pelo vendedor, ela não tem como promover por si só a transferência do direito real de propriedade, pois isso acontece, em nosso sistema jurídico de aquisição de direitos reais, apenas com o registro do título causal (carta de adjudicação, Código de Processo Civil, art. 877 c.c. o Código Civil, art. 1.227). Ao admitirmos que o contrato definitivo não tem força suficiente para, sozinho, transferir a propriedade plena sem o registro, a sentença que reafirma a vontade de vender do alienante também não terá, pois a sua finalidade é, nos exatos termos do dispositivo 501, tão somente de produzir os efeitos da vontade omitida (o que gerou o inadimplemento da obrigação de fazer do vendedor).

No que se refere à capacidade de transferência do direito real de propriedade plena, a sentença na ação de adjudicação compulsória tem os mesmos limites do contrato principal, ou seja, deverá ser submetida à qualificação registrária para avaliar se os aspectos extrínsecos da decisão judicial atendem aos princípios registrários, como o da especialidade, o da disponibilidade, o da continuidade etc., bem como os demais preceitos legais normativos aplicáveis.

No processo de aquisição de direito real de propriedade, como dito antes, há o *titulus* e o *modus*, coisas distintas e inconfundíveis como demonstramos em tópicos anteriores. Pode-se, pois, dizer que o ato pelo qual se opera a transmissão da propriedade de uma coisa (o registro) é decorrente de um negócio jurídico que lhe dá causa. Um depende do outro, mas são distintos e inconfundíveis.

A sentença proferida nos termos do art. 501 do Código de Processo Civil, apesar do conteúdo coativo quanto à vontade não emitida pelo vendedor, não será suficiente para transmitir o direito de propriedade sem que se proceda ao seu registro na matrícula do respectivo imóvel (Código Civil, arts. 1.245 e 1.247).

Daí, portanto, a adjudicação ser um ato que objetiva a transferência do domínio, mas, necessariamente, sempre como antecedente lógico e cronológico da inscrição registrária translativa[39], ou seja, é um evento que integra o processo de aquisição do direito real de propriedade, ocupando a posição de *titulus* que antecede o *modus* (registro).

Não temos a pretensão de promover análise sobre ser ou não adequado o termo a*djudicação compulsória* para reafirmar a vontade omitida do vendedor, expressão arraigada em nossa sistemática jurídica processual cível.

Entretanto, importante registrar o pensamento de Ricardo Arcoverde Credie de que seria inviável um novo sistema de denominação das ações. A adjudicação não teve incluída no seu âmbito de compreensão o significado de ação relativo ao compromisso de compra e venda. O acréscimo do termo compulsória poderia levar ao desacerto de considerar essa ação como espécie do gênero adjudicação. Não existe relação de compreensão e de extensão entre adjudicação e ação de adjudicação compulsória. O ato que visa à constituição, conservação, desenvolvimento, modificação ou o término da relação jurídica processual não se confunde com o direito de agir. Daí se conclui que adjudicação e ação de adjudicação compulsória expressam diferenças entre si. Adjudicação sempre significou um ato processual. Ao mesmo tempo, percebe-se que o nome da ação foi tirado desse ato que tende a ocorrer após o seu processamento. A adjudicação deve ser compreendida como significado originário central, sendo a ação de adjudicação compulsória extensão metafórica ou figurativa da mesma palavra. Em síntese, "não há qualquer homonímia entre o vocábulo adjudicação e a locução ação de adjudicação compulsória. Existe ambigüidade (no sentido de as palavras não se apresentarem em todos os contextos com significação do mesmo objeto) entre essas duas idéias"[40].

Pretendemos, porém, analisar os efeitos e as consequências da sentença proferida para suprir o inadimplemento do vendedor na celebração do contrato definitivo.

---

[39] CREDIE, Ricardo Arcoverde. *Adjudicação compulsória*. 4. ed. rev. e ampl. São Paulo: RT, 1988. p. 17.
[40] CREDIE, Ricardo Arcoverde. *Adjudicação compulsória*. 4. ed. rev. e ampl. São Paulo: RT, 1988. p. 18.

Como assinalado nos parágrafos anteriores, a sentença proferida com fundamento no art. 501 do Código de Processo Civil não tem força de isoladamente promover a transferência de direito real de propriedade para o comprador. Há que ser submetida, após o seu trânsito em julgado, ao processo de inscrição registrária no registro de imóveis competente.

A ação de adjudicação compulsória possibilita o adimplemento coativo da obrigação de fazer do vendedor que se recusa a manifestar vontade em contrato definitivo, apesar de ter se obrigado nos exatos termos do instrumento preliminar. Sua respectiva sentença, por si só, não é suficiente para atribuir o direito real de propriedade do imóvel ao comprador, ao contrário do que acontece, por exemplo, na desapropriação, que é modo originário de aquisição da propriedade, em que a sentença produz diversos efeitos, pois julga a legalidade da desapropriação, adjudica o bem ao expropriante, fixa o valor da indenização a ser paga ao expropriado, além de promover a extinção de todos os direitos reais e de todas as constrições judiciais que pesem sobre o imóvel.

Como vimos anteriormente, adjudicação compulsória é uma expressão com grande utilização no âmbito do processo civil brasileiro. Há, nessa seara, ato expropriatório com atuação processual executiva do Poder Judiciário no exercício da tutela jurisdicional[41].

No entanto, para o que interessa em nosso estudo, utilizaremos o termo adjudicação com o significado de dar cumprimento à prestação de fazer inadimplida pelo vendedor, consistente em reiterar a vontade de alienar, originalmente manifestada no compromisso de compra e venda, e que foi omitida na celebração do instrumento definitivo. Decorre do inadimplemento absoluto do vendedor da referida obrigação de fazer, o qual, após o recebimento integral do preço de aquisição do imóvel, não outorga o contrato principal.

O direito concedido pelo referido art. 1.418 do Código Civil é para que o comprador possa exigir a outorga do contrato definitivo de compra e venda, em respectivo cumprimento, e, em caso de recusa do obrigado a outorgá-lo, poderá requerer ao juiz a adjudicação compulsória do imóvel.

A *adjudicação* do imóvel, no sentido de transferência compulsória, por sentença, do patrimônio de um para o de outrem, não é a tratada no aludido art. 1.418, porque, nessa hipótese, não há como consequência a transferência compulsória do imóvel, por sentença, do patrimônio de um para o de outro. No processo de execução de quantia certa, a adjudicação consiste em um ato judicial de transferência de bens sob a forma de expropriação, por meio da qual o Estado forçadamente retira os bens do patrimônio do devedor e os entrega ao credor para a satisfação de seu crédito.

A expressão *adjudicação compulsória*, em nosso contexto, deve ser compreendida como execução de obrigação de fazer para promover a constituição do título definitivo em cumprimento ao preliminar e que é necessário para o aperfeiçoamento da relação definitiva de compra e venda de imóvel e viabilização do registro da transferência da propriedade plena para o comprador.

A prestação na obrigação de fazer no âmbito do compromisso de compra e venda, que tem o vendedor como devedor, está restrita à manifestação de vontade definitiva necessária para cumprir o contrato preliminar e constituir o contrato definitivo.

Em caso de inadimplemento dessa obrigação, o que se obtém é uma sentença que, transitada em julgado, substituirá os efeitos da declaração não emitida (Código de Processo Civil, art. 501).

---

[41] THEODORO JÚNIOR, Humberto. *Curso de direito processual civil*. 54. ed. Rio de Janeiro: Forense, 2021. v. 3, p. 447.

Com o trânsito em julgado da sentença na adjudicação compulsória, a manifestação da vontade do autor da ação (comprador do imóvel e credor da obrigação de fazer) junta-se à reafirmação da vontade do vendedor inadimplente (efeitos conferidos pela sentença) e forma o instrumento definitivo em cumprimento ao compromisso de compra e venda.

Para viabilizar a inscrição registrária que promoverá a transferência da propriedade plena para o comprador, devem ser apresentadas ao respectivo registro de imóveis a carta de sentença expedida nos autos da ação de adjudicação compulsória na qual conste o compromisso de compra e venda (apto a registro), a sentença e a correspondente certificação de trânsito em julgado, acompanhadas do comprovante de pagamento do imposto de transmissão de bens imóveis.

Como destaca Pontes de Miranda[42], na condenação do vendedor inadimplente não se tem por transferida a propriedade, pois o que se promete no contrato preliminar é a celebração do contrato definitivo, e não um ato jurídico suficiente à transmissão do direito real.

Pela adjudicação compulsória, portanto, repita-se, obtém-se a satisfação de uma obrigação de fazer, por meio de sentença que terá os mesmos efeitos da declaração não emitida. Assim, a carta de adjudicação compulsória não poderá surtir mais efeitos do que surtiria o próprio contrato definitivo (escritura pública), nem poderá o juiz dispor ou determinar mais do que poderia o próprio vendedor inadimplente.

Logo, a finalidade da adjudicação compulsória não é a de promover a transferência coativa do imóvel do patrimônio do vendedor para o do comprador. Na avaliação que nos propomos a fazer, ela integra a estrutura do processo translativo de direito real; não se trata, portanto, de transferência forçada de bens sob a forma de expropriação.

Para Waldemar Martins Ferreira[43], a adjudicação, no ambiente do Decreto-lei n.º 58/1937, era a fórmula necessária para a execução do compromisso de compra e venda, no qual as partes manifestaram, sem qualquer reserva, suas vontades em contrato de compra e venda que contém os três requisitos essenciais desse negócio jurídico, ou seja, a coisa, o preço e o consenso. Natural, portanto, que seja determinada a retirada do imóvel da propriedade do compromitente que recebeu a integralidade do preço, para adjudicá-lo ao compromissário, dando a cada um o que é seu.

Nesse sentido, Ricardo Arcoverde Credie[44] define a adjudicação compulsória como

> [...] ação pessoal que pertine ao compromissário comprador, ou ao cessionário de seus direitos à aquisição, ajuizada com relação ao titular do domínio do imóvel – (que tenha prometido vendê-lo através de contrato de compromisso de venda e compra e se omitiu quanto à escritura definitiva) – tendente ao suprimento judicial desta outorga, mediante sentença constitutiva com a mesma eficácia do ato não praticado.

Entretanto, a *adjudicação* e a *ação de adjudicação*, segundo Ricardo Arcoverde Credie, expressam diferentes sentidos e não se apresentam nos diversos contextos em que são utilizadas com significação do mesmo objeto.

Adjudicação significaria um ato processual que serviu para dar o nome da ação[45].

---

[42] PONTES DE MIRANDA, Francisco Cavalcanti. *Tratado de direito privado*. 3. ed. Reimp. Rio de Janeiro: Borsoi, 1971. t. XXXIX, § 4.270, p. 41.
[43] FERREIRA, Waldemar Martins. *O loteamento e a venda de terrenos em prestações*. São Paulo: RT, 1938. p. 216.
[44] CREDIE, Ricardo Arcoverde. *Adjudicação compulsória*. 4. ed. rev. e ampl. São Paulo: RT, 1988. p. 32.
[45] CREDIE, Ricardo Arcoverde. *Adjudicação compulsória*. 4. ed. rev. e ampl. São Paulo: RT, 1988. p. 17-19.

Na execução por quantia certa, a adjudicação serve para transferir coativamente, por determinação judicial, um bem do devedor para a satisfação de um débito seu inadimplido.

A adjudicação compulsória, por sua vez, tem como objetivo promover o cumprimento de uma prestação de fazer inadimplida pelo vendedor, assumida em um contrato preliminar de compra e venda de imóvel, que tem como objeto a outorga do contrato definitivo.

Vale destacar, uma vez mais, que a sentença de procedência transitada em julgado, por si só, não é

> [...] apta à transferência da propriedade do imóvel compromissado. Visa ela gerar os efeitos da declaração de vontade não emitida, valendo, juntamente com o compromisso de compra e venda, como título a ser levado ao registro de imóveis. Esse, por sua vez, somente será efetivado desde que preenchidos outros requisitos à sentença, impostos por normas registrais, tais como a apresentação de certidão negativas perante o INSS e a Receita Federal[46].

Complementamos com a necessidade de observância do princípio geral da legalidade e dos princípios registrários da continuidade, especialidade objetiva e subjetiva, bem como o da disponibilidade.

Caso o vendedor descumpra a obrigação de fazer, ou seja, de reafirmar seu consentimento na celebração do contrato definitivo, o comprador poderá notificá-lo para exigir seu cumprimento (Código Civil, art. 463), e, se ainda assim houver recusa do vendedor, valer-se de sentença judicial que, transitada em julgado, substituirá os efeitos da declaração omitida pelo vendedor (Código Civil, art. 464, e Código de Processo Civil, art. 501), a qual, com o compromisso de compra e venda, terá o mesmo efeito do contrato definitivo e servirá, desde que qualificado positivamente pelo registrador imobiliário, como título hábil para registro na matrícula do imóvel a promover a transferência do direito real de propriedade para o comprador.

Importa esclarecer, uma vez mais, que, em nossa visão, a sentença na adjudicação compulsória não substituirá a vontade do vendedor, mas tão somente produzirá os efeitos de declaração negada pelo vendedor. Como aludido, o título que será objeto de registro na matrícula do imóvel é o próprio compromisso de compra e venda, acompanhado da sentença transitada em julgado que reconheceu o cumprimento do *contrahere* e da guia de recolhimento do imposto de transmissão.

Por essa razão, exceto quanto à forma, o contrato deve, por expressa previsão legal (Código Civil, art. 462), atender a todos os requisitos necessários para o contrato principal, bem como aos requisitos registrários para possibilitar seu ingresso na serventia registrária[47-48].

---

[46] ANTONIO JUNIOR, Valter Farid. *Compromisso de compra e venda*. São Paulo: Atlas, 2009. p. 99.

[47] Apenas a título de exemplo, o contrato preliminar poderá conter o objeto, como é exigido nos contratos de compra e venda, mas pode ser que sua descrição não esteja em conformidade com aquela existente no registro de imóveis. Deve-se adequar aquilo que for necessário (ou corrigir o contrato e constar a descrição correta ou retificar o registro). Outra ocorrência muito comum que impede o ingresso dos contratos é a divergência da qualificação dos contratantes, especialmente do vendedor. Caso, exemplificativamente, conste na matrícula como solteiro e no contrato preliminar como casado, deverá ser averbado previamente o seu casamento.

[48] Apesar de o contrato de compra e venda, em que a sentença tenha preenchido o requisito volitivo necessário para o contrato principal, integrar um título de origem judicial, ele não estará imune à qualificação registrária para seu ingresso. Eventuais discrepâncias que impeçam o seu registro poderão ser elencadas pelo registrador para que o interessado promova suas adequações. Por tal razão é que se deve ter atenção no momento da formação do contrato preliminar para que todos os requisitos necessários sejam atendidos e, assim, viabilizado o seu registro na matrícula do imóvel.

4.4 A NATUREZA JURÍDICA DA AÇÃO DE ADJUDICAÇÃO COMPULSÓRIA

O direito processual civil brasileiro, em breve síntese para o que analisaremos aqui, classifica as ações em ação de conhecimento, ação de execução e de pertinências cautelares. A ação de conhecimento tem como objetivo o provimento de mérito e a de execução se caracteriza especificamente pela prática de atos tendentes à satisfação de direitos[49].

Arruda Alvim[50] registra que processualmente as ações são classificadas pelos efeitos objetivados. Logo, temos

> [...] as ações de conhecimento, ou declaratórias *lato sensu*, que habilitam o juiz a conhecer e declarar, em sentido lato, o direito, afora outras consequências específicas do tipo de ação proposta pelo autor; as executivas, que se baseiam em títulos extrajudiciais, e as cautelares, que têm por escopo proteger ('acautelar') uma pretensão, com aparência de direito (*fumus boni iuris*) e em relação à qual ocorra o perigo da demora da solução processual (*periculum in mora*), [...].

Para Humberto Theodoro Júnior[51], se

> [...] a ação consiste na aspiração a determinado provimento jurisdicional a classificação de real relevância para a sistemática científica do direito processual civil deve ser a que leva em conta a espécie e natureza de tutela que se pretende do órgão jurisdicional.

Em outras palavras, a classificação das ações deve ser feita tendo em consideração o objetivo a ser tutelado pelo Poder Judiciário.

Pela ação de conhecimento, como se disse, busca-se a manifestação do Estado-juiz por meio de uma sentença que declare aquele que tem razão em determinada disputa, mediante regra jurídica específica em que se consubstancia a contenda. "Nessa modalidade de tutela jurisdicional, o objeto do processo é uma pretensão a um provimento declaratório denominado sentença de mérito."[52]

A ação de conhecimento pode ser subdividida em ações declaratórias, condenatórias e constitutivas.

Na ação declaratória, a finalidade é conquistar uma certeza, por meio da sentença, sobre a existência ou inexistência de uma relação jurídica entre as partes litigantes.

Pela ação condenatória, pretende-se alcançar a declaração do direito subjetivo material do autor e a formulação de um correspondente comando que obrigue o cumprimento de uma prestação pelo réu. A ação condenatória tende à formação de um título executivo[53].

A ação constitutiva, além de buscar a declaração do direito da parte, cria, modifica ou extingue uma situação de estado ou uma relação jurídica material. Para Flávio Luiz Yarshell,

---

[49] CINTRA, Antonio Carlos de Araújo; GRINOVER, Ada Pelegrini; DINAMARCO, Candido Rangel. *Teoria geral do processo*. 30. ed. São Paulo: Malheiros, 2014. p. 286.
[50] ARRUDA ALVIM NETTO, José Manoel de. *Manual de direito processual civil*. Parte geral. 11. ed. rev., ampl. e atual. com a reforma processual 2006/2007. São Paulo: RT, 2007. v. 1, p. 99.
[51] THEODORO JÚNIOR, Humberto. *Curso de direito processual civil*. 63. ed. Rio de Janeiro: Forense, 2022. v. 1, p. 156.
[52] YARSHELL, Flávio Luiz. *Tutela jurisdicional específica nas obrigações de declaração de vontade*. São Paulo: Malheiros, 1993. p. 23.
[53] THEODORO JÚNIOR, Humberto. *Curso de direito processual civil*. 63.ed. Rio de Janeiro: Forense, 2022. v. 1, p. 156.

os elementos identificáveis na sentença constitutiva são: (i) um declaratório que consiste no reconhecimento do direito à modificação jurídica demandada e (ii) "um propriamente constitutivo, que é a modificação em si mesma"[54].

Segundo José Chiovenda[55], o direito à modificação de determinada natureza jurídico-material tem caráter potestativo, pois não caberá ao demandado qualquer manifestação contrária para impedi-la. Para o autor, existe direito potestativo quando o novo estado jurídico é produzido em virtude de uma simples declaração de vontade do titular e quando a modificação se produz unicamente pela declaração do juiz.

Para Von Thur[56], os direitos potestativos são assim definidos:

> [...] quando se trata de modificar os limites entre duas esferas jurídicas, é necessário o acordo dos sujeitos interessados. A possibilidade que têm A e B de modificar suas relações jurídicas recíprocas, não pode, evidentemente, conceber-se como um direito, pois não pressupõe mais que a capacidade geral de produzir efeitos jurídicos. Sem embargo, distinta é a situação quando A ou B têm a faculdade de realizar a modificação em virtude de sua só vontade. Tais faculdades são inumeráveis e ilimitadamente diversas, porém sempre se fundamentam em certos pressupostos exatamente determinados. Neste caso cabe falar de direitos; são os potestativos.

Agnelo Amorim Filho[57], ao destacar o pensamento de José Chiovenda, salienta que o exercício de um direito potestativo cria um estado de sujeição para determinadas pessoas. Por sujeição, registra Agnelo,

> [...] deve-se entender a situação daquele que, independentemente da sua vontade, ou mesmo contra sua vontade, sofre uma alteração na sua situação jurídica, por força do exercício de um daqueles poderes atribuídos a outra pessoa e que recebem a denominação de direitos potestativos[58].

Há ainda, em nosso sistema processual, a divisão entre ações pessoais e ações reais. A ação será pessoal quando, em determinado vínculo obrigacional, o objeto da prestação for de dar, de fazer ou de não fazer. Será considerada real, no entanto, a ação que estiver assentada em uma relação de dominação, oponível a todos, entre uma pessoa e determinada coisa[59].

---

[54] YARSHELL, Flávio Luiz. *Tutela jurisdicional específica nas obrigações de declaração de vontade*. São Paulo: Malheiros, 1993. p. 25.

[55] CHIOVENDA, José. *Princípios de derecho procesual civil*. Madrid: Reus, 1922. p. 211.

[56] VON TUHR. *Derecho civil*. Trad. Tito Ravà. Buenos Aires: Depalma, v. L°, t. 1°, p. 203.

[57] AMORIM FILHO, Agnelo. Critério científico para distinguir a prescrição da decadência e para identificar as ações imprescritíveis. *Revista de Direito Processual Civil*, v. 3, p. 95-132, jan./jun. 1961. Disponível em: https://www.repositorio.ufc.br/handle/riufc/28114. Acesso em: 3 dez. 2024. Disponível também em: https://edisciplinas.usp.br/pluginfile.php/17562/mod_resource/content/1/CRITERIO%20CIENTIFICO%20PRESCRICaO%20e%20DECADENCIA-2.pdf. Acesso em: 8 fev. 2024.

[58] Os direitos potestativos podem ser exercidos pelo menos de três formas. A primeira por meio da simples declaração de vontade de seu titular independentemente da via jurisdicional (exemplo: a revogação do mandato). A segunda também mediante simples declaração de vontade do respectivo titular, sem intervenção do Poder Judiciário, mas desde que haja concordância com a forma de exercício por quem sofre a sujeição. Caso não haja concordância deste o titular do direito potestativo deverá recorrer à via jurisdicional (exemplo: o direito que o condômino tem de dividir a coisa comum). Pela terceira forma, os direitos potestativos somente podem ser exercidos obrigatoriamente por meio de ação judicial.

[59] MARMITT, Arnaldo. *Adjudicação compulsória*. Rio de Janeiro: Aide, 1995. p. 39.

Toda obrigação é constituída por uma prestação que se traduz em certa conduta do devedor destinada à satisfação do credor. Apesar de a prestação ser, em regra, um elemento constante em toda relação jurídica obrigacional e se caracterizar por um agir do devedor para a satisfação de um crédito, em certos tipos o interesse do credor é especificamente a própria atividade a ser realizada pelo devedor, e não determinado bem em si. São as denominadas obrigações de fazer[60].

Por isso, como referido algumas vezes em passagens anteriores, a relação existente entre vendedor e comprador no compromisso de compra e venda de imóvel, no que tocante à prestação de outorgar o contrato definitivo, é considerada, no âmbito dos direitos patrimoniais, de natureza obrigacional ou pessoal[61] (de fazer).

Os contratantes no compromisso de compra e venda de imóvel comprometem-se a outorgar o contrato definitivo, em momento posterior, mediante o pagamento integral do preço de aquisição.

Vimos que esse contrato preliminar é utilizado porque em muitas vezes as partes ainda não se encontram prontas para celebrar o negócio jurídico de compra e venda definitivo, razão pela qual elas podem estabelecer, na vigência do contrato preliminar, outras obrigações de natureza preparatória que deverão ser cumpridas antes de se aperfeiçoar o negócio jurídico de alienação definitiva.

No ato da celebração do compromisso de compra e venda, o comprador declara a vontade de adquirir o imóvel e assume, consequentemente, a obrigação de pagar o preço de aquisição nos termos e condições estabelecidos no contrato.

O vendedor, concomitantemente, manifesta a vontade de alienar o imóvel e assume a obrigação de outorgar o contrato definitivo de compra e venda. Com o recebimento integral do preço de aquisição, surge para ele o dever de outorgar o contrato definitivo. Essa obrigação do vendedor de (re)emitir declaração de vontade para a celebração do contrato definitivo é de fazer e deve ser por ele satisfeita sob pena de não ser possível, em condições normais, a transferência do direito real de propriedade plena para o comprador.

Nosso sistema jurídico deu ao compromissário comprador dois direitos básicos: um real e outro obrigacional. Surge o direito real, oponível *erga omnes*, com o registro do compromisso de compra e venda irretratável na matrícula do imóvel. O obrigacional consiste no direito de receber do vendedor o contrato definitivo.

O objeto do compromisso de compra e venda é um *contrahere* que se consubstancia em uma obrigação de fazer consistente no dever de o vendedor outorgar ao comprador o contrato definitivo de compra e venda em cumprimento ao correspondente compromisso.

Nesse sentido, no caso de inadimplemento da obrigação de fazer do vendedor, apesar de ter recebido a totalidade do preço de aquisição do imóvel, a adjudicação compulsória apresenta-se como uma medida destinada a suprir a falta de manifestação de sua vontade e possibilitar a formação de um título definitivo de compra e venda. Por essa razão é que a adjudicação compulsória é uma ação de natureza pessoal.

O descumprimento das obrigações de fazer causa para o ordenamento consequências mais complexas do que acarreta o descumprimento das obrigações de dar. Para estas, obtendo-se o

---

[60] ARRUDA ALVIM. *Novo contencioso cível no CPC/2015*. São Paulo: RT, 2016. p. 397.
[61] Flávio Luiz Yarshell destaca que, "nada obstante a terminologia muitas vezes utilizada pela lei, doutrina e jurisprudência já assinaladas evoluíram no sentido do reconhecimento do caráter pessoal das demandas tendentes à obtenção de sentença substitutiva de declaração de vontade, ainda que do pré-contrato resulte direito de natureza real" (YARSHELL, Flávio Luiz. *Tutela jurisdicional específica nas obrigações de declaração de vontade*. São Paulo: Malheiros, 1993. p. 124).

título executivo, pode-se buscar coativamente a apreensão, pela via jurisdicional, da coisa que era devida e que não foi entregue ou até mesmo o seu equivalente para a satisfação do credor.

No entanto, se a prestação inadimplida consiste em uma obrigação de fazer, o objetivo final é mais difícil de atingir do que retirar forçadamente alguma coisa que está em poder do devedor e que consiste ou corresponde à prestação não cumprida. É muito mais complexo constranger o devedor a realizar determinado ato que deixou de praticar do que obrigá-lo, por determinação judicial, a dar uma coisa que ele já a possui e que é o objeto da prestação.

José Carlos Barbosa Moreira[62] explica que, no caso de inadimplemento de obrigação de fazer,

> [...] esbarra-se aqui em obstáculo intransponível: se não se consegue dobrar a resistência do devedor, e sem a colaboração deste não há como proporcionar ao credor a prestação a que faz jus, teríamos de reconhecer a impotência da ordem jurídica para desatar o nó. Quando muito, buscaríamos compensar do prejuízo o credor por meios pecuniários, isto é, mediante a entrega de soma em dinheiro obtida à custa do patrimônio do devedor e correspondente ao valor da lesão – expediente que, bem se compreende, com alguma frequência se revelará melancolicamente insatisfatório.

As obrigações de fazer podem ser divididas em duas classes: (i) a que o credor quer que seja cumprida pelo próprio devedor e apenas por este; e (ii) a que, ao contrário, o credor se considera plenamente satisfeito desde que lhe seja proporcionado o resultado que pretendia, não importando quem realize o cumprimento da respectiva prestação. São também denominadas de prestações infungíveis e fungíveis, respectivamente.

A obrigação de fazer pode ser, portanto[63]:

(i) infungível: a qual tem natureza personalíssima ou *intuito personae*, estipulada no próprio negócio jurídico ou decorrente da própria natureza da prestação e só pode ser cumprida pelo devedor que reúne características específicas para o seu adimplemento; ou

(ii) fungível: aquela que ainda pode ser cumprida por outra pessoa que não o devedor originário e às custas deste, nos termos do art. 249 do Código Civil e de acordo com os requisitos constantes dos arts. 816 e 817 do Código de Processo Civil.

Quando for convencionado que o devedor deverá fazer pessoalmente porque só ele tem as qualidades essenciais para cumprir, a prestação será infungível[64]. Caso tenha sido ajustado, porém, que o devedor deverá cumprir a prestação pessoalmente, mas há a possibilidade de ela ser realizada por terceiro e o credor concorda em aceitá-la, a prestação será fungível.

É considerada juridicamente infungível a obrigação cujo cumprimento não decorra de características especiais do devedor, mas somente ele pode cumpri-la porque o ordenamento

---

[62] MOREIRA ALVES, José Carlos Barbosa. Aspectos da execução em matéria de obrigação de emitir declaração de vontade. *In*: MOREIRA ALVES, José Carlos Barbosa (coord.). *Temas de direito processual* (sexta série). São Paulo: Saraiva, 1997. p. 225.

[63] TARTUCE, Flávio. *Direito civil*. Direito das obrigações e responsabilidade civil. 11. ed. rev., atual. e ampl. Rio de Janeiro: Forense; São Paulo: Método, 2016. v. 2, p. 58.

[64] A infungibilidade jurídica permite a produção do mesmo resultado da conduta omitida, independentemente da conduta (DINAMARCO, Cândido Rangel. *Fundamentos do processo civil moderno*. 6. ed. São Paulo: Malheiros, 2010. p. 986).

assim determina ou porque decorre do negócio jurídico. Se o fato só puder ser realizado por aquele que se obrigou, a prestação será por natureza infungível.

Isso acontece com a obrigação de prestar declaração de vontade em contrato definitivo, pois só o vendedor possui a capacidade e a disponibilidade para dispor do bem objeto do ajuste contratual preliminar.

As dificuldades estarão no inadimplemento das prestações infungíveis, as quais dependem da colaboração do devedor para o seu cumprimento nos exatos termos estabelecidos em contrato.

A prestação consistente em declaração de vontade pelo devedor foi considerada pela doutrina como um autêntico caso de obrigação de fazer de natureza infungível. A vontade individual é tida, nos limites do ordenamento jurídico, como soberana e, como tal, nem mesmo o Estado poderia forçar a sua manifestação se a pessoa obrigada não a desejar manifestar.

Em contrapartida, não há terceiro que possa, com a sua própria manifestação de vontade, substituir a do obrigado.

A vontade individual é, portanto, o que se tem de mais infungível no âmbito do direito. Consequentemente, caso não seja possível o cumprimento da prestação de fazer consistente na manifestação de vontade de forma espontânea, a solução seria a reparação por perdas e danos.

Ao comentar o art. 1.006 do Código de Processo Civil de 1939, um dos primeiros dispositivos que admitiram, por sentença, o suprimento de uma declaração de vontade não emitida pelo devedor, José Frederico Marques[65] esclareceu que, se:

> [...] a declaração de vontade se apresenta como *infungível*, o seu efeito na esfera das relações intersubjetivas que o direito regula pode, no entanto, ser isolado, pelo que tal *infungibilidade* é apenas de ordem *jurídica*, e não a de ordem natural como sucede, *v. gratia*, com as obras e serviços que se exigem *ratione personae*, tais como o quadro de um pintor, o concerto de um músico, a estatueta de um escultor, etc. Quando se trata de declaração de vontade – diz Liebman – 'não é impossível isolar o efeito jurídico que a declaração de vontade deveria produzir e, concorrendo determinadas condições, permitir aos órgãos da Justiça realizarem esse efeito diretamente, não tanto suprindo a vontade do obrigado inadimplente quanto prescindindo dela. O respeito à vontade individual não pode ser tão absoluto a ponto de impedir a produção do efeito jurídico que a declaração de vontade produziria, quando existe obrigação anterior de emitir essa declaração e o obrigado se recusa a cumpri-la'. Neste caso, a sentença 'fará as vezes do ato que deveria ser praticado', visto que produzirá os efeitos da declaração de vontade não prestada.

Entretanto, como não é permitida a coerção física do devedor, a doutrina tem admitido a possibilidade de isolar o efeito jurídico que deveria ser produzido pela sua manifestação de vontade e, observadas determinadas condições, autorizar o Poder Judiciário a produzir apenas esse efeito diretamente e sem a participação do devedor inadimplente[66].

Não fosse possível o isolamento do efeito da declaração de vontade como exposto anteriormente, o comprador ficaria à mercê das vontades do vendedor, sem excluir a possibilidade de

---

[65] MARQUES, José Frederico, *Instituições de direito processual civil*. Rio de Janeiro: Forense, 1962. v. 5, § 214, p. 318-319 *apud* COSTA, Dilvanir José da. O sistema da promessa de compra e venda de imóveis. *Revista de Informação Legislativa*, Brasília, ano 35, n. 140, p. 180, out./dez. 1998.

[66] LIEBMAN, Enrico Tullio. *Processo de execução*. 3. ed. São Paulo: Saraiva, 1980. p. 283.

este exigir vantagens extras não previstas no contrato preliminar para cumprir uma obrigação de fazer pela qual já se obrigara antes, a outorga do contrato definitivo de compra e venda.

Por esses fundamentos é que se admite que a sentença, transitada em julgado, substitua os efeitos da declaração de vontade omitida pelo vendedor inadimplente.

Assim, em caso de inadimplemento do vendedor com a obrigação de fazer infungível (reafirmação da vontade de vender no contrato definitivo), entendemos ser possível a aplicação do art. 501[67-68] do Código de Processo Civil, o qual estabelece, como já visto, que a sentença que julgar procedente o pedido feito em ação que tenha por objeto a emissão de declaração de vontade, desde que transitada em julgado, produzirá todos os efeitos da declaração não emitida.

Ao fazermos referência à ação de adjudicação compulsória, temos como fundamento jurídico processual o referido art. 501 do Código de Processo Civil. Isolam-se os efeitos que a declaração de vontade deveria produzir e, por meio do sistema jurídico, atribui-se ao Estado-juiz a possibilidade de produzir esses efeitos diretamente sem a interferência do vendedor omisso. Não se trata de o vendedor ser pessoalmente substituído pelo Estado-juiz, mas de este ser capaz de isolar apenas os efeitos que a manifestação de vontade produziria.

Não é em nome do devedor que o Estado-juiz se manifesta nem para substituir a sua vontade, uma vez que esta já foi manifestada no compromisso de compra e venda; a decisão judicial, transitada em julgado, produz todos os efeitos da declaração não emitida, mas não é feita em nome do devedor.

No âmbito processual, segrega-se da manifestação da vontade do vendedor o efeito jurídico que a declaração deveria produzir se cumprida naturalmente por ele.

Acertadamente, Flávio Luiz Yarshell[69] salienta que, para se atender precisamente aos critérios técnicos processuais, é mais adequado "falar em sentença substitutiva dos efeitos de declaração de vontade (e não simplesmente substitutiva da declaração) [...]".

A substituição dos efeitos da declaração de vontade omitida pelo Estado-juiz é feita como forma de atender às expectativas contratualmente legítimas de o comprador receber seu título

---

[67] A ação visando compelir o devedor a manifestar vontade permaneceu no Código de Processo Civil por muito tempo no livro das execuções, "o que não fazia sentido, se se considerar que obrigações de prestar declaração de vontade não constituem títulos judiciais ou extrajudiciais, de forma a justificar o uso da ação executiva propriamente dita. Ainda sob a vigência do CPC/1973, o legislador transferiu o artigo 641 para a parte que trata dos requisitos e efeitos da sentença, sendo o dispositivo renumerado para 466-A" (NERY JR., Nelson; NERY, Rosa Maria de Andrade. *Código de Processo Civil comentado*. 20. ed. rev., atual. e ampl. São Paulo: RT, 2021. p. 1171). O Código de Processo Civil de 2015 seguiu a mesma orientação com o art. 501.

[68] Caio Mário da Silva Pereira destaca que a "lei é de entender-se de molde que a conversão da prestação nas perdas e danos se dê somente quando importe em violência física à liberdade do devedor compeli-lo ao cumprimento específico. Afora isto, conveniente será buscar sempre a execução direta. E, este passo, deve registrar-se a inovação importante em nosso direito, através de uma técnica que faz lembrar, a distância, a elaboração jurídica romana, da precedência da ação sobre o direito: o art. 501 do Código de Processo Civil de 2015, a pretexto de regular o julgamento das ações relativas às prestações de fazer, assentou norma jurídico-material, mais que formal, quando atinente com o próprio conteúdo da prestação. Com efeito, a norma processual declara que, condenado o devedor a emitir declaração de vontade, será esta havida por enunciada logo que a sentença de condenação passe em julgado. É a própria *obligatio faciendi* que se acha em jogo" (PEREIRA, Caio Mário da Silva. *Instituições de direito civil:* teoria geral das obrigações. Atualizador e colaborador Guilherme Calmon Nogueira da Gama. 34. ed. Rio de Janeiro: Forense, 2023. p. 63).

[69] YARSHELL, Flávio Luiz. *Tutela jurisdicional específica nas obrigações de declaração de vontade*. São Paulo: Malheiros, 1993. p. 35.

definitivo para poder instrumentalizar a transferência do direito real de propriedade plena para si, atendendo-se a todos os requisitos legais e normativos exigíveis (*título* + *registro*).

Cândido Rangel Dinamarco[70] salienta que

> [...] não é que o juiz *contrate* no lugar do obrigado e como representante deste – velha concepção ultraprivatista que a doutrina moderna baniu do processo. Mas o juiz, como encarregado da atuação da vontade concreta da lei, tem o pleno poder de realizar o efeito jurídico que as partes se obrigaram produzir, independentemente do contrato.

Para Araken de Assis[71], a

> [...] execução do comando sentencial realiza-se na própria relação processual de conhecimento, prescindindo de pretensão a executar. Assim, o assunto versado no art. 501 'nada tem que ver com o processo de execução' – e, acrescente-se, com o cumprimento da sentença que enseja obrigação de fazer ou de não fazer (art. 536) –, que, por supérfluo, nem sequer chega a formar-se. O cumprimento dessa decisão judicial realizar-se-á na forma adequada à sua natureza: o vencedor registrará a sentença no álbum imobiliário.

O título obtido por meio de sentença prolatada com fundamento do art. 501 do Código de Processo Civil, transitada em julgado, produz os mesmos efeitos que a vontade do devedor caso esta fosse manifestada, de modo a possibilitar a formação do título hábil para viabilizar a aquisição do domínio do imóvel se inscrita no serviço predial.

Não há, portanto, necessidade de lavrar, subsequentemente a ela (sentença), o contrato público para atender ao quanto disposto no art. 108 do Código Civil. A sentença já realiza plenamente o direito do autor e, consequentemente, por sua natureza jurídica, atende ao requisito da forma previsto nesse dispositivo legal.

A sentença proferida na adjudicação compulsória é constitutiva[72] porque, além de declarar a existência da relação jurídica estabelecida no compromisso de compra e venda, modifica a relação contratual preliminar para constituir a definitiva (compra e venda), produzindo os mesmos efeitos da declaração de vontade omitida[73].

É o que também salienta Ricardo Arcoverde Credie[74] ao dizer que as ações constitutivas se voltam para "uma sentença constitutiva, consistente, na primeira fase em acertar a preexistência do contrato de compromisso de compra e venda apto a gerar o efeito da segunda fase, que é justamente o de realizar a declaração de vontade omitida pelo devedor".

A sentença constitutiva que produz os mesmos efeitos da declaração de vontade "exaure por si própria a tutela jurisdicional concedida ao autor, independentemente de qualquer conduta ou providência ulterior"[75-76].

---

[70] DINAMARCO, Cândido Rangel. *Fundamentos do processo civil moderno*. 6. ed. São Paulo: Malheiros, 2010. p. 989.
[71] ASSIS, Araken de. *Manual da execução*. 21. ed. rev., atual. e ampl. São Paulo: RT, 2020. p. 885.
[72] DINAMARCO, Cândido Rangel. *Instituições de direito processual civil*. 3. ed. rev. e atual. São Paulo: Malheiros, 2009. p. 560.
[73] CREDIE, Ricardo Arcoverde. *Adjudicação compulsória*. 4. ed. rev. e ampl. São Paulo: RT, 1988. p. 23.
[74] CREDIE, Ricardo Arcoverde. *Adjudicação compulsória*. 4. ed. rev. e ampl. São Paulo: RT, 1988. p. 23.
[75] DINAMARCO, Cândido Rangel. *Fundamentos do processo civil moderno*. 6. ed. São Paulo: Malheiros, 2010. p. 990.
[76] Arnaldo Marmitt registra que a "sentença prolatada na ação de adjudicação compulsória, a rigor, desdobra-se em dois momentos distintos. O primeiro é meramente declaratório, e nele se opera

No entanto, apesar de o ato judicial nascer eficaz, só produzirá efeitos quando transitado em julgado, momento em que poderá alcançar o registro imobiliário e transmitir o direito real de propriedade em favor do comprador.

Proferida a sentença de procedência e tendo as partes dela tomado ciência, poderá haver outros desdobramentos. É possível que o vendedor, antes do trânsito em julgado da sentença, disponha-se a revelar a vontade não manifestada ou mantenha-se inerte.

Na primeira situação, o credor (comprador) e o devedor (vendedor) deverão celebrar o contrato definitivo em cumprimento ao compromisso de compra e venda, independentemente da sentença prolatada. Caso o vendedor mantenha-se inerte, a sentença produzirá os mesmos efeitos da declaração omitida[77].

A adjudicação compulsória não tem natureza condenatória, pois não atribuiu ao réu qualquer obrigação capaz de ser exigida por ação de execução ou cumprimento de sentença. Ao contrário, a sentença proferida na adjudicação compulsória contém em si

> [...] toda a força executiva necessária para oportunizar ao compromitente comprador a aquisição da propriedade mediante seu simples registro no cartório de imóveis competente, não havendo interesse processual, por falta de necessidade e adequação, de qualquer pleito executório voltado a essa finalidade, o que torna a ação incompatível com o objeto das de cunho condenatório, qual seja, a imposição de uma sanção ao réu[78].

Ação condenatória, salienta Ricardo Arcoverde Credie[79], é aquela que tende à obtenção de uma sentença que declare existente determinada relação jurídica e, subsequentemente, impõe uma sanção civil ao devedor. Constitui ela mesma (sentença) um título executivo que será objeto de ação própria de execução (Código de Processo Civil, art. 515, I).

Toda a força executiva necessária para possibilitar a aquisição da propriedade plena do imóvel pelo comprador está constituída na própria sentença proferida nos termos do art. 501 do Código de Processo Civil, não sendo preciso qualquer procedimento executivo adicional.

A sentença constitutiva proferida na ação de adjudicação, que decorre da recusa de manifestação de vontade pelo vendedor, como referido anteriormente, produz os efeitos da declaração de vontade não emitida a possibilitar a formação do contrato que será considerado o definitivo. O Estado-juiz, com a prolação da sentença (transitada em julgado), faz produzir os efeitos necessários para a revalidação da declaração de vontade do vendedor com o mesmo valor da vontade omitida[80], formando-se, com o compromisso de compra e venda, o título

---

o acertamento da configuração do direito de modificar uma situação jurídica preexistente. Já o segundo momento é constitutivo, pois nele se realiza a modificação. A sentença constitutiva só por si é suficiente. Nela própria se exaure, pois dispensa qualquer ato executório posterior. É a sua própria execução. Através dela o Estado externa provimento com o mesmo efeito da escritura, ou do ato negado pelo promitente vendedor. O ato sentencial passa a produzir igual efeito que geraria a declaração de vontade injustamente negada, modificando situação jurídica antecedente. E referida modificação opera-se no mundo jurídico, e não na área de volição das partes envolvidas" (MARMITT, Arnaldo. *Adjudicação compulsória*. Rio de Janeiro: Aide, 1995. p. 213).

[77] MOREIRA ALVES, José Carlos Barbosa. Aspectos da execução em matéria de obrigação de emitir declaração de vontade. *In*: MOREIRA ALVES, José Carlos Barbosa (coord.). *Temas de direito processual* (sexta série). São Paulo: Saraiva, 1997. p. 231.

[78] ANTONIO JUNIOR, Valter Farid. *Compromisso de compra e venda*. São Paulo: Atlas, 2009. p. 101.

[79] CREDIE, Ricardo Arcoverde. *Adjudicação compulsória*. 4. ed. rev. e ampl. São Paulo: RT, 1988. p. 26.

[80] MARMITT, Arnaldo. *Adjudicação compulsória*. Rio de Janeiro: Aide, 1995. p. 219.

que fundamentará a transmissão do direito real de propriedade. Não tem capacidade, por si só, de transmitir o domínio do vendedor para o comprador e dependerá, para tanto, de sua inscrição no registro de imóveis competente.

Referimos, anteriormente, que a sentença constitutiva prolatada na adjudicação compulsória é um dos documentos imprescindíveis que integrará o título definitivo capaz de produzir a transferência da propriedade plena para o comprador. O compromisso de compra e venda, da mesma forma, deverá compor o conjunto desses documentos, pois é nele que se encontram as vontades de alienar e de adquirir manifestadas previamente pelo vendedor e pelo comprador.

A inscrição registrária da sentença com o compromisso de compra e venda deverão atender aos mesmos requisitos legais exigidos para a inscrição do contrato definitivo voluntariamente outorgado. Por exemplo, o imóvel deverá estar em nome do vendedor para atender ao princípio registrário da continuidade previsto nos arts. 195 e 237 da Lei Federal n.º 6.015/1973.

Importa salientar que não é por ser um título de origem judicial que a sentença constitutiva da adjudicação compulsória estará imune à qualificação registrária imobiliária[81]. O oficial registrador fará o exame do título quanto aos seus aspectos extrínsecos (e não aos intrínsecos). Sua análise qualificadora não poderá avançar, por exemplo, nos elementos jurídicos e processuais que fizeram o juiz adotar o seu convencimento para proferir a respectiva sentença.

Vale aqui o destaque feito por Leonardo Brandelli[82] no sentido de haver entendimento de não se admitir adjudicação compulsória para a promessa, porque ainda estaria pendente a celebração do contrato preliminar (posterior e decorrente da promessa) que as partes prometeram reciprocamente. Segue o autor para dizer que no contrato-promessa, desde que não contenha cláusula de arrependimento, a parte adimplente poderá requerer judicialmente a celebração do contrato que prometeram celebrar, que ainda não será o definitivo.

É de admitir também a solução do art. 501 do Código de Processo Civil para a promessa que não contenha cláusula de arrependimento, pois viabilizará que a parte adimplente exija o cumprimento da obrigação de manifestação de vontade da parte inadimplente, ou seja, a celebração do contrato que os contratantes ajustaram celebrar pela promessa.

---

[81] "[...] Título judicial que se sujeita à qualificação registral – Modo derivado de aquisição da propriedade – Desqualificação por inobservância ao princípio da continuidade – Apelação não provida" (TJSP, Apelação Cível 1017551-34.2021.8.26.0068, j. 31.08.2023). "Há que se observar, ainda, que títulos judiciais não estão isentos de qualificação para ingresso no fólio real. O Egrégio Conselho Superior da Magistratura já decidiu que a qualificação negativa não caracteriza desobediência ou descumprimento de decisão judicial (Apelação Cível n. 413-6/7). Nesse sentido, também a Apelação Cível 464-6/9, de São José do Rio Preto: 'Apesar de se tratar de título judicial, está ele sujeito à qualificação registrária. O fato de tratar-se o título de mandado judicial não o torna imune à qualificação registrária, sob o estrito ângulo da regularidade formal. O exame da legalidade não promove incursão sobre o mérito da decisão judicial, mas à apreciação das formalidades extrínsecas da ordem e à conexão de seus dados com o registro e a sua formalização instrumental. [...] O cumprimento do dever imposto pela Lei de Registros Públicos, cogitando-se de deficiência de carta de adjudicação e levantando--se dúvida perante o juízo de direito da vara competente, longe fica de configurar ato passível de enquadramento no artigo 330 do Código Penal – crime de desobediência – pouco importando o acolhimento, sob o ângulo judicial, do que suscitado' (STF, HC 85911/MG – MINAS GERAIS, Relator: Min. Marco Aurélio, j. 25/10/2005, Primeira Turma). Sendo assim, não há dúvidas de que a origem judicial não basta para garantir ingresso automático dos títulos no fólio real, cabendo ao Oficial qualificá-los conforme os princípios e as regras que regem a atividade registral" (TJSP, 1ª Vara de Registros Públicos de São Paulo, Processo 1149608-46.2023.8.26.0100, sentença de 11.12.2023).

[82] CASSETTARI, Christiano; BRANDELLI, Leonardo. *Comentários à lei do sistema eletrônico dos registros públicos:* Lei 14.382, de 27 de junho de 2022. Rio de Janeiro: Forense, 2023. p. 169.

Não necessariamente o contrato pretendido pelos promitentes será um contrato definitivo de compra e venda. É necessário investigar qual foi a real vontade das partes (por exemplo, celebraram uma promessa para em momento oportuno e mais bem preparadas celebrarem um compromisso de compra e venda), pois a sentença somente fará o papel de isolar o efeito jurídico que a declaração de vontade não emitida deveria produzir, mas não transformará um negócio jurídico em outro. No exemplo da promessa de venda, a sentença produzirá os efeitos da declaração não emitida para a formação de um compromisso de compra e venda, e não poderá transformá-la em alienação definitiva porque na promessa falta o pacto de transmissão.

A legislação em vigor, portanto, em especial o Decreto-lei n.º 58/1937, depois de reconhecer o direito do comprador de exigir o contrato definitivo após a quitação integral do preço de aquisição, garante a ação que assegura a consecução desse direito.

Ricardo Arcoverde Credie[83] define a adjudicação compulsória como a

> [...] ação pessoal que pertine ao compromissário comprador, ou ao cessionário de seus direitos à aquisição, ajuizada com relação ao titular do domínio do imóvel – (que tenha prometido vendê-lo através de contrato de compromisso de venda e compra e se omitiu quanto à escritura definitiva) – tendente ao suprimento judicial desta outorga, mediante sentença constitutiva com a mesma eficácia do ato não praticado.

4.5 NECESSIDADE OU NÃO DO REGISTRO DO COMPROMISSO DE COMPRA E VENDA PARA A ADJUDICAÇÃO COMPULSÓRIA

A celeuma tem origens históricas em nossa doutrina e jurisprudência. Ela foi reavivada pelo conteúdo do art. 1.418 do Código Civil que prevê a possibilidade de o comprador, **titular de direito real**, exigir a outorga do contrato definitivo do vendedor ou de terceiros e, se houver recusa, requerer judicialmente a adjudicação do imóvel.

Para ser titular de direito real à aquisição do imóvel, é necessário, como vimos no Capítulo 3, que o comprador registre seu compromisso de compra e venda na correspondente matrícula do imóvel.

Entretanto, ao lado de tudo o que desenvolvemos até aqui, devemos destacar a análise do compromisso de compra e venda sob a perspectiva de duas relações jurídicas distintas: uma do vendedor para com o comprador e outra do comprador para com terceiros.

A relação jurídica do vendedor para com o comprador, já exploramos antes, é de natureza obrigacional, cuja prestação é um fazer (*contrahere*) (outorgar o contrato definitivo).

Por sua vez, para que a relação jurídica do comprador surta efeitos em relação a terceiros indistintamente, é necessário o registro do compromisso de compra e venda, o qual, quando feito, tem natureza jurídica de direito real. Eis as duas naturezas jurídicas que podem se originar do compromisso de compra e venda.

Dissemos na abordagem sobre a concepção do contrato preliminar de compromisso de compra e venda de imóvel que o seu objeto é o *contrahere*, ou seja, é o ato de celebrar, em momento posterior, um contrato considerado definitivo.

Assim, na relação jurídica preliminar consubstanciada em um compromisso de compra e venda de imóvel, o vendedor, desde que tenha recebido a integralidade do preço de aquisição, estará obrigado a celebrar o contrato definitivo de compra e venda em favor do comprador. Essa obrigação de fazer surge desde o momento da celebração do compromisso e, em geral,

---

[83] CREDIE, Ricardo Arcoverde. *Adjudicação compulsória*. 4. ed. rev. e ampl. São Paulo: RT, 1988. p. 32.

é paulatinamente cumprida pelo comprador até que promova a quitação integral do preço de aquisição do imóvel.

O comprometimento do vendedor em outorgar o contrato definitivo é de natureza obrigacional e tem como objeto uma prestação de fazer. Essa relação obrigacional nasce e sobrevive mesmo que o compromisso não esteja registrado na matrícula do imóvel. Não se trata, pois, pelo que vimos anteriormente, de direito real, uma vez que este só surge com o registro do compromisso irretratável na matrícula imobiliária. É possível que o compromisso nunca seja registrado e não gere direito real, nem por isso deixou de produzir efeitos obrigacionais entre os contratantes.

O Decreto-lei n.º 58/1937, a Lei Federal n.º 6.766/1979 e o Código Civil de 2002 conferem ao comprador, no âmbito do compromisso de compra e venda de imóvel, dois direitos distintos e que não se confundem. São eles:

a) com a inscrição do contrato na matrícula do imóvel: a constituição de direito real à aquisição, o qual é oponível a terceiros e protege o adquirente quanto à alienação, a onerações ou a constrições (judiciais e/ou administrativas) feitas posteriormente pelo vendedor; e

b) com o pagamento integral do preço: o *dever* de natureza pessoal que precisará ser totalmente cumprido pelo comprador para viabilizar a transmissão da propriedade plena pelo vendedor de forma voluntária ou coativa por ato jurisdicional ou extrajudicial.

A inscrição do contrato na matrícula do imóvel atribui ao comprador direito real à aquisição oponível a terceiros que o protegerá de eventual alienação, oneração ou constrição posteriores. Tal inscrição registrária coloca o comprador em situação de privilégio em relação às subsequentes mutações reais e/ou constrições judiciais e/ou administrativas que possam surgir pela atuação negocial ou pela responsabilidade patrimonial do vendedor (por exemplo, alienação do imóvel para outro que não o compromissário, constituição de hipoteca, propriedade fiduciária, penhora, indisponibilidade etc.)[84].

---

[84] "Civil e processual civil. Recurso especial. Ação de adjudicação compulsória. Negativa de prestação jurisdicional. Ausência. Promessa de compra e venda não registrada. Segunda alienação do mesmo bem. Venda a *non domino*. Inocorrência. Adjudicação compulsória. Impossibilidade superveniente. Bem objeto de alienação fiduciária registrada. Propriedade pertencente ao credor fiduciário. Conversão em perdas e danos. Possibilidade. [...] 2. O propósito recursal consiste em definir se a) houve negativa de prestação jurisdicional; b) está configurada a venda a non domino; c) estão presentes os requisitos para a adjudicação compulsória e d) é possível a conversão da adjudicação compulsória em perdas e danos. 3. É de ser afastada a existência de omissões e de erro material no acórdão recorrido, pois as matérias impugnadas foram enfrentadas de forma objetiva e fundamentada no julgamento do recurso, naquilo que o Tribunal *a quo* entendeu pertinente à solução da controvérsia. 4. A venda a *non domino* é realizada por quem não detém a propriedade da coisa, mas é existente, válida e eficaz entre os contratantes, sendo apenas ineficaz em face do proprietário do bem. A promessa de compra e venda sem cláusula de arrependimento e registrada no Registro de Imóveis gera direito real de aquisição ao promitente comprador (art. 1.417 do CC/02). O registro produz efeitos erga omnes, impedindo a realização de negócios sucessivos sobre o mesmo bem. Ausente o registro, a propriedade plena do imóvel permanecerá com o vendedor, de modo que a venda do mesmo bem a terceiro não se caracterizará como venda a *non domino*. 5. Se o promitente vendedor não cumprir a obrigação de celebrar o contrato definitivo, o promitente comprador tem o direito de pleitear, em juízo, a adjudicação compulsória (art. 1.418 do CC/02). Esse direito não se condiciona ao registro do contrato no Registro de Imóveis, haja vista seu caráter pessoal (Súmula 239/STJ). Nada obstante, a ausência de registro obstará a adjudicação compulsória se o mesmo imóvel for alienado a terceiro

Que o registro do compromisso de compra e venda protege o comprador não temos dúvida, pois afeta a disponibilidade e a continuidade registrárias em relação ao imóvel no seu todo considerado.

Resta-nos avaliar se o registro do compromisso de compra e venda é condição para a adjudicação compulsória de acordo com a legislação em vigor.

O art. 16 do Decreto-lei n.º 58/1937, desde a sua redação originária, não estabelecia o registro do compromisso de compra e venda como requisito para a propositura da ação de adjudicação compulsória.

No entanto, o Decreto-lei n.º 58/1937 sofreu importantes alterações. Com a inserção dos arts. 22 e 23 feita pela Lei Federal n.º 649/1949 e a alteração posterior promovida pela Lei Federal n.º 6.015/1973, o registro do compromisso de compra e venda passou a ser requisito indispensável à propositura da adjudicação compulsória, porque o referido art. 23 do Decreto-lei estabelecia que: "Nenhuma ação ou defesa se admitirá, fundada nos dispositivos desta lei, sem apresentação de documento comprobatório do registo por ela instituído"[85].

Durante muito tempo, discutiu-se sobre ser ou não necessário o registro do contrato de compromisso de compra e venda para viabilizar a adjudicação compulsória. Essa discussão caminhou no sentido de delimitar os direitos envolvidos em cada uma das relações jurídicas que decorrem do compromisso de compra e venda e da adjudicação compulsória, como apresentamos anteriormente.

E essa segregação de direitos caminhou bem no sentido de identificar os limites corretos daqueles que são de natureza real e de natureza pessoal.

Darcy Bessone[86] salienta que, pela redação originária, o art. 16 do Decreto-lei n.º 58/1937 não estabelecia em seus termos o registro do compromisso de compra e venda como requisito da adjudicação compulsória. Bastava que o comprador promovesse a prova do pagamento integral do preço de aquisição.

Outro dispositivo do Decreto-lei n.º 58/1937, o art. 5º, garantiu, com a inscrição do compromisso na matrícula do imóvel, o direito real oponível a terceiros quanto a alienações

---

mediante contrato registrado no Registro de Imóveis. Todavia, ressalva-se ao promitente comprador a possibilidade da conversão da execução específica em indenização (art. 248 do CC e art. 499 do CPC/2015). 6. O registro do contrato de alienação fiduciária faz surgir para o credor fiduciário o direito de propriedade resolúvel sobre o imóvel que lhe foi transmitido e confere ao devedor fiduciante o direito real de aquisição (art. 22 da Lei n.º 9.514/1997 e art. 1.368-B do CC/02). Apenas é reservado ao fiduciante um direito expectativo à aquisição da propriedade. 7. Na espécie, o recorrente celebrou promessa de compra e venda com os recorridos, tendo por objeto um apartamento. Esse contrato não foi registrado na matrícula do imóvel. O mesmo imóvel foi objeto de uma nova promessa de compra e venda. Essa segunda venda não se caracteriza como venda a *non domino* em face do recorrente, já que a propriedade plena se manteve com o alienante. 8. Após a primeira promessa de compra e venda o imóvel foi objeto de alienação fiduciária à Caixa Econômica Federal, a qual foi registrada no Registro de Imóveis. Por sua vez, os segundos adquirentes assumiram a dívida perante a CEF. Desse modo, quando exercida a pretensão adjudicatória por meio da propositura desta ação, a propriedade do imóvel já não pertencia aos promitentes vendedores (recorridos), mas sim à CEF, e o direito expectativo de aquisição da propriedade era titularizado pelos segundos adquirentes. Tais circunstâncias obstam a adjudicação compulsória por impossibilidade superveniente, mas fica assegurado ao promitente comprador (recorrente) a indenização por perdas e danos, a ser quantificada em liquidação de sentença. [...]" (REsp 2.095.461/MG, j. 21.11.2023).

[85] ANTONIO JUNIOR, Valter Farid. *Compromisso de compra e venda*. São Paulo: Atlas, 2009. p. 103.
[86] BESSONE, Darcy. *Da compra e venda*: promessa & reserva de domínio. 3. ed. rev. e ampl. São Paulo: Saraiva, 1988. p. 150.

ou onerações posteriores. Note que no conteúdo do texto normativo mencionado não há qualquer referência à adjudicação compulsória.

Como efeito do registro do compromisso de compra e venda na matrícula do imóvel, a eventual alienação[87] e/ou a oneração e/ou a constrição para terceiros não terão eficácia perante o comprador. Este poderá exigir do vendedor (alienante/onerado/constrito) o cumprimento da obrigação de outorgar o contrato definitivo de compra e venda como se essas circunstâncias (alienação, oneração ou constrição) não tivessem ocorrido.

Valter Farid Antonio Junior[88], ao comentar o art. 22 do Decreto-lei n.º 58/1937, critica a má técnica utilizada na redação do mencionado dispositivo legal. Da leitura do conteúdo normativo é possível notar que o legislador pretendeu dividir a parte relativa ao registro da promessa da parte alusiva à adjudicação compulsória, mas gerou dúvidas nas interpretações feitas à época.

> A inserção da vírgula antes da conjugação aditiva *e*, constante no referido dispositivo, bem demonstra essa separação: 'Os contratos, sem cláusula de arrependimento, de compromisso de compra e venda e cessão de direitos de imóveis loteados, cujo preço tenha sido pago no ato de sua constituição ou deva sê-lo em uma ou mais prestações, desde que inscritos a qualquer tempo, atribuem aos compromissários direito real oponível a terceiros, *e* lhes conferem o direito de adjudicação compulsória nos termos dos artigos 16 desta lei, 640 e 641, do Código de Processo Civil.

Os referidos arts. 640 e 641 do Código de Processo Civil de 1939, expressamente referidos no art. 22 do Decreto-lei n.º 58/1937, na mesma linha, não exigiam o registro prévio do compromisso de compra e venda como condição da adjudicação compulsória. Como salientamos anteriormente, esses comandos legais do Código de Processo Civil foram revogados pelo art. 9º da Lei Federal n.º 11.232/2005 e substituídos pelos arts. 466 e seguintes, que também não exigiam o registro prévio do compromisso na matrícula do imóvel como condição da ação de adjudicação compulsória.

Nota-se pela análise dos arts. 15 e 16 do Decreto-lei n.º 58/1937 que suas estruturas estão voltadas muito mais para declarar expressamente que, se o compromissário quiser quitar o preço de aquisição, terá direito de exigir o contrato definitivo.

Pelo art. 16, tendo havido quitação do preço de aquisição, se o vendedor se recusar a outorgar a escritura definitiva de compra e venda garantida nos termos do art. 15, o compromissário comprador terá o direito de propor a ação de adjudicação compulsória.

Ao garantir a propositura da adjudicação compulsória, o art. 16 ("[...] o compromissário poderá propor, **para o cumprimento da obrigação**, ação de adjudicação compulsória [...]") enquadra-se muito mais na estrutura dos direitos obrigacionais (e se afasta daquela específica dos direitos reais), que sobreviverá autonomamente, ou seja, sem depender de outros requisitos que não o próprio contrato, razão pela qual demonstra a desnecessidade de inscrição registrária do compromisso de compra e venda porque os textos legais não a inserem como requisito específico para a adjudicação compulsória.

A constituição de direito real à aquisição (ou seja, o registro do compromisso de compra e venda), por sua vez, apesar de não ser requisito legal para a adjudicação compulsória, atenderá a outros objetivos de segurança para as partes, especialmente para o comprador, pois garante

---

[87] Por alienação entende-se qualquer negócio jurídico que promova a saída da coisa do patrimônio do proprietário.

[88] ANTONIO JUNIOR, Valter Farid. *Compromisso de compra e venda*. São Paulo: Atlas, 2009. p. 104.

a oponibilidade *erga omnes* de sua relação de compra e venda e a prioridade para receber o respectivo título definitivo.

Também o comprador terá prioridade em relação às onerações constituídas posteriormente ao registro do seu compromisso de compra e venda que tenha o imóvel como objeto. Por oneração, salienta Pontes de Miranda[89], entende-se toda e qualquer constituição de direito real (usufruto, servidão, hipoteca, propriedade fiduciária etc.) e de constrição da propriedade (arresto, penhora, indisponibilidade, por exemplo).

Importa salientar que após o registro do compromisso de compra e venda o imóvel não poderá responder por dívidas do vendedor, ressalvada a hipótese de a venda para o compromissário comprador ter sido considerada, em decisão judicial própria, ineficaz em decorrência de fraude de execução (Código de Processo Civil, art. 792).

Em contrapartida, todos os direitos reais imobiliários de garantia (hipoteca e propriedade fiduciária) sobre coisa alheia (usufruto, servidão etc.) e as constrições judiciais e/ou administrativas (penhora, indisponibilidade etc.) inscritos antes do registro do compromisso de compra e venda deverão ser respeitados pelo compromissário comprador, inclusive após a celebração da escritura definitiva, submetendo-se, consequentemente, às regras de extinção de cada uma das intercorrências registrárias que tenham prioridade em relação ao seu registro ou até mesmo às situações de responsabilidade sem débito (*shuld und haftung*).

Vale destacar que, de acordo com o inciso XII do art. 835 do CPC, é possível a penhora dos direitos aquisitivos derivados do instrumento preliminar de compra e venda e de alienação fiduciária em garantia. Nessas hipóteses, a penhora não recairá sobre a propriedade plena dos imóveis, mas sobre os direitos que derivam da relação obrigacional preliminar da compra e venda[90].

Evidentemente que o vendedor poderá ceder sua posição contratual[91] na relação que mantém com o compromissário comprador. Nessa situação, ocorrerá a liberação integral do cedente quanto aos direitos e às obrigações assumidas no compromisso de compra e venda e a assunção integral destes (direitos e obrigações) pelo cessionário, inclusive a obrigação de fazer cuja prestação é outorgar a escritura definitiva. Em caso de cessão do compromisso de compra e venda registrado, o respectivo instrumento deverá ser averbado na matrícula do imóvel para atender ao princípio da continuidade[92].

Para Valter Farid Antonio Junior[93], a dispensa do registro atendeu aos motivos que levou o legislador a editar o Decreto-lei n.º 58/1937, que, inclusive, buscou proteger os compromis-

---

[89] PONTES DE MIRANDA, Francisco Cavalcanti. *Tratado de direito privado.* Parte especial. 3. ed., Reimp. Rio de Janeiro: Borsoi, 1971. t. XIII, § 1.462. 1., p 112.

[90] STJ, REsp 2.015.453/MG, j. 28.02.2023.

[91] Em nosso sistema contratual, é comum a utilização da expressão *cessão de contrato* ou *transferência de contrato*. A denominação *cessão da posição contratual* ajusta-se com a concepção técnica mais apropriada, pois trata da substituição do titular de uma das posições jurídicas da relação contratual (outorgante ou outorgado, em termos gerais). A substituição da posição contratual de um dos contratantes pressupõe a transmissão para o cessionário de todos os direitos e de todas as obrigações constantes no contrato objeto da cessão, de modo que para o cedente nada sobrará. A relação jurídica obrigacional passa a ser entre o cessionário e o devedor original. Como no direito brasileiro não há regramento sobre a sucessão contratual, entendemos que, de maneira geral, devem ser observadas as regras do art. 286 e seguintes do Código Civil.

[92] Essa averbação é necessária para que o registrador possa compreender que o vendedor original deixou a relação jurídica obrigacional de compromisso de compra e venda e cedeu a sua posição para um terceiro, o qual, por sua vez, é o que detém a disponibilidade para outorgar a escritura definitiva de compra e venda.

[93] ANTONIO JUNIOR, Valter Farid. *Compromisso de compra e venda.* São Paulo: Atlas, 2009. p. 105.

sários compradores do exercício arbitrário do direito ao arrependimento do vendedor, mesmo após o integral pagamento do preço, enquanto não outorgada a escritura pública. Segue o autor para afirmar que, apesar da importância da inscrição registrária para a organização do direito de propriedade e dos demais direitos reais que dela defluem, não seria razoável subordinar o cumprimento de um ato de normal execução do compromisso de compra e venda – a outorga da escritura pública – à prática de outro que tem como objetivo impedir que novas alienações sejam realizadas em desfavor do compromissário comprador.

Apesar de atualmente estar clara a distinção das obrigações assumidas pelas partes no compromisso, durante muito tempo prevaleceu o entendimento de que o registro do compromisso de compra e venda era um requisito imprescindível para a propositura da ação de adjudicação compulsória. Esse entendimento apoiava-se no quanto estabelecia o antes mencionado art. 1.006 do Código de Processo Civil de 1939.

No § 2º do referido art. 1.006 do Código de Processo Civil de 1939, havia a exigência de que o contrato preliminar deveria obedecer a todos os requisitos inerentes ao contrato definitivo. Logo, se para o exercício do direito real de propriedade era necessário o registro do contrato definitivo no registro de imóveis, o mesmo deveria ser exigido para o compromisso de compra e venda para que pudesse utilizar a via da execução específica. O § 2º do art. 1.006 do Código de Processo Civil serviu de fundamentação para a necessidade de registro do compromisso de compra e venda como requisito para a propositura da adjudicação compulsória.

A jurisprudência caminhou pelo mesmo sentido e, em 1.º de junho de 1964, foi aprovada, pelo Supremo Tribunal Federal, a Súmula n.º 413, a qual estabelecia que o "compromisso de compra e venda de imóveis, ainda que não loteados, dá direito à execução compulsória, quando reunidos os requisitos legais". Entre os requisitos legais que deveriam ser atendidos estava a apresentação do documento comprobatório de registro do compromisso de compra e venda exigido pelo art. 23 do Decreto-lei n.º 58/1937, para que fosse possível adotar qualquer ação ou defesa que se fundamentasse nesse decreto.

Assim, para que houvesse a execução específica e compulsória no âmbito do compromisso de compra e venda, o interessado deveria cumprir todos os requisitos legais (do Decreto-lei n.º 58/1937), o que incluía o registro prévio do contrato preliminar como indicado no art. 23.

Ao combinarmos o referido preceito do art. 23 do Decreto-lei n.º 58/1937 com o art. 1.088 do Código Civil de 1916, podemos deduzir que o objetivo do texto legal do decreto foi o de proteger os adquirentes, pois para qualquer ação ou defesa ser admitida com base no decreto haveria a necessidade do prévio registro do contrato preliminar.

Lembremos que pelo art. 1.088 do Código Civil de 1916, quando o instrumento público fosse exigido como prova do contrato, qualquer das partes poderia se arrepender antes de o assinar, ressarcindo à outra pelas perdas e danos resultantes do arrependimento. Entre a assinatura do compromisso de compra e venda e a escritura definitiva a ser outorgada em seu cumprimento, as partes podiam desistir imotivadamente do negócio jurídico preliminar.

Portanto, o aludido conteúdo do art. 23 do Decreto-lei n.º 58/1937 pretendeu coibir abusos dos empreendedores que resiliam compromissos de compra e venda sem qualquer motivação. A prática mostra que resiliam, pagavam as perdas e danos ao comprador e, a depender das circunstâncias, revendiam o mesmo imóvel por valores superiores.

Subsequentemente, surgiu a Lei Federal n.º 6.766/1979 e, no tocante ao tema, no seu art. 46 (que substituiu o art. 23 do Decreto-lei n.º 58/1937 para imóveis loteados) está disciplinado que o "loteador não poderá fundamentar qualquer ação ou defesa na presente lei sem apresentação dos registros e contratos a que ela se refere".

Por exemplo, nos termos do art. 39 da dita Lei Federal n.º 6.766/1979, o loteador irregular não poderá pleitear a resolução do compromisso de compra e venda se o loteamento não estiver registrado, mesmo que o adquirente esteja em situação de inadimplemento com relação ao pagamento do preço de aquisição do imóvel.

Nessa linha evolutiva, o art. 25 da mesma Lei Federal n.º 6.766/1979 pretendeu segregar os efeitos decorrentes da relação jurídica obrigacional da constituição do direito real à aquisição que surge com o registro do compromisso de compra e venda.

A primeira parte do art. 25 estabelece que "são irretratáveis os compromissos de compra e venda, cessões e promessas de cessão, os que atribuam direito a adjudicação compulsória e, estando registrados, confiram direito real oponível a terceiros". Logo, são considerados irrevogáveis mesmo que não tenham sido registrados.

Na segunda parte, estabeleceu que, se tais contratos considerados irretratáveis pela própria lei forem registrados, conferirão direito real oponível *erga omnes*. É possível concluir que nessa estrutura normativa do art. 25 o registro do compromisso de compra e venda não é requisito para a adjudicação compulsória.

Outra importante consideração a fazer é que a constituição do direito real de aquisição que ocorre com o registro do compromisso de compra e venda independe do pagamento integral do preço de aquisição. Pode ser constituído desde a assinatura do compromisso e mesmo que nenhuma parte do preço tenha sido paga. Já a pretensão de exigir a obrigação de fazer do vendedor, consubstanciada na outorga do contrato definitivo de compra e venda, não depende do seu registro, mas sujeita-se ao pagamento integral do preço para surgir em favor do comprador.

Para o comprador promover a execução específica *in natura* (adjudicação compulsória), não necessitará apresentar seu correspondente compromisso de compra e venda registrado, pois as obrigações pessoais e reais não se confundem nem são requisitos umas das outras.

Nossos tribunais há tempos[94-95] admitem a possibilidade de promover a execução específica sem o prévio registro do compromisso de compra e venda. Prova disso é a Súmula n.º 239 do Superior Tribunal de Justiça, fixada em 28 de junho de 2000, que expressamente consigna que o: "direito à adjudicação compulsória não se condiciona ao registro do compromisso de compra e venda no cartório de imóveis".

Entretanto, é necessário destacar que a falta de registro do compromisso de compra e venda de imóvel deixará o comprador desprotegido e à mercê de ações incorretas do vende-

---

[94] Entre os precedentes que originaram a Súmula n.º 239 do Superior Tribunal de Justiça há o REsp 30, julgado em 15.08.1989, de cuja ementa destacamos o seguinte: "[...] A promessa de venda gera efeitos obrigacionais não dependendo, para sua eficácia e validade, de ser formalizada em instrumento público. O direito à adjudicação compulsória é de caráter pessoal, restrito aos contratantes, não se condicionando a *obligatio faciendi* a inscrição no registro de imóveis".

[95] "Sendo possível a partilha de direitos possessórios sobre imóvel não escriturado, forçoso reconhecer que os herdeiros se sub-rogam nos direitos do autor da herança, a fim de buscar a regularidade e a formalização da propriedade do bem inventariado. Desse modo, finalizado o inventário os herdeiros terão legitimidade para requerer a adjudicação. Para obter a tutela pretendida, o adjudicante deve preencher os seguintes requisitos: contrato de promessa de compra e venda válido, ausência de cláusula de arrependimento e comprovação de quitação do preço. Salienta-se que na ação para a adjudicação compulsória não se exige o prévio registro do contrato (Sumula 239 do STJ). Satisfatoriamente comprovados os requisitos legais, impõe-se a procedência da demanda. O descumprimento de cláusula contratual por vários anos, referente a outorga de escritura pública, extrapola os limites dos meros aborrecimentos, caracterizando danos morais indenizáveis" (TJMG, Apelação Cível 1.0000.23.102134-6/001, j. 29.09.2023).

dor. A exemplo, enquanto figurar como titular do direito real de propriedade, poderá alienar o mesmo imóvel para um terceiro que, por sua vez, ao registrar seu título prioritariamente, torna-se proprietário pleno, podendo afastar demais títulos constitutivos de direitos reais que com ele sejam contraditórios, como o compromisso de compra e venda não registrado, ainda que este tenha sido celebrado anteriormente.

Nesse exemplo, para o compromissário comprador (primeiro adquirente), que deixou de registrar seu compromisso, caberá, nos termos do art. 248 do Código Civil, pleitear as perdas e os danos causados pelo vendedor porque a prestação de outorgar contrato definitivo tornou-se impossível[96].

O dever de o vendedor outorgar a escritura definitiva de compra e venda, já frisamos algumas vezes, tem natureza jurídica de direito pessoal (obrigação de fazer), surge com o pagamento integral do preço e independe do registro do compromisso para o seu cumprimento.

Mesmo sendo uma prestação de fazer infungível (manifestação de vontade pelo devedor), como dissemos anteriormente, o comprador tem como obter o seu cumprimento (*contrahere*), caso o vendedor se torne inadimplente e não outorgue o contrato definitivo de compra e venda[97].

---

[96] "Civil e processual civil. Recurso especial. Ação de adjudicação compulsória. Negativa de prestação jurisdicional. Ausência. Promessa de compra e venda não registrada. Segunda alienação do mesmo bem. Venda a *non domino*. Inocorrência. Adjudicação compulsória. Impossibilidade superveniente. Bem objeto de alienação fiduciária registrada. Propriedade pertencente ao credor fiduciário. Conversão em perdas e danos. Possibilidade. [...] 4. A venda a *non domino* é realizada por quem não detém a propriedade da coisa, mas é existente, válida e eficaz entre os contratantes, sendo apenas ineficaz em face do proprietário do bem. A promessa de compra e venda sem cláusula de arrependimento e registrada no Registro de Imóveis gera direito real de aquisição ao promitente comprador (art. 1.417 do CC/02). O registro produz efeitos *erga omnes*, impedindo a realização de negócios sucessivos sobre o mesmo bem. Ausente o registro, a propriedade plena do imóvel permanecerá com o vendedor, de modo que a venda do mesmo bem a terceiro não se caracterizará como venda a *non domino*. 5. Se o promitente vendedor não cumprir a obrigação de celebrar o contrato definitivo, o promitente comprador tem o direito de pleitear, em juízo, a adjudicação compulsória (art. 1.418 do CC/02). Esse direito não se condiciona ao registro do contrato no Registro de Imóveis, haja vista seu caráter pessoal (Súmula 239/STJ). Nada obstante, a ausência de registro obstará a adjudicação compulsória se o mesmo imóvel for alienado a terceiro mediante contrato registrado no Registro de Imóveis. Todavia, ressalva-se o promitente comprador a possibilidade da conversão da execução específica em indenização (art. 248 do CC e art. 499 do CPC/2015). 6. O registro do contrato de alienação fiduciária faz surgir para o credor fiduciário o direito de propriedade resolúvel sobre o imóvel que lhe foi transmitido e confere ao devedor fiduciante o direito real de aquisição (art. 22 da Lei n.º 9.514/1997 e art. 1.368-B do CC/02). Apenas é reservado ao fiduciante um direito expectativo à aquisição da propriedade. 7. Na espécie, o recorrente celebrou promessa de compra e venda com os recorridos, tendo por objeto um apartamento. Esse contrato não foi registrado na matrícula do imóvel. O mesmo imóvel foi objeto de uma nova promessa de compra e venda. Essa segunda venda não se caracteriza como venda a non domino em face do recorrente, já que a propriedade plena se manteve com o alienante. 8. Após a primeira promessa de compra e venda o imóvel foi objeto de alienação fiduciária à Caixa Econômica Federal, a qual foi registrada no Registro de Imóveis. Por sua vez, os segundos adquirentes assumiram a dívida perante a CEF. Desse modo, quando exercida a pretensão adjudicatória por meio da propositura desta ação, a propriedade do imóvel já não pertencia aos promitentes vendedores (recorridos), mas sim à CEF, e o direito expectativo de aquisição da propriedade era titularizado pelos segundos adquirentes. Tais circunstâncias obstam a adjudicação compulsória por impossibilidade superveniente, mas fica assegurado ao promitente comprador (recorrente) a indenização por perdas e danos, a ser quantificada em liquidação de sentença." (STJ, REsp 2.095.461/MG, j. 21.11.2023).

[97] Não se deve confundir com a falta de registro do compromisso que faz com que o comprador fique vulnerável a outros direitos reais contraditórios com o seu, como explicado. Na relação obrigacional,

Nosso direito, desde há muito, prevê a possibilidade de a sentença transitada em julgado gerar o efeito jurídico que a declaração de vontade omitida do vendedor deveria produzir e, confirmando-a definitivamente, consubstanciar-se em título definitivo de compra e venda com o instrumento preliminar.

Já era assim no Código de Processo Civil de 1939, no art. 1.006. O Código de Processo Civil de 1973, no art. 639, reconhecia o caráter obrigacional do contrato preliminar ao estabelecer que: "Se aquele que se comprometeu a concluir um contrato não cumprir a obrigação, a outra parte, sendo isso possível e não excluído pelo título, poderá obter uma sentença que produza o mesmo efeito do contrato a ser firmado".

O transcrito art. 639 foi revogado pela Lei Federal n.º 11.232/2005, que fez surgir o art. 466-B no diploma processual, pelo qual: "Se aquele que se comprometeu a concluir contrato não cumprir a obrigação, a outra parte, sendo isso possível e não excluído pelo título, poderá obter uma sentença que produza o mesmo efeito do contrato a ser firmado".

Ao aludido art. 466-B corresponde o art. 501 no atual Código de Processo Civil: "Na ação que tenha por objeto a emissão de declaração de vontade, a sentença que julgar procedente o pedido, uma vez transitada em julgado, produzirá todos os efeitos da declaração não emitida".

No que se refere ao compromisso de compra e venda, o legislador, ao reformar o art. 16 (imóveis loteados) do Decreto-lei n.º 58/1937, confirmou o caráter obrigacional da prestação do vendedor ao estabelecer que, se este se recusar a outorgar a escritura definitiva, o comprador "poderá propor, **para o cumprimento da obrigação**, ação de adjudicação compulsória [...]".

O art. 22 (imóveis não loteados) do mesmo decreto, com redação dada pela Lei Federal n.º 6.014/1973, trata da oponibilidade a terceiros conferida pelo registro e, separadamente, garante ao comprador o direito de adjudicação compulsória nos mesmos termos do referido art. 16.

Ocorre que os textos dos arts. 1.417 e 1.418 do Código Civil de 2002 representaram um retrocesso em relação a todo o desenvolvimento legislativo, doutrinário e jurisprudencial sobre o tema ao exigirem o registro do compromisso para se pleitear a adjudicação compulsória.

Como dissemos anteriormente, no âmbito dos direitos patrimoniais – que são suscetíveis de valoração –, há diferença entre o direito real e o direito pessoal. Este cria um vínculo jurídico (prestação) entre os sujeitos da relação (credor e devedor), "razão por que, como *jus in personam*, qualifica-se de *pessoal*"[98]. Já o titular de direito real exerce um poder jurídico direto sobre a coisa[99] independentemente de outra pessoa. É o que a doutrina denomina de "*jus in re*, não mais *in personam*, prescindindo-se, assim, do sujeito passivo, isto é, do *devedor*, bem como de qualquer ato de outrem"[100].

Salientamos outras vezes – e é preciso que se fixe essa ideia – que, pelo contrato preliminar de compra e venda de imóvel, os contratantes estabelecem a obrigação de concluir outro negócio jurídico considerado definitivo ou principal.

Como dissemos, a natureza dessa obrigação de concluir outro contrato é de fazer, ou seja, de reemitir novamente a mesma vontade de vender em outro momento futuro – geralmente

---

    o comprador é, em caso de inadimplemento do vendedor, protegido pela possibilidade de se obter judicialmente a reafirmação da vontade do vendedor.

[98] BESSONE, Darcy. *Da compra e venda:* promessa & reserva de domínio. 3. ed. rev. e ampl. São Paulo: Saraiva, 1988. p. 99.

[99] ARRUDA ALVIM; ALVIM, Thereza; CLÁPIS, Alexandre Laizo (coord.). *Comentários ao Código Civil brasileiro*. Livro Introdutório ao Direito das Coisas e ao Direito Civil. Rio de Janeiro: Forense, 2009. v. XI, t. I, p. 402.

[100] BESSONE, Darcy. *Da compra e venda:* promessa & reserva de domínio. 3. ed. rev. e ampl. São Paulo: Saraiva, 1988. p. 99.

quando o comprador termina de pagar o preço de aquisição –, para aperfeiçoar o negócio jurídico definitivo de compra e venda iniciado pelo contrato preliminar.

Humberto Theodoro Júnior[101] também destaca que durante muito tempo dominou o entendimento de que, por ser personalíssimo, o ato de vontade não poderia ser objeto de execução específica, razão pela qual o inadimplemento de contrato preliminar deveria ser resolvido em perdas e danos. Adverte o autor que o Código de Processo Civil de 1939 rompeu com esse entendimento e passou a admitir a execução específica do contrato preliminar, por meio

> [...] de uma substituição da vontade do devedor pela manifestação judicial equivalente (art. 1.006 e §§), orientação que o novo Código de 1973 conservou e aprimorou, em seus artigos 639 e 641. Reconhecem-se, assim, de maneira irreversível no sistema de nosso direito positivo, que a alegada infungibilidade das prestações de declaração de vontade, outrora defendida por alguns, era apenas uma criação jurídica, e não uma imposição da essência da coisa.

Portanto, a obrigação de fazer consistente na declaração de vontade a ser manifestada em contrato definitivo decorrente do compromisso de compra e venda poder ser objeto de execução específica.

As obrigações nascem para serem cumpridas. Essa é a forma esperada para a sua solução. E o credor aguarda receber exatamente o que lhe foi prometido. Caso haja o inadimplemento da obrigação, o credor pode satisfazer o seu crédito por meio de medidas de expropriação aplicadas pelo Estado no exercício do poder jurisdicional. O cumprimento da obrigação por esse meio denomina-se execução coativa ou forçada.

Em grande parte das vezes, o inadimplemento da obrigação, mesmo quando combatido coercitivamente, é substituído por equivalência; é a designada execução coativa genérica[102], ou seja, o credor, pela atuação do Estado-juiz, tem o seu crédito satisfeito por algo equivalente à prestação original, mas não igual.

Ao lado da genérica, há a execução coativa específica. Esta pretende entregar ao credor exatamente a prestação prometida. A execução genérica tem lugar apenas quando for impossível a específica.

Orlando Gomes[103] assinala que o entendimento anterior era no sentido de não ser possível forçar o devedor a fazer o que não quisesse, razão pela qual a sua recusa em cumprir determinada obrigação convertia a prestação em perdas e danos.

Essa dogmática foi sendo reconstruída[104] para se esclarecer que não se trata de coagir o devedor a fazer o que não quer, mas de fazer – sem a participação dele e independentemente da sua vontade – aquilo que ele próprio se obrigou a fazer, mas posteriormente se recusou.

---

[101] THEODORO JÚNIOR, Humberto. Execução forçada. Obrigações de contratar. Compromisso de compra e venda. Adjudicação compulsória. *Ensaios Jurídicos*, Rio de Janeiro, v. 1-81. Disponível em: https://ojs.uniaraxa.edu.br/index.php/juridica/article/viewFile/91/82. Acesso em: 16 dez. 2024.

[102] Decorre da responsabilidade patrimonial do devedor, ou seja, este responde por suas obrigações com todo o seu patrimônio.

[103] GOMES, Orlando. *Obrigações*. Revista, atualizada e aumentada, de acordo com o Código Civil de 2002, por Edvaldo Brito. Rio de Janeiro: Forense, 2004. p. 211.

[104] Darcy Bessone esclarece que o entendimento de Pothier reforçou a possibilidade de se aceitar que o descumprimento de outorgar o contrato definitivo, em cumprimento ao preliminar, fosse sanado pela execução coativa específica (BESSONE, Darcy. *Da compra e venda:* promessa & reserva de domínio. 3. ed. rev. e ampl. São Paulo: Saraiva, 1988. p. 101).

Por essa concepção é que se tem admitido a execução coativa específica de obrigações de dar e de fazer[105].

Portanto, a obrigação assumida pelo vendedor no compromisso de compra e venda imobiliário de celebrar o contrato definitivo opera-se no âmbito do direito obrigacional ou pessoal, *inter partes*, não tendo qualquer relevância ou influência para o seu desfecho (o adimplemento) o fato de o compromisso estar ou não registrado na matrícula do imóvel[106].

Ademais, o único requisito que deve ser atendido pelo comprador para ter o direito de promover a execução coativa específica é o pagamento integral do preço de aquisição, o que não depende do registro do compromisso de compra e venda, nem este é condição para aquela acontecer.

E isso decorre do próprio texto legal previsto no art. 481 do Código Civil, pelo qual, no contrato de compra e venda, um dos contratantes se **obriga** a transferir o domínio de certa coisa, e o outro (**obriga-se**) a pagar-lhe certo preço em dinheiro. O registro do compromisso de compra e venda na matrícula do imóvel não interfere na natureza obrigacional do contrato de compra e venda, pelo qual um transfere o domínio da coisa e o outro paga o preço.

O pagamento total do preço deverá ocorrer estando ou não registrado o contrato preliminar. O direito real, por sua vez, surge com a inscrição registrária do compromisso independentemente de ter ocorrido o pagamento do preço. É possível que exista, portanto, direito real sem possibilidade da execução específica (pois o preço ainda deverá ser pago), bem como pode haver direito à execução específica (porque o preço foi integralmente pago) sem que tenha sido constituído o direito real à aquisição.

Na linha do que dissemos até aqui, Darcy Bessone[107] salienta que doutrinariamente se tem como certo que: (i) o objeto do compromisso é o ato de celebrar o contrato definitivo; (ii) esse objeto se traduz em uma obrigação de fazer; (iii) a obrigação de fazer comporta a execução coativa específica quando se realize sem violência física à pessoa do devedor; e (iv) a lei pode autorizar essa forma de execução.

Nesse último aspecto temos, como visto anteriormente, que a nossa legislação processual civil permite a execução coativa específica de obrigação de fazer. Uma vez transitada em julgado, a sentença proferida pelo Estado-juiz produz os mesmos efeitos da declaração omitida pelo vendedor inadimplente. E o referido art. 501 do Código de Processo Civil, assim como as demais normas que o antecederam, não exige qualquer tipo de registro prévio do contrato na matrícula do imóvel como requisito para a sentença.

Eduardo Francisco Loureiro[108] destaca que admitir

---

[105] GOMES, Orlando. *Obrigações*. Revista, atualizada e aumentada, de acordo com o Código Civil de 2002, por Edvaldo Brito. Rio de Janeiro: Forense, 2004. p. 211.

[106] "[...] 14. No que tange especificamente à exigência de registo para a aquisição dos direitos aquisitivos, registre-se que, nos termos do art. 1.417 do Código Civil, o direito real de aquisição, oponível erga omnes, só exsurge com o registro da promessa de compra e venda. Todavia, subsiste o direito pessoal, derivado da relação contratual e cujo adimplemento pode ser exigido *inter partes* (NIESS, Pedro Henrique Távora. *Ação de adjudicação compulsória*. São Paulo: Saraiva, 1990. p. 97; CREDIE, Ricardo Arcoverde. *Adjudicação compulsória*: legislação, doutrina e jurisprudência atualizadas. 9. ed. rev. e ampl. São Paulo: Malheiros Editores LTDA., 2004. p. 40). 15. Em atenção a esta distinção, este Superior Tribunal de Justiça decidiu que o direito à adjudicação compulsória é de caráter pessoal, restrito aos contratantes, e não se condiciona ao registro do contrato (REsp 30/DF, 3ª Turma, *DJe* 18/9/1989). [...]" (REsp 2.015.453/MG, j. 28.02.2023).

[107] BESSONE, Darcy. *Da compra e venda:* promessa & reserva de domínio. 3. ed. rev. e ampl. São Paulo: Saraiva, 1988. p. 111.

[108] LOUREIRO, Francisco Eduardo. Arts. *In*: GODOY, Claudio Luiz Bueno de et al. *Código Civil comentado:* doutrina e jurisprudência. Lei n. 10.406 de 10.01.2002. Coordenação Cezar Peluso. 17. ed. rev. e atual. Santana de Parnaíba-SP: Manole, 2023. p. 1469.

[...] interpretação literal do art. 1.418 do CC, ou seja, o registro como requisito para a adjudicação, criaria manifesta contradição em termos. Os demais contratos preliminares admitiriam execução específica, à exceção do mais relevante deles, que é o compromisso de compra e venda.

Essa exigência de registro prévio do compromisso de compra e venda para possibilitar a adjudicação compulsória deixaria o comprador, que por qualquer razão não conseguiu o registro do seu contrato, sujeito à variação da vontade do vendedor, caso dependesse deste para formular as regularizações necessárias do seu compromisso de compra e venda para possibilitar o ingresso desse contrato na matrícula imobiliária.

Um realce necessário é no sentido de que, durante a fase de execução regular do compromisso de compra e venda, alguns atributos da propriedade plena (usar, gozar, dispor e reaver contidos no art. 1.228 do Código Civil) podem ser transferidos para o comprador, e a manutenção do *ius abutendi* pelo vendedor desempenha a função de garantia do recebimento integral do preço, ou seja, a transmissão da propriedade plena (que é composta por todos os atributos referidos no citado art. 1.228) somente ocorrerá com o pagamento integral do preço de aquisição do imóvel pelo comprador.

Isso até possibilitava, como ainda possibilita, que o compromisso de compra e venda seja registrado na matrícula do correspondente imóvel, mas sem impedir, na falta dessa inscrição registrária, a execução coativa específica, no caso de inexistência de cláusula de arrependimento. Passados alguns anos, chegou-se à conclusão de que a possibilidade jurídica de execução específica decorre da irretratabilidade do compromisso (que se relaciona com o *contrahere*)[109], e não da necessidade de seu registro para a constituição do direito real à aquisição. São coisas diversas que protegem direitos diferentes.

Assim, entendemos que, por se tratar da execução coativa específica de uma obrigação de fazer, não é necessário o registro do compromisso de compra e venda na matrícula do imóvel como condição prévia para se promover a adjudicação compulsória. Ademais, como dito, o dispositivo processual que fundamenta a execução específica não indica o registro do contrato preliminar como condição para seu prosseguimento (Código de Processo Civil, art. 501)[110].

Adverte-se, uma vez mais, que, para se proceder à execução coativa específica, não é possível haver cláusula de arrependimento no compromisso de compra e venda. Como tivemos oportunidade de destacar, não faria sentido pleitear judicialmente o efeito jurídico que a declaração de vontade omitida deveria produzir para garantir a celebração de um negócio jurídico definitivo, se, ao mesmo tempo, é assegurado para as partes o direito de desistirem do negócio jurídico preliminar.

Seria inoportuno e improdutivo uma das partes movimentar o Poder Judiciário para obter sentença judicial para executar a obrigação de fazer inadimplida (outorgar o título definitivo)

---

[109] MAIA, Roberta Mauro Medina. Irretratabilidade e inexecução das promessas de compra e venda: notas sobre a Lei 13.786/2018 (Lei dos distratos imobiliários). *In*: TERRA, Aline de Miranda Valverde; GUEDES, Gisela Sampaio da Cruz (coord.). *Inexecução das obrigações:* pressupostos, evolução e remédios. Rio de Janeiro: Processo, 2020. v. 1, p. 551.

[110] Com o registro obtém-se a oponibilidade da posição jurídica do comprador diante de terceiros. Necessário destacar, no entanto, que, caso o comprador não registre seu compromisso e o imóvel seja alienado a terceiro de boa-fé que, por sua vez, registra o seu título aquisitivo, caberá àquele pleitear do vendedor a devolução do preço acrescido de perdas e danos, mas não a sentença substitutiva da compra e venda definitiva (LOUREIRO, Francisco Eduardo. *In*: GODOY, Claudio Luiz Bueno de *et al*. *Código Civil comentado:* doutrina e jurisprudência. Lei n. 10.406 de 10.01.2002. Coordenação Cezar Peluso. 17. ed. rev. e atual. Santana de Parnaíba-SP: Manole, 2023. p. 1470).

e, concomitantemente, a outra poder exercer o direito de arrependimento e declarar que não mais deseja vincular-se ao negócio preliminar de compra e venda.

A sentença, parece-nos, seria inócua para a finalidade de completar o negócio jurídico definitivo principal. Enquanto um deseja manter-se no negócio jurídico e pleiteia judicialmente o contrato principal, o outro não o quer mais e exerce o direito de desistência requerendo a sua resilição. Nessa hipótese, o contrato deve ser desfeito por uma das modalidades previstas no Código Civil para a extinção dos contratos (arts. 472 e seguintes).

4.6 NOTIFICAÇÃO PRÉVIA AO VENDEDOR[111]

Admitida a possibilidade da execução coativa específica da obrigação de fazer do vendedor em compromisso de compra e venda irretratável sem a necessidade de seu prévio registro na matrícula do imóvel, é preciso avaliar a forma e o procedimento de se efetivar a execução quando o vendedor se recusar a cumprir voluntariamente a sua obrigação de outorgar o contrato definitivo.

Tal providência é obtida por meio da adjudicação compulsória, já dissemos,

> [...] em que o juiz poderá determinar a medida necessária para a obtenção de resultado equivalente à tutela específica. Para Humberto Theodoro Júnior, "perdeu sentido a tentativa de construção de uma tese que distinguia a ação real de adjudicação compulsória da ação pessoal do cumprimento da obrigação de contratar. Tudo agora foi colocado no plano pessoal do cumprimento do contrato de compromisso de compra e venda, de sorte que a ação de adjudicação compulsória e a ação de outorga de escritura definitiva são a mesma coisa"[112].

Exatamente por se tratar de um direito obrigacional, o credor (comprador) deve, antes de iniciar o procedimento judicial, intimar o devedor (vendedor), mesmo que este já esteja inadimplente (pela mora *ex re*), para que cumpra a sua obrigação de outorgar o contrato definitivo de compra e venda. Nessa intimação, o credor deve conceder um prazo suficiente para que o devedor se prepare adequadamente para cumprir tal obrigação.

É a situação que se enquadra no art. 463 do Código Civil, onde, concluído o contrato preliminar que não contenha cláusula de arrependimento, qualquer das partes poderá exigir a celebração do contrato definitivo, concedendo prazo para que a outra o efetive.

A parte que desejar exigir a outorga do contrato definitivo deverá intimar previamente a outra. Evidentemente que, para que uma parte possa exigir a outorga do contrato definitivo, ela deverá ter cumprido com todas as suas obrigações, como determina do art. 476 do Código Civil, porque em contratos bilaterais nenhum dos contratantes pode, antes de cumprir a sua obrigação, exigir o cumprimento da do outro.

Caso o comprador tenha efetuado integralmente o pagamento do preço de aquisição do imóvel, poderá exigir o contrato definitivo. O compromisso de compra e venda deverá indicar quando o contrato definitivo deverá ser outorgado. Superado o prazo sem a outorga, o vendedor estará em mora (*ex re*).

---

[111] Sobre os aspectos relacionados à mora e sua conversão em inadimplemento absoluto remetemos o leitor para o item "A mora e a resolução do compromisso de compra e venda de imóvel".

[112] SACRAMONE, Marcelo Barbosa. Os direitos do compromissário comprador diante da falência do incorporador de imóveis. *Cadernos Jurídicos da Escola Paulista da Magistratura*, São Paulo, ano 20, n. 50, p. 101, jul./ago. 2019.

Mesmo que já esteja em mora, o comprador deverá intimar o vendedor para que outorgue o contrato definitivo, com indicação de dia, hora e local para a sua celebração.

Referida intimação tem como primeira finalidade conceder um prazo para que o vendedor purgue a mora, ou seja, outorgue o contrato definitivo em cumprimento ao compromisso de compra e venda. Em segundo lugar e como consequência, transformar a mora do vendedor em inadimplemento absoluto da obrigação de fazer (*contrahere*).

O art. 463 do Código Civil determina que, concluído o contrato preliminar, do qual não conste cláusula de arrependimento, qualquer dos contratantes terá o direito de exigir a celebração do definitivo, desde que conceda prazo para que a outra parte o efetive. Esse prazo deve ser razoável.

Por se tratar de inadimplemento da prestação de fazer pelo vendedor (outorga de contrato definitivo), os prazos para purgação da mora deverão ser aqueles indicados nos seguintes dispositivos legais:

- **IMÓVEIS NÃO LOTEADOS:** 15 dias; art. 1º do Decreto-lei n.º 745/1969
- **IMÓVEIS LOTEADOS:** 30 dias; art. 32 da Lei Federal n.º 6.7666/1979
- **IMÓVEIS INCORPORADOS:** 10 dias; art. 63 da Lei Federal n.º 4.591/1964

Transcorrido o prazo concedido ao vendedor sem que este tenha outorgado o contrato definitivo, o comprador poderá requerer que a sentença judicial produza os mesmos efeitos de alienação caso a vontade do vendedor fosse voluntariamente manifestada, situação em que a sentença, transitada em julgado, com o compromisso de compra e venda quitado, fará as vezes do título definitivo de compra e venda (Código Civil, arts. 463 e 464 c.c. os arts. 1.227, 1.417 e 1.418).

Como ocorre nos casos de inadimplemento em geral no âmbito do direito das obrigações, somente depois de convocar o vendedor para cumprir a obrigação de celebrar o contrato definitivo e este permanecer inerte, convertendo-se a mora em inadimplemento absoluto, é que o credor (comprador) pode acionar o Estado-juiz para obter a correspondente sentença que integrará o título hábil para o registro da transferência definitiva do direito real de propriedade.

4.7 IMPRESCRITIBILIDADE DO DIREITO À ADJUDICAÇÃO COMPULSÓRIA

Anteriormente registramos que a adjudicação compulsória tem como objetivo obter o cumprimento de obrigação de fazer, cujo devedor é o vendedor, inadimplida por este, consistente em reemitir a vontade de alienar, a qual já foi manifestada originalmente na celebração do compromisso de compra e venda e ser outorgado o correspondente contrato principal.

Desse entendimento poderíamos concluir que, por ser relativo a direito pessoal, o direito à adjudicação compulsória prescreve.

Contudo, o que se pretende com a adjudicação compulsória é possibilitar ao comprador a aquisição definitiva do direito real de propriedade, objetivada na formação do compromisso de compra e venda, desde que pague integralmente o respectivo preço de aquisição do imóvel.

A prescrição fundamenta-se na segurança da ordem jurídica. Como dissemos diversas vezes, o devedor deve cumprir com aquilo a que se obrigou. Em caso de inadimplemento, o direito permite ao credor valer-se da jurisdição para satisfazer o seu crédito. Contudo, se o credor permanecer inerte por muito tempo, o direito atuará para que não se perpetue a situação de incerteza e para que essa incerteza não perpetue insegurança social.

Caio Mário da Silva Pereira[113] afirma que afastar as incertezas em torno da existência e eficácia de determinados direitos atende a um interesse de ordem pública que justifica o instituto da prescrição. Segue o autor para registrar que,

> [...] em dado momento, o ordenamento jurídico é chamado a pronunciar-se entre o credor que não exigiu e o devedor que não pagou, inclinando-se por este. Mas se assim o faz é porque o credor teria permitido a criação de uma situação contrária ao seu direito, tornando-se a exigência de cumprimento deste um inconveniente ao sossego público, considerado mal maior do que o sacrifício do interesse individual, e tanto mais que a prolongada inatividade induzira já a presunção de uma renúncia tácita.

A prescrição, portanto, conduz à extinção da pretensão jurídica em razão da inércia do seu titular em exercer um direito em determinado período.

Entretanto, há determinados direitos que são imprescritíveis, por exemplo, os considerados potestativos mencionados anteriormente. Nestes, as ações correspondentes são de exercício facultativo e persistem enquanto durar a correspondente situação jurídica.

Serão potestativos, então, os direitos que revelem um poder que, em certa relação jurídica, uma pessoa tem de, mediante declaração unilateral ou por decisão judicial, influenciar a esfera jurídica da outra, sem que esta possa se opor ou recusar.

Consiste no poder que um sujeito tem de constituir, modificar ou extinguir relações jurídicas, afetando a esfera de direitos de outrem, sem que o afetado possa resistir.

Carlos Alberto da Mota Pinto destaca que sujeição é a

> [...] a situação de necessidade em que se encontra o adversário de ver produzir-se forçosamente uma consequência na sua esfera jurídica por mero efeito do exercício do direito pelo seu titular. Em certas situações afecta-se, assim, a esfera jurídica de outrem sem consentimento deste, consentimento que normalmente seria exigido[114].

Nessa perspectiva, Agnelo Amorim Filho[115] afirma que os direitos potestativos são insuscetíveis de violação, mas o exercício desses direitos, judicial ou extrajudicialmente, podem ou não estar vinculados a um prazo decadencial, a depender do grau de perturbação social que o não exercício pode causar. Assim, os direitos potestativos subordinados a prazos desaparecem se não exercidos em tempo. Por sua vez, para os direitos potestativos não vinculados a prazos "prevalece o princípio geral da inesgotabilidade ou da perpetuidade, ou seja, direitos que não se extinguem pelo não uso"[116].

É o que se depreende do conteúdo do art. 1.418 do Código Civil, em que se garante ao comprador o direito de exigir, inclusive judicialmente, que o vendedor outorgue a escritura

---

[113] PEREIRA, Caio Mário da Silva. *Instituições de direito civil*. 24. ed. Rio de Janeiro: Forense, 2011. v. 1, p. 572.
[114] MOTA PINTO, Carlos Alberto da. *Teoria geral do direito civil*. 4. ed. Coimbra: Coimbra Editora, 2005. p. 183.
[115] AMORIM FILHO, Agnelo. Critério científico para distinguir a prescrição da decadência e para identificar as ações imprescritíveis. *Revista de Direito Processual Civil*, v. 3, p. 95-132, jan./jun. 1961. Disponível em: https://www.repositorio.ufc.br/handle/riufc/28114. Acesso em: 3 dez. 2024. Disponível também em: https://edisciplinas.usp.br/pluginfile.php/17562/mod_resource/content/1/CRITERIO%20CIENTIFICO%20PRESCRICaO%20e%20DECADENCIA-2.pdf. Acesso em: 8 fev. 2024.
[116] CAHALI, Yussef Said. *Prescrição e decadência*. São Paulo: RT, 2008. p. 76.

definitiva de compra e venda. Para esse direito não há determinação de prazo-limite para o seu exercício.

Podemos considerar que o comprador que quitou integralmente o preço de aquisição estabelecido no compromisso de compra e venda e não recebeu o título definitivo por omissão do vendedor detém o direito à transformação dessa situação preliminar em definitiva, em relação ao qual o vendedor nada pode opor.

Ocorrida a omissão do vendedor, o Estado-juiz, a pedido do comprador, pode produzir os efeitos da declaração de vontade omitida para viabilizar a modificação do estado jurídico preliminar (representada pela relação jurídica obrigacional consubstanciada na prestação de fazer contida no compromisso de compra e venda) para torná-lo definitivo.

Denota-se, inclusive, estado de sujeição do vendedor omisso que, independentemente da sua vontade, sofre a alteração da situação jurídica preliminar por força do exercício de direito exclusivo do comprador.

Portanto, pode-se admitir que o direito do comprador à adjudicação compulsória é de natureza potestativa, pois ele tem a faculdade de realizar a modificação da sua situação jurídica preliminar para torná-la definitiva por sua exclusiva vontade e a qualquer tempo.

Considerado, então, direito potestativo, para a pretensão da adjudicação compulsória aplica-se o referido princípio da inesgotabilidade ou da perpetuidade, ou seja, não se extingue pelo não exercício no tempo.

Outro elemento que se deve considerar neste tópico é o fato de que o que se pretende na adjudicação compulsória é um provimento judicial que produza os mesmos efeitos da declaração de vontade não emitida pelo vendedor.

A possibilidade de prescrição para a pretensão do comprador receber o contrato definitivo geraria uma insegurança ainda maior ao sistema, pois impediria que o adquirente obtivesse o título definitivo correspondente exigido pelo próprio ordenamento para a aquisição da propriedade plena, mesmo tendo pagado todo o preço de aquisição do imóvel.

Nota-se, portanto, que a prescrição atuaria no sentido de aprofundar a insegurança social porque perpetuaria uma situação contratual preliminar e de domínio incompleto da propriedade do imóvel, sanável tão somente pela usucapião, desde que atendidos os requisitos de posse e de tempo.

A propriedade plena que o comprador objetiva tem caráter de perpetuidade, característica desse direito real. Nesse sentido, sobre a questão da prescrição, o entendimento de José Osório de Azevedo Jr.[117] é de que a "melhor solução é mesmo a de admitir a imprescritibilidade da ação de adjudicação compulsória". E segue para transcrever o pensamento de Humberto Theodoro Júnior para quem adjudicar, portanto, "não é apenas cumprir a obrigação de outorgar um contrato definitivo; é reconhecer, em sentença, o direito real limitado já existente e transformá-lo, por autoridade do Estado, em direito de propriedade plena"[118].

Ao compromissário comprador, cujo contrato não contenha cláusula de arrependimento e que já tenha pagado a integralidade do preço de aquisição, atribui-se a certeza psicológica de que adquiriu o imóvel e, portanto, deve a ele ser garantida a outorga do contrato definitivo. Essa crença é inclusive, de certa forma, exteriorizada pelo adquirente quando exerce seus

---

[117] AZEVEDO JR., José Osório de. *Compromisso de compra e venda*. 6. ed. rev., ampl. e atual. São Paulo: Malheiros, 2013. p. 80.
[118] AZEVEDO JR., José Osório de. *Compromisso de compra e venda*. 6. ed. rev., ampl. e atual. São Paulo: Malheiros, 2013. p. 81.

direitos possessórios[119], dando para a comunidade sinais de que é o proprietário (visibilidade externa da posse).

Nas circunstâncias tratadas aqui, portanto, o direito do comprador de receber o contrato definitivo, tendo quitado o preço de aquisição do imóvel, não pode estar sujeito ao efeito do tempo. Não há qualquer praticidade ou aumento de segurança jurídica social em admitir a prescrição do direito do comprador de receber o contrato definitivo (após o cumprimento de todas as suas obrigações), pois o que se pretende adquirir (a propriedade plena), pelas suas características de direito real matriz, tende à perpetuidade.

Privar o comprador de receber o título definitivo em razão de prescrição seria conferir, ao fim, maior força à posição do vendedor que nada mais possui em relação ao imóvel senão a obrigação de outorgar o contrato definitivo de compra e venda. Admitir a prescrição do direito de adjudicação compulsória retira do comprador a possibilidade de finalizar o que pretendeu com o contrato preliminar, que é a aquisição do direito de propriedade plena[120].

Ainda, aceitar a prescrição, além de não modificar a situação do adquirente, pois já cumpriu todas as suas obrigações para a aquisição do imóvel, privá-lo-ia de um remédio jurídico de menor dificuldade na regularização do domínio pleno do imóvel, como referido, e lançá-lo-ia a outra solução muito mais custosa, complexa e burocrática, que é a usucapião[121].

Entretanto, apesar de nosso entendimento pelo afastamento da prescrição, o direito de o comprador receber o contrato definitivo em cumprimento ao compromisso de compra e venda poderá ser atingido pela prescrição aquisitiva de terceiro que intentar a ação de usucapião para o mesmo imóvel[122].

A adjudicação compulsória apenas será impedida se em relação ao imóvel houver procedimento de usucapião proposto por terceiro, pois se trata de modo originário de aquisição da propriedade capaz de afastar interesses contraditórios, inclusive do compromissário comprador que ainda não recebeu seu contrato definitivo em cumprimento ao contrato preliminar, mesmo que tenha efetuado o pagamento integral do preço. A usucapião tem como requisitos para a aquisição originária da propriedade o exercício da posse pelo requerente como se dono fosse e o transcurso do prazo legal (Código Civil, arts. 1.238, 1.239, 1.240, 1.240-A e 1.242).

Em caso de eventual disputa sobre o que deverá prevalecer (se a adjudicação compulsória do comprador ou a usucapião de um terceiro), as partes deverão ser remetidas às vias ordinárias para que seus direitos antagônicos sejam apreciados, com total respeito aos princípios do contraditório e da ampla defesa, e avaliado qual deverá prevalecer.

Pela imprescritibilidade já se manifestou o Superior Tribunal de Justiça no sentido de que a lei não estabeleceu prazo para o exercício do direito de adjudicar imóvel compulsoriamente, razão pela qual, frise-se, deve prevalecer a regra da "[...] inesgotabilidade ou da perpetuidade, segundo a qual os direitos não se extinguem pelo não uso"[123].

---

[119] É o que se denomina visibilidade externa da posse. Para todos os que se relacionam com o possuidor ele se posiciona como proprietário da coisa possuída.

[120] RIBEIRO, Paulo Dias de Moura. *Compromisso de compra e venda*. São Paulo: Juarez de Oliveira, 2002. p. 147.

[121] ANTONIO JUNIOR, Valter Farid. *Compromisso de compra e venda*. São Paulo: Atlas, 2009. p. 113.

[122] "O direito de obter a escritura definitiva do imóvel somente pode ser atingido pela prescrição aquisitiva decorrente de eventual ação de usucapião intentada por terceiro, não se submetendo aos prazos previstos no artigo 177 do Código Civil de 1916" (REsp 1.489.565/DF, j. 05.12.2017; no mesmo sentido, AgInt no REsp 1.584.461/GO, j. 13.05.2019; e REsp 1.216.568/MG, j. 03.09.2015.

[123] STJ, REsp 1.216.568/MG, j. 03.09.2015.

Há outros precedentes do referido Tribunal Superior nos quais foi firmada a orientação de que a adjudicação compulsória possibilita a formação do título capaz de transferir a propriedade imóvel para o compromissário comprador, desde que feito o pagamento integral do preço. Nesse sentido, o direito de obtenção do título causal somente pode ser atingido pela prescrição aquisitiva decorrente de usucapião intentada por terceiro, não se submetendo, portanto, aos prazos de prescrição[124-125].

O Tribunal de Justiça do Estado de São Paulo[126] segue a mesma orientação: "Cuida-se o direito à adjudicação de direito potestativo, podendo ser exercido a qualquer tempo em face do promitente vendedor".

Preenchidos os requisitos, portanto, principalmente o integral pagamento do preço de aquisição do imóvel, a adjudicação compulsória poderá ser promovida a qualquer tempo.

4.8 CONDIÇÕES DA AÇÃO DE ADJUDICAÇÃO COMPULSÓRIA[127]

De acordo com a sistemática do Código de Processo Civil de 2015, a ação que tenha por objeto sentença substitutiva dos efeitos de declaração de vontade, prevista no art. 501, foi alocada no Livro I da Parte Especial, denominado "Do processo de conhecimento e do cumprimento de sentença", mais precisamente na seção que trata do julgamento das ações relativas às prestações de fazer, de não fazer e de entregar coisa.

Como vimos, a adjudicação compulsória é uma ação de natureza pessoal que pretende dar cumprimento à obrigação de fazer, assumida pelo vendedor no compromisso de compra e venda de imóvel e inadimplida nos termos e nas condições do contrato preliminar, cabendo ao comprador exigir a atuação do Estado-juiz para que ocorra a reconfirmação do consentimento de alienação do vendedor, assumido no respectivo compromisso, de modo que a sentença, transitada em julgado, produza o efeito jurídico que a declaração de vontade omitida deveria produzir e, com o compromisso de compra e venda, faça as vezes do título definitivo de compra e venda, para que o adquirente não fique dependente das consequências decorrentes de eventuais alterações de vontade do vendedor.

Ao tratar da sistematização do processo civil, o atual Código indica apenas duas condições para o exercício do direito de ação: o interesse e a legitimidade, nos termos do art. 17.

Como qualquer ação, a de adjudicação compulsória deverá observar as referidas condições da ação (o *interesse* e a *legitimidade*), ao lado de outros aspectos relacionados com o direito material que serão avaliados subsequentemente.

4.8.1 Das condições da ação

Interesse de agir. O Estado mantém o interesse constante de que, no exercício da jurisdição, função indispensável para manter a paz social, sua atuação visará sempre algum resultado útil. Deve-se avaliar previamente se a prestação jurisdicional requerida é necessária e adequada[128].

---

[124] STJ, REsp 1.489.565/DF, j. 05.12.2017.
[125] STJ, AgInt no REsp 1.584.461/GO, j. 13.05.2019.
[126] Apelação Cível 1031499-36.2020.8.26.0114, j. 17.04.2023.
[127] Não é nossa intenção aprofundar as questões relacionadas às condições da ação. Pretende-se, contudo, indicar breves linhas sobre esse tema para enquadrar os aspectos gerais da ação de adjudicação compulsória que poderão ser comparados com o procedimento extrajudicial.
[128] CINTRA, Antonio Carlos de Araújo; GRINOVER, Ada Pelegrini; DINAMARCO, Candido Rangel. *Teoria geral do processo*. 30. ed. São Paulo: Malheiros, 2014. p. 279.

Há o interesse processual não apenas quando se descobre a utilidade do processo, mas especialmente na sua necessidade, como remédio capaz de fazer a aplicação do direito objetivo ao caso concreto.

> Vale dizer: o processo jamais será utilizável como simples instrumento de indagação ou consulta acadêmica. Só o dano ou o perigo de dano jurídico, representado pela efetiva existência de uma lide, é que autoriza o exercício do direito de ação. Falta interesse, portanto, se a lide não chegou a configurar-se entre as partes, ou se, depois de configurada, desapareceu em razão de qualquer forma de composição válida. O interesse processual, a um só tempo, haverá de traduzir-se numa relação de necessidade e numa relação de *adequação* do provimento postulado, diante do conflito de direito material trazido à solução judicial[129].

Existirá interesse processual se o que for reclamado ao órgão judicial buscar promover um resultado juridicamente útil para evitar uma possível lesão de direito da parte integrante da demanda. O pedido apresentado ao Estado-juiz deverá atender à formulação adequada para a correta avaliação e, se possível, à satisfação do interesse contrariado.

A necessidade da tutela jurisdicional baseia-se na impossibilidade de se obter determinada pretensão a um direito sem que a atuação coercitiva do Estado esteja adequadamente instrumentalizada pela parte interessada.

Legitimidade. Regra conhecida em nosso direito processual civil, o art. 18 estabelece que "ninguém poderá pleitear direito alheio em nome próprio, salvo quando autorizado pelo ordenamento jurídico".

A legitimidade relaciona-se com a titularidade ativa e passiva da ação.

Para o direito processual civil, titularidade ativa e passiva refere-se às partes da relação processual. Nesse sentido, parte é um dos sujeitos da relação processual que se coloca diante do Poder Judiciário para pedir a tutela jurisdicional (autor) em face de outra contra quem pretende referida tutela (réu).

Entretanto, para que o provimento de mérito seja alcançado e a demanda solucionada, é imprescindível que as partes sejam legítimas nos termos da lei.

Para Arruda Alvim[130], o autor estará legitimado processualmente quando for o provável titular do direito a ser tutelado, enquanto a legitimidade do réu decorre do fato de ser ele a pessoa indicada a suportar os efeitos oriundos da sentença.

Assim, consideram-se legitimados ao processo os sujeitos da lide, ou seja, os titulares dos direitos em conflito. A legitimação ativa é atribuída ao titular da pretensão e a passiva, ao titular do interesse que se opõe à pretensão.

Humberto Theodoro Júnior[131] salienta que

> [...] legitimados ao processo são os sujeitos da lide, isto é, os titulares dos interesses em conflito. A legitimação ativa caberá ao titular do interesse afirmado na pretensão, e a passiva

---

[129] THEODORO JÚNIOR, Humberto. *Curso de direito processual civil.* 63. ed. Rio de Janeiro: Forense, 2022. v. 1, p. 148.

[130] ARRUDA ALVIM NETTO, José Manoel de. *Manual de direito processual civil.* Parte geral. 11. ed. rev., ampl. e atual. com a reforma processual 2006/2007. São Paulo: RT, 2007. v. 1, p. 512.

[131] THEODORO JÚNIOR, Humberto. *Curso de direito processual civil.* 63. ed. Rio de Janeiro: Forense, 2022. v. 1, p. 150.

ao titular do interesse que se opõe ou resiste à pretensão. Essa legitimação, que corresponde à regra geral do processo civil, recebe da doutrina a denominação de legitimação ordinária. Sua característica básica é a coincidência da titularidade processual com a titularidade hipotética dos direitos e das obrigações em disputa no plano do direito material.

Antecipadamente, para a adjudicação compulsória, a legitimação ordinária refere-se às partes que se unem por meio de um compromisso de compra e venda. Tem legitimidade ativa o comprador, porque considera-se titular de ação apenas a pessoa que se apresenta como o titular do direito subjetivo material (outorga do título definitivo de compra e venda), e legitimidade passiva, o vendedor, titular da obrigação de fazer que foi inadimplida.

Legitimidade ativa. Arnaldo Marmitt[132] registra que, em princípio, "somente o titular do direito pode demandar. Só ele é legitimado para reclamar seus direitos em juízo. Mais do que ninguém tem consciência do seu direito, do momento oportuno para exigi-lo, e da conveniência ou não de pleiteá-lo judicialmente".

No âmbito da adjudicação compulsória, é o comprador ou seus sucessores, a qualquer título, desde que o preço de aquisição tenha sido totalmente quitado ou venha a sê-lo, que terá legitimidade para promover a ação em face do vendedor que, apesar de ter recebido a integralidade do preço do imóvel, inadimpliu com a obrigação de outorgar o título definitivo em cumprimento ao compromisso de compra e venda[133].

Nos termos do art. 73 do Código de Processo Civil, o cônjuge necessitará do consentimento do outro para propor ação que verse sobre direito real imobiliário, salvo quando casados sob o regime da separação absoluta de bens.

Entretanto, a ação de adjudicação compulsória tem como objetivo buscar o cumprimento pelo vendedor de obrigação de fazer (reemitir a declaração de compra e venda em documento definitivo) que se alcançará em sentença substitutiva dos efeitos de declaração de vontade. Por não se tratar de direito real imobiliário, não haverá necessidade de vênia conjugal para a propositura da ação de adjudicação compulsória seja pelo vendedor, seja pelo comprador.

Ademais, a propositura de ação de adjudicação compulsória, que tem como objeto o adimplemento de obrigação de fazer, não se encontra no rol dos atos do art. 1.647 do Código Civil que necessitam da concordância do cônjuge para sua prática[134].

Entretanto, essa circunstância processual não se confunde com a necessária vênia conjugal para a celebração do compromisso de compra e venda irretratável, como se verá adiante.

Legitimidade passiva. O legitimado passivo é o vendedor, o proprietário do imóvel, o titular do domínio matricial. Somente ele e seus sucessores é que podem cumprir a obrigação (inadimplida) de fazer, que é reemitir a declaração de vontade de alienar e outorgar o título definitivo de compra e venda.

---

[132] MARMITT, Arnaldo. *Adjudicação compulsória*. Rio de Janeiro: Aide, 1995. p. 54.
[133] CINTRA, Antonio Carlos de Araújo; GRINOVER, Ada Pelegrini; DINAMARCO, Candido Rangel. *Teoria geral do processo*. 30. ed. São Paulo: Malheiros, 2014. p. 280.
[134] "No que se refere à outorga uxória, a lei não exige a outorga conjugal para prática de todo e qualquer negócio jurídico realizado por um dos consortes, mas apenas naqueles casos que se amoldam às hipóteses inseridas no art. 1.647 do Código Civil. E no caso concreto, o ajuizamento de execução de obrigação de fazer, oriunda de contrato de cessão e transferência de direitos, para outorga de escritura pública, não se enquadra a nenhuma das hipóteses do dispositivo legal supracitado, sendo descabida a sua aplicação até mesmo por analogia" (STJ, REsp 1.771.680/PR, j. 15.09.2023).

Legitimidade do cessionário. Tanto o Decreto-lei n.º 58/1937 quanto a Lei Federal n.º 6.766/1979 autorizam a transferência do contrato preliminar por trespasse, independentemente da anuência do vendedor.

A permissão no Decreto-lei n.º 58/1937 está contida no art. 13. O contrato preliminar de compra e venda pode ser transferido por simples trespasse lançado no verso das duas vias ou por instrumento separado. A falta de consentimento do proprietário não impedirá a transferência, mas tornará o cedente e o cessionário solidários nos direitos e nas obrigações do contrato cedido (§ 1º).

Na Lei Federal n.º 6.766/1979, a autorização para transferir a posição contratual está no art. 31. De forma similar ao referido Decreto-lei n.º 58/1937, o contrato particular preliminar pode ser transferido por simples trespasse lançado no verso das vias em poder das partes ou por instrumento em separado, independentemente de anuência do loteador (§ 1º), em relação ao qual os efeitos da cessão serão produzidos somente após sua cientificação, por escrito, pelas partes (cedente e cessionário).

Consumada a cessão da posição contratual do comprador nos termos dos dispositivos legais referidos, destaca Valter Farid Antonio Junior[135] que o cessionário terá legitimidade ativa ordinária para propor a ação de adjudicação compulsória em face do titular de domínio registrário[136].

Como referido antes, o legitimado passivo na ação de adjudicação compulsória é o vendedor titular do domínio registrário que se recusou a reemitir declaração de vontade no instrumento definitivo. O cessionário que recebe direitos cedidos pelo vendedor do compromisso (inicial) não tem legitimidade passiva porque não é titular de domínio do imóvel, apesar de o comprador ter que comprovar a cadeia sucessória para legitimação do seu pedido[137-138].

---

[135] ANTONIO JUNIOR, Valter Farid. *Compromisso de compra e venda*. São Paulo: Atlas, 2009. p. 119.

[136] "[...] Apelação – Compromisso de compra e venda – Adjudicação compulsória – Sentença extintiva – Inconformismo dos autores – Acolhimento – Inexiste litisconsórcio passivo necessário entre os integrantes da cadeia de transmissão do bem, sendo suficiente que a demanda seja dirigida aos proprietários registrais – Extinção sem julgamento de mérito que deve ser afastada – Causa madura – Inteligência do art. 1.013, § 3º, inciso I, do CPC – Pedido procedente – Comprovadas as sucessivas cessões dos direitos relativos ao compromisso de compra e venda e diante da quitação do contrato de financiamento habitacional e do preço indicado no instrumento de cessão firmado pelos autores, impõe-se a procedência do pedido de adjudicação compulsória [...]" (TJSP, Apelação Cível 1131717-85.2018.8.26.0100, j. 31.05.2021);"Adjudicação compulsória – Alienação do imóvel, por meio de compromisso de compra e venda, celebrado com o IPESP – Posteriores cessões sucessivas do contrato – Ação ajuizada pela última cessionária contra o IPESP – Sentença de extinção sem resolução de mérito, por ilegitimidade de parte – Irresignação da autora – Acolhimento – Ação de adjudicação compulsória que deve ser ajuizada em face da alienante do bem, que detém a sua titularidade – Comprovação da cadeia das diversas cessões de compromisso celebrados – Autor e ré que são parte legítima – Extinção afastada – Causa madura para julgamento – Alegação de que a cessão não era permitida, por força do contrato – Descabimento – Incontrovérsia de que o contrato já estava integralmente quitado, não havendo óbice à cessão – Precedentes – Eventual óbice registrário que não constitui empecilho à adjudicação compulsória, devendo o título ser objeto de prévia qualificação pelo Oficial Registrador [...]" (TJSP, Apelação Cível 1000703-51.2020.8.26.0053, j. 15.03.2022).

[137] "Apelação. Adjudicação compulsória. Sentença de procedência. Insurgência da ré. Não acolhimento. Instrumento particular que preenche os requisitos mínimos necessários para o ajuizamento da ação de adjudicação compulsória. Prescindibilidade do registro do termo de posse junto ao Cartório de Imóveis para fins de adjudicação do bem. Súmula 239/STJ. Adquirente que comprovou a cadeia de cessões do imóvel, bem como do adimplemento da obrigação de pagamento do preço. Sentença mantida. Recurso desprovido" (TJSP, Apelação Cível 1001660-06.2023.8.26.0584, j. 24.04.2024).

[138] "Ação de adjudicação compulsória. Sentença de procedência. Habilitação do requerido apenas para apelar. Aduz que não foi observado o litisconsórcio passivo necessário entre os proprietários do domínio e o cedente e que a falta de anuência dos titulares do domínio em relação ao segundo contrato o

No entanto, se o compromisso e a cessão forem registrados na matrícula do imóvel, será indispensável também a citação do cedente – tantos quantos forem eles –, em razão do princípio registrário da continuidade. "O cedente, então, tem de ser demandado com o titular do domínio, em litisconsórcio passivo. A providência se impõe, a fim de que a eventual omissão do cedente também seja suprida pela sentença judicial."[139]

Nesse caso de registro dos instrumentos preliminares (compromisso e suas cessões), deve-se promover a citação não só do proprietário tabular do imóvel, mas, igualmente, de todos aqueles que registrariamente compuseram a cadeia de transmissão dos direitos sobre o imóvel[140].

A carta de adjudicação compulsória deverá conter o encadeamento entre o titular registrário da propriedade e todos os terceiros (cedentes e cessionários) que figurarem na respectiva matrícula para que se atendam aos princípios registrários da continuidade e da disponibilidade.

Na falta do registro do compromisso e da respectiva cessão de direitos, o cessionário poderá postular adjudicação compulsória diretamente do compromitente vendedor, e não do cedente. Esse é o entendimento do Superior Tribunal de Justiça[141] que assim já decidiu:

> Adjudicação compulsória. Litisconsórcio. Cedentes.
> 1. Na ação de adjudicação compulsória é desnecessária a presença dos cedentes como litisconsortes, sendo corretamente ajuizada a ação contra o promitente vendedor.
> 2. Recurso especial conhecido e provido.

4.8.2 Aspectos relacionados ao direito material (o instrumento preliminar de compromisso de compra e venda. O pagamento integral do preço de aquisição e sua comprovação. A prescrição da pretensão de cobrar o pagamento do preço de aquisição. O imóvel. A inexistência de cláusula de arrependimento. A vênia conjugal)

Há também, além das condições gerais da ação de adjudicação compulsória que tratamos no subitem anterior, requisitos de direito material que devem ser observados pelo requerente.

Referem-se eles:

(i) ao instrumento preliminar de compromisso de compra e venda;

---

invalidaria. Julgamento. Afastamento das razões recursais. Desnecessidade de anuência dos cedentes e de participação dos cedentes como litisconsortes, sendo o promitente vendedor parte legítima para figurar no polo passivo da demanda. [...]" (TJSP, Apelação Cível 1014984-24.2021.8.26.0361, j. 07.03.2023).

[139] MARMITT, Arnaldo. *Adjudicação compulsória*. Rio de Janeiro: Aide, 1995. p. 56.

[140] "Adjudicação compulsória. Autora que é cessionária de direitos e obrigações de contrato de compromisso de compra e venda. Ação proposta em face de apenas um dos proprietários promitentes vendedores. Contrato originário e sucessivos instrumentos de cessão de direitos registrados na matrícula do imóvel. Necessidade de inclusão no polo passivo de todos os partícipes dos negócios jurídicos. Litisconsórcio passivo necessário. Ação que deverá ter prosseguimento com a concessão de prazo para a citação dos litisconsortes passivos necessários (par. único do art. 47 do CPC/1973). Extinção afastada. Recurso desprovido, anulada de ofício a sentença" (TJSP, Apelação Cível 0012057-32.2010.8.26.0606, *DOE* 24.01.2017).

[141] REsp 648.468/SP, j. 14.12.2006.

(ii) ao pagamento integral do preço de aquisição e sua comprovação;
(iii) à prescrição da pretensão de cobrar o pagamento do preço de aquisição;
(iv) ao imóvel;
(v) à inexistência de cláusula de arrependimento; e
(vi) à vênia conjugal.

(i) O instrumento preliminar de compromisso de compra e venda. O compromisso de compra e venda irretratável é o instrumento principal da adjudicação compulsória porque contém em si a manifestação de vontade inicial de alienar e de adquirir, preliminarmente estabelecidas pelas partes, e a circunstância referente à obrigação inadimplida do vendedor de reemitir a declaração de vontade de alienar e de celebrar o contrato definitivo após o recebimento integral do preço de aquisição.

A obrigação de celebrar o instrumento definitivo de compra e venda deve ser clara e atender aos requisitos da exigibilidade, ou seja, deve consistir em uma prestação líquida. Significa dizer que o compromisso de compra e venda deve indicar claramente as condições a serem cumpridas pelo comprador, o exato momento da outorga (dia e horário), o local em que o contrato definitivo deverá ser celebrado e quem deverá outorgá-lo.

O autor da ação de adjudicação compulsória deverá apresentar o contrato preliminar de compra e venda (compromisso ou cessão), celebrado por instrumento público ou particular[142], o qual deverá obedecer aos requisitos que estruturam sua tipicidade contratual. Tais requisitos são divididos em gerais, que se referem aos necessários para todos os negócios jurídicos (Código Civil, art. 104), e os específicos, aqueles relativos à compra e venda (o consentimento, o objeto e o preço), aos quais já nos referimos no Capítulo 1.

Para Arnaldo Marmitt, é possível admitir que o negócio jurídico preliminar de compra e venda seja fundado em contrato verbal, desde que possível comprovar a existência do respectivo negócio jurídico por documentos específicos. Registra o autor que, se a obrigação de fazer, de transmitir o domínio de imóvel, refletir a vontade inequívoca das partes, como a disposição de vender e de comprar o imóvel, consistente em recibos assinados pelo vendedor em que se identifiquem o objeto, o pagamento do preço respectivo e a satisfação das demais formalidades legais, seria possível substituir o contrato definitivo por sentença judicial, com idêntico valor. Dispensável o contrato preliminar instrumentalizado, desde que ausente qualquer elemento impeditivo da transmissão definitiva, como a faculdade de arrependimento ou a falta de disponibilidade do vendedor ou da quitação do preço pelo comprador[143].

A admissibilidade de contrato verbal na adjudicação compulsória parece-nos viável apenas na via jurisdicional onde é possível ao juiz avaliar e valorar as provas feitas pelo requerente, atribuição não conferida aos notários e aos registradores para o processamento da adjudicação extrajudicial que veremos no capítulo seguinte.

Na adjudicação compulsória extrajudicial, há previsão legal expressa de que o pedido deverá ser instruído com o contrato preliminar, sendo este, portanto, um dos documentos obrigatórios para o seu processamento (Lei Federal n.º 6.015/1973, art. 216-B, § 1º, I). Como para instruir o requerimento na via extrajudicial é necessário que ele esteja materializado, não há como admiti-lo na forma verbal.

---

[142] A forma particular é autorizada pelo art. 11 do Decreto-lei n.º 58/1937; pelo art. 26 da Lei Federal n.º 6.766/1979; e pelos arts. 462 e 1.417, ambos do Código Civil.
[143] MARMITT, Arnaldo. *Adjudicação compulsória*. Rio de Janeiro: Aide, 1995. p. 105.

Será preciso, também, analisar a verdadeira intenção das partes (Código Civil, art. 112), pois poderá haver contrato em que o *nomen juris* seja de determinado negócio jurídico diferente da compra e venda, mas o desejo dos contratantes seja de contratá-la preliminarmente, contendo de forma expressa a obrigação (de fazer) do vendedor de outorgar o instrumento definitivo após recebimento integral do preço. A incorreta estipulação do nome do contrato, nesse caso, não deverá impedir a adjudicação compulsória, desde que a avença contenha todos os requisitos legais do negócio jurídico de compra e venda pretendido pelas partes (Código Civil, arts. 112 e 113).

É necessário que o compromisso de compra e venda esteja assinado, além das partes, por duas testemunhas para ser admitido à adjudicação compulsória?

O art. 135 do Código Civil de 1916, para a prova dos atos jurídicos, exigia que o instrumento particular fosse assinado também por duas testemunhas.

O Código de Processo Civil de 1973, no inciso II do art. 585, considerava como título executivo o documento particular assinado pelo devedor e por duas testemunhas.

Entretanto, o Código Civil de 2002 (art. 221) deixou de exigir a presença de duas testemunhas para que o instrumento particular seja considerado apto a servir como prova das obrigações assumidas pelas partes.

O Código de Processo Civil de 2015, porém, no art. 784, continua a considerar título executivo extrajudicial o documento particular assinado pelo devedor e por duas testemunhas. Apesar de o Código Civil – que é a lei competente para disciplinar sobre os requisitos necessários para que o instrumento privado sirva como prova – ter abolido a necessidade das testemunhas no instrumento particular, o Código de Processo Civil manteve a obrigatoriedade para a sua execução.

Vale destacar que a Lei Federal n.º 14.620/2023 incluiu o § 4º no art. 784 (títulos executivos extrajudiciais) do Código de Processo Civil para prever que nos títulos executivos constituídos ou atestados por meio eletrônico, é admitida qualquer modalidade de assinatura eletrônica prevista em lei, dispensada a assinatura de testemunhas quando sua integridade for conferida por provedor de assinatura; circunstância que deveria ter sido estendida para as demais situações do referido art. 784.

A nova redação não é feliz porque dá a impressão, no exame de sua parte final, de que as testemunhas serão dispensadas quando a sua integridade for conferida por provedor de assinatura.

Claramente não é isso.

A integridade que pode ser conferida por provedor é das assinaturas eletrônicas constantes do título executivo, e não das testemunhas. Portanto, a melhor interpretação para o § 4º do art. 784 do Código de Processo Civil é no sentido de que, para os títulos executivos originados eletronicamente[144], é admitida qualquer modalidade de assinatura eletrônica, e, quando for possível conferir a sua integridade por provedor de assinatura, fica dispensada a assinatura de testemunhas.

Importante destacar que, apesar de o atual Código Civil não exigir, para ser registrado na matrícula do imóvel, o compromisso de compra e venda deverá conter assinatura de testemunhas para atender ao quanto determina o inciso II do art. 221 da Lei Federal n.º 6.015/1973[145].

---

[144] O art. 324 do Código Nacional de Normas – Foro Extrajudicial, resume o que são considerados documentos nato-digitais e digitalizados (BRASIL. Corregedoria Nacional de Justiça. *Código Nacional de Normas* – Foro extrajudicial. Disponível em: https://www.cnj.jus.br/wp-content/uploads/2023/09/codigo-nacional-de-normas-da-corregedoria-nacional-de-justica-v6b-31-08-2023-1.pdf. Acesso em: 6 set. 2023).

[145] O § 5º do art. 221 da Lei Federal n.º 6.015/1973 estabelece que os instrumentos particulares referidos no inciso II, quando relativos a atos praticados por instituições financeiras que atuem com crédito

Em síntese:

1. os instrumentos particulares firmados na vigência do Código Civil de 1916 devem conter assinatura também de duas testemunhas;
2. o Código Civil de 2002 não exige assinatura de duas testemunhas para que o instrumento particular seja considerado como prova do fato jurídico; mas
3. o Código de Processo Civil, para considerar o instrumento particular título executivo, exige que esteja assinado por duas testemunhas, exceto para os documentos originados e assinados eletronicamente; e
4. a Lei Federal n.º 6.015/1973 exige que o compromisso de compra e venda de imóvel contenha a assinatura de duas testemunhas para o registro.

Arnaldo Marmitt[146] destaca que, desde

> [...] que vise a produzir efeitos apenas entre os contratantes, e não relativamente a terceiros, tem-se aceito o compromisso de compra e venda como idôneo para alicerçar ação de adjudicação compulsória, ainda que não contenha a assinatura de duas testemunhas. Esta orientação liberal vem se disseminando, pois inegavelmente, ainda que não subscrito por duas testemunhas, tal documento faz prova contra quem o assina, sobretudo quando não se antevê prejuízo a terceiros, nem falsidade da assinatura.

Respondendo à pergunta feita anteriormente, entendemos que o compromisso de compra e venda, como instrumento-base da adjudicação compulsória, não necessita, para o seu processamento, da assinatura de testemunhas. Basta que esteja subscrito pelos contratantes. As obrigações de pagar o preço e de outorgar o contrato definitivo decorrem do vínculo obrigacional que é formado entre o vendedor e o comprador e não necessitam do conhecimento de terceiros para que sejam constituídos e os obriguem. Ademais, nem o art. 1.418 do Código Civil, nem o art. 501 do Código de Processo Civil, tampouco o art. 216-B da Lei Federal n.º 6.015/1973, fazem tal exigência.

No que se refere à forma, já comentamos que o compromisso de compra e venda pode ser celebrado por instrumento público ou particular, nos termos do art. 462 do Código Civil, que autoriza a forma livre.

(ii) O pagamento integral do preço de aquisição e sua comprovação. Nos termos do art. 481 do Código Civil, na compra e venda, o adquirente assume a obrigação de pagar o valor ajustado em dinheiro. Ao alienante, por sua vez, é atribuído o dever de transferir o domínio da coisa.

O alienante somente estará obrigado a transferir o domínio do imóvel depois de recebida a totalidade do preço. Antes que o pagamento integral ocorra, o adquirente não terá direito de exigir a prestação do alienante (outorga do título definitivo) (Código Civil, art. 476).

Em caso de recusa da outorga da escritura definitiva em cumprimento ao compromisso de compra e venda, o comprador somente poderá se valer da adjudicação compulsória se já tiver efetuado o pagamento integral do preço de aquisição do imóvel, ou ofereça em depósito o saldo eventualmente existente no procedimento adjudicatório.

---

imobiliário, estarão dispensados de conter as testemunhas e o reconhecimento de firma. Todos os demais instrumentos particulares deverão conter testemunhas e reconhecimento de firma.

[146] MARMITT, Arnaldo. *Adjudicação compulsória*. Rio de Janeiro: Aide, 1995. p. 99.

Portanto, a demonstração de pagamento integral do preço na compra e venda imobiliária é condição essencial da adjudicação compulsória, pois o vendedor não estará obrigado a transferir o domínio do imóvel sem antes receber o valor correspondente.

Para que o devedor se exonere da obrigação que assumiu perante o credor, deverá realizar o pagamento da prestação nos exatos termos do contrato, salvo se o credor concordar com alteração da prestação (Código Civil, art. 356).

Cumprida a prestação a que se vinculou, o devedor terá direito ao instrumento de comprovação do adimplemento, a quitação (Código Civil, arts. 313 a 326).

O instrumento de quitação, que pode ser outorgado por instrumento particular, deverá conter os seguintes requisitos: (i) o valor e a espécie da dívida quitada; (ii) o nome do devedor, ou daquele que por este pagou; (iii) o tempo e o lugar do pagamento; e (iv) a assinatura do credor ou de seu representante (Código Civil, art. 319).

Efetuado o pagamento, é direito do devedor receber (e dever do credor de outorgar) o documento que demonstre a quitação da prestação respectiva, e ele poderá, enquanto não lhe for concedida, reter o pagamento sem incorrer nos efeitos da mora (Código Civil, art. 319).

O parágrafo único do art. 320 dispõe que a falta dos requisitos apontados *supra* é sanável se dos termos ou das circunstâncias inerentes à situação da vida for possível concluir ter havido o cumprimento da prestação. Por exemplo, se faltante a assinatura do credor, mas o comprovante de depósito bancário demonstrar que os valores foram depositados em conta-corrente bancária de sua titularidade, a quitação deve ser considerada válida, porque o credor efetivamente recebeu os valores da prestação devida pelo devedor.

Na adjudicação compulsória, caberá ao adquirente comprovar a quitação do preço de aquisição do imóvel.

(iii) A prescrição da pretensão de cobrar o pagamento do preço de aquisição do imóvel. Antes de abordamos o tema da prescrição do direito de o vendedor cobrar a dívida do comprador, faremos alguns comentários sumários e prévios, mas necessários para a compreensão do assunto.

Em que pesem os debates doutrinários, adotamos o entendimento de que direito subjetivo é "um interesse protegido pelo ordenamento jurídico mediante um poder atribuído à vontade individual"[147].

O direito subjetivo é um poder outorgado ao seu titular para que possa promover, diante da proteção conferida pelo ordenamento jurídico, a satisfação dos seus próprios interesses.

Caio Mário da Silva Pereira[148] esclarece que o titular de determinado direito subjetivo recebe da ordem jurídica o poder de exercê-lo, e o exerce sem oposições. Diz o autor que nas:

> [...] situações em que o indivíduo realiza a liberdade, ou as suas atividades, visando a fins econômicos ou hedonísticos, vemos direitos subjetivos tão nitidamente caracterizados quanto os que traduzem as relações de crédito, porque implicam um poder de ação do indivíduo, seja contra qualquer outro que se oponha à sua efetivação, seja contra o

---

[147] GOMES, Orlando. *Introdução ao direito civil*. Coordenador e atualizador Edvaldo Brito; atualizadora Reginalda Paranhos de Brito. 22. ed. Rio de Janeiro: Forense, 2019. capítulo 9, item 52. Edição eletrônica.

[148] PEREIRA, Caio Mário da Silva. *Instituições de direito civil*. Introdução ao direito civil. Teoria geral do direito civil. Atualizadora e colaboradora Maria Celina Bodin de Moraes. 34. ed. Rio de Janeiro: Forense, 2022. v. I, p. 30.

próprio Estado, se é um agente seu que transpõe o limite entre a harmonia social e a esfera individual.

Caso ocorra a violação do direito subjetivo por um terceiro, nascerá, para o titular, uma pretensão. Pretensão é, em linhas gerais, a reação do titular à violação do seu direito. Em decorrência da proteção do ordenamento jurídico, a pretensão é exigível judicialmente.

Orlando Gomes diz que pretensão "é o poder do titular do direito subjetivo de exigir uma ação ou uma omissão de quem deve praticá-la ou de quem deve abster-se"[149].

Entretanto, o titular de um direito subjetivo não conserva para si, indefinidamente, a faculdade de propor medidas judiciais para defendê-lo. Ao mesmo tempo que a lei reconhece a existência do direito, determina o limite máximo de tempo para o seu exercício (pretensão).

É o que se deduz do quanto estabelece o art. 189 do Código Civil. Dispõe o dispositivo legal que, quando violado o direito, nasce para o titular a pretensão, a qual se extingue pela prescrição.

Nesse sentido, prevê o art. 206 do Código Civil que prescreve em cinco anos a pretensão de cobrança de dívidas líquidas constantes de instrumento público ou particular.

Vencido o prazo de pagamento do preço de aquisição do imóvel estabelecido no compromisso de compra e venda, estará o comprador sob os efeitos da mora. Caberá ao vendedor tomar as providências necessárias para a cobrança da dívida ou a transformação da mora em inadimplemento absoluto e a consequente resolução do contrato, sem prejuízo da cobrança de perdas e danos (Código Civil, art. 475).

O inadimplemento é uma violação do direito de crédito do vendedor. Em decorrência, nasce para ele uma pretensão, ou seja, o direito de reagir contra o descumprimento da obrigação contratual.

A dívida, referida no mencionado art. 206, que se origina com o inadimplemento do comprador, deve ser líquida.

Com apoio no que dispunha o art. 1.533 do Código Civil de 1916, considera-se líquida a obrigação certa quanto à sua existência e determinada quanto ao seu objeto.

Vencido o prazo de pagamento do preço de aquisição do imóvel e não sendo ele satisfeito pelo comprador, a dívida é certa quanto à sua existência. A sua determinação decorrerá da estipulação contratual.

Como exemplo: um compromisso que estabelece que a compra e venda se dará pelo valor de R$1.000.000,00, o qual será pago pelo comprador em cinco parcelas iguais de R$200.000,00, cada uma delas com vencimento previsto para todo primeiro dia útil de cada mês subsequente ao da assinatura do contrato.

No primeiro dia útil de cada mês seguinte ao da celebração do contrato, vence uma das parcelas de R$200.000,00. Não verificado o pagamento nesse prazo, a dívida é considerada certa quanto à sua existência (data de vencimento) e determinada em relação ao seu objeto (R$200.000,00 cada parcela vencida).

O vendedor, caso opte pela execução por quantia certa na hipótese de inadimplemento do comprador, deverá observar que a sua pretensão de cobrança prescreve em cinco anos contados da data em que o pagamento deveria ter sido feito.

Superado o prazo de cinco anos, estará prescrita a pretensão do vendedor poder exigir o pagamento dos valores que o comprador deveria ter pagado nos termos do compromisso.

---

[149] GOMES, Orlando. *Introdução ao direito civil*. Coordenador e atualizador Edvaldo Brito; atualizadora Reginalda Paranhos de Brito. 22. ed. Rio de Janeiro: Forense, 2019, capítulo 9, item 52. Edição eletrônica.

Sob a perspectiva do comprador, ainda que tenha ocorrido a prescrição da pretensão de cobrança do vendedor, ele não se desvinculará da sua obrigação de quitação do preço, especialmente se quiser se valer da adjudicação compulsória, porque esta instrumentaliza a transferência da propriedade do imóvel.

Importante destacar que a prescrição atinge tão somente a pretensão de o vendedor cobrar a dívida do comprador, mas não a faz desaparecer.

Mesmo que ocorra a prescrição da pretensão, a relação jurídica obrigacional ainda existirá, mas sem o direito de o vendedor poder exercê-la, ou seja, poder cobrá-la.

Lembrando que o art. 481 do Código Civil estabelece que na compra e venda um está obrigado a transferir o domínio, enquanto o outro está obrigado a pagar o preço; caso fosse admitida a extinção da obrigação pela prescrição, o vendedor não estaria mais obrigado à outorga do título definitivo e o comprador teria que tomar providências para receber de volta o que até então foi pago.

Sob a perspectiva do comprador, ainda com base no referido art. 481, caso a obrigação fosse extinta, este poderia adquirir o direito real de propriedade, pela compra e venda, sem pagar a totalidade do preço, o que não é juridicamente razoável.

Portanto, apesar de não mais existir a possibilidade de o vendedor cobrar o seu crédito em decorrência da prescrição, a dívida subsiste e o comprador continua a ela vinculada.

Apenas com a quitação integral da dívida (pagamento do preço) é que o comprador se tornará credor da obrigação de exigir o instrumento definitivo de compra e venda em cumprimento ao compromisso.

Não se pode admitir, por ser contrário ao sistema jurídico vigente, que sem o pagamento do preço o comprador adquira o direito real de propriedade, ainda que o vendedor tenha perdido o direito de cobrá-lo em virtude da prescrição.

O vendedor pode não ter o direito de executar a dívida, mas não é obrigado a transmitir a propriedade do imóvel sem receber o preço ajustado.

Como fica, então, a questão diante do que estabelece o art. 190 do Código Civil (a exceção prescreve no mesmo prazo da pretensão)?

Significaria entender que o vendedor, caso sofra os efeitos da prescrição da sua pretensão, não poderia se opor à outorga do título definitivo de compra e venda?

Nosso entendimento é no sentido de que o vendedor poderá se recusar a outorgar o título definitivo enquanto não receber integralmente o preço estabelecido consensualmente para a compra e venda, porque a obrigação de pagamento ainda existe (mesmo sem a força jurídica necessária para sua execução).

Reconhecer a possibilidade da outorga do título definitivo compulsoriamente, na via judicial ou extrajudicial, sem o pagamento do preço de aquisição, é aceitar que o proprietário pode perder a propriedade sem a devida contraprestação.

O Código Civil prevê as formas de perda da propriedade. A alienação é uma dessas formas (Código Civil, art. 1.275, I). Alienar significa transferir a propriedade de determinado objeto (no caso imóvel) de uma pessoa para outra.

Dos diversos negócios jurídicos que podem instrumentalizar a alienação, interessa-nos a compra e venda. Esta, por sua vez, conforme conceituação que já apresentamos (Código Civil, art. 481), além de ter o preço como elemento essencial, serve como contraprestação para a transferência do domínio.

Logo, para que ocorra a transferência do imóvel do patrimônio do vendedor para o do comprador, é necessário o pagamento do preço.

Significa, consequentemente, que a perda da propriedade pelo seu titular, em decorrência da alienação consubstanciada em um negócio jurídico de compra e venda, depende do pagamento completo da contraprestação (preço) pelo comprador.

Dessa forma, admitir a adjudicação compulsória sem que o preço seja integralmente pago é permitir, por meio do próprio sistema jurídico, um enriquecimento sem causa do comprador, que poderá receber o imóvel e manter consigo o valor devido e não pago pelo preço.

Há entendimento nesse sentido no Superior Tribunal de Justiça para o qual a "quitação do preço do bem imóvel pelo comprador constitui pressuposto para postular a sua adjudicação compulsória, ainda que a pretensão de cobrança esteja coberta pela prescrição"[150].

Em outro precedente também do Superior Tribunal de Justiça, foi reconhecido que, mesmo tendo prescrito o direito de o credor cobrar a dívida relativa ao preço da compra e venda imobiliária, é inadmissível o entendimento de que inexiste a dívida, pois a prescrição atinge a pretensão do vendedor, mas não o direito subjetivo em si[151].

Em outras palavras, apesar de prescrita a possibilidade de cobrança da dívida pelo vendedor, esse fato não acarreta a extinção da dívida do comprador, o qual permanecerá obrigado ao cumprimento caso queira a outorga do título definitivo de compra e venda, inclusive pela via adjudicativa. Também do Superior Tribunal de Justiça, e no mesmo sentido, REsp 2.045.624, julgado em 09.04.2024[152].

O Tribunal de Justiça do Estado de São Paulo também entende que a prova do pagamento é requisito essencial da adjudicação compulsória e que a prescrição da pretensão de cobrança de parcelas vencidas não implica a extinção da própria obrigação de pagar, razão pela qual o vendedor não deve ser obrigado a dar quitação e outorgar o instrumento definitivo de transmissão da propriedade plena do imóvel a quem não efetivou o pagamento integral do preço de aquisição[153-154].

Assim, ainda que ocorra a prescrição de parcelas relativas ao preço de aquisição do imóvel, o que desaparece, como dito, é a pretensão do vendedor de poder cobrá-las, e não a obrigação de pagamento do comprador. O pagamento de obrigação prescrita não configura liberalidade do devedor, pois a prescrição não extingue a obrigação, apenas afasta a sua exigibilidade pelo credor[155].

O comprador, como dito, não poderá adquirir a propriedade plena do imóvel sem efetivar o pagamento integral do preço de aquisição, mesmo que, para as parcelas vencidas e

---

[150] STJ, AgInt no AREsp 1.816.356/ES, j. 12.09.2022.
[151] REsp 1.694.322/SP, j. 07.11.2017.
[152] Destacamos desse recurso especial o seguinte trecho: "Com efeito, tal prescrição apenas impediria o credor de exigir o pagamento das parcelas ainda devidas, não extinguindo, porém, a obrigação em si do promitente comprador, visto que seus efeitos não têm o condão de repelir a inadimplência ou mesmo a falta de comprovação de quitação da dívida, sendo certo que esta (quitação) é requisito imprescindível para se proceder à adjudicação compulsória do imóvel".
[153] TJSP, Apelação Cível 1004136-05.2013.8.26.0281, j. 09.08.2017.
[154] "Eventual prescrição da pretensão de cobrança que, nos termos dos precedentes desta Câmara, é insuficiente para autorizar a adjudicação compulsória do imóvel. Prescrição que apenas fulmina a pretensão de cobrança do credor, mas não extingue o crédito em si. A prova do pagamento é requisito essencial de uma adjudicação compulsória, sob pena de prestígio indevido ao enriquecimento sem causa e de inexequibilidade de eventual sentença de procedência [...] Recursos providos" (TJSP, Apelação Cível 1002563-72.2014.8.26.0126, j. 13.01.2021). No mesmo sentido: TJSP, Apelação Cível 1059532-81.2020.8.26.0002, j. 28.03.2022.
[155] STJ, AgRg no REsp 1.398.718, j. 15.09.2016.

não pagas, já tenha ocorrido a prescrição. A obrigação de pagar persiste mesmo que a dívida esteja prescrita.

Ademais, entender possível a transferência compulsória sem o pagamento do preço é transformar a prescrição extintiva, a que alude também o referido art. 206 do Código Civil, em prescrição aquisitiva, a qual depende de requisitos especiais de tempo fixado pelo legislador e de posse, além do ânimo de dono no exercício de fato das atribuições do domínio pleno.

A prescrição aquisitiva está regulada no Código Civil na parte dedicada ao direito das coisas (Código Civil, arts. 1.238, 1.239, 1.240, 1.240-A e 1.242) e não se confunde com a extintiva, que está na parte geral.

Por esses motivos é que não se pode permitir, na adjudicação compulsória, a conjunção de circunstâncias que suponham a quitação do preço de aquisição.

A inexistência de ação judicial que tenha o compromisso de compra e venda como objeto da demanda não presume a quitação do preço. A quitação deve ser inequívoca.

Portanto, para evitar o enriquecimento sem causa (de qualquer das partes) acarretado pelo próprio sistema jurídico, é imprescindível que o comprador comprove o pagamento integral do preço de aquisição do imóvel para se valer da adjudicação compulsória judicial ou extrajudicial.

(iv) O imóvel. Ao falarmos sobre os elementos essenciais da compra e venda, indicamos a necessidade de especificar o seu objeto. Concernente à compra e venda preliminar, que pode necessitar da adjudicação compulsória, o objeto é imóvel.

Como objeto do compromisso de compra e venda, o imóvel deve ser especificado de modo que a sua descrição seja suficiente e exaustiva para individualizá-lo de todos os demais.

Uma ressalva necessária é que o imóvel[156], ainda que com deficiências em sua caracterização, deverá existir nos cadastros registrários. A não existência do imóvel nos assentamentos registrários impede o prosseguimento da adjudicação compulsória, pois pode ser que o contrato preliminar, diante da realidade registrária, possua um objeto inexistente.

A adjudicação compulsória não é forma de aquisição do direito de propriedade imobiliária registrariamente inexistente. Para esse tipo de regularização, o interessado deverá se valer da usucapião[157], forma originária de aquisição do direito real de propriedade, desde que cumpridos os requisitos legais de posse e de tempo.

Narciso Orlandi Neto[158] registra que a "individualização de cada imóvel é fundamental para a constituição, transferência, modificação ou extinção dos direitos reais. Se houver sobreposição de imóveis haverá sobreposição de direitos reais".

---

[156] Afrânio de Carvalho salienta que se chama de "imóvel, considerado independentemente de toda menção no registro, a um espaço de limites determinados na superfície da terra. Quais sejam os seus limites, depreende-se da história de cada imóvel. Esse imóvel por natureza, correspondente a uma porção individualizada da superfície terrestre, é que constitui basicamente o objeto do registro, conquanto se lhe tenha acrescentado a unidade isolada do edifício de apartamentos" (CARVALHO, Afrânio de. *Registro de Imóveis*. 4. ed. rev. e atual. Rio de Janeiro: Forense, 1998. p. 27).

[157] "[...]º 2. A possibilidade de registro da sentença declaratória da usucapião não é pressuposto ao reconhecimento do direito material em testilha, o qual se funda, essencialmente, na posse *ad usucapionem* e no decurso do tempo. 3. A prescrição aquisitiva é forma originária de aquisição da propriedade e a sentença judicial que a reconhece tem natureza eminentemente declaratória, mas também com carga constitutiva. 4. Não se deve confundir o direito de propriedade declarado pela sentença proferida na ação de usucapião (dimensão jurídica) com a certificação e publicidade que emerge do registro (dimensão registrária) ou com a regularidade urbanística da ocupação levada a efeito (dimensão urbanística). [...]" (STJ, REsp 1.818.564/DF, j. 09.06.2021).

[158] ORLANDI NETO, Narciso. *Registro de Imóveis*. Rio de Janeiro: Forense, 2023. p. 75.

O Decreto n.º 4.857/1939, que dispunha sobre os registros públicos antes da Lei Federal n.º 6.015/1973, apesar de não os especificar, exigia que os títulos submetidos para transcrição registrária tivessem elementos que caracterizassem o respectivo imóvel (arts. 247, 5º, e 248).

O Decreto-lei n.º 58/1937 exige, na letra *c* do seu art. 11, a descrição do lote objeto do compromisso, com confrontações, áreas e outras características que o individualizem.

Encontramos na atual Lei de Registros Públicos elementos que orientam essa distinção e caracterização do imóvel (Lei Federal n.º 6.015/1973, art. 176, § 1º, II, 3). Por esses dispositivos legais, a identificação será feita com a indicação (i) se rural, do código do imóvel, dos dados constantes do CCIR, da denominação e de suas características, confrontações, localização e área; e (ii) se urbano, de suas características e confrontações, localização, área, logradouro, número e de sua designação cadastral municipal, se houver.

Na sistemática registrária brasileira, cada imóvel deve conter sua própria matrícula (Lei Federal n.º 6.015/1973, art. 176, § 1º, I). É conhecido o princípio registrário da unitariedade matricial a revelar que um imóvel não pode ser objeto de duas matrículas e duas matrículas não podem se referir a um mesmo imóvel[159].

A Lei Federal n.º 6.766/1979, no inciso III do art. 26, em linha com o referido Decreto-lei n.º 58/1937, também exige que os contratos de compra e venda de lotes contenham as suas descrições, confrontações e áreas.

Todos os negócios jurídicos que se refiram a imóvel, além da legislação específica de cada tipo (não loteado, loteado e incorporado), deverão atender ao que determina a atual lei de registros públicos quanto à especialização objetiva do imóvel, porque essa lei, de natureza instrumental, contém mais elementos de distinção e de caracterização.

O título que ingressar no registro imobiliário deve, na descrição do imóvel, manter idêntica correspondência com aquela existente nos acervos registrários (transcrição ou matrícula) na respectiva matrícula e, caso estes não contenham todos os elementos exigidos em lei, dever-se-á promover a sua retificação (Lei Federal n.º 6.015/1973, art. 213). Ainda em caso de divergência, deve-se avaliar se a necessidade de retificação é do título ou do lançamento registrário (transcrição ou matrícula).

Caso tenha ocorrido erro material na transposição dos dados do imóvel constantes da matrícula para o compromisso de venda e compra, por exemplo, é o contrato que deverá ser retificado para se adequar aos elementos da matrícula. Caso o erro esteja no conteúdo da própria matrícula, esta é que deverá ser retificada com observância do regramento próprio (Lei Federal n.º 6.015/1973, art. 213).

Observada a legislação em vigor, a tendência é que o compromisso de compra e venda contenha a descrição e a caracterização do imóvel que lhe é objeto, de forma semelhante ao que consta nos lançamentos registrários, para possibilitar o registro na correspondente matrícula.

A adjudicação compulsória, por sua vez, terá como objetivo a instrumentalização de um título que se referirá a imóvel que deverá conter transcrição ou matrícula própria e estar descrito, caracterizado e individualizado em consonância com os elementos distintivos exigidos em lei, e que, na medida do possível, deverão estar presentes nos assentos registrários[160].

---

[159] ORLANDI NETO, Narciso. *Registro de imóveis*. Rio de Janeiro: Forense, 2023. p. 59.

[160] "Considerando, pois, que o título apresentado faz expressa referência aos lotes 18 e 19 da quadra D e à área total de 2.000m^2, correspondente à soma das áreas dos lotes individualmente considerados, é possível afirmar que o imóvel adjudicado está perfeitamente identificado, sendo inquestionável sua localização no solo, bem como incontroversas suas características, metragens e confrontações. É o quanto basta para que o princípio da especialidade objetiva seja atendido. Para Afrânio de Carvalho, o princípio da especialidade do imóvel 'significa a sua descrição como corpo certo, a sua representação

Destacamos precedente do STJ[161] no sentido de que:

> [...] se o imóvel cuja escritura se exige a outorga não possui matrícula própria, individualizada no registro de imóveis, eventual sentença que substitua a declaração de vontade do promitente vendedor torna-se inócua, pois insuscetível de transcrição.

A decisão supratranscrita não indicou claramente se o imóvel, apesar de não possuir matrícula própria, tinha a correspondente transcrição (registro anterior respectivo). Sob esse aspecto, para a nossa finalidade de estudo, podemos avaliar duas situações distintas.

A primeira é que dizer que o imóvel não tem matrícula própria pode significar que o imóvel não existe. A segunda é que os recorrentes podem não ter esclarecido em suas razões recursais que, apesar de não existir matrícula, existia a transcrição imobiliária correspondente, o que poderia permitir o ingresso do título com abertura da respectiva matrícula, caso presentes os requisitos legais e normativos.

A conclusão do Ministro Relator no precedente citado é forte no sentido de que, "se o imóvel cuja escritura se exige a outorga *não possui matrícula própria, individualizada* no registro de imóveis, eventual sentença que substitua a declaração de vontade do promitente vendedor *torna-se inócua, pois insuscetível de transcrição*". Logo, se não é possível a inscrição registrária do contrato definitivo ou da sentença equivalente, torna-se inútil a providência adjudicativa.

Contudo, a impossibilidade dessa precisa caracterização do imóvel ou a hipótese de ele estar irregular em relação ao cadastro imobiliário (registrário) não nos parece motivo para impedir o processamento da adjudicação judicial ou extrajudicial.

Francisco Eduardo Loureiro[162], ao comentar o art. 1.418 do Código Civil, salienta:

---

escrita como individualidade autônoma, com o seu modo de ser físico, que o torna inconfundível e, portanto, heterogêneo em relação a qualquer outro' ('Registro de Imóveis: comentários ao sistema de registro em face da Lei 6.015/73'. 2ª ed., Rio de Janeiro, 1977, p. 219). Por isso, o imóvel deve estar descrito no título objeto de registro de modo a permitir sua exata localização e individualização, não se confundindo com nenhum outro, tal como ocorre no caso concreto. Conforme ensina Narciso Orlandi Neto, 'as regras reunidas no princípio da especialidade impedem que sejam registrados títulos cujo objeto não seja exatamente aquele que consta do registro anterior', mas essa não é, como já consignado, a situação aqui enfrentada. Com efeito, é suficiente, sob o prisma do princípio da especialidade objetiva, 'que a caracterização do objeto do negócio repita os elementos de descrição constantes do registro' ('Retificação do registro de imóveis'. São Paulo: Editora Oliveira Mendes, 1997, p. 68). Os precedentes mais atuais do Conselho Superior da Magistratura são no sentido de que não ofende o princípio da especialidade o registro do título que abranja a totalidade do imóvel e que esteja de acordo com a descrição contida no registro anterior, desde que suficiente à sua identificação. É essa interpretação, a contrario sensu, do disposto no art. 225, § 2º, da Lei de Registros Públicos, segundo o qual: 'Consideram-se irregulares, para efeito de matrícula, os títulos nos quais a caracterização do imóvel não coincida com a que consta do registro anterior'. Sendo assim, a despeito da ausência de descrição individualizada de cada um dos lotes que compõem a área adjudicada, verifica-se que a descrição apresentada no título é suficiente para a perfeita identificação dos imóveis matriculados sob n.os 70.351 (lote 18, fl. 107/108) e 66.956 (lote 19, fl. 111/112) junto ao Oficial de Registro de Imóveis de Itapetininga/SP. Em tais condições, o prévio aditamento do título não é condição para o registro pretendido, razão pela qual merece ser afastada a exigência formulada pelo Sr. Oficial registrador. 3. À vista do exposto, pelo meu voto, dou provimento à apelação para julgar improcedente a dúvida" (TJSP, Apelação Cível 1002412-89.2019.8.26.0269, j. 18.09.2020).

[161] REsp 1.851.104/SP, j. 12.05.2020.
[162] LOUREIRO, Francisco Eduardo. Arts. *In*: GODOY, Claudio Luiz Bueno de *et al*. *Código Civil comentado*: doutrina e jurisprudência. Lei n. 10.406 de 10.01.2002. Coordenação Cezar Peluso. 17. ed. rev. e atual. Santana de Parnaíba-SP: Manole, 2023. p. 1.411.

Situação extremamente comum é a do promitente vendedor não ter o domínio do imóvel ou, ainda, a outorga de escritura registrável depender de uma séria de providências para a regularização da propriedade, tais como aprovação de loteamento, desmembramento, instituição de condomínio edilício, retificação do registro, apresentação de certidões negativas fiscais, ou outros entraves. Em tais casos, a sentença de adjudicação compulsória, ou sentença substitutiva de vontade, será inócua, porque inábil para ingressar no registro imobiliário. Lembre-se que a sentença somente substitui o contrato definitivo e está sujeita, como qualquer título, ao exame qualificador do oficial registrador e à obediência aos princípios registrários.

Comentamos anteriormente que a adjudicação compulsória tem como objetivo suprir o inadimplemento da obrigação de fazer do vendedor do imóvel que se recusa a outorgar o respectivo título definitivo. Destacamos que a sentença constitutiva proferida na adjudicação compulsória produz os mesmos efeitos de declaração da vontade omitida.

O resultado prático dessa intervenção é a possibilidade, pelo Poder Judiciário ou pelo registrador imobiliário, de formação do título definitivo de compra e venda em cumprimento ao contrato preliminar, não mais do que isso.

Em casos de irregularidades do imóvel, o Tribunal de Justiça de São Paulo tem manifestado o entendimento de que o vendedor é obrigado a promover a sua regularização prévia à adjudicação. Contudo, também existem precedentes do mesmo tribunal estadual no sentido de que o comprador não pode aguardar indefinidamente essa regularização para receber o título definitivo[163].

Como o título de transferência antecede o registro, concordamos com a orientação de que se deve assegurar ao comprador adimplente o direito ao recebimento do correspondente título definitivo em cumprimento ao instrumento preliminar, mesmo que existam adequações registrárias a serem feitas no imóvel, sendo postergada para outro momento a regularização imobiliária e registrária que eventualmente impeça a sua inscrição na matrícula respectiva.

A finalidade mediata do procedimento de adjudicação compulsória é viabilizar que o comprador adimplente tenha constituído em seu favor o título definitivo de compra e venda em cumprimento ao compromisso. Estamos aqui no ambiente obrigacional diante da execução de uma obrigação de fazer.

A sentença proferida nos termos do art. 501 do Código de Processo Civil ou a decisão do registrador imobiliário que admitir a adjudicação compulsória não terá efeitos suficientes para, por si só, transmitir o direito de propriedade sem que se passe pela sua inscrição registrária na matrícula do respectivo imóvel (Código Civil, arts. 1.245 e 1.247).

A adjudicação compulsória é um ato que objetiva a formalização de um título definitivo (decorrente do preliminar) que possa viabilizar a transferência do domínio da propriedade imobiliária.

---

[163] "Apelação – Obrigação de fazer outorga de escritura definitiva – Loteamento irregular – Falta de interesse de agir – Preliminar rejeitada – Existência de entraves administrativos junto ao Município que não autoriza a falta de regularização do empreendimento por décadas – Adquirente que não pode ficar indefinidamente aguardando a regularização para ter sua escritura definitiva e registrada – Jurisprudência pacífica deste TJSP – Precedente do STJ – Sentença de procedência bem determinada -- Recurso improvido" (sic) (Apelação Cível 0004921-85.2013.8.26.0506, j. 06.12/.2022). No mesmo sentido: TJSP, Apelação Cível 0004926-10.2013.8.26.0506, j. 19.09.2018; TJSP, Apelação Cível 0004938-24.2013.8.26.0506, j. 12.03.2018; TJSP, Apelação Cível 0004937-39.2013.8.26.0506, j. 12.09.2017.

Entretanto, em nosso sistema de aquisição de direitos reais, necessariamente, a formalização do título ocorre sempre como antecedente lógico e cronológico da inscrição registrária[164]. Logo, a sentença ou a decisão na adjudicação compulsória (judicial ou administrativa) integra o processo de formação do documento necessário para viabilizar a aquisição do direito real de propriedade, ocupando a posição de *titulus* que antecede o *modus* (registro).

Assim, para a situação de imóveis considerados irregulares em sua caracterização, mas que podem ser de alguma forma identificados e individualizados, entendemos que a adjudicação compulsória poderá ser processada até o momento em que se origina o título a ser registrado (Código de Processo Civil, art. 501, e Lei Federal n.º 6.015/1973, art. 216-B, § 3º), postergando-se para a fase registrária as regularizações necessárias para permitir a inscrição do título.

Imaginemos a situação de um imóvel que contém em sua descrição a indicação de todas as suas linhas perimetrais, bem como de seus confrontantes, mas que não encerre a sua área total. Entendemos que, apesar de a área total ser um elemento de especialidade objetiva do imóvel, a descrição do perímetro é o bastante para individualizá-lo e a indicação dos imóveis confrontantes suficiente para fixar a sua localização, de modo que não seja confundido com nenhum outro. Nesse caso, a adjudicação compulsória será possível e a regularização do encerramento da área total poderá ser feita posteriormente pelo comprador.

Ademar Fioranelli[165] destaca que:

> Não haverá óbice ao registro de escritura de compra e venda da qual conste *descrição* do imóvel vendido *discordante* daquela do assentamento imobiliário, desde que mínima a imprecisão e que não se inove nenhum dado caracterizador, de maneira a confundi-lo com outro (*v.g.*, singela discrepância quanto a uma das medidas; inversão das medidas laterais; omissão ou acréscimos de área superficial). Tais circunstâncias não apresentam riscos à especialidade, desde que inequivocamente individuado no registro anterior ou matrícula, bastando, para isso, como superação à discrepância, que o registro tenha lastro nos dados corretamente lançados no assentamento imobiliário, ao qual o título se filia.

Idêntico entendimento deve ser aplicado aos casos de adjudicação compulsória, pois é o que ocorreria com a outorga da escritura definitiva de compra e venda. Eventuais irregularidades na especialidade objetiva do imóvel impedirão o seu registro na correspondente matrícula, mas não a sua lavratura.

O que se busca com a adjudicação compulsória é a obtenção, pelo comprador, após o pagamento de todo o preço de aquisição, de um título definitivo em relação ao contrato preliminar. O registro só acontece por causa do título, o que demonstra a independência cronológica dos dois; primeiro, surge o título e, depois, por sua causa, o registro. A depender das falhas, as respectivas regularizações poderão ser promovidas em momento subsequente[166] à formação do título e antes do seu registro.

---

[164] CREDIE, Ricardo Arcoverde. *Adjudicação compulsória*. 4. ed. rev. e ampl. São Paulo: RT, 1988. p. 17.
[165] FIORANELLI, Ademar. *Direito registral imobiliário*. Porto Alegre: IRIB/Fabris, 2001. p. 472.
[166] Como ocorre com os títulos que sofrem a cindibilidade para serem admitidas as inscrições aptas e recusadas aquelas qualificadas negativamente. "Nesta ordem de ideias, considerando que a qualificação registral não pode ingressar no mérito da decisão que deu lastro ao formal de partilha e à vista da anuência expressa da companheira do falecido com a partilha de bens, não caberá, nesta esfera administrativa, a análise acerca de eventual avanço sobre a legítima. Desta sorte, à vista do princípio da cindibilidade, admitido, pontualmente, por este Conselho Superior da Magistratura, permitindo casualmente que do título sejam extraídos elementos que poderão ingressar de imediato

Podemos citar, como exemplo, a situação de imóvel que contenha construção (identificada pelo lançamento municipal), mas sem que a correspondente averbação tenha sido promovida na sua matrícula. Se o compromisso se referir ao imóvel sem a área construída, o correspondente título definitivo ou a adjudicação compulsória deverá ser admitida a registro, pois o objeto da aquisição é o imóvel tal qual descrito na correspondente matrícula, sendo possível que a regularização da área construída seja realizada posteriormente ao registro de aquisição[167]. A existência de área construída no cadastro municipal (muitas vezes lançada unilateralmente pelo credor tributário municipal) não deve impedir o registro do título que promove a transferência definitiva do direito real de propriedade.

O comprador, até mesmo para que possa promover determinadas regularizações, por exemplo, a retificação de área, deverá ter seu título definitivo de compra e venda outorgado para legitimar seu interesse na correção registrária.

Caso a irregularidade não seja passível de correção sem o procedimento de retificação registrária, tanto no âmbito judicial quanto no extrajudicial, deverá ser, respectivamente, desde que cumpridos todos os demais requisitos, proferida a sentença (se judicial) ou, como veremos adiante, deferida a adjudicação compulsória pelo registrador imobiliário (se extrajudicial), entregando-se ao comprador adimplente o título aquisitivo definitivo e demais documentos necessários para que possa promover as correções e adequações imprescindíveis e, oportunamente, apresentá-las ao registro de imóveis quando a irregularidade tiver sido sanada.

Isso garante ao adquirente a obtenção do documento substitutivo do contrato definitivo não outorgado pelo vendedor inadimplente, que, além de outras vantagens (algumas até de ordem psicológica pelo conforto de se ter o contrato definitivo), não mais dependerá da eventual instabilidade da vontade do alienante para a sua formalização. Além de esse entendimento estar de acordo com a legislação em vigor, colabora, ainda, com a paz social.

Apesar de os exemplos de irregularidades nos precedentes do tribunal paulista indicados anteriormente serem relativos a loteamentos, entendemos que a mesma posição apresentada até aqui pode ser aplicada para a situação de imóvel submetido ao regime de incorporação imobiliária (Lei Federal n.º 4.591/1964).

---

no fólio real, desconsiderando outros que demandem providências diversas, viável o registro do formal de partilha nas matrículas n.º 34.619 e 34.620 do 5º Oficial de Registro de Imóveis da Capital, aguardando-se posterior regularização da situação registraria no que concerne à vaga 15, objeto da matrícula n.º 36.536. Admite-se a cisão do título quando, num mesmo título formal, ou há dois ou mais imóveis em questão (p. ex., a compra e venda de dois distintos lotes de terreno), ou há pluralidade de fatos jurídicos sobre um mesmo imóvel (p. ex., duas vendas, a compradores diferentes, cada qual adquirindo a metade de um mesmo imóvel), o que ocorre *in casu*" (TJSP, Apelação Cível 1083298-63.2020.8.26.0100, j. 17.09.2021).

[167] Há a possibilidade, por exemplo, de deixar para um momento posterior a regularização de áreas construídas não constantes da matrícula, mas que tenham sido referidas no compromisso. É possível proceder à cindibilidade do título para registrar a transferência do direito real de propriedade e deixar a averbação da construção para ser feita em outra ocasião. A exemplo: "Por esse motivo, neste caso concreto não há vedação para que a averbação da construção seja promovida posteriormente, mediante rogação dos proprietários do terreno, nos moldes de precedente deste Col. Conselho Superior da Magistratura relativo à cindibilidade dos títulos apresentados para registro: 'Ementa: Registro de Imóveis – Dúvida inversa – Ingresso de carta de arrematação – Recusa fundada na exigência de prévia regularização de construção cuja existência não consta do fólio real – Cindibilidade do título para registro da aquisição do terreno, descrito conforme a matrícula – Possibilidade de posterior averbação da construção, respeitado o princípio da instância – Exigência insubsistente – Recurso provido' (TJSP, Apelação Cível 52.723-0/5, da Comarca de São Vicente, Rel. Desembargador Sérgio Augusto Nigro Conceição, j. 10.09.1999) (TJSP, Apelação Cível 1019680-34.2018.8.26.0224, j. 14.11.2019).

Isso porque, nos termos do § 15 do art. 32 da Lei Federal n.º 4.591/1964, o registro do memorial de incorporação e da instituição do condomínio sobre as frações ideais constitui ato registral único. Portanto, registrado o memorial de incorporação, apesar de pendente a regularização administrativa e tributária da construção que ocorrerá ao seu término, já estarão definidas e especializadas as futuras unidades autônomas, com possibilidade de abertura de matrículas individualizadas, o que permite a identificação do imóvel para efeitos da adjudicação compulsória.

Em outras palavras, é possível a adjudicação compulsória de fração ideal de terreno submetido ao regime da incorporação imobiliária, correspondente a futura unidade autônoma, enquanto não averbado o término da construção, pois essa futura unidade autônoma já poderá ser objeto de matrícula individualizada desde o registro do memorial de incorporação.

Em grande parte das vezes, o pagamento pelo imóvel adquirido "na planta" acontece durante o desenvolvimento das obras do empreendimento. Contudo, o fato de haver o registro do memorial de incorporação permitirá que o adquirente, em caso de recusa injustificada do alienante em outorgar o título definitivo, apesar de já ter recebido a integralidade do preço de aquisição antes do término da construção, possa processar a adjudicação compulsória e obter seu título definitivo para a transmissão da fração ideal referente à sua futura unidade autônoma.

O mesmo entendimento pode ser aplicado para os empreendimentos antigos em que apenas o memorial de incorporação foi registrado, não tendo sido promovidos os demais atos de regularização (averbação de construção e registro da instituição em condomínio).

Pelo objetivo da redação atual do § 15 do art. 32 da Lei Federal n.º 4.591/1964, de considerar o registro do memorial de incorporação e da instituição em condomínio como atos únicos, suficientes, portanto, para possibilitar a abertura das matrículas das unidades autônomas, é possível o registro do título de adjudicação, ainda que não averbada a construção nem instituído o condomínio edilício, pois pela legislação atual o imóvel como unidade autônoma já existe. O registro do título definitivo poderá ser feito ou na matrícula principal (*matrícula mãe*) ou em fichas auxiliares vinculadas à matrícula principal[168], a depender das disposições normativas das Corregedorias Estaduais.

Devemos analisar também a possibilidade de um compromisso de compra e venda, que tenha como objeto uma fração ideal de uma área maior e com características de indivisibilidade, ser adjudicado compulsoriamente.

O proprietário pode alienar fração ideal de seu imóvel para terceiro, observadas as questões relativas à lei de parcelamento do solo que veremos a seguir, hipótese em que se configurará a situação de condomínio.

Haverá condomínio quando a coisa considerada indivisível pertencer a mais de uma pessoa ao mesmo tempo.

Em linha com a regra geral do art. 1.228, o art. 1.314 (ambos do Código Civil) estabelece que cada condômino poderá usar a coisa em condomínio conforme a sua destinação e sobre ela exercer os direitos compatíveis com a indivisão, reivindicá-la de terceiro, defender a sua posse e alienar[169] ou onerar a sua cota-parte.

---

[168] TJSP. Corregedoria-Geral da Justiça. *Normas de Serviço*. Cartórios extrajudiciais. Capítulo XX, subitem 221.1. Disponível em: https://api.tjsp.jus.br/Handlers/Handler/FileFetch.ashx?codigo=163007. Acesso em: 21 set. 2023.

[169] Observado, nos casos de venda, o direito de preferência dos demais condôminos (Código Civil, art. 504).

Como o condômino, titular de direito real de propriedade sobre determinada fração ideal de um imóvel, pode livremente aliená-la[170], também poderá compromissá-la à venda.

Compromissada a venda de fração ideal de imóvel indivisível, o condômino assumirá a obrigação de celebrar o título definitivo após o recebimento integral do preço. Como nos demais casos, o inadimplemento dessa obrigação de fazer (outorgar o título definitivo) pelo condômino vendedor poderá ser superado pela adjudicação compulsória.

No entanto, nessa hipótese cabe um alerta: o objeto do compromisso de compra e venda deverá ser uma fração ideal considerada no todo do imóvel indivisível. Caso, em imóvel ainda indivisível, o titular do direito de propriedade comprometer à venda parte certa e determinada e, depois de ter recebido a integralidade do preço, negar-se a outorgar o título definitivo, concluímos pelas consequências a seguir indicadas.

Dividimos o tema em duas partes: (i) outorga do título definitivo (que é o objetivo da adjudicação) e (ii) admissibilidade desse título a registro.

Quanto à primeira, referente à outorga do título definitivo em cumprimento ao compromisso de compra e venda, dissemos reiteradamente que o vendedor, tendo recebido o preço, é obrigado a celebrar o contrato principal para possibilitar a transferência da propriedade do imóvel para o comprador adimplente.

Tal formalização, no que se refere ao objeto, deverá corresponder exatamente àquilo que estiver no contrato preliminar. Se este tiver especificado (descrito partes certas e determinadas) uma parte do imóvel indivisível, o contrato principal deverá tratar do mesmo objeto, com as mesmas características contidas no preliminar.

Nessa hipótese, haverá, porém, uma divergência entre a descrição do objeto no compromisso de compra e venda e os assentamentos registrários. Naquele, o imóvel estará especializado como parte certa e determinada de uma área maior, enquanto nesses a especialização do imóvel estará de certa forma precária e divergente porque descrito em área maior.

Tal divergência impedirá o registro do título decorrente da adjudicação compulsória porque fere o princípio registrário da especialidade objetiva.

Entendemos, portanto, que, se no exemplo anterior for necessária a adjudicação compulsória, ela será possível mesmo havendo essa incoerência quanto ao imóvel entre o título que dela resultar e os assentos registrários, pois ela (adjudicação compulsória) é indispensável apenas para a formação do título definitivo, seu respectivo registro será feito, se possível, em decorrência dela, em momento subsequente quando cessarem os eventuais impedimentos para a sua realização.

Contudo, o título definitivo nessas circunstâncias (que individualiza parte certa de um imóvel em uma área maior e ainda indivisível) não poderá, como salientado *supra*, ser registrado enquanto a situação de indivisão não for solucionada. Em outras palavras, o imóvel objeto da transferência não existe na sua individualização no respectivo registro de imóveis, o que impede o ingresso do título, ainda que de origem judicial.

Para possibilitar o ingresso do título, em nosso exemplo, na forma de imóvel individualizado, o interessado deverá buscar promover a regularização, que significará colocar fim à indivisão e criar condições jurídicas e administrativas para a abertura da matrícula individualizada de seu imóvel. Isso pode se dar por meio de um desmembramento, um parcelamento do solo ou até mesmo pela extinção do condomínio nos termos dos arts. 1.320 e 1.322 do Código Civil.

---

[170] Respeitado o direito de preferência dos demais condôminos (Código Civil, art. 504).

O empecilho do registro do título não deve ser tido como fato impeditivo para a sua formalização na adjudicação compulsória, ou seja, a celebração do título definitivo, voluntária ou compulsoriamente, é um direito do adquirente que efetuou o pagamento integral do preço e que deve ser atendido mesmo que o seu registro não seja possível.

Uma coisa é a inaptidão do título ao registro, outra é o direito do comprador de recebê-lo na forma correspondente ao compromisso de compra e venda. Em caso de recusa do vendedor, o comprador deve ser amparado pela adjudicação compulsória, pois estará em busca da execução coativa da obrigação de fazer cujo devedor é o vendedor. Obtido o título definitivo, o comprador deverá procurar superar as irregularidades registrárias para viabilizar o seu registro.

Negar a obtenção do título definitivo na adjudicação compulsória sob o argumento de que a sentença ou a decisão do registrador não poderá ser registrada por irregularidades é perpetuar, *ad infinitum*, uma relação jurídica obrigacional que decorre do compromisso de compra e venda, o que contraria o instituto das obrigações, que sempre devem ter tempo certo para seu fim.

Impedir a celebração do título definitivo sob o argumento de que este não terá registro é retirar do comprador o direito contratualmente estabelecido de que ele receberá o contrato principal em cumprimento ao compromisso de compra e venda, especialmente após o pagamento integral do preço de aquisição do imóvel.

No tocante à adjudicação compulsória de imóveis menores inseridos em áreas maiores, há inúmeros precedentes nos tribunais estaduais que demonstram a orientação no sentido de negá-la a fim de evitar que operações de alienações de frações ideais possam burlar as disposições do parcelamento do solo (Lei Federal n.º 6.766/1979).

Entretanto, a análise feita com a conjugação de outros elementos, somado o que se disse até aqui, pode revelar, em nosso entendimento, uma forma alternativa de regularização por etapas.

Salientamos que a pretensão do requerente no procedimento de adjudicação compulsória é tentar superar a fase obrigacional da formalização do título definitivo. Vimos anteriormente que o processo de aquisição do direito real de propriedade é formado por dois momentos distintos (*titulus* e *modus*), os quais, apesar de inter-relacionados, são independentes.

Para possibilitar a constituição de um direito real de propriedade em seu favor[171], o indivíduo primeiro precisa obter um título causal e, subsequentemente, submetê-lo a registro para sua efetiva constituição.

A dinâmica do processo obrigacional pode ser dividida em duas fases, sendo uma a do nascimento e desenvolvimento dos deveres e outra a do adimplemento. Na fase do adimplemento, podem existir dois outros planos, o obrigacional (correspondente aos direitos pessoais) e o real (referente ao direito das coisas). Tal divisão na fase do adimplemento ganha maior relevância quando o cumprimento da prestação acarreta a transmissão da propriedade, deslocando-se, portanto, para o plano do direito das coisas[172].

A formalização do contrato principal pela adjudicação compulsória está no plano do direito pessoal, e não do real, porque se refere ao inadimplemento da obrigação de fazer do vendedor.

---

[171] Excluídas as hipóteses em que a aquisição do direito de propriedade é originária, como na usucapião e na desapropriação. Nessas hipóteses, a aquisição ocorre em razão de terem sido cumpridos determinados requisitos legais (tempo, posse, interesse público), e não em decorrência de um título causal.

[172] COUTO E SILVA, Clóvis V. do. *A obrigação como processo*. Rio de Janeiro: FGV, 2006. p. 43.

Muitas vezes, o comprador terá um compromisso de compra e venda de imóvel no qual as características deste não estarão bem definidas para o que exige, por exemplo, o princípio registrário da especialidade objetiva, o que pode inviabilizar a inscrição do contrato na matrícula do imóvel.

Contudo, como procuramos demonstrar, a sentença na medida judicial ou a decisão do registrador no procedimento administrativo, ambos em adjudicação compulsória, com o compromisso, faz as vezes do título definitivo de alienação. Esse título, ao ingressar no registro de imóveis, por sua vez, será, como qualquer outro, qualificado pelo registrador e, na existência de óbices considerados instransponíveis para o registro, será desqualificado e devolvido com as exigências pertinentes, as quais deverão ser atendidas pelo interessado ou discutidas em sede de procedimento de dúvida.

Na hipótese que estamos tratando (venda de fração ideal de imóvel pendente de divisão), caso a indivisão não seja resolvida, o título definitivo que especializou imóvel certo e determinado de uma área maior não terá ingresso no sistema registrário. O registro, no entanto, considerando que na cronologia do processo de aquisição do direito real de propriedade é uma etapa posterior à formação do título definitivo, não deve ser impedimento para a formalização deste em cumprimento ao compromisso de compra e venda.

Pretendemos dizer que, apesar de inter-relacionados, o primeiro pode existir sem que alcance o segundo, ou seja, pode existir um título definitivo sem que se tenha o seu respectivo registro, qualquer que seja o motivo.

Entendemos necessário separar as etapas (*titulus* e *modus*) e garantir ao comprador o recebimento do seu contrato definitivo em consonância com o compromisso de compra e venda, mesmo que este contenha óbices a serem superados. O registro deste será uma etapa subsequente.

Essa circunstância de irregularidades do título aquisitivo é uma realidade muito presente no cotidiano cartorário, mesmo em outros procedimentos que não a adjudicação compulsória, o que demonstra que, na prática, existem títulos aquisitivos que necessitam de ajustes para se conformarem às exigências registrárias.

A sentença procedente na ação de adjudicação ou a decisão do registrador que a deferir na via extrajudicial, ainda que existam providências a serem tomadas para a regularização do imóvel (como a divisão pelo loteamento, desmembramento, condomínio de lotes, condomínio edilício, extinção de condomínio etc.), devem ser tidos como possíveis porque, além de a formação do título não afastar nem superar por si só os impedimentos registrários que existirem, os quais poderão ser solucionados posteriormente, é a forma de o adquirente ter o cumprimento da obrigação de fazer do vendedor e, também, atender aos seus anseios, pois passará a ter um título definitivo que possibilitará, superados os impedimentos registrários, regularizar o domínio de seu imóvel.

No contexto da atual sociedade brasileira em que o *contrato de gaveta* é uma realidade, é muito significativo para as pessoas o fato de ter um título definitivo do seu imóvel. Proporciona a sensação de pertinência proprietária. De fato, a falta do registro do título é algo a ser combatido, mas nem sequer conceder o título definitivo em cumprimento ao compromisso de compra e venda por falhas registrárias parece-nos uma situação ainda pior.

A procedência da adjudicação compulsória, judicial ou extrajudicial, por si só, não acarreta a transmissão do domínio, mas, como dito anteriormente, na estrutura jurídica de aquisição do direito real de propriedade considerada como processo, garante o título (Código

Civil, arts. 1.227 e 1.245), isto é, faz nascer a titulação[173] em favor do adquirente que já pagou a integralidade do preço de aquisição do imóvel.

Nada mais justo que o adquirente receba o contrato definitivo que comprove o cumprimento de todas as suas obrigações assumidas no compromisso de compra e venda, ainda que este contenha irregularidades, as quais poderão ser superadas em momento posterior.

Para evitar que essas situações relativas à transmissão de frações ideais possam representar burla ao parcelamento do solo, o juiz, caso se processe judicialmente, o notário e o registrador, se extrajudicialmente, deverão promover os atos pertinentes à adjudicação até a formalização do título definitivo e, para atender à cautela necessária, comunicar, por escrito, essa circunstância (possível burla ao parcelamento do solo) tanto para as partes interessadas quanto para as autoridades competentes para que estas, se o caso, realizem as investigações pertinentes, bem como proponham as medidas judiciais eventualmente necessárias.

Vale ressaltar que, sobre parcelamentos ao arrepio da legislação pertinente, havia, por ocasião dos anos 2000, na cidade de São Paulo, uma grave situação de proliferação de casos de divisões de áreas maiores manejados em contradição com o quanto estabelecem as Leis Federais n.º 6.766/1979 (parcelamento do solo) e n.º 4.591/1964 (condomínio edilício).

Os empreendedores escolhiam, de acordo com as suas conveniências, de qual dos institutos jurídicos fariam uso para a sua defesa quando questionados, deixando os adquirentes sem qualquer segurança sobre a especialização jurídico-registrária do bem que adquiriam (lotes ou unidades autônomas).

Nesses casos de burla às referidas leis, os adquirentes eram os que mais se prejudicavam, pois por vezes já pagavam certa parte do preço como sinal na assinatura do compromisso de compra e venda, mas no decorrer da sua execução sentiam o dissabor de o empreendimento supostamente fraudulento ter suas inscrições registrárias bloqueadas por determinações judiciais.

A fiscalização feita tanto pelo Poder Judiciário quanto pelo Ministério Público, com apoio das serventias extrajudiciais, pretende evitar a burla de um sistema (parcelamento do solo) e, consequentemente, estabelecer a necessidade de enquadrar o empreendimento na correta e adequada hipótese legal e urbanística. Se venda de lotes, persegue-se a aprovação do loteamento; se vendas de unidades autônomas (construídas), a de condomínio edilício.

Em linhas gerais, o que não se permite é que, por supostamente ser menos complexa a aprovação, promova-se a venda de lotes (certos e determinados) como se fossem unidades autônomas (frações ideais vinculadas ao terreno edificado).

Apenas a título de ilustração, a implantação de um empreendimento na modalidade de parcelamento do solo deve observar, de acordo com a legislação federal, maiores restrições do que aqueles feitos na forma de condomínio edilício.

Há a necessidade de se reservarem áreas destinadas ao sistema de circulação, indicarem áreas públicas que passarão ao domínio do município no momento do registro do loteamento, de implantação de equipamentos urbanos e comunitários (posto de saúde, hospital, creche, delegacia etc.) e de espaços livres de uso público proporcionais à ocupação prevista para o local, além de ser preciso observar eventuais restrições de natureza ambiental.

Os loteamentos deverão, também, atender ao que dispõe a legislação municipal local, que definirá os índices urbanísticos para o parcelamento e para a ocupação do empreendimento,

---

[173] Não se pode confundir a titulação originada em favor do adquirente com a regularização dominial que acontecerá com o registro do título na matrícula do imóvel no momento que for possível.

além das áreas mínimas e máximas de lotes e os correspondentes coeficientes máximos de aproveitamento.

Em termos de comparação, há quem defenda que a legislação geral dos empreendimentos na modalidade de condomínio edilício contém menos restrições ao seu desenvolvimento. As que existem, na maioria das vezes, derivam de leis municipais.

A sensação de maior rigor na aprovação do projeto e as restrições legalmente impostas para o parcelamento podem, ainda que isso não justifique o comportamento ilegal[174], explicar o porquê de empreendedores agirem em desacordo com a legislação.

Com o rigor da fiscalização e a introdução em nosso sistema do instituto do condomínio de lotes, a prática com o objetivo de fraudar a lei, especialmente a do parcelamento do solo urbano, tende a se arrefecer.

Caso o magistrado, o notário ou o registrador se depararem, na adjudicação compulsória de parte ideal de um imóvel maior, com indícios de burla à lei do parcelamento, deverão, como dito, advertir os interessados por escrito e comunicar as autoridades competentes, mas não deverão deixar de, caso juridicamente possível, promover os atos necessários para conceder o título definitivo ao adquirente adimplente.

Apoiamos nossas conclusões no quanto foi decidido no Processo CG-2.588/2000, da Corregedoria-Geral da Justiça do Estado de São Paulo, cujo parecer (n.º 348/2001-E) foi aprovado em 05.06.2001, pelo então Corregedor-Geral da Justiça, Desembargador Luis de Macedo.

No aludido processo foi determinado, em caráter normativo, que:

> a) aos notários e registradores do Estado de São Paulo, sempre que, no exercício de sua atividade, vierem a ter ciência de fundados indícios da efetivação de parcelamento irregular, que promovam a remessa das informações relativas ao fato para o Juiz Corregedor Permanente, para o Ministério Público e para a Prefeitura Municipal, e b) aos tabeliães de notas, que se abstenham de lavrar atos notariais que tenham por objeto negócios jurídicos de alienação de frações ideais sempre que a análise de elementos objetivos revelem a ocorrência de fraude à legislação cogente disciplinadora do parcelamento do solo, **determinando, quando da insistência dos interessados na lavratura do ato notarial, a obrigatória inserção, no instrumento público que formaliza o negócio jurídico, de expressa declaração das partes da ciência de que a transmissão de fração ideal para a formação de condomínio tradicional não implica na alienação de parcela certa e localizada de terreno** (destaques acrescidos).

Entendemos que a solução encontrada pela Corregedoria-Geral paulista atendeu de forma justa e equilibrada aos interesses dos adquirentes de frações ideais de imóveis maiores – possivelmente considerados irregulares – e buscou garantir a outorga do respectivo título aquisitivo, mesmo de fração ideal correspondente à parte determinada em área maior, sem descuidar das providências investigativas e punitivas, quando o caso, uma vez que, se houver insistência dos interessados na prática do ato notarial, eles serão formalmente alertados e deverão declarar expressa ciência, no próprio título notarial, de que reconhecem que a aquisição de parte ideal de área maior não significa aquisição de parte certa e determinada.

Constou expressamente no comando normativo: "[...] quando da insistência dos interessados na lavratura do ato notarial [...]". Isso demonstra que é possível a lavratura do ato notarial com atenção às disposições normativas transcritas anteriormente.

---

[174] Lei Federal n.º 6.766/1979, art. 50.

Assim, se é viável lavrar uma escritura de compra e venda de imóvel em tais circunstâncias, também é possível, com as devidas cautelas e com os alertas necessários aos interessados e às autoridades competentes, (i) prolatar a sentença que gera o efeito jurídico que a declaração de vontade omitida deveria produzir com o adimplemento do comprador e (ii) lavrar a ata notarial para o procedimento de adjudicação compulsória extrajudicial.

Em resumo, podem-se, então, dividir tanto a adjudicação compulsória judicial quanto o procedimento extrajudicial em dois momentos distintos. O primeiro que se incumbe da formação do devido *titulus* para que o interessado obtenha o documento indispensável pela legislação para a aquisição do direito real de propriedade, ocasião em que os juízes, os notários e os registradores farão, quando requerido, as comunicações e os alertas necessários (mesmo que o imóvel ainda esteja por regularizar, o que pode ser promovido posteriormente pelo requerente já devidamente titulado).

Em razão do primeiro, o segundo momento, que é o *modus* de aquisição, dar-se-á com o registro do título na matrícula do imóvel quando a eventual regularização tiver sido concluída e o título estiver em plenas condições de ser inscrito.

Admitir essa alternativa possibilita que os adquirentes adimplentes sejam munidos de títulos – primeira etapa da regularização proprietária – e desenvolvam ações para alcançarem as regularizações essenciais e a respectiva inscrição registrária, segunda etapa.

Há ainda outras situações que podem representar irregularidades do imóvel. Por exemplo, aquele com grande extensão de área e que, ao longo do tempo, sofreu vários destaques sucessivos, sendo impossível identificar seu real tamanho e características, nem se há área disponível para alienação. Nesse caso, pelos mesmos motivos apresentados anteriormente, entendemos ser possível a formação do título definitivo pela adjudicação compulsória judicial ou extrajudicial.

Contudo, para possibilitar o registro do título definitivo, será necessário apurar previamente o remanescente da área para identificar suas reais características, confrontações e dimensões, bem como se há disponibilidade (quantitativa) de área para a alienação que se pretendeu no compromisso de compra e venda para o qual se busca o registro, em atenção aos princípios registrários da especialidade objetiva e da disponibilidade.

O comprador que nessa hipótese receber seu título definitivo pela adjudicação compulsória deverá apresentá-lo para qualificação registrária. Disso podem decorrer algumas circunstâncias.

Uma delas é se, do resultado da apuração do remanescente, não houver área disponível para possibilitar o registro do título definitivo do comprador. Nesse caso, ele poderá pleitear judicialmente contra o vendedor a devolução do quanto foi pago a título de preço, além de possíveis perdas e danos.

Outra situação é, apesar de a apuração de remanescente revelar a existência de área disponível, não haver correspondência desta com aquela descrita no título definitivo, situação que poderá se resolver pela usucapião, desde que atendidos os requisitos legais de posse e de tempo.

Caso não exista a transcrição ou a matrícula do imóvel de que se pretende a adjudicação compulsória, não será possível processá-la judicial ou extrajudicialmente, porque haverá dúvidas sobre a própria existência do imóvel (objeto da compra e venda) e de sua base matricial para a inscrição do título. A usucapião, como já dissemos, observados os referidos requisitos legais de posse e de tempo, será o remédio para a regularização.

Também poderá ser adjudicado compulsoriamente o imóvel encravado, porque a legislação civil permite que o seu titular pleiteie a passagem forçada (Código Civil, art. 1.285). Esse dispositivo legal faz referência ao *dono do prédio que não tiver acesso a via pública*, o que faz concluir que a possibilidade de forçar a passagem não tem relação com o processo de aquisição do imóvel.

O fato de o imóvel não ter acesso ao logradouro público não se relaciona com a formalização do título de transferência do direito real de propriedade. Ademais, não há na legislação regra que impeça alguém de adquirir imóvel encravado.

Portanto, entendemos ser possível a titulação definitiva pela adjudicação compulsória judicial ou extrajudicial, o registro desse título na matrícula do imóvel encravado, desde que atendidos os princípios registrários (continuidade, especialidade, disponibilidade etc.), o que permitirá ao proprietário buscar a regularização de acesso do seu imóvel ao logradouro público na forma da legislação em vigor (Código Civil, art. 1.285).

(v) A inexistência de cláusula de arrependimento. A irretratabilidade é marca característica do contrato preliminar de compromisso de compra e venda de imóvel, que o difere da simples promessa de contratar, que é essencialmente retratável. No entanto, a irretratabilidade pode decorrer de norma de ordem pública[175] ou de cláusula específica estabelecida em contrato pela vontade das partes.

Como alerta Arnaldo Marmitt[176], se o compromisso contiver cláusula de arrependimento, mas o preço tiver sido integralmente pago, caberá ação de adjudicação compulsória, pois considera-se que o vendedor renunciou ao direito de arrependimento.

O direito de arrependimento deve ser exercido dentro do prazo estabelecido em contrato, se o caso, ou até antes do início do pagamento do preço de aquisição do imóvel.

O recebimento do preço pressupõe renúncia ao direito de arrependimento. Há até os que defendem que, recebida a primeira parcela, também cairia por terra a possibilidade de arrependimento[177], pois o comportamento do vendedor cria no comprador o sentimento de segurança de que o negócio prosseguirá.

A irretratabilidade do compromisso autoriza a ação de adjudicação compulsória porque a impossibilidade de o vendedor imotivadamente se negar a cumprir a obrigação (de fazer) de outorgar o contrato definitivo, depois de recebido o preço, constitui inadimplemento de sua parte e o fundamento que autoriza a intervenção judicial ou extrajudicial para superar tal descumprimento do vendedor[178].

No Capítulo 2, aprofundamos um pouco mais a análise sobre a possibilidade de arrependimento no compromisso de compra e venda, para onde remetemos o leitor.

(vi) A vênia conjugal[179]. Em termos gerais, trataremos aqui da vênia conjugal ou outorga conjugal que, como uma expressão genérica, engloba as outorgas uxória (da esposa) e a marital

---

[175] Como é o caso do art. 25 da Lei Federal n.º 6.766/1979: "São irretratáveis os compromissos de compra e venda, cessões e promessas de cessão, os que atribuam direito a adjudicação compulsória e, estando registrados, confiram direito real oponível a terceiros".
[176] MARMITT, Arnaldo. *Adjudicação compulsória*. Rio de Janeiro: Aide, 1995. p. 70.
[177] AZEVEDO JR., José Osório de. *Compromisso de compra e venda*. 6. ed. rev., ampl. e atual. São Paulo: Malheiros, 2013. p. 299; MARMITT, Arnaldo. *Adjudicação compulsória*. Rio de Janeiro: Aide, 1995. p. 72.
[178] ANTONIO JUNIOR, Valter Farid. *Compromisso de compra e venda*. São Paulo: Atlas, 2009. p. 124.
[179] "O regime de bens do casamento tem essa função primordial: o patrimônio da família está a serviço da vida, da subsistência da prole, da sobrevivência de família. Por isso, pode ser defendido pelos membros da família, por todos os meios, contra investidas ruinosas de cônjuges e companheiros ou de terceiros, que ameacem a segurança e a subsistência do núcleo familiar. O sequestro de bens, muitas vezes, é providência necessária contra a administração ruinosa do patrimônio da família

(do marido). Refere-se ao consentimento que um cônjuge deverá dar ao outro para a prática de determinados atos, especialmente aqueles indicados nos incisos do art. 1.647 do Código Civil, entre os quais estão o de alienação e o de oneração de imóvel.

O § 2º do art. 11 do Decreto-lei n.º 58/1937 indica expressamente que a vênia conjugal no contrato de compra e venda do lote é indispensável quando o vendedor for casado.

A Lei Federal n.º 6.766/1979 exige a manifestação do cônjuge em duas etapas distintas (art. 18): (i) como declaração integrante do memorial do loteamento e (ii) na alienação ou na promessa de alienação dos lotes.

A primeira manifestação deve ser dada no momento do registro do loteamento. O inciso VII do art. 18 determina que o loteador, se pessoa física casada, apresente uma declaração do cônjuge na qual conste expressamente seu consentimento com o registro do loteamento. Vale destacar que não excepciona qualquer tipo de regime de bens.

Essa é uma exigência lógica quando a gleba a ser loteada integra o patrimônio do casal, pessoas físicas, pois a vênia conjugal tem como objetivo dar ao outro cônjuge condições de acompanhar e consentir previamente com os negócios que envolvem os bens comuns. A finalidade principal é garantir a harmonia entre o casal, a sua segurança financeira e a preservação do patrimônio da entidade familiar.

Apesar de a declaração do cônjuge do loteador exigida no referido inciso VII do art. 18 ser um documento obrigatório para possibilitar o registro do memorial do loteamento, o § 3º do mesmo artigo estabelece que ela não será suficiente e não dispensará o consentimento do declarante para os atos de alienação ou promessa de alienação de lotes, ou a direitos a eles relativos, que venham a ser praticados pelo seu cônjuge.

Em outras palavras, também sem fazer qualquer adequação ao tipo de regime de bens do casal loteador, exige-se a vênia conjugal para todos os atos de alienação preliminar ou de alienação definitiva dos lotes.

Dissemos no início deste trabalho que o compromisso de compra e venda é um instrumento preliminar e, como tal, nos termos do art. 462 do Código Civil, exceto quanto à forma, deve conter todos os requisitos essenciais relativos ao contrato principal a ser celebrado.

Um dos elementos essenciais da compra e venda é o consentimento das partes. E tanto o vendedor quanto o comprador devem estar aptos a atenderem a tal requisito para conferir validade ao respectivo negócio jurídico de alienação, ainda que seja na fase de preparação (contrato preliminar).

A outorga da vênia conjugal poderá ser instrumentalizada separadamente da mesma forma que o compromisso de compra e venda de imóveis loteados, mas, sempre que se possa, deverá constar no próprio instrumento (Código Civil, art. 220) para atender ao quanto impõem os aludidos dispositivos do Decreto-lei n.º 58/1937 e da Lei Federal n.º 6.766/1979.

O mesmo se aplica para os imóveis não loteados e para os incorporados, mas com fundamento no art. 1.647 do Código Civil.

Como referido no início deste item, o art. 1.647 do Código Civil estipula os atos que dependerão da autorização de um dos cônjuges para serem praticados pelo outro. Tais atos

---

(CPC/1973 822 III, ou, no novo regime de processo civil, CPC 301), de forma a autorizar uma medida cautelar de urgência, para assegurar direito do cônjuge que se sente em risco. As proibições que o sistema impõe aos casados para a prática de certos atos negociais, sem outorga do outro, têm relação com esse cuidado fundamental do legislador, perfeitamente consentâneo com a proteção especial que o Estado devota à família" (NERY, Rosa Maria de Andrade. *Instituições de direito civil*: família. São Paulo: RT, 2015. v. V, p. 500).

não necessitarão de autorização se o casal tiver adotado o regime da separação absoluta de bens[180].

Entre os atos indicados no referido dispositivo legal que exigem a vênia conjugal está *alienar ou gravar de ônus real os bens imóveis* (inciso I).

O compromisso de compra e venda irretratável é um negócio jurídico preparatório para que se efetive a compra e venda definitiva depois de cumpridas determinadas obrigações, especialmente o pagamento integral do preço de aquisição do imóvel.

Entre esses dois pontos no tempo (celebração do contrato preliminar e do definitivo) há a possibilidade de o comprador poder registrar o compromisso de compra e venda irrevogável e constituir o direito real à aquisição.

Salvo se o regime for o da separação absoluta de bens, em todos os demais regimes matrimoniais será necessária a autorização do outro cônjuge para a celebração do compromisso irretratável de compra e venda de imóvel, porque este (i) instrumentaliza o início da alienação e (ii) é o título pelo qual se poderá constituir o direito real à aquisição pelo comprador, enquadrando-se, portanto, integralmente na estipulação do inciso I do art. 1.647 do Código Civil (alienar ou onerar).

Os dispositivos do Decreto-lei n.º 58/1937 e da Lei Federal n.º 6.766/1979, referidos ao início deste tópico, devem ser interpretados com a regra do mencionado art. 1.647 do Código Civil, ou seja, se o regime de bens adotado pelo casal loteador e/ou vendedor de lotes for o da separação absoluta, não haverá necessidade de vênia conjugal por expressa dispensa legal contida no *caput* do dito art. 1.647.

Faz-se a exceção ao regime da separação absoluta de bens porque nessa hipótese o patrimônio de um cônjuge não se comunica com o do outro, de forma que ambos mantêm independência dominial e administração exclusiva sobre os seus próprios bens (Código Civil, art. 1.687)[181]. Por essa razão, não há necessidade de vênia conjugal para a prática dos atos elencados no art. 1.647 do Código Civil.

Pelo teor do art. 1.649 do Código Civil, a falta da autorização do cônjuge, que não tenha sido suprida pelo juiz (art. 1.648), tornará anulável o ato praticado. O outro cônjuge poderá pleitear a anulação do respectivo negócio jurídico em até dois anos depois de terminada a sociedade conjugal.

Referido art. 1.649 trata da possibilidade de o cônjuge preterido na celebração do ato de disposição e/ou de oneração anular o ato em até dois anos depois do fim do matrimônio. O prazo de dois anos é decadencial e é contado da decretação da dissolução da sociedade conjugal.

Pelo quanto disposto no parágrafo único do art. 1.649 do Código Civil, permite-se, por instrumento público ou particular, a aprovação do negócio jurídico posteriormente à sua celebração pelo cônjuge que não havia manifestado seu consentimento.

---

[180] Referimo-nos ao regime de separação, convencional ou legal, em que, pelo pacto antenupcial, os aquestos (bens a serem adquiridos na constância do casamento) também tenham sido excluídos da comunhão. Caso o imóvel a ser alienado tenha sido adquirido, por esforço comum, na vigência do casamento regido pela separação de bens em que não se afastou a comunicação dos aquestos, deverá ser avaliada a necessidade de vênia conjugal no instrumento de alienação (preliminar ou definitivo).

[181] "O regime da separação de bens caracteriza-se pela coexistência de dois patrimônios totalmente distintos e incomunicáveis, pertencentes a cada um dos consortes, que detêm a livre administração e disposição de seus bens. Pelas suas características, é considerado por alguns doutrinadores como ausência de regime patrimonial do casamento" (CARVALHO FILHO, Milton Paulo de. Arts. *In*: GODOY, Claudio Luiz Bueno de *et al. Código Civil comentado*: doutrina e jurisprudência: Lei n. 10.406 de 10.01.2002. Coordenação Cezar Peluso. 17. ed. rev. e atual. Santana de Parnaíba-SP: Manole, 2023. p. 1900).

O que queremos abordar aqui são as consequências da falta da vênia conjugal no compromisso de compra e venda, tendo em vista os efeitos que dele emanam, especialmente por se tratar de um negócio jurídico que instrumentaliza o início da alienação definitiva e, sendo irretratável, viabiliza a constituição do direito real à aquisição pelo comprador.

Nesse sentido, se houver inadimplemento do vendedor em outorgar o contrato definitivo, a necessidade da vênia conjugal deverá ser analisada para se decidir pela procedência ou não da adjudicação compulsória.

Entendemos que, novamente com exceção feita ao regime da separação absoluta de bens, o compromisso de compra e venda que for objeto de adjudicação compulsória deverá conter a vênia conjugal do cônjuge do vendedor sob pena de ser indeferida por falta de elemento essencial que integra o consentimento (a legitimação que veremos logo a seguir).

Dos efeitos emanados do compromisso de compra e venda é possível a constituição do direito real à aquisição (Código Civil art. 1.417). Da mesma forma que na alienação, o inciso I do art. 1.647 do Código Civil exige o consentimento conjugal para a oneração de imóvel. Portanto, é imprescindível a outorga conjugal no compromisso de compra e venda para viabilizar a constituição do referido direito real à aquisição.

A falta da vênia conjugal quando a lei exigir impedirá o registro do compromisso de compra e venda na matrícula do imóvel. Ou se apresenta o contrato com a outorga conjugal – mesmo que separada do contrato principal como autoriza o parágrafo único do art. 1.649 do Código Civil –, ou o título por meio do qual o vendedor se tornou o único titular da totalidade do imóvel (partilha, por exemplo), como forma de atender aos princípios registrários da disponibilidade e da continuidade.

Sob a perspectiva do comprador casado não é necessário que o cônjuge compareça para outorgar a vênia conjugal na celebração do compromisso de compra e venda, pois, além de a aquisição estar fora do rol de atos que exigem o consentimento (art. 1.647), com a celebração do contrato os direitos e as obrigações correspondentes passam a integrar imediatamente o patrimônio do comprador e automaticamente submetem-se às regras do regime de bens adotado pelo casal (comunicação nos regimes de comunhão ou não comunicação no de separação absoluta).

Assim, por exemplo, se o comprador for casado sob o regime da comunhão universal ou parcial de bens, ao celebrar o compromisso de compra e venda sozinho, mas com a indicação de que é casado na sua qualificação pessoal, que deverá compreender também a qualificação completa do seu cônjuge, os respectivos direitos e obrigações passam a integrar imediatamente a esfera patrimonial do casal e são protegidos tanto pelas regras gerais do regime de bens entre os cônjuges quanto pelas específicas de cada regime.

Restaria analisarmos o compromisso de compra e venda de imóvel que tenha sido celebrado pelo vendedor casado sem a vênia conjugal exigida nos termos dos dispositivos legais citados anteriormente.

Enfatizamos que o compromisso de compra e venda é uma modalidade especial do contrato de compra e venda, consistindo em um negócio jurídico de eficácia imediata (salvo se estipulada condição suspensiva) que contém, entre outras, as obrigações do vendedor (de fazer) de reproduzir o consentimento de alienação no instrumento definitivo e do comprador de efetuar o pagamento integral do preço de aquisição do imóvel[182].

---

[182] GOMES, Orlando. *Contratos*. Atualizadores Edvaldo Brito [e coordenador], Reginalda Paranhos de Brito. 28. ed. Rio de Janeiro: Forense, 2022. p. 263.

Para a celebração desse tipo de contrato especial de compra e venda irrevogável – que tem como objetivo a transferência do domínio mediante o pagamento do preço –, é necessário atender, além da capacidade ordinária do vendedor para a prática dos atos da vida civil, a sua legitimação, ou seja, ter capacidade específica que se traduz no pleno poder de disposição do imóvel.

É o que Antônio Junqueira Azevedo[183] chama de "legitimidade-requisito de validade". Trata-se da aptidão do agente, obtida por meio de consentimento de outro, para a celebração válida do negócio jurídico. Essa aptidão deve ser alcançada por imposição de determinadas regras atinentes a uma relação jurídica anterior (o casamento é um exemplo dessa relação jurídica anterior).

Destaca José Osório do Nascimento Jr.[184] que o compromisso de compra e venda, como disciplinado tanto pela jurisprudência quanto pelo sistema legislativo especial,

> [...] difere profundamente do contrato preliminar admitido pelo Direito comum. Este contrato preliminar pode ser considerado 'mera promessa', mas aquele não pode, é mais do que 'mera promessa', é ato de alienação, consoante o que tem entendido todo o sistema jurídico [...].

O compromisso de compra e venda é um negócio jurídico preliminar que dá início à formal transmissão do direito real de propriedade e é por meio dele que se inicia o negócio jurídico complexo alienação de imóvel.

Nesse sentido, já o dissemos, o contrato preliminar, segundo determinação do art. 462 do Código Civil, deve conter todos os requisitos essenciais do contrato principal a ser celebrado.

Um dos principais requisitos do compromisso de compra e venda é a manifestação de vontade de alienar o imóvel, ainda que sob determinadas condições. Essa manifestação de vontade do vendedor deve ser plena, sem ressalvas, embaraços ou impedimentos.

Não é porque se trata de um contrato preliminar de compra e venda que a vontade do vendedor pode ser manifestada pendente de consentimento de outrem. A vontade de alienar o imóvel manifestada no compromisso de compra e venda deve ser tal que, em caso de recusa da outorga do contrato definitivo, essa vontade possa ser reemitida sem embaraços pelo Estado-juiz.

Caso haja alguma restrição ao direito de vender – como ocorre na falta da vênia conjugal –, não será possível obter a sentença constitutiva substitutiva dos efeitos de declaração de vontade ou a decisão do registrador imobiliário, como se verá, porque faltou o consentimento conjugal exigido por lei.

Por essa razão, o vendedor deverá atender, na formação do compromisso irretratável de compra e venda de imóvel, não apenas à sua capacidade ordinária, mas também à sua legitimação como requisito de eficácia[185] (fatores de atribuição da eficácia diretamente visada) do negócio

---

[183] JUNQUEIRA DE AZEVEDO, Antônio. *Negócio jurídico:* existência, validade e eficácia. 4. ed. São Paulo: Saraiva, 2002. p. 58.

[184] AZEVEDO JR., José Osório de. *Compromisso de compra e venda.* 6. ed. rev., ampl. e atual. São Paulo: Malheiros, 2013. p. 250.

[185] "Dados esses exemplos, passamos a apresentar uma classificação dos fatores de eficácia. Três nos parecem ser as espécies de fatores de eficácia: a) *os fatores de atribuição da eficácia em geral*, que são aqueles sem os quais o ato praticamente nenhum efeito produz; é o que ocorre no primeiro exemplo citado (ato sob condição suspensiva), em que, durante a ineficácia, poderá haver a possibilidade de medidas cautelares, mas, quanto aos efeitos do negócio, nem se produzem os efeitos diretamente

jurídico preliminar, uma vez que, a depender do regime de bens adotado para o casamento, necessitará do consentimento do outro cônjuge para manifestar sua vontade de alienar.

O vendedor que é casado sob o regime da comunhão total ou parcial de bens terá legitimação para compromissar à venda imóvel que integra o patrimônio do casal desde que obtenha a vênia conjugal.

Qual seria, então, a consequência da celebração de compromisso de compra e venda sem a observância da vênia conjugal nos casos em que a lei obriga?

A falta da vênia conjugal afeta a legitimação do cônjuge vendedor.

Tem legitimação quem tem o poder de dispor. O poder de disposição é uma faculdade que resulta da posição do sujeito em relação a determinado direito[186].

Seu poder de disposição, ao ser analisado em relação a determinado direito, pode ser total ou parcial. Será total se não houver impedimentos para o seu exercício ou, se existentes, forem superados nos termos da legislação aplicável. Parcial quando o exercício do seu poder de disposição é afetado ou limitado em razão de uma relação jurídica prévia ao negócio jurídico, dispositivo que lhe impõe regras específicas que devem ser observadas para viabilizar o poder total de disposição.

Exige-se a legitimação, que envolve o poder de dispor, para a eficácia dos negócios jurídicos de disposição. São negócios jurídicos de disposição aqueles que resultam na perda de um direito ou na sua gravosa modificação. Consistem em negócios jurídicos em que se transmite, modifica ou extingue um direito.

Nesse sentido, afirma Antônio Junqueira de Azevedo[187] que a legitimação é

> [...] *condição de eficácia* dos negócios de disposição. Para ser eficaz, o negócio de disposição exige que o declarante seja titular do poder de dispor da *res* que é o seu objeto. Se o declarante é o próprio titular do direito – por exemplo, se é o dono que vende o seu imóvel – a legitimação é *ordinária*; se não é – por exemplo, se é o credor pignoratício que vende o objeto empenhado – a legitimação é *extraordinária*.

O cônjuge possui poder de disposição, mas sujeito ao consentimento do seu consorte para que possa, no caso de imóvel, aliená-lo ou onerá-lo. Em outras palavras, caso haja impedimento para se exercer livremente o poder de disposição e falte a legitimação exigida do cônjuge, o compromisso de compra e venda assim celebrado será ineficaz.

---

visados, nem outros, substitutivos deles; b) *os fatores de atribuição da eficácia diretamente visada*, que são aqueles indispensáveis para que um negócio, que já é de algum modo eficaz entre as partes, venha a produzir exatamente os efeitos por ele visados; quer dizer, antes do advento do fator de atribuição da eficácia diretamente visada, o negócio produz efeitos, mas não os efeitos normais; os efeitos, até a ocorrência do fator de eficácia, são antes efeitos substitutivos dos efeitos próprios do ato; é o que ocorre no segundo exemplo citado, em que o negócio, realizado entre o mandatário sem poderes e o terceiro, produz, entre eles, seus efeitos, que, porém, não são os efeitos diretamente visados; c) *os fatores de atribuição de eficácia mais extensa*, que são aqueles indispensáveis para que um negócio, já com plena eficácia, inclusive produzindo exatamente os efeitos visados, dilate seu campo de atuação, tomando-se oponível a terceiros ou, até mesmo, erga omnes; é o que ocorre no terceiro e último exemplo dado (cessão de crédito notificada ao devedor e registrada)" (JUNQUEIRA DE AZEVEDO, Antônio. *Negócio jurídico*: existência, validade e eficácia. 4. ed. São Paulo: Saraiva, 2002. p. 57).

[186] JUNQUEIRA DE AZEVEDO, Antônio. *Negócio jurídico e declaração negocial*. 1986. Professor Titular – Universidade de São Paulo, São Paulo, 1986. p. 155.

[187] JUNQUEIRA DE AZEVEDO, Antônio. *Negócio jurídico e declaração negocial*. 1986. Professor Titular – Universidade de São Paulo, São Paulo, 1986. p. 156.

Tratar-se-á da falta dos fatores de atribuição da eficácia que é diretamente visada pelas partes, ou seja, são os fatores de eficácia considerados indispensáveis para que um negócio jurídico, que de alguma forma já é eficaz entre as partes, produza exatamente os efeitos pretendidos por ele, que, no caso, é a alienação de imóvel.

Significa dizer que, antes da eficácia diretamente visada pelo negócio jurídico, este produz efeitos, porém não os efeitos normais que se pretendiam (no caso, a compra e venda). Produz efeitos substitutivos do próprio ato até que ocorra o fator de eficácia visada. Antônio Junqueira de Azevedo[188] indica como exemplo o negócio jurídico realizado entre mandatário sem poderes e um terceiro; entre eles o negócio produz efeitos que não são os efeitos efetivamente pretendidos.

Assim, o compromisso de compra e venda em que falta a vênia conjugal existe, é válido, mas é ineficaz. Apesar de surtir efeitos entre o cônjuge vendedor e o comprador, não são aqueles efeitos vinculados aos fatores de eficácia diretamente visados pelo negócio jurídico, que é a disposição do imóvel.

A jurisprudência do Superior Tribunal de Justiça é no sentido de que a ausência de vênia conjugal não é causa de nulidade do compromisso de compra e venda porque se trata de direito obrigacional, cuja inobservância pode resultar em perdas e danos[189].

Entendemos, como procuramos demonstrar, que o compromisso de compra e venda não é um tipo de contrato preliminar ordinário. Trata-se de uma modalidade especial de contrato preliminar de compra e venda no qual já se encontra manifestada a vontade de alienar o imóvel.

É um instrumento antecedente ao definitivo de compra e venda em que as partes estabelecem que determinadas condições sejam atendidas, especialmente como acontece com o pagamento do preço de aquisição do imóvel.

Não nos parece possível admitir que o negócio jurídico de compromisso de compra e venda, quando ausente a legitimação (a vênia conjugal, no caso), causa de ineficácia, possa subsistir com apoio no argumento de que se baseia em direito obrigacional e, como tal, surte efeitos desse tipo de relação jurídica.

Em outras palavras, não é porque a natureza jurídica do compromisso de compra e venda é obrigacional que se pode ignorar a inaptidão do vendedor – por faltar a outorga conjugal – em atender o consentimento pleno, que é requisito imprescindível para dispor do imóvel de forma que o comprador possa adquiri-lo integralmente.

A falta da vênia conjugal afeta a legitimação do vendedor para o exercício do poder de disposição do imóvel. Portanto, como se trata de ato preparatório para a alienação definitiva, entendemos que, quando exigida por lei, a manifestação de vontade de vender deverá contar com o consentimento conjugal para atender ao requisito da legitimação na formalização do compromisso de compra e venda, sob pena de, na sua falta, haver a ineficácia do negócio jurídico, pois, apesar de manifestar sua vontade em razão de sua capacidade ordinária, o

---

[188] JUNQUEIRA DE AZEVEDO, Antônio. *Negócio jurídico:* existência, validade e eficácia. 4. ed. São Paulo: Saraiva, 2002. p. 57.

[189] "Agravo interno no recurso especial. Civil e processual civil. Ação cominatória cumulada com indenizatória. Compromisso de compra e venda. Ausência de outorga marital. Validade. Obrigação pessoal. Danos materiais não demonstrados. Revisão. Impossibilidade. Súmula 07/SJT. [...] Orientação jurisprudencial desta Corte no sentido de que a ausência de outorga conjugal não é causa de nulidade do compromisso de compra e venda de imóvel por se tratar de obrigação pessoal, cuja eventual inexecução se resolve em perdas e danos. Precedentes." (STJ, AgInt no REsp 1.409.061/PR, j. 03.10.2017). No mesmo sentido: STJ, REsp 677.117/PR, j. 02.12.2004; STJ, REsp 2070939, j. 24.08.2023. No sentido contrário: STJ, REsp 1.944.982/RN, j. 27.09.2022.

vendedor não possui a legitimação plena para a disposição do imóvel em virtude de uma relação jurídica preexistente, que é o casamento, que possui regras específicas que regulam a disposição do patrimônio comum de acordo com os respectivos regimes de bens.

Sobre a questão José Osório de Azevedo Jr.[190] salienta que

> [...] não vemos por que, faltando o consentimento da mulher, deva a compra e venda ser considerada inválida, enquanto o compromisso deva ser considerado válido em relação ao marido. A mesma *ratio juris* que está presente em um caso não pode deixar de estar também no outro.

Portanto, como negócio jurídico dispositivo, o compromisso de compra e venda sem a vênia conjugal, quando exigida, existe, porque estão presentes seus elementos gerais e categoriais (referentes àqueles constantes em todos os negócios jurídicos e àqueles relativos à compra e venda, respectivamente); é válido, porque o cônjuge contratante, em decorrência de sua capacidade ordinária para a prática dos atos da vida civil (assim como o comprador), manifesta a sua vontade com o objetivo de produzir efeitos jurídicos, mas é ineficaz, porque falta a legitimação ao cônjuge vendedor para dispor integralmente do imóvel em razão de impedimento legal (Código Civil, art. 1.647).

É o entendimento de Pontes de Miranda[191] ao registrar que:

> Quanto aos bens comuns que do registro de imóveis constam como comuns, alienação ou gravação pelo marido, sem o consentimento da mulher, ou sem o suprimento pelo juiz, não seria causa de nulidade, ou de anulabilidade, mas sim de ineficácia (alienação ou gravação de coisa alheia)[192].

Eduardo Espínola[193] destaca que:

> A outorga uxória é uma *conditio juris*; se houver um compromisso de compra e venda sem essa outorga, ficará a convenção subordinada àquela *conditio juris* que não depende do promitente preencher; assim, a outra parte terá apenas direitos eventuais, que estudamos detidamente na Primeira Parte sobre os Fatos Jurídicos deste *Manual*. Com a outorga fica preenchido o requisito da lei, produzindo então o compromisso de venda os seus

---

[190] AZEVEDO JR., José Osório de. *Compromisso de compra e venda*. 6. ed. rev., ampl. e atual. São Paulo: Malheiros, 2013. p. 252.

[191] PONTES DE MIRANDA, Francisco Cavalcanti. *Tratado de direito privado*. Parte geral. São Paulo: RT, 2013. v. VI, p. 552.

[192] Não podemos deixar de indicar opinião distinta de Alcides Tomasetti Jr. que, ao comentar o art. 3º da Lei Federal n.º 8.154/1991, registrou que a ausência de vênia conjugal nos contratos de locação por prazo igual ou superior a dez anos afetaria a *validade* do negócio jurídico locativo. Salienta o autor que essa "questão seria já de si muito importante se apenas fosse relativa ao aperfeiçoamento puramente terminológico da dogmática jurídica. Há, todavia, *para mais disso*, o art. 132 do Código Civil: 'A *anuência* ou a *autorização* de outrem, necessárias à *validade* de um ato, provar-se-á do mesmo modo que este e constará, sempre que ser possa, do próprio instrumento'. Vê-se, portanto, que em razão daquela palavra '*validade*' a falta da 'vênia conjugal', na hipótese do art. 3º da Lei n. 8.245/91, e a ausência do 'consentimento da mulher' (CC, art. 235), ou da 'autorização do marido' (CC, art. 242), implicariam *deficiências* de atos jurídicos (*lato sensu*) que os atingiriam no plano da validade, acarretando-lhes, por consequência, nulidade ou anulabilidade (CC, arts. 82, 132, 145, 147, 149 e 153)" (TOMASETTI JÚNIOR, Alcides. *Comentários à lei de locação de imóveis urbanos*. São Paulo: Saraiva, 1992. p. 47).

[193] ESPÍNOLA, Eduardo. *Anotações ao Código Civil*. Rio de Janeiro: Conquista, 1928. v. 3, p. 203-206.

efeitos, como contrato preliminar, fonte da obrigação de fazer. Se faltar a outorga, isto é, se a mulher recusar o seu consentimento insubsistente será o compromisso.

E finaliza Espínola[194] ao dizer

> [...] que a construção mais concreta é que considera subordinada à *conditio jures* de outorga uxória a promessa bilateral de compra e venda, em que, como promitente vendedor, se apresenta apenas o marido, produzindo o direito eventual de se constituir o contrato definitivo, uma vez que se manifeste nesse sentido aquela outorga. Se o consentimento da mulher for recusado, nenhum efeito produz a promessa e, assim, nenhuma indenização, ou multa, ainda que estipulada, terá o marido que satisfazer. De qualquer maneira, a solução jurídica que ao caso se impõe em face de nosso sistema legislativo, é irrecusavelmente que o compromisso sem a outorga não pode prevalecer e envolver qualquer eficácia.

Entretanto, é possível admitir que o cônjuge preterido na manifestação de vontade de vender apresente apartadamente seu consentimento e promova a ratificação do compromisso e compra e venda celebrado inicialmente sem a sua participação.

Ao apresentar seu consentimento em relação à compra e venda preliminar, sanará a questão da ineficácia do negócio jurídico dispositivo e, a partir de então, este surtirá plenos efeitos inclusive em relação a terceiros.

Um problema que José Osório de Azevedo Jr.[195] apresenta é que restaria saber se, embora ineficaz o compromisso de compra e venda pela falta da vênia conjugal, ele poderia ser considerado mera obrigação de fazer assumida pelo cônjuge contratante, em razão do princípio da conservação dos negócios jurídicos.

Entendemos que o compromisso de compra e venda de imóvel celebrado sem a vênia conjugal desatende à necessária legitimação do cônjuge vendedor e denota a falta dos fatores de atribuição de eficácia diretamente visada pelas partes, ou seja, o compromisso surtirá determinados efeitos que não os do negócio jurídico pretendido, que é a disposição do imóvel.

Assim, compreendemos que, na falta da vênia conjugal quando exigida, nem mesmo como obrigação de fazer é possível considerar o compromisso de compra e venda (apesar de haver a possibilidade de a vênia conjugal ser prestada posteriormente ou até mesmo suprida por decisão judicial). Quando e se a vênia for prestada (voluntária ou judicialmente), o compromisso de compra e venda será plenamente eficaz e gerará os efeitos de negócio jurídico dispositivo.

No que se refere ao efeito que a ilegitimidade de sujeito capaz pode ter sobre o negócio jurídico dispositivo celebrado nessa circunstância, o legislador do Código Civil de 2002 poderia ter resguardado com mais assertividade os interesses do terceiro que não consentiu com a sua celebração.

Importante o destaque feito por Debora Gozzo[196] ao explicar que existem os que defendem a aplicação da nulidade relativa para os negócios jurídicos celebrados por quem carece de legitimação. A nulidade relativa não se confundiria nem com o nulo nem com a anulação do negócio jurídico, colocando-se como algo intermédio entre essas duas (nulidade e anulabilidade).

---

[194] ESPÍNOLA, Eduardo. *Anotações ao Código Civil*. Rio de Janeiro: Conquista, 1928. v. 3, p. 203-206.
[195] AZEVEDO JR., José Osório de. *Compromisso de compra e venda*. 6. ed. rev., ampl. e atual. São Paulo: Malheiros, 2013. p. 258.
[196] GOZZO, Débora. Assentimento de terceiro e negócio jurídico: análise comparativo entre os direitos brasileiros e alemão. *Revista do Instituto dos Advogados de São Paulo*, v. 20, p. 66, jul. 2007.

Continua Debora Gozzo[197] para afirmar que

> Gondin Filho foi o grande defensor dessa forma de invalidade. Mas o que vem a ser a nulidade relativa? Como afirmado, ela seria uma espécie de invalidade entre o nulo e o anulável, um *tertium genus*, contendo características de um e de outro. Da nulidade ela teria a infração ao inciso V do art. 166 do CC/2002, o qual dispõe ser nulo o negócio jurídico quando 'for preterida alguma solenidade que a lei considere essencial para a sua validade'. Além disso, as hipóteses que poderiam ser entendidas como de nulidade relativa implicam comumente a infração a uma norma de ordem cogente, o que redundaria, igualmente, na nulidade do negócio, conforme inciso VI do já citado art. 166. Tomando-se agora o art. 1.647 e incisos do CC/2002 como paradigma para a aplicação dessa teoria, pergunta-se: Por que esse dispositivo legal poderia ser considerado hipótese de nulidade relativa e não de nulidade ou de anulação? Porque aqui se cuida de norma de ordem cogente: '[...] nenhum dos cônjuges pode [...]' praticar os negócios ali previstos, sem a autorização do outro. No entanto, o legislador previu, acertadamente, que só o cônjuge que deve dar sua anuência no negócio, ou os seus herdeiros (art. 1.650 do CC/2002), no caso de sua morte, é que poderão requerer a invalidade do negócio. E isso, como acima apontado, dentro do prazo de dois anos depois de terminada a sociedade conjugal, como previsto na parte final do art. 1.649 da lei civil.

Em nosso entendimento, como referido, o compromisso de compra e venda irretratável celebrado sem a vênia conjugal, quando exigida por lei, é ineficaz.

O Superior Tribunal de Justiça[198] admite a possibilidade de serem estipuladas perdas e danos no caso de inexecução do compromisso pelo vendedor pela falta da vênia conjugal – que geraria inadimplemento absoluto pelo alienante –, e teria como consequência afetar o patrimônio do próprio casal. Logo, tem como resultado o que a vênia conjugal pretende evitar: a sujeição do patrimônio do casal a uma determinada prestação sem o consentimento de ambos.

Assim como José Osório de Azevedo Jr.[199], manifestamos nosso entendimento de que o compromisso de compra e venda sem a vênia conjugal não pode ser considerado obrigação de fazer porque os efeitos gerados não são suficientes para a formação da relação jurídica obrigacional (de fazer) e, portanto, não cabe a situação de mora ou de inadimplemento absoluto.

Pelo entendimento do Tribunal Superior, a falta do consentimento do cônjuge preterido (inclusive se negado judicialmente, Código Civil, art. 1.648) gera efeitos obrigacionais entre os contratantes a ponto de poder caracterizar inadimplemento absoluto pelo consorte vendedor, o que, por sua vez, implica imposição de perdas e danos. Estas acarretarão desfalques na esfera patrimonial do casal com a aplicação de penalidades a serem pagas por ambos. Posição da qual discordamos.

---

[197] GOZZO, Débora. Assentimento de terceiro e negócio jurídico: análise comparativo entre os direitos brasileiros e alemão. *Revista do Instituto dos Advogados de São Paulo*, v. 20, p. 66, jul. 2007.

[198] "Por fim, segundo a orientação jurisprudencial desta Corte, a ausência de outorga conjugal não é causa de nulidade do compromisso de compra e venda de imóvel, tendo em vista tratar-se de obrigação pessoal, cuja eventual inexecução resolve-se em perdas e danos. Entre os contratantes, vale dizer, o compromisso de compra e venda de imóvel permanece válido em seus efeitos obrigacionais, mas é ineficaz em relação ao cônjuge que não participara do negócio (ou não o confirmara posteriormente)" (STJ, REsp 1.409.061/PR, j. 02.06.2017).

[199] AZEVEDO JR., José Osório de. *Compromisso de compra e venda*. 6. ed. rev., ampl. e atual. São Paulo: Malheiros, 2013. p. 258.

Além da conclusão de que nem sequer se estabelece uma relação jurídica obrigacional, seria um contrassenso do próprio sistema jurídico exigir a vênia conjugal para proteger o patrimônio familiar e, ao mesmo tempo, na sua falta, admitir a aplicação de perdas e danos em razão do inadimplemento absoluto do cônjuge vendedor, solução que, se admitida, desfalcará o patrimônio comum à revelia do cônjuge não participante do negócio jurídico dispositivo, o que nos parece que a própria lei quis impedir.

Assim, concluímos que, se celebrado sem a vênia conjugal quando exigida, o compromisso de compra e venda é ineficaz e não gera direitos obrigacionais, razão pela qual não seria possível aplicação de perdas e danos porque estas decorrem do inadimplemento absoluto de uma prestação. A aplicação de perdas e danos, na falta da vênia conjugal, ademais, afetaria o patrimônio comum do casal, efeito que a própria legislação pretende evitar.

Devemos avaliar a questão da vênia também para os negócios jurídicos celebrados por quem se encontre em união estável.

Os imóveis adquiridos a título oneroso na constância da união estável presumem-se comuns, ressalvado contrato escrito que disponha de forma diversa. Portanto, os negócios jurídicos de alienação ou de oneração deverão conter o consentimento do companheiro, pois para a união estável são aplicadas as mesmas regras patrimoniais do regime da comunhão parcial de bens (Código Civil, art. 1.725 c.c. o art. 1.647).

Entretanto, os efeitos dessas disposições legais e contratuais em relação a terceiros dependerão da publicidade que se conferiu à união estável e aos seus regramentos patrimoniais mediante inscrição do contrato de convivência no registro de imóveis competente.

Na falta dessa publicidade, presumir-se-á a boa-fé do terceiro adquirente caso este realize negócio jurídico dispositivo com apenas um dos companheiros por falta de conhecimento da existência da união estável[200]. Por essa razão recomenda-se que na qualificação do vendedor seja indicada a sua situação de estado civil, com referência expressa aos dados de sua certidão de nascimento ou de casamento (em que conste averbação da separação ou do divórcio) atualizada, bem como declaração de que não convive em união estável.

Por sua vez, na formalização da promessa de compra e venda, pelas diferenças conceituais em relação ao compromisso que analisamos em capítulos anteriores, a falta da vênia conjugal não gerará a sua ineficácia. Ao contrário, sob esse aspecto, a promessa será considerada existente, válida e eficaz porque a prestação principal nela contida é a celebração de outro contrato preliminar (o compromisso), momento em que, como vimos, por instrumentalizar o início da alienação definitiva quando irretratável e viabilizar a constituição de direito real à aquisição, deverá conter a vênia conjugal em atenção aos referidos dispositivos legais mencionados neste item.

---

[200] STJ, REsp 1.424.275/MT, j. 04.12.2014.

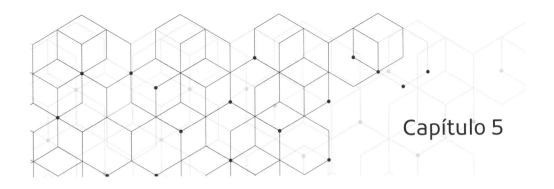

Capítulo 5

DA ADJUDICAÇÃO COMPULSÓRIA EXTRAJUDICIAL

A Lei Federal n.º 14.382/2022 inseriu o art. 216-B na Lei Federal n.º 6.015/1973. O referido dispositivo legal trata da possibilidade de a adjudicação compulsória ser efetivada extrajudicialmente perante o registro predial da circunscrição em que situado o imóvel. Não exclui a via jurisdicional, nem o poderia fazer sob pena de ser inconstitucional porque feriria o livre acesso à justiça.

Avaliaremos neste capítulo, portanto, as providências administrativas necessárias no âmbito extrajudicial para a adjudicação compulsória.

Antes, porém, destacamos que o quanto foi abordado no Capítulo 4, especialmente as questões relacionadas (i) aos aspectos gerais da adjudicação, (ii) seus fundamentos, (iii) seu significado, (iv) a necessidade ou não do registro do compromisso de compra e venda, (v) a imprescritibilidade do direito à adjudicação e (vi) aos aspectos relacionados ao direito material, é também aplicável à via extrajudicial de adjudicação compulsória, razão pela qual fazemos remissão ao seu conteúdo que será complementar ao que se apresentará neste capítulo.

Na medida do possível e cabível, faremos a comparação com o que já se construiu doutrinária e jurisprudencialmente para a adjudicação compulsória judicial. Eis a razão de termos trabalhado nos temas abordados no capítulo anterior.

Aqui pretendemos analisar os aspectos gerais e introdutórios, relacionados ao procedimento de adjudicação compulsória extrajudicial, mas vale a ressalva de que a prática poderá nos revelar situações ainda não avaliadas e soluções versáteis, que poderão ser aplicadas para os casos concretos.

5.1 ASPECTOS GERAIS

Como abordado anteriormente, cabe a adjudicação compulsória[1] na situação em que houver recusa injustificada do vendedor para a outorga do contrato definitivo, apesar de o comprador ter cumprido integralmente suas obrigações estabelecidas no compromisso de compra e venda, especialmente o pagamento integral do preço de aquisição do imóvel.

---

[1] "A ação de adjudicação compulsória é medida colocada à disposição de quem, munido de contrato de promessa de compra e venda, sem cláusula de arrependimento, e comprovando a quitação do preço, não tem êxito em obter a escritura definitiva do imóvel devido à recusa do promitente vendedor em efetivá-la, nos termos do art. 1.148, do CC" (sic) (STJ, AREsp 2.162.552, j. 24.10.2022).

Em síntese, para que o compromisso de compra e venda gere direito à adjudicação compulsória, é necessário que:

1) tenha sido celebrado com observância do disposto no art. 462 do Código Civil, ou seja, que, exceto quanto à forma, contenha todos os demais requisitos necessários para a celebração do contrato definitivo;
2) não contenha cláusula de arrependimento; caso contrário, as partes terão a possibilidade de desistir do negócio principal, o que tornaria o procedimento inócuo;
3) o vendedor esteja em mora com a obrigação de fazer consistente na outorga do contrato definitivo de compra e venda; e
4) tenha havido pagamento integral do preço de aquisição do imóvel pelo comprador.

Pelo quanto estabelecido no art. 463 do Código Civil, concluído o compromisso de compra e venda e atendidos os requisitos enumerados *supra*, qualquer das partes terá o direito de exigir a celebração do contrato definitivo, concedendo prazo razoável à outra para que o efetive.

Sobre o compromisso[2] de compra e venda, o já mencionado art. 1.418 do Código Civil estabelece que o comprador pode exigir do vendedor (ou de terceiros em caso de cessão), a outorga do contrato definitivo de compra e venda, nos termos do instrumento preliminar, e, caso haja recusa, requerer judicialmente a adjudicação compulsória do imóvel.

Acrescenta-se agora a opção da via extrajudicial para a adjudicação a ser processada perante o registro de imóveis.

Pelo *caput* do art. 216-B da Lei Federal n.º 6.015/1973, o procedimento da adjudicação compulsória extrajudicial caberá para os negócios jurídicos de compra e venda de imóveis celebrados por instrumentos preliminares irretratáveis. O dito dispositivo legal restringe expressamente essa opção para a compra e venda. Não caberá para outros negócios jurídicos preliminares que não este.

Destaca-se, pelo quanto dispõe o § 1º do referido art. 216-B, que o vendedor também é legitimado a promover a adjudicação compulsória extrajudicial. Caso o comprador objete imotivadamente a outorga do contrato definitivo de compra e venda, o alienante pode se valer desse procedimento extrajudicial.

Isso será muito útil, por exemplo, nos casos de empresas incorporadoras e loteadoras que muitas vezes são envolvidas em ações judiciais[3] por constarem como proprietárias nas matrículas dos imóveis, mas que, na prática, já receberam integralmente o preço e não outorgaram o respectivo instrumento definitivo por inércia do adquirente.

Há um aspecto, contudo, que deverá ser previamente avaliado. Caso a vendedora decida promover a adjudicação compulsória extrajudicial, legitimada que o é para tanto pela lei, deverá custear o pagamento do imposto de transmissão *inter vivos* (ITBI) que, pela praxe, seria de responsabilidade do comprador.

---

[2] Remetemos o leitor ao item que falamos sobre a diferença considerada pela doutrina entre a promessa e o compromisso. Melhor seria que o legislador tivesse aqui utilizado compromisso porque este pode ser considerado irretratável, o que atenderia a exigência contida no art. 1.417, também do Código Civil, de que o contrato preliminar não pode conter cláusula de arrependimento para possibilitar a adjudicação compulsória. Por essa razão, como optamos no início, trataremos desse contrato preliminar como compromisso de compra e venda.

[3] Muito comum figurarem como requeridas nas execuções fiscais de IPTU e nas ações de cobrança de despesas de condomínio.

Ainda pelo que consta no § 1º do aludido art. 216-B, são legitimados a requerer a adjudicação compulsória extrajudicial, além do vendedor, o comprador e os cessionários ou promitentes cessionários do comprador ou os sucessores deste. Os cessionários ou promitentes cessionários também são sucessores do comprador (na respectiva relação contratual), razão pela qual por sucessores devem-se compreender os herdeiros deste.

Depois de ser prenotado no Livro n.º 1 no registro de imóveis, o pedido de adjudicação compulsória deverá ser autuado e processado até gerar uma decisão final do registrador imobiliário sobre a sua procedência ou não. É recomendável que o prazo de validade da prenotação seja prorrogado até a solução definitiva de deferimento ou não da adjudicação.

Contudo, é importante que haja um prazo máximo de validade dessa prenotação para que cessem seus efeitos, caso a parte interessada não dê o andamento necessário para alcançar o seu fim, e eventuais terceiros, que possuam títulos contraditórios sobre o mesmo imóvel, não sejam prejudicados. Em outras palavras, é necessário estabelecer um prazo máximo em que o procedimento de adjudicação deverá estar finalizado.

5.2 TÍTULO. REQUERIMENTO E DOCUMENTOS. ASPECTOS GERAIS

Como *título* a possibilitar o registro da adjudicação compulsória extrajudicial, deve-se compreender o conjunto de documentos exigidos pelo § 1º do art. 216-B da Lei Federal n.º 6.015/1973, com aqueles que se originarem do processamento administrativo no registro de imóveis, que, como dito, é inaugurado com o requerimento feito pelo interessado.

A recusa de outorga do contrato definitivo de compra e venda que possibilita a transferência da propriedade pode ser tanto do alienante quanto do adquirente, pessoas físicas ou jurídicas, motivo pelo qual, como dissemos anteriormente, a lei estabelece que ambas têm legitimidade para requerer a adjudicação compulsória extrajudicial (Lei Federal n.º 6.015/1973, art. 216-B, § 1º).

O § 1º do art. 216-B consigna expressamente que há legitimados[4] a *requerer* a adjudicação. São eles: o compromitente comprador ou qualquer dos seus cessionários ou promitentes cessionários, ou seus sucessores, bem como o compromitente vendedor, representados por advogados.

Portanto, deverá haver um pedido expresso de adjudicação compulsória extrajudicial a ser feito por escrito, pelo legitimado, devidamente representado por advogado, que deverá ser protocolado no registro imobiliário da circunscrição do imóvel objeto do compromisso de compra e venda.

Esse pedido (ou requerimento) deverá conter reconhecimento de firma do signatário, salvo se assinado por certificado digital ou se se tratar de instituições financeiras que atuem com crédito imobiliário, exceção contida na parte final do inciso II do art. 221 da Lei Federal n.º 6.015/1973.

Ao ser apresentado, o pedido de adjudicação compulsória deverá ser imediatamente prenotado no Livro n.º 1 da respectiva serventia imobiliária (Lei Federal n.º 6.015/1973, art. 182). O número de ordem que lhe for atribuído determinará a prioridade que terá em relação a outros títulos que instrumentalizem direitos contraditórios no tocante ao mesmo imóvel (Lei Federal n.º 6.015/1973, art. 186).

Prenotado o requerimento inicial, o registrador imobiliário deverá autuá-lo, pois se trata de documento que inaugura o processo administrativo de adjudicação compulsória, e nele

---

[4] Remetemos o leitor ao Capítulo 4, em que desenvolvemos os preceitos relativos à capacidade, legitimidade e legitimação, conceitos que podem ser aqui utilizados.

praticar os atos que a lei lhe atribui, como fazer exigências de documentos faltantes, determinar a entrega da notificação extrajudicial do inadimplente na outorga do contrato definitivo, certificar as eventuais ocorrências, concluir ou não que o requerente legitimado atendeu aos requisitos legais para a adjudicação compulsória, afora outros de mero expediente.

5.2.1 Do requerimento inicial e dos documentos

Além de narrar a circunstância que justifica a adjudicação compulsória, o requerimento dirigido ao oficial registrador competente deverá trazer informações mínimas consideradas essenciais ao respectivo procedimento extrajudicial. Em resumo, além de ter que ser acompanhado por documentos obrigatórios, que veremos um a um a seguir, entendemos que o requerimento inicial deverá conter as seguintes informações:

I. indicação do legitimado, com qualificação completa (nome, nacionalidade, profissão, CPF, RG, estado civil, data do casamento e regime de bens adotado, se o caso, qualificação completa do cônjuge, domicílio, residência, ou, se porventura se tratar de pessoa jurídica, a sede, o CNPJ e os representantes), e a justificativa que o legitima a requerer o início da adjudicação compulsória;

II. identificação e caracterização do imóvel com número da inscrição registrária (matrícula ou transcrição) e do cadastro fiscal (número do contribuinte municipal), se houver;

III. nome e qualificação completa do vendedor, do comprador, dos eventuais cessionários ou promitentes cessionários ou seus sucessores (nome, nacionalidade, profissão, CPF, RG, estado civil, data do casamento e regime de bens adotado, se o caso, qualificação completa do cônjuge, domicílio, residência, ou, caso se trate de pessoa jurídica, a sede, o CNPJ e os representantes); estas informações deverão coincidir com aquelas constantes do registro aquisitivo do vendedor, contidas na transcrição ou na matrícula correspondente, bem como no respectivo instrumento preliminar de compra e venda, em observância ao princípio registrário da especialidade subjetiva;

IV. identificação e explicação sobre a pessoa que deverá ser notificada para celebração da escritura (vendedor, comprador ou qualquer dos seus cessionários ou promitentes cessionários, ou seus sucessores), com indicação do endereço para o qual deverá ser dirigida a notificação;

V. pedido expresso para que o registrador encaminhe a notificação elaborada pelo credor ao devedor da obrigação de outorgar o contrato definitivo para que este se manifeste no prazo máximo de 15 dias úteis contado do seu recebimento;

VI. apesar de não constar expressamente na lei, entendemos possível que se encontre no pedido que, se o notificado não for encontrado ou estiver ocultando-se, sejam aplicados subsidiariamente os arts. 252, 253 e 254 do Código de Processo Civil (com apoio no art. 15 do mesmo Código), para que se promova a intimação com hora certa preliminarmente ao edital; tal providência busca conceder outra chance para o notificado, antes da fase editalícia, que é muito mais complexa e menos efetiva para o que se pretende; parece-nos que, apesar de não previsto expressamente no regramento do art. 216-B, seria uma alternativa que visaria evitar conflitos posteriores relacionados com a qualidade da intimação, o que resulta em proteção da pretensão do requerente; e não é uma criação sem fontes correlatas, pois a Lei Federal n.º 9.514/1964 já prevê essa possibilidade;

Capítulo 5 • DA ADJUDICAÇÃO COMPULSÓRIA EXTRAJUDICIAL

VII. justificativa do óbice à correta escrituração do instrumento definitivo de compra e venda que demonstrará que a via administrativa da adjudicação compulsória não é forma de burlar a exigência da escritura pública, como disciplina o art. 108 do Código Civil, nem os requisitos notariais, registrários e/ou tributários necessários para a transferência do direito real de propriedade;

VIII. declaração do requerente de que não há processo judicial contraditório com a pretendida aquisição definitiva, especialmente que não existem disputas judiciais em relação a qualquer tema referente ao compromisso de compra e venda, principalmente sobre o pagamento do preço; e

IX. pedido expresso para que seja deferida a adjudicação compulsória na hipótese de o notificado não se manifestar no prazo de 15 dias úteis contado do primeiro dia útil seguinte ao do recebimento da notificação.

O § 1º do art. 216-B da Lei Federal n.º 6.015/1973 indica quais são os legitimados para requerer a adjudicação compulsória. Avaliamos no capítulo anterior os conceitos relacionados com a capacidade ordinária que difere da legitimação, conceitos esses que também podem ser aplicados aqui. Na legitimação, o que se avalia é a posição em que a pessoa se encontra em relação a determinado bem ou direito.

Assim, o registrador deverá avaliar criteriosamente as qualidades do requerente para concluir pela sua legitimação ou não em ser o requerente do procedimento adjudicatório extrajudicial. Se não atender ao requisito da legitimação, o procedimento extrajudicial deverá ser indeferido.

Caso o requerente seja um daqueles que está indicado no § 1º do art. 216-B, a legitimação terá sido atendida. Na hipótese de ilegitimidade, o registrador deverá conceder prazo para a regularização da condição do requerente, como pode ocorrer, por exemplo, em pedido de adjudicação extrajudicial feito por mandatário sem poderes. Nessa hipótese, o mandatário poderá obter do mandante a ratificação dos atos praticados (Código Civil, art. 662).

Também dissemos anteriormente que, por se tratar de um direito obrigacional, o credor (comprador) deve, como uma das primeiras providências para iniciar o procedimento extrajudicial, requerer que o registrador promova a intimação do devedor (vendedor), mesmo que este já esteja inadimplente (pela mora *ex re*), para dar-lhe outra oportunidade para que cumpra a sua obrigação de fazer consistente na outorga do contrato definitivo de compra e venda. O prazo concedido por lei é de 15 dias para que o devedor se manifeste no sentido de cumprir ou não a sua obrigação de fazer.

O inciso II do art. 216-B da Lei Federal n.º 6.015/1973 estabelece que o inadimplemento absoluto da obrigação de fazer caracterizar-se-á se, transcorrido o prazo de 15 dias contado da entrega da notificação extrajudicial pelo oficial do registro de imóveis, não houver a celebração do título definitivo de compra e venda.

Pelo expresso texto da lei, o registrador diligenciará para entregar a notificação extrajudicial ao devedor da obrigação de outorgar o título definitivo de compra e venda. Na redação do dispositivo a expressão *entregar* parece pressupor a ideia de *passar às mãos* de outrem.

Assim, entendemos que a lei não atribuiu ao registrador a obrigação de elaborar a notificação a ser encaminhada ao requerido, mas apenas de promover os procedimentos necessários para seu encaminhamento e sua entrega. De outro lado, no rol de documentos não consta a obrigação de o requerente apresentar essa notificação.

A dúvida que surge é se o oficial elaborará a notificação e a entregará ou apenas a entregará ao requerido, como consta expressamente do texto de lei supracitado.

Nossa interpretação é no sentido de que a notificação deverá ser elaborada pelo requerente, anexada ao rol de documentos exigidos pelo art. 216-B, e entregue pelo registrador. O registrador não elaborará a notificação. Explicamos.

Essa forma de interpretar tem implicação na relação de documentos que devem ser apresentados com o pedido, pois, se o registrador apenas entregar a notificação, ela deverá estar previamente preparada e integrar o rol daqueles considerados necessários para o início do procedimento extrajudicial.

No item 466 do Provimento n.º 6/2023 do Tribunal de Justiça de São Paulo, por sua vez, ao tratar da notificação no processo de adjudicação compulsória, consta que "o oficial de registro de imóveis, a expensas do interessado, por si ou por meio de oficial de registro de títulos e documentos, **fará expedir notificação** [...]".

O referido item 466 dá a entender que a notificação será feita pelo registrador, pois determina que ele fará *expedir*, enquanto o inciso II do art. 216-B utiliza o termo *entrega*.

Diante da relação jurídica inaugurada com a celebração do instrumento preliminar de compra e venda, a notificação é um ato formal que noticia ao devedor o inadimplemento da obrigação de fazer (outorgar o contrato definitivo) e, portanto, deve ser feita pelo seu respectivo credor.

É a situação que se enquadra no art. 463 do Código Civil, em que, concluído o contrato preliminar que não contenha cláusula de arrependimento, qualquer das partes poderá exigir a celebração do contrato definitivo, concedendo prazo para que a outra o efetive.

Nota-se que, apesar de ser manejado no registro imobiliário, até essa fase de notificação do vendedor, as partes estão em uma autêntica relação de direito obrigacional, em que a prestação de fazer a ser cumprida é a outorga do título definitivo de compra e venda. Ainda não há relação de direito real (de propriedade).

Por se tratar de uma relação jurídica obrigacional, o credor, por ser titular de pretensão contra o devedor, é quem tem legitimidade para promover a intimação do inadimplente, a qual será entregue formalmente pelo registrador. Essa entrega feita pelo registrador imobiliário busca, além da completa isenção, a prática de um ato envolto na fé pública do oficial registrário.

O requerente é o único que tem legitimação para promover a intimação do devedor para que cumpra sua obrigação de fazer. É o credor quem tem o direito à prestação e somente ele é quem poderá, observados os procedimentos exigidos pela legislação, caracterizar a mora e o inadimplemento absoluto do devedor, o que acontecerá com o seu silêncio depois de transcorrido o prazo legal, que tem início com o recebimento da notificação.

Como ocorre nos demais casos de inadimplemento nas relações jurídicas obrigacionais, somente após a convocação do devedor para cumprir a obrigação de celebrar o contrato definitivo de compra e venda e este permanecer inerte, convertendo-se a mora em inadimplemento absoluto, é que o credor poderá acionar o registrador imobiliário para obter a respectiva decisão de procedência da adjudicação compulsória que, com os demais documentos que veremos adiante, formará o título hábil para o registro da transferência definitiva do direito real de propriedade do imóvel.

O registrador imobiliário não é parte da relação jurídica obrigacional que decorre do compromisso de compra e venda e, portanto, não é o titular da prestação descumprida (obrigação de fazer; de outorgar o contrato definitivo); ele é estranho a essa relação obrigacional e não tem interesse em exigir o cumprimento da prestação inadimplida. Esse interesse é exclusivo do credor.

Portanto, a notificação a ser encaminhada ao devedor (exigida pelo inciso II do § 1º do art. 216-B da Lei Federal n.º 6.015/1973) deverá ser elaborada e subscrita pelo credor como titular da obrigação inadimplida. O oficial de registro de imóveis apenas a exigirá previamente e fará o seu formal encaminhamento ao devedor.

Contudo, para que seja possível o encaminhamento da notificação que pretenderá constituir o devedor em mora (*ex personae*), o registrador deverá analisar o compromisso de compra e venda para verificar se as condições para a outorga da escritura definitiva, por exemplo, o dia, o horário e o local, foram descumpridos. Somente se o vendedor estiver, pela regra disposta no compromisso de compra e venda, em inadimplemento em relação a essa obrigação de fazer é que poderá encaminhar-lhe a dita notificação. Enquanto o devedor não estiver inadimplente com essa obrigação, nem mesmo o início do processo de adjudicação compulsória poderá ocorrer.

Referida intimação tem como primeira finalidade conceder o prazo de 15 dias para que o devedor purgue a mora, ou seja, outorgue o contrato definitivo em cumprimento ao compromisso de compra e venda. Em segundo lugar, e como consequência, transformar a mora do vendedor em inadimplemento absoluto da obrigação de fazer (*contrahere*).

Superado o prazo legal de 15 dias concedido ao vendedor, sem que este tenha outorgado o contrato definitivo de compra e venda, estará configurado o inadimplemento absoluto do devedor, dentro do procedimento de adjudicação compulsória extrajudicial.

Nesse sentido, se os demais documentos estiverem em consonância com o que determinam o aludido art. 216-B e os comandos normativos (que veremos a seguir), o registrador poderá deferir o pedido de adjudicação compulsória para formalizar o título que, com o compromisso de compra e venda, servirá de causa para a inscrição registrária (registro) e a consequente transmissão do direito real de propriedade para o requerente.

O requerimento de adjudicação compulsória extrajudicial deverá ser instruído com pedidos e documentos obrigatórios, previstos no § 1º do art. 216-B da Lei Federal n.º 6.015/1973. São eles:

(i) o requerimento celebrado pelo credor da obrigação inadimplida, em que seja resumida a situação jurídica de descumprimento da obrigação de fazer, os valores envolvidos, a data em que se venceu a obrigação, bem como eventual prazo de carência para o cumprimento final;

(ii) o instrumento preliminar de compra e venda ou de cessão, quando for o caso;

(iii) a notificação para ser encaminhada ao devedor da obrigação de outorgar o contrato definitivo, a qual, depois de transcorrido o prazo de 15 dias do recebimento pelo devedor, consistirá na prova do inadimplemento absoluto da (não) celebração do título de transmissão da propriedade plena;

(iv) a ata notarial, lavrada por tabelião de notas na qual constem a identificação do imóvel, o nome e a qualificação do compromitente comprador ou de seus sucessores, a prova do pagamento do respectivo preço e a caracterização do inadimplemento da obrigação de outorgar ou receber o título definitivo de compra e venda[5];

(v) as certidões dos distribuidores forenses da comarca da situação do imóvel e do domicílio do requerente, que demonstrem a inexistência de litígio envolvendo o compromisso de compra e venda do imóvel objeto da adjudicação;

---

[5] Note que já se pressupõe que o credor da obrigação de fazer (outorgar o contrato definitivo) tenha notificado o respectivo devedor, nos termos da parte final do art. 463 do Código Civil, antes da lavratura da ata notarial. Entendemos que essa etapa é exigida por lei e deve ser observada pelo requerente.

(vi) a oferta, em *escrow accont* notarial, do depósito dos valores de pagamento do respectivo imposto sobre a transmissão de bens imóveis (ITBI); e

(vii) a procuração com poderes específicos, se o caso.

Em 22 de fevereiro de 2023 foi editado o Provimento n.º 6/2023 da Corregedoria-Geral da Justiça do Estado de São Paulo, que inseriu a Seção XVI [itens 462 a 472] no Capítulo XX das Normas de Serviço das Serventias Extrajudiciais. Esse provimento exige, no seu item 464, que o pedido inicial atenda, no que couber, aos requisitos estabelecidos no art. 319[6] do Código de Processo Civil.

5.2.2 O instrumento preliminar de compra e venda[7]

O compromisso de compra e venda é o documento de maior importância a ser apresentado pelo requerente, pois é dele que emana a relação jurídica obrigacional preliminar de compra e venda, em especial a obrigação de fazer, consubstanciada na prestação de outorgar o título definitivo de compra e venda, a qual será consumada com o deferimento da adjudicação compulsória pelo registrador imobiliário. É nele que constarão, além de outras circunstâncias negociais, as informações relativas à forma e às condições para o pagamento do preço de aquisição do imóvel e suas caracterizações para a celebração do instrumento definitivo.

Como já se falou no Capítulo 4, o pagamento integral do preço de aquisição do imóvel[8] é um requisito imprescindível para a adjudicação compulsória. A falta de pagamento do preço não autoriza o processamento da adjudicação compulsória, sob pena de gerar enriquecimento injustificado do adquirente, em face do alienante, que perderia o direito real de propriedade, sem a devida contraprestação financeira, contratualmente estabelecida no compromisso de compra e venda.

Tendo em conta que no compromisso de compra e venda a obrigação do vendedor de transmitir o imóvel depende do pagamento integral do preço pelo comprador, o seu registro, acompanhado da quitação integral e do comprovante de pagamento do imposto de transmissão, poderia, em tese, bastar para a transmissão da propriedade.

Contudo, dissemos no início deste trabalho que em nosso sistema há preceito legal que exige a celebração de um título para a constituição ou transmissão de direitos reais sobre imóveis (Código Civil, art. 1.227). Esse título, salvo disposição contrária em lei, deve ser instrumentalizado por escritura pública, a qual é essencial à validade dos negócios jurídicos que visem à constituição, transferência, modificação ou renúncia de direitos reais sobre imóveis de valor superior a 30 vezes o maior salário mínimo vigente no País (Código Civil, art. 108).

---

[6] Entendemos que do referido art. 319 do Código de Processo Civil o pedido de adjudicação extrajudicial deverá observar os incisos "II – os nomes, os prenomes, o estado civil, a existência de união estável, a profissão, o número de inscrição no Cadastro de Pessoas Físicas ou no Cadastro Nacional da Pessoa Jurídica, o endereço eletrônico, o domicílio e a residência do autor e do réu; III – o fato e os fundamentos jurídicos do pedido; IV – o pedido com as suas especificações; VI – as provas com que o autor pretende demonstrar a verdade dos fatos alegados".

[7] Sobre diferenças entre promessa de compra e venda e compromisso de compra e venda ver CASSETTARI, Christiano; BRANDELLI, Leonardo. *Comentários à lei do sistema eletrônico dos registros públicos*: Lei 14.382, de 27 de junho de 2022. Rio de Janeiro: Forense, 2023. p. 169 e seguintes.

[8] "É da natureza do contrato de compromisso de venda e compra transmitir a propriedade da coisa com o comprovante de quitação do preço, visto que é o pagamento do preço que faz que a vontade de transmitir, já manifestada, produza efeitos" (CASSETTARI, Christiano; BRANDELLI, Leonardo. *Comentários à lei do sistema eletrônico dos registros públicos*: Lei 14.382, de 27 de junho de 2022. Rio de Janeiro: Forense, 2023. p. 173).

Para os casos em que o compromisso de compra e venda seja registrado antes do pagamento integral do preço, situação em que gerará direito real à aquisição do imóvel em benefício do comprador, a transmissão definitiva do direito real de propriedade dependerá da apresentação do correspondente título definitivo, no qual deverá constar a declaração de quitação do pagamento do preço de aquisição do imóvel. Caso haja recusa na outorga do título definitivo, caberá o procedimento de adjudicação compulsória extrajudicial, que ora avaliamos, no registro de imóveis competente.

Vale destacar que, no mesmo sentido, de boa parte da jurisprudência[9], o § 2º do art. 216-B da Lei Federal n.º 6.015/1973 estabeleceu que não são necessários o registro prévio dos instrumentos de promessa de compra e venda ou de cessão, nem a comprovação de regularidade fiscal do promitente vendedor.

A falta de registro do compromisso de compra e venda apenas deixa de constituir o direito real à aquisição do imóvel e em nada afeta a relação jurídica obrigacional que existe entre o comprador e o vendedor. Dessa relação obrigacional, como já dissemos exaustivamente, decorre a obrigação de fazer do vendedor consistente na outorga do título definitivo de compra e venda.

Caso o contrato preliminar de compra e venda esteja previamente registrado, a falta de sua apresentação no pedido não deverá ser motivo de exigência ou de indeferimento do procedimento extrajudicial de adjudicação, pois já estará depositado nos acervos da serventia registrária.

A decisão do registrador imobiliário que deferir a adjudicação compulsória é um documento que integra o procedimento administrativo e que, com os demais, consubstancia o título que substituirá o contrato definitivo de compra e venda. Portanto, todos os requisitos legais e normativos necessários para o registro do título definitivo deverão ser atendidos na adjudicação compulsória.

Por exemplo, entre outros, se o instrumento preliminar não atender ao princípio da continuidade e nele o vendedor for diferente daquele que consta como proprietário registrário, dever-se-á, nessa hipótese, ou promover o prévio registro do título aquisitivo do vendedor/alienante ou retificar o instrumento preliminar de compra e venda.

Também deverá atender ao princípio registrário da especialidade objetiva. O imóvel descrito e caracterizado no compromisso de compra e venda deverá ter correspondência com aquele que consta na respectiva serventia imobiliária. Se houver divergência, ou retificam-se os dados conflitantes na inscrição registrária ou os do instrumento preliminar.

A depender do caso de inadmissão para o registro do instrumento preliminar de alienação, a adjudicação extrajudicial deverá ser indeferida[10]. Se não registrável porque o óbice indicado pelo oficial registrador é insuperável, a regularização dominial do imóvel poderá ser feita pela usucapião, se presentes os requisitos legais de tempo e de posse[11].

---

[9] STJ, Súmula n.º 239: "O direito à adjudicação compulsória não se condiciona ao registro do compromisso de compra e venda no cartório de imóveis".

[10] O exemplo dado anterior de quebra da continuidade registrária é um impedimento da adjudicação compulsória extrajudicial.

[11] Nesse sentido, TJSP: "Apelação cível – Usucapião – Processo extinto, sem resolução do mérito – Interesse de agir presente – **Possibilidade daquele que detém título aquisitivo, porém não registrável, de ajuizar a ação para regularizar a situação do bem** – Extinção afastada – Recurso provido" (Apelação n.º 0013409-57.2011.8.26.0099, j. 26.11.2013); "[...] **Aquele que detém título aquisitivo sem condições de ser registrado possui interesse processual para ajuizar ação de usucapião**, que constitui meio de aquisição originário de propriedade apto a sanar vícios de aquisição ou de

Existem precedentes do TJSP[12] no sentido de que, se a regularização do imóvel estiver sendo promovida, a adjudicação compulsória pode ser deferida. Exemplos: loteamento em fase de regularização, remediação ambiental em andamento etc.

Falamos, no Capítulo 4, que a adjudicação compulsória é um procedimento que tem como objetivo a formalização do título definitivo de compra e venda, necessário para promover a transferência do direito real de propriedade para o comprador.

Nesse contexto, o requerimento inicial, com todos os documentos apresentados pelo requerente legitimado, somados a todos os demais produzidos durante o processamento administrativo da adjudicação compulsória até a decisão final do registrador, integrarão o que se considera por título definitivo de compra e venda, em cumprimento ao correspondente compromisso. É esse conjunto de documentos que formam o processo da adjudicação compulsória extrajudicial que será objeto de registro na matrícula do imóvel.

5.2.2.1 Comprovação da regularidade fiscal do compromissário vendedor

Pergunta-se: a falta da certidão negativa de débito ("CND") expedida (em conjunto) pela Receita Federal do Brasil e pela Procuradoria-Geral da Fazenda Nacional, em nome do alienante do imóvel (quando pessoa jurídica), impede a lavratura da ata notarial e/ou o processamento registrário da adjudicação compulsória extrajudicial?

A resposta merece algumas prévias e breves observações sobre as exigências das referidas certidões fiscais federais.

Entretanto, ao lado desse desenvolver de ideias que faremos sobre este tópico, devemos ter presente que, na adjudicação compulsória, o seu deferimento independe (i) de prévio registro dos instrumentos de promessa de compra e venda ou de cessão e (ii) da comprovação da regularidade fiscal do promitente vendedor.

Ainda assim, vamos traçar linhas bem gerais sobre a situação jurídico-processual desse tema para situar o leitor sobre os pontos de divergência e municiá-lo com elementos que o permitirão adotar a melhor solução no caso concreto para as hipóteses de apresentação ou não da CND da empresa nos casos de alienação ou oneração de seus ativos.

Nos termos da letra *b*, inciso I, do art. 47 da Lei Federal n.º 8.212/1991, é exigida a CND da empresa, nos casos de: alienação ou oneração, a qualquer título, de bem imóvel ou direito a ele relativo.

A prova de regularidade fiscal, perante a Fazenda Nacional, nos termos do art. 1º da Portaria MF n.º 358/2014, é feita mediante a obtenção de certidão expedida conjuntamente pela Secretaria da Receita Federal do Brasil (RFB) e pela Procuradoria-Geral da Fazenda Nacional (PGFN), referente a todos os tributos federais e à Dívida Ativa da União (DAU), ou seja, uma única certidão conjunta para todos os tributos federais[13].

---

registro. Determinação de indisponibilidade na matrícula do bem que, per si, não torna o pretenso usucapiente carecedor de ação. Durante a instrução, há que se verificar se a restrição constitui oposição de alguma espécie, o que influirá na caracterização da prescrição aquisitiva. [...]" (Apelação Cível 1001495-44.2016.8.26.0538, j. 28.05.2012).

[12] Apelação Cível 341.210.4/0-00, j. 07.08.2008 (LOUREIRO, Francisco Eduardo. Arts. *In*: GODOY, Claudio Luiz Bueno de et al. *Código Civil comentado*: doutrina e jurisprudência. Lei n. 10.406 de 10.01.2002. coordenação Cezar Peluso. 17. ed. rev. e atual. Santana de Parnaíba-SP: Manole, 2023. p. 1456).

[13] Dispensa-se, porém, a apresentação de comprovação de regularidade fiscal, nos termos da Portaria Conjunta RFB/PGFN n.º 1751/2014: "Art. 17. [...] I – na alienação ou oneração, a qualquer título, de bem imóvel ou direito a ele relativo, que envolva empresa que explore exclusivamente atividade de

Em uma análise ampla, até o momento não foi declarada definitivamente a inconstitucionalidade da letra *b* do inciso I do art. 47 da Lei Federal n.º 8.212/1991, permanecendo o dispositivo em vigor[14]. O art. 216-B da Lei Federal n.º 6.015/1973 não traz a CND como requisito para a lavratura da ata notarial ou para o seu processamento na fase registrária.

---

compra e venda de imóveis, locação, desmembramento ou loteamento de terrenos, incorporação imobiliária ou construção de imóveis destinados à venda, desde que o imóvel objeto da transação esteja contabilmente lançado no ativo circulante e não conste, nem tenha constado, do ativo permanente da empresa; II – nos atos relativos à transferência de bens envolvendo a arrematação, a desapropriação de bens imóveis e móveis de qualquer valor, bem como nas ações de usucapião de bens móveis ou imóveis nos procedimentos de inventário e partilha decorrentes de sucessão *causa mortis*".

[14] Vale destacar, entretanto, o Mandado de Segurança Coletivo 5019824-62.2023.4.03.6100, em trâmite perante a 9ª Vara Cível da Justiça Federal da 3ª Região – 1º grau, impetrado pela Associação dos Notários e Registradores do Estado de São Paulo (Anoreg-SP), em 03.07.2023, em face de ato coator praticado pelo Superintendente da Receita Federal do Brasil na 8ª Região Fiscal; e autoridades vinculadas à União Federal (art. 6º da Lei n.º 12.016/2009), ou quem lhe faça as vezes, substituindo-os no exercício das suas atribuições. A fundamentação do mandado de segurança está, em síntese, no fato de que, em decorrência da atribuição constitucional, cabe ao Poder Judiciário (Constituição Federal, art. 236, § 1º), realizar os atos de fiscalização e de regulamentação da atividade notarial e registral. Nessa linha de raciocínio, a impetrante afirma que há anos o Conselho Nacional de Justiça mantém o entendimento de que notários e registradores não devem exigir a CND para a prática de atos notariais e de registro a cargo de seus ofícios. Assim se manifestou o CNJ: "Recurso administrativo em pedido de providências. Impugnação de provimento editado por Corregedoria local determinando aos Cartórios de Registro de Imóveis que se abstenham de exigir certidão negativa de débito previdenciário nas operações notariais. Alegação de ofensa ao disposto nos artigos 47 e 48 da Lei n. 8.212/91. Inexistência de ilegalidade. 1. Reconhecida a inconstitucionalidade do art. 1º, inciso IV, da Lei nº 7.711/88 (ADI 394), não há mais que se falar em comprovação da quitação de créditos tributários, de contribuições federais e de outras imposições pecuniárias compulsórias para o ingresso de qualquer operação financeira no registro de imóveis, por representar forma oblíqua de cobrança do Estado, subtraindo do contribuinte os direitos fundamentais de livre acesso ao Poder Judiciário e ao devido processo legal (art. 5º, XXXV e LIV, da CF). 2. Tendo sido extirpado do ordenamento jurídico norma mais abrangente, que impõe a comprovação da quitação de qualquer tipo de débito tributário, contribuição federal e outras imposições pecuniárias compulsórias, não há sentido em se fazer tal exigência com base em normas de menor abrangência, como a prevista no art. 47, I, 'b', da Lei 8.212/91. 3. [...]". No mesmo sentido decidiu-se no Pedido de Providências n.º 0004771-50.2020.2.00.0000, que do acórdão destacamos o seguinte: "[...] A obrigação de provar regularidade fiscal previdenciária, para fins de averbação de obra de construção civil no registro imobiliário (artigo 47, inciso II, e artigo 48, parágrafo 3º, da Lei n. 8.212/1991) deixou de subsistir com a superveniência do julgamento provido, pelo Supremo Tribunal Federal, para as Ações Diretas de Inconstitucionalidade números 173-6 e 394-1. Precedente no PP 0001230-82.2015.2.00.0000. [...]". Nas fundamentações de seus pedidos, resumidamente, a impetrante afirmou que o *fumus boni iuris* encontra-se demonstrado por ter já sido declarado inconstitucional pelo Supremo Tribunal Federal dispositivo de lei mais abrangente contendo os mesmos comandos ora impugnados. Os associados da Impetrante que porventura deixaram ou deixam de exigir a apresentação da Certidão Negativa de Débito – CND com base em entendimento do Conselho Nacional de Justiça estão sujeitos a sofrerem autuações pelas Autoridades Impetradas, residindo o periculum in mora justamente no risco de ocorrerem autuações no curso do processo até o julgamento final do mérito. Requer, assim, a concessão de medida liminar determinando-se às Autoridades Impetradas que se abstenham de autuar os associados da Impetrada em caso de não exigência a apresentação da CND na forma preconizada no art. 47 da Lei nº 8.212/1991. Em 18/09/2024, a MM. Juíza da 9ª Vara Cível Federal de São Paulo, concedeu a segurança em favor da impetrante para (i) reconhecer a inconstitucionalidade incidental do art. 47, I, 'b', da Lei Federal nº 8.212/1991; e (ii) determinar à autoridade impetrada que se abstenha de exigir, dos associados da impetrante, a apresentação das certidões negativas referentes a quaisquer débitos tributários federais que não digam respeito ao ato negocial de alienação do bem imóvel. Importante fazermos uma observação de imediato. É que, por hora, a decisão é válida

Ao contrário, o § 2º do dito art. 216-B estabelece que para o deferimento da adjudicação extrajudicial não será feita qualquer exigência de regularidade fiscal do vendedor. Determinar a necessidade de apresentação da CND seria exigir comprovação de regularidade fiscal do vendedor, o que passou a ser expressamente dispensado pela lei.

Há inúmeros precedentes do Conselho Superior da Magistratura e da Corregedoria-Geral da Justiça do Estado de São Paulo, bem como do Conselho Nacional de Justiça[15], que dispensam a apresentação da CND conjunta para o registro de títulos translativos de direito real.

Esse entendimento administrativo tem apoio especialmente na inconstitucionalidade dos arts. 1º e 2º da Lei Federal n.º 7.711/1988, declarada pelo STF[16], por configurarem verdadeira sanção política, pois exigiam quitação dos créditos tributários para, entre outros, promover atos de registro em serventias registrárias imobiliárias.

É nesse sentido que se conclui administrativamente pelo afastamento da exigência de certidão negativa de débitos federais, embora até o momento, como dito antes, não tenha havido reconhecimento expresso e definitivo da inconstitucionalidade em controle concentrado, com afastamento do ordenamento jurídico da letra *b* do inciso I do art. 47 da Lei Federal n.º 8.212/1991.

Mesmo que se conclua pela vigência da letra *b* do inciso I do art. 47, o notário e o registrador, caso dispensem a apresentação das certidões e pratiquem atos, não serão por isso responsabilizados, porque há, para o procedimento de adjudicação compulsória, expressa previsão legal de dispensa de comprovação de regularidade fiscal do vendedor (Lei Federal n.º 6.015/1973, art. 216-B, § 2º), não sendo aplicável, por consequência, o § 3º do art. 48[17] da lei previdenciária.

O entendimento administrativo que dispensa a apresentação da aludida CND, porém, não elimina a possibilidade de a Receita Federal, com fundamento na parte final do art. 48 da Lei Federal n.º 8.212/1991, questionar, na via jurisdicional, a nulidade do ato praticado sem a apresentação da CND conjunta.

---

somente para os notários e registradores do Estado de São Paulo. As autoridades tributárias nacionais devem deixar de exigir desses serventuários a CND correspondente àquela exigida no art. 47, I, 'b' da referida Lei Federal nº 8.212/0991 por ser inconstitucional. A Procuradoria-Geral da Fazenda Nacional (3ª Região) apresentou embargos de declaração para afirmar que não há inconstitucionalidade nos artigos 47 e 48 da Lei Federal nº 8.212/1991. Os embargos foram julgados em 17/10/2024, e foi decidido que: 'Razão assiste à parte impetrante. Conforme fundamentado na sentença, extrai-se da ADI 173/DF que são inconstitucionais normas que impõem sanções políticas a coagir contribuintes ao pagamento de tributos por via oblíquas'. Assim, da mesma forma, reconheço a inconstitucionalidade incidental do art. 48 da Lei nº 8.212/91. Ante o exposto, acolho os embargos de declaração para que, nos termos do pedido da petição inicial, o dispositivo da sentença passe a constar, como segue: 'Ante o exposto, concedo a segurança e julgo extinto o processo com resolução do mérito, nos termos do artigo 487, inciso I, do Código de Processo Civil de 2015, para, reconhecendo a inconstitucionalidade incidental do art. 47, I, 'b', e art. 48, ambos da Lei 8.212/91, determinar à autoridade impetrada que se abstenha de exigir, dos associados da impetrante, a apresentação das certidões negativas referentes a quaisquer débitos tributários federais que não digam respeito ao ato negocial de alienação do bem imóvel'".

[15] Pedido de Providências – Corregedoria 0001230-82.2015.2.00.0000, Rel. João Otávio de Noronha 28ª Sessão Virtual, j. 11.10.2017.

[16] ADI 173-6/DF, *DJ* 19.03.2009, Rel. Min. Joaquim Barbosa; em idêntico sentido, ADI 394-1/DF, Rel. Min. Joaquim Barbosa, *DJ* 20.03.2009.

[17] "§ 3º O servidor, o serventuário da Justiça, o titular de serventia extrajudicial e a autoridade ou órgão que infringirem o disposto no artigo anterior incorrerão em multa aplicada na forma estabelecida no art. 92, sem prejuízo da responsabilidade administrativa e penal cabível."

Restaria saber se a falta dessa certidão conjunta poderia impedir o processamento da adjudicação compulsória extrajudicial.

Entendemos que não.

No Tribunal de Justiça de São Paulo, há precedentes de Câmaras de Direito Privado no sentido de que, com apoio no entendimento do Conselho Superior da Magistratura do mesmo Tribunal, é dispensável a exigência de CND, uma vez que pode configurar forma atípica de exigibilidade de débitos tributários, sem o devido processo legal, em afronta à Constituição Federal, por traduzir verdadeira sanção política[18].

Em um desses precedentes[19], foi consignado o entendimento de "que a exigência da CND do INSS não se encontra relacionada ao imóvel, mas à contribuição devida pela vendedora ao INSS, nos termos do art. 47, I, *b*, da Lei n. 8.212/91", consistindo "em cobrança indireta de débito da vendedora, que fica impossibilitada de negociar seus bens sem a quitação, consistindo em sanção política dissociada da finalidade do ato"[20].

No mesmo sentido decidiu o mesmo tribunal paulista, na Apelação Cível 1032552-70.2015.8.26.0100, da 7ª Câmara de Direito Privado, julgada em 11.05.2016, de cuja ementa fazemos o seguinte destaque:

> Ação de adjudicação compulsória. Sentença de extinção. Inconformismo do autor. Litisconsórcio passivo entre a promitente vendedora e a construtora. Necessária participação da construtora na lide para plena satisfação da tutela jurisdicional invocada pelos demandantes. Princípio da continuidade do registro imobiliário que deve ser observado. Inteligência do art. 1.418 do Código Civil. Quitação incontroversa. Impugnação genérica. **Os tributos cobrados pelo INSS e pela Receita Federal não estão ligados ao imóvel, mas sim aos devedores, cuja situação de inadimplência não pode obstar o reconhecimento do direito dos autores de obterem a escritura definitiva que lhes permitirá consolidar o domínio com o registro no Cartório de Registro de Imóveis. Jurisprudência deste TJSP. Adjudicação compulsória deferida.** Sentença reformada. Recurso a que se dá provimento (destaques acrescidos).

Também o Conselho Nacional da Justiça (CNJ), de forma unânime, decidiu que não é preciso comprovar a quitação de créditos tributários, contribuições federais e outras imposições pecuniárias compulsórias para realizar qualquer operação financeira no registro de imóveis.

A decisão deu-se em julgamento, durante a 28ª Sessão Plenária Virtual do Conselho, em processo proposto pela União contra a Corregedoria do Tribunal de Justiça do Rio de Janeiro (TJRJ), que determinou aos cartórios de registro de imóveis do estado fluminense, por meio do Provimento n.º 41/2013, que deixem de cobrar, de ofício, CND previdenciária nas operações notariais.

A Advocacia-Geral da União (AGU) argumentou, no processo, que a cobrança é obrigatória pela Lei Federal n.º 8.212/1991. Além disso, para a AGU, toda averbação notarial de bem imóvel deve ser acompanhada da necessária apresentação da CND, sob pena de acarretar prejuízo legal e patrimonial em razão da perda de arrecadação de tributo destinado à Previdência Social.

---

[18] TJSP, Apelação Cível 1000878-84.2016.8.26.0538, Conselho Superior da Magistratura do Estado de São Paulo, j. 09.03.2018.
[19] TJSP, Apelação Cível 1012662-07.2022.8.26.0002, j. 22.07.2022.
[20] TJSP, Apelação Cível 1012662-07.2022.8.26.0002, j. 22.07.2022.

No CNJ, o Corregedor Nacional de Justiça, Ministro João Otávio de Noronha, relator do processo, deu parecer de que não se pode falar em comprovação da quitação de imposições pecuniárias compulsórias para o ingresso de qualquer operação financeira no registro de imóveis, por representar uma forma oblíqua de cobrança do Estado, retirando do contribuinte o direito de livre acesso ao Poder Judiciário.

De acordo com o voto do relator, acompanhado pelos demais conselheiros do CNJ, a própria Receita Federal e a Procuradoria de Fazenda Nacional já editaram a Portaria Conjunta RFB/PGFN n.º 1.751, de 2 de outubro de 2014, dispensando comprovações de regularidade fiscal para registro de imóveis, quando necessárias à atividade econômica da empresa[21-22].

Pelos entendimentos manifestados nos precedentes supracitados, especialmente o do CNJ, para o procedimento de adjudicação compulsória extrajudicial, tanto o tabelião de notas quanto o registrador imobiliário estarão desobrigados de exigir a referida CND, amparados pela clara dispensa contida no § 2º do art. 216-B da Lei Federal n.º 6.015/1973, o qual, expressamente, determina que o "deferimento da adjudicação independe [...] da comprovação da regularidade fiscal do promitente vendedor".

A falta desse documento não poderá impedir o deferimento da adjudicação compulsória extrajudicial, tampouco considerar nulos os atos dela decorrentes, porque a Lei Federal n.º 14.382/2022 – que introduziu a adjudicação compulsória extrajudicial[23] – estabeleceu que o deferimento do processo de adjudicação compulsória extrajudicial independe da comprovação de regularidade fiscal do alienante. Por ser a Lei Federal n.º 14.382/2022 posterior à previdenciária e especial quanto ao tema, em aplicação ao que determina o § 1º do art. 2º da Lei de Introdução às Normas do Direito Brasileiro, é a que deve prevalecer, não sendo necessário exigir tais certidões fiscais federais no procedimento de adjudicação compulsória extrajudicial.

5.2.3 Da ata notarial

A ata notarial é exigida pelo inciso III do § 1º do art. 216-B da Lei Federal n.º 6.015/1973 e deve integrar o conjunto de documentos do pedido de adjudicação compulsória extrajudicial.

---

[21] Brasil. Conselho Nacional de Justiça. Certidão negativa de dívida não pode ser exigida para registro de imóvel. *Agência CNJ de Notícias*, 20 out. 2017. Disponível em: https://www.cnj.jus.br/certidao-negativa-de-divida-nao-pode-ser-exigida-para-registro-de-imovel/. Acesso em: 26 fev. 2024.

[22] "Procedimento de controle administrativo. Corregedoria-Geral da Justiça do Estado do Paraná. Prática de atos em registros de imóveis. Certidões negativas de débito. Lei 8.212/91. Exigência. Impossibilidade. ADI 394/DF. Precedente do CNJ. PP 0001230-82.2015.2.00.0000. Corregedorias Estaduais. Observância obrigatória. Pedido procedente. 1. Procedimento de Controle Administrativo contra dispositivos do Código de Normas da do Foro Extrajudicial da Corregedoria-Geral da Justiça do Estado do Paraná que exigem a comprovação da quitação de débitos tributários para operações em registros de imóveis (arts. 551 e 552). 2. A legalidade da existência de certidões negativas de débitos tributários pelos notários e registradores foi apreciada pelo Conselho Nacional de Justiça no julgamento do PP 0001230-82.2015.2.00.0000, cuja decisão é de observância obrigatória por todas as Corregedorias estaduais. 3. Ao julgar recurso administrativo no PP 0001230-82.2015.2.00.0000, o Plenário deste Conselho ratificou o entendimento segundo o qual a decisão do Supremo Tribunal Federal no julgamento da ADI 394/DF foi ampla e tornou inexigível a comprovação de débitos tributários nas operações em registros de imóveis, inclusive aquelas previstas pelas alíneas 'b' e 'c' da Lei 8.212/91. 4. Diante da decisão do Supremo Tribunal Federal na ADI 394/DF e deste Conselho no PP 0001230-82.2015.2.00.0000, os notários e registradores do Estado do Paraná devem ser abster der exigir a apresentação de certidões negativas de débitos para prática de atos de registros de imóveis. 5. Pedido julgado procedente" (Disponível em: https://aripar.org/wp-content/uploads/2023/05/cnj-decis%C3%A3o-pca-paran%C3%A1-551-e-552.pdf. Acesso em: 15 dez. 2024).

[23] Em especial para o que se trata aqui, o § 2º do art. 216-B da Lei Federal n.º 6.015/1973.

Foi muito importante a inclusão desse documento no rol daqueles exigidos para o procedimento extrajudicial, pois o tabelião é um terceiro independente e isento de interesses no seu registro e que circunstancia, com fé pública, no conteúdo da ata notarial, de maneira fiel e detalhada, os fatos por ele presenciados ou verificados.

É uma forma de garantir o alinhamento prévio e independente das pretensões do interessado aos requisitos exigidos pela lei para o procedimento extrajudicial adjudicativo.

O tabelião de notas, além de qualificar as partes e identificar o imóvel, avaliará de maneira isenta, por expressa atribuição legal, dois importantes requisitos para a adjudicação compulsória: (i) a prova do pagamento integral do preço de aquisição do imóvel e (ii) as circunstâncias que caracterizam o inadimplemento da obrigação de fazer (*contrahere*) que, no caso, consubstancia-se na não outorga do título definitivo[24].

José Antonio Escartin Ipiens, citado por Paulo Roberto Gaiger Ferreira e Felipe Leonardo Rodrigues[25], define a ata notarial como

> Instrumento público autorizado por notário competente, a requerimento de uma pessoa com interesse legítimo e que, fundamentada nos princípios da função imparcial e independente, pública e responsável, tem por objeto constatar a realidade ou verdade de um fato que o notário vê, ouve ou percebe por seus sentidos, cuja finalidade precípua é a de ser um instrumento de prova em processo judicial, mas que pode ter outros fins na esfera privada, administrativa, registral, e, inclusive, integradores de uma atuação jurídica não negocial ou de um processo negocial complexo, para sua preparação, constatação ou execução.

Paulo Roberto Gaiger Ferreira e Felipe Leonardo Rodrigues[26] oferecem sua conceituação sobre a ata notarial como o "instrumento público pelo qual o tabelião, ou preposto autorizado, a pedido de pessoa interessada, constata fielmente os fatos, as coisas, pessoas ou situações para comprovar a sua existência, ou seu estado."

Para Leonardo Brandelli[27], a ata notarial é o "instrumento público através do qual o notário capta, por seus sentidos, uma determinada situação, um determinado fato, e o translada para seus livros de notas ou para outro documento".

A ata notarial pode ser utilizada para diversas outras finalidades além de prova na esfera judicial.

No âmbito extrajudicial, serve para a constatação de conjunturas necessárias e preparatórias para outros institutos jurídicos, como a usucapião extrajudicial.

Pode servir para capturar e constatar circunstâncias relacionadas a negócio jurídico preliminar de compra e venda de imóvel para o qual ainda pende a outorga do instrumento definitivo.

Pode constatar a pendência do cumprimento de certas obrigações do vendedor, como a entrega de documentos necessários para a realização de auditoria jurídica pelo comprador,

---

[24] Em que pese a prova do inadimplemento da outorga do título definitivo de transmissão de propriedade se dar com o decurso do prazo de 15 dias contados da entrega, pelo registrador imobiliário, da notificação ao alienante (Lei Federal n.º 6.015/1973, art. 216-B, § 1º, II).

[25] RODRIGUES, Felipe Leonardo; FERREIRA, Paulo Roberto Gaiger. *Ata notarial:* doutrina, prática e meio de prova. 4. ed. rev., atual. e ampl. Salvador: JusPodivm, 2023. p. 148.

[26] RODRIGUES, Felipe Leonardo; FERREIRA, Paulo Roberto Gaiger. *Ata notarial:* doutrina, prática e meio de prova. 4. ed. rev., atual. e ampl. Salvador: JusPodivm, 2023. p. 148.

[27] BRANDELLI, Leonardo. Atas notariais. *In*: BRANDELLI, Leonardo (coord.). *Ata notarial*. Porto Alegre: Fabris, 2004. p. 44.

como condição para o pagamento do preço de aquisição, assim como a indicação na escritura de compra e venda com pagamento em nota promissória de que este título de crédito permanecerá sob os seus cuidados até que ocorram o seu adimplemento e respectivo resgate pelo devedor.

O notário pode declarar que as obrigações de determinado negócio jurídico se encontram cumpridas (ou até mesmo que se encontram pendentes, se o caso) (Lei Federal n.º 8.935/1994, art. 7º), e que o comprador deve pagar o saldo do preço de aquisição imediatamente.

Com a Lei Federal n.º 14.711/2023, a ata notarial ganhou novos contornos, com atribuições exclusivas de atividades que, muitas vezes, eram exercidas unicamente pelo Poder Judiciário. Com a inclusão do art. 7º-A na Lei Federal n.º 8.935/1994, especialmente seu § 2º, ampliou-se acertadamente a atuação do tabelião de notas, que poderá constatar a verificação de ocorrências ou de frustração de condições negociais e a eficácia ou a rescisão do negócio celebrado. A ata notarial lavrada nessas circunstâncias constituirá título hábil para fins de inscrição do negócio jurídico principal no registro de imóveis (Lei Federal n.º 6.015/1973, art. 221).

Trata-se de uma ampliação da atuação do tabelião de notas, benéfica ao sistema jurídico; ele passa a ser um avaliador isento de circunstâncias específicas dos negócios jurídicos, com fé pública, ou seja, pressupõe-se em condições de uma avaliação verdadeira e sem preferência de partes, apto a certificar o implemento ou a frustração de condições e outros elementos do negócio jurídico que lhe for apresentado, colaborando com a desjudicialização[28].

É incontroverso que o tabelião de notas não poderá, pela ata notarial, alterar elementos essenciais do negócio jurídico, que só por meio da manifestação de vontade das partes podem ser modificados.

Exemplo. O tabelião de notas, pela ata notarial, não poderá alterar elementos relacionados com o consentimento, o objeto e/ou o preço no compromisso de compra e venda, pois são requisitos contratuais que dependem exclusivamente da manifestação da vontade dos contratantes.

Entretanto, sem afetar a autonomia da vontade das partes, poderá constatar se determinada condição se implementou ou não. Exemplo. Poderá analisar um negócio jurídico que estabeleceu o pagamento da primeira parcela do preço para após a realização dos estudos ambientais (no mercado imobiliário conhecidas como fase 1 e fase 2) do imóvel objeto do compromisso de compra e venda. O tabelião de notas poderá, por meio da ata notarial, constatar que a obrigação de realização de tais estudos foi devidamente cumprida e que, portanto, a primeira parcela do preço deverá ser paga.

Poderá, ainda, da análise de um negócio jurídico, submetido à condição suspensiva, certificar que a condição foi superada e que o respectivo negócio jurídico é eficaz.

Denota-se que o tabelião de notas passa a poder interpretar o negócio jurídico para retratar, na ata notarial, elementos relativos à ocorrência ou à frustração de condições negociais, o cumprimento ou inadimplemento de obrigações, a eficácia ou a rescisão do negócio e, inclusive, a certificar o repasse de valores devidos.

A atuação do tabelião de notas nas ações supradescritas é a de um intérprete da vontade das partes contratantes. Na ata notarial, serão constatadas as suas opiniões sobre as questões que lhes serão postas, mas moduladas pelo tabelião, pensando até mesmo em uma eventual

---

[28] Evidentemente que a decisão do tabelião não se encontra imune de reavaliação que poderá ser feita, em procedimento próprio e ordinário, pois discutirá o implemento ou a frustração de condições e outros elementos do negócio jurídico, em razão de princípio constitucional de inafastabilidade do Poder Judiciário.

disputa judicial, pois poderá ter organizado previamente, e com a sua fé pública, as provas da potencial demanda.

Essas novas atribuições conferidas ao tabelião de notas têm como objetivo evitar o acionamento do Poder Judiciário para resolução de questões de simples soluções. Atuará em uma fase pré-litigiosa, pois as partes, se chegaram até ele, é porque não conseguiram elas mesmas solucionar a controvérsia, ainda não desejam o contencioso jurisdicional e precisam de um terceiro isento para opinar.

Essa isenção é fundamental para a credibilidade do ato notarial. O tabelião de notas avaliará o caso concreto e se manifestará formalmente em determinada direção. Essa conclusão, ainda assim, pode não ser aceita por uma das partes ou por ambas, as quais poderão, portanto, valer-se do Poder Judiciário. Contudo, é também possível que as partes aceitem a interpretação do tabelião e evitem o litígio, o que colaborará com o desafogamento do Poder Judiciário.

No que se refere ao procedimento de que ora tratamos, para atender ao procedimento de adjudicação compulsória extrajudicial, a ata notarial deverá conter:

I. a identificação do imóvel adjudicando;
II. o nome e a qualificação completa do vendedor ou de seus sucessores constantes do compromisso;
III. o nome e a qualificação completa do comprador ou de seus sucessores constantes do compromisso;
IV. a prova do pagamento integral do respectivo preço de aquisição do imóvel pelo comprador ou oferta líquida e certa, feita em depósito bancário ou em *escrow account* notarial à disposição do vendedor, como forma de indicar que possui recursos para a quitação total do preço e, consequentemente, obter o instrumento definitivo;
V. a caracterização do inadimplemento da obrigação (de fazer) de outorgar ou receber o título de propriedade definitivo (*contrahere*); aqui nos referimos à obrigação contida na parte final do art. 463 do Código Civil, portanto, antes da lavratura da ata notarial; e
VI. o valor venal atualizado atribuído pelo respectivo credor tributário (Incra ou IPTU) ao imóvel adjudicando, na data do requerimento inicial.

Sugerimos, para a formalização completa da ata notarial, que aos dispositivos constantes no inciso II do § 1º do art. 216-B da Lei Federal n.º 6.015/1973 sejam aplicados os dispositivos pertinentes do art. 215 do Código Civil e do art. 384 do Código de Processo Civil, ou seja, além dos requisitos exigidos pelo referido art. 216-B, devem ser aplicados, na ata notarial, os seguintes requisitos:

Art. 215 do Código Civil:

A escritura pública, lavrada em notas de tabelião, é documento dotado de fé pública, fazendo prova plena.

§ 1º Salvo quando exigidos por lei outros requisitos, a escritura pública **deve conter**:

I – data e local de sua realização;

II – reconhecimento da identidade e capacidade das partes e de quantos hajam comparecido ao ato, por si, como representantes, intervenientes ou testemunhas;

III – nome, nacionalidade, estado civil, profissão, domicílio e residência das partes e demais comparecentes, com a indicação, quando necessário, do regime de bens do casamento, nome do outro cônjuge e filiação;

IV – manifestação clara da vontade das partes e dos intervenientes;

V – referência ao cumprimento das exigências legais e fiscais inerentes à legitimidade do ato;

VI – declaração de ter sido lida na presença das partes e demais comparecentes, ou de que todos a leram;

VII – assinatura das partes e dos demais comparecentes, bem como a do tabelião ou seu substituto legal, encerrando o ato.

§ 2º Se algum comparecente não puder ou não souber escrever, outra pessoa capaz assinará por ele, a seu rogo.

§ 3º A escritura será redigida na língua nacional.

§ 4º Se qualquer dos comparecentes não souber a língua nacional e o tabelião não entender o idioma em que se expressa, deverá comparecer tradutor público para servir de intérprete, ou, não o havendo na localidade, outra pessoa capaz que, a juízo do tabelião, tenha idoneidade e conhecimento bastantes.

§ 5º Se algum dos comparecentes não for conhecido do tabelião, nem puder identificar-se por documento, deverão participar do ato pelo menos duas testemunhas que o conheçam e atestem sua identidade.

5.2.3.1 Da identificação do imóvel

A ata notarial deverá fazer a identificação do imóvel e descrevê-lo de forma a atender ao princípio registrário da especialidade objetiva. Caso faltem elementos de caracterização, o tabelião, sempre visando à segurança jurídica do direito envolvido, deverá identificar o imóvel com a precisão possível, de modo a torná-lo único e inconfundível com qualquer outro, para o processamento da adjudicação compulsória extrajudicial, atentando-se, porém, a certos limites dessa especialização que, em confronto com os assentos registrários, poderá gerar situação que fira o princípio registrário da especialidade objetiva.

Por exemplo, com os documentos fornecidos pela prefeitura local, poderá incluir na ata notarial as confrontações do imóvel e requerer que o oficial registrador promova as correspondentes averbações.

No entanto, a falta de medidas laterais de um polígono, dos seus vértices ou dos seus ângulos internos, por exemplo, impede que o tabelião deduza a área total do imóvel do requerente. Nessa hipótese, deverá descrever o imóvel tal como se encontra descrito na transcrição ou na matrícula respectiva.

Caso o imóvel não tenha matrícula própria, o tabelião deverá acautelar-se e apontar, se possível, todos os elementos conhecidos e caracterizadores capazes de dar segurança quanto a sua localização e a sua identificação, com indicação dos documentos que possam auxiliar na qualificação do registrador imobiliário, o qual poderá, por sua vez, a seu critério, com o deferimento da adjudicação, abrir a respectiva matrícula nos termos dos §§ 14 e 15 do art. 176 da Lei Federal n.º 6.015/1973[29], ainda que ausentes alguns elementos da especialidade objetiva ou subjetiva, desde que constem os dados do registro anterior e haja segurança quanto à localização e à identificação do imóvel.

---

[29] Por analogia ao § 15 do art. 176 da Lei Federal n.º 6.015/1973: "Ainda que ausentes alguns elementos de especialidade objetiva ou subjetiva, desde que haja segurança quanto à localização e à identificação do imóvel, a critério do oficial, e que constem os dados do registro anterior, a matrícula poderá ser aberta nos termos do § 14 deste artigo. (Incluído pela Lei n.º 14.382, de 2022.)"

Remetemos o leitor para o quanto expusemos no Capítulo 4 deste livro, em que realizamos uma melhor avaliação sobre o imóvel como objeto de compromisso de compra e venda e, portanto, de eventual adjudicação compulsória, o qual serve de apoio para o procedimento extrajudicial de que ora tratamos.

5.2.3.2 Das partes e da prova de pagamento

O tabelião deverá indicar na ata notarial o nome e a qualificação completa[30] do comprador (ou de seus sucessores), constante do compromisso de compra e venda.

Mencionamos anteriormente, no que se refere ao litisconsórcio na adjudicação compulsória, que existem decisões judiciais que entendem necessária a participação de todos os cedentes no polo passivo e outras que admitem apenas a participação do titular registrário.

Há precedentes do Tribunal de Justiça paulista[31] no sentido de que os cessionários devem ser incluídos no polo passivo para garantir uma transmissão segura aos membros da cadeia e atender ao princípio do contraditório. Com isso, eventuais irregularidades ou contradições podem ser esclarecidas no decorrer do procedimento, inclusive – e especialmente –, no tocante à quitação do preço[32].

Em alguns outros precedentes, o entendimento é no sentido de que o litisconsórcio será necessário (com os cedentes) apenas quando a quitação do preço não estiver devidamente comprovada[33].

No entanto, vale o destaque do quanto foi decidido no AREsp 2.153.341, do Superior Tribunal de Justiça, julgado em 28.09.2022, em que ficou consignado que na ação de adjudicação compulsória (destaques acrescidos):

> **No que tange ao polo passivo**, a jurisprudência do Superior Tribunal de Justiça firmou-se no sentido de que **é legitimado para tanto o proprietário do bem objeto do negócio jurídico, promitente vendedor em cujo nome o imóvel se encontra registrado no Registro Geral de Imóveis (RGI), sendo desnecessária a participação dos cedentes como litisconsortes.** Réus que, no caso, figuram como titulares do domínio (certidões de fls. 98/101). De fato, **apenas o proprietário pode transferir o domínio do bem, não podendo o cedente, por óbvio, transferir direito do qual não é titular.** A inserção de

---

[30] Nome, nacionalidade, profissão, CPF, RG, estado civil, data do casamento e regime de bens adotado, se o caso, qualificação completa do cônjuge, domicílio, residência, ou, caso se trate de pessoa jurídica, a sede, o CNPJ e os representantes.

[31] Agravo de Instrumento 2170840-43.2022.8.26.0000, j. 22.03.2023.

[32] "[...] Ação de adjudicação compulsória – Legitimidade passiva de todos os integrantes da cadeia de cessão – Decisão de primeiro grau que determina seja aditada a petição inicial a fim de que se exclua do polo passivo os anteriores compromissários, detentores de direitos sobre o imóvel – Agravo interposto pelo autor – Legitimidade passiva de todos os cedentes que figuram na cadeia de cessão de direitos do bem imóvel a garantir a transmissão dominial válida e segura – Afronta aos princípios da especialidade e da continuidade dos registros públicos – Precedentes – Decisão reformada – Agravo provido" (Agravo de Instrumento 0032411-48.2013.8.26.0000, j. 21.03.2013). No mesmo sentido: Agravo de Instrumento 2023426-17.2017.8.26.0000, j. 20.06/.2017.

[33] "Pedido de adjudicação compulsória – Inclusão no polo passivo de toda a cadeia sucessória – Desnecessidade – Obrigatória apenas a presença do titular do domínio, a quem deve ser dirigido o pedido, desde que comprovada a cadeia sucessória e devida quitação – Presença obrigatória dos cessionários apenas em caso de impossibilidade de comprovação da devida quitação – Possibilidade da ação seguir tal como proposta – Recurso provido" (TJSP, Agravo de Instrumento 2065439-31.2017.8.26.0000, j. 10.08.2017).

todos os promitentes adquirentes e cedentes no feito implicaria em violação do princípio da celeridade processual (destaques acrescidos).

Tomando-se os precedentes supraindicados como paradigmas da adjudicação compulsória e como se pretende dar segurança e celeridade para a transmissão da propriedade em procedimento extrajudicial, entendemos que na ata notarial deverá constar o encadeamento dos sucessores até chegar ao primeiro instrumento preliminar de venda e compra e ao titular tabular, para atender à continuidade e à especialidade subjetiva dos negócios jurídicos preliminares sucessivos, mas sem que sejam necessários as suas intimações e/ou os registros dos seus contratos, pois em nada alterariam o negócio jurídico dispositivo porque, ao final, interessa juridicamente o negócio dispositivo do vendedor (matricial) e do comprador que quitou a integralidade do preço de aquisição do imóvel. Não sendo possível tal encadeamento, é imprescindível a indicação do titular tabular.

O encadeamento deverá conter, para cada etapa, a respectiva prova de quitação do pagamento do preço de aquisição do imóvel[34].

Esse encadeamento, contudo, serve apenas para que os direitos sejam ligados e desligados de cada ator que integrou a cadeia de sucessores do negócio jurídico de compra e venda, de modo a se criar um histórico concatenado de eventos. Caso nenhum deles tenha registrado seu contrato na matrícula do imóvel, não se deverão exigir os registros, porque, nesse caso, o que importa para a serventia registrária é apenas identificar o vendedor (titular dominial) e o último comprador, que será o titular pleno do direito real de propriedade do imóvel. Os contratos intermediários não necessitam ser registrados porque, ao já terem disposto de seus direitos obrigacionais a outros, não passam de meros figurantes no ínterim da relação jurídica que se tornou principal: daquele que perde o direito real de propriedade e daquele que a recebe por ter cumprido suas obrigações, especialmente o pagamento do preço de aquisição do imóvel.

Portanto, se existirem outros contratos de cessões, não registrados, entre o compromisso de compra e venda inicial e o requerente da adjudicação compulsória, não há razão jurídica que possa justificar a exigência do registro prévio desses contratos antes do registro da adjudicação compulsória.

Exemplo. A comprometeu-se a vender um imóvel para B. B, autorizado por A, cede sua posição contratual para C. C, por sua vez, cede sua posição na relação jurídica dispositiva para D. D inicia o procedimento de adjudicação compulsória extrajudicial.

Caberá a D, tendo quitado o preço de aquisição e diligenciado para saber se os cessionários pagaram a parte que lhes incumbia, requerer a adjudicação extrajudicial diretamente em relação a A, titular de domínio matricial do imóvel. Os demais são dispensáveis para o procedimento porque titularam apenas direitos obrigacionais em toda a cadeia de sucessão.

Dissemos que uma das condições específicas para a adjudicação compulsória é o pagamento integral do preço de aquisição. Quanto à quitação, remetemos o leitor ao que foi registrado no item referente aos aspectos relacionados ao direito material no Capítulo 4, intitulado "O pagamento integral do preço de aquisição e sua comprovação", que também se aplica à adjudicação compulsória extrajudicial.

---

[34] "Apelação. Adjudicação compulsória. [...] Ausência de demonstração da cadeia sucessória. Inteligência do artigo 1.438, CC. Recibo acostado aos autos que, embora datado e assinado, não teve firma reconhecida. Além disso, referido documento foi objeto de impugnação específica. Ausência de prova inequívoca da quitação ao proprietário registral, anotado seu falecimento antes do ajuizamento desta demanda" (TJSP, Apelação Cível 1003821-83.2017.8.26.0071, j. 12.04.2023).

A mesma condição – e não poderia ser diferente – deve ser rigorosamente observada na adjudicação compulsória extrajudicial porque o vendedor não é obrigado a outorgar o título definitivo de transmissão da propriedade do imóvel sem que tenha recebido a integralidade do preço ajustado no compromisso de compra e venda.

Como condição essencial que é do negócio jurídico de compra e venda, o tabelião de notas deverá avaliar os documentos de comprovação de pagamento integral do preço de aquisição do imóvel. Na falta deles, total ou parcialmente, deverá recusar a lavratura da ata notarial porque ausente requisito essencial exigido pela lei para o negócio jurídico de compra e venda (Código Civil, art. 481) e para a adjudicação compulsória extrajudicial (Lei Federal n.º 6.015/1973, art. 216-B, § 1º, III)[35-36].

Também deve-se alertar sobre a questão da prescrição de parcelas vencidas do preço. Como referimos anteriormente, a prescrição da pretensão de o vendedor cobrar o valor não pago não acarreta a extinção da obrigação de pagar do comprador.

Logo, caso haja parcelas vencidas, ainda que prescritas, não se poderá lavrar a ata notarial nem dar prosseguimento à adjudicação compulsória extrajudicial, porque faltará requisito essencial, a comprovação de pagamento integral do preço.

Aceitar a adjudicação compulsória sem o pagamento integral do preço é admitir o enriquecimento sem causa do adquirente e, o que é pior, decorrente do próprio ordenamento.

Em contrapartida, o vendedor não poderá pleitear, em razão do inadimplemento, a rescisão do contrato quando as parcelas vencidas estiverem prescritas, porque desaparece o elemento[37] objetivo que daria suporte ao pedido desconstitutivo[38].

Nesse sentido, o REsp 1.728.372/DF[39], do Superior Tribunal de Justiça, relatado pela Ministra Nancy Andrighi, julgado em 19.03.2019, de cuja ementa destacamos o seguinte:

---

[35] Em São Paulo: "O Tabelião de Notas deve recusar a prática do ato, se o solicitante atuar ou pedir-lhe que aja contra a moral, a ética, os costumes e a lei" (TJSP, Corregedoria-Geral da Justiça. *Normas de Serviço*. Cartórios extrajudiciais. Capítulo XVI, item 141. Disponível em: https://api.tjsp.jus.br/Handlers/Handler/FileFetch.ashx?codigo=163007. Acesso em: 21 set. 2023).

[36] Nesse sentido: "[...] em que pese o longevo transcurso de tempo sem notícia de óbice por parte do promitente-vendedor, que desde meados da década de 70 não adota medidas judiciais contra a autora, o fato é que Maria não poderia se valer de ação de adjudicação compulsória sem prova plena da quitação do referido contrato, pois, sem ela, não se constata a injustiça da recusa na transcrição de domínio por parte do promitente-vendedor. Querendo, poderá se valer a parte da via própria para o uso da prescrição aquisitiva em seu favor, sendo certo que a jurisprudência desta Corte admite o instrumento de compra e venda, aqui demonstrado hígido no mundo jurídico, como prova do justo título da posse, também necessário às ações dessa natureza" (STJ, AREsp 2.261.113, j. 24.02/.2023).

[37] Exemplos: STJ, REsp 1.728.372/DF; AgInt no REsp 1.975.113/SP.

[38] Pretensão de rescisão contratual que se submete ao prazo prescricional decenal (art. 205 do CC) – Contagem a partir do vencimento da última prestação (TJSP, Apelação Cível 1075101-88.2021.8.26.0002, j. 27.03.2023).

[39] Explica Ruy Rosado Aguiar Júnior que os "direitos formativos – que são desarmados de pretensão, pois o seu exercício atua sobre o outro, sem dele nada exigir – não são passíveis de prescrição. Como direitos, porém, podem ser atingidos pela preclusão ou decadência. Os direitos formativos estão sujeitos, de regra, a prazos preclusivos, de modo que se extinguem. Contudo, no Brasil, não há regra legal que fixe prazo de preclusão ou decadência para o direito formativo de resolução, não sofrendo o seu exercício qualquer limitação de natureza temporal. Alguns pontos, no entanto, devem ficar bem claros. Se o direito de resolução não é passível de prescrição, por inconciliável com sua natureza jurídica, nem de preclusão, por ausência de previsão legal, é preciso observar que o direito de crédito pode ter sua pretensão encoberta pela prescrição (prescrição de ação pessoal), persistindo o direito, porém, não mais exigível. Nesse caso, ensina **Pontes de Miranda, na sua precisão inexcedível: 'Se o credor não mais podia cobrar, não mais pode pedir a resolução ou a resilição por inadim-**

[...]

5. Diferentemente do que constava no art. 1.092 do CC/16, o art. 475 do CC/02, expressamente, faculta ao credor, diante do inadimplemento do devedor, escolher entre exigir o cumprimento da prestação ou exigir a resolução do contrato, cabendo, em qualquer das hipóteses, a respectiva indenização. 6. Em regra, admite-se a cumulação dos pedidos de cumprimento da prestação e resolução do contrato, mas, escolhida a via do cumprimento, não se dá recurso à via da resolução depois de transitada em julgado a sentença de procedência exarada na primeira ação (*electa uma via non datur recursos ad alterum*).

7. Embora não haja regra legal que estabeleça prazo para o seu exercício, o direito à resolução do contrato não é absolutamente ilimitado no tempo, na medida em que o contrato, enquanto fonte de obrigações que vincula as partes, é instrumento de caráter transitório, pois nasce com a finalidade de se extinguir, preferencialmente com o adimplemento das prestações que encerra.

8. Se o pedido de resolução se funda no inadimplemento de determinada parcela, a prescrição da pretensão de exigir o respectivo pagamento prejudica, em consequência, o direito de exigir a extinção do contrato com base na mesma causa, ante a ausência do elemento objetivo que dá suporte fático ao pleito. 9. Hipótese em que, ao ajuizar a ação monitória, o recorrido demonstrou, claramente, seu interesse na preservação da avença, de tal modo que, uma vez transitada em julgado a sentença de procedência, cabia-lhe apenas executar o título judicial para resolver a crise de inadimplemento. Ao deixar transcorrer o prazo prescricional da pretensão executória voltada ao adimplemento do contrato e, depois, propor esta ação resolutória, o recorrido demonstra um comportamento contraditório, justificado, na hipótese, pela nítida tentativa de se esquivar dos efeitos de sua inércia e, assim, se beneficiar da própria torpeza, o que configura o exercício abusivo de sua posição jurídica em relação ao recorrente.

Caso o vendedor requeira a resolução do contrato em razão de inadimplemento de determinada parte do preço e se a pretensão de cobrar essa parcela estiver prescrita, essa situação jurídica prejudicará o direito do credor de exigir a extinção do contrato pelo inadimplemento da parcela (prescrita), porque estará ausente o elemento objetivo que justifica o pedido.

Portanto, repetimos, a comprovação do pagamento integral do preço de aquisição do imóvel é requisito essencial da adjudicação compulsória extrajudicial e sua falta inviabilizará o seu processamento desde a fase instrutória da ata notarial.

5.2.3.3 Caracterização do inadimplemento relativo à outorga do contrato definitivo

A primeira observação que se deve fazer é que, no inciso III do § 1º do art. 216-B da Lei Federal n.º 6.015/1973, consta expressamente que na ata notarial deverá conter a *caracterização* do inadimplemento da obrigação de outorgar ou de receber o título definitivo em cumprimento ao instrumento preliminar de compra e venda.

---

plemento porque o réu não mais tem obrigação de prestar, embora deva. Não há prescrição; há encobrimento do elemento, inadimplemento, necessário ao suporte fático da resolução ou da resilição". Portanto, o direito de resolução se extingue por efeito da prescrição da pretensão creditícia" (*Extinção dos contratos por incumprimento do devedor*. Rio de Janeiro: Aide, 2003. p. 36-37).

Significa dizer que o tabelião de notas deverá destacar, na ata notarial, o contexto, as circunstâncias, as características e as particularidades da situação concreta que demonstrem a recusa na celebração do título definitivo.

Não se trata de produzir prova de inadimplemento absoluto, a qual será definida na fase registrária do procedimento como veremos adiante, mas apenas de indicar os elementos que o caracterizam.

Por exemplo, um instrumento preliminar imobiliário que não contém qualquer outra condição além do pagamento parcelado do preço até determinado prazo, sendo a liquidação da última parcela condicionada à outorga da escritura definitiva de compra e venda; alcançada a data estipulada e com o pagamento integral do preço sem que o vendedor tenha se manifestado para o cumprimento da obrigação (de fazer) de outorga do contrato definitivo, estará caracterizado o inadimplemento exigido pelo dispositivo legal anteriormente referido.

Lembremos, porém, que os arts. 463 e 464, ambos do Código Civil, estabelecem que a parte que exigir a celebração do contrato definitivo deverá conceder prazo para a outra parte, sendo possíveis medidas adicionais como a adjudicação (judicial ou extrajudicial), após o decurso do prazo concedido pelo requerente.

Logo, no contrato preliminar, o requerente do definitivo deve notificar a outra parte de que deseja a celebração do definitivo. Essa etapa, que se caracteriza pelo cumprimento de um requisito legal para a constituição em mora da outra parte, antecede a lavratura da ata notarial.

Primeiramente, a parte interessada exige da outra a outorga do contrato definitivo de compra e venda em um prazo razoável para o cumprimento dessa obrigação de fazer. Superado o prazo e caracterizado o inadimplemento da outra parte na outorga da escritura definitiva de compra e venda, o requerente poderá buscar o tabelião de notas para a lavratura da ata notarial.

Outras situações podem não ser tão claras quanto ao adimplemento e exigirá toda a sensibilidade jurídica do notário na análise das especificidades de cada caso, em um limiar tênue entre análise das circunstâncias contidas no negócio jurídico de compra e venda e a caracterização e a valoração de provas. Nesse caso, a atribuição é conferida por lei ao Poder Judiciário (Código de Processo Civil, art. 371).

Tomemos como exemplo um imóvel de grande extensão, com precariedade nas descrições perimetrais e nas indicações dos confrontantes, o que dificulta promover a "amarração" do imóvel e evitar que haja sobreposições com outros que lhe sejam lindeiros.

Sabendo-se que o imóvel não atenderá à especialidade objetiva e, portanto, seu correspondente título de transmissão não será passível de inscrição na respetiva matrícula, o vendedor assume, no compromisso de compra e venda, a obrigação de promover a retificação administrativa da área do imóvel objeto do compromisso de compra e venda, em determinado tempo, como condição de recebimento do preço integral e outorga da escritura definitiva de compra e venda.

A depender das particularidades do imóvel, é possível que órgãos ambientais devam ser ouvidos antes de deferir a retificação. Caso essa manifestação demore mais do que o tempo estipulado para o pagamento do preço, poderá haver pelo menos três hipóteses:

(i) o comprador aceita assumir o risco de terminar a retificação de área e efetua o pagamento do saldo do preço; ou
(ii) o comprador decide conceder mais tempo para que o vendedor finalize a retificação de área, mas ainda não efetua o pagamento ou o faz parcialmente; ou
(iii) superado o prazo concedido para a retificação de área, o comprador poderá pleitear a resolução do compromisso de compra e venda por inadimplemento do vendedor.

O tabelião de notas deverá avaliar cuidadosamente cada uma das possíveis circunstâncias no caso concreto para saber se houve inadimplemento da obrigação da outorga do título definitivo de compra e venda e poder lavrar ou não a ata notarial.

A caracterização do inadimplemento da obrigação de celebrar o instrumento definitivo em cumprimento ao preliminar, quando o comprador já cumpriu todas as suas obrigações contratuais, deve ser restrita à recusa injustificada do obrigado em dar cumprimento à sua obrigação de fazer (*contrahere*). Em outras palavras, o interessado deve demonstrar ao tabelião de notas o contexto e as circunstâncias que comprovem a recusa imotivada da outra parte na celebração do instrumento definitivo de compra e venda, em cumprimento à parte final do art. 463 do Código Civil[40].

O tabelião de notas deverá analisar o instrumento preliminar de compra e venda para avaliar se houve o cumprimento de todas as condições nele estabelecidas. Caso existam outras obrigações no contrato preliminar cujo adimplemento não seja de fácil verificação, ainda que pago o preço de aquisição, o tabelião de notas deverá fazer constar expressamente na ata notarial que sua avaliação foi restrita ao pagamento do preço. Isso porque, em decorrência de outras obrigações previstas no contrato preliminar, poderá haver motivos justificáveis da outra parte para a recusa na celebração do instrumento definitivo, o que será analisado pelo registrador imobiliário em eventual resposta à notificação exigida pelo inciso II do § 1º do aludido art. 216-B ou até mesmo pelo Judiciário.

Por exemplo, o alienante pode ter concordado em vender seu imóvel desde que o adquirente promovesse, em determinado tempo e antes da outorga do título definitivo, a sua remediação ambiental para que cessassem as responsabilidades legais pela contaminação. Mesmo que pago o preço integral de aquisição, a remediação ambiental pode ser uma condição essencial para o vendedor, razão pela qual ele somente concordaria com a outorga do título definitivo depois da descontaminação. Caso ainda não cumprida tal condição, há justificativa para a não celebração do instrumento definitivo para transferência do imóvel.

5.2.4 Das certidões dos distribuidores forenses

Com o requerimento inicial devem ser apresentadas as certidões forenses da comarca onde está situado o imóvel e da comarca do domicílio do requerente, caso sejam diferentes, para que demonstrem a inexistência de litígios envolvendo o contrato de compromisso de compra e venda do imóvel objeto da adjudicação.

Deverão ser apresentadas as certidões atualizadas dos distribuidores cíveis da justiça estadual e da justiça federal, com certificação, de existência ou não de demandas, que cubram, pelo menos, desde a data da celebração do compromisso.

O propósito é demonstrar que o contrato preliminar não é objeto de demandas judiciais que possam justificar a recusa na outorga do título definitivo.

---

[40] "1. Tratando-se de ação de adjudicação compulsória, carece o autor de interesse processual, caso não demonstrada a recusa injustificada à outorga de escritura definitiva do imóvel objeto da demanda. Dicção do art. 1.418 do CC. 2. Na hipótese de falecimento de um dos vendedores, a aferição da recusa à outorga da escritura deve ser realizada em relação ao seu espólio. Adquirente do imóvel que possui legitimidade e interesse para a abertura de inventário dos bens deixados pelo vendedor falecido ou, então, para a correspondente sobrepartilha. Dicção do art. 616, V, do CPC. Precedentes. 3. Necessária a observância da regularidade registral e respeito à cadeia dominial, sob pena de a adjudicação compulsória restar inócua, dada a impossibilidade de registro de título translativo. Ausente a continuidade registral, a demanda é inadequada ao fim colimado. Precedentes" (TJSP, Apelação Cível 1007814-91.2020.8.26.0019, j. 19.09.2021).

As certidões não precisam ser negativas, pois, em relação ao certificado e ao requerente, pode haver outras demandas não relacionadas ao compromisso de compra e venda. A intenção é identificar disputas que, por sua natureza, inviabilizem a transmissão definitiva do imóvel. Por exemplo, a execução promovida pelo vendedor por inadimplemento do comprador quanto ao pagamento do preço.

Se houver ação de execução que o alienante tenha proposto para cobrar do adquirente parcelas não pagas do preço de aquisição, a adjudicação deverá ser indeferida pelo registrador imobiliário, pois faltará o requisito essencial, que é o pagamento integral pela aquisição do imóvel.

Caso exista demanda judicial em que o vendedor discuta o inadimplemento de outras obrigações pelo comprador, mesmo que o preço esteja pago, a adjudicação compulsória também não poderá ser deferida pelo registrador. Não cabe ao registrador fazer avaliação da pertinência ou não da demanda que envolva o compromisso de compra e venda, porque essa atribuição é do Estado-juiz.

A verificação do conteúdo das ações que, de alguma forma, possam interferir no procedimento de adjudicação compulsória deverá ser feita pelo tabelião e pelo registrador, por meio de certidões esclarecedoras apresentadas pelo requerente, as quais poderão ser substituídas por informações destacadas do processo eletrônico, quando possível.

Outras ações distribuídas contra o requerente, que não tenham relação com o contrato preliminar de alienação, não deverão obstar a adjudicação compulsória extrajudicial, pois não se relacionariam com o negócio jurídico a respeito do qual se pretende o cumprimento da obrigação de fazer (outorga do contrato definitivo).

5.2.5 Comprovante de pagamento do ITBI

O inciso V do § 1º do mencionado art. 216-B exige que no pedido inicial seja anexado o comprovante de pagamento do correspondente imposto de transmissão de direito real (ITBI).

Na sistemática procedimental prevista pela lei para a adjudicação compulsória extrajudicial, essa exigência é prematura, porque, no momento em que é formulado o pedido para iniciar o procedimento, ainda não se tem a certeza de que ele será deferido. Existem providências que deverão ser realizadas antes do registro do domínio em nome do requerente (§ 3º), fato gerador do referido imposto.

Por exemplo, além da qualificação inicial, o registrador deverá promover a intimação do requerido, que terá oportunidade de se manifestar e apresentar sua discordância quanto ao pedido adjudicatório, o que poderá resultar no encaminhamento das partes para o Judiciário.

Sabe-se que o imposto de transmissão é devido quando a transferência de direito real ocorre, o que se dá por ocasião do registro do título (Código Civil, art. 1.245).

O correto seria que, processado o pedido de adjudicação compulsória e tendo o registrador o considerado hábil como condição para o registro do domínio na forma do § 3º do art. 216-B, o requerente apresentasse o respectivo comprovante de pagamento do imposto de transmissão. Só com o deferimento do procedimento de adjudicação pelo registrador é que surge o fato gerador (ou hipótese de incidência) e o imposto passa a ser devido.

Como o fato gerador do imposto é a transmissão do direito real de propriedade (Código Tributário Nacional, art. 35) e, como dito, só acontece com o registro do respectivo título, entendemos que seria possível ao registrador, mediante pedido expresso do requerente, postergar a apresentação do comprovante de pagamento do ITBI para o momento final do procedimento de adjudicação.

Em regra, a base de cálculo do imposto de transmissão será o valor atribuído à compra e venda no compromisso[41].

5.3 NOTIFICAÇÃO EXTRAJUDICIAL. INADIMPLEMENTO DA OUTORGA DO TÍTULO DEFINITIVO. ASPECTOS GERAIS

Apesar de o inciso II do art. 216-B não ser claro sobre quem deverá ser notificado para caracterização do inadimplemento da obrigação de celebrar o título definitivo de transmissão da propriedade, induz-se, por óbvio, de início, e com reflexão sobre a relação jurídica preliminar, que deverá ser aquele que se obrigou a outorgar o título definitivo, em cumprimento ao compromisso de compra e venda, titular do direito real de propriedade a ser transferido.

É possível adotar, para o procedimento da adjudicação compulsória extrajudicial, as mesmas bases normativas, doutrinárias e jurisprudenciais aplicadas ao procedimento judicial, como explorado no Capítulo 4, para melhor compreender essa fase do processo e seus objetivos.

Com maior abrangência, notificar (do latim *notificare* – dar a saber) é o ato escrito pelo qual o titular de uma pretensão dá conhecimento a outra pessoa, de alguma coisa, ou de algum fato, que também é de seu interesse, para que esta possa usar das medidas legais para proteger seus interesses.

Em sentido menos abrangente, notificação quer significar um ato instrumentalizado pelo titular de uma pretensão, por meio do qual se dá conhecimento a determinada pessoa daquilo que lhe cabe ou que deve fazer, qualquer que seja a sanção, quando não cumpra o que lhe é determinado. Trata-se da notificação com efeito cominatório, cabível quando não há o cumprimento do que é imposto ao notificado[42].

Resta-nos saber qual é a fundamentação legal da notificação – além da própria previsão do art. 216-B –, a ponto de integrá-la ao procedimento administrativo extrajudicial de forma indissociável, tornando-a condição sem a qual não se pode dar seguimento à adjudicação compulsória.

De maneira geral, a previsão da notificação está no art. 726 do Código de Processo Civil e, por meio dela, quem "tiver interesse em manifestar formalmente sua vontade a outrem sobre assunto juridicamente relevante poderá notificar pessoas participantes da mesma relação jurídica para dar-lhes ciência de seu propósito".

A finalidade da notificação é cientificar outra parte que integra a mesma relação jurídica do notificante, para que juntos produzam algum efeito prático ou jurídico, o qual incidirá sobre a própria relação jurídica preexistente entre eles (notificante e notificado).

---

[41] Sob o rito dos recursos especiais repetitivos (Tema 1.113), a Primeira Seção do STJ estabeleceu três teses relativas ao cálculo do imposto sobre a transmissão de bens imóveis (ITBI) nas operações de compra e venda: "1) a base de cálculo do ITBI é o valor do imóvel transmitido em condições normais de mercado, não estando vinculada à base de cálculo do IPTU, que nem sequer pode ser utilizada como piso de tributação; 2) o valor da transação declarado pelo contribuinte goza da presunção de que é condizente com o valor de mercado, que somente pode ser afastada pelo fisco mediante a regular instauração de processo administrativo próprio (artigo 148 do Código Tributário Nacional – CTN); 3) o município não pode arbitrar previamente a base de cálculo do ITBI com respaldo em valor de referência por ele estabelecido de forma unilateral" (*Boletim do STJ*, 9 mar. 2022; ver REsp 1.937.821/SP, j. 24.02.2022).

[42] DE PLÁCIDO E SILVA. *Vocabulário jurídico*. Atualizadores: Nagib Slaibi Filho e Priscila Pereira Vasques Gomes. 30. ed. Rio de Janeiro: Forense, 2013. p. 964.

O que se pretende com a regular notificação é a comprovação formal de determinada declaração de vontade de um, necessária para alcançar uma finalidade de direito material com o outro.

A notificação pode ser um ato substancial dirigido para a ruptura do vínculo contratual, como ocorre na locação e no comodato, quando os contratos vigoram por prazo indeterminado. Nesses casos, o locador ou o comodante notificam o locatário ou o comodatário para rescindirem imediatamente os respectivos contratos e para que desocupem o imóvel em determinado prazo.

Por meio da notificação, a declaração de vontade surte seus efeitos nas respectivas relações jurídicas e iniciam uma nova fase jurídica que consiste na preparação para legitimar a retomada do bem ou da coisa pelo seu titular (o locador ou o comodante, nos exemplos), por meio da via contenciosa adequada[43].

Contudo, a notificação no procedimento de adjudicação compulsória extrajudicial tem como objetivo constituir o vendedor – devedor da obrigação de fazer (*contrahere*) – em mora (*ex re*) e, subsequentemente, ultrapassado o prazo sem manifestação, convertê-la em inadimplemento absoluto, o qual autoriza o processamento do referido procedimento para se alcançar o título definitivo de compra e venda.

A diligência de entrega da notificação ao vendedor poderá ser delegada, a critério do registrador imobiliário, ao oficial de títulos e documentos (Lei Federal n.º 6.015/1973, art. 216-B, § 1º, II, c.c. o art. 160).

Essa notificação é pessoal e deve ser entregue ao devedor da obrigação de outorgar o título definitivo de compra e venda, ou seja, ao vendedor no respectivo compromisso ou ao seu representante com poderes para tanto.

A possibilidade de intimação por hora certa não está expressamente prevista no referido art. 216-B, mas entendemos possível a sua aplicação subsidiária, com fundamento no art. 15 do Código de Processo Civil. Sua regulamentação encontra-se nos arts. 252, 253 e 254 do referido Código de Processo Civil.

O art. 252 do Código de Processo Civil estabelece que, se o oficial tiver procurado o citando em seu domicílio ou residência sem encontrá-lo, deverá, se houver suspeita de ocultação, intimar qualquer pessoa da família ou, em sua falta, qualquer vizinho de que, no dia útil imediatamente seguinte, voltará, em hora previamente determinada, a fim de efetuar a citação.

Nas situações de suspeita de ocultação do vendedor, antes da citação editalícia, a intimação deverá ser feita por hora certa.

Tem-se por suspeita de ocultação do vendedor quando, por duas vezes, o oficial de registro de imóveis ou de registro de títulos e documentos – ou o serventuário por eles credenciado – tiver procurado o vendedor em seu domicílio ou sua residência e não o tiver encontrado.

O objetivo é que aquele que for intimado nessas circunstâncias (hora certa) avise ao vendedor sobre o retorno do notificador para que esteja presente no dia e no horário designados, sob pena de ser considerado intimado, mesmo que ausente.

Entretanto, inadmitida pelo registrador imobiliário a intimação por hora certa, deverá ser promovida a editalícia, observadas as regras do Provimento n.º 150/2023 do Conselho Nacional de Justiça, que será analisado integralmente adiante.

Ao se estabelecer a necessidade de demonstrar o óbice à regular escrituração da compra e venda pela escritura pública definitiva em cumprimento ao compromisso, busca-se

---

[43] THEODORO JÚNIOR, Humberto. *Curso de direito processual civil*. 55. ed. Rio de Janeiro: Forense, 2021. v. 2, p. 394.

atender à exigência legal atribuída ao legitimado requerente de demonstrar que o requerido não cumpriu com a sua obrigação de fazer (outorgar o título definitivo), o que já analisamos longamente nos capítulos anteriores.

No entanto, há outra questão que revela a necessidade de demonstrar o óbice à outorga do título definitivo de compra e venda.

A adjudicação compulsória extrajudicial busca atender aos fatores de atribuição de eficácia mais extensa do negócio jurídico preliminar de compra e venda, os quais são indispensáveis para que um negócio, já com plena eficácia e com produção dos efeitos visados, amplie seu campo de atuação para que se torne oponível a terceiros. No caso da compra e venda objeto da adjudicação compulsória, isso ocorrerá com o registro do título obtido ao final do processamento extrajudicial, na matrícula do correspondente imóvel[44].

Portanto, vai muito além de apenas demonstrar o inadimplemento do vendedor na outorga do contrato definitivo. Passa pelo objetivo de alcançar um título definitivo de compra e venda, para atender aos fatores de atribuição de eficácia mais extensa do negócio jurídico e dar-lhe eficácia *erga omnes*.

Na ata notarial deverão constar, além do proprietário tabular e em ordem cronológica, todos os cedentes e cessionários, se o caso, até chegar ao requerente/adquirente.

A pertinência de notificar os cedentes e cessionários, entendemos, deverá ser avaliada tanto pelo notário quanto pelo registrador. A depender dos documentos que lhes forem apresentados, poderá ser ou não necessário promover as notificações, como avaliado anteriormente.

Caso o requerente tenha todos os documentos de quitação dos negócios jurídicos cedidos anteriormente e não registrados, esses cessionários não precisarão ser notificados porque não têm mais interesses a serem tutelados. Nessa hipótese, qualquer que seja o número de cessionários, a notificação deverá ser encaminhada para o último que negociou com o requerente e para o titular tabular, porque são aqueles que poderão ter interesses que merecem proteção.

O titular tabular, como perderá o direito real de propriedade, deve ser ouvido para que se consigne se ele recebeu ou não a integralidade do preço de aquisição do imóvel. No mesmo sentido, aquele que cedeu os direitos do compromisso de compra e venda para o requerente da adjudicação extrajudicial deve ser ouvido para manifestar se as obrigações, especialmente a do pagamento do preço, foram integralmente cumpridas.

Na hipótese de os contratos de cessão de direitos estarem inscritos no registro de imóveis, somente deverão ser notificados aqueles cedentes e cessionários cujos respectivos contratos não contenham informações sobre a quitação do preço de aquisição do imóvel.

Aqueles que figurem em compromissos que contenham declarações expressas do vendedor e do cedente de que o preço de aquisição do imóvel foi integralmente pago, seja nos contratos, seja em documentos apartados apresentados para registro ou que constem diretamente do conteúdo do próprio registro do contrato preliminar, não necessitam ser notificados porque não têm direitos a serem protegidos.

A notificação tem como objetivo preservar eventuais direitos do credor, especialmente o relativo ao pagamento do preço de aquisição do imóvel, em uma eventual cadeia de cessões.

Importante salientar que a prova do inadimplemento, exigida pelo inciso II do dito art. 216-B, não é um documento a ser apresentado pelo requerente. É, em si, um procedimento administrado pelo registrador imobiliário que tem como objetivo caracterizar o inadimple-

---

[44] JUNQUEIRA DE AZEVEDO, Antônio. *Negócio jurídico:* existência, validade e eficácia. 4. ed. São Paulo: Saraiva, 2002. p. 57.

mento absoluto do obrigado a outorgar o título definitivo de compra e venda para promover a transmissão do direito real de propriedade para o comprador.

Esse procedimento manejado pelo registrador imobiliário consiste em promover as diligências necessárias para efetivar a *entrega de notificação extrajudicial* para quem deve celebrar o contrato definitivo.

Como antes referido, ao se estabelecer, no inciso II do art. 216-B, que a notificação será entregue pelo registrador, faz-nos entender que ela já deverá ter sido produzida pelo requerente e deve integrar o rol de documentos determinado pelo dispositivo legal aqui citado.

Em outras palavras, como mencionado anteriormente, ao contrário do que se pode fazer crer, não é o registrador que elabora a notificação para caracterização do inadimplemento. E nem poderia ser, tendo em vista a estrutura da relação jurídica obrigacional que decorre do compromisso de compra e venda.

Logo, o credor da prestação de receber o título definitivo é o requerente. Por isso, como titular desse direito, ele é quem tem legitimidade para interpelar o devedor e exigir o cumprimento da obrigação inadimplida, conforme disposto no parágrafo único do art. 397 do Código Civil.

Não se pode descartar a possibilidade de o credor da obrigação de outorga do contrato definitivo notificar judicialmente o devedor antes de iniciar o procedimento de adjudicação compulsória extrajudicial (Código de Processo Civil, art. 727). Nessa hipótese, o chamamento do obrigado para cumprir a obrigação da celebração do título principal se dará fora do registro de imóveis.

Deferida a notificação judicial, o requerente da adjudicação compulsória extrajudicial apresentará os próprios autos da notificação judicial (Código de Processo Civil, art. 729) ao registrador imobiliário, com os demais documentos previstos no § 1º do art. 216-B. O prazo de 15 dias para caracterização da não celebração do título definitivo será contado da intimação feita no procedimento judicial.

Nessa hipótese, o requerente não necessitará repetir o ato de notificação no procedimento no registro de imóveis. Bastará que faça o registro de tal ocorrência no conteúdo da ata notarial e do requerimento inicial.

Estará caracterizado o inadimplemento na outorga do contrato definitivo para transferência do direito real de propriedade se, passados 15 dias do ato de notificação do obrigado pelo registrador imobiliário, este não se manifestar. O inadimplemento, de natureza absoluta, é configurado pela ausência de manifestação do obrigado na outorga do título definitivo dentro do prazo quinzenal.

Eventual manifestação do obrigado poderá se dar em três sentidos: concordância ou discordância com o procedimento de adjudicação extrajudicial ou, ainda, permanecer silente.

Caso o notificado concorde com o fato de que é obrigado a outorgar o título definitivo de compra e venda, o registrador deverá indeferir o procedimento e indicar que as partes deverão procurar um tabelião de notas para celebrar a respectiva escritura definitiva de compra e venda, em atenção à regra estabelecida no art. 108 do Código Civil.

A adjudicação compulsória extrajudicial não poderá substituir os efeitos da declaração da vontade do vendedor, se ele concordar em manifestá-la em cumprimento ao compromisso. Deverá celebrar a respectiva escritura pública definitiva de compra e venda para atender ao que estabelecem os arts. 108 e 1.245, ambos do Código Civil.

Na hipótese de o obrigado discordar e impugnar fundamentadamente o pedido de adjudicação compulsória extrajudicial, o registrador deverá negar o seu prosseguimento.

A maior dificuldade encontra-se em saber quando a impugnação é fundamentada e quando não o é. O art. 216-B não apresenta parâmetros para orientar o registrador sobre o que seria impugnação fundamentada ou não, nem como defini-la, tampouco estabelece regras especiais para fazer tal diferenciação.

Parece-nos suficiente o fato de os termos da impugnação colocarem o registrador em dúvida quanto à viabilidade e à inofensividade do pedido adjudicativo que lhe é feito. Instalada a dúvida genuína no registrador imobiliário, após toda a qualificação realizada nos documentos que integram a adjudicação compulsória extrajudicial, os termos da impugnação serão considerados fundamentados.

Narciso Orlandi Neto[45] destaca que a impugnação fundamentada é aquela em que, para o registrador poder chegar a uma decisão, é necessário examinar o direito das partes, e que o exame revele, pela contraposição de pretensões, a possibilidade de uma lide.

Vale destacar que a impugnação do devedor da obrigação de celebrar o contrato definitivo deve ser fundamentada e não se resumir a situações superficiais e que não se relacionem com o dever a ele imposto.

Não pode ser classificada como impugnação fundamentada a manifestação do vendedor requerido que não disser clara e precisamente qual direito seu será atingido com o processamento da adjudicação compulsória extrajudicial. Especialmente porque o preço de aquisição já deverá estar integralmente pago, por ocasião do pedido, e pouco restará ao vendedor para resistir à adjudicação compulsória.

É possível, porém, que, além do preço, já o dissemos outras vezes, haja obrigações especiais estabelecidas no compromisso de compra e venda que devam ser atendidas pelo comprador e que, caso inadimplidas, possam embasar a impugnação do vendedor. Essa situação deverá ser analisada criteriosamente, no caso concreto, pelo registrador imobiliário[46].

Registramos a opinião de Leonardo Brandelli[47] que, acertadamente, assim entende:

> Não há contraditório na esfera extrajudicial, de modo que não poderá o Oficial analisar questões de alta indagação, como alegações de inconstitucionalidade, ou de ilegalidade de cláusulas, ou de extinção do contrato por onerosidade excessiva etc. Tais questões deverão ser submetidas ao poder jurisdicional do Estado e lá serem discutidas, sob o manto do contraditório. Havendo questões desse tipo, de nada adiantará levá-las ao Oficial, que não poderá analisá-las, e deverá seguir com o procedimento. Qualquer suspensão ou extinção do procedimento, nesses casos, deverá ser judicialmente determinada.

E segue o autor para dizer que as

> [...] questões que podem ser levadas ao Oficial são questões singelas, decorrentes do próprio contrato ou de outro documento ocultado do registrador, como a hipótese de ser demonstrado que não há mora porque houve um aditivo em que o prazo de pagamento foi estendido, de maneira que não é ainda exigível a celebração do contrato definitivo. Em tal caso, decidirá o Oficial pelo encerramento do processo, indeferindo o pedido.

---

[45] ORLANDI NETO, Narciso. *Registro de imóveis*. Rio de Janeiro: Forense, 2023. p. 265.
[46] Exemplo que já demos anteriormente quanto à obrigação assumida pelo comprador de promover, às suas custas, remediação ambiental para adequar determinada contaminação aos parâmetros legais, de forma a evitar que o vendedor possa ser demandado pelas autoridades ambientais em razão da responsabilidade civil objetiva em matéria de meio ambiente.
[47] CASSETTARI, Christiano; BRANDELLI, Leonardo. *Comentários à lei do sistema eletrônico dos registros públicos*: Lei 14.382, de 27 de junho de 2022. Rio de Janeiro: Forense, 2023. p. 180.

A notificação do requerido é uma etapa do procedimento que só se promove se os demais documentos exigidos pelo referido § 1º do art. 216-B forem considerados aptos para o fim a que se destinam (adjudicação compulsória). Caso tais documentos sejam considerados inaptos pela qualificação registrária, o oficial deverá formular prévia nota devolutiva, na qual serão indicadas as exigências que deverão ser cumpridas pelo requerente (Lei Federal n.º 6.015/1973, art. 188), para que o requerido seja informado com todos os documentos que eventualmente necessitaram de adequações.

5.3.1 A notificação deverá ser feita pessoalmente ao alienante?

O art. 216-B da Lei Federal n.º 6.015/1973 não prevê expressamente a intimação pessoal do obrigado a outorgar o contrato principal. Entretanto, deve-se analisar detidamente a redação do inciso II do mencionado artigo legal, conjugando-se a questão com a relação jurídica obrigacional do compromisso de compra e venda que pretende, com o pagamento integral do preço de aquisição do imóvel, alcançar a outorga do título definitivo.

Mencionou-se no item anterior que, com a notificação, pretende-se caracterizar o inadimplemento absoluto do obrigado quanto à outorga do título definitivo. No entanto, também, antes de encerrado o prazo de 15 dias, é uma forma de dar uma última chance para que o adimplemento dessa obrigação ocorra de maneira voluntária.

Ademais, é preciso ter presente a estrutura da relação jurídica entre vendedor e comprador. É uma relação jurídica de natureza obrigacional. No que se refere à prestação de fazer (*contrahere*) em que o devedor é o vendedor, o interesse na constituição de mora deste e a sua eventual conversão em inadimplemento absoluto é do credor da mesma prestação que, no caso, é o comprador.

Sendo o comprador titular da prestação de receber o contrato definitivo de compra e venda e o vendedor, por sua vez, o devedor da mesma obrigação, este (o vendedor) é quem deverá ser notificado pessoalmente para poder purgar a mora e evitar a sua conversão em inadimplemento absoluto, outorgando o contrato definitivo de compra e venda.

A notificação tem as seguintes funções: a de possibilitar o cumprimento voluntário da obrigação e, caso isso não aconteça, de caracterizar a conversão da mora (*ex personae*) em inadimplemento absoluto. Logo, só quem está obrigado a cumprir a obrigação de *contrahere* é que deverá ser pessoalmente notificado. Procuradores com poderes específicos e especiais poderão ser notificados no lugar do vendedor, mas terceiros, sem qualquer legitimação, estarão impedidos de recebê-la.

Fizemos referências anteriormente ao item 466 do Provimento n.º 06/2023 da Corregedoria-Geral da Justiça do Estado de São Paulo, o qual dá a entender que a intimação será feita pessoalmente, ao estabelecer que o registrador "fará expedir notificação para que o requerido, em 15 (quinze) dias úteis, impugne o pedido ou demonstre a outorga do título".

Contudo, no item 467 do mesmo Provimento, há expressa previsão de que a intimação, por edital, será possível somente na falha da notificação pessoal do requerido, o que nos faz concluir que a intenção normativa é pela entrega da notificação para a pessoa do alienante.

Já dissemos que entendemos ser possível que o adquirente requeira expressamente ao registador imobiliário, com apoio no art. 15 do Código de Processo Civil, que, se o notificado não for encontrado ou estiver se ocultando, sejam aplicados subsidiariamente os arts. 252, 253 e 254 do mesmo Código, para a intimação do alienante com hora certa.

Essa providência, além de ter apoio no sistema processual civil, pode auxiliar na formalização da notificação na pessoa do vendedor, antes de promover a intimação por edital que, por razões óbvias, é mais difícil de chegar ao efetivo conhecimento daquele que deve ser notificado. Trata-se de uma solução intermediária entre a notificação inicialmente frustrada e a editalícia, que visa conferir outra chance de o requerido ser intimado e, eventualmente, evitar a esfera jurisdicional.

A notificação por edital não está prevista no referido art. 216-B. No entanto, por ser uma prática sedimentada em nosso processo civil e em outros institutos, por exemplo, na execução da garantia fiduciária imobiliária, entendemos que, caso a notificação pelo correio e/ou a por hora certa sejam infrutíferas, poder-se-á promovê-la por edital, desde que tenha sido requerido expressamente no pedido inicial. Nesse sentido, a previsão do item 440-X do dito Provimento n.º 150 do Conselho Nacional de Justiça, que será analisado em seguida.

Não admitir as outras formas de intimação do obrigado já existentes em nosso sistema processual e tão difundidas por outros institutos é negar que a adjudicação compulsória possa se completar integralmente como um processo desjudicializado e impedir ao requerente a possibilidade de alcançar o seu direito real de propriedade, exceto se pela via judicial. Tal ideia se afasta dos objetivos do atual espírito legislativo que pretende desafogar o Judiciário de ações de menor potencial de complexidade e que possam ser resolvidas extrajudicialmente.

Nesse sentido, o art. 216-A, que disciplina a usucapião extrajudicial, determina, caso o notificando não seja encontrado, que o registrador deve certificar tal fato e "promover a sua notificação por edital [...]" (Lei Federal n.º 6.015/1973, art. 216-B, § 13).

Na fase de execução da propriedade fiduciária imobiliária, é possível que, quando por duas vezes frustrada a notificação e caso haja suspeita de ocultação, o notificador poderá intimar qualquer pessoa da família ou, em sua falta, qualquer vizinho de que, no dia útil imediato, retornará ao imóvel, a fim de efetuar a intimação, na hora que designar, aplicando-se subsidiariamente (Código de Processo Civil, art. 15) o disposto nos arts. 252, 253 e 254 do Código de Processo Civil (Lei Federal n.º 9.514/1997, art. 26, § 3º-A).

Em ambos os institutos citados (usucapião e propriedade fiduciária), o que se objetiva é o chamamento de uma pessoa específica, que é juridicamente envolvida em determinada relação jurídica preestabelecida e, portanto, deveria ter interesse no procedimento extrajudicial que a discute.

O mesmo objetivo deve ser perseguido na adjudicação compulsória com a intimação do vendedor e/ou titular registrário, para que indique suas eventuais restrições ou concordâncias com o procedimento adjudicativo extrajudicial.

A falta de previsão legal de intimação por hora certa e/ou por edital deve(m) ser suprida(s) pelo registrador, mediante pedido expresso do requerente, que poderá solicitar o preenchimento dessa lacuna do art. 216-B, por meio da analogia[48] com os dispositivos existentes para a usucapião extrajudicial e para a propriedade fiduciária, como demonstrado anteriormente.

---

[48] "Em geral se não exige tanto apuro. Duas coisas se assemelham sob um ou vários aspectos; conclui-se logo que, se determinada proposição é verdadeira quanto a uma, sê-lo-á também a respeito da outra. A assemelha-se a B; será, por isso, muitíssimo verossímil que o fato m, verificado em a, seja também verdadeiro relativamente a B. [...] O manejo acertado da analogia exige, da parte de quem a emprega, inteligência, discernimento, rigor de lógica; não comporta uma ação passiva, mecânica. O processo não é simples, destituído de perigos; facilmente conduz a erros deploráveis o aplicador descuidado. I. Pressupõe: 1º) uma hipótese não *prevista*, senão se trataria apenas de *interpretação extensiva*; 2º) a relação contemplada no texto, embora diversa da que se examina, deve ser semelhante, ter com ela um elemento de identidade; 3º) este elemento não pode ser qualquer, e, sim, *essencial*, *fundamental*, isto é, o fato jurídico que deu origem ao dispositivo. Não bastam afinidades aparentes, semelhança *formal*; exige-se a *real*, verdadeira igualdade sob um ou mais aspectos, consistente no fato de se encontrar, num e noutro caso, o mesmo princípio básico e de ser uma só a ideia geradora tanto da regra existente como da que se busca. A hipótese nova e a que se compara

Caso o registrador imobiliário opte, a notificação poderá ser feita pelos correios, com aviso de recebimento, e com indicação de que a entrega tenha sido feita em mãos próprias daquele que deve ser notificado.

Na hipótese de o alienante ter falecido, o pedido de adjudicação compulsória deveria impor a necessidade de abertura de inventário, pois, até antes da partilha, a obrigação de outorgar a escritura de compra e venda é do espólio, e não dos eventuais herdeiros. O requerente da adjudicação compulsória tem legitimidade para promover a abertura do inventário[49].

Entretanto, pelo princípio da *saisine*, expresso no art. 1.784 do Código Civil, circunstância em que a herança é transmitida aos herdeiros legítimos e testamentários imediatamente após o falecimento do seu titular, entendemos possível a adjudicação compulsória extrajudicial para os casos de o vendedor falecer antes de cumprida a obrigação de outorgar o título definitivo e antes da abertura do inventário, mas sempre depois do recebimento integral do preço de aquisição. Nessa hipótese, o imóvel não integra o acervo hereditário a ser partilhado pelos correspondentes herdeiros.

Assim, o comprador deverá indicar no requerimento inicial da adjudicação compulsória todos os herdeiros do vendedor falecido e requerer que todos sejam notificados do procedimento[50]. Para tanto, deverá apresentar, com os demais documentos, a certidão de óbito para averbação prévia, na matrícula do imóvel, do falecimento do vendedor e para a indicação e a comprovação de quem são os herdeiros do falecido. Deve-se frisar, porém, que todos os herdeiros deverão ser notificados, e não apenas um ou alguns.

Há, porém, a situação em que o vendedor falece enquanto o compromisso de compra e venda está sendo executado, ou seja, durante a fase de pagamento do preço de aquisição pelo imóvel e cumprimento de outras obrigações. Nessa situação, os direitos do vendedor falecido deverão ser objeto de inventário e partilha. Finalizado o inventário e promovida a partilha, o comprador deverá notificar aquele para quem foi partilhado o imóvel alienado para o qual se busca o título definitivo, em cumprimento ao compromisso de compra e venda. Nesse caso, porém, para atender ao princípio da continuidade registrária, a partilha deverá ser registrada previamente ao pedido de adjudicação compulsória.

Superado o prazo de 15 dias úteis, sem impugnação fundamentada ou ausente a manifestação do devedor, estará configurado o inadimplemento absoluto da obrigação de outorga do título definitivo. Essa fase pressupõe que os demais documentos estão todos em ordem e de acordo com o que exige a lei, razão pela qual o pedido de adjudicação compulsória extrajudicial deverá ser deferido, pois o inadimplemento na outorga do contrato definitivo é inequívoco.

---

com ela, precisam assemelhar-se na essência e nos efeitos; é mister existir em ambas a mesma razão de decidir. Evitem-se as semelhanças aparentes, sobre pontos secundários. O processo é perfeito, em sua relatividade, quando a frase jurídica existente e a que da mesma se infere deparam como entrosadas as mesmas ideias *fundamentais*" (MAXIMILIANO, Carlos. *Hermenêutica e aplicação do direito*. 18. ed. Rio de Janeiro: Revista Forense, 1998. p. 206 e 212).

[49] TJSP, Apelação Cível 1015713-55.2022.8.26.0348, j. 29.03.2023.

[50] "Considerando que o imóvel foi alienado em momento anterior ao falecimento do vendedor, não integrando, portanto, seu acervo hereditário e os herdeiros não se opuseram quanto à adjudicação, desnecessária a abertura de inventário apenas para permitir a outorga da escritura de um imóvel, cuja promessa de compra e venda foi devidamente registrada" (TJSP, Apelação Cível 1005751-97.2019.8.26.0126, j. 14.06.2023). No mesmo sentido: TJSP, Apelação Cível 1001465-94.2018.8.26.0196, j. 16.09.2019); e TJSP, Apelação Cível 1009790-84.2019.8.26.0564, j. 30.11.2020).

5.3.2 A notificação deverá ser feita antes ou depois da ata notarial?

Pode parecer que há uma antinomia aparente entre os incisos II e III do § 1º do art. 216-B da Lei Federal n.º 6.015/1973, mas entendemos que os dispositivos devem ser interpretados conjuntamente para estabelecer uma dinâmica coerente do procedimento de adjudicação compulsória extrajudicial.

O inciso II determina que seja feita *prova* do inadimplemento da obrigação de outorgar a escritura. Tal inadimplemento deverá ser o absoluto e será caracterizado pela não celebração do título de transmissão definitiva da propriedade, no prazo de 15 dias úteis, contado da entrega da notificação extrajudicial pelo registrador imobiliário ao devedor da obrigação de outorga.

Por sua vez, o inciso III estabelece que na ata notarial deverão constar prova do pagamento do preço e a *caracterização* do inadimplemento da obrigação de outorgar ou de receber o título definitivo de propriedade. Essa caracterização do inadimplemento da obrigação de fazer na ata notarial será feita por meio de declarações e de informações prestadas pelo requerente e que serão capturadas pelo notário, comprovadas pelos documentos pertinentes, especialmente pelo compromisso de compra e venda, no sentido de que a escritura não foi outorgada nos termos do instrumento preliminar, o que será confirmado na fase registrária do procedimento com a entrega da notificação referida no inciso II.

É possível perceber a diferença constante nos comandos dos dois dispositivos legais.

No inciso II, há determinação de que seja feita a *prova do inadimplemento* absoluto pelo mecanismo da notificação encaminhada pelo registrador imobiliário e que explicamos no item anterior.

No inciso III, por seu turno, o comando legal é no sentido de que na ata notarial deverá conter a *prova do pagamento*, quando houver, ou a *caracterização do inadimplemento* da obrigação de fazer (outorgar o contrato definitivo).

A *prova de pagamento*, já avaliamos, é feita por meio da apresentação de documento em que constem os elementos necessários para a outorga da quitação que o comprador tem direito de receber a cada pagamento por ele realizado.

A *caracterização do inadimplemento* da obrigação de fazer são circunstâncias qualificadoras que demonstrem que o devedor não cumpriu a sua obrigação de outorgar a escritura definitiva de compra e venda. Por exemplo, se no contrato preliminar estão indicados dia e local para a celebração do definitivo e o vendedor não comparece nem se justifica, esse comportamento caracteriza o inadimplemento e pode ser retratado na ata notarial.

Em nosso entendimento, portanto, as expressões *prova do inadimplemento* (inciso II) e *caracterização do inadimplemento* (inciso III) fazem referências a momentos distintos da relação jurídica obrigacional como processo.

Apesar da ordem trocada, o primeiro (inciso II) está relacionado com a intimação a ser encaminhada pelo registrador imobiliário ao vendedor, ou seja, depois que o procedimento teve início na serventia predial, e refere-se ao inadimplemento absoluto do devedor. O segundo (inciso III) é cronologicamente anterior ao início do procedimento registrário, acontece por ocasião da lavratura da ata notarial e deve demonstrar os elementos comportamentais do devedor que revelam o seu inadimplemento na outorga do contrato definitivo de acordo com as regras contidas no preliminar.

Formalizada a obrigação, pode ocorrer o adimplemento ou o inadimplemento. A ata notarial pretende capturar as circunstâncias do descumprimento da obrigação (não comparecimento do vendedor no prazo contratual para outorga da escritura, comportamento contraditório etc.) e que antecedem ao próprio inadimplemento absoluto.

Pela sistemática da adjudicação compulsória extrajudicial, essa *caracterização* do inadimplemento, indicada no referido inciso III, não é o inadimplemento absoluto em si, mas apenas a indicação de elementos extrínsecos ao cumprimento da prestação pelo devedor, que o pré-configuram e o pré-qualificam, no sentido do descumprimento.

Quanto à *prova do inadimplemento*, a compreensão deve ser no sentido de que, notificado o vendedor formalmente pelo registrador imobiliário, este, dentro do prazo de 15 dias úteis, não celebra o título definitivo de compra e venda para viabilizar a transmissão do direito real de propriedade pelo adquirente. Este sim, na dinâmica da adjudicação compulsória extrajudicial, é o inadimplemento absoluto.

Não é a sequência ordinal dos incisos que indica qual ato deve ser praticado primeiro. São sua avaliação e sua interpretação lógica que possibilitam concluir que a ata notarial deve ser lavrada primeiro, para depois ser apresentada ao registro de imóveis competente.

Outrossim, a ata notarial está contida no elenco dos documentos obrigatórios que deverão ser apresentados ao registro de imóveis, nos termos do § 1º do art. 216-B.

Nada impede, como referido anteriormente, que o comprador promova a notificação judicial do vendedor antes da lavratura da ata notarial. Nessa hipótese, o comprador apresentará todo o processo da notificação judicial para o notário que o lançará detalhadamente em seu ato notarial, especialmente sobre o transcurso do prazo, para manifestação do vendedor. Essa circunstância deverá suprir a prova do inadimplemento exigida pela lei na fase registrária, sendo dispensada a entrega da notificação pelo registrador, nessa hipótese, pois já se configura o inadimplemento absoluto da obrigação de fazer do vendedor (outorgar o contrato definitivo). Parece-nos desnecessária a repetição do mesmo ato no procedimento registrário.

Essa prova de inadimplemento da outorga do título definitivo não é essencial para a lavratura da ata notarial, porque a sua efetiva *caracterização* ocorrerá por meio de notificação e transcurso do prazo, etapa que integra a fase registrária do procedimento de adjudicação compulsória extrajudicial.

Em resumo:

- o adquirente, após a lavratura da ata notarial, deve elaborar a notificação e apresentá-la ao registrador imobiliário com os demais documentos;
- o encaminhamento da notificação para o alienante/devedor é feito pelo registrador imobiliário, que poderá delegar a diligência de entrega ao oficial de Registro de Títulos e de Documentos;
- passado o prazo de 15 dias úteis sem a manifestação do alienante, caracteriza-se o inadimplemento absoluto quanto à outorga do título definitivo de transmissão em cumprimento ao compromisso de compra e venda e o registrador deverá deferir a adjudicação compulsória;
- se houver impugnação fundamentada pelo vendedor, o registrador deverá indeferir a adjudicação compulsória; e
- se o alienante consentir com o conteúdo da notificação, o registrador deverá exigir a apresentação do título de transmissão da propriedade, por instrumento público, em observância ao art. 108 do Código Civil.

5.3.3 Do consentimento

Ao contrário do que acontece com a usucapião extrajudicial[51], na adjudicação compulsória não há disposição legal de que o silêncio do alienante, após receber a notificação

---

[51] Lei Federal n.º 6.015/1973, art. 216-A, § 2º.

formalmente encaminhada pelo registrador imobiliário, será interpretado como concordância. Há apenas a previsão de que, transcorrido o prazo da notificação, a não celebração do título definitivo de compra e venda caracteriza prova do inadimplemento absoluto dessa obrigação de fazer (*contrahere*).

No entanto, no procedimento de adjudicação compulsória extrajudicial, o silêncio do requerido significará tão somente que não houve a celebração do título definitivo de transferência da propriedade que – com a prova do integral pagamento do preço pelo adquirente –, são os requisitos necessários para possibilitar o processo adjudicativo.

Perguntamos: a falta de manifestação, qualquer que seja a natureza, daquele que é obrigado a outorgar o título definitivo de transmissão de propriedade deve ser considerada uma falha que torna insuperável o processamento da adjudicação compulsória extrajudicial?

Entendemos que não.

Não havendo manifestação do alienante, depois de ter recebido a notificação encaminhada pelo registrador imobiliário e transcorrido o prazo legal de 15 dias úteis, estará caracterizado o inadimplemento absoluto da obrigação de outorga do título definitivo e, portanto, deverá ser processada a adjudicação compulsória para que o requerente possa alcançar a regularização de sua propriedade plena.

Exigir uma resposta do requerido, como requisito para o seu prosseguimento, representaria a impossibilidade do próprio procedimento extrajudicial, pois resultaria ou no indeferimento, pela fundamentação apresentada pelo requerido, ou na exigência, no caso de anuência deste, pelo registrador imobiliário, da celebração do instrumento público translativo do direito real de propriedade, em razão do consentimento.

Portanto, se houver silêncio ou inércia do devedor da obrigação de outorgar o título definitivo, a adjudicação compulsória deve ser processada e deferida em favor do requerente, para que este possa obter o título definitivo de compra e venda hábil a transmitir o direito de propriedade do pretendido imóvel.

É interessante destacar que o Provimento n.º 06/2023 da Corregedoria-Geral da Justiça paulista autoriza que o registrador, em caso de impugnação pelo notificado, promova conciliação ou mediação. Como o § 1º do art. 216-B exige que o requerente seja representado por advogado, a conciliação ou a mediação deverá ser feita com assessoria jurídica daqueles constituídos pelas respectivas partes ou por outros profissionais que vierem a sucedê-los, mas sempre por advogado.

Se a conciliação ou a mediação não resultarem em um acordo entre os interessados para superarem a impugnação, o registrador deverá indeferir o pedido de adjudicação compulsória extrajudicial e encerrar o procedimento.

Eventual manifestação de concordância pelo requerido notificado deverá ser feita por escrito, em requerimento com firma reconhecida (Lei Federal n.º 6.015/1973, art. 221).

Se a manifestação do vendedor for no sentido de aceitar o procedimento de adjudicação compulsória, o registrador imobiliário deverá indeferir o pedido de adjudicação e exigir que as partes celebrem a escritura pública definitiva para atender o quanto determina o art. 108 do Código Civil.

A manifestação de concordância do vendedor notificado dentro do procedimento de adjudicação compulsória na fase registrária não pode ser admitida em substituição do título definitivo, porque este deve atender à forma pública. Se ele tem condições de manifestar expressamente essa concordância na fase registrária do procedimento da adjudicação compulsória extrajudicial em um documento particular e com firma reconhecida, ele também tem condições de manifestar sua vontade e outorgar o respectivo instrumento público de compra e venda definitivo de transmissão do direito real de propriedade em cumprimento ao compromisso.

Aliás, se o registrador suspeitar que as partes pretendem utilizar o procedimento de adjudicação extrajudicial para evitar a formalização do título definitivo por instrumento público, também deverá indeferir o pedido.

Havendo consentimento no procedimento durante a fase registrária, o correto seria que o registrador o encerrasse, com um despacho fundamentado, por não haver inadimplemento absoluto na outorga do contrato definitivo de compra e venda, e exigisse, por consequência, a apresentação do instrumento público competente para formalizar a transmissão da propriedade.

Caso haja impugnação fundamentada, o registrador também deverá (i) indeferir o pedido, porque estará ausente o requisito mais importante que permeia o movimento de desjudicialização nas serventias extrajudiciais, que é o consenso ou a não existência de pretensão resistida[52], (ii) indicar que o requerente deverá submeter seu pedido à apreciação do Poder Judiciário e (iii) encerrar o procedimento.

Do indeferimento do pedido da adjudicação compulsória caberá suscitação de dúvida para o Juiz Corregedor Permanente. Não há previsão legal ou normativa de que o procedimento de adjudicação compulsória seja remetido pelo registrador ao Judiciário em caso de dissenso entre as partes, como ocorre no de usucapião[53]. O próprio interessado deverá buscar o Poder Judiciário para a regularização de seu domínio.

5.4 DA DECISÃO DO OFICIAL DO REGISTRO DE IMÓVEIS

É essa decisão de deferimento do procedimento administrativo da adjudicação pelo registrador que viabilizará o registro do compromisso de compra e venda. Este, com todos os documentos apresentados no procedimento para a análise do registrador, bem como aqueles produzidos no respectivo processamento, formarão o título hábil para promover a transferência definitiva do direito real de propriedade para o adquirente (Lei Federal n.º 6.015/1973, art. 216-B, § 3º).

A lei optou por admitir o contrato preliminar, no qual já existe a manifestação de vontade para a transferência do imóvel desde que recebido o preço de aquisição, a registro para a transferência definitiva da propriedade porque no procedimento extrajudicial o registrador não substitui a declaração de vontade do vendedor. Apenas caracteriza-se o inadimplemento absoluto deste quanto à obrigação de outorgar o título definitivo. Como não há nas disposições legais desse procedimento previsão semelhante à do art. 501[54] do Código de Processo Civil (nem entraremos aqui na possibilidade ou impossibilidade jurídica de tal hipótese), escolheu-se atribuir ao contrato preliminar – no qual já está manifestada a vontade do vendedor de alienar –, a capacidade de causar a transferência do direito real de propriedade em benefício do comprador.

5.5 DO PROVIMENTO N.º 150, DE 11 DE SETEMBRO DE 2023, DA CORREGEDORIA NACIONAL DE JUSTIÇA DO CNJ

Abordaremos as diretrizes normativas que, pelo Provimento n.º 150/2023, foram introduzidas no Capítulo V do Código de Justiça Nacional de Normas da Corregedoria Nacional

---

[52] PEREIRA, Eduardo Calais; CORRÊA, Leandro Augusto Neves; DEPIERI, Rafael Vitelli. Adjudicação compulsória extrajudicial: conceitos e limites. Migalhas, 23 ago. 2022. Disponível em: https://www.migalhas.com.br/depeso/372122/adjudicacao-compulsoria-extrajudicial-conceitos-e-limites. Acesso em: 23 set. 2023.

[53] Lei Federal n.º 6.015/1973, art. 216-A, § 10.

[54] "Na ação que tenha por objeto a emissão de declaração de vontade, a sentença que julgar procedente o pedido, uma vez transitada em julgado, produzirá todos os efeitos da declaração não emitida."

de Justiça do Conselho Nacional de Justiça – Foro Extrajudicial (CNN/CN/CNJ – Extra), para estabelecer regras para o processo de adjudicação compulsória, pela via extrajudicial, nos termos do art. 216-B da Lei n.º 6.015/1973.

O Provimento n.º 150/2023 está estruturado da seguinte forma:

Capítulo V – Da adjudicação compulsória pela via extrajudicial
Seção I – Das disposições gerais (arts. 440-A até o 440-J)
Seção II – Do Procedimento
Do requerimento inicial (arts. 440-K ao 440-Q)
Da notificação (arts. 440-R ao 440-X)
Da anuência e da impugnação (arts. 440-Y ao 440-AE)
Da qualificação do registro (arts. 440-AF ao 440-AL)
Seção III – Das disposições finais (art. 440-AM)

Pretendemos realizar comentários a cada um dos artigos normativos, e o que foi desenvolvido nos Capítulos 4 e 5 servirá para fundamentar as nossas opiniões que aqui serão apresentadas ou, ainda, contrapor, quando necessário, às soluções indicadas pelo aludido provimento.

5.5.1 Das disposições gerais

Art. 440-A

Este Capítulo estabelece regras para o processo de adjudicação compulsória pela via extrajudicial, nos termos do art. 216-B da Lei n. 6.015, de 31 de dezembro de 1973.

O *caput* do art. 216-B da Lei Federal n.º 6.015/1973 define a possibilidade de adjudicação compulsória extrajudicial de imóvel objeto de promessa de venda ou de cessão. No seu § 1º estabelece que são legitimados a requerer a adjudicação extrajudicial o promitente comprador ou qualquer dos seus cessionários ou promitentes cessionários ou seus sucessores, assim como o promitente vendedor.

Art. 440-B

Podem dar fundamento à adjudicação compulsória quaisquer atos ou negócios jurídicos que impliquem promessa de compra e venda ou promessa de permuta, bem como as relativas cessões ou promessas de cessão, contanto que não haja direito de arrependimento exercitável.

Parágrafo único. O direito de arrependimento exercitável não impedirá a adjudicação compulsória, se o imóvel houver sido objeto de parcelamento do solo urbano (art. 2º da Lei n. 6.766, de 19 de dezembro de 1979) ou de incorporação imobiliária, com o prazo de carência já decorrido (art. 34 da Lei n. 4.591, de 16 de dezembro de 1964).

Esse dispositivo normativo amplia o espectro de possibilidades e admite que podem fundamentar a adjudicação compulsória *quaisquer atos* ou *negócios jurídicos que impliquem promessa de compra e venda ou promessa de permuta, bem como as relativas cessões ou promessas de cessão, contanto que não haja direito de arrependimento exercitável.*

Além dos negócios jurídicos preliminares de compra e venda, esse dispositivo passou a prever quaisquer atos jurídicos que impliquem promessa de compra e venda ou promessa de permuta, desde que não tenha cláusula de arrependimento cujo exercício ainda seja possível (parágrafo único).

Capítulo 5 • DA ADJUDICAÇÃO COMPULSÓRIA EXTRAJUDICIAL | 433

Atos jurídicos *lato sensu* são fatos voluntários cujos efeitos são produzidos mesmo que não tenham sido previstos ou queridos pelos seus autores.

Os atos jurídicos em sentido estrito, abrangidos pelos atos jurídicos *lato sensu*, são aqueles que geram consequências jurídicas previstas em lei, e não pela vontade[55].

Para Orlando Gomes[56], tem-se destacado o interesse de distinguir o ato negocial (negócio jurídico) do ato não negocial (ato jurídico *stricto sensu*), não apenas do ponto de vista dogmático, mas também porque essa distinção concorre para eliminar controvérsias sobre o conceito central de negócio jurídico, suas características e elementos.

Entretanto, o referido autor[57] salienta que:

> Nada se adianta, porém, com a teoria da aplicação direta, pois conduz ao absurdo de se ter de examinar cada tipo de ato jurídico *stricto sensu* para determinar se comporta, ou não, a incidência de regras citadas para os negócios jurídicos. Por esse processo não se alcança o objetivo que deve nortear a construção teórica. A questão não consiste em saber se as normas dos contratos aplicam-se, direta ou analogicamente, aos atos jurídicos *stricto sensu*. Não se contesta que algumas disposições legais dos negócios jurídicos são aplicáveis a atos jurídicos, mas o interesse do problema reside na determinação da disciplina específica a que se devem subordinar; não é pelo método de exclusão que esse resultado se obterá, reduzindo-se a investigação à busca das regras incompatíveis. O caminho regular seria a sistematização de regras que levassem na devida consideração os elementos configurativos do ato jurídico *stricto sensu* para disciplina própria. Uma vez que os Códigos não a prescreveram, ao intérprete não resta outro método que o de aplicar as regras compatíveis e recusar as incompatíveis, socorrendo-se, na hipótese da incompatibilidade, de princípios gerais a serem testados para a verificação de que se harmonizam à estrutura do ato jurídico *stricto sensu*. As disposições reguladoras dos negócios jurídicos consideram e valorizam o intento que é irrelevante no ato jurídico *stricto sensu*. Segue-se que lhe são aplicáveis unicamente as regras que não o pressupõem. Aplicam-se diretamente, como quer Mirabelli, não por analogia, como pretendem outros.

Nessa linha de avaliação, temos que o negócio jurídico é um negócio de declarações de vontades destinadas à produção de efeitos jurídicos correspondentes ao objetivo dos manifestantes, desde que reconhecido e garantido pela lei[58].

Para o nosso objetivo, que é avaliar a inclusão de ato jurídico como fundamentador da adjudicação compulsória, entendemos que as noções genéricas *supra* são suficientes para, com apoio no art. 185 do Código Civil, admitir a adjudicação compulsória extrajudicial para os negócios jurídicos, pois são estes que consubstanciam as manifestações das diversas vontades

---

[55] MOTA PINTO, Carlos Alberto da. *Teoria geral do direito civil*. 3. ed. actual. 11. reimp. Coimbra: Coimbra Editora, 1996. p. 354; e DINIZ, Maria Helena. *Curso de direito civil brasileiro. Teoria geral do direito civil*. 40. ed. São Paulo: SaraivaJur, 2023. v. 1, p. 475.

[56] GOMES, Orlando. *Introdução ao direito civil*. Coordenador e atualizador Edvaldo Brito; atualizadora Reginalda Paranhos de Brito. 22. ed. Rio de Janeiro: Forense, 2019. p. 192.

[57] GOMES, Orlando. *Introdução ao direito civil*. Coordenador e atualizador Edvaldo Brito; atualizadora Reginalda Paranhos de Brito. 22. ed. Rio de Janeiro: Forense, 2019. p. 191.

[58] SERPA LOPES, Miguel Maria de. *Curso de direito civil*. Introdução, parte geral e teria dos negócios jurídicos. 9. ed. rev. e atual. pelo Prof. José Serpa de Santa Maria. Rio de Janeiro: Freitas Bastos, 2000. v. I, p. 422; GOMES, Orlando. *Introdução ao direito civil*. Coordenador e atualizador Edvaldo Brito; atualizadora Reginalda Paranhos de Brito. 22. ed. Rio de Janeiro: Forense, 2019. p. 197.

nas complexas relações jurídicas obrigacionais, capazes de fazer com que um queira transferir e o outro queira adquirir.

Nesse ambiente da adjudicação compulsória, parece-nos que o Provimento n.º 150/2023 quis capturar atos jurídicos em sentido estrito, na forma definida pelo Código Civil de 1916 no seu art. 81, como todo "o ato lícito, que tenha por fim imediato adquirir, resguardar, transferir, modificar ou extinguir direitos".

Assim, como salienta Serpa Lopes[59], se o ato jurídico contiver um ato de vontade intencional para a criação, modificação ou extinção de um direito, assume, nesse caso, o caráter de um negócio jurídico.

Contudo, o Código Civil de 2002 diferenciou o ato jurídico, em sentido estrito, do negócio jurídico, ambos integrantes do gênero ato jurídico em sentido amplo. Distingue-se o ato jurídico em sentido estrito do negócio jurídico porque neste existe manifestação de vontade capacitada a determinar efeitos jurídicos desejados pelas partes, enquanto naquele os efeitos jurídicos decorrem de lei.

Não conseguimos imaginar um ato jurídico em sentido estrito que seja apto a gerar impactos e efeitos psíquicos na outra parte a ponto de, por si só, obrigar à celebração de um instrumento definitivo para transferência do direito real de propriedade.

Em nosso entendimento, a adjudicação compulsória deve apoiar-se em um contrato preliminar (negócio jurídico) no qual foi estipulada obrigação de fazer (celebrar contrato definitivo) e que foi inadimplida pelo devedor.

Também inovou o Provimento n.º 150/2023 ao incluir o contrato preliminar de permuta, ao contrário do texto de lei que trata exclusivamente de compra e venda. Contudo, é de todo pertinente a inclusão porque para a permuta também são aplicadas as mesmas regras da compra e venda (Código Civil, art. 533).

Essa simples inclusão vai possibilitar que o permutante adimplente obtenha sua escritura definitiva. No entanto, como o pagamento do preço de aquisição de um imóvel se dá com a entrega de outro, a respectiva escritura trataria da troca definitiva de todos os imóveis. A adjudicação compulsória extrajudicial de uma permuta, portanto, caso seja deferida, terá como objeto final um título definitivo que abrangerá todos os imóveis trocados.

Na hipótese de um dos permutantes não comparecer e permanecer silente após a notificação feita pelo registrador de imóveis, seu título somente será admitido a registro quando expressamente requerido e apresentada a guia de pagamento do imposto de transmissão.

Caso o pagamento da permuta seja parte com imóvel e parte com dinheiro, o requerente deverá fazer prova do pagamento da parte em dinheiro ou oferecê-la para poder promover a adjudicação compulsória extrajudicial.

Tratamos anteriormente sobre a questão da impossibilidade de se proceder à adjudicação compulsória de contratos preliminares que contenham cláusula de arrependimento. O contrato deverá ser irrevogável e irretratável no momento da adjudicação judicial ou extrajudicial, para evitar que a sentença ou a decisão do registrador seja inócua em razão da desistência de uma das partes. Sobre a questão da impossibilidade de arrependimento, remetemos o leitor aos Capítulos 2 e 4.

Entretanto, o parágrafo único do art. 440-B do Provimento n.º 150/2023 registra que o *direito de arrependimento exercitável* não impedirá a adjudicação compulsória, se o imóvel

---

[59] SERPA LOPES, Miguel Maria de. *Curso de direito civil*. Introdução, parte geral e teria dos negócios jurídicos. 9. ed. rev. e atual. pelo Prof. José Serpa de Santa Maria. Rio de Janeiro: Freitas Bastos, 2000. v. I, p. 419.

for oriundo de parcelamento do solo urbano (Lei Federal n.º 6.766/1979) ou de incorporação imobiliária (Lei Federal n.º 4.591/1964), com o prazo de carência já decorrido.

A referência é para cláusulas de arrependimento que ainda sejam exercitáveis, o que não entendemos possível para o âmbito da Lei Federal n.º 6.766/1979, exceto para uma específica hipótese que veremos a seguir.

Isso porque, em regra geral, no que se refere aos imóveis originados em processos de parcelamento de solo urbano, a impossibilidade de arrependimento nos correspondentes contratos decorre de lei, ou seja, no ambiente da Lei Federal n.º 6.766/1979, são considerados "irretratáveis os compromissos de compra e venda, cessões e promessas de cessão, os que atribuam direito a adjudicação compulsória [...]" (art. 25).

Se tais contratos são considerados irretratáveis por expressa disposição legal, a previsão de *arrependimento exercitável* poderá trazer dúvidas sobre ser possível dispor contrariamente ao quanto determina o referido art. 25. Nosso entendimento é que a irretratabilidade decorre de lei, e contratos preliminares nessas circunstâncias (com cláusula de arrependimento exercitável) não poderão ser objeto de adjudicação compulsória.

Há, porém, uma exceção que deve ter pautado a redação do parágrafo único do art. 440-B, que é a possibilidade de o comprador exercer o direito de arrependimento, no prazo de sete dias contados da assinatura do compromisso de compra e venda, sempre que a contratação de venda do lote tiver ocorrido fora do estabelecimento comercial da loteadora (Lei Federal n.º 8.078/1990, art. 49).

O mesmo ocorre com os contratos de compra e venda, promessa de venda, cessão ou promessa de cessão de unidades autônomas celebrados em negócios de incorporação imobiliária. Superado o prazo de carência (Lei Federal n.º 4.591/1964, art. 34), caso exista, e o empreendimento seja considerado incorporado[60], esses contratos também são tidos como irretratáveis em decorrência de lei (Lei Federal n.º 4.591/1964, art. 32, § 2º).

Da mesma forma que no loteamento, o período de reflexão (arrependimento) também atinge os negócios de compra e venda na incorporação imobiliária. É o que se denota da análise dos §§ 10 e 12 do art. 67-A da Lei Federal n.º 4.591/1964.

Caso o contrato tenha sido firmado em estandes de vendas e fora da sede do incorporador, a Lei Federal n.º 4.591/1964 (§ 10) concede um período de reflexão ao adquirente pelo prazo improrrogável de sete dias, contado do dia em que o respectivo contrato for assinado.

Transcorrido o prazo de sete dias, sem que o adquirente tenha exercido o prazo de arrependimento, o contrato passará a ser irretratável nos termos do citado § 2º do art. 32 da Lei Federal n.º 4.591/1964 (§ 12).

Efetuado o pagamento integral do preço e ultrapassado o período de reflexão, o contrato passará a ser irrevogável e irretratável, uma vez que a desistência é legalmente admitida somente no referido período de sete dias, contados da assinatura do contrato celebrado fora das dependências do loteador ou do incorporador.

Ao executar plenamente o contrato com o pagamento integral do preço de aquisição do imóvel e ultrapassado o período de reflexão, não haverá mais direito ao arrependimento. Sob

---

[60] Considera-se incorporado o empreendimento por meio da formalização da alienação ou da oneração de alguma unidade futura, da contratação de financiamento para a construção ou do início das obras do empreendimento. Se após 180 dias do registro do memorial de incorporação esta ainda não tiver sido concretizada, o incorporador somente poderá negociar unidades depois de averbar a atualização das certidões e de eventuais documentos com prazo de validade vencido a que se refere o art. 32 da Lei Federal n.º 4.591/1964.

a perspectiva do vendedor, não há a previsão legal de período de reflexão, razão pela qual, desde a sua celebração, para este, o contrato é irretratável.

Como o dispositivo normativo faz referência apenas ao loteamento e à incorporação imobiliária, todos os demais imóveis (como os não loteados) ficam de fora da previsão do seu parágrafo único. Significaria dizer que a previsão em contrato de direito de arrependimento para imóveis não loteados, quando possível, impedirá a adjudicação compulsória, uma vez que a autorização seria, salvo melhor juízo, para aqueles que possivelmente estiverem submetidos ao período de reflexão e que decorrem do empreendimento de loteamento ou de incorporação imobiliária.

Art. 440-C

Possui legitimidade para a adjudicação compulsória qualquer adquirente ou transmitente nos atos e negócios jurídicos referidos no art. 440-B, bem como quaisquer cedentes, cessionários ou sucessores.

Parágrafo único. O requerente deverá estar assistido por advogado ou defensor público, constituídos mediante procuração específica.

Esse dispositivo normativo trata daqueles que serão considerados legitimados para requererem a adjudicação compulsória extrajudicial. Serão considerados legitimados o adquirente ou o transmitente dos negócios jurídicos referidos no artigo antecedente (440-B), assim como quaisquer cedentes, cessionários ou sucessores.

Quem quer que seja o interessado em promover o procedimento extrajudicial de adjudicação, deverá estar assistido por advogado ou por defensor público, constituídos mediante procuração com poderes específicos para o procedimento adjudicativo (Código Civil, art. 661, § 1º).

Para a nomeação de advogado ou de defensor, não caberá procuração com poderes gerais de administração (Código Civil, art. 661). Entendeu a lei que os poderes necessários para promover a adjudicação compulsória extrajudicial exorbitam a administração ordinária do mandatário e, portanto, devem ser outorgados poderes específicos para o procedimento de adjudicação compulsória (Lei Federal n.º 6.015/1973, art. 216-B, VI).

Por poderes específicos deve-se compreender que o mandatário autoriza a prática de atos determinados e especiais que extrapolam a administração ordinária. Assim, a procuração deverá ser expressa no sentido de que os poderes outorgados são para representação em procedimento de adjudicação compulsória extrajudicial, que tem como objeto a formalização de título definitivo para a transmissão do direito real de propriedade, em cumprimento ao respectivo instrumento preliminar, de imóvel identificado ou identificável.

Art. 440-D

O requerente poderá cumular pedidos referentes a imóveis diversos, contanto que, cumulativamente:

I – todos os imóveis estejam na circunscrição do mesmo ofício de registro de imóveis;

II – haja coincidência de interessados ou legitimados, ativa e passivamente; e

III – da cumulação não resulte prejuízo ou dificuldade para o bom andamento do processo.

Na hipótese de o contrato preliminar conter mais de um imóvel e sobre todos eles desejar o interessado a adjudicação compulsória extrajudicial, deverá observar cumulativamente os seguintes requisitos: (i) que todos os imóveis estejam na mesma circunscrição imobiliária e no mesmo ofício de registro de imóveis; (ii) que haja coincidência de interessados ou de legitimados, ativa e passivamente; e (iii) que da cumulação dos pedidos não resulte prejuízo ou dificuldades para o bom andamento do processo.

Na situação aqui prevista, somente se atendidos todos esses requisitos é que a adjudicação compulsória extrajudicial poderá ser processada. Na falta, o registrador deverá indeferi-la.

O primeiro requisito é de fácil compreensão, pois a própria lei (art. 216-B, *caput*) define que a adjudicação extrajudicial será processada no registro de imóveis da situação do imóvel, ou seja, somente o serviço registrário imobiliário em que situado o imóvel é o competente para processar a adjudicação compulsória extrajudicial. A apresentação de pedido de adjudicação em serviço predial, que não o da localidade do imóvel, deverá ser indeferida por falta de competência.

Exige o dispositivo normativo que haja coincidência ativa e passiva entre os legitimados. Ora, o requerido no procedimento de adjudicação compulsória deverá ser aquele que consta como proprietário na matrícula do imóvel adjudicando e o requerente, aquele que figura no contrato preliminar como adquirente. Assim, cumpre-se esse dispositivo normativo.

Também não poderá resultar prejuízo ou dificuldades para o bom andamento do processo.

Art. 440-E

A atribuição para o processo e para a qualificação e registro da adjudicação compulsória extrajudicial será do ofício de registro de imóveis da atual situação do imóvel.

§ 1º Se o registro do imóvel ainda estiver na circunscrição de ofício de registro de imóveis anterior, o requerente apresentará a respectiva certidão.

§ 2º Será admitido o processo de adjudicação compulsória ainda que estejam ausentes alguns dos elementos de especialidade objetiva ou subjetiva, se, a despeito disso, houver segurança quanto à identificação do imóvel e dos proprietários descritos no registro.

Como já referido para o art. 440-D, a competência para o processamento da adjudicação compulsória extrajudicial será territorial, ou seja, deverá ser processada no registro imobiliário da circunscrição em que localizado o imóvel.

Tal competência decorre da lei, além do fato de que, ao final do procedimento, o registrador que deverá decidir pela adjudicação compulsória necessariamente é aquele que detém a competência territorial do imóvel. O procedimento manejado em registro de imóveis incompetente é nulo de pleno direito (Lei Federal n.º 6.015/1973, art. 169).

Por decorrer da competência territorial, o interessado deverá apresentar seu pedido ao registro de imóveis da localidade do imóvel.

Em outras palavras, se a região em que localizado o imóvel tiver passado por uma reorganização e sua circunscrição territorial original tiver sido alterada para passar a integrar uma nova, de um novo registro imobiliário, o pedido da adjudicação compulsória extrajudicial deverá ser feito perante o registro imobiliário da circunscrição nova (atual), e não na serventia anterior.

Na hipótese de a inscrição registrária do imóvel (transcrição ou matrícula) ainda estar no registro de imóveis da circunscrição anterior, o interessado deverá apresentar ao registrador competente (circunscrição atual) certidão atualizada expedida pelo registrador anterior. Essa certidão será utilizada pelo novo registrador para a abertura da matrícula correspondente.

Caso estejam ausentes alguns dos elementos da especialidade objetiva (referente ao imóvel) ou subjetiva (referente às partes), mas houver informações suficientes para dar segurança à identificação do imóvel e dos proprietários constantes dos registros, será possível o processamento da adjudicação compulsória.

Faremos, antes de prosseguir, algumas considerações sobre a possibilidade de serem flexibilizadas as especialidades objetiva e subjetiva.

Tal possibilidade de flexibilização decorre da modificação feita pela Lei Federal n.º 14.382/2022 no art. 176 da Lei Federal n.º 6.015/1973, que alterou a redação do inciso I do § 1º e inseriu os §§ 14 a 18.

A escrituração dos atos no registro de imóveis é feita em livros. Pela Lei Federal n.º 6.015/1973 (art. 173), os livros são os seguintes:

(i) livro n.º 1 – Protocolo;
(ii) livro n.º 2 – Registro Geral;
(iii) livro n.º 3 – Registro Auxiliar;
(iv) livro n.º 4 – Indicador Real; e
(v) livro n.º 5 – Indicador Pessoal.

Além desses livros, há o livro de registro de aquisição de imóveis rurais por estrangeiros, previsto no art. 10 da Lei Federal n.º 5.709/1971. As normas de serviços das Corregedorias estaduais poderão prever a necessidade de outros livros para a organização das serventias registrárias[61].

De acordo com o parágrafo único do art. 173 da Lei Federal n.º 6.015/1973, os livros 2, 3, 4 e 5 poderão ser escriturados na forma de fichas soltas. A prática registrária mostra, especialmente em relação ao livro n.º 2 – Registro Geral, que esse é o método adotado na maioria dos registros de imóveis, pois facilita seu manuseio para a prática de atos, o seu arquivamento e a sua digitalização.

O art. 172 da Lei Federal n.º 6.015/1973, ao inaugurar o capítulo sobre a escrituração no registro imobiliário, estabelece que na serventia do local do imóvel serão feitos os registros e as averbações dos títulos ou atos constitutivos, declaratórios, translativos e extintivos de direitos reais sobre imóveis, *inter vivos* ou *mortis causa*, seja para sua constituição, transferência e extinção, seja para sua validade em relação a terceiros ou para a sua disponibilidade.

Os atos de registros e de averbações estão elencados no art. 167, I e II, da Lei Federal n.º 6.015/1973, em que se verifica uma importante correspondência entre eles e os direitos reais estabelecidos pelo Código Civil (art. 1.225), a demonstrar que, com a prática registrária daqueles atos, os negócios jurídicos correspondentes aos direitos reais são efetivamente constituídos.

O art. 167, como referido, indica os atos que serão praticados no registro de imóveis. Esses atos serão efetuados no livro n.º 2 – Registro Geral. Esse livro é destinado à matrícula dos imóveis.

A matrícula pode ser considerada como a primeira inscrição. Refere-se à caracterização geográfica do imóvel (elemento objetivo) e à individualização do seu titular (elemento subjetivo), distinguindo-se de todas as demais, em todas as circunscrições imobiliárias existentes. A matrícula, como inscrição inaugural, tem como finalidade especificar o imóvel e todas as suas demais mutações jurídico-reais. A conjugação dos elementos objetivo e subjetivo revela qual é o objeto (imóvel) e quem é o seu titular (proprietário).

---

[61] Como ocorre no Estado de São Paulo, que prevê um livro de recepção de títulos (TJSP, Corregedoria--Geral da Justiça. *Normas de Serviço. Cartórios extrajudiciais.* Capítulo XX, item 14, letra *a*. Disponível em: https://api.tjsp.jus.br/Handlers/Handler/FileFetch.ashx?codigo=163007. Acesso em: 21 set. 2023), e no Rio Grande do Sul, que prevê um livro de receita e despesa (TJRS, Corregedoria-Geral da Justiça. *Consolidação Normativa Notarial e Registral*, art. 462, inciso VII. Disponível em: https://www.tjrs.jus.br/static/2024/11/ConsolidacaoNormativaNotarialRegistral-2023-TextoCompilado-06-11-2024.pdf. Acesso em: 21 set. 2023).

Trata-se a matrícula de um ato de registro *lato sensu* praticado apenas nos registros de imóveis. Não se considera um ato de registro *stricto sensu* porque não cria, não modifica nem extingue direitos.

Nesse contexto, o § 1º do art. 176 da Lei Federal n.º 6.015/1973 estabelece quais as normas deverão ser obedecidas para a correta escrituração da matrícula, de forma a garantir autenticidade, segurança e eficácia dos negócios jurídicos.

Consideramos como uma das principais aquela prevista no inciso I do § 1º do art. 176, a qual estabelece que cada imóvel terá a sua própria matrícula (equivale a dizer que um imóvel não poderá ter mais de uma matrícula) e, consequentemente, a cada matrícula corresponderá um único imóvel (significa que uma matrícula não pode descrever mais de um imóvel)[62]. É o que se considera princípio da unitariedade[63] da matrícula.

Com essa regra de unitariedade matricial, inaugurou-se, pela Lei Federal n.º 6.015/1973, o sistema de fólio real no direito registrário brasileiro. No sistema anterior, uma transcrição poderia conter mais de um imóvel. No regime atual, isso é expressamente proibido pela lei. Cada imóvel recebe um número específico, em determinada serventia imobiliária, que o distingue de todas as demais matrículas.

A matrícula deverá ser aberta quando for praticado o primeiro ato de registro ou de averbação. A nova redação do inciso I do § 1º do art. 176[64] da Lei Federal n.º 6.015/1973 passou a considerar também a averbação como ato competente para promover a abertura da matrícula.

Antes havia o entendimento – que foi superado com o tempo – de que apenas os atos de registros poderiam propiciar a sua abertura, exceto em situações específicas, como no caso de ter que se fazer uma averbação e não haver espaço físico no livro da respectiva transcrição, circunstância em que se abre a correspondente matrícula (Lei Federal n.º 6.015/1973, art. 295, parágrafo único).

É possível, por exemplo, encerrar uma transcrição e abrir sua correspondente matrícula a partir do pedido de averbação de um casamento, de uma separação ou de um óbito, desde que a transcrição atenda aos requisitos necessários para a sua abertura[65].

A nova redação do inciso I do § 1º do art. 176 encerrou o debate anterior e passou a permitir expressamente que os atos de averbação também sejam motivadores da abertura da matrícula, desde que a transcrição contenha os elementos exigidos para tanto. Veremos, mais adiante, que os requisitos legais exigidos para a abertura da matrícula estão elencados no inciso II do § 1º do art. 176 da Lei Federal n.º 6.015/1973.

Por uma questão de coerência legislativa, seria importante que o legislador tivesse ajustado também a redação do art. 228 da Lei Federal n.º 6.015/1973 para incluir os atos de averbação como motivadores da abertura da matrícula. Contudo, mesmo sem esse ajuste, deve-se seguir o estabelecido na nova redação do dito inciso I do § 1º do art. 176, pois facilitará a migração para o sistema matricial dos imóveis que ainda sejam objeto de transcrição. Evidentemente, o art. 228 e o inciso I do art. 176, ambos da Lei Federal n.º 6.015/1973, devem ser lidos conjuntamente.

A abertura da matrícula terá como base o registro anterior e, se o caso, o título apresentado ao registrador para inscrição. No caso de o registro anterior ser de outra circunscrição

---

[62] TJSP, Apelação Cível 1000517-11.2017.8.26.0125, j. 04.04.2018.
[63] DIP, Ricardo Henry Marques. A unitariedade matricial. *Revista de Direito Imobiliário*, v. 17, p. 51, 1986.
[64] TJSP, Processo 1007686-51.2022.8.26.0100, 1ª Vara de Registros Públicos de São Paulo, Juíza Luciana Carone Nucci Eugênio Mahuad, j. 11.03.2022, *DJe* 18.03.2022.
[65] Ou nas demais hipóteses previstas no inciso II do art. 167 da Lei Federal n.º 6.015/1973.

imobiliária, a abertura da matrícula no registro atual terá como base os elementos constantes do título e da certidão atualizada daquela outra circunscrição (Lei Federal n.º 6.015/1973, art. 229).

Francisco Eduardo Loureiro[66] lembra a lição de Narciso Orlandi Neto e esclarece que para abertura de uma matrícula deve haver:

> a) a descrição do imóvel, que somente será alterada mediante retificação a ser devidamente averbada; b) a designação cadastral da Prefeitura ou a inscrição do imóvel rural; c) os titulares do domínio no momento da abertura da matrícula, de acordo com a transcrição ou matrícula anterior; d) o número da matrícula ou transcrição anterior; e) ou ônus existentes sobre o imóvel, que serão transportados da transcrição ou matrícula anterior, e averbados sob o n.º 1; f) a sequência dos atos de registro e de averbação, numerados em ordem crescente, de acordo com critério cronológico.

Mesmo após 50 anos de vigência da Lei Federal n.º 6.015/1973, ainda é possível encontrar imóveis objeto de transcrições.

Embora o regulamento anterior exigisse que os títulos mencionassem as características e as confrontações dos imóveis para que fossem transcritos[67] no registro imobiliário, em muitos casos foram realizadas transcrições e inscrições de documentos com precários elementos de identificação dos imóveis e dos seus titulares.

O problema ganha realce com a entrada em vigor da Lei Federal n.º 6.015/1973, em que o sistema de fólio real passou a exigir maior rigor na individualização do imóvel para abertura de matrícula. Nesse sentido, é necessário que o registrador avalie se é possível a abertura de matrícula de imóvel cuja descrição seja precária e deficiente em relação aos elementos exigidos pela Lei Federal n.º 6.015/1973.

Os elementos da especialidade objetiva e subjetiva necessários para a abertura da matrícula estão indicados, respectivamente, nos números 3 e 4 do inciso II, § 1º, do art. 176 da Lei Federal n.º 6.015/1973. Assim, para abertura da matrícula, deve-se observar, se o imóvel for: (i) rural, a indicação dos dados constantes da Certificação de Cadastro de Imóvel Rural (CCIR), da denominação e de suas características, confrontações, localização e área; e (ii) urbano, a indicação de suas características e confrontações, localização, área, logradouro, número e designação cadastral municipal, se houver.

Além dos elementos relativos ao imóvel, para a abertura da matrícula também deverão ser observados aqueles referentes ao seu titular, que são: (i) se pessoa física, o estado civil, a profissão, o número de inscrição no cadastro de pessoas físicas (CPF) ou do registro geral da cédula de identidade, ou à falta deste, sua filiação; e (ii) se pessoa jurídica, a sede social e o número de inscrição no cadastro nacional de pessoa jurídica (CNPJ).

Contudo, antevendo dificuldades que o sistema de fólio real poderia enfrentar, diante do maior rigor na identificação e caracterização dos imóveis em relação ao sistema superado (fólio pessoal)[68], a própria Lei Federal n.º 6.015/1973 admitiu a possibilidade de abertura de

---

[66] LOUREIRO, Francisco Eduardo. Arts. *In*: ARRUDA ALVIM NETTO, José Manoel de; CLÁPIS, Alexandre Laizo; CAMBLER, Everaldo Augusto (coord.). *Lei de Registros Públicos comentada*: Lei 6.015/1973. 2. ed. Rio de Janeiro: Forense, 2019. p. 1.294.

[67] Decreto n.º 4.857/1939, art. 247, 5.

[68] "Com efeito, no sistema registral anterior, os registros eram lançados no acervo público pelo critério pessoal, ou seja, tomavam-se por base os nomes dos titulares dos direitos, encaminhando-se a cada um desses nomes todas as informações referentes ao imóvel que lhe pertencia. Era o assim chamado

matrícula com base nos dados constantes do registro anterior. É o que se denota do conteúdo dos arts. 196[69], 225, § 2º[70], e 228[71], todos da referida lei.

Portanto, será possível a abertura de matrícula se o título que lhe der causa descrever o imóvel de acordo com os elementos contidos na respectiva transcrição e se referir ao imóvel na sua totalidade, não sendo permitida, porém, a criação de nova unidade imobiliária, com descrição inovadora em confronto com os dados constantes da transcrição que lhe dá origem. Para essa hipótese, será necessária a retificação nos termos dos arts. 212 e 213 da Lei Federal n.º 6.015/1973.

A abertura da matrícula não será permitida se a descrição do imóvel for de tal modo imprecisa que impeça a sua própria localização ou, ainda, que cause a sua sobreposição com outro[72].

O § 14 do art. 176 equivocadamente indica que é "facultada a abertura da matrícula na circunscrição onde estiver situado o imóvel [...]". A abertura da matrícula na serventia imobiliária da localidade do imóvel não é faculdade, e sim providência obrigatória para atender ao princípio da territorialidade (Lei Federal n.º 6.015/1973, art. 169), por meio do qual ocorrem a exclusão de direitos reais contraditórios e a delimitação da atuação do registrador imobiliário, pois a prática dos atos que lhe são atribuídos deve se referir aos imóveis situados nos limites territoriais de sua circunscrição estabelecida por lei e que lhe foi delegada pelo Poder Público[73].

---

fólio pessoal. [...] De forma que, havendo vários imóveis transmitidos na mesma escritura pública, fazia-se uma só transcrição em nome do adquirente, esclarecendo-se ainda que não se transcreviam os imóveis, mas os títulos, sendo que os imóveis eram inseridos no registro apenas pela via oblíqua, o que dificultada a sua consulta, sendo que para se conhecer a situação jurídica daquele bem, era necessário pesquisar retrospectivamente a partir dos nomes dos seus sucessivos proprietários. Nesse sentido, o sistema anterior, fundado no já mencionado fólio pessoal, apresentava uma indeterminação objetiva a respeito dos requisitos identificadores dos imóveis" (TJMT, Recurso Administrativo 1/2021, relatado por José Zuquim Nogueira, j. 18.02.2021).

[69] "A matrícula será feita à vista dos elementos constantes do título apresentado e do registro anterior que constar do próprio cartório."

[70] "Consideram-se irregulares, para efeito de matrícula, os títulos nos quais a caracterização do imóvel não coincida com a que consta do registro anterior."

[71] "A matrícula será efetuada por ocasião do primeiro registro a ser lançado na vigência desta Lei, mediante os elementos constantes do título apresentado e do registro anterior nele mencionado."

[72] "É certo que o Conselho Superior da Magistratura tem entendido que, inobstante a precariedade dos dados, como regra, não há razão para impedir o registro quando haja coincidência entre a descrição do título e da matrícula. Esse entendimento tem sido prestigiado e até ampliado pelo CSM e por esta Corregedoria-Geral da Justiça, podendo-se citar, a respeito, a decisão proferida Apelação Cível nº 9000002-16.2011.8.26.0296, em que o Conselho admitiu o registro mesmo no caso em que a descrição deficiente constava da matrícula e não de transcrição. O que importa é que a descrição do título, ainda que precária, coincida com a do registro de imóveis. A questão, aqui, no entanto, é diferente. A servidão administrativa, uma vez registrada, constitui direito real a favor de seu titular. E não se pode admitir a constituição de um direito real sem qualquer certeza sobre a amarração da área objeto da servidão à base territorial sobre a qual está sendo implantada. É correto o entendimento acerca da importância do princípio da segurança jurídica, que decorre do registro. O Conselho Superior da Magistratura tem mitigado o princípio da especialidade objetiva, não apenas nos casos acima mencionados –coincidência entre os elementos do título e da transcrição ou matrícula –, mas, também, nas hipóteses de averbação de Reserva Florestal" (TJSP, Apelação Cível 0001620-50.2014.8.26.0586, relatado por Hamilton Elliot Akel, j. 03.03.2015).

[73] "II – O artigo 169, inciso II, da Lei 6.015/1973, que dispõe sobre registros públicos, determina que os registros de imóveis serão efetuados no Cartório da situação do imóvel. III – Havendo mais de uma circunscrição dentro da Comarca, a atribuição referente à competência para o registro será definida pelas leis de organização judiciária. Hipótese ocorrente no caso vertente, tendo sido editado o ato 08/1997 do Conselho da Magistratura do Estado do Rio Grande do Sul, distribuindo o serviço de registro nos termos especificados" (STJ, RMS 22.185/RS, Rel. Min. Francisco Falcão, *DJ* 30.10.2006).

A faculdade indicada no dispositivo parece se referir ao requerimento do interessado ou ao ato de ofício do registrador imobiliário que desejar abrir a matrícula por conveniência do serviço, independentemente de ato de registro ou de averbação a ser praticado.

O § 15 do mesmo art. 176 trata de significativa inovação. Nele, há autorização para abertura da matrícula mesmo que ausentes alguns elementos relativos à especialidade objetiva ou subjetiva. O dispositivo não indicou quais seriam os elementos que poderiam ser dispensados, pois deixou a critério do oficial registrador imobiliário. Portanto, caberá ao registrador a avaliação dos elementos que poderão ser dispensados no momento da abertura da matrícula, sempre tendo em vista, porém, a segurança que se busca com a prática de atos nessas circunstâncias.

Como já referido, os requisitos necessários para abertura da matrícula estão indicados no inciso II do § 1º do art. 176 da Lei Federal n.º 6.015/1973. São eles:

1) o número de ordem, que seguirá ao infinito;
2) a data;
3) a identificação do imóvel, que será feita com indicação:
    a – se rural, do código do imóvel, dos dados constantes do CCIR, da denominação e de suas características, confrontações, localização e área;
    b – se urbano, de suas características e confrontações, localização, área, logradouro, número e de sua designação cadastral, se houver;
4) o nome, domicílio e nacionalidade do proprietário, bem como:
    a – tratando-se de pessoa física, o estado civil, a profissão, o número de inscrição no Cadastro de Pessoas Físicas do Ministério da Fazenda ou do Registro Geral da cédula de identidade, ou à falta deste, sua filiação;
    b – tratando-se de pessoa jurídica, a sede social e o número de inscrição no Cadastro Geral de Contribuintes do Ministério da Fazenda;
5) o número do registro anterior;
6) tratando-se de imóvel em regime de multipropriedade, a indicação da existência de matrículas, nos termos do § 10 do art. 176.

No que se refere à abertura da matrícula, os elementos da especialidade objetiva e subjetiva estão indicados nos números 3 e 4 transcritos *supra*, respectivamente.

Como já dissemos, para o sistema registrário brasileiro, a especialidade objetiva diz respeito à caracterização do imóvel, ou seja, toda inscrição deve incidir sobre um objeto precisamente individualizado[74]. Em outras palavras, a matrícula deve indicar todas as características físicas do imóvel e sua precisa localização, de forma a torná-lo inconfundível em relação a quaisquer outros[75].

Francisco José Rezende dos Santos[76] esclarece que

> [...] a especialidade objetiva determina que todo imóvel objeto de registro deva estar precisamente descrito, na forma exigida pela lei, com suas características, con-

---

Outros precedentes: RMS 12.028/MT, Rel. Min. Hamilton Carvalhido, *DJ* 20.10.2003; e RMS 1.742/PA, Rel. Min. Milton Luiz Pereira, *DJ* 14.11.1994.

[74] CARVALHO, Afrânio de. *Registro de imóveis*. 4. ed. Rio de Janeiro: Forense, 1998. p. 203.
[75] TJSP, Apelação Cível 1020218-83.2020.8.26.0405, j. 22.11.2021.
[76] SANTOS, Francisco José Rezende dos. *Lei de registros públicos comentada*. 2. ed. Rio de Janeiro: Forense, 2019. p. 994.

frontações, área e denominação, se rural, ou logradouro e número, se urbano e sua designação cadastral.

Sérgio Jacomino[77] salienta que, para o sistema registral brasileiro, a determinação do imóvel está baseada na descrição. A descrição, esclarece,

> [...] é a representação do objeto a partir de seus atributos sensíveis – vamos reduzir um pouco a definição porque ela é complexa: a descrição se dá a partir das características do objeto e de sua relação a partir da situação. Em um processo de aproximação, saímos da divisão territorial administrativa do Estado, voltando-nos para a comarca, depois para o município, depois para o distrito, subdistrito, depois vamos promovendo aproximações para determinar claramente qual é o objeto da descrição.

Essas características são os elementos geográficos necessários para individualizar o imóvel e determinar o espaço terrestre que ele ocupa, de forma a estremá-lo de todos os demais e evitar a sua sobreposição com algum outro, bem como a inscrição equivocada de direitos, o que geraria insegurança a todo o sistema registrário imobiliário.

O princípio da especialidade objetiva subdivide-se em quantitativo e qualitativo. Aquele refere-se à área do imóvel e este, à sua descrição[78].

A avaliação das características do imóvel deve partir do macro para o micro. Assim, a primeira análise que o registrador imobiliário fará para a abertura da matrícula é se o imóvel pertence à sua circunscrição. Caso não pertença, deverá certificar tal fato ao interessado e indicar qual é a circunscrição competente.

O próximo elemento de identificação do imóvel, se urbano, será a via pública em que situado e sua numeração dada pela Municipalidade, caso existente. Na falta de numeração, o art. 225 da Lei Federal n.º 6.015/1973 exige que seja indicado se o imóvel fica do lado par ou do lado ímpar do logradouro, em que quadra e a que distância métrica se encontra da edificação ou da esquina mais próxima.

Nesse contexto, a confrontação também é um dos elementos essenciais da identificação do imóvel, pois fornece as divisas e os limites territoriais com outros imóveis (o que alguns doutrinadores chamam de pontos de "amarração"[79]), que são referenciais que podem ser considerados estáveis. Depois de localizado espacialmente, é necessário indicar as linhas geométricas (com suas medidas), pois estas determinam a figura do imóvel.

Outro elemento importante na caracterização do imóvel é a indicação da sua área total de superfície. Esse elemento de caracterização auxilia, também, na avaliação da disponibilidade que o proprietário mantém em relação ao imóvel.

---

[77] JACOMINO, Sérgio. Revisitando o princípio da especialidade objetiva – determinação de bens e direitos – coordenação com cadastros técnicos multifinalitários Código Nacional de Matrícula – CNM (art. 235-A, LRP). *Boletim IRIB*, n. 364.

[78] Ricardo Henry Marques Dip registra que: "O lugar ocupado por entes corpóreos é sempre circunscritivo, isto é, o de uma presença espacial contida, de modo que as dimensões de dados corpos limitam, imediatamente, as dimensões ou extensão de outro corpo no mesmo lugar (impenetrabilidade). A presença localizada ou presença circunscritiva – por exemplo, de um imóvel – é a assinação das dimensões desse imóvel em um dado lugar, em uma parcela do espaço, com suas confrontações – é dizer, com a caracterização do continente do corpo presencial ou localizado" (DIP, Ricardo. Registros sobre Registros #39 (Princípio da especialidade – Quinta parte). *Portal ANOREG SP*, 15 fev. 2017. Disponível em: https://www.anoregsp.org.br/noticias/10939/artigo-registros-sobre-registros--39principio-da-especialidade-quinta-parte-por-des.-ricardo-dip. Acesso em: 13 jun. 2022).

[79] SALLES, Venicio. *Direito registral imobiliário*. 2. ed. rev. São Paulo: Saraiva, 2007. p. 18.

Se o imóvel for rural, além de todas as informações suprarreferidas, na abertura da matrícula deverá ser indicado o certificado de cadastro de imóvel rural (CCIR). A descrição do imóvel rural fará referência às coordenadas dos vértices definidores dos limites dos imóveis rurais, georreferenciadas ao Sistema Geodésico Brasileiro e com precisão posicional fixada pelo Incra, nos termos dos §§ 3º e 4º do art. 176 da Lei Federal n.º 6.015/1973[80].

A especialidade subjetiva, por sua vez, refere-se à determinação das características de personificação do titular de direitos inscritos na matrícula do imóvel, de modo a torná-lo inconfundível com qualquer outro.

Como referido, os requisitos da especialidade subjetiva estão indicados no número 4 do inciso II do § 1º do art. 176 da Lei Federal n.º 6.015/1973.

Para a pessoa física, podemos considerar o nome, o estado civil, o CPF e a cédula de identidade como os elementos principais para sua caracterização e individualização. Sobre o estado civil, a 1ª Vara de Registros Públicos de São Paulo[81] entendeu que

> [...] a apresentação da certidão de casamento é suficiente para atender ao princípio da especialidade subjetiva, sem necessidade de aditamento ou retificação, conforme autoriza o art. 176, § 17, da Lei de Registros Públicos, com a redação dada pela Medida Provisória 1.085/2021 [...][82].

Tratando-se de pessoa jurídica, além da denominação, o local da sede social e o número do CNPJ são os elementos que conferem distinção.

Vale destacar o entendimento de Afrânio de Carvalho[83] de que o princípio da especialidade apoia o da continuidade. Este, por sua vez, significa que em relação a cada imóvel deve existir uma cadeia sucessiva de titulares de modo que "só se fará a inscrição de um direito se o outorgante aparecer no registro como seu titular"[84]. Daí a importância de individualizar o titular do direito inscrito para evitar fraudes.

A autorização contida no § 15 do art. 176 da Lei Federal n.º 6.015/1973 para a abertura de matrícula, mesmo que ausentes alguns elementos da especialidade objetiva e subjetiva, não é válida para a situação em que houver a falta de todos eles, pois poderá gerar insegurança ao sistema.

A mitigação autorizada pelo texto legal ficará a critério do oficial de registro de imóveis e será possível somente se houver segurança sobre a localização e identificação do imóvel e de seu respectivo titular.

Como visto anteriormente, o imóvel é identificado, minimamente, pelo logradouro, pela numeração (quando existente), pela confrontação, pelas suas linhas geométricas e pela sua área total de superfície.

Para a abertura da nova matrícula, é necessário que o imóvel corresponda integralmente ao registro anterior, contenha uma descrição suficiente para individualizá-lo e afastar os riscos de sobreposição com outros imóveis e que tenha lastro geográfico capaz de possibilitar a sua identificação.

---

[80] O Conselho Superior da Magistratura do Estado de São Paulo decidiu que a falta de georreferenciamento, mesmo depois de transcorrido o prazo legal, não impede o registro da alienação forçada (TJSP, Apelação Cível 1002000-92.2021.8.26.0624, j. 15.12.2021).
[81] TJSP, Processo 1007579-07.2022.8.26.0100, 1ª Vara de Registros Públicos de São Paulo, Juíza Luciana Carone Nucci Eugênio Mahuad, j. 07.03.2022.
[82] Essa medida provisória foi convertida na Lei Federal n.º 14.382/2022.
[83] CARVALHO, Afrânio de. *Registro de imóveis*. 4. ed. Rio de Janeiro: Forense, 1998. p. 253.
[84] Ressalvadas as hipóteses de aquisições originárias como desapropriação e usucapião.

Sendo insuficientes os elementos da especialidade objetiva ou subjetiva, será exigida retificação a ser promovida na circunscrição do imóvel. Assim, a descrição do imóvel ou a qualificação do respectivo titular que forem imprecisas e lacunosas deverão ser objeto de retificações nos termos dos arts. 212 e 213, ambos da Lei Federal n.º 6.015/1973, com apresentação dos documentos que comprovem os dados a serem retificados ou inseridos nos assentamentos registrários[85].

Na hipótese de o título ou o próprio acervo da serventia imobiliária não conter elementos de especialidade objetiva ou subjetiva, os proprietários ou os interessados poderão declará-lo em requerimento específico, com firma reconhecida[86], acompanhado dos documentos que façam sua comprovação. Tal complementação será possível apenas para os requisitos da especialidade objetiva e subjetiva que não alterarem elementos essenciais do ato ou do negócio jurídico praticado (§ 17 do art. 176 da Lei Federal n.º 6.015/1973).

Assim, por exemplo, se no título faltar a inscrição cadastral do imóvel e desde que haja correspondência com a individualização constante da matrícula, o proprietário ou o interessado poderá requerer ao oficial registrador que se complemente com o dito elemento de especialidade objetiva.

No entanto, ainda exemplificativamente, caso o proprietário, que conste na matrícula como adquirente casado sob o regime da comunhão universal de bens[87], figure no título como único vendedor, ele não poderá requerer apenas a averbação do seu divórcio, mas também deverá promover o registro da partilha de bens para comprovar que o imóvel foi a ele atribuído integralmente, o que justificará a ausência de ex-cônjuge no título submetido a exame.

Vale ressaltar que o dispositivo legal (§ 17) faz referência à complementação de elementos da especialidade, e não à retificação que, se necessária, deverá observar o mecanismo previsto no art. 213 da Lei Federal n.º 6.015/1973.

A complementação diz respeito a elementos não essenciais ausentes no título ou no ato registrário a ser complementado. Caso haja erro, omissão ou imprecisão de elementos considerados essenciais no título ou no ato de registro, o caso será de retificação (Lei Federal n.º 6.015/1973, art. 212)[88].

Caso a complementação pretendida implique modificação da declaração de vontade das partes e/ou da substância do negócio jurídico, será necessária a retificação do próprio título[89]. Por exemplo, se na compra e venda de um apartamento faltar a indicação da vaga de garagem, não será possível a complementação apartada, porque a compra e venda já é considerada perfeita e acabada[90], o que demandará novo negócio jurídico de alienação para a respectiva vaga de garagem.

Caso a transcrição não tenha os requisitos mínimos necessários para a abertura da matrícula, o § 18 do art. 176 da Lei Federal n.º 6.015/1973 autoriza que sejam feitas as averbações necessárias na circunscrição de origem. Logo, se não for possível a abertura da matrícula, será

---

[85] TJSP, Apelação Cível 1024258-11.2016.8.26.0224, j. 28.06.2018.
[86] Lei Federal n.º 6.015/1973, art. 221, II.
[87] Vide art. 1.647 do Código Civil.
[88] TJSP, Recurso Administrativo 1111978-24.2021.8.26.0100, parecer da Juíza Cristina Aparecida Faceira Medina Mogioni, aprovado pelo Corregedor-Geral da Justiça Fernando Antonio Torres Garcia, j. 03.03.2022.
[89] Narciso Orlandi Neto esclarece que "a realidade existente, com a qual deve conformar-se o registro, é aquela exibida no título" (ORLANDI NETO, Narciso. *Retificação do registro de imóveis*. São Paulo: Oliveira Mendes/ Del Rey, 1997. p. 87).
[90] Código Civil, art. 482.

permitido praticar as averbações necessárias na transcrição original, mesmo que o imóvel tenha passado a pertencer a outra circunscrição imobiliária.

Art. 440-F

A ata notarial (inciso III do § 1º do art. 216-B da Lei n. 6.015, de 31 de dezembro de 1973) será lavrada por tabelião de notas de escolha do requerente, salvo se envolver diligências no local do imóvel, respeitados os critérios postos nos arts. 8º e 9º da Lei n. 8.935, de 18 de novembro de 1994, e observadas, no caso de ata notarial eletrônica, as regras de competência territorial de que trata este Código Nacional de Normas.

Nesse dispositivo normativo, há referência de que a ata notarial, exigida pelo inciso III do art. 216-B da Lei Federal n.º 6.015/1973, será lavrada por tabelião de notas (uma das atribuições legais exclusivas desse delegatário[91]) de livre escolha do requerente, observadas as restrições estabelecidas nos arts. 8º e 9º, ambos da Lei Federal n.º 8.935/1994, os quais, respectivamente, embora tratem da livre escolha do tabelião de notas pela parte interessada, trazem a ressalva de que o notário não poderá praticar atos que lhe são atribuídos por lei fora do município para o qual recebeu delegação.

Caso seja necessário promover diligências no local do imóvel, o interessado também poderá escolher livremente um dos tabeliães de notas do Município em que situado o imóvel, caso haja mais de um na localidade. Se houver apenas um, deverá escolher este para que promova as diligências necessárias (restrição lógica do quanto estabelece o art. 9º da Lei Federal n.º 8.935/1994).

Em caso de ata notarial eletrônica, deverão ser observadas as regras estabelecidas pelo art. 284 e seguintes do Código Nacional de Normas – Foro Extrajudicial da Corregedoria Nacional de Justiça do Conselho Nacional de Justiça, que estabelecem regras para a prática de atos notariais eletrônicos por meio do e-notariado.

Art. 440-G

Além de seus demais requisitos, para fins de adjudicação compulsória, a ata notarial conterá:

I – a referência à matrícula ou à transcrição, e a descrição do imóvel com seus ônus e gravames;

II – a identificação dos atos e negócios jurídicos que dão fundamento à adjudicação compulsória, incluído o histórico de todas as cessões e sucessões, bem como a relação de todos os que figurem nos respectivos instrumentos contratuais;

III – as provas do adimplemento integral do preço ou do cumprimento da contraprestação à transferência do imóvel adjudicando;

IV – a identificação das providências que deveriam ter sido adotadas pelo requerido para a transmissão de propriedade e a verificação de seu inadimplemento;

V – o valor venal atribuído ao imóvel adjudicando, na data do requerimento inicial, segundo a legislação local.

§ 1º O tabelião de notas orientará o requerente acerca de eventual inviabilidade da adjudicação compulsória pela via extrajudicial.

---

[91] Lei Federal n.º 8.935/1994, art. 7º, III.

§ 2º O tabelião de notas fará constar que a ata não tem valor de título de propriedade, que se presta à instrução de pedido de adjudicação compulsória perante o cartório de registro de imóveis, e que poderá ser aproveitada em processo judicial.

§ 3º A descrição do imóvel urbano matriculado poderá limitar-se à identificação ou denominação do bem e seu endereço.

§ 4º Caberá ao tabelião de notas fazer constar informações que se prestem a aperfeiçoar ou a complementar a especialidade do imóvel, se houver.

§ 5º Poderão constar da ata notarial imagens, documentos, gravações de sons, depoimentos de testemunhas e declarações do requerente. As testemunhas deverão ser alertadas de que a falsa afirmação configura crime.

§ 6º Para fins de prova de quitação, na ata notarial, poderão ser objeto de constatação, além de outros fatos ou documentos:

I – ação de consignação em pagamento com valores depositados;

II – mensagens, inclusive eletrônicas, em que se declare quitação ou se reconheça que o pagamento foi efetuado;

III – comprovantes de operações bancárias;

IV – informações prestadas em declaração de imposto de renda;

V – recibos cuja autoria seja passível de confirmação;

VI – averbação ou apresentação do termo de quitação de que trata a alínea 32 do inciso II do art. 167 da Lei n. 6.015, de 31 de dezembro de 1973; ou

VII – notificação extrajudicial destinada à constituição em mora.

§ 7º O tabelião de notas poderá dar fé às assinaturas, com base nos cadastros nacionais dos notários (art. 301 deste Código Nacional de Normas), se assim for viável à vista do estado da documentação examinada.

§ 8º O tabelião de notas poderá instaurar a conciliação ou a mediação dos interessados, desde que haja concordância do requerente, nos termos do Capítulo II do Título I do Livro I deste Código Nacional de Normas.

Além dos demais requisitos que apontamos anteriormente neste capítulo, para fins de adjudicação compulsória, a ata notarial pelo Provimento n.º 150/2023 deverá conter:

I – a referência à matrícula ou à transcrição, e a descrição do imóvel com seus ônus e gravames;

Como referimos *supra*, a previsão legal da necessidade de uma ata notarial é de extrema importância para o processo de adjudicação compulsória extrajudicial. Pertinente a previsão do legislador porque o tabelião tem a experiência necessária de, eventualmente, converter o início desse procedimento em uma composição no sentido de buscar a celebração da respectiva escritura definitiva e colocar fim ao procedimento extrajudicial.

A adjudicação compulsória extrajudicial é um processo que não nasce pronto, ao contrário, amadurece com o vencimento de cada uma das etapas previstas em lei ou no provimento até chegar o momento em que, superadas todas elas e atendidos todos os requisitos legais e normativos, transforma-se no título definitivo, em cumprimento ao instrumento preliminar descumprido. E a ata notarial é o documento que inaugura esse processamento que terá seu ápice no deferimento de registro pelo registrador imobiliário. Eis a sua vital importância para o procedimento extrajudicial de adjudicação.

Sem a ata notarial, o processo extrajudicial de adjudicação compulsória não pode seguir em frente, pois é documento obrigatório imposto por lei e deverá ser exigido pelo registrador, sob pena de considerar o pedido compulsório extrajudicial irregular para o registro que se pretende.

Com esse objetivo de iniciar a formação do título que, ao final, será formado com o conjunto de documentos que servirá para o registro na matrícula do imóvel, é imprescindível que no seu conteúdo haja referências à matrícula ou à transcrição do imóvel adjudicando, bem como a sua descrição com a expressa indicação dos ônus e gravames existentes no momento do processamento.

Sobre a questão da descrição do imóvel, fazemos referência ao quanto apresentamos no art. 440-E *supra*, em que falamos sobre as possíveis hipóteses de flexibilização da descrição do imóvel, diante das transformações legais promovidas na Lei Federal n.º 6.015/1973. Entretanto, de resto, a ata notarial deve guardar estreita correspondência com os dados existentes na transcrição ou na matrícula do imóvel adjudicando em atenção ao princípio da especialidade objetiva e subjetiva.

O notário deverá, ainda, fazer expressa indicação dos ônus e dos gravames existentes no imóvel e que estejam válidos, do ponto de vista registrário[92]. O termo é bem abrangente, mas quer significar a existência na matrícula do imóvel de inscrições de constrições judiciais (sequestros, arrestos, penhoras e indisponibilidades), administrativas (arrolamento fiscal, indisponibilidades), de direitos reais de garantia sobre coisas alheias (hipoteca e propriedade fiduciária), de direitos reais sobre coisas alheias (servidão e usufruto) e de direitos reais considerados contraditórios com aquele que se pretende inscrever (o direito real de propriedade). A ata notarial fará um apanhado de tudo o que constar na matrícula que possa afetar o requerente ao se transformar em proprietário pleno e a ele dará ciência formal.

Apesar de tais informações constarem na matrícula do imóvel adjudicando, tendo em vista a finalidade da ata notarial no processamento adjudicatório, é imprescindível que a indicação dos ônus e dos gravames do respectivo imóvel sejam expressamente nela indicados.

A depender da circunstância existente na matrícula do imóvel, o requerente poderá se tornar o responsável. Por exemplo, se o alienante deu o imóvel em hipoteca e depois o compromissou à venda para o requerido, sem que tenha ocorrido o cancelamento prévio do direito real hipotecário, este adquirirá o imóvel com o direito real de garantia em uma espécie de responsabilidade sem débito, ou seja, apesar de não ter participado da relação jurídica obrigacional que originou a hipoteca como garantia real, poderá responder com o imóvel, caso haja inadimplemento do alienante. Por isso é importante conhecer os "males" que possam constar na matrícula para que o requerido tenha condições de tomar as providências cabíveis.

Outra situação que poderá ocorrer e que demandará um novo olhar, especialmente da Receita Federal, são os arrolamentos fiscais determinados pelos arts. 64 e 64-A da Lei Federal n.º 9.532/1997.

Nessas circunstâncias, a autoridade fiscal competente procederá ao arrolamento de bens e direitos do sujeito passivo sempre que o valor dos créditos tributários de sua responsabilidade for superior a 30% do seu patrimônio conhecido.

Caso o arrolamento fiscal tenha sido feito contra o alienante do imóvel e este não se demonstrar colaborativo com a celebração do título definitivo em cumprimento ao compromisso de compra e venda, entendemos que a comunicação para a Receita Federal (Lei Federal n.º 9.532/1997, art. 64, § 3º) sobre a alienação finalizada por meio do processo de adjudicação

---

[92] Vale o destaque que para o ambiente registrário imobiliário um ato de registro (*lato sensu*), enquanto não cancelado, produz todos os efeitos legais ainda que, por outra maneira, prove-se que o título está desfeito, anulado, extinto ou rescindido (Lei Federal n.º 6.015/1973, art. 252).

compulsória extrajudicial caberá ao requerente/adquirente para proteger seus interesses quanto ao imóvel que passou a ser de sua titularidade.

A alienação, oneração ou transferência, a qualquer título, dos bens e direitos arrolados, sem o cumprimento da comunicação formal para a Receita Federal referida no parágrafo anterior, autoriza o requerimento de medida cautelar fiscal pela autoridade tributária contra o sujeito passivo (Lei Federal n.º 9.532/1997, art. 64, § 3º). Como consequência, a decretação da medida cautelar fiscal produzirá a imediata indisponibilidade dos bens do requerido, o que poderá afetar o processo de adjudicação compulsória extrajudicial e, portanto, a obtenção do título definitivo que propiciará a transmissão do direito real de propriedade (Lei Federal n.º 8.397/1992, art. 4º).

Feita a comunicação mediante protocolo perante os órgãos fazendários, o registro de imóveis terá o prazo de 30 dias para o cancelamento do arrolamento fiscal (Lei Federal n.º 9.532/1997, art. 64, § 11).

A indisponibilidade de bens não impedirá o processo de adjudicação compulsória. Vale dizer que é possível ao requerente solicitar a elaboração da ata notarial, preparar o requerimento inicial a ser apresentado para o registrador imobiliário, com a ressalva de que a indisponibilidade deverá ser cancelada até o deferimento do pedido de adjudicação pelo registrador.

Assim, o deferimento final de concessão da adjudicação compulsória pelo registrador imobiliário somente será proferido se o requerente apresentar mandado judicial, se o caso, ou autorização da entidade administrativa, para o cancelamento prévio da indisponibilidade. Se até o momento da decisão final do oficial de registro de imóveis não houver a autorização expressa para o cancelamento da indisponibilidade, o pedido deverá ser indeferido (art. 440-AH do Provimento n.º 150/2023).

É possível que não haja qualquer direito real e/ou constrições judiciais e/ou administrativas na transcrição ou na matrícula do imóvel adjudicando, situação que também deverá ser circunstanciada na ata notarial.

II – a identificação dos atos e negócios jurídicos que dão fundamento à adjudicação compulsória, incluído o histórico de todas as cessões e sucessões, bem como a relação de todos os que figurem nos respectivos instrumentos contratuais;

Tivemos oportunidade de falar sobre esse requisito anteriormente, ao qual remetemos o leitor.

Contudo, registramos que esse inciso do art. 440-G é muito mais amplo e exige que o tabelião faça na ata notarial a identificação de todos os negócios jurídicos que derem fundamento à adjudicação compulsória, com a inclusão do histórico de todas as cessões e sucessões, bem como a relação de todos os que figurarem nos respectivos instrumentos contratuais.

O notário deverá fazer um verdadeiro resumo de todas as circunstâncias jurídicas que afetam a pretendida adjudicação extrajudicial, sejam as que perpassam pelo tempo, sejam as que envolvem as pessoas dos negócios jurídicos que objetivaram a alienação do imóvel.

Assim, se A (titular registrário) vendeu para B, mas antes de receber o preço deste cedeu seu crédito para C, e B, por sua vez, cedeu sua posição contratual para D, a ata notarial deverá fazer o histórico dessas modificações, comprovando-as com os respectivos contratos e com os comprovantes de pagamento integral do preço de aquisição para que seja possível a adjudicação compulsória por D. A situação pode ser ainda mais complexa se no referido exemplo ocorrer o falecimento de alguns dos indicados. Tal fato também deverá ser previamente avaliado pelo tabelião.

Como se pretende dar segurança para a transmissão da propriedade em procedimento extrajudicial, entendemos que na ata notarial deverá constar o encadeamento dos sucessores até chegar ao primeiro instrumento preliminar de venda e compra e ao titular tabular (quem aparece na matrícula como titular do direito real de propriedade), para atender à continuidade e à especialidade subjetiva dos negócios jurídicos preliminares e sucessivos. Não sendo possível tal encadeamento, é imprescindível a indicação do titular tabular.

III – as provas do adimplemento integral do preço ou do cumprimento da contraprestação à transferência do imóvel adjudicando;

Também já tivemos oportunidade de registrar nosso entendimento no sentido de que o encadeamento a ser feito na ata notarial deverá conter, para cada etapa, a respectiva prova de quitação do pagamento do preço de aquisição do imóvel[93].

Registramos que uma das condições específicas para a adjudicação compulsória é o pagamento integral do preço de aquisição. Sobre a quitação remetemos o leitor para o que salientamos no item referente aos aspectos relacionados ao direito material no Capítulo 4, "O pagamento integral do preço de aquisição e sua comprovação", que também se aplica para a adjudicação compulsória extrajudicial.

O requisito de pagamento integral do preço de aquisição do imóvel – e não poderia ser diferente – deve ser rigorosamente observado na adjudicação compulsória extrajudicial porque o vendedor não é obrigado a outorgar o título definitivo de transmissão da propriedade para quem ainda não tenha efetuado o pagamento da integralidade do preço ajustado.

Como condição essencial que é da compra e venda, o tabelião de notas deverá avaliar os documentos de comprovação de pagamento integral do preço de aquisição do imóvel. Na falta deles, total ou parcialmente, deverá recusar a lavratura da ata notarial, porque ausente requisito essencial exigido pela lei, para o negócio jurídico dispositivo e, consequentemente, a adjudicação compulsória extrajudicial (Lei Federal n.º 6.015/1973, art. 216-B, § 1º, III)[94-95].

Outro aspecto relevante que deve ser aqui destacado novamente é a questão da prescrição de parcelas vencidas do preço. Anteriormente, dissemos que a prescrição da pretensão de o vendedor cobrar não acarreta a extinção da obrigação de pagar do comprador.

Essa conclusão decorre da estrutura do comando legal que trata da compra e venda. Por esse contrato, uma das partes obriga-se a transferir o domínio de certa coisa e, a outra, a pagar-lhe certo preço em dinheiro.

Destaca-se, em outras palavras, que por uma questão estética de redação o termo "se obriga" não foi repetido na parte final do art. 481 do Código Civil, mas é correto ler a parte final com a inclusão do termo, assim: "Pelo contrato de compra e venda, um dos contratantes se obriga a transferir o domínio de certa coisa, e o outro, ***obriga-se*** a pagar-lhe certo preço em dinheiro".

---

[93] TJSP, Apelação Cível 1003821-83.2017.8.26.0071, j. 12.04.2023.

[94] Em São Paulo: "O Tabelião de Notas deve recusar a prática do ato, se o solicitante atuar ou pedir-lhe que aja contra a moral, a ética, os costumes e a lei" (TJSP, Corregedoria-Geral da Justiça. *Normas de Serviço*. Cartórios extrajudiciais. Capítulo XVI, item 141. Disponível em: https://api.tjsp.jus.br/Handlers/Handler/FileFetch.ashx?codigo=163007. Acesso em: 21 set. 2023).

[95] Nesse sentido: "[...] em que pese o longevo transcurso de tempo sem notícia de óbice por parte do promitente-vendedor, que desde meados da década de 70 não adota medidas judiciais contra a autora, o fato é que Maria não poderia se valer de ação de adjudicação compulsória sem a prova plena da quitação do referido contrato, pois, sem ela, não se constata a injustiça da recusa na transcrição de domínio por parte do promitente-vendedor. Querendo, poderá se valer a parte da via própria para o uso da prescrição aquisitiva em seu favor, sendo certo que a jurisprudência desta Corte admite o instrumento de compra e venda, aqui demonstrado hígido no mundo jurídico, como prova do justo título da posse, também necessário às ações dessa natureza" (STJ, AREsp 2.261.113, j. 24.02.2023).

Denota-se que a parte adquirente também assume uma obrigação de pagar, por óbvio. Essa obrigação de pagamento não prescreve, o que prescreve é a pretensão do vendedor cobrar o preço não pago, passado determinado período (cinco anos pelo inciso I do § 5º do art. 206 do Código Civil).

Ainda que a pretensão de cobrança do credor seja considerada prescrita, a dívida não é considerada extinta, o que só ocorre com o efetivo pagamento.

Entendemos que, se houver parcelas vencidas, ainda que prescritas, não se poderá lavrar a ata notarial nem dar prosseguimento à adjudicação compulsória extrajudicial, porque faltará requisito essencial, que é a comprovação de pagamento integral do preço de aquisição do imóvel.

Aceitar a adjudicação compulsória sem o pagamento integral do preço é admitir o enriquecimento sem causa do adquirente e, o que é pior, pela sistemática do próprio ordenamento.

Em contrapartida, como falamos anteriormente, o vendedor não poderá requerer, em razão do inadimplemento do adquirente, a rescisão do contrato quando as parcelas vencidas estiverem prescritas, porque desaparece o elemento[96] objetivo que daria suporte ao pedido desconstitutivo[97-98].

Portanto, imprescindível a apresentação das provas que demonstrem a quitação integral do preço de aquisição do imóvel ou, se o caso, a comprovação do cumprimento da obrigação de fazer constante no compromisso de compra e venda (*contrahere*), consistente na outorga do título definitivo público, quando o caso.

IV – a identificação das providências que deveriam ter sido adotadas pelo requerido para a transmissão de propriedade e a verificação de seu inadimplemento;

Aqui o notário deverá analisar o contrato preliminar para identificar quais as obrigações que o alienante/requerido deveria ter cumprido para possibilitar a celebração do instrumento definitivo em cumprimento ao preliminar.

É bastante importante a inclusão desse requisito na ata notarial, pois, além de ser uma avaliação isenta e sem preferências, ajudará o registrador na fase de notificação a identificar os motivos do inadimplemento na outorga do título definitivo.

Em resumo, o tabelião de notas nesta fase analisará o negócio jurídico preliminar de compra e venda e avaliará as obrigações assumidas pelo requerido para a outorga do título definitivo. Por exemplo, o vendedor que se responsabiliza a promover a retificação de área do imóvel e somente após o seu término outorgaria o título definitivo. A não retificação do imóvel nos termos da lei em vigor caracteriza o inadimplemento que impede a outorga do título definitivo e o inadimplemento absoluto do requerido quanto à obrigação de fazer contida no contrato preliminar.

V – o valor venal atribuído ao imóvel adjudicando, na data do requerimento inicial, segundo a legislação local.

Elemento de natureza tributária que busca facilitar a verificação da regularidade da base de cálculo utilizada para o recolhimento do imposto de transmissão de bens imóveis que

---

[96] Exemplos: STJ, REsp 1.728.372/DF; AgInt no REsp 1.975.113/SP.
[97] Pretensão de rescisão contratual que se submete ao prazo prescricional decenal (art. 205 do CC) – Contagem a partir do vencimento da última prestação (TJSP, Apelação Cível 1075101-88.2021.8.26.0002, j. 27.03.2023).
[98] STJ, REsp 1.728.372/DF, j. 19.03.2019.

deverá ser sempre o de maior valor entre o constante no cadastro da Prefeitura (valor venal) e o do negócio cuja adjudicação se pretende.

Na hipótese de a avaliação prévia do caso concreto pelo tabelião de notas demonstrar que há algo que possa inviabilizar o processamento da adjudicação compulsória extrajudicial, ele deverá alertar o interessado. Caso este insista em prosseguir, o tabelião estará liberado para elaborar a ata notarial (§ 1º do art. 440-G).

O § 2º desse art. 440-G demonstra bem que a adjudicação compulsória extrajudicial é desenvolvida como um processo de regularização dominial. Inicia, em regra, com a ata notarial e termina com a decisão do oficial registrador imobiliário sobre seu deferimento ou não.

Nesse sentido, o referido § 2º do art. 440-G determina que o tabelião de notas deverá fazer constar na ata que ela não gera os efeitos jurídicos necessários para funcionar como título que propicia a aquisição do direito real de propriedade. Ela é um dos documentos que integram o processo de regularização dominial. O notário deverá registrar em seu conteúdo que sua finalidade é a de instruir o pedido de adjudicação compulsória extrajudicial e que, também, poderá ser aproveitada judicialmente se o interessado optar pelo processamento da adjudicação compulsória perante o Poder Judiciário.

No que se refere à descrição do imóvel localizado em área urbana e que seja objeto de matrícula, o § 3º desse art. 440-G estabelece que bastará que na ata contenham a identificação ou denominação do bem e seu endereço. Talvez a intenção tenha sido no sentido de dispensar a reprodução na ata notarial da descrição e da caracterização do imóvel urbano e matriculado, com apoio no art. 2º da Lei Federal n.º 7.433/1985.

Vale destacar que para os demais imóveis, como os rurais, ainda que matriculados, ou os urbanos objeto de transcrição, há necessidade de fazer constar toda a sua descrição e caracterização da maneira mais completa possível, sempre com observância do princípio da especialidade objetiva, pois esses demais imóveis não foram mencionados no aludido dispositivo normativo em comento.

O § 4º do art. 440-G contém uma importante ferramenta para destravar as regularizações imobiliárias. Trata-se da possibilidade de o tabelião de notas "fazer constar informações que se prestem a aperfeiçoar ou a complementar a especialidade do imóvel, se houver".

Mencionamos anteriormente que especializar um imóvel é atribuir-lhe características para torná-lo único no conjunto de outros. Ricardo Dip, citado por Narciso Orlandi Neto[99], salienta que:

> A determinação de um imóvel, corpo físico, unitário e atual, em ordem a sua matriculação, é o que se entende sob a denominação especialidade objetiva. Determinar essa substância corpórea indivídua é identificá-la por algumas das categorias ou predicamentos que nos dizem qual é o modo de ser da substância. Em particular, o que se faz com determinar um imóvel é responder a estas indagações: qual é seu tamanho? qual é sua figura? onde se localiza? Em outros termos: quais são a sua quantidade, sua qualidade e seu lugar?

Foi dito também que os elementos legais para observância do princípio da especialidade estão no art. 176 da Lei Federal n.º 6.015/1973.

Entretanto, haveria limites para a ata notarial promover o aperfeiçoamento ou a complementação da especialidade objetiva do imóvel adjudicando? Se sim, quais seriam eles?

---

[99] ORLANDI NETO, Narciso. *Registro de imóveis*. Rio de Janeiro: Forense, 2023. p. 92.

Encontramos as possibilidades e os limites na própria lei de registros públicos.

Entendemos que pela ata notarial, acompanhada dos documentos necessários, será possível aperfeiçoar e complementar as informações do imóvel adjudicando como a: (i) correção de omissão ou de erro cometido na transposição de qualquer elemento de determinado título para o registro; (ii) indicação ou atualização de confrontantes; (iii) alteração de denominação de logradouro público; (iv) alteração ou inserção de medida perimetral ou de área que resulte de mero cálculo matemático, feito a partir das medidas perimetrais ou da área já constantes do registro; e (v) reprodução de descrição de linha divisória de imóvel confrontante que já tenha sido objeto de retificação. Tais modificações, no entanto, serão examinadas pelo registrador imobiliário competente.

Situação muito comum que a ata notarial poderá corrigir é o lançamento das matrículas das vagas de garagem de determinada unidade autônoma, referidas equivocadamente no compromisso de compra e venda: proprietário T do apartamento B tem direito às vagas autônomas de garagens matriculadas sob Y e Z, mas no contrato preliminar foram apontadas as matrículas U e W. Verificadas a continuidade e a disponibilidade, a ata notarial poderá corrigir tal erro e indicar em seu conteúdo o número correto das correspondentes matrículas das vagas de garagens atreladas ao apartamento, desde que na ata notarial contenha a ciência expressa das partes sobre a alteração promovida.

A ata notarial poderá fazer a inserção, a exemplo, de áreas que resultem de mero cálculo matemático das medidas perimetrais já constantes do registro. Geralmente, tal situação é mais clara quando os imóveis são regulares, onde é possível obter a área total do polígono com a multiplicação de seus lados (frente e fundo). Para os imóveis irregulares, será necessária a apresentação de memorial descritivo e o de planta elaborados por profissional habilitado, ambos assinados e com firma reconhecida, o que será avaliado pelo registrador imobiliário.

Os limites para introdução de modificações na especialidade do imóvel pela ata notarial estão nas situações que representem riscos para terceiros. Existirá risco de prejuízo a terceiros quando, por exemplo, a alteração da medida perimetral representar avanço em direção às áreas dos confrontantes. Por isso que nessa hipótese é necessária a cientificação destes.

A ata notarial não poderá pretender aperfeiçoar ou complementar informações que representem a inserção ou a alteração de medida perimetral que resulte ou não alteração de área do imóvel, hipóteses que se enquadram no inciso II do art. 213 da Lei Federal n.º 6.015/1973, a depender de procedimento de retificação específico que obrigatoriamente demandará a cientificação dos potenciais prejudicados.

O § 6º trata sobre a prova de quitação do preço de aquisição do imóvel. Na ata notarial poderão ser constatados, além de outros fatos ou documentos: (i) ação de consignação em pagamento com os valores devidos para a quitação do preço integralmente pagos; (ii) mensagens, inclusive eletrônicas, em que se declare quitação ou se reconheça que o pagamento foi efetuado; (iii) comprovantes de operações bancárias que visem à quitação; (iv) informações prestadas em declaração de imposto de renda em que conste a informação comprovada de pagamento ao alienante; (v) recibos outorgados pelo alienante cuja autoria seja passível de confirmação; (vi) averbação ou apresentação do termo de quitação de que trata a alínea 32 do inciso II do art. 167 da Lei n.º 6.015, de 31 de dezembro de 1973; ou (vii) notificação extrajudicial destinada à constituição do alienante em mora (essa notificação não é aquela feita no registro de imóveis. Trata-se de notificação feita pelo adquirente antes de iniciar o procedimento para a ata notarial necessária para a adjudicação compulsória extrajudicial).

Referido § 6º indica as hipóteses anteriores e expressamente consigna que "poderão ser objeto de constatação, além de outros fatos ou documentos [...]". Isso demonstra que essa relação de fatos ou documentos não é exaustiva, ou seja, podem ser objeto de certificação pelo tabelião de notas outras circunstâncias ali não apontadas, desde que capazes de demonstrar que o preço de aquisição do imóvel adjudicando foi integralmente pago e que o alienante está em mora com a obrigação de fazer (*contrahere*), consistente na outorga do título definitivo.

Uma novidade trazida pelo Provimento n.º 150/2023 é a possibilidade de o tabelião de notas, desde que haja concordância do adquirente, instaurar a conciliação ou a mediação dos interessados, observados os conteúdos normativos dos arts. 18 e seguintes do Código Nacional de Normas – Foro Extrajudicial da Corregedoria Nacional de Justiça do Conselho Nacional de Justiça e o quanto estabelece a Lei Federal n.º 13.140/2015.

Essa orientação normativa está em linha com a vontade legislativa mais recente no sentido de desjudicializar, ou seja, aliviar a sobrecarga existente na esfera de atuação do Poder Judiciário, e utilizar a estrutura das serventias extrajudiciais para auxiliar a justiça na solução dos assuntos considerados de menor complexidade, que tenham conteúdo patrimonial e que dependam exclusivamente da vontade convergente dos interessados.

Os entendimentos mais modernos são no sentido de que o direito de acesso à justiça deve significar a resolução adequada dos conflitos, utilizando-se, para isso, de um sistema de múltiplas portas. Esse sistema de múltiplas portas oferece meios extrajudiciais alternativos baseados no arbitramento, na peritagem, na avaliação, na negociação, na transação, na mediação, na conciliação e na arbitragem para a solução dos conflitos. Se esses meios alternativos não forem suficientes para solucioná-los, a porta do Poder Judiciário estará sempre disponível.

Esses mecanismos alternativos podem ser divididos em dois grupos. No primeiro, em que estão a arbitragem, o arbitramento, a peritagem e a avaliação, há a participação de terceiros imparciais com o objetivo de decidir a controvérsia, apresentando uma solução e excluindo outras possibilidades ou alternativas para o caso. No segundo, estão os mecanismos que se apoiam na autocomposição como a negociação, a conciliação, a transação e a mediação, e para alcançar esse objetivo, os interessados podem ou não se utilizar da intervenção de terceiros imparciais.

Pelo papel que desempenham na extrajudicialização de certos procedimentos, de modo a colaborarem com a pacificação social, os tabeliães de notas e os registradores imobiliários também podem ser considerados integrantes desse sistema de múltiplas portas, pois entre as atividades que lhes são atribuídas encontram-se aquelas que buscam oferecer alternativas para os interessados resolverem disputas de menor litigiosidade.

O mercado imobiliário também pode se valer do sistema de múltiplas portas para solucionar impasses e conflitos que surjam no decorrer de determinada relação contratual. Há diversas relações contratuais imobiliárias que se prolongam no tempo e que podem, durante a sua execução, ser objeto de desentendimentos entre as partes.

Por exemplo, a permuta de determinado imóvel por futuras áreas construídas no local. A entrega da obra pode gerar divergências de entendimentos entre os contratantes, o que poderá ser resolvido pelos métodos alternativos de solução de conflitos suprarreferidos.

Nessa linha, o Provimento n.º 150/2023 fez muito bem em possibilitar que as divergências que surjam entre as partes no processo de adjudicação compulsória possam ser primeiramente sanadas sem a judicialização do tema[100].

---

[100] Interessante passagem da obra de Joel Figueira Jr. ao salientar que "a sentença proferida pelo Estado-juiz ou a decisão arbitral representam, em última análise um ato violento de imposição, à medida que exortam e obrigam a parte vencida, se necessário, a cumprir o comando contido no dispositivo do ato decisório, sob pena de submeter-se à execução forçada ou à autoexecutividade, quando se tratar de sentença de natureza mandamental ou executiva *lato sensu*. Assim, como qualquer outro ato de

A conciliação e a mediação são métodos não adversariais de resolução de conflitos e que tendem à condução das partes em enfrentamento a buscarem conjuntamente uma solução que atenda aos interesses recíprocos, com a consequente pacificação entre elas.

Se o vendedor, obrigado a entregar o imóvel ao comprador livre e desimpedido de pessoas e de coisas, mediante o recebimento integral do preço, e a promover a segurança do imóvel até o momento da celebração do contrato principal, permite que o bem seja invadido, estará inadimplente com uma das obrigações principais do compromisso de compra e venda. Como o comprador declara que só pagará o preço quando o imóvel estiver livre da ocupação irregular, haverá um potencial contencioso a impedir a execução final do contrato preliminar.

Nessa hipótese, desde que o requerente da ata notarial para a adjudicação compulsória extrajudicial concorde, o tabelião de notas poderá promover a conciliação ou a mediação como método alternativo de solução de conflito.

No exemplo, as partes podem concordar que o comprador pagará mais um percentual do preço para que o vendedor possa ter fundos para promover a medida possessória competente. Repelida a ocupação irregular, vendedor e comprador estarão aptos a celebrarem o contrato definitivo que, nesse caso, será a escritura pública, e nem chegariam ao procedimento de adjudicação.

Na mesma hipótese, o vendedor pode se negar a cumprir sua obrigação de entregar o imóvel livre de pessoas e o comprador, por sua vez, por ter muito interesse em finalizar o negócio, assume as providências necessárias para repelir tal ocupação irregular.

Caso haja, além do inadimplemento da entrega da coisa, a recusa pelo vendedor em outorgar o contrato definitivo, as partes não chegarão a um consenso e o adquirente poderá processar a adjudicação compulsória extrajudicial.

O tabelião de notas, portanto, poderá exercer um papel ainda mais importante do que já desempenha na busca da pacificação social.

Art. 440-H
A pendência de processo judicial de adjudicação compulsória não impedirá a via extrajudicial, caso se demonstre suspensão daquele por, no mínimo, 90 (noventa) dias úteis.

A existência de um processo judicial de adjudicação compulsória não inviabilizará a possibilidade de o interessado promovê-la na via extrajudicial. Será necessário, porém, que o interessado demonstre ao notário a suspensão formal do processo judicial pelo prazo mínimo de 90 dias.

Esse dispositivo não faz qualquer referência à possibilidade de prorrogação desse prazo de 90 dias, caso a via extrajudicial se prolongue por mais do que ele. Talvez tenha sido silente

---

força, via de regra, causa descontentamento ao vencido e, não raras vezes, ao próprio vencedor, que não obteve integralmente o resultado pretendido, ou, porque não conseguiu transpor para a lide judicial todo o conflito sociológico de interesses, somando-se ao tempo despendido e ao desgaste natural decorrente do próprio processo (conflito jurisdicionalizado). Nesses casos, a insatisfação permanece latente em grau mais ou menos intenso, assim como a tão desejada e plena pacificação social. Por conseguinte, a litigiosidade ainda contida poderá fomentar novos e talvez intermináveis conflitos, isso porque a sentença que acolhe ou rejeita o pedido formulado inicialmente pelo postulante, repita-se, não soluciona, necessariamente, o conflito sociológico, mas simplesmente compõe a lide processual que, por sua vez, significa nada mais do que a parcela do litígio que foi levado ao conhecimento do juiz ou do árbitro. Apenas a autocomposição – seja por intermédio da transação, da conciliação ou da mediação – apresenta-se como resultado hábil de solução dos conflitos jurídicos e sociológicos, e, por conseguinte, de efetiva pacificação social" (FIGUEIRA JR., Joel. *Arbitragem*. 3. ed. Rio de Janeiro: Forense, 2019. p. 97).

porque 90 dias, em tese, seriam suficientes para processar a adjudicação compulsória extrajudicial, mas nada impede que, caso seja necessário, o interessado peça para o juiz do processo adjudicativo nova prorrogação para a finalização do extrajudicial.

Art. 440-I
A qualificação notarial ou registral será negativa sempre que se verificar, em qualquer tempo do processo, ilicitude, fraude à lei ou simulação.

Tanto a qualificação notarial quanto a registrária serão negativas quando, no curso do processo de adjudicação compulsória, verificar-se que as partes pretendem praticar um ato ilícito, fraude à lei ou simulação.

Considerar negativa a qualificação significa dizer que o título, na forma apresentada para exame do notário e do registrador, não reúne condições legais de ser processado e admitido, ao fim, a registro na matrícula do imóvel. Se há uma irregularidade perceptível ao tabelião de notas, este já deverá recusar a lavratura da ata notarial.

Além de questões relacionadas à legalidade que regem toda a atividade extrajudicial e que, portanto, não precisaram ser repetidas, esse dispositivo trata de ilícitos, fraude à lei ou simulação.

São atos ilícitos aqueles que se manifestam por ações ou por omissões consideradas expressamente proibidas por lei. Por exemplo, efetuar o pagamento na compra e venda com moeda estrangeira (Código Civil, art. 318).

Haverá fraude à lei sempre que as partes utilizarem meios considerados lícitos para alcançarem um resultado que é proibido por lei. Um exemplo disso ocorre quando o empreendedor lança uma incorporação imobiliária para um condomínio na modalidade edilícia, sem ter a intenção de promover qualquer construção das unidades, por exemplo. Apesar de lícita a incorporação imobiliária, é possível que sua finalidade seja burlar a lei do parcelamento do solo, porque não se promoverá qualquer construção, o que é imprescindível aos empreendimentos na modalidade de condomínio edilício.

Como regra geral, haverá simulação dos negócios jurídicos quando (Código Civil, § 1º do art. 167): (i) aparentarem conferir ou transmitir direitos a pessoas diversas daquelas às quais realmente conferem, ou transmitem; (ii) contiverem declaração, confissão, condição ou cláusula não verdadeira; e (iii) os instrumentos particulares forem antedatados, ou pós-datados.

Nessas circunstâncias de ilicitude, de fraude à lei e de simulação, o processo de adjudicação compulsória extrajudicial deverá ser indeferido tanto na fase notarial (formalização da ata) quanto na fase registrária (processamento do pedido de adjudicação).

Art. 440-J
A inércia do requerente, em qualquer ato ou termo, depois de decorrido prazo fixado pelo oficial de registro de imóveis, levará à extinção do processo extrajudicial.

O art. 216-B da Lei Federal n.º 6.015/1973 não estabeleceu prazos para o processamento da adjudicação compulsória. No entanto, inclusive porque pode comprometer direitos de terceiros (credores, herdeiros etc.), não se deve admitir a procrastinação do processo. O interessado deve ser diligente, dedicado e zeloso com o processo a que deu início e não deixá-lo sem andamentos que dependam da sua atuação direta.

Entretanto, é preciso destacar que no registro de imóveis há a previsão do art. 188 da Lei Federal n.º 6.015/1973 que trata sobre os prazos para a qualificação do título ou emissão de nota devolutiva com exigências. Esse dispositivo estabelece regra geral de prazos para a tramitação dos títulos no registro de imóveis, que deverão ser observados no processo de adjudicação compulsória. Apesar de ocorrer a prorrogação da prenotação, seus prazos iniciais devem ser observados pelo registrador.

Na ausência de algum prazo específico para as etapas do processo de adjudicação compulsória, os notários e registradores poderão aplicar os conceitos estabelecidos pelo Código de Processo Civil (art. 15 c.c. os arts. 218 e 219), para os prazos processuais.

Em outras palavras, no processo de adjudicação compulsória, quando a lei for omissa, o notário e/ou o registrador determinarão os prazos para a prática dos atos necessários, com razoabilidade, sempre considerando, na sua fixação, a complexidade dos atos.

Na hipótese de a lei e/ou os notários e/ou os registradores não determinarem prazos, as intimações para comparecimento somente obrigarão o atingido depois de decorridas 48 horas (Código de Processo Civil, art. 15 c.c. o art. 218, § 2º).

Na falta de preceito legal ou de prazo determinado pelos notários e/ou pelos registradores, será de cinco dias o prazo para a prática do ato a cargo do interessado (Código de Processo Civil, art. 15 c.c. o art. 218, § 2º).

Para a contagem dos prazos em dias, serão considerados apenas os úteis (Código de Processo Civil, art. 15 c.c. o art. 219).

De modo a evitar que o processo se prolongue demasiadamente, caso o interessado não pratique determinado ato porque perdeu o prazo, o tabelião de notas e/ou o registrador deverá encerrar o procedimento e dar ciência a ele. Aplicando-se, porém, por analogia, o art. 223 do Código de Processo Civil, os serventuários extrajudiciais deverão assegurar ao interessado a possibilidade de provar que não praticou o ato por justa causa[101]. Verificada a justa causa, deverá ser permitida a prática do ato no novo prazo indicado.

A inércia do requerente no cumprimento dos atos que lhe forem atribuídos deverá acarretar a extinção do processo extrajudicial de adjudicação compulsória.

5.5.2 Do requerimento inicial

Art. 440-K

O interessado apresentará, para protocolo, ao oficial de registro de imóveis, requerimento de instauração do processo de adjudicação compulsória.

Parágrafo único. Os efeitos da prenotação prorrogar-se-ão até o deferimento ou rejeição do pedido.

A essa altura, o requerente já terá lavrado a ata notarial, que exige o inciso III do § 1º do art. 216-B da Lei Federal n.º 6.015/1973.

No entanto, esse documento não será suficiente para iniciar o processo de adjudicação compulsória. Como primeiro documento de todos os demais exigidos por lei e pelo Provimento n.º 150/20023, os quais serão vistos adiante, deverá ter um requerimento inicial, elaborado pelo requerente ou pelo seu representante, pelo qual solicitará a instauração do processo de adjudicação compulsória extrajudicial.

É esse requerimento inicial que será protocolizado (Lei Federal n.º 6.015/1973, art. 188) no registro de imóveis e ao qual se garantirá o direito de prioridade (Lei Federal n.º 6.015/1973, art. 186).

Vale destacar que, ao ser protocolizado, os efeitos da prenotação serão prorrogados até o deferimento ou rejeição do pedido adjudicatório extrajudicial.

---

[101] Pelo quanto consta no § 1º do art. 223 do Código de Processo Civil, considera-se "justa causa o evento alheio à vontade da parte e que a impediu de praticar o ato por si ou por mandatário".

Significa dizer que todos os demais títulos que ingressarem na serventia predial e que tiverem como objeto o imóvel adjudicando deverão aguardar o desfecho do processo extrajudicial para serem qualificados e inscritos ou devolvidos com exigências a serem cumpridas, a depender do caso.

Na prática, prorrogar os efeitos da prenotação é travar a fila de títulos que tenham como objeto o mesmo imóvel cuja adjudicação se pretende. Os títulos ingressados posteriormente no registro de imóveis deverão receber seu número de ordem e aguardar a solução a ser dada para o título que prorrogou a prenotação que, no caso que estamos tratando, é a adjudicação compulsória extrajudicial.

Art. 440-L

O requerimento inicial atenderá, no que couber, os requisitos do art. 319 da Lei Federal n. 13.105, de 16 de março de 2015 – Código de Processo Civil, trazendo, em especial:

I – identificação e endereço do requerente e do requerido, com a indicação, no mínimo, de nome e número de Cadastro de Pessoas Físicas – CPF ou de Cadastro Nacional de Pessoas Jurídicas – CNPJ (art. 2º do Provimento n. 61, de 17 de outubro de 2017, da Corregedoria Nacional de Justiça);

II – a descrição do imóvel, sendo suficiente a menção ao número da matrícula ou transcrição e, se necessário, a quaisquer outras características que o identifiquem;

III – se for o caso, o histórico de atos e negócios jurídicos que levaram à cessão ou à sucessão de titularidades, com menção circunstanciada dos instrumentos, valores, natureza das estipulações, existência ou não de direito de arrependimento e indicação específica de quem haverá de constar como requerido;

IV – a declaração do requerente, sob as penas da lei, de que não pende processo judicial que possa impedir o registro da adjudicação compulsória, ou prova de que tenha sido extinto ou suspenso por mais de 90 (noventa) dias úteis;

V – o pedido de que o requerido seja notificado a se manifestar, no prazo de 15 (quinze) dias úteis; e

VI – o pedido de deferimento da adjudicação compulsória e de lavratura do registro necessário para a transferência da propriedade.

Determina esse dispositivo normativo que o requerimento inicial, no que couber, além dos requisitos nele elencados, atenderá àqueles contidos no art. 319 do Código de Processo Civil. Esse dispositivo legal trata dos requisitos da petição inicial. O requerente deverá observar ambos os comandos na elaboração do requerimento, o Código de Processo Civil e o Provimento ora comentado.

A título meramente acadêmico, podemos indicar, na conjugação de ambos os dispositivos (Código de Processo Civil e Provimento n.º 150/2023), os seguintes requisitos, que deverão constar expressamente do requerimento inicial, em complemento ao que já apontamos neste Capítulo 5:

(i) o registrador ao qual é dirigido (que deverá ser o da circunscrição do imóvel adjudicando) (Código de Processo Civil, art. 319, I);

(ii) qualificação completa do requerente e do requerido, com a indicação do nome completo de todas as partes, vedada a utilização de abreviaturas; número do CPF ou número do CNPJ; nacionalidade; estado civil e respectivo regime de bens, existência de união estável e filiação; profissão; domicílio e residência e endereço eletrônico (qualificação nos termos do art. 2º do Provimento n.º 61/2017, da Corregedoria Nacional de Justiça);

(iii) a identificação do imóvel, sendo suficiente a referência ao número da matrícula ou da transcrição e a outros elementos que o identifiquem caso seja necessário (Provimento n.º 150, art. 440-L, II); esse dispositivo está em consonância com o quanto determina a Lei Federal n.º 7.433/1985, que dispensa a descrição de imóveis urbanos que já sejam matriculados; porém, dissemos nos comentários do art. 440-G que, para os demais imóveis, como os rurais, ainda que matriculados, ou os urbanos objeto de transcrição, há necessidade de se fazer constar toda a sua descrição e caracterização da maneira mais completa possível, sempre com observância do princípio da especialidade objetiva, pois esses demais imóveis não foram mencionados no aludido dispositivo normativo em comento;

(iv) se for o caso, o histórico de atos e negócios jurídicos que levaram à cessão ou à sucessão de titularidades, com menção circunstanciada dos instrumentos, valores, natureza das estipulações, existência ou não de direito de arrependimento e indicação específica de quem haverá de constar como requerido (Provimento n.º 150, art. 440-L, I); parte do quanto exigido nesse dispositivo já estará na ata notarial (Provimento n.º 150, art. 440-G, II), exceto a obrigação de indicação específica de quem deverá constar no processo como requerido (o vendedor ou seus sucessores no contrato preliminar);

(v) descrição dos fatos e dos fundamentos jurídicos que justificam o pedido de adjudicação extrajudicial (Código de Processo Civil, art. 319, III);

(vi) declaração do requerente, sob as penas da lei, de que não pende processo judicial que possa impedir o registro da adjudicação compulsória, ou prova de que tenha sido extinto ou suspenso por mais de 90 dias úteis (Provimento n.º 150, art. 440-L, IV);

(vii) pedido de que o requerido seja notificado a se manifestar, no prazo de 15 dias úteis (Provimento n.º 150, art. 440-L, V); e

(viii) pedido de deferimento da adjudicação compulsória e de lavratura do registro necessário para a transferência da propriedade; este deve ser o pedido principal: formação do título definitivo que será considerado hábil pelo registro de imóveis para ser inscrito na correspondente matrícula e transferir o direito real de propriedade para o requerente (Provimento n.º 150, art. 440-L, VI).

Art. 440-M

O requerimento inicial será instruído, necessariamente, pela ata notarial de que trata este Capítulo deste Código Nacional de Normas e pelo instrumento do ato ou negócio jurídico em que se funda a adjudicação compulsória.

§ 1º O requerimento inicial será apresentado ao ofício de registro de imóveis, diretamente ou por meio do Sistema Eletrônico dos Registros Públicos – Serp.

§ 2º O requerimento inicial e os documentos que o instruírem serão autuados.

§ 3º O oficial de registro de imóveis, a seu critério, poderá digitalizar o requerimento inicial e os documentos que o acompanhem, para que o processo tramite em meio exclusivamente eletrônico.

§ 4º A pedido do requerente, o requerimento inicial do processo extrajudicial, a ata notarial e os demais documentos poderão ser encaminhados ao oficial de registro de imóveis pelo tabelião de notas, preferencialmente por meio do Sistema Eletrônico dos Registros Públicos – Serp.

Por esse preceito normativo, o requerimento inicial deverá ser instruído necessariamente pela ata notarial e pelo negócio jurídico que fundamenta a adjudicação compulsória extrajudicial.

Sobre a questão do ato jurídico, fizemos comentários ao art. 440-B, para o qual remetemos o leitor.

Pelas razões lá apresentadas, entendemos que o pedido de adjudicação compulsória fundamentar-se-á em negócio jurídico preliminar, no qual houve recusa do requerido para celebração do contrato definitivo, apesar de já ter assumido a obrigação de fazer (*contrahere*), desde que pago integralmente o preço de aquisição do imóvel.

Entretanto, além da ata notarial e do negócio jurídico preliminar, o requerimento inicial deverá apresentar as certidões expedidas pelos distribuidores forenses da comarca em que situado o imóvel adjudicando e da do domicílio do requerente, se diversas, para demonstrar que o contrato preliminar de compra e venda do imóvel adjudicando não é objeto de litígio (nos termos do inciso IV do § 1º do art. 216-B da Lei Federal n.º 6.015/1973).

Caso haja demanda judicial para questionar aspectos relacionados ao contrato preliminar de compra e venda do imóvel objeto da adjudicação, o registrador deverá indeferir o pedido extrajudicial. O registrador imobiliário não tem atribuição para valorar se as questões *sub judice* poderão ou não interferir no processo extrajudicial. Tal avaliação é competência do Estado-juiz.

O requerimento inicial que, com os documentos que o integrarem, será autuado poderá ser apresentado por duas formas ao registrador imobiliário: (i) diretamente pelo requerente, em formato físico ou eletrônico, na sede da serventia ou por meio do Sistema Eletrônico dos Registros Públicos (Serp); ou (ii) diretamente pelo tabelião de notas ao registrador imobiliário, encaminhado preferencialmente pelo Serp.

Se o requerimento inicial e os documentos forem apresentados diretamente na serventia registrária em via física, o oficial, a seu exclusivo critério, poderá digitalizá-los para possibilitar que o processo tenha tramitação exclusivamente em meio eletrônico.

Art. 440-N
Se apresentados para protocolo em meio físico, o requerimento inicial e documentos que o acompanham deverão ser oferecidos em tantas vias quantos forem os requeridos a serem notificados.

Para viabilizar a notificação de todos os requeridos, quando mais de um, o requerente, caso tenha apresentado o requerimento inicial em via física, deverá fornecer juntamente com ele tantas cópias quantas forem necessárias para entregar a todos os requeridos.

Art. 440-O
Caso seja incerto ou desconhecido o endereço de algum requerido, a sua notificação por edital será solicitada pelo requerente, mediante demonstração de que tenha esgotado todos os meios ordinários de localização.

Na hipótese de incerteza ou de desconhecimento, pelo requerente, quanto ao endereço do requerido para promover a notificação, o requerente poderá solicitar que ela seja feita por edital.

Entretanto, o registrador imobiliário somente deferirá a notificação do requerido por edital, se o requerente demonstrar que esgotou todos os meios ordinários de localização do endereço daquele.

Fazemos aqui referência à possibilidade de solicitar, no requerimento inicial da adjudicação compulsória extrajudicial, a notificação por hora certa, antes da editalícia, como forma de conceder mais uma chance para o requerido ser notificado (vide item "Notificação extrajudicial. Inadimplemento da outorga do título definitivo. Aspectos gerais").

Art. 440-P
Também se consideram requeridos e deverão ser notificados o cônjuge e o companheiro, nos casos em que a lei exija o seu consentimento para a validade ou eficácia do ato ou negócio jurídico que dá fundamento à adjudicação compulsória.

O requerente deverá considerar também como requerido o cônjuge e o companheiro nas hipóteses em que a lei exija seu consentimento para a validade do negócio jurídico de transferência definitiva e, portanto, também solicitar a sua intimação.

O art. 1.647 do Código Civil estabelece que nenhum dos cônjuges pode, sem a autorização do outro, entre outras situações, alienar imóveis.

Essa regra não se aplica, porém, aos que forem casados no regime da separação obrigatória de bens e nesta, entendida a absoluta, ou seja, a que por pacto antenupcial afasta a comunicação dos aquestos (bens adquiridos onerosamente na vigência do casamento e comprovadamente com esforço comum).

O que se pretende com a vênia conjugal é evitar que um dos cônjuges aliene imóveis pertencentes à comunhão do casal sem o conhecimento e a autorização do outro.

Há diversas circunstâncias que não serão do conhecimento do registrador imobiliário no que se refere à comunhão dos bens que integram o acervo conjugal.

É possível que, pela regra geral, o regime de bens denote que determinado imóvel não pertence ao cônjuge não alienante, como ocorre com o regime da separação convencional de bens.

No entanto, pelo conteúdo da Súmula n.º 377 do Supremo Tribunal Federal, os bens adquiridos onerosamente na constância do casamento e desde que comprovado o esforço comum, integram o acervo patrimonial dos cônjuges[102].

No regime da comunhão parcial, por exemplo, são excluídos da comunhão patrimonial do casal os bens adquiridos com valores exclusivamente pertencentes a um dos cônjuges, em sub-rogação dos bens particulares (Código Civil, art. 1.659, II). Se essa circunstância não constar expressamente do título aquisitivo do alienante, o registrador não terá como conhecê-la.

Portanto, em razão do quanto estabelece a regra geral do referido art. 1.647 e da Súmula n.º 377 do Supremo Tribunal Federal, o requerente deve solicitar a intimação do cônjuge do vendedor para evitar a anulação do processo de adjudicação compulsória (Código Civil, art. 1.649).

Note-se que a falta de ciência do outro cônjuge não impede o processo extrajudicial, porque sem ela a adjudicação será anulável e essa anulação somente poderá ser pleiteada pelo cônjuge preterido ou por seus herdeiros, em até dois anos depois de terminada a sociedade conjugal (Código Civil, art. 1.650).

O mesmo para a união estável, para a qual se aplicam as regras do regime da comunhão parcial de bens (Código Civil, art. 1.725)[103]. Logo, com algumas exceções legais, comunicam-se os bens adquiridos na constância da união estável (Código Civil, art. 1.658 e seguintes).

Caso haja contrato escrito que discipline diversamente sobre o imóvel alienado, de modo a autorizar que uma das partes aliene sem a autorização da outra, o requerido deverá fazer essa comprovação para o registrador imobiliário, o qual, por sua vez, avaliará a pertinência de

---
[102] STJ, REsp 1.403.419/MG, j. 11.11.2014.
[103] STJ, REsp 1.481.888/SP, j. 10.04.2018.

dispensar o companheiro da ciência do processo de adjudicação extrajudicial. Recomendamos a leitura complementar do item "Vênia conjugal" no tópico 4.8.2 do Capítulo 4.

Art. 440-Q

Caso o requerimento inicial não preencha os seus requisitos de que trata esta Subeção [sic] deste Código Nacional de Normas, o requerente será notificado, por escrito e fundamentadamente, para que o emende no prazo de 10 (dez) dias úteis.

Parágrafo único. Decorrido esse prazo sem as providências, o processo será extinto, com o cancelamento da prenotação.

Podemos dizer que, para o Provimento n.º 150/2023, existem dois momentos de qualificação. O primeiro se faz na apresentação do requerimento inicial para examinar se ele preenche os requisitos exigidos especialmente pelos arts. 440-L ao 440-P. Preenchidos os requisitos legais e normativos, o registrador notificará o requerido.

Na hipótese de o requerimento inicial não preencher os requisitos até aqui apresentados, especialmente aqueles indicados no art. 440-L, ou deixe de anexar os documentos exigidos por lei, o requerente será notificado pelo registrador, por escrito e fundamentadamente, para que promova as correções e as emendas necessárias, no prazo de dez dias úteis, como condição para prosseguimento do processo de adjudicação compulsória extrajudicial.

Decorrido o prazo sem que o requerente tenha tomado as providências pertinentes, o registrador decidirá pela extinção do processo e promoverá o cancelamento da correspondente prenotação.

5.5.3 Da notificação

Art. 440-R

Se o requerimento inicial preencher seus requisitos, o oficial de registro de imóveis notificará o requerido.

Vista a relação jurídica obrigacional como processo, em especial a obrigação de fazer do compromitente vendedor, chega a fase em que este deve cumprir a prestação de fazer (*contrahere*) que se consubstancia na outorga do contrato definitivo em cumprimento ao preliminar.

Essa etapa do processo obrigacional tem momento específico para acontecer e depende do cumprimento de outra prestação, dessa vez do compromissário comprador, que é a de pagamento integral do preço de aquisição do imóvel.

Em outras palavras, o vendedor estará obrigado a cumprir a obrigação de fazer (outorgar o contrato principal) se receber a totalidade da contraprestação devida pela compra e venda do imóvel, que é o preço.

O pagamento integral do preço de aquisição do imóvel torna exigível, para o comprador, a prestação da outorga do contrato definitivo.

O vendedor que tenha recebido o preço integralmente e que não celebrar o contrato principal está em inadimplemento absoluto da obrigação de fazer, observadas as disposições sobre prazo que veremos a seguir.

De acordo com os arts. 462 e 464, ambos do Código Civil, concluído o contrato preliminar que não contenha cláusula de arrependimento, qualquer das partes terá o direito de exigir a formalização do definitivo, desde que conceda à outra parte prazo para que o efetive.

O mais comum é que o comprador se encontre na situação de exigir a instrumentalização do contrato principal. Contudo, também é possível para o vendedor obrigar que o comprador receba o definitivo.

Aquele que, portanto, é credor da obrigação de fazer, cuja prestação é a outorga do contrato principal, não precisa aguardar indefinidamente a vontade do devedor. Basta que o interpele e indique prazo razoável para a formalização do contrato definitivo.

É nesse sentido que surge o comando do inciso II do § 1º do art. 216-B da Lei Federal n.º 6.015/1973, o qual estabelece que, no processo de adjudicação compulsória extrajudicial, deverá haver prova do inadimplemento da obrigação de fazer do contrato principal.

O referido preceito legal, inclusive, assinalou o prazo que deve ser concedido ao devedor, para que possa cumprir sua obrigação de fazer, sob pena de caracterização de inadimplemento absoluto.

No processo de adjudicação compulsória extrajudicial, o inadimplemento absoluto da obrigação de fazer estará caracterizado se, após o prazo de 15 dias[104], contado da entrega ao requerido de notificação extrajudicial pelo oficial de registro da circunscrição do imóvel, não houver a celebração do contrato definitivo.

Do ponto de vista do processo registrário da adjudicação compulsória extrajudicial, a notificação do requerido somente será efetuada se o requerimento inicial for considerado apto pelo registrador imobiliário. No âmbito do Provimento n.º 150/2023, considera-se apto o requerimento inicial que preencher os requisitos exigidos especialmente pelos arts. 440-K ao 440-Q, comentados anteriormente.

Art. 440-S

A notificação conterá:

I – a identificação do imóvel;

II – o nome e a qualificação do requerente e do requerido;

III – a determinação para que o requerido, no prazo de 15 (quinze) dias úteis, contados a partir do primeiro dia útil posterior ao dia do recebimento da notificação:

a) anua à transmissão da propriedade; ou

b) impugne o pedido, com as razões e documentos que entender pertinentes;

IV – a advertência de que o silêncio do requerido poderá implicar a presunção de que é verdadeira a alegação de inadimplemento;

V – instruções sobre a forma de apresentação da impugnação.

A notificação a ser encaminhada ao requerido deverá conter o seguinte:

(i) a identificação do imóvel;
(ii) o nome e a qualificação do requerente e do requerido, que deverá coincidir com a constante do contrato, da matrícula e da ata notarial;
(iii) a determinação para que, no prazo de 15 dias úteis, contado do primeiro dia útil seguinte ao do recebimento da notificação, adote uma das seguintes ações:
   a. anuência com a transmissão da propriedade que compromissou à venda; ou
   b. impugnação ao pedido de adjudicação compulsória, com apresentação dos motivos e dos documentos que julgar apropriados;
(iv) a advertência de que o seu silêncio caracterizará prova do inadimplemento absoluto da obrigação de fazer (celebrar o contrato definitivo); e
(v) instruções sobre a forma de apresentação da impugnação.

---

[104] Com apoio no art. 219 do Código de Processo Civil, entendemos que esse prazo é contado considerando-se dias úteis.

É de todo necessário e indispensável que a notificação a ser encaminhada ao requerido do processo de adjudicação compulsória identifique o imóvel sobre o qual se pretende obter o título de transmissão do direito real de propriedade (contrato principal).

Entretanto, entendemos que apenas a indicação do imóvel não é suficiente para vincular o requerido ao processo. A notificação deverá conter, também, os elementos que identifiquem o negócio jurídico preliminar do qual o requerido é devedor da obrigação de fazer (*contrahere*).

A obrigação inadimplida pelo requerido decorre do contrato preliminar e, portanto, suas características devem ser indicadas na notificação, que poderá caracterizar o inadimplemento absoluto da obrigação de fazer.

O requerido deverá ser alertado pela notificação de que o seu silêncio caracterizará o inadimplemento absoluto da obrigação de celebrar o contrato definitivo. O provimento utilizou a expressão *poderá implicar a presunção*, mas pelo conteúdo do inciso II do § 1º do art. 216-B da Lei Federal n.º 6.015/1973 depreende-se que a não manifestação do requerido, no prazo de 15 dias úteis, caracteriza prova do seu inadimplemento; o comando legal traduz uma certeza, e não uma possibilidade.

Melhor que tivesse constado no inciso IV ora comentado: *a advertência de que o silêncio do requerido caracterizará o inadimplemento absoluto da obrigação de outorgar o título de transmissão da propriedade plena.*

Pelo quanto dispõe o aludido inciso II do § 1º do art. 216-B da Lei Federal n.º 6.015/1973, o prazo de 15 dias para a manifestação do requerido começa a contar da data do recebimento por ele da notificação, independentemente do momento em que a respectiva comprovação for juntada ao processo registrário de adjudicação extrajudicial.

Deverá conter, por fim, orientações sobre a forma de apresentação da impugnação. Uma orientação fundamental é que a impugnação necessariamente deverá ser apresentada por escrito. Também deverá ser indicado se é possível ou não a apresentação de via eletrônica e qual o modo de fazê-lo. Caso seja apresentada fisicamente, deverá estar assinada e com firma reconhecida[105].

Art. 440-T

O instrumento da notificação será elaborado pelo oficial do registro de imóveis, que o encaminhará pelo correio, com aviso de recebimento, facultado o encaminhamento por oficial de registro de títulos e documentos.

§ 1º Sem prejuízo dessas providências, deverá ser enviada mensagem eletrônica de notificação, se houver prova de endereço eletrônico do requerido.

§ 2º As despesas de notificação, em qualquer modalidade, serão pagas pelo requerente.

Esse dispositivo normativo estabelece que a notificação será elaborada pelo oficial do registro de imóveis em que se processar o pedido da adjudicação extrajudicial.

Temos um entendimento diferente desse dispositivo, como tivemos oportunidade de registrar anteriormente.

O ato de notificar o devedor para que cumpra determinada obrigação é exclusivo do correspondente credor. A notificação feita por quem não participa do vínculo obrigacional não tem o condão de caracterizar a mora e/ou o inadimplemento. A indicação e a constatação de que o devedor está em situação de descumprimento são do titular do respectivo crédito.

---

[105] Lei Federal n.º 6.015/1973, art. 221, II.

A notificação, segundo Orlando Gomes[106], é uma modalidade de ato jurídico em sentido estrito do tipo participações[107]. Esse tipo de ato jurídico consiste em declaração feita para dar ciência de intenções ou de fatos para alguém. São atos que têm por finalidade fazer alguém ciente de determinada ocorrência. Para o autor, as participações são declarações de vontade, sem conteúdo negocial, que pretendem produzir na mente de outrem um evento psíquico. Portanto, possuem, necessariamente, um destinatário que será alvo da comunicação.

Logo, não pode ser do registrador a atribuição de notificar, porque ele não é parte na relação jurídica obrigacional. É competência do titular da prestação inadimplida, do credor.

Ademais, a redação do mencionado inciso II do § 1º do art. 216-B da Lei Federal n.º 6.015/1973 é clara ao indicar que o registrador fará a *entrega* da notificação extrajudicial, a sugerir que esta deverá estar pronta e integrar os documentos a serem apresentados com o requerimento inicial.

A notificação, preparada pelo requerente, será encaminhada pelo registrador, por correio, ao endereço indicado no requerimento inicial. Essa correspondência deverá ser feita com aviso de recebimento para comprovar a entrega. Caso prefira, o registrador imobiliário poderá delegar a diligência da notificação para o registrador de títulos e documentos.

Além do encaminhamento pelo correio ou por serventia de títulos e documentos, o dispositivo normativo determina que a notificação seja também enviada ao endereço eletrônico do requerido, se existente.

A notificação possui duas finalidades excludentes. A primeira é dar a oportunidade de o devedor cumprir sua obrigação de fazer e outorgar o título definitivo para que o adquirente possa regularizar a sua propriedade plena. Se o requerido atender ao chamado e celebrar o contrato principal, ocorrerá o adimplemento da prestação de fazer (*contrahere*).

A segunda, caso a recusa imotivada persista, é, como dito várias vezes, caracterizar o inadimplemento absoluto de tal obrigação de fazer.

Como a pretensão é de noticiar ao devedor sua situação de descumprimento integral da prestação (*contrahere*), a notificação deverá ser feita na pessoa do devedor ou de seu representante formal, pois somente ele que poderá sanar a situação de inadimplemento e é quem pode celebrar o contrato principal.

Vale destacar que, de acordo com precedentes do Superior Tribunal de Justiça, se o aviso de recebimento for assinado por outra pessoa que não o réu, o autor terá o ônus de provar que aquele teve conhecimento da demanda que lhe foi ajuizada[108]. Tal entendimento poderá ser aplicado ao procedimento extrajudicial de adjudicação.

---

[106] GOMES, Orlando. *Introdução ao direito civil*. Coordenador e atualizador Edvaldo Brito; atualizadora Reginalda Paranhos de Brito. 22. ed. Rio de Janeiro: Forense, 2019. p. 187.

[107] "Sob a denominação de participação, agrupam-se vários atos jurídicos *stricto sensu*, dentre os quais as intimações, notificações, interpelações, avisos, convites, oposições, denúncias, confissões e recusas" (GOMES, Orlando. *Introdução ao direito civil*. Coordenador e atualizador Edvaldo Brito; atualizadora Reginalda Paranhos de Brito. 22. ed. Rio de Janeiro: Forense, 2019. p. 188).

[108] "13. No mais, a jurisprudência desta Casa assentou-se no entendimento de que, subscrito o aviso por outra pessoa que não o réu, o autor tem o ônus de provar que o réu, embora sem assinar o aviso, teve conhecimento da demanda que lhe foi ajuizada (EREsp 117.949/SP, Corte Especial, julgado em 3.8.2005, *DJe* de 26.9.2005; REsp 1.840.466/SP, Terceira Turma, julgado em 16.6.2020, *DJe* de 22.6.2020; AgInt no AgInt no AREsp 819.771/SP, Quarta Turma, julgado em 13.12.2021, *DJe* de 15.12.2021; REsp 712.609/SP, Quinta Turma, julgado em 15.3.2007, *DJ* de 23.4/.2007, p. 294). 14. Sobre o tema, a doutrina reforça que não incumbe ao oficial de justiça pesquisar quem é o representante da pessoa a ser citada, cabendo ao autor fazê-lo ao indicar corretamente por meio de quem se deva praticar tão relevante ato de comunicação processual (LOPES DA COSTA, Alfredo de Araújo. *Direito processual civil*

Todos os custos decorrentes da notificação serão de responsabilidade do requerente e deverão ser arcados previamente, com a apresentação do requerimento inicial.

Art. 440-U
Se o requerido for pessoa jurídica, será eficaz a entrega da notificação a pessoa com poderes de gerência geral ou de administração ou, ainda, a funcionário responsável pelo recebimento de correspondências.

§ 1º Em caso de pessoa jurídica extinta, a notificação será enviada ao liquidante ou ao último administrador conhecido.

§ 2º Sendo desconhecidos o liquidante ou o último administrador, ou se estiverem em lugar incerto ou desconhecido, a notificação será feita por edital.

Vale relembrar que a pessoa jurídica de direito privado tem o início da sua existência com o registro dos seus atos constitutivos no respectivo registro (Código Civil, art. 45).

Obrigatoriamente, o registro deverá declarar, além dos demais requisitos indicados no art. 46 do Código Civil, o modo pelo qual se administra e se representa a pessoa jurídica, ativa e passivamente, judicial e extrajudicialmente.

A pessoa jurídica age por intermédio de determinadas pessoas físicas cujas ações obrigá-la-ão desde que exercidas nos limites dos poderes conferidos em seus atos constitutivos (Código Civil, art. 47).

Sendo a vendedora pessoa jurídica, portanto, a notificação deverá ser encaminhada para ela, mas aos cuidados da pessoa que detém poderes de representação instituídos pelos seus atos constitutivos (administradores) ou para quem os tenham sido outorgados por mandato.

Pelo disposto na parte final deste artigo ora comentado, a notificação será considerada eficaz se entregue a funcionário responsável pelo recebimento das correspondências da pessoa jurídica vendedora. Humberto Theodoro Júnior[109], ao comentar a citação de pessoa jurídica

---

brasileiro. 2. ed. Rio de Janeiro: Forense. v. II/313 e ARAGÃO, E.D. Moniz de. *Comentários ao Código de Processo Civil*. Rio de Janeiro: Forense. v. II/176). 15. É imperioso que o réu saiba que há ação judicial em tramitação. A expedição da carta, mandato ou edital é apenas parte da citação, que somente irá se perfazer quando o demandado efetivamente receber a informação. 16. Como explica Teresa Arruda Alvim Wambier, tão ou mais importante que a emissão da informação e sua validade, é o conhecimento por parte daquele que ocupa o polo passivo da relação jurídica-processual. Desta forma, a ocorrência da revelia é indício de que não houve eficácia do ato, isto é, a parte não teve ciência da ação (WAMBIER, Teresa Arruda Alvim. *Nulidades do processo e da sentença*. 7 ed. São Paulo: Ed. Revista dos Tribunais). 17. Por esta razão que o STJ, ao analisar as hipóteses de nulidade de citação, tem observado se houve revelia (REsp 1.840.466/SP, Terceira Turma, julgado em 16.6.2020, DJe de 22.6.2020; AgInt nos EDcl no REsp 1.675.209/PR, Quarta Turma, julgado em 21.9.2020, DJe de 8.10.2020). 18. Assim, é entendimento desta Corte Superior que o comparecimento espontâneo do réu no processo supre a ausência de sua citação/intimação quando for atingida a finalidade do ato, qual seja, cientificar a parte, de modo inequívoco, acerca da demanda ajuizada contra ela. Somente a presença voluntária do réu, induzindo a preparação ou a efetiva defesa caracterizaria o comparecimento espontâneo apto a autorizar a dispensa da citação (RHC n. 151.180/ES, Terceira Turma, DJe de 4.10.2021; REsp 1.698.821/RJ, Terceira Turma, DJe de 15.2.2018; RHC 80.752/SP, Terceira Turma, julgado aos 16.3.2017, DJe de 22.3.2017). 19. Por oportuno, relembra-se que o vício de nulidade de citação é o defeito processual de maior gravidade em nosso sistema processual civil, tanto que erigido à categoria de vício transrescisório, podendo ser reconhecido a qualquer tempo, inclusive após o escoamento do prazo para o remédio extremo da ação rescisória, mediante simples alegação da parte interessada" (STJ, REsp 1.995.883/MT, j. 18.10.2022; no mesmo sentido REsp 712.609/SP, j. 15.03.2007).

[109] THEODORO JÚNIOR, Humberto. *Curso de direito processual civil*. 63.ed. Rio de Janeiro: Forense, 2022. v. 1, p. 481.

pelo correio, destaca que, "na atual regulamentação legal, a entrega da carta não pode ser a qualquer empregado, mas apenas àqueles responsáveis pelo recebimento de correspondências".

O *caput* deste artigo apoia-se, por analogia, no § 2º do art. 248 do Código de Processo Civil, que admite válida a citação de pessoa jurídica se o mandado for entregue a pessoa com poderes de gerência geral ou de administração ou, ainda, a funcionário responsável pelo recebimento de correspondências[110].

Pode-se acrescentar a situação em que a pessoa jurídica esteja localizada em imóveis com controle de acesso. Nessa hipótese, quem receberá a notificação será o funcionário da portaria do imóvel responsável pelo recebimento de correspondências, e não o funcionário da pessoa jurídica.

Com apoio no § 4º do aludido art. 248 do Código de Processo Civil, entendemos que a notificação entregue nessas circunstâncias também será válida, exceto se o funcionário responsável pelo recebimento das correspondências recusar o recebimento e declarar, por escrito, sob as penas da lei, que o destinatário da correspondência está ausente.

Nesse caso de indicação de ausência do destinatário requerido, entendemos que o requerente deverá solicitar ao registrador imobiliário que reencaminhe a notificação para uma nova tentativa, mas indicando dia e hora que voltará para aperfeiçoar a notificação.

As regras estabelecidas para o recebimento da notificação não se confundem com os poderes necessários para representar a pessoa jurídica no processo de adjudicação compulsória extrajudicial. Estes deverão ser especiais e específicos para dar prosseguimento ao processo extrajudicial e, quem sabe, outorgar o título definitivo.

O § 1º desse artigo prevê que, em caso de extinção de pessoa jurídica, a notificação deverá ser encaminhada para o liquidante ou para o último administrador conhecido.

Aqui é necessário destacar que a extinção de uma pessoa jurídica é precedida de um desenrolar de atos específicos previstos em lei e, portanto, em cada fase haverá determinada pessoa responsável pela sua representação, o que deverá ser observado pelo requerente para que a notificação seja eficaz e não resulte em alegações de nulidades.

De acordo com a legislação em vigor, podemos apontar pelo menos quatro fases para esse processo de extinção: (i) a dissolução; (ii) a liquidação; (iii) a partilha; e a (iv) extinção. No quadro a seguir, sintetizamos os dispositivos legais aplicáveis a cada uma das etapas.

	DISSOLUÇÃO	LIQUIDAÇÃO	PARTILHA	EXTINÇÃO
Código Civil	51	1.102; 1.103, IV; 1.105	1.108 1.110	1.109
Lei das Sociedades Anônimas	206 207	209; 208; 210, IV; 211; 217	218	217 219, I

A existência da pessoa jurídica termina ao fim do processo de dissolução e de liquidação.

---

[110] "A possibilidade da carta de citação ser recebida por terceira pessoa somente ocorre quando o citando for pessoa jurídica, nos termos do disposto no § 2º do art. 248 do CPC/2015, ou nos casos em que, nos condomínios edilícios ou loteamentos com controle de acesso, a entrega do mandado for feita a funcionário da portaria responsável pelo recebimento da correspondência, conforme estabelece o § 4º do referido dispositivo legal, hipóteses, contudo, que não se subsumem ao presente caso" (STJ, REsp 1.840.466, j. 16.06.2020).

Qualquer que seja o motivo, a extinção da pessoa jurídica não pode se dar imediatamente. Seus passivos deverão ser quitados e seus ativos devidamente destinados. Nesse período de apuração, ela subsistirá, mas, em fase de liquidação, até que se dê ao seu acervo econômico o devido fim (Código Civil, art. 51). Para as pessoas jurídicas em geral são aplicadas as disposições relativas à liquidação das sociedades (Código Civil, arts. 1.102 e seguintes).

Dissolvida a sociedade, será nomeado um liquidante para a prática dos atos necessários à sua extinção. O liquidante que não for administrador da sociedade será investido nessas funções para a prática dos atos necessários ao término das obrigações assumidas pela sociedade (Código Civil, art. 1.102, parágrafo único; Lei Federal n.º 6.404/1976, art. 211).

Portanto, entre a dissolução da sociedade e a sua extinção haverá o período de liquidação. Nessa fase, a representação da sociedade será feita pelo liquidante, razão pela qual a notificação deverá ser enviada para ele, pois é quem terá a administração da sociedade em liquidação para, além de outros deveres, ultimar os negócios da sociedade. Entre os atos de ultimação inclui-se a celebração do contrato principal em cumprimento ao compromisso de compra e venda (Código Civil, art. 1.105).

Na hipótese de haver algum lapso temporal até a nomeação do liquidante, a notificação deverá ser entregue à pessoa com poderes de gerência geral ou de administração, sem prejuízo de poder ser entregue a funcionário responsável pelo recebimento de correspondências.

Com o fim da liquidação, proceder-se-á à partilha do acervo econômico remanescente aos sócios ou aos acionistas.

Caso haja crédito decorrente do compromisso de compra e venda subsistente à liquidação, esse será entregue proporcionalmente aos sócios ou aos acionistas ou individualmente para algum deles. Feita a partilha do crédito, aquele a quem for destinado é quem deverá receber o saldo devedor do preço de aquisição e a respectiva notificação, se o caso.

Aprovadas as contas do liquidante pelos sócios, encerra-se a liquidação e a sociedade se extingue ao ser averbada a ata de aprovação da liquidação no registro competente. Com a prática desse ato, encerra-se definitivamente a pessoa jurídica.

Caso não seja possível identificar para quem foram partilhados os direitos do compromisso de compra e venda, a notificação poderá ser entregue ao liquidante ou ao último administrador. Essas informações, em tese, poderão ser obtidas no registro competente (Junta Comercial ou Registro Civil de Pessoas Jurídicas).

Não sendo possível a identificação do liquidante ou do último administrador após a extinção da sociedade, ou, se possível a identificação, estiverem em lugar incerto ou desconhecido, a notificação será feita por edital.

Art. 440-V

Nos condomínios edilícios ou outras espécies de conjuntos imobiliários com controle de acesso, a notificação será válida quando entregue a funcionário responsável pelo recebimento de correspondência.

Como comentado no artigo imediatamente anterior, as situações em que o requerido se encontre em imóvel com controle de acesso serão válidas se entregue a funcionário da portaria responsável pelo recebimento de correspondências, exceto se esse funcionário se recusar ao recebimento e declarar, por escrito, sob as penas da lei, que o destinatário da correspondência está ausente.

Na hipótese de expressa indicação de ausência do destinatário requerido, entendemos que o requerente deverá requerer ao registrador imobiliário que reencaminhe a notificação para uma nova tentativa, mas indicando dia e hora certos que voltará para aperfeiçoar a notificação. Caso falhe essa alternativa, restará, portanto, a editalícia.

Art. 440-W
Se o requerido for falecido, poderão ser notificados os seus herdeiros legais, contanto que estejam comprovados a qualidade destes, o óbito e a inexistência de inventário judicial ou extrajudicial.
Parágrafo único. Havendo inventário, bastará a notificação do inventariante.

Se o requerido tiver falecido, em razão da aplicação do princípio da *saisine* (Código Civil, art. 1.784), é possível a notificação dos herdeiros legais desde que sejam comprovados essa qualidade sucessória, o óbito e a inexistência de inventário judicial ou extrajudicial.

Pelo princípio da *saisine*, aberta a sucessão *causa mortis*, ou seja, ocorrido o falecimento do vendedor, a herança é transmitida imediata e automaticamente aos herdeiros legítimos e testamentários. Como a transmissão ocorre *ex vi legis*, o registro do título que a instrumentaliza (a partilha) é meramente declaratório e não constitutivo[111].

A herança, por sua vez, é o conjunto patrimonial titularizado pelo *de cujus* no momento do seu falecimento. Com o falecimento, a herança é transferida como um todo unitário, sem divisões, a todos os herdeiros. Até que ocorra a partilha, o direito dos herdeiros quanto à posse e à propriedade da herança será indivisível e regular-se-á pelas regras do condomínio voluntário (Código Civil, art. 1.791)[112].

No contexto que estamos tratando, os direitos e os deveres de compromissário vendedor integram a herança recebida pelos herdeiros[113].

---

[111] "[...] 4. A propriedade dos bens de propriedade do falecido é imediatamente transferida aos herdeiros com a abertura da sucessão, na forma do art. 1.784 do CC/2002 e em razão do princípio da saisine, razão pela qual todos os herdeiros se tornam, a partir desse momento, coproprietários do todo unitário intitulado herança. 5. Embora a regra do art. 1.791, parágrafo único, do CC/2002, possa induzir à conclusão de que, após a partilha, não haveria mais que se falar em indivisibilidade e em condomínio, há hipóteses em que a indivisibilidade dos bens permanecerá mesmo após a partilha, na medida em que é admissível a atribuição aos herdeiros apenas frações ideais dos bens, caso em que será estabelecido desde logo a copropriedade dos herdeiros sobre as frações ideais daqueles bens insuscetíveis de imediata divisão por ocasião da partilha. 6. Nessa hipótese, o prévio registro do título translativo no Registro de Imóveis, anotando-se a situação de copropriedade sobre frações ideais entre os herdeiros e não mais a copropriedade sobre o todo indivisível chamado herança, não é condição *sine qua non* para o ajuizamento de ação de divisão ou de extinção do condomínio por qualquer deles, especialmente porque a finalidade do registro é a produção de efeitos em relação a terceiros e a viabilização dos atos de disposição pelos herdeiros, mas não é indispensável para a comprovação da propriedade que foi transferida aos herdeiros em razão da saisine. [...]" (STJ, REsp 1.813.862/SP, j. 15.12.2020).

[112] "[...] 1. Nos termos dos arts. 1.784 e 1.791 do Código Civil, com a abertura da sucessão, a herança transmite-se, desde logo, como um todo unitário, aos herdeiros legítimos e testamentários, sendo que, até a partilha, o direito dos coerdeiros, quanto à propriedade e posse da herança, será indivisível e regular-se-á pelas normas relativas ao condomínio. 2. Ante a natureza universal da herança, a adjudicação dos direitos hereditários não pode ser de um ou alguns bens determinados do acervo, senão da fração ideal que toca ao herdeiro devedor. 3. O instituto da saisine, embora assegure a imediata transmissão da herança, deve ser obtemperado, pois até a partilha os bens serão considerados indivisíveis. [...]" (STJ, AgInt no REsp 1.810.230/RS, j. 26.06.2023).

[113] "[...] 5. A cessão de direitos hereditários sobre bem singular, desde que celebrada por escritura pública e não envolva o direito de incapazes, não é negócio jurídico nulo, tampouco inválido, ficando apenas a sua eficácia condicionada a evento futuro e incerto, consubstanciado na efetiva atribuição do bem ao herdeiro cedente por ocasião da partilha. 6. Se o negócio não é nulo, mas tem apenas a

É em razão da *saisine* que os herdeiros se tornam os destinatários da notificação, mas desde que ainda não tenha sido aberto o inventário judicial ou extrajudicial, momento em que o inventariante – que tenha prestado compromisso – passará a ser o responsável pela representação do espólio (Código de Processo Civil, art. 613 c.c. o Código Civil, art. 1.797).

Assim, do momento do falecimento até o compromisso prestado pelo inventariante, a notificação deverá ser encaminhada a todos os herdeiros. Após o compromisso, é para o inventariante que a notificação deverá ser encaminhada (Código de Processo Civil, arts. 618 e 619 c.c. o Código Civil, art. 1.991).

O inventário terá fim com a partilha de bens, momento em que cessa a indivisão dos bens integrantes da herança e são distribuídos os respectivos quinhões em pagamento das participações dos herdeiros.

Após a partilha, o requerente deverá se certificar se os direitos e deveres do compromisso de compra e venda foram partilhados para algum dos herdeiros ou para todos eles. Identificado o titular de tais direitos e deveres, é a ele que a notificação deverá ser encaminhada.

O falecimento, contudo, pode ser natural ou presumido. Tratamos até aqui sobre as questões decorrentes da morte natural.

A morte será presumida nos casos de ausência, situação em que a lei autoriza a abertura da sucessão definitiva. Nessa hipótese, parece-nos que o requerente deverá pleitear judicialmente a declaração de ausência, a abertura da sucessão provisória com a nomeação de curador (Código Civil, arts. 6º e 22), o qual será o competente para receber a notificação.

Também será presumida a morte, sem decretação de ausência, nas circunstâncias indicadas no art. 7º do Código Civil (se for extremamente provável a morte de quem estava em perigo de morte e se alguém, desaparecido em campanha ou feito prisioneiro, não for encontrado até dois anos após o término da guerra).

A declaração de morte presumida será feita judicialmente, a requerimento do interessado, depois de cessadas as buscas. A sentença fixará a data provável do falecimento e será inscrita no registro público (Código Civil, art. 9º).

Da data judicialmente fixada para o falecimento transmite-se a herança aos herdeiros legais e, quanto à representação, segue-se o que foi dito acerca do falecimento natural.

Art. 440-X

Infrutíferas as tentativas de notificação pessoal, e não sendo possível a localização do requerido, o oficial de registro de imóveis procederá à notificação por edital, na forma seguinte:

I – o oficial de registro de imóveis, a expensas do requerente, promoverá a notificação mediante a publicação do edital, por duas vezes, com intervalo de 15 (quinze) dias úteis, em jornal impresso ou eletrônico; e

II – o edital repetirá o conteúdo previsto para a notificação de que trata esta Subseção deste Código Nacional de Normas.

§ 1º Será considerado em lugar desconhecido, para fins de notificação por edital, o requerido cujo endereço não conste no registro de imóveis nem no instrumento do ato ou

---

sua eficácia suspensa, a cessão de direitos hereditários sobre bem singular viabiliza a transmissão da posse, que pode ser objeto de tutela específica na via dos embargos de terceiro. 7. Admite-se a oposição de embargos de terceiro fundados em alegação de posse advinda do compromisso de compra e venda de imóvel, mesmo que desprovido do registro, entendimento que também deve ser aplicado na hipótese em que a posse é defendida com base em instrumento público de cessão de direitos hereditários. Súmula n.º 84/STJ. [...]" (STJ, REsp 1.809.548/SP, j. 19.05.2020).

negócio jurídico em que se fundar a adjudicação compulsória, contanto que o requerente declare e comprove que esgotou os meios ordinários para sua localização.

§ 2º Também se procederá à notificação por edital quando ficar provado que o requerido reside fora do país e não tem procurador munido de poderes para a outorga do título de transmissão.

Confirmando nosso entendimento de que a notificação tem que ser feita na pessoa do requerido, o Provimento do CNJ nesse artigo esclarece que, na sua impossibilidade, o registrador imobiliário promoverá a notificação por edital.

A providência da notificação editalícia deve ser expressamente requerida pelo autor do processo de adjudicação ao oficial de registro de imóveis, bem como integralmente custeada por ele.

Antes, porém, como já aventado, consideramos a possibilidade de se promover a notificação do vendedor por hora certa.

Não há previsão na lei nem nesse provimento do CNJ, mas entendemos ser cabível que o adquirente requeira expressamente ao registrador imobiliário que, se o notificado não for encontrado ou estiver se ocultando, sejam aplicados subsidiariamente os arts. 252, 253 e 254 do Código de Processo Civil (hora certa).

Essa providência, além de ter apoio no sistema processual civil, pode auxiliar na formalização da notificação na pessoa do vendedor, antes de se promover a intimação por edital, a qual é mais difícil de chegar ao efetivo conhecimento do requerido. Trata-se de uma solução intermediária entre a notificação inicialmente frustrada e a editalícia.

Também a notificação por edital não está prevista nas disposições legais da adjudicação compulsória extrajudicial. No entanto, por ser uma prática sedimentada em nosso processo civil e em outros institutos, como na execução da garantia fiduciária imobiliária, por exemplo, poder-se-á promovê-la desde que haja pedido expresso do requerente.

Entendemos ser possível a aplicação de outras formas de notificação do requerido que já existem em nosso sistema processual e difundidas em outros institutos, de modo a viabilizar que a adjudicação compulsória possa se completar integralmente como um processo desjudicializado. Nesse sentido, caso o obrigado não seja encontrado pelo notificador ou se furte a receber a notificação, serão designados dia e hora certos para sua entrega.

Vale destacar que o art. 216-A, que disciplina a usucapião extrajudicial, determina que, se o notificando não for encontrado, que o registrador certifique tal fato e que promova "a sua notificação por edital [...]" (Lei Federal n.º 6.015/1973, art. 216-A, § 13).

Na fase de execução da propriedade fiduciária imobiliária, é possível que, quando por duas vezes frustrada a notificação e caso haja suspeita de ocultação do devedor, o notificador comunique qualquer pessoa da família ou, em sua falta, qualquer vizinho que, no dia útil imediatamente seguinte, retornará ao imóvel a fim de efetuar a intimação, na hora que designar, aplicando-se, subsidiariamente, o disposto nos arts. 252, 253 e 254 do Código de Processo Civil (Lei Federal n.º 9.514/1997, art. 26, § 3º-A).

Em ambos os casos citados (usucapião e propriedade fiduciária), o que se objetiva é o chamamento de determinada pessoa que, em tese, deveria ter interesse no procedimento extrajudicial, para que se manifeste formalmente ou não.

O mesmo objetivo deve ser perseguido na adjudicação compulsória, com a notificação do requerido para que indique suas eventuais restrições ou concordâncias com o procedimento adjudicativo extrajudicial.

Nesse sentido, a falta de previsão de intimação por edital foi suprida pelo provimento do CNJ. A intimação por hora certa, por sua vez, entendemos que poderá ser requerida ao registrador mediante pedido expresso do requerente, que poderá, por analogia, preencher essa lacuna do art. 216-B da Lei Federal n.º 6.015/1973.

Vale destacar que, para que essa modalidade de notificação por hora certa seja deferida, é preciso que o notificador se depare com duas situações prévias específicas (requisitos objetivo e subjetivo) (Código de Processo Civil, art. 252):

(i) **Requisito objetivo:** por duas vezes, o notificador deverá procurar o requerido no seu domicílio ou na sua residência ou no endereço do imóvel a ser adjudicado ou no endereço constante na matrícula ou no constante do compromisso de compra e venda, caso sejam diferentes, sem localizá-lo;

(ii) **Requisito subjetivo:** suspeita de ocultação do requerido; essa suspeita será o elemento fundamental para que se faça a designação do dia e da hora certos da notificação, devendo o notificador indicar expressa e detalhadamente os fatos que evidenciam a suspeita de ocultação maliciosa do requerido.

Observados os requisitos objetivo e subjetivo, pelo referido art. 252 do Código de Processo Civil, quando por duas vezes o notificador tiver procurado o requerido em seu domicílio e residência sem que tenha sido possível encontrá-lo, deverá, se houver suspeita de ocultação maliciosa, intimar qualquer pessoa da família ou, em sua falta, qualquer vizinho de que, no dia imediatamente seguinte, voltará para efetuar a notificação, na hora que for por ele designada.

Diante dos referidos requisitos objetivo e subjetivo e do conteúdo do dito art. 252 supramencionado, a citação ficta por hora marcada somente será possível depois de o notificador procurar o requerido por duas vezes no endereço da sua residência ou do seu domicílio ou de outros indicados no requerimento inicial pelo requerente. Esse é o comando da lei. Caso a procura se dê em outros lugares diversos da residência e do domicílio ou dos endereços formalmente fornecidos pelo requerente, parece-nos que não estará autorizada essa forma especial de notificação[114].

Importa destacar que, com o objetivo de dar celeridade ao processo, as notificações que devam ser entregues nos condomínios edilícios ou nos loteamentos com controle de acesso serão válidas quando feitas a funcionário da portaria responsável pelo recebimento de correspondências (Código de Processo Civil, art. 252, parágrafo único).

O notificador, independentemente de novo despacho do oficial registrador, comparecerá, no dia e na hora designados, ao domicílio ou à residência do requerido, a fim de promover a entrega da notificação (Código de Processo Civil, art. 253).

Caso o requerido não esteja presente no dia e hora determinados, previamente, o notificador procurará informar-se das razões da ausência, dando por entregue a notificação, ainda que o requerido tenha se ocultado (Código de Processo Civil, art. 253, § 1º).

A entrega da notificação com hora certa será realizada ainda que a pessoa da família ou o vizinho que houver sido notificado esteja ausente, ou se, embora presente, a pessoa da família ou o vizinho se recusar a receber a notificação (Código de Processo Civil, art. 253, § 2º).

O notificador deverá certificar a ocorrência da notificação por hora certa e deixar cópia desta com qualquer pessoa da família ou vizinho, conforme o caso, declarando-lhe o nome (Código de Processo Civil, art. 253, § 3º).

---

[114] THEODORO JÚNIOR, Humberto. *Curso de direito processual civil*. 63. ed. Rio de Janeiro: Forense, 2022. v. 1, p. 484.

Por analogia aos dispositivos processuais que tratam da intimação por hora certa, entregue a notificação nessa modalidade, o oficial de registro de imóveis enviará ao requerido, no prazo de dez dias, contado de quando a certificação da entrega da notificação for juntada ao processo de adjudicação extrajudicial, carta, telegrama ou correspondência eletrônica, para dar-lhe ciência de todo o processo (Código de Processo Civil, art. 254).

Essa última providência não integra os atos solenes para o chamamento do requerido ao processo adjucatório. Tanto que, pelo inciso II do art. 216-B da Lei Federal n.º 6.015/1973, o prazo para caracterização do inadimplemento é contado da entrega da notificação ao requerido. Trata-se, porém, de ações dirigidas pelo registrador imobiliário para reforçar as cautelas relativas ao processo de notificação e para diminuir o risco de que o quanto narrado na notificação não chegue ao efetivo conhecimento do requerido.

Como dissemos anteriormente, trata-se de uma solução intermediária entre a notificação inicialmente frustrada e a editalícia, esta mais difícil de alcançar a finalidade, que é o conhecimento efetivo das circunstâncias pelo requerido.

Ademais, a parte final do § 1º desse art. 440-X, para autorizar a notificação por edital, exige que o requerente declare e comprove que esgotou os meios ordinários para a localização do requerido.

A citação feita pelo oficial de justiça na modalidade de hora certa é um dos meios ordinários, previstos em lei, para a intimação do réu. Logo, se o requerente tem que atender a todos os meios ordinários para a localização do requerido, deverá, em caso de ocultamento malicioso, requerer ao oficial registrador que promova a entrega da notificação sob as regras da intimação por hora certa.

Na hipótese de não ser admitida a notificação por hora certa pelo registrador imobiliário, para caracterização do inadimplemento absoluto na outorga do contrato principal, o oficial de registro de imóveis, em decorrência de pedido expresso do requerente e com as despesas integral e previamente custeadas por este, promoverá a notificação por edital que observará o seguinte:

(i) o edital deverá repetir a integralidade do conteúdo da notificação cuja tentativa de entrega ao requerido foi frustrada;
(ii) a notificação será publicada em edital de jornal impresso ou eletrônico, por duas vezes, com intervalo de 15 dias úteis entre cada uma delas; e
(iii) da última publicação editalícia dever-se-á, também, aguardar 15 dias úteis para eventual manifestação do requerido.

Sob a perspectiva do nosso sistema processual civil, a notificação publicada em edital também é modalidade de citação *ficta* ou *presumida*. Somente depois de esgotados os meios ordinários de chamamento do requerido é que caberá o edital.

Pelo conteúdo do art. 256 do Código de Processo Civil, a citação por edital será feita: (i) quando desconhecido ou incerto o citando; (ii) quando ignorado, incerto ou inacessível o lugar em que se encontrar o citando; ou (iii) nos casos expressos em lei.

Sobre as hipóteses da citação por edital pelas regras do referido art. 256 do Código de Processo Civil, Humberto Theodoro Júnior[115] salienta que:

(a) *quando desconhecido ou incerto o citando (inciso I)*: a hipótese é comum naqueles casos em que se devem convocar terceiros eventualmente interessados, sem que se possa

---

[115] THEODORO JÚNIOR, Humberto. *Curso de direito processual civil*. 63. ed. Rio de Janeiro: Forense, 2022. v. 1, p. 486.

precisar de quem se trata, com exatidão (usucapião, falência, insolvência etc.). Pode, também, ocorrer quando a ação é proposta contra espólio, herdeiros ou sucessores, já que às vezes o autor não terá condições de descobrir quem são as pessoas que sucederam ao *de cujus;* (b) *quando ignorado, incerto ou inacessível o lugar em que se encontra o citando* (inciso II): no inciso anterior, o desconhecimento era subjetivo (ignorava-se a própria pessoa do citando). Agora, a insciência é objetiva (conhece-se o citando, mas não se sabe como encontrá-lo).

Equiparam-se, outrossim, ao lugar ignorado, para efeito de citação-edital, aquele que, embora conhecido seja inacessível à Justiça, para realização do ato citatório. A inacessibilidade, por outro lado, tanto pode ser física como jurídica. Exemplo de local juridicamente inacessível, para efeito de justificar a citação por edital, é o país estrangeiro que se recusa a dar cumprimento à carta rogatória (art. 256, § 1º).

Segundo o Código atual, é considerado em local ignorado ou incerto o citando se infrutíferas as tentativas de sua localização, inclusive mediante requisição pelo juízo de informações de seu endereço nos cadastros de órgãos públicos ou de concessionárias de serviços públicos (art. 256, § 3º); [...].

Em linha que nos parece querer imprimir maior dinamismo à adjudicação compulsória extrajudicial, o provimento do CNJ, para o processo adjudicativo extrajudicial, considerou apenas dois casos especiais para a justificação da notificação por edital: (i) quando o requerido estiver em lugar desconhecido; e (ii) quando ficar provado que o requerido reside fora do Brasil.

No primeiro caso, o requerido será considerado em lugar desconhecido quando o seu endereço não constar nos acervos do registro de imóveis nem do próprio negócio jurídico preliminar que fundamenta a adjudicação compulsória extrajudicial.

Na falta do dado necessário para o encaminhamento da notificação – que é o endereço do requerido –, a única alternativa para tentar chamá-lo para o processo de adjudicação será por meio da notificação por edital. Por razões óbvias, a falta de endereço também impedirá a notificação pessoal e a por hora certa anteriormente sugerida.

Nessa hipótese (requerido em lugar desconhecido), para que o oficial registrador promova, a pedido do requerente, a notificação por edital, este deverá apresentar um novo requerimento para o oficial, que o juntará ao processo, em que declarará e comprovará que esgotou os meios ordinários para a localização do requerido (Provimento n.º 150/CNJ, art. 440-O).

Em outras palavras, não basta a ausência dos endereços no registro de imóveis e/ou no instrumento preliminar para autorizar a notificação editalícia, o requerente deverá declarar expressamente e comprovar que diligenciou no que foi possível e no que estava ao seu alcance para obter a localização do requerido, e não o conseguiu. A avaliação da comprovação será feita pelo registrador imobiliário. Admitida como boa, deverá ser deferida a intimação por edital.

Também será admitida a notificação por edital nas situações em que o requerido resida fora do Brasil e não tenha procurador habilitado com poderes necessários para a outorga do título de transmissão do direito real de propriedade para o requerente.

Importa destacar que esse mandato de pessoa que resida fora do Brasil deverá observar a mesma forma do ato a ser praticado. Portanto, se o contrato principal deve ser celebrado por instrumento público, o mandato também deverá ter a forma pública (Código Civil, art. 657).

Ademais, deverá conter poderes especiais e expressos[116] para a celebração do instrumento definitivo de transferência da propriedade imobiliária (Código Civil, art. 661, § 1º); não bastará mandato em termos gerais, o qual apenas confere poderes de administração, insuficientes para a finalidade adjudicatória.

5.5.4 Da anuência e da impugnação

Art. 440-Y

A anuência do requerido poderá ser declarada a qualquer momento por instrumento particular, com firma reconhecida, por instrumento público ou por meio eletrônico idôneo, na forma da lei.

§ 1º A anuência também poderá ser declarada perante o oficial de registro de imóveis, em cartório, ou perante o preposto encarregado da notificação, que lavrará certidão no ato da notificação.

§ 2º A mera anuência, desacompanhada de providências para a efetiva celebração do negócio translativo de propriedade, implicará o prosseguimento do processo extrajudicial.

Esse dispositivo inicia a sua primeira frase com indicação de que a "anuência do requerido poderá ser declarada a qualquer momento [...]". Vale esclarecer que essa manifestação do requerido pode ser dada *a qualquer momento*, desde que dentro do prazo de 15 dias úteis, contado da data em que tiver recebido a notificação. Superado esse prazo sem a sua manifestação, estará caracterizado o inadimplemento absoluto da obrigação de fazer (outorgar título definitivo em cumprimento ao preliminar), situação em que o processo de adjudicação compulsória prosseguirá com as etapas seguintes, que veremos adiante.

Por anuência, no contexto da adjudicação compulsória, deve-se entender como a concordância do requerido – devedor da obrigação de fazer (outorga do contrato principal) – em celebrar o instrumento definitivo em cumprimento ao preliminar. Não se trata da anuência para vender, pois esta já foi dada no compromisso de compra e venda e apenas deverá ser reafirmada no contrato principal.

A anuência tratada no *caput* desse artigo refere-se àquela declarada pelo requerido diretamente ao requerente em instrumento particular, com firma reconhecida, ou por ins-

---

[116] "Todavia, outra questão ainda se coloca e está na exata compreensão do que sejam poderes especiais e expressos, inclusive para verificação sobre se possuem significado diverso e próprio ou se, ao referi-los, ambos, o legislador apenas pretendeu reforçar a cautela com atos de disposição ou gravação praticados por mandatário. Pois, se a propósito na doutrina e, em especial, na jurisprudência, grassa grande divergência, deve-se partir do suposto de que a lei não contém termos inúteis, sem significação própria. Por isso é que, para muitos, as expressões identificam, de forma explícita (não implícita ou tácita), exatamente qual o poder conferido (por exemplo, o poder de vender). Já os poderes serão especiais quando determinados, particularizados, individualizados os negócios para os quais se faz a outorga (por exemplo, o poder de vender tal ou qual imóvel). Nesse sentido o Enunciado n. 183, do CEJ. Destarte, se no mandato se outorgam poderes de venda, mas sem precisão do imóvel a ser vendido, haverá poderes expressos mas não especiais, inviabilizando então a consumação do negócio por procurador. É certo, porém, como Carvalho Santos adverte (*Código Civil brasileiro interpretado*, 5. ed. Rio de Janeiro, Freitas Bastos, 1952, v. XVIII, p. 163), que, se o mandato envolver a outorga de poderes para a venda de todos os imóveis do mandante, terá sido cumprida a exigência de poderes especiais. No âmbito do STJ, todavia, já se decidiu diversamente, assim, no sentido de que a outorga de poderes para a venda de todos os bens do mandante não supre a exigência legal se eles não são individualizados" (GODOY, Claudio Luiz Bueno de et al. *Código Civil comentado:* doutrina e jurisprudência. Lei n. 10.406 de 10.01.2002. Coordenação Cezar Peluso. 17. ed. rev. e atual. Santana de Parnaíba-SP: Manole, 2023. p. 669).

trumento público ou, ainda, por meio eletrônico reconhecidamente idôneo por lei, sobre sua concordância em outorgar o contrato definitivo.

O requerente, ao receber a declaração de anuência do requerido, deverá, com ele, promover as medidas necessárias para a celebração do contrato principal, observada a regra que estabelece a forma pública para os contratos de transferência de direitos reais com valor superior a 30 vezes o maior salário mínimo vigente no País (Código Civil, art. 108).

Em outras palavras, concordando o requerido com o teor da notificação, ou seja, com a necessidade da outorga do título definitivo de compra e venda, ele e o requerente deverão elaborar o contrato considerado principal (público ou particular) e apresentá-lo para qualificação e registro na serventia predial competente.

A anuência do requerido também poderá ser declarada, a qualquer tempo, desde que dentro do prazo de 15 dias, contado da data em que tiver recebido a notificação, perante o registrador imobiliário, em cartório, que quer significar nas dependências da serventia registrária e no processo de adjudicação extrajudicial.

Além dessa hipótese, pelo provimento ora analisado, o requerido poderá declarar sua anuência diretamente ao encarregado da entrega da notificação. Nesse caso, o notificador lavrará certidão em que será circunstanciada a declaração de anuência no mesmo ato da notificação.

Como já mencionado, é necessário observar o *titulus* e o *modus* para a aquisição do direito real de propriedade. O *titulus*, a depender do valor do negócio, será a escritura pública de compra e venda e o *modus*, o respectivo registro dela na serventia imobiliária. A simples anuência do requerido, sem a celebração do respectivo título definitivo, deverá ser considerada como não dada, e o processo de adjudicação extrajudicial terá prosseguimento.

Importa dizer que a declaração de anuência do requerido não é suficiente para cumprir a sua obrigação de fazer, que é a celebração do contrato definitivo de compra e venda. Declarada a anuência, vendedor e comprador devem cumprir o quanto previsto na legislação civil e celebrar o contrato principal.

Art. 440-Z

O requerido poderá apresentar impugnação por escrito, no prazo de 15 (quinze) dias úteis[117].

Dentro do prazo de 15 dias úteis, contado da data em que tiver recebido a notificação, o requerido poderá apresentar, por escrito, a sua impugnação à adjudicação compulsória pretendida pelo requerente.

O requerido deverá observar os prazos estabelecidos no processo de adjudicação compulsória extrajudicial. Nesse caso, ultrapassado o prazo de 15 dias úteis, o requerido não poderá mais se manifestar (analogamente ocorreu a preclusão temporal), qualquer que seja o motivo.

Caso ainda haja, por exemplo, saldo devedor do preço e o requerente não tenha feito a complementação em consignação e o requerido tenha perdido o prazo para impugnar a adjudicação extrajudicial, restará apenas o caminho da execução do contrato. Nesse caso, quando tal circunstância for informada no procedimento extrajudicial, o registrador não poderá dar prosseguimento ao processo, pois haverá relevante discussão em torno do negócio jurídico de compra e venda, que é a falta de pagamento integral do preço de aquisição.

---

[117] O inciso II do § 1º do art. 216-B da Lei Federal n.º 6.015/1973 estabelece o prazo de 15 dias, sem fazer referência se serão úteis. O Provimento n.º 150/CNJ trata desse prazo de 15 dias como úteis. Aquele é o modo mais conservador de se fazer a contagem do prazo.

A fundamentação do requerido, como destaca Venicio Salles[118], deve ser rejeitada quando não contiver fundamento. Fundamento, segundo o autor, "consiste na estrutura jurídica de um direito, materializando o alicerce da pretensão, conferindo a esta a sua sustentação fática e jurídica".

Significa dizer que não se devem admitir impugnações genéricas e sem que esteja apoiada em algum direito do requerido, que decorra da relação preliminar estabelecida no compromisso de compra e venda. Impugnações infundadas deverão ser rejeitadas pelo registrador imobiliário.

O direito fundamental do requerido, estipulado no compromisso de compra e venda, é o recebimento do preço.

Nesse sentido, cumpridas todas as demais obrigações estipuladas no contrato preliminar, o requerido não poderá impugnar o procedimento adjudicativo extrajudicial para registrar o inadimplemento do requerente de obrigação estabelecida no contrato preliminar, que não a falta do pagamento do preço de aquisição, pois, na relação jurídica estabelecida entre eles, apenas o inadimplemento impede a titulação definitiva e a consequente transferência do direito real de propriedade.

Entendemos, no entanto, que, se o requerente tiver efetuado o pagamento integral do preço de aquisição do imóvel, mas tiver descumprido outra disposição de natureza obrigacional, os interesses do requerido deverão ser resolvidos em perdas e danos, em pedido autônomo perante o Poder Judiciário, como determina o art. 475 do Código Civil, e não no procedimento de adjudicação compulsória extrajudicial.

Art. 440-AA

O oficial de registro de imóveis notificará o requerente para que se manifeste sobre a impugnação em 15 (quinze) dias úteis e, com ou sem a manifestação, proferirá decisão, no prazo de 10 (dez) dias úteis.

Parágrafo único. Se entender viável, antes de proferir decisão, o oficial de registro de imóveis poderá instaurar a conciliação ou a mediação dos interessados, nos termos do Capítulo II do Título I do Livro I da Parte Geral deste Código de Normas.

Apresentada tempestivamente a impugnação do requerido, o oficial registrador notificará o requerente para que sobre ela se manifeste no prazo de 15 dias úteis.

Aqui é o requerente quem deverá atentar ao prazo estabelecido para a sua manifestação em relação à impugnação.

Transcorrido o prazo de 15 dias úteis, com ou sem manifestação do requerente, o oficial registrador, no prazo de 10 dias úteis, proferirá decisão sobre o prosseguimento ou não do processo adjudicatório.

Esse prazo de 10 dias úteis para o registrador proferir sua decisão é contado do fim do prazo de 15 dias úteis concedido ao requerente para se manifestar sobre a impugnação do requerido.

O parágrafo único desse artigo estabelece a possibilidade de o registrador, antes de proferir sua decisão e desde que tenha sido apresentada impugnação pelo requerido, a qual poderá representar um potencial litígio entre as partes, instaurar a conciliação ou a mediação dos interessados, observadas as regras fixadas nos arts. 18 e seguintes do Código Nacional de Normas – Foro Extrajudicial da Corregedoria Nacional de Justiça do Conselho Nacional de Justiça.

---

[118] SALLES, Venicio. *Direito registral imobiliário*. 2. ed. rev. São Paulo: Saraiva, 2007. p. 102.

Essa possibilidade de, no processo de adjudicação compulsória, haver o incentivo à busca por soluções extrajudiciais conforma-se com os entendimentos mais modernos no sentido de que o direito de acesso à justiça deve significar a resolução adequada, rápida e eficaz de conflitos, com a utilização de um sistema de múltiplas portas, que inclui métodos extrajudiciais baseados no arbitramento, na peritagem, na avaliação, na negociação, na transação, na mediação, na conciliação e na arbitragem para a solução dos conflitos.

Esses mecanismos alternativos podem ser divididos em dois grupos.

No primeiro, onde estão a arbitragem, o arbitramento, a peritagem e a avaliação, há a participação de terceiros imparciais com o objetivo de decidir a controvérsia, apresentando uma solução e excluindo outras possibilidades ou alternativas para o caso.

No segundo, estão os mecanismos que se apoiam na autocomposição, como a negociação, a conciliação, a transação e a mediação, e, para alcançar esse objetivo, pode ou não se utilizar da intervenção de terceiros imparciais.

Após a resposta do requerido e da manifestação do requerente sobre essa resposta, o registrador imobiliário poderá, entendendo viável, instaurar a conciliação ou a mediação dos interessados.

Pela redação do parágrafo único desse artigo, denota-se a instauração, a critério do registrador que estiver presidindo o processo de adjudicação extrajudicial, da conciliação ou da mediação. O registrador que entender pela viabilidade da conciliação ou da mediação deverá indicar prazo para que as partes se manifestem se aceitam ou não participarem de tais procedimentos. Apenas a título de comparação, o parágrafo único do art. 21 da Lei Federal n.º 13.140/2015[119] estabelece que um convite formulado por uma parte à outra será considerado rejeitado se não for respondido em até 30 dias de seu recebimento.

No entanto, entendemos que essa iniciativa não cabe exclusivamente ao registrador. Tanto o requerente quanto o requerido poderão pedir ao registrador, nessa fase do processo, que se instaure a conciliação ou a mediação. Caso seja solicitado pelas partes, parece-nos que o registrador deverá atender ao pedido e oferecer a solução alternativa para a tentativa de composição dos interesses divergentes das partes.

O parágrafo único desse art. 440-AA confere ao registrador a possibilidade de instaurar a conciliação ou a mediação, nos termos do art. 21 da Lei Federal n.º 13.140/2015, razão pela qual as partes deverão ser convidadas a participarem do procedimento adotado. E, como convite, ele poderá ser recusado.

O convite para o procedimento de conciliação ou de mediação poderá ser feito por qualquer meio de comunicação e deverá estabelecer o escopo para a negociação, a data e o local da primeira reunião (Lei Federal n.º 13.140/2015, art. 21).

O registrador deverá observar se o contrato preliminar objeto da adjudicação compulsória estabelece regras para a instauração da conciliação ou da mediação. Caso existam, o oficial imobiliário deverá segui-las fielmente. Se inexistentes, as partes, com o oficial, poderão deliberar sobre as etapas do procedimento a ser adotado, observadas as disposições do § 2º do art. 22 da Lei Federal n.º 13.140/2015.

Caso uma das partes compareça acompanhada por advogado, o registrador deverá suspender o procedimento até que todas estejam regularmente assistidas (Lei Federal n.º 13.140/2015, art. 10, parágrafo único).

---

[119] Dispõe sobre a mediação entre particulares como meio de solução de controvérsias e sobre a autocomposição de conflitos no âmbito da administração pública.

Todas as informações relativas ao procedimento de mediação serão confidenciais em relação a terceiros e não poderão ser reveladas em processo arbitral ou judicial, exceto se as partes expressamente decidirem de forma diversa ou quando sua divulgação for exigida por lei ou necessária para cumprimento de acordo obtido pela mediação (Lei Federal n.º 13.140/2015, art. 30). Também será considerada confidencial a informação prestada por uma das partes em sessão privada com o registrador, o qual não poderá revelá-la às demais, salvo se autorizado por quem a ele declarou (Lei Federal n.º 13.140/2015, art. 31).

Para o encerramento do procedimento adotado, será lavrado pelo registrador imobiliário um termo final em que será consignado o resultado. Caso haja acordo, o processo de adjudicação compulsória extrajudicial prosseguirá. Na hipótese de não haver acordo, o registrador lavrará o termo final e fará constar que não houve consenso entre as partes (Lei Federal n.º 13.140/2015, art. 20).

Na falta de consenso, o registrador imobiliário avaliará a impugnação do requerido com fundamentação no art. 440-AB, comentado a seguir.

Art. 440-AB

O oficial de registro de imóveis indeferirá a impugnação, indicando as razões que o levaram a tanto, dentre outras hipóteses, quando:

I – a matéria já houver sido examinada e refutada em casos semelhantes pelo juízo competente;

II – não contiver a exposição, ainda que sumária, das razões da discordância;

III – versar matéria estranha à adjudicação compulsória;

IV – for de caráter manifestamente protelatório.

O indeferimento da impugnação do requerido deverá ser feito em decisão fundamentada pelo registrador. Não cabem manifestações superficiais do oficial sem que sejam juridicamente fundamentadas.

Entre as hipóteses que poderão levar ao indeferimento da impugnação, esse artigo apresenta quatro indicações orientativas.

A primeira delas refere-se à matéria que já tenha sido examinada e rejeitada pelo juízo competente. Como se trata de um procedimento extrajudicial, quer nos parecer que o CNJ considerou como competente o correspondente juiz corregedor do registrador (permanente ou geral). Logo, o registrador deverá seguir os precedentes administrativos judiciais já proferidos pelo seu corregedor, qualquer que seja a instância. Sendo assim, a impugnação que versar sobre matéria contrária ao que já fora decidido pelos órgãos correicionais do registrador deverá ser indeferida.

A impugnação deverá apresentar as razões fundamentadas da oposição à adjudicação extrajudicial. Caso não haja ou seja feita pela negativa geral, deverá ser indeferida, pois, em tese, tem a finalidade meramente procrastinatória.

Não poderá a impugnação versar sobre matéria estranha à adjudicação compulsória. Em outras palavras, como dissemos anteriormente, no compromisso de compra e venda, há obrigação do vendedor, desde que recebido integralmente o preço, celebrar o contrato definitivo (obrigação de fazer). O requerido deverá indicar razões de recusa pertinentes e decorrentes do respectivo contrato preliminar para justificar o descumprimento dessa sua obrigação. Assuntos que não se relacionem ao pagamento do preço, ou ao cumprimento de alguma outra obrigação devida pelo comprador que impeça a outorga do contrato principal, não deverão ser considerados como aptos a obstar o processo de adjudicação extrajudicial.

Da mesma forma será indeferida a impugnação do requerido que manifestamente pretender protelar o andamento do processo extrajudicial.

As partes deverão ser intimadas formalmente sobre a decisão do registrador de indeferimento da impugnação.

Art. 440-AC

Rejeitada a impugnação, o requerido poderá recorrer, no prazo de 10 (dez) dias úteis, e o oficial de registro de imóveis notificará o requerente para se manifestar, em igual prazo sobre o recurso.

Recusada a impugnação do requerido, este poderá recorrer no prazo de dez dias. Esse prazo é contado da data em que ele for intimado da respectiva decisão denegatória.

Como dissemos anteriormente, deverá haver uma decisão formal e fundamentada do registrador imobiliário sobre os motivos da recusa da impugnação do requerido, pois é contra esses motivos que o requerido poderá manejar o recurso adequado.

O requerente, por sua vez, será intimado pelo registrador para se manifestar, também no prazo de dez dias úteis, sobre o recurso apresentado pelo requerido.

O dispositivo ora comentado não é claro sobre os tempos e os movimentos do recurso a que se refere.

No entanto, se aplicarmos as regras da apelação por analogia, uma parte deve se manifestar após a outra apresentar suas razões recursais. Em outras palavras, rejeitada a impugnação, o requerido terá dez dias contados da decisão do registrador para recorrer e, se assim o fizer, o registrador, após a manifestação do requerido, concederá o mesmo prazo de dez dias úteis para que o requerente se manifeste sobre as razões recursais apresentadas (Código de Processo Civil, art. 1.010).

O art. 440-AC é silente sobre o encaminhamento do recurso. Contudo, com apoio no § 1º, IV, do art. 198 da Lei Federal n.º 6.015/1973, bem como com o quanto determina o art. 440-AE que se segue, apresentadas ambas as razões recursais, o processo de adjudicação extrajudicial deverá ser encaminhado eletronicamente ao juízo competente para decidir os procedimentos de dúvida registrária daquele registrador respectivo.

A decisão do registrador é sempre passível de revisão pelo órgão de controle que é exercido pelo Poder Judiciário (Constituição Federal, art. 236, e Lei Federal n.º 8.935/1994, art. 37 e seguintes).

Superado o prazo de dez dias úteis sem que o requerido apresente recurso, a adjudicação compulsória extrajudicial prosseguirá para a etapa posterior, que é a decisão do registrador sobre a procedência ou não do procedimento extrajudicial.

Art. 440-AD

Acolhida a impugnação, o oficial de registro de imóveis notificará o requerente para que se manifeste em 10 (dez) dias úteis.

Parágrafo único. Se não houver insurgência do requerente contra o acolhimento da impugnação, o processo será extinto e cancelada a prenotação.

Admitida a impugnação feita pelo requerido, o registrador imobiliário notificará o requerente para que, no prazo de dez dias úteis, manifeste-se sobre as razões da admissibilidade da adjudicação. O prazo de dez dias úteis deve ser contado a partir do recebimento da notificação, independentemente de juntada de comprovante de recebimento no processo extrajudicial.

Apesar de não ser expressamente previsto, entendemos que o registrador imobiliário, após as manifestações do requerido e do requerente, deverá se manifestar formal e fundamentadamente sobre a admissibilidade da impugnação apresentada.

No caso de o requerente não se manifestar contra o acolhimento da impugnação, o registrador decidirá pela extinção do processo de adjudicação extrajudicial, o que causará, por sua vez, o cancelamento automático e imediato da correspondente prenotação.

Pelas mesmas razões referidas nos comentários do artigo anterior, ainda que o requerente tenha deixado de se manifestar no prazo de dez dias úteis conferidos pelo *caput* do art. 440-AD, ele poderá suscitar dúvida ao juízo competente para que decida sobre a impugnação apresentada pelo requerido.

Nesse caso, o registrador, adotadas as demais providências determinadas pelo § 1º do art. 198 da Lei Federal n.º 6.015/1973, dará ciência ao requerente dos termos da dúvida, fornecendo-lhe cópia e notificando-o para que apresente, se quiser, a sua impugnação perante o juízo competente, no prazo de 15 dias (contado da data de sua notificação).

Com ou sem impugnação das razões da dúvida pelo requerente, ela será julgada por sentença, em relação à qual caberá recurso de apelação, com efeito devolutivo e suspensivo (Lei Federal n.º 6.015/1973, arts. 199 e 202).

Art. 440-AE

Com ou sem manifestação sobre o recurso ou havendo manifestação de insurgência do requerente contra o acolhimento, os autos serão encaminhados ao juízo que, de plano ou após instrução sumária, examinará apenas a procedência da impugnação.

§ 1º Acolhida a impugnação, o juiz determinará ao oficial de registro de imóveis a extinção do processo e o cancelamento da prenotação.

§ 2º Rejeitada a impugnação, o juiz determinará a retomada do processo perante o oficial de registro de imóveis.

§ 3º Em qualquer das hipóteses, a decisão do juízo esgotará a instância administrativa acerca da impugnação.

Pretendemos dividir o *caput* desse dispositivo para uma melhor compreensão.

A parte inicial refere-se à situação de haver ou não recurso do requerido contra a rejeição da sua impugnação pelo registrador, na forma do art. 440-AC.

Na segunda parte, o destaque é para a situação de existir a insurgência do requerente sobre o acolhimento da impugnação do requerido pelo registrador, como prevista no parágrafo único do art. 440-AD.

Se não houver recurso do requerido ou se houver irresignação do requerente sobre a impugnação daquele, pelos fundamentos que apresentamos nos arts. 440-AC e 440-AD *supra*, o processo de adjudicação compulsória extrajudicial deverá ser encaminhado ao juiz corregedor do registrador imobiliário.

Recebido o processo, o juiz corregedor, de plano ou após instrução sumária, fará o exame apenas quanto à procedência ou não da impugnação apresentada pelo requerido e devolverá o processo com a sua decisão para o registrador de imóveis.

Caso a decisão seja pelo afastamento da impugnação do requerido, o processo de adjudicação compulsória extrajudicial deverá prosseguir para as próximas etapas de qualificação e de registro.

Na hipótese de ser admitida a impugnação do requerido, o juiz determinará ao registrador imobiliário que extinga o processo de adjudicação extrajudicial e que promova o cancelamento da prenotação.

O § 3º desse art. 440-AE estabelece que, qualquer que seja a decisão do juiz corregedor, esta esgotará a instância administrativa sobre a avaliação da impugnação.

Como o próprio dispositivo normativo reconhece expressamente em seu texto, a decisão judicial sobre a impugnação do requerido é terminativa da instância administrativa da adjudicação compulsória extrajudicial, ou seja, não cabe recurso para sua revisão.

Não significa, entretanto, que aquele que for contrário à decisão não poderá buscar a sua revisão. Poderá fazê-lo, mas na via jurisdicional por meio da ação adequada.

5.5.5 Da qualificação e do registro

Art. 440-AF

Não havendo impugnação, afastada a que houver sido apresentada, ou anuindo o requerido ao pedido, o oficial de registro de imóveis, em 10 (dez) dias úteis:

I – expedirá nota devolutiva para que se supram as exigências que ainda existirem; ou

II – deferirá ou rejeitará o pedido, em nota fundamentada.

§ 1º Os elementos de especialidade objetiva ou subjetiva que não alterarem elementos essenciais do ato ou negócio jurídico, se não constarem dos autos do processo de adjudicação compulsória ou dos assentos e arquivos do ofício de registro de imóveis, poderão ser complementados por documentos ou, quando se tratar de manifestação de vontade, por declarações dos proprietários ou dos interessados, sob sua responsabilidade.

§ 2º Em caso de exigência ou de rejeição do pedido, caberá dúvida (art. 198 da Lei n. 6.015, de 31 de dezembro de 1973).

Há três situações distintas tratadas na primeira parte do *caput* desse dispositivo normativo, todas relativas às consequências que podem decorrer da regular notificação do requerido.

A primeira é relacionada ao fato de o requerido não apresentar impugnação no prazo de 15 dias úteis depois de intimado pelo registrador imobiliário.

A segunda refere-se ao momento posterior ao afastamento da impugnação apresentada pelo requerido.

E a terceira é associada à anuência do requerido com o pedido da adjudicação compulsória.

Com a falta de impugnação no referido prazo de 15 dias úteis ou com o seu afastamento pelo registrador ou com a anuência do requerido, nos 10 dias subsequentes a um desses fatos, o registrador deverá (i) expedir nota devolutiva com as exigências que eventualmente existirem e que não foram satisfeitas no momento da qualificação do requerimento inicial (art. 440-Q); ou, sempre com decisão fundamentada, (ii) deferir ou rejeitar o pedido de adjudicação compulsória.

Assim como para os títulos em geral, o requerente que não se conformar com as exigências formuladas poderá requerer a suscitação de dúvida para que o juiz competente possa decidir sobre a pertinência ou não dos óbices formulados pelo registrador (Lei Federal n.º 6.015/1973, art. 198, VI)[120].

---

[120] "De antemão, impede consignar que ao Registrador cabe examinar, de forma exaustiva, o título apresentado e, havendo exigências de qualquer ordem, estas deverão ser formuladas de uma só vez (artigo 198, Lei n.º 6.015/1973), não no curso do processo de dúvida. Entretanto, não se pode olvidar que tanto o MM. Juiz Corregedor Permanente quanto este Colendo Conselho Superior da Magistratura, ao apreciar as questões postas no processo de dúvida, devem requalificar o título por completo. A

Em relação às questões da especialidade objetiva e subjetiva, fizemos anteriormente comentários no art. 440-E do Provimento n.º 150/2023, para os quais remetemos o leitor.

Art. 440-AG
Os direitos reais, ônus e gravames que não impeçam atos de disposição voluntária da propriedade não obstarão a adjudicação compulsória.

De acordo com o art. 1.228 do Código Civil, o proprietário tem a faculdade de usar, de gozar e de dispor do imóvel, além de poder reavê-lo de quem injustamente o possuir ou o detiver.

O dispositivo legal lembrado *supra* estabelece os atributos que constituem o direito real de propriedade. Analisando-os, podemos distinguir o atributo da disponibilidade como um dos essenciais, pois possibilita que o proprietário promova, de acordo com as suas conveniências, a constituição de outros direitos reais e até mesmo a transmissão da propriedade para terceiros.

Como diretriz de estudo, o direito de propriedade pode ser compreendido em uma espécie de soma de atributos que podem ser desmembrados em outros direitos reais que, reciprocamente considerados, sejam passíveis de convivência.

Em decorrência do princípio da elasticidade, o direito de propriedade pode ter seus atributos desanexados da matriz para a constituição de outros tipos de direitos reais possíveis. Significa a viabilidade de convivência de mais de um direito real, geneticamente ligado ao mesmo direito de propriedade (matriz), desde que haja compatibilidade para essa convivência simultânea.

O direito de propriedade sobre uma coisa naturalmente tende a abranger o máximo ou a totalidade das faculdades que abstratamente contém. Esse direito real máximo admite ser gravado por um direito real mais restrito, mas, quando ocorre a extinção desse direito real

---

qualificação do título realizada no julgamento da dúvida é devolvida por inteiro ao órgão para tanto competente, sem que disso decorra decisão *extra* ou *ultra petita* ou violação do contraditório e ampla defesa, como decidido por este órgão colegiado na Apelação Cível n.º 33.111-0/3, da Comarca de Limeira, em v. acórdão de que foi Relator o Desembargador Márcio Martins Bonilha: 'Inicialmente, cabe ressaltar a natureza administrativa do procedimento da dúvida, que não se sujeita, assim, aos efeitos da imutabilidade material da sentença. Portanto, nesse procedimento há a possibilidade de revisão dos atos praticados, seja pela própria autoridade administrativa, seja pela instância revisora, até mesmo de ofício (cf. Ap. Civ. 10.880-0/3, da Comarca de Sorocaba). Não vai nisso qualquer ofensa ao direito de ampla defesa e muito menos se suprime um grau do julgamento administrativo. O exame qualificador do título, tanto pelo oficial delegado, como por seu Corregedor Permanente, ou até mesmo em sede recursal, deve necessariamente ser completo e exaustivo, visando escoimar todo e qualquer vício impeditivo de acesso ao cadastro predial. Possível, portanto, a requalificação do título nesta sede, ainda que de ofício, podendo ser levantados óbices até o momento não argüidos, ou ser reexaminado fundamento da sentença, até para alteração de sua parte dispositiva' (*in* 'Revista de Direito Imobiliário', 39/339). Nesse cenário, a irregularidade verificada não impede o prosseguimento do feito e tampouco a análise do presente recurso, o qual, no entanto, não comporta acolhimento. Analisado o título apresentado (fls. 06/09), datado do ano de 1966, o imóvel está descrito da seguinte forma: 'É proprietária de um terreno situado na praça Rubião Junior, no município de Bananal, deste Estado, livre e desembaraçado de quaisquer ônus, dívidas ou duvidas, medindo 14 (catorze) metros de frente para a referida praça Rubião Junior, 19 (dezenove) metros, da frente aos fundos, do lado direito de quem olha para o terreno; 12 (doze) metros da frente aos fundos, do lado esquerdo e 16 (dezesseis) metros, aproximadamente nos fundos, confrontando de ambos os lados, com terrenos dela doadora, e nos fundos com o córrego Lavapés, tendo a frente, inicio a uma distância de seis metros contados de uma mureta de pedra, divisória do terreno no qual está construído o Fórum local e encerrando a área aproximada de 217 metros quadrados; terreno esse, havido pela outorgante em data de 1.841'. [...]" (TJSP, Apelação Cível 1000216-29.2021.8.26.0059, j. 16.06.2023).

menor, aquele considerado matriz (propriedade) expande-se de modo automático até seu limite máximo (domínio pleno)[121].

Diante desse cenário, é possível que o imóvel objeto do pedido de adjudicação compulsória extrajudicial esteja afetado por outro direito real imobiliário que seja compatível com o direito real matriz (a propriedade), como o usufruto, a servidão ou até mesmo os direitos reais de garantia, como a hipoteca e a propriedade fiduciária.

Além de direitos reais, o dispositivo normativo indicou *ônus e gravames*, classificação que não é tão óbvia em nossa doutrina.

No entanto, vale destacar as definições feitas no trabalho elaborado por Sérgio Jacomino e Nataly Cruz, intitulado Ônus, gravames, encargos, restrições e limitações, publicado na coluna *Migalhas Notariais e Registrais*, de 10.11.2021[122].

Sobre *ônus*, os autores esclarecem que se trata de uma expressão curinga que acolhe todas as variações que se relacionam com o direito de propriedade. Interessante a planilha que elaboraram e apresentaram no referido trabalho em que relacionam o rol de atos legais aplicáveis ao registro de imóveis que contêm a expressão *ônus* (veja a íntegra da planilha no Anexo denominado "Art. 440-AG").

E sobre *gravame* apresentam as seguintes considerações:

> Trata-se de expressão fluída [sic.] e encontradiça na trama dos textos legais. Não se encontra, outrossim, a expressão gravame no texto do Código Civil brasileiro – nem no atual, nem tampouco no anterior. Quanto muito, foi admitida em sede de doutrina, como sinonímia de encargos ou de ônus.
>
> Menos ocorrente é a sua aplicação como simples sinônimo de direitos reais de garantia. Assim, no Registro Público da Propriedade Marítima, por exemplo, a expressão "gravame real" acomoda-se ao lado da hipoteca (inc. II do art. 14 da Lei 7.652, de 3/2/1988). A expressão parece indicar outro tipo não especificado de direito real (art. 12 e ss.) que se constituiria a partir do registro no livro próprio daquele registro público da propriedade marítima.
>
> A expressão gravame, em conclusão, parece recair sobre direitos de garantia que escapam ao tradicional enquadramento como títulos sujeitos a verdadeiros registros jurídicos.

Podemos considerar que a expressão gravame alcança todas as situações como os ônus que recaem sobre direitos, de forma a restringir "o seu pleno exercício, como as constrições judiciais"[123].

O dispositivo normativo que ora comentamos estabelece relação com direitos reais, com ônus e com gravames que não tenham a capacidade de impedir atos de disposição voluntária do direito real de propriedade pelo seu respectivo titular. Estes, desde que não afetem a disponibilidade do proprietário, não impedirão o processo de adjudicação compulsória.

---

[121] Remetemos ao item 2.5.1 que trata sobre o objeto do compromisso de compra e venda de imóvel.

[122] JACOMINO, Sérgio; CRUZ, Nataly. Ônus, gravames, encargos, restrições e limitações. *Migalhas*, coluna Migalhas Notariais e Registrais, 10 nov. 2021. Disponível em: https://www.migalhas.com.br/coluna/migalhas-notariais-e-registrais/354556/onus-gravames-encargos-restricoes-e-limitacoes. Acesso em: 11 out. 2023.

[123] JACOMINO, Sérgio; CRUZ, Nataly. Ônus, gravames, encargos, restrições e limitações. *Migalhas*, coluna Migalhas Notariais e Registrais, 10 nov. 2021. Disponível em: https://www.migalhas.com.br/coluna/migalhas-notariais-e-registrais/354556/onus-gravames-encargos-restricoes-e-limitacoes. Acesso em: 11 out. 2023.

Importante destacar que os direitos reais, os ônus e os gravames nessas condições, e que já existam na matrícula do imóvel, continuarão em vigor após o deferimento da adjudicação compulsória, em razão das suas próprias características e porque o registro, enquanto não cancelado, produz todos os efeitos legais, nos termos do quanto estabelece o art. 252 da Lei Federal n.º 6.015/1973.

Assim, se o imóvel de que se pretende a adjudicação compulsória extrajudicial for objeto de um direito real de usufruto, o adquirente sucederá na nua propriedade e deverá observar os deveres dessa qualidade. A adjudicação não é hipótese de extinção do usufruto (Código Civil, art. 1.410).

Da mesma forma, se o imóvel a ser adjudicado estiver hipotecado, o adquirente assumirá a posição de proprietário garantidor hipotecário, mesmo que não tenha participado da relação jurídica que originou o direito real de garantia, em uma responsabilidade sem débito, ou seja, é responsável em caso de inadimplemento da obrigação garantida, mesmo não tendo integrado a relação jurídica obrigacional na sua formação original. Tal circunstância decorre, especialmente, do direito de sequela que tem o credor hipotecário, o qual comentamos ao fazermos a diferenciação dos direitos reais dos direitos pessoais no Capítulo 3.

O mesmo acontecerá se o imóvel tiver sido alienado fiduciariamente, situação em que o adquirente assumirá, pela adjudicação, os direitos de devedor fiduciante.

Em geral, as constrições judiciais (penhora, arresto e sequestro) não impedem os atos de disposição do imóvel que afetam. Contudo, também pela teoria da responsabilidade sem débito, o adquirente poderá responder pela dívida que a constrição garante, caso o devedor deixe de cumprir a obrigação principal.

Destaque para a penhora deferida para garantir a execução fiscal nos termos do art. 53, § 1º, da Lei Federal n.º 8.212/1991. O imóvel penhorado nesses termos fica desde logo indisponível. Nesse sentido, o imóvel objeto de penhora, para garantia de execução fiscal de débitos federais, não poderá ser adjudicado compulsoriamente porque a indisponibilidade impede a disposição voluntária, ressalvada a hipótese de cancelamento de que trata o art. 440-AH comentado a seguir.

Importante salientar que, ao contrário do que ocorre com a hipoteca comum, em que não há impedimento para a transmissão voluntária do imóvel gravado, em que o credor está habilitado a perseguir o imóvel em poder de terceiro, na hipoteca cedular é necessária a anuência prévia e por escrito do credor para possibilitar a transmissão da propriedade[124].

Assim, se o imóvel for objeto de hipoteca cedular, haverá necessidade de o requerente adjudicante apresentar a anuência prévia e por escrito do credor cedular com os demais documentos exigidos para a adjudicação compulsória extrajudicial. Sem essa autorização prévia não se poderá processar a adjudicação porque o direito real hipotecário cedular impede a livre disposição.

O registro do compromisso de compra e venda na matrícula do imóvel, além de constituir direito real de aquisição, como já aludido, protegerá o adquirente da constituição de direitos reais e/ou da inscrição de ônus e/ou de gravames posteriores em nome do vendedor.

A falta do registro do compromisso de compra e venda possibilita o ingresso especialmente de eventuais ônus e gravames em nome do vendedor, como no caso de constrições judiciais (arresto, sequestro, penhora, indisponibilidade etc.), o que poderá gerar, como dito, a situação de responsabilidade sem débito para o comprador.

---

[124] Ver Decreto-lei n.º 167/1967, art. 59, e Decreto-lei n.º 413/1969, art. 51.

Art. 440-AH

A indisponibilidade não impede o processo de adjudicação compulsória, mas o pedido será indeferido, caso não seja cancelada até o momento da decisão final do oficial de registro de imóveis.

Esse dispositivo normativo autoriza que a adjudicação compulsória extrajudicial seja processada, mesmo que o imóvel contenha averbação de indisponibilidade dos bens do alienante.

Entretanto, o processamento seguirá até o momento da decisão final do registrador sobre a admissibilidade da adjudicação. Se até o proferimento dessa decisão a indisponibilidade não tiver sido cancelada, a respectiva adjudicação extrajudicial deverá ser indeferida.

O cancelamento da indisponibilidade deve ser estabelecido pela autoridade competente. Nesse sentido, a indisponibilidade somente poderá ser cancelada se esse comando provir de quem a determinou ou de ordem expressa prescrita em ação judicial[125]. A decisão proferida na via administrativa (suscitação de dúvida), mesmo que na esfera judicial, mas na função atípica administrativa, não tem competência para rever decisões de indisponibilidades proferidas na esfera jurisdicional.

Art. 440-AI

Não é condição para o deferimento e registro da adjudicação compulsória extrajudicial a comprovação da regularidade fiscal do transmitente, a qualquer título.

No item 5.2.1.1, que trata sobre a Comprovação de regularidade fiscal do compromissário vendedor, já tivemos oportunidade de expor nossos entendimentos e argumentos sobre a desnecessidade de serem apresentadas certidões para fazer prova de qualquer regularidade fiscal do compromissário comprador, para o prosseguimento da adjudicação compulsória extrajudicial, nos termos do § 2º do art. 216-B.

Caso existam dúvidas ou divergências, convidamos os leitores a uma leitura do item 5.2.1.1, referido *supra*.

Art. 440-AJ

Para as unidades autônomas em condomínios edilícios não é necessária a prévia prova de pagamento das cotas de despesas comuns.

---

[125] "[...] 1. Hipótese em que, após o pagamento total do imóvel objeto de contrato de promessa de compra e venda, a construtora não outorgou ao comprador a respectiva escritura definitiva, tendo em vista a indisponibilidade de todos os seus bens determinada pela Justiça Federal. 2. A aludida constrição patrimonial visa impedir apenas a alienação dos bens da empresa em benefício próprio, a fim de evitar prejuízos aos demais credores, não se aplicando a bens dos promitentes compradores de imóveis negociados antes da decretação de indisponibilidade, máxime em razão do direito real à aquisição do imóvel previsto no art. 1.417 do Código Civil. 3. Considerando que a restrição imposta pelo Poder Judiciário impede não só a alienação do patrimônio da construtora, mas, também, a prática de quaisquer atos cartorários que possam viabilizá-la, é de se concluir pela impossibilidade de cumprimento voluntário da obrigação (baixa do gravame judicial e outorga da escritura), revelando-se, em consequência, descabida a fixação da multa diária. 4. Diante das particularidades do caso e da necessidade de solucionar o litígio de forma efetiva, deve ser acolhido o pedido subsidiário formulado na ação, no sentido de ser proferida sentença declaratória de outorga da escritura definitiva (adjudicação compulsória), determinando-se a baixa da restrição existente no imóvel aludido. 5. Recurso especial provido" (STJ, REsp 1.432.566/DF, j. 23.05.2017). No mesmo sentido: TJSP, Apelação Cível 1006798-64.2022.8.26.0009, j. 17.07.2023; e TJSP, Apelação Cível 1006326-66.2022.8.26.0008, j. 19.12.2022.

Existe uma regra muito conhecida no ambiente dos negócios que envolve a alienação de unidades autônomas de condomínio edilício.

Apesar de na lei haver comando em sentido inverso, como veremos, a prática consolidou a necessidade de se obter previamente essa informação para evitar que o adquirente seja surpreendido com dívidas condominiais deixadas pelo proprietário anterior.

O primeiro texto normativo que podemos destacar e que trata dessa matéria é o art. 4º da Lei Federal n.º 4.591/1964:

> A alienação de cada unidade, a transferência de direitos pertinentes à sua aquisição e a constituição de direitos reais sôbre ela independerão do consentimento dos condôminos, (VETADO).
>
> Parágrafo único – A alienação ou transferência de direitos de que trata este artigo dependerá de prova de quitação das obrigações do alienante para com o respectivo condomínio.

Trata-se de uma forma de proteger os adquirentes de unidades autônomas, especialmente em relação à regra legal estatuída no art. 1.345 do Código Civil, o qual estabelece que: "O adquirente de unidade responde pelos débitos do alienante, em relação ao condomínio, inclusive multas e juros moratórios".

Ocorre que no art. 216-B da Lei Federal n.º 6.015/1973 não há qualquer referência à necessidade da apresentação dos documentos declaratórios de quitações de despesas condominiais. A dispensa da apresentação prévia do termo de quitação está contida apenas nesse comando normativo que ora comentamos.

Vale esclarecer que esse preceito normativo apenas dispensa a apresentação dos documentos de regularização no processo da adjudicação compulsória extrajudicial. Não é – nem poderia ser – um perdão de dívidas em favor do adjudicante.

Caso existam dívidas condominiais e a adjudicação compulsória extrajudicial tenha sido decidida procedente pelo registrador imobiliário, o adjudicante adquirirá a unidade autônoma e será o responsável pelas dívidas passadas, ou melhor, do proprietário anterior, pois pela regra vigente o "adquirente de unidade responde pelos débitos do alienante, em relação ao condomínio, inclusive multas e juros moratórios" (Código Civil, art. 1.345).

Art. 440-AK

É passível de adjudicação compulsória o bem da massa falida, contanto que o relativo ato ou negócio jurídico seja anterior ao reconhecimento judicial da falência, ressalvado o disposto nos arts. 129 e 130 da Lei n. 11.101, de 9 de fevereiro de 2005.

Parágrafo único. A mesma regra aplicar-se-á em caso de recuperação judicial.

De acordo com a legislação em vigor, uma vez decretada a falência e cumpridos os requisitos necessários, inicia-se o processo judicial de dissolução da sociedade empresária. A fase de liquidação dessa dissolução, na qual as obrigações pendentes são cumpridas por meio da venda dos ativos e do pagamento dos passivos, é o momento em que os efeitos da falência sobre os bens da sociedade empresária tornam-se efetivos.

Com a decretação da falência de uma sociedade empresária de responsabilidade limitada ou anônima, há uma fase de arrecadação de seus bens. Disso resulta a formação da massa falida da empresa quebrada. O administrador judicial é o responsável pelo processo de arrecadação dos bens da sociedade falida.

Na falência, todos os bens de propriedade da empresa falida são arrecadados, mesmo que não estejam em sua posse. Também, todos os bens em posse da falida são arrecadados, mesmo que não sejam de sua propriedade. Estes últimos são posteriormente devolvidos aos seus titulares legítimos, não fazendo parte das garantias dos credores e, portanto, não podem ser vendidos na liquidação para quitar os créditos registrados no processo de falência.

Caso a pessoa jurídica vendedora tenha celebrado compromisso de compra e venda em data comprovadamente anterior à decretação da sua falência, o adquirente poderá requerer o processamento da adjudicação compulsória extrajudicial, observados os comentários adiante sobre o inciso VII do art. 129 da Lei Federal n.º 11.101/2005.

A comprovação da anterioridade pode se dar pela data no reconhecimento de firma dos signatários do compromisso, pela data aposta no termo de quitação de pagamento do preço de aquisição ou no comprovante de depósito ou de transferência bancária, ou pela data do registro do contrato no registro de imóveis, destacando-se que o registro é eficaz desde o momento em que o título for apresentado ao oficial e este o prenotar no Livro 1 – Protocolo (Código Civil, art. 1.246).

Portanto, para os contratos preliminares celebrados antes da decretação da falência, é possível a adjudicação compulsória extrajudicial.

Não será possível, no entanto, o processamento desse processo adjudicatório se o negócio jurídico tiver sido celebrado após a decretação da falência da vendedora, pois o seu registro seria considerado ineficaz em relação à massa falida, nos termos do inciso VII do art. 129 da Lei Federal n.º 11.101/2005.

Pode ocorrer, todavia, a situação em que o contrato preliminar seja celebrado antes da decretação da falência, mas a sua apresentação para registro tenha se dado após a quebra. O referido inciso VII do art. 129 da Lei Federal n.º 11.101/2005 declara que o registro praticado será considerado ineficaz. Não será ineficaz, no entanto, mesmo nessa última hipótese, se o contrato preliminar tiver sido prenotado antes da data de decretação da falência.

Assim, com apoio no preceito normativo ora comentado, entendemos que, se o pedido de adjudicação compulsória extrajudicial tiver sido prenotado antes da data de decretação da falência, ele poderá ser processado sem que o seu registro ao final, caso deferido, seja considerado ineficaz (Código Civil, art. 1.246).

Importante destacar que o Superior Tribunal de Justiça tem precedente no sentido de ser possível o registro da transferência do direito real de propriedade imóvel dentro do termo legal da falência[126], mas antes da decretação de sua quebra. Entendeu o Tribunal Superior que o ato do falido, considerado objetivamente ineficaz pela lei em vigor, é o registro da transferência da propriedade imobiliária após a data de decretação da falência. A alienação de imóvel pertencente à empresa falida cujo título seja registrado dentro do termo legal da falência, mas antes da decretação da quebra, é considerada eficaz.

---

[126] "[...] 2. Cinge-se a controvérsia a verificar se o registro de transferência de propriedade imóvel no termo legal da falência, mas antes da decretação da quebra, se enquadra na hipótese do artigo 129, VII, da Lei n.º 11.101/2005, dispensando a prova da fraude para declaração de sua ineficácia. 3. O artigo 129 da Lei n.º 11.101/2005 elenca as hipóteses em que os atos do falido serão considerados ineficazes perante a massa, ainda que praticados de boa-fé. 4. O ato do falido considerado objetivamente ineficaz pela Lei de Recuperação Judicial e Falência é o registro de transferência de propriedade após a decretação da quebra e não no termo legal da falência. [...]" (STJ, REsp 1.597.084/SC, j. 1º.12.2020). No mesmo sentido no Superior Tribunal de Justiça: AgInt no REsp 1.439.834/SP, j. 12.12.2017; REsp 806.044/RS, j. 06.04.2010).

Assim, o art. 215 da Lei Federal n.º 6.015/1973 deve ser interpretado com o inciso VII do art. 129 da Lei Federal n.º 11.101/2005, pois esta, mais recente e especial por tratar inteiramente da matéria de recuperação judicial e de falência, estabelece a ineficácia dos atos de registros de direitos reais e de transferência de propriedade entre vivos, por título oneroso ou gratuito, ou a averbação relativa a imóveis **realizados após a decretação da falência**, e não exclui aqueles atos praticados dentro do termo legal da falência.

Logo, se o processo de adjudicação compulsória foi deferido e o registro da transferência do direito real de propriedade ocorrer dentro do período do termo legal da falência, não há que falar em ineficácia. No entanto, ainda que o pedido seja anterior, mas o registro da adjudicação compulsória tenha sido realizado após a decretação da falência, este será ineficaz.

A revogação dos atos considerados ineficazes deve ser precedida de comprovação de conluio fraudulento entre o falido e o terceiro com quem ele contratou, bem como o efetivo prejuízo sofrido pela massa falida (Lei Federal n.º 11.101/2005, art. 130)[127].

Art. 440-AL

O pagamento do imposto de transmissão será comprovado pelo requerente antes da lavratura do registro, dentro de 5 (cinco) dias úteis, contados da notificação que para esse fim lhe enviar o oficial de registro de imóveis.

§ 1º Esse prazo poderá ser sobrestado, se comprovado justo impedimento.

§ 2º Não havendo pagamento do imposto, o processo será extinto, nos termos do art. 440-J deste Código Nacional de Normas.

Esse dispositivo normativo colocou em ordem o momento em que se deverá recolher o ITBI relativo à transmissão de direito real de propriedade decorrente da adjudicação compulsória extrajudicial.

Pela redação do art. 216-B da Lei Federal n.º 6.015/1973, o pedido de adjudicação compulsória extrajudicial deve ser acompanhado de inúmeros documentos e, entre eles, o comprovante de pagamento do correspondente imposto de transmissão (art. 216-B, § 1º, V).

Entretanto, a apresentação do comprovante de pagamento do imposto de transmissão desde o início do processo não se mostra pertinente, pois o pedido, por razões diversas, pode ser indeferido pelo registrador imobiliário e o recolhimento ter sido inútil.

Denota-se que, pelas fases necessárias ao processo de adjudicação compulsória extrajudicial, o melhor é deslocar o recolhimento do imposto de transmissão para o momento em que o registrador imobiliário deferir o pedido.

---

[127] "Para que a ação revocatória promova a ineficácia relativa pretendida, exige-se a demonstração do conluio fraudulento entre o devedor e o terceiro contratante para prejudicar os credores. O intuito fraudulento é requisito subjetivo imprescindível para a ineficácia. Para a sua demonstração, exige-se que o contratante tenha consciência de que o negócio jurídico praticado diminuirá o patrimônio do devedor, em detrimento de seus outros credores. Esse intuito de se prejudicar os credores poderá ser direto, o *animus nocendi*. Neste, o contratante sabe que o negócio jurídico reduz o patrimônio do devedor e o faz deliberadamente para lesar, por meio do aumento dos riscos de inadimplemento, os credores. Suficiente, entretanto, a demonstração do dolo indireto. O dolo indireto se limita à consciência do prejuízo aos credores que poderia ser causado pela celebração do negócio jurídico pelo contratante. Basta, para a sua demonstração, que se prove que o contratante tinha ciência de que se beneficiava com o negócio jurídico e que saiba que o negócio reduz o patrimônio geral do empresário devedor, o qual aumentaria o risco de inadimplemento dos demais credores" (SACRAMONE, Marcelo Barbosa. *Comentários à lei de recuperação de empresas e falência*. 2. ed. São Paulo: Saraiva Educação, 2021. p. 556).

Nesse sentido, o comando normativo ora comentado. Depois de processado o pedido e decidido pelo seu deferimento, como condição para a lavratura do registro de transferência do domínio, o requerente, dentro do prazo de cinco dias úteis, contado da notificação que receber do registrador imobiliário para essa finalidade, deverá comprovar o pagamento do imposto de transmissão. Transfere-se, assim, o momento de comprovação do pagamento do dito imposto do começo para o fim do processo.

Desde que haja justo motivo comprovado pelo requerente, o registrador imobiliário poderá sobrestar o prazo de cinco dias, referido no *caput* desse artigo.

Caso não haja pedido justificado para sobrestamento do prazo e a comprovação do pagamento do imposto de transmissão não seja feita no referido prazo, o processo de adjudicação compulsória extrajudicial será extinto nos termos do art. 440-J comentado anteriormente.

Seção III
Das Disposições Finais

Art. 440-AM

Enquanto não for editada, no âmbito dos Estados e do Distrito Federal, legislação acerca de emolumentos para o processo de adjudicação compulsória extrajudicial, a elaboração da ata notarial com valor econômico e o processamento do pedido pelo oficial de registro de imóveis serão feitos na forma de cobrança da usucapião pela via extrajudicial, ressalvados os atos de notificação e de registro.

A primeira conclusão que se tira desse dispositivo é a possibilidade de os Estados e o Distrito Federal editarem leis que tratem exclusivamente dos emolumentos devidos pelos atos praticados para a adjudicação compulsória extrajudicial, especialmente a elaboração da ata notarial e o processamento do pedido no registro de imóveis.

Até que isso aconteça, a ata notarial e o processo registrário de adjudicação compulsória extrajudicial serão cobrados da mesma forma que o processo de usucapião extrajudicial.

Os custos para a realização das notificações deverão ser arcados pelo requerente já no momento da apresentação do requerimento inicial.

Deferido o processo de adjudicação compulsória extrajudicial, o ato de registro será cobrado como tal de acordo com a tabela de cada estado, tendo como base o valor do contrato preliminar e consequentemente o do título que registrará ao final da adjudicação compulsória extrajudicial.

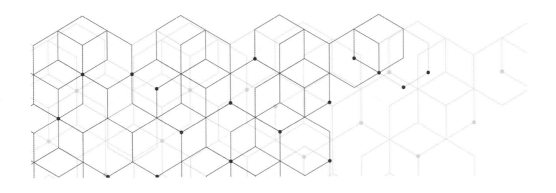

FIM DA SEGUNDA PARTE. CONSIDERAÇÕES

Esta parte do livro foi composta por dois Capítulos, o 4 e o 5, ambos voltados para o tema da adjudicação compulsória imobiliária judicial ou extrajudicial.

Em brevíssimas linhas, o Capítulo 4, em seus aspectos gerais, trata da evolução histórica e dos fundamentos da adjudicação compulsória e, na sequência, da análise da sua natureza, como um instituto jurídico que visa garantir ao comprador de imóvel a obtenção da escritura definitiva quando o vendedor se recusa a outorgá-la, mesmo após o cumprimento das condições previstas em contrato. A análise começa com o Decreto-lei n.º 58/1937, que regulamentou a compra e venda de imóveis loteados, destacando a importância desse marco para a proteção dos compromissários compradores.

São apresentados os requisitos para a propositura da ação de adjudicação compulsória, como a existência de contrato preliminar de compra e venda, a quitação integral do preço, a necessidade de o contrato preliminar estar ou não registrado na matrícula do imóvel e a inexistência de cláusula de arrependimento. A necessidade de comprovação do pagamento integral é enfatizada, com o prazo de prescrição da pretensão de cobrança do preço pelo vendedor, conforme o Código Civil.

A imprescritibilidade do direito à adjudicação compulsória, também pensada no Capítulo 4, reflete a natureza especial desse instituto, uma vez que, mesmo diante da prescrição da pretensão do vendedor de cobrar o pagamento do preço de aquisição do imóvel, o direito do comprador de exigir a outorga da escritura definitiva permanece intacto.

Isso decorre do fato de que a adjudicação compulsória está vinculada à obrigação de fazer que tem origem no compromisso de compra e venda, ou seja, à outorga do título definitivo de transferência da propriedade imobiliária, o que não se extingue pelo decurso do tempo.

Entretanto, a dívida em relação ao pagamento do preço de aquisição, embora possa estar prescrita para fins de execução, não exime o comprador de cumprir com sua obrigação de pagá-lo com a finalidade de obter a adjudicação, preservando, assim, o equilíbrio contratual e evitando o enriquecimento sem causa de uma das partes em relação à outra.

Portanto, o direito do comprador de requerer a adjudicação compulsória, seja judicial ou extrajudicial, não é afetado pela prescrição do direito do vendedor de cobrar pelo preço de aquisição, reafirmando a proteção do ordenamento jurídico à concretização do direito de propriedade decorrente do contrato preliminar. No entanto, seu deferimento dependerá do pagamento do saldo devedor existente por ocasião, se o caso.

Outros aspectos relacionados ao direito material foram abordados, como a individualização do imóvel, com o reforço para a importância de uma descrição detalhada e precisa dos imóveis como uma das formas de garantir a segurança jurídica nos registros imobiliários.

O mesmo Capítulo 4 avalia, ainda, a questão da necessidade da vênia conjugal e suas implicações na eficácia dos contratos preliminares de compra e venda, com destaque para a necessidade de autorização do cônjuge para validade plena do compromisso de venda, a depender do regime de bens escolhido pelo casal.

O Capítulo 5, por sua vez, aprofunda os procedimentos necessários para o processamento da adjudicação compulsória extrajudicial, com a apresentação, de forma detalhada, das fases procedimentais e dos documentos essenciais para o seu início. Ele começa com uma explicação sobre a necessidade de notificação do vendedor inadimplente, concedendo-lhe oportunidade para cumprir voluntariamente a obrigação de outorgar a escritura definitiva. Caso o vendedor persista na recusa, o comprador pode recorrer à via judicial ou extrajudicial para obter a transferência definitiva do imóvel.

Os requisitos procedimentais, como a apresentação do contrato preliminar e a comprovação do pagamento do preço, são explorados com destaque, destacando a necessidade de que esses documentos estejam de acordo com as exigências legais e contratuais.

Em alguns aspectos de contrato, o Capítulo 5 também faz uma comparação entre a adjudicação compulsória judicial e a extrajudicial, mostrando as vantagens e as limitações de cada modalidade. Na via extrajudicial, por exemplo, o processamento depende de a documentação estar completamente regularizada, com prova do pagamento integral do preço de aquisição e o contrato preliminar sem cláusula de arrependimento devidamente formalizado. Na via judicial, a análise probatória é mais ampla, permitindo que o juiz, se convencido da intenção inequívoca das partes, supra a ausência de alguns documentos, como a própria falta do contrato escrito, quando houver outros elementos que comprovem a intenção de compra e venda.

Analisamos detidamente a sentença judicial que substitui a vontade do vendedor inadimplente, permitindo a adjudicação do imóvel em favor do comprador. O capítulo destaca que a sentença produz os mesmos efeitos da outorga de escritura, tendo, portanto, força de título aquisitivo, desde que o contrato esteja devidamente formalizado e o pagamento integral seja comprovado. Além disso, discute-se a relação entre a adjudicação compulsória e outros mecanismos de execução forçada, destacando que a adjudicação se diferencia por não exigir uma nova manifestação de vontade do vendedor, uma vez que essa vontade já está presente no compromisso de compra e venda.

Foi apresentada, ainda no Capítulo 5, a discussão sobre os possíveis obstáculos ao registro da adjudicação compulsória, tais como a falta de regularização registrária ou a existência de dívidas fiscais, e as soluções possíveis para esses entraves. São mencionadas alternativas como a retificação de registro e a usucapião, além de precedentes jurisprudenciais que confirmam a viabilidade da adjudicação para casos em que há pendências registrárias que podem ser resolvidas posteriormente.

Durante a fase de elaboração deste livro, surgiu o Provimento n.º 150 do CNJ. Entendemos que os comentários a ele deveriam estar no Capítulo 5 porque este trata da adjudicação compulsória extrajudicial.

Diante disso, realizaram-se a análise e os comentários de cada um dos itens normativos, com abordagem de todos os seus itens, seus aspectos centrais e suas implicações práticas. O estudo procurou abordar, entre outros pontos, os impactos desse provimento sobre os procedimentos de adjudicação compulsória extrajudicial, destacando as exigências documentais, os papéis das serventias extrajudiciais e as implicações para o direito de propriedade. A análise pretendeu oferecer uma compreensão completa das diretrizes estabelecidas pelo CNJ e suas consequências para o processo de regularização imobiliária, reforçando a importância desse provimento no atual contexto jurídico brasileiro.

Esses dois capítulos oferecem uma análise abrangente e profunda da adjudicação compulsória (judicial e extrajudicial), buscando consolidar os temas tratados nos primeiros capítulos e fornecer um guia tanto para estudiosos quanto para profissionais do direito que lidam com questões de regularização imobiliária, que pode passar a ser feita pela adjudicação extrajudicial, quando possível.

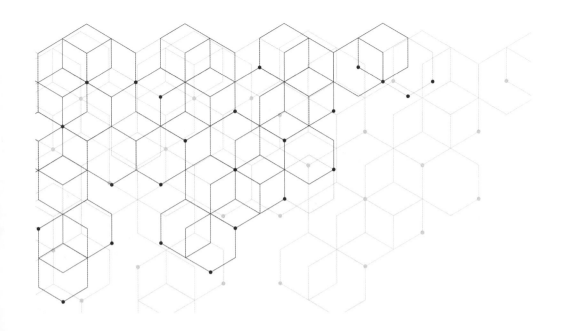

TERCEIRA PARTE

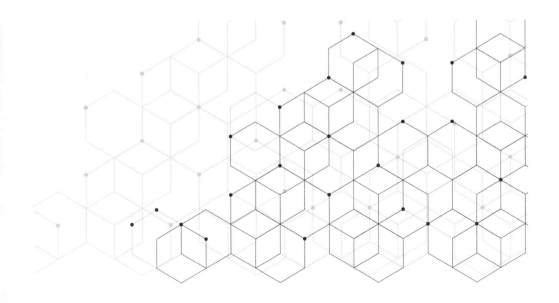

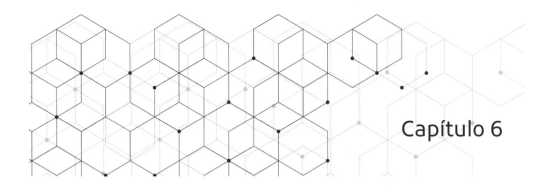

Capítulo 6

A PROPRIEDADE FIDUCIÁRIA DE COISA IMÓVEL

Uma das formas mais utilizadas no financiamento do mercado imobiliário é a compra e venda com pacto adjeto de propriedade fiduciária.

Nessa situação, o comprador adquire integralmente o direito de propriedade do imóvel do vendedor e, em ato contínuo, como forma de garantia do pagamento integral do preço, institui a propriedade fiduciária.

Nota-se que o vendedor cumpre a sua obrigação de entrega da coisa. O comprador, por sua vez, contrata um mútuo com o alienante, que já deu quitação do pagamento do preço, o qual será pago nos termos e condições desse contrato. O contrato de mútuo, por seu turno, será garantido pela propriedade fiduciária imobiliária.

O negócio jurídico de compra e venda definitivo já está perfeito e acabado (Código Civil, art. 482). O pagamento do preço financiado, porém, dar-se-á em prestações no tempo, as quais são garantidas pelo próprio imóvel, numa das modalidades de garantia real que, para o que tratamos, será a propriedade fiduciária.

Além da garantia do contrato de mútuo decorrente do negócio jurídico de compra e venda do próprio imóvel, a propriedade fiduciária também serve para garantia de obrigações de qualquer natureza, seja do proprietário, seja de terceiro (Lei Federal n.º 9.514/1997, art. 22).

No desenvolvimento dos itens que se seguem, procuraremos abordá-los, quando aplicável, com relação às novas disposições contidas na Lei Federal n.º 14.711/2023 ("Lei das Garantias").

6.1 CONCEITO

A Lei do Sistema de Financiamento Imobiliário (Lei Federal n.º 9.514/1997) ("Lei do SFI") introduziu outra modalidade de direito real de garantia, a propriedade fiduciária imobiliária, que é constituída pela inscrição do contrato de alienação fiduciária.

A propriedade fiduciária de imóvel é instituída mediante o registro do contrato de alienação fiduciária na respectiva matrícula, nos termos do art. 23 da Lei do SFI. Com a constituição da propriedade fiduciária ocorre o desmembramento da posse, atribuindo-se a posse indireta ao fiduciário e a direta, ao fiduciante (Lei do SFI, art. 23, § 1º).

Nesse aspecto, no que se refere ao desenvolvimento da garantia imobiliária fiduciária, é importante destacar, em breves linhas, o entendimento doutrinário, especialmente o brasileiro, quanto à incongruência entre fim e meio, ou seja, sobre a aparente contradição que havia entre o negócio jurídico utilizado, que era o veículo catalisador da vontade das partes contratantes, e o fim efetivamente alcançado. Veremos que os autores destacam essa questão dentro do tema dos negócios jurídicos simulados.

Quanto a esse particular, a doutrina pátria repercutiu a teoria de Ferdinand Regelsberger. Em 1908, quando Eduardo Espínola publicou sua obra, além da referência expressa ao pandectista alemão Regelsberger[1], indicou a existência de escritores que, entre os negócios simulados, distinguiam os propriamente simulados e os dissimulados. Os propriamente simulados são considerados negócios fictícios e caracterizam a simulação absoluta; os dissimulados, por sua vez, ocultam um negócio realmente querido pelas partes e qualificam-no como simulação relativa.

Destaca o autor[2], expressamente, que, além das duas espécies antes apontadas, ainda se diferenciam os negócios fiduciários, nos quais a relação externa é diversa da interna:

> Em um negócio fiduciário atribui-se externamente, por exemplo, a condição de proprietário de uma coisa ou de credor de uma obrigação a uma certa pessoa, conferindo-lhe assim os respectivos direitos, ao passo que internamente esta pessoa, que se chama fiduciária, não passa de simples mandatário ou procurador do declarante.

Tanto nos contratos simulados como nos dissimulados e nos fiduciários, a intenção das partes é fazer constar a existência de um negócio que realmente não desejaram. Em suas relações recíprocas, é fácil verificar a posição jurídica de cada um dos contraentes: caso haja verdadeira simulação, como na realidade não quiseram efetuar ato algum, cientes, como estão, de que sua vontade, aparentemente declarada, não oculta uma intenção verdadeira de obter qualquer efeito jurídico, são os atos assim praticados tidos como inexistentes; na hipótese de ter havido dissimulação, não vale o que exteriormente manifestaram querer, mas sim aquilo que era sua intenção oculta, porém real, de levar a efeito; esse mesmo princípio aplica-se aos atos fiduciários; por isso o fiduciário que abusa de sua condição, empregando em proveito próprio a coisa que lhe é confiada, comete malversação.

Também José Xavier Carvalho de Mendonça[3] fazia distinção entre simulação e negócio fiduciário. Para o autor:

> O negócio fiduciário, cujos traços originários muitos encontram na *mancipatio fiduciae causa* do Direito Romano, é negócio sério, que as partes efetivamente concluíram, a fim de conseguirem determinado resultado prático. Os contratantes quiseram o negócio com os efeitos jurídicos que lhes são próprios, ainda que por meio dele visassem diverso escopo econômico. Assim, a transferência da propriedade a fim de servir de

---

[1] Em nota explicativa, Eduardo Espínola apresenta, em suas palavras, o entendimento de Messineo de "que a função prática do *negócio fiduciário* é diversa da do negócio simulado. Naquele verifica-se uma transferência efetiva do direito de uma pessoa (*fiduciante*) a outra (*fiduciário*), com a intenção de que tal transferência deve servir para fim determinado: em definitivo, o direito ou deve voltar ao patrimônio do transmitente, ou sair do patrimônio do fiduciário, ou ser por este destinado a determinado emprego. O eminente civilista demonstra que o negócio fiduciário pode ter diversas finalidades, algumas das quais ilícitas ou fraudulentas" (ESPÍNOLA, Eduardo. *Sistema do direito civil brasileiro*. Rio de Janeiro: Editora Rio, 1977. p. 555, nota 90).

[2] ESPÍNOLA, Eduardo. *Sistema do direito civil brasileiro*. Rio de Janeiro: Editora Rio, 1977. p. 555.

[3] MENDONÇA, José Xavier Carvalho de. *Tratado de direito commercial brasileiro*. 4. ed. Rio de Janeiro: Freitas Bastos, 1947. v. IV, livro IV, p. 85.

penhor ou de qualquer outra garantia; a cessão de crédito com o fim do mandato, para ser cobrado pelo cessionário.

J. M. de Carvalho Santos, em seu *Código Civil brasileiro interpretado*, admitia a possibilidade dos negócios fiduciários em nosso sistema jurídico, mas os diferenciava dos negócios simulados, pois aqueles, ao contrário destes, eram realmente concluídos pelas partes e não acarretavam o aumento do patrimônio do adquirente, porque a finalidade era justamente outra.

Para o citado jurista, a real intenção dos contratantes revela o tipo de negócio celebrado: "Para distinguir o negócio fiduciário do simulado é preciso conhecer a intenção das partes, considerando-se como fiduciário todo aquele que é querido pelas partes para um escopo ulterior e diverso do que é firmado como típico pelo legislador"[4].

No julgamento dos Embargos 38.927 do Tribunal de Justiça do Estado de São Paulo[5], realizado em outubro de 1950[6], os desembargadores do Terceiro Grupo de Câmaras Civis entenderam subsistir a alegação de que o negócio celebrado se enquadrava na conceituação de negócio fiduciário.

Em suma, o caso concreto tratava da situação de uma senhora que transferiu a propriedade plena de alguns imóveis ao genro e à filha para que os administrassem de forma a pagar a dívida garantida por hipoteca que os vinculava, com sobra de alguma renda para sua subsistência. A transferência definitiva da propriedade dos imóveis foi instrumentalizada por escritura de venda e compra, e, por um escrito particular simultâneo, foi convencionado que em determinada data, após a quitação da dívida e consequente cancelamento das hipotecas, as propriedades seriam devolvidas a ela, anteriormente proprietária. Essa devolução dos bens foi recusada pelo genro administrador e pela filha.

Diante desse cenário, o Tribunal paulista reconheceu que se tratava de negócio jurídico fiduciário, e na ementa oficial do acórdão constou expressamente:

> Negócio fiduciário é aquele em que uma pessoa transmite a outra a propriedade ou a titularidade de um bem ou direito, para determinado fim, obrigando-se a segunda a restituí-la, ou a transferi-la a terceiro, uma vez alcançado o objetivo, em conformidade com o pactuado à parte ou extracontratualmente. O negócio é válido e eficaz, porque livremente convencionado entre as partes, não ofendendo nem a lei nem a moral. Somente não valerá quando fraudulento[7].

---

[4] SANTOS, J. M. de Carvalho. *Código Civil brasileiro interpretado:* Parte geral. 3. ed. São Paulo: Freitas Bastos, 1944. v. II, p. 387.

[5] *Revista dos Tribunais*, ano 39, v. 184, p. 613, 1950.

[6] De modo semelhante, Francisco Bonet Ramón, no prólogo que fez à obra de Navarro Martorell, noticia que o Tribunal Supremo da Espanha reconheceu a validade dos negócios fiduciários na sentença datada de 28 de janeiro de 1946 (NAVARRO MARTORELL, Mariano. *La propiedad fiduciaria:* la fiducia histórica. Los modernos negocios fiduciarios. Barcelona: Bosch, 1950. p. 17).

[7] "No caso vertente, D. Laura, incapaz de per si administrar o seu empenhado patrimônio e de pagar as suas dívidas, deliberou, plenamente acordada com seus filhos, transferir ao seu genro, Dr. Eduardo, os prédios da rua Plínio Ramos, hipotecados ao Banco do Estado, para que ele os administrasse e pagasse a dívida que os gravava, assegurando-lhe, destarte, de futuro, um patrimônio livre, a salvo da derrocada geral a que se via arrastada. Esta foi, na realidade, a exata vontade das partes. Os réus estão presos à causa do negócio efetivado e sujeitos à satisfação da relação obrigacional negativa que nele se encerra, concernente à restituição dos bens após o cumprimento dos deveres a seu cargo. A vida cotidiana ensina que são frequentes os negócios realizados em confiança, tendo em vista situações de emergência, que não permitem, para a sua solução, o recurso aos remédios específicos previstos na lei. Um dos casos de solução fora da lei, não, porém, contra a lei, é o do negócio fiduciário, que,

Nesses embargos, as partes apresentaram pareceres de quatro renomados juristas, Eduardo Espínola, Antão de Moraes, Francisco Morato e Paulo Barbosa de Campo Filho[8]. Todos eles reconheceram que se tratava de situação jurídica fiduciária ou de simulação inocente[9], cada qual com argumentos próprios.

Eduardo Espínola[10], além de farta doutrina sobre o assunto, registrou, quanto ao caso sob julgamento:

> Como homem de educação prática, conhecedor da situação, compreendendo perfeitamente as dificuldades que surgiriam se fosse mero administrador ou procurador de sua sogra, sem a independência necessária para praticar todos os atos adequados – como emprego dos aluguéis recebidos, pagamento de juros e amortização, reforma e obra nos prédios, convenceu-se de que somente pela transferência dos bens para o seu nome, num contrato fiduciário de compra e venda, lhe seria possível desempenhar-se cabalmente da incumbência. É um negócio lícito, reconhecido na doutrina moderna de todos os povos cultos, como já o era no Direito Romano, de prática frequente, segundo atesta a jurisprudência dos tribunais em todos os países, e sem dúvida aconselhável para casos como o que aqui temos em vista[11].

Pontes de Miranda[12] também admitiu a possibilidade de serem contratados negócios jurídicos fiduciários. Para ele, sempre "que a transmissão tem um fim que não é a transmissão mesma, de modo que ela serve a negócio jurídico que não é o de alienação àquele a quem se transmite, diz-se que há fidúcia ou negócio jurídico fiduciário". E o autor faz, ainda, distinção com a simulação e afirma que com esta não se confunde, porque o fim do negócio jurídico simulado foi querido pelas partes, ao passo que, no negócio fiduciário, o que se pretende é fim diverso do contratado. Ao credor é transmitido o bem da vida, haja vista que, em decorrência da natureza do negócio jurídico fiduciário, só resta aos contratantes agir de acordo com a lei,

---

trazido ao pretório, não pode deixar de ser resolvido senão por meio das regras pertinentes à simulação inocente. O exame dos autos revela que foi esta a intenção das partes, as quais ultrapassaram, na realização, do fim previsto, indo até a compra e venda para os efeitos de mera administração por via de um mandato. E isto é o que caracteriza o negócio fiduciário, que alguns chegam a considerar uma subespécie do negócio simulado" (*Revista dos Tribunais,* ano 39, v. 184, p. 623, 1950).

[8] *Revista dos Tribunais,* ano 39, v. 184, p. 532, 1950.

[9] Conclusão do parecer de Francisco Morato: "Seja, porém, o caso de simulação inocente, como realmente é, ou de ato fiduciário, como se poderia sustentar em face da semelhança dos dois institutos, a consequência é sempre a mesma: não cumprida pelo réu a obrigação de devolver os prédios à legítima proprietária, tem esta ação contra ele para vindicá-los ou, subsidiariamente, para lhes demandar o valor com seus frutos" (*Revista dos Tribunais,* ano 39, v. 184, p. 555, 1950).

[10] *Revista dos Tribunais,* ano 39, v. 184, t. III, p. 537, 1950.

[11] Na Apelação Cível 32.600, a Primeira Câmara Civil do Tribunal de Justiça do Estado de São Paulo, no julgamento realizado em 24.06.1947, reconheceu a existência e a possibilidade dos negócios jurídicos fiduciários e registrou o seguinte: "Tendo-se em vista a conceituação que lhe costumam dar os mestres, como F. Ferrar, E. Espínola, J. X. Carvalho de Mendonça, Tullio Ascarelli, Cunha Gonçalves [...], pode-se definir o ato ou negócio fiduciário como sendo aquele em que uma pessoa transmite a outra a propriedade ou titularidade de um bem ou direito, para determinado fim, obrigando-se a segunda a restituí-la ou transferi-la a terceiro, uma vez alcançado o objetivo, em conformidade com o pactuado" (*Revista dos Tribunais,* ano 36, v. 169, p. 191, 1947). Esse entendimento foi repetido e expressamente citado na Apelação Cível 47.771, também do TJSP (*Revista dos Tribunais,* ano 39, v. 188, p. 163, 1950).

[12] PONTES DE MIRANDA, Francisco Cavalcanti. *Tratado de direito privado.* Campinas: Bookseller, 2000. t. III, V, XXI e LII, § 271, p. 147.

se ela previu a figura jurídica, ou de acordo com as declarações ou manifestações de vontade (contrato) por meio do qual as partes confiaram outra finalidade.

É possível asseverar, entretanto, que, em relação à simulação absoluta, a distinção com o negócio fiduciário se apresenta mais nítida, pois neste as partes sempre pretendem a produção de efeitos, "enquanto, na simulação absoluta, nenhuma modificação ocorre na relação jurídica"[13]. A dificuldade fica, porém, para a distinção entre a simulação relativa e o negócio fiduciário.

Nesse aspecto, Tullio Ascarelli[14], ao diferenciar a simulação do negócio indireto, salienta que a simulação se apresenta como um negócio que não se quer, ao passo que, no indireto, as partes buscam de fato o negócio que realizam, ou seja, desejam efetivamente submeter-se à disciplina jurídica dele, e não a uma disciplina jurídica diversa. Sem o negócio jurídico que realizam, as partes não alcançariam os objetivos pretendidos, que, embora não se identifiquem necessariamente com os efeitos alcançados, pressupõem-nos. Ao adotar o negócio que realizam, as partes querem a concretização do fim típico que com ele alcançam, mesmo que o objetivo seja atingido posteriormente; as partes querem, ao contrário do que ocorre com a simulação, sujeitar-se ao regramento específico do negócio jurídico indiretamente adotado.

Observa-se, na simulação, uma verdadeira dissociação entre a natureza do contrato escolhido, e que se faz revelado *erga omnes*, e a natureza do contrato que é efetivamente celebrado pelas partes, mas que se faz exposto apenas no âmbito da relação interna dos contratantes.

Para que seja configurada a simulação, Pontes de Miranda[15] salienta ser essencial "que haja a intenção de prejudicar terceiros ou de violar regra jurídica, sendo tal intenção o elemento necessário do suporte fático de qualquer dos incisos do art. 102[16] do Código Civil"[17].

Em outras palavras, o negócio jurídico simulado não busca obter resultados econômicos ou jurídicos efetivos, pois são negócios considerados fictícios ou não reais. A simulação consiste na celebração de um negócio jurídico que contém aparência normal e regular, mas que não pretende alcançar os efeitos que juridicamente deveria produzir.

Surgem apenas para gerar uma aparência ou um engano, ou seja, a declaração de vontade contida no negócio jurídico é enganosa.

Torna-se necessário buscar esclarecer qual vontade deverá prevalecer, se a manifestada ou a real, entre que limites deverá ser tutelada a confiança que, pelo negócio jurídico aparentemente concluído, é provocada em terceiros, bem como qual a eventual responsabilidade que se atribuirá às partes na situação jurídica correspondente[18].

---

[13] GONÇALVES, Aderbal da Cunha. *Da propriedade resolúvel*. São Paulo: RT, 1979. p. 233.
[14] ASCARELLI, Tullio. *Problemas das sociedades anônimas e direito comparado*. Campinas: Bookseller, 2001. p. 179.
[15] PONTES DE MIRANDA, Francisco Cavalcanti. *Tratado de direito privado*. Campinas: Bookseller, 2000. t. III, V, XXI e LII, § 468, p. 440.
[16] No Código Civil em vigor, corresponde ao art. 167.
[17] Também Nicola Coviello sobre a simulação destaca que: "La simulazione può essere assoluta o relativa: è assoluta quando non si vuol compiere nessun negozio giuridico, mentre apparentemente se ne fa uno: relativa, quando si vuol compiere un negozio giuridico, ma apparentemente se ne fa un altro diverso o per l'indole, o per i soggetti, o anche pel contenuto; nella prima ipotesi v'è solo il negozio simulato, nella seconda, oltre il negozio simulato, v'è anche il dissimulato" (COVIELLO, Nicola. *Manuale di diritto civile italiano*. Parte generale. 4. ed. Milano: Società, 1929. p. 371).
[18] ASCARELLI, Tullio. *Problemas das sociedades anônimas e direito comparado*. Campinas: Bookseller, 2001. p. 73.

O direito brasileiro considerava a simulação um defeito vinculado tão somente aos interesses das partes, razão pela qual a tratava como causa de anulabilidade. No entanto, no Código Civil de 2002, com inspiração no Código alemão (*Bürgerliches Gesetzbuch* [BGB], § 117), passou a considerá-la como causa e nulidade do negócio jurídico, como se denota do conteúdo do referido art. 167.

Nesse aspecto é possível diferenciar a simulação absoluta, na qual nada se suscita (*simulata non valent*) – ou seja, não são desejados o negócio nem os seus efeitos, mas apenas a aparência revelada externamente –, da simulação relativa, que, nos dizeres de Pontes de Miranda[19], ocorre "quando se simula ato jurídico para se dissimular, ou dissimulando-se outro ato jurídico. *Quae non sunt, simulo, quae sunt, ea dissimulantur*. Mostra-se o não ser; e esconde-se o ser"[20].

A simulação será absoluta quando no conteúdo do negócio jurídico contiver declaração de vontade não verdadeira, que foi inserida para não gerar qualquer efeito. É considerada a forma mais simples de simulação (*simulatio nuda*), pois a intenção das partes é apenas a de fingir, criar um negócio jurídico com aparência lícita, mas sem, de fato, desejarem os seus efeitos típicos[21]. Como há carência de causa, a consequência é considerar o negócio jurídico como inexistente, razão, portanto, da nulidade[22].

Quando um pai doa os bens de seu patrimônio para os seus filhos e, ao mesmo tempo, celebra com eles um compromisso de compra e venda quitado pelo qual (re)adquire os bens doados para fugir de sua responsabilidade em obrigações inadimplidas, o objetivo é de prejudicar terceiros. Portanto, a doação nunca foi querida pelo pai e a celebração do compromisso de compra e venda quitado é a prova de que não a desejava. Trata-se de simulação absoluta.

Já a simulação relativa (*simulatio non nuda*) é uma figura muito mais complexa do que a simulação absoluta. Na simulação relativa, devem-se levar em conta não apenas o negócio jurídico simulado e o acordo das partes sobre o que é acobertado, mas também o negócio jurídico ocultado.

A simulação é relativa quando as partes realizam um negócio jurídico que verdadeiramente não desejam, com o objetivo de encobrir outro de natureza diversa, mas que de fato almejam. As partes não desejam os efeitos típicos do negócio aparente (que é o simulado); o que elas desejam são os efeitos do outro negócio, aquele que ficou oculto.

Será relativa a simulação, por exemplo, quando um pai realiza a venda de um bem seu para um terceiro, com a obrigação de este doá-lo para um dos descendentes do vendedor. O pai faz a declaração de vontade e quer que a compra e venda produza efeitos. No entanto, a

---

[19] Pontes de Miranda também esclarece que a "simulação é absoluta quando não se quis outro ato jurídico nem aquele que se simula" (PONTES DE MIRANDA, Francisco Cavalcanti. *Tratado de direito privado*. Campinas: Bookseller, 2000. t. III, V, XXI e LII, § 468, p. 441).

[20] A esse respeito, Navarro Martorell esclarece que "es prácticamente interesante la distinción desde el punto de vista de que los negocios fiduciarios pueden ser impugnados como simulados, bien negándose que el negocio de transmisión, y el obligatorio hayan sido en verdad querido por las partes, o afirmando que todo ha tenido por objeto engañar a los terceros (simulación absoluta), o que si se ha simulado transmisión, en realidad lo constituido no ha sido más que un derecho real de garantía o un mandato (simulación relativa)" (NAVARRO MARTORELL, Mariano. *La propiedad fiduciaria: la fiducia histórica. Los modernos negocios fiduciarios*. Barcelona: Bosch, 1950. p. 140).

[21] *Colorem habet, substantiam vero nullam* – contém aparência, mas não tem substância.

[22] Carlos Roberto Gonçalves indica como exemplo a falsa confissão de dívida feita em favor de um amigo, com a constituição de uma garantia real, com o objetivo de escapar da execução de credores quirografários (GONÇALVES, Carlos Roberto. *Direito civil brasileiro*. São Paulo: Saraiva, 2003. v. I, p. 438).

declaração é falsa porque o que ele pretende é diverso do que efetivamente se alcança. O seu objetivo sempre foi promover a doação para um de seus descendentes e, para tanto, valeu-se da compra e venda.

Existe, portanto, um negócio aparente, que é o simulado, e outro escondido, que é o dissimulado[23]. É neste que se encontra o que efetivamente as partes desejam. O negócio jurídico simulado é nulo e o dissimulado pode subsistir se for válido na forma e na substância. Como no exemplo supracitado, é o que ocorre com a compra e venda quando o que se pretende é a doação[24]. Estabelece-se um preço irrisório para pagamento em relação ao real valor da coisa doada para encobrir a intenção de doar (*animus donandi*).

O que vale destacar é que em relação ao negócio fiduciário, no entanto, o que se tem é uma realidade desejada e não uma mera aparência, pois em si exprime um satisfatório e sério querer dos contratantes, ainda que se note efetiva discordância entre o meio ou o veículo jurídico utilizado e a finalidade a ser alcançada[25]. A vontade dos contratantes e seu processo de estruturação é que revelarão a essência distintiva entre os negócios fiduciários e os simulados, uma vez que é na vontade que residirá ou não o propósito de enganar.

Para Egon Felix Gottschalk[26], os negócios fiduciários devem ser vistos como lícitos pela nossa ordem jurídica e pertencentes à categoria mais ampla dos negócios indiretos. A realidade negocial muitas vezes utiliza ou necessita utilizar as mais variadas formas previstas no ordenamento para alcançar os objetivos pretendidos, as quais "nem sempre se prestam com a necessária ou desejada eficácia e precisão e cujos efeitos não atingem o fim colimado". Continua o autor afirmando que, "assim, os negócios indiretos surgem como frutos do eterno conflito entre a inata tendência estática das estruturas jurídico-sociais e o dinamismo elementar das forças econômicas à busca de seu instrumental mais adequado e eficaz".

Também essa foi a opinião de Antão de Moraes[27], para quem a falta de estruturas jurídicas do tipo em nosso ordenamento é que obrigava os contratantes a buscarem negócios jurídicos indiretos para superar certas dificuldades encontradas em seus negócios.

Por sua vez, Cariota Ferrara[28] aponta, como aplicação comum dos negócios fiduciários, a transferência da propriedade móvel ou imóvel com finalidade de garantia ou de administração, cessão de crédito, entre outros.

---

[23] VELOSO, Zeno. *Invalidade do negócio jurídico*. Nulidade e anulabilidade. Belo Horizonte: Del Rey, 2005. p. 87.

[24] Há simulação relativa quando as partes indicam, na compra e venda, um preço menor do que efetivamente se pagou para recolherem menos imposto (de transmissão ou de ganho de capital). Também ocorre simulação relativa quando pessoas diversas dos verdadeiros titulares transmitem ou adquirem direitos.

[25] Pontes de Miranda destaca que: "Os negócios jurídicos de fidúcia e outros atos jurídicos fiduciários são queridos. Não são aparentes: em verdade, são *plus*: por eles, transmite-se direito para fim econômico que não exigiria tal transmissão. O fiduciário é proprietário em frente a todos; apenas a sua propriedade não é eficaz quanto ao fiduciante (relatividade da eficácia, não da propriedade). O fiduciante fia-se no fiduciário. Não há negócio ou ato jurídico aparente; há negócio jurídico, que é. Por ele, cria-se relação jurídica de fidúcia, que obriga o judiciário a destinar o bem fiduciário ao fim da fidúcia. As espécies mais notáveis são a transmissão abstrata para segurança (a *abstrakte Sicherungsübereignung*) e a venda e compra fiduciária. Nem aquela nem essa é ato jurídico aparente ou simulado. Por isso é, e não é anulável conforme os arts. 102, 104 e 105" (PONTES DE MIRANDA, Francisco Cavalcanti. *Tratado de direito privado*. Campinas: Bookseller, 2000. t. III, V, XXI e LII, § 469, p. 443).

[26] GOTTSCHALK, Egon Felix. Alienação fiduciária em garantia. *Revista Forense*, ano 66, v. 230, fascículos 802-804, p. 392, 1970.

[27] MORAES, Antão de. *Problemas e negócios jurídicos*. São Paulo: Max Limonad, 1948. v. I, p. 386.

[28] CARIOTA FERRARA, Luigi. *El negocio jurídico*. Madrid: Aguilar, 1956. p. 199.

Contudo, o autor chama a atenção para o fato de que os negócios fiduciários não se confundem com os negócios simulados, e o ponto de diferença está centrado na vontade. Isso porque, nos negócios simulados, o negócio não é querido, a não ser aparentemente.

Em sentido oposto, no negócio fiduciário, a transferência feita pelo fiduciante ao fiduciário é desejada em si e em seus efeitos, pois as partes pretendem garantir determinado crédito com tal transferência e, em caso de descumprimento, a alienação servirá como satisfação do crédito inadimplido[29].

Pontes de Miranda[30] orienta que:

> Os negócios jurídicos fiduciários mais frequentes são os negócios jurídicos para garantia, inclusive as cessões de crédito para garantia. Nem o negócio de venda e compra, ou de troca, nem a transmissão para garantia se hão de considerar negócios aparentes ou simulados; por isso mesmo são negócios jurídicos e válidos, se outra razão não há para a sua anulabilidade. O credor quis, seriamente, a garantia; e o devedor seriamente a prestou. Se as circunstâncias criam causa de nulidade, ou de anulabilidade, ou de outro ataque, é questão à parte. A relação jurídica do negócio jurídico que dê ensejo à transmissão, ou o negócio jurídico abstrato, produz a sua eficácia; e o negócio jurídico fiduciário, a sua. A garantia com transmissão pode mesmo dar-se a propósito de dívidas futuras (O. Warneyer, Kommentar, I, 173), ou abertura de contas correntes. Não é anulável o negócio jurídico fiduciário para garantia, se com ele apenas há possibilidade de danos aos outros credores.

O negócio fiduciário não pode ser considerado simulado, portanto, porque os efeitos gerados pela propriedade fiduciária são efetivamente queridos pelos contratantes, e, na falta deles, não se poderia atingir a constituição do direito real de garantia, que é a finalidade pretendida.

Pelas referências históricas e doutrinárias feitas anteriormente, é possível elaborar uma noção sobre o negócio fiduciário. Como tudo nas ciências, inclusive nas jurídicas, a passagem do tempo e as experiências do homem servem para aprimorar um instituto com origem em épocas tão distantes e diferentes da que vivemos atualmente.

O negócio fiduciário também é resultado desse processo. Apesar de as indicações históricas servirem para certa caracterização de tal instituto, a doutrina não se poupou de buscar uma conceituação que melhor se aproximasse de sua essência.

A conceituação mais seguida foi a do já referido alemão Regelsberger: "Um negozio, seriamente voluto, la cui caratteristica consiste nell'incongruenza o inomogeneità tra lo scopo avuto di mira dalle parti e il mezzo giuridico impiegato per raggiungerlo"[31-32].

Dessa definição é possível deduzir que, no negócio fiduciário, não há adequação entre o fim colimado pelas partes e o meio por elas utilizado. Em outras palavras, Regelsberger construiu sua definição considerando que, para atingir determinado resultado, as partes se valem de forma jurídica muito mais ampla do que o necessário.

---

[29] Seguindo o mesmo ensinamento: PRATES, Homero. *Atos simulados e atos em fraude da lei*. Rio de Janeiro: Freitas Bastos, 1958. p. 74-83.

[30] PONTES DE MIRANDA, Francisco Cavalcanti. *Tratado de direito privado*. Campinas: Bookseller, 2000. t. III, V, XXI e LII, § 273, p. 154.

[31] LIMA, Otto de Souza. *Negócio fiduciário*. São Paulo: RT, 1962. p. 161-162, com apoio em Cesare Grassetti.

[32] "Transação seriamente desejada, cuja característica consiste na inconsistência ou heterogeneidade entre o fim visado pelas partes e os meios legais utilizados para alcançá-lo" (tradução livre).

Ao escrever sobre a cessão de direito, Regelsberger salientou a importância da fidúcia e, com apoio no tipo romano, denominou-a negócio fiduciário (*fiduziarische Geschaft*). Regelsberger[33] registrou que:

> Não raras vezes é querida pelas partes, na declaração de uma vontade negocial, a obtenção daquelas consequências jurídicas às quais a forma exterior se dirige, mas no pressuposto de que aquele para quem, dessa maneira, é criado um determinado poder jurídico, aproveitará de sua posição para certo fim, e não para todas as finalidades facultadas por ela: transmite-se a propriedade para fins de penhor (Gaio II, 60), efetua-se a expromissão com o escopo de extinguir a dívida (L. 91 de solut. 46, 3), ao administrador de bens concede-se a posição de cocredor (*adstipulatio*, Gaio III, 110, 111, 215, 216) [...].

Ao contrapor seu conceito sobre simulação ao negócio fiduciário, Regelsberger[34] definiu-a como quem realiza um negócio regular na aparência externa com o objetivo de alcançar determinado efeito jurídico, porém sem ter a vontade de alcançar esse efeito, embora se tenha a expressa intenção de causar em terceiros a real impressão da constituição e da celebração desse negócio jurídico.

Para o jurista, simulação significava não querer o negócio jurídico declarado, mas não necessariamente significava não querer negócio jurídico nenhum. Como exemplo, cita a roupagem de compra e venda para encobrir uma doação. "Lá está" – registra o autor – "um negócio jurídico vazio, aqui um encoberto".

Segundo Moreira Alves, para Goltz[35], que desenvolveu sua concepção sobre negócio fiduciário com base na definição dada por Regelsberger, a estrutura interna desse instituto é composta por dois contratos: (i) um contrato real positivo, por meio do qual se opera normalmente a transferência da propriedade ou do direito de crédito, e (ii) um contrato obrigatório negativo, do qual nasce para o fiduciário a obrigação de restituição ao fiduciante do direito que lhe foi transmitido, depois de observadas determinadas circunstâncias. Esse entendimento de Goltz ficou conhecido como a teoria dualista do negócio fiduciário[36].

A concepção dualista de Goltz foi combatida em 1936 por Grassetti, que considerou o negócio fiduciário, em sua estrutura interna, negócio unitário e causal[37]. A causa do negócio fiduciário, para Grassetti, era a *causa fiduciae*, considerada atípica por não estar regulada em lei. Grassetti lança, então, a teoria monista do negócio fiduciário[38].

---

[33] *Apud* MOREIRA ALVES, José Carlos Barbosa. As normas de proteção ao devedor e ao *favor debitoris*: do Direito Romano ao Direito latino-americano. *Revista Synthesis*, Faculdade de Direito da UnB, n. 3, p. 26, 1º sem. 1997.

[34] REGELSBERGER, Ferdinand. *Zwei Beiträge zur Lehre Von der Cession*. Archive für die civilistische Praxis. Tübingen/Leipzig, 1880. p. 172.

[35] A obra de Goltz data de 1901, *apud* MOREIRA ALVES, José Carlos Barbosa. As normas de proteção ao devedor e ao *favor debitoris*: do Direito Romano ao Direito latino-americano. *Revista Synthesis*, Faculdade de Direito da UnB, n. 3, 1º sem. 1997.

[36] MOREIRA ALVES, José Carlos Barbosa. Da fidúcia romana à alienação fiduciária em garantia no direito brasileiro. *In*: CAHALI, Yussef Said (coord.). *Contratos nominados*: doutrina e jurisprudência. São Paulo: Saraiva, 1995. p. 26.

[37] NAVARRO MARTORELL, Mariano. *La propiedad fiduciaria*: la fiducia histórica. Los modernos negocios fiduciarios. Barcelona: Bosch, 1950. p. 60.

[38] MOREIRA ALVES, José Carlos Barbosa. Da fidúcia romana à alienação fiduciária em garantia no direito brasileiro. *In*: CAHALI, Yussef Said (coord.). *Contratos nominados*: doutrina e jurisprudência. São Paulo: Saraiva, 1995. p. 27.

Grassetti[39] também criticou o conceito de Regelsberger e, em contraposição, apresentou a seguinte conceituação:

> Por negócio fiduciário, entendemos uma manifestação de vontade pela qual se atribui a outrem uma titularidade de direito em nome próprio, mas no interesse, ou também no interesse, do transferente ou de um terceiro. [...]
> A atribuição ao adquirente é plena, mas este assume um vínculo obrigacional quanto à destinação ou ao uso da entidade patrimonial. O objetivo da atribuição é um fim atípico, ou seja, não previsto especificamente pelo ordenamento jurídico, e, nesse sentido, mas apenas nesse sentido, é exato dizer que as partes perseguem um fim fora da lei.
> Não há desproporção entre meio e fim, porque a atribuição patrimonial é indispensável para a consecução do fim prático visado pelas partes. Há, no entanto, uma não homogeneidade entre atribuição e fim no seguinte sentido: é característico do poder do fiduciário uma potestade de abuso, decorrente da estrutura típica dos direitos reais, que não permite uma distinção nítida entre titularidade formal e titularidade econômica ou beneficiária, de modo que aquele que recebe a titularidade do direito recebe também, necessariamente, o poder de dispor dele de forma real e erga omnes, inclusive além ou contra o objetivo.
> O negócio implica confiança do transferente no adquirente e, por isso, é anômala a forma de fidúcia *cum creditore*, enquanto é característica a fidúcia *cum amico*.

Percebe-se que a definição de Grassetti já indica a intenção de atribuir a outro sujeito a titularidade de determinado direito por via não prevista no ordenamento jurídico, mas em decorrência do consenso das partes. Na definição, o autor italiano assevera que a atribuição patrimonial em favor do fiduciário é indispensável para a caracterização desse tipo de negócio. Afirma, ainda, o referido autor que a atribuição patrimonial é feita como qualquer transferência de direito real, pois naquela ocasião a estrutura dos direitos reais não permitia qualquer distinção ou desdobramento.

Assim, aquele que recebia do fiduciante a titularidade do direito real adquiria, também, o poder de dispor. Isso poderia possibilitar abusos por parte do fiduciário, aproximando-se da *fiducia* do direito romano.

A definição de Grassetti fundamenta-se na confiança e nega o entendimento de Regelsberger de que existe desproporção entre o meio adotado e o fim pretendido pelas partes, com

---

[39] "Per negozio fiduciario intendiamo una manifestazione di volontà con cui si attribuisce ad altri una titolarità di diritto a nome proprio ma nell'interesse, o anche nell'interesse, del transferente o di um terzo. [...] L'attribuzione all'accipiente à piena, mas questi assume un vinculo obbligatorio in ordine alla destinazione o all'impiego dell'entità patrimoniale. Lo scopo dell'attribuzione à uno scopo atípico, cioè non previsto in via epecifica dall'ordinamento giuridico, ed in questo senso, ma solo in questo senso, è esatto dire che le parti persegono uno scopo fuori della legge. Non vi è sproporzione tra mezo e scopo, perchè l'attribuzione patrimoniale è indispensabile pel conseguimento del fine pratico avuto di mira dalle parti. V'e tuttavia non omogeneità tra attribuzione e scopo in questo senso: che è caratteristica del potere del fiduciário una potestà di abuso, conseguente alla struttura tipica di diritti reali, che non permete una distinzione netta tra titilarità formale e titolarità economica o beneficiaria, onde che riceve la titolarità del diritto riceve anche, necessiariamente, il potere di disporne in via reale erga omnes, anche oltre o contro lo scopo. Il negozo implica affidamento del transferente all'accipiente e però à anomala la forma di fiducia cum creditore, mentre à caratteristica quella di fiducia cum amico" (Apud LIMA, Otto de Souza. Negócio fiduciário. São Paulo: RT, 1962. p. 161).

ressalva expressa de que o meio estabelecido – a atribuição patrimonial ao fiduciário – é o único meio possível para atingir a finalidade pretendida[40].

Esse, segundo Pedro Pais de Vasconcelos[41], é o argumento mais convincente de Grassetti, pois o fim nunca seria alcançado sem que fosse utilizado o meio escolhido, razão pela qual não se pode alegar excesso do meio adotado.

O exemplo utilizado, e que foi largamente franqueado durante o período da Primeira Grande Guerra Mundial, é o do estrangeiro que, para evitar o confisco dos bens que integravam seu patrimônio, transferia a propriedade deles para um amigo não estrangeiro e não combatente enquanto ele mesmo ia para o fronte, o que demonstra que o meio não era excessivo, pois se apresentava o único hábil para evitar o confisco pelo Estado.

Outro exemplo dado por Grassetti, e citado por Vasconcelos, era o do pródigo com grande quantidade de dívidas, mas com patrimônio suficiente para saldá-las, se bem administrado, que transfere tal patrimônio para um irmão, competente administrador, para que o administre, entregue-lhe uma quantia anual e, por ocasião de sua morte, transmita o que remanescer aos seus herdeiros.

Apesar da crítica apontada, Pontes de Miranda[42] faz o seguinte destaque sobre os ensinamentos de Regelsberger:

> Foi F. Regelsberger, em 1880 (Zwei Beiträge zur Lehre von der Cession. Archiv für dir civilistische Práxis, 63, 173), quem designou tais negócios jurídicos como negócios jurídicos fiduciários, para substituir a expressão de J. Kohler (Studien über Mentalreservation und Simulation, Jahrbücher für die Dogmatik, 16, 140) "negócio encoberto" (*verdektes Geschäft*), não só porque o negócio da transmissão não é encoberto, nem encobre, como porque na expressão caberiam negócios jurídicos simulados. Melhor seria dizerem-se 'negócios jurídicos com fidúcia', para frisar a dualidade de relações jurídicas. Ao lado da relação jurídica, oriunda da aquisição, está a relação jurídica de fidúcia, entre o fiduciante e o fiduciário.

Na obra de Otto de Souza Lima[43] também se encontra a definição de Nicola Coviello sobre o negócio fiduciário: "Fiduciari si dicono quegli atti che importano um transferimento di cose o di diritto che praticamente non há per scopo l'aumento del patrimônio dell acquirente, ma serve a tutt'atltro"[44].

Nessa definição, ofertada por Coviello, denota-se que a transferência no negócio fiduciário não pretende causar um aumento no patrimônio do fiduciário. A finalidade é outra que não o enriquecimento do credor adquirente. Fosse esse o objetivo da transferência no negócio fiduciário, não haveria necessidade de sua utilização, pois se confundiria com o próprio negócio jurídico que serve de meio. Melhor dizendo, se a intenção fosse a de incrementar o patrimônio daquele que recebe o direito (o fiduciário), a transferência seria uma simples

---

[40] NAVARRO MARTORELL, Mariano. *La propiedad fiduciaria:* la fiducia histórica. Los modernos negocios fiduciarios. Barcelona: Bosch, 1950. p. 61.
[41] VASCONCELOS, Pedro Pais de. *Contratos atípicos*. Coimbra: Almedina, 1995. p. 261.
[42] PONTES DE MIRANDA, Francisco Cavalcanti. *Tratado de direito privado*. Campinas: Bookseller, 2000. t. III, V, XXI e LII, p. 148.
[43] LIMA, Otto de Souza. *Negócio fiduciário*. São Paulo: RT, 1962.
[44] "Fiduciários são aqueles atos que envolvem transferência de coisas ou direitos que praticamente não têm a finalidade de aumentar o patrimônio do comprador, mas serve a uma finalidade totalmente diferente" (Tradução livre).

alienação definitiva. Entretanto, a transferência que faz o disponente (o fiduciante) busca atingir outra finalidade (de garantia) e, para tanto, vale-se do negócio fiduciário.

Também Enneccerus e Nipperdey[45] apresentam definição sobre o negócio fiduciário:

> Se llaman negocios fiduciarios aquellos negocios jurídicos por medio de los cuales el fiduciante concede al fiduciario una facultad jurídica, en cuya virtud éste puede ejercer derechos ajenos, económicos o jurídicos, con una cierta independencia y en su propio nombre, pero (o al menos también) en interés de otra persona, estando jurídicamente vinculado de un modo bien definido. No es, en cambio, esencial al negocio fiduciario que la cosa objeto de la fiducia haya pertenecido al patrimonio del fiduciante y haya pasado inmediatamente desde este patrimonio al del fiduciario. Puede también darse una relación de fiducia cuando el fiduciario, por orden y cuenta del fiduciante, ha adquirido la cosa de un tercero; sólo se presupone que el fiduciario, después de la adquisición, deba ejercer el derecho sobre la cosa en virtud de un convenio que reúna los requisitos mencionados.

Em outra passagem, os mesmos autores[46] destacam que:

> Las relaciones fiduciarias aparecen sobre todo en dos formas. En la forma más antigua y aún hoy preferida, el fiduciante transmite al fiduciario el derecho pleno sobre la cosa transmitida que se convierte en la relación interna y desde el punto de vista económico debe, no obstante, conducirse meramente como un administrador, un acreedor pignoraticio, un mandatario, etc., esto es, debe tener la cosa o el crédito únicamente en los términos de la "confianza" depositada en él. Pero negocio fiduciario puede también constituirse de modo que el derecho pleno sobre la cosa (por ejemplo, sobre la patente) quede en manos del fiduciante, mientras que el fiduciario está facultado al ejercicio del derecho, y en especial a disponer sobre el derecho (§ 185).
>
> a) La transmisión fiduciaria de un derecho pleno plantea problemas especiales. Puesto que, en esta forma de fiducia, el fiduciario se convierte en propietario de la cosa, titular del crédito, etc. Sus disposiciones sobre el objeto son eficaces aunque signifiquen una violación de la confianza en él depositada. Sus poderes en la relación externa son ilimitados. El convenio según el cual el fiduciario no debe conducirse como propietario, acreedor, etc., frente al fiduciante o al tercero favorecido, sino sólo como administrador, mandatario, etc., solamente tiene eficacia en la relación con el fiduciante o el tercero favorecido (§ 137). En la transmisión fiduciaria de un derecho pleno la relación jurídica puede definirse con las palabras de M. Wolf: El fiduciario ha de ser propietario frente a todo el mundo, excepto el fiduciante.

Para Orlando Gomes[47], a alienação fiduciária está apoiada na confiança mútua que credor e devedor nutrem em relação a determinada situação jurídica de garantia. Afirma o autor que, em sentido amplo,

> [...] a alienação fiduciária é o negócio jurídico pelo qual uma das partes adquire, em confiança, a propriedade de um bem, obrigando-se a devolvê-la quando se

---

[45] ENNECCERUS, Ludwig; NIPPERDEY, Hans Karl. *Tratado de derecho civil*. 2. ed. Barcelona: Bosch, 1981. t. I, v. I, p. 110.
[46] ENNECCERUS, Ludwig; NIPPERDEY, Hans Karl. *Tratado de derecho civil*. 2. ed. Barcelona: Bosch, 1981. t. I, v. I, p. 112.
[47] GOMES, Orlando. *Alienação fiduciária em garantia*. 4. ed. São Paulo: RT, 1975. p. 18.

verifique o acontecimento a que se tenha subordinado tal obrigação, ou lhe seja pedida a restituição.

Até aqui é possível apreender certa noção do negócio fiduciário como sério e de fato querido pelas partes, com a finalidade de alcançar determinado objetivo que lhe transcende.

Fiduciante e fiduciário realizam o negócio e assumem as consequências jurídicas para atingir determinado benefício econômico, para o qual o negócio fiduciário serve como meio. Todos os efeitos do negócio jurídico adotado são regularmente produzidos, mesmo que no contrato as partes tenham estabelecido obrigação de natureza pessoal de se valerem de tais efeitos exclusivamente para a finalidade convencionada.

Pode-se concluir, em linhas gerais, que o negócio fiduciário é aquele em que uma pessoa (devedor) transmite a outra (credor), sem acréscimo ou atribuição patrimonial, a propriedade de uma coisa ou de um direito com a finalidade de garantir obrigação de qualquer natureza estabelecida contratualmente, pelo qual o credor obriga-se a restituí-la, quando cumprida a obrigação ou implementada a condição resolutiva respectiva estabelecida por elas em contrato.

A relação fiduciária percebe-se presente nos negócios jurídicos em que as partes se vinculam por meio de determinada e específica circunstância jurídica, sustentada e amparada por uma relação de poder, baseada principalmente na confiança de uma parte em relação à outra[48].

Gottschalk[49] faz referência à monografia de Siebert[50], publicada em 1933, em que houve identificação de dois grupos principais de negócios fiduciários: (i) a fidúcia administrativa, que não representa proveito próprio; e (ii) a fidúcia de garantia em proveito próprio.

No primeiro tipo, estão as situações em que ocorre a alienação de um patrimônio a um fiduciário para que seja utilizado no interesse da totalidade dos credores do fiduciante.

Ao segundo tipo pertencem as situações jurídicas de cessão e transferência de um direito patrimonial em garantia de determinado crédito.

Juan B. Jordano Barea[51], com clareza, apresenta a característica essencial para que se tenha um negócio fiduciário. Para o autor:

> [...] el negocio fiduciario se caracteriza por una situación de peligro, limitada por el juego de la fides. Cuando no existe la posibilidad de abuso y se llega a la correspondencia exacta de los poderes del fiduciario, se está frente a casos de fiducia legal que no tienen ningún título hábil para la calificación fiduciaria.

Deve haver uma situação de dependência entre o credor e o devedor de forma a poder legitimar a expectativa de implementação da garantia.

Tullio Ascarelli[52] apresenta outros elementos imprescindíveis para a caracterização do negócio fiduciário. Também admite que o fim pretendido pelos contratantes transcenda e não corresponda à finalidade do negócio escolhido. Salienta o autor que:

---

[48] RODRIGUEZ AZUERO, Sergio. La responsabilidad del fiduciario. *Revista de la Academia Colombiana de Jurisprudencia*, Bogotá, n. 309, p. 63, jul. 1997.
[49] GOTTSCHALK, Egon Felix. Alienação fiduciária em garantia. *Revista Forense*, ano 66, v. 230, fascículos 802-804, p. 394, 1970.
[50] SIEBERT, Wolfgang. *Das rechtsgeschäftliche Treuhandverhältnis*: ein dogmatischer und rechtsvergleichender Beitrag zum allgemeinen Treuhandproblem. Frankfurt am Main: Keip, 1970.
[51] BAREA, Juan B. Jordano. *El negocio fiduciario*. Barcelona: Bosch, 1959. p. 1930.
[52] ASCARELLI, Tullio. *Problemas das sociedades anônimas e direito comparado*. Campinas: Bookseller, 2001. p. 160.

> [...] a característica do negócio fiduciário decorre do fato de se prender a uma transmissão da propriedade e, ainda, porque seu efeito de direito real é parcialmente neutralizado por uma convenção entre as partes; por conseguinte, o adquirente pode aproveitar-se da propriedade que adquiriu, apenas para o fim especial visado pelos contratantes, sendo obrigado a devolvê-la uma vez preenchido aquele fim. Ao passo que os efeitos de direito real, isoladamente considerados e decorrentes do negócio adotado, vão além das intenções das partes, as ulteriores convenções obrigacionais visam justamente a restabelecer o equilíbrio; é assim possível o uso da transferência da propriedade para finalidades indiretas (ou seja, para fins de garantia, de mandato, de depósito).

Entretanto, os efeitos de direito real dos negócios jurídicos adotados são seriamente desejados pelas partes, sem os quais o fim último não poderia ser alcançado. A conclusão desse fim não contraria, mas pressupõe o cumprimento do objetivo típico do negócio jurídico adotado.

Assim, num caso típico de negócio fiduciário, por exemplo, a transferência da propriedade para fins de garantia, a transmissão ocorre e é efetivamente desejada pelas partes, não, porém, para o fim de transmissão definitiva, mas para um fim de garantia de determinada prestação. O fiduciário intitular-se-á proprietário resolúvel enquanto as condições de vencimento da obrigação garantida não se verificarem.

Na conceituação de Ascarelli, há a explícita previsão de que o adquirente da coisa transferida pode utilizá-la exclusivamente para a finalidade estabelecida pelas partes no contrato. Atingida a finalidade para a qual se pactuou a transferência, o negócio fiduciário é desfeito e ao fiduciante retorna a propriedade plena da coisa fiduciada.

Pontes de Miranda[53] ressalta que se terá negócio fiduciário quando a transferência operada tiver como finalidade não a própria transmissão, mas apoiar um negócio jurídico que não o de alienação definitiva. Afirma, também, o autor, em consonância com grande parte da doutrina, que o negócio fiduciário não se confunde com o negócio jurídico simulado. Neste, o fim que se alcança é desejado pelas partes, enquanto no fiduciário a finalidade é sempre outra, ou seja, a satisfação da obrigação principal.

Os entendimentos anteriormente indicados equiparam-se à concepção de *fiducia* romana. Nas definições apresentadas, o negócio fiduciário é celebrado com base no elemento subjetivo da recíproca confiança entre credor e devedor, sem o qual não se estabelece o negócio fiduciário.

Novamente, é importante destacar o entendimento de Pontes de Miranda[54], para quem:

> O elemento novo, que há no negócio fiduciário, é a confiança, a fidúcia (em sentido pós-romano). Aquele a quem se fez a transmissão – posto que tenha todos os poderes e faculdades do adquirente e, pois, do proprietário –, diante do transmitente, está obrigado a exercer o seu direito de acordo com o fim da fidúcia, inclusive, se for o caso, de restituir o bem da vida que se transmitiu.

---

[53] PONTES DE MIRANDA, Francisco Cavalcanti. *Tratado de direito privado*. Campinas: Bookseller, 2000. t. III, V, XXI e LII, p. 146.
[54] PONTES DE MIRANDA, Francisco Cavalcanti. *Tratado de direito privado*. Campinas: Bookseller, 2000. t. III, V, XXI e LII, p. 147.

Voltando a Gottschalk[55], sobre os dois grupos definidos por Siebert, o autor apresenta uma classificação que pode ser ainda dividida em quatro outros grupos de negócios jurídicos fiduciários:

a) o negócio jurídico fiduciário que tem por fim constituir um acervo patrimonial autônomo, i.e., segregado do patrimônio de seu instituidor e subordinado a um regime e a uma tutela próprios de direitos;
b) o negócio jurídico fiduciário com o objetivo de colocar determinados bens ou direitos sob uma administração juridicamente separada da gestão geral de negócios exercida pelo fiduciante;
c) o negócio jurídico fiduciário que tem por fim assegurar a determinados bens ou direitos uma destinação preordenada a favor de terceiros, seja *inter vivos*, seja *mortis causa*;
d) o negócio jurídico fiduciário com o objetivo de garantir direitos de terceiros ou do próprio fiduciário, como no caso da alienação fiduciária em garantia.

Alcino Pinto Falcão[56] salienta que os ordenamentos jurídicos antigos já conheciam o instituto da alienação fiduciária, por meio da alienação com escopo de garantia submetida à condição resolutiva. Nos direitos arcaicos, o penhor já não tinha a eficácia necessária, pois não se consignava a coisa na posse do credor. A lacuna era suprimida pela alienação fiduciária que se fazia com o escopo de garantia.

O devedor realizava uma venda efetiva em benefício do credor por um preço correspondente ao total da dívida. Os plenos efeitos definitivos dessa venda eram observados somente por ocasião do vencimento estabelecido para a obrigação, e na hipótese de o devedor não cumprir integralmente a prestação convencionada.

Nesse sentido, a Lei do SFI inovou substancialmente a sistemática das garantias reais de nosso ordenamento jurídico, ao utilizar a fidúcia legal como recurso de garantia para os negócios imobiliários.

É importante destacar, porém, que o negócio fiduciário imobiliário, em nosso sistema, é caracterizado pela aquisição da propriedade fiduciária resolúvel, em nome próprio do credor, mas no interesse do transmitente. A atribuição dessa titularidade ao fiduciário ocorre com a obrigação de este dar ao imóvel, objeto do negócio jurídico, determinada destinação, uma vez que a atribuição patrimonial que ocorre é atípica, limitada e por força de lei.

Nesse sentido, é possível classificar o negócio fiduciário como bilateral, pois é composto por dois acordos distintos, pelos quais o fiduciante transfere a propriedade resolúvel de determinado imóvel para o fiduciário, que, apesar de exercer os direitos de proprietário, só o faz em razão de específicas circunstâncias obrigacionais (de)limitadas pelo contrato e pela própria lei, as quais o obrigam a dar uma destinação certa e determinada ao imóvel objeto do negócio jurídico de garantia fiduciária[57].

Assim, a característica fundamental do negócio fiduciário é que ele se prende a uma transferência da propriedade, mas seu efeito de direito real é temporária e parcialmente neutralizado por uma convenção das partes ou por disposição legal. Por essa disposição, o adquirente (o fiduciário) torna-se proprietário, porém sempre vinculado à finalidade esta-

---

[55] GOTTSCHALK, Egon Felix. Alienação fiduciária em garantia. *Revista Forense*, ano 66, v. 230, fascículos 802-804, p. 394, 1970.
[56] FALCÃO, Alcino Pinto. Alienação fiduciária em garantia. *Revista Forense*, ano 67, v. 230, p. 400, abr./jun. 1970.
[57] LIMA, Otto de Souza. *Negócio fiduciário*. São Paulo: RT, 1962. p. 162.

belecida no contrato ou na lei (condição resolúvel), com a obrigação de devolver a coisa (ao fiduciante), se a finalidade for alcançada.

Caso, nesse tipo de negócio jurídico, o direito real fosse analisado de forma isolada, seria possível notar que seus efeitos se estendem para além das intenções das partes; e é assim que se faz possível o uso da transferência da propriedade para finalidades indiretas, como garantia, no caso do negócio jurídico fiduciário[58].

Na fidúcia romana, o aspecto obrigacional, que caracterizava o negócio fiduciário, representava sérios riscos para o fiduciante, pois, na hipótese de o fiduciário não agir com a esperada lealdade e nos termos do que fora pactuado, não haveria possibilidade de aquele recuperar a propriedade da coisa utilizada como objeto da garantia.

Nota-se claramente que esse elemento obrigacional, construído com base apenas na lealdade do fiduciário, muito prejudicial ao fiduciante, foi mitigado pela evolução histórica dessa modalidade de negócio jurídico, pois, nos moldes em que atualmente está disciplinada em nosso sistema jurídico, prescinde do elemento subjetivo confiança.

Essa conclusão decorre da análise de toda a sistemática prevista na Lei do SFI, mas em especial da estrutura contida no *caput* do art. 22, o qual estabelece que a "alienação fiduciária regulada por esta Lei é o negócio jurídico pelo qual o fiduciante, com o escopo de garantia de obrigação própria ou de terceiro, contrata a transferência ao credor, ou fiduciário, da propriedade resolúvel de coisa imóvel".

Denota-se da leitura do dispositivo legal, entre outras situações que serão analisadas adiante, que a alienação fiduciária é direito real de garantia constituído de forma acessória em relação a outro negócio jurídico considerado principal, especialmente quando envolve a concessão de crédito (mútuo) pelo qual o fiduciante, por si ou por terceiro, transmite um imóvel ao fiduciário, em caráter resolúvel, pelo prazo em que vigorar a obrigação principal de restituição (o mútuo).

O dispositivo legal não faz referência à confiança (ou fidúcia) como requisito para sua instituição. A constituição da propriedade fiduciária é consequência de ajustes contratuais maiores, mas sua extensão e seus limites estão contidos no próprio campo normativo da referida Lei do SFI e subsidiariamente no respectivo contrato. Prova disso é que a transferência da propriedade feita ao fiduciário pelo fiduciante ocorre por determinação do próprio preceito normativo do art. 22 antes transcrito.

A confiança é um elemento psicológico que se encontra presente nas contratações de maneira geral. A confiança recíproca dos contratantes é elemento indispensável que deve estar manifesto nas relações jurídicas em geral. A vontade dos contratantes na constituição da propriedade fiduciária há de ser imbuída de mútua confiança. Na vontade dos sujeitos deve estar presente a boa-fé[59].

Pontes de Miranda[60], ao fazer referência às reminiscências da fidúcia (considerado como confiança), destaca que:

> A fidúcia regulada em lei apaga-se de certo modo a si mesma. Apenas alude a que, nas origens do instituto, ela esteve; não está mais. A confiança, que é ato de *confidare* (latim

---

[58] ASCARELLI apud CHALHUB, Melhim Namem. A fidúcia no sistema de garantias reais do direito brasileiro. *Revista de Direito Bancário e do Mercado de Capitais*, v. 1, n. 2, p. 119, maio/ago. 1998.
[59] LIMA, Otto de Souza. *Negócio fiduciário*. São Paulo: RT, 1962. p. 45.
[60] PONTES DE MIRANDA, Francisco Cavalcanti. *Tratado de direito privado*. Campinas: Bookseller, 2000. t. III, p. 148.

popular, em vez de *fidere*) é entre declarantes ou manifestantes de vontade, um dos quais confia (espera) que o outro se conduza como ele deseja, pois tem fé (fidúcia); à diferença da fiança, que é prestação de fé. Se a lei transforma esse material de confiança, criado no terreno deixado à autonomia das vontades, e o faz conteúdo de regras jurídicas cogentes, a fidúcia passa a ser elemento puramente histórico do instituto, salvo no ato mesmo de se escolher a categoria. Foi o que se passou com os testamenteiros e outros administradores de patrimônio alheio.

É o que também acontece com a propriedade fiduciária imobiliária em nosso sistema jurídico. A fidúcia (confiança) contida no âmbito da Lei do SFI é meramente histórica, uma vez que as normas de ordem pública não deixam opções nem espaços para que o credor aja de forma diversa do que nela está previsto.

As ações do credor estão muito bem delimitadas em lei e dependem, como se verá a seguir, diretamente dos atos do fiduciante. Se houver inadimplemento, deverá realizar os públicos leilões extrajudiciais; caso o devedor cumpra integralmente a obrigação garantida, necessariamente deverá outorgar o termo de quitação, sob pena de pagamento de multa.

Não há lugar para o elemento subjetivo da confiança, no sentido de uma das partes ter a expectativa de determinado comportamento da outra, baseando-se unicamente na convicção de que ela agirá como pactuado. As atitudes de ambas as partes são pautadas e reguladas pelas normas dispositivas contidas na Lei do SFI e supletivamente no contrato.

Importante a lição de Clóvis V. do Couto e Silva[61] sobre a seriedade dos negócios jurídicos em relação à vontade do devedor de adimplir a obrigação convencionada. Diz o autor que:

> Em sistema de separação relativa, a declaração de vontade que dá conteúdo ao negócio jurídico dispositivo pode ser considerada como codeclarada no negócio obrigacional antecedente. É que na vontade de criar obrigações, insere-se naturalmente a vontade de adimplir o prometido. Não fora, assim, o negócio jurídico não teria as condições mínimas de seriedade que o Direito exige. Daí por que, quando alguém vende algo, demonstra, também, nesse preciso momento, vontade de adimplir o prometido.
>
> Essa vontade de adimplir é inseparável, no plano psicológico, da vontade de criar obrigações. Faltaria seriedade à vontade criadora da prestação principal, se, ao mesmo tempo, não se desejasse o adimplemento correspondente. Essa vontade criadora de que se fala é inseparável da vontade de adimplir, entretanto só existe como tal no plano psicológico.
>
> No plano jurídico, essa vontade unitária bifurca-se a fim de preencher os negócios jurídicos de diferentes dimensões (o obrigacional ou o de direito das coisas).

Em nossa estrutura de negócio jurídico fiduciário imobiliário, com a finalidade de garantir eventual inadimplemento, o fiduciante aliena, temporária e transitoriamente, a propriedade de seu imóvel ao fiduciário.

Ressalta-se, uma vez mais, que não está presente o elemento confiança (ou fidúcia), o que pode parecer paradoxal, pois, como referido antes, a relação fiduciária não mais contém o que na origem a justificava.

Há a escolha de certa garantia real que exige, *ex lege*, a alienação fiduciária do imóvel ao titular do crédito garantido. Tudo decorrente da estrutura contida na própria lei, e não na fidúcia (confiança) das partes contratantes.

---

[61] COUTO e SILVA, Clóvis V. *A obrigação como processo*. São Paulo: José Bushatsky, 1976. p. 56.

O fiduciário não adquire, por sua vez, a propriedade do imóvel com a intenção de mantê-lo em seu patrimônio de maneira definitiva. A aquisição pelo titular do crédito é marcada por ser temporária, transitória e resolúvel, pois tem como função especial garantir o cumprimento da prestação principal, assumida pelo fiduciante. O imóvel, portanto, permanecerá sob o domínio do fiduciário até que se cumpra integralmente a prestação objeto da garantia.

A propriedade do credor é, por conseguinte, resolúvel, em razão da estrutura legal imposta a tal modalidade de garantia real imobiliária. O momento da extinção dessa propriedade está previsto no próprio título que a constituiu com apoio na lei, seja diante do adimplemento ou não. Sua finalidade é apenas de garantia.

Cumprida a obrigação pelo fiduciante, a propriedade plena é revertida definitivamente ao seu patrimônio. Caso ocorra o inadimplemento pelo devedor, também haverá a extinção da propriedade resolúvel pela "consolidação" da propriedade em nome do credor fiduciário.

Nesse ponto, haverá outro tipo de propriedade: aquela suficiente para que o fiduciário promova os leilões públicos extrajudiciais e possibilite a transferência efetiva ao interessado na aquisição.

A propriedade fiduciária difere-se dos direitos reais limitados de garantia como o penhor[62], a hipoteca e a anticrese, porque neles o titular da garantia real tem direito sobre a coisa alheia, ou seja, o objeto da garantia real permanece sob o domínio do devedor. Na propriedade fiduciária, ao contrário, o fiduciário, para a proteção do seu crédito, adquire a propriedade em caráter resolúvel, o que, apesar de torná-la limitada, retira o imóvel fiduciado da esfera patrimonial do fiduciante.

Por esse ângulo, é essencial destacar alguns aspectos importantes. A propriedade fiduciária é uma garantia real sobre coisa própria, pois, pelo art. 22 da Lei do SFI, o devedor contrata a transferência resolúvel do imóvel para o credor e a propriedade plena do objeto da garantia é retirada de seu âmbito patrimonial, subsistindo apenas os direitos que veremos adiante.

Em consequência, o credor possui o benefício de ter o objeto da garantia segregado do patrimônio universal do devedor, que, pela regra geral do art. 391 do Código Civil, responde pelo inadimplemento de todas as suas obrigações.

Não que haja patrimônios diversos, mas sim, no caso da situação fiduciária, separação de coisas que ficam na dependência de uma condição que, quando implementada, obrigará sua reversão a uma situação anterior e já prevista[63].

Tal característica pode configurar a teoria da afetação[64-65], situação jurídica em que determinadas coisas ficam segregadas ou separadas do patrimônio único do titular, em razão de condição e/ou encargo impostos para consecução de certa finalidade, cuja fonte essencial e principal é a lei. Contudo, essa circunstância, em nosso sistema, somente é possível quando

---

[62] Vale destacar que, no penhor comum, a posse da coisa é efetivamente transferida ao credor nos termos do art. 1.431 do Código Civil. A propriedade, no entanto, ainda permanece com o devedor.

[63] PEREIRA, Caio Mário da Silva. *Instituições de direito civil*. Introdução ao direito civil. Teoria geral do direito civil. Atualizadora e colaboradora Maria Celina Bodin de Moraes. 34. ed. Rio de Janeiro: Forense, 2022. v. I, p. 342.

[64] Chalhub destaca que "a teoria da afetação possibilita a segregação patrimonial ou a divisão de um patrimônio comum segundo certos encargos que se impõem a certos bens, que passariam a ficar *vinculados* a determinada finalidade" (CHALHUB, Melhim Namem. *Negócio fiduciário*. Rio de Janeiro: Renovar, 2000. p. 161).

[65] PEREIRA, Caio Mário da Silva. *Instituições de direito civil*. Introdução ao direito civil. Teoria geral do direito civil. Atualizadora e colaboradora Maria Celina Bodin de Moraes. 34. ed. Rio de Janeiro: Forense, 2022. v. I, p. 341.

imposta ou autorizada por lei e se perfaz, aparece toda vez que certa massa de bens é sujeita a uma restrição em benefício de um fim específico.

Com a constituição da propriedade fiduciária, o credor retira a coisa fiduciada do núcleo patrimonial do fiduciante e torna-se o único a poder ser beneficiário do objeto da garantia. Os demais credores, ao analisarem o patrimônio do fiduciante para buscarem satisfazer os seus créditos, não poderão alcançar aquele que foi utilizado para a constituição da garantia fiduciária imobiliária, salvo se a constituição da garantia de outro crédito tiver origem anterior à contratação dessa modalidade de garantia real.

Por essa razão, o fiduciário deve fazer uma auditoria jurídica (*due diligence*[66]) antes de receber o imóvel em garantia fiduciária, como forma de identificar, além de outras circunstâncias, a possibilidade ou não de fraude de execução (Código de Processo Civil, art. 792, I).

Defendemos que, no momento da contratação da garantia real, não se dá a transferência do direito real de propriedade definitiva ao fiduciário. Essa transferência, porém, poderá ocorrer a terceiros ou até mesmo para o fiduciário, por ocasião dos leilões públicos extrajudiciais.

Nessa hipótese, caso ocorra a transferência efetiva em circunstâncias que caracterizem as situações de fraude de execução previstas nos incisos do art. 792 do Código de Processo Civil, poderá, após o reconhecimento judicial da fraude de execução, haver declaração judicial de ineficácia da oneração ou da alienação que, por sua vez, permitirá a averbação da penhora na matrícula do imóvel.

Ademais, mesmo sem ocorrer a transferência do direito real de propriedade definitiva ao fiduciário, como entendemos, a constituição da propriedade fiduciária caracteriza oneração do imóvel que, por expressa previsão legal contida no *caput* do mencionado art. 792 do Código de Processo Civil, também é capaz de configurar fraude de execução.

Outro ponto que deve ser ressaltado refere-se à recuperação judicial e à propriedade fiduciária. Nesse particular, a garantia fiduciária deve ser avaliada sob o aspecto da possibilidade de recuperação tanto do fiduciário quanto do fiduciante.

O art. 32 da Lei do SFI, para a situação de insolvência do fiduciante, traz a regra que deve ser aplicada. O referido artigo dispõe que, na "hipótese de insolvência do fiduciante, fica assegurada ao fiduciário a restituição do imóvel alienado fiduciariamente, na forma da legislação pertinente".

Caso ocorra a decretação de falência do fiduciante, o fiduciário estará protegido nos termos do transcrito art. 32, mas deverá solicitar a restituição do imóvel como determinam os arts. 85 a 93 da Lei Federal n.º 11.101/2005 ("Lei de Recuperação Judicial").

Como o fiduciante está na posse direta, o imóvel será arrecadado pela massa e o fiduciário deverá solicitar sua restituição com base no referido art. 32 da Lei do SFI e, também, no inciso IX do art. 119 da Lei de Recuperação Judicial.

O referido inciso IX do art. 119 da Lei de Recuperação Judicial determina que

> [...] os patrimônios de afetação, constituídos para cumprimento de destinação específica, obedecerão ao disposto na legislação respectiva, permanecendo seus bens, direitos e obrigações separados dos do falido até o advento do respectivo termo ou até o cumprimento de sua finalidade, ocasião em que o administrador judicial arre-

---

[66] Ao se realizar um processo de auditoria jurídica ou de *due diligence* imobiliária, atentar-se para o conteúdo da Lei Federal n.º 13.097/2015, que trata da concentração dos atos na matrícula do imóvel.

cadará o saldo a favor da massa falida ou inscreverá na classe própria o crédito que contra ela remanescer.

Por esse dispositivo legal é possível afirmar que, em caso de falência tanto do fiduciário quanto do fiduciante, o respectivo beneficiário poderá reclamar contra a massa falida o conteúdo da propriedade fiduciária, pois esta se caracteriza como específico patrimônio segregado e está em compasso de espera em relação ao desfecho da prestação principal.

Caso seja declarada a falência do fiduciário, Caio Mário da Silva Pereira[67] salienta que o domínio condicional será arrecadado pela massa falida, e o fiduciante, caso cumpra a prestação principal integralmente, poderá exercer contra ela a pretensão de restituição da coisa, como forma de recuperar o imóvel objeto da garantia.

Essa, uma vez mais, é a constatação de que a propriedade fiduciária imobiliária está posta à prova, especialmente no que se refere à proteção dos interesses do fiduciário – embora os direitos do fiduciante, pela sistemática legal, estejam também protegidos.

Tais interesses estão amparados no sentido de ser possível a ágil recuperação de crédito, pois, com a restituição do objeto da garantia, nos termos do art. 32 da Lei do SFI e do inciso IX do art. 119 da Lei de Recuperação Judicial, não haverá necessidade de promover a habilitação do crédito e aguardar o pagamento da dívida no concurso de credores.

Em relação à fase de recuperação judicial, a respectiva lei, ao fazer referência aos créditos que estão sujeitos a ela, excepciona expressamente a posição do credor fiduciário de coisas móveis ou imóveis.

Estabelece o art. 49, § 3°[68]:

> Estão sujeitos à recuperação judicial todos os créditos existentes na data do pedido, ainda que não vencidos. [...] § 3° Tratando-se de credor titular da posição de proprietário fiduciário de bens móveis ou imóveis, de arrendador mercantil, de proprietário ou promitente vendedor de imóvel cujos respectivos contratos contenham cláusula de irrevogabilidade ou irretratabilidade, inclusive em incorporações imobiliárias, ou de proprietário em contrato de venda com reserva de domínio, seu crédito não se submeterá aos efeitos da recuperação judicial e prevalecerão os direitos de propriedade sobre a coisa e as condições contratuais, observada a legislação respectiva, não se permitindo, contudo, durante o prazo de suspensão a que se refere o § 4° do art. 6° desta Lei, a venda ou a retirada do estabelecimento do devedor dos bens de capital essenciais a sua atividade empresarial.

Também, em contrapartida, pelo conteúdo do § 1° do art. 39 da Lei de Recuperação Judicial, os titulares de créditos, excetuados na forma dos transcritos §§ 3° e 4° do art. 49 da mesma lei, não terão direito a voto nem serão considerados para fins de verificação do quórum de instalação e de deliberação nas assembleias gerais.

---

[67] PEREIRA, Caio Mário da Silva. *Instituições de direito civil*. Direitos reais. 18. ed. Rio de Janeiro: Forense, 2003. v. IV, p. 436.

[68] Pela possibilidade da aplicação do referido dispositivo legal: "Execução – Ação voltada contra devedora principal e garantidores – Suspensão da demanda executiva, diante da recuperação judicial da devedora – Impossibilidade – Dívida decorrente de Certificados de Direitos Creditórios do Agronegócio, com Cessão Fiduciária – Inteligência do artigo 49, § 3°, da Lei n.° 11.101/2005 – Prosseguimento da execução, inclusive em relação aos garantidores (art. 49, § 1°, da Lei n.° 11.101/2005) – Suspensão afastada – Recurso provido" (TJSP, Agravo de Instrumento 990.10.055595-2, j. 08.07.2010).

Entre aqueles tratados no § 3º do art. 49 da Lei de Recuperação Judicial, encontram-se: (i) o credor titular da posição de proprietário fiduciário de bens móveis ou imóveis; (ii) o proprietário ou promitente vendedor de imóvel cujos respectivos contratos contenham cláusula de irrevogabilidade ou irretratabilidade, inclusive em incorporações imobiliárias; ou (iii) o proprietário em contrato de venda com reserva de domínio.

Esses não estarão sujeitos aos efeitos da recuperação judicial, mantendo seus direitos de propriedade sobre a coisa e as condições contratuais, conforme a legislação vigente. No entanto, durante o período de suspensão, conforme o § 4º do art. 6º da Lei de Recuperação Judicial, não será permitida a venda ou retirada dos bens de capital essenciais para a atividade empresarial do devedor.

Conforme ensina Modesto Carvalhosa[69], os credores previstos nos §§ 3º e 4º do art. 49 da Lei de Recuperação Judicial, em razão da exceção prevista no § 1º do art. 39, não participam da votação do plano de recuperação judicial e, consequentemente, não integram o quórum de deliberação, uma vez que seus direitos não são afetados.

Repita-se: são denominados credores, mas não são sujeitos à recuperação, de acordo com os §§ 3º e 4º do art. 49 da Lei de Recuperação e Falências. Se tais créditos não se submetem à recuperação judicial, não há motivos nem necessidade de se outorgar a seus correspondentes titulares o direito de participação na assembleia geral de credores.

É importante ressaltar que a própria Lei de Recuperação Judicial, ao possibilitar que tais créditos sejam excluídos da recuperação judicial, permitiu, em contrapartida, a sua inclusão no plano apresentado pelo devedor. Portanto, caso haja expressa anuência dos respectivos credores, seus créditos poderão ser incluídos na recuperação judicial e, consequentemente, seus titulares participarão da assembleia geral.

O que é possível deduzir da análise dos dispositivos legais suprarreferidos é que tais tipos de créditos (§§ 3º e 4º do art. 49 da Lei de Recuperação Judicial) não estão submetidos à obrigatoriedade dos processos da lei, o que permite aos seus titulares decidir com maior liberdade se é ou não conveniente ingressar na recuperação judicial ou executar suas garantias de forma autônoma.

Em resumo, portanto, na hipótese de recuperação judicial, os créditos com origem em contratos de alienação fiduciária imobiliária estarão excluídos dos efeitos da referida recuperação. Se o caso for de falência, haverá necessidade de promover o pedido de restituição prevista no art. 85 da Lei de Recuperação Judicial, com apoio, além da situação do caso concreto, no quanto estabelece o art. 32 da Lei do SFI e do inciso IX do art. 119 da Lei de Recuperação Judicial[70].

---

[69] CARVALHOSA, Modesto. Arts. 25 a 40. In: CORREA LIMA, Osmar Brina; CORREA LIMA, Sergio Mourão (coord.). Comentários à nova Lei de Falência e Recuperação de Empresas. Rio de Janeiro: Forense, 2009. p. 281.

[70] Nesse sentido vale destacar os argumentos indicados pelo Desembargador Dirceu Cintra, feitos no Agravo de Instrumento 990.10.278858-0, Comarca de São Paulo, os quais, apesar de tratarem de coisa móvel, são aplicáveis ao raciocínio aqui apresentado: "[...] o fato de encontrar-se a devedora em processo de recuperação judicial isso não lhe assegura o direito de permanecer na posse do bem alienado fiduciariamente. O artigo 6º, § 4º, da Lei n.º 11.101/2005 não impede o prosseguimento da ação de busca e apreensão com fundamento na alienação fiduciária em garantia, conforme especificamente dispõe o artigo 49, § 3º, da mesma lei. Com efeito, por ser a agravada proprietária fiduciária de bem móvel, seu crédito não se submete aos efeitos da recuperação judicial, prevalecendo a sua propriedade e as condições do contrato celebrado, tal como ocorre no arrendamento mercantil e na compra e venda com reserva de domínio".

6.2 A NATUREZA DA PROPRIEDADE DO FIDUCIÁRIO E A PROPRIEDADE DO CÓDIGO CIVIL. REFLEXÕES SOBRE A NATUREZA JURÍDICA DA PROPRIEDADE FIDUCIÁRIA IMOBILIÁRIA

Como referido anteriormente, a propriedade fiduciária imobiliária foi introduzida em nosso sistema pela Lei do SFI e estabeleceu naturezas distintas para os direitos do fiduciário e do fiduciante, especialmente no que se refere ao direito de propriedade.

Analisaremos a natureza jurídica dos direitos atribuídos a cada um deles, desde o momento em que a garantia fiduciária é constituída até a sua extinção, comparando-os com o direito de propriedade plena do Código Civil.

A propriedade fiduciária imobiliária deve ser compreendida como um negócio jurídico sério e de fato querido pelas partes, com a finalidade de alcançar determinado objetivo que lhe transcende. Fiduciante e fiduciário realizam o negócio e assumem as consequências jurídicas para atingir uma finalidade econômica, para a qual o negócio fiduciário serve como meio.

Em linhas gerais, o negócio fiduciário é aquele em que uma pessoa transmite para outra a propriedade de uma coisa ou de um direito com finalidade de garantia, para um fim específico estabelecido pelas partes, pelo qual o fiduciário obriga-se a restituí-la, quando cumprida determinada obrigação ou implementada a condição resolutiva inerente ao negócio jurídico celebrado.

No tocante às atividades relacionadas à concessão de crédito, o negócio fiduciário serve para proteger o credor dos riscos de inadimplemento, por parte do devedor, nos contratos de mútuo ou de renegociação de dívidas vencidas, o que se enquadra na modalidade de fidúcia de garantia em proveito próprio, já anteriormente referida.

Referimos linhas atrás a importantes elementos, apresentados por Tullio Ascarelli[71], para a caracterização do negócio fiduciário, em que o autor admite que o fim pretendido pelos contratantes transcenda e não corresponda à finalidade do negócio escolhido. Destaca que seu efeito de direito real é momentaneamente neutralizado por adoção das partes de um sistema legal fiduciário, e o beneficiário deverá devolver a coisa uma vez atingida a finalidade pretendida pelas partes.

Contudo, os efeitos de direito real do negócio são, eles também, queridos e seriamente queridos pelas partes, que, na falta deles, nem poderiam alcançar o fim último visado. A realização da transferência da coisa, ainda que feita temporariamente, não contraria, mas pressupõe o fim típico do negócio fiduciário adotado.

Assim, em um caso típico de negócio fiduciário, por exemplo, a transferência da propriedade para fins de garantia do cumprimento de determinada prestação, a transmissão, nos moldes do negócio fiduciário, é efetivamente desejada pelas partes, não, porém, para o fim de acréscimo patrimonial, mas para um fim de garantia.

Na concepção do negócio jurídico fiduciário exposta anteriormente, há a explícita previsão de que aquele que recebe a coisa transferida pode utilizá-la exclusivamente para a finalidade estabelecida pelas partes em contrato. Atingida a finalidade para a qual se pactuou a transferência, o negócio fiduciário é desfeito e o fiduciante readquire automaticamente os direitos que temporariamente deslocou ao fiduciário, de modo a recompor a propriedade plena da coisa alienada fiduciariamente.

---

[71] ASCARELLI, Tullio. *Problemas das sociedades anônimas e direito comparado*. Campinas: Bookseller, 2001. p. 160.

Pontes de Miranda[72] ressalta que se terá negócio fiduciário quando a transferência operada tiver como finalidade não a própria transmissão, mas apoiar um negócio jurídico acessório que não o de alienação definitiva.

O negócio fiduciário imobiliário, em nosso sistema, é caracterizado pela constituição da propriedade fiduciária resolúvel, em nome próprio do credor, mas no interesse do devedor.

O fiduciário não adquire, por sua vez, a propriedade do imóvel com a intenção de mantê-lo em seu patrimônio de maneira definitiva. O deslocamento dos direitos que lhe são atribuídos pela Lei do SFI é marcado por ser temporário, transitório e resolúvel, pois tem como função especial garantir o cumprimento da prestação principal assumida pelo fiduciante. O que pretendeu a Lei do SFI foi retirar a propriedade plena da esfera patrimonial do fiduciante, até que este satisfaça integralmente a obrigação principal, objeto da garantia fiduciária.

A característica fundamental do negócio fiduciário é que ele se prende a uma transferência da propriedade, mas seus efeitos de aquisição efetiva são momentânea e parcialmente neutralizados por convenção das partes, como permite a lei.

O fiduciário torna-se proprietário, porém sempre vinculado e limitado à finalidade específica, estabelecida no contrato e na lei, com a obrigação de devolver o imóvel, caso a finalidade convencionada seja alcançada. Se nesse tipo de negócio jurídico o direito real fosse analisado de forma isolada, seria possível notar que seus efeitos se estendem para além das intenções das partes; e é assim que se faz possível o uso da transferência da propriedade para finalidades indiretas, como de garantia, no caso[73].

É o que se pode concluir da análise da estrutura contida na Lei do SFI, em especial do já referido art. 22, o qual estabelece que a alienação fiduciária é direito real de garantia, constituído de forma acessória em relação a outro negócio jurídico considerado principal, especialmente quando envolve a concessão de crédito, pelo qual o fiduciante, por si ou por terceiro, transmite, temporária e transitoriamente, um imóvel ao fiduciário, em caráter resolúvel, pelo prazo em que vigorar a obrigação principal.

A propriedade do fiduciário é resolúvel em razão da estrutura legal imposta a tal modalidade de garantia real. O momento da extinção dessa propriedade está previsto no próprio contrato que a constituiu com apoio na lei, seja diante do adimplemento do fiduciante ou não. Sua finalidade é apenas de garantia.

Cumprida a obrigação, os direitos alocados ao fiduciário são revertidos definitivamente ao patrimônio do fiduciante. Caso ocorra o inadimplemento pelo sujeito passivo da obrigação garantida (o fiduciante), também haverá a extinção da propriedade resolúvel pela "consolidação"[74]

---

[72] PONTES DE MIRANDA, Francisco Cavalcanti. *Tratado de direito privado*. Campinas: Bookseller, 2000. t. III, V, XXI e LII, p. 146.

[73] ASCARELLI apud CHALHUB, Melhim Namem. A fidúcia no sistema de garantias reais do direito brasileiro. *Revista de Direito Bancário e do Mercado de Capitais*, v. 1, n. 2, p. 119, maio/ago. 1998.

[74] Apesar de o art. 26 da Lei do SFI fazer referência à consolidação da propriedade no caso de mora seguida de não pagamento, não é possível para o fiduciário, no momento do inadimplemento do fiduciante, ficar com a coisa para se pagar. A expressão *consolidação* utilizada neste art. 26 é prematura, pois o devedor pode purgar a mora e convalescer o contrato na hipótese do § 2º do art. 26-A, além de ser garantido o direito de preferência na aquisição do imóvel ao fiduciante, do momento da consolidação até a realização do segundo leilão (§ 2º-B do art. 27). A consolidação, referida no mencionado art. 26, tem como objetivo legitimar o credor para realizar a venda do imóvel nos leilões (ARRUDA ALVIM; ALVIM, Thereza; CLÁPIS, Alexandre Laizo (coord.). *Comentários ao Código Civil brasileiro*. Livro introdutório ao Direito das Coisas e ao Direito Civil. Rio de Janeiro: Forense, 2009. v. XI, t. I, p. 242-243).

da propriedade em nome do fiduciário[75]. Nesse ponto, haverá outro tipo de propriedade: aquela suficiente para que o fiduciário promova os leilões extrajudiciais e tenha disponibilidade para possibilitar a transferência efetiva para o interessado na aquisição (licitantes nos leilões).

Em resumo, com a constituição da propriedade fiduciária, o credor retira o objeto da garantia real do núcleo patrimonial do fiduciante e torna-se o único a poder ser beneficiado por ele.

Com a constituição da propriedade fiduciária, a propriedade plena do imóvel é desmembrada e determinados direitos são atribuídos ao fiduciário e outros ao fiduciante. Analisaremos, a seguir, quais são esses direitos e suas naturezas.

6.2.1 Os direitos do fiduciante

A identificação de cada uma das partes na alienação fiduciária não é questão de muita dificuldade. O que a doutrina debate é a natureza dos direitos do fiduciário e do fiduciante que lhes são atribuídos pela estrutura normativa da propriedade fiduciária imobiliária.

Do que se apresentou até aqui é possível distinguir dois importantes elementos do negócio fiduciário imobiliário: (i) a transmissão da propriedade resolúvel para o fiduciário; e (ii) a obrigação de restituição do objeto da garantia ao fiduciante quando este cumprir integralmente obrigação principal.

Otto de Souza Lima afirma que o primeiro elemento é de natureza real e o segundo, de natureza obrigacional[76]. A transmissão feita pelo fiduciante é de natureza de direito real, enquanto a substituição decorre de obrigação legal atribuída ao fiduciário por ocasião do cumprimento integral da prestação garantida.

Pela leitura do referido art. 22 combinado com o art. 25, ambos da Lei do SFI, é possível depreender, como se detalhará adiante, que a propriedade fiduciária é limitada em relação à noção clássica do direito de propriedade estampada no art. 1.228 do Código Civil, que, como ensina Arruda Alvim[77], contém, no *caput* e no § 1º desse dispositivo, o perfil central ou o núcleo positivo do direito de propriedade, que concede ao titular todos os atributos e faculdades a ela inerentes.

Como já se advertiu antes, a análise da qualidade do direito do fiduciante, decorrente de sua posição jurídica no âmbito da propriedade fiduciária, dependerá da corrente doutrinária que se adotar quanto ao direito que estse titular mantém perante a relação fiduciária.

O autor afirma que são três as posições seguidas pela doutrina[78]:

> [...] para uns, o alienante é proprietário sob condição suspensiva; para outros, tem ele, com relação à coisa, tão somente expectativa de direito; e, finalmente, há os que entendem que é o alienante, nesse caso, titular de direito eventual (denominação utilizada por juristas franceses e italianos para designar o que os alemães chamam de *Anwarts-*

---

[75] Somente com a Lei Federal n.º 13.465/2017 é que se utilizou adequadamente a expressão consolidação na forma da redação dada ao § 2º-B do art. 27 da Lei do SFI, pois indicou expressamente que ela ocorre no patrimônio do fiduciário, de modo a permitir que este reúna os atributos de propriedade plena que o capacitará para realizar a efetiva alienação do imóvel para terceiros.

[76] LIMA, Otto de Souza. *Negócio fiduciário*. São Paulo: RT, 1962. p. 184.

[77] ARRUDA ALVIM; ALVIM, Thereza; CLÁPIS, Alexandre Laizo (coord.). *Comentários ao Código Civil brasileiro*. Livro introdutório ao Direito das Coisas e ao Direito Civil. Rio de Janeiro: Forense, 2009. v. XI, t. I, p. 43.

[78] MOREIRA ALVES, José Carlos Barbosa. *Da alienação fiduciária em garantia*. São Paulo: Saraiva, 1973. p. 152.

chaftsrecht ou *Warterecht*, palavras que Pontes de Miranda traduz pela expressão direito expectativo, repudiando as designações direito futuro deferido e direito futuro não deferido utilizadas no art. 74, parágrafo único, do Código Civil Brasileiro).

Ainda de acordo com Moreira Alves, se o fiduciário é considerado proprietário resolúvel (definição contida no *caput* do art. 22 da Lei do SFI), não poderia o fiduciante ser denominado proprietário sob condição suspensiva.

A propriedade fiduciária caracteriza transmissão em garantia, ao fiduciário, do imóvel que pertencia ao fiduciante antes da constituição da garantia. Assim, permanecerá o fiduciário, sob condição resolutiva, conforme estabelecido pela lei, como proprietário (denominação utilizada pela Lei do SFI) do imóvel até que haja ou não o cumprimento da prestação garantida pela propriedade fiduciária.

Em outras palavras, a condição resolutiva que determina o término dos direitos do fiduciário sob o imóvel está diretamente vinculada ao pagamento da prestação devida pelo fiduciante. Enquanto a condição não se realizar, vigorará a transmissão operada (com finalidade de garantia, destaca-se) em benefício do credor pelo negócio jurídico da alienação fiduciária. O direito estabelecido pelo negócio fiduciário jurídico imobiliário, nos termos da lei, é a propriedade resolúvel com escopo de garantia.

Para alguns doutrinadores, a distinção entre simples expectativa ou direito expectativo decorre[79] do nível de segurança da espera. Para outros, a diferença está na dominância de elementos de fato ou de elementos jurídicos.

Esclarece Melhim Namem Chalhub[80] que, em relação ao direito expectativo, já se tem um direito eventual e podem ser exercidas as ações relativas a ele, enquanto à expectativa de direito não se enseja o exercício de qualquer ação.

Moreira Alves[81] salienta que o fiduciante tem direito expectativo à aquisição da propriedade fiduciariamente transferida ao credor com o registro do contrato de alienação fiduciária em garantia. Para o autor, o direito expectativo à recuperação da propriedade é direito real, "pois – como acentuam Enneccerus e Nipperdey, exemplificando com o direito expectativo à aquisição de propriedade – o direito expectativo é da mesma natureza que o direito expectado".

Enneccerus e Nipperdey[82] afirmam que:

> En resumen, la expectativa del titular condicional es tratada como un derecho en todos los aspectos conocidos y, por esto mismo, hay que considerarla también como un derecho. La hemos de construir, pues, como una expectativa (pendiente), o sea, como un derecho a adquirir ipso iure, al cumplirse la condición, el crédito, la propiedad, la herencia, el legado. Este derecho tiene el mismo carácter que el derecho pleno. Por consiguiente, el derecho de expectativa a la adquisición de la propiedad es un derecho real.

---

[79] MOREIRA ALVES, José Carlos Barbosa. *Da alienação fiduciária em garantia*. São Paulo: Saraiva, 1973. p. 154.
[80] CHALHUB, Melhim Namem. Trust: breves considerações sobre sua adaptação aos sistemas jurídicos de tradição romana. *Revista dos Tribunais*, v. 90, n. 790, p. 174, ago. 2001.
[81] MOREIRA ALVES, José Carlos Barbosa. *Da alienação fiduciária em garantia*. São Paulo: Saraiva, 1973. p. 155.
[82] ENNECCERUS, Ludwig; NIPPERDEY, Hans Karl. *Tratado de derecho civil*. 2. ed. Barcelona: Bosch, 1981. t. I, v. I, p. 692.

Para Pontes de Miranda[83], são, por exemplo, considerados direitos expectativos aqueles que têm origem em negócios jurídicos a prazo tratando-se de aquisição de bens), ou sob condição, porque, ao se atingir o termo, ou ao se realizar a condição, adquire-se o direito expectado, de modo que o nascimento do direito não mais depende da vontade do outorgado.

Compartilhamos desse entendimento para a posição jurídica do fiduciante, o de direito expectativo, ou seja, com o registro do contrato de alienação fiduciária de imóvel em garantia, o fiduciante perde a propriedade plena da coisa com a transferência fiduciária ao credor.

Tendo em conta que tal transferência se faz apenas como garantia ao cumprimento de outra obrigação considerada principal, o fiduciante tem o direito de reaver a propriedade plena desde que cumpra sua obrigação integralmente, situação em que será recomposta a propriedade plena existente antes da constituição da garantia.

Há determinadas condições jurídicas imperfeitas que fazem com que o direito real esteja em estado de preparação, como no caso do direito expectativo do fiduciante.

Marcelo Terra[84] indica situação análoga na Lei de Parcelamento do Solo, no art. 41. O exemplo dado é muito pertinente, pois se adéqua ao conceito de direito expectativo. Exemplifica o autor com a hipótese de um loteador que abandona o empreendimento e a sua regularização é feita pela prefeitura do local ou pelo Distrito Federal.

Nessas circunstâncias, o adquirente de lote do loteador que abandonou o empreendimento poderá obter o registro do título de aquisição prévia (geralmente o compromisso de compra e venda) no registro de imóveis, desde que comprove que pagou integralmente o preço de aquisição do lote.

O adquirente do lote na hipótese do art. 41 da Lei Federal n.º 6.766/1979, que cumprir com a sua obrigação, que é o de integral pagamento do preço de aquisição, tem direito expectativo de receber seu título definitivo para adquirir a propriedade plena com o respectivo registro.

Implementada a condição, adimplida a obrigação pelo devedor, terá este o direito de reaver a coisa em sua plenitude. Essa é a consequência (o direito de reaver a coisa) que repercute na esfera patrimonial do fiduciante. Acrescenta o autor que o direito expectativo do fiduciante tem natureza de direito subjetivo, porém na classe de direito real à aquisição do imóvel, sem depender de qualquer atuação do fiduciário.

Também José de Mello Junqueira[85] afirma que:

> O fiduciante-alienante, após transmitir a propriedade ao credor, tem um direito que alguns autores denominam de expectativo à aquisição da propriedade, que é o direito expectado, esperado. Esse seu direito a recuperar o imóvel é um direito real. A posse e uso do bem, pendente o contrato, advém, justamente, desse direito expectativo (real) à reaquisição da propriedade.

O fiduciante, pendente a dívida, não é mero possuidor direto. Acrescenta-se ao conjunto de seus direitos a certeza da recuperação automática do domínio do imóvel, satisfeito o crédito do fiduciário.

Os negócios jurídicos que se subordinam a determinada condição indicam a existência de um direito expectativo. No caso da propriedade fiduciária, tal característica está circunstan-

---

[83] PONTES DE MIRANDA, Francisco Cavalcanti. *Tratado de direito privado*. Campinas: Bookseller, 2000. t. III, p. 336, § 577.
[84] TERRA, Marcelo. *Alienação fiduciária de imóvel em garantia*. Porto Alegre: Safe, 1998. p. 39.
[85] JUNQUEIRA, José de Mello. *Alienação fiduciária de coisa imóvel*. São Paulo: ARISP, 1998. p. 23.

ciada no fato da devolução da propriedade para o fiduciante, caso haja adimplemento integral da obrigação garantida, situação que a própria Lei do SFI tratou de proteger.

O direito expectativo, portanto, não surge como um direito independente, mas unido a um direito considerado pleno. Assim, sob a perspectiva do fiduciante, o direito expectativo pode ser considerado uma situação jurídica precedente ao direito pleno a que corresponde. Seu titular será o pré-titular do correspondente direito expectado.

Nesse sentido, como o fiduciante tem o direito de reaver o imóvel objeto da propriedade fiduciária, após o integral cumprimento da obrigação garantida, filiamo-nos ao entendimento no sentido de que esse direito expectativo é de natureza real.

O que remanesce ao fiduciante, na vigência da propriedade fiduciária, é a expectativa de receber sua propriedade como era titulada, antes da constituição da garantia real fiduciária, movimento e consequência – ou até mesmo poder-se-ia chamar de dinâmica jurídica – a que o fiduciário não tem como se opor, pelas regras contidas na Lei do SFI, pois esta assegura tal consequência ao fiduciante, e a sucessão de eventos dele dependerá do adimplemento ou do inadimplemento.

E como a recuperação do direito da propriedade plena só depende dos atos do fiduciante e está amparada pelo sistema legal da Lei do SFI, pode-se admitir que ao fiduciante se atribui um direito expectativo de receber a propriedade, e não mera expectativa[86].

Vale destacar, no entanto, que nem toda expectativa já é um direito expectativo, como ocorre com a situação do herdeiro, que tem a expectativa de se tornar titular do patrimônio do autor da herança, mas não se pode admitir – como de fato nosso ordenamento e doutrina não admitem – a existência de direito expectativo em relação à herança[87]. A mera expectativa não recebe do ordenamento a proteção jurídica necessária, ao contrário do que acontece com o direito expectativo.

No que se refere à posse, no negócio jurídico fiduciário, Moreira Alves[88] destaca que o fiduciante, em razão da posse direta que lhe é atribuída em decorrência da instituição da propriedade fiduciária (*ius possidendi*), pode defendê-la contra o fiduciário (possuidor indireto) ou contra terceiros que a ameacem, turbem-na ou esbulhem-na.

Também é necessário ressaltar o dever que o fiduciário tem de manter o fiel e regular exercício do seu direito possessório, conforme a finalidade estabelecida no contrato, assim como em relação às obrigações secundárias ou laterais. Em nenhuma hipótese, a utilização da posse direta pelo fiduciante pode atentar contra o regular processamento da garantia fiduciária, mesmo durante o período em que esteja adimplente.

---

[86] FABIAN, Christoph. *Fidúcia*: negócios fiduciários e relações externas. Porto Alegre: Fabris, 2007. p. 49.
[87] Nesse sentido, vedação contida no art. 426 do Código Civil proíbe a celebração de contrato que tenha como objeto a herança de pessoa viva. Evidentemente que o titular do patrimônio pode realizar a partilha de seus bens ainda em vida, por ato entre vivos, como autoriza o art. 2.018 do Código Civil, mas desde que reserve renda suficiente para manter a sua subsistência, o que pode ser feito com a reserva de usufruto (Código Civil, art. 548).
[88] Afirma o autor: "Ademais, e tendo em vista que é titular de direito expectativo de natureza real em cujo conteúdo se encontram os *iura possidendi*, *utendi* e *fruendi*, dispõe ele de ações reais contra quem quer que lhe viole esse direito. Não fora assim, e nos casos em que não fosse admissível a proteção possessória (como quando há perda involuntária da coisa, com o seu apoderamento por terceiro), ficaria o alienante à mercê de que o adquirente, mediante a utilização das ações reais que lhe confere a propriedade fiduciária, recuperasse a posse da coisa para, em seguida, restituí-lo à posição de possuidor direto" (MOREIRA ALVES, José Carlos Barbosa. *Da alienação fiduciária em garantia*. São Paulo: Saraiva, 1973. p. 158).

Dessa forma, por exemplo, não poderia o fiduciante, após instituir a propriedade fiduciária de imóvel rural, constituir arrendamento em favor de terceiro, sem a anuência do credor, especialmente em razão das regras especiais referentes ao prazo[89] e à preferência na manutenção da posse do arrendatário, circunstâncias que poderão afetar a execução da garantia fiduciária e a restituição de direitos ao fiduciante.

Os direitos atribuídos ao fiduciante com a constituição da propriedade fiduciária podem ser transmitidos para terceiros, desde que haja expressa anuência do fiduciário, hipótese em que o adquirente assumirá todas as obrigações do fiduciante (Lei do SFI, art. 29).

Ademais, como titular da posse direta, o fiduciante deverá arcar com o pagamento do imposto sobre a propriedade predial e territorial urbana (IPTU), bem como, se o caso, das taxas e contribuições condominiais. Essa obrigação decorre da estrutura possessória da propriedade fiduciária, mas, também, de expressa previsão legal contida na Lei do SFI, no art. 27, §§ 2º e 8º.

Em resumo, podemos dizer que, na estrutura da propriedade fiduciária imobiliária constituída com a finalidade de garantia, o fiduciante é titular de um direito real de aquisição, o qual se materializará, caso ocorra o cumprimento da obrigação garantida[90].

6.2.2 Os direitos do fiduciário

Na sistemática da garantia fiduciária, o credor torna-se o proprietário resolúvel do imóvel objeto da propriedade fiduciária. Como se disse anteriormente, esse domínio não é pleno, mas limitado e restrito, visto que se constitui com o escopo de garantia da relação obrigacional considerada principal.

Sua titularidade dá-se sob condição resolutiva, ou seja, está vinculada à atuação do fiduciante quanto ao pagamento da dívida. A propriedade do fiduciário resolver-se-á por força da lei e pelas condições estabelecidas no contrato. A *conditio iuris* que caracteriza a resolubilidade da propriedade fiduciária do credor ocorrerá com o cumprimento da obrigação principal pelo fiduciante – ou por terceiro garantidor –, no vencimento estipulado em contrato.

O fiduciário tem direito real sobre coisa própria decorrente do tipo de transferência que se faz nos termos do art. 22 da Lei do SFI – ao contrário do credor hipotecário[91], por exemplo, que tem direito real sobre coisa alheia.

A propriedade limitada do fiduciário durará enquanto perdurar sua finalidade principal, que é a de garantir o cumprimento de determinada obrigação. Tal vinculação restringe as faculdades do fiduciário em relação à propriedade do imóvel objeto da garantia.

O fiduciário não poderá, por evento desvinculado do contrato de alienação fiduciária, transferir seus direitos que detém sobre o imóvel para terceiros. No entanto, a transmissão dos direitos atribuídos ao fiduciário será possível se ocorrer a cessão do crédito correspondente (Código Civil, art. 287).

Com tais características, o poder de disposição do fiduciário está compreendido dentro dos limites da sua própria estrutura legal da Lei do SFI. Em outras palavras, por funcionar como garantia, a propriedade fiduciária comporta-se como direito acessório de um contrato principal pelo qual se constitui a obrigação que será garantida e, consequentemente, enquanto durar, a propriedade fiduciária somente poderá ser transmitida em virtude de cessão da própria obrigação (prestação) garantida, situação em que acarretará a transferência, ao

---

[89] Art. 95 da Lei Federal n.º 4.504/1964, I e II.
[90] CHALHUB, Melhim Namem. *Alienação fiduciária:* negócio fiduciário. 7. ed. Rio de Janeiro: Forense, 2021. p. 175.
[91] Código Civil, art. 1.419.

cessionário, dos direitos e das obrigações decorrentes da propriedade fiduciária, salvo se as partes convencionarem de maneira diversa[92].

Na hipótese de o fiduciante não cumprir a obrigação principal, assegurada pela garantia fiduciária, a propriedade será consolidada no patrimônio do fiduciário e, como se verá adiante, ao serem analisados os leilões públicos extrajudiciais, somente em momento específico integrará definitivamente o patrimônio deste.

Entretanto, apesar de ocorrer a atribuição patrimonial em favor do fiduciário, em razão do inadimplemento do fiduciante, a titularidade ainda não será absoluta, uma vez que lhe restará a obrigação legal de realização dos leilões públicos extrajudiciais.

Somente depois de superadas as obrigações contratuais e legais é que haverá possibilidade de o objeto da propriedade fiduciária vir a integrar, de modo definitivo, a esfera patrimonial do fiduciário[93].

Apesar da limitação de seu direito, o fiduciário pode utilizar as ações reais que tutelam a propriedade de coisas imóveis e, também, os remédios possessórios, por ser o possuidor indireto (Código Civil, art. 1.197).

A propriedade fiduciária é resolúvel porque está sujeita à condição resolutiva que se opera com o cumprimento da obrigação principal pelo fiduciante. A transferência feita por força do art. 22 da Lei do SFI ao fiduciário não pode ser considerada capaz de outorgar todos os atributos de um proprietário pleno. Os direitos do fiduciário em relação à propriedade não são aqueles previstos no art. 1.228 do Código Civil. São mais restritos e limitados, como veremos.

Como referido *supra*, o fiduciário detém a posse indireta da coisa imóvel e a capacidade de disposição é limitada, mas não inexistente, em razão da possibilidade de cessão do seu crédito.

As limitações impostas à propriedade do fiduciário podem ser vistas como espécie de garantia e de segurança conferidas ao fiduciante. Este não depende daquele para recobrar o objeto da propriedade fiduciária (ao contrário do que ocorria no direito romano, que era baseado apenas na confiança ou fidúcia), porque o cumprimento da obrigação principal determina o fim da garantia real, independentemente da vontade do credor.

Em resumo, como adverte Melhim Namem Chalhub[94], o poder do credor sobre o imóvel é restrito à satisfação do seu crédito nos termos da estrutura da Lei do SFI.

6.2.3 A natureza da propriedade fiduciária imobiliária e a propriedade do Código Civil[95]

Para o que se pretende neste tópico, é importante avaliar previamente qual a natureza e a extensão do direito do fiduciário para concluir se, no momento da constituição da garantia fiduciária e antes do inadimplemento do fiduciante, sua propriedade tem ou não a mesma natureza ou qualidade do direito real da propriedade estabelecida pelo Código Civil.

---

[92] Código Civil, art. 287, e Lei Federal n.º 9.514/1997, art. 28.
[93] CHALHUB, Melhim Namem. *Alienação fiduciária:* negócio fiduciário. 7. ed. Rio de Janeiro: Forense, 2021. p. 171.
[94] CHALHUB, Melhim Namem. *Alienação fiduciária:* negócio fiduciário. 7. ed. Rio de Janeiro: Forense, 2021. p. 171.
[95] Parte deste estudo integra o seguinte artigo: ARRUDA ALVIM NETTO; CLÁPIS, Alexandre Laizo. A propriedade fiduciária de imóveis rurais em favor de instituições financeiras com maioria de capital social e controle societário estrangeiros. *Revista Forense*, v. 112, n. 424, jul./dez. 2016.

O que se pretende analisar é se o fiduciário tem em sua propriedade as mesmas características que aquela estabelecida no art. 1.228 do Código Civil. Isso porque, como antes referido, nos termos do art. 22 da Lei do SFI, ocorre a transferência do imóvel em favor do credor para constituição da propriedade fiduciária.

Essa análise é necessária porque há implicações para o credor, a depender do tipo de propriedade que lhe é atribuída, por exemplo, aquelas contidas nos §§ 1º e 2º do art. 1.228 do Código Civil e que se resumem à obrigação ambiental e à proibição da prática de atos que não lhe tragam qualquer comodidade ou utilidade e sejam realizados com a intenção de prejudicar alguém (também considerados atos emulativos).

Para tanto, é importante delinear os elementos que caracterizam o direito de propriedade considerado em sua plenitude, pois, para entendimento da questão referente à propriedade fiduciária e seus reflexos na ordem patrimonial do fiduciário que ora se propõe, é necessária a compreensão de certas características específicas do direito real de propriedade para se realizar a comparação com a fiduciária.

Sob outra perspectiva, fizemos uma análise similar sobre os direitos que integram o compromisso de compra e venda no Capítulo 2. Valer-nos-emos novamente dos conceitos lá apresentados porque, da mesma forma que aqui, deve-se analisar o direito real de propriedade como o direito matriz dos demais direitos reais, em especial, para o que ora tratamos, a propriedade fiduciária.

A questão coloca-se de certa forma sensível em virtude da denominada transferência que ocorre, por ocasião da constituição da garantia fiduciária, com a inscrição do título no registro de imóveis correspondente. A transferência que se opera do fiduciante para o fiduciário é nomeada expressamente pelo legislador de propriedade resolúvel.

Afastada a justificativa da garantia, é importante examinar qual o direito ou qual a extensão do direito real de propriedade é transmitido pelo fiduciante ao fiduciário. Isso tem significativa importância até mesmo para que sejam entendidas ou medidas as responsabilidades que eventualmente possam ser atribuídas ao fiduciário, enquanto permanecer como titular da propriedade fiduciária, ainda que resolúvel[96].

Apesar da justificativa apresentada pelo legislador, de que a finalidade é de garantia, não se pode afastar a concepção contida na estrutura legal da transferência de propriedade ao fiduciário. Caso o domínio pleno permanecesse com o fiduciante, não seria possível materializar a garantia real com base na estrutura fiduciária proposta pela Lei do SFI, especialmente no que se refere à possibilidade de realização dos leilões extrajudiciais em caso de inadimplemento.

O domínio pleno, entretanto, não mais subsiste enquanto vigorar o contrato que dá causa à propriedade fiduciária. Nem para o fiduciante nem para o fiduciário. E isso é possível em razão do princípio da elasticidade do direito real de propriedade.

Dissemos anteriormente que pelo princípio da elasticidade do direito real de propriedade é que se admite o desmembramento dos seus poderes e das suas faculdades para a constituição de outros tipos de direitos reais possíveis, os quais permanecem conectados com o direito matriz (a propriedade). Tão logo cesse a causa que lhes deu origem (usufruto, direito real de superfície, entre outros), os poderes e as faculdades que constituem outros direitos reais, mas que continuam integrados ao direito real de propriedade, retornam à sua forma origi-

---

[96] A teor do que determina o § 1º do art. 1.228 do Código Civil, por exemplo, seria o credor fiduciário responsável pelas questões ambientais da coisa imóvel objeto da propriedade resolúvel? Antecipadamente respondemos de forma negativa, mas trataremos disso mais adiante.

nal, à propriedade plena. Isso acontece quando desaparecem os direitos reais dependentes, circunstância que faz o proprietário reunir em si a totalidade dos elementos constitutivos das utilidades e dos poderes do direito pleno de propriedade[97-98].

Podemos considerar, portanto, que são direitos reais todos aqueles compreendidos no âmbito do domínio e que, em razão do princípio da elasticidade, podem permanecer consolidados na propriedade plena ou desdobrados para constituir outros direitos reais menores ou limitados[99].

Na relação fiduciária, os direitos transferidos ao credor integram seu patrimônio universal (e único)[100].

Não há, após a constituição dessa modalidade de garantia real imobiliária, a segregação ou a divisibilidade do patrimônio do credor de modo que a propriedade fiduciária fique apartada. Há uma coisa considerada distinta em relação ao todo e com procedência diversa, no mesmo conjunto patrimonial, ou seja, o mesmo patrimônio reúne bens que se distinguem pela origem e por sua destinação.

Em nosso sistema jurídico, suprarreferido, a matéria relativa ao direito de propriedade é regulamentada pelo Código Civil e atualmente alocada no Título III do Livro III – Do Direito das Coisas.

Entretanto, no art. 1.228, encontramos o núcleo positivo do direito real de propriedade. Nele se prevê que o proprietário tem a faculdade de usar, gozar e dispor da coisa, bem como o direito de reavê-la do poder de quem injustamente a possua ou a detenha.

Esses são os elementos essenciais que constituem o direito real de propriedade – usar, gozar, dispor e reivindicar a respectiva coisa. Quando todos esses atributos se encontram reunidos em um só titular, a propriedade é considerada plena.

O direito de propriedade é determinado por um conceito que expressa unidade, como um modo de caracterizar, em caso de desfalque desse conceito único, a não conformação do próprio direito real de propriedade em sua plenitude.

Na hipótese de ser suprimido qualquer um dos elementos essenciais do direito de propriedade, este será desfigurado e se transformará em outro tipo de direito real previsto em lei (usufruto, servidão etc.)[101].

A propriedade pode ser limitada ou ilimitada. Considera-se ilimitada quando todos os elementos que caracterizam o direito de propriedade estiverem reunidos no proprietário, e limitada, portanto, quando dela se desprender qualquer um dos seus elementos para constituir direito real de terceiro ou, ainda, quando a propriedade se constitui de forma resolúvel[102].

---

[97] ARRUDA ALVIM; ALVIM, Thereza; CLÁPIS, Alexandre Laizo (coord.). *Comentários ao Código Civil brasileiro*. Livro introdutório ao Direito das Coisas e ao Direito Civil. Rio de Janeiro: Forense, 2009. v. XI, t. I, p. 232.

[98] Como exemplo, o art. 1.410, VI, do Código Civil apresenta uma situação expressa de consolidação como uma das hipóteses possíveis para a extinção do direito real de usufruto.

[99] ARONNE, Ricardo. *Por uma nova hermenêutica dos direitos reais limitados*. São Paulo: Renovar, 2001. p. 186.

[100] Patrimônio é o conjunto de relações jurídicas de uma pessoa com expressão pecuniária ou apreciáveis economicamente. É considerado pela doutrina tradicional como uno, indivisível e decorrente da personalidade, de modo que não é possível haver pluralidade no mesmo titular, exceto quando houver permissão legal.

[101] ARRUDA ALVIM; ALVIM, Thereza; CLÁPIS, Alexandre Laizo (coord.). *Comentários ao Código Civil brasileiro*. Livro introdutório ao Direito das Coisas e ao Direito Civil. Rio de Janeiro: Forense, 2009. v. XI, t. I, p. 43.

[102] BEVILÁQUA, Clóvis. *Direito das coisas*. 4. ed. Rio de Janeiro: Forense, 1956. p. 115.

A propriedade é um direito real primário, pois é pressuposto para que todos os demais direitos reais possam existir. Todos os demais direitos reais decorrem da propriedade plena e dela são variações permitidas pelo sistema jurídico.

Quando se apresenta em sua plenitude, a propriedade é considerada como direito real nuclear[103].

Da análise desse direito real podem existir desdobramentos constitutivos de outros direitos reais que coexistem paralelamente e de mesma natureza real. O núcleo do direito de propriedade tem atração própria e suficiente para manter todos os demais direitos reais que dela decorrem, orbitando em torno dela e com ela mantendo fundamental conexão.

Assim como fizemos na análise para o compromisso de compra e venda no Capítulo 2, destacamos dos direitos que integram o domínio o de dispor da coisa e o direito do titular à substância da coisa (*nuda proprietas*).

Por dispor entende-se o direito que tem o proprietário pleno de alienar a coisa da forma que desejar (total ou parcialmente, gratuita ou onerosamente), bem como de onerá-la e até mesmo de abandoná-la.

Direito à substância da coisa é o que subsiste ao proprietário após a constituição de outros direitos reais que conseguem coexistir, por exemplo, na hipótese da servidão de passagem e da hipoteca.

Imaginemos o proprietário A que outorga formalmente (escritura mais registro) uma servidão de passagem de parte do seu imóvel para seu vizinho B.

Com o remanescente da propriedade (excluída a área da servidão), constitui direito real de hipoteca para o Banco C.

Mais tarde, com esse mesmo cenário jurídico dominial e registral, outorga formalmente (escritura ou contrato particular mais registro) a propriedade fiduciária para o Banco D (alienação fiduciária).

No exemplo anterior, foi possível a constituição de três direitos reais diversos entre si, os quais podem conviver harmonicamente, cada qual em seu espaço de atuação legislativa que o sistema jurídico autoriza.

Pode-se considerar que o direito à substância configura a essência do domínio e, em torno desse, condensam-se de maneira natural os demais direitos elementares da propriedade plena.

O direito de propriedade, portanto, pode ser adaptado a outro direito real menor que acarreta determinadas restrições ao seu titular. Logo, a propriedade será considerada limitada, se o proprietário não mantiver reunidos em si todos os atributos essenciais do direito real de propriedade, como acontece quando institui usufruto.

Por conseguinte, o direito de propriedade pode ser compreendido como a soma de direitos, os quais podem ser desmembrados para a constituição de outros tantos direitos reais que possam juntamente coexistir[104].

---

[103] Vale destacar o cotejamento feito por Santa Maria ao dizer que a propriedade não se ergue como uma relação única, mas notadamente como um conjunto de relações que implicam, cada uma delas, outros novos direitos subjetivos que perduram em função e em razão dela, *como verdadeiros satélites, mas de vivência normalmente temporária* (SANTA MARIA, José Serpa de. *Direitos reais limitados*. Brasília: Brasília Jurídica, 1993. p. 19).

[104] Arruda Alvim destaca que, para Windscheid, a conceituação do direito de propriedade "indica que uma coisa (material) é própria de alguém, e por próprio em termos jurídicos, [quer-se significar] que essa propriedade é precisamente o direito de propriedade. Mas ao dizer que uma coisa é *própria* de alguém quer o direito significar que a respeito dessa a vontade é decisiva na totalidade das suas

O direito de propriedade, sendo elástico como já mencionado, pode se desmembrar em todos os outros tipos de direitos reais permitidos pelo sistema jurídico. Pela expressão possíveis deve-se entender a viabilidade de convivência simultânea de mais de um direito real, conectados ao mesmo direito de propriedade (matriz), desde que haja compatibilidade para essa convivência síncrona.

Por exemplo, o proprietário A poderá constituir hipoteca de seu imóvel para B e propriedade fiduciária para C. Todos, como vimos anteriormente, ligados ao mesmo direito real de propriedade de A.

O direito real de propriedade admite ser gravado por um direito real considerado menor, mas, quando ocorre a extinção desse direito real menor, aquele considerado matriz (propriedade) reunifica-se automaticamente até seu limite máximo, reconfigurando-se, assim, o domínio pleno do imóvel.

Parte do que veremos a seguir já fora analisado ao tratarmos do objeto do compromisso de compra e venda no Capítulo 2. Entretanto, muitos daqueles conceitos também servem para estudarmos os elementos que confirmam a natureza jurídica da propriedade fiduciária imobiliária. Portanto, ainda que em outras palavras, repetiremos os mesmos argumentos anteriormente explorados para confirmar nossos entendimentos aqui.

Ao destacar de sua propriedade plena, temporária ou definitivamente, alguns dos elementos que a integram para transferi-los a terceiros, o proprietário o faz no exercício regular da sua disponibilidade, como uma das faculdades essenciais que bem caracteriza o domínio[105-106].

O proprietário A pode alienar fiduciariamente seu imóvel para C em garantia de uma obrigação contraída por B.

Por sua vez, como decorrência do princípio da elasticidade, é possível presumir que haverá, em determinado momento e em razão de certa circunstância, o desaparecimento dos direitos reais, considerados menores, atribuídos ao fiduciário ou ao fiduciante, e a reunificação de todos esses direitos na pessoa do titular original do direito real de propriedade. Isso fará com que o direito real de propriedade retorne às suas características primitivas e concentre em si todos os atributos condizentes às faculdades, utilidades e poderes desse direito, correspondentes, então, todos eles juntos, ao domínio pleno[107].

O direito real de usufruto é um clássico exemplo da possibilidade de divisão dos atributos da propriedade. Enquanto ao usufrutuário são destinados o usar e o gozar, ao nu proprietário resta apenas o dispor.

---

relações". Em outras palavras, para o autor alemão a propriedade não é formada pela reunião de faculdades singulares. A propriedade deve ser compreendida como a plenitude do direito sobre a coisa, e as faculdades singulares nada mais são do que a exteriorização de tal plenitude. O proprietário exerce a plenitude de seu direito sobre a coisa e se vale das faculdades singulares no momento em que utiliza a coisa como objeto de outros direitos reais possíveis, os quais permanecem dependentes do mesmo direito de propriedade (ARRUDA ALVIM; ALVIM, Thereza; CLÁPIS, Alexandre Laizo (coord.). *Comentários ao Código Civil brasileiro*. Livro introdutório ao Direito das Coisas e ao Direito Civil. Rio de Janeiro: Forense, 2009. v. XI, t. I, p. 181, nota 261).

[105] Para Louis Josserand, os desmembramentos e encargos da propriedade são todos direitos reais, porque recaem sobre a propriedade que é direito real exemplar (JOSSERAND, Louis. *Derecho civil*: la propiedad y los otros derechos reales y principales. Buenos Aires: Bosch, 1950. t. I, v. III, p. 377).

[106] SANTA MARIA, José Serpa de. *Direitos reais limitados*. Brasília: Brasília Jurídica, 1993. p. 19.

[107] ARRUDA ALVIM; ALVIM, Thereza; CLÁPIS, Alexandre Laizo (coord.). *Comentários ao Código Civil brasileiro*. Livro introdutório ao Direito das Coisas e ao Direito Civil. Rio de Janeiro: Forense, 2009. v. XI, t. I, p. 437.

Também o direito real de superfície, em razão do princípio da elasticidade do direito real de propriedade, permite a segregação de certos atributos desta, tornando-a limitada durante a sua existência (Código Civil, art. 1.369). Para que o beneficiário do direito real de superfície possa construir ou plantar, o proprietário destitui-se dos atributos de usar e gozar, essenciais para o exercício efetivo da posse, que passa a ser exercida exclusivamente pelo superficiário. O proprietário manterá consigo o direito de dispor da coisa imóvel e, por consequência, a posse indireta.

O direito real de superfície deve ser constituído por instrumento público e subsequentemente registrado na matrícula do imóvel.

Fácil notar que, enquanto ao superficiário são atribuídos o direito de usar e de gozar (*ius utendi* e o *ius fruendi*), para o proprietário é mantido o direito de dispor do imóvel (*ius abutendi*), observadas as restrições que eventualmente o direito real de superfície possa representar.

Tal característica do direito real de propriedade, a elasticidade, possibilita que outros atributos sejam retirados do proprietário, em maior ou menor extensão, em uma ou mais faculdades, de modo a reduzir seus poderes sobre a coisa até que fique com quase nada.

Mesmo que tenha se transformado em um direito real menor, a propriedade permanecerá no seu conteúdo mínimo enquanto durar o direito que a comprime. Isso ocorre em razão de sua característica intrínseca de se expandir e retornar à sua compressão normal e máxima, assim que cessam os vínculos e as limitações[108]. As limitações são transitórias, pois extinto determinado direito real que a limita, a propriedade é automaticamente reconstituída de forma plena[109].

Essa separação momentânea de determinados poderes que integram a propriedade plena, e dos quais o titular abdica voluntariamente, é que possibilita a constituição de outros direitos reais menores e que, como dito, convivem com os direitos restantes do proprietário. Nessa característica elástica ou expansiva, está compreendida a própria capacidade de a propriedade recuperar o domínio considerado pleno.

Em resumo, o domínio será pleno quando todos os elementos fundamentais que o integram estiverem reunidos no titular da propriedade da coisa. Nesse sentido, os elementos que compõem a propriedade plena são: o *ius utendi*, o *ius fruendi* e o *ius abutendi*.

Devemos analisar se tais elementos da propriedade plena encontram-se presentes, no plano fático, na propriedade titulada pelo fiduciário, pois é da conclusão dessa análise que poderemos afirmar se há diferenças entre a natureza jurídica da propriedade fiduciária imobiliária e da propriedade do Código Civil.

Ao ser destacado qualquer um ou alguns dos elementos fundamentais da propriedade plena, ela se torna limitada e, consequentemente, sua compreensão variará de acordo com os elementos e a relevância dos direitos segregados[110].

O *ius utendi* é o elemento que se relaciona com a possibilidade de o proprietário utilizar a coisa da maneira que melhor lhe aprouver. Esse elemento pode alcançar diversas situações jurídicas em razão da utilidade a que se presta a coisa. O direito de usar tem como consequência colocar a coisa a serviço do proprietário, sem que se modifique a própria substância dela. No direito de usar, atribuído ao proprietário, encontra-se a faculdade de este conceder a terceiro o direito de também utilizar a coisa.

---

[108] RUGGIERO, Roberto de. *Instituições de direito civil*. Trad. da 6. ed. italiana Paolo Capitanio. Atual. por Paulo Roberto Benasse. São Paulo: Bookseller, 1999. p. 456.
[109] SANTOS JUSTO, António. *Direitos reais*. Coimbra: Coimbra Editora, 2007. p. 218.
[110] PEREIRA, Caio Mário da Silva. *Instituições de direito civil*. Direitos reais. 18. ed. Rio de Janeiro: Forense, 2003. v. IV, p. 104.

Pela possibilidade de usar, o proprietário tem o direito de auferir os frutos ou produtos da coisa, originados com ou sem a cooperação do trabalho humano (frutos industriais e naturais, além dos civis) e, por consequência lógica, colocá-la em condições de produção. Isso caracteriza o *ius fruendi*.

Evidentemente que o proprietário pleno, como dissemos anteriormente, não pode usar o seu objeto de forma a não atender a sua função social, característica implementada também pela Constituição Federal de 1988.

O *ius abutendi* traduz a circunstância de o titular da propriedade poder dispor materialmente de sua coisa. Esse elemento permite a disposição material da coisa que implica a sua destinação para uma finalidade econômica[111] em favor do titular. É o *ius abutendi* que torna possível ao proprietário transferir a terceiro todas as suas prerrogativas decorrentes do direito real de propriedade ou, ainda, de forma parcial, situação em que se constituirá direito real em favor de terceiro.

A doutrina considera o *ius abutendi* o próprio conteúdo do direito real de propriedade. Como referido antes, pode estar comprimido ou minimizado por situações jurídicas diversas, principalmente nas hipóteses em que são constituídos direitos reais em favor de terceiros (usufruto, servidão e superfície, novamente como exemplos).

A alienação da coisa tem como efeito deslocar, de uma pessoa para outra, o direito de exercer aquilo que os outros elementos anteriormente mencionados permitem (*ius utendi* e *ius fruendi*), ou seja, a faculdade de usar e de desfrutar da coisa.

Ao alienar o objeto, o titular destitui-se voluntariamente de seu poder sobre ele e transfere-o ao novo titular. A disposição será considerada perfeita, destaca Clóvis do Couto e Silva[112], quando a outra parte efetivamente adquire o direito.

As alienações puras – assim entendidas aquelas feitas sem que sejam mantidas, após a celebração do respectivo negócio jurídico, quaisquer vínculos decorrentes de condições impostas entre os contratantes – têm como consequência fundamental remover de forma integral todos os elementos que compõem a propriedade plena do alienante e alocá-los sem qualquer restrição no adquirente. Nesses negócios jurídicos de alienação, não subsiste qualquer vínculo entre o adquirente e o ex-titular. Aquele que da coisa se dispôs perde o poder que exercia sobre a coisa, e o que a adquire passa a exercê-lo plenamente nos termos e nos limites da lei.

Em síntese, a propriedade será considerada plena quando o correspondente titular reunir todos os elementos caracterizadores desse direito real, ou seja, em relação à qual não ocorreu desmembramento de seus atributos essenciais (o direito de usar, gozar, fruir e de reivindicar). Nesse contexto, a propriedade é considerada, portanto, a matriz de todos os demais direitos reais possíveis.

Será limitada, porém, aquela em que se encontra presente uma condição propriamente dita que retira do proprietário um ou alguns dos elementos referidos *supra* para a formação de outro direito real permitido em lei.

Outras características são também importantes para a pretendida distinção entre a propriedade plena e a fiduciária imobiliária em garantia. A propriedade plena tem características de direito: a) absoluto; b) exclusivo; e c) perpétuo.

De acordo com a definição de Guillermo Allende[113], o sentido de absoluto do direito de propriedade refere-se a um caráter próprio que, com seus atributos essenciais e específicos de

---

[111] BESSONE, Darcy. *Direitos reais*. São Paulo: Saraiva, 1988. p. 191.
[112] COUTO e SILVA, Clóvis V. In: FRADERA, Véra Maria Jacob de (org.). *O direito privado brasileiro na visão de Clóvis do Couto e Silva*. Porto Alegre: Livraria do Advogado, 1997. p. 85.
[113] ALLENDE, Guillermo L. *Panorama de derechos reales*. Buenos Aires: La Ley, 1967. p. 87.

direito matriz, distingue-o dos demais direitos reais, que, registra o autor, não possuem tanta amplitude. Absoluto compreende o sentido de faculdades que integram a propriedade plena. Uma vez adquirido, não pode ser desligado da pessoa do proprietário sem seu consentimento[114] ou até que ocorra um motivo que o cesse.

Na concepção de direito exclusivo, entende-se o poder que o direito real de propriedade tem de excluir as interferências de terceiros, querendo exercer o direito de titular. Contém em si o direito de excluir a coisa da ação de pessoas estranhas a ela[115].

A parte final do art. 1.228 do Código Civil contém tal percepção, pois, além de estabelecer que o proprietário tem a faculdade de usar, gozar e dispor da coisa, ainda determina o direito de reavê-la de quem quer que injustamente a possua ou a detenha.

Outra importante característica do direito de propriedade é sua perpetuidade, ou seja, ainda que haja movimentação econômica e jurídica que acarrete a transferência do patrimônio de um titular para o de outro, em razão da transmissibilidade dos direitos reais, encerrando-se o direito de um e, consequentemente, iniciando-se o direito do subsequente, o direito de propriedade subsiste permanentemente como direito real.

Os preceitos resumidamente apresentados até agora, referentes ao direito de propriedade, podem ser indicados como os principais e auxiliam no exercício de comparação e, consequentemente, de diferenciação entre a qualidade da propriedade do Código Civil e aquela de que o fiduciário é titular, após o registro do contrato de alienação fiduciária de coisa imóvel.

A possibilidade dessa diferenciação decorre inicialmente da concepção de direito matriz da propriedade, pois é dele que podem ser concebidos, também, como dito anteriormente, os demais direitos reais, como os de garantia.

No direito brasileiro, a coisa dada em garantia permanece ligada à relação jurídica obrigacional por vínculo real, o que significa dizer que, qualquer que seja o destino dado à coisa, ela permanecerá subordinada às consequências daquilo que ocorrer com a obrigação principal (com o crédito).

Assim, a função dos direitos reais de garantia consiste em assegurar a satisfação do crédito ao credor. É atribuído ao titular do crédito, por lei, um poder especial sobre o objeto da garantia, mas sem a faculdade de gozo sobre ele.

Os direitos reais de garantia diferem do direito real matriz (propriedade), no sentido de que, por exemplo, não é permitido ao credor o uso e o gozo da coisa.

Também, enquanto a propriedade é considerada direito real autônomo, com finalidade própria e com correspondente função econômica, os direitos reais de garantia são, por natureza, acessórios de outro direito considerado principal, que é o direito de crédito (obrigacional).

Os direitos reais acessórios servem como garantia ao direito de crédito em caso de inadimplemento do devedor. Dessa forma, eles não podem surgir nem existir sem uma prestação[116] correspondente que por eles será assegurada. Por possuírem essa função complementar na relação jurídica obrigacional[117], os direitos acessórios seguem o mesmo destino do crédito

---

[114] PEREIRA, Caio Mário da Silva. *Instituições de direito civil*. Direitos reais. 18. ed. Rio de Janeiro: Forense, 2003. v. IV, p. 101.
[115] PEREIRA, Caio Mário da Silva. *Instituições de direito civil*. Direitos reais. 18. ed. Rio de Janeiro: Forense, 2003. v. IV, p. 97.
[116] Aqui também consideradas, no que se refere à propriedade fiduciária, outras prestações (objeto de modalidades de obrigações diversas além daquela que é da essência do contrato de mútuo), como passou a autorizar o art. 51 da Lei Federal n.º 10.931/2004.
[117] Não significa dizer que esses direitos acessórios não possuam vida própria e não constituam relações jurídicas reguladas por normas autônomas, independentes das de crédito. Deve-se compreender

principal: não podem ser transmitidos separadamente nem sobreviver após a extinção do crédito (por exemplo, o pagamento da prestação garantida)[118-119].

Nessa sistemática, a propriedade fiduciária imobiliária aparece em nosso sistema jurídico com a função de servir como espécie de garantia real no âmbito da Lei do SFI.

Para que seja regularmente constituída, a propriedade fiduciária imobiliária deve partir da circunstância jurídica de ser o devedor o titular da propriedade plena, pois a marcante característica dessa modalidade de garantia real é que haja (como denominado pela lei) a transferência do objeto (imóvel) para o credor[120].

Contudo, pela própria finalidade da Lei do SFI, como se percebe na redação do *caput* do referido art. 22, a transferência feita pelo fiduciante ao fiduciário tem como propósito específico a garantia de uma obrigação principal, e não a transmissão definitiva de um patrimônio para outro. O negócio fiduciário tem como característica principal a transmissão da propriedade, mas com uma espécie de neutralização decorrente do que é convencionado pelos contratantes e pelo que decorre da própria lei, por meio da qual o fiduciário pode utilizar a propriedade adquirida tão somente para a finalidade estabelecida em lei e no contrato.

Em um caso típico de negócio fiduciário, em que ocorre a transferência da propriedade para servir de garantia, a transmissão da propriedade é efetivamente desejada pelas partes, mas não para fins de troca definitiva[121].

A transferência é feita sem que acarrete o incremento ou aumento correspondente no patrimônio do fiduciário. Enquanto nas alienações comuns a consequência natural pretendida pelas partes contratantes é o acúmulo de riquezas (com trocas recíprocas de objetos por valores correspondentes), na propriedade fiduciária, o único escopo legalmente possível e permitido é o de garantia, e isso, evidentemente, é uma marcante característica distintiva dos dois tipos de propriedade.

O direito real, transferido ao fiduciário, mantém-se comprimido e só poderá ser expandido para alcançar os atributos da propriedade plena nas seguintes hipóteses: na dação em pagamento ou no caso de inadimplemento absoluto do fiduciante que acarrete a realização dos leilões extrajudiciais e quando estes são negativos.

A descompressão do direito real, originariamente constituído em favor do fiduciário, representa o fim da relação de garantia que se mantém com o fiduciante. No entanto, para que isso ocorra, o fiduciário deve observar rigorosamente os procedimentos legais previstos na Lei do SFI para a alienação pública extrajudicial, que tem natureza privada, do imóvel objeto da garantia real fiduciária imobiliária.

---

a acessoriedade no sentido de que sua função e sua finalidade, e não sua natureza jurídica, são dependentes de uma relação jurídica obrigacional considerada principal (RUGGIERO, Roberto de. *Instituições de direito civil*. Trad. da 6. ed. italiana Paolo Capitanio. Atual. por Paulo Roberto Benasse. São Paulo: Bookseller, 1999. p. 690).

[118] RUGGIERO, Roberto de. *Instituições de direito civil*. Trad. da 6. ed. italiana Paolo Capitanio. Atual. por Paulo Roberto Benasse. São Paulo: Bookseller, 1999. p. 690.

[119] Nussbaum, ao fazer referência à garantia hipotecária, salienta que o direito real de hipoteca não representa uma simples relação pessoal entre credor e proprietário, mas envolve um direito absoluto, válido contra todo terceiro, sendo antinatural e ilógico emancipar o direito real de garantia do direito de crédito (NUSSBAUM, Arthur. *Tratado de derecho hipotecario alemán*. 2. ed. Madrid: Biblioteca de la Revista de Derecho Privado, 1929. Serie B, v. XI, p. 56 e 230).

[120] Característica dos direitos reais de garantia a exemplo do que ocorre com o penhor, a hipoteca e a anticrese, como determinado no art. 1.420 do Código Civil.

[121] ASCARELLI, apud GOTTSCHALK, Egon Felix. Alienação fiduciária em garantia. *Revista Forense*, ano 66, v. 230, fascículos 802-804, p. 393, 1970.

Constam na própria Lei do SFI as providências imprescindíveis para que haja o cancelamento da propriedade fiduciária. Denota-se que a transferência feita pelo fiduciante não representa hipótese definitiva de alienação, pois as partes mantêm, durante a vigência do contrato, estreita ligação de interesses e deveres, até que haja solução para a obrigação assegurada pela garantia real fiduciária, ou seja, até que ocorra ou não a situação que deflagre o cancelamento da garantia pelo adimplemento ou a realização dos leilões públicos extrajudiciais em decorrência do inadimplemento absoluto do fiduciante.

Outro importante elemento diferenciador da propriedade do fiduciário daquela que é estabelecida no art. 1.228 do Código Civil refere-se ao direito de o titular dispor (alienar) da coisa, integral ou parcialmente, seja por título gratuito ou oneroso, bem como o de onerá-la e de abandoná-la, inclusive[122].

A propriedade do fiduciário não desfruta dessa possibilidade.

Enquanto no domínio pleno o respectivo titular reúne em si todos os elementos anteriormente analisados (*ius utendi, ius fruendi* e *ius abutendi*), ao fiduciário é atribuído tão somente o *ius abutendi* – e mesmo assim suspenso até que ocorra o inadimplemento, que representa a possibilidade de disposição da coisa. Esse elemento (*ius abutendi*) é a ele atribuído pelo texto da lei, ou seja, pela estrutura legal da própria garantia fiduciária, e não por ato de disposição consubstanciado em negócio jurídico decorrente da autonomia da vontade das partes contratantes[123].

Ademais, além do fato de o *ius abutendi* ser conferido por força legal, o texto da Lei do SFI o faz de forma extremamente limitada, pois a disposição do imóvel objeto da propriedade fiduciária será possível apenas em caso de inadimplemento absoluto do fiduciante[124].

Em outras palavras, a disposição é autorizada nas circunstâncias e nos limites estabelecidos na lei, e não pela vontade e/ou conveniência econômica do titular da propriedade fiduciária.

Contudo, há a possibilidade, como comentado, de o fiduciário ceder o seu crédito, situação em que se transfere a garantia fiduciária apenas porque é considerada acessória à relação principal. Depois de constituída, a propriedade fiduciária não pode ser transferida para terceiros de forma independente.

Operada a cessão, o que se transfere é o crédito e, de forma aderente a este, os direitos que o fiduciário detém na estrutura da garantia fiduciária, nunca a propriedade plena do imóvel, pois o credor não a detém. Mesmo com a cessão de crédito, o fiduciante mantém íntegro seu direito expectativo de reaver o imóvel com o adimplemento da obrigação.

Tal circunstância legal caracteriza a propriedade fiduciária como limitada ou imperfeita.

A propriedade que nasce sob determinada condição de resolubilidade é tida como limitada ou imperfeita e a condição que acarreta tal limitação somente pode decorrer de lei.

A propriedade resolúvel representa uma exceção ao caráter exclusivo e indefinido do direito de propriedade. E essa limitação, dentro da sistemática da Lei do SFI, acarreta para o fiduciário evidente contenção ao seu direito de disposição do objeto da garantia[125].

---

[122] PEREIRA, Caio Mário da Silva. *Instituições de direito civil*. Direitos reais. 18. ed. Rio de Janeiro: Forense, 2003. v. IV, p. 98.
[123] STJ, REsp 1.862.902/SC, j. 18.05.2021.
[124] CHALHUB, Melhim Namem. *Alienação fiduciária:* negócio fiduciário. 7. ed. Rio de Janeiro: Forense, 2021. p. 145.
[125] SERPA LOPES, Miguel Maria de. *Curso de direito civil*. Direito das coisas: princípios gerais, posse, domínio e propriedade imóvel. 5. ed. rev. e atual. pelo prof. José Serpa de Santa Maria. Rio de Janeiro: Freitas Bastos, 2001. v. 6, p. 317.

Em contrapartida, o fiduciante reserva para si o *ius utendi* e o *ius fruendi*. Aquele, como já mencionado, acarreta a possibilidade de o devedor utilizar a coisa em toda a sua plenitude e este consiste em poder tirar da coisa todos os frutos possíveis. Tal conclusão decorre do § 1º do art. 23 e do inciso V do art. 24, ambos da Lei do SFI, pois são os dispositivos legais que garantem ao fiduciante a posse direta da coisa após a constituição da garantia fiduciária e enquanto permanecer adimplente em relação à obrigação garantida.

A previsão legal que assegura a livre utilização do imóvel pelo fiduciante, enquanto adimplente, deverá constar expressamente como cláusula obrigatória no contrato de alienação fiduciária[126].

Nem poderia ser diferente, em virtude do desmembramento da posse, que ocorre em consequência da constituição da propriedade fiduciária, nos termos do citado § 1º do art. 23 da Lei do SFI. O fiduciário não tem o direito de utilizar a coisa como é garantido ao proprietário pleno, ou seja, a propriedade fiduciária do credor não tem o elemento *ius utendi*.

Em decorrência da posse direta detida pelo fiduciante e da garantia legal de que este, enquanto adimplente, poderá utilizar livremente o imóvel objeto da propriedade fiduciária, também os frutos serão percebidos por este, e não pelo fiduciário.

O art. 1.214 do Código Civil garante ao possuidor de boa-fé o direito aos frutos. Na situação do fiduciante, a boa-fé estará presente enquanto ele estiver adimplente com a obrigação principal, pois tal adimplemento é o requisito que legitima a livre utilização do objeto da garantia[127]. Portanto, também o *ius fruendi* não estará presente na propriedade do fiduciário.

Ademais, a própria estrutura legal da garantia fiduciária imobiliária é suficiente para a diferenciação entre a propriedade plena do Código Civil (art. 1.228) e aquela atribuída ao fiduciário, como se denota da análise do citado art. 22 da Lei do SFI.

Esse dispositivo considera alienação fiduciária, como tantas vezes referido, o negócio jurídico pelo qual o fiduciante transfere ao fiduciário a propriedade resolúvel de um imóvel com intenção de constituir garantia real.

Há dois importantes elementos contidos no referido art. 22, que para a propriedade fiduciária imobiliária são de extrema relevância: (i) a propriedade resolúvel e o (ii) objetivo de garantia.

A restrição imposta à propriedade fiduciária é decorrente da própria lei, em virtude do escopo de garantia para a qual é constituída, ou seja, a resolução é um elemento integrante e indissociável da estrutura da propriedade fiduciária[128].

Pelo que se expôs até o momento, entendemos ser possível afirmar que, na constituição da garantia fiduciária imobiliária, não é alienada a propriedade plena e definitiva, mas apenas constituída em favor do credor uma propriedade limitada com o objetivo de garantia. O direito atribuído ao fiduciário é, portanto, temporário e sujeito a uma condição resolutiva. Logo, a propriedade fiduciária imobiliária é restrita, temporária e resolúvel.

Nota-se, também, a partir dessas características, a distinção entre a propriedade plena e a fiduciária. Aquela tem a característica – já referida – de ser absoluta, pois contém em si a totalidade das faculdades que a integram e a caracterizam.

---

[126] Lei Federal n.º 9.514/1997, art. 24, V.
[127] Nas hipóteses de inadimplemento a boa-fé não mais se configurará e, nessa hipótese, aplica-se a regra do art. 1.216 do Código Civil.
[128] DE CICCO, Maria Cristina. *Alienazione fiduciaria in garanzia il modello brasiliano*. Napoli: Edizioni Scientifiche Italiane, 1996. p. 52.

O conteúdo tradicional da propriedade plena, presente no art. 1.228 do Código Civil, revela um poder exclusivo e absoluto[129] do titular sobre a coisa. Tradicionalmente, nossa doutrina considera que é da natureza do domínio pleno ser irrevogável – ou seja, uma vez adquirido, em regra, só poderá ser desligado do proprietário se houver seu expresso consentimento[130-131] ou atos que impeçam a permanência da propriedade com o seu titular, como a usucapião ou a desapropriação.

Por sua vez, a natureza resolúvel da propriedade fiduciária retira da relação do credor com o imóvel o caráter absoluto do direito real de propriedade, pois é nessa acepção que o proprietário pleno, nos limites permitidos pela lei, pode livremente se movimentar e se desenvolver.

Ao contrário, o titular da propriedade fiduciária experimenta restrições ao exercício de seu direito, uma vez que a única possibilidade de alienação é em leilão público extrajudicial, desde que configurado o inadimplemento absoluto do fiduciante.

Alguns doutrinadores entendem que o termo alienação tem maior abrangência do que a venda. A *alienatio* expressa, etimologicamente, a separação de uma coisa de alguém e, na acepção técnica jurídica, deve ser compreendida como a transferência do direito de propriedade plena ou de qualquer outro direito relacionado ao titular e ao poder que este exerce em relação ao seu objeto.

Há, no sentido técnico, dois significados correlatos, sendo um negativo, pois acarreta o desligamento ou a separação da coisa da esfera patrimonial do alienante, e outro positivo, que, inversa e consequentemente, equivale à atração da coisa à outra esfera patrimonial, à do adquirente.

Foi nessa concepção técnica e etimológica que o legislador utilizou a Lei do SFI, tanto no art. 22 quanto no art. 27, para inserir as expressões transferência e alienação, respectivamente, para designar a constituição da garantia fiduciária imobiliária e a transferência nos leilões públicos, em caso de inadimplemento absoluto do fiduciante.

Apesar de utilizar o termo transferência na constituição da propriedade fiduciária, a transmissão do imóvel objeto da garantia é feita sob condição resolutiva, o que impede a transmissão definitiva e plena ao fiduciário.

Na fase dos leilões, o termo alienação é usado porque o fiduciário vende definitivamente o objeto da propriedade fiduciária, por determinação legal, com todos os seus atributos (o *ius utendi*, o *ius fruendi* e o *ius abutendi*), em decorrência de uma construção normativa própria, para assegurar a eficácia dessa modalidade de garantia real, mas não porque ele seja titular da propriedade absoluta e plena[132].

---

[129] Apesar de sua função social que atualmente delimita os poderes do proprietário, decorrentes de expressa previsão constitucional e infraconstitucional.

[130] PEREIRA, Caio Mário da Silva. *Instituições de direito civil*. Direitos reais. 18. ed. Rio de Janeiro: Forense, 2003. v. IV, p. 101.

[131] Ou nas situações em que a transferência ocorre forçosamente, por exemplo, nas execuções judiciais, na desapropriação ou na usucapião.

[132] É preciso destacar que, nem no momento dos leilões, o credor pode agir como se fosse proprietário pleno, pois a estrutura da lei é rígida quanto à forma de condução para a venda do imóvel fiduciado a terceiro. Basta lembrar que o devedor, entre a consolidação até a realização do segundo leilão, terá o direito de preferência para adquirir o imóvel pelo valor correspondente ao da dívida, somados os encargos, despesas, ITBI e laudêmio, se o caso. A vontade do fiduciário é afastada e seu comportamento é dirigido pela lei, o que não ocorre com o proprietário pleno que, exceto nas alienações consideradas forçadas, pode, em negócios jurídicos convencionais, recusar-se a prosseguir na alienação para terceiros, ainda que imotivadamente, com eventual assunção de responsabilidade pela sua decisão.

O fiduciário é apenas um condutor da execução da garantia fiduciária que, em certo momento – para realizar efetivamente os comandos determinados na Lei do SFI –, especialmente nos leilões extrajudiciais, precisa reunir todos os atributos da propriedade plena para transferi-los ao licitante vencedor ou consolidá-los em si de forma definitiva, para quitação do crédito inadimplido em caso de leilões negativos.

Não parece possível admitir que haja transmissão efetiva e absoluta do direito de propriedade ao fiduciário, no momento da constituição da garantia fiduciária imobiliária, pois faltam certos requisitos característicos do negócio jurídico capazes de causar tal modificação dominial.

Por exemplo, é certo que, na alienação fiduciária, não há preço no sentido técnico aplicado aos negócios jurídicos de compra e venda, pois ela se constitui como garantia de um contrato de mútuo, como o financiamento para aquisição do próprio imóvel, ou ainda para assegurar o cumprimento de outras obrigações, sejam elas de dar, fazer ou não fazer.

Por exemplo, é certo que na alienação fiduciária não há preço na acepção técnica de um negócio jurídico de compra e venda, pois se constitui para garantir um contrato de mútuo, o financiamento para aquisição do próprio imóvel ou até mesmo como garantia de outras modalidades de obrigações (dar, fazer, não fazer).

O fiduciante não aliena a propriedade de forma plena e definitiva, mas concorda que dela se desprenda certo atributo (o *ius abutendi*), parcial e temporariamente, até que haja cumprimento da obrigação principal. A transmissão é feita para garantir o adimplemento da obrigação, e não para ser acrescida ao patrimônio do fiduciário.

É nesse sentido que à propriedade fiduciária não se pode aplicar o previsto no art. 1.231 do Código Civil, o qual estabelece que "a propriedade presume-se plena e exclusiva, até prova em contrário". Porque o próprio registro da garantia fiduciária na correspondente matrícula do imóvel já aponta para uma circunstância jurídica temporária e limitadora da plenitude do direito real de propriedade – sua resolubilidade em razão da garantia real constituída.

Se a transferência para o credor fosse da propriedade plena, haveria uma antinomia entre a causa e o fim alcançado, pois descaracterizaria a intenção de garantia de obrigação, expressamente prevista na Lei do SFI, e deixaria o fiduciante sem a possibilidade de recuperar a propriedade plena, a não ser por vontade do fiduciário ou por decisão judicial.

Pelo sistema instituído pela Lei do SFI, o fiduciário é legalmente obrigado a desligar-se de seu direito, quando ocorre o cumprimento da obrigação principal pelo fiduciante. Não há espaço para recusa ou manifestações de vontade por parte do credor, exceto no sentido da liberação do fiduciante e da propriedade fiduciária. A própria lei aplica a sistemática para o cancelamento do direito real de garantia fiduciária.

A resolubilidade é mais um elemento distintivo da propriedade do fiduciário com aquela indicada no conteúdo tradicional do direito real de propriedade fixado no art. 1.228 do Código Civil. Ao ser implementada, a condição resolutiva extingue, para todos os efeitos, o direito do fiduciário, a teor da primeira parte do art. 128 do Código Civil.

A condição resolúvel da propriedade fiduciária está inserida, conforme dito, no texto da Lei do SFI – como se denota também da análise do art. 25 –, que trata da hipótese de integral pagamento da dívida e de encargos pelo fiduciante. Nessa circunstância, resolve-se a propriedade fiduciária.

O cumprimento da obrigação principal pelo fiduciante caracteriza o implemento da condição resolutiva. Por consequência, a transferência do imóvel em favor do fiduciário é desfeita, e a propriedade plena é recuperada pelo transmitente (fiduciante). A propriedade do fiduciário é dele destituída, independentemente de seu consentimento, em consequência do conteúdo estrutural legal desse direito real de garantia e em proteção do fiduciante.

Formalmente, essa operação é instrumentalizada pelo termo de quitação, que deve ser fornecido pelo fiduciário, para que o fiduciante proceda ao cancelamento da propriedade fiduciária no registro de imóveis, sob pena de incidência de multa, tudo nos termos do § 1º do art. 25.

Na hipótese de inadimplemento absoluto por parte do fiduciante, a lei também estabelece procedimentos específicos que devem ser observados. Determina a lei, resumidamente, que o fiduciário deverá notificar o fiduciante para constituí-lo em mora. Se, no prazo de 15 dias, não houver a purgação da mora, estará caracterizado o inadimplemento absoluto do fiduciante e o fiduciário deverá realizar os leilões públicos extrajudiciais[133].

Para a realização dos leilões, a lei estabelece que o fiduciário deve recolher o Imposto de Transmissão sobre Bens Imóveis (ITBI) e requerer ao oficial registrador que averbe a consolidação da propriedade em seu nome.

Percebe-se que a lei institui todas as providências que devem ser observadas e cumpridas pelo fiduciário, em uma espécie de rito sistematizado, cujas etapas devem ser fielmente cumpridas, sob pena de não poder satisfazer seu crédito com a execução da garantia fiduciária imobiliária. Não há liberdade para que o fiduciário tenha uma ou outra atitude que não aquelas previstas na lei.

No entanto, é autorizado pela Lei do SFI que o fiduciante, desde que com a anuência do credor, dê em pagamento da dívida os direitos que detém na relação jurídica fiduciária, sendo dispensados, por consequência, os procedimentos dos leilões extrajudiciais.

O objeto dessa dação em pagamento será o direito expectativo que o fiduciante tem de reaver o imóvel. Vale lembrar que esse direito expectativo tem a mesma natureza do direito expectado, ou seja, é um direito real.

Como tal, a dação em pagamento realizada no âmbito da Lei do SFI poderá ser formalizada por instrumento particular[134], nos termos do art. 38 da Lei do SFI, que será registrado na respectiva matrícula do imóvel, com o pagamento do correspondente imposto de transmissão. Com esse registro, o fiduciário torna-se proprietário pleno do imóvel, mas sem a obrigação de realizar os mencionados leilões públicos extrajudiciais (Lei do SFI, art. 26, § 8º).

Não há previsão que autorize o fiduciário a dar ao imóvel objeto da propriedade fiduciária outro destino que não o de garantia. E, como tal, limitado é o espectro de poderes do credor em relação ao imóvel. Não poderá constituir, por exemplo, outros direitos reais porque a destinação reservada é apenas de garantir seu próprio crédito.

A possibilidade de destinar a coisa para ser objeto de outros direitos reais é conferida apenas para o proprietário considerado pleno, ou seja, que reúna em si todos os elementos essenciais do direito real matriz de propriedade. Essa situação jurídica não ocorre na propriedade fiduciária imobiliária. O fiduciário tem a coisa imóvel sob o seu poder tão só para a satisfação do seu crédito, caso ocorra o inadimplemento absoluto da obrigação principal pelo fiduciante.

Há certa tensão entre os interesses de cada uma das partes consideradas em relação à obrigação principal. Enquanto o fiduciante for adimplente, a garantia não poderá ser executada e o fiduciário deverá suportar a utilização da coisa pelo fiduciante. Se ocorrer o inadimplemento, o credor promoverá os procedimentos previstos em lei, para que possa realizar os

---

[133] Lei Federal n.º 9.514/1997, arts. 26 e 27.
[134] Na fase de elaboração deste livro, sobreveio decisão da Corregedoria Nacional de Justiça do CNJ, Provimento n.º 175/2024, determinando que, com exceção de determinadas pessoas previstas na Lei do SFI, todos os demais deverão celebrar a alienação fiduciária por meio de instrumento público.

leilões e satisfazer seu crédito, contra o que não poderá se opor o fiduciante, salvo se purgar a sua mora minimamente no prazo regulado pela Lei do SFI.

A limitação ao direito do fiduciário existe em razão da possibilidade garantida por lei de ocorrer o retorno da propriedade ao fiduciante, caso haja cumprimento da obrigação (Lei do SFI, art. 25).

Contudo, se ocorrer o inadimplemento do fiduciante, o fiduciário, ao alienar a coisa, em leilão, acabará por fazer transferir ao terceiro a plenitude do direito de propriedade; e, se verificarem dois leilões negativos, ele (fiduciário) tornar-se-á, então, proprietário, nos moldes do art. 1.228 do Código Civil[135], pois a lei não o obriga a realizar o terceiro ou mais leilões (Lei do SFI, art. 27, § 5º).

No desempenho de tal função de garantia, em relação à obrigação principal com a qual se vincula, a propriedade fiduciária nasce com disposição natural (vocacionada) à extinção. Extinta a garantia fiduciária, os poderes e as faculdades a ela correspondentes, até então detidos pelo fiduciário, são imediata e automaticamente atraídos pelo núcleo do direito real de propriedade do fiduciante, consolidando-se novamente em "suas mãos" a propriedade plena[136].

Uma importante consequência do que se expôs até aqui é que a característica da propriedade fiduciária do credor não lhe atribui, por exemplo, as obrigações e as responsabilidades previstas nos §§ 1º e 2º do art. 1.228 do Código Civil.

Vale dizer que ao fiduciário não pode ser atribuída responsabilidade ambiental de qualquer natureza, pois, além de a posse direta estar com o fiduciante, a natureza da propriedade fiduciária é constituída como garantia.

A responsabilidade será a de um proprietário pleno para os que adquirirem o imóvel nos leilões públicos extrajudiciais e, também, para o próprio fiduciário, no caso da dação em pagamento ou na hipótese de os leilões serem negativos. Enquanto vigorar a propriedade fiduciária, essa responsabilidade é do fiduciante.

A propriedade fiduciária poderia ser entre nós também denominada[137] de "patrimônio destinado a um fim" ou "patrimônio de destino", pois se caracteriza por ser um patrimônio separado e independente do patrimônio do fiduciante e do fiduciário, destinado a uma finalidade própria e específica.

A propriedade fiduciária revela, no fim, um patrimônio com uma espécie de titularidade em trânsito, pois, enquanto não implementada a condição, há uma situação de transitoriedade dominial a ser definida com o evento do cumprimento ou não da prestação principal pelo fiduciante.

Portanto, o fiduciário poderá se considerar proprietário definitivo nos termos do art. 1.228 do Código Civil na dação em pagamento para a quitação da dívida do fiduciante ou após a realização dos dois leilões extrajudiciais sem que haja licitante vencedor.

Sendo o segundo leilão negativo, o fiduciário terá o direito de requerer ao registrador imobiliário que promova a averbação de tal ocorrência (leilões negativos), devendo apresentar,

---

[135] ARRUDA ALVIM; ALVIM, Thereza; CLÁPIS, Alexandre Laizo (coord.). *Comentários ao Código Civil brasileiro*. Livro introdutório ao Direito das Coisas e ao Direito Civil. Rio de Janeiro: Forense, 2009. v. XI, t. I, p. 244.

[136] ARRUDA ALVIM; ALVIM, Thereza; CLÁPIS, Alexandre Laizo (coord.). *Comentários ao Código Civil brasileiro*. Livro introdutório ao Direito das Coisas e ao Direito Civil. Rio de Janeiro: Forense, 2009. v. XI, t. I, p. 223.

[137] PAU, Antonio. *El patrimonio fiduciario desde la perspectiva registral*: los patrimonios fiduciarios y el trust. Madrid: Colegio Notarial de Cataluña/Marcial Pons, 2006. p. 673.

para tanto, certidão específica elaborada pelo leiloeiro oficial em que conste essa circunstância (Lei do SFI, art. 27, § 5º).

Esse procedimento formal registrário – assim como a inscrição da dação em pagamento – é um marco jurídico necessário para colocar fim a um tipo de propriedade – a fiduciária – e iniciar aquela considerada plena, a do art. 1.228 do Código Civil.

Desse momento em diante, o antes fiduciário, que detinha atributo do direito real de propriedade plena com as limitações que apontamos *supra*, passará a ter todas as responsabilidades decorrentes do domínio pleno do objeto e principalmente aquelas estabelecidas nos parágrafos do referido art. 1.228, os quais disciplinam aspectos que caracterizam certa delimitação do direito de propriedade, permeados pelo valor de sua função social[138].

Em síntese do exposto, como se procurou demonstrar, há marcantes distinções entre a propriedade plena e a propriedade fiduciária. Aquela encontra seu conteúdo revelado pelo art. 1.228 do Código Civil e contém todos os elementos caracterizadores da extensão máxima do direito real de propriedade, capaz de torná-la geratriz dos demais direitos reais existentes em nosso ordenamento. A propriedade fiduciária, por sua vez, nasce única e exclusivamente com a finalidade de garantir o crédito do fiduciário, caso ocorra o inadimplemento absoluto do fiduciante, o que atribui natureza limitada, temporal e destinada à finalidade prevista na Lei do SFI. São, portanto, propriedades distintas entre si.

Nosso legislador não deixou de fazer as adaptações necessárias a essa conceituação em nosso ordenamento. Tanto é assim que, mais recentemente, a Lei Federal n.º 13.043/2014 deu nova redação ao art. 1.367 do Código Civil, que passou a ser a seguinte: "A propriedade fiduciária em garantia de bens móveis ou imóveis sujeita-se às disposições do Capítulo I do Título X do Livro III da Parte Especial deste Código e, no que for específico, à legislação especial pertinente, **não se equiparando, para quaisquer efeitos, à propriedade plena de que trata o art. 1.231**" (destaques acrescidos).

A propriedade não é transferida definitivamente para o fiduciário. A transferência que se faz ao credor é resolúvel e sob o espectro da garantia, que tem em seu regulamento legal a forma de exercer o poder de disposição capaz de resolver o domínio do fiduciante, o que só ocorre quando do inadimplemento absoluto.

Mesmo após a resolução do domínio em seu favor com o inadimplemento, o fiduciário não ostenta a titularidade de proprietário pleno. O adquirente em leilão (ou até mesmo o credor no caso de leilões negativos) é quem adquirirá os direitos detidos pelo fiduciário e pelo fiduciante, os quais, consolidados, representam a propriedade plena[139].

Portanto, é possível afirmar que a constituição da propriedade fiduciária não tem como objetivo a transmissão da propriedade plena para o credor. Em favor do fiduciário é constituída uma propriedade limitada que tem relação direta com o comportamento do fiduciante no cumprimento da prestação da obrigação garantida.

O direito atribuído ao fiduciário é, portanto, temporário e sujeito a uma condição resolutiva. A propriedade fiduciária imobiliária é, como demonstrado *supra*, restrita, temporária e resolúvel.

---

[138] ARRUDA ALVIM; ALVIM, Thereza; CLÁPIS, Alexandre Laizo (coord.). *Comentários ao Código Civil brasileiro*. Livro introdutório ao Direito das Coisas e ao Direito Civil. Rio de Janeiro: Forense, 2009. v. XI, t. I, p. 237.

[139] ARONNE, Ricardo. *Por uma nova hermenêutica dos direitos reais limitados*. São Paulo: Renovar, 2001. p. 416.

6.2.4 A propriedade fiduciária de imóvel e o Código de Defesa do Consumidor – Tema 1.095 do Superior Tribunal de Justiça

6.2.4.1 Aspectos gerais

Como vimos no item anterior, a Lei do SFI estabeleceu naturezas distintas para os direitos do fiduciário e do fiduciante, bem como regramento especial e específico no que se refere ao modo de execução dessa modalidade de direito real de garantia imobiliária, em caso de inadimplemento absoluto do fiduciante.

Neste tópico, pretendemos analisar se o Código de Defesa do Consumidor (CDC) deve ou não ser aplicado às relações fiduciárias imobiliárias, bem como avaliar a fixação do Tema 1095 pelo Superior Tribunal de Justiça (STJ) e, especialmente a partir dele, em quais circunstâncias deve ou não ocorrer a aplicação do diploma consumerista.

O tema relativo à aplicação do CDC aos negócios jurídicos, em que é contratada a propriedade fiduciária como garantia real imobiliária, não é novo. É preciso fazer a conjugação de determinados elementos para uma melhor interpretação e conclusão sobre ser ou não possível aplicar as regras consumeristas à garantia real fiduciária. É o que faremos a seguir.

Alguns autores afirmam que se deve aplicar o CDC às relações jurídicas decorrentes da alienação fiduciária de coisa imóvel, em razão da expressa previsão contida no art. 53 da Lei Federal n.º 8.078/1990[140].

A leitura do dispositivo legal referido indica expressamente a aplicação do CDC às garantias fiduciárias e declara nulas as cláusulas que estabeleçam, nas situações de resolução contratual por inadimplemento do devedor consumidor, a perda total das parcelas pagas ao credor.

Há, no aludido texto normativo, referência direta à alienação fiduciária em garantia, geralmente instituída nos contratos de compra e venda definitiva de imóveis, coligados[141] com um segundo negócio jurídico de financiamento concedido pelo vendedor ou por um terceiro (instituição financeira, por exemplo), a ser pago pelo comprador em prestações sucessivas.

---

[140] Esse dispositivo legal estabelece que nos: [...] "contratos de compra e venda de móveis ou imóveis mediante pagamento em prestações, bem como nas alienações fiduciárias em garantia, consideram-se nulas de pleno direito as cláusulas que estabeleçam a perda total das prestações pagas em benefício do credor que, em razão do inadimplemento, pleitear a resolução do contrato e a retomada do produto alienado".

[141] Vale o registro do entendimento de Orlando Gomes sobre os contratos coligados. Para o autor, os contratos coligados são aqueles que, por disposição legal ou do conteúdo contratual acessório encontram-se em relação de dependência. Essa dependência pode ser (i) meramente externa; (ii) união com dependência; ou (iii) união alternativa. Entendemos que, na relação obrigacional que se apoia na propriedade fiduciária imobiliária como garantia, há uma união com dependência, pois os contratos coligados (financiamento ou compra e venda com propriedade fiduciária) são efetivamente queridos pelas partes como um todo. Para o credor só interessa realizar o financiamento ou a compra e venda do imóvel se tiver, em contrapartida, a constituição da propriedade fiduciária em garantia do crédito existente e decorrente do primeiro contrato. Um contrato depende do outro. Isoladamente os contratos não seriam interessantes para as partes. Apesar da relação, os contratos não se fundem, conservam as suas individualidades e a aplicação de seus regramentos próprios, porque não perdem a sua individualidade (GOMES, Orlando. *Contratos*. Atualizadores Edvaldo Brito [e coordenador], Reginalda Paranhos de Brito. 28. ed. Rio de Janeiro: Forense, 2022. p. 103). Por exemplo, na compra e venda de um imóvel cujo saldo do preço é garantido fiduciariamente pelo próprio imóvel, há dois contratos: (i) o de compra e venda; e (ii) a propriedade fiduciária.

Eduardo Arruda Alvim[142] destaca que a hipótese descrita pelo *caput* do art. 53 do CDC já seria inegavelmente nula de pleno direito pela regra geral contida no inciso IV do art. 51 também do CDC (que trata da nulidade de pleno direito de determinadas cláusulas contratuais), mas o legislador, na opinião do autor, ao especificar a regra da proibição das perdas de todas as prestações ou do decaimento delas, pretendeu evitar controvérsias nas interpretações de tais situações, provavelmente pela recorrência do tema no cotidiano das relações de consumo.

José de Mello Junqueira[143] afirma que inexiste qualquer antinomia entre o art. 53 do CDC e as disposições da Lei do SFI, especialmente em relação ao § 2º do art. 27.

Por sua vez, para Claudia Lima Marques[144], os contratos decorrentes da Lei do SFI estão incluídos no campo de aplicação do CDC. Registra expressamente a autora que, para

> [...] o consumidor, parece-me, salvo melhor juízo, altamente prejudicial a criação desta nova base de direito real (propriedade fiduciária de imóvel), pois a possibilidade de alienação fiduciária da 'sonhada casa própria' beneficia desnecessariamente o fornecedor-credor, ao evitar o atual trâmite judicial exigido para as hipotecas[145].

A autora deixa evidente sua preocupação com a celeridade do procedimento extrajudicial. Chega a afirmar que o credor tem um benefício desnecessário ao não utilizar o trâmite judicial regido pelo Código de Processo Civil nas execuções hipotecárias.

Nesse sentido, não entendemos que o procedimento judicial da execução hipotecária represente maior segurança jurídica ao devedor. Este, na execução da propriedade fiduciária, possui ferramentas jurídicas suficientes para garantir sua defesa, pois poderá: (i) desde purgar a mora perante o registrador imobiliário (ou seja, cumprir a prestação com a qual se vinculou voluntariamente); (ii) usar seu direito de preferência até o segundo leilão; ou (iii) se valer do acesso ao Poder Judiciário em qualquer etapa da execução da propriedade fiduciária, se for o caso, conforme garantia constitucional de acesso à justiça.

Vale consignar que, mesmo no âmbito da execução judicial, o devedor não tem asseguradas garantias semelhantes, a não ser pela via dos embargos. No processo de execução, o devedor é chamado para pagar a dívida, e não para contestar o direito expresso no título executivo.

O argumento de que o trâmite judicial exigido para a execução das hipotecas é garantia de proteção ao devedor parece não ser suficiente ao mercado atual, pois pensar que

---

[142] ARRUDA ALVIM NETO, José Manoel de; ALVIM, Thereza; ALVIM, Eduardo Arruda Alvim; MARINS, James. *Código do Consumidor comentado*. 2. ed. rev. e ampl. São Paulo: RT, 1995. p. 261.

[143] JUNQUEIRA, José de Mello. *Alienação fiduciária de coisa imóvel*. São Paulo: ARISP, 1998. p. 51.

[144] MARQUES, Claudia Lima. *Contratos no Código de Defesa do Consumidor*. 9. ed. São Paulo: RT, 2019. p. 493.

[145] Importa destacar, também, a posição adotada por Oliveira Yoshikawa, da qual discordamos, no sentido de que a consolidação da propriedade no fiduciário, em caso de inadimplemento do fiduciante, por se desenvolver em mecanismo extrajudicial, tem natureza de autotutela, pois não apresenta o efetivo controle de um terceiro com imparcialidade que, no caso, seria o registrador imobiliário. Não concordamos com essa posição, pois, além de o fiduciante ter acesso ao Poder Judiciário a qualquer momento, o procedimento de alienação extrajudicial está exaustivamente previsto na Lei do SFI, do qual o fiduciário não poderá se desviar, se quiser garantir uma perfeita e tranquila execução da garantia que contratou. Ademais, no Código de Processo Civil, em especial pela redação dada aos arts. 825, II, e 879, I, é possível notar que o legislador pretendeu possibilitar ao credor, antes da venda em hasta pública (venda forçada), a alienação por iniciativa particular, o que demonstra conformidade de entendimentos do legislador entre os textos legais, pois a alienação extrajudicial que é feita nos termos da Lei do SFI é considerada uma alienação privada (OLIVEIRA YOSHIKAWA, Eduardo Henrique de. *Execução extrajudicial e devido processo legal*. São Paulo: Atlas, 2010. p. 40).

o fator *lentidão* representaria segurança pode, em contrapartida, acarretar injustiças ao credor na recuperação do seu crédito, o que poderá ser sentido por todos os que dependam de financiamento.

Ademais, como dito, não sobram ao devedor, para exercer o seu direito de defesa na execução forçada, alternativas além do recurso de embargos, o qual dependerá, para ter efeito suspensivo, de prova de que a execução já esteja garantida por penhora, depósito ou caução suficientes (Código de Processo Civil, art. 919, § 1º).

É preciso destacar que a própria execução hipotecária foi modificada para imprimir maior celeridade na recuperação do crédito. A Lei Federal n.º 5.741/1971, entre outras alterações, permite a suspensão da execução somente mediante prova de pagamento da dívida feita em sede de embargos. Mesmo na execução judicial da garantia real hipotecária, pretendeu-se diminuir o tempo para satisfação do crédito.

Mais recentemente, a Lei Federal n.º 14.711/2023 introduziu, pelo seu art. 9º, a possibilidade de os créditos garantidos por hipoteca serem executados extrajudicialmente, o que demonstra a intenção do legislador de desburocratizar procedimentos e conferir agilidade na recuperação do crédito inadimplido.

Nesse contexto, importante analisar se as disposições do CDC devem ou não ser aplicadas às relações fiduciárias imobiliárias.

6.2.4.2 Aspectos gerais da controvérsia

Algumas outras considerações são necessárias antes de adentrar no objetivo deste tópico.

Em qualquer caso, porém, a solução que deve prevalecer para a questão dos contratos existentes nos âmbitos da Lei do SFI e do CDC é aquela que mais se coloca em harmonia com os princípios gerais e norteadores de nosso direito e que inibe o enriquecimento sem causa[146] de uma das partes em relação à outra.

O dever de restituir previsto no art. 53 do CDC, porém, caso haja, não representa obrigação de o fiduciário devolver tudo o que recebeu do fiduciante ou de devolver sempre e em qualquer situação, sem maiores considerações.

Do valor da restituição, quando devida, poderão ser descontados as perdas e danos gerados pelo inadimplemento do fiduciante[147], incluído o valor decorrente da vantagem econômica auferida pelo devedor, no período em que usufruiu do imóvel, além das despesas geradas pelo descumprimento da obrigação principal.

Em outras palavras, a Lei do SFI estabelece como se dará o procedimento que deverá ser seguido pelo fiduciário para a satisfação do seu crédito na hipótese de inadimplemento absoluto do fiduciante.

Nesse contexto, como se verá adiante, tendo sido contratada a propriedade fiduciária imobiliária como garantia do cumprimento de determinada prestação, tal satisfação não se dará pelas regras do CDC, e sim por aquelas que integram a estrutura legal de execução da garantia fiduciária imobiliária da Lei do SFI, em especial os arts. 26 e 27.

De maneira geral, o art. 53 do CDC adéqua-se ao sistema jurídico, que não permite aplicação de penalidades exacerbadas e que pretende coibir o enriquecimento sem causa do credor e o correspondente empobrecimento do devedor.

---

[146] Código Civil, arts. 884 a 886.
[147] ARRUDA ALVIM NETO, José Manoel de; ALVIM, Thereza; ALVIM, Eduardo Arruda Alvim; MARINS, James. *Código do Consumidor comentado*. 2. ed. rev. e ampl. São Paulo: RT, 1995. p. 261-262.

Nessa linha, as decisões de nossos Tribunais Superiores fizeram importantes adequações dos preceitos legais para coadunar diversos institutos jurídicos previstos em nosso ordenamento.

No entanto, há um importante princípio geral de direito, apontado por Moreira Alves[148], que não pode ser afastado dessa temática: o *favor debitoris*, que tem como consequência abrir exceções à rigidez dos princípios cardeais de crédito.

Tal princípio já se encontra presente em decisões dos Tribunais Superiores como fundamento limitador do grau da onerosidade que o débito pode causar na esfera de liberdade jurídica do devedor.

Segundo consta em voto da Ministra Nancy Andrighi, do STJ, proferido nos Embargos de Divergência em Recurso Especial 59.870/SP[149], a limitação da liberdade jurídica do devedor pode ser revelada pela regra interpretativa e integrativa segundo a qual quem se obriga obriga-se sempre pelo menos oneroso.

Pode-se concluir, com apoio também em Rizzatto Nunes[150], que o fundamento em torno do qual gravita o art. 53 do CDC é o do não enriquecimento sem causa. A pretensão foi evitar que aquele que não mais puder pagar por uma coisa, depois de quitada parte do preço, fique sem o objeto do negócio jurídico de compra e venda e, ainda, sem o valor das parcelas pagas.

Entretanto, antes mesmo do CDC e, em especial, do art. 53, os tribunais brasileiros decidiam as questões similares com apoio no art. 924[151] do Código Civil de 1916.

Nesse sentido, destaca-se a ementa do Recurso Especial 135.550/SP[152] do STJ, relatado pelo Ministro Eduardo Ribeiro, no qual expressamente consignou que, de acordo com a jurisprudência pacífica do Tribunal, não se aplica o CDC aos contratos celebrados anteriormente à sua vigência, sendo válidas as cláusulas que estabelecem a perda total das prestações pagas, em caso de inadimplemento, principalmente quando não prequestionada a possibilidade de redução da penalidade na forma prevista na legislação civil (Código Civil, art. 413).

Entretanto, pela regra do art. 924 do Código Civil de 1916, o juiz poderia reduzir proporcionalmente a cláusula penal estipulada contratualmente para o caso de mora ou de inadimplemento absoluto do comprador, de modo que não fosse prejudicado com a perda da coisa e daquilo que pagou por ela.

Nosso direito sempre teve o objetivo de evitar que uma das partes fosse sacrificada em relação à outra, no desfazimento do contrato, em virtude do inadimplemento absoluto da

---

[148] MOREIRA ALVES, José Carlos Barbosa. As normas de proteção ao devedor e ao *favor debitoris*: do direito romano ao direito latino-americano. *Revista Synthesis*, Faculdade de Direito da UnB, n. 3, p. 164, 1º sem. 1997.

[149] "[...] pode ser revelada pela seguinte regra interpretativa/integrativa: quem se obriga, obriga sempre pelo menos. Nestes termos, corresponde o *favor debitoris* à manifestação específica do *favor libertatis* em sentido amplo, sendo o corolário, no Direito das obrigações, dos princípios jurídicos ínsitos nas expressões *in dubio pro libertatis* e *in dubio pro reu*."

[150] RIZZATTO NUNES, Luiz Antonio. *Comentários ao Código de Defesa do Consumidor*. 2. ed. reform. São Paulo: Saraiva, 2005. p. 590.

[151] "Quando se cumprir em parte a obrigação, poderá o juiz reduzir proporcionalmente a pena estipulada para o caso de mora, ou de inadimplemento."

[152] "[...] de acordo com a jurisprudência pacífica do Tribunal, não se aplica o Código de Defesa do Consumidor aos contratos celebrados antes de sua vigência, permanecendo válida a cláusula que institui a perda total das prestações pagas em caso de inadimplemento, principalmente quando não prequestionada a possibilidade de redução da pena, prevista no artigo 924 do Código Civil." No mesmo sentido: REsp 248.155/SP, j. 23.05.2000; REsp 314.517/RS, j. 17.05.2001; e REsp 508.492/RS, j. 21.08.2003.

obrigação de pagar, por exemplo, que pode acontecer por diversos motivos, como perda do emprego, alteração das circunstâncias econômicas, a exemplo do que ocorreu na crise financeira mundial de 2008, e até mesmo pela insuficiência ou incapacidade financeira ulterior do devedor diante do valor das parcelas vincendas[153].

É preciso destacar, nesse contexto, que a situação da compra e venda definitiva de imóvel com pacto adjeto de propriedade fiduciária é diferente da hipótese do contrato preliminar de compra e venda de imóvel com pagamento em prestações e sem garantia. Naquele, ocorre a transferência definitiva da propriedade – mesmo antes do pagamento do preço – para possibilitar a subsequente constituição da garantia real fiduciária imobiliária, coligada a um contrato de mútuo, no qual o preço de aquisição é pago em prestações pelo fiduciante. Neste outro, o comprador paga o preço em parcelas e só recebe a propriedade definitiva quando quitar a totalidade do preço de aquisição. Neste não ocorre a constituição da propriedade fiduciária em garantia. A própria estrutura jurídica do compromisso de compra e venda serve de garantia para o vendedor.

Resta avaliar como o desfazimento do contrato de venda e compra de imóvel com pacto adjeto de propriedade fiduciária imobiliária deve ocorrer para se respeitarem integralmente os direitos do fiduciário e do fiduciante. Deve-se aplicar o CDC ou a Lei do SFI? É o que procuraremos responder a seguir.

6.2.4.3 A propriedade fiduciária de imóvel e o CDC

Importa analisar se o art. 53 do CDC deve ser aplicado aos contratos que tenham como garantia a propriedade fiduciária de coisa imóvel, ou seja, se na execução da garantia fiduciária imobiliária deve haver pelo fiduciário a restituição de parcelas pagas pelo fiduciante.

Há argumentos que devem ser considerados para melhor compreensão do tema. Entre eles destacam-se:

(i) no processo sistemático interpretativo das leis, a posterioridade da Lei do SFI em relação ao CDC, cumulada com a especialidade daquele diploma legal em relação a este;
(ii) as características especiais da Lei do SFI;
(iii) o ajuste de contas a ser feito entre fiduciário e fiduciante nos leilões;
(iv) a influência das decisões dos tribunais que afastam a possibilidade de incidência do CDC na alienação fiduciária de coisas móveis;
(v) os aspectos gerais relacionados aos contratos de mútuo com pacto adjeto de propriedade fiduciária; e
(vi) a obrigação contida na Lei do SFI que estabelece como condição essencial a reposição integral do valor emprestado.

Vejamos a seguir.

6.2.4.3.1 A cronologia e a especialidade da Lei do SFI em relação ao CDC

Sobre o aspecto temporal das leis, referido anteriormente, o § 1º do art. 2º da Lei de Introdução às Normas do Direito Brasileiro estabelece que "a lei posterior revoga a anterior quando expressamente o declare, quando seja com ela incompatível ou quando regule inteiramente a matéria de que tratava a lei anterior".

---

[153] RIZZATTO NUNES, Luiz Antonio. *Comentários ao Código de Defesa do Consumidor*. 2. ed. reform. São Paulo: Saraiva, 2005. p. 590 e nota 809.

A Lei do SFI entrou em vigor aproximadamente seis anos após o CDC. É incontroverso que a Lei do SFI[154] é mais recente do que o CDC[155].

Ademais, ao se analisar o seu conteúdo, percebe-se que a Lei do SFI regula inteira e exaustivamente a propriedade fiduciária de imóvel, especialmente no que se refere à sua execução, o que a faz especial em relação ao CDC.

O CDC não regula a garantia fiduciária imobiliária, mas estabelece, como dissemos, normas de condutas e princípios gerais como justiça contratual, equidade das prestações, boa-fé objetiva etc.

Para Carlos Maximiliano[156], como registramos em outra passagem, o seu entendimento é no sentido de que, se "a lei nova cria, sobre o mesmo assunto da anterior, um sistema inteiro, completo, diferente, é claro que todo o outro sistema foi eliminado. Por outras palavras: dá-se ab-rogação, quando a norma posterior se cobre com o conteúdo todo da antiga".

Em outra passagem, o mesmo autor consigna que:

> Na verdade, em princípio não se presume que a lei geral revogue a especial; é mister que esse intuito decorra claramente do contexto. Incumbe, entretanto, ao intérprete verificar se a norma recente eliminou só a antiga regra geral, ou também as exceções respectivas. A disposição especial afeta a geral, apenas com restringir o campo da sua aplicabilidade; porque introduz uma exceção ao alcance do preceito amplo, exclui da ingerência deste algumas hipóteses. Portanto o derroga só nos pontos em que lhe é contrária. Na verdade, a regra especial posterior só inutiliza em parte a geral anterior, e isto mesmo quando se refere ao seu assunto, implícita ou explicitamente, para alterá-la. Derroga a outra naquele caso particular e naquela matéria especial a que prové ela própria[157].

O CDC não regula tipos contratuais, tampouco direitos reais, como é o caso da propriedade fiduciária imobiliária, mas se caracteriza por ser uma lei de função social, com o objetivo de tutelar um grupo específico de pessoas, os consumidores[158].

No que se refere à preponderância das leis especiais em relação ao CDC, como no caso da Lei do SFI, já destacamos o entendimento de Claudia Lima Marques[159] em outra passagem, mas entendemos ser aplicável da mesma forma ao tema aqui tratado. Salienta a autora que:

> A lei especial nova geralmente traz normas a par das já existentes (art. 2º da Lei de Introdução), normas diferentes, novas, mais específicas do que as anteriores, mas compatíveis e conciliáveis com estas. Como o CDC não regula contratos específicos, mas sim elabora normas de condutas gerais e estabelece princípios, raros serão os casos de incompatibilidade. Se os casos de incompatibilidade são poucos, há neles, porém, clara prevalência da lei especial nova pelos critérios da especialidade e cronologia. [...]. Assim, o CDC como lei geral de proteção dos consumidores poderia ser afastado para aplicação de uma lei nova especial para aquele contrato ou relação contratual, como no caso da lei sobre seguro-saúde, se houver incompatibilidade de preceitos.

---

[154] Entrou em vigor na data de sua publicação, em 21.11.1997, retificada em 24.11.1997.
[155] Entrou em vigor 180 dias contados da data de sua publicação que foi em 12.09.1990.
[156] MAXIMILIANO, Carlos. *Hermenêutica e aplicação do direito*. 9. ed. Rio de Janeiro: Forense, 1979. p. 358.
[157] MAXIMILIANO, Carlos. *Hermenêutica e aplicação do direito*. 9. ed. Rio de Janeiro: Forense, 1979. p. 358-360.
[158] MARQUES, Claudia Lima. *Contratos no Código de Defesa do Consumidor*. 9. ed. São Paulo: RT, 2019. p. 679.
[159] MARQUES, Claudia Lima. *Contratos no Código de Defesa do Consumidor*. 9. ed. São Paulo: RT, 2019. p. 715.

Também Álvaro Villaça Azevedo[160] consigna tal entendimento ao salientar que "o Código de Defesa do Consumidor (Lei n.º 8.078, de 11 de setembro de 1990) é uma lei geral e só pode ser aplicada no que não contrariar a lei especial, no caso a Lei n.º 9.514/1997".

Essa é a situação existente entre o CDC e a Lei do SFI. Esta, além de mais recente, é especial em relação àquela, pois regula exaustivamente matéria pertinente à propriedade fiduciária imobiliária, especialmente as consequências da mora e do inadimplemento absoluto do fiduciante, com a consequente excussão dessa garantia real.

Arruda Alvim[161] salienta que o conteúdo normativo do § 1º do art. 2º da Lei de Introdução às Normas do Direito Brasileiro não permite a vigência paralela do CDC e da Lei do SFI, "pela razão de que as disposições da Lei n.º 9.514/1997 são abundantemente incompatíveis com a aplicação do art. 53 do Código de Proteção e Defesa do Consumidor".

E o autor complementa: "Sobrevivem, contudo, ambos os diplomas (CDC [art. 53]) e a Lei n.º 9.514/1997, exatamente porque essa é lei especial, ocupando o seu espaço normativo, onde não há, por isso mesmo, espaço para o CDC".

Logo, por sua própria natureza, a lei geral (CDC) deixa um espaço que é ocupado pela lei especial (SFI). Consequentemente, não ocorre colisão espacial entre elas, uma vez que cada um dos diplomas legais ocupa espaços legislativos próprios e específicos, impossível de se chocarem, pois são materialmente diferentes[162].

Melhim Namem Chalhub[163] consigna que se trata exatamente da hipótese *supra*, "visto que a Lei n.º 9.514/1997 é norma especial nova em relação ao CDC e prevalece sobre este naquilo que tem de específico, observados os princípios da função social do contrato e da boa-fé objetiva, entre outros, que são aplicáveis a toda espécie de contrato".

No caso da propriedade fiduciária de bens imóveis, destaca o mesmo autor, "a prevalência se dá não só em razão do critério da especialidade da lei, como, também, pelo critério da cronologia, pois a lei que disciplina a alienação fiduciária de bens imóveis é posterior ao CDC"[164].

Sobre a questão do direito intertemporal, Arruda Alvim[165] é ainda mais categórico ao afirmar que, por ser a Lei do SFI posterior ao CDC e, ainda, por ser lei

> [...] específica em que se disciplina exaurientemente todo o assunto referente à alienação fiduciária sobre imóveis, fazendo-o em face de negócio jurídico não compatível com a

---

[160] AZEVEDO, Álvaro Villaça. Alienação fiduciária de bem móvel. *Revista Magister de Direito civil e processual civil*, Porto Alegre, v. 1, p. 47, 2004.

[161] ARRUDA ALVIM NETO, José Manoel de. Alienação fiduciária de bem imóvel. O contexto da inserção do instituto (Parecer). *Alienação fiduciária e direito do consumidor*. São Paulo: Abecip, [s.d.]. p. 29.

[162] "A Lei n.º 9.514/1997 disciplina exaurientemente o tema da alienação fiduciária em garantia de imóvel (arts. 22 a 33); se a Lei n.º 9.514/1997 disciplina exaurientemente o tema, não é possível cogitar-se da aplicação de outra lei – o art. 53 do CDC – com vistas a interferir, influir, no sistema da Lei n.º 9.514/1997; esta última é lei especial, e, o CDC, é lei geral, ocupando, cada diploma, o seu espaço normativo, sendo que esses espaços são diferentes" (ARRUDA ALVIM NETO, José Manoel de. Alienação fiduciária de bem imóvel. O contexto da inserção do instituto (Parecer). *Alienação fiduciária e direito do consumidor*. São Paulo: Abecip, [s.d.]. p. 44).

[163] CHALHUB, Melhim Namem. *Alienação fiduciária*: negócio fiduciário. 7. ed. Rio de Janeiro: Forense, 2021. p. 422.

[164] CHALHUB, Melhim Namem. A Lei 9.514, de 20.11.97. Os procedimentos de realização da garantia fiduciária à luz dos princípios enunciados pelo artigo 53 da Lei n.º 8.078, de 11 de setembro de 1990 (Código de Defesa do Consumidor). (Parecer). *Alienação fiduciária e direito do consumidor*. São Paulo: Abecip, [s.d.]. p. 66.

[165] ARRUDA ALVIM NETO, José Manoel de. Alienação fiduciária de bem imóvel. O contexto da inserção do instituto (Parecer). *Alienação fiduciária e direito do consumidor*. São Paulo: Abecip, [s.d.]. p. 21.

devolução a que se refere o art. 53 do CDC, deverá prevalecer inteiramente o sistema da Lei n.º 9.514/1997 diante da lei que pretende ser genérica e que é anterior (CDC), e, que, ademais, é contrária à própria natureza do contrato de alienação fiduciária.

Nesse sentido da especialidade, a Lei do SFI estabelece regras próprias e específicas referentes às consequências do adimplemento, da mora e do inadimplemento absoluto do fiduciante, bem como dos direitos e dos deveres atribuídos ao fiduciário[166], em decorrência do adimplemento ou do inadimplemento da obrigação principal.

Em caso de adimplemento, o fiduciário entregará ao fiduciante, no prazo de 30 dias, contado do pagamento, o termo de quitação que será suficiente para promover a averbação na matrícula do imóvel quanto ao cancelamento da propriedade fiduciária (Lei do SFI, art. 25, § 2º).

Por sua vez, na situação de inadimplemento absoluto do fiduciante, há expressa disposição legal que obriga o fiduciário a alienar, em leilão público extrajudicial, o imóvel objeto da propriedade fiduciária, pagar o seu crédito e, se for o caso, a entregar ao fiduciante a quantia que exceder (a diferença entre o crédito recuperado e o valor do imóvel). Existe exaustiva previsão de todos os procedimentos de execução da garantia fiduciária imobiliária nos arts. 25, 26, 26-A e 27 da Lei do SFI.

O art. 53 do CDC estabelece princípio geral baseado na noção de equidade e de equilíbrio das relações contratuais, com o objetivo de evitar, como referido, o enriquecimento sem causa do credor.

Denota-se, portanto, com apoio no mencionado § 1º do art. 2º da Lei de Introdução às Normas do Direito Brasileiro, que há uma incompatibilidade aparente entre a regra geral estabelecida pelo art. 53 do CDC para as situações de inadimplemento absoluto do fiduciante e as regras especiais dos art. 26 e 27 da Lei do SFI. Entretanto, sobrevivem ambos os diplomas, cada qual em seu espaço normativo próprio e específico, com a lei posterior e especial (SFI) prevalecendo na regulação das relações fiduciárias imobiliárias sobre o CDC, que é lei geral.

6.2.4.3.2 Das características especiais da Lei do SFI

A Lei do SFI apresenta uma estrutura específica ao disciplinar as consequências decorrentes do inadimplemento absoluto do fiduciante (arts. 26 e 27).

Apurados os resultados dos leilões extrajudiciais, o credor somente poderá reter o *quantum* correspondente ao seu crédito, com os acréscimos permitidos em lei, sendo proibido ficar com aquilo que a isso exceder. Nesse sentido, a Lei do SFI já tutela os direitos do devedor e inibe eventuais abusos por parte do credor, preservando o equilíbrio e a equidade da relação contratual, o que torna desnecessária e imprópria a aplicação do CDC.

Há um antigo precedente no Tribunal de Justiça do Estado de São Paulo que trata da questão da Lei do SFI e do CDC. O acórdão proferido na Apelação Cível 400.962.4/0[167] re-

---

[166] É da tradição do direito brasileiro a proibição ao pacto comissório. São consideradas nulas as cláusulas que autorizem o credor a ficar com o objeto da garantia em caso de inadimplemento. Por isso, o credor que tenha garantias reais deve realizar os atos necessários para promover a venda pública do objeto dado em garantia.

[167] Em referido acórdão foi consignado: "Não purgada a mora, a ré requereu a consolidação da propriedade plena do imóvel para que fosse promovido o leilão, nos termos do disposto no § 7º do art. 26 da mencionada Lei de Alienação Fiduciária (fls. 143/144). Após a intimação para purgar, os autores ingressaram com medida cautelar visando obstar a execução extrajudicial (fls. 77/82). O MM. Juiz, por sua vez, houve por bem indeferir a inicial sob o fundamento de que as disposições contidas na Lei n.º 9.514/1997, mormente o art. 26, não estão eivadas de inconstitucionalidade e que são plenamente

formou a sentença de primeira instância que havia rescindido contrato de compra e venda, garantido por propriedade fiduciária, com fundamento no art. 53 do CDC. O referido acórdão enfrentou a situação de validade da Lei do SFI, diante das normas do CDC, e decidiu pela aplicação daquele sistema em relação ao Código Consumerista.

Outro ponto de destaque é o fato de que, pela sistemática da Lei do SFI, o credor não solicita a resolução do contrato, como é a hipótese prevista na parte final do *caput* do art. 53 do CDC: "[...] que estabeleçam a perda total das prestações pagas em benefício do credor que, em razão do inadimplemento, pleiteie **a resolução do contrato e a retomada do produto alienado**" (destaques acrescidos).

O fiduciário não tem a independência ou a permissão para solicitar, ainda que em juízo, o término do contrato e a retomada do imóvel. Nos casos de compra e venda com pacto adjeto

---

aplicáveis ao caso concreto (fls. 83/86). Não obtendo êxito naquela demanda, os autores ajuizaram a presente ação, invocando o Código de Defesa do Consumidor, especialmente o art. 53. Entretanto, em que pesem as assertivas dos autores e os fundamentos da sentença, o recurso comporta provimento. Com efeito, a Lei n.º 9.514/1997 instituiu o regime da alienação fiduciária aplicável aos bens imóveis, segundo o qual o devedor (fiduciante) transmite ao credor (fiduciário) a propriedade do imóvel, temporária e condicionalmente, enquanto perdurar a dívida. É o que dispõe o art. 22: 'A alienação fiduciária regulada nesta Lei é o negócio jurídico pelo qual o devedor, ou fiduciante, com o escopo de garantia, contrata a transferência ao credor, ou fiduciário, da propriedade resolúvel de coisa imóvel'. A Lei disciplina a questão da posse, que é fracionada: o devedor tem a posse direta, com a fruição do bem, enquanto que o credor possui a indireta. Ainda, explicita a formalidade do registro do contrato junto ao Cartório de Registro de Imóveis para a produção dos efeitos. O contrato é claro ao dispor das condições avençadas que estão, repita-se, de acordo com a lei. A alienação fiduciária foi instituída para a garantia do pagamento. Os autores, ao celebrarem o compromisso, tiveram ciência do financiamento, e a ré, por sua vez, precisava garantir o pagamento. No caso dos autos, portanto, a transação havida entre os autores e a construtora, que cedeu o crédito para a ré, é perfeitamente possível e está de acordo com os preceitos da Lei n.º 9.514/1997, a qual é lei nova em relação do Código de Defesa do Consumidor e com este não é incompatível. Trata-se de instituto já existente na legislação, juntamente com a previsão de leilão extrajudicial, previsto na Lei n.º 4.591/1964 (Incorporação e Condomínio), Decreto-lei n.º 70/1966 (imóveis adquiridos pelo SFH), Lei n.º 4.728/1965, modificada pelo Decreto-lei n.º 911/1969 (alienação fiduciária de bens móveis). O procedimento visa resguardar ao fiduciário um meio ágil para a satisfação do seu crédito, não impedindo o do devedor ao Judiciário. Nesse sentido, são os julgados: 'Alienação fiduciária – Reintegração de posse – Sistema financeiro imobiliário – Inconstitucionalidade da Lei n.º 9.514/1997 – Afronta ao princípio do contraditório e da ampla defesa – Inocorrência – Não se vislumbra qualquer indício de inconstitucionalidade na Lei n.º 9.514/1997, regulando o sistema imobiliário, facultando-se à parte a exposição dos motivos da controvérsia sob todas as formas admitidas em direito, em estrita observância aos princípios constitucionais do contraditório e da ampla defesa – AI n.º 808.389-0/2 – 2º TAC-SP, Rel. Des. Américo Angélico, j. 16.09.2003'. Ainda, mais recente: 'Alienação fiduciária de imóvel. Lei n.º 9.514/1997. Ação de reintegração de posse. Consolidação da propriedade. Inteligência dos artigos 26 e 30 – Inconstitucionalidade – Inocorrência – Código de Defesa do Consumidor – A previsão de extrajudicial e consolidação da propriedade fiduciária por ato do legislador imobiliário não afronta a Constituição Federal, já que o acesso ao Judiciário, a ampla defesa e o contraditório continuam assegurados ao devedor que se sentir prejudicado – AI n.º 880.879-0/2, 2º TAC-SP, Rel. Des. Pereira Calças, j. 27.01.2005'. Assim, superada a questão da aplicabilidade da Lei n.º 9.514/1997, resta a reforma da sentença. Os autores deixaram de pagar as prestações avençadas no contrato e, em razão do seu inadimplemento e da ausência de purgação da mora, a ré exerceu seu direito que a lei lhe faculta de consolidar a propriedade resolúvel com a realização do leilão do imóvel e a devolução aos autores do saldo em seu favor, se for o caso, tudo em conformidade com a lei e o contrato e não, como foi pleiteado, com fundamento nos arts. 51 e 53 do Código de Defesa do Consumidor. **A forma da restituição do valor pago encontra-se regulada pelo § 4º do art. 27 da Lei n.º 9.514/1997 e não de acordo com a forma genérica do art. 53 do Código de Defesa do Consumidor.** Posto isto, matéria preliminar não conhecida e provido o recurso para julgar improcedente a ação, arcando os autores com os ônus da sucumbência" (destaques acrescidos).

de propriedade fiduciária, o negócio jurídico aquisitivo (compra e venda) é perfeito e acabado e não cabe o desfazimento.

Em caso de inadimplemento absoluto do fiduciante no contrato de mútuo, porém, haverá execução da propriedade fiduciária. A lei atribui ao credor uma série de normas de condutas que o impulsionam na direção da consolidação da propriedade em seu nome e na alienação pública extrajudicial, por meio dos leilões privados[168].

Ademais, necessário destacar outro importante argumento do qual não se esqueceu o legislador da Lei do SFI: o direito à informação. O inciso VII do art. 24 dessa lei determina que o contrato de alienação fiduciária deverá conter cláusula dispondo sobre os procedimentos relativos aos leilões privados extrajudiciais (art. 27). Portanto, o fiduciante sempre estará previamente ciente dos procedimentos e da sequência dos eventos, caso não cumpra com a obrigação principal.

6.2.4.3.3 Dos leilões extrajudiciais. Notas essenciais

Em caso de inadimplemento absoluto do fiduciante, o fiduciário deverá requerer ao oficial de registro de imóveis, em que registrada a garantia fiduciária, que intime pessoalmente o devedor para que purgue a mora no prazo de 15 dias, contado do fim do prazo de carência previsto em contrato[169].

Ultrapassado esse prazo sem que o fiduciante tenha purgado a mora, esta se converterá em inadimplemento absoluto, o fiduciário consolidará a propriedade em seu nome e, no prazo de 60 dias, contado desse evento (consolidação), realizará os leilões extrajudiciais (Lei do SFI, art. 27).

A Lei do SFI, especial que é em relação ao CDC, disciplinou um real acerto de contas entre o fiduciário e o fiduciante após a realização dos leilões públicos e na hipótese de eles serem positivos.

O objetivo é alienar o imóvel objeto da propriedade fiduciária para recompor o crédito do fiduciário. No primeiro leilão, o valor mínimo do lance será aquele atribuído ao imóvel pelas partes no contrato. Caso não seja alcançado tal patamar, será obrigatória a realização do segundo leilão, cujo valor mínimo para os lances deverá ser igual ou superior ao da dívida[170]; se o lance oferecido for inferior[171], o credor não estará obrigado a aceitá-lo, nem a realizar o terceiro leilão e tornar-se-á proprietário do imóvel, nos termos do art. 1.228 do Código Civil (Lei do SFI, art. 27, §§ 1º, 2º e 5º).

O § 4º do art. 27 da Lei do SFI determina que o fiduciário deverá, no prazo de cinco dias após a venda do imóvel no leilão público, entregar ao fiduciante "a importância que sobejar". Portanto, por expressa disposição legal, o fiduciário poderá reter somente a importância relativa ao seu crédito, com os acréscimos permitidos na Lei do SFI. Toda a forma de restituição

---

[168] ARRUDA ALVIM NETO, José Manoel de. Alienação fiduciária de bem imóvel. O contexto da inserção do instituto (Parecer). *Alienação fiduciária e direito do consumidor*. São Paulo: Abecip, [s.d.]. p. 27.

[169] De acordo com o § 2º-A do art. 26 da Lei do SFI, se no contrato não for estabelecido prazo de carência, este será de 15 dias.

[170] De acordo com o § 2º do art. 27 da Lei do SFI, no segundo leilão deverá ser aceito o maior lance oferecido, desde que seja igual ou superior ao valor integral da dívida garantida pela alienação fiduciária, das despesas, inclusive emolumentos cartorários, dos prêmios de seguro, dos encargos legais, inclusive tributos, e das contribuições condominiais.

[171] Entretanto, caso não haja lances que alcancem referido valor integral da dívida na forma referida em nota anterior, o credor poderá, a seu exclusivo critério, aceitar lance que corresponda a metade do valor de avaliação do bem, pelo menos.

e de acertos entre o fiduciário e o fiduciante encontra-se regulada no art. 27, exaurindo-se aí essa disciplina.

Diante do conteúdo e finalidade das normas em análise, ao comparar as disposições do art. 27 da Lei do SFI com as do art. 53 do CDC, denota-se a inaplicabilidade deste à propriedade fiduciária imobiliária, pois o regime especial desse tipo de garantia real já abrange a tutela do devedor, e o faz com regras específicas, com rigorosa e obrigatória adequação do contrato à estrutura e função das regras da Lei do SFI, e não ao art. 53 do CDC, que apenas enuncia um princípio geral ao qual o art. 27 da Lei n.º 9.514/1997 encontra-se adequado perfeitamente[172].

O valor arrecadado no leilão extrajudicial sempre será empregado no pagamento do valor integral da dívida[173] e o que sobejar a lei determina que deverá ser devolvido ao fiduciante. Nota-se, portanto, que os direitos do devedor estão tutelados na própria estrutura legal da propriedade fiduciária imobiliária, sendo desnecessária a aplicação do art. 53 do CDC.

Álvaro Villaça Azevedo[174] destaca, ao tratar do art. 53 do CDC, que, "neste ponto, o legislador quer evitar o enriquecimento sem causa, só admitindo a perda parcial. O credor de pagar-se, reembolsando-se das despesas e dos encargos que teve, restituindo o saldo ao devedor", pois "não pode ser o contrato instrumento de enriquecimento sem causa" do fiduciário, completamos.

A estrutura do art. 27 da Lei do SFI traduz a ideia do equilíbrio contratual ao determinar, na hipótese de haver licitante vencedor nos leilões extrajudiciais, a restituição do saldo ao fiduciante para que este sofra a perda apenas parcial, ou seja, o fiduciante deixará de receber tão somente o valor correspondente à sua dívida, evitando-se, assim, situações de enriquecimento sem causa[175].

6.2.4.3.4 A influência jurisprudencial da alienação fiduciária de coisas móveis – Decreto-lei n.º 911/1969

A alienação fiduciária de coisas móveis serviu de plataforma legislativa para a de coisas imóveis. Por conter questões e situações jurídicas consideradas análogas, é possível utilizar certos pontos tangenciais das garantias coirmãs para, em relação ao que já se avançou com a alienação fiduciária de coisa móvel, propor, à garantia imobiliária, soluções plausíveis e já testadas pelos tribunais.

A própria exposição de motivos indica, como grande inovação da Lei do SFI, estender aos imóveis a possibilidade de servir como objeto de propriedade fiduciária em garantia, destacando que se trata de estrutura jurídica capaz de oferecer segurança no que se refere à forma de execução[176].

---

[172] CHALHUB, Melhim Namem. *Alienação fiduciária:* negócio fiduciário. 7. ed. Rio de Janeiro: Forense, 2021. p. 423.
[173] Calculada na forma dos §§ 2º e 3º do art. 27 da Lei do SFI.
[174] AZEVEDO, Álvaro Villaça. Alienação fiduciária em garantia de bem móvel e imóvel. *Revista da Faculdade de Direito*, São Paulo, ano 1, n. 1, p. 79, 2002.
[175] AZEVEDO, Álvaro Villaça. Alienação fiduciária em garantia de bem móvel e imóvel. *Revista da Faculdade de Direito*, São Paulo, ano 1, n. 1, p. 79, 2002.
[176] Exposição de Motivos Interministerial n.º 32/MPO/MP, de 09.06.1997, encaminhada pelos então Ministros do Planejamento e Orçamento e da Fazenda, respectivamente, senhores Antonio Kandir e Pedro Malan, na qual ficou consignado que se trata "de verdadeira pedra angular do novo modelo de financiamento habitacional ora proposto".

Assim, se a questão da especialidade decorrente do processo sistemático interpretativo das leis – que seria o principal elemento técnico capaz de assegurar a aplicação da lei especial –, por si só, não for suficiente para garantir a não subsunção do CDC ao Decreto-lei n.º 911/1969, os tribunais, em especial o STJ, já entenderam que são diplomas incompatíveis[177].

O Tribunal de Justiça do Estado de São Paulo decidiu no sentido de que não se deve aplicar o CDC ao sistema de garantia real do Decreto-lei n.º 911/1969[178].

No STJ, vale destacar as razões consignadas no acórdão relatado pelo Ministro Castro Filho, no REsp 166.753[179-180], em que se afastou a aplicação do art. 53 do CDC[181] da alienação fiduciária mobiliária.

Nota-se, portanto, que os tribunais já decidem sobre a não aplicação do art. 53 do CDC nos negócios jurídicos garantidos pela propriedade fiduciária de coisa móvel[182].

O fundamento central que justifica tal entendimento é o de que os negócios jurídicos firmados no âmbito do Decreto-lei n.º 911/1969 são estabelecidos para garantir o contrato de mútuo, que tem como obrigação principal o pagamento da dívida pelo devedor.

De tal questão também cuidou Marcelo Terra[183]. No mesmo sentido, entende o autor que não se aplica o art. 53 do CDC na sistemática da alienação fiduciária em garantia, ao

---

[177] TJSP, Apelação Cível 487.666-00/8, j. 02.09.1997 (*apud* ARRUDA ALVIM NETO, José Manoel de. Alienação fiduciária de bem imóvel. O contexto da inserção do instituto (Parecer). *Alienação fiduciária e direito do consumidor*. São Paulo: Abecip, [s.d.]. p. 23).

[178] TJSP, Apelação Cível 1003671-20.2020.8.26.0032, j. 31.05.2021; TJSP, Apelação Cível 0003196-03.2015.8.26.0438, j. 24.11.2022; TJSP, Apelação Cível 1003342-03.2018.8.26.0606, j. 31.10.2022; TJSP, Apelação Cível 1038723-94.2020.8.26.0576, j. 31.08.2022; TJSP, Apelação Cível 849.793; TJSP, Apelação Cível 1.265.115-0/0; TJSP, Apelação Cível 1.023.012-0/5; TJSP, Apelação Cível 10.255.489-0/5; TJSP, Apelação Cível 1.0480.05.075.966-5/001; TJSP, Apelação Cível 70.018.559.211.

[179] A ementa desse recurso especial é a seguinte: "Alienação fiduciária em garantia. Inadimplência, restituição das parcelas pagas. Descabimento. Hipótese do artigo 53 do Código de Defesa do Consumidor não caracterizada. A rescisão do mútuo com alienação fiduciária em garantia, por inadimplemento do devedor, autoriza o credor a proceder à venda extrajudicial do bem móvel para o ressarcimento de seu crédito, impondo-lhe, contudo, que entregue àquele o saldo apurado que exceda o limite do débito. Daí não se pode falar na subsunção da hipótese à norma do artigo 53 do Código de Defesa do Consumidor, o qual considera nulas, tão somente, as cláusulas que estabeleçam a perda total das prestações pagas, no caso de retomada do bem ou resolução do contrato pelo credor, em caso de inadimplemento do devedor, tampouco no direito deste de reaver a totalidade das prestações pagas. Recurso especial não conhecido".

[180] No mesmo sentido, os Recursos Especiais 193.056; 250.072; 302.230; e 437.451, todos do Superior Tribunal de Justiça.

[181] Igual entendimento manifestou o Ministro Barros Monteiro ao relatar o REsp 363.810/DF, julgado pela Quarta Turma do STJ, em votação unânime, em que fez expressa referência ao REsp 250.072/RJ, cuja ementa é a seguinte: "Alienação fiduciária. Restituição das prestações pagas. No contrato de alienação fiduciária, o credor tem o direito de receber o valor do financiamento, o que pode obter mediante a venda extrajudicial do bem apreendido, tendo o devedor o direito de receber o saldo apurado, mas não a restituição integral do que pagou durante a execução do contrato. DL n.º 911/1969. Art. 53 do CDC. Recurso não conhecido". No mesmo sentido, REsp 997.287, relatado pela Ministra Nancy Andrighi, j. 17.12.2009, em que ficou consignado que: [...] "O tema da alienação fiduciária se sobrepõe, no estado em que a lide se encontra, ao tema do consórcio. Com efeito, se é admitida aquela operação de crédito no âmbito deste plano e o consumidor já usufrui do bem, as regras predominantes em caso de posterior inadimplemento devem ser as relativas ao Decreto-lei n.º 911/69. Haveria indisfarçável desequilíbrio se fosse dado ao consumidor o direito à restituição integral do quanto pago após quase três anos de uso de um bem que, particularmente, sofre forte depreciação com o tempo". Também no mesmo sentido, REsp 1.866.230/SP, relatado pela Ministra Nancy Andrighi, j. 22.09.2020.

[182] REsp 401.702 e REsp 250.072, ambos do STJ.

[183] TERRA, Marcelo. *Alienação fiduciária de imóvel em garantia*. Porto Alegre: Safe, 1998. p. 73.

comentar que foi exemplar a posição adotada pelo extinto 2º Tribunal de Alçada Civil de São Paulo, na Apelação Cível 479.247-00/6, ao confrontar o Decreto-lei n.º 911/1969 com o art. 53 do CDC e decidir que o fiduciante não tem direito à restituição das parcelas pagas porque a alienação fiduciária é um contrato com características próprias, cuja legislação específica prevê a entrega ao devedor do saldo, caso haja, apurado na venda da coisa.

Assim, por ser a Lei do SFI, como referido anteriormente, posterior ao CDC, bem como por regular, de forma exaustiva, a matéria da garantia real fiduciária imobiliária, tal como o Decreto-lei n.º 911/1969, em especial a prestação de contas que o fiduciário deve fazer ao fiduciante, após os leilões extrajudiciais, com a devolução a este daquilo que sobejar o valor da dívida (art. 27, § 4º), pode-se concluir, também por esse motivo, pelo afastamento do CDC da Lei do SFI.

6.2.4.3.5 Do contrato de mútuo garantido por propriedade fiduciária imobiliária

Importante instituto que também merece destaque e que está presente em negócios jurídicos garantidos pela propriedade fiduciária imobiliária é o contrato de mútuo, regulado pelos arts. 586 a 592 do Código Civil.

O art. 586 estabelece que "mútuo é o empréstimo de coisas fungíveis. O mutuário é obrigado a restituir ao mutuante o que dele recebeu em coisa do mesmo gênero, qualidade e quantidade".

São rotineiros os contratos de financiamento em que instituições financeiras (mutuantes) concedem recursos para que o mutuário adquira determinado imóvel[184].

O banco, mediante a comprovação do registro da compra e venda definitiva no registro de imóveis competente e a subsequente e imediata constituição da propriedade fiduciária, tendo como adquirente o devedor, libera os recursos relativos à aquisição em conta-corrente específica do alienante. Daí em diante, o devedor/mutuário/fiduciante deve restituir ou recompor o *quantum* emprestado pelo mutuante para a operação de compra e venda.

Nessa estruturação jurídica, haverá um contrato de compra e venda definitivo, considerado perfeito e acabado, capaz de promover a transferência do direito real de propriedade, em que o comprador, imediatamente após o registro do seu título de aquisição, constitui a propriedade fiduciária imobiliária para garantir o contrato de mútuo feito para possibilitar o pagamento do preço da compra e venda do imóvel.

Assim, temos o vendedor do imóvel, o comprador e o financiador do preço de aquisição. O comprador e o financiador serão, respectivamente, mutuário e mutuante no contrato de mútuo, e fiduciante e fiduciário no de alienação fiduciária imobiliária.

A estrutura jurídica para permitir a constituição da propriedade fiduciária é composta por três contratos coligados, o de compra e venda, o de mútuo e o de propriedade fiduciária.

Pelo conteúdo do referido art. 586 do Código Civil, os mutuários são obrigados a devolver, ao credor, o objeto do mútuo. Caso o fiduciante deixe de ser obrigado a devolver o que tomou emprestado do fiduciário, em razão do quanto estabelece o art. 53 do CDC, teremos a seguinte situação:

---

[184] Importante destacar que o Conselho Monetário Nacional, por meio da Resolução n.º 4.676, de 31.07.2018, previu, em seu art. 7º, que as operações de financiamento imobiliário destinadas à aquisição, à construção ou à produção de imóvel poderão ser garantidas também pela propriedade fiduciária.

a) o fiduciante obtém recursos do credor para adquirir o imóvel;
b) utiliza-se do bem por certo tempo;
c) nada paga por essa fruição; e
d) posteriormente deixa de adimplir o contrato de mútuo.

Caso obtenha a devolução do que já pagou (a título de recomposição do mútuo), por aplicação do art. 53 do CDC, estar-se-ia configurado enriquecimento sem causa do fiduciante, o qual decorreria do próprio sistema jurídico, porque o devedor receberia valores que pertencem ao mutuante desde a origem da relação contratual.

O contrato de mútuo, repita-se, somente estará integralmente satisfeito quando ocorrer, pelo mutuário, a completa recomposição da quantia emprestada pelo mutuante.

Como ensina Carvalho Santos[185], no contrato de mútuo "a restituição deve naturalmente ser completa; é da índole do contrato". Se o mutuário não promover a recomposição do *quantum* emprestado do patrimônio do mutuante, haverá o que nosso ordenamento repudia: o seu enriquecimento sem causa[186].

Vale destacar, portanto, que, no contrato de mútuo, o devedor se serve de recursos financeiros de titularidade do credor, ou seja, os valores utilizados para aquisição do imóvel, no nosso caso, não lhe pertencem e nunca integraram seu patrimônio, razão pela qual, em caso de rescisão do contrato de mútuo, nada deverá ser a ele (devedor) devolvido, pois os valores que pagou durante a vigência do contrato foram para restituir aquilo que sempre pertenceu ao mutuante e foi por este emprestado.

Essa obrigação de restituição contida no dispositivo normativo que trata dos contratos de mútuo é significativa para afastar a aplicação do CDC, uma vez que os dois diplomas encerram conceitos substancialmente opostos.

Nas relações de consumo, o que se recebe está destinado à destruição ou deterioração pelo uso continuado; no contrato de mútuo, por expressa disposição legal, o que se recebe deve ser integralmente restituído ao mutuante pelo mutuário.

Na estrutura que propusemos anteriormente neste tópico, caso não promova a integral recomposição no patrimônio do mutuante da exata quantidade de dinheiro que dele tomou emprestado, estará o mutuário sujeito à execução da garantia fiduciária nos termos da Lei do SFI e, caso não purgue a mora, à caracterização do inadimplemento absoluto e à alienação extrajudicial do imóvel que garante o empréstimo.

Admitir a devolução das parcelas pagas no contrato de financiamento garantido por propriedade fiduciária de imóvel, pela aplicação do art. 53 do CDC, seria o mesmo que autorizar, nos contratos de financiamentos comuns celebrados com instituições financeiras, o devedor a exigir do credor a devolução das prestações recebidas a título de amortização da dívida.

A simples análise demonstra ser isso um contrassenso, pois o dinheiro pago pelo devedor é do próprio credor. O que ocorreu foi um adiantamento da totalidade do crédito ao devedor para que realizasse o negócio aquisitivo, com a obrigação de devolvê-lo em determinado lapso

---

[185] SANTOS, J. M. de Carvalho. *Código Civil brasileiro interpretado*: Parte geral. 3. ed. São Paulo: Freitas Bastos, 1944. v. XVII, p. 437.

[186] CHALHUB, Melhim Namem. A Lei 9.514, de 20.11.97. Os procedimentos de realização da garantia fiduciária à luz dos princípios enunciados pelo artigo 53 da Lei n.º 8.078, de 11 de setembro de 1990 (Código de Defesa do Consumidor). (Parecer). *Alienação fiduciária e direito do consumidor*. São Paulo: Abecip, [s.d.]. p. 79.

de tempo e sob determinadas condições. Obrigar o credor a devolver o que o devedor pagou é penalizar aquele e beneficiar este sem qualquer causa juridicamente válida[187].

A recomposição do patrimônio do credor no contrato de mútuo ocorre com o pagamento em dinheiro, e não com a entrega do imóvel fiduciado, pois no contrato de mútuo o objeto é o dinheiro. O imóvel serve para dar maior segurança ao recebimento do crédito, para garantir a obrigação de devolução do quanto emprestado, mas não substitui o dinheiro no contrato de mútuo[188].

A combinação da regra do art. 586 do Código Civil, que obriga o mutuário a restituir integralmente o quanto emprestado ao mutuante, com a do inciso I[189] do art. 5º da Lei do SFI, permite concluir que, qualquer que seja o resultado dos leilões extrajudiciais, caso não seja suficiente para restituir o *quantum* emprestado, permanecerá o mutuário/fiduciante responsável pelo saldo remanescente. Mais um fato que demonstra não ser possível a aplicação do art. 53 do CDC.

Na configuração do próprio CDC, aponta Melhim Namem Chalhub[190], o dinheiro como objeto do contrato de mútuo não se classifica como produto na definição do art. 2º do Código Consumerista, pois não é destinado ao consumo.

A entrega do dinheiro ao mutuário caracteriza transmissão de propriedade dos recursos para que ele os utilize com determinada finalidade e, nos termos e condições do contrato de mútuo, restitua ao mutuante em igual qualidade e quantidade, e não para que o utilize "no sentido de destruí-lo ou torná-lo deteriorável pelo uso continuado"[191], salienta o autor.

Não é incomum notar certa tendência para relacionar a alienação fiduciária de coisa imóvel exclusivamente com atividades das instituições financeiras. Entretanto, importante destacar que essa modalidade de garantia real fiduciária não é exclusiva de tais entidades. Os particulares, pessoas físicas ou jurídicas, também podem se valer dessa espécie de direito real para garantir negócios jurídicos de compra e venda de imóvel ou até mesmo de outras espécies de obrigações, como de fazer, de dar etc.[192] (Lei do SFI, art. 22, § 1º). Nessas hipóteses, não há relação de consumo, razão pela qual não se deve aplicar o CDC.

A propriedade fiduciária imobiliária pode ser contratada nas situações em que particulares, com a intenção de substituir a hipoteca como garantia real, adotam-na para seus contratos de compra e venda de imóvel.

Nos contratos de compra e venda de imóvel, celebrados com apoio na propriedade fiduciária em garantia, o vendedor transfere definitivamente a propriedade do imóvel ao

---

[187] ARRUDA ALVIM NETO, José Manoel de. Alienação fiduciária de bem imóvel. O contexto da inserção do instituto (Parecer). *Alienação fiduciária e Direito do Consumidor*. São Paulo: Abecip, [s.d.]. p. 20.

[188] ARRUDA ALVIM NETO, José Manoel de. Alienação fiduciária de bem imóvel. O contexto da inserção do instituto (Parecer). *Alienação fiduciária e Direito do Consumidor*. São Paulo: Abecip, [s.d.]. p. 24.

[189] "Reposição integral do valor emprestado e respectivo reajuste."

[190] CHALHUB, Melhim Namem. A Lei 9.514, de 20.11.97. Os procedimentos de realização da garantia fiduciária à luz dos princípios enunciados pelo artigo 53 da Lei n.º 8.078, de 11 de setembro de 1990 (Código de Defesa do Consumidor). (Parecer). *Alienação fiduciária e direito do consumidor*. São Paulo: Abecip, [s.d.]. p. 65.

[191] CHALHUB, Melhim Namem. A Lei 9.514, de 20.11.97. Os procedimentos de realização da garantia fiduciária à luz dos princípios enunciados pelo artigo 53 da Lei n.º 8.078, de 11 de setembro de 1990 (Código de Defesa do Consumidor). (Parecer). *Alienação fiduciária e direito do consumidor*. São Paulo: Abecip, [s.d.].

[192] CAMBLER, Everaldo Augusto. O regime jurídico da alienação fiduciária em garantia após o advento da Lei 10.931/04. In: ARRUDA ALVIM, Angélica; CAMBLER, Everaldo Augusto (coord.). *Atualidades do direito civil*. Curitiba: Juruá, 2006. p. 247.

comprador. Este, por sua vez, assume a posição de mutuante em contrato de mútuo que celebra com o vendedor ou com instituição financeira para viabilizar os recursos necessários para o pagamento do preço de aquisição. Portanto, detalhadamente, vendedor e comprador outorgam-se recíprocas quitações de suas obrigações assumidas no compromisso de compra e venda. Subsequentemente, para tratar do pagamento do preço pela aquisição definitiva do imóvel, o comprador contrata um mútuo que disciplinará a forma de pagamento do crédito concedido pelo vendedor ou mutuante e, ao mesmo tempo, celebram uma alienação fiduciária, onde o próprio imóvel adquirido serve de garantia real do pagamento do contrato de mútuo.

Imaginemos o seguinte exemplo:

V é o vendedor do imóvel.

C é o comprador do imóvel.

B é o banco que financiará o preço do imóvel.

V e C celebram um contrato definitivo de compra e venda do imóvel com pacto adjeto de alienação fiduciária.

Nesse contrato, B, em razão de um mútuo celebrado com C, pagará o preço de aquisição do imóvel para V.

Em garantia do contrato de mútuo, C contrata a imediata propriedade fiduciária imobiliária em favor de B.

Com os registros do contrato definitivo de compra e venda e do de alienação fiduciária imobiliária, aperfeiçoa-se a operação e os recursos são liberados de B para V.

Nessa hipótese, o crédito de V é imediatamente quitado e remanesce a dívida de C para com B, decorrente do contrato de mútuo.

Em tais circunstâncias, poderá haver parcelas que devam ser devolvidas pelo credor ao devedor de forma a evitar o seu enriquecimento sem causa.

E isso poderá ocorrer em duas possíveis situações:

(i) se na alienação do imóvel, nos leilões extrajudiciais, o valor recebido pelo fiduciário for superior ao seu crédito; o que exceder deverá ser restituído ao fiduciante; tal devolução deverá obedecer à estrutura de execução da garantia fiduciária, que está disciplinada nos arts. 26 e 27 da Lei do SFI; ou

(ii) na hipótese de os leilões extrajudiciais serem negativos, ou seja, não haver licitante que oferte valor nos termos da Lei do SFI; situação em que o fiduciário se tornará proprietário pleno do imóvel e, portanto, deverá devolver integralmente os valores que eventualmente recebeu do fiduciante.

Tais soluções, no entanto, são regradas pelas disposições relativas ao enriquecimento sem causa, estabelecidas nos arts. 884 a 886 do Código Civil, e não pelo CDC.

Deve-se destacar, contudo, que, em caso de inadimplemento absoluto do fiduciante, o fiduciário não retomará o imóvel para si, mas primeiramente executará a garantia fiduciária que tem como finalidade a venda do imóvel em públicos leilões extrajudiciais.

Assim, se se tratar de contrato de mútuo feito com instituição financeira, no qual se outorgue a propriedade fiduciária em garantia do cumprimento da obrigação de restituição, em caso de execução da garantia real, nada será devido ao fiduciário, exceto valores que sobejarem ao da dívida. No caso de os leilões serem negativos, o mutuário/fiduciário ficará com o imóvel em pagamento do mútuo inadimplido.

Nas relações entre particulares em que há a compra e venda com pacto adjeto de propriedade fiduciária, o fiduciário, em caso de inadimplemento absoluto do fiduciante, terá devoluções a fazer ao fiduciário em duas hipóteses: (i) caso o valor obtido na venda extrajudicial seja superior ao crédito inadimplido, deverá entregar ao fiduciante o que sobejar; e, (ii) se os leilões foram negativos e o fiduciário adquirir definitivamente o imóvel fiduciado, deverá devolver o que recebeu do fiduciante durante a execução do contrato de mútuo.

6.2.4.3.6 O Superior Tribunal de Justiça

É importante salientar qual tem sido a tendência do STJ na interpretação da possibilidade ou não de aplicação do CDC às relações fiduciárias.

Antes, porém, vale destacar a solução adotada pelo referido Tribunal Superior ao tratar da possibilidade ou não da subsunção da lei de incorporações à regra do art. 53 do CDC, situação muito semelhante à Lei do SFI.

O Ministro Ruy Rosado de Aguiar, ao apreciar o REsp 80.036/SP[193], que trata de rescisão de contrato de compra e venda de fração ideal de terreno objeto de incorporação imobiliária, nos termos da Lei Federal n.º 4.591/1964, bem observou que a proibição de o vendedor reter tudo o que foi pago pelo comprador durante a fase de execução do contrato desfeito é princípio geral presente nas consequências da resolução, pela necessidade de serem as partes, em razão do inadimplemento absoluto, restituídas à situação anterior – pois, não fosse isso, não haveria razão para o desfazimento do contrato – e para evitar o enriquecimento injustificado do vendedor que, pela posição contratual, retém as parcelas recebidas e obtém a devolução do bem.

Nessa hipótese, a cláusula do decaimento (a que prevê a perda das parcelas pagas pelo comprador) é abusiva no contrato de consumo, devendo ser reconhecida tanto na ação, que é proposta pelo credor, quanto naquela de iniciativa do devedor.

No caso do referido recurso especial, entretanto, o contrato foi mantido e não desfeito, razão pela qual foi negada a devolução das prestações[194].

O CDC foi afastado na hipótese do referido recurso especial porque o Tribunal entendeu que há disposição legal própria que trata dos contratos de incorporação imobiliária, a Lei Federal n.º 4.591/1964.

O CDC não foi aplicado de forma específica para determinar a devolução das parcelas pagas pelo comprador. Entendeu a Corte Superior que

---

[193] O Ministro Ruy Rosado de Aguiar noticiou resumidamente o entendimento do acórdão recorrido proferido pela Colenda Décima Segunda Câmara Cível do Tribunal de Justiça do Estado de São Paulo:"Julgada improcedente a ação, os autores apelaram, mas a eg. Décima Segunda Câmara Cível do TJSP negou provimento ao recurso. Entendeu a eg. Câmara ser inaplicável o Código de Defesa do Consumidor à relação jurídica regulada pela Lei n.º 4.591/1964. Ainda que o fosse, inadmissível resolver o contrato com base na teoria da imprevisão; quanto à devolução, inocorrente a hipótese do art. 53 do Codecon, prevista para o caso de ação proposta pelo credor contra o devedor inadimplente. Afastou a alegação de que a incorporadora teria agido com culpa; considerou que o comportamento dos autores não lhes permitia invocar a cláusula de desistência, prevista para o caso de não ser do Codecon, inclusive para os casos de responsabilidade do fornecedor e extinção da relação contratual".

[194] "Depois de formular negativa genérica sobre a aplicação do Codecon, a verdade é que a eg. Câmara examinou a situação à luz do Código do Consumidor e lhe negou aplicação em razão das conclusões a que chegou pelo exame da prova e interpretação do contrato. Com isso, afastou a possibilidade do seu reexame através de recurso especial. Assim, rejeitou a existência dos pressupostos para a utilização da teoria da imprevisão e excluiu a alegação de que a empresa teria agido com culpa, concluindo pela manutenção do contrato. Mantida a avença, não há cogitar da devolução das prestações" (REsp 80.036/SP, j. 12.02.1996).

[...] o contrato de incorporação, no que tem de específico, é regido pela lei que lhe é própria (Lei n.º 4.591/1964), mas sobre ele também incide o Código de Defesa do Consumidor, que introduziu no sistema civil princípios gerais que realçam a justiça contratual, a equivalência das prestações e o princípio da boa-fé objetiva.

Compreendeu-se que as leis consideradas especiais devem prevalecer nos correspondentes casos e que o CDC funciona como guardião de tais relações jurídicas para garantir a aplicação dos princípios gerais para impedir eventuais abusos decorrentes da vulnerabilidade do consumidor, assegurar a harmonização dos interesses dos participantes das relações de consumo e compatibilizar a proteção do consumidor, tendo em vista as novas realidades experimentadas pelo avanço do desenvolvimento econômico.

No contrato preliminar de compra e venda com prestações continuadas, como é feito comumente nas incorporações imobiliárias, o devedor recebe uma coisa pela qual vai periodicamente pagando. Caso haja rescisão antes do pagamento integral do preço, o vendedor receberá de volta a coisa (a unidade vendida), e é por isso que o comprador deve receber as parcelas até então pagas por ele. Aqui é preciso destacar que essa devolução é regulada por outro conjunto normativo especial, que é a Lei Federal n.º 13.786/2018 (Lei dos Distratos, vista no Capítulo 2).

No entanto, em condições normais de pagamento das parcelas do preço de aquisição, esses contratos celebrados no âmbito das incorporações imobiliárias evoluem para um momento específico, a chamada entrega das chaves, ocasião em que o comprador, para receber a unidade autônoma definitivamente, deve pagar a totalidade do saldo devedor do preço de aquisição.

Nesse momento, se o devedor não tiver recursos próprios suficientes, nasce o contrato de mútuo para possibilitar o pagamento do restante do preço (como o exemplo que apresentamos anteriormente). Tal contrato de mútuo pode ser celebrado com o próprio vendedor da unidade autônoma (o incorporador) ou com uma instituição financeira. Em ambas as hipóteses, o comprador utiliza-se do contrato de mútuo para efetuar o pagamento do saldo devedor, realizar a aquisição da propriedade plena do imóvel e outorgá-lo ao credor em garantia fiduciária do pagamento do empréstimo.

Nessa sistemática, como já se explicou, o recurso que se destina à aquisição definitiva do imóvel é originariamente do mutuário e por isso o devedor/mutuante deve devolvê-lo, pois foi recebido ao início com a obrigação de restituição (Código Civil, art. 586). Tivesse o credor, no caso de inadimplemento absoluto, que devolver ao devedor esse mesmo numerário que recebera em pagamento do mútuo, estaria sempre perdendo[195].

Em outras palavras, o mutuante, em nosso exemplo anterior, que é corriqueiro no mercado imobiliário, concede o "produto" (dinheiro) que é destacado de seu próprio patrimônio e o entrega ao fiduciante para que realize o investimento na aquisição do imóvel, mas este fica obrigado a restituir o que daquele recebeu. Em garantia do cumprimento dessa obrigação (de restituição do produto emprestado), o mutuário transfere, ao mutuante, em caráter resolúvel, a propriedade fiduciária do imóvel adquirido. Denota-se que, nessa situação jurídica, o contrato de alienação fiduciária de coisa imóvel em garantia é acessório em relação ao contrato principal, o mútuo[196].

---

[195] DANTZGER, Afranio Carlos Camargo. *Alienação fiduciária de bens imóveis*. São Paulo: Método, 2005. p. 82.
[196] CHALHUB, Melhim Namem. *Alienação fiduciária:* negócio fiduciário. 7. ed. Rio de Janeiro: Forense, 2021. p. 431.

Não se pode perder de vista que o devedor deve cumprir suas obrigações e que as leis vigentes para sua proteção não se destinam a dar cobertura às situações de inadimplemento. O que a lei regulamentadora das relações de consumo pretende é proteger o consumidor contra eventuais abusos cometidos pela parte considerada mais forte na relação contratual[197], e não amparar comportamentos que visem o seu inadimplemento.

O Ministro Ruy Rosado Aguiar, ao analisar questão referente ao Decreto-lei n.º 911/1969 (que podemos chamar de garantia coirmã), no REsp 250.072/RJ do STJ, consignou que o credor tem direito ao valor financiado e o devedor não tem direito à restituição integral do que pagou durante a execução do contrato, mas apenas ao saldo apurado na venda do objeto da garantia fiduciária. No mesmo sentido, REsp 166.753/SP, relatado pelo Ministro Castro Filho[198].

No REsp 440.565[199], também do STJ, o Ministro Barros Monteiro consignou que a Quarta Turma havia fixado entendimento no sentido de que, no contrato de alienação fiduciária, o credor tem o direito de receber o valor do financiamento e que pode obtê-lo mediante a venda extrajudicial do bem apreendido, tendo o devedor o direito de receber o que sobejar, sem falar, portanto, em afronta ao art. 53 do CDC[200].

Nota-se que o entendimento é no sentido de que o credor tem direito de receber o valor objeto do financiamento, e o devedor, em caso de inadimplemento absoluto, o de receber o

---

[197] REsp 129.732/RJ. Ementa: "Alienação fiduciária. Decreto-lei n.º 911/1969. Código de Defesa do Consumidor. 1. Não tem apoio a interpretação que dá por revogado o § 1º do art. 3º do Decreto-lei n.º 911/1969 diante da disciplina do Código de Defesa do Consumidor, [...] art. 6º, VI, dispõe que o consumidor tem o direito básico de '*efetiva prevenção e reparação de danos patrimoniais e morais, individuais, coletivos e difusos*'. Ora, essa regra legal não tem nenhuma relação com a purgação da mora em processo sob o regime do Decreto-lei n.º 911/1969. O comando do art. 53, por outro lado, que faz alcançar as alienações fiduciárias, refere-se a cláusulas contratuais sobre a perda das prestações, que são nulas de pleno direito. Mas aqui não se cuida de cláusula contratual, e, sim, de regra jurídica impondo que, nos casos abrangidos pela lei, lei, portanto, especial, a purgação só será admitida se quitado o percentual indicado. Isso não viola direito algum do consumidor, não sendo razoável concluir pela revogação de uma lei por violar a *mens legis* de lei posterior, o que, claramente, não existe no direito positivo brasileiro, por conta da Lei de Introdução ao Código Civil. 2. Recurso especial conhecido, mas improvido". Ver REsp 1.622.555/MG, relatado pelo Ministro Marco Buzzi, j. 22.02.2017. Ver também Tema 722 do STJ: "Nos contratos firmados na vigência da Lei n. 10.931/2004, compete ao devedor, no prazo de 5 (cinco) dias após a execução da liminar na ação de busca e apreensão, pagar a integralidade da dívida – entendida esta como os valores apresentados e comprovados pelo credor na inicial –, sob pena de consolidação da propriedade do bem móvel objeto de alienação fiduciária".

[198] "Alienação fiduciária em garantia. Inadimplência. Restituição das parcelas pagas. Descabimento. Hipótese do artigo 53 do Código de Defesa do Consumidor não caracterizada. A rescisão do mútuo com alienação fiduciária em garantia, por inadimplemento do devedor, autoriza o credor a proceder à venda extrajudicial do bem móvel para o ressarcimento de seu crédito, impondo-lhe, contudo, que entregue àquele o saldo apurado que exceda o limite do débito. Daí não se poder falar na subsunção da hipótese à norma do artigo 53 do Código de Defesa do Consumidor, o qual considera nulas, tão somente, as cláusulas que estabeleçam a perda total das prestações pagas, no caso de retomada do bem ou resolução do contrato pelo credor, em caso de inadimplemento do devedor, tampouco no direito deste de reaver a totalidade das prestações pagas. Recurso especial não conhecido".

[199] "'Não cabe a prisão civil de devedor que descumpre contrato garantido por alienação fiduciária.' Orientação traçada pela eg. Corte Especial (EREsp 149.518/GO) – No contrato de alienação fiduciária, o credor tem o direito de receber o valor do financiamento, o que pode obter mediante a venda extrajudicial do bem apreendido, tendo o devedor o direito de receber o saldo apurado, mas não a restituição integral do que pagou (REsp 250.072-RJ). Recurso especial conhecido e provido". Ver AgInt no REsp 1.430.971/SP, relatado pela Ministra Maria Isabel Gallotti, j. 04.05.2020; REsp 401.702/DF, relatado pelo Ministro Barros Monteiro, j. 07.06.2005; e AgRg no REsp 506.882, relatado pelo Ministro Hélio Quaglia Barbosa, j. 13.02.2007.

[200] No mesmo sentido, REsp 327.215/DF (j. 18.09.2001).

valor positivo que resultar da diferença entre a dívida e o objeto da garantia alienado fiduciariamente, o que não se confunde com o direito de reaver as parcelas pagas até a rescisão.

No mesmo sentido, em outra oportunidade, o Ministro Barros Monteiro, no REsp 401.702[201], decidiu que, tratando-se de busca e apreensão de coisa alienada fiduciariamente, o credor tem o direito de receber o valor financiado, que poderá ser obtido por meio da venda extrajudicial da coisa apreendida, e o devedor, o de receber o saldo, se existente, mas não a restituição integral do preço que pagou.

Há similitude entre as disposições legais do Decreto-lei n.º 911/1969 e a Lei do SFI no tocante à obrigação de restituir ao fiduciante aquilo que sobejar, na hipótese de o valor da alienação do imóvel em leilão público extrajudicial ser superior ao valor da dívida.

Na Lei Federal n.º 4.728/1965, tal previsão está contida no § 3º[202] do art. 66-B, introduzido pelo art. 55 da Lei Federal n.º 10.931/2004.

Na Lei do SFI, como aduzido anteriormente, a obrigação legal decorre do conteúdo do § 4º[203] do art. 27. Em relação à propriedade fiduciária de coisa móvel infungível, o Código Civil estabeleceu idêntica obrigação no art. 1.364.

No que se refere à Lei do SFI, o STJ também

> [...] já firmou entendimento no sentido de que, ocorrendo o inadimplemento de devedor em contrato de alienação fiduciária em garantia de bens imóveis, a quitação da dívida deverá observar a forma prevista nos arts. 26 e 27 da Lei n.º 9.514/97, por se tratar de legislação específica, o que afasta, por consequência, a aplicação do art. 53 do CDC[204].

As leis especiais que tratam da propriedade fiduciária contêm, portanto, dispositivos próprios e específicos que regulam essa garantia real, principalmente a restituição do saldo positivo em favor do fiduciante decorrente da venda em leilão público. Pela estrutura da lei, há um legítimo encontro de créditos e de débitos titulados pelo fiduciário e pelo fiduciante, capaz de evitar ofensa ao art. 53 do CDC e de afastar a sua aplicação.

---

[201] "Em se tratando de busca e apreensão de coisa, objeto da garantia de alienação fiduciária, o credor tem o direito de receber o valor do financiamento, que pode obter mediante a venda extrajudicial do bem apreendido, e o devedor tem o direito de receber o saldo apurado, mas não a restituição integral do preço que pagou (REsp 205.072/RJ, relator Ministro Ruy Rosado de Aguiar; REsp 327.215/DF de minha relatoria)" (Votação unânime, j. 07.06.2005).

[202] "§ 3º É admitida a alienação fiduciária de coisa fungível e a cessão fiduciária de direitos sobre coisas móveis, bem como de títulos de crédito, hipóteses em que, salvo disposição em contrário, a posse direta e indireta do bem objeto da propriedade fiduciária ou do título representativo do direito ou do crédito é atribuída ao credor, que, em caso de inadimplemento ou mora da obrigação garantida, poderá vender a terceiros o bem objeto da propriedade fiduciária independente de leilão, hasta pública ou qualquer outra medida judicial ou extrajudicial, devendo aplicar o preço da venda no pagamento do seu crédito e das despesas decorrentes da realização da garantia, entregando ao devedor o saldo, se houver, acompanhado do demonstrativo da operação realizada."

[203] "§ 4º Nos 5 (cinco) dias que se seguirem à venda do imóvel no leilão, o credor entregará ao fiduciante a importância que sobejar, nela compreendido o valor da indenização de benfeitorias, depois de deduzidos os valores da dívida, das despesas e dos encargos de que trata o § 3º deste artigo, o que importará em recíproca quitação, hipótese em que não se aplica o disposto na parte final do art. 516 da Lei n.º 10.406, de 10 de janeiro de 2002 (Código Civil)."

[204] AgInt no REsp 1.791.893/SP, relatado pelo Ministro Marco Buzzi, j. 24.06.2019. Ver ainda: AgInt no REsp 1.427.901/SP, j. 29.10.2019; AgInt no REsp 1.750.435/DF, j. 19.11.2018.

6.2.4.3.7 O Tema 1.095 do Superior Tribunal de Justiça

O CDC não estabeleceu procedimento próprio e específico para a execução da garantia fiduciária. Apenas considerou, como norma geral, que consiste em prática abusiva estabelecer a perda total do que o devedor pagou ao credor, com a retomada da coisa objeto da garantia por este. Em outras palavras, age abusivamente o credor que retém todas as parcelas pagas pelo devedor e ainda promove a retomada do imóvel.

Pela sistemática que se expôs até aqui, não é isso o que acontece na estrutura da Lei do SFI. O fiduciário não retoma a coisa definitivamente para si no processo de execução da garantia. Os arts. 26 e 27 da Lei do SFI definem todo o procedimento que o fiduciário deverá observar rigorosamente na hipótese de inadimplemento da obrigação garantida pelo fiduciante.

Por determinação legal, se o fiduciante não purgar a mora no prazo de 15 dias, contado de sua intimação pessoal, a mora converte-se em inadimplemento absoluto e o credor consolida a propriedade do imóvel em seu nome, para ter legitimidade e disponibilidade para aliená-lo nos leilões públicos extrajudiciais e recompor seu crédito inadimplido. Caso a venda nos leilões ocorra por valor superior ao seu crédito, o saldo positivo deverá ser entregue ao fiduciante e outorgada a recíproca quitação.

Pode-se concluir, portanto, que o procedimento da Lei do SFI não colide com os princípios gerais contidos no CDC, porque prevê expressamente a entrega ao fiduciante do valor que sobejar ao da dívida (caso exista), não cabendo falar em perda de todas as prestações adimplidas em favor do fiduciário. Este, em razão da venda que faz do objeto da garantia fiduciária, ficará apenas com o valor suficiente para recompor o seu crédito descumprido pelo fiduciante.

O CDC mantém-se, portanto, como guardião e vigia para garantir a aplicação dos princípios gerais nas relações consumeristas, de modo a coibir abusos que possam decorrer da vulnerabilidade do devedor, enquanto a Lei do SFI regula o direito real de garantia fiduciária imobiliária e sua forma de execução, razão pela qual ambos os sistemas (CDC e Lei do SFI) coexistem, mas cada um em seu espaço normativo próprio e específico.

Nessa ordem de ideias, no âmbito dos precedentes jurisprudenciais sobre a prevalência ou não do art. 53 do CDC às relações fiduciárias imobiliárias da Lei do SFI, os Ministros da Segunda Seção do STJ, ao julgarem o REsp 1.891.498/SP, relatado pelo Ministro Marco Buzzi, por unanimidade, concordaram em fixar tese repetitiva e dar provimento ao recurso especial.

O presidente da comissão gestora de precedentes do STJ registrou, na época do julgamento, que existiam inúmeros recursos especiais ou agravos em recursos especiais que tratavam da discussão acerca da matéria aqui aventada, e sinalizou que o tema foi objeto de frequentes julgamentos no Superior Tribunal[205].

---

[205] Exemplificativamente, registram-se julgados proferidos pela eg. Terceira Turma do STJ: "[...] 4. Nos contratos de alienação fiduciária em garantia de bens imóveis, a quitação da dívida deve ocorrer nos termos dos arts. 26 e 27 da Lei n. 9.514/1997, afastando-se a regra genérica e anterior prevista no art. 53 do Código de Defesa do Consumidor." (AgInt no REsp 1.750.435/DF, j. 19.11.2018). No mesmo sentido de não aplicação do CDC à propriedade fiduciária imobiliária: AgInt no REsp 1.822.750/SP, j. 18.11.2019; REsp 1.867.209/SP, j. 08.09.2020 (*anticipatory breach*). Ainda no mesmo sentido: AREsp 1.247.617, *DJe* 08.10.2018; AREsp 1.332.988, *DJe* 24.08.2018; REsp 1.462.210/RS, j. 18.11.2014; REsp 166.753/SP, j. 03.05.2005; AgInt no AREsp 1.049.510/PR, j. 20.06.2017; AgInt no REsp 1.750.435/DF, j. 19.11.2018; REsp 997.287/SC, j. 17.12.2009; REsp 437.451/RJ, j. 11.02.2003; REsp 1.838.693/SP, decisão monocrática, *DJe* 10.06.2020; AgInt no REsp 1.791.893/SP, j. 24.06.2019. "[...] 3. A Lei n. 9.514/1997, que instituiu a alienação fiduciária de bens imóveis, é norma especial e também posterior ao Código de Defesa do Consumidor – CDC. Em tais circunstâncias, o inadimplemento do devedor fiduciante enseja a aplicação da regra prevista nos arts. 26 e 27 da lei especial" (AgRg no AgRg no REsp 1.172.146/SP, j. 18.06.2015); AgInt no REsp 1.848.934/SP, j. 11.05.2020; AgInt nos EDcl no AREsp 975.829/SE, j.

Segundo consignou o Ministro Marcos Buzzi, em acórdão de 18.05.2021, os julgados aqui indicados (em nota de rodapé), como exemplos de precedentes, demonstravam a maturidade do tema, de modo a evidenciar que a matéria já havia sido bastante discutida e examinada por todos os Ministros que compõem a Segunda Seção, motivo pelo qual, segundo o relator, a afetação auxiliaria na efetividade da Justiça e na segurança jurídica da sociedade, pois poderia evitar decisões divergentes nas instâncias de origem e o desnecessário envio de recursos especiais e/ou agravos em recursos especiais para a Corte Superior.

Na oportunidade, o Ministro Relator informou que na época do julgamento do REsp 1.891.498/SP existiam cerca de 240 processos em tramitação sobre o assunto, os quais aguardavam solução definitiva, e que essa discussão já havia sido apreciada pelos órgãos colegiados da Segunda Seção em outros 279 casos, o que demonstrou ser a matéria relevante a ponto de afetar o referido recurso especial à sistemática de recursos especiais repetitivos.

Em consequência, resta consolidado o entendimento da seguinte questão jurídica: "Definição da tese alusiva à prevalência, ou não, do Código de Defesa do Consumidor na hipótese de resolução do contrato de compra e venda de bem imóvel com cláusula de alienação fiduciária em garantia".

Antes, porém, de analisarmos o conteúdo do Tema 1.095, para melhor compreensão vale registrar o caminho judicial percorrido no caso concreto até o julgamento pelo STJ.

Na origem, em breve resumo, os fiduciantes ajuizaram demanda contra a fiduciária, pleiteando o desfazimento do contrato de compra e venda com pacto adjeto de propriedade fiduciária e a devolução das parcelas pagas, em razão de dificuldades financeiras que os impossibilitavam de prosseguir com o negócio. Alegaram que a fiduciária retomou o imóvel sem devolução das parcelas pagas. Em contestação, a fiduciária afirmou que consolidou a propriedade em razão do inadimplemento e da não purgação da mora pelos fiduciantes e que a Lei do SFI seria a aplicável à solução da dívida.

A sentença julgou improcedente o pedido dos fiduciantes. Estes interpuseram recurso de apelação cível e o Tribunal deu parcial provimento para obrigar a fiduciária a restituir para eles 90% dos valores pagos, devidamente corrigidos. A fiduciária interpôs recurso especial em que sustentou: (i) a validade da alienação fiduciária; (ii) ter sido regular a consolidação da propriedade do imóvel em razão do inadimplemento absoluto incontroverso da obrigação pelos fiduciantes; e (iii) a inaplicabilidade do art. 53 do CDC.

Em decorrência, o STJ firmou a seguinte tese repetitiva (Tema 1095):

> Em contrato de compra e venda de imóvel com garantia de alienação fiduciária devidamente registrado em cartório, a resolução do pacto, na hipótese de inadimplemento do devedor, devidamente constituído em mora, deverá observar a forma prevista na Lei n.º 9.514/97, por se tratar de legislação específica, afastando-se, por conseguinte, a aplicação do Código de Defesa do Consumidor.

Além do que até aqui se comentou sobre a possibilidade de convivência de ambos os institutos (CDC e Lei do SFI), cada qual em seu espaço específico, com prevalência da Lei do SFI para a solução de inadimplemento do fiduciante, do conteúdo do Tema 1.095 do STJ podemos destacar três requisitos objetivos que devem ser observados, no caso concreto, para

---

26.09.2017); REsp 1.839.190/SP, j. 02.09.2020 (decisão monocrática); AgRg nos EDcl no Ag 1.192.342/MG, j. 02.09.2014; AgInt no REsp 1.823.069/SP, j. 14.10.2019; REsp 250.072/RJ, j. 1º.06.2000; AgInt no AREsp 613.606/PR, j. 09.05.2017.

que, à luz do Tema 1.095, a solução da relação fiduciária ocorra pela Lei do SFI, e não pelo CDC. Veremos todos eles individualmente nos itens seguintes.

Podemos concluir que os requisitos trazidos pelo Tema 1.095 são, de certa forma, cumulativos, ou seja, devem todos estar presentes para afastar a solução do contrato pelo CDC.

O registro do contrato seria o principal requisito, porque sem ele não se constitui a garantia fiduciária imobiliária e, consequentemente, não se pode tratar da mora e do inadimplemento fiduciante.

Ademais, preliminarmente, sem o registro prévio do contrato de compra e venda para aquisição do imóvel, na respectiva matrícula, para sua transferência aos fiduciantes, nem seria possível a prévia constituição do direito real de propriedade plena e, consequentemente, impossível seria a subsequente constituição da garantia fiduciária imobiliária, pois o fiduciante não alcançaria a disponibilidade necessária para sua instituição.

Dito de outra forma, para poder alienar fiduciariamente, os fiduciantes primeiro devem se tornar proprietários plenos do imóvel para, em seguida, já titulares da disponibilidade, transferi-lo em garantia ao fiduciário.

Logo, apesar de coligados, precisamos analisar cada um desses negócios jurídicos separadamente para compreendermos o seu conjunto negocial e cada uma de suas atribuições patrimoniais.

O registro do título que instrumentaliza a compra e venda definitiva, desde quando as partes acordam sobre o objeto e o preço, é considerado obrigatório (Código Civil, art. 482). Quanto a isso não há o que combater, pois decorre de expresso texto legal. Celebrado o instrumento definitivo em que as partes manifestam-se concordes com o objeto e com o correspondente preço, a compra e venda é considerada perfeita e acabada.

Essa primeira etapa de constituição do direito real de propriedade plena em favor do adquirente serve para que, na estrutura da relação jurídica obrigacional que envolve o pagamento do crédito em favor do vendedor, o adquirente possa oferecer ao fiduciário uma garantia real imobiliária eficiente para garantir eventual inadimplemento das parcelas do preço de aquisição do imóvel.

Assim, temos um contrato coligado que gravita em torno dos dois planos diferentes, o real e o obrigacional. O real está presente quando se registra, na matrícula do imóvel, a aquisição pela compra e venda. E o obrigacional, também advindo da coligação de contratos, decorre do contrato de financiamento que o vendedor faz com o adquirente para facilitar a forma de pagamento do preço de aquisição do imóvel.

Nesse ponto, a estrutura da compra e venda definitiva já está completa. O que faltará é o cumprimento da obrigação de dar (pagamento do preço de aquisição do imóvel em favor do vendedor) pelo comprador. A garantia, para segurança do credor alienante, pode ser instituída na modalidade de propriedade fiduciária, pois o devedor do pagamento do preço de aquisição (adquirente do imóvel) tem sobre o imóvel adquirido a disponibilidade para ofertá-lo, ao credor alienante, em garantia de sua própria dívida.

Essa estrutura que detalhamos *supra* permite que, nos termos do art. 1.420 do Código Civil, os compradores consigam outorgar a propriedade fiduciária imobiliária porque se tornam os proprietários plenos do correspondente imóvel fiduciado.

Em outras palavras, a mesma regra estabelecida no referido art. 1.420 é aplicada pela disposição contida no art. 1.367, também do Código Civil, para a propriedade fiduciária. Logo, somente quem poderá alienar poderá constituir propriedade fiduciária imobiliária.

Eis a sistemática que permite a aquisição de um direito real pleno (a propriedade) para, em seguida, em sua relação obrigacional de mútuo, o mesmo imóvel ser objeto de garantia da relação obrigacional referente ao pagamento do preço de aquisição. Trataremos dessas sequências com um exemplo a seguir.

A é dono de um imóvel e B deseja comprá-lo. Após negociações preliminares, A e B chegaram a um acordo definitivo sobre o objeto (o imóvel) e sobre o preço que B deverá pagar, bem como a forma desse pagamento.

Como B não dispõe de todos os recursos para possibilitar o pagamento integral do preço de aquisição em uma só parcela contra a outorga da escritura definitiva de compra e venda, seu valor será dividido no tempo.

As partes ajustam que a aquisição será feita por compra e venda definitiva, acompanhada de um pacto fiduciário para regular a garantia em relação ao saldo devedor para o preço do imóvel. A e B, no exercício da autonomia da vontade, celebram a escritura de compra e venda definitiva e nela são dadas todas as quitações necessárias, capazes de viabilizar a transmissão do correspondente direito real de propriedade, quando registrada na matrícula do imóvel, mesmo sem A ter recebido todo o preço pela alienação.

No entanto, como B não possui a totalidade do preço de aquisição do imóvel sobre o qual eles acordaram a compra e venda, e fará o pagamento do saldo em parcelas, criou-se uma relação jurídica obrigacional creditícia em que B deve entregar determinada quantia em dinheiro para A, em certo tempo, modo e lugar. Este, o vendedor, aceita que o pagamento seja feito de forma diferida, mas, em contrapartida, exige a outorga de uma garantia real para proteger seu crédito de eventual inadimplemento de B.

Nessa estrutura jurídica contratual, para garantir a prestação de B, que é de pagar o saldo do preço de aquisição em dinheiro para A, as partes concordam em constituir uma propriedade fiduciária que terá o próprio imóvel da compra e venda como o objeto fiduciado. Lembre-se de que, pela compra e venda definitiva, B passou a ser o titular do direito de propriedade e sobre ele mantém a disponibilidade exigida pelo referido art. 1.420 do Código Civil.

Percebe-se, portanto, que não se trata de uma compra e venda celebrada nos termos de um compromisso que longamente tratamos nos capítulos iniciais deste livro.

Esse tipo de contrato (compromisso) gera como obrigação principal a celebração de outro contrato, o principal ou definitivo, quando superadas determinadas condições livremente pactuadas pelas partes.

Na hipótese que estamos tratando aqui, A (vendedor) já concordou com a outorga do contrato definitivo de compra e venda do imóvel para B, sem recebimento da integralidade do preço de aquisição.

Com o registro do título aquisitivo na matrícula do imóvel, B, graças à estrutura da garantia fiduciária imobiliária, tornou-se proprietário pleno, ainda que pendente o pagamento do preço de aquisição do imóvel.

Dessa relação jurídica real (compra e venda) nasce um direito de crédito em favor de A, o qual concordou em recebê-lo em parcelas e em determinado tempo, com ou sem acréscimos, tudo estabelecido na forma do correspondente contrato.

Apesar de A ter concordado em receber seu crédito parceladamente, ele exigiu que B outorgasse uma garantia real para o caso de ocorrer um eventual inadimplemento no pagamento das parcelas do saldo do preço. B concordou e ofereceu fiduciariamente o imóvel que acabara de adquirir de A, o qual imediatamente também o aceitou.

Essa relação de crédito em favor de A passou a ser garantida pela propriedade fiduciária imobiliária que tem o mesmo imóvel como objeto.

Portanto, é possível concluir facilmente que existem dois negócios jurídicos que geram efeitos diversos. Um transfere o direito real de propriedade de A para B. O outro regula a forma de pagamento do crédito gerado em favor de A e institui uma garantia real imobiliária para suprir um possível inadimplemento por parte de B.

Não há que imaginar que a primeira relação entre A e B seja de natureza preliminar, como seria no caso de um compromisso de compra e venda. As referidas partes, no exemplo, pularam essa etapa preliminar e seguiram diretamente para a celebração do instrumento definitivo capaz de promover a transferência do direito real de propriedade plena com o registro na respectiva matrícula.

Surge, porém, um segundo negócio jurídico de natureza obrigacional, que tem por objetivo possibilitar que B efetue o pagamento integral de sua dívida, a qual teve origem no ajuste do preço de aquisição do imóvel.

Não há sentido algum nas alegações que procuram destruir essa estrutura contratual totalmente integrada ao nosso sistema jurídico sob o argumento de que o primeiro contrato, a compra e venda, não passa de um compromisso de compra e venda.

O primeiro negócio definitivo de compra e venda é efetivamente querido pelas partes, e, no âmbito da autonomia da vontade dos contratantes, estes celebram uma garantia real para assegurar a relação de crédito surgida em favor de A e cuja responsabilidade de pagamento é de B.

Em caso de inadimplemento de B, a solução está toda roteirizada na Lei Federal n.º 9.514/1997, da qual o fiduciário (A) não poderá se afastar.

Diante disso, tendo em vista a tese repetitiva (Tema 1.095) firmada pelo STJ, podemos destacar três requisitos que deverão ser observados para que o CDC não seja aplicado nos contratos regulados pela Lei do SFI; são eles:

(i) contrato de compra e venda de imóvel com garantia de alienação fiduciária deverá estar registrado em cartório;
(ii) a pretensão do fiduciário em promover a resolução do pacto desde que o fiduciante tenha sido devidamente constituído em mora; e
(iii) tenha ocorrido a sua transformação em inadimplemento absoluto, observado, para tanto, o regramento previsto na Lei do SFI, por se tratar de legislação específica.

Diante de tais requisitos expressamente indicados no Tema 1.095, faremos uma breve análise de todos eles nos itens seguintes.

6.2.4.3.8 Constituição da propriedade fiduciária imobiliária

O primeiro requisito objetivo trazido pelo Tema 1.095 do STJ refere-se à constituição da garantia real fiduciária imobiliária, ou seja, para que esse direito real seja efetivamente constituído é imprescindível o registro do respectivo contrato na matrícula do imóvel fiduciado, como determina o art. 23 da Lei do SFI[206].

---

[206] Como salienta Arruda Alvim, o "[...] que se quis significar com a expressão *publicidade específica* é que esta se trata de publicidade disciplinada pelo direito. No direito brasileiro, é inviável ter-se como existente um direito real, *propriamente dito*, se não houver essa publicidade; salvo, naturalmente, as exceções legais expressas, *v.g.*, como usucapião e sucessão aberta, em que, conquanto existente o direito de propriedade, não são objeto de publicidade e em que esta virá a ser *meramente* declaratória. Não há como reconhecer-se por outro meio de prova, senão que por meio dessa publicidade" (ARRUDA ALVIM NETO, José Manoel de; CLÁPIS, Alexandre Laizo; CAMBLER, Everaldo Augusto (coord.). *Lei de Registros Públicos comentada*: Lei 6.015/1973. 2. ed. Rio de Janeiro: Forense, 2019. p. 508).

Dessa estrutura legal que tratamos exemplificativamente anteriormente há a constituição de dois negócios jurídicos diferentes, mas coligados entre si. Um instrumentaliza a transferência definitiva do direito real de propriedade plena para o comprador. O outro é um negócio jurídico subsequente e dependente do primeiro, que se constitui de forma plena, perfeita e acabada, para tratar do pagamento do saldo do preço de aquisição do imóvel gerado em favor do respectivo vendedor.

Essa circunstância decorre da nossa sistemática para constituição de direitos reais imobiliários, consoante a regra geral contida no art. 1.227 do Código Civil, com apoio no art. 172 da Lei Federal n.º 6.015/1973, que exigem (i) o título, que se origina do acordo de vontade das partes sobre o direito real escolhido e que deverá reunir condições de ingresso no registro de imóveis; e (ii) a inscrição registrária desse contrato que transforma a situação inicialmente obrigacional em direito real[207].

É importante salientar que, enquanto não registrado o respectivo contrato de alienação fiduciária, há apenas direito pessoal (obrigacional) entre os contratantes, razão pela qual não seria possível, na falta do seu registro, promover a execução da garantia nos termos da Lei do SFI porque o direito real de garantia inexiste.

O vínculo real entre o imóvel e a relação jurídica obrigacional surge com o registro da alienação fiduciária na serventia predial. O vínculo real caracteriza-se por ser um poder que afeta a coisa para a satisfação do crédito gerado em favor do vendedor do imóvel.

Pelo entendimento contido no âmbito do Tema 1.095 do STJ, na falta de registro do contrato de alienação fiduciária na matrícula do imóvel, a solução do desfazimento do contrato se dará, a depender do tipo de relação entre os contratantes, ou pelo Código Civil ou pelo CDC, mas não pela Lei do SFI.

Portanto, para que a Lei do SFI seja aplicada na execução da garantia, o contrato deverá estar registrado na correspondente matrícula, pois só assim o fiduciário e o fiduciante estarão submetidos aos procedimentos de execução extrajudicial da garantia real fiduciária imobiliária.

6.2.4.3.9 O inadimplemento e a mora do fiduciante

O segundo requisito relaciona-se com o comportamento do fiduciante que estará inadimplente se não efetuar o pagamento da dívida no tempo e na forma convencionados no contrato de alienação fiduciária.

Vale aqui mencionar que o art. 397 do Código Civil estabelece que o "inadimplemento da obrigação, positiva e líquida, no seu termo, constitui de pleno direito em mora o devedor." Em outras palavras, se no dia estipulado para o pagamento de dívida positiva e líquida o fiduciante não pagar, pela regra geral do Código Civil, ele estará automaticamente em mora.

Já referimos que esse tipo de mora do devedor denomina-se *ex re* ou automática. Ocorre quando a obrigação é positiva (dar ou fazer), é líquida (certa quanto à existência e determinada quanto ao valor) e contém prazo certo para o pagamento[208].

O não cumprimento da obrigação nos termos ajustados no contrato acarreta a mora automática do devedor, sem que sejam necessárias providências complementares do credor como notificações, interpelações ou avisos (*dies interpelat pro homine* – o dia do vencimento interpela a pessoa).

---

[207] Existe uma regra geral que deve ser aqui relembrada. Só quem tem o poder para alienar o imóvel poderá dá-lo em garantia, no caso a propriedade fiduciária.
[208] TARTUCE, Flávio. *Direito civil*: direito das obrigações e responsabilidade civil. 11. ed. rev., atual. e ampl. Rio de Janeiro: Forense; São Paulo: Método, 2016. v. 2, p. 215.

O outro tipo de mora do devedor, sobre a qual também tratamos anteriormente, é a *ex persona*. Caracteriza-se se não houver tempo certo para acontecer o pagamento, ainda que a obrigação seja positiva e líquida. Nessa hipótese, para que o devedor fique sujeito aos efeitos da mora, será necessário que o credor promova a interpelação judicial ou extrajudicial do devedor (Código Civil, art. 397, parágrafo único).

No que se refere à mora do fiduciante, a sistemática da Lei do SFI propôs regras que envolvem os conceitos de mora *ex re* e de mora *ex persona*, pois, apesar de a obrigação ser positiva, líquida e ter tempo certo para o pagamento na forma estabelecida pelas partes em contrato (Lei do SFI, art. 24, I e II), o fiduciante somente será considerado em mora depois de ser pessoalmente intimado pelo registrador imobiliário, a pedido do fiduciário.

Se a obrigação não foi cumprida na data estipulada em contrato, a estrutura da Lei do SFI caracteriza a situação como inadimplemento, mas não lhe confere os efeitos da mora, a qual dependerá da intimação pessoal do fiduciante. Logo, envolve os dois tipos de mora do devedor[209].

É possível que o legislador tenha optado por essa estratégia para dar maior proteção ao fiduciante, concedendo-lhe o prazo de 15 dias, contado do fim do prazo de carência do contrato (aquele determinado pelo § 2º-A do art. 26 da Lei do SFI), para organizar-se, purgar a mora e evitar a consolidação da propriedade pelo fiduciário e a subsequente execução da garantia.

Entretanto, no que se refere ao afastamento do CDC nos termos do Tema 1.095, o fiduciário deve atender ao que estabelecem os arts. 26 e 27 da Lei do SFI. Pela sistemática da Lei do SFI, principalmente pelo disposto no art. 26, a propriedade somente será consolidada em nome do fiduciário se o fiduciante já tiver sido constituído em mora. Para isso, o fiduciário deverá, como referido, requerer ao registrador imobiliário que promova a intimação pessoal do fiduciante.

A constituição do fiduciante em mora é, então, o terceiro requisito exigido pelo Tema 1.095 para o afastamento do CDC do processo de execução da garantia fiduciária imobiliária.

6.2.4.3.10 Questões controvertidas sobre o Tema 1.095 do STJ

Algumas questões podem surgir para as situações em que os requisitos do Tema 1.095 do STJ não estejam presentes no caso concreto. Para algumas delas já encontramos decisões nos tribunais estaduais[210].

---

[209] "[...]Resolução de contrato de venda e compra com pacto de alienação fiduciária em garantia. Suspensão da exigibilidade das parcelas vincendas e abstenção de inclusão do nome do comprador no cadastro de inadimplentes. Inadmissibilidade. Não se confundem o compromisso com a venda e compra garantida por alienação fiduciária para recebimento do preço. Discussão envolvendo o Tema 1095/STJ. Prestação líquida, positiva e a termo (artigo 397 do CC). *Mora ex re* configurada, independentemente da intimação do devedor para purgá-la. Intimação tem o objetivo de consolidação da propriedade resolúvel em mãos da credora. [...]" (TJSP, Agravo de Instrumento 2036410-23.2023.8.26.0000, j. 21.03.2023).

[210] "Rescisão contratual c.c. indenização. Compra e venda de imóvel com pacto de alienação fiduciária. Possibilidade de desfazimento do contrato com restituição dos valores pagos. Incidência do Código de Defesa do Consumidor. Inaplicabilidade do Tema 1.095 do STJ. Ausência de inadimplemento ou constituição do devedor em mora. Devolução dos valores pagos. Necessidade. Súmulas 1, 2 e 3 deste E. Tribunal de Justiça. Súmula 543 do STJ. Percentual fixado pelo juízo *a quo* a título de retenção pela promitente vendedora em 20% do valor pago que está em consonância com a jurisprudência deste Tribunal e entendimento do STJ. Pretensão indenizatório pelo uso/fruição do imóvel. Impossibilidade, visto que se trata de lote sem edificação [...]" (TJSP, Apelação Cível 1018108-45.2018.8.26.0482, j. 05.04.2023); "[...] Firmada tese pelo C. STJ, segundo a qual 'Em contrato de compra e venda de imóvel

Enquanto o contrato de alienação fiduciária não estiver registrado na respectiva matrícula do imóvel, o credor não poderá se utilizar da execução extrajudicial da Lei do SFI. Isso porque o registro é condição essencial para a constituição dos direitos reais em nosso sistema e, logicamente, também para a propriedade fiduciária, porque é um direito real de garantia.

Os dois outros requisitos do Tema 1.095 tornam-se irrelevantes na falta do registro do contrato.

Sem o registro do contrato, o fiduciário não poderá sequer requerer ao registrador de imóveis a constituição da mora do fiduciante, pois o contrato não existirá no registro.

Os precedentes encontrados são no sentido de que, na falta do registro do contrato, aplica-se a regra do art. 53 do CDC[211].

Nos contratos de compra e venda de imóveis com pacto adjeto de propriedade fiduciária, a falta de registro sujeitará a relação ao direito obrigacional e o desfazimento do contrato às regras dos arts. 472, 473, 474 e 475 do Código Civil ou do art. 53 do CDC, a depender do tipo de relação existente entre os contratantes. De qualquer forma, sempre se deverá buscar evitar o enriquecimento sem causa de uma parte em relação à outra.

Entendemos que não há espaço para a aplicação do CDC. Os pedidos de desfazimento do contrato fiduciário imobiliário com fundamento no art. 53 do CDC não deveriam prosperar, pois as partes, ao livremente celebrarem o contrato, elegeram a propriedade fiduciária imobiliária como solução em caso de rompimento/inadimplemento.

A falta do registro do contrato é providência que o fiduciário pode tomar. Com isso (o registro do contrato), seguem-se as providências da Lei do SFI.

Parece-nos, porém, que essa solução dependerá das condições concretas do respectivo negócio jurídico. Se a relação decorrer de um contrato definitivo de compra e venda, com a transferência do imóvel para o patrimônio do comprador, que, na sequência, aliena-o fiduciariamente para o vendedor, mediante a celebração de um contrato de mútuo com garantia fiduciária imobiliária, como explicamos anteriormente, não caberá, mesmo na falta de registro do contrato, a aplicação do art. 53 do CDC[212], para que o credor devolva as parcelas pagas pelo devedor, uma vez que a propriedade já foi transferida definitivamente para o fiduciário.

Os valores pagos pelo fiduciante ao fiduciário são de titularidade deste em razão da compra e venda, que os recebe a título de pagamento do preço de aquisição do imóvel já definitivamente transferido. A devolução das quantias recebidas pelo credor acarretaria enriquecimento sem causa do devedor, que as receberia e continuaria proprietário do imóvel.

Na hipótese tratada no parágrafo anterior, quando uma instituição financeira comparece para conceder ao comprador os recursos necessários à aquisição do imóvel, remanesce para ser cumprido apenas o contrato de mútuo, com garantia fiduciária imobiliária.

Como pelo negócio jurídico de compra e venda o imóvel passou a ser de propriedade do comprador, restará para este cumprir o contrato de mútuo e restituir ao mutuante o que dele recebeu, nos termos do art. 586 do Código Civil e do correspondente contrato.

---

com garantia de alienação fiduciária devidamente registrado em cartório, a resolução do pacto, na hipótese de inadimplemento do devedor, devidamente constituído em mora, deverá observar a forma prevista na Lei n.º 9.514/97, por se tratar de legislação específica, afastando-se, por conseguinte, a aplicação do Código de Defesa do Consumidor'" (TJSP, Apelação Cível 2245520-96.2022.8.26.0000, j. 03.04.2023).

[211] TJSP, Apelação Cível 1021724-03.2019.8.26.0576, j. 31.03.2023; TJSP, Apelação Cível 1048043-94.2019.8.26.0224, j. 29.03.2023; TJSP, Apelação Cível 1002924-94.2022.8.26.0066, j. 28.03/.2023.

[212] TJSP, Agravo de Instrumento 2098475-88.2022.8.26.0000, j. 09.03.2023.

A compra e venda exauriu-se integralmente na estrutura contratual indicada porque o mutuante emprestou os recursos necessários para o comprador promover a quitação total do preço de aquisição. Caso haja inadimplemento, este só poderá ser em relação ao contrato de mútuo e não afetará a compra e venda, uma vez que já é considerada perfeita e acabada (Código Civil, arts. 481 e 482), pois o vendedor já entregou o domínio do imóvel e, em contrapartida, o comprador pagou o preço com recursos obtidos no financiador por meio de um contrato de mútuo.

Importante destacar, por oportuno, que, no contrato de mútuo, inexiste prestação a ser cumprida pelo mutuante (fiduciário), tendo este já entregado a quantia objeto do mútuo, por conta e ordem do fiduciante, para o vendedor do imóvel. Dessa relação jurídica complexa subsistirá apenas a prestação devida pelo mutuário/fiduciante ao mutuante, consistente no pagamento das parcelas para a recomposição do empréstimo, razão pela qual inaplicável o art. 53 do CDC.

O desfazimento da compra e venda perfeita e acabada, caso fosse admissível, dependeria de um novo negócio jurídico para transferir o imóvel, por outra compra e venda, para as mesmas partes, como forma de deixá-lo no *status quo ante* do pleito do desfazimento.

Esse novo negócio jurídico, como todos, dependerá da manifestação de vontade das partes, com cumprimento dos elementos essenciais que já vimos no Capítulo 1, com pagamento do imposto de transmissão de bens imóveis, assim como as custas e os emolumentos notariais, se o caso, e registrárias, porque se trata de uma nova compra e venda.

O segundo requisito do Tema 1.095 refere-se ao inadimplemento do fiduciante, ou seja, a parcela devida está vencida e não paga. Poderá haver, porém, situações em que o fiduciante, com contrato registrado, esteja adimplente e deseja o desfazimento do ajuste. Restará saber se nessa hipótese será aplicado o CDC ou a Lei do SFI.

Há precedentes do STJ no sentido de que, na hipótese de resolução do contrato de compra e venda com pacto adjeto de alienação fiduciária por desinteresse do adquirente adimplente, configurar-se-ia a quebra antecipada do contrato (*anticipatory breach*), com aplicação dos arts. 26 e 27 da Lei do SFI para a satisfação da dívida e a devolução ao fiduciante do que eventualmente sobejar na venda do imóvel nos leilões extrajudiciais[213].

Contudo, esse entendimento não foi considerado na fixação da tese repetitiva ora analisada, por não se encontrar, na época, suficientemente maduro dentro do Tribunal Superior, na avaliação dos Ministros da Segunda Seção.

Concordamos com o entendimento do Ministro Paulo de Tarso Sanseverino no sentido de que, em caso de desinteresse do devedor adimplente em continuar com o contrato garantido por propriedade fiduciária, aplicam-se os arts. 26 e 27 da Lei do SFI, pois esse comportamento contraditório do fiduciante caracteriza inadimplemento antecipado e o inadimplemento tem forma específica de tratamento na garantia fiduciária imobiliária livremente adotada pelas partes, razão pela qual a solução deverá se dar pelas regras dos referidos artigos da Lei do SFI, e não pelo art. 53 do CDC[214].

No entanto, há precedentes do Tribunal de Justiça de São Paulo[215] no sentido de que, na falta de inadimplemento do fiduciante, mas com expresso desinteresse seu em manter o

---

[213] REsp 1.867.209/SP, j. 08.09.2020; REsp 1.930.085/AM, j. 16.08.2022; AgInt no REsp 1.823.174/SP, j. 15.06.2021.

[214] TJSP, Apelação Cível 1003329-80.2022.8.26.0309, j. 30.03.2023.

[215] TJSP, Apelação Cível 1000446-79.2022.8.26.0142, j. 09.03.2023. TJSP, Apelação Cível 1002688-35.2021.8.26.0404, j. 16.04.2023.

contrato fiduciário, não se aplica a lei do SFI, mesmo que o contrato de alienação fiduciária esteja registrado, regulando-se o desfazimento pelo CDC.

Não concordamos com tal entendimento, pois a propositura da ação de rescisão contratual pelo fiduciante, com a alegação de que não mais reúne condições para adimplir o contrato, enquadra-se na hipótese de quebra antecipada que abordamos no Capítulo 2 e, nesse sentido, configura-se o inadimplemento confesso do fiduciante, razão pela qual se deve aplicar a Lei do SFI, e não o CDC.

Nesse sentido, vale o registro da ementa da Apelação Cível 1042100-73.2020.8.26.0576[216] do Tribunal paulista:

> Compra e venda. Ação de rescisão contratual. Sentença de procedência. Irresignação do réu. Pedido de rescisão que poderia em tese impactar o banco cessionário, que deve, pois, figurar no polo passivo. Preliminar de ilegitimidade passiva afastada. Autor proprietário registral do imóvel e devedor fiduciante. Garantia fiduciária registrada. Inaplicabilidade da tese vinculante aprovada pelo STJ no julgamento do Tema 1.095. Autor adimplente ao tempo do ajuizamento da ação. Fato que não justifica a resolução do contrato na forma pretendida na inicial. Compromisso de compra e venda extinto diante do esgotamento de seu objeto. Resolução do contrato de compra e venda com pacto de alienação fiduciária em garantia por desinteresse do adquirente que configura quebra antecipada do contrato ("anticipatory breach"), mesmo que ainda não tenha havido mora no pagamento das prestações. Precedentes do STJ. Resolução que deve se submeter aos ditames da Lei n.º 9.514/97. Ação improcedente. Sentença reformada. Recurso provido.

O Superior Tribunal de Justiça, decidiu no Agravo em Recurso Especial 2.497.755/SP, julgado em 29.02.2024, sobre a não aplicação do CDC ao contrato de alienação fiduciária imobiliária.

Depreende-se desse precedente que foi celebrado contrato de compra e venda de lote com pacto adjeto de propriedade fiduciária.

O comprador do imóvel propôs ação para o desfazimento do contrato de compra e venda e solicitou a devolução de quantias pagas.

Em primeiro grau, o pedido foi julgado procedente e o contrato foi declarado rescindido com determinação de devolução pelo vendedor das parcelas pagas pelo comprador, com retenção de vinte por cento a título "de reparação de danos e reembolso de despesas efetuadas" pelo vendedor.

O vendedor, em recurso de apelação, requereu a manutenção do contrato, o afastamento do CDC e a aplicação dos arts. 26 e 27 da Lei do SFI.

O Tribunal de Justiça de São Paulo manteve a sentença de primeiro grau e afastou a aplicação do Tema 1.095 do Superior Tribunal de Justiça pela falta de constituição em mora do devedor fiduciante. Em razão do afastamento do Tema 1.095, aplicou as regras concernentes ao CDC.

No agravo em recurso especial supraindicado, o Superior Tribunal de Justiça decidiu, com base em orientação de outros precedentes desse Tribunal, que é caracterizada a quebra antecipada do contrato quando a iniciativa da "resolução de compra e venda de imóvel com pacto de alienação fiduciária" é do comprador.

---

[216] No mesmo sentido: TJSP, Apelação Cível 1005466-44.2021.8.26.0576, j. 28.02.2023; TJSP, Apelação Cível 1000965-23.2021.8.26.0099, j. 06.02.2023; TJSP, Apelação Cível 1042100-73.2020.8.26.0576, j. 14.03.2023; entre outras.

Reconhecida a quebra antecipada do contrato, por configurar inadimplemento, devem ser aplicados os arts. 26 e 27 da Lei do SFI.

É o mesmo entendimento que se extrai do REsp 2.042.232/RN[217], também do Superior Tribunal de Justiça, julgado em 22.08.2023.

Nesse recurso especial, ficou expressamente consignado que, mesmo antes do tempo ajustado para o vencimento, é possível que o devedor declare ao credor que não cumprirá a sua obrigação ou que adote comportamento contraditório com o adimplemento, hipóteses em que se configurará o inadimplemento antecipado (quebra antecipada do contrato ou *anticipatory breach of contract*).

Logo, quando o devedor manifesta a sua intenção de desfazer o negócio jurídico de compra e venda com pacto adjeto de propriedade fiduciária, inclusive ao propor ação judicial para o seu desfazimento, caracteriza-se a tese da quebra antecipada do contrato[218].

Outro problema que apontamos está na questão relacionada à intimação do fiduciante para a sua constituição em mora.

Consideramos como exemplo a seguinte hipótese: contrato registrado, prenotado o requerimento do fiduciário para que o oficial de registro de imóveis intime o fiduciante para purgar a mora, mas este não é encontrado.

E se o fiduciante promover uma demanda judicial para resolver o contrato antes de sua intimação pessoal pelo registrador imobiliário? Qual sistema legal deverá amparar os interesses das partes?

Nossa opinião é no sentido de que, se o fiduciante inadimplente propuser uma ação judicial para resolver o contrato antes de sua intimação pessoal, ele demonstrará – pelo seu comportamento – que tem conhecimento inequívoco sobre a sua situação de inadimplência e, portanto, será desnecessária a sua intimação pessoal para purgar a mora.

A distribuição da ação judicial é prova suficiente para demonstrar o conhecimento do fiduciante sobre a execução fiduciária em andamento. Comprovada a distribuição da ação pelo fiduciante, o registrador deverá prosseguir com os demais atos executivos nos termos do art. 27 da Lei do SFI.

Esse foi o entendimento do Tribunal de Justiça de São Paulo no julgamento da Apelação Cível 1001097-46.2022.8.26.0099, de cujo acórdão fazemos os seguintes destaques:

---

[217] "[...] 2. O propósito recursal consiste em decidir sobre a ocorrência de negativa de prestação jurisdicional e a aplicabilidade do procedimento previsto nos arts. 26 e 27 da Lei n.º 9.514/97 na hipótese em que o adquirente manifesta sua intenção de resolver o contrato por dificuldades financeiras ('anticipatory breach'). 3. Nas obrigações sujeitas a termo, em regra, o credor somente poderá exigir o seu cumprimento na data do vencimento (arts. 331 e 939 do CC/02), de modo que o inadimplemento somente restará caracterizado caso não satisfeita a prestação no tempo convencionado. No entanto, é possível que antes do termo ajustado o devedor declare ao credor que não cumprirá a obrigação ou adote comportamento concludente no sentido do não cumprimento. Nessa hipótese, estará caracterizado o inadimplemento antecipado do contrato ('anticipatory breach of contract'). 4. No momento em que o adquirente manifesta o seu interesse em desfazer o contrato de compra e venda com pacto de alienação fiduciária, fica caracterizada a quebra antecipada, porquanto revela que ele deixará de adimplir a sua obrigação de pagar. Embora não se trate, ainda, de uma quebra da obrigação principal, o seu futuro incumprimento é certo, o que torna imperiosa a observância do procedimento específico estabelecido nos arts. 26 e 27 da Lei n.º 9.514/97 para a satisfação da dívida garantida fiduciariamente e devolução do que sobejar ao adquirente. [...]".

[218] No mesmo sentido: REsp 1.930.085/AM, j. 16.08.2022; e REsp 1.867.209/SP, j. 08.09.2020.

[...] Ocorre, contudo, a impossibilidade de rescisão do instrumento de venda e compra, face à incidência da Lei 9.514/1997, que especifica um procedimento próprio e distinto para o desfazimento de avenças em que há pacto de alienação fiduciária, e não o Código de Defesa do Consumidor.

Nesta toada, impera salientar ter havido o registro do respectivo instrumento contratual na matrícula do imóvel (fls. 212), nos termos do art. 23, da Lei 9.514/97, bem como a constituição em mora que decorre do próprio ato do recorrente em pleitear a rescisão. Isso porque ao ingressar com a presente ação, sequer estava o recorrente em mora (fls. 76), porém pretendia o distrato por entender que não deveria mais prosseguir com este, hipótese não contemplada no contrato para a rescisão e sequer pode se valer da suposta ausência deste requisito para impor condição mais favorável para si.

Demais disso, a rescisão do contrato na forma pretendida impõe o retorno das partes ao estado anterior, o que não é mais possível no caso em apreço.

Isto porque, diante da transferência da propriedade do imóvel à credora fiduciária, ficando o autor apenas com a posse direta, a simples devolução do bem à vendedora não se revela viável. Para tanto, seria necessária a quitação do débito pelo comprador, para que recuperasse a propriedade imobiliária e, somente então, tornar-se-ia possível devolvê-lo à ré. Porém, diante da alegada insuportabilidade financeira do contrato, deve o autor se sujeitar ao procedimento da Lei 9.514/97.

E se o fiduciante estiver adimplente e mesmo assim propuser ação judicial para rescindir o contrato de garantia fiduciária? Qual estrutura legal deverá ser utilizada para o seu desfazimento?

Nossa opinião é a mesma já antes apresentada. Ao propor ação judicial para rescindir a alienação fiduciária, o comportamento do fiduciante demonstra a intenção de finalizar a relação contratual com o fiduciário. Logo, mesmo que o fiduciante esteja adimplente, pelo seu comportamento (ao propor ação de rescisão contratual) estará caracterizado o descumprimento contratual, aplicando-se a quebra antecipada do contrato supramencionada (ou *anticipatory breach*[219]), tornando-se desnecessária a formal caracterização do inadimplemento e da constituição em mora do fiduciante na forma prevista na Lei do SFI[220],

---

[219] "Compra e venda. Rescisão contratual. Contrato registrado com pacto de alienação fiduciária em garantia. Resilição unilateral do negócio requerida pelo comprador. Inadmissibilidade. Hipótese que não se amolda à da tese aprovada pelo STJ no julgamento do Tema 1.095. Autores adimplentes ao tempo do ajuizamento da ação. Esgotamento do objeto do contrato. Impossibilidade de resolução da compra e venda com pacto de alienação fiduciária em garantia por desinteresse do adquirente. Quebra antecipada do contrato ('anticipatory breach'), mesmo que ainda não tenha havido mora no pagamento das prestações. Precedentes do STJ. Aplicabilidade da Lei n.º 9.514/97. Ação improcedente. Recurso provido" (TJSP, Apelação Cível 1005466-44.2021.8.26.0576, j. 28.02.2023).

[220] "[...] 1. Controvérsia pertinente ao confronto entre o direito que assiste ao promitente comprador de promover a resilição unilateral do contrato de promessa de compra e venda no regime da incorporação imobiliária com base na Súmula 543/STJ, de um lado, e, de outro, a garantia da alienação fiduciária em garantia. 2. Existência de jurisprudência pacífica nesta Corte Superior no sentido de que o pedido de resilição dá ensejo à alienação extrajudicial do bem segundo as regras da Lei 9.514/1997, não se aplicando nesse caso o enunciado da Súmula 543/STJ. 3. Inexistência de distinção para o caso de ausência de mora do devedor, pois o próprio pedido de resilição configura quebra antecipada do contrato ('anticipatory breach'), decorrendo daí a possibilidade de aplicação do disposto nos 26 e 27 da Lei 9.514/97. Precedente específico desta Turma. 4. Improcedência do pedido de restituição de parcelas pagas na espécie" (STJ, AgInt no REsp 1.823.174/SP, j. 15.06.2021).

especialmente em razão do princípio da eficiência processual. Nesse caso, deve-se aplicar a solução da Lei do SFI[221-222].

Seria um apego demasiadamente exagerado ao formalismo exigir que o fiduciante – que propõe ação de rescisão contratual – tenha de ser considerado inadimplente (o que poderá não acontecer se ele continuar cumprindo a obrigação garantida) e constituído em mora (o que também poderá não ocorrer se ele permanecer adimplente), para aplicar a Lei do SFI.

Sua própria conduta, ao requerer a rescisão judicial de um contrato perfeito e acabado (Código Civil, art. 482), demonstra seu desinteresse na continuidade da relação jurídica com o fiduciário. Em tal circunstância, a relação fiduciária imobiliária deve ser resolvida nos termos do art. 27 da Lei do SFI[223-224-225], com a realização dos leilões extrajudiciais.

---

[221] TJSP, Apelação Cível 1003915-22.2019.8.26.0019, j. 29.03.2023.

[222] "[...] Contrato de compra e venda registrado com cláusula de alienação fiduciária em garantia. Ausência de probabilidade no direito alegado pelo autor quanto ao pedido de distrato unilateral. Necessidade de observância do procedimento previsto na Lei 9.514/97. Desistência que configura quebra antecipada do contrato. Entendimento do STJ no Tema 1.095 quanto à não aplicação do CDC no que se refere à resolução unilateral de contratos regidos pela Lei 9.514/97. [...]" (Agravo de Instrumento 2233688-66.2022.8.26.0000, j. 13.12.2022).

[223] "Rescisão contratual c/c devolução de quantias pagas. Contrato de venda e compra de lote garantido por alienação fiduciária. Pedido formulado pelos Autores, como comprador, em razão de sua desistência do negócio. Inadmissibilidade, uma vez que o contrato estabelecido entre as partes se submete à Lei n.º 9.514/97. Desfazimento do negócio jurídico que deve observar o disposto nos artigos 26 e 27 da lei especial e ao decidido pelo STJ, em sede de recursos repetitivos (Tema 1.095). [...]" (TJSP, Apelação Cível 1001443-42.2021.8.26.0451, j. 24.01.2023).

[224] "[...]2. O propósito recursal é decidir sobre a resilição unilateral do contrato de compra e venda de imóvel com pacto de alienação fiduciária, por onerosidade excessiva, com a devolução dos valores pagos pelos adquirentes, bem como sobre a caracterização do dano moral e o julgamento além do pedido (*ultra petita*). 3. O pedido de resolução do contrato de compra e venda compacto de alienação fiduciária em garantia por desinteresse do adquirente, mesmo que ainda não tenha havido mora no pagamento das prestações, configura quebra antecipada do contrato ('anticipatory breach'), decorrendo daí a possibilidade de aplicação do disposto nos 26 e 27 da Lei 9.514/97 para a satisfação da dívida garantida fiduciariamente e devolução do que sobejar ao adquirente. Entendimento da Terceira Turma. 4. A intervenção judicial voltada à resolução do contrato por onerosidade excessiva pressupõe a ocorrência de fato superveniente que altere, substancialmente, as circunstâncias intrínsecas à formação do vínculo contratual, ou seja, a sua base objetiva, de modo a comprometer a equação econômica prevista pelos contratantes. 5. Hipótese em que não se justifica a resolução do contrato por onerosidade excessiva em virtude da mudança na capacidade financeira dos adquirentes, causada por fatos que não se relacionam com as circunstâncias que envolveram a conclusão do contrato e que tampouco alteraram a onerosidade da prestação inicialmente assumida, sendo de rigor a incidência da Lei 9.514/1997. [...]" (REsp 1.930.085/AM, j. 16.08.2022).

[225] "[...] 1. Controvérsia acerca do direito do comprador de imóvel (lote), adquirido mediante compra e venda com pacto adjeto de alienação fiduciária em garantia, pedir a resolução do contrato com devolução dos valores pagos, não por fato imputável à vendedora, mas, em face da insuportabilidade das prestações a que se obrigou. 2. A efetividade da alienação fiduciária de bens imóveis decorre da contundência dimanada da propriedade resolúvel em benefício do credor com a possibilidade de realização extrajudicial do seu crédito. 3. O inadimplemento, referido pelas disposições dos arts. 26 e 27 da Lei 9.514/97, não pode ser interpretado restritivamente à mera não realização do pagamento no tempo, modo e lugar convencionados (mora), devendo ser entendido, também, como o comportamento contrário à manutenção do contrato ou ao direito do credor fiduciário. 4. O pedido de resolução do contrato de compra e venda com pacto de alienação fiduciária em garantia por desinteresse do adquirente, mesmo que ainda não tenha havido mora no pagamento das prestações, configura quebra antecipada do contrato ('anticipatory breach'), decorrendo daí a possibilidade de aplicação do disposto nos 26 e 27 da Lei 9.514/97 para a satisfação da dívida garantida fiduciariamente e devolução do que sobejar ao adquirente. [...]" (REsp 1.867.209/SP, j. 08.09.2020).

Com a quebra antecipada do contrato que decorre da propositura da ação de rescisão contratual pelo fiduciante, o fiduciário, independentemente da constituição em mora (que nessa hipótese é mero formalismo superado pela circunstância da propositura da demanda judicial pelo fiduciante), está autorizado a promover a consolidação da propriedade em seu nome e a realizar os leilões extrajudiciais, devendo comunicar ao fiduciante as datas e os locais em que serão executados, mediante correspondência dirigida aos endereços constantes do contrato (inclusive o eletrônico).

Em síntese, no processo sistemático interpretativo das leis, como vimos, em matéria de cronologia e de especialidade, é a Lei do SFI que deve ser aplicada para a solução dos contratos de alienação fiduciária em caso de inadimplemento do fiduciante, porque essa lei, além de posterior, é especial por regular exaustivamente a garantia fiduciária imobiliária.

Entretanto, o CDC e a Lei do SFI convivem cada qual em seu espaço próprio de vigência. O CDC, lei geral que é, figura como vigia das relações consumeristas com o propósito de conferir uma nova concepção social do contrato, servir como fonte de obrigações aos que a ele se submetem, além daquelas contratualmente estabelecidas, e determinar normas de condutas e princípios gerais como justiça contratual, equivalência das prestações, boa-fé objetiva, entre outros.

A Lei do SFI, por sua vez, especial em relação ao CDC, estabelece a estrutura de constituição e de execução da garantia fiduciária imobiliária em caso de inadimplemento absoluto do fiduciante. Consolidada a propriedade em nome do fiduciário, este deverá realizar os leilões extrajudiciais com a finalidade de obter os recursos necessários para recomposição do seu crédito, restituindo ao fiduciante o que eventualmente sobejar.

Nos contratos de mútuo com pacto adjeto de propriedade fiduciária, o fiduciante deve restituir integralmente os valores concedidos pelo fiduciário, não se aplicando o art. 53 do CDC, porque os valores emprestados não são de propriedade do fiduciante, mas sim do fiduciário. Obrigar o fiduciário a restituir o que foi recebido do fiduciante representaria um enriquecimento sem causa deste.

Em resumo, o Tema 1.095 do STJ estabeleceu entendimento no sentido de que para a aplicação da Lei do SFI é imprescindível que (i) o contrato de alienação fiduciária esteja registrado na matrícula do imóvel, (ii) o fiduciante esteja inadimplente e (iii) tenha sido formalmente constituído em mora.

Para o Tribunal Superior, na falta de um desses requisitos, a solução do contrato deve se dar pelas disposições contidas nos arts. 472, 473, 474 e 475 do Código Civil ou pelo art. 53 do CDC, a depender do tipo de relação existente entre os contratantes.

Apesar de não ter sido tratado na fixação do Tema 1.095, o pedido judicial de rescisão contratual, ainda que o fiduciante esteja adimplente, configura a quebra antecipada do contrato, devendo-se, por se tratar de situação de inadimplemento, como se viu dos precedentes do STJ, aplicar a Lei do SFI para o desfazimento da relação contratual.

Maior razão para também ser aplicada a Lei do SFI nas situações em que, com o contrato registrado, o fiduciante inadimplente oculta-se para evitar a sua intimação e consequente constituição em mora e ao mesmo tempo propõe ação judicial para resolver o contrato garantido por propriedade fiduciária. Esse comportamento do fiduciante demonstra ciência da sua situação de inadimplemento e, por consequência, deve sofrer os efeitos da mora e da execução da garantia fiduciária imobiliária.

6.2.5 A extinção da propriedade fiduciária imobiliária

A extinção da propriedade fiduciária dependerá da atitude jurídica do fiduciante. Essa garantia real é constituída em caráter temporário e transitório, e as consequências legais para sua extinção dependerão do adimplemento ou do inadimplemento da obrigação por ela garantida.

A Lei do SFI indica precisamente os procedimentos para a extinção da propriedade fiduciária, seja no efetivo e pleno pagamento da prestação principal pelo fiduciante, seja no seu inadimplemento.

Procuraremos abordar, neste tópico, a sistemática adotada pela Lei do SFI para o término da propriedade fiduciária imobiliária e suas consequências, especialmente em decorrência das alterações feitas pela Lei Federal n.º 14.711/2023 (lei das garantias).

6.2.5.1 Cumprimento da obrigação principal

Vale iniciar com a forma de extinção que mais se espera em qualquer relação contratual, o cumprimento integral da obrigação principal.

O *caput* do art. 25 da Lei do SFI estabelece que a propriedade fiduciária será extinta se o fiduciante efetivar o pagamento integral da dívida.

Vale o destaque de que o art. 25 da Lei do SFI eliminou o elemento histórico da fidúcia (confiança). Como antes referido, em sua origem, a relação jurídica que se estabelecia entre fiduciante e fiduciário amparava-se na lealdade e na confiança. Aquele (o fiduciante) confiava que este (o fiduciário) efetuaria a restituição, em certo tempo, da coisa que lhe havia sido transferida[226].

Esse direito de restituição é a exata consequência natural da estrutura legal da propriedade fiduciária imobiliária atual, a qual estabelece a extinção de todos os direitos do fiduciário na hipótese de integral cumprimento da obrigação pelo fiduciante, com a reunião neste de todos os atributos da propriedade plena sobre o objeto fiduciado, os quais foram desmembrados no momento do registro da garantia. Esse direito à restituição, explica Pontes de Miranda[227], é de natureza pessoal e tal característica se perde onde a lei torna real o direito à restituição.

Com a formal constituição da propriedade fiduciária, que ocorre com o registro do contrato de alienação fiduciária na matrícula do imóvel objeto da garantia, o fiduciário passa a ser titular de certos direitos relativos ao imóvel alienado fiduciariamente.

Este é o objetivo da propriedade fiduciária: a constituição da propriedade resolúvel do imóvel com a finalidade de garantia em favor do fiduciário que dela permanecerá titular[228] até que ocorra o integral pagamento da dívida garantida.

O pagamento da dívida (ou o cumprimento da prestação principal) representa a extinção da causa que legitima a propriedade resolúvel do fiduciário e, portanto, o fim da relação contratual fiduciária.

---

[226] Para administração (*cum amico*) ou em garantia de obrigação (*cum creditore*).
[227] PONTES DE MIRANDA, Francisco Cavalcanti. *Tratado de direito privado*. Campinas: Bookseller, 2000. t. III, p. 157.
[228] Tivemos oportunidade de refletir sobre a natureza jurídica da propriedade fiduciária: CLÁPIS, Alexandre Laizo. Reflexões sobre a natureza jurídica da propriedade fiduciária imobiliária. *Revista IBRADIM de Direito Imobiliário*, n. 6, p. 26, jul. 2021.

Moreira Alves[229] esclarece que a situação do cumprimento integral da obrigação acarreta a resolubilidade a que estava sujeita a propriedade fiduciária. Com o adimplemento, o fiduciário deixa de ser o titular da propriedade fiduciária e o fiduciante, por receber automaticamente os direitos titulados por aquele, volta a ser o titular de domínio pleno sobre o imóvel[230].

Para recobrar a propriedade plena – nos termos do art. 1.228 do Código Civil –, é preciso, porém, que as partes observem certas formalidades determinadas na Lei do SFI.

Após o pagamento integral da dívida, o fiduciário, nos 30 dias subsequentes à sua liquidação, deverá disponibilizar o correspondente termo de quitação ao fiduciante (ou ao terceiro fiduciante, se o caso). Essa obrigação está prevista no § 1º do art. 25 da Lei do SFI.

O § 1º-A do art. 25 determina, em caso de *mora accipiens*, ou seja, para a hipótese de mora do fiduciário na entrega do termo de quitação, a aplicação de multa de 0,5% ao mês, ou fração, sobre o valor do contrato. Essa multa é devida em favor daquele que tiver o direito de receber o correspondente termo (devedor fiduciante ou terceiro fiduciante).

Duas observações merecem destaque.

A primeira refere-se ao prazo para a entrega do termo de quitação em relação à multa legalmente prevista. O cálculo deverá ter como termo inicial o dia imediatamente seguinte ao trigésimo dia do pagamento, ou seja, somente após ultrapassado o prazo de 30 dias corridos do cumprimento da prestação garantida é que haverá incidência da multa de 0,5%, a qual será calculada por dia de atraso (*pro rata die*).

Isso significa que, se o fiduciário, por exemplo, entregar o termo de quitação no trigésimo quinto dia após a liquidação da dívida pelo fiduciante, a penalidade deverá ser calculada em relação aos cinco dias passados do prazo legal.

A segunda observação está relacionada ao alcance da expressão valor do contrato, contida no mencionado § 1º-A.

Da simples leitura pode-se ter a impressão de que a multa deverá incidir sobre o valor estabelecido para a obrigação principal. Isso será verdade se a propriedade fiduciária tiver sido constituída para garantir o valor total do contrato, hipótese em que a base da multa será esse valor.

Contudo, essa não parece ser a solução para todos os casos.

Por exemplo, se a propriedade fiduciária for constituída para garantir operação de compra e venda de imóvel com preço convencionado de R$ 1 milhão, com pagamento feito em parte com recursos próprios do fiduciante (R$ 300 mil) e em parte com financiamento bancário (R$ 700 mil), o valor do contrato para base de aplicação da multa deve ser a quantia

---

[229] MOREIRA ALVES, José Carlos Barbosa. *Da alienação fiduciária em garantia*. São Paulo: Saraiva, 1973. p. 175.

[230] É preciso destacar que a estrutura da propriedade fiduciária imobiliária – estabelecida pela Lei do SFI – está centrada em condição que decorre do próprio texto legal. O art. 25 é que determina o núcleo essencial dessa condição normativa. O dispositivo é suficientemente preciso ao determinar a condição para o fim da propriedade fiduciária. É com o pagamento da dívida e dos encargos pelo fiduciante ou pelo terceiro interveniente garantidor que se extingue a garantia real fiduciária. Denota-se, ressalvado o subjetivismo do comportamento do devedor – que, por sua vez, deve ser, em regra, no sentido do cumprimento da obrigação principal –, que a circunstância que acarreta a extinção da propriedade fiduciária não depende da vontade das partes. Portanto, no âmbito da propriedade fiduciária, a condição do art. 121 do Código Civil não encontra acolhimento, uma vez que nessa circunstância considera-se condição a cláusula que derive exclusivamente da vontade das partes e subordina o efeito do negócio jurídico a evento futuro e incerto. A propriedade fiduciária imobiliária, com o pagamento integral da obrigação principal no prazo e na forma convencionados, resolve-se independentemente da vontade dos contratantes.

financiada. Afinal, esse foi o valor garantido pela propriedade fiduciária. Caso se aplicasse a aludida multa sobre o valor integral da compra e venda (R$ 1 milhão, no exemplo dado), poderia haver enriquecimento injustificado por parte do fiduciante[231].

Recebido o termo de quitação, o fiduciante deverá apresentá-lo ao oficial registrador da respectiva circunscrição imobiliária para que promova o ato de averbação de cancelamento do registro da propriedade fiduciária, com base no art. 167, II, 2, da Lei Federal n.º 6.015/1973.

Viegas de Lima[232] critica a imprecisão técnica registrária de se realizar ato de averbação para o cancelamento da propriedade fiduciária. Afirma que o melhor seria que se praticasse ato de registro.

Entendemos assistir razão ao autor, tendo em vista a sistemática adotada pelo Código Civil para a aquisição, a transmissão e a constituição de direitos reais[233].

A Lei do SFI, no art. 22, estabelece que o fiduciante transfere ao fiduciário, com escopo de garantia, a propriedade resolúvel de determinado imóvel.

A transferência[234] da propriedade resolúvel acarreta a constituição de um direito real de garantia em favor do fiduciário (propriedade limitada).

Explicamos linhas atrás que o objeto da propriedade fiduciária está ligado de maneiras diferentes a cada uma das partes (fiduciário e fiduciante) em razão da estrutura legal desse tipo de direito real. Contudo, para que a garantia seja ainda mais efetiva, determinados direitos sobre o imóvel (de natureza real) são retirados da esfera dominial do fiduciante e transferidos para o fiduciário[235].

Chalhub[236] esclarece que o fiduciante é titular de direito real de aquisição subordinado à condição suspensiva, e a propriedade plena será (re)adquirida por ele com o implemento da condição que ocorre com o pagamento da dívida garantida.

Nesse sentido, o retorno dos direitos detidos pelo fiduciário na mão inversa, em favor do fiduciante por ocasião do adimplemento, implica transferência de direitos de natureza real detidos por aquele durante a vigência da garantia.

Portanto, em atenção ao art. 1.245 do Código Civil, o ato de cancelamento da propriedade fiduciária, por transferir direitos de natureza real, deveria ser de registro[237], e não de averbação[238].

---

[231] LIMA, Frederico Henrique Viegas de. *Da alienação fiduciária em garantia de coisa imóvel*. 2. ed. 3. tir. Curitiba: Juruá, 2003. p. 124.

[232] LIMA, Frederico Henrique Viegas de. *Da alienação fiduciária em garantia de coisa imóvel*. 2. ed. 3. tir. Curitiba: Juruá, 2003. p. 125.

[233] Código Civil, art. 1.245.

[234] Sobre o termo *transferência*, ver CLÁPIS, Alexandre Laizo. Reflexões sobre a natureza jurídica da propriedade fiduciária imobiliária, publicada na *Revista IBRADIM de Direito Imobiliário*, v. 6, p. 26, jul. 2021.

[235] Em outras palavras, com a transmissão de determinados atributos do direito de propriedade imobiliária para o fiduciário retira-se da esfera patrimonial do fiduciante a propriedade plena. Assim, resta patrimonialmente ao fiduciante apenas o direito de reaver os atributos transmitidos ao fiduciário caso cumpra a obrigação garantida.

[236] CHALHUB, Melhim Namem. *Alienação fiduciária*: negócio fiduciário. 7. ed. Rio de Janeiro: Forense, 2021. p. 326.

[237] LIMA, Frederico Henrique Viegas de. *Da alienação fiduciária em garantia de coisa imóvel*. 2. ed. 3. tir. Curitiba: Juruá, 2003. p. 125.

[238] Afrânio de Carvalho afirma que os atos de averbação são acessórios e servem para refletir eventuais alterações sofridas pelos atos principais que, por sua vez, são objeto de registro (CARVALHO, Afrânio de. *Registro de imóveis*. 4. ed. Rio de Janeiro: Forense, 1998. p. 117 e 83).

Os negócios jurídicos que envolvem a transferência de direitos reais, em princípio, devem ser registrados e suas eventuais modificações averbadas, mas a Lei Federal n.º 6.015/1973 não estabelece critérios tão rígidos por falta de coerência legislativa[239].

Pelo teor do art. 25 da Lei do SFI, entendemos que a propriedade fiduciária se resolve com o ato de pagamento da dívida, situação em que são transferidos automaticamente ao fiduciante aqueles direitos titulados pelo fiduciário na estrutura da garantia. Por esse motivo, a inscrição registrária do seu cancelamento é de natureza declaratória.

Qualquer que seja a corrente adotada, com a inscrição registrária que noticia o integral cumprimento da obrigação principal, dá-se publicidade sobre o fim da propriedade fiduciária, tornando-se o ex-fiduciante titular do domínio pleno do respectivo imóvel.

6.2.5.2 Inadimplemento da obrigação principal

Até aqui tratamos das circunstâncias para o cancelamento da propriedade fiduciária em razão do cumprimento da obrigação garantida pelo fiduciante no prazo contratualmente ajustado.

No entanto, consequências diversas surgirão na hipótese de inadimplemento da obrigação garantida por parte do fiduciante. A Lei do SFI contém exaustivo conteúdo normativo que deve ser rigorosamente observado no procedimento de execução pelo fiduciário se a obrigação principal não for cumprida na forma ajustada.

Com o inadimplemento da obrigação principal, no todo ou em parte, o fiduciário deverá diligenciar para constituir o fiduciante em mora com a finalidade de dar início ao procedimento de execução da garantia fiduciária para a recuperação de seu crédito.

Destacamos que, para ser possível promover os atos de execução, é indispensável que o direito real de propriedade fiduciária esteja efetivamente constituído, o que ocorre, como dissemos anteriormente, com o registro do contrato de alienação fiduciária na matrícula do imóvel, sob pena de não poderem ser aplicados os dispositivos da Lei do SFI[240] na execução da garantia.

Após o vencimento do prazo para cumprimento da obrigação, a constituição em mora do fiduciante é a primeira etapa desse processo de execução da garantia fiduciária. Para esse início, é necessário expresso requerimento do fiduciário, feito diretamente ao oficial do registro de imóveis competente.

Em tal requerimento, o fiduciário pleiteará que se notifique o fiduciante a fim de que, no prazo de 15 dias corridos, satisfaça, diretamente ao registrador imobiliário, a prestação vencida e as que porventura se vencerem até o momento do efetivo pagamento, bem como os juros convencionais, as penalidades e outros encargos previstos no contrato de alienação fiduciária, como o IPTU e as contribuições condominiais, além das despesas decorrentes das cobranças e das intimações[241].

O prazo de 15 dias concedido ao fiduciante é contado após o decurso do prazo de carência previsto no contrato de alienação fiduciária.

---

[239] ORLANDI NETO, Narciso. *Retificação do registro de imóveis*. 2. ed. São Paulo: Juarez de Oliveira, 1999. p. 51-52.

[240] Ver comentários acima sobre o Tema 1.095 do STJ.

[241] Considerando-se que a intimação poderá demorar vários dias e até mesmo resultar negativa, o que demandaria a publicação de editais, é razoável que o requerimento do credor fiduciário seja acompanhado de planilha de cálculo detalhada do quanto é devido pelo fiduciante, na qual se indiquem, individualmente, os valores do principal e dos encargos, bem como o valor total do débito, com projeção mínima de 90 dias (prazo meramente sugestivo). Isso facilitará o recebimento dos valores pelo oficial do Registro de Imóveis se o fiduciante purgar a mora.

O contrato poderá prever prazo de carência em favor do fiduciante para que este possa efetuar o pagamento da dívida vencida antes de sofrer os efeitos da mora (Lei do SFI, art. 26, § 2º).

Na falta de previsão do prazo de carência no contrato de alienação fiduciária, esse será de 15 dias (Lei do SFI, art. 26, § 2º-A).

Assim, sempre haverá um prazo de carência em favor do fiduciante: ou será aquele estabelecido pelas partes na alienação fiduciária ou será o prazo legal de 15 dias. As partes poderão estipular prazo de carência menor do que aquele previsto na lei.

Enquanto não transcorrido o prazo de carência (contratual ou legal), o registrador imobiliário não poderá expedir a intimação para constituição em mora do fiduciante.

Expirado o prazo de carência, e em razão de expresso pedido feito pelo fiduciário ao registrador imobiliário, é que será expedida a intimação para a constituição do fiduciante em mora.

A contagem do prazo de carência tem início na data do protocolo, no registro de imóveis, do pedido de intimação feito pelo fiduciário – em seguida ao vencimento da dívida –, e somente após o seu transcurso é que o registrador imobiliário poderá dar início aos procedimentos de intimação do fiduciante para a purgação da mora[242].

Caso no contrato haja previsão, por exemplo, de prazo de carência de cinco dias, o oficial expedirá a intimação ao fiduciante após o quinto dia, contado da data da prenotação do requerimento do fiduciário, nos termos do art. 26 da Lei do SFI[243].

O prazo legal de carência (que é de 15 dias como referido *supra*) também será contado da prenotação do requerimento.

Tendo em vista a riqueza de detalhes que o procedimento de execução da garantia fiduciária contém, é prudente que o registrador imobiliário, após a prenotação do primeiro requerimento do fiduciário, forme um processo interno, com autuação própria, e nele formalize todos os atos necessários e exigidos pela Lei do SFI. A prática tem demonstrado esse cuidado e zelo pelos registradores imobiliários. Ao término, esse expediente administrativo deverá conter uma decisão final do oficial em que se declare ou (i) a convalidação do contrato (porque o fiduciante purgou a mora) ou (ii) a alienação do imóvel em algum dos dois leilões

---

[242] CHALHUB, Melhim Namem. *Alienação fiduciária*: negócio fiduciário. 7. ed. Rio de Janeiro: Forense, 2021. p. 329.

[243] Vale, aqui, mencionar que o art. 397 do Código Civil estabelece que o "inadimplemento da obrigação, positiva e líquida, no seu termo, constitui de pleno direito em mora o devedor". Em outras palavras, se no dia estipulado para o pagamento de dívida positiva e líquida o fiduciante não pagar, pela regra geral do Código Civil, ele estaria automaticamente em mora. Esse tipo de mora do devedor denomina-se *ex re* ou automática. Ocorre quando a obrigação é positiva (dar ou fazer), é líquida (certa quanto à existência e determinada quanto ao valor) e contém prazo certo para o pagamento. Nesse tipo, o não cumprimento da obrigação nos termos ajustados acarreta a mora automática do devedor, sem que sejam necessárias providências complementares do credor como notificações, interpelações ou avisos (*dies interpelat pro homine* – o dia do vencimento interpela a pessoa). O outro tipo de mora do devedor é a *ex persona* e caracteriza-se se não houver tempo certo para acontecer o pagamento, ainda que a obrigação seja positiva e líquida. Nessa hipótese, a determinação da mora se dará mediante interpelação judicial ou extrajudicial a ser promovida pelo credor (Código Civil, art. 397, parágrafo único). No que se refere à mora do fiduciante, a sistemática da Lei do SFI propôs regras que envolvem os conceitos de mora *ex re* e de mora *ex persona*, pois, apesar de a obrigação ser positiva, líquida e ter tempo certo para o pagamento, o fiduciante somente será considerado em mora após ser pessoalmente intimado pelo registrador imobiliário, a pedido do fiduciário. Se a obrigação não foi cumprida na data estipulada em contrato, a estrutura da Lei do SFI caracteriza isso como inadimplemento, mas não lhe confere os efeitos da mora, a qual dependerá da intimação pessoal do fiduciante. Logo, envolve os dois tipos de mora do devedor. É possível que o legislador tenha optado por essa estratégia para procurar dar maior proteção ao fiduciante, concedendo-lhe o prazo de 15 dias, contado do fim do prazo de carência do contrato, para organizar-se, purgar a mora e evitar a execução da garantia.

ou (iii) a consolidação definitiva da propriedade em favor do fiduciário (porque os leilões foram negativos), assim como o seu respectivo encerramento.

6.2.5.2.1 Da intimação do fiduciante

Superado o prazo de carência (o convencional ou o legal), o registrador imobiliário promoverá a intimação do fiduciante para que purgue a mora no prazo de 15 dias corridos[244].

Entendemos que deve ser feita uma distinção importante antes de prosseguirmos, para sabermos se esse prazo de 15 dias é de direito processual ou de direito material. Essa diferenciação marcará a forma de contagem dos prazos estabelecidos pela Lei do SFI, como veremos.

Da natureza dos prazos na Lei do SFI. A contagem do prazo de direito processual obedece ao quanto disposto no art. 219 do Código de Processo Civil, pelo qual são computados somente os dias úteis. O parágrafo único desse dispositivo é claríssimo ao determinar que a contagem em dias úteis é aplicada somente aos prazos processuais.

Quais seriam, então, os prazos processuais? Como se diferenciam dos prazos materiais?

É o que vamos procurar responder em brevíssimas linhas para dar fundamento ao nosso entendimento de que os prazos estabelecidos na Lei do SFI são de direito material, e não processual.

A avaliação é necessária para se compreender se os prazos previstos na Lei do SFI devem ser contados em dias úteis ou corridos.

Sabendo-se que para os processuais a regra é da contagem em dias úteis, como ficaria o cômputo dos prazos na execução da garantia fiduciária imobiliária?

Com o Código de Processo Civil de 2015, apareceram questionamentos sobre como interpretar certos prazos estipulados pela legislação (especialmente em relação à sua contagem, se em dias úteis ou em dias corridos).

A doutrina processual civil tem oferecido critérios importantes para a distinção entre as normas de natureza processual e as normas de natureza de direito material. Para a distinção, levam-se em conta as características essenciais dos direitos envolvidos.

De acordo com Carreira Alvim[245], "normas materiais ou substanciais são aquelas que disciplinam diretamente as relações de vida, procurando compor conflitos de interesses entre os membros da comunidade social, bem como regular e organizar funções socialmente úteis". Em outras palavras, as normas materiais são aquelas que ordenam diretamente as relações sociais.

Já "em sentido amplo, as normas processuais são todas aquelas que disciplinam a atividade do Estado-juiz e das partes litigantes, bem assim o modo como essa atividade se desenvolve no processo"[246].

Nesse sentido, para Nelson Nery Jr. e Rosa Maria de Andrade Nery[247], determinado prazo será processual se a "destinação [da norma se relacionar à] prática de ato processual, que é o que deve ser praticado no, em razão do ou para o processo".

O processo, por sua vez, é entendido como uma sequência de atos jurídicos que formam a relação processual e o procedimento, regulados por normas processuais que visam à solução de conflitos de interesse de maneira eficaz e justa. Nesse contexto, os prazos processuais são

---

[244] Consideramos que se trata de prazo de direito material, e não processual, por isso a contagem é corrida, e não de dias úteis, como no art. 219 do CPC. Nesse sentido: STJ, REsp 1.770.863/PR, j. 09.06.2020.
[245] ALVIM, J. E. Carreira. *Teoria geral do processo*. Rio de Janeiro: Forense, 2015. Edição eletrônica.
[246] ALVIM, J. E. Carreira. *Teoria geral do processo*. Rio de Janeiro: Forense, 2015. Edição eletrônica.
[247] NERY JR., Nelson; NERY, Rosa Maria de Andrade. *Código de Processo Civil comentado*. 17. ed. rev., atual. e ampl. São Paulo: RT, 2018. p. 1.465.

ferramentas essenciais que determinam o momento de realização de cada ato processual, contribuindo para a dinâmica e progressão do processo judicial.

Em síntese, podemos destacar que:

Prazos materiais

Natureza: estão intrinsecamente ligados ao direito material ou substancial, relacionando-se diretamente com a regulamentação das relações de vida e a composição de conflitos de interesses entre membros da comunidade. Esses prazos de natureza material estabelecem o tempo dentro do qual determinados direitos podem ser exercidos ou obrigações devem ser cumpridas com ou sem a execução da garantia real que a suporte, sob pena de extinção desses direitos por prescrição ou decadência. Sua contagem é feita excluindo-se o dia do começo e incluindo o do vencimento (Código Civil, art. 132), observada a regra da prenotação registrária, que será vista logo a seguir.

Fundamentação ôntico[248]-ontológica[249]: a concepção desses prazos está fundamentada na essência e características essenciais dos próprios direitos regulamentados pelas normas correspondentes, visando à regulação e organização de funções socialmente úteis. Essa fundamentação pode ser utilizada para arguir sobre a validade, a aplicabilidade ou a interpretação das leis apoiadas em uma compreensão, seja de suas manifestações práticas, seja de suas bases teóricas e filosóficas.

Prazos processuais

Natureza: relacionam-se exclusivamente com o direito processual, ou seja, com a regulamentação dos procedimentos e atos no âmbito da jurisdição. Esses prazos estabelecem limites temporais para a realização de atos processuais por partes, juízes ou terceiros, essenciais para o desenvolvimento e conclusão do processo judicial. Decorrem unicamente da relação processual existente com a finalidade de impulsioná-lo ao fim. Sua contagem, de acordo com o art. 219 do Código de Processo Civil, é feita em dias úteis.

---

[248] **Ôntico:** refere-se ao estudo do ser acerca de suas propriedades, características e condições especiais que o integram. No âmbito jurídico, relaciona-se com os aspectos concretos e fáticos observados e verificados na realidade. **Ontológico:** relacionado com a parte da filosofia que estuda o ser como ser, que é o ôntico. Para os aspectos jurídicos, a concepção ontológica pode representar a análise das bases essenciais das leis e do próprio sistema jurídico. **Ôntico-ontológica:** no âmbito das relações jurídicas, especialmente no contexto dos prazos, a fundamentação ôntico-ontológica pode envolver a análise tanto da própria existência dos prazos quanto de sua necessidade prática e das suas implicações na consecução da justiça. Essa análise considera não apenas os aspectos concretos (como a questão da gestão do tempo no Judiciário), como também questões mais complexas sobre o que os prazos representam na estrutura do nosso sistema jurídico.

[249] Para ilustrar como o critério ôntico-ontológico se aplica na prática, considere o exemplo de um prazo para contestar uma ação judicial e um prazo de prescrição para reivindicar um direito de propriedade. Prazo para contestar (aspecto ôntico): esse é um exemplo de prazo processual. Ele existe dentro do sistema jurídico como um limite temporal para realizar uma ação específica (contestar uma ação judicial). O aspecto ôntico aqui é a existência desse prazo e sua observância pelas partes envolvidas no processo. Não está preocupado com o "porquê" da existência desse prazo, mas sim com o "como" ele se aplica na prática. Prazo de prescrição para reivindicar um direito de propriedade (aspecto ontológico): esse é um exemplo de prazo material. Embora também tenha uma manifestação concreta (ôntica), o que nos interessa mais aqui é sua razão de ser ontológica. O prazo de prescrição reflete uma escolha política e social sobre quanto tempo é justo permitir que uma pessoa reivindique um direito de propriedade antes de perder essa capacidade. O foco está no "porquê" da existência desse prazo: para promover segurança jurídica e estabilidade nas relações sociais. **Simplificando ainda mais: aspecto ôntico:** como algo é aplicado ou existe na prática; **aspecto ontológico:** por que algo existe, sua razão de ser fundamental. Refere-se à razão de ser de algo, ou seja, o motivo fundamental de sua existência.

Função e implicações: servem para garantir a dinâmica processual adequada, evitando o atraso na administração da justiça. A não observância desses prazos leva à preclusão, que é a perda da oportunidade de praticar determinado ato processual, o que impacta diretamente o desenvolvimento do processo e, em alguns casos, os direitos processuais das partes.

Critérios de distinção[250]: além do critério ôntico-ontológico, a doutrina processual civil aplica um critério teleológico para diferenciar prazos processuais de materiais, baseando-se na finalidade do prazo em relação à prática de atos processuais. Em essência, a diferença entre prazos materiais e processuais reside na sua aplicação e propósito dentro do sistema jurídico.

Os prazos materiais estão voltados para a eficácia dos direitos e obrigações no tempo, refletindo a substância dos direitos envolvidos. Os prazos processuais, por outro lado, focam a ordem e eficiência processual, delineando o tempo para ações dentro do procedimento judicial, com consequências específicas para a progressão do processo e para as posições jurídicas das partes envolvidas.

Poderíamos dizer, em resumo, que a caracterização de um prazo como processual depende das propriedades internas do processo, resultantes da ação realizada dentro de limites de tempo estabelecidos, capazes de alterar a situação das partes no contexto processual e buscar promover a evolução do processo para o seu próximo estágio.

No contexto da ação de busca e apreensão referida no mencionado REsp 1.770.863/PR, julgado em 09.06.2020, pelo Superior Tribunal de Justiça, que tem como objetivos (i) recuperar a posse de um bem e (ii) confirmar a transferência da propriedade – seja por uma decisão favorável ou pela extinção do processo devido ao pagamento da dívida –, o completo adimplemento do débito, conforme o art. 3º, § 2º, do Decreto-lei n.º 911/1969, é considerado um ato de natureza material.

Isso ocorre porque tal pagamento integral da dívida não está intrinsecamente ligado a nenhuma ação processual específica, nem influencia diretamente qualquer andamento processual ou as etapas procedimentais da ação de busca e apreensão.

Portanto, essa ação configura-se como um mecanismo extraprocessual, dado que sua execução está fora do âmbito das atividades judiciais e não modifica a relação processual estabelecida nem o sequenciamento das fases processuais de execução dessa modalidade de garantia.

O mesmo entendimento podemos ter em relação à execução da propriedade fiduciária imobiliária.

Antecipadamente, devemos lembrar que não estamos tratando da hipótese de uma execução judicial de propriedade fiduciária, mas sim da extrajudicial. Não sendo, assim, integrante de um processo, para a linha supradestacada, é entendido como uma sequência de atos jurídicos que formam a relação processual e o procedimento, regulados por normas processuais que visam à solução de conflitos de interesses no âmbito jurisdicional, razão pela qual podemos considerar os prazos constantes da Lei do SFI como de natureza material, e não processual.

O pagamento total da dívida, conforme estipulado pelo art. 3º, § 2º, do Decreto-lei n.º 911/1969, constitui um ato jurídico de direito material (cumprimento da obrigação), extraprocessual, portanto.

---

[250] As informações e conclusões que nos permitimos apresentar tiveram como fonte apoiadora o voto da Ministra Nancy Andrighi, no REsp 1.770.863/PR, j. 09.06.2020, que, por unanimidade, tratou da alienação fiduciária de coisas móveis, em que um dos propósitos do recurso à Corte Superior consistiu "em determinar se o prazo de cinco dias previsto no art. 3º, § 2º, do Decreto-lei 911/69 para pagamento a integralidade da dívida pendente pelo devedor possui natureza processual ou material, sendo, pois, sob a égide do CPC/15, contado em dias úteis ou corridos". Opinamos, diante da falta de clareza da Lei do SFI, pela aplicação do mesmo entendimento.

O pagamento do valor devido pelo fiduciante no âmbito da Lei do SFI, mesmo que durante o prazo de 15 dias concedidos pelo § 1º do art. 26, refere-se ao cumprimento da prestação inicial inadimplida, razão pela qual se relaciona a direito de natureza material (cumprimento da obrigação). Portanto, o referido prazo de 15 dias para que o fiduciante purgue a mora é de direito material, e não processual.

Logo, sua contagem não se dá em dias úteis, mas sim em dias corridos, na forma da regra constante do art. 132 do Código Civil, em que, ressalvada disposição legal ou convencional contrária, contam-se os prazos, como regra geral, "excluindo o dia do começo, e incluindo o do vencimento".

Aqui é importante realçar um detalhe procedimental registrário que pode influenciar a contagem dos prazos da Lei do SFI.

Apesar de o Código Civil estabelecer a forma de contagem do prazo (exclui o dia de início e inclui o dia do fim), para o registro de imóveis, regido por lei especial em relação ao Código Civil, tem-se, como regra geral, que, ao ser protocolado o título, a serventia terá o prazo de dez dias – que não se suspende nem se interrompe –, para a qualificação registrária, a contar da data do protocolo (Lei Federal n.º 6.015/1973, art. 188).

Quer-se dizer que, com o apoio nos arts. 1.246 do Código Civil e 188 da Lei Federal n.º 6.015/1973, no registro de imóveis, os prazos começam a contar da data em que o título foi protocolado, qualquer que tenha sido o horário.

Caso o fiduciário deseje promover a execução da propriedade fiduciária no âmbito do Poder Judiciário, deverá levar em conta as regras processuais aplicáveis. Nesse caso, os prazos da Lei do SFI deverão observar o aludido art. 219 do Código de Processo Civil.

Superada a questão da natureza material do prazo previsto no § 1º do art. 26 da Lei do SFI, voltemos para as questões relacionadas ao regramento da intimação do fiduciante.

Essa intimação deverá ser feita pessoalmente[251-252] a ele (fiduciante), ou ao seu representante legal, ou ao seu procurador, ou ao terceiro fiduciante, se o caso, nos termos do § 3º do art. 26 da Lei do SFI.

---

[251] "[...] 4. Para que ocorra a consolidação da propriedade fiduciária em nome do credor, o devedor fiduciante deverá ser regularmente notificado, ato que, na alienação fiduciária de imóvel, acarreta diversos possíveis efeitos jurídicos: (a) a purgação da mora, com a retomada do contrato (§ 5º do artigo 26); (b) caso não haja pagamento, o oficial do cartório de registro certificará o evento ao credor para que adote as medidas necessárias à consolidação da propriedade em seu favor; (c) a reintegração de posse e posterior leilão do imóvel; e (d) enquanto não for extinta a propriedade fiduciária resolúvel, persistirá a posse direta do devedor fiduciante. 5. A notificação em questão, para além das consequências naturais da constituição do devedor fiduciante em mora, permite, em não havendo a purgação e independentemente de processo judicial (opera-se formalmente pela via registrária cartorial), o surgimento do direito de averbar na matrícula do imóvel a consolidação da propriedade em nome do credor notificante, isto é, do fiduciário. 6. Sob tal ótica, destaca-se a exegese perfilhada em julgado da Quarta Turma no sentido de que 'a repercussão da notificação é tamanha que qualquer vício em seu conteúdo é hábil a tornar nulos seus efeitos, principalmente quando se trata de erro crasso...' (REsp 1.172.025/PR, Rel. Ministro Luis Felipe Salomão, Quarta Turma, DJe 29.10.2014). 7. Nos casos de alienação fiduciária regidos pela Lei n. 9.514/1997 'É nula a intimação do devedor que não se dirigiu à sua pessoa, sendo processada por carta com aviso de recebimento no qual consta como receptor pessoa alheia aos autos e desconhecida' (REsp 1531144/PB, Rel. Ministro Moura Ribeiro, Terceira Turma, DJe 28.03.2016). 8. O defeito na intimação que não se dirigiu à pessoa do devedor caracteriza a inexistência de notificação válida, o que afasta a constituição em mora do devedor e, consequentemente, invalida a consolidação da propriedade do imóvel em nome do credor fiduciário. Incidência da Súmula 83/STJ" (AgInt no REsp 1.803.468/RS, j. 07.06.2021).

[252] TJSP, Apelação Cível 1023774-10.2021.8.26.0001, j. 26.04.2023; TJSP, Apelação Cível 1057115-60.2017.8.26.0100, j. 20.04.2023.

A intimação tem como escopo cientificar formalmente o devedor e o terceiro fiduciante, se o caso, de que há um prazo de 15 dias corridos que possibilita o pagamento da dívida inadimplida para manter o contrato. Notificado o fiduciante, ele estará em mora. Feito o pagamento dentro do prazo de 15 dias, ocorrerá o que se chama de purgação da mora pelo fiduciante.

Entretanto, caso não o faça, a mora será convertida em inadimplemento absoluto e a propriedade será consolidada pelo fiduciário, para que seja possível a realização da venda do imóvel fiduciado nos leilões públicos extrajudiciais.

Não deverão ser aceitas intimações que não sejam feitas nas formas aqui referidas. As intimações efetuadas a quem não está autorizado pela lei para recebê-las serão consideradas nulas e não deflagrarão o prazo de 15 dias para purgação da mora pelo fiduciante, não converterão a mora em inadimplemento absoluto nem autorizarão os atos subsequentes de consolidação da propriedade pelo fiduciário e a realização dos leilões extrajudiciais.

O referido § 3º do art. 26 da Lei do SFI autoriza o registrador imobiliário, a seu exclusivo critério, a solicitar ao oficial do Registro de Títulos e Documentos da Comarca da situação do imóvel ou do domicílio de quem deva recebê-la, que realize a intimação, aplicando-se, no que couber, o art. 160 da Lei de Registros Públicos.

A intimação também poderá ser encaminhada pelo correio, com aviso de recebimento, em correspondência endereçada ao fiduciante ou a seu representante regularmente constituído.

O registrador imobiliário deverá encaminhar a intimação ao endereço indicado no requerimento do fiduciário, no contrato, se forem diversos, ou para o imóvel objeto da propriedade fiduciária.

É recomendável que a intimação seja encaminhada a todos os endereços do fiduciante conhecidos pelo registrador imobiliário. A falta de endereço do fiduciante poderá ser suprida pelo fiduciário no requerimento para intimação exigido no § 1º do art. 26 da Lei do SFI para o início do procedimento de execução.

O terceiro garantidor também deverá ser pessoalmente intimado caso ocorra o inadimplemento da obrigação garantida fiduciariamente, pois seu imóvel poderá ser objeto de venda nos leilões extrajudiciais para satisfazer o crédito do fiduciário.

Importante destacar que, qualquer que seja a modalidade escolhida pelo registrador imobiliário, a intimação do fiduciante ou de seu representante legal ou de seu mandatário ou do terceiro fiduciante, se o caso, deverá ser feita pessoalmente[253-254].

Na hipótese de a intimação ser remetida pelo correio, ela será considerada válida somente se o aviso de recebimento for assinado pelo próprio fiduciante ou por seu representante legal ou, ainda, por seu mandatário[255]. Recebimentos feitos por pessoas diversas do fiduciante e não autorizadas por ele inviabilizam o prosseguimento do procedimento de execução fiduciária extrajudicial.

Caso a intimação seja frustrada, dever-se-á promover a forma subsequente de intimação que é a por hora certa (Lei do SFI, art. 26, § 3º-A), que veremos em seguida.

Necessário destacar que a Lei Federal n.º 14.711/2023 introduziu o § 4º-A para estabelecer que é de responsabilidade do devedor ou do terceiro fiduciante, se o caso, informar o fiduciário sobre a alteração de seu domicílio[256]. Significa dizer que, se houver alteração de

---

[253] BALBINO FILHO, Nicolau. *Contratos e notificações no registro de títulos e documentos*. 4. ed. São Paulo: Saraiva, 2002. p. 185.
[254] STJ, REsp 1.531.144/PB, j. 15.03.2016).
[255] CHALHUB, Melhim Namem. *Negócio fiduciário*. 3. ed. Rio de Janeiro: Renovar, 2006. p. 279.
[256] As regras relativas ao domicílio estão nos artigos 70 a 78 do Código Civil.

domicílio não informada ao fiduciário, este não deverá ser penalizado pela intimação negativa e, ao contrário, deverá poder prosseguir com os atos subsequentes da execução da garantia fiduciária imobiliária.

Quando a lei considera de responsabilidade do fiduciante a comunicação para o fiduciário sobre a alteração do seu domicílio, está querendo dizer que, se aquele (o fiduciante) tornar-se inadimplente com essa obrigação de comunicação, ou seja, deixar de comunicar formalmente a alteração de seu domicílio ao fiduciário, deverá suportar as consequências da execução da garantia fiduciária, especialmente a forma de intimação subsequente (hora certa e edital) e, posteriormente, vencidas todas as fases de intimação previstas na Lei do SFI, a realização dos leilões extrajudiciais.

Nas situações de suspeita de ocultação do fiduciante ou de seu representante legal ou de seu procurador ou do terceiro fiduciante, se o caso, a intimação deverá ser feita por hora certa, como autoriza o § 3º-A do art. 26 da Lei do SFI.

Suspeita-se da ocultação do fiduciante quando, por duas vezes, o oficial de registro de imóveis ou de registro de títulos e documentos – ou o serventuário por eles designado – o tiver procurado em seu domicílio ou residência e não o tiver encontrado (Lei do SFI, art. 26, § 3º-A).

Caso haja suspeita motivada de ocultação, o encarregado deverá intimar qualquer pessoa da família ou, em sua falta, qualquer vizinho[257] de que, no dia útil imediatamente seguinte, retornará ao local a fim de efetuar a intimação do fiduciante, na hora que designar, aplicando-se, subsidiariamente, os arts. 252, 253 e 254 do Código de Processo Civil.

O objetivo da intimação por hora certa é que aquele que for intimado nessas circunstâncias avise ao fiduciante sobre o retorno do notificador, para que este esteja presente no dia e horário designados, sob pena de ser considerado intimado mesmo que ausente.

Na hipótese de ocorrer a intimação por hora certa e o fiduciante não comparecer ao local e horário recomendados pelo notificador, é necessário que o registrador, com apoio no art. 254 do Código de Processo Civil, encaminhe correspondência ao devedor para comunicá-lo de que promoveu a sua intimação nos termos definidos no parágrafo anterior (hora certa), dando-lhe ciência de tudo o que foi requerido pelo fiduciário, as certificações das tentativas de intimação pessoal e das consequências que advirão da execução da garantia fiduciária (leilão extrajudicial).

Nos condomínios edilícios ou outras espécies de conjuntos imobiliários com controle de acessos, a intimação do fiduciante poderá ser feita ao funcionário responsável pelo recebimento das correspondências (§ 3º-B do art. 26 da Lei do SFI c.c. o parágrafo único do art. 252 do CPC).

Recebida a intimação pelo funcionário qualificado, nos termos do referido § 3º-B, intimado estará o fiduciante, pois há presunção de que, pela organização interna dos serviços, a correspondência chegará até suas mãos.

As Normas de Serviço da Corregedoria Paulista consideram intimado o devedor que, encontrado, se recusar a assinar a intimação, caso em que o Oficial certificará o ocorrido[258].

Por ser uma modalidade de garantia extremamente ágil e calcada em atos que dependem da iniciativa do credor, o registrador deve agir com extrema cautela e assegurar que a intimação seja feita de forma a garantir:

---

[257] TJSP, Apelação Cível 1001657-39.2020.8.26.0428, j. 11.04.2023.
[258] TJSP. Corregedoria-Geral da Justiça. *Normas de Serviço*. Cartórios extrajudiciais. Capítulo XX, subitem 246.4. Disponível em: https://api.tjsp.jus.br/Handlers/Handler/FileFetch.ashx?codigo=163007. Acesso em: 21 set. 2023.

(i) o efetivo conhecimento pelo fiduciante da situação de inadimplemento e subsequente mora em que se encontra;
(ii) que, em caso de insucesso na intimação pessoal, todos os requisitos previstos em lei para esse ato tenham sido fielmente cumpridos; e
(iii) uma segura execução da garantia pelo credor, caso o fiduciante não purgue a mora.

O registrador imobiliário deve observar os requisitos legais e normativos exigidos para a intimação do fiduciante e detalhar, ao máximo, as diligências realizadas para que não haja erros ou equívocos capazes de atrasar ou até impedir a purgação da mora ou a conversão desta em inadimplemento absoluto (capaz de desencadear a realização dos leilões extrajudiciais para a satisfação do crédito do fiduciário).

A notificação não deverá ir além do quanto informado pelo fiduciário, mas deve ter como escopo que sua comunicação precisa alcançar o objetivo de informar o fiduciante de forma clara, objetiva, precisa, inequívoca e líquida.

A atuação diligente do registrador imobiliário é a garantia de que, na fase em que a execução depender dos atos para os quais a lei lhe atribui funções específicas, o resultado decorrerá da estrita observância dos dispositivos legais.

A título de exemplo, as Normas de Serviços da Corregedoria-Geral da Justiça do Estado de São Paulo, no item 242, do Capítulo XX[259], indicam que da intimação a ser feita pelo registrador imobiliário deverão constar as seguintes informações:

- os dados relativos ao imóvel e ao contrato de alienação fiduciária;
- o demonstrativo do débito decorrente das prestações vencidas e não pagas e das que se vencerem até a data do pagamento, os juros convencionais, as penalidades e os demais encargos contratuais, os encargos legais, inclusive tributos e as contribuições condominiais imputáveis ao imóvel, bem como a projeção da dívida, em valores atualizados, para purgação da mora;
- a indicação dos valores correspondentes às despesas de cobrança e de intimação;
- a informação de que o pagamento poderá ser efetuado no Cartório de Registro de Imóveis, consignando-se o seu endereço, dias e horários de funcionamento, ou por boleto bancário, que acompanhará a intimação ou poderá ser retirado na serventia;
- a advertência de que o pagamento do débito deverá ser feito no prazo improrrogável de 15 dias, contado da data do recebimento da intimação; e
- a advertência de que o não pagamento garante o direito de consolidação da propriedade plena do imóvel em favor do credor fiduciário, nos termos do § 7º do art. 26 da Lei n.º 9.514/1997.

Em seguida, vale a referência a uma nova circunstância introduzida pela dita Lei Federal n.º 14.711/2023, no § 1º-A do art. 26 da Lei do SFI, qual seja, a hipótese em que a alienação fiduciária tenha diversos imóveis, situados em circunscrições imobiliárias diferentes, para servirem como garantia de uma mesma dívida.

Como exemplo, uma dívida de R$1.000.000,00 pode ser garantida por propriedade fiduciária que tenha quatro imóveis como objeto, cada um deles situados em circunscrições

---

[259] TJSP. Corregedoria-Geral da Justiça. *Normas de Serviço*. Cartórios extrajudiciais. Disponível em: https://api.tjsp.jus.br/Handlers/Handler/FileFetch.ashx?codigo=163007. Acesso em: 21 set. 2023.

imobiliárias diferentes, tendo as partes convencionado em contrato que cada imóvel tem o valor de mercado de R$250.000,00.

Nessa hipótese, o fiduciário deverá informar expressamente, no requerimento do § 1º do art. 26 c.c. o § 1º-A do mesmo artigo da Lei do SFI, a totalidade da dívida e indicar os valores individuais de todos os imóveis passíveis de consolidação da propriedade, qualquer que seja a circunscrição a que pertença (Lei do SFI, art. 26, § 1º-A).

A intimação do fiduciante para purgação da mora poderá ser requerida pelo fiduciário em qualquer um dos correspondentes registros de imóveis, não sendo necessário requerer em todos ao mesmo tempo.

Uma vez realizada a intimação do fiduciante para purgação da mora em um determinado registro imobiliário, ela servirá para o cumprimento do requisito de intimação em todos os demais, ou seja, o fiduciário deverá informar os demais cartórios que a intimação do fiduciante está performada.

O fiduciário deverá apresentar para os demais registros de imóveis a certidão extraída pelo registrador que promoveu a intimação pessoal do fiduciante. Isso bastará para tornar a fase de intimação deste superada nos demais procedimentos executivos extrajudiciais.

Na falta de integração sistêmica entre os registros de imóveis das circunscrições em que inscrita a propriedade fiduciária, incapazes de compartilhar eletronicamente a informação da intimação do fiduciante, o próprio fiduciário deverá protocolar comprovantes da intimação positiva nas demais serventias registrárias.

Sendo diversos devedores fiduciantes, inclusive cônjuges, será necessária a intimação individual e pessoal de cada um deles.

Tendo falecido o fiduciante, a intimação será feita na pessoa do inventariante. Para justificar essa situação substitutiva, o inventariante deverá apresentar a certidão de óbito do fiduciante e o termo de compromisso de inventariante.

Na falta de abertura de inventário, todos os herdeiros e legatários do fiduciante deverão ser pessoalmente intimados em razão do princípio da *saisine* (Código Civil, arts. 1.784 e 1.791).

Será do credor a obrigação de providenciar para o registrador os nomes de todos e os respectivos endereços onde deverão ser intimados. Também deverá diligenciar o fiduciário para apresentar ao registrador imobiliário, nesse caso antes da partilha, a certidão de óbito do fiduciante e, quando houver, o testamento.

As intimações de pessoas jurídicas serão feitas aos seus representantes legais, indicados em requerimento pelo fiduciário, acompanhado por certidões dos atos constitutivos que comprovem a respectiva representação (Código Civil, arts. 45 e 46).

Frustradas todas as tentativas de intimação pessoal do fiduciante, após o integral cumprimento das providências de intimação previstas no art. 26 da Lei do SFI (inclusive por hora certa), e o fiduciário se encontrar em local ignorado, incerto ou inacessível, o responsável pelas diligências de intimação certificará tais fatos e encaminhá-la-á para o registrador imobiliário.

Importante destacar que o dispositivo legal faz o encaminhamento para a intimação por edital quando o fiduciante encontrar-se em local ignorado, incerto ou inacessível. Esse fato será certificado pelo serventuário encarregado da diligência e informado ao oficial de registro de imóveis.

De acordo com o texto do § 4º do art. 26 da Lei do SFI, a intimação inicial e a por hora certa devem ser feitas por serventuário designado pelo registrador imobiliário ou pelo oficial de títulos e documentos, pois são os que têm atribuição legal (conferida regularmente pelos respectivos titulares das serventias extrajudiciais) para promoverem a certificação dos fatos relativos ao sucesso ou insucesso na notificação do fiduciante.

A certificação do notificador que relate a frustração de todas as intimações e que o fiduciante se encontra em local ignorado, incerto ou inacessível[260], é um documento indispensável para a próxima fase de intimação, que é a editalícia.

Portanto, a expressa certificação desse fato (sucesso ou insucesso na notificação do fiduciante), na forma exigida pelo texto do referido § 4º do art. 26 da Lei do SFI, é requisito para se promover a intimação editalícia. Essa caracterização será de responsabilidade exclusiva do oficial registrador, pois é a quem a Lei do SFI atribui o ato de intimação do fiduciante.

Somente após a decisão do oficial registrador sobre a impossibilidade de intimação do fiduciante pelas vias tratadas supra é que caberá a intimação por edital[261].

No entanto, antes de proceder à intimação por edital, o registrador imobiliário terá que tomar um cuidado importante. Avaliar se o fiduciante forneceu, no contrato, o seu endereço eletrônico (*e-mail*).

Caso tenha fornecido, o registrador de imóveis deverá enviar ao fiduciante a intimação de sua constituição em mora por esse meio eletrônico (*e-mail*) (Lei do SFI, art. 26, § 4º-B).

O comprovante de encaminhamento da intimação para o fiduciante será o *e-mail* enviado pelo oficial de registro de imóveis e a partir dele é que o prazo de 15 dias fluirá.

Somente depois de transcorrido o prazo de 15 dias do envio da intimação por meio eletrônico (*e-mail*) é que o registrador imobiliário poderá prosseguir e publicar a intimação do fiduciante por meio de editais.

Trata-se de uma última oportunidade de intimação do fiduciante antes que os editais sejam publicados.

Pelo conteúdo do dispositivo legal não se trata de faculdade, mas de uma providência obrigatória que deverá ser promovida pelo oficial registrador. Essa providência integra uma das etapas da execução fiduciária que se inicia a pedido do fiduciário (Lei do SFI, art. 26, § 4º-B).

Vale destacar, ainda, que pelo nosso entendimento nada impede que essa comunicação por endereço eletrônico (*e-mail*) seja feita ao mesmo tempo em que as demais solicitadas na forma do requerimento inicial formulado pelo fiduciário, o que representará agilidade ao processo executivo extrajudicial.

Entretanto, caso o fiduciante não tenha fornecido o endereço eletrônico no contrato, o registrador de imóveis não necessitará tomar essa providência nem aguardar o prazo de 15

---

[260] TJSP. Corregedoria-Geral da Justiça. *Normas de Serviço*. Cartórios extrajudiciais. Capítulo XX, subitem 247.5 Disponível em: https://api.tjsp.jus.br/Handlers/Handler/FileFetch.ashx?codigo=163007. Acesso em: 21 set. 2023: "Considera-se ignorado o local em que se encontra o notificando quando não for localizado nos endereços conhecidos e, no momento da notificação, não existir qualquer outra informação sobre seu domicílio ou residência atual".

[261] "[...] 1. Nos procedimentos extrajudiciais de consolidação da propriedade, intentada a intimação pessoal por três vezes consecutivas e frustradas ante a ausência do mutuário, justifica-se, posteriormente, a intimação por edital, nos termos do art. 26, § 4º, da Lei n. 9.514/97 [...]" (AgInt no REsp 1.939.507/ES, j. 30.05.2022); "[...] 1. Pretensão do devedor de decretação da nulidade da intimação edilícia, porquanto o credor teria procedido à notificação por edital de forma irregular. 2. Hipótese em que, após duas tentativas frustradas de intimação pessoal do devedor, o Oficial do Registro de Imóveis foi informado por sua genitora, também moradora do imóvel, que ele estaria residindo em outro país, procedendo-se, então, à notificação por edital. 3. Regular cumprimento do procedimento previsto na Lei 9.514/97, com a tentativa de notificação pessoal do devedor e, não sendo possível, procedendo-se à intimação edilícia. 4. Para além do cumprimento do procedimento previsto na Lei 9.514/97, há deveres inerentes às partes nas relações contratuais que exigira do devedor, até a extinção da obrigação, o dever de manter seu endereço atualizado. [...]" (REsp 1.854.329/RO, j. 26.04.2022).

dias. Poderá prosseguir, fracassadas as diligências suprarreferidas (pessoal e por hora certa), imediatamente para a etapa da intimação editalícia.

A via editalícia, portanto, somente será admitida se forem frustradas todas as demais formas de intimação do fiduciante.

Presumir-se-á que o devedor e o terceiro fiduciante, se o caso, estarão em lugar ignorado quando não forem encontrados: (i) no local do imóvel objeto da garantia fiduciária; (ii) nem no endereço que tenham fornecido no contrato; ou (iii) em comunicação posterior (Lei do SFI, art. 26, §§ 4º-A e 4º-B).

Para o que pretende o § 4º-C do art. 26 da Lei do SFI, será considerado lugar inacessível (i) aquele em que o funcionário responsável pelo recebimento de correspondência se recusar a atender a pessoa designada para promover a intimação ou (ii) aquele em que não exista funcionário apto a receber a pessoa encarregada da intimação.

A modificação do art. 26 da Lei do SFI, promovida pela Lei Federal n.º 14.711/2023, procurou objetivar as circunstâncias que justificarão a intimação do fiduciante pela publicação de um edital. São elas, locais: (i) ignorado; (ii) incerto; e (iii) inacessível (§ 4º). Das três circunstâncias, tal modificação deu parâmetros de definição para duas delas, o local ignorado (§ 4º-B) e o local inacessível (§ 4º-C). No entanto, deixou de fornecer elementos para a caracterização do local incerto.

Entendemos que o fiduciante será considerado em lugar incerto quando a sua localização for efetivamente desconhecida ou indefinida, de modo que o oficial registrador não tenha elementos indicativos ou referências precisas para promover o encaminhamento da intimação, seja por oficial de registro de títulos e documentos, seja pelos correios.

A intimação por edital somente poderá ser requerida pelo fiduciário após o registrador imobiliário certificar formalmente, no procedimento administrativo interno utilizado para processar a execução fiduciária, que promoveu todos os meios previstos em lei para a localização do fiduciante e que ele – ou o terceiro fiduciante, se o caso – não foi encontrado nos endereços indicados no contrato e/ou no requerimento do fiduciário e/ou no do imóvel objeto da garantia real fiduciária.

Tal certificação pelo registrador imobiliário é mandatória para possibilitar a fase subsequente de intimação do fiduciante, pois é ela (a certificação do registrador imobiliário) que fundamenta a intimação por editais.

O objetivo da publicação dos editais é conferir a maior publicidade possível sobre o pedido do fiduciário de intimação para o fiduciante purgar a sua mora. Ocorre, como dissemos, apenas quando as demais modalidades de intimação (pessoal e por hora certa) não atingiram o objetivo central, que é o de vincular o fiduciante formalmente ao processo de execução extrajudicial da garantia fiduciária.

O edital deverá ser publicado por três dias, pelo menos, em um dos jornais de maior circulação local. A lei não indica expressamente o lugar em que deverá ocorrer essa publicação.

Entendemos, porém, que ela deverá ser feita pelo menos no local do imóvel objeto da garantia fiduciária e no do domicílio do fiduciante, caso sejam diferentes, para que a publicidade conferida pelo edital tenha a maior abrangência possível.

Caso no local não exista imprensa diária, a Lei do SFI autoriza que a publicação do edital seja feita em outro jornal da Comarca de fácil acesso ao fiduciante.

A parte final do § 4º do art. 26 da Lei do SFI proíbe publicação de edital em impressos com circulação que não seja diária.

Não há referência na Lei do SFI aos intervalos que devem ser observados entre as publicações dos editais. Entendemos que o intervalo de cinco dias entre cada um deles é razoável para manter a celeridade do processo de execução extrajudicial e evitar alegação de prejuízo de defesa pelo devedor. O prazo de 15 dias para a purgação da mora pelo fiduciante será contado a partir do dia da publicação do último edital.

O edital é ato privativo do oficial do registro de imóveis. É ele quem redige seus termos e promove a sua publicação, apesar de requerido e custeado pelo fiduciário.

O edital deverá conter todos os requisitos e as informações necessárias para que ocorra a intimação do fiduciante, bem como todas as informações para possibilitar a purgação da mora, pois tem como objetivo dar a ele conhecimento de sua situação de inadimplemento e, em último caso, transformar a mora em inadimplemento absoluto.

A Lei do SFI não prevê a possibilidade de o fiduciante promover qualquer impugnação, na via extrajudicial, do procedimento de intimação e de consolidação da propriedade em nome do fiduciário, motivo pelo qual o registrador não poderá interromper ou suspender o procedimento de execução, salvo se houver expressa determinação judicial.

Como o requerimento do fiduciário deverá ser prenotado no Livro n.º 1 – Protocolo, em caso de fornecimento de certidão da matrícula do imóvel fiduciado, o oficial deverá certificar expressamente a existência dessa prenotação para que terceiros tenham conhecimento do procedimento de execução fiduciária extrajudicial.

Como o procedimento de execução extrajudicial poderá levar mais de 20 dias – que é o prazo de validade da prenotação (Lei 6.015/1973, art. 205) –, é altamente recomendável que haja comando normativo que autorize a prorrogação dos seus efeitos para até o fim da execução extrajudicial ou após o transcurso de um prazo determinado, caso o fiduciário não dê os andamentos necessários de sua responsabilidade.

Intimação do fiduciante por aplicativos de mensagens eletrônicas como o WhatsApp

Nos dias de hoje, caberia a indagação se seria válida a intimação do fiduciante por aplicativos de mensagens, como o WhatsApp, em qualquer fase do procedimento de execução fiduciária.

O art. 246 do Código de Processo Civil, cuja redação atual foi dada pela Lei Federal n.º 14.195/2021, prevê que no processo judicial a citação será feita preferencialmente por meio eletrônico, mas não especifica a comunicação por aplicativos de mensagens.

O Conselho Nacional de Justiça, no entanto, em uma passagem na Resolução n.º 354, de 18 de novembro de 2020, parece admitir a intimação por aplicativos de mensagens.

Estabelece o parágrafo único do art. 9º dessa Resolução:

> Aquele que requerer a citação ou intimação deverá fornecer, além dos dados de qualificação, os dados necessários para **comunicação eletrônica por aplicativos de mensagens, redes sociais e correspondência eletrônica (*e-mail*)**, salvo impossibilidade de fazê-lo (destaques acrescidos).

Está em tramitação no Congresso Nacional o Projeto de Lei n.º 1.595/2020, que pretende alterar o Código de Processo Civil para passar a permitir a intimação por aplicativos de mensagens.

Ainda não há legislação federal que trate da possibilidade da prática de atos judiciais e/ou extrajudiciais por meio desses aplicativos.

Denota-se haver certa movimentação no campo do processo civil na direção de admitir alguma flexibilidade na prática de determinados atos processuais.

Essa flexibilização também deve ser aplicada aos atos que integram os procedimentos extrajudiciais, como o de intimação do fiduciante para purgação da sua mora.

Nesse sentido, entendemos que as partes podem, ao estabelecerem a relação jurídica fiduciária, prever que admitirão, em qualquer fase de execução do contrato, comunicações eletrônicas, via *e-mail*, e também aquelas por aplicativos de mensagens, por exemplo, WhatsApp.

Com o avanço da atual tecnologia de comunicação instantânea de mensagens, os atos praticados nos processos e nos procedimentos também devem se modernizar.

Interessa-nos saber se seria possível aplicar ao procedimento de execução fiduciária extrajudicial a mesma flexibilização que se tem admitido para certas formas dos atos processuais.

Assim, se a flexibilização da forma de determinados atos processuais judiciais não gera a sua nulidade, pela mesma razão não poderia gerá-la nas práticas de atos procedimentais extrajudiciais.

Comentamos anteriormente acerca da possibilidade de aplicação subsidiária das regras do Código de Processo Civil, como autoriza o art. 15 desse diploma. Toda regra que pretenda concretizar o direito material integrará o direito processual[262].

É o que ocorre com a execução fiduciária extrajudicial que busca a satisfação da prestação inadimplida.

Essa análise ganha relevo quando o ato praticado, sem supostamente atender às formalidades legais, atinge o seu objetivo principal.

Para o que discutimos, seria dar ciência expressa e inequívoca ao fiduciante sobre o início do procedimento de execução fiduciária promovida pelo fiduciário.

Para a doutrina processualista, a decretação de nulidade de um ato processual pressupõe a demonstração de existência de efetivo prejuízo para a parte interessada (princípio da *pas de nullité sans grief*).

Há doutrinadores que têm admitido que o princípio da liberdade das formas sobrepõe-se ao princípio da tipicidade delas.

Zulmar Duarte de Oliveira Jr.[263] salienta que:

> A partir da premissa de que o efeito jurídico surge da realização de um ato cujo modelo é pressuposto, a ineficácia desse ato quando desconforme ao arquétipo legal surge como imperativo lógico por sua inidoneidade para produzir os efeitos. Logo, em uma visão extremada, categórica, o vício do ato importa sempre na sua desconstituição e não aproveitamento. Porém, diversamente, o sistema aceita a produção de efeitos pelo ato, ainda que viciado, quando atingida sua finalidade (alvo da norma). A forma aqui é vista, por assim dizer, como um imperativo hipotético (Kant, 2007. p. 48-50). Vigora o princípio da liberdade das formas dos atos processuais, sua atipicidade, como expressa o art. 188 deste Código: 'Os atos e os termos processuais independem de forma determinada, salvo quando a lei expressamente a exigir, considerando-se válidos os que, realizados de outro modo, lhe preencham a finalidade essencial'. Pela disciplina legal é mais importante o alcance pelo ato do objetivo para o qual predestinado do que propriamente a forma de sua exteriorização. Importa mais que o projétil (ato) acerte o alvo (objetivo) do que a eventual trajetória percorrida para tanto. Logo, o para quê do ato processual condiciona o quê processual. O fim que inspira o ato processual serve-o para condicionar sua forma. Tanto é assim, que o vício, por assim dizer, mais transcendente

---

[262] TUPINAMBÁ, Carolina. Arts. *In*: CABRAL, Antonio do Passo; CRAMER, Ronaldo (coord.). *Comentários ao novo Código de Processo Civil*. 2. ed. rev., atual. e ampl. Rio de Janeiro: Forense, 2016. p. 48.

[263] GAJARDONI, Fernando da Fonseca *et al*. *Comentários ao Código de Processo Civil*. 5. ed. Rio de Janeiro: Forense, 2022. comentários ao art. 277.

no plano processual (ausência de citação válida), que afeta a própria compreensão de processo, atingindo o contraditório e a ampla defesa, permitindo inclusive a desconstituição da coisa julgada (CPC, art. 525, § 1.º), pode ser suprido pelo comparecimento espontâneo (CPC, art. 239, § 1.º).

Notamos essa orientação de flexibilização ao analisarmos o conteúdo de alguns dispositivos do Código de Processo Civil, por exemplo, o do art. 190, o qual autoriza as partes capazes, em processo que trate de direitos que admitam autocomposição, a estabelecer alterações no procedimento para ajustá-lo às suas especificidades.

O art. 277 do mesmo Código possibilita que o ato realizado de modo diverso do que prescreve a lei seja considerado válido se alcançar a finalidade a que se destina.

Esse artigo deve ser interpretado com o art. 188. Esse dispositivo estabelece que os atos processuais independem de forma determinada, exceto quando expressamente exigida por lei, e considera válidos aqueles que alcancem o objetivo essencial.

Os atos processuais, portanto, não serão considerados nulos por atipicidade formal se atingirem as suas finalidades[264].

Antonio do Passo Cabral defende que o atual Código de Processo Civil é muito claro sobre a liberdade formal dos atos processuais como regra.

Registra o autor[265] que:

> [...] o novo Código ampliou as possibilidades de flexibilização formal, tanto pelo juiz (princípio da adaptabilidade do procedimento), quanto pelas partes (acordos processuais). Portanto, ruiu qualquer compreensão de que as formalidades fossem sempre cogentes e sua aplicação decorresse de exigências legais intransponíveis. A legalidade, portanto, foi completamente substituída pela liberdade das formas. Se a lei não dispuser expressamente, deve-se considerar válido qualquer modo para praticar uma conduta processual.

Dessa nova concepção formalista surge a necessidade de se compreender o sistema de nulidades dos atos processuais sob outras perspectivas, as quais, sinteticamente, são as seguintes:

(i) a regra é a liberdade de formas;
(ii) a exceção é a necessidade de forma prevista em lei; e
(iii) ainda que seja grave a inobservância da forma, ela sempre poderá ser relevada se o ato alcançar o seu fim essencial.

O entendimento da possibilidade de citação no processo judicial, feita por aplicativos de mensagens como o WhatsApp, já tem sido admitido pelo Superior Tribunal de Justiça. Como exemplo, destacamos o REsp 2.045.633/RJ, julgado em 08.08.2023.

Da ementa do acórdão do referido recurso especial ressaltamos o seguinte trecho:

> 11. A partir dessas premissas, se a citação for realmente eficaz e cumprir a sua finalidade, que é dar ciência inequívoca acerca da ação judicial proposta, será válida a citação efetivada por meio do aplicativo de mensagens WhatsApp, ainda que não tenha sido

---

[264] CABRAL, Antonio do Passo; CRAMER, Ronaldo (coord.). *Comentários ao novo Código de Processo Civil.* 2. ed. rev., atual. e ampl. Rio de Janeiro: Forense, 2016. p. 441.

[265] CABRAL, Antonio do Passo; CRAMER, Ronaldo (coord.). *Comentários ao novo Código de Processo Civil.* 2. ed. rev., atual. e ampl. Rio de Janeiro: Forense, 2016. p. 441.

observada forma específica prevista em lei, pois, nessa hipótese, a forma não poderá se sobrepor à efetiva cientificação que indiscutivelmente ocorreu.

O que se pretende com o que foi dito até agora é verificar se a intimação do fiduciante pode ser feita por meio de aplicativos de mensagens ou se essa forma é contrária à lei.

Antecipamos nosso entendimento de que a Lei do SFI não proíbe esse modo de intimação (Lei do SFI, art. 26, § 1º).

A função essencial da intimação é fazer com que o fiduciante tenha total conhecimento de sua situação de mora e das consequências que podem daí advir.

Ao avaliar essa possibilidade, é preciso analisar qual será a consequência se o fiduciante tiver lido a intimação por um aplicativo de mensagens.

Entendemos que, após a leitura da mensagem, ele passa a ter ciência plena e inequívoca da existência da execução fiduciária em curso e não poderá negar seu conhecimento. Estará, então, formalmente intimado.

Se a função central da intimação é dar plena ciência ao intimado, tendo sido o fiduciante notificado (que em um aplicativo de mensagem significa ter recebido e lido a mensagem) de forma inequívoca por meio do WhatsApp, deve-se ter a intimação como válida, pois atingiu sua finalidade principal.

Com esse objetivo em mente, não podemos ignorar o fato de que a tecnologia atual, especialmente para os aplicativos de mensagens, tem executado, de forma imediata e instantânea, atividades antes feitas manualmente, como o caso das citações judiciais que dependiam da atuação direta do oficial de justiça. Hoje, a citação por *e-mail* tem superado essa necessidade.

Os aplicativos de mensagens são largamente utilizados em nosso dia a dia para as mais diversas atividades. Desde simples recados até a venda de produtos e transferências de dinheiro. Por essa razão, admitimos a possibilidade de o fiduciante ser intimado por esse meio eletrônico.

É fortemente recomendável que, na qualificação das partes, feita no preâmbulo do contrato de alienação fiduciária, seja também inserido o número do telefone celular de todas as partes, além de prever expressamente em cláusula própria a possibilidade de que a intimação a qualquer das partes do contrato seja feita de forma eletrônica (*e-mail*) e por aplicativos de mensagens (WhatsApp).

Isso vale também para as pessoas jurídicas que figurarem como fiduciantes. Pelos arts. 46 e 47 do Código Civil, devem ter representantes para a prática dos atos. Esses representantes deverão fornecer seus números de telefones celulares comerciais e o número utilizado pela empresa para comunicações comerciais.

O fiduciante, nesse caso, com apoio no § 4º-A do art. 26 da Lei do SFI, também estará obrigado a manter seu número de telefone celular atualizado em cumprimento ao dever lateral de informação que deve manter durante toda a vigência do contrato.

A admissão dessa modalidade de comunicação por mensagens eletrônicas demonstra uma conexão do mundo jurídico judicial e extrajudicial com a realidade que temos experimentado, além de adequar o sistema a um serviço eficiente e dinâmico, como requer a atualidade.

Essa forma de intimação por aplicativos de mensagens eletrônicas representa um passo na direção da modernização do sistema jurídico.

No caso da alienação fiduciária, a execução se inicia com a intimação do fiduciante para que purgue a sua mora. Caso a intimação seja direcionada para o seu telefone celular por meio de aplicativos de mensagens (como o WhatsApp) e o fiduciante leia a mensagem, a intimação deverá ser considerada válida, pois alcançou seu objetivo final, que era dar ao devedor a notícia sobre a execução fiduciária.

O envio da mensagem ao fiduciante será feita pelo oficial de registro de imóveis, que deverá certificar o seu resultado dando conhecimento ao fiduciário.

Com a admissão da intimação por aplicativos de mensagens eletrônicas nas relações fiduciárias imobiliárias, desde que observadas as medidas de segurança e de confiabilidade, o sistema jurídico, especialmente a execução extrajudicial, moderniza-se e adapta-se à era digital.

Portanto, é necessário que essas novas tecnologias sejam reconhecidas e colocadas a serviço do sistema jurídico, de modo a garantir que todos os usuários possam ser beneficiados por um processo ágil.

6.2.5.2.2 Da purgação da mora

Pela sistemática da Lei do SFI, o fiduciante, depois de intimado pessoalmente, poderá purgar a mora dentro do prazo de 15 dias corridos, contado da data do recebimento da intimação (§ 1º do art. 26), perante o registrador imobiliário. Purgada a mora, o contrato de alienação fiduciária estará convalescido.

Convalescido o contrato, a propriedade fiduciária imobiliária, que estava no início da fase de execução, subsistirá e continuará garantindo a prestação devida pelo fiduciante (Lei do SFI, art. 26, § 5º).

O registrador imobiliário deverá entregar ao fiduciário, nos três dias corridos imediatamente seguintes à purgação da mora, todas as importâncias recebidas, descontadas eventuais taxas bancárias e, se o caso, outros impostos decorrentes da movimentação financeira relativas ao pagamento feito pelo fiduciante, bem como as despesas decorrentes da cobrança e da intimação do fiduciante, caso não as tenha recebido antecipadamente do fiduciário.

O Superior Tribunal de Justiça, no entanto, tem entendimento específico sobre o limite temporal em que é permitido ao fiduciante purgar a mora. Veremos, em paralelo com a jurisprudência, como evoluiu a legislação relativa ao tema.

Denota-se dos precedentes desse Tribunal Superior a possibilidade de o fiduciante purgar a mora em dois momentos:

(i) no referido prazo de 15 dias, como garante o § 1º do art. 26 da Lei do SFI; ou

(ii) a qualquer momento até a assinatura do auto de arrematação (documento que instrumentaliza a alienação feita no leilão extrajudicial), com base no art. 34 do Decreto-lei n.º 70/1966, o qual, em nosso entender, no que compatível, era aplicado subsidiariamente às operações da Lei do SFI[266].

Antes de expor as razões jurídicas desses precedentes, é necessário destacar que a aplicação subsidiária do Decreto-lei n.º 70/1966 aos contratos de alienação fiduciária, no que e se conciliável, era possível somente até o advento da Lei Federal n.º 13.465/2017.

Essa lei, ao modificar o inciso II do art. 39 da Lei do SFI, restringiu expressamente sua aplicação às execuções hipotecárias, excluindo de sua abrangência, portanto, as execuções fiduciárias imobiliárias.

Em decorrência, para o Superior Tribunal de Justiça, há a possibilidade de o fiduciante purgar a mora até a assinatura do auto de arrematação para os contratos celebrados anteriormente à referida lei de 2017, pois a eles se aplicam as regras do Decreto-lei n.º 70/1966.

---

[266] REsp 1.649.595/RS, relatado pelo Ministro Marco Aurélio Bellizze, j. 13.10.2020, por exemplo.

Para os contratos firmados na vigência da Lei Federal n.º 13.465/2017, não mais se aplica subsidiariamente o Decreto-lei n.º 70/1966.

De acordo com as alterações introduzidas pela lei de 2017, é garantido ao fiduciante, da consolidação da propriedade no patrimônio do fiduciário até a data de realização do segundo leilão extrajudicial, apenas o direito de preferência[267] (Lei do SFI, art. 27, § 2º-B) para adquirir o imóvel objeto da garantia fiduciária por preço correspondente ao valor da dívida, somado (i) aos encargos e despesas de que trata o § 2º do art. 27 da Lei do SFI; (ii) aos valores correspondentes ao imposto sobre transmissão *inter vivos* e ao laudêmio, se for o caso, pagos pelo fiduciário em razão da consolidação da propriedade em seu nome; (iii) as despesas inerentes ao procedimento de cobrança e de leilão, incumbindo, também, ao fiduciante o pagamento dos encargos tributários e das despesas exigíveis para a nova aquisição do imóvel[268] (em razão do exercício do direito de preferência), inclusive impostos de transmissão, custas e emolumentos[269].

Em síntese, os precedentes do Tribunal Superior[270], referentes aos contratos celebrados antes da Lei Federal n.º 13.465/2017, baseiam-se nos argumentos de que:

---

[267] Note que para os procedimentos de cobrança, purgação de mora e consolidação da propriedade fiduciária relativos às operações de financiamento habitacional, inclusive quanto às operações do Programa Minha Casa, Minha Vida (Lei Federal n.º 11.977/2009), com recursos advindos da integralização de cotas no Fundo de Arrendamento Residencial (FAR), deverão ser observadas as regras do art. 26-A da Lei do SFI.

[268] Importante lembrar que nesta etapa da execução fiduciária o credor já promoveu a consolidação da propriedade do imóvel fiduciado em seu patrimônio, reunindo, assim, todos os atributos da propriedade plena do imóvel (mas ainda limitada pela obrigação legal de alienar nos leilões extrajudiciais), o que retira do fiduciante os direitos que este detinha sobre o imóvel dentro da relação fiduciária enquanto adimplente, de forma a possibilitar a alienação do domínio pleno do imóvel para terceiros. Por isso que o fiduciante, caso queira exercer seu direito de preferência, deve se responsabilizar pelos custos e emolumentos, bem como pelo ITBI dessa aquisição.

[269] REsp 1.818.156/PR, j. 15.06.2021.

[270] "[...] 2. O propósito recursal consiste em decidir acerca da possibilidade de o mutuário efetuar a purgação da mora, em contrato garantido por alienação fiduciária de bem imóvel, após a consolidação da propriedade em nome do credor fiduciário. 3. De acordo com a jurisprudência do STJ, antes da edição da Lei n.º 16.465/2017, a purgação da mora era admitida no prazo de 15 (quinze) dias após a intimação prevista no art. 26, § 1º, da Lei n.º 9.514/1997 ou, a qualquer tempo, até a assinatura do auto de arrematação do imóvel, com base no art. 34 do Decreto-lei n.º 70/1966, aplicado subsidiariamente às operações de financiamento imobiliário relativas à Lei n.º 9.514/1997. Precedentes. 4. Após a edição da Lei n.º 13.465, de 11/7/2017, que incluiu o § 2º-B no art. 27 da Lei n.º 9.514/1997, assegurando o direito de preferência ao devedor fiduciante na aquisição do imóvel objeto de garantia fiduciária, a ser exercido após a consolidação da propriedade e até a data em que realizado o segundo leilão, a Terceira Turma do STJ, no julgamento do REsp 1.649.595/RS, em 13/10/2020, se posicionou no sentido de que, 'com a entrada em vigor da nova lei, não mais se admite a purgação da mora após a consolidação da propriedade em favor do fiduciário', mas sim o exercício do direito de preferência para adquirir o imóvel objeto da propriedade fiduciária, previsto no mencionado art. 27, § 2º-B, da Lei n.º 9.514/1997. 5. Na oportunidade, ficou assentada a aplicação da Lei n.º 13.465/2017 aos contratos anteriores à sua edição, considerando, ao invés da data da contratação, a data da consolidação da propriedade e da purga da mora como elementos condicionantes, nos seguintes termos: 'i) antes da entrada em vigor da Lei n. 13.465/2017, nas situações em que já consolidada a propriedade e purgada a mora nos termos do art. 34 do Decreto-Lei n. 70/1966 (ato jurídico perfeito), impõe-se o desfazimento do ato de consolidação, com a consequente retomada do contrato de financiamento imobiliário; ii) a partir da entrada em vigor da lei nova, nas situações em que consolidada a propriedade, mas não purgada a mora, é assegurado ao devedor fiduciante tão somente o exercício do direito de preferência previsto no § 2º-B do art. 27 da Lei n. 9.514/1997' (REsp 1.649.595/RS, Terceira Turma, j. 13/10/2020, *DJe* de 16/10/2020). 6. Hipótese dos autos em que a consolidação da propriedade em nome do credor fiduciário ocorreu

(i) o contrato não se extingue em razão da consolidação da propriedade em nome do fiduciário, mas pela alienação em leilão público do bem objeto da alienação fiduciária após a lavratura do auto de arrematação;

(ii) o credor fiduciário, nos termos do art. 27 da Lei do SFI, não incorpora o bem alienado fiduciariamente a seu patrimônio, uma vez que o direito real é constituído com a finalidade de garantia;

(iii) a principal finalidade da alienação fiduciária é o adimplemento da dívida;

(iv) não há prejuízo para o credor;

(v) é possível a aplicação subsidiária do Decreto-lei n.º 70/1966 (para os contratos anteriores à lei de 2017); e

(vi) a purgação da mora até a arrematação não encontra nenhum entrave procedimental, desde que cumpridas todas as exigências previstas no art. 34 do Decreto-lei n.º 70/1966.

Entretanto, para analisar tais argumentos, é preciso ter presente a natureza jurídica da propriedade fiduciária.

Como dissemos anteriormente, a propriedade fiduciária caracteriza-se por ser o negócio jurídico em que o fiduciante, com a finalidade de garantia, contrata a transferência da propriedade resolúvel de um imóvel para o fiduciário. Nesse momento, não há transferência definitiva do imóvel para o patrimônio do credor.

Contudo, pela sistemática da Lei do SFI, quando ocorre a consolidação em razão do inadimplemento do fiduciante, o fiduciário passa a ser legitimado pela lei para promover a alienação da propriedade plena do imóvel fiduciado nos leilões públicos extrajudiciais.

Essa legitimação legal – e consequentemente a disponibilidade para alienar o imóvel – é possível porque a consolidação retira da esfera patrimonial do fiduciante os direitos que este detinha sobre o imóvel na estrutura da Lei do SFI e os atribui ao fiduciário. Com isso, o fiduciário passa a ser titular de todos os atributos da propriedade plena[271].

Essa é uma consequência determinada pela Lei do SFI para possibilitar que o fiduciário tenha a disponibilidade plena do imóvel para aliená-lo a terceiros no público leilão.

Não fosse assim, o fiduciário poderia transmitir apenas os direitos que lhe são atribuídos na constituição da propriedade fiduciária (que são limitados, como já vimos) e não teria condições jurídicas para promover a alienação do domínio pleno e possibilitar a transferência definitiva do imóvel para eventual licitante vencedor, pois ninguém pode alienar mais direitos do que efetivamente possui.

Os eventos subsequentes (leilões) estabelecidos na Lei do SFI são direcionados apenas e tão somente para a satisfação do crédito inadimplido, e não para dar sobrevida ao contrato de alienação fiduciária que já se extinguiu com o inadimplemento absoluto do fiduciante.

Sem direitos, após a consolidação da propriedade em nome do fiduciário[272], e com o contrato principal extinto pelo inadimplemento absoluto, o fiduciante não tem mais suporte jurídico para purgar a mora.

---

após a entrada em vigor da Lei n.º 13.465/2017, razão pela qual não há que falar em possibilidade de o devedor purgar a mora até a assinatura do auto de arrematação, ficando assegurado apenas o exercício do direito de preferência para adquirir o imóvel objeto da propriedade fiduciária. [...]" (REsp 2.007.941/MG, j. 14.02.2023); além dos REsp 1.462.210/RS, j. 18.11.2014; REsp 1.433.031/DF, j. 03.06.2014; e REsp 1.649.595/RS, j. 13.10.2020.

[271] Vale ressaltar, porém, que o fiduciário não é o titular econômico do imóvel, apenas encontra-se legitimado pela Lei do SFI para vender a propriedade plena para terceiros nos leilões públicos extrajudiciais.

[272] Que ocorre após o prazo de 15 dias previsto no § 1º do art. 26 da Lei do SFI. Ressalvado o direito de preferência nos termos do § 2º-B do art. 27 da Lei do SFI.

Vale dizer que o inadimplemento absoluto do fiduciante, como destaca Melhim Namem Chalhub[273], extingue o contrato de alienação fiduciária e faz desaparecer o vínculo obrigacional entre o fiduciário e o fiduciante, que conferia suporte para a purgação da mora.

A purgação da mora só é possível enquanto não ocorrer o inadimplemento absoluto da obrigação. Ocorrido este, a obrigação é extinta e segue-se para a execução da garantia fiduciária para que o credor possa recompor o crédito inadimplido.

Pela sistemática adotada pela Lei do SFI, a consolidação da propriedade caracteriza o inadimplemento absoluto do fiduciante e se torna o marco para o início das alienações pelos leilões extrajudiciais.

Pela estrutura da garantia fiduciária imobiliária, nesse momento, a dívida somente poderá ser paga com a alienação do imóvel em leilões públicos a serem realizados pelo fiduciário.

Não há suporte legal, dentro do procedimento estabelecido pela Lei do SFI, para o pagamento do crédito inadimplido pelo fiduciante após a consolidação da propriedade em nome do fiduciário e fora dos leilões, o que reforça o entendimento de que, com o inadimplemento absoluto do fiduciante, está extinto o contrato de alienação fiduciária e, portanto, rompido o vínculo obrigacional que os unia.

Para purgar a mora, o fiduciante tem, como antes referido, o prazo de carência convencional ou legal e os 15 dias contados da sua intimação pessoal. Após, a lei garante-lhe apenas o direito de preferência na aquisição do imóvel fiduciado quando realizados os leilões extrajudiciais, nos termos do § 2º-B do art. 27 da Lei do SFI.

A execução hipotecária extrajudicial, regulada pelo Decreto-lei n.º 70/1966, possibilitava a purgação da mora até a assinatura do auto de arrematação. Isso era admissível porque na constituição da hipoteca não há desmembramento da propriedade (entre credor e devedor) nem consolidação desta em favor do credor em caso de inadimplemento absoluto do devedor.

Na estrutura da garantia hipotecária, mesmo no caso de inadimplemento, o imóvel permanece na titularidade do devedor. Ao credor não são atribuídos quaisquer atributos do direito de propriedade do devedor antes do fim da execução, a não ser aqueles ligados aos direitos reais de garantia como aderência, sequela, entre outros.

Em caso de inadimplemento, não há legitimação jurídica para venda do imóvel objeto da garantia hipotecária diretamente pelo credor. A venda ocorrerá no âmbito da execução dessa modalidade de garantia real, que se processará perante o Poder Judiciário ou perante o registro de imóveis.

O imóvel objeto da garantia hipotecária somente será transferido depois de esgotados os procedimentos de execução, com a formalização da alienação pública e entrega de eventual produto ao credor.

E essa é uma nota de distinção fundamental entre as duas modalidades de garantias reais imobiliárias e que possibilita, apenas na execução da hipoteca, a purgação da mora até a assinatura do auto de arrematação, pois, até esse momento, o devedor permanece como proprietário pleno do imóvel hipotecado. Na propriedade fiduciária, ao contrário, o credor consolida a propriedade já com a não purgação da mora pelo fiduciante.

Portanto, considerando a estruturação legal da propriedade estabelecida pela Lei do SFI, mesmo para os contratos de alienação fiduciária celebrados antes da vigência da Lei Federal n.º 13.465/2017, não poderia ser possível a purgação da mora até a assinatura do auto de arrematação, mas somente até o fim do prazo de 15 dias e sempre antes da consolidação da propriedade no patrimônio do fiduciário.

---

[273] CHALHUB, Melhim Namem. *Alienação fiduciária*: negócio fiduciário. 7. ed. Rio de Janeiro, Forense, 2021. p. 334.

Se o registrador imobiliário levar em consideração que a estrutura da Lei do SFI é diferente da garantia hipotecária, poderá admitir, para os contratos celebrados antes da vigência da Lei Federal n.º 13.465/2017, a purgação da mora apenas nos 15 dias corridos previstos no § 1º do art. 26 da Lei do SFI. Superado esse prazo, deverá dar seguimento à execução fiduciária, dando ciência ao fiduciário. Tal providência não atribui qualquer responsabilidade ao registrador, pois terá agido em conformidade com a lei, tampouco retira do fiduciante a possibilidade de se socorrer do Poder Judiciário.

Apesar de todo o exposto, entendemos que a controvérsia acabou com a revogação expressa do processo de execução do direito real de hipoteca (antes previsto no capítulo III do Decreto-lei n.º 70/1966 – arts. 29 a 41), pelo inciso I do art. 18 da Lei Federal n.º 14.711/2023.

Com a revogação expressa do procedimento de execução hipotecária prevista no Decreto-lei n.º 70/1966, consideramos que não é mais permitido ao fiduciante promover a purgação da mora até a assinatura do auto de arrematação, porque essa hipótese (prevista no art. 34 do aludido decreto) deixou de existir no ordenamento jurídico.

Assim, mesmo para os contratos firmados antes de 2017, o fiduciante poderá purgar a mora tão somente no prazo de 15 dias previsto no § 1º do art. 26 da Lei do SFI.

6.2.5.2.3   Da dação em pagamento

Nos termos do § 8º do art. 26 da Lei do SFI, o fiduciante poderá, com a anuência do fiduciário, dar seu direito eventual ao imóvel em pagamento da dívida.

Trata-se de uma forma de pagamento da obrigação inadimplida que ocorre pela dação em pagamento. Caso aconteça essa dação, o fiduciário estará dispensado de realizar os leilões previstos no referido art. 27 da Lei do SFI. Essa disposição legal ensejou maior dinamismo aos procedimentos da alienação fiduciária imobiliária.

Desde o Código Civil de 1916, vigora norma que considera nula a cláusula que permita ao credor pignoratício, anticrético ou hipotecário ficar com o objeto da garantia, caso não haja o pagamento da dívida por ocasião do seu vencimento. Essa era a regra do art. 765.

O Código Civil de 2002 manteve idêntica redação no *caput* do art. 1.428, mas, no parágrafo único, para coadunar a hipótese com as regras estabelecidas para as formas de pagamento no direito das obrigações[274], introduziu a possibilidade de o devedor dar em pagamento o objeto da garantia para extinguir a sua dívida.

A Lei Federal n.º 10.931/2004 seguiu o mesmo caminho e introduziu, na Lei do SFI, a previsão legal para tornar possível promover a extinção da obrigação principal por meio da dação em pagamento (art. 26, § 8º, da Lei do SFI).

Com a dação em pagamento, o credor passa a ser titular da propriedade plena do imóvel com todas as faculdades do art. 1.228 do Código Civil.

Tal opção exigirá das partes a celebração de um negócio jurídico que retratará a dação em pagamento, o qual, quanto à forma, poderá ser público ou particular em razão da regra contida no art. 38 da Lei do SFI, ensejará o recolhimento do imposto de transmissão ou, se o caso, do laudêmio, e deverá ser registrado na matrícula do respectivo imóvel, para transmissão dos direitos do fiduciante e constituição da propriedade plena do fiduciário, nos termos do art. 167, I, 31, da Lei Federal n.º 6.015/1973[275].

---

[274]   Código Civil, arts. 356 a 359.
[275]   Nas Normas de Serviços da Corregedoria-Geral da Justiça do Estado de São Paulo, há previsão de que o valor de base para o recolhimento do imposto de transmissão na dação em pagamento seja o saldo devedor e demais acréscimos permitidos na Lei do SFI ou o respectivo valor venal, prevalecendo o

A dação em pagamento, no entanto, só poderá ocorrer depois de vencida a dívida (inadimplemento do fiduciante) e até o prazo final de 15 dias para a purgação da mora, mas sempre antes da consolidação da propriedade em nome do fiduciário, porque, depois da referida consolidação, o fiduciante não terá mais qualquer direito sobre o imóvel que seja possível dar em pagamento.

6.2.5.2.4 Da consolidação em nome do fiduciário

Caso o fiduciante, apesar de pessoalmente intimado, não realize o pagamento do quanto devido no prazo de 15 dias corridos contado da intimação, o registrador imobiliário fará certificação desse fato no procedimento administrativo e dará ciência ao fiduciário.

Ao ser cientificado pelo registrador de que o fiduciante não purgou a mora, o fiduciário deverá apresentar novo requerimento ao oficial registrador, acompanhado do comprovante de pagamento do imposto de transmissão de bens imóveis (ITBI) e do laudêmio, se for o caso, para que se proceda à averbação da consolidação da propriedade em seu nome[276].

Cândido Rangel Dinamarco[277] salienta que, assim como ocorre com a hipoteca, em que o legislador veda expressamente que o credor hipotecário fique com o objeto da garantia, em caso de inadimplemento por parte do devedor, o mesmo acontece, de certo modo, na propriedade fiduciária, pois, ainda que o fiduciante seja intimado e não purgue a mora – o que acarretará a consolidação da propriedade em nome do fiduciário –, este não estará livre da obrigação legal de realizar os leilões extrajudiciais, situação em que, na opinião do autor, "a técnica da alienação fiduciária de imóveis não difere da que vige quanto a móveis, e ambas têm em comum com a hipoteca a impossibilidade de definitiva incorporação do bem ao patrimônio do credor".

No âmbito da Lei do SFI, desconsiderada a dação em pagamento, a única forma de o fiduciário recuperar o crédito em caso de inadimplemento do fiduciante é com a realização dos leilões públicos extrajudiciais.

Sabe-se que não há necessidade de recolher o imposto de transmissão na constituição da propriedade fiduciária, porque a transmissão de direitos reais ao fiduciário nesse momento é feita com o escopo de garantia (Constituição Federal, art. 156, II).

Contudo, com o inadimplemento da obrigação garantida, na dinâmica da Lei do SFI, como tivemos oportunidade de dizer anteriormente, a averbação de consolidação da propriedade em nome do fiduciário transfere a este os atributos da propriedade ainda detidos pelo fiduciante e tem o condão de capacitá-lo, com a reunião em si de todos os elementos da propriedade plena, a alienar o imóvel nos leilões públicos, razão pela qual há incidência

---

maior valor (TJSP, Corregedoria-Geral da Justiça. *Normas de Serviço*. Cartórios extrajudiciais. Capítulo XX, item 252. Disponível em: https://api.tjsp.jus.br/Handlers/Handler/FileFetch.ashx?codigo=163007. Acesso em: 21 set. 2023).

[276] Para fins de recolhimento do ITBI será considerado o valor do imóvel atribuído pelas partes no contrato de alienação fiduciária, observada a tese firmada no Tema Repetitivo 1.113 do STJ, a qual ficou assim definida: "a) a base de cálculo do ITBI é o valor do imóvel transmitido em condições normais de mercado, não estando vinculada à base de cálculo do IPTU, que nem sequer pode ser utilizada como piso de tributação; b) o valor da transação declarado pelo contribuinte goza da presunção de que é condizente com o valor de mercado, que somente pode ser afastada pelo fisco mediante a regular instauração de processo administrativo próprio (art. 148 do CTN); c) o Município não pode arbitrar previamente a base de cálculo do ITBI com respaldo em valor de referência por ele estabelecido unilateralmente".

[277] DINAMARCO, Cândido Rangel. *Fundamentos do processo civil moderno*. 4. ed. São Paulo: Malheiros, 2001. v. II, p. 1.276.

do referido imposto, pois há transmissão definitiva de direitos do fiduciante, os quais têm natureza de direito real.

O pagamento ou o inadimplemento são circunstâncias jurídicas que tornam a propriedade fiduciária em trânsito entre dois patrimônios – do fiduciante e do fiduciário.

A propriedade fiduciária encontra-se limitada pela natureza jurídica da resolubilidade em relação a determinada obrigação garantida.

Enquanto a condição estiver pendente, o fiduciante não é o titular pleno da propriedade do imóvel objeto da garantia, muito menos o fiduciário, mas este detém certos direitos reais sobre o imóvel com a finalidade de garantia.

Caso não haja o pagamento da prestação assumida pelo fiduciante, a propriedade é consolidada em nome do fiduciário para que se iniciem os procedimentos de alienação pública extrajudicial do imóvel. Essa é a dinâmica que a Lei do SFI impõe ao sistema de execução fiduciária extrajudicial[278].

Na hipótese de o fiduciante, pessoalmente intimado, permanecer inerte e não purgar a mora no prazo de 15 dias, terá lugar a consolidação da propriedade em nome do fiduciário, conforme designada pela Lei do SFI.

No entanto, apesar da denominação contida na Lei do SFI, não se trata, nesse momento, de consolidação definitiva de propriedade, mas de uma legitimação legal para que o fiduciário possa promover os leilões e alienar a propriedade plena do imóvel fiduciado para eventuais licitantes ou, caso sejam negativos, libertar-se da obrigação de realizar outros leilões além daqueles previstos na Lei do SFI e tornar-se efetivamente o proprietário pleno, momento em que ocorre a real consolidação.

A consolidação da propriedade em nome do fiduciário, como significado de transformar uma situação jurídico-patrimonial em outra, ocorre quando esgotado o rito procedimental de execução extrajudicial previsto no art. 27 da Lei do SFI e com o resultado negativo dos leilões.

O ato de registro da consolidação da propriedade do imóvel em nome do fiduciário tem como primeiro efeito jurídico o de transferir compulsoriamente a ele os direitos detidos pelo fiduciante.

Nesse momento, o fiduciante perde a qualidade que detinha, desde a constituição da garantia fiduciária (Lei do SFI, art. 22), e passa a ser um devedor comum em situação de inadimplemento absoluto.

Apesar de haver uma legitimação legal para que o fiduciário possa alienar o domínio pleno do imóvel, pela sistemática da Lei do SFI, há certa limitação dos direitos que lhe são atribuídos.

Isso porque, após a consolidação, o fiduciário não poderá dar ao imóvel a destinação que desejar, pois a lei o obriga a realizar os leilões no prazo de 60 dias, contado desse evento (consolidação), para que o imóvel possa ser alienado e haja ressarcimento do crédito.

O fiduciário não poderá considerar o imóvel incorporado ao seu patrimônio de forma definitiva antes de realizar os leilões extrajudiciais.

Por essa razão, no período compreendido entre a consolidação da propriedade e o resultado negativo do segundo leilão, o fiduciário não poderá alienar ou onerar o imóvel de maneira independente porque não lhe é permitido pela lei outro destino senão a oferta em leilões públicos, convocados de acordo com o art. 27 da Lei do SFI.

---

[278] CAMBLER, Everaldo Augusto. O regime jurídico da alienação fiduciária em garantia após o advento da Lei 10.931/04. *In*: ARRUDA ALVIM, Angélica; CAMBLER, Everaldo Augusto (coord.). *Atualidades do direito civil*. Curitiba: Juruá, 2006. p. 251.

Uma importante alteração trazida pela Lei Federal n.º 14.711/2023 foi o fato de que os direitos reais de garantia ou as constrições judiciais ou administrativas, como penhoras, arrestos, bloqueios e indisponibilidades de quaisquer naturezas, que incidam sobre o direito real de aquisição do fiduciante, não obstarão (i) a consolidação da propriedade em nome do fiduciário nem (ii) a venda do imóvel nos públicos leilões (Lei do SFI, art. 27, § 11).

Observa-se que o dispositivo legal trata de direitos reais e/ou constrições judiciais ou administrativas que tenham como objeto o direito real de aquisição do fiduciante, visto que não poderão afetar a propriedade plena do imóvel que está descaracterizada pela propriedade fiduciária.

Como advertimos anteriormente, com a constituição da propriedade fiduciária (que se dá com o registro do contrato de alienação fiduciária na matrícula do imóvel), a propriedade plena é modificada.

Nesse contexto, direitos diversos são atribuídos ao fiduciário e ao fiduciante, importando destacar que da constituição da propriedade fiduciária em diante não se fala mais em imóvel (propriedade plena), mas, sim, em direitos do fiduciário e direitos do fiduciante, os quais já analisamos de forma detida em passagem anterior.

Portanto, o § 11 referido *supra* trata de uma realidade posterior à constituição da propriedade fiduciária. Logo, registrariamente, essa garantia real manteria prioridade em relação aos demais direitos reais e/ou constrições judiciais e administrativas inscritas subsequentemente.

Ademais, a redação do § 11 autoriza a submissão apenas do direito real de aquisição do fiduciante, e não da propriedade plena do imóvel.

O ingresso de títulos que instrumentalizem direitos reais e/ou constrições judiciais e administrativas, celebradas ou constituídas depois da propriedade fiduciária e que tenham o fiduciante e o imóvel como objetos, deverá ser rejeitado pelo registrador imobiliário, porque abrangerá direitos atribuídos ao fiduciário e que o fiduciante não detém.

No âmbito da propriedade fiduciária, os títulos que instrumentalizem direitos reais e/ou constrições judiciais ou administrativas passíveis de inscrição registrária são aqueles que tenham como objeto apenas e tão somente o direito real de aquisição do fiduciante. Esse é o único direito que poderá ser afetado pela oneração.

Mesmo que inscritos tais direitos reais e/ou constrições judiciais ou administrativas sobre o direito real de aquisição do fiduciante, se a propriedade fiduciária for anterior a eles, será possível ao fiduciário promover (i) a consolidação da propriedade em seu nome e, se o caso, (ii) os leilões públicos extrajudiciais na hipótese de inadimplemento absoluto do fiduciante.

Nos termos dos §§ 11 e 12 do art. 27 da Lei do SFI, os credores do direito real de aquisição do fiduciante sub-rogam-se no direito que este tiver em relação ao saldo que eventualmente existir do produto da venda do imóvel nos públicos leilões extrajudiciais.

6.2.5.2.5 Do direito de preferência do fiduciante no imóvel fiduciado

Nos termos do § 2º-B do art. 27 da Lei do SFI, o fiduciante poderá exercer seu direito de preferência por ocasião da alienação a ser realizada pelos públicos leilões extrajudiciais.

O direito de preferência do fiduciante é garantido em um período fixo, que se inicia com a averbação da consolidação da propriedade fiduciária em nome do fiduciário e vai até a data do segundo leilão.

Como o fiduciário já terá consolidado a propriedade, em razão do inadimplemento absoluto, ou seja, terá recebido os direitos detidos pelo fiduciante e, portanto, será titular da propriedade plena, no caso do exercício do direito de preferência, as partes deverão celebrar um novo negócio jurídico de compra e venda, o qual deverá ser registrado na matrícula do imóvel.

O vendedor será o fiduciário e o comprador, o ex-fiduciante. Quanto à forma, poderá ser pública ou particular em razão da regra contida no art. 38 da Lei do SFI.

Nesse sentido, pela regra do referido § 2º-B do art. 27 da Lei do SFI, essa aquisição, pelo exercício do direito de preferência, ocorrerá pelo valor correspondente ao da dívida (Lei do SFI, art. 27, § 3º, I), somado (i) às despesas (Lei do SFI, art. 27, § 3º, II); (ii) aos prêmios de seguros; (iii) aos encargos legais; (iv) às contribuições condominiais; (v) aos tributos, inclusive os valores referentes ao ITBI e ao laudêmio, se o caso, recolhidos em decorrência da consolidação da propriedade pelo fiduciário; (vi) às despesas inerentes aos procedimentos de cobrança e de leilão, bem como caberão ao fiduciante os encargos tributários e despesas exigíveis para a nova aquisição do imóvel, inclusive impostos de transmissão, custas e emolumentos devidos para a lavratura da escritura, se o caso, e seu respectivo registro.

6.2.5.2.6 Dos leilões

A Lei do SFI regula a realização dos leilões e obriga que as partes estabeleçam, no contrato de alienação fiduciária, uma cláusula específica que replique as disposições de seus procedimentos, os quais estão indicados no art. 27.

O referido art. 27 estabelece que o primeiro leilão público extrajudicial deverá ocorrer 60 dias após a averbação da consolidação da propriedade em nome do fiduciário que, por sua vez, acontece na hipótese de não purgação da mora pelo fiduciante.

Não há previsão de qualquer sanção para a hipótese de descumprimento do referido prazo[279].

A finalidade da realização de leilões públicos extrajudiciais é conferir maior agilidade na alienação do imóvel e no ressarcimento do crédito ao fiduciário.

O leiloeiro será escolhido preferencialmente pelo fiduciário para realização dos leilões e deverá estar inscrito nos órgãos públicos que autorizam o exercício dessa atividade[280].

Apesar de a alienação ser obrigatória nessa fase, pode ocorrer a hipótese de frustração dos leilões, como se verá adiante. Portanto, a oferta ao público pelo fiduciário é obrigatória, mas a alienação não, porque pode ser que inexistam licitantes interessados.

Ao contrário do que ocorre com a intimação do fiduciante para a purgação da mora – em que a lei exige que seja pessoal (art. 26, § 3º, da Lei do SFI) –, para a realização dos leilões, o atual texto legal[281] – modificado pela Lei Federal n.º 14.711/2023 – exige apenas que a comunicação ao devedor ou ao terceiro fiduciante, se o caso, sobre as datas, os horários e os locais, seja encaminhada para o endereço constante do contrato e para o seu endereço eletrônico[282], não sendo necessária a comprovação de que o fiduciante a tenha recebido pessoalmente.

É do fiduciário a obrigação de encaminhar correspondência ao fiduciante para comunicar os detalhes dos leilões extrajudiciais.

---

[279] Extrai-se do acórdão do REsp 1.649.595/RS, j. 13.10.2020, que "[...] 8. O prazo de 30 (trinta) dias para a promoção do leilão extrajudicial contido no art. 27 da Lei n. 9.514/1997, por não se referir ao exercício de um direito potestativo do credor fiduciário, mas à observância de uma imposição legal – inerente ao próprio rito de execução extrajudicial da garantia –, não é decadencial, de forma que a sua extrapolação não extingue a obrigação de alienar o bem imóvel nem restaura o *status quo ante* das partes, acarretando apenas mera irregularidade, a impedir tão somente o agravamento da situação do fiduciante decorrente da demora imputável exclusivamente ao fiduciário".

[280] Decreto n.º 21.981/1932.

[281] § 2º-A do art. 27 da Lei do SFI.

[282] TJSP, Apelação Cível 1100279-02.2022.8.26.0100, j. 19.04.2023; TJSP Apelação Cível 1000499-53.2022.8.26.0597, j. 05.04.2023.

No entanto, como referido no item sobre a purgação da mora, para onde remetemos o leitor, o Superior Tribunal de Justiça faz distinção entre contratos firmados antes ou depois da Lei Federal n.º 13.465/2017[283].

Para o Tribunal Superior, nos contratos celebrados anteriormente à referida lei, a purgação da mora é permitida no prazo de 15 dias da intimação pessoal do devedor (art. 26, § 1º, da Lei do SFI) ou a qualquer tempo até a assinatura do auto de arrematação, com apoio no art. 34 do Decreto-lei n.º 70/1966.

Por essa razão, para que possa ter a oportunidade de purgar a mora, o fiduciante também deveria ser intimado pessoalmente sobre as datas de realização dos leilões[284].

Com o advento da lei de 2017[285], que introduziu o § 2º-B no art. 27 da Lei do SFI, não se fala mais em aplicação subsidiária do Decreto-lei n.º 70/1966, mas, sim, após a consolidação da propriedade em nome do fiduciário, em garantir o exercício do direito de preferência do fiduciante na aquisição do imóvel até o segundo leilão.

Sendo assim, não é mais possível a purgação da mora após a consolidação da propriedade pelo fiduciário.

Repetimos, inclusive, que o inciso I do art. 18 da Lei Federal n.º 14.711/2023 revogou o capítulo III do Decreto-lei n.º 70/1966 que tratava da possibilidade de execução extrajudicial da hipoteca.

Portanto, em síntese, os precedentes do Superior Tribunal de Justiça são no sentido de que, para os contratos de alienação fiduciária, celebrados antes da Lei Federal n.º 13.465/2017, é necessária a intimação pessoal do fiduciante sobre as datas de realização dos leilões, mesmo que ele já tenha sido intimado pessoalmente para a purgação da mora[286-287].

Para os contratos celebrados na vigência das leis de 2017[288] e de 2023 (13.465 e 14.711, respectivamente), é necessária tão somente comunicação ao fiduciante (não é exigida que seja pessoal) nos endereços constantes do contrato, inclusive no eletrônico, sobre as datas, os horários e os locais dos leilões, para que possa, se houver interesse, exercer seu direito de preferência na aquisição do imóvel.

Antes de analisarmos as disposições legais relativas aos leilões, apesar de já referido brevemente, é importante destacar a solução encontrada pela Lei do SFI para possibilitar ao fiduciário o cumprimento da obrigação legal de realização dos públicos leilões.

Afirmou-se anteriormente que a propriedade do fiduciário é resolúvel e limitada com finalidade de garantir a obrigação principal.

Nesse sentido, se a propriedade do fiduciário é limitada nos termos da Lei do SFI, como poderia transferir em leilão público extrajudicial mais direitos do que tem, considerando que o terceiro adquirente se tornará proprietário pleno do imóvel alienado em decorrência da execução da propriedade fiduciária? Se o direito alienado continha restrições, o que e como

---

[283] REsp 1.649.595/RS, j. 13.10.2020.
[284] REsp 2.007.941/MG, j. 14.02.2023.
[285] O TJSP, em objeto de incidente de resolução de demandas repetitivas, tema 26, firmou a seguinte tese: "A alteração introduzida pela Lei n.º 13.465/2017 ao art. 39, II, da Lei n.º 9.514/97 tem aplicação restrita aos contratos celebrados sob a sua vigência, não incidindo sobre os contratos firmados antes da sua entrada em vigor, ainda que constituída a mora ou consolidada a propriedade, em momento posterior ao seu início de vigência" (Apelação Cível 1002006.57.2022.8.26.0562, j. 28.03.2023).
[286] AgInt no REsp 1.956.683/SP, j. 29.11.2021.
[287] TJSP, Apelação Cível 1011700-75.2018.8.26.0405, j. 24.04.2023.
[288] REsp 2.007.941/MG, j. 14.02.2023; REsp 1.649.595/RS, j. 13.10.2020.

adquirirá o arrematante? Seria a propriedade limitada ou a plena, na conceituação tradicional do art. 1.228 do Código Civil?

Em linha com as referências feitas *supra*, a resposta a essa aparente incongruência encontra-se na sistemática da Lei do SFI. É o texto legal que limita o direito de propriedade do fiduciário na sua constituição, mas com vital relação à condição resolúvel que estruturalmente também decorre da lei, ou seja, do adimplemento ou do inadimplemento do fiduciante.

Se houver o inadimplemento, estará resolvida a condição do negócio jurídico fiduciário de garantia.

Sendo assim, ocorrerá a consolidação da propriedade em nome do fiduciário e este estará legitimado pela lei para alienar o imóvel em leilão público.

Nesse momento, para que ocorra a alienação nos públicos leilões, a limitação inicial do direito de propriedade do fiduciário desaparece, uma vez que ao seu direito, originado com a constituição da propriedade fiduciária, soma-se aquele que o fiduciante detinha (que era o de reaver o imóvel).

Se as limitações iniciais do direito do fiduciário sobre o imóvel desaparecem em razão do inadimplemento absoluto do fiduciante e da consequente consolidação, aquele [fiduciário] passará a deter a propriedade em sua plenitude, porém com obrigação legal de realizar os públicos leilões[289].

Logo, o adquirente do imóvel nos públicos leilões adquirirá a propriedade plena do imóvel, na conceituação tradicional do art. 1.228 do Código Civil, pois no momento da venda em leilão, em razão da consolidação determinada pela lei do SFI, o fiduciário reúne todos os atributos do domínio completo.

O contrato de alienação fiduciária poderá estipular que os leilões públicos sejam realizados judicial[290-291] ou extrajudicialmente. Se a opção for pela realização judicial dos leilões, deverão ser observadas as regras do ordenamento processual civil.

Tanto a publicação dos editais quanto a realização dos próprios leilões poderão ser promovidas por meio eletrônico (Lei do SFI, art. 27, § 10).

6.2.5.2.6.1 Constitucionalidade dos leilões extrajudiciais da Lei do SFI

Mesmo se adotada a realização de leilões públicos extrajudiciais, haverá sempre a possibilidade de o fiduciante valer-se da intervenção judicial em qualquer fase do procedimento de

---

[289] ARRUDA ALVIM; ALVIM, Thereza; CLÁPIS, Alexandre Laizo (coord.). *Comentários ao Código Civil brasileiro*. Livro Introdutório ao Direito das Coisas e ao Direito Civil. Rio de Janeiro: Forense, 2009. v. XI, t. I, p. 244.

[290] Código de Processo Civil, arts. 783 e seguintes e arts. 824 e seguintes.

[291] "[...] 2. Cinge-se a controvérsia a definir se o credor de dívida garantida por alienação fiduciária de imóvel está obrigado a promover a execução extrajudicial de seu crédito na forma determinada pela Lei n.º 9.514/1997. 3. Hipótese em que a execução está lastreada em Cédula de Crédito Bancário. 4. A Cédula de Crédito Bancário, desde que satisfeitas as exigências do art. 28, § 2º, I e II, da Lei n.º 10.931/2004, de modo a lhe conferir liquidez e exequibilidade, e desde que preenchidos os requisitos do art. 29 do mesmo diploma legal, é título executivo extrajudicial. 5. A constituição de garantia fiduciária como pacto adjeto ao financiamento instrumentalizado por meio de Cédula de Crédito Bancário em nada modifica o direito do credor de optar por executar o seu crédito de maneira diversa daquela estatuída na Lei n.º 9.514/1997 (execução extrajudicial). 6. Ao credor fiduciário é dada a faculdade de executar a integralidade de seu crédito judicialmente, desde que o título que dá lastro à execução esteja dotado de todos os atributos necessários – liquidez, certeza e exigibilidade. [...]" (REsp 1.965.973/SP, j. 15.02.2022).

execução ou mesmo antes dele[292]. Isso decorre da garantia constitucional de acesso ao Poder Judiciário em caso de eventual lesão ou ameaça a qualquer direito[293].

Entretanto, há doutrinadores que entendem os procedimentos extrajudiciais como inconstitucionais por consagrarem forma de autotutela, que é repudiada pelo nosso Estado de Direito, porque desrespeitam o princípio constitucional da inafastabilidade da apreciação do Poder Judiciário e ferem postulados que garantem o direito de defesa, o contraditório e a produção de provas, sem os quais não se pode caracterizar o devido processo legal[294].

Existem, porém, circunstâncias específicas, desde o momento em que o fiduciante apresenta os primeiros sinais de inadimplemento, que demonstram a compatibilidade constitucional do instituto da propriedade fiduciária imobiliária, principalmente no que se refere à sua execução.

Como antes mencionado, o sistema da Lei do SFI determina que seja concedido um momento temporal específico para que o fiduciante possa ter a oportunidade para purgar a sua mora.

Denota-se da estrutura da garantia fiduciária que, exceto na dação em pagamento, a lei não permite que o imóvel fiduciado passe a integrar de forma imediata e definitiva o patrimônio do fiduciário sem que sejam realizados os leilões.

Como consequência dessa única alternativa legal, há expressa determinação ao fiduciário para que, constituído o fiduciante pessoalmente em mora e esta seja convertida em inadimplemento absoluto, promova a venda do imóvel em leilões públicos extrajudiciais e, caso sejam positivos e o produto obtido seja superior ao valor da dívida, entregue o que sobejar ao ex-proprietário (fiduciante).

Essa estrutura legal da garantia fiduciária, além de representar verdadeiro acerto de contas entre fiduciário e fiduciante, mantém a possibilidade de o devedor se valer do Poder Judiciário a qualquer momento e em qualquer fase do processo de execução, caso os respectivos dispositivos legais não sejam observados[295].

Vale destacar que o assunto foi objeto de julgamento do Recurso Extraordinário 860.631/SP, de relatoria do Ministro Luiz Fux, no Supremo Tribunal Federal, que tratou da constitucionalidade do procedimento de execução extrajudicial dos créditos garantidos por alienação fiduciária de imóveis, previsto na Lei Federal n.º 9.514/1997.

No dia 2 de fevereiro de 2018, o STF, por maioria de votos, reconheceu a existência de repercussão geral da questão constitucional suscitada.

Do acórdão sobre a repercussão geral pode-se depreender que os pontos centrais da discussão circunscrevem-se à alegação de que a execução extrajudicial da alienação fiduciária imobiliária viola os princípios do devido processo legal, da inafastabilidade da jurisdição, da ampla defesa e do contraditório, pois permite ao fiduciário, em caso de inadimplemento absoluto do fiduciante, executar o contrato e alienar o imóvel, que é o objeto da garantia real imobiliária sem a participação do Poder Judiciário, o que configuraria uma forma de autotutela.

No cerne da questão estava a constitucionalidade ou a inconstitucionalidade dos leilões públicos extrajudiciais da Lei do SFI.

---

[292] CHALHUB, Melhim Namem. *Negócio fiduciário*. 3. ed. Rio de Janeiro: Renovar, 2006. p. 371.
[293] Constituição Federal, art. 5º, XXXV: "a lei não excluirá da apreciação do Poder Judiciário lesão ou ameaça a direito".
[294] GRINOVER, Ada Pellegrini *apud* CHALHUB, Melhim Namem. *Negócio fiduciário*. 3. ed. Rio de Janeiro: Renovar, 2006. p. 372.
[295] DINAMARCO, Cândido Rangel. *Fundamentos do processo civil moderno*. 4. ed. São Paulo: Malheiros, 2001. v. II, p. 1.279.

Em nosso entendimento, a Lei do SFI contém um rígido e exaustivo procedimento que o fiduciário deve observar sob pena de invalidar a execução extrajudicial.

Apesar de o procedimento ser manejado fora do Poder Judiciário, é possível concluir que os limites procedimentais são muito bem definidos pela própria lei e pelo contrato, dos quais o fiduciário não pode se afastar.

Há normas de condutas dirigidas ao fiduciário que, se não forem observadas – e esse agir de forma contrária ao que elas preveem –, resultarão na possibilidade de serem combatidas por aquele que se sentir prejudicado pelas ações contrárias à lei. E ao Poder Judiciário é resguardada a função de aplicar as devidas sanções e reenquadrar as condutas consideradas ilegais.

Dito de outra forma, não é necessário envolver o Judiciário nas situações em que as partes observem rigorosamente o que está disposto em lei.

A via jurisdicional deverá ser acionada – e de ninguém pode ser afastado esse direito –, se alguém agir contrariamente ao que estabelece a lei. Por exemplo, se o fiduciário consolida a propriedade e não realiza os leilões extrajudiciais, o devedor tem o direito de acionar o Estado-juiz para que este obrigue o fiduciário a promovê-los, pois tem interesse na extinção da dívida e no recebimento do eventual saldo positivo.

Ao se analisar a Lei do SFI, percebe-se que houve apenas um deslocamento do momento em que pode ocorrer a intervenção do Poder Judiciário.

Dentro do sistema de execução judicial, o devedor pode exaurir sua defesa antes de sofrer as consequências patrimoniais definitivas. No procedimento fiduciário extrajudicial, também é garantido ao fiduciante exercer plenamente sua defesa durante todo o procedimento de execução[296].

Contudo, já no início do procedimento de execução fiduciária, com a não purgação da mora e conversão desta em inadimplemento absoluto, a consolidação da propriedade no fiduciário retira do fiduciante os direitos que este detinha sobre o imóvel (enquanto era adimplente) para possibilitar a alienação da propriedade plena nos leilões extrajudiciais.

No rito da execução fiduciária imobiliária extrajudicial, prevalece a satisfação do crédito, mas sem impedir a defesa do fiduciante caso ocorram irregularidades durante a realização dos procedimentos legais.

O acesso ao Judiciário está garantido ao fiduciante, não consistindo a propriedade fiduciária imobiliária em autotutela nem afronta aos princípios da ampla defesa ou do contraditório, mas sim em procedimento com regras de condutas precisas, liderado pelo fiduciário, que deve observar os ritos da lei e os termos do contrato para não causar lesão ou ameaça de lesão aos direitos do fiduciante, sob pena de o Poder Judiciário ser acionado para as devidas reparações.

Cândido Rangel Dinamarco[297] salienta que:

> A legitimidade ética do próprio sistema fica sempre na dependência da medida em que os juízes do país abram as portas do processo às pretensões dos devedores contrariados e dos modos como se disponham a enfrentar as questões trazidas. A efetividade da tutela jurisdicional em tema de alienação fiduciária de bens imóveis estará sempre associada (a) à admissão de reclamações referentes ao próprio contrato e às cláusulas que contém, inclusive mediante ações meramente declaratórias a serem propostas pelo devedor; (b) à possibilidade de impugnar o procedimento instaurado perante os car-

---

[296] TJSP, Apelação Cível 1014328-55.2019.8.26.0032, j. 23.02.2023.
[297] DINAMARCO, Cândido Rangel. *Fundamentos do processo civil moderno*. 4. ed. São Paulo: Malheiros, 2001. v. II, p. 1.280.

tórios do registro imobiliário, seja mediante negativa da mora, seja com a alegação de vícios do procedimento em si mesmo; (c) à oferta de meios idôneos para a discussão do valor pelo qual o bem garantidor haja sido transferido a terceiro. Quanto a esse último aspecto, não se cogita de execução nem de liquidez, porque a dívida se extingue após o segundo leilão, quer o valor arrecadado seja superior, igual ou inferior ao dela (lei cit., art. 27, § 5º); mas, não constando sobra ou sendo declarada uma sobra que não satisfaça o devedor, sempre poderá este pedir em juízo o reconhecimento de seu direito ao valor que entende devido. Estando assim aberto o Poder Judiciário e disposto a enfrentar com realismo e sem preconceitos todas as questões que tais litígios suscitam, a regularidade constitucional de cada processo e do próprio sistema estará a salvo.

A execução extrajudicial da propriedade fiduciária imobiliária auxilia no processo de desafogamento do Poder Judiciário, ao qual se reservará a apreciação dos temas de lesão ou de ameaça de lesão aos direitos do fiduciante que possam decorrer das condutas do fiduciário.

Portanto, por ser possível ao fiduciante acionar o Poder Judiciário, desde o momento de sua intimação pessoal para purgação da mora e, também, nas fases de alienação extrajudicial[298] para submeter eventuais irregularidades ao controle jurisdicional, garantindo-se, assim, o acesso à justiça e a observância dos princípios do devido processo legal, da ampla defesa e do contraditório, o procedimento de execução extrajudicial da alienação fiduciária não pode ser tido como inconstitucional.

Voltando ao resultado do julgamento do Recurso Extraordinário 860.631/SP, referido no início deste item, o Supremo Tribunal Federal analisou o tema e fixou a seguinte tese de repercussão geral: "É constitucional o procedimento da Lei n.º 9.514/1997 para a execução extrajudicial da cláusula de alienação fiduciária em garantia, haja vista sua compatibilidade com as garantias processuais previstas na Constituição Federal".

6.2.5.2.6.2 Primeiro leilão

Dissemos algumas vezes que, transcorrido o prazo para a purgação da mora e permanecendo o fiduciante inadimplente, a mora será convertida em inadimplemento absoluto e o fiduciário consolidará a propriedade em seu nome.

No prazo de 60 dias, contado da data desse evento (consolidação), o fiduciário deverá promover os leilões públicos extrajudiciais para alienação do imóvel.

Esse prazo de 60 dias é de controle exclusivo do fiduciário; o registrador não tem obrigação legal de promover esse acompanhamento.

A Lei do SFI não prevê qualquer consequência, caso esse prazo de 60 dias não seja observado pelo fiduciário.

Devem-se avaliar, porém, as disposições normativas das Corregedorias-Gerais da Justiça de cada Estado referentes à prorrogação da prenotação para a finalização do procedimento de execução fiduciária extrajudicial. No Estado de São Paulo, no subitem 240.1 do Capítulo XX das Normas de Serviços, consta que o prazo de vigência da prenotação deverá ficar prorrogado até a finalização do procedimento.

No art. 27 da Lei do SFI, há previsão de realização obrigatória de dois leilões. Todavia, como tratado anteriormente, em caso de dação em pagamento dos direitos do fiduciante, o fiduciário estará dispensado de realizá-los.

---

[298] TJSP, Apelação Cível 1000706-97.2019.8.26.0228, j. 23.02.2023.

Já mencionamos que, até antes da realização do segundo leilão extrajudicial, o devedor poderá exercer seu direito de preferência na aquisição do imóvel (Lei do SFI, art. 27, § 2º-B).

Entretanto, o fiduciário não deverá ficar na dependência do exercício do direito de preferência pelo fiduciante para dar seguimento aos leilões extrajudiciais. Consolidada a propriedade em seu nome, terá de definir as datas e os horários para a realização deles e promover a comunicação formal ao fiduciante.

No primeiro leilão público, a oferta pelo terceiro interessado deverá ser feita tendo como base o valor do imóvel indicado pelas partes no contrato de alienação fiduciária. Lembremos que essa informação se trata de elemento obrigatório do contrato previsto no inciso VI[299], ou aquele determinado no parágrafo único, ambos do art. 24 da Lei do SFI, o que for maior.

As partes deverão convencionar sobre a realização de avaliações periódicas do imóvel objeto da propriedade fiduciária, bem como sobre a indicação dos critérios que deverão ser observados para a revisão de tal valor, durante a vigência do contrato de alienação fiduciária, para cumprir o requisito legal citado (inciso VI do art. 24 da Lei do SFI).

A avaliação e a sua revisão servem para manter o valor do imóvel o mais próximo possível do valor de mercado para que o devedor não seja prejudicado em eventual excussão da garantia.

Importante destacar que, para obrigar o fiduciário a alienar o imóvel, o valor de lance mínimo no primeiro leilão deverá ser igual ou maior àquele indicado para o imóvel no contrato de alienação fiduciária.

Logo, se para um imóvel foi atribuído pelas partes o valor de R$1.000.000,00, no contrato de alienação fiduciária, para atender ao inciso VI do art. 24 da Lei do SFI, e na respectiva prefeitura o valor do mesmo imóvel, para apuração da base de cálculo do ITBI, é de R$500.000,00, aquele valor (R$1.000.000,00) será o mínimo para venda no primeiro público leilão.

No entanto, se as partes tiverem atribuído um valor ao imóvel inferior àquele utilizado pelas autoridades públicas como base para cobrança do ITBI, este último é o valor mínimo que será adotado para a venda do imóvel em primeiro público leilão extrajudicial.

Como exemplo, tendo sido atribuído o valor de R$400.000,00 pelas partes, no contrato de alienação fiduciária, e na respectiva prefeitura o valor do mesmo imóvel, para apuração da base de cálculo do ITBI, é de R$600.000,00, este será o valor mínimo a ser utilizado como base para o primeiro leilão público extrajudicial.

Sendo o lance oferecido no primeiro leilão inferior ao valor do imóvel ou da base de cálculo para o imposto de transmissão na consolidação, quando o caso, o fiduciário deverá realizar, nos 15 dias seguintes, o segundo leilão, por expressa determinação contida no § 1º do referido art. 27 da Lei do SFI.

Na hipótese de um terceiro adquirir o imóvel no leilão, observadas as regras até aqui indicadas, será celebrado negócio jurídico de compra e venda, por instrumento público ou particular[300], em que figurará o antigo fiduciário como vendedor e o licitante vencedor, como comprador.

Esse documento de venda e compra, para fins de transmissão do direito real de propriedade, deverá ser registrado na matrícula do imóvel correspondente, acompanhando da comprovação de pagamento do ITBI.

É recomendável que o título que instrumentalize a compra e venda contenha menção expressa de que a alienação decorreu de leilão extrajudicial da Lei do SFI. Na falta dessa

---

[299] "VI – a indicação, para efeito de venda em público leilão, do valor do imóvel e dos critérios para a respectiva revisão."

[300] Ver nossas considerações sobre a forma do instrumento na realidade da propriedade fiduciária imobiliária.

declaração, recomenda-se que seja anexado ao título de alienação o auto de arrematação lavrado e assinado pelo leiloeiro.

Com a venda do imóvel em leilão, o registrador – que terá conhecimento dessa situação, por ocasião do registro do título de alienação – deverá certificar essa ocorrência e encerrar o procedimento administrativo referente ao processo de execução fiduciária.

Caso após a venda do imóvel em leilão haja saldo devedor, o fiduciante continuará obrigado pelo seu pagamento, o qual poderá ser cobrado por meio de ação de execução e, caso aplicável, excussão das demais garantias da dívida (Lei do SFI, art. 27, § 5º-A).

Se o valor de venda for superior ao da dívida, o fiduciário reterá apenas o valor relativo ao seu crédito e, no prazo de cinco dias, contado do recebimento do preço, entregará ao devedor o valor que sobejar, nele compreendido o valor da indenização de benfeitorias, depois de deduzidos os valores da dívida, das despesas e dos encargos de que trata o § 3º do art. 27 da Lei do SFI, o que representará recíproca quitação.

Caso no primeiro leilão não haja lances que alcancem o valor do imóvel estabelecido no contrato de alienação fiduciária ou o valor mínimo referido no § 1º do art. 24 da Lei do SFI, o fiduciário deverá realizar o segundo leilão público extrajudicial nos 15 dias seguintes (Lei do SFI, art. 27, § 1º).

6.2.5.2.6.3 O segundo leilão

Frustrado o primeiro leilão, por não terem sido atingidos os parâmetros mínimos legais de valor, o § 2º do art. 27 da Lei do SFI estabelece que deverá ser realizado o segundo leilão extrajudicial.

Para esse segundo leilão, será aceito, pelo fiduciário, o maior lance oferecido, desde que seja igual ou superior ao valor da dívida, garantida pela propriedade fiduciária, somados as despesas, os prêmios de seguros, os encargos legais, inclusive tributos e imposto de transmissão da consolidação e as contribuições condominiais.

Há uma novidade na parte final do § 2º do art. 27 da Lei do SFI, introduzida pela Lei Federal n.º 14.711/2023, que é a possibilidade de o fiduciário aceitar lance diferente, caso o que for ofertado não alcance o valor da dívida.

Nessa hipótese (lance inferior ao valor da dívida), o credor, a seu exclusivo critério, poderá aceitar lance que corresponda, no mínimo, à metade do valor de avaliação do imóvel.

A exemplo, caso o valor da dívida estabelecida para lances no segundo leilão seja de R$ 800.000,00 e a avaliação do imóvel seja de R$ 1.000.000,00, o fiduciário, a seu exclusivo critério, poderá aceitar lance no valor de R$ 500.000,00.

Nesse exemplo, a venda do imóvel saldará o montante de R$ 500.000,00 da dívida e o fiduciante continuará, pelo conteúdo do já referido § 5º-A do art. 27 da Lei do SFI, responsável pelo saldo remanescente no valor de R$ 300.000,00.

Não nos parece que tenha sido correta a solução adotada de se deixar a aceitação de lances a exclusivo critério do fiduciário. No exemplo supra, é possível notar que o fiduciante poderá ter expressivo prejuízo, pois perdeu um imóvel de R$ 1.000.000,00, para saldar apenas até o limite de R$ 500.000,00 de sua dívida e ainda permaneceu devedor do saldo remanescente de R$ 300.000,00.

Ao que parece, o legislador pretendeu fazer um parâmetro com a proibição de o fiduciário aceitar lances que sejam considerados vis.

Pelo Código de Processo Civil (art. 891, parágrafo único), considera-se vil o preço inferior ao mínimo estipulado pelo juiz e constante do edital ou, na falta dessa fixação, considera-se vil o preço inferior a 50% do valor da avaliação.

Sabemos que a venda em público leilão deve buscar alcançar o maior preço possível. Isso será benéfico para fiduciário e fiduciante, pois liquidará o máximo da dívida ou a sua integralidade, ou, no caso de saldo, será o menor possível.

O § 3º do dito art. 27 define o que se entende por dívida, despesas e encargos.

Por dívida compreende-se o saldo devedor da operação garantida pela propriedade fiduciária, na data do leilão, nele incluídos os juros convencionais, as penalidades e os demais encargos contratuais e legais.

Despesas englobam a soma das importâncias correspondentes aos encargos, custas de intimação e custas necessárias à realização do leilão público, nestas compreendidas as relativas aos anúncios e à comissão do leiloeiro[301-302].

Encargos são os prêmios de seguro e os encargos legais, inclusive tributos e contribuições condominiais.

No caso de o fiduciário receber oferta superior à dívida e às despesas, ele deverá proceder à alienação e, nos cinco dias seguintes à venda do imóvel no leilão, entregar ao fiduciante o valor que eventualmente sobejar, nele compreendido o valor da indenização de benfeitorias, depois de deduzidos os valores da dívida, das despesas e dos encargos de que trata o § 3º do art. 27 da Lei do SFI (§ 4º do art. 27).

Pelo conteúdo do § 5º do mesmo art. 27, se no segundo público leilão extrajudicial o maior valor oferecido não for igual ou superior ao da dívida ou o fiduciário não aceitar lance que corresponda à metade do valor de avaliação do imóvel, a dívida será considerada extinta, situação em que o credor ficará investido da propriedade plena do imóvel e da sua livre disponibilidade.

Em outras palavras, na hipótese de não se alcançar o objetivo de venda do imóvel no segundo leilão extrajudicial, o fiduciário tornar-se-á o titular do seu domínio pleno sem qualquer restrição ou impedimento.

O credor, nessa hipótese, estará liberado da obrigação de entregar o saldo remanescente na forma prevista no § 4º do art. 27, mas deverá entregar ao devedor, no prazo de cinco dias contados da data de realização do segundo leilão, o termo de quitação da dívida.

Válido também para o segundo leilão, se o produto da venda no público leilão não for suficiente para o pagamento integral da dívida, das despesas e dos encargos na forma do § 3º também do art. 27, o fiduciante continuará obrigado pelo pagamento do remanescente, o qual poderá ser cobrado por meio de ação de execução (Lei do SFI, art. 27, §§ 5º e 5º-A).

Para o cálculo do remanescente, que poderá ser objeto de ação de execução, dever-se-á deduzir do valor atualizado da dívida, o referencial mínimo estabelecido para a venda em público leilão, de acordo com o § 2º do art. 27, incluídos os encargos e as despesas de cobranças.

Por exemplo, tomando-se por base um caso em que o segundo leilão público extrajudicial foi negativo com as seguintes referências de valores:

(i) do imóvel atribuído no contrato de alienação fiduciária: R$1.000.000,00
(ii) atualizado da dívida: R$700.000,00

---

[301] CHALHUB, Melhim Namem. *Alienação fiduciária*: negócio fiduciário. 7. ed. Rio de Janeiro: Forense, 2021. p. 351.
[302] Pode-se considerar, por exemplo, nas importâncias que integrarão o valor final das despesas, as contribuições condominiais que na data do leilão estejam vencidas e não pagas, caso o imóvel seja unidade autônoma de condomínio edilício (§ 2º do art. 24 da Lei do SFI), taxas de água, de esgoto e de lixo, imposto predial e territorial urbano, contas de luz, de gás e de segurança.

(iii) do referencial mínimo: R$500.000,00
(iv) do saldo devedor: R$200.000,00

A execução judicial do remanescente nas condições do exemplo anterior seria do saldo de R$200.000,00.

Assim como para o primeiro leilão, se um terceiro adquirir o imóvel no segundo leilão, também será celebrado negócio jurídico de compra e venda, por instrumento público ou particular, em que figurará o fiduciário como vendedor e como comprador, o licitante vencedor, o qual deverá ser registrado na matrícula do imóvel para aperfeiçoar a transmissão da propriedade.

Faz-se a mesma recomendação anterior de que o título contenha referência expressa à aquisição efetuada em leilão extrajudicial da Lei do SFI ou que a ele se anexe o auto de arrematação lavrado e assinado pelo leiloeiro.

Executado o leilão extrajudicial, sem que tenha ocorrido a alienação do imóvel, o fiduciário apresentará requerimento ao registrador imobiliário competente, acompanhado da via original da certidão expedida pelo leiloeiro oficial, em que conste certificação de que os leilões foram realizados e que resultaram negativos.

Com base nessa certidão do leiloeiro, o registrador encerrará o procedimento administrativo de execução da garantia fiduciária imobiliária e promoverá averbação de tal circunstância na matrícula do imóvel.

Com essa averbação, o fiduciário tornar-se-á, como referido *supra*, proprietário pleno do imóvel nos termos do art. 1.228 do Código Civil.

6.2.5.2.6.4 Leilões de dois ou mais imóveis

Caso a garantia fiduciária seja composta por dois ou mais imóveis, algumas questões devem ser observadas para a sua execução, além daquelas já feitas no item referente à intimação do fiduciante sobre imóveis pertencentes a mais de uma circunscrição imobiliária, para onde remetemos o leitor em complemento.

Inicialmente[303], aplicam-se as regras gerais da execução, e os bens vinculados ao cumprimento da obrigação deverão ser ofertados à venda forçada até que se obtenha a quantia necessária para a satisfação do crédito inadimplido.

Com apoio no art. 899 do Código de Processo Civil[304], a alienação dos imóveis fiduciados nos leilões extrajudiciais deverá ser suspensa tão logo o produto seja suficiente para o pagamento do credor e para a satisfação das despesas da execução.

Nesse sentido, a Lei Federal n.º 14.711/2023 incluiu o art. 27-A na Lei do SFI para disciplinar a execução extrajudicial quando a garantia fiduciária é composta por dois ou mais imóveis.

A primeira observação que se faz é que o novo dispositivo legal explicitamente prevê a possibilidade de constituição de propriedade fiduciária de mais de um imóvel para garantia da mesma dívida (Lei do SFI, art. 27-A, parte inicial), permissão legal debatida entre advogados e registradores antes desse esclarecimento legislativo.

Um segundo destaque necessário é que o referido art. 27-A admite que as partes possam estabelecer, no contrato de alienação fiduciária, expressamente a que parcela da dívida cada imóvel corresponderá.

---

[303] CHALHUB, Melhim Namem. *Alienação fiduciária*: negócio fiduciário. 7. ed. Rio de Janeiro: Forense, 2021. p. 356.
[304] Aplicado subsidiariamente em razão do quanto estabelece o art. 15 do Código de Processo Civil.

Exemplo: no contrato de mútuo no valor de R$1.000.000,00, em que o mutuante outorga a propriedade fiduciária de dois imóveis em garantia do pagamento, as partes poderão indicar que, em relação à dívida total, o imóvel A garantirá o valor de R$700.000,00 e o imóvel B, o valor de R$300.000,00.

Caso a garantia fiduciária seja composta por mais de um imóvel, é possível que as partes convencionem que a execução da garantia será feita de uma só vez, ofertando-se um bloco único composto por todos os imóveis objeto da garantia ou parcialmente com a oferta de apenas um ou de parte de um conjunto de determinados imóveis.

Na hipótese, por exemplo, de um único imóvel ser suficiente para satisfazer toda a dívida, é melhor para as partes que apenas este seja alienado nos leilões extrajudiciais.

Será melhor para o fiduciário, que suportará as despesas da consolidação e da execução somente em relação a um imóvel, e melhor para o fiduciante, que recuperará a propriedade dos demais imóveis após a satisfação integral da dívida.

No entanto, na hipótese de haver mais de um imóvel alienado fiduciariamente sem que as partes tenham estabelecido a vinculação de cada um deles a determinada parcela da dívida, o mencionado art. 27-A autoriza o credor, em caso de inadimplemento absoluto do fiduciante, a promover a consolidação da propriedade e a realizar os leilões extrajudiciais de todos os imóveis (em conjunto) de uma só vez, o que a lei denominou de excussão em ato simultâneo.

Entretanto, caso prefira, o fiduciário poderá promover a alienação dos imóveis, por meio dos públicos leilões, em atos sucessivos, ou seja, considerando os imóveis individualmente em relação à dívida. Poderá aliená-los um a um até que a dívida seja satisfeita, o que a lei chamou de excussão em ato sucessivo.

Na hipótese de execução em atos sucessivos, salvo se apontado de forma diversa no contrato, caberá ao fiduciário indicar quais imóveis serão excutidos e em qual sequência (Lei do SFI, art. 27-A, § 1º, primeira parte). Evidentemente que o fiduciário também deverá definir à qual parcela da dívida corresponderá a alienação do imóvel ou do grupo de imóveis.

Parece-nos que sempre será mais racional atribuir ao fiduciário o gerenciamento da execução da garantia fiduciária de mais de um imóvel, pois é ele que tem de controlar e monitorar o processo executivo e a recomposição do seu crédito inadimplido.

O fiduciário deverá indicar ao registrador imobiliário se a execução fiduciária se dará em ato simultâneo ou em ato sucessivo.

Tal indicação deverá ser feita de forma clara e expressa pelo fiduciário no requerimento exigido para início da execução extrajudicial (Lei do SFI, art. 26, § 1º). Terá que determinar a ordem e a sequência de quais imóveis terão a consolidação da propriedade e a subsequente alienação promovidas.

Sendo a garantia fiduciária composta por mais de um imóvel para os quais não foram indicadas as correspondentes parcelas da dívida principal, a execução em ato sucessivo acarretará a automática suspensão da consolidação da propriedade dos demais imóveis que não foram escolhidos para execução pelo fiduciário (Lei do SFI, art. 27-A, § 1º, parte final).

Tendo optado pela excussão em atos sucessivos, a consolidação da propriedade dos demais imóveis que não forem objeto da execução ficará suspensa até que ocorra a integral recuperação do crédito inadimplido.

O fiduciário destravará a consolidação de propriedade dos demais imóveis à medida que seja necessário para a satisfação do seu crédito.

Deixar a consolidação da propriedade dos demais imóveis suspensa significa dizer que, transformada a mora do fiduciante em inadimplemento absoluto nos termos do art. 26 da Lei do SFI, o credor não precisará promover os atos de consolidação determinados pelo § 7º do art. 26 da Lei do SFI para todos os imóveis fiduciados, mas apenas para aqueles que serão suficientes para o pagamento da dívida.

Assim, requerida a excussão em atos sucessivos pelo fiduciário, este declarará quais imóveis serão alienados nos leilões extrajudiciais e quais deverão aguardar.

Daqueles que deverão aguardar o comando do fiduciário o registrador imobiliário não deverá exigir a consolidação da propriedade, permanecendo os bens em compasso de espera até outra decisão de execução ou de liberação da garantia pelo fiduciário (Lei do SFI, art. 27-A, § 1º, parte final).

Para os imóveis cuja consolidação estiver suspensa, não haverá hipótese de incidência para recolhimento do ITBI. Por óbvio, e seguindo a sistemática da Lei do SFI, incidirá o ITBI quando o fiduciário decidir pela excussão.

O § 2º do art. 27-A da Lei do SFI atribui uma conduta de gerenciamento ao fiduciário, que deverá, na excussão em atos sucessivos, a cada leilão realizado, controlar o quanto da dívida já foi paga com as alienações extrajudiciais e quanto de saldo devedor ainda remanesce.

Esse controle ou gerenciamento da dívida, que entendemos ser de atribuição exclusiva do fiduciário, deverá ser apresentado por requerimento ao registrador imobiliário que conduz o processo de execução fiduciária extrajudicial, para que promova a averbação, em cada uma das matrículas dos imóveis ainda não leiloados, de um demonstrativo dos resultados obtidos com as vendas nos leilões extrajudiciais.

Esse demonstrativo exigido pelo § 2º do art. 27-A é meramente gerencial, mas deverá indicar, sob a responsabilidade do fiduciário, quais imóveis foram efetivamente alienados ou consolidados no seu patrimônio (leilões negativos), abatendo-se os correspondentes valores do saldo devedor do fiduciante, bem como a demonstração clara e precisa do saldo da dívida do fiduciante que permanece naquele momento em que feitas as averbações exigidas pelo mencionado dispositivo legal.

O referido demonstrativo gerencial deverá ser acompanhado dos documentos dos leilões já efetuados para comprovar o quanto auferido pela alienação realizada e para que sejam promovidas as inscrições registrárias necessárias de venda (registro) a terceiros ou de consolidação definitiva (averbação) na propriedade do fiduciário.

Além da obrigação legal de promover a averbação de gerenciamento do resultado das alienações extrajudiciais, o fiduciário tem a obrigação de encaminhar o demonstrativo gerencial ao devedor e, se for o caso, aos terceiros fiduciantes, por meio de correspondência dirigida aos endereços físicos e eletrônicos informados no contrato de alienação fiduciária (Lei do SFI, art. 27-A, § 2º, parte final).

A lei não exige que essa comunicação seja feita pessoalmente ao devedor ou ao terceiro fiduciante, se o caso, como ocorre na intimação inicial do processo de execução da propriedade fiduciária.

Basta que seja encaminhada aos endereços constantes do contrato de alienação fiduciária ou outro que porventura tenha sido indicado pelo fiduciante ou pelo fiduciário.

O aludido dispositivo (§ 2º do art. 27-A) trata das circunstâncias em que os resultados dos leilões são parciais em relação ao valor total da dívida, ou seja, apesar de realizada a venda de determinados imóveis, o produto ainda não se mostra suficiente para a liquidação total da dívida.

Daí a necessidade de dar publicidade ao saldo da dívida nos imóveis ainda não vendidos em leilão. Essa publicidade atende não só à prioridade do fiduciário, porque mantém a execução da garantia em antecedência aos demais direitos eventualmente contraditórios, mas também aos interesses do fiduciante e especialmente de seus credores, que poderão acompanhar a desoneração do patrimônio do devedor e, se o caso, persegui-lo para a satisfação de seus créditos.

Caso o produto da venda da execução em atos sucessivos não seja suficiente para a quitação da dívida, o fiduciário promoverá a consolidação da propriedade do imóvel seguinte a ser excutido e, no prazo de 30 dias, realizará os procedimentos necessários para os leilões nos termos do art. 27 da Lei Federal n.º 9.514/1997 (§ 3º do art. 27-A).

O prazo para realização do leilão, nessa hipótese, é diferente daquele previsto no *caput* do art. 27. Enquanto este prevê prazo de 60 dias, contados da averbação da consolidação da propriedade em nome do fiduciário, o § 3º do art. 27-A estabelece o prazo de 30 dias, também contados da averbação da consolidação do imóvel que se pretende alienar em leilão.

Com o pagamento integral do crédito inadimplido com o produto dos leilões extrajudiciais realizados em atos sucessivos de execução, o fiduciário deverá entregar ao devedor ou ao terceiro fiduciante, se o caso, o termo de quitação da dívida e a autorização de cancelamento do registro da propriedade fiduciária de eventuais imóveis cuja consolidação tenha ficado suspensa (§ 4º do art. 27-A).

O § 4º do art. 27-A não estabelece um prazo para que o fiduciário disponibilize os termos de quitação da dívida e a autorização de cancelamento de eventuais propriedades fiduciárias subsistentes. Por uma questão de analogia, entendemos que esse prazo deverá ser o mesmo de cinco dias previsto no § 4º do art. 27 da Lei do SFI.

6.2.5.2.6.5 Do financiamento para aquisição ou construção de imóvel residencial do fiduciante

A lei do SFI dedica uma parte especial para tratar dos procedimentos de cobrança, purgação da mora, consolidação da propriedade e leilões extrajudiciais nos casos de aquisição ou construção de imóvel residencial do fiduciante. Esses comandos estão contidos na estrutura do art. 26-A e são aplicáveis apenas a essas modalidades de financiamento (para aquisição ou para construção de imóvel residencial do fiduciante).

Nesse sentido, enquanto na execução fiduciária, para as demais obrigações, a consolidação da propriedade é promovida após a transformação da mora em inadimplemento absoluto, o que ocorre em 15 dias após a intimação pessoal do fiduciante, nessa modalidade especial, a consolidação da propriedade em nome do fiduciário acontecerá somente 30 dias após a expiração do prazo para a purgação da mora pelo fiduciante.

Em termos práticos, para consolidar a propriedade em seu nome, o fiduciário deverá esperar expirar o prazo de 15 dias, sem a purgação da mora pelo fiduciante, mais o prazo subsequente de 30 dias, o que totalizará 45 dias para a consolidação da propriedade, após o requerimento do fiduciário previsto no § 1º do art. 26 da Lei do SFI.

Até a data da averbação da consolidação da propriedade em nome do fiduciário, é garantido ao fiduciante purgar a mora, ou seja, pagar as parcelas vencidas da dívida e as despesas indicadas no inciso II do § 3º do art. 27 da Lei do SFI (Lei do SFI, art. 26-A, § 2º). O fiduciante terá, então, 45 dias de prazo para purgação da mora.

Em outras palavras, é garantida ao fiduciante a possibilidade de pagamento das parcelas vencidas até o momento da consolidação da propriedade em nome do fiduciário. Efetuado o pagamento das parcelas vencidas, convalescerá o contrato de alienação fiduciária.

No primeiro leilão, o lance mínimo também será o valor do imóvel atribuído pelas partes no contrato de alienação fiduciária.

Para o segundo leilão, será aceito o maior lance oferecido, desde que seja igual ou superior ao valor integral da dívida garantida pela alienação fiduciária mais antiga vigente sobre o imóvel, das despesas, inclusive emolumentos cartorários, dos prêmios de seguro, dos encargos legais, inclusive tributos e das contribuições condominiais (Lei do SFI, art. 26-A, § 3º).

Caso no segundo leilão não haja lance que alcance o referencial mínimo estabelecido na forma do § 3º do art. 26-A (valor da dívida), a dívida será considerada extinta, com recíproca quitação e liberação do fiduciante. Nessa situação, o fiduciário tornar-se-á proprietário pleno do imóvel e será investido da sua livre disponibilidade (Lei do SFI, art. 26-A, § 4º).

Podem existir diversas possibilidades decorrentes da aplicação desse novo dispositivo. Desde aquela em que, por exemplo, o fiduciante pagou 10% da obrigação garantida e deve 90%, até aquela em que o fiduciante pagou 90% da dívida e deve 10%. São situações extremas, mas diante delas desejamos fazer ponderações.

No primeiro exemplo, o fiduciário deverá aceitar o valor da dívida como lance vencedor no segundo leilão extrajudicial. Caso o imóvel valha R$1.000.000,00, para ser considerado vencedor, o lance deverá ser de R$900.000,00 (90%).

Caso no segundo leilão não haja lance que alcance o valor mínimo, que no nosso exemplo são os R$900.000,00, a dívida será considerada extinta com quitações recíprocas, ou seja, o fiduciário ficará com a propriedade plena do imóvel para a quitação dos R$900.000,00 e o fiduciante não receberá os R$100.000,00 pagos.

Na outra hipótese que aventamos, em que o fiduciante pagou 90% da dívida e desta subsiste 10%, tomando o mesmo valor do exemplo anterior, no segundo leilão o lance para a arrematação do imóvel será de R$100.000,00. O fiduciante terá pagado R$900.000,00 e poderá "perder" seu imóvel pelo valor da dívida que é muito inferior ao valor do imóvel.

Em qualquer das hipóteses, sendo negativo o segundo leilão, o credor ficará investido da propriedade plena do imóvel objeto da garantia fiduciária.

Com a quitação recíproca, o fiduciante não receberá os valores que pagou.

Diante desse cenário, para evitar enriquecimento sem causa, entendemos que o legislador deveria ter previsto valor mínimo referencial tendo como base o valor do imóvel para a sua alienação em segundo leilão, e não o valor da dívida, pois, como visto, pode haver prejuízo ao fiduciante.

Logo, entendemos que, semelhantemente ao que acontece na execução judicial (Código de Processo Civil, art. 891), o valor mínimo para alienação no segundo leilão deve ser o de 50% do valor de avaliação do imóvel, situação em que poderão ser minimizados eventuais prejuízos.

Na hipótese tratada nesse art. 26-A, é condição resolutiva da obrigação garantida fiduciariamente a extinção da dívida quanto ao valor que exceder ao referencial mínimo estabelecido no § 3º, que é o valor da dívida. Essa condição resolutiva é aplicada tanto para a execução fiduciária extrajudicial quanto para a execução judicial (§ 5º). Em outras palavras, o fiduciário não poderá promover atos para executar o fiduciante para cobrar o excedente que eventualmente faltar para o pagamento integral da dívida.

6.2.6 Extensão da propriedade fiduciária imobiliária (Lei Federal n.º 14.711/2023 – "Lei das Garantias")

Além das alterações indicadas até aqui, a Lei Federal n.º 14.711/2023 acrescentou a possibilidade de extensão da propriedade fiduciária imobiliária já constituída.

Permite-se essa extensão – ou recarregamento, como se tem chamado – para que a propriedade fiduciária imobiliária possa ser utilizada como garantia de novas e autônomas operações de crédito de qualquer natureza.

Essa permissão legal está contida e regulada na Lei Federal n.º 13.476/2017, nos arts. 9º, 9º-A, 9º-B, 9º-C e 9º-D.

A Lei Federal n.º 13.476/2017 regulamenta a contratação da abertura de limite de crédito no âmbito do sistema financeiro nacional, as operações financeiras daí derivadas e o alcance de suas garantias (art. 3º).

6.2.6.1 Da extensão da propriedade fiduciária imobiliária – Lei Federal n.º 13.476/2017

Art. 9º

Se, após a excussão das garantias constituídas no instrumento de abertura de limite de crédito, o produto resultante não bastar para a quitação da dívida decorrente das operações financeiras derivadas, acrescida das despesas de cobrança, judicial e extrajudicial, o tomador e os prestadores de garantia pessoal continuarão obrigados pelo saldo devedor remanescente, exceto se houver disposição em sentido contrário na legislação especial aplicável.

Caso o produto da execução das garantias estabelecidas no instrumento de abertura de limite de crédito não seja suficiente para a quitação total da dívida decorrente das operações financeiras derivadas nos termos do art. 9º, o tomador e o prestador de garantia pessoal continuarão obrigados ao pagamento integral do saldo remanescente da dívida, salvo se houver disposição contrária na legislação especial.

A disposição desse art. 9º encontra-se em consonância como o regramento da propriedade fiduciária.

Para a generalidade dos casos, na execução fiduciária são aplicadas as disposições dos arts. 26 e 27 da Lei do SFI.

Entre as regras que integram os referidos dispositivos, há o § 5º-A do art. 27, o qual estabelece que, se o produto do leilão extrajudicial não for suficiente para o pagamento integral da dívida, o devedor continuará obrigado pelo pagamento do saldo remanescente.

O saldo remanescente poderá ser cobrado por meio de ação de execução e, se for o caso, excussão das demais garantias da dívida.

Para a cobrança do saldo remanescente do devedor, o credor deve lançar mão da ação de execução, nos termos dos arts. 771 e seguintes do Código de Processo Civil.

Art. 9º-A

Fica permitida a extensão da alienação fiduciária de coisa imóvel, pela qual a propriedade fiduciária já constituída possa ser utilizada como garantia de operações de crédito novas e autônomas de qualquer natureza, desde que:

I – sejam contratadas as operações com o credor titular da propriedade fiduciária; e

II – inexista obrigação contratada com credor diverso garantida pelo mesmo imóvel, inclusive na forma prevista no § 3º do art. 22 da Lei n.º 9.514, de 20 de novembro de 1997.

§ 1º A extensão da alienação fiduciária de que trata o *caput* deste artigo somente poderá ser contratada, por pessoa física ou jurídica, no âmbito do Sistema Financeiro Nacional e nas operações com Empresas Simples de Crédito.

§ 2º As operações de crédito garantidas pela mesma alienação fiduciária, na forma prevista no *caput* deste artigo, apenas poderão ser transferidas conjuntamente, a qualquer título, preservada a unicidade do credor.

§ 3º Ficam permitidas a extensão da alienação fiduciária e a transferência da operação ou do título de crédito para instituição financeira diversa, desde que a instituição credora da alienação fiduciária estendida ou adquirente do crédito, conforme o caso, seja:

I – integrante do mesmo sistema de crédito cooperativo da instituição financeira credora da operação original; e

II – garantidora fidejussória da operação de crédito original.

§ 4º A participação no mesmo sistema de crédito cooperativo e a existência da garantia fidejussória previstas no § 3º deste artigo serão atestadas por meio de declaração no título de extensão da alienação fiduciária.

O art. 9º-A autoriza que a propriedade fiduciária imobiliária, já formalmente constituída, possa ser ampliada para garantir novos créditos. É evidente que essa extensão da propriedade fiduciária somente poderá acontecer se o imóvel tiver um valor superior ao da dívida já garantida.

Não se trata de uma propriedade fiduciária considerada em graus, como na hipoteca, porque, depois de constituída a primeira, o fiduciante não detém mais a disponibilidade do imóvel para a constituição de novas propriedades fiduciárias.

Na hipoteca, o devedor mantém o direito de dispor, o que lhe permite outorgar novas garantias reais, inclusive novas hipotecas com graus subsequentes (Código Civil, art. 1.476).

Contudo, os próprios direitos que decorrem da relação fiduciária imobiliária permitem ao fiduciante alargar a dívida dentro da mesma garantia fiduciária já constituída, situação em que a capacidade financeira do imóvel desempenha papel fundamental nas decisões do fiduciário e do fiduciante.

O proprietário de um imóvel que vale R$1.000.000,00, por exemplo, estabelece com o fiduciário, no âmbito da Lei Federal n.º 13.476/2017, um empréstimo inicial de apenas R$500.000,00. No contexto dessa operação de crédito, constitui-se propriedade fiduciária primária para fins de garantia do mútuo inicial.

Nota-se que o valor da operação de crédito é inferior ao valor do imóvel fiduciado. Em razão da potência econômica do imóvel, o fiduciante poderá solicitar outros novos empréstimos, inclusive autônomos entre si e para finalidades diversas, até o montante adicional de mais R$500.000,00.

Isso significa dizer que o fiduciante pode obter novos empréstimos até que a soma dos seus valores chegue ao limite total do valor atribuído ao imóvel na alienação fiduciária inicial.

Para que essa extensão da propriedade fiduciária seja possível, devem ser observados os seguintes e cumulativos requisitos estabelecidos no art. 9º-A:

(i) contratação com o mesmo credor da garantia fiduciária já constituída (inciso I); e
(ii) inexistência de outras obrigações, sobre o mesmo imóvel, contratadas com credores diversos, ainda que na hipótese de propriedade superveniente prevista no § 3º do art. 22 da Lei do SFI (inciso II).

A previsão do inciso II revela-se, em alguma medida, ociosa, pois o fiduciante, após a constituição da propriedade fiduciária original, não conseguirá constituir voluntariamente outras garantias reais sobre o mesmo imóvel, porque não possui disponibilidade sobre ele.

Todavia, além da propriedade fiduciária superveniente, quando cabível, é possível enxergar alguma pertinência nesse dispositivo para fins de bloqueio da extensão da propriedade fiduciária quando o imóvel se tornar indisponível, por exemplo, em decorrência de penhora em sede de execução fiscal federal, nos termos do art. 53, § 1º, da Lei Federal n.º 8.212/1991.

Nesse exemplo, em razão da indisponibilidade dos direitos do fiduciante, não será permitida a extensão da propriedade fiduciária.

O § 1º do art. 9º-A estabelece que a extensão da propriedade fiduciária somente poderá ser contratada no âmbito do Sistema Financeiro Nacional (SFN) (Lei Federal n.º 4.595/1964) e nas operações com Empresas Simples de Crédito.

O SFN é composto por entidades e instituições financeiras regulamentadas e supervisionadas por órgãos como o Banco Central do Brasil (Bacen), a Comissão de Valores Mobiliários (CVM), o Conselho Monetário Nacional (CMN), entre outros.

Agentes que não integrem formalmente o SFN não poderão contratar a extensão da propriedade fiduciária.

No § 2º desse artigo, há a proibição de transferência parcial de operações de crédito garantidas pela mesma propriedade fiduciária. Essa impossibilidade legal abrange tanto a propriedade fiduciária inicial quanto a estendida.

Nessas condições, as transferências de operações de crédito são possíveis, a qualquer título, mas têm de ser efetivadas conjuntamente, preservada a unicidade do credor. Logo, não podem acontecer transferências de operações de créditos parciais para mais de um credor. Tais transferências devem ser totais.

As cessões dos créditos garantidos pela propriedade fiduciária, tanto a inicial quanto a estendida, seguem com o crédito para o cedido, nos termos do art. 287 do Código Civil, salvo disposição em contrário no contrato de cessão.

Hipótese excepcional de transferência da operação creditícia e da extensão da alienação fiduciária envolvendo pessoa diversa do credor fiduciário original é prevista no § 3º do art. 9º-A, desde que a instituição financeira (i) integre o mesmo sistema de crédito cooperativo do credor original e (ii) seja garantidora fidejussória da operação de crédito original.

Para a verificação desses requisitos, aceitam-se simples declarações dos interessados, a serem inseridas, por escrito, no título de extensão da propriedade fiduciária ou no de transferência do crédito (cessão), de acordo com o § 4º do mesmo artigo.

Art. 9º-B

A extensão da alienação fiduciária de coisa imóvel deverá ser averbada no cartório de registro de imóveis competente, por meio da apresentação do título correspondente, ordenada em prioridade das obrigações garantidas, após a primeira, pelo tempo da averbação.

§ 1º O título de extensão da alienação fiduciária deverá conter:

I – o valor principal da nova operação de crédito;

II – a taxa de juros e os encargos incidentes;

III – o prazo e as condições de reposição do empréstimo ou do crédito do credor fiduciário;

IV – a cláusula com a previsão de que o inadimplemento e a ausência de purgação da mora de que tratam os arts. 26 e 26-A da Lei n.º 9.514, de 20 de novembro de 1997, em relação a quaisquer das operações de crédito, faculta ao credor fiduciário considerar vencidas antecipadamente as demais operações de crédito garantidas pela mesma alienação fiduciária, hipótese em que será exigível a totalidade da dívida para todos os efeitos legais; e

V – os demais requisitos previstos no art. 24 da Lei n.º 9.514, de 20 de novembro de 1997.

§ 2º A extensão da alienação fiduciária poderá ser formalizada por instrumento público ou particular, admitida a apresentação em formato eletrônico.

§ 3º Fica dispensado o reconhecimento de firma no título de extensão da alienação fiduciária.

§ 4º A extensão da alienação fiduciária não poderá exceder ao prazo final de pagamento e ao valor garantido constantes do título da garantia original.

Servirá como título para ingresso da extensão da propriedade fiduciária na matrícula do imóvel o contrato que concedeu o novo crédito e pelo qual se estabeleceu a garantia real estendida. Não há a constituição de uma nova propriedade fiduciária, mas o aproveitamento da que já está constituída (registrada) e que abrangerá, por vínculo real, os novos créditos concedidos.

Por se tratar da modificação de um direito real já constituído, o respectivo contrato que trata da extensão da propriedade fiduciária será inscrito na matrícula do imóvel por ato de averbação (Lei Federal n.º 6.015/1973, art. 167, II, 37). Pela averbação é que se dará publicidade de que o crédito foi ampliado e que a propriedade fiduciária primária foi estendida para garanti-lo.

A prioridade das obrigações garantidas pela propriedade fiduciária estendida se dará pela data da averbação da extensão feita na matrícula do imóvel, e não pela data da celebração dos correspondentes contratos.

Em matéria de extensão, a prioridade tem importância secundária, pois a ampliação apenas é possível para o mesmo fiduciário da garantia original, e este, nos termos do inciso IV do § 1º deste artigo, poderá declarar o vencimento antecipado de todas as obrigações no caso do inadimplemento de uma delas.

Como condição para a sua existência, validade e eficácia, o contrato que tratar da extensão da propriedade fiduciária deverá obrigatória e cumulativamente conter (§ 1º):

(i) o valor principal da nova operação de crédito;

(ii) a taxa de juros e respectivos encargos;

(iii) o prazo e as condições de pagamento da dívida;

(iv) cláusula que facultará ao fiduciário, na hipótese de inadimplemento absoluto do fiduciante de qualquer uma das operações, considerar vencidos antecipadamente os demais créditos garantidos pela mesma propriedade fiduciária e exigir o pagamento da totalidade da dívida (primária mais as estendidas); e

(v) os demais requisitos estabelecidos no art. 24 da Lei Federal n.º 9.514/1997.

No caso de declaração de vencimento antecipado, em razão do inadimplemento absoluto do fiduciante, todas as obrigações e consequentemente a totalidade da dívida serão abrangidas na execução fiduciária.

Nessas circunstâncias, o requerimento exigido pelo § 1º do art. 26 da Lei do SFI deve conter declaração expressa do fiduciário sobre (i) o vencimento antecipado de todo o crédito concedido; (ii) a exigência do pagamento integral da dívida; (iii) a constituição do fiduciante em mora; (iv) a consolidação da propriedade em caso de inadimplemento absoluto do fiduciante; e (v) a orientação a respeito dos subsequentes leilões extrajudiciais pela totalidade do crédito.

Para que o fiduciário possa promover a execução de todos os seus créditos inadimplidos, ele deve cuidar para que todos os correspondentes contratos estejam averbados na matrícula do imóvel fiduciado.

O crédito estendido inadimplido que não tiver sido averbado na matrícula não poderá ser objeto de execução nos termos dos arts. 26 e 27 da Lei do SFI, pois o oficial do registro de imóveis não poderá promover os procedimentos de intimação do fiduciante para purgação da mora, uma vez que desconhece a existência do direito real de garantia fiduciária e das circunstâncias de seu inadimplemento.

A extensão da propriedade fiduciária deve ser celebrada por escrito, por instrumento público ou particular, sendo admitido, inclusive, o formato eletrônico (§ 2º). Todavia, não se admite a pactuação verbal da extensão.

Nos instrumentos de extensão da alienação fiduciária, fica dispensado o reconhecimento de firma dos signatários (§ 3º), o que caracteriza exceção à regra do inciso II do art. 221 da Lei Federal n.º 6.015/1973.

A extensão da propriedade fiduciária deve observar o prazo final de pagamento e o valor máximo atribuído ao imóvel objeto da garantia real (§ 4º), estabelecidos no contrato original. Em outras palavras, os contratos de extensão da propriedade fiduciária não podem alterar o prazo de pagamento e o valor da garantia já fixados na alienação fiduciária inicial. Caso haja interesse em alterar tais parâmetros, o fiduciário e o fiduciante deverão repactuar a propriedade fiduciária primária, observadas, se o caso, as questões relacionadas à novação.

Art. 9º-C

Celebrada a extensão da alienação fiduciária sobre coisa imóvel, a liquidação antecipada de quaisquer das operações de crédito não obriga o devedor a liquidar antecipadamente as demais operações vinculadas à mesma garantia, hipótese em que permanecerão vigentes as condições e os prazos nelas convencionados.

Parágrafo único. A liquidação de quaisquer das operações de crédito garantidas será averbada na matrícula do imóvel, à vista do termo de quitação específico emitido pelo credor.

A constituição da propriedade fiduciária primária e a contratação de suas extensões têm na sua base sempre uma relação jurídica obrigacional consubstanciada em uma operação de crédito.

Como acontece com toda relação obrigacional, a prestação aqui tem um tempo certo para ser cumprida, sob pena de o credor poder exigi-la imediatamente (Código Civil, art. 331). Trata-se do chamado tempo do pagamento.

É requisito essencial do contrato de alienação fiduciária a previsão de um prazo para o pagamento do crédito ao fiduciário (art. 24, II, da Lei Federal n.º 9.514/1997).

Esse art. 9º-C trata das situações em que o devedor (fiduciante) cumpre a sua obrigação antes do prazo estabelecido para o seu vencimento. A referência cuida, portanto, das situações em que há o adimplemento antecipado da obrigação garantida pela propriedade fiduciária.

Em matéria de pagamento antecipado, tendo por objeto crédito vinculado à extensão da alienação fiduciária, o fiduciante não fica obrigado a liquidar antecipadamente os demais créditos vinculados à mesma garantia fiduciária, os quais permanecerão com os vencimentos inalterados na forma prevista nos correspondentes contratos.

O art. 319 do Código Civil, por sua vez, prevê que o devedor que pagar a sua prestação tem direito à quitação regular, podendo, inclusive, reter outros pagamentos enquanto esta não lhe for outorgada.

Dissemos anteriormente que a quitação é a forma pela qual o devedor demonstra formalmente que cumpriu sua obrigação. Cabe ao devedor provar que efetuou o pagamento da prestação objeto da relação jurídica obrigacional para fazer jus à quitação.

Não se exige forma especial para a instrumentalização da quitação. De todo modo, o art. 320 do Código Civil enuncia seus elementos essenciais que valem ser aqui repetidos:

(i) valor e espécie da dívida quitada;
(ii) nome do devedor ou daquele que por este pagou;
(iii) tempo e lugar do pagamento; e
(iv) assinatura do credor ou de seu representante.

O mesmo art. 320 dispõe, em seu parágrafo único, que a falta desses requisitos é sanável, se dos termos ou das circunstâncias inerentes à situação da vida for possível concluir ter havido o pagamento da dívida.

Por exemplo, se faltante a assinatura do credor, mas o comprovante de depósito bancário demonstrar que os valores foram depositados em conta-corrente de sua titularidade, a quitação deve ser considerada válida, porque o credor efetivamente recebeu os valores da prestação devida pelo devedor.

O termo de quitação do credor, referente à liquidação de qualquer operação de crédito estendido, deve ser averbado na matrícula do imóvel objeto da propriedade fiduciária. Isso possibilitará que outros credores acompanhem a capacidade de o fiduciante e de o imóvel fiduciado responderem por outras dívidas e, ainda, permitirá a contratação de novas extensões da propriedade fiduciária com o mesmo credor, porque criará lastro em relação ao valor total do imóvel.

Art. 9º-D

Na extensão da alienação fiduciária sobre coisa imóvel, no caso de inadimplemento e de ausência de purgação da mora de que tratam os arts. 26 e 26-A da Lei n.º 9.514, de 20 de novembro de 1997, em relação a quaisquer das operações de crédito garantidas, independentemente de seu valor, o credor fiduciário poderá considerar vencidas antecipadamente as demais operações de crédito vinculadas à mesma garantia, hipótese em que será exigível a totalidade da dívida.

§ 1º Na hipótese prevista no *caput* deste artigo, após o vencimento antecipado de todas as operações de crédito, o credor fiduciário promoverá os demais procedimentos de consolidação da propriedade e de leilão de que tratam os arts. 26, 26-A, 27 e 27-A da Lei n.º 9.514, de 20 de novembro de 1997.

§ 2º A informação sobre o exercício, pelo credor fiduciário, da faculdade de considerar vencidas todas as operações vinculadas à mesma garantia, nos termos do *caput* deste artigo, deverá constar da intimação de que trata o § 1º do art. 26 da Lei n.º 9.514, de 20 de novembro de 1997.

§ 3º A dívida de que trata o inciso I do § 3º do art. 27 da Lei n.º 9.514, de 20 de novembro de 1997, corresponde à soma dos saldos devedores de todas as operações de crédito vinculadas à mesma garantia.

§ 4º Na hipótese de quaisquer das operações de crédito vinculadas à mesma garantia qualificarem-se como financiamento para aquisição ou construção de imóvel residencial do devedor, aplica-se à excussão da garantia o disposto no art. 26-A da Lei n.º 9.514, de 20 de novembro de 1997.

§ 5º O disposto no art. 54 da Lei n.º 13.097, de 19 de janeiro de 2015, aplica-se aos negócios jurídicos de extensão de alienação fiduciária.

Em matéria de extensão da propriedade fiduciária imobiliária, caso haja situação de inadimplemento, de não purgação da mora pelo fiduciante e de conversão da sua mora em inadimplemento absoluto nos termos dos arts. 26 e 26-A da Lei Federal n.º 9.514/1997, o fiduciário poderá considerar vencidas antecipadamente todas as demais operações de crédito vinculadas à mesma garantia fiduciária, o que abrange tanto a original quanto as estendidas, para fins de exigir a totalidade da dívida.

Não se autoriza aqui o vencimento antecipado das operações para cobrança parcial dos créditos. Assim, entende-se por dívida a soma dos saldos devedores de todas as operações de crédito vinculadas à mesma garantia (§ 3º).

Declarado o vencimento antecipado de todas as operações de crédito nos termos desse art. 9º-D, o credor fiduciário deverá promover todos os demais atos para a satisfação dos seus créditos, que se resumem na consolidação da propriedade e na realização dos leilões extrajudiciais, na forma tratada pelos arts. 26, 26-A, 27 e 27-A da Lei Federal n.º 9.514/1997.

No requerimento feito para fins de purgação da mora (art. 26, § 1º, da Lei Federal n.º 9.514/1997), o credor fiduciário já deve anunciar sua intenção de considerar vencidos antecipadamente todos os créditos vinculados à mesma garantia fiduciária (§ 2º).

Quando qualquer operação creditícia vinculada a uma alienação fiduciária estiver voltada a financiamento para a aquisição ou construção de imóvel residencial, serão aplicadas as regras do art. 26-A da Lei Federal n.º 9.514/1997 no procedimento de execução (§ 4º). Nesse ambiente especial, a averbação da consolidação da propriedade em nome do fiduciário será feita 30 dias após o vencimento do prazo para purgação da mora pelo fiduciante e, até a data da averbação da consolidação da propriedade em nome do fiduciário, é garantido ao fiduciante pagar a dívida e as despesas para fins de convalescimento.

Para encerrar, o § 5º estabelece que se aplica o disposto no art. 54 da Lei Federal n.º 13.097/2015 aos negócios jurídicos de extensão de alienação fiduciária. Isso significa dizer que, em matéria de prioridade[305], a extensão da propriedade fiduciária cede lugar diante de certos atos inscritos previamente na matrícula do imóvel.

6.2.7 Alienação fiduciária. Instrumento público ou particular

Anteriormente, foi dito sobre a tradição do direito brasileiro de exigir *título* e *modus* para aquisição, constituição e transmissão de direitos reais sobre coisas imóveis.

A Lei do SFI, em obediência ao sistema, adotou a necessidade de celebração de contratos escritos, mas abrandou a regra relativa à forma do instrumento.

A regra quanto à forma exigida pela Lei Federal n.º 9.514/1997 para celebração de atos e contratos decorrentes do SFI sofreu, no decorrer dos últimos anos, um abrandamento desde a edição original da referida lei.

Quando de sua publicação original, o art. 38 estabelecia que:

"Os contratos resultantes da aplicação desta Lei, **quando celebrados com pessoa física, beneficiária final da operação**, poderão ser formalizados por instrumento particular, não se lhe aplicando a norma do art. 134, II, do Código Civil" (destaques acrescidos).

---

[305] "Registro de imóveis – Dúvida julgada procedente – Alienação fiduciária em garantia (propriedade superveniente) – Alteração da Lei n. 9.514/1997 pela Lei n.º 14.711/2023 – Admissão do registro da alienação fiduciária da propriedade superveniente (artigo 22, § 3º) – Negócio jurídico celebrado antes da alteração legislativa – Irrelevância, por duas razões – Primeiro, pela inexistência de título contraditório indicativo da violação de direito de terceiro entre a data da celebração do negócio e a vigência da lei nova – Segundo, porque não havia vedação expressa à alienação fiduciária em garantia superveniente no regime original da Lei 9514/97 – Regime geral das garantias compatível com a constituição de direito real de garantia sobre propriedade superveniente. óbice afastado – Recurso a que se dá provimento" (TJSP, Apelação Cível 1000125-58.2023.8.26.0126, j. 16.02.2024).

O dispositivo legal supratranscrito permitia que a instrumentalização dos negócios jurídicos decorrentes da Lei do SFI fosse feita por contratos particulares, em expressa exceção à regra geral da forma pública, na ocasião prevista no art. 134, II, do Código Civil de 1916. Entretanto, a exceção à forma era aplicável desde que o beneficiário final fosse pessoa física. As empresas, que frequentemente se socorrem de financiamentos para custear suas produções, poderiam constituir a propriedade fiduciária em garantia somente por instrumento público.

A Lei Federal n.º 10.931/2004 deu nova redação ao art. 38, que passou a vigorar nos seguintes termos:

> Os contratos de compra e venda com financiamento e alienação fiduciária, de mútuo com alienação fiduciária, de arrendamento mercantil, de cessão de crédito com garantia real poderão ser celebrados por instrumento particular, a eles se atribuindo o caráter de escritura pública, para todos os fins de direito.

O legislador permitiu a utilização de instrumentos particulares nos casos em que fossem celebrados contratos específicos listados no *caput* do artigo supratranscrito. A exceção da forma pública tornou-se possível para os contratos de:

(i) compra e venda com financiamento e constituição de propriedade fiduciária em garantia;
(ii) mútuo com alienação fiduciária;
(iii) arrendamento mercantil; e
(iv) cessão de crédito com garantia real.

Excluiu-se da lei a referência à pessoa física como beneficiário final, o que possibilitou, no âmbito do SFI, a celebração de instrumentos particulares também pelas pessoas jurídicas.

Outras situações decorrentes da aplicação da lei ficaram ainda submetidas à regra geral relativa à forma, nos termos do art. 108 do Código Civil atual – por exemplo, a própria hipoteca, que também é prevista na Lei do SFI como alternativa para garantir os financiamentos imobiliários em geral, conforme estabelece o inciso I do art. 17 da mencionada lei.

Foi com a Lei Federal n.º 11.076/2004 que o art. 38 da Lei do SFI ganhou maior abrangência em relação à forma a ser adotada para a prática de negócios decorrentes dessa especial estruturação legal de garantia real imobiliária.

Pela nova redação, não apenas os atos e contratos a que a lei faz referência, mas também aqueles que resultam de sua aplicação e os que se destinam a constituir, transferir, modificar ou renunciar direitos reais sobre imóveis podem ser celebrados por instrumentos públicos ou particulares. Esta é a atual redação do art. 38:

> Os atos e contratos referidos nesta Lei ou resultantes da sua aplicação, mesmo aqueles que visem à constituição, transferência, modificação ou renúncia de direitos reais sobre imóveis, poderão ser celebrados por escritura pública ou por instrumento particular com efeitos de escritura pública.

A estrutura do SFI contempla muitas modalidades de contratos que se vinculam ao crédito imobiliário, com vários contratos nominados e outros atos que dela podem decorrer[306].

---

[306] Como a declaração unilateral da companhia securitizadora de que instituirá regime fiduciário sobre créditos imobiliários, a fim de lastrear a emissão de Certificados de Recebíveis Imobiliários.

Por essa razão, atuou bem o legislador ao retirar do dispositivo legal a enumeração de tais contratos e permitir de maneira genérica a escolha da forma para toda e qualquer relação jurídica decorrente de tal estrutura normativa. Isso dinamiza a constituição da propriedade fiduciária imobiliária (Lei do SFI).

Em decorrência da nova redação dada ao art. 38 da Lei Federal n.º 9.514/1997, é possível admitir que as garantias reais de hipoteca, propriedade fiduciária de coisa imóvel e negócio jurídico de dação em pagamento[307] (previstos, respectivamente, nos incisos I e II do art. 17 e no § 8º do art. 26, todos da Lei Federal n.º 9.514/1997) sejam formalizadas por instrumentos particulares – estes equiparados à escritura pública para a finalidade constitutiva de direito real –, sem distinção entre pessoa física ou jurídica[308].

Também o parágrafo único do art. 22 da Lei do SFI, modificado e renumerado pela Lei Federal n.º 11.481/2007, passou a estabelecer que a alienação fiduciária poderá ser contratada por pessoa física ou jurídica e destacou que esse contrato fiduciário não é privativo das entidades que operam no SFI.

A estrutura normativa da propriedade fiduciária imobiliária encontra-se muito bem definida no Capítulo II da Lei do SFI, mais precisamente nos arts. 22 a 33.

O art. 22 estabelece que a propriedade fiduciária poderá ser contratada por pessoas físicas ou jurídicas, e que essa modalidade de garantia real não é privativa de entidades que operem no SFI, além de elencar os objetos que poderão ser fiduciados.

O art. 23 da Lei do SFI, em linha com o art. 1.227 do Código Civil, traz regra que se coaduna com todo o sistema de constituição de direitos reais, ou seja, a necessidade de registrar o contrato que dá causa à garantia real fiduciária imobiliária[309], no registro de imóveis a que pertencer geograficamente o imóvel fiduciado. Sem esse registro, a relação jurídica entre credor e devedor será de natureza obrigacional, e não real, sem dar acesso ao procedimento de execução extrajudicial. Na situação de falta de registro, o credor poderá promover a execução judicial para recompor o seu crédito.

O § 1º do art. 23 da Lei do SFI organiza a estrutura vertical da posse do imóvel após a formal constituição da garantia fiduciária, tornando-se o fiduciário o possuidor indireto e o fiduciante, o possuidor direto enquanto for adimplente.

---

[307] Lei Federal n.º 9.514/1997, art. 26, § 8º: "O fiduciante pode, com a anuência do fiduciário, dar seu direito eventual ao imóvel em pagamento da dívida, dispensados os procedimentos previstos no art. 27".

[308] Não se pode negar que o instrumento público presume segurança diferenciada em relação ao instrumento particular. Isso porque o notário tem atribuições e responsabilidades específicas. A formalização de um ato notarial pressupõe a observância de determinados requisitos essenciais à formalização dos negócios jurídicos. O tabelião, além de dar autenticidade ao documento – por meio de sua fé pública –, realiza o controle: (i) subjetivo dos contratantes, ao verificar a qualificação pessoal de cada partícipe, principalmente em relação à capacidade de cada um para a prática do ato que se pretende; (ii) relativo à vontade dos contratantes, no sentido de verificar se a vontade exteriorizada coaduna-se com o negócio jurídico que se quer celebrar, em especial se os respectivos requisitos legais foram atendidos; e (iii) da especialidade objetiva que traduz a perfeita identificação do objeto negociado. Em razão dessa atuação do notário, não soa desarrazoada a ideia de que, nas hipóteses em que o legislador afasta a regra geral referente à forma para contratos que envolvam direitos reais, seja necessário o assessoramento de advogado que, de certa forma, atestará que o negócio jurídico formalizado está em consonância com o sistema normativo em vigor. A avaliação sobre a possibilidade de constituição de propriedade fiduciária será feita pelo registrador imobiliário seja para o instrumento público ou para o particular. Vale destacar que o registrador de imóveis é fiscalizado pelo Poder Judiciário estadual.

[309] O contrato é o de alienação fiduciária, que permite a constituição do direito real que é a propriedade fiduciária.

Em decorrência dessa organização vertical da posse, o § 2º do mesmo art. 23 atribui ao fiduciante a obrigação de pagar o imposto sobre a propriedade predial e territorial urbana (IPTU) e as taxas condominiais, quando o caso, relativos ao imóvel objeto da propriedade fiduciária.

Acertadamente, em nossa opinião, o legislador atribuiu a responsabilidade pelo pagamento dessas despesas ao fiduciante porque é ele quem está na posse direta do imóvel objeto da propriedade fiduciária. Além de ferir texto expresso em lei (Lei do SFI, art. 23, § 2º), não nos parece razoável atribuir a responsabilidade do pagamento dessas despesas ao credor por duas razões simples: (i) o fiduciário não está na posse direta do imóvel fiduciado e, (ii) como dissemos no item 6.2.3 do Capítulo 6, a propriedade do fiduciário é resolúvel e não comporta os atributos da propriedade plena[310].

Entretanto, é no art. 24 da Lei do SFI, como tivemos oportunidade de registrar anteriormente, que encontramos as cláusulas diretivas dessa garantia real imobiliária. São disposições que obrigatoriamente devem estar presentes expressamente no contrato de alienação fiduciária sob pena de não ser válido. Significa dizer que somente será considerado válido se todas as cláusulas referidas no texto do art. 24 constarem expressamente na alienação fiduciária. Na falta, o registrador de imóveis estará impedido de registrar a alienação fiduciária sob pena de ferir o princípio da legalidade.

As cláusulas consideradas obrigatórias (art. 24 da Lei do SFI) são imprescindíveis para viabilizar a constituição registrária da garantia fiduciária imobiliária. E são obrigatórias tanto para o instrumento público quanto para o particular.

Em outras palavras, público ou particular, o instrumento da alienação fiduciária deve conter as cláusulas essenciais que serão objeto de qualificação registrária da serventia predial competente. Não é porque o instrumento é público que a qualificação será mais branda; nem se for particular a qualificação será mais severa.

O que se quer dizer é que, desde que sejam atendidos os comandos legais pertinentes ao negócio fiduciário e aqueles do sistema registrário, tanto o instrumento público quanto o particular deverão ingressar na matrícula do imóvel e, assim, a garantia real fiduciária imobiliária estará constituída.

Desde que todos os requisitos legais sejam atendidos, a forma do contrato de alienação fiduciária não significa maior ou menor segurança para o fiduciário e/ou o fiduciante.

Ademais, é preciso destacar que o Código Civil prevê que a validade da declaração de vontade não dependerá de forma especial, a não ser quando a lei expressamente a exigir (art. 107).

O art. 108, também do Código Civil, por sua vez, determina que a escritura pública será essencial à validade dos negócios jurídicos de constituição de direitos reais, **exceto se a lei dispuser em contrário**.

É inegável que o art. 38 da Lei do SFI dispõe em contrário à regra geral do art. 108 do Código Civil, o que, consequentemente, permite a formalização da alienação fiduciária por instrumento particular.

A celeuma que se instaurou recentemente sobre a obrigatoriedade da forma pública para os contratos de alienação fiduciária imobiliária teve como fundamentação principal a

---

[310] Diferentemente do que acontece nas relações de locação de imóveis em que o locatário é obrigado a pagar o aluguel e os encargos da locação. Os pagamentos do IPTU e das despesas de condomínio na maioria dos casos são contratualmente atribuídos ao locatário. No entanto, tais despesas são decorrentes do direito de propriedade plena, ou seja, se o locatário faltar, o proprietário pleno deverá pagá-las.

analogia feita com a Lei Federal n.º 4.380/1964, em que se encontra a origem da permissão legal para as entidades integrantes do SFH[311] celebrarem negócios jurídicos por instrumento particular com atribuição de caráter de escritura pública porque são entidades fiscalizadas.

Contudo, ao contrário do quanto está previsto na Lei do SFI, a Lei Federal n.º 4.380/1964, no § 5º, do art. 61, estabelece expressa restrição sobre quem poderá se utilizar do instrumento particular com caráter de escritura pública:

> **Os contratos de que forem parte o Banco Nacional de Habitação ou entidades que integrem o Sistema Financeiro da Habitação**, bem como as operações efetuadas por determinação da presente Lei, **poderão ser celebrados por instrumento particular**, os quais poderão ser impressos, **não se aplicando aos mesmos as disposições do art. 134, II, do Código Civil**, atribuindo-se o caráter de escritura pública, para todos os fins de direito, aos contratos particulares firmados pelas entidades acima citadas até a data da publicação desta Lei (destaques acrescidos).

Não se pode afastar dessa discussão o fato de que um dos objetivos na aplicação da Lei Federal n.º 4.380/1964, pelo seu sentido social, é simplificar "todos os processos e métodos pertinentes às respectivas transações, objetivando principalmente: I – o maior rendimento dos serviços e a segurança e rapidez na tramitação dos processos e papéis; II – **economia de tempo e de emolumentos devidos aos Cartórios**; III – simplificação das escrituras e dos critérios para efeito do Registro de Imóveis" (sic) (destaques acrescidos), conforme se lê em seu art. 60.

Foi com o espírito legislativo de conferir maior rapidez aos processos de financiamentos que a Lei Federal n.º 4.380/1964 estabeleceu a possibilidade do instrumento particular no § 5º do art. 61, transcrito *supra*.

A leitura da Lei Federal n.º 4.380/1964 demonstra uma grande preocupação do legislador com a burocratização na concessão dos financiamentos habitacionais. Buscou essa lei a economia de tempo e de emolumentos devidos aos cartórios, em benefício do adquirente final, mas que afeta diretamente os tabelionatos de notas há 60 anos.

Como referido anteriormente, pela leitura do aludido § 5º do art. 61 da Lei Federal n.º 4.380/1964 é possível perceber que há uma clara e explícita restrição de que somente os contratos que tiverem como partes o Banco Nacional da Habitação ou entidades integrantes do SFH poderão fazer uso do instrumento particular com caráter de escritura pública. A autorização para a utilização do instrumento particular é restritiva.

Não é o que ocorre na Lei do SFI. O § 1º do art. 22 faz expressa referência de que a contratação da alienação fiduciária não é privativa das entidades que operam no SFI, e na sequência elenca os diversos objetos que podem servir de garantia fiduciária imobiliária.

Ademais, o principal argumento em nosso entendimento é que, no art. 38 da Lei do SFI, está claro que "os **atos e contratos** referidos nesta Lei ou **resultantes de sua aplicação** [...], poderão ser celebrados por escritura pública **OU por instrumento particular com efeitos de escritura pública**".

É evidente a diferença de orientação entre o § 5º do art. 61 da Lei Federal n.º 4.380/1964 e o art. 38 da Lei do SFI. Naquele, o legislador indicou expressamente quais entidades estariam dispensadas de observarem a regra geral do instrumento público (o Banco Nacional de Habitação ou entidades que integrem o Sistema Financeiro da Habitação). A limitação da observância da regra geral prevista nesse dispositivo legal é nítida e é restritiva. Entidades que

---

[311] As entidades integrantes do SFH estão previstas no art. 8º da Lei Federal n.º 4.380/1964.

não sejam o Banco Nacional de Habitação ou que não integrem o SFH deverão se utilizar do instrumento público em atenção à regra geral (Código Civil, art. 108).

Pelo conteúdo do art. 38 da Lei do SFI percebe-se que não existe a mesma restrição e que, ao contrário, há maior liberdade quanto à forma quando o texto destaca que os atos e contratos referidos nessa lei ou que sejam resultantes da sua aplicação, mesmo aqueles que visem à constituição, transferência, modificação ou renúncia de direitos reais sobre imóveis, poderão ser celebrados por escritura pública ou por instrumento particular com efeitos de escritura pública. Claramente, há, pela redação do referido art. 38, duas opções para instrumentalizar a alienação fiduciária, a pública e a particular. A escolha caberá às partes contratantes.

Não há qualquer restrição expressa no referido art. 38 para a utilização do instrumento particular somente por entidades ligadas ao SFI. A regra é geral e vale a opção de contratação da propriedade fiduciária por instrumento particular conferida pela conjunção coordenativa alternativa **OU** contida no texto legal.

O argumento de que o instrumento particular com efeitos de escritura pública prejudica a segurança jurídica das relações não nos parece suficiente porque, por ocasião do registro da alienação fiduciária, o registrador imobiliário – que é fiscalizado diretamente pelo Poder Judiciário estadual – fará o controle da legalidade do contrato apresentado para registro que tanto o instrumento particular quanto o público deverão atender (Lei Federal n.º 6.015/1973, art. 167, I, 35).

Ademais, ao analisarmos a estrutura da regra geral da forma contida no art. 108 do Código Civil, percebe-se que se inicia com uma importante exceção: "Não dispondo a lei em contrário [...]". Isso significa que a regra geral é o instrumento público, exceto se houver **lei** que trate em sentido contrário.

No âmbito da Lei do SFI, em que não há restrição como demonstramos anteriormente, há disposição que permite aos contratantes adotar a celebração da alienação fiduciária por instrumento particular (Lei do SFI, art. 38).

Soma-se a isso o fato de que a Lei do SFI é especial em relação à regra geral do art. 108 do Código Civil. Tratamos da questão da especialidade da lei em capítulos anteriores e, uma vez que também pode ser aplicada a esse tema, a ela remetemos o leitor.

Autorizar o instrumento particular apenas para as instituições financeiras integrantes do SFI é conferir uma economia para entidades hipersuficientes, ao mesmo tempo que impõe maior ônus às demais instituições não integrantes do SFI. É evidente que o custo agregado com a lavratura da alienação fiduciária por instrumento público será repassado para o fiduciante, parte hipossuficiente nessa relação jurídica complexa.

Por tais razões, entendemos que o instrumento particular com efeitos de escritura pública não é exclusivo de entidade integrante do SFI, cooperativas de crédito ou administradora de consórcio de imóveis, previstas no art. 2º da Lei n.º 9.514/1997.

Mesmo os que não integram o SFI, as cooperativas de crédito ou as administradoras de consórcios de imóveis têm o direito de celebrar a alienação fiduciária imobiliária por instrumento particular com efeitos de escritura pública[312], nos termos do quanto disposto no art. 38 da Lei do SFI.

---

[312] Parece-nos que o termo *com efeitos de escritura pública* foi utilizado pelo legislador como forma de garantir que o instrumento particular, no âmbito da Lei do SFI, seja considerado o título para as transformações de direitos reais imobiliários que serão alcançadas com o registro do respectivo contrato.

Por fim, na estrutura da Lei do SFI, o art. 38 integra o Capítulo III que trata das disposições gerais e finais. É evidente que o objetivo do legislador foi alocar no último capítulo da lei regras que servem tanto ao Capítulo I quanto ao Capítulo II. Logo, o instrumento particular não é restrito às entidades indicadas no art. 2º da Lei do SFI.

6.2.7.1 O entendimento do Conselho Nacional de Justiça e o posicionamento do Supremo Tribunal Federal sobre o tema (instrumento público ou particular)[313]

A compreensão sobre a possibilidade de instrumentalizar a alienação fiduciária por instrumento particular vigorou sem grandes resistências até o surgimento do Provimento n.º 172/2024 do CNJ.

O provimento inseriu a regra da forma pública para os contraentes que não forem integrantes do SFI (art. 2º), cooperativas de crédito e administradoras de consórcio de imóveis.

É interessante vermos o histórico do andamento do pedido que deu origem ao aludido Provimento n.º 172/2024.

O tema foi analisado pelo CNJ no Pedido de Controle Administrativo n.º 0000145-56.2018.2.00.0000 (PCA).

No âmbito do referido PCA, os Conselheiros do CNJ, em sessão realizada em 09.08.2023, decidiram, por unanimidade, reconhecer a validade do Provimento n.º 93/2020 do Tribunal de Justiça do Estado de Minas Gerais (TJMG).

Esse provimento mineiro dispõe, no art. 954, que:

> Os atos e contratos relativos à alienação fiduciária de bens imóveis e negócios conexos poderão ser celebrados por escritura pública ou instrumento particular, desde que, neste último caso, seja realizado por entidade integrante do Sistema de Financiamento Imobiliário – SFI, por Cooperativas de Crédito ou por Administradora de Consórcio de Imóveis.

A controvérsia no Estado de Minas Gerais, por sua vez, teve origem em um pedido de uma pessoa jurídica, por meio do qual se questionava o Provimento n.º 93/2020 do TJMG e buscava o entendimento de que contratos particulares, ainda que celebrados por pessoas que não façam parte do SFH e do SFI, poderiam ser inscritos no registro de imóveis, desde que a obrigação principal fosse garantida por propriedade fiduciária imobiliária.

Após ouvir os Tribunais de Justiça Estaduais, o CNJ concluiu que o Provimento do TJMG estava fundamentado na legislação vigente. De maneira unânime, os Conselheiros seguiram o voto do Relator, que entendeu que a interpretação adotada pelo Tribunal mineiro está alinhada com decisões de outros tribunais, como os dos Estados do Pará, Maranhão, Paraíba e Bahia, os quais também vedam o uso de instrumento particular para entidades fora do SFI.

Diante disso, o CNJ fez uma interpretação sistemática e endossou entendimento do TJMG, que resultou na seguinte ementa:

> Procedimento de controle administrativo. Tribunal de Justiça do Estado de Minas Gerais. Lei 9.514/1997. Alienação fiduciária de imóvel. Forma de celebração. Escritura pública ou

---

[313] Os acessos aos processos foram feitos em 7 jan. 2025 nos sítios eletrônicos do Conselho Nacional de Justiça e do Supremo Tribunal Federal.

instrumento particular. Poder regulamentar. Limites. Provimentos 260/2013, 299/2015, 345/2017 e 93/2020. Flagrante ilegalidade. Inexistência. Pedido julgado improcedente.

1. Procedimento de Controle Administrativo proposto contra ato de Tribunal que restringiu a entidades integrantes do Sistema de Financiamento Imobiliário, Cooperativas de Crédito e Administradoras de Consórcio de Imóveis a celebração de contratos de alienação fiduciária de imóveis e negócios correlatos por meio de instrumento particular.

2. O entendimento adotado pelo Tribunal mineiro é razoável e encontra respaldo na legislação pertinente, sendo, portanto, inadequado que o CNJ intervenha ou emita ato normativo para regulamentar essa matéria para os órgãos do Poder Judiciário.

3. A intervenção do CNJ, neste caso, poderia comprometer inúmeros contratos de alienação fiduciária firmados em Minas Gerais, cuja validade deverá ser avaliada na esfera jurisdicional.

4. Pedido julgado improcedente.

Em decorrência, em 18.12.2023, foi inaugurado outro pedido de providências no CNJ, sob o n.º 0008242-69.2023.2.00.0000, em que se alegou a necessidade de uniformizar e pacificar o entendimento sobre o assunto em âmbito nacional, com a oitiva de todos os Tribunais de Justiça Estaduais, como feito com o PCA, iniciado em 2018 e concluído após cinco anos de intensa análise sobre o tema. O consenso alcançado entre os Conselheiros do CNJ refletia, segundo alegado pela requerente, a importância de que fosse garantida segurança jurídica homogênea em todo o território brasileiro e se promovessem estabilidade e coerência na aplicação da Lei do SFI, quanto à forma do instrumento de alienação fiduciária.

Nesse sentido, o entendimento do CNJ manifestado no PCA n.º 0000145-56.2018.2.00.0000, que restringiu o instrumento particular para negócios jurídicos garantidos por propriedade fiduciária imobiliária somente para as entidades integrantes do SFI e do SFH, demonstrara, segundo alegado, que o sistema jurídico brasileiro não comporta interpretações divergentes.

Desse modo, permitir entendimentos distintos entre os Estados comprometeria a segurança jurídica nacional, criando desigualdades entre Federações ao exigir maior rigor formal em algumas jurisdições, enquanto outras adotariam critérios menos exigentes para a eficácia do mesmo tipo de negócio jurídico.

Segundo a requerente, o fato de o Pleno do CNJ ter conferido uma interpretação sistemática à Lei do SFI, enfatizara que a expressão "instrumento particular com efeito de escritura pública" refere-se exclusivamente aos instrumentos criados para os microssistemas fechados do SFI e do SFH. Alegou a requerente que tais sistemas garantem segurança jurídica especialmente à população de menor poder aquisitivo, sendo inadmissível aceitar o instrumento particular para os não integrantes do SFI e do SFH, pois reduziria a segurança jurídica.

Continua a requerente sustentando que a pertinência do julgamento do CNJ foi reforçada pela coincidência temporal da reforma legislativa do "Programa Minha Casa Minha Vida", redefinido pela Lei Federal n.º 14.620/2023. Essa reforma, afirma, alterou regulamentações legais diretamente relacionadas ao tema. A seguir, veremos as Leis e os respectivos artigos informados pela requerente (por nós destacados):

1. Lei Federal n.º 14.063/2020 (Assinaturas Eletrônicas):

Art. 17-A. "**As instituições financeiras que atuem com crédito imobiliário autorizadas a celebrar instrumentos particulares com caráter de escritura pública** e os partícipes dos contratos correspondentes poderão fazer uso das assinaturas eletrônicas nas modalidades avançada e qualificada de que trata esta Lei." *(Incluído pela Lei n.º 14.620/2023.)*

2. Lei Federal n.º 6.015/1973 (Lei de Registros Públicos):
Art. 221, § 5º. "Os escritos particulares a que se refere o inciso II do *caput* deste artigo, **quando relativos a atos praticados por instituições financeiras que atuem com crédito imobiliário autorizadas a celebrar instrumentos particulares com caráter de escritura pública**, dispensam as testemunhas e o reconhecimento de firma." *(Incluído pela Lei n.º 14.620/2023.)*

3. Lei Federal n.º 14.382/2022 (Sistema Eletrônico de Registros Públicos – Serp):
Art. 6º, § 1º, IV. "Os extratos eletrônicos relativos a bens imóveis produzidos pelas **instituições financeiras que atuem com crédito imobiliário autorizadas a celebrar instrumentos particulares com caráter de escritura pública**, bem como os relativos a garantias de crédito rural em cédulas e títulos de crédito do agronegócio, poderão ser apresentados ao registro eletrônico de imóveis, e as referidas instituições financeiras arquivarão o instrumento contratual ou título em pasta própria." *(Incluído pela Lei n.º 14.620/2023.)*

Para a requerente, essas alterações teriam reconhecido, no âmbito legislativo, que instrumentos particulares com efeito de escritura pública somente podem ser celebrados exclusivamente por instituições financeiras autorizadas, reafirmando a lógica adotada pelo Provimento n.º 93/2020 do TJMG.

Assim, insistiu que a interpretação sistemática realizada pelo CNJ não apenas está em consonância com o marco legislativo, como também reforça a segurança jurídica para os contratos particulares garantidos por alienação fiduciária de imóveis.

Por fim, a requerente, além de apresentar minuta de provimento, pediu que o tema fosse regulamentado em âmbito nacional no sentido de determinar nacionalmente que

> [os] atos e contratos relativos à alienação fiduciária de bens imóveis e negócios conexos poderão ser celebrados por escritura pública ou instrumento particular com efeitos de escritura pública, desde que, neste último caso, seja celebrado por entidade integrante do Sistema de Financiamento Imobiliário – SFI, por Cooperativas de Crédito ou por Administradora de Consórcio de Imóveis, previstas no art. 2º da Lei 9.514/97.

Em decorrência, diversas entidades ligadas aos serviços extrajudiciais de notas e de registros[314] manifestaram-se no Pedido de Providências n.º 0008242-69.2023.2.00.0000, no sentido de que somente as entidades do SFH e do SFI poderiam se valer do instrumento particular com força de escritura pública, porque são entidades fiscalizadas pelo Poder Público, enquanto todos os demais estariam obrigados a utilizar a escritura pública para os negócios jurídicos que envolvessem a constituição da propriedade fiduciária imobiliária em garantia.

A decisão do Ministro Luis Felipe Salomão, então Corregedor Nacional de Justiça, foi no sentido de que a interpretação mais coerente com os dispositivos legais aplicáveis e em

---

[314] Inúmeros pareceres foram juntados no Pedido de Providências n.º 0008242-69.2023.2.00.0000 na defesa de que o instrumento particular com força de escritura pública é restrito às entidades do SFI e do SFH.

conformidade com o decidido no PCA n.º 0000145-56.2018.2.00.0000 é a de que a celebração de contratos de alienação fiduciária de bens imóveis e negócios conexos por meio de instrumento particular, com efeitos de escritura pública, está limitada às entidades integrantes do SFI, às cooperativas de crédito e às administradoras de consórcio de imóveis.

Por esse entendimento do CNJ, vedou-se a celebração de instrumentos particulares com efeitos de escritura pública por agentes não vinculados ao SFI, sob o argumento de que os dispositivos legais específicos e excepcionais que regulam o tema não revogaram a regra geral do direito privado, disposta no art. 108 do Código Civil, segundo a qual a escritura pública é essencial para a validade de negócios jurídicos que envolvam a constituição, transferência, modificação ou renúncia de direitos reais sobre imóveis com valor superior a 30 vezes o maior salário mínimo vigente no País.

A restrição, porém, vigorou até que o Ministro Mauro Campbell Marques, Corregedor Nacional de Justiça para o biênio 2024-2026, concedesse, em 27.11.2024, liminar para suspender os efeitos do Provimento n.º 172/2024 e posteriores modificações promovidas pelos Provimentos n.º 175/2024 e n.º 177/2024. A decisão foi proferida no Pedido de Providências n.º 0007122-54.2024.2.00.0000[315], feito em 08.11.2024, pela Advocacia-Geral da União.

Paralelamente, o Superior Tribunal Federal, no Mandado de Segurança n.º 39.805[316], por decisão monocrática do Ministro Gilmar Mendes, datada de 13.12.2024, concedeu a ordem para garantir ao impetrante a possibilidade de formalizar, por instrumento particular com efeitos de escritura pública, alienação fiduciária imobiliária, nos termos autorizados pela Lei Federal n.º 9.514/1997.

---

[315] Último acesso em: 7 jan. 2025.
[316] "A partir das considerações acima expostas, entendemos que, ao editar os Atos Normativos 172, 175 e 177 de 2024 e restringir o alcance do art. 38 da Lei 9.514/97, o CNJ violou direito do impetrante" (Disponível em: https://portal.stf.jus.br/processos/downloadPeca.asp?id=15372971182&ext=.pdf. Acesso em: 7 jan. 2025).

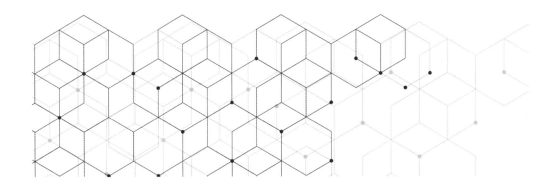

FIM DA TERCEIRA PARTE. CONSIDERAÇÕES

Apresentamos na terceira parte do livro um estudo que buscou ser abrangente sobre a propriedade fiduciária imobiliária, com avaliação de suas nuances conceituais, seus desdobramentos práticos em caso de adimplemento e de inadimplemento e as implicações jurídicas que permeiam essa modalidade de garantia fiduciária no contexto brasileiro.

No Capítulo 6, pretendemos consolidar o entendimento técnico-jurídico sobre essa modalidade de garantia real essencial para o mercado imobiliário, destacando-se como um mecanismo seguro e eficiente de garantia de crédito capaz de assegurar direitos tanto do fiduciário quanto do fiduciante.

Procuramos iniciar o referido Capítulo 6 com a definição conceitual da propriedade fiduciária imobiliária, contextualizando-a como um instrumento distinto de mera atribuição de direitos possessórios para as partes.

Embora regulamentado por normas de direito civil, pois se trata de um direito real de garantia, possui natureza jurídica e funcionalidade próprias que também lhe são dadas pela Lei do SFI.

Buscamos distinguir as diferenças existentes entre a propriedade plena, que encontra apoio no art. 1.228 do Código Civil, e a propriedade fiduciária, que se origina com a constituição da alienação fiduciária, nos termos do quanto determina o art. 1.227 do Código Civil, com o objetivo de proporcionar ao leitor uma compreensão melhor sobre as implicações e os limites dessa titularidade fiduciária (ou limitada).

No que diz respeito à natureza jurídica da propriedade fiduciária, este capítulo discorreu sobre as posições dos direitos do fiduciante e do fiduciário, delineando as responsabilidades e prerrogativas de cada um desses contratantes. O fiduciante, mesmo tendo "transferido" a propriedade resolúvel para o fiduciário, conserva um direito expectativo de recobrar a propriedade plena do imóvel condicionada ao cumprimento da obrigação principal garantida pela propriedade fiduciária. O fiduciário, por sua vez, com a constituição da garantia fiduciária, detém uma propriedade resolúvel com objetivo de garantir determinada obrigação cujo devedor é o fiduciante. Não lhe são transferidos os atributos que compõem a propriedade plena, por isso ela é limitada enquanto o fiduciante for adimplente. Tornar-se-á plena a propriedade do fiduciário se o segundo leilão extrajudicial for negativo, ou seja, se não houver licitantes.

Foi dado destaque ao embasamento jurídico que separa essa modalidade de propriedade das disposições clássicas do Código Civil, reforçando o caráter protetivo e funcional da propriedade fiduciária. Nesse contexto, analisamos como a alienação fiduciária de imóveis se insere nas relações de consumo, abordando os reflexos das normas do Código de Defesa do Consumidor e a importância do Tema 1.095 do Superior Tribunal de Justiça, que solidificou o entendimento sobre a aplicação dessas normas e a prevalência da segurança jurídica no exercício dos direitos do consumidor e do credor fiduciário, desde que observados os três elementos necessários para que ocorram o afastamento do CDC e a prevalência exclusiva da Lei do SFI (contrato de alienação fiduciária registrada na matrícula do respectivo imóvel, inadimplemento do fiduciante, devidamente constituído em mora).

O detalhamento de aspectos específicos da SFI realçou a especialidade e a hierarquia dessa legislação em relação ao CDC, com o oferecimento de um panorama sobre as características que definem a Lei do SFI como um instrumento específico para a garantia de créditos.

Também foram explorados os elementos distintivos, como os procedimentos de leilão extrajudicial, fundamentais para garantir a celeridade e a eficiência na execução de garantia fiduciária, e as influências advindas do Decreto-lei n.º 911/1969, que regulamenta alienação fiduciária de bens móveis, mas que exerceu significativa influência na jurisprudência da propriedade fiduciária imobiliária.

Prosseguindo, examinamos a extinção da propriedade fiduciária imobiliária, que pode ocorrer de forma consensual, pelo cumprimento da obrigação principal, ou de maneira forçada, em caso de inadimplemento. No contexto do inadimplemento, foi abordado o processo de intimação do fiduciante, com destaque para os prazos e para as formalidades envolvidas, bem como as possibilidades de notificação eletrônica e o impacto das novas tecnologias nesse procedimento, como a intimação via aplicativos de mensagens eletrônicas.

A purgação da mora, a dação em pagamento, a consolidação da propriedade em nome do fiduciário e o direito de preferência do fiduciante foram detidamente examinados, com abordagem das complexidades e das garantias envolvidas para ambas as partes.

A seção sobre leilões buscou trazer um panorama o mais robusto possível acerca do procedimento, com destaque para o entendimento do STF a respeito de sua constitucionalidade. As etapas do primeiro e de segundo leilão, bem como as especificidades para casos em que há mais de um imóvel em garantia, foram tratadas no texto.

Aspectos relacionados ao financiamento para a aquisição ou construção de imóveis residenciais pelo fiduciante também foram considerados, proporcionando uma visão ampla e detalhada sobre os direitos e os mecanismos disponíveis para proteger a integridade da propriedade fiduciária e a segurança das partes envolvidas, em especial o fiduciante.

Nos momentos finais do Capítulo 6, abordamos a extensão da propriedade fiduciária imobiliária em conformidade com a Lei Federal n.º 14.711/2023, conhecida como "Lei das Garantias". Esse marco legislativo atualizou e ampliou o alcance da propriedade fiduciária, ao versar sobre elementos anteriormente tratados pela Lei Federal n.º 13.478/2017 e introduziu inovações que visam fortalecer o papel da propriedade fiduciária como instrumento eficaz de garantia de crédito. Essa seção buscou proporcionar ao leitor uma visão contemporânea e abrangente das evoluções legislativas, situando a propriedade fiduciária imobiliária dentro do cenário jurídico atual e destacando sua importância no desenvolvimento econômico e na proteção do sistema financeiro.

Procuramos tratar também sobre a inovação da propriedade fiduciária superveniente. A intenção da lei é incentivar que o valor do imóvel que não mais esteja vinculado à dívida possa ser objeto de nova propriedade fiduciária, que se consolidará quando do cancelamento da propriedade fiduciária anterior.

    Dessa forma, o Capítulo 6 consolidou uma análise profunda e detalhada da propriedade fiduciária imobiliária, oferecendo ao leitor ferramentas para uma compreensão completa das suas implicações jurídicas e práticas. Ao final desta terceira parte, esperamos ter demonstrado que a propriedade fiduciária se configura como uma das mais robustas e seguras entre as garantias reais imobiliárias existentes atualmente em nosso sistema e fundamental para a dinâmica do mercado de crédito no Brasil.

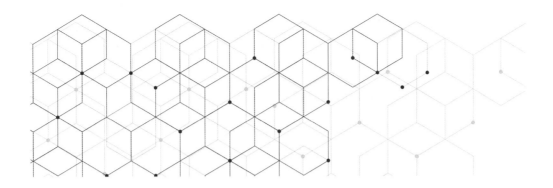

REFERÊNCIAS BIBLIOGRÁFICAS

ABELHA, André; GOMIDE, Alexandre Junqueira. A purgação da mora no leilão extrajudicial previsto na lei 4.591/64. Necessidade da notificação pessoal do devedor. *Migalhas*, coluna Migalhas edilícias, 23 nov. 2018. Disponível em: https://www.migalhas.com.br/coluna/migalhas-edilicias/291545/a--purgacao-da-mora-no-leilao-extrajudicial-previsto-na-lei-4-591-64---necessidade-da-notificacao-pessoal-do-devedor. Acesso em: 29 nov. 2023.

ABILIO, Vivianne da Silveira. *Cláusulas penais moratória e compensatória*. Critérios de distinção. Belo Horizonte: Fórum, 2019.

ABREU, Capistrano de. *Capítulos de história colonial:* 1500-1800. Brasília: Conselho Editoria do Senado Federal, 1998.

AGUIAR JÚNIOR, Ruy Rosado de. *Comentários ao novo Código Civil*. Rio de Janeiro: Forense, 2011.

AGUIAR JÚNIOR, Ruy Rosado de. *Extinção do contrato por incumprimento do devedor*. Rio de Janeiro: Aide, 2003. v. VI, t. II.

ALEM, Fabio P. *Contrato preliminar:* eficácia nos negócios jurídicos complexos. 2009. Dissertação (Mestrado) – Faculdade de Direito da Pontifícia Universidade Católica de São Paulo, São Paulo, 2009.

ALEM, Fabio P. *Contrato preliminar:* níveis de eficácia. São Paulo: Almedina, 2018.

ALEMANHA. *Código Civil alemão*. Tradução de Souza Diniz. Rio de Janeiro: Record, 1960.

ALLENDE, Guillermo L. *Panorama de derechos reales*. Buenos Aires: La Ley, 1967.

ALMEIDA, Carlos Ferreira de. *Texto e enunciado na teoria do negócio jurídico*. Coimbra: Almedina, 1992. v. I.

ALONSO, Felix Ruiz. Alienação fiduciária em garantia. *Revista da Faculdade de Direito*, USP, v. 62, n. 2, 1967.

ALVIM, Agostinho. *Da inexecução das obrigações e suas consequências*. 5. ed. São Paulo: Saraiva, 1980.

ALVIM, J. E. Carreira. *Teoria geral do processo*. Rio de Janeiro: Forense, 2015. Edição eletrônica.

AMORIM FILHO, Agnelo. Critério científico para distinguir a prescrição da decadência e para identificar as ações imprescritíveis. *Revista de Direito Processual Civil*, v. 3, p. 95-132, jan./jun. 1961. Disponível em: https://www.repositorio.ufc.br/handle/riufc/28114. Acesso em: 3 dez. 2024. Disponível também em: https://edisciplinas.usp.br/pluginfile.php/17562/mod_resource/content/1/CRITERIO%20CIENTIFICO%20PRESCRICaO%20e%20DECADENCIA-2.pdf. Acesso em: 8 fev. 2024.

ANTONIO JUNIOR, Valter Farid. *Compromisso de compra e venda*. São Paulo: Atlas, 2009.

ANTUNES VARELA, João de Matos. *Direito das obrigações:* conceito, estrutura e função da relação obrigacional, fontes das obrigações, modalidades das obrigações. Rio de Janeiro: Forense, 1977.

ARONNE, Ricardo. *Por uma nova hermenêutica dos direitos reais limitados*. São Paulo: Renovar, 2001.

ARRUDA ALVIM NETTO, José Manoel de. A função social dos contratos no novo Código Civil. *Revista dos Tribunais*, v. 815, p. 11-31, set. 2003. Doutrinas Essenciais Obrigações e Contratos. Vol. 3. p. 625-654, jun. 2011, DTR\2003\699.

ARRUDA ALVIM NETTO, José Manoel de. Alienação fiduciária de bem imóvel. O contexto da inserção do instituto (Parecer). *Alienação fiduciária e direito do consumidor*. São Paulo: Abecip, [s.d.].

ARRUDA ALVIM NETTO, José Manoel de. Direitos reais de garantia. *Soluções Práticas*, v. 3, p. 295-349, ago. 2011.

ARRUDA ALVIM NETTO, José Manoel de. *Manual de direito processual civil*. Parte geral. 11. ed. rev., ampl. e atual. com a reforma processual 2006/2007. São Paulo: RT, 2007. v. 1.

ARRUDA ALVIM NETTO, José Manoel de; ALVIM, Thereza; ALVIM, Eduardo Arruda; MARINS, James. *Código do Consumidor comentado*. 2. ed. rev. e ampl. São Paulo: RT, 1995.

ARRUDA ALVIM NETTO; CLÁPIS, Alexandre Laizo. A propriedade fiduciária de imóveis rurais e, favor de instituições financeiras com maioria de capital social e controle societário estrangeiros. *Revista Forense*, v. 112, n. 424, jul./dez. 2016.

ARRUDA ALVIM NETTO, José Manoel de; CLÁPIS, Alexandre Laizo; CAMBLER, Everaldo Augusto (coord.). *Lei de Registros Públicos comentada*: Lei 6.015/1973. 2. ed. Rio de Janeiro: Forense, 2019.

ARRUDA ALVIM. *Novo contencioso cível no CPC/2015*. São Paulo: RT, 2016.

ARRUDA ALVIM; ALVIM, Thereza; CLÁPIS, Alexandre Laizo (coord.). *Comentários ao Código Civil brasileiro*. Livro introdutório ao Direito das Coisas e ao Direito Civil. Rio de Janeiro: Forense, 2009. v. XI, t. I.

ARRUDA ALVIM; ARRUDA ALVIM, Eduardo. A adjudicação compulsória e o novo Código de Processo Civil. *In*: DIP, Ricardo (coord.). *Direito registral e o novo Código de Processo Civil*. Rio de Janeiro: Forense, 2016.

ASCARELLI, Tullio. *Problemas das sociedades anônimas e direito comparado*. Campinas: Bookseller, 2001.

ASCENSÃO, José de Oliveira. *Direitos reais*. 5. ed. Coimbra: Coimbra Editora, 2000.

ASSIS, Araken de. *Manual da execução*. 21. ed. rev., atual. e ampl. São Paulo: RT, 2020.

ASSIS, Araken de. *Resolução do contrato por inadimplemento*. 7. ed. rev., atual. e ampl. São Paulo: RT, 2022.

AZEVEDO, Álvaro Villaça. Alienação fiduciária de bem móvel. *Revista Magister de Direito Civil e Processual Civil*, Porto Alegre, v. 1, p. 41-49, 2004.

AZEVEDO, Álvaro Villaça. Alienação fiduciária em garantia de bem móvel e imóvel. *Revista da Faculdade de Direito*, São Paulo, ano 1, n. 1, p. 61-84, 2002.

AZEVEDO JR., José Osório de. *Compromisso de compra e venda*. 6. ed. rev., ampl. e atual. São Paulo: Malheiros, 2013.

AZEVEDO MARQUES, José Manuel de. *A hypotheca*. São Paulo: Casa Espínola, 1919.

BALBINO FILHO, Nicolau. *Contratos e notificações no registro de títulos e documentos*. 4. ed. São Paulo: Saraiva, 2002.

BALBINO FILHO, Nicolau. *Registro de imóveis*: doutrina, prática, jurisprudência. 13. ed. rev. e atual. São Paulo: Saraiva, 2008.

BAREA, Juan B. Jordano. *El negocio fiduciario*. Barcelona: Bosch, 1959.

BAYLE, Elsa Sebater. *La proposición de ley francesa n.º 178/2005 instituyendo la fiducia*: interés para el derecho catalán, aspectos coincidentes y principales diferencias. Los patrimonios fiduciarios y el trust. Madrid: Colegio Notarial de Cataluña/Marcial Pons, 2006.

BDINE JÚNIOR, Hamid Charaf. Arts. *In*: GODOY, Claudio Luiz Bueno de et al. *Código Civil comentado*: doutrina e jurisprudência: Lei n. 10.406 de 10.01.2002. Coordenação Cezar Peluso. 17. ed. rev. e atual. Santana de Parnaíba-SP: Manole, 2019.

BDINE JÚNIOR, Hamid Charaf. Compromisso de compra e venda em face do Código Civil de 2002: contrato preliminar e adjudicação compulsória. *Revista dos Tribunais*, v. 843, jan. 2006.

BECK DA SILVA, Luiz Augusto. *Alienação fiduciária em garantia*. Rio de Janeiro: Forense, 1982.

BERTONI, Rosângela Aparecida Vilaça. Alienação fiduciária de bens imóveis. *Revista Jurídica*, Universidade de Franca-SP (Unifran), v. 8, n. 14, p. 281-285, 2005.

BERTUOL, Pedro Henrique Barbisan. *Resolução unilateral dos contratos*. São Paulo: Almedina, 2023.

BESSONE, Darcy. *Da compra e venda*: promessa & reserva de domínio. 3. ed. São Paulo: Saraiva, 1988.

BESSONE, Darcy. *Direitos reais*. São Paulo: Saraiva, 1988.

BETTI, Emílio. *Teoria geral do negócio jurídico*. Coimbra: Coimbra Editora, 1969. t. II.

BEVILÁQUA, Clóvis. *Código Civil dos Estados Unidos do Brasil*. 6. ed. Rio de Janeiro: Francisco Alves, 1943. v. IV.

BEVILÁQUA, Clóvis. *Direito das coisas*. 4. ed. Rio de Janeiro: Forense, 1956.

BEVILÁQUA, Clóvis. *Direito das obrigações*. 5. ed. rev. e acresc. Rio de Janeiro: Freitas Bastos, 1940.

BEVILÁQUA, Clóvis. *Direito das obrigações*. Bahia: Livraria Magalhães, 1896.

BRANDELLI, Leonardo. Atas notariais. *In*: BRANDELLI, Leonardo (coord.). *Ata notarial*. Porto Alegre: Fabris, 2004.

BRASIL. Conselho Nacional de Justiça. Certidão negativa de dívida não pode ser exigida para registro de imóvel. *Agência CNJ de Notícias*, 20 out. 2017. Disponível em: https://www.cnj.jus.br/certidao--negativa-de-divida-nao-pode-ser-exigida-para-registro-de-imovel/. Acesso em: 26 fev. 2024.

BRASIL. Corregedoria Nacional de Justiça. *Código Nacional de Normas* – Foro extrajudicial. Disponível em: https://www.cnj.jus.br/wp-content/uploads/2023/09/codigo-nacional-de-normas-da--corregedoria-nacional-de-justica-v6b-31-08-2023-1.pdf. Acesso em: 6 set. 2023.

BUZAID, Alfredo. Alienação fiduciária em garantia. *In*: FRANÇA, Rubens Limongi. *Enciclopédia Saraiva de Direito*. São Paulo: Saraiva, 1978. v. 6.

BUZAID, Alfredo. Ensaio sobre a alienação fiduciária em garantia (Lei n.º 4.728, de 1965, artigo 66). *Revista dos Tribunais*, v. 58, n. 401, p. 9-29, mar. 1969.

CABRAL, Antonio do Passo; CRAMER, Ronaldo (coord.). *Comentários ao novo Código de Processo Civil*. 2. ed. rev., atual. e ampl. Rio de Janeiro: Forense, 2016.

CAHALI, Yussef Said. *Prescrição e decadência*. São Paulo: RT, 2008.

CÂMARA, Alexandre Freitas. O novo regime da alienação de bens do executado. *Revista Dialética de Direito Processual*, n. 53, ago. 2007.

CAMBLER, Everaldo Augusto. O regime jurídico da alienação fiduciária em garantia após o advento da Lei 10.931/04. *In*: ARRUDA ALVIM, Angélica; CAMBLER, Everaldo Augusto (coord.). *Atualidades do direito civil*. Curitiba: Juruá, 2006.

CARIOTA FERRARA, Luigi. *El negocio jurídico*. Madrid: Aguilar, 1956.

CARIOTA FERRARA, Luigi. *Negozi fiduciari trasferimento cessione e girata a scopo di mandato e di garanzia, processo fiduciário*. Padova: Cedam, 1933.

CARNEIRO, Andréa Flávia Tenório. *Cadastro imobiliário e registro de imóveis*. Porto Alegre: IRIB/Fabris, 2003.

CARVALHO, Afrânio de. *Registro de imóveis*. 4. ed. Rio de Janeiro: Forense, 1998.

CARVALHO, Carlos Augusto de. *Direito brasileiro recopilado ou nova consolidação das leis civis*. Rio de Janeiro: Francisco Alves, 1899.

CARVALHO FILHO, Milton Paulo de. *In*: GODOY, Claudio Luiz Bueno de et al. *Código Civil comentado*: doutrina e jurisprudência: Lei n. 10.406 de 10.01.2002. Coordenação Cezar Peluso. 17. ed. rev. e atual. Santana de Parnaíba-SP: Manole, 2023.

CARVALHO, Frederico da Costa; MANSO, Manuel da Costa. Negócio fiduciário. Consultas e pareceres. *Revista dos Tribunais*, v. 187, p. 533-544, out. 1950.

CARVALHOSA, Modesto. Arts. 25 a 40. *In*: CORREA LIMA, Osmar Brina; CORREA LIMA, Sergio Mourão (coord.). *Comentários à nova Lei de Falência e Recuperação de Empresas*. Rio de Janeiro: Forense, 2009.

CASSETTARI, Christiano; BRANDELLI, Leonardo. *Comentários à lei do sistema eletrônico dos registros públicos*: Lei 14.382, de 27 de junho de 2022. Rio de Janeiro: Forense, 2023.

CASTRO y BRAVO, Federico. *El negocio jurídico*. Madrid: Instituto Nacional de Estudios Jurídicos, 1967.

CHALHUB, Melhim Namem. A fidúcia no sistema de garantias reais do direito brasileiro. *Revista de Direito Bancário e do Mercado de Capitais*, v. 1, n. 2, p. 113-139, maio/ago. 1998.

CHALHUB, Melhim Namem. A Lei 9.514, de 20.11.97. Os procedimentos de realização da garantia fiduciária à luz dos princípios enunciados pelo artigo 53 da Lei n.º 8.078, de 11 de setembro de 1990 (Código de Defesa do Consumidor). (Parecer). *Alienação fiduciária e direito do consumidor*. São Paulo: Abecip, [s.d.].

CHALHUB, Melhim Namem. *Alienação fiduciária*: negócio fiduciário. 7. ed. Rio de Janeiro: Forense, 2021.

CHALHUB, Melhim Namem. *Incorporação imobiliária*. 7. ed. Rio de Janeiro: Forense, 2023.

CHALHUB, Melhim Namem. *Negócio fiduciário*. 2. ed. Rio de Janeiro: Renovar, 2000.

CHALHUB, Melhim Namem. *Negócio fiduciário*. 3. ed. Rio de Janeiro: Renovar, 2006.

CHALHUB, Melhim Namem. *Propriedade imobiliária*: função social e outros aspectos. Rio de Janeiro: Renovar, 2000.

CHALHUB, Melhim Namem. Trust: breves considerações sobre sua adaptação aos sistemas jurídicos de tradição romana. *Revista dos Tribunais*, v. 90, n. 790, p. 79-113, ago. 2001.

CHIOVENDA, José. *Princípios de derecho processual civil*. Madrid: Reus, 1922.

CINTRA, Antonio Carlos de Araújo; GRINOVER, Ada Pelegrini; DINAMARCO, Cândido Rangel. *Teoria geral do processo*. 30. ed. São Paulo: Malheiros, 2014.

CLÁPIS, Alexandre Laizo. Reflexões sobre a natureza jurídica da propriedade fiduciária imobiliária. *Revista Ibradim de Direito Imobiliário*, n. 6, jul. 2021.

CLÁPIS, Alexandre Laizo; BONDIOLI, Luis Guilherme Aidar. Fraude de execução e a aquisição imobiliária – com anotações da MP 1.085/21. *Migalhas*, coluna Migalhas edilícias, 10 fev. 2022. Disponível em: https://www.migalhas.com.br/coluna/migalhas-edilicias/359473/fraude-de--execucao-e-a-aquisicao-imobiliaria. Acesso em: 3 dez. 2024.

COOTER, Robert D.; FREEDMAN, Bradley J. The Fiduciary Relationship: its Economic Character and Legal Consequences. *New York University Law Review*, New York, v. 66, n. 4, p. 1.045-1.075, out. 1991.

CORRÊA JÚNIOR, Luiz Carlos de Azevedo. A alienação fiduciária em garantia e o Código de Defesa do Consumidor. *Revista Trimestral de Jurisprudência dos Estados*, São Paulo, v. 24, n. 178, p. 9-17, set./out. 2000.

COSTA, Dilvanir José da. O sistema da promessa de compra e venda de imóveis. *Revista de Informação Legislativa*, Brasília, ano 35, n. 140, out./dez. 1998.

COSTA, Mário Júlio de Almeida. Alienação fiduciária em garantia e aquisição de casa própria. (Notas de direito comparado). *Revista dos Tribunais*, v. 67, n. 512, p. 11-19, jun. 1978.

COULANGES, Fustel de. *A cidade antiga*. São Paulo: Editora das Américas – EDAMERIS, 1961.

COUTO E SILVA, Clóvis V. do. *A obrigação como processo*. Rio de Janeiro: FGV, 2006.

COUTO E SILVA, Clóvis V. do. *In*: FRADERA, Véra Maria Jacob de (org.). *O direito privado brasileiro na visão de Clóvis do Couto e Silva*. Porto Alegre: Livraria do Advogado, 1997.

COVIELLO, Nicola. *Manuale di diritto civile italiano*. Parte generale. 4. ed. Milano: Società, 1929.

CREDIE, Ricardo Arcoverde. *Adjudicação compulsória*. 4. ed. rev. e ampl. São Paulo: RT, 1988.

CUNHA GONÇALVES, Luís. *Da propriedade e da posse*. Lisboa: Ática, 1952.

CUNHA GONÇALVES, Luís. *Tratado de direito civil*. Em comentário ao Código Civil português. São Paulo: Max Limonad, 1955. t. I, v. XI.

CUSTÓDIO FILHO, Ubirajara. A execução extrajudicial do Decreto-lei 70/66 em face do princípio do devido processo legal. *Revista de Direito Constitucional e Internacional*, v. 9, n. 37, p. 147-174, out./dez. 2001.

DANTZGER, Afranio Carlos Camargo. *Alienação fiduciária de bens imóveis*. São Paulo: Método, 2005.

DE CICCO, Maria Cristina. *Alienazione fiduciaria in garanzia il modello brasiliano*. Nápoles: Edizioni Scientifiche Italiane, 1996.

DE PLÁCIDO E SILVA. *Vocabulário jurídico*. Atualizadores: Nagib Slaibi Filho e Priscila Pereira Vasques Gomes. 30. ed. Rio de Janeiro: Forense, 2013.

DI MAIO, Federico. L'intestazione di beni a società fiduciarie: revirement della Corte di Cassazione? *Contratto e Impresa*, Padova, v. 15, n. 3, p. 1.007-1.016, set./dez. 1999.

DINAMARCO, Cândido Rangel. Alienação fiduciária de bens imóveis (parecer). *Revista de Direito Imobiliário*, v. 24, n. 51, p. 235-252, jul./dez. 2001.

DINAMARCO, Cândido Rangel. *Fundamentos do processo civil moderno*. 4. ed. São Paulo: Malheiros, 2001. v. II.

DINAMARCO, Cândido Rangel. *Fundamentos do processo civil moderno*. 6. ed. São Paulo: Malheiros, 2010.

DINAMARCO, Cândido Rangel. *Instituições de direito processual civil*. 3. ed. rev. e atual. São Paulo: Malheiros, 2009.

DINIZ, Maria Helena. *Curso de direito civil brasileiro*. Teoria geral do direito civil. 40. ed. São Paulo: SaraivaJur, 2023. v. 1.

DINIZ, Maria Helena. *Curso de direito civil brasileiro*. Teoria geral das obrigações. 38. ed. rev. e atual. São Paulo: SaraivaJur, 2023. v. 2.

DINIZ, Maria Helena. *Curso de direito civil brasileiro*. Teoria das obrigações contratuais e extracontratuais. 39. ed. rev. e atual. São Paulo: SaraivaJur, 2023. v. 3.

DIP, Ricardo Henry Marques. A unitariedade matricial. *Revista de Direito Imobiliário*, v. 17, 1986.

DIP, Ricardo Henry Marques. *Registro de imóveis (princípios)*. Descalvado-SP: PrimVs, 2017.

DIP, Ricardo Henry Marques. Registros sobre Registros #39 (Princípio da especialidade – Quinta parte). *Portal ANOREG SP*, 15 fev. 2017. Disponível em: https://www.anoregsp.org.br/noticias/10939/artigo-registros-sobre-registros-39principio-da-especialidade-quinta-parte-por-des.-ricardo-dip. Acesso em: 13 jun. 2022.

DISTASO, Nicola. *Simulazione dei negozi giuridici*. Turim: UTET, 1960.

DUARTE, Walter Antônio Dias; MELLO NETO, Luís Soares de. Sistema Financeiro de Habitação: considerações sobre a execução hipotecária, penhora de outros bens além do hipotecado. Impossibilidade. *Revista de Direito Civil, Imobiliário, Agrário e Empresarial*, v. 14, n. 53, p. 90-99, 1990.

ENNECCERUS, Ludwig; NIPPERDEY, Hans Karl. *Tratado de derecho civil*. 2. ed. Barcelona: Bosch, 1981. t. I, v. I.

ESPÍNOLA, Eduardo. *Anotações ao Código Civil*. Rio de Janeiro: Editora Conquista, 1928. v. 3.

ESPÍNOLA, Eduardo. *Sistema do direito civil brasileiro*. Rio de Janeiro: Editora Rio, 1977.

ESPÍNOLA, Eduardo; MORAES, Antão de; MORATO, Francisco Antonio de Almeida; CAMPOS FILHO, Paulo Barbosa de. Negócio fiduciário. Consultas e pareceres. *Revista dos Tribunais*, v. 184, p. 532-562, abr. 1950.

FABIAN, Christoph. *Fidúcia*: negócios fiduciários e relações externas. Porto Alegre: Fabris, 2007.

FALCÃO, Alcino Pinto. Alienação fiduciária em garantia. *Revista Forense*, ano 67, v. 230, p. 398-403, abr./jun. 1970.

FARIAS, Cristiano Chaves de; ROSENVALD, Nelson. *Curso de direito civil:* contratos. Teoria geral e contratos em espécie. 5. ed. São Paulo: Atlas, 2015.

FARRAJOTA, Joana. *Os efeitos da resolução infundada por incumprimento do contrato.* 2013. Dissertação (Doutorado) – Faculdade de Direito da Universidade Nova de Lisboa, Lisboa, 2013. Disponível em: https://run.unl.pt/bitstream/10362/18555/1/Farrajota_2013.pdf. Acesso em: 22 ago. 2023.

FERREIRA, Waldemar Martins. *O loteamento e a venda de terrenos em prestações.* São Paulo: RT, 1938.

FIGUEIRA JR., Joel. *Arbitragem.* 3. ed. Rio de Janeiro: Forense, 2019.

FIORANELLI, Ademar. *Direito registral imobiliário.* Porto Alegre: IRIB/Fabris, 2001.

FIÚZA, César. *Alienação fiduciária em garantia de acordo com a Lei n.º 9.514/97.* Rio de Janeiro: Aide, 2000.

FLEURY, Carlos Eduardo Duarte. Alienação fiduciária no Sistema Financeiro da Habitação. *Registro de Imóveis:* estudos de direito registral imobiliário. XXVIII Encontro de Oficiais de Registro de Imóveis do Brasil. Foz do Iguaçu, 2001. Porto Alegre: Fabris, 2003. p. 375-385.

FORTINO, Luis Valentin. *Introducción al negocio fiduciario:* desde el punto de vista del organizador. Buenos Aires: Osmar D. Buyatti, 2006.

FRAGA, Affonso. *Direitos reais de garantia.* São Paulo: Livraria Academica, 1933.

FRANÇA. *Code Civil.* Disponível em: https://www.legifrance.gouv.fr/codes/section_lc/LEGITEXT000006070721/LEGISCTA000006136377?init=true&page=1&query=civil&searchField=ALL&tab_selection=code&anchor=LEGIARTI000006441324#LEGIARTI000006441324. Acesso em: 17 jul. 2023.

FRANÇA. *Código Napoleão ou Código Civil dos Franceses.* Tradução de Souza Diniz. Rio de Janeiro: Record, 1962.

FUENTESECA, Cristina. *El negocio fiduciario en la jurisprudencia del Tribunal Supremo.* Barcelona: Bosch, 1997.

FULGÊNCIO, Tito. *Do direito das obrigações.* Das modalidades das obrigações. Edição atualizada pelo juiz José de Aguiar Dias. Rio de Janeiro: Forense, 1958.

GAJARDONI, Fernando da Fonseca *et al. Comentários ao Código de Processo Civil.* 5. ed. Rio de Janeiro: Forense, 2022.

GALIEZ, Paulo César Ribeiro. A farsa jurídica e a inconstitucionalidade da execução extrajudicial no Sistema Financeiro da Habitação. *Revista de Direito da Defensoria Pública*, Rio de Janeiro, v. 6, n. 8, p. 214-219, 1995.

GARCIA, Lysippo. *O registro de immoveis:* a transcripção. Coordenadores Sérgio Jacomino, Ivan Jacopetti do Lago. São Paulo: Quinta Sociedade Patrimonial e Editora, 2024. v. I.

GARCIA, Paulo. *Terras devolutas*: defesa possessória, usucapião, registro torrens, ação discriminatória. Belo Horizonte: Livraria Oscar Nicolai, 1958.

GATTI, Edmundo. *Teoría general de los derechos reales.* 2. ed. 3. reimp. Buenos Aires: Abeledo Perrot, 1975.

GODOY, Claudio Luiz Bueno de. *Função social do contrato:* os novos princípios contratuais. 4. ed. São Paulo: Saraiva, 2012.

GOMES, Luiz Roldão de Freitas. Alienação fiduciária de coisa imóvel. *Revista de Direito do Tribunal de Justiça do Estado do Rio de Janeiro*, n. 51, p. 15-24, abr./jun. 2002.

GOMES, Orlando. *Alienação fiduciária em garantia.* 4. ed. São Paulo: RT, 1975.

GOMES, Orlando. *Contratos.* Atualizadores Edvaldo Brito [e coordenador], Reginalda Paranhos de Brito. 28. ed. Rio de Janeiro: Forense, 2022.

GOMES, Orlando. *Contratos.* Rio de Janeiro: Forense, 2009.

GOMES, Orlando. *Direitos reais.* 19. ed. atualizada por Luiz Edson Fachin. Rio de Janeiro: Forense, 2004.

GOMES, Orlando. *Introdução ao direito civil*. Coordenador e atualizador Edvaldo Brito; atualizadora Reginalda Paranhos de Brito. 22. ed. Rio de Janeiro: Forense, 2019.

GOMES, Orlando. *Obrigações*. Revista, atualizada e aumentada, de acordo com o Código Civil de 2002, por Edvaldo Brito. Rio de Janeiro: Forense, 2004.

GOMIDE, Alexandre Junqueira. A [ir]retratabilidade do compromisso particular de compra e venda de imóveis na lei 13.786/2018. *Coletânea IBRADIM*, jun. 2019.

GONÇALVES, Aderbal da Cunha. *Da propriedade resolúvel*. São Paulo: RT, 1979.

GONÇALVES, Carlos Roberto. *Direito civil brasileiro*. São Paulo: Saraiva, 2003. v. I.

GONZALÉZ, José Alberto. *Direitos reais e direito registral imobiliário*. Lisboa: Quid Juris, 2005.

GOTTSCHALK, Egon Felix. Alienação fiduciária em garantia. *Revista Forense*, ano 66, v. 230, fascículos 802-804, p. 392-398, 1970.

GOZZO, Débora. Assentimento de terceiro e negócio jurídico: análise comparativo entre os direitos brasileiros e alemão. *Revista do Instituto dos Advogados de São Paulo*, v. 20, p. 66, jul. 2007.

GUIMARÃES, Jackson Rocha. Aspectos da alienação fiduciária em garantia. *Revista da Faculdade de Direito*, Belo Horizonte, ano 21, v. 13, 1973.

HAICAL, Gustavo Luis da Cruz. O inadimplemento pelo descumprimento exclusivo de dever lateral advindo da boa-fé objetiva. *Revista dos Tribunais*, 99º ano, v. 900, out. 2010.

HAJEL, Viviane Alessandra Grego. Compromisso de compra e venda: Registro imobiliário e seus efeitos. *Revista de Direito Imobiliário*, v. 81, jul./dez. 2016.

HARPER, Douglas. Compromise. *Etymonline*: Online Etymology Dictionary. Disponível em: https://www.etymonline.com/search?page=1&q=compromisso&type=. Acesso em: 4 jul. 2023.

HEDEMANN, Justus Wilhelm. *Tratado de derecho civil*. Madrid: Revista de Derecho Privado, 1955. v. II.

HUNGRIA, Nelson. *Comentários ao Código Penal*. Rio de Janeiro: Forense, 1955. v. VII.

JACOMINO, Sérgio. Penhora. Alienação fiduciária de coisa imóvel. Algumas considerações sobre o registro. *Revista de Direito Imobiliário*, n. 59, jul./dez. 2005.

JACOMINO, Sérgio. Revisitando o princípio da especialidade objetiva – determinação de bens e direitos – coordenação com cadastros técnicos multifinalitários Código Nacional de Matrícula – CNM (art. 235-A, LRP). *Boletim IRIB*, n. 364.

JACOMINO, Sérgio; CRUZ, Nataly. Ônus, gravames, encargos, restrições e limitações. *Migalhas*, coluna Migalhas Notariais e Registrais, 10 nov. 2021. Disponível em https://www.migalhas.com.br/coluna/migalhas-notariais-e-registrais/354556/onus-gravames-encargos-restricoes-e-limitacoes. Acesso em: 11 out. 2023.

JACQUELIN, René. *De la fiducie*. Paris: A. Girard, 1891.

JOSSERAND, Louis. *Derecho civil:* la propiedad y los otros derechos reales y principales. Buenos Aires: Bosch, 1950. v. III, t. I.

JUNQUEIRA DE AZEVEDO, Antônio. Contrato preliminar. Distinção entre eficácia forte e fraca para fins de execução específica da obrigação de celebrar o contrato definitivo. Estipulação de multa penitencial que confirma a impossibilidade de execução específica. *In*: JUNQUEIRA DE AZEVEDO, Antônio. *Novos estudos e pareceres do direito privado*. São Paulo: Saraiva, 2009.

JUNQUEIRA DE AZEVEDO, Antônio. *Negócio jurídico e declaração negocial*: noções gerais e formação de declaração negocial. 1986. Tese (Professor Titular) – Universidade de São Paulo, São Paulo, 1986.

JUNQUEIRA DE AZEVEDO, Antônio. *Negócio jurídico*: existência, validade e eficácia. 4. ed. São Paulo: Saraiva, 2002.

JUNQUEIRA DE AZEVEDO, Antônio. Princípios do novo direito contratual e desregulamentação do mercado – direito de exclusividade nas relações contratuais de fornecimento – função social do contrato e responsabilidade aquiliana do terceiro que contribui para inadimplemento contratual. *Revista dos Tribunais*, v. 750, p. 113-120, abr. 1998.

JUNQUEIRA, José de Mello. *Alienação fiduciária de coisa imóvel*. São Paulo: ARISP, 1998.

KASER, Max. *Derecho romano privado*. Madri: Reus, 1982.

LACERDA DE ALMEIDA, Francisco de Paula. *Direito das cousas*. Rio de Janeiro: J. Ribeiro dos Santos, 1908.

LACERDA, Paulo de. *Manual do Código Civil brasileiro:* direito das coisas. Rio de Janeiro: Jacintho Ribeiro dos Santos, 1924. v. VIII.

LARENZ, Karl. *Metodologia da ciência do direito*. 2. ed. Lisboa: Fundação Calouste Gulbenkian, 1969.

LEITÃO, Luis Manuel Teles de Menezes. *Direitos reais*. Coimbra: Almedina, 2009.

LIEBMAN, Enrico Tullio. *Processo de execução*. 3. ed. São Paulo: Saraiva, 1980.

LIMA, António Pires de; VARELA, João de Matos Antunes. *Código Civil anotado*. 2. ed. Coimbra: Coimbra Editora, 1987. v. VIII.

LIMA, Frederico Henrique Viegas de. A circulação do crédito hipotecário no Sistema Financeiro da Habitação. *Revista de Direito Imobiliário*, v. 21, n. 43, p. 47-60, jan./abr. 1999.

LIMA, Frederico Henrique Viegas de. Da alienação fiduciária em garantia de bens imóveis (notas para sua estruturação). *Revista de Direito Imobiliário*, v. 21, n. 44, p. 7-14, maio/ago. 1998.

LIMA, Frederico Henrique Viegas de. *Da alienação fiduciária em garantia de coisa imóvel*. 2. ed. 3. tir. Curitiba: Juruá, 2003.

LIMA, Otto de Souza. *Negócio fiduciário*. São Paulo: RT, 1962.

LIMA SOBRINHO, Barbosa. *As transformações da compra e venda*. Rio de Janeiro: Borsoi, 1953.

LIPARI, Nicolo. *Negozio fiduciário*. Milano: Giuffrè, 1971.

LÔBO, Paulo. *Direito civil*: contratos. 4. ed. São Paulo: Saraiva Educação, 2018. v. 3.

LOUREIRO, Francisco Eduardo. *In*: GODOY, Claudio Luiz Bueno de et al. *Código Civil comentado:* doutrina e jurisprudência. Lei n. 10.406 de 10.01.2002. coordenação Cezar Peluso. 17. ed. rev. e atual. Santana de Parnaíba-SP: Manole, 2023.

LOUREIRO, Francisco Eduardo. *Lei de registros públicos comentada*. 2. ed. Rio de Janeiro: Forense, 2019.

LOUREIRO, Francisco Eduardo. Três aspectos atuais relativos aos contratos de compromisso de venda e compra de unidades autônomas futuras. Disponível em: https://www.tjsp.jus.br/download/EPM//Publicacoes/ObrasJuridicas/cc36.pdf?d=636808. Acesso em: 16 nov. 2023.

LOUREIRO, José Eduardo. Alienação fiduciária de coisa imóvel. *Revista do Advogado*, São Paulo, n. 63, p. 86-95, jun. 2001.

MAIA, Roberta Mauro Medina. Irretratabilidade e inexecução das promessas de compra e venda: notas sobre a Lei 13.786/2018 (Lei dos distratos imobiliários). *In*: TERRA, Aline de Miranda Valverde; GUEDES, Gisela Sampaio da Cruz (coord.). *Inexecução das obrigações:* pressupostos, evolução e remédios. Rio de Janeiro: Processo, 2020. v. I.

MANSO, M. Costa. Parecer de autoria. *Revista dos Tribunais*, ano 39, v. 187, p. 535-539, out. 1950.

MARCELINO, Raphael. *O direito da propriedade democrática*. Rio de Janeiro: Lumen Juris, 2017.

MARQUES, José Frederico. *Instituições de direito processual civil*. Rio de Janeiro: Forense, 1962, v. 5.

MARMITT, Arnaldo. *Adjudicação compulsória*. Rio de Janeiro: Aide, 1995.

MARQUES, Claudia Lima. *Contratos no Código de Defesa do Consumidor*. 9. ed. São Paulo: RT, 2019.

MARQUES, Cláudia Lima. *Contratos no Código de Defesa do Consumidor*. 4. ed. São Paulo: RT, 2002.

MARTÍNEZ QUIMBAYA, Liliana; SUÁREZ CHAVES, Juan Carlos. Los servicios fiduciarios de inversión: una alternativa de financiación. *Revista del Colegio Mayor de Nuestra Senora del Rosário*, Bogotá, n. 555, p. 46-48, out./dez. 1991.

MARTINS-COSTA, Judith. *A boa-fé no direito privado:* critérios para a sua aplicação. 2. ed. São Paulo: Saraiva Educação, 2018.

MARTINS-COSTA, Judith. *Comentários ao novo Código Civil*: do direito das obrigações, do adimplemento e da extinção das obrigações. Rio de Janeiro: Forense, 2003. v. V, t. I.

MARTINS, Raphael Manhães. O inadimplemento antecipado da prestação no direito brasileiro. *Revista da EMERJ*, v. 11, n. 42, 2008.

MARTUCCI, Riccardo. Proposte per una considerazione del negozio fiduciario alla luce del diritti tedesco vigente e della rei vindicatio utilis romana. *Rivista del Diritto Commerciale e del Diritto Generale delle Obbligazioni*, Padova, v. 89, n. 7-8, p. 479-498, 1991.

MAXIMILIANO, Carlos. *Hermenêutica e aplicação do direito*. 9. ed. Rio de Janeiro: Forense, 1979.

MELO, Diogo Leonardo Machado de. Variações sobre a usucapião tabular: art. 1.242, parágrafo único, do novo Código Civil. *Revista do Instituto dos Advogados de São Paulo*, ano 10, n. 20, jul./dez. 2007.

MENDES, Gilmar Ferreira. *Curso de direito constitucional*. 4. ed. São Paulo: Saraiva, 2009.

MENDES, Gilmar Ferreira. *Direitos fundamentais e controle de constitucionalidade*. Estudo de direito constitucional. 3. ed. rev. e ampl. São Paulo: Saraiva, 2004.

MENDONÇA, José Xavier Carvalho de. *Tratado de direito commercial brazileiro*. 4. ed. Rio de Janeiro: Freitas Bastos, 1947. v. IV, livro IV.

MENDONÇA, Manuel Inácio Carvalho de. *Doutrina e prática das obrigações ou tratado geral dos direitos de crédito*. 4. ed. aum. e atual. pelo juiz José de Aguiar Dias. Rio de Janeiro: Revista Forense, 1956. t. I.

MENEZES CORDEIRO, António Manuel da Rocha e. *Da boa-fé no direito civil*. 2. reimpr. Coimbra: Almedina, 2001.

MENEZES CORDEIRO, António Manuel da Rocha e. *Direitos reais*. Lisboa: Lex, 1993.

MENEZES CORDEIRO, António Manuel da Rocha e. *Tratado de direito civil XI*. Contratos em especial: compra e venda; doação; sociedade; locação. Coimbra: Almedina, 2018.

MESSINEO, Francesco. *Dottrina generale del contratto*. 3. ed. Milano: Giuffrè, 1948.

MIRANDA, Custódio da Piedade Ubaldino. Negócio jurídico indireto e negócios fiduciários. *Revista de Direito Civil, Imobiliário, Agrário e Empresarial*, v. 8, n. 29, p. 81-94, jul./set. 1984.

MIRANDA, Darcy de Arruda; BORBA, José Hélio. O problema da execução do saldo devedor na alienação fiduciária. *Revista dos Tribunais*, v. 92, n. 812, p. 757-762, jun. 2003.

MONTEIRO, Washington de Barros. *Direito das coisas*. 41. ed. São Paulo: Saraiva, 2011. Edição eletrônica.

MONTEIRO, Washington de Barros. *Direito das coisas*. 42. ed. São Paulo: Saraiva, 2012.

MONTES, Angel Cristóbal. *Direito imobiliário registral*. Porto Alegre: IRIB/Fabris, 2005.

MORAES SALLES, José Carlos de. *Usucapião de bens imóveis e móveis*. 6. ed. São Paulo: RT, 2002.

MORAES, Antão de. *Problemas e negócios jurídicos*. São Paulo: Max Limonad, 1948. v. I.

MOREIRA ALVES, José Carlos. As normas de proteção ao devedor e ao *favor debitoris*: do direito romano ao direito latino-americano. *Revista Synthesis*, Faculdade de Direito da UnB, n. 3, 1º sem. 1997.

MOREIRA ALVES, José Carlos. *Da alienação fiduciária em garantia*. São Paulo: Saraiva, 1973.

MOREIRA ALVES, José Carlos. Da fidúcia romana à alienação fiduciária em garantia no Direito brasileiro, *In*: CAHALI, Yussef Said (coord.). *Contratos nominados*: doutrina e jurisprudência. São Paulo: Saraiva, 1995.

MOREIRA ALVES, José Carlos. *Direito romano*. 13. ed. Rio de Janeiro: Forense, 2004. v. I.

MOREIRA, José Carlos Barbosa. Aspectos da execução em matéria de obrigação de emitir declaração de vontade. *In*: MOREIRA, José Carlos Barbosa (coord.). *Temas de direito processual* (sexta série). São Paulo: Saraiva, 1997.

MOTA PINTO, Carlos Alberto da. *Cessão da posição contratual*. Coimbra: Almedina, 2003.

MOTA PINTO, Carlos Alberto da. *Teoria geral do direito civil*. 3. ed. actualizada. 11. reimp. Coimbra: Coimbra Editora, 1996.

MOTA PINTO, Carlos Alberto da. *Teoria geral do direito civil*. 4. ed. Coimbra: Coimbra Editora, 2005.

MOURA, Mario Aguiar. *Promessa de compra e venda*. Rio de Janeiro: Aide, 1986.

MOURA, Paulo Sérgio. *Securitização de créditos imobiliários*: aspectos jurídicos. 2007. 181p. Dissertação (Mestrado em Direito) – Faculdade de Direito, Universidade de São Paulo, São Paulo, 2007.

NANNI, Giovanni Ettore. *Inadimplemento absoluto e resolução contratual*: requisitos e efeitos. São Paulo: RT, 2021.

NAVARRO MARTORELL, Mariano. *La propiedad fiduciaria:* la fiducia histórica. Los modernos negocios fiduciarios. Barcelona: Bosch, 1950.

NERY JR., Nelson; NERY, Rosa Maria de Andrade. *Código Civil comentado*. 4. ed. São Paulo: RT, 2022.

NERY JR., Nelson; NERY, Rosa Maria de Andrade. *Código de Processo Civil comentado*. 17. ed. rev., atual. e ampl. São Paulo: RT, 2018.

NERY JR., Nelson; NERY, Rosa Maria de Andrade. *Código de Processo Civil comentado*. 20. ed. rev., atual. e ampl. São Paulo: RT, 2021.

NETO, Soriano. Publicidade material do registro immobiliario (efeitos da transcripção). *Revista Acadêmica da Faculdade de Direito do Recife*, ano XLVII, 1939/1940.

NONATO, Orosimbo. *Curso de obrigações* (generalidades – espécies). Rio de Janeiro: Forense, 1959.

NUSSBAUM, Arthur. *Tratado de derecho hipotecario alemán*. 2. ed. Madrid: Biblioteca de la Revista de Derecho Privado, 1929. Serie B, v. XI.

OLIVEIRA YOSHIKAWA, Eduardo Henrique de. *Execução extrajudicial e devido processo legal*. São Paulo: Atlas, 2010.

OLIVERA GARCIA, Ricardo. Bases para una necesaria ley de fideicomisos. *Revista de la Facultad de Derecho y Ciencias Sociales*, Buenos Aires, v. 28, n. 1-2, p. 113-127, jan./jun. 1987.

ORLANDI NETO, Narciso. Alienação fiduciária de bens imóveis. *Boletim do IRIB*, n. 246, nov. 1997.

ORLANDI NETO, Narciso. *Registro de imóveis*. Rio de Janeiro: Forense, 2023.

ORLANDI NETO, Narciso. *Retificação do registro de imóveis*. São Paulo: Oliveira Mendes/Livraria Del Rey, 1997.

ORLANDI NETO, Narciso. *Retificação do registro de imóveis*. 2. ed. São Paulo: Juarez de Oliveira, 1999.

PAU, Antonio. *El patrimonio fiduciario desde la perspectiva registral:* los patrimonios fiduciarios y el trust. Madrid: Colegio Notarial de Cataluña/Marcial Pons, 2006.

PENTEADO, Luciano de Camargo. *Direito das coisas*. 2. ed. rev., atual. e ampl. São Paulo: RT, 2012.

PENTEADO, Luciano de Camargo. *Doação com encargo e causa contratual*. Campinas: Millennium, 2004.

PEREIRA, Caio Mário da Silva. Código de Defesa do Consumidor e as incorporações Imobiliárias. *Revista dos Tribunais*, v. 712, p. 102-111, fev. 1995.

PEREIRA, Caio Mário da Silva. *Condomínio e incorporações*. 10. ed. Rio de Janeiro: Forense, 1998.

PEREIRA, Caio Mário da Silva. *Condomínio e incorporações*. Atualizadores Melhim Namem Chalhub e André Abelha. 16. ed. rev. e reform. Rio de Janeiro: Forense, 2024.

PEREIRA, Caio Mário da Silva. *Instituições de direito civil*. Direitos reais. 18. ed. Rio de Janeiro: Forense, 2003. v. IV.

PEREIRA, Caio Mário da Silva. *Instituições de direito civil*. Introdução ao direito civil. Teoria geral do direito civil. 20. ed. Rio de Janeiro: Forense, 2004. v. I.

PEREIRA, Caio Mário da Silva. *Instituições de direito civil*. Contratos. Atualizadora e colaboradora Caitlin Mulholland. 25. ed. Rio de Janeiro: Forense, 2022. v. III.

PEREIRA, Caio Mário da Silva. *Instituições de direito civil:* direitos reais. Edição revista e atualizada por Carlos Edison do Rêgo Monteiro Filho. 28. ed. Rio de Janeiro: Forense 2022. v. IV.

PEREIRA, Caio Mário da Silva. *Instituições de direito civil:* teoria geral das obrigações. Atualizador e colaborador Guilherme Calmon Nogueira da Gama. 34. ed. Rio de Janeiro: Forense, 2023.

PEREIRA, Caio Mário da Silva. Prefácio à 3.ª edição. *Condomínio e incorporações*. Atualizadores Melhim Namem Chalhub e André Abelha. 16. ed. rev. e reform. Rio de Janeiro: Forense, 2024.

PEREIRA, Eduardo Calais; CORRÊA, Leandro Augusto Neves; DEPIERI, Rafael Vitelli. Adjudicação compulsória extrajudicial: conceitos e limites. *Migalhas*, 23 ago. 2022. Disponível em: https://www.migalhas.com.br/depeso/372122/adjudicacao-compulsoria-extrajudicial-conceitos-e-limites. Acesso em: 23 set. 2023.

PEREIRA, Lafayette Rodrigues. *Direito das coisas*. Brasília: Senado Federal/Superior Tribunal de Justiça, 2004.

PEREIRA, Lafayette Rodrigues. *Direito das coisas*. Campinas: Russell, 2003. t. I.

PEREIRA, Lafayette Rodrigues. *Direito das coisas*. Rio de Janeiro: Freitas Bastos, 1943.

PEREIRA, Virgilio de Sá. *Manual do Código Civil brasileiro:* direito das coisas. Rio de Janeiro: Jacintho Ribeiro dos Santos, 1924. v. VIII.

PONTES DE MIRANDA, Francisco Cavalcanti. *Comentários à Constituição de 1967/69*. Rio de Janeiro: Forense, 1987. t. V e VI.

PONTES DE MIRANDA, Francisco Cavalcanti. *Tratado de direito privado*. Parte especial. 3. ed. Reimp. Rio de Janeiro: Borsoi, 1971. t. XIII.

PONTES DE MIRANDA, Francisco Cavalcanti. *Tratado de direito privado*. Parte especial. 3. ed. Rio de Janeiro: Borsoi, 1971. t. XXIV.

PONTES DE MIRANDA, Francisco Cavalcanti. *Tratado de direito privado*. 3. ed. Reimp. Rio de Janeiro: Borsoi, 1971. t. XXXIX.

PONTES DE MIRANDA, Francisco Cavalcanti. *Tratado de direito privado*. Parte geral. Vol. VI. São Paulo: RT, 2013.

PONTES DE MIRANDA, Francisco Cavalcanti. *Tratado de direito privado*. Campinas: Bookseller, 2000. t. III, V, XXI e LII.

POPP, Carlyle. *Responsabilidade civil pré-negocial:* o rompimento das tratativas. 6. reimp. Curitiba: Juruá, 2011.

POTHIER, Robert-Joseph. Traité du droit de domaine de propriété, de la possession. De la prescription qui resulte de la possession. *In*: POTHIER, Robert-Joseph. *Oeuvres de Pothier*. Nouvelle Édition, Tome Dixiéme. Paris: Thomine et Fortic, 1821.

PRATA, Ana. *O contrato-promessa e o seu regime civil*. Reimp. Coimbra: Almedina, 2001.

PRATES, Homero. *Atos simulados e atos em fraude da lei*. Rio de Janeiro: Freitas Bastos, 1958.

REALE, Miguel. *Lições preliminares de direito*. 26. ed. rev. São Paulo: Saraiva, 2002.

REGELSBERGER, Ferdinand. Zwei Beiträge zur Lehre Von der Cession. *Archive für die civilistische Praxis*, Tübingen/Leipzig, 1880.

RESTIFFE NETO, Paulo. Alienação fiduciária imóvel: aspectos processuais. *Revista do Advogado*, São Paulo, v. 27, n. 90, p. 128-134, mar. 2007.

RESTIFFE NETO, Paulo. *Garantia fiduciária:* direito e ações: manual teórico e prático com jurisprudência. 3. ed. rev., atual. e ampl. São Paulo: RT, 2000.

REVISTA dos Tribunais, v. 169, ano 36, 1947.

REVISTA dos Tribunais, v. 184, ano 39, ago. 1950.

REVISTA dos Tribunais, v. 187, ano 39, out. 1950.

REVISTA dos Tribunais, v. 188, ano 39, 1950.

REYMOND, Claude. *Essai sur la nature et les limites de l'acte fiduciaire*. Montreux: Ganguin et Laubscher, 1948.

RIBEIRO, Moacyr Petrocelli de Ávila. Do registro de imóveis. Art. 167, I, 12 a 16. *In*: PEDROSO, Alberto Gentil de Almeida (coord.). *Lei de registros públicos comentada*. Rio de Janeiro: Forense, 2023.

RIBEIRO, Paulo Dias de Moura. *Compromisso de compra e venda*. São Paulo: Juarez de Oliveira, 2002.

RIZZARDO, Arnaldo. *Contratos*. Rio de Janeiro: Forense, 2004.

RIZZARDO, Arnaldo. *Contratos*. 15. ed. Rio de Janeiro: Forense, 2015.

RIZZARDO, Arnaldo. *Contratos*. 21. ed. Rio de Janeiro: Forense, 2023.

RIZZARDO, Arnaldo. *Direito das coisas*. Rio de Janeiro: Forense, 2003.

RIZZARDO, Arnaldo. *Promessa de compra & venda & parcelamento do solo urbano*. 11. ed. rev. e atual. Curitiba: Juruá, 2020.

RIZZATTO NUNES, Luiz Antonio. *Comentários ao Código de Defesa do Consumidor*. 2. ed. reform. São Paulo: Saraiva, 2005.

ROCHA, Eduardo de Assis Brasil. Algumas considerações sobre a alienação fiduciária de coisa imóvel. *Revista de Direito Imobiliário*, v. 21, n. 45, p. 95-103, set./dez. 1998.

RODRIGUES, Felipe Leonardo; FERREIRA, Paulo Roberto Gaiger. *Ata notarial*: doutrina, prática e meio de prova. 4. ed. rev., atual. e ampl. Salvador: JusPodivm, 2023.

RODRIGUEZ AZUERO, Sergio. La responsabilidad del fiduciario. *Revista de la Academia Colombiana de Jurisprudencia*, Bogotá, n. 309, p. 11-64, jul. 1997.

ROPPO, Enzo. *O contrato*. Coimbra: Almedina, 1988.

ROPPO, Enzo. *O contrato*. Coimbra: Almedina, 1998.

ROSAS, Roberto. *Improbidade administrativa*: devido processo legal. São Paulo: Malheiros, 2003.

ROSENVALD, Nelson. *In*: GODOY, Claudio Luiz Bueno de *et al*. *Código Civil comentado*: doutrina e jurisprudência. Lei n. 10.406 de 10.01.2002. Coordenação Cezar Peluso. 17. ed. rev. e atual. Santana de Parnaíba, SP: Manole, 2023.

RUGGIERO, Roberto de. *Instituições de direito civil*. Trad. da 6. ed. italiana Paolo Capitanio. Atual. por Paulo Roberto Benasse. São Paulo: Bookseller, 1999.

SAAD, Renan Miguel. *A alienação fiduciária sobre bens imóveis*. Rio de Janeiro: Renovar, 2001.

SACRAMONE, Marcelo Barbosa. *Comentários à lei de recuperação de empresas e falência*. 2. ed. São Paulo: Saraiva Educação, 2021.

SACRAMONE, Marcelo Barbosa. Os direitos do compromissário comprador diante da falência do incorporador de imóveis. *Cadernos Jurídicos da Escola Paulista da Magistratura*, São Paulo, ano 20, n. 50, p. 93-104, jul./ago. 2019.

SALLES, Venicio. *Direito registral imobiliário*. 2. ed. rev. São Paulo: Saraiva, 2007.

SALOMÃO NETO, Eduardo. Sistema financeiro imobiliário. *Revista de Direito Mercantil, Industrial, Econômico e Financeiro*, v. 36, n. 110, p. 155-166, abr./jun. 1998.

SANDOVAL, Carlos A. Molina. *El fideicomiso en la dinámica mercantil*. Buenos Aires: Julio César Faira, 2009.

SANTA MARIA, José Serpa de. *Direitos reais limitados*. Brasília: Brasília Jurídica, 1993.

SANTOS JUSTO, António. *Direito privado romano*. Coimbra: Coimbra Editora, 2003.

SANTOS JUSTO, António. *Direitos reais*. Coimbra: Coimbra Editora, 2007.

SANTOS, Ceres Linck dos. Tutelas para efetivação da promessa de compra e venda de bem imóvel. *Revista de Direito Imobiliário*, ano 46, v. 95, jul./dez. 2023.

SANTOS, Ernani Fidelis dos. Alienação fiduciária de coisa imóvel. *Revista Jurídica*, Porto Alegre, v. 47, n. 261, p. 21-24, jul. 1999.

SANTOS, Francisco Cláudio de Almeida. A regulamentação da alienação fiduciária de imóveis em garantia. *Revista de Direito Bancário e do Mercado de Capitais*, v. 2, n. 4, p. 28-36, jan./abr. 1999.

SANTOS, Francisco Cláudio de Almeida. *Do direito do promitente comprador e dos direitos reais de garantia (penhor, hipoteca, anticrese)*. São Paulo: RT, 2006. (Biblioteca de direito civil. Estudos em homenagem ao Professor Miguel Reale, v. 5. Coordenação Miguel Reale, Judith Martins-Costa.)

SANTOS, Francisco José Rezende dos. *Lei de registros públicos comentada*. 2. ed. Rio de Janeiro: Forense, 2019.

SANTOS, João Manuel de Carvalho. *Código Civil brasileiro interpretado:* parte geral. 3. ed. São Paulo: Freitas Bastos, 1944. v. II.

SANTOS, João Manuel de Carvalho. *Código Civil brasileiro interpretado:* parte geral. 3. ed. São Paulo: Freitas Bastos, 1944. v. XVII.

SANTOS, João Manuel de Carvalho. *Código Civil brasileiro interpretado:* direito das coisas. Rio de Janeiro: Freitas Bastos, 1988. v. VIII.

SANTOS, João Manuel de Carvalho. *Código Civil brasileiro interpretado*. Direito das coisas. 14. ed. Rio de Janeiro: Freitas Bastos, 1989. v. X.

SANTOS, João Manuel de Carvalho. *Código Civil brasileiro interpretado*. 12. ed. Rio de Janeiro: Freitas Bastos, 1989. v. XV.

SANTOS, Joaquim Antônio Penalva. Arrendamento residencial. *Revista de Direito Bancário e do Mercado de Capitais*, v. 2, n. 6, p. 85-89, set./dez. 1999.

SANTOS, Moacyr Amaral dos. *Primeiras linhas de direito processual civil*. 24. ed. São Paulo: Saraiva, 2010. v. 3.

SCHUNK, Giuliana Bonanno. *Contratos de longo prazo e o dever de cooperação*. São Paulo: Almedina, 2016.

SERPA LOPES, Miguel Maria de. *Curso de direito civil*. Introdução, parte geral e teoria dos negócios jurídicos. 9. ed. rev. e atual. pelo Prof. José Serpa de Santa Maria. Rio de Janeiro: Freitas Bastos, 2000. v. I.

SERPA LOPES, Miguel Maria de. *Curso de direito civil*. Fontes das obrigações: contratos. 7. ed. rev. pelo Prof. José Serpa de Santa Maria. Rio de Janeiro: Freitas Bastos, 2001. v. IV.

SERPA LOPES, Miguel Maria de. *Curso de direito civil*. Direito das coisas: princípios gerais, posse, domínio e propriedade imóvel. 5. ed. rev. e atual. pelo prof. José Serpa de Santa Maria. Rio de Janeiro: Freitas Bastos, 2001. v. VI.

SERPA LOPES, Miguel Maria de. *Tratado dos registros públicos:* em comentário ao Decreto n.º 4.857, de 9 de novembro de 1939. 6. ed. rev. e atual. pelo prof. José Serpa de Santa Maria, de acordo com a Lei n.º 6.015, de 31 de dezembro de 1973. Brasília: Brasília Jurídica, 1996. v. III.

SICCARD, Fabiana Peixoto. Alienação fiduciária em garantia de bem imóvel: uma análise do instituto. Disponível em: https://www.maxwell.vrac.puc-rio.br/12008/12008.PDF. Acesso em: 9 mar. 2009.

SIEBERT, Wolfgang. *Das rechtsgeschäftliche Treuhandverhältnis:* ein dogmatischer und rechtsvergleichender Beitrag zum allgemeinen Treuhandproblem. Frankfurt am Main: Keip, 1970.

SILVA, Gilberto Valente da. A alienação fiduciária de bens imóveis. *Boletim do IRIB*, n. 249, fev. 1998.

SILVA, João Carlos Pestana de Aguiar. Novo Sistema de Financiamento Imobiliário. *Revista de Direito do Tribunal de Justiça do Estado do Rio de Janeiro*, n. 37, p. 73-80, out./dez. 1998.

SILVA, Jorge Cesa Ferreira da. *A boa-fé e a violação positiva do contrato*. 2. tir. Rio de Janeiro: Renovar, 2007.

SILVA, José Afonso da. *Curso de direito constitucional positivo*. 40. ed. São Paulo: Malheiros, 2017.

SMITH, Thomas A. The efficient norm for corporate law: a neotraditional interpretation of fiduciary duty. *Michigan Law Review*, Ann Arbor, v. 98, n. 1, p. 214-268, out. 1999.

SOARES, Ana Karina Pereira dos Santos. *A adjudicação do bem penhorado na execução civil*. 2016. Dissertação (Mestrado) – Faculdade de Direito da Universidade de Lisboa, Lisboa, 2016. Disponível em: https://repositorio.ul.pt/bitstream/10451/32140/1/ulfd133234_tese.pdf. Acesso em: 30 jan. 2024.

SOUZA, Sebastião de. *Da compra e venda*. 2. ed. rev. pelo autor. Rio de Janeiro: Revista Forense, 1956.

SOUZA, Sylvio Capanema de. *A lei do inquilinato comentada*: artigo por artigo. 14 ed. rev., atual. e ampl, Rio de Janeiro: Forense, 2023.

STEINER, Renata C. *Descumprimento contratual*. Boa-fé e violação positiva do contrato. São Paulo: Quartier Latin, 2014.

STURZENEGGER, Luiz Carlos. A doutrina do patrimônio de afetação e o novo sistema de pagamentos brasileiro (parecer). *Revista de Direito Bancário, do Mercado de Capitais e da Arbitragem*, v. 4, n. 11, p. 229-244, jan./mar. 2001.

TARTUCE, Flávio. *Direito civil*: direito das obrigações e responsabilidade civil. 11. ed. rev., atual. e ampl. Rio de Janeiro: Forense; São Paulo: Método, 2016. v. 2.

TARTUCE, Flávio. Do compromisso de compra e venda de imóvel. Questões polêmicas a partir da teoria do diálogo das fontes. *RJLB*, ano I, n. 5, 2015.

TAVARES, Zilda. *Código de Defesa do Consumidor e alienação fiduciária imobiliária*. São Paulo: Método, 2005.

TEIXEIRA DE FREITAS, Augusto. *Código Civil* (esboço). Rio de Janeiro: Ministério da Justiça e Negócios Interiores, 1952. v. IV.

TEIXEIRA, Tarcisio. *Compromisso e promessa e compra e venda*: distinções e novas aplicações dos contratos preliminares. 2. ed. São Paulo: Saraiva, 2015.

TELLES, Inocêncio Galvão. *Direito das obrigações*. 7. ed. rev. e actual. Coimbra: Coimbra Editora, 1997.

TEPEDINO, Gustavo. *Fundamentos do direito civil*. 2. ed. Rio de Janeiro: Forense, 2021. v. 3. Edição eletrônica.

TEPEDINO, Gustavo; SANTOS, Deborah Pereira Pinto dos. A aplicação da cláusula penal compensatória nos contratos de promessa de compra e venda imobiliária. *In*: TERRA, Aline de Miranda Valverde; GUEDES, Gisela Sampaio da Cruz (coord.). *Inexecução das obrigações*. São Paulo: Processo, 2020. v. I.

TEPEDINO, Gustavo; SANTOS, Deborah Pereira Pinto dos. Do compromisso de compra e venda de imóvel. Questões polêmicas a partir da teoria do diálogo das fontes. *RJLB*, ano I, n. 5, 2015.

TERRA, Marcelo. *Alienação fiduciária de imóvel em garantia*. Porto Alegre: Safe, 1998.

TERRA, Marcelo. Patologia nos negócios imobiliários: uma proposta de releitura das fraudes contra credores e de execução. *Revista do Advogado*, n. 145, abr. 2020.

TERRA, Marcelo; RIBEIRO, Ana Paula. Compromisso de compra e venda: a tarifação expressa da cláusula penal pela lei 13.786, a 'Lei dos Distratos'. *Coletânea Ibradim*, jun. 2019.

TERSI, Flavio Henrique Amado. A propriedade fiduciária no atual Código Civil. *Revista Jurídica da Universidade de Franca* (Unifran), v. 8, n. 14, p. 109-114, 2005.

THEODORO JÚNIOR, Humberto. *Curso de direito processual civil*. 63.ed. Rio de Janeiro: Forense, 2022. v. 1.

THEODORO JÚNIOR, Humberto. *Curso de direito processual civil*. 55. ed. Rio de Janeiro: Forense, 2021. v. 2.

THEODORO JÚNIOR, Humberto. *Curso de direito processual civil*. 54. ed. Rio de Janeiro: Forense, 2021. v. 3.

THEODORO JÚNIOR, Humberto. *O contrato e sua função social*. A boa-fé objetiva no ordenamento jurídico e a jurisprudência contemporânea. 4. ed. rev., atual. e ampl. Rio de Janeiro: Forense, 2014.

THOMAS, Susan Barkehall. Goodbye Knowing Receipt: Hello Unconscientious Receipt. *Oxford Journal of Legal Studies*, Oxford, v. 21, n. 2, p. 239-265, 2001.

TJRS. Corregedoria-Geral da Justiça. *Consolidação Normativa Notarial e Registral*, art. 462, inciso VII. Disponível em: https://www.tjrs.jus.br/static/2024/11/ConsolidacaoNormativaNotarialRegistral-2023-TextoCompilado-06-11-2024.pdf. Acesso em: 21 set. 2023.

TJSP. Corregedoria-Geral da Justiça. *Normas de Serviço*. Cartórios extrajudiciais. Disponível em: https://api.tjsp.jus.br/Handlers/Handler/FileFetch.ashx?codigo=163007. Acesso em: 21 set. 2023.

TOMÁS MARTÍNEZ, Gema. Fiducia, negocio fiduciario y titularidad fiduciaria: un recorrido a través de la doctrina y la jurisprudencia. *Estudios de Deusto*, Bilbao, v. 52, n. 1, p. 289-314, jan./jun. 2004.

TOMASETTI JÚNIOR, Alcides. *Comentários à lei de locação de imóveis urbanos*. São Paulo: Saraiva, 1992.

TOMASETTI JÚNIOR, Alcides. *Execução do contrato preliminar*. 1982. Tese (Doutorado) – Faculdade de Direito da Universidade de São Paulo, São Paulo, 1982.

TORRES, Marcos Alcino de Azevedo. *A propriedade e a posse*. Um confronto em torno da função social. 2. ed. Rio de Janeiro: Lumen Juris, 2008.

TREVELIM, Ivandro Ristum. *A alienação fiduciária em garantia e sua aplicação no mercado financeiro imobiliário*. 2008. 213 p. Dissertação (Mestrado) – Faculdade de Direito da Universidade de São Paulo, São Paulo, 2008.

TREVISAN, Marco Antonio. Responsabilidade civil pós-contratual. *Revista de Direito Privado*, v. 16, 2003.

TUHR, Andrea von. *Tratado de las obligaciones*. Madrid: Reus, 1934. t. I.

TUPINAMBÁ, Carolina. Arts. 13 a 15. *In*: CABRAL, Antonio do Passo; CRAMER, Ronaldo (coord.). *Comentários ao novo Código de Processo Civil*. 2. ed. rev., atual. e ampl. Rio de Janeiro: Forense, 2016.

VARELA, Antunes. *Direito das obrigações*: conceito, estrutura e função da relação obrigacional, fontes das obrigações, modalidade das obrigações. Rio de Janeiro: Forense, 1977.

VARELA, Laura Beck. *Das sesmarias à propriedade moderna*: um estudo de história do direito brasileiro. Rio de Janeiro: Renovar, 2005.

VASCONCELOS, Pedro Pais de. *Contratos atípicos*. Coimbra: Almedina, 1995.

VELOSO, Zeno. *Invalidade do negócio jurídico*. Nulidade e anulabilidade. Belo Horizonte: Del Rey, 2005.

VENOSA, Sílvio de Salvo. *Código Civil interpretado*. 5. ed. São Paulo: Atlas, 2022.

VENOSA, Sílvio de Salvo. *Direito civil*: contratos em espécie. 13. ed. São Paulo: Atlas, 2013.

VENOSA, Sílvio de Salvo. *Direito civil*: contratos. 24. ed. São Paulo: Atlas, 2024.

VENOSA, Sílvio de Salvo. *Direitos reais*. 23. ed. Barueri-SP: Atlas, 2023.

VICENTINO, Cláudio; DORIGO, Gianpaolo. *História geral e do Brasil*. São Paulo: Scipione, 2002.

VIEIRA, José Alberto. *Direitos reais*. Coimbra: Almedina, 2016.

WALD, Arnoldo. Alguns aspectos do regime jurídico do sistema financeiro imobiliário (Lei 9.514/97). *Revista de Direito Bancário e do Mercado de Capitais*, v. 2, n. 4, p. 13-27, jan./abr. 1999.

WALD, Arnoldo. Da alienação fiduciária. *Revista dos Tribunais*, ano 58, v. 400, fev. 1969.

WALD, Arnoldo. Do regime legal de alienação fiduciária de imóveis e sua aplicabilidade em operações de financiamento de bancos de desenvolvimento. *Revista de Direito Imobiliário*, v. 24, n. 51, p. 253-279, jul./dez. 2001.

WESTERMANN, Ham Peter. *Código Civil alemão*: direito das obrigações; parte geral. Porto Alegre: Fabris, 1983.

YARSHELL, Flávio Luiz. *Tutela jurisdicional específica nas obrigações de declaração de vontade*. São Paulo: Malheiros, 1993.

ZANETTI, Cristiano de Sousa. O risco contratual. *In*: LOPEZ, Teresa Ancona; LEMOS, Patrícia Faga Iglecias; RODRIGUES JUNIOR, Otavio Luiz (coord.). *Sociedade de risco e direito privado*. São Paulo: Atlas, 2013.

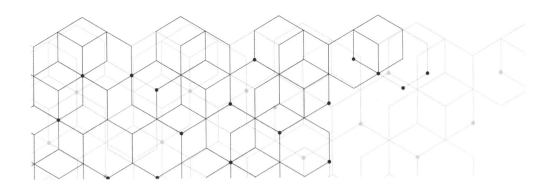

ANEXO I

	CLÁUSULA RESOLUTIVA EXPRESSA		
	IMÓVEIS NÃO LOTEADOS	**LOTEADOS**	**INCORPORADOS**
Fundamentação legal	Código Civil, art. 474 Decreto-lei n.º 745/1969	Código Civil, art. 474 Lei Federal n.º 6.766/1979, art. 32	Código Civil, art. 474 Lei Federal n.º 4.591/1964, art. 63 Lei Federal n.º 4.864/1965, art. 1º
Notificação/ Intimação/ Interpelação	**Interpelação** Decreto-lei n.º 745/1969, art. 1º	**Intimação** Lei Federal n.º 6.766/1979, art. 32, § 1º **Notificação** Lei Federal n.º 6.766/1979, art. 49	**Notificação** Lei Federal n.º 4.591/1964, art. 63 Lei Federal n.º 4.864/1965, art. 1º, inciso VII
Pessoal	**Sim**	**Sim**	**Sim**
Notificador	**Judicial** ou **RTD** Decreto-lei n.º 745/1969, art. 1º	**RGI** Lei Federal n.º 6.766/1979, art. 32, § 1º ou **RTD** Lei Federal n.º 6.766/1979, art. 49	**Comissão de Representantes** Lei Federal n.º 4.591/1964, art. 63 ou **Incorporador** Lei Federal n.º 4.864/1965, art. 1º

	CLÁUSULA RESOLUTIVA EXPRESSA		
	IMÓVEIS NÃO LOTEADOS	**LOTEADOS**	**INCORPORADOS**
Prazo para purgação da mora	**15 dias** Decreto-lei n.º 745/1969, art. 1º	**30 dias** Lei Federal n.º 6.766/1976, art. 32	**10 dias** Lei Federal n.º 4.591/1964, art. 63 (contrato por administração) **90 dias** Lei Federal n.º 4.864/1965, art. 1º, VI (contrato a preço fechado)

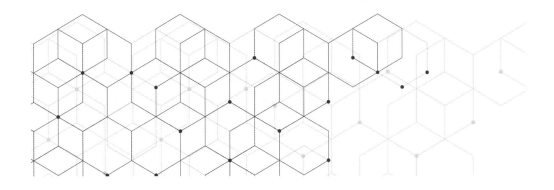

ANEXO II – ART. 440-AG DO PROVIMENTO 150 DO CNJ[1-2]

Rol de atos legais vigentes, aplicáveis ao Registro de Imóveis, contendo a expressão ônus:

LEI	ARTIGO
Lei 6.015/1973 – Lei de Registros Públicos	Art. 167. No Registro de Imóveis, além da matrícula, serão feitos. II – a averbação: 2) por cancelamento, da extinção dos ônus e direitos reais;
Lei 6.015/1973 – Lei de Registros Públicos	Art. 176. O Livro n.º 2 – Registro Geral – será destinado, à matrícula dos imóveis e ao registro ou averbação dos atos relacionados no art. 167 e não atribuídos ao Livro n.º 3. III – são requisitos do registro no Livro n.º 2 3) o título da transmissão ou do ônus;
Lei 6.015/1973 – Lei de Registros Públicos	Art. 197. Quando o título anterior estiver registrado em outro cartório, o novo título será apresentado juntamente com certidão atualizada, comprobatória do registro anterior, e da existência ou inexistência de ônus.
Lei 6.015/1973 – Lei de Registros Públicos	Art. 230. Se na certidão constar ônus, o oficial fará a matrícula, e, logo em seguida ao registro, averbará a existência do ônus, sua natureza e valor, certificando o fato no título que devolver à parte, o que o correrá, também, quando o ônus estiver lançado no próprio cartório.

---

[1] Disponível em: https://www.migalhas.com.br/coluna/migalhas-notariais-e-registrais/354556/onus-gravames-encargos-restricoes-e-limitacoes. Acesso em: 11 out. 2023.

[2] Fizemos modificações pontuais para atualizar os textos legais que já sofreram alterações.

LEI	ARTIGO
Lei 6.015/1973 – Lei de Registros Públicos	Art. 235. Podem, ainda, ser unificados, com abertura de matrícula única: [...] § 1º Os imóveis de que trata este artigo, bem como os oriundos de desmembramentos, partilha e glebas destacadas de maior porção, serão desdobrados em novas matrículas, juntamente com os ônus que sobre eles existirem, sempre que ocorrer a transferência de 1 (uma) ou mais unidades, procedendo-se, em seguida, ao que estipula o inciso II do art. 233.
Lei 6.015/1973 – Lei de Registros Públicos	Art. 253. Ao terceiro prejudicado é lícito, em juízo, fazer prova da extinção dos ônus, reais, e promover o cancelamento do seu registro.
Lei 6.015/1973 – Lei de Registros Públicos	Art. 279. O imóvel sujeito a hipoteca ou ônus real não será admitido a registro sem consentimento expresso do credor hipotecário ou da pessoa em favor de quem se tenha instituído o ônus.
Lei 6.015/1973 – Lei de Registros Públicos	Art. 292. É vedado aos Tabeliães e aos Oficiais de Registro de Imóveis, sob pena de responsabilidade, lavrar ou registrar escritura ou escritos particulares autorizados por lei, que tenham por objeto imóvel hipotecado a entidade do Sistema Financeiro da Habitação, ou direitos a eles relativos, sem que conste dos mesmos, expressamente, a menção ao ônus real e ao credor, bem como a comunicação ao credor, necessariamente feita pelo alienante, com antecedência de, no mínimo 30 (trinta) dias.
Lei 7.433/1985 – requisitos para lavratura de escrituras públicas	Art 1º Na lavratura de atos notariais, inclusive os relativos a imóveis, além dos documentos de identificação das partes, somente serão apresentados os documentos expressamente determinados nesta Lei. § 2º O Tabelião consignará no ato notarial a apresentação do documento comprobatório do pagamento do Imposto de Transmissão inter vivos, as certidões fiscais e as certidões de propriedade e de ônus reais, ficando dispensada sua transcrição.
Lei 6.766/1979 – parcelamento do solo urbano	Art. 18-B. Considera-se constituído o patrimônio de afetação mediante averbação, a qualquer tempo, no Registro de Imóveis, de termo firmado pelo loteador e, quando for o caso, também pelos titulares de direitos reais de aquisição de lotes objeto de loteamento. Parágrafo único. A averbação não será obstada pela existência de ônus reais que tenham sido constituídos sobre o imóvel objeto do loteamento para garantia do pagamento do preço de sua aquisição ou do cumprimento de obrigação de implantar o empreendimento[3].

---

[3] Redação alterada pela Lei Federal n.º 14.382/2022.

LEI	ARTIGO
Lei 6.766/1979 – parcelamento do solo urbano	Art. 26-A. Os contratos de compra e venda, cessão ou promessa de cessão de loteamento devem ser iniciados por quadro-resumo, que deverá conter, além das indicações constantes do art. 26 desta Lei: IX – informações acerca dos ônus que recaiam sobre o imóvel;
Lei 4.591/1964 – condomínio de edificações e incorporações imobiliárias	Art. 31-B. Considera-se constituído o patrimônio de afetação mediante averbação, a qualquer tempo, no Registro de Imóveis, de termo firmado pelo incorporador e, quando for o caso, também pelos titulares de direitos reais de aquisição sobre o terreno. Parágrafo único. A averbação não será obstada pela existência de ônus reais que tenham sido constituídos sobre o imóvel objeto da incorporação para garantia do pagamento do preço de sua aquisição ou do cumprimento de obrigação de construir o empreendimento.
Lei 4.591/1964 – condomínio de edificações e incorporações imobiliárias	Art. 32. O incorporador somente poderá negociar sobre unidades autônomas após ter arquivado, no cartório competente de Registro de Imóveis, os seguintes documentos: b) certidões negativas de impostos federais, estaduais e municipais, de protesto de títulos de ações cíveis e criminais e de ônus reais relativamente ao imóvel, aos alienantes do terreno e ao incorporador; § 5º A existência de ônus fiscais ou reais, salvo os impeditivos de alienação, não impedem o registro, que será feito com as devidas ressalvas, mencionando-se, em todos os documentos, extraídos do registro, a existência e a extensão dos ônus.
Lei 4.591/1964 – condomínio de edificações e incorporações imobiliárias	Art. 35-A. Os contratos de compra e venda, promessa de venda, cessão ou promessa de cessão de unidades autônomas integrantes de incorporação imobiliária serão iniciados por quadro-resumo, que deverá conter: X – as informações acerca dos ônus que recaiam sobre o imóvel, em especial quando o vinculem como garantia real do financiamento destinado à construção do investimento;
Lei 4.591/1964 – condomínio de edificações e incorporações imobiliárias	Art. 37. Se o imóvel estiver gravado de ônus real ou fiscal ou se contra os alienantes houver ação que possa comprometê-lo, o fato será obrigatoriamente mencionado em todos os documentos de ajuste, com a indicação de sua natureza e das condições de liberação.

LEI	ARTIGO
Lei 8.668/1993 – Fundos de Investimento Imobiliário e outros	Art. 7º Os bens e direitos integrantes do patrimônio do Fundo de Investimento Imobiliário, em especial os bens imóveis mantidos sob a propriedade fiduciária da instituição administradora, bem como seus frutos e rendimentos, não se comunicam com o patrimônio desta, observadas, quanto a tais bens e direitos, as seguintes restrições: VI – não possam ser constituídos quaisquer ônus reais sobre os imóveis, exceto para garantir obrigações assumidas pelo Fundo ou por seus cotistas. (Redação dada pela Lei n.º 14.754, de 2023.)
Código Civil de 2002	Art. 978. O empresário casado pode, sem necessidade de outorga conjugal, qualquer que seja o regime de bens, alienar os imóveis que integrem o patrimônio da empresa ou gravá-los de ônus real.
Código Civil de 2002	Art. 1.105. Compete ao liquidante representar a sociedade e praticar todos os atos necessários à sua liquidação, inclusive alienar bens móveis ou imóveis, transigir, receber e dar quitação. Parágrafo único. Sem estar expressamente autorizado pelo contrato social, ou pelo voto da maioria dos sócios, não pode o liquidante gravar de ônus reais os móveis e imóveis, contrair empréstimos, salvo quando indispensáveis ao pagamento de obrigações inadiáveis, nem prosseguir, embora para facilitar a liquidação, na atividade social.
Código Civil de 2002	Art. 1.385. Restringir-se-á o exercício da servidão às necessidades do prédio dominante, evitando-se, quanto possível, agravar o encargo ao prédio serviente. § 2º Nas servidões de trânsito, a de maior inclui a de menor ônus, e a menor exclui a mais onerosa.
Código Civil de 2002	Art. 1.409. Também fica sub-rogada no ônus do usufruto, em lugar do prédio, a indenização paga, se ele for desapropriado, ou a importância do dano, ressarcido pelo terceiro responsável no caso de danificação ou perda.
Código Civil de 2002	Art. 1.474. A hipoteca abrange todas as acessões, melhoramentos ou construções do imóvel. Subsistem os ônus reais constituídos e registrados, anteriormente à hipoteca, sobre o mesmo imóvel.

LEI	ARTIGO
Código Civil de 2002	Art. 1.488. Se o imóvel, dado em garantia hipotecária, vier a ser loteado, ou se nele se constituir condomínio edilício, poderá o ônus ser dividido, gravando cada lote ou unidade autônoma, se o requererem ao juiz o credor, o devedor ou os donos, obedecida a proporção entre o valor de cada um deles e o crédito. § 1º O credor só poderá se opor ao pedido de desmembramento do ônus, provando que o mesmo importa em diminuição de sua garantia. § 2º Salvo convenção em contrário, todas as despesas judiciais ou extrajudiciais necessárias ao desmembramento do ônus correm por conta de quem o requerer. § 3º O desmembramento do ônus não exonera o devedor originário da responsabilidade a que se refere o art. 1.430, salvo anuência do credor.
Código Civil de 2002	Art. 1.647. Ressalvado o disposto no art. 1.648, nenhum dos cônjuges pode, sem autorização do outro, exceto no regime da separação absoluta: I – alienar ou gravar de ônus real os bens imóveis;
Código Civil de 2002	Art. 1.687. Estipulada a separação de bens, estes permanecerão sob a administração exclusiva de cada um dos cônjuges, que os poderá livremente alienar ou gravar de ônus real.
Código Civil de 2002	Art. 1.691. Não podem os pais alienar, ou gravar de ônus real os imóveis dos filhos, nem contrair, em nome deles, obrigações que ultrapassem os limites da simples administração, salvo por necessidade ou evidente interesse da prole, mediante prévia autorização do juiz.
Código Civil de 2002	Art. 1.848. Salvo se houver justa causa, declarada no testamento, não pode o testador estabelecer cláusula de inalienabilidade, impenhorabilidade, e de incomunicabilidade, sobre os bens da legítima. § 2º Mediante autorização judicial e havendo justa causa, podem ser alienados os bens gravados, convertendo-se o produto em outros bens, que ficarão subrogados nos ônus dos primeiros.
Código Civil de 2002	Art. 1.934. No silêncio do testamento, o cumprimento dos legados incumbe aos herdeiros e, não os havendo, aos legatários, na proporção do que herdaram. Parágrafo único. O encargo estabelecido neste artigo, não havendo disposição testamentária em contrário, caberá ao herdeiro ou legatário incumbido pelo testador da execução do legado; quando indicados mais de um, os onerados dividirão entre si o ônus, na proporção do que recebam da herança.